RENCONTRES
675

Politiques agricoles

Volume I

La matière de cet ouvrage collectif se rattache aux études publiées dans la collection « Bibliothèque de l'économiste » dirigée par André Tiran.

Ouvrage publié avec le soutien de la Maison des sciences de l'Homme et de la société et du laboratoire Regards de l'université de Reims Champagne-Ardenne, de l'Institut national de recherche pour l'agriculture, l'alimentation et l'environnement (INRAE, UMR SMART), de la Société française d'économie rurale (SFER) et de la Haute école des sciences agronomiques, forestières et alimentaires de Berne

Politiques agricoles

Volume I

Théories, histoires, réformes, expériences

Sous la direction de Vincent Chatellier, Martin Pidoux,
Thierry Pouch et Marine Raffray

Préface de Laurence Roudart

Postface de Sébastien Abis

PARIS
CLASSIQUES GARNIER
2025

Vincent Chatellier est ingénieur de recherche à l'Institut national de recherche pour l'agriculture, l'alimentation et l'environnement (INRAE, UMR SMART). Il est président de la Société française d'économie rurale (SFER) et membre de l'Académie d'agriculture de France.

Martin Pidoux est directeur de Prométerre (association vaudoise de promotion des métiers de la terre en Suisse). Il est l'ancien responsable du groupe d'économie rurale de la Haute école des sciences agronomiques, forestières et alimentaires de Berne.

Thierry Pouch est docteur en sciences économiques et habilité à diriger des recherches. Il est chercheur associé au laboratoire Regards de l'université de Reims Champagne-Ardenne, chef économiste à Chambres d'agriculture France, vice-président de la Société française d'économie rurale (SFER) et membre de l'Académie d'agriculture de France.

Marine Raffray est agroéconomiste et chargée de missions à Chambres d'agriculture France. Elle est doctorante à l'université de Reims Champagne-Ardenne.

ISBN 978-2-406-18457-7 (livre broché)
ISBN 978-2-406-18458-4 (livre relié)
ISSN 2103-5636

Pour Martino Nieddu,
de l'Université de Reims-Champagne Ardenne
In Memoriam.

PRÉFACE

Inventer de nouvelles politiques agricoles, au cœur d'un pacte social et écologique[1]

SAGESSE ANTIQUE

La Bible, Ancien Testament, Genèse, chapitre XLI : « Pharaon eut un songe. Il lui sembla qu'il était sur le bord du fleuve du Nil, d'où sortaient sept vaches fort belles et extrêmement grasses qui paissaient dans les marécages ; qu'ensuite il en sortit sept autres toutes défigurées et extraordinairement maigres, qui paissaient aussi sur le bord du même fleuve, en des lieux pleins d'herbes ; et que ces dernières dévorèrent les premières qui étaient si grasses et si belles. Pharaon, s'étant éveillé, se rendormit, et il eut un second songe. Il vit sept épis pleins de grain et très beaux qui sortaient d'une même tige. Il en vit aussi paraître sept autres fort maigres, qu'un vent brûlant avait desséchés ; et ces derniers dévorèrent les premiers qui étaient si beaux [...][2] ». Joseph interpréta les songes de Pharaon et prodigua ces recommandations : « Il est donc de la prudence du roi de choisir un homme sage et habile, à qui il donne le commandement sur toute l'Égypte. Afin qu'il établisse des officiers dans toutes les provinces, qui, pendant les sept années de fertilité qui vont venir, amassent dans les greniers publics la cinquième partie des fruits de la terre ; que tout le blé se serre et se garde dans les villes, et demeure sous la puissance du roi ; et qu'ainsi il soit réservé pour les sept années de la famine qui doit accabler l'Égypte, et que ce pays ne soit pas consumé par la faim. Ce conseil plut à Pharaon et à tous ses ministres [...][3] ».

1 Je remercie Egizio Valceschini pour sa relecture attentive et constructive d'une première version de ce texte. Je reste seule responsable des éventuelles erreurs et imprécisions.

2 *La Bible*, traduction de Lemaître de Sacy, Robert Laffont, coll. Bouquins, 1990, p. 52.

3 Idem, p. 53.

Cette histoire biblique nous renvoie à une sorte de contrat social implicite par lequel Pharaon et ses ministres ont le devoir de prendre les mesures nécessaires pour empêcher la famine de consumer la population, en l'occurrence des mesures de stockage public du blé, denrée vivrière de base. Le gouvernement d'Égypte doit donc anticiper les risques, arbitrer entre les besoins à court terme et ceux à moyen terme, trouver un équilibre entre les demandes des habitants des villes et ceux des campagnes, établir des infrastructures, recruter du personnel compétent, organiser des opérations très concrètes de collecte, de stockage et de redistribution de vivres. En somme, il doit conduire une politique agricole, mobiliser et organiser les moyens nécessaires pour garantir la sécurité des approvisionnements alimentaires de l'ensemble de la population.

LE NÉOLIBÉRALISME, PLUS SAGE QUE LES SONGES DE PHARAON ?

Quelque 3 500 ans plus tard, dans l'enceinte de l'Organisation mondiale du commerce (OMC), le stockage public a constitué un sujet particulièrement contentieux dans les négociations internationales sur les politiques agricoles menées par les États. Depuis leur lancement en 2001, ces négociations ont échoué du fait de désaccords profonds. Les lignes de fracture sont multiples, nous nous en tiendrons ici à en rappeler une, à grands traits. D'un côté, l'OMC en tant qu'organisation et une partie des pays du groupe de Cairns affichent des positions néolibérales très marquées : ces pays, du fait de leurs conditions écologiques, techniques et sociales, sont en mesure d'exporter des denrées agricoles sans ou avec peu de subventions publiques et ils sont à la recherche de marchés extérieurs. Par ailleurs, tous les autres pays du monde ont des dispositions très variables à libéraliser leur secteur agricole.

Le néolibéralisme a été imposé à partir des années 1980 comme le paradigme dominant des politiques publiques à l'échelle du monde. Sa déclinaison en tant que référentiel cognitif et normatif pour le secteur agricole est clairement exprimée dans le livre de Bruce Gardner, *The*

Economics of Agricultural Policies[4], qui est fondé sur la théorie néo-classique. Présentons brièvement quelques caractéristiques de ce référentiel : les sociétés sont dominées par les marchés, qui constituent une sphère autonome, désencastrée de la société pour reprendre un terme de Karl Polanyi, et qui sont régis par la loi de l'offre et de la demande ; ces marchés sont supposés être concurrentiels, ou proches de cette situation ; une intervention sur les marchés peut se justifier si ses bénéfices excèdent ses coûts. B. Gardner reconnaît que « l'analyse en termes d'offre et de demande repose sur des hypothèses lourdes concernant l'économie agricole et elle prédispose à des évaluations défavorables de toute politique intervenant sur les prix de marché [...]. Mais, bien que ces limites soient réelles, il n'y a pas d'alternative sérieuse à l'analyse de l'offre et de la demande en tant qu'outil d'évaluation d'une politique agricole[5] ». Cette affirmation vaut peut-être tant que l'on reste dans les champs théoriques de l'Économie du bien-être et des Finances publiques. Mais, si l'on porte le regard au-delà des marchés et des prix considérés produit par produit, vers les institutions qui façonnent les secteurs agricoles, l'analyse de l'offre et de la demande perd beaucoup de sa puissance. B. Gardner le sait bien car, à propos des avantages et des inconvénients d'une politique de prix d'un produit (le lait en l'occurrence), il écrit qu'ils ont « des conséquences qui s'étendent au marché de la terre, à l'environnement, à la santé économique des communautés rurales, aux marchés d'autres produits, à l'amont et à l'aval de la chaîne de valeur, et même à des affaires étrangères. Ces conséquences peuvent être importantes, ou pas, mais elles doivent être analysées avec d'autres outils que le simple modèle de l'offre et de la demande[6] ».

Même si ce référentiel a été de plus en plus discuté au fil du temps, il reste bien vivace dans des organisations qui s'occupent de politique agricole : à l'OMC bien sûr et aussi à la Banque mondiale et au sein de l'Organisation de coopération et de développement économiques (OCDE). Au nom des avantages comparatifs, ces organisations continuent de prôner pour chaque pays la libéralisation du commerce extérieur agricole, avec pour horizon « l'alignement des prix intérieurs des produits agricoles sur les prix de référence », ces derniers étant fondamentalement calculés en

4 Gardner Bruce, 1987, *The Economics of Agricultural Policies*, Macmillan.
5 Idem, p. 11, notre traduction.
6 Idem, p. 13, notre traduction.

fonction des prix sur les marchés internationaux, sans considération de leur extrême volatilité.

L'OCDE publie chaque année un rapport de suivi et d'évaluation des politiques agricoles. En 2023, ce rapport indiquait : « les pouvoirs publics pourraient prendre les mesures ci-après pour rendre le système agroalimentaire plus résilient face aux chocs successifs, notamment en relation avec le changement climatique : supprimer progressivement les mesures qui entravent l'ajustement de la production, telles que le soutien par les prix et autres dispositifs spécifiques à des produits, qui rigidifient les systèmes alimentaires en atténuant les incitations pour les exploitants à ajuster les programmes de production en fonction des circonstances. Il s'agit des mêmes mesures que celles qualifiées d'économiquement inefficaces et de potentiellement les plus dommageables pour l'environnement dans les éditions précédentes du rapport[7] ». Autrement dit, quel que soit le « choc », du fait de sa nature – climatique ou économique –, sa puissance ou ses conséquences sur l'alimentation des populations, les mesures efficaces seraient les mêmes.

INSTABILITÉ DES MARCHÉS INTERNATIONAUX ET CRISES D'ACCÈS À L'ALIMENTATION

Pourtant, en 2007-2008, une très sérieuse alerte retentit : les prix des denrées vivrières flambèrent sur les marchés internationaux, conduisant à des « émeutes de la faim » dans de nombreuses villes d'Afrique, d'Asie et d'Amérique latine : confrontées à une forte hausse des prix des produits importés, les populations pauvres ne pouvaient plus acheter les aliments nécessaires. Une crise semblable avait déjà eu lieu de 1972 à 1974. Le danger de la dépendance alimentaire d'un pays vis-à-vis de marchés internationaux très instables réapparut alors très clairement aux yeux des gouvernants.

Ces événements contribuent à expliquer l'échec des négociations d'un nouvel Accord sur l'Agriculture à l'OMC. En effet, les gouvernements

7 OCDE, 2023, Politiques agricoles : suivi et évaluation 2023. Adapter l'agriculture au changement climatique. C'est nous qui soulignons.

de nombreux pays ont pris depuis la fin des années 2000 des mesures d'intervention sur les marchés agricoles en vue d'atteindre un niveau jugé souhaitable et possible d'auto-approvisionnement alimentaire. Le soutien des prix de marché, via l'imposition de droits de douane à l'importation, a été un instrument privilégié, au côté d'autres barrières aux importations liées notamment aux risques pour l'environnement et pour la santé des personnes, des animaux et des plantes. Ces mesures vont à l'encontre de l'esprit et de la lettre de l'Accord sur l'Agriculture voulu par l'OMC, à l'encontre aussi du premier Accord sur l'Agriculture qui avait été signé à Marrakech en 1994 à l'issue du dernier cycle de négociations du GATT (*General Agreement on Tariffs and Trade*). Ce faisant, les gouvernements des pays concernés expriment aussi leur refus d'aligner tous leurs prix agricoles intérieurs sur les « prix de référence ». Ces prix sont largement déterminés par les coûts de production faibles d'une petite fraction des agriculteurs du monde, ceux qui utilisent des machines très performantes, des intrants d'origine industrielle, dans des zones propices aux cultures ou aux élevages, où les coûts de la terre et de la main d'œuvre sont dérisoires, comme en Argentine ou en Russie par exemple. Or, l'immense majorité des agriculteurs du monde ne travaillent pas dans de telles conditions et leurs coûts de production sont beaucoup plus élevés. Aujourd'hui, dans des pays riches (Canada, Corée du Sud, etc.) ou émergents (Chine, Indonésie, Turquie, etc.), les prix intérieurs des denrées alimentaires jugées stratégiques sont maintenus à un niveau supérieur aux prix internationaux de façon à encourager la production et/ou à stabiliser les revenus des producteurs.

De plus, il apparaît de plus en plus clairement que les agricultures du monde sont au cœur de plusieurs crises contemporaines – alimentation et santé publique, environnement dont climat, pauvreté, énergie – qui peuvent être qualifiées de planétaires même si leur intensité varie selon les régions. Cela renforce l'idée que la production alimentaire ne peut pas être tenue pour acquise définitivement, qu'il est dangereux de laisser s'exercer librement les « forces du marché » ainsi que les pouvoirs de quelques dizaines d'entreprises transnationales : il s'agit là de menaces pour les populations vulnérables et aussi pour l'avenir de la planète.

PROSPECTIVE
Pour une nouvelle intelligence collective de l'usage des ressources naturelles

Pour ce qui concerne les décennies à venir, des exercices de prospective agricole et alimentaire ont construit des scénarios des futurs possibles, à des échelles régionale et mondiale. La question centrale examinée dans beaucoup de ces exercices est de savoir si les agricultures du monde pourront nourrir correctement une population humaine en forte croissance jusqu'en 2050 au moins, tout en répondant en suffisance à d'autres besoins humains, en énergie et en textiles notamment, et en rendant des services environnementaux, en particulier pour l'atténuation du changement climatique. Dans tous les cas, le nombre des humains pèsera lourdement sur les évolutions. Les exercices Agrimonde et Agrimonde-Terraont comme grand mérite leur vision holistique, qui combine différentes hypothèses relatives aux évolutions des modes de culture et d'élevage, du climat, des régimes alimentaires, de l'organisation des exploitations agricoles, des relations entre milieux rural et urbain, ainsi que du contexte économique, social et politique mondial[8]. Parmi les cinq scénarios envisagés, celui qui poursuit les tendances des décennies passées apparaît comme inacceptable. En effet, il conduit à l'horizon 2050 à un changement climatique de grande ampleur, à l'extension de la dégradation des sols, à une concentration des populations et des activités économiques dans des villes gigantesques, à une très forte instabilité des prix sur les marchés internationaux de denrées agricoles et alimentaires, à l'accroissement de la malnutrition et à la multiplication des crises d'accès à l'alimentation. Un seul des scénarios construits apparaît comme acceptable dans la mesure où il permet d'assurer la sécurité alimentaire et nutritionnelle en 2050. Il repose sur des hypothèses de rupture avec les tendances passées.

Pour ce qui est des modes de culture et d'élevage, selon une première variante, les agriculteurs continuent d'utiliser des intrants

8 Paillard Sandrine, Treyer Sébastien, Dorin Bruno (dirs), 2010, *Agrimonde. Scénarios et défis pour nourrir le monde en 2050*, Quae. Le Mouël Chantal, De Lattre-Gasquet Marie, Mora Olivier (direction), 2018, *Land Use and Food Security in 2050 : a Narrow Road*, Versailles, éditions Quae.

d'origine industrielle, mais ils prennent garde à réduire leurs effets sur l'environnement. Selon une seconde variante, agroécologique, les changements sont d'une ampleur beaucoup plus grande, incluant notamment une diversification des plantes cultivées et des animaux élevés dans chaque région du monde. Par ailleurs, des politiques publiques internationales très volontaristes ont pour objectifs d'atténuer le changement climatique et de réhabiliter les sols dégradés. Un enseignement important d'Agrimonde, et d'autres exercices de prospective agricole et alimentaire, est que les ressources naturelles de la planète sont suffisantes pour que 9 à 10 milliards d'humains puissent se nourrir correctement. La sécurité alimentaire de l'humanité, et les agricultures, sont donc fondamentalement des questions politiques d'organisation économique et sociale, d'intelligence collective et de création de nouveaux savoirs sur l'usage des ressources, et non des questions liées à une insuffisance de ces ressources, à l'échelle de la planète tout au moins ce qui n'exclut pas des insuffisances régionales.

Ce sont aussi des questions aux multiples dimensions, écologiques, sanitaires, économiques, institutionnelles, qui concernent tous les citoyens de manière à la fois très intime (les aliments issus de l'agriculture sont littéralement incorporés par ceux qui les mangent) et collective (les formes d'agriculture pratiquées dans tel ou tel pays influencent lourdement la vie dans les territoires ruraux, ainsi que les régimes alimentaires majoritaires).

Des questions aussi complexes ne peuvent pas être traitées correctement en mobilisant une seule discipline scientifique, ou en les déléguant à des experts scientifiques, ou encore par le seul jeu des marchés, qu'ils soient concurrentiels ou non. Elles appellent au contraire des travaux de réflexion interdisciplinaires (économie, agronomie, écologie, socio-anthropologie, science politique…) et transdisciplinaires (les scientifiques travaillant sur un pied d'égalité avec les autres acteurs concernés par les problèmes analysés, notamment les agriculteurs et les consommateurs), qui fournissent au politique les analyses nécessaires pour faire des choix éclairés en fonction du bien commun.

Comment rendre possible le second scénario brièvement présenté ci-dessus et garder le cap, dans un monde de plus en plus incertain ? La question est immense bien sûr, et inédite.

DU CONTRAT SOCIAL AU PACTE SOCIAL ET ÉCOLOGIQUE

En effet, il ne s'agit de rien de moins que de transmuer l'idée de contrat social classique, au fondement de l'État-Nation, en celle de pacte social et écologique multi-échelles, allant du territoire au monde entier et incluant l'ensemble des êtres vivants ainsi que les générations futures. Au-delà de l'idée, sa mise en œuvre sera un défi monumental. Selon François Ost, le contrat social classique concerne le gouvernement des humains, et pas l'administration des choses. Les humains sont autonomes, seuls à être dotés de droits et ils sont fort peu contraints par des devoirs, leurs désirs ne connaissant pas de limitations[9]. Le savoir sur l'administration des choses est monopolisé par des scientifiques et des experts, la démocratie est représentative, non délibérative. Un pacte social et écologique reconnaîtra les interdépendances entre les sociétés humaines et leurs milieux vivants et non vivants, les interrelations entre le gouvernement des humains et l'administration des choses, il prendra en considération les besoins et les droits des générations futures[10]. En conséquence, les humains vivants auront des devoirs en contrepartie de leurs droits. Le savoir sera interdisciplinaire et transdisciplinaire, la démocratie sera participative.

Les agricultures du monde, qui nourrissent, qui sont en interaction étroite avec les éléments naturels des milieux, qui façonnent les paysages, qui fournissent des emplois et des moyens d'existence, qui contribuent à la vie des territoires, ces agricultures seront nécessairement au cœur du nouveau pacte.

Edgard Pisani, dans son livre intitulé *Un vieil homme et la terre*, rappelait il y a déjà 20 ans qu'une politique agricole est nécessairement aussi une politique alimentaire, rurale et environnementale[11]. Elle doit partir des besoins des populations, de ce qu'elles considèrent comme

9 Ost François, 2020, « La personnalisation de la nature et ses alternatives », *in Le droit en transition. Les clés juridiques d'une prospérité sans croissance*, Bailleux A. (dir.), Bruxelles, Presses universitaires Saint-Louis.

10 Ce que François Ost nomme « contrat social planétaire ».

11 Pisani Edgard, 2004, *Un vieil homme et la terre. Neuf milliards d'êtres à nourrir. La nature et les sociétés rurales à sauvegarder*, Paris, éditions du Seuil, collection L'histoire immédiate.

leur bien commun. Elle ne doit pas être définie à priori par des moyens, qu'il s'agisse du libre marché, de la planification centralisée, ou autre. Une politique est fondamentalement un exercice de médiation entre les besoins et les intérêts, convergents ou divergents voire opposés, de groupes d'acteurs différents. Parmi les besoins exprimés aujourd'hui avec force par les sociétés civiles, citons la sécurité alimentaire et nutritionnelle de chaque individu, la souveraineté alimentaire à l'échelle collective, des environnements sains et rendant des services, la plus grande stabilité possible pour réduire les incertitudes, la durabilité pour assurer un avenir décent aux enfants d'aujourd'hui et à leurs descendants[12].

Pour que les agriculteurs aient les moyens de remplir ces missions, de nouvelles politiques agricoles devront s'engager résolument dans la transition agroécologique. Cela implique de transformer en profondeur, nécessairement de manière progressive, le modèle agricole issu de la « modernisation » de la seconde moitié du XXe siècle, avec tout son cortège de motorisation, de grande mécanisation, d'intrants d'origine industrielle, de sélection génétique orientée vers les gains de productivité, de spécialisation des exploitations agricoles et des régions dans un nombre réduit de cultures ou d'élevages, de concentration des productions dans des fermes toujours plus grandes et moins nombreuses. Ce modèle a permis d'accroître considérablement la production alimentaire, mais il est très dépendant des énergies fossiles, n'est pas efficient du point de vue énergétique, est très émetteur de gaz à effet de serre, et il est source de pollutions du sol, de l'eau et de l'air. Il ne peut pas être le modèle agricole dominant du XXIe siècle. La transition implique aussi de favoriser l'émergence ou la consolidation de modèles agroécologiques diversifiés, en accord avec une conception large de l'agroécologie, qui prend en compte les dimensions écologiques des pratiques agricoles et aussi leurs dimensions sociales et politiques.

---

12 L'expression « souveraineté alimentaire » recouvre des acceptions très variées, nous y reviendrons plus loin.

UNE RÉGULATION DES MARCHÉS POUR LA SOUVERAINETÉ ALIMENTAIRE

Au début de l'année 2024, les agriculteurs de l'Union européenne (UE) ont exprimé leur colère et leur désarroi dans de grandes manifestations. Beaucoup d'entre eux ont clamé qu'ils voulaient être payés pour leurs produits à des prix couvrant leurs coûts de production. Dans une telle situation, ce qui est sidérant pour les autres citoyens, c'est de prendre conscience que celles et ceux qui les nourrissent sont payés à des prix inférieurs à leurs coûts de production. Ce n'est donc pas la loi du marché qui prévaut dans le secteur agricole de l'UE mais, paradoxalement, en dépit du référentiel et des discours libéraux, une sorte d'économie administrée non nommée où les agriculteurs reçoivent des subventions largement déconnectées de leurs productions. Loin de nous l'idée que ces agriculteurs doivent être soumis à des marchés « libres ». Il s'agit de reconnaître que les marchés ont des mérites mais qu'ils doivent être régulés selon des objectifs et avec des moyens négociés de manière démocratique, et non pas régulés par des forces obscures ou par des organisations technocratiques.

Dans les nombreuses régions du monde où la terre est une marchandise, une régulation démocratique est nécessaire aussi, tant sur le marché acquisitif que sur le marché locatif. Selon la FAO, les terres agricoles du monde sont très inégalement réparties : quelque 70 % des fermes mettent en valeur 7 % seulement de ces terres, tandis que 1 % des fermes en couvrent 70 %[13]. Outre ces inégalités, les terres sont convoitées par des acteurs variés – firmes, notamment des entreprises agro-alimentaires, transnationales ou non ; individus tels que des investisseurs, ou intermédiaires, ou agriculteurs ; organisations non gouvernementales ; États –, pour des usages divers : habitat et autres infrastructures, zones industrielles et commerciales, complexes touristiques, parcs de loisirs, aires protégées ou conservées pour le climat, la biodiversité ou d'autres objectifs environnementaux, séquestration de carbone, production d'énergie, agriculture, etc. En général, là où les marchés fonciers ne sont

13 FAO, 2019, Family farms, farmland distribution, and farm labour : What do we know today ? *ESA Working Paper, 19*, 80.

pas, ou que peu, régulés, les prix s'envolent et les terres vont au plus offrant. Dans de tels contextes, des personnes démunies de capitaux, notamment des agriculteurs ou de jeunes personnes souhaitant le devenir, ont très peu de chances d'accéder à de la terre. Cette difficulté contribue à expliquer que beaucoup d'agriculteurs proches de la retraite n'ont pas de successeur, y compris dans l'UE où, pourtant, la population agricole ne représente plus que 4 % de la population active totale. Cela étant, des porteurs d'initiatives font émerger de nouvelles formes institutionnelles d'accès à la terre, en s'appuyant notamment sur l'idée de « commun ».

La régulation des marchés est certainement une condition pour contribuer à la construction de voies vers la souveraineté alimentaire. Cette idée a connu un regain d'intérêt depuis que *La Via Campesina* l'a mise en avant lors du Sommet mondial de l'alimentation qui s'est tenu à Rome en 1996. Des acteurs de plus en plus nombreux emploient l'expression « souveraineté alimentaire » depuis la pandémie de Covid-19 et l'éclatement de la guerre en Ukraine. De fait, ces deux crises ont aiguisé la crainte de la dépendance alimentaire, elles ont aussi réactivé la conscience que l'alimentation des peuples est au cœur de la géopolitique et qu'elle peut être une arme redoutable. Cela étant, cette expression revêt des sens très variés en fonction de qui l'emploie et il faut y être attentif pour ne pas se laisser duper. *La Via Campesina* la conçoit comme une idée évolutive et un ensemble d'actions collectives concrètes, adaptables à différents contextes. Dans ce qui suit, nous nous référerons à la définition formulée par la Coordination européenne de *La Via Campesina* en 2018 : « La souveraineté alimentaire se définit comme un processus consistant à construire des mouvements sociaux, et à renforcer le pouvoir des peuples à organiser leurs sociétés selon des voies qui transcendent la vision néolibérale d'un monde de marchandises, de marchés et d'acteurs économiques égoïstes. [...] La souveraineté alimentaire n'est pas un simple ensemble de solutions techniques ou de formules qui peuvent être appliquées – c'est plutôt un "processus en action" – une invitation aux citoyens à exercer leurs capacités à s'organiser et à améliorer leurs conditions sociales d'existence ensemble[14] ».

Une telle définition va bien au-delà de l'idée d'autosuffisance alimentaire et politise celle de sécurité alimentaire. Soulignons qu'elle implique que le droit de chaque peuple à définir ses politiques agricoles

14 European Coordination Via Campesina, 2018, *Food Sovereignty Now !*

et alimentaires est limité par le droit des autres peuples à faire de même : la non-nuisance, la non-concurrence, la coopération en vue de la souveraineté alimentaire des autres peuples sont des principes essentiels.

C'est bien le même esprit qui a inspiré Marcel Mazoyer quand il a proposé une nouvelle régulation des échanges internationaux de produits agricoles et alimentaires. Après avoir dressé un panorama des différentes agricultures du monde contemporain, dans leurs dimensions écologiques, techniques et sociales, il a mis en avant les énormes inégalités de productivité, de productivité du travail en particulier, qui les séparent. Leur mise en concurrence par les prix, même si celle-ci est médiée par des coûts de transport et des coûts de transaction, conduit à ruiner les paysans les moins productifs. D'où la proposition « d'établir des zones de libre-échange agricole regroupant des pays ayant des niveaux de productivités agricoles proches (Afrique intertropicale, Europe, Asie du Sud, etc.), et protéger ces zones contre les importations par des droits de douane variables, de manière à obtenir des prix intérieurs stables et suffisants pour permettre aux paysans les moins productifs des régions les moins favorisées de vivre de leur travail, d'investir et de se développer[15] ». Cette proposition centrale est assortie de recommandations complémentaires.

Il s'agit de passer d'une mondialisation libérale, génératrice de pauvreté et de dégâts environnementaux, à une mondialisation régulée dans l'esprit du pacte social et écologique esquissé plus haut. Pour construire de telles politiques agricoles, d'un genre radicalement nouveau, les États seront indispensables. Ils devront tout à la fois définir des codes de conduite et des interventions aux échelles internationale et nationale, tout en laissant suffisamment de marge de manœuvre aux acteurs des territoires locaux pour élaborer, par la délibération, les mesures qu'ils estiment utiles au bien commun.

Bonne lecture !

Dans le contexte actuel, ce livre, ou plutôt cette somme sur les politiques agricoles vient à point nommé pour qui veut entendre et comprendre la diversité des situations agricoles et des instruments possibles de régulation. Elle présente de manière didactique une panoplie d'éléments théoriques et d'études de cas de politiques agricoles passées

15 Mazoyer Marcel, 2001, *Protéger la paysannerie pauvre dans un contexte de mondialisation*, Organisation des Nations-Unies pour l'alimentation et l'agriculture (FAO).

dans différents pays du monde, le cas de la Politique agricole commune (PAC) de la Communauté économique européenne puis de l'UE étant particulièrement approfondi au travers de plusieurs chapitres. Les auteurs ont des points de vue disciplinaires variés : même si les économistes sont majoritaires, d'autres auteurs sont agronomes, ou géographes, ou géopoliticiens. Ils sont enseignants-chercheurs ou cadres de haut niveau dans des organisations régionales, nationales ou internationales qui élaborent et mettent en œuvre des mesures de politique agricole. Ils analysent les expériences passées avec une volonté de lucidité, sans nostalgie ni dogmatisme, en envisageant et en expliquant les réussites, les échecs et les revers.

En rupture avec des publications confinées dans une seule perspective analytique adossée à telle ou telle théorie ou idéologie, ce livre est ouvert aux grands vents de l'esprit libre. Il nous invite à un voyage intellectuel dans l'espace et dans le temps des politiques agricoles, dans une pensée plurielle et donc féconde, tout à la fois théorique et pragmatique.

Cet ouvrage sera donc une source d'inspiration précieuse pour celles et ceux qui s'attèlent à la tâche immense et urgente d'inventer des politiques agricoles inédites, pouvant contribuer à un nouveau pacte social et écologique, dans l'UE et ailleurs dans le monde. Bonne lecture !

Laurence ROUDART
Université libre de Bruxelles

INTRODUCTION GÉNÉRALE

> L'économique se présente comme une réalité sociale complexe parce qu'elle est un champ particulier d'activité tournée vers la production, la répartition et la consommation d'objets matériels et est en même temps, par les mécanismes de cette production, de cette répartition et de cette consommation, un aspect particulier de toutes les activités non économiques.
> Maurice GODELIER, 1969, *Rationalité et irrationalité en économie*, Éditions François Maspero, Tome I (page 31).

Parler d'agriculture aujourd'hui relève d'une certaine ambivalence. Cette dernière tient, d'abord, à la marginalisation économique progressive de ce secteur, qui n'occupe plus, du moins dans les grandes économies industrialisées, qu'une place restreinte dans le Produit intérieur brut (PIB) et dans l'emploi. Si la part de l'agriculture dans ces deux agrégats macroéconomiques demeure encore élevée à l'échelle mondiale, on le doit surtout aux pays émergents et aux pays en développement. Cette ambivalence tient ensuite au fait que l'agriculture ne cesse d'être analysée, scrutée, décortiquée, tant au plan de ses évolutions techniques (modèles productifs, pratiques culturales, structure des élevages, etc.) que de ses mutations productives, sociales et environnementales. Par ailleurs, il est souvent question d'agriculture à l'échelle mondiale, notamment parce qu'elle fait l'objet d'âpres négociations à l'Organisation mondiale du commerce (OMC), qu'elle suscite des tensions entre pays et qu'elle nourrit régulièrement les débats au sein des grandes zones économiques, dont l'Union européenne (UE). Elle est tout autant convoquée dès lors qu'il s'agit de relier l'essor attendu de la population mondiale à la capacité des nations à produire suffisamment de biens alimentaires, tant en quantité qu'en qualité.

C'est cette ambivalence qui fait que, depuis plus de vingt ans, on n'a jamais autant parlé d'agriculture, en bien ou en mal, et qu'elle est non seulement un sujet de préoccupation pour la société, mais un objet de recherche partagé aussi bien par les économistes, les sociologues, que par les politologues. Cet objet de recherche est d'ailleurs si prégnant qu'il suscite de très nombreux écrits (ouvrages, rapports, thèses de doctorats, articles scientifiques, etc.) et justifie l'organisation de nombreux colloques et séminaires. Dans le cas français, la dynamique des recherches et des enquêtes réalisées sur ce secteur est inversement proportionnelle aux effectifs d'agriculteurs, qui n'ont cessé de diminuer au cours des dernières décennies. Comme l'aurait dit Voltaire en 1750 au sujet du blé, la nation française s'est enfin mise à raisonner sur l'agriculture. Elle n'est manifestement pas la seule. Industrialisées, émergentes ou en voie de développement, toutes les nations du monde se penchent, de près ou de loin, sur leur agriculture, sur son fonctionnement et, surtout, son devenir, dans un contexte où le rechauffement climatique et les tensions politiques ajoutent à la complexité.

PRÉSENCES DE L'AGRICULTURE

Au cours des dernières décennies, l'agriculture a régulièrement défrayé la chronique et suscité des colères, plus ou moins expressives et médiatisées, de la part des agriculteurs et de leurs organisations professionnelles. Sur ce plan, l'actualité du début de l'année 2024 a été riche, tant en France que dans de nombreux pays européens (y compris en Suisse). Ainsi, par exemple, de nombreux agriculteurs se sont récemment indignés de la concurrence déloyale que leur livrent des concurrents étrangers avec lesquels des accords de libre-échange sont signés alors même qu'ils ont, dans leurs pays, des normes sociales et environnementales plus avantageuses que dans l'UE. Les agriculteurs ont également clairement attiré l'attention des pouvoirs publics sur le fait que la flambée récente du prix des intrants (énergie, engrais, alimentation animale, etc.) pénalisait lourdement leurs coûts de production, au risque de destabiliser des revenus jugés déjà faibles dans certaines productions, comme c'est le cas des productions d'herbivores. De même, les agriculteurs accusent les entreprises de l'aval, et singulièrement les distributeurs, de leur subtiliser une partie de la valeur ajoutée créée.

Cette visibilité sociale des agriculteurs s'est aussi exprimée via des menaces qu'ils jugent peser sur leur avenir, au travers des négociations commerciales multilatérales de l'OMC ou des réformes successives de la Politique agricole commune (PAC) depuis 1992. Les mutations que ces négociations commerciales et ces réformes ont engendrées pour le monde agricole, pour ses pratiques culturales et d'élevage, et sur les systèmes d'aides publiques, ont parfois suscité l'indignation et l'inquiétude des agriculteurs quant à la pérennité de leurs outils de production. Le grand public pouvait alors mesurer, par voie de presse, leurs réactions. Ces dernières ont souvent pris la forme de manifestations massives, en France ou ailleurs en Europe comme dans d'autres pays du monde. Une autre dimension importante a également contribué à ce que le secteur agricole soit régulièrement placé sous les projecteurs de l'actualité. Il s'agit de la diminution régulière et massive du nombre d'emplois et d'exploitations agricoles, une évolution qui se retrouve dans tous les pays industrialisés, mais qui touche désormais aussi plusieurs économies qualifiées d'émergentes. La baisse du nombre de producteurs de denrées agricoles et alimentaires pose le problème du renouvellement des générations, de la transmission des outils de production, de l'accès au foncier cultivable, du dynamisme territorial, et, en se situant dans une perspective plus générale, de la contribution de l'agriculture aux grands équilibres alimentaires et macroéconomiques des nations.

Ces quelques exemples sont évidemment bien connus. Ils sont le reflet des mutations profondes, qu'elles soient structurelles ou sociales, que l'agriculture connaît dans un capitalisme globalisé. Ce dernier suscite à la fois de perpétuels changements productifs et une pression concurrentielle élevée attisant les rivalités entre les nations, et qui sont à l'origine de crises secouant les marchés agricoles. La problématique climatique s'est, de plus, invitée dans l'agenda agricole, et bouleverse à son tour les conditions dans lesquelles les productions agricoles s'effectuent et devront à l'avenir se réaliser. L'affirmation d'une lecture environnementaliste des systèmes productifs agricoles dépasse toutefois le seul périmètre de l'exploitation agricole ou de l'usine de la transformation de matières brutes. Elle s'étend plus globalement aux systèmes alimentaires (Rastoin, Ghersi, 2010), pour orienter les modes de consommation eux-mêmes, c'est-à-dire les pratiques de commercialisation, d'acquisition par des transactions monétaires, de préparation-transformation et, *in fine*, d'ingestion des aliments (Bricas et *al.*, 2021). C'est pourquoi les mécanismes de formation, les conditions d'attribution et les finalités des soutiens publics accordent désormais une priorité renforcée aux changements de pratiques, et subordonnent les aides allouées aux agriculteurs à un engagement dans une agriculture écologiquement compatible. L'agriculture et le comportement alimentaire se doivent ainsi de rejoindre le projet d'une croissance inclusive, résiliente et soutenable.

Ainsi, la période actuelle porte en elle une vaste recomposition des appareils de productions agricoles, ce qui, en économie, peut se qualifier de changement de paradigme technico-économique, ou, pour paraphraser Joseph Alois Schumpeter, de « destruction créatrice ». Comme l'économie mondiale se distingue par une variété de capitalismes (Boyer, 2015), les nouveaux modes d'organisation de la production agricole ne se forment pas au même rythme. Les réponses stratégiques élaborées pour relever des défis, parfois complexes et souvent contradictoires du siècle en cours, ne sont pas non plus convergentes entre les nations et exacerbent même les rivalités. Elles participent tout autant des rapports de force s'exprimant désormais entre les agriculteurs, qui entendent continuer à produire, et des corps sociaux, qui enjoignent les pouvoirs publics de définir des politiques plus contraignantes pour que l'agriculture apporte sa contribution à la réduction des émissions de Gaz à Effet de Serre – GES – (Allaire, Daviron, 2017). L'avènement d'un nouvel élan productif en agriculture peut se heurter à de nombreux obstacles, à des résistances, à des habitudes dont il n'est pas aisé de se défaire et qui rendent complexes les processus de transition ou, pour le dire à la manière de J. A. Schumpeter, le passage de la destruction à la création.

La pandémie de Covid-19 et la guerre en Ukraine depuis février 2022 ont été deux chocs majeurs supplémentaires qui expliquent un regain d'intérêt accordé par les sociétés au secteur agricole, lequel avait été relégué au second plan, comme banalisé dans un capitalisme ouvert. Ces deux chocs ont entraîné une précarisation de certains approvisionnements dans les pays les plus dépendants de l'extérieur pour se nourrir, ce d'autant plus que les importations, souvent de grains, provenaient pour une part importante de l'Ukraine ou de la Russie. Ils ont également accéléré le besoin de mutation et consolider la quête d'une transition vers un nouveau modèle productif, plus écologique et moins énergivore. À l'échelle mondiale, la question de la cohérence des procédés de fabrication des biens agricoles et alimentaires, perceptible au travers surtout des normes, s'est, elle aussi, invitée dans les débats. Alors que la mondialisation concentrait sur elle bon nombre de critiques, la pandémie et la guerre en Ukraine vont révéler que l'organisation antérieure des chaînes de valeur avait rendu dépendantes les nations, et que cette dépendance aboutissait à élever leur degré de vulnérabilté. L'étape suivante a consisté, pour ces mêmes nations, à déployer des stratégies de sécurisation de leurs approvisionnements. C'est pourquoi l'agriculture est redevenue une priorité et qu'elle est désormais mieux inscrite à l'agenda géostratégique des nations.

Ces mutations – certaines d'entre elles en étant encore au stade de l'ambition – sont impulsées par des États, par des systèmes de gouvernance, selon des règles et des budgets partagés, si toutefois les États sont réunis par un projet commun, à l'image de PAC dans le cas de l'UE. Elles s'effectuent parfois selon une procédure de codécision, qui associe, de près ou de loin, des catégories d'acteurs économiques ou de la société civile. Dans certains cas, l'intervention de l'État est réduite au minimum, ne franchissant pas en particulier le périmètre du juridico-administratif.

Dans ces turbulences mondiales, dans ces tensions européennes et face aux attentes exprimées par de nombreux citoyens en matière de climat, de qualité sanitaire des produits, ou d'identification des producteurs dans un souci de traçabilité, l'agriculture n'a plus d'explication agricolo-agricole à fournir. Elle est plongée dans une architecture d'interdépendances qui la lie avec l'ensemble de la société, avec le reste de l'économie. Elle n'est plus un monde à part, comme autrefois, c'est-à-dire avant la grande phase de la modernisation qui va des années 1930 pour les États-Unis aux années 1970 pour l'UE et d'autres contrées. L'agriculture a fondamentalement quelque chose à voir avec l'État. Elle relève de la décision publique. Certains auteurs du XVIIIe siècle, à l'instar de Ferdinando Galiani, considéraient qu'elle était une affaire d'État. C'est pourquoi il est suggéré de renouer avec une analyse plaçant au centre des investigations économiques la question de l'État, et donc, pour ce qui est du thème de cet ouvrage, de la politique agricole, laquelle, logiquement et malgré des différences de temporalités, constitue un maillon fondamental de la politique économique. On sait pourtant que ce questionnement autour de la légitimité et de l'élaboration d'une politique agricole, a régulièrement opposé les courants de pensée, que l'on peut réduire, dans le cadre de cette introduction, à l'école libérale et au courant planificateur, bien qu'il faille s'entendre sur le terme de planification. L'expérience de la PAC l'a dès le début montré, illustrant ainsi la longévité d'une controverse qui remonte au commencement de l'économie politique (Clerc, 1968).

Si l'agriculture est historiquement inscrite, du moins dans certains pays, dans des régimes d'étaticité, comme le montrent les exemples des États-Unis, de l'UE, de la Chine et de la Russie, il convient d'admettre que, parfois, les politiques agricoles, telles que construites par des États, sont comme assouplies, réformées, déstructurées au profit d'un processus de *marchéisation*, c'est-à-dire d'un système de revendications énoncées par des acteurs pour que l'agriculture soit écartée, affranchie, de la « camisole » de l'État. Le secteur agricole n'a en effet pas échappé au tournant de la libéralisation des politiques agricoles à partir des années 1985-1990. Mais c'est précisément parce qu'elle a été absorbée par des forces économiques prônant le globalisme, la liberté sur les marchés, que l'agriculture peut aujourd'hui être réintégrée dans des choix politiques, dans des formes de soutiens indispensables à sa pérennité. Les années de crise économique et financière, qui sont apparues en 2007 et qui se sont prolongées jusqu'en 2013, avec des séquelles mesurables encore aujourd'hui, ont été celles du discrédit porté sur une mondialisation qui s'est enlisée dans de graves tensions. Une économie mondialisée, subordonnée aux forces du marché, désencastrée de la politique et du social, n'était plus une perspective ni souhaitable, ni enviable (Streeck, 2023). À regarder l'évolution de l'agriculture depuis ses années de crises, sa perte d'identité et d'horizon vers lequel se projeter, ne rendaient que plus légitime la production de ce livre.

POURQUOI CE LIVRE ?

Ce livre vise d'abord clairement à combler un manque. Dans le champ de l'économie rurale, les ouvrages dédiés à l'agriculture, au sens large, sont légion. En revanche, s'agissant plus spécifiquement des politiques agricoles, les disponibilités sont moindres, du moins en France. Si les articles scientifiques publiés sur ce thème ont été très nombreux depuis 2000, il n'en va pas de même pour les livres, manuels ou traités. La qualité des ouvrages existants en France au sujet des politiques agricoles n'est évidemment pas contestable, mais ils sont le plus souvent devenus datés (Bourgeois, 1993) (Barthélémy, David, 1999) (Kroll, 1987, 1990) (Ledent, Burny, 2002) (Butault, 2004) (Delorme, 2004) (Bureau, 2007) (Bourget, 2011). Ces ouvrages ne peuvent par conséquent répondre aux questionnements qui sont les nôtres lorsqu'il s'agit de comprendre à la fois la genèse des politiques agricoles et les évolutions qu'elles ont, peu ou prou, connues depuis au moins quinze ans. Trop anciens, ils ne sont pas non plus totalement en mesure de présenter un cadre analytique idoine pour se saisir des grandes transformations à l'œuvre dans le monde agricole, lesquelles sont initiées par les politiques agricoles, ou bien parce que ces politiques sont amenées à emprunter les voies tracées par d'autres décideurs (Servolin, 1989) (Wolfer, 2010). Parfois même, le traitement des politiques agricoles est fondu dans une approche plus globale de l'économie rurale (Milhau, 1954) (Boussard, 1987). Certains ouvrages, pour anciens qu'ils soient, souffrent par ailleurs d'une absence étonnante de données chiffrées, rendant la connaissance de l'agriculture partielle voire imprécise, alors que, même à leur époque, ces ouvrages se présentaient comme des outils pour penser et connaître cette agriculture (Fromont, 1957). Ajoutons que, bien souvent, la littérature sur l'économie de l'agriculture a, durant longtemps, et parfois même encore aujourd'hui, privilégié l'exploitation agricole, sans une prise en considération approfondie des facteurs externes gravitant autour d'elle. Certes, l'exploitation – on parlerait davantage aujourd'hui d'entreprise agricole – constitue l'élément central de l'activité agricole, à partir duquel il est possible de concevoir et de mesurer la production de biens agricoles, mais nul doute que l'évolution des économies a lourdement exercé de multiples répercussions sur le secteur agricole, justifiant une ouverture sur l'économie générale, en particulier du fait du développement des échanges internationaux, sur la sociologie, l'histoire ou encore la géographie. Le point d'aboutissement de toutes ces mutations a trait au fait que l'économiste agricole, comme l'acteur économique qu'est l'agriculteur, se trouvent plongés dans un débat global sur l'avenir de l'agriculture, mais aussi de la société dans son ensemble. Il était par conséquent indispensable de produire un ouvrage de ce type qui, à sa manière, traite de ces évolutions.

Parfois, certains de ces ouvrages ne traitent que d'un aspect particulier de ces politiques agricoles, ou bien couvrent une zone géographique précise. C'est le cas de ceux, plus récents, qui étudient la PAC (Séronie, 2018) (Détang-Dessendre, Guyomard, 2022), sans effectuer de travail de comparaison avec d'autres pays qui se sont dotés eux-aussi d'une politique agricole (États-Unis, Inde, Japon, Suisse, Canada, etc.), ou bien en contournant les conditions sociales, politiques et économiques de de formation de ces politiques agricoles. Une autre manière d'appréhender les politiques agricoles consiste à élargir le périmètre d'investigation en privilégiant l'économie rurale et ses mutations, au sein de laquelle figurent les politiques publiques, qui ne relèvent pas strictement de l'agriculture puisqu'elles investissent plutôt le territorial ou le développement rural (Piveteau *et al.*, 2009). De plus, en se focalisant sur les années récentes, c'est-à-dire celles de la pandémie et de la guerre en Ukraine, on observe un regain de légitimité pour les politiques agricoles, en ce sens qu'elles seraient en quelque sorte au fondement de la sécurité alimentaire (De Raymond, Thivet, 2021) (Griffon, 2006) (Guillou et Matheron, 2011) (Paillard *et al.*, 2010) (Pisani, Lebiez Marc, 2007). Enfin, d'autres ouvrages dépassent le seul cadre des politiques agricoles, et offre un éventail de toutes les dimensions de l'agriculture, de l'intervention de l'État sur les marchés agricoles, aux échanges internationnaux (Abis, 2023) (Berthelot, 2001) (Ducroquet, Charvet, 2024), en passant par les questions relatives à l'aide alimentaire, ou encore de développement agricole dans les pays émergents (Chaumet, Pouch, 2017) et en développement (Petit, 2011) (Meyers, Johnson, Roberts, 2018).

L'ambition de ce livre trouve sa source et sa légitimité dans l'évolution même des politiques agricoles. Mais il s'agit d'une ambition multiple. Par le titre, l'usage du pluriel se justifie en effet par le fait que chaque politique agricole reflète des structures économiques, sociales et politiques nationales précises. Ensuite, les politiques agricoles reposent sur des fondements théoriques qu'il est nécessaire de remettre au jour, ne serait-ce que pour le public des étudiants des grandes écoles d'agronomie, qui reçoivent des enseignements de haute qualité, mais qui font l'impasse ou les évoquent trop rapidement, sur de tels fondements, qui ont, on le verra, participé de la naissance de la science économique, et contribué à son affirmation dans le champ scientifique. Pour les étudiants des Universités, établissements où sont délivrés des cours de sciences économiques, beaucoup se frottent à l'histoire de la pensée économique, aux différentes théories économiques, mais en contrepartie, ne disposent pas d'une connaissance, même rudimentaire, des politiques agricoles. On verra que les débats d'hier résonnent avec ceux d'aujourd'hui, débats pouvant se résumer à la question suivante : faut-il ou non intervenir dans le fonctionnement de l'agriculture ?

Il était donc opportun de combler un manque et, en réalité, de répondre à une attente, celle émanant autant des élèves des écoles d'agronomie soucieux de comprendre la genèse et la dynamique de ces politiques agricoles, des étudiants en sciences économiques qui n'ont qu'un rapport très lointain avec l'agriculture et avec les principes de politiques publiques qui la font fonctionner, mais aussi en sciences politiques, que des enseignants-chercheurs qui délivrent des cours et effectuent des recherches sur ce thème de la politique agricole, ou qui renvoient, directement ou indirectement, à ce champ d'investigation.

Cela est d'autant plus le cas que les économies modernes sont appelées à produire des denrées comestibles, pour les humains comme pour les animaux, à mettre en œuvre des productions qui auront d'autres usages que l'alimentation (énergétiques, industriels), à détenir pour cela des surfaces cultivables, à investir dans des moyens humains et techniques pour semer, récolter, élever du bétail. Les producteurs ont été toutefois amenés à intégrer dans leur schéma productif, dans leur modèle économique, des paramètres nouveaux (bien-être animal, environnement, économies d'intrants, etc.) afin de se conformer aux défis du siècle.

Les politiques agricoles sont définies, pour une grande part, par les pouvoirs publics. Ces derniers se dotent d'instruments et définissent des finalités qui orientent les agriculteurs vers des objectifs, en modifiant parfois les finalités et les outils de ces politiques publiques. C'est pourquoi s'est imposée la nécessité de parcourir les expériences menées par d'autres nations en matière de politique agricole, qu'elles soient industrialisées, émergentes ou en développement, sans pour autant imaginer couvrir l'exhaustivité de ces expériences ; cela aurait débouché sur un manuel beaucoup plus volumineux que ce qu'il est déjà. Il est suggéré également d'analyser les cas où l'expérience d'une politique agricole a pu conduire à son abandon. Car si l'interventionnisme sur les marchés agricoles a trouvé un terrain favorable sur le continent européen à partir du XVIIIe siècle, ne serait-ce que par les controverses théoriques – qui sont au fondement de la création de la science économique – qu'il a suscitées, les politiques agricoles sont ou ont été assurément représentées et appliquées dans de très nombreux pays.

C'est cette profondeur historique, théorique, et pratique, que ce livre entend questionner. Il sera bien entendu question des outils, des orientations, des résultats des politiques agricoles. Ce livre a aussi pour ambition de répondre à des questions fondamentales qui ont jalonné l'histoire des économies, et qui structurent aussi leur devenir : pourquoi existent-ils des politiques agricoles ? Comment se forment-elles ? Qui décide d'élaborer une politique agricole ? Quels sont les fondements théoriques et socio-historiques de leur émergence ? Comment évoluent-elles, selon quelles logiques, quels rapports de force, et en fonction de quels acteurs ou groupes d'acteurs ? Comment les finance-t-on ? Comment s'y prendre pour identifier les outils d'une politique agricole et en mesurer les effets ? Comment s'effectue l'articulation entre l'ouverture commerciale et une politique agricole ? Le lien entre politique agricole et autosuffisance, entre intervention de l'État et souveraineté alimentaire, est-il durable, ou bien temporaire, en fonction de quels jeux d'acteurs et de quels compromis institutionnels ? Quelle est la genèse de l'émergence et de l'insertion dans les politiques agricoles de nouveaux outils et de nouveaux objectifs comme l'écologie, le bien-être animal, l'agriculture biologique ? Qu'ont à nous dire les expériences lointaines de politiques agricoles ou bien, à l'inverse, celles où les politiques agricoles ont été abandonnées ou réduites à la portion congrue ? Pourquoi certaines nations ont-elles adopté le principe d'un interventionnisme en agriculture ? Pourquoi ne s'en sont-elles jamais démarquées, alors que d'autres ont fait le choix d'y renoncer, pour répondre aux évolutions du marché ? Faut-il encore des politiques agricoles dans un capitalisme globalisé ?

Pour apporter des éléments de réponse à ces multiples et complexes questions, cet ouvrage a donc réuni, pour la circonstance, une quarantaine d'auteurs, chacun détenant un degré élevé d'expertise dans le domaine qui est le sien.

D'un strict point de vue méthodologique, l'ouvrage a été construit de manière à éviter, autant que faire se peut, les lacunes, ou les absences trop criantes de certains aspects de la question des politiques agricoles. Les lecteurs en pointeront nécessairement plusieurs, en particulier dans la dernière partie, celle dédiée à quelques expériences étrangères de politique agricole. Pourquoi avoir sélectionné ces pays et pas d'autres, pourtant tout aussi intéressants quant à la problématique abordée ? Pour être honnête, il n'y a pas toujours de réponses objectives à apporter à cette question, tant la diversité des pays est grande et l'agriculture présente partout. Les choix opérés ont certes été influencés par l'intérêt supposé de tel ou tel pays, mais aussi par l'efficacité recherchée dans la construction de l'ouvrage (proximité aux auteurs). Les coordinateurs de cet ouvrage ont fait le choix de couvrir le plus largement possible les aspects théoriques et historiques des politiques agricoles, de mettre l'accent sur les expériences nationales, et sur les réformes de ces politiques agricoles, une grande partie étant consacrée à la PAC et à ses transformations au fil des réformes successives.

PLAN DE L'OUVRAGE

L'ouvrage se compose de cinq parties.

La *première partie* traite des fondements théoriques et des conditions de la formation des politiques agricoles. Elle essaiera de répondre à une interrogation qui a animé et opposé les économistes depuis la formation de la discipline vers la fin du XVIIe siècle. Elle entend montrer que les débats sur la légitimité et la nécessité des politiques agricoles s'inscrivent dans l'émergence même de la discipline économique, et opposent rapidement différents courants de pensée. D'une certaine manière, l'idée même de politique agricole n'est pas dissociable de la formation de la science économique. Bien davantage, on peut lire le processus de rationalisation de la pensée occidentale au travers de l'agriculture et des préoccupations qui ont animé les États à ce sujet, ne serait-ce que pour déterminer les conditions de la production agricole et les canaux d'approvisionnement des populations en biens alimentaires. En ce sens, la politique agricole constitue l'un des maillons fondamentaux de la rationalisation formelle de la science économique (Steiner, 1998). Par voie de conséquence, cette première partie insistera sur la rupture qui a surgi dans les années 1930, sous l'impulsion des États-Unis. Une période de grande crise capitaliste qui ouvre une ère durable où l'idée et la pratique des politiques agricoles vont s'imposer dans les débats universitaires, mais aussi du côté du politique. Durable au sens où la formation de la PAC dans l'Europe du marché commun – qui a relevé de la décision politique, mais qui répond à des modes de fonctionnement et d'élaboration précis – fait écho à cette longue réflexion sur l'exigence d'une intervention publique sur les marchés agricoles, rompant ainsi avec la croyance d'une concurrence pure et parfaite conduisant à la formation d'un équilibre sur de tels marchés.

La *deuxième partie* partira du constat que les politiques agricoles existent. Qu'elles ont été, ici ou là, appliquées, durablement ou non. Certaines sont encore en vigueur, d'autres ne le sont plus. C'est pourquoi il était indispensable de mettre en relief les cheminements que les politiques agricoles ont empruntés, sous la houlette des États, dans des contextes précis. Il sera question dans cette partie des grands pays producteurs de biens agricoles et alimentaires. Car si les politiques agricoles se sont affirmées après la guerre dans de nombreux pays, elles font l'objet de nombreuses critiques à partir de la fin de la décennie 1970, lesquelles vont aboutir à des réformes plus ou moins profondes de ces politiques. Le retour en force de l'idéologie libérale a pu constituer un socle suffisamment solide pour favoriser ces réformes, bien qu'il soit nécessaire d'avoir à l'esprit qu'elles n'ont pas toutes été dans la même direction ; ces dynamiques divergentes attestant de la variété des capitalismes. Une variété qui explique en quoi certaines politiques ont connu des chocs réformateurs, alors que d'autres ont affiché une étonnante résistance aux réformes. Dans le cas de la PAC, il sera examiné pourquoi ces réformes ont parfois conduit à des crises de marché.

Les coordinateurs et les auteurs de cet ouvrage ont souhaité accorder, dans *une troisième partie*, une large place à la PAC et à ses réformes. La

PAC a été engagée dans des réformes successives, qui ont non seulement modifié, parfois en profondeur, les principes sur lesquels elle reposait depuis le début des années 1960, mais aussi fait surgir de nouvelles problématiques, qui ont un lien intime avec l'adhésion de nouveaux États membres, mais aussi avec les exigences croissantes de la société, dans un contexte de changement climatique et de préoccupations quant au respect de l'environnement, de la biodiversité et de la qualité de l'alimentation.

Dans la mesure où les économies sont, sur le long terme, ouvertes sur le monde, par le biais notamment des échanges commerciaux, et que ce degré d'ouverture s'est globalement accentué à partir des années 1980 sous l'influence de la mondialisation et des accords commerciaux multilatéraux ou bilatéraux, il ne pouvait être question de négliger les liens étroits entre les politiques agricoles et l'économie mondiale. Car, au-delà des transactions commerciales de produits agricoles et alimentaires, eux-mêmes pris désormais dans la logique des négociations à l'OMC, c'est également la problématique de l'harmonisation des normes des produits qui est posée, et qui, parfois, entrave même les conditions de formation des accords commerciaux. Les barrières tarifaires, que l'OMC et nombre d'États membres de cette institution internationale cherchent à démanteler pour fluidifier le commerce et atténuer les distorsions de concurrence, sont de plus en plus articulées à des tractations relatives aux barrières non tarifaires. En tentant d'élaborer une nouvelle architecture commerciale internationale, l'OMC et les principaux États membres soucieux de leurs intérêts agricoles, dissimulent mal la persistance d'une conflictualité entre les blocs commerciaux aux intérêts divergents. Cette situation rend inatteignable, en quelque sorte, la constitution d'une économie mondiale pacifiée. Tous ces aspects, fondamentaux il va sans dire, sont traités dans la *quatrième partie* de ce livre.

L'économie mondiale, qui ne forme nullement un ensemble cohérent, se distingue par une variété de capitalismes et par une différenciation des structures sociales d'accumulation du capital, desquelles l'agriculture n'est plus écartée. Dan ce contexte, la *cinquième et ultime partie* de cet ouvrage présente plusieurs expériences de politiques agricoles, telles qu'elles sont définies et appliquées dans certaines régions du monde, ou dans certains États-nations. L'actualité agricole est suffisamment riche de tensions commerciales, de rivalités géopolitiques, mais aussi d'expériences inédites et probantes en matière de politiques agricoles, qu'il était indispensable de livrer au lecteur des analyses sur ces expériences menées ou amorcées en Chine, en Russie, au Brésil, en Argentine, au Japon, en Haïti, à Cuba, dans les pays du Maghreb (si dépendants du reste du monde pour se nourrir) et, plus près encore de nous, en Suisse. Sans prétention évidemment à l'exhaustivité, cette dernière partie entend juste offrir au lecteur, à partir de ces exemples, la possibilité de prendre la mesure de la variété des expériences existantes en matière de politique agricole, et de lui montrer que l'UE n'est pas un cas isolé, loin s'en faut.

À la clé de ce panorama d'expériences de politiques agricoles, se situe fondamentalement la question de la production agricole dont la finalité première est d'approvisionner les populations en biens agricoles et alimentaires, et celle, en embuscade, de la souveraineté alimentaire. Quelles sont les réussites, quels sont les échecs, et quelles sont les voies d'amélioration pour relever un défi qui, à bien y regarder, est inscrit dans le temps long de l'histoire ? Au-delà de cette dimension nourricière, se pose également une autre question : celle relative à la préservation des agriculteurs et des territoires, question qui ouvre sur un questionnement relatif à la pérennité ou non de la paysannerie dans des pays en développement ou de l'exploitation familiale dans d'autres régions (Pouch, 2023) (Purseigle, Hervieu, 2022). Le lecteur, familier des politiques agricoles, habitué des informations sur le développement agricole, y verra sans doute une résonance avec ce que l'on appelle l'agriculture comparée.

L'énonciation de ces cinq parties se boucle alors sur l'intention première de ce livre. La compréhension des politiques agricoles est certes décisive pour resituer le secteur agricole dans un capitalisme globalisé qui a déjà bouleversé les structures de la production agricole, et cette démarche est assortie d'une approche comparative. Mais appréhender les politiques agricoles signifie aussi rechercher les modes de la « gouvernementalité » des économies et des sociétés, pour reprendre une expression travaillée par le philosophe Michel Foucault. Une politique agricole peut en effet se percevoir comme l'une des facettes des formes de gouvernement, historiquement réversibles, qui se métamorphosent au gré des crises et des rapports de forces, et on sait qu'en agriculture, ils sont nombreux, surtout dans la période récente (Foucault, 2004) (Monod, 2019).

L'agriculture et les politiques agricoles qui la façonnent n'ont en réalité jamais été aussi modernes. Il était par conséquent nécessaire et crucial d'y consacrer un volumineux ouvrage, entreprise collective indispensable pour se saisir des enjeux agricoles d'hier, d'aujourd'hui et de demain.

Vincent CHATELLIER
INRAE
Académie d'Agriculture de France

Martin PIDOUX
Directeur de PROMETERRE
(Association vaudoise de promotion des métiers de la terre)

Thierry POUCH
Laboratoire Regards,
Université de Reims
Champagne-Ardenne
Chambres d'agriculture France
Académie d'Agriculture de France

Marine RAFFRAY
Chambres d'agriculture France
Doctorante à l'Université de Reims
Champagne Ardenne

PREMIÈRE PARTIE

AUX FONDEMENTS DES POLITIQUES AGRICOLES

Remontant au plus loin dans le temps historique des civilisations, les historiens montrent que les progrès réalisés dans le domaine de la production de biens de subsistance, dans l'artisanat, dans l'échange ou, pour le dire de manière plus précise, dans la structuration des marchés, ont été relativement lents, progressifs, selon un rythme haché et surtout différencié. En opérant un recentrage sur l'Occident, l'histoire indique que, jusqu'au Moyen Âge, ainsi que le relate Jacques Le Goff dans son ouvrage important *La civilisation de l'Occident médiéval*, l'activité économique se distingue essentiellement par une production peu élevée de biens de subsistance, faisant l'objet d'une autoconsommation, ou d'un prélèvement effectué par la Monarchie. L'idée même de croissance, de réalisation d'un surplus, et, plus généralement, l'ambition d'un progrès économique, semblent comme étrangères aux dirigeants des Royaumes et à ceux de l'Église (Le Goff, 1964). C'est au détour de la Renaissance que s'engage en Occident une mutation qui va bouleverser le monde, et, comme l'a récemment dépeint l'économiste Jacques Mistral, ce bouleversement va durablement structurer les rapports entre l'Occident et les autres civilisations, c'est-à-dire jusqu'à nos jours. De ce point de vue, l'année 1616 marque une étape décisive. La diffusion de l'ouvrage signé par Antoine de Montchrestien contient l'idée d'une économie politique, fondamentalement centrée sur la production de richesses et par l'acquisition qu'en font les souverains. Plusieurs visions de l'économie suivront, adhérant ou non à l'acception qu'en donne Montchrestien. Le courant physiocrate, par exemple, la définira, comme le suggère Mirabeau, comme l'étude de l'agriculture et de l'administration publique, comme une façon de mesurer la création des richesses et comme un discours approprié pour en accroître les quantités. Les controverses qui suivront seront à la fois nombreuses et, bien souvent, d'une âpreté intense.

La grande transformation de l'Occident, fondée sur une classe sociale montante – une bourgeoisie rivale d'une aristocratie sur le déclin – détenant des capitaux dont elle entend fructifier les usages, conduit à une vaste réorganisation des structures des sociétés occidentales, en particulier dans le registre des conditions matérielles d'existence des hommes. L'Occident, investissant, produisant, accumulant, échangeant, installe les hommes sur la voie des richesses, et les soustraie peu à peu au règne antérieur de la faim, de la pénurie, et, repoussant ainsi l'angoissant état stationnaire, à la mort (Foucault, 1966) (Mistral, 2019).

Ce petit détour par une histoire de l'humanité appréhendée sous l'angle de ses conditions matérielles de vie – se loger, se nourrir, se vêtir – invite à considérer que le secteur agricole, si dominant dans les structures sociales de l'époque, dans les structures du quotidien, a pleinement participé de cette dynamique de création de richesses. L'agriculture, étant donné le poids qu'elle occupe encore dans les sociétés au sortir du Moyen Âge, est, quelque part, au fondement même de la formation de l'économie politique. Elle va constituer le socle sur lequel vont s'engager des controverses théoriques de première importance dans le processus de formation de la discipline, mais aussi dans celui des décisions politiques. Parmi ces joutes théoriques, celle portant sur la nécessité ou non pour un État, d'intervenir sur un marché agricole, apparaît décisive, cruciale pour ce qui nous préoccupe dans cette partie, à savoir les fondements et la légitimité de la politique agricole.

C'est pourquoi les élèves des grandes écoles nationales d'agronomie, comme les étudiants des Universités où sont enseignées les sciences économiques (on emploiera ici volontairement le pluriel, car l'économie se distingue par plusieurs courants de pensée, qui prétendent tous incarnés « la science économique »), doivent savoir que, lorsqu'ils entendent parler d'agriculture, lorsqu'ils étudient une politique agricole, lorsqu'il leur est demandé d'en évaluer les impacts, ou bien encore d'en analyser leurs conditions de financement ou d'en décortiquer les instruments, leur apprentissage est encastré dans des débats cruciaux dont ils ignorent parfois jusqu'à l'existence. Ils sont en quelque sorte inconsciemment les dépositaires d'un savoir autrefois socialement construit autour de la question agricole. Faut-il intervenir sur un marché agricole ? Et, si oui, pourquoi ? Quelles en sont les justifications théoriques ? Y a-t-il eu, dans l'histoire économique des nations occidentales, des périodes plus propices et plus ou moins longues à l'affirmation de la politique agricole, précédant ou succédant ainsi, à des phases de libéralisme agricole plus prononcé et dominant ? Les deux grandes politiques agricoles du XXe siècle, celle des États-Unis dans les années 1930, et celle de l'Europe (*Politique agricole commune*, PAC) à partir du début des années 1960, entrent-elles dans ce champ de réflexion ? Sont-elles en ligne directe avec les grandes approches d'hier, celles qui ont façonné le discours économique ? C'est à ces questionnements que cette première partie entend répondre.

INTERVENIR OU PAS EN AGRICULTURE

Les enseignements de l'histoire de la pensée économique

La formation de l'économie politique vers la fin du XVIIe siècle accorde une place importante, pour ne pas dire centrale, à la question agricole. Tous les auteurs ont, de près ou de loin, structuré leur pensée à partir ou autour de l'agriculture prise au sens large, c'est-à-dire y compris le foncier, domaine qui a suscité un vaste débat, notamment relatif à la formation et au sens économique et social de la rente, puisque cette variable entrait directement dans la question de la répartition de la richesse produite. Très vite, la problématique agricole va porter sur la nécessité ou non, d'intervenir sur un marché agricole, la question en toile de fond étant celle des conditions dans lesquelles se réalise l'approvisionnement des populations en biens de subsistance et se construit le prix du grain. Le clivage qui s'instaure dès la formation du discours économique, opposant les partisans d'un marché concurrentiel à leurs adversaires plutôt soucieux de la régulation de ce marché, émane fondamentalement du problème agricole, de la production et de la commercialisation de ces biens de subsistance. Si l'agriculture devient l'objet de débats, c'est parce qu'ils prennent place dans un mouvement politique plus général, où il est question d'une quête de liberté contre des forces monarchiques, réglementaires, teintées souvent d'obscurantisme, dont il faut se débarrasser. L'esprit des Lumières forme une dynamique de pensée dans laquelle s'insère l'économie. La liberté du commerce, des grains en l'occurrence, ne peut être dissociée de la liberté politique. Le blé constitue le socle sur lequel se forment et se déploient des courants de pensée hostiles ou au contraire favorables à la liberté d'échanger.

D'une culture relevant de l'agronomie, cette denrée qu'est le blé devient, à partir de la seconde moitié du XVIIIe siècle, un objet de théorie économique, cette dernière se frayant un chemin jusqu'au politique. Car c'est bien le politique qui, sous l'influence des penseurs de l'économie, décide de ce qui sera le mieux pour la société en matière de subsistances alimentaires, surtout lorsque des crises de subsistances surgissaient au point de menacer la stabilité du Royaume. C'est pourquoi, en 1770, dans son *Dictionnaire philosophique*, Voltaire, à l'article « blé », va jusqu'à dire que « la nation, rassasiée de vers, de tragédies, de comédies, d'opéras, de romans, d'histoires romanesques, de réflexions morales plus romanesques encore, et de disputes théologiques sur la grâce et sur les convulsions, se mit à raisonner sur les blés ».

Mais comme l'esprit des Lumières n'a pas formé un ensemble homogène, la liberté de circulation des grains a aussi eu ses adversaires. La question de la liberté de circulation des grains en contient une autre, d'une importance capitale dès lors que l'on s'engage dans une réflexion sur une politique agricole : le blé est-il une marchandise faisant l'objet d'une transaction sur un marché, de laquelle émerge un prix, ou, *a contrario*, est-il un bien de subsistance pour le peuple, dont le mode d'organisation relatif à son accès conditionne l'éclosion ou non des émeutes populaires. D'un côté, des partisans d'une moindre réglementation du marché, d'un gouvernement des choses économiques qui serait le moins interventionniste possible, de l'autre, les tenants d'une perception du blé les conduisant à faire d'une législation un acte politique garantissant l'approvisionnement en grains de la population.

Ce sont ces controverses qui ont marqué les grandes heures de la formation de la science économique, et qui, plus de deux siècles et demi après, structurent encore les débats d'aujourd'hui autour du marché et des grains, autour de la légitimité ou non de la politique agricole, qui, fondamentalement, est emblématique de l'action gouvernementale. Deux courants de pensée économique illustreront l'intensité des débats que leur conviction selon laquelle l'interventionnisme sur un marché agricole est néfaste occasionnera, poussant leurs adversaires à soutenir, *a contrario*, la légitimité de l'intervention : le courant physiocratique et l'école ricardienne, avec les figures emblématiques que furent François Quesnay et David Ricardo.

LIBERTÉ DU COMMERCE
L'empreinte de la physiocratie

Le courant physiocrate n'est pas le premier à évoquer l'idée d'un ordre qui émanerait d'une activité économique appréhendée comme un vecteur de la structuration des sociétés. Pierre Le Pesant de Boisguilbert, dans son *Factum de la France* de 1705, indique que l'ordre d'une société résulte de ses activités économiques, et illustre ce qu'il nomme un « équilibre », une « harmonie », ou, mieux encore, un « état d'opulence ». Dans sa *Dissertation de la nature des richesses, de l'argent et des tributs*, il indique qu'il « faut que toutes choses, toutes les denrées soient continuellement dans un équilibre, et conservent un prix de proportion par rapport entre elles et aux frais qu'il a fallu faire pour les établir » (1707 b, page 993). Ce type de prix met tout producteur à l'abri d'une perte éventuelle, tout en étant à l'origine d'une « utilité réciproque ». Selon lui, pour tendre vers une telle situation d'équilibre, la concurrence totalement libre est un instrument idoine pour équilibrer les activités des uns et des autres, elle constitue en quelque sorte une concordance entre des intérêts opposés. Il s'agit d'une vision qui, on s'en doute, sera assortie d'une nécessité pour le législateur, de ne pas interférer avec le marché, solide levier pour établir un lien social (Faccarello, 2006). Brièvement résumée, la position de Boisguilbert va inspirer bien des auteurs, et les physiocrates vont se réclamer de lui, en particulier en adhérant à cette conviction selon laquelle la liberté du commerce extérieur forme une composante de la liberté en général. Il est en quelque sorte un précurseur des physiocrates : d'abord parce que l'agriculture y est vue comme la source première de la richesse ; ensuite, parce qu'il est partisan de la liberté du commerce ; enfin, parce qu'il voit dans l'intervention de l'autorité dans les affaires économiques une cause des dysfonctionnements de ces affaires (Bast, 1966).

En cela, Quesnay et dans une certaine mesure Turgot, vont se revendiquer de cette idée avancée par Boisguilbert, que le marché des grains ne doit faire l'objet d'aucune surveillance, d'aucun règlement. Il n'y a donc pas de position singulière de Quesnay, il s'inspire et approfondit des débats antérieurs à lui, et qui ont été initiés notamment par

Boisguilbert. Il reste qu'il est nécessaire de rappeler ici que l'avancée théorique de Quesnay a trait au statut qu'il donne à la terre. Celle-ci est considérée comme le facteur productif par excellence, le travail effectué par l'homme sur une surface cultivable n'étant qu'un adjuvant certes indispensable dans le processus de production, mais le fondement de la dynamique productive se situe dans la terre. Ce n'est pas pour autant qu'il faille voir dans le courant physiocrate, comme on peut parfois le lire dans certaines interprétations, un groupe d'économistes arc-boutés, à l'image d'une secte, sur le secteur agraire. Deux auteurs au moins, et parmi les plus importants du XVIIIe siècle, ont mis au jour l'influence décisive des physiocrates dans la formation de cette science nouvelle qu'allait devenir l'économie. Il s'agit d'abord de Condorcet qui, dans son ouvrage intitulé *Esquisse d'un tableau historique des progrès de l'esprit humain*, s'immisce dans le débat, en indiquant que l'influence de l'école physiocratique est méconnue, sous-estimée, alors que la science nouvelle de la richesse est au contraire intimement fondée sur le message des physiocrates. C'est ensuite Tocqueville qui, dans *L'Ancien régime et la Révolution*, prend le contrepied de l'idée, fort répandue selon lui, selon laquelle l'apport des physiocrates a été mineur dans les idées politiques de l'époque (Tocqueville, 1856) (Condorcet, 1793) (Bach, 2004).

Afin de bien comprendre les termes d'un débat appelé à s'inscrire dans l'histoire longue du capitalisme alors naissant, partons d'une date décisive, celle de la publication en juillet 1764, de l'Édit du Roi Louis XV, portant sur la libre circulation des grains dans le Royaume[1]. Dans cet Édit, il est question du bien-être des sujets. Parmi les conditions de ce bien-être, figure l'accès à l'alimentation, ou plus précisément, l'accès aux grains. L'instauration d'une plus grande liberté de circulation des grains constitue alors, selon cet Édit, le support d'un plus grand bien-être des sujets. Cela requiert une révocation est-il dit des « lois et des règlements qui auraient été faits précédemment, pour le restreindre dans des bornes trop étroites » (page 1). Si cette décision de la révocation est prise pour faciliter la circulation des grains, c'est qu'elle se fonde sur des consultations que le Monarque et ses conseillers ont réalisées auprès de « personnes les plus éclairées » sur cette question, avant de les mettre en délibération. Ces « personnes éclairées » (page 1), quelles sont-elles ?

---

1 Cet édit de 1764 est consultable sur le site de la Bibliothèque Nationale de France : www.gallica.bnf.fr (consulté le 13 novembre 2023).

Au regard de l'époque qui voit se diffuser une science de la richesse, il est indéniable, par cette remarque contenue dans le texte de l'Édit de 1764, qu'il s'agit des physiocrates, et, plus particulièrement du premier d'entre eux, François Quesnay. La libre exportation et importation des grains et des farines, aurait de quoi « entretenir l'abondance par les magasins et l'entrée des blés étrangers, à empêcher que les grains ne soient à un prix qui décourage le cultivateur, à écarter le monopole par l'exclusion sans retour de toutes permissions particulières, et par la libre et entière concurrence dans ce commerce ; entretenir enfin entre les différentes nations cette communication d'échanges du superflu avec le nécessaire, si conforme à l'ordre établi par la divine Providence, et aux vues d'humanité qui doivent animer tous les Souverains » (page 2). Un peu plus loin, il est ajouté que « désirant pourvoir, par l'introduction des blés étrangers dans notre Royaume, à ce que le blé ne monte pas à un prix onéreux à nos peuples ; nous permettons à tous nos sujets et à tous étrangers, de faire librement entrer dans le Royaume, sur toutes espèces de vaisseaux indistinctement, tous grains, graines, grenailles, farines et légumes venant de l'étranger, en payant les droits ordonnés par le présent Édit » (Article V, page 4).

L'Article V contient l'idée d'un prix qui ne doit pas être onéreux pour les peuples. Ce qu'il faut entendre par-là, c'est une notion de bon prix, c'est-à-dire un prix qui garantisse à la fois la poursuite de la production, de la reproduction du capital avancé, du revenu du propriétaire et du Souverain, faute de quoi le prix, par la raréfaction des disponibilités livrées sur le marché, serait trop élevé et bien trop cher pour le peuple. Le bon prix assure donc la production d'une quantité suffisante de grains, et celle-ci est rendue accessible aux consommateurs. C'est ce que développe Quesnay dans son Article de l'Encyclopédie, « Grains », lorsqu'il affirme que : « Abondance et non-valeur n'est pas richesse, disette et cherté est misère, et abondance et cherté est opulence » (Quesnay, 1757 [1958], page 954).

Le bon prix doit de surcroît être stable. Il ne peut l'être que si les fluctuations de la production intérieure sont possiblement compensables par des volumes plus élevés ailleurs, ce qui suppose que l'on raisonne et que l'on agisse sur un marché élargi, propre à faciliter l'exportation et l'importation de grains. Le marché international apporte ainsi un complément au bon prix, puisqu'il le rend stable (Weulersse, 1910).

C'est pourquoi, en contribuant à la reproduction des capitaux avancés, à la couverture des frais de culture, au bien-être des populations par un prix stable et bon, en garantissant le revenu des propriétaires, le commerce international a eu les faveurs du courant physiocrate en France. En étant favorable à tous les acteurs de la société, Quesnay fait du bon prix un instrument en faveur de l'intérêt général. L'articulation des progrès du commerce et de l'agriculture est perçue par Quesnay comme une source de l'abondance, offrant au Royaume un moyen de parvenir à la prospérité (Quesnay, 1757). Et Quesnay d'ajouter : « Les denrées ne peuvent donc être des richesses pour toute nation que par l'abondance et par le bon prix, entretenus constamment par une bonne culture, par un bon prix et par le commerce extérieur » (Quesnay, 1757 [1958], p. 246). C'est parce que le commerce extérieur est libéré de toute entrave que la cherté des denrées a « nécessairement ses bornes, fixées par les prix mêmes des denrées des autres nations qui étendent leur commerce partout » (page 247).

Plusieurs années après, dans une série de *Lettres adressées au Contrôleur Général* (l'Abbé Terray), Anne Robert Jacques Turgot, lui-même Contrôleur Général des Finances de Louis XVI, se fera l'écho du point de vue de Quesnay sur la liberté du commerce, en indiquant que : « Je crois y avoir démontré que la seule égalisation des prix, véritable but et infaillible effet de la liberté, sans augmenter en rien le prix moyen du consommateur, et en rapprochant seulement de ce prix le prix moyen du laboureur vendeur, assure à celui-ci un profit immense. Ce profit est assez grand pour qu'il en reste encore beaucoup, quand même il diminuerait un peu par la baisse du prix à l'avantage du consommateur » (Turgot, p. 312-313).

La notion de « bon prix » est décisive dans la démonstration de Quesnay, en ce qu'elle permet de lever l'opposition entre le producteur, qui, en situation d'autarcie, bénéficie d'un prix élevé du fait d'une production insuffisante si le climat n'a pas été favorable, et un consommateur qui doit payer plus chère sa subsistance. Le recours au commerce extérieur, à l'importation de grains, assure un rapprochement quantitatif entre l'offre et la demande. Le commerce, ainsi libéré de toute entrave, est à l'origine d'un rapprochement entre le cultivateur et le demandeur de grains, d'une meilleure concordance des prix et donc des intérêts de deux types d'acteurs économiques. Ce mécanisme de compensation entre les quantités nationales et étrangères, empêche le producteur d'affamer le peuple en pratiquant un prix élevé. Le pays augmente ainsi ses exportations lors des années de bonnes récoltes, et ses importations si les récoltes sont affectées par un climat défavorable. On peut dire qu'avec le libre commerce, la situation de l'un, le cultivateur, s'améliore, sans que le consommateur ne voit la sienne se détériorer.

L'amélioration de la situation économique du cultivateur est une façon pour les physiocrates, de redresser la production agricole, puisqu'elle est au fondement même de la création des richesses dans un pays. Une séquence vertueuse peut alors se mettre en place : accroissement de la production, prix que l'on qualifierait aujourd'hui de rémunérateur pour le producteur, augmentation de son revenu, de celui du propriétaire terrien, et, *in fine*, des taxes et impôts perçus par le Monarque. Dans un contexte de guerre avec l'Angleterre (guerre de Sept ans, 1757-1763), l'économie agricole forme un levier pour résoudre les problèmes financiers du Royaume (Steiner, 2002). La démonstration de Quesnay a donc une certaine logique. Elle est surtout, et cela est un point essentiel, la manifestation d'une hostilité à tout interventionnisme sur un marché agricole. Quesnay énonce ainsi l'une des critiques les plus argumentées de la police des grains qu'exerce l'État, police dans laquelle il voit une restriction à la liberté du commerce (Charles, 1998) (Boyer, 2017). L'école de pensée physiocrate apparaît ainsi comme hostile à une politique agricole dont la fonction serait de soutenir ce marché, en pratiquant par exemple un prix déconnecté du marché, et/ou, par extension, de contrôler ou d'entraver les flux commerciaux de grains, flux qui, justement, équilibre les quantités offertes et demandées.

Cette hostilité envers une intervention sur les marchés agricoles est fondamentale. Comme on le verra dans la suite de ce livre, la politique agricole peut en effet s'articuler à une politique commerciale, visant à stimuler des exportations en les subventionnant, ou à faire obstacle à la pénétration du marché intérieur par l'application d'un dispositif de taxation aux frontières. C'est précisément ce que fit l'Union européenne avec la Politique agricole commune (PAC), sur une période d'environ trente années. Alors que Quesnay voyait dans le commerce, dans le fait que les grains étaient davantage un objet d'échange et moins un moyen de subsistance, la PAC était placée plutôt sous le signe de la production agricole par le truchement d'outils de régulation des marchés.

C'est pourquoi il est suggéré dans ce chapitre, de se pencher sur le message des adversaires des physiocrates. Parmi eux on trouve le célèbre économiste italien, Ferdinando Galiani, Abbé de son état, qui publie en 1770 et dans une certaine clandestinité, son ouvrage intitulé *Dialogues sur le commerce des bleds* (Galiani, 1770, ce texte ayant été originellement publié anonymement). Car dans le projet qui a été le nôtre dans la production de cet ouvrage, Galiani occupe une place singulière, en ce sens qu'il estimait, contrairement aux physiocrates, que l'agriculture était plus une affaire d'État, qu'un objet de commerce.

L'AGRICULTURE ENTRE ÉCONOMIE ET POLITIQUE
La critique de Galiani

Comme l'a indiqué avec justesse Catherine Larrère dans l'ouvrage qu'elle a consacré à *L'invention de l'économie au* XVIII*e siècle*, la lecture critique que Ferdinando Galiani établit au sujet de l'Édit royal de 1764 constitue en quelque sorte une introduction utile pour comprendre les débats qui opposent les encyclopédistes, en particulier sur cette question de la libéralisation du commerce de grains (Larrère, 1992). Galiani incarne par ailleurs cet ensemble d'intellectuels du XVIIIe siècle pour lesquels la circulation des idées économiques était importante, ce qui requérait l'impératif du voyage. Il s'inscrit enfin dans cette lignée des abbés-économistes qui ont tant contribué à la formation de la discipline et qui sont considérés, encore aujourd'hui, comme des auteurs de références pour les chercheurs en histoire de la pensée économique, bien que J.A. Schumpeter l'ait classé dans la catégorie des « consultants administratifs » dans le chapitre III de son *Histoire de l'analyse économique*, intitulé « Les experts de l'administration et les pamphlétaires » (Schumpeter, 1954). Schumpeter décèle dans les travaux des économistes italiens, dont ceux de Galiani, une forte et décisive contribution à la formation de l'économie politique pré-smithienne, en particulier du fait de leur vision de l'économie du bien-être (p. 252-258).

Galiani s'engage dans les débats économiques qui vont s'étaler, en gros, sur à peine trente années, décennies pouvant être perçues comme

« la première grande révolution théorique de laquelle les sciences économiques émergent » (Screpanti et Zamagni, 1993). C'est surtout dans le point de vue sur l'agriculture qu'il développe dans ses célèbres *Dialogues sur le commerce des bleds*, qu'il faut chercher les sources de la longévité de sa conception de l'activité agricole et de sa fonction dans les sociétés. À le lire, plusieurs auteurs ont fait de lui « l'ennemi le plus terrible » de la physiocratie (Dumont, 1977).

Galiani fait de la liberté du peuple le fil conducteur de sa réflexion, fil qui est bien plus qu'apparent dans ses *Dialogues*, dont les deux principaux protagonistes sont le Chevalier de Zanobi – la voix de Galiani – et le Marquis de Roquemaure, personnage favorable à un fonctionnement de l'économie dénué d'entraves et en cela porte-parole du courant physiocrate. Le Président du Parlement, est le troisième personnage important des *Dialogues*, qui est désireux d'en savoir davantage sur l'organisation d'un gouvernement qui serait la plus optimale. La réflexion contenue dans l'ouvrage, qui résulte des échanges entre Zanobi et le Marquis, aboutit à rejeter la liberté du commerce des grains, et, en cela, elle forme une défiance envers les principes qui animent la théorie des physiocrates. Il s'agit bien d'une défiance, et non d'un rejet pur et simple. C'est d'ailleurs toute l'originalité de Galiani que d'avoir voulu faire part de ses doutes et de sa défiance, en les diffusant sous la forme de *Dialogues*. Les échanges apparaissent en effet comme une manière de lancer un argument qui fait l'objet d'une discussion, qui est à l'origine d'un contre-argument, pour aboutir, de fil en aiguille, à cette défiance (Larrère, *op. cit.*).

Fondamentalement, l'idée qu'entend véhiculée Galiani est la suivante, et elle est décisive pour la suite des controverses qui vont se structurer autour de la question agricole. Galiani ne rejette pas l'approche des physiocrates qui est de dire que le blé, moyen de subsistance pour l'homme, fait l'objet de transactions commerciales, lesquelles n'ont pas être entravées par une quelconque intervention de l'État. En ce sens, Quesnay a amorcé cette conviction que l'économie est séparable du politique. Or, c'est précisément cette vision que Galiani entend mettre au débat. Le commerce engendre des profits qui en réalité sont parfois formés par des attitudes spéculatives, surtout lorsque les récoltes ne sont pas inscrites dans une régularité quantitative. De tels profits peuvent jouer contre le peuple, puisqu'ils émanent de prix trop élevés. C'est pourquoi Galiani, par la voix du Président du Parlement, estime que le pain, que l'on fabrique de la culture du blé, est le « premier objet en ligne des besoins de l'homme, il est le dernier en ligne de profit dans le commerce » (p. 183). La postérité aura retenu que, finalement, le blé est davantage une affaire de gouvernement, d'État, que de transaction commerciale. De manière explicite, Galiani avance que l'agriculture peut être gérée, organisée, régulée, par une intervention de la puissance publique. Il en apporte une illustration approfondie lorsqu'il évoque l'exportation de grains. Exporter du blé revient selon Galiani à vendre hors du territoire un surplus. Celui-ci ne peut être que temporaire, en raison notamment des aléas qui pèsent sur la capacité de production nationale. L'erreur inhérente aux laudateurs du commerce réside dans l'acte d'exporter, à l'origine duquel se forme le profit. Alors que ce qui relève de la subsistance du peuple nécessiterait plutôt, c'est-à-dire en priorité, de retenir ce surplus exportable sur le territoire afin de satisfaire le besoin premier de l'homme, se nourrir[2]. Pour que la subsistance du peuple soit atteinte, il est requis de se doter d'une « police des grains » et d'accorder la priorité au marché intérieur. Et Galiani de reprocher aux physiocrates de généraliser leur argument et leur croyance en un marché libre. Il est au contraire, chez cet auteur, de tenir compte des contrastes entre les pays, d'explorer ce que, deux siècles et demi après, plusieurs auteurs ont nommé la « variété des capitalismes » (Boyer, 2015). Galiani – qui évoque la mosaïque des nations qu'il a parcourue en particulier chez Montesquieu – dresse pour ce faire une typologie des États et des situations internes en matière de grains et de commerce.

Un autre aspect de la critique énoncée par Galiani à l'endroit des physiocrates concerne l'industrie. Alors que Quesnay considère que la terre est la seule et unique source de richesses, l'auteur napolitain développe son argumentaire critique en expliquant par ailleurs que si le peuple a un accès régulier à la nourriture à un « bon prix » par le biais d'une « police des grains » adaptée, leurs conditions d'existence permettent de fournir une main-d'œuvre aux manufactures, ces dernières étant un levier du développement économique d'une nation, alors que le foncier et l'activité

2 Il faut ici rappeler que, entre 1660 et 1775, le Royaume connut une série de disettes et de famines, dont celle de 1775, dite « guerre des farines », épisodes qui ont pu jouer un rôle dans la controverse qui opposa les physiocrates à leurs adversaires. Galiani lui-même fut un témoin de la famine de 1765 à Naples, évènement qui influença sa vision de l'agriculture et de la politique des grains qu'il convenait de mener (Mauro, 2017) (Özveren, Ağir, Akdere, 2018).

agricole incarnent encore les vestiges de la féodalité. L'activité agricole, en tant qu'elle est supervisée par un État, trouve à s'articuler avec le développement des manufactures. En faisant de l'État l'instance régulatrice de l'économie, et de l'agriculture en particulier, Galiani établit un rapport d'homologie entre le politique et l'économie. On sait qu'il sera soutenu dans cette démarche intellectuelle par Diderot qui, dans son *Apologie de l'abbé Galiani*, stigmatise le message économique qui, outre les inégalités qu'il engendre, n'est pas en mesure de garantir la sécurité du peuple. L'économie politique chez Galiani, relève certes du débat d'idées, duquel doit jaillir une certaine vérité, mais conduit aussi à prendre des décisions qui vont dans le sens du bien-être du peuple. Le contrôle des grains, l'accessibilité des subsistances, traduisent en quelque sorte les premiers signes annonciateurs de ce qui sera nommé par la suite une politique agricole. Il s'agit donc bien de s'affranchir de l'abstraction économique propre au discours de Quesnay, qui se revendique d'une démarche scientifique, pour faire de l'économie une science du gouvernement, faisant de ces économistes italiens – outre Galiani, on trouve des auteurs comme le Marquis de Beccaria, et le Comte Pietro Verri – des précurseurs de cette conception de la discipline (Tiran, Camino, 2018)[3].

La période qui s'étale de 1750 à 1780 est véritablement celle de la « première grande révolution théorique de laquelle les sciences économiques modernes émergent ». Ce propos, émanant de deux auteurs italiens déjà cités plus haut (Screpanti et Zamagni, *op. cit.*), intègre l'agriculture comme objet fondamental de controverse et qui inaugure les premiers débats autour de la légitimité et de l'efficacité de la politique agricole, de l'intervention de l'État dans ce secteur. C'est l'heure du débat sur les lois naturelles en économie, sur l'approche universaliste que cherche à imposer la physiocratie – même si cette école ne forme pas un tout homogène –, et les écoles relativistes, dont font partie les penseurs italiens. Un débat qui ne fait en réalité que commencer (Dostaler, 2008).

Un débat qui prend une tournure politique en France comme ailleurs, puisque, en pleine Révolution française, la question des subsistances et du droit à l'existence s'installe et fait écho au débat qui, depuis le milieu

3 Schumpeter rappelle à ce sujet que Galiani, dont il ne se prive pas en réalité de faire l'éloge dans son *Histoire de l'analyse économique*, se méfiait des principes et des croyances pouvant être élevés au rang de valeur universelle. Ce qui peut être une décision rationnelle dans un endroit, devient irrationnel à un autre. Galiani voyait donc dans la physiocratie, une école doctrinaire.

du XVIIIe siècle, oppose partisans de la liberté du commerce à d'autres se réclamant de la doctrine interventionniste. Ainsi, en 1792, lors d'un *Discours à la Convention*, Robespierre s'empare du sujet, et indique que les économistes « ont davantage disserté sur le commerce des grains que sur la subsistance du peuple », et qu'il ne saurait être toléré que l'on abandonne aux spéculateurs le soin de nourrir une population. Et Robespierre d'avancer que le problème à résoudre est le suivant : « Assurer à tous les membres de la société la jouissance de la portion des fruits de la terre qui est nécessaire à leur existence, aux propriétaires ou aux cultivateurs le prix de leur industrie, et livrer le superflu à la liberté du commerce » (Robespierre, 1792 [2000], page 183).

Une fois de plus, l'idée est que nourrir le peuple est du ressort de l'État, étant entendu que, chez Robespierre, qui, en la circonstance, revêt les habits de l'économiste, cet interventionnisme, outre qu'il n'est pas contradictoire avec la propriété, constitue une manière de rendre ce peuple heureux, et, par voie de conséquence, moins socialement turbulent. Le commentaire qu'ont pu en faire les éditeurs des Discours de Robespierre débouche sur cette opposition entre « l'économie politique tyrannique » des libéraux, et « l'économie politique populaire » prônée par Rousseau et, plus tard par des auteurs critiques du libéralisme de Turgot, à l'image de Mably, dans son *Du commerce des grains*, publié en 1775 (Robespierre, 1792).

AGRICULTURE ET PRIX DU BLÉ
L'Angleterre au vent du large

La controverse qui s'installe au sujet de la libéralisation du commerce au XVIIIe siècle et qui oppose le courant physiocrate et le penseur italien, n'est qu'une forme inaugurale d'un échange qui va se poursuivre jusqu'à nos jours et qui, fondamentalement, engage la question agricole. Si le foisonnement théorique ne peut être ici traité dans son intégralité et dans toute son épaisseur, il est indispensable de s'arrêter sur un point qui, d'une certaine manière, constitue l'acte de naissance de la science économique (Vidonne, 1986). Il s'agit de l'opposition entre deux visions du monde, celle émanant de David Ricardo et celle de son adversaire et néanmoins ami, le pasteur Thomas Robert Malthus. Ces deux noms, qu'ils soient ou non connus des lecteurs, surtout parmi les plus jeunes d'entre eux, devront être toutefois gravés dans leurs esprits, tant ils ont façonné les débats théoriques et pratiques qui ont couru de 1815 à nos jours.

1815 justement. Cette date évoquera bien entendu à celles et ceux ayant encore quelques points de repères historiques, le Congrès de Vienne, qui se tint dans la capitale autrichienne du 18 septembre 1814 au 9 juin 1815, afin de construire un nouvel état du monde après la défaite des armées napoléoniennes et, *in fine*, de mettre un coup d'arrêt historique à la Révolution française et à son extension en Europe. L'année 1815 marque alors le véritable début du XIXe siècle. Pour l'économiste, c'est également une date clé, dans la mesure où elle marque l'avènement d'une Angleterre dominante, hégémonique, consécutivement à la victoire de Waterloo, et par le jeu de la révolution industrielle. L'Angleterre peut asseoir sa puissance durablement, une centaine d'années environ.

Si l'Angleterre devient puissance de rang mondial avec son industrie, elle accède à ce rang aussi par sa démographie. Du début du XIe siècle – 1066 est en effet l'année de l'invasion normande – à l'Indépendance Américaine en 1776 – laquelle est actée en 1783 par le Traité de Paris –, le nombre d'habitants en Angleterre passe de 1 à 7 millions, puis franchit le seuil des 10 millions en 1801. La révolution agricole en Angleterre constitue une autre dimension de la montée en puissance britannique. Les mutations des techniques de production tant en végétaux (nouvelles variétés de plantes, innovations dans les procédés de rotations des cultures) qu'en élevage (hausse du cheptel ovin notamment, croissance des fourrages, etc.), l'évolution des structures de production par l'instauration de grandes exploitations – rôle des *Acts for Enclosure of Commons* à partir de 1760 – qui font passer l'agriculture anglaise du féodalisme au capitalisme, un processus analysé en profondeur par Karl Marx dans le chapitre sur l'accumulation primitive du capital, que l'on peut lire dans le Livre I du *Capital* (Marx, 1867). Cette dynamique des enclosures consacre ainsi la prédominance de la grande propriété, propice au développement de l'agriculture anglaise, mais induisant un mode de faire-valoir précis. Ces grands propriétaires fonciers vont pratiquer la location de leurs terres à des fermiers. Ces derniers, pour verser la rente due aux propriétaires et dégager un profit suffisant de leurs investissements en capital, orientent leur stratégie productive vers un accroissement régulier des volumes de production. L'une des conditions requises pour y parvenir, est de travailler sur des terres fertiles, auxquelles il adjoint du travail salarié, des machines et des instruments aratoires. Jusqu'au milieu du XVIIIe siècle, la production agricole est suffisante, au point même que l'Angleterre est en mesure d'exporter des céréales. Deux difficultés vont progressivement endommager ce cycle agricole vertueux : la démographie d'abord, et, surtout, point décisif pour la théorie économique, la décroissance des rendements.

L'Angleterre se distingue, comme on l'a indiqué, par une élévation de sa population. Le nombre de bouches à nourrir s'accroît, posant le problème des conditions de l'approvisionnement en nourriture de cette population. En cela, Ricardo partage la vision de Malthus, qui, comme on le sait, estime que la population croît plus rapidement que la production des biens de subsistance. La production agricole domestique ne suffit plus à assurer l'approvisionnement de la population anglaise, qui est, comme toute production agricole, exposée aux aléas du climat. De plus, l'Angleterre est, jusqu'en 1750 environ, exportatrice nette de grains. À la veille du XIXe siècle, l'Angleterre est contrainte d'importer. Mais depuis 1437, la législation du Royaume précise que l'on ne peut ni exporter, ni importer du blé en dehors des frontières, sans une autorisation royale spéciale. Il s'agit des fameux *Corn Laws*, qui vont susciter tant de débats en Angleterre par la suite, bien que cette législation a été l'objet d'un assouplissement en 1773, permettant au Royaume d'importer du blé avec des taxes douanières abaissées. Les *Corn Laws* protègent l'agriculture anglaise du commerce extérieur et sont assimilables, de ce point de vue, à une politique agricole.

La question de l'abrogation des *Corn Laws* se pose avec d'autant plus de vigueur que le prix du blé entame une dynamique ascensionnelle à partir de 1780, et que les producteurs anglais font face à une montée de la concurrence des blés provenant des États-Unis, d'Argentine et de Pologne, qui conduit les propriétaires terriens – avec l'aide politique de certains parlementaires et le renfort théorique de l'économiste Malthus – à revendiquer un protectionnisme plus ferme. Le problème du maintien ou de l'abrogation des *Corn Laws* constitue une phase décisive dans la formation de la pensée économique, et va engendrer une abondante, voire exceptionnelle, littérature, illustrative de l'élévation du niveau de la réflexion des auteurs. Ce problème est indissociable de la question du prix du blé, mais aussi de la rente foncière, double question renvoyant *ipso facto* à celle des rendements en agriculture.

Les rendements décroissants sont, à peu près jusqu'à la fin du XVIIIe siècle, mal connus des agronomes. L'un des auteurs qui préfigure une approche analytique de la décroissance des rendements est, selon Schumpeter, Turgot. L'écossais James Anderson, qui analyse les facteurs de la formation des prix du blé et la légitimité des droits de douane sur les importations et des subventions aux exportations de blé, met au jour, vers la fin de ce siècle, les différences de qualité des terres, à l'origine d'une diminution des rendements. La fonction de la rente – différentielle – serait d'égaliser les dépenses culturales et que, selon Anderson, elle est moins une composante du prix que découlant de lui. Anderson apparaît ainsi comme le véritable précurseur de l'analyse et des impacts sur la production agricole, des rendements décroissants. Anderson l'exprime comme suit : « Ainsi, il apparaît que les rentes ne sont pas du tout arbitraires, mais dépendent des prix de marché des grains, qui à leur tour dépendent de leur demande effective et de la fertilité du sol de la région dans laquelle ils sont produits. Ainsi, l'abaissement des seules rentes ne pourrait jamais avoir comme effet de rendre les grains meilleur marché [...] ce n'est pas la rente de la terre qui détermine le prix du produit, mais c'est le prix de ce produit qui détermine la rente de la terre » (Anderson, 1777, p. 46-48).

Anderson précise que si les manufactures se développent, ce qui, selon lui, aurait pour effet d'accroître la population et par voie de conséquence une hausse de la demande de produits alimentaires, cette demande ne pourrait être satisfaite que si la production agricole est stimulée par le progrès technique, de façon à ce que l'offre de subsistances soit supérieure à la demande. Pour y parvenir, la condition réside dans l'augmentation du prix de marché des céréales, jusqu'à un niveau de couverture des dépenses propres à la mise en culture d'une surface cultivable. Anderson ajoute que la stabilité du marché passe aussi par une stimulation des exportations dans les phases d'abondance de récoltes, et par une ouverture du marché intérieur lors des périodes de disettes. La démonstration d'Anderson est, de ce point de vue, décisive, car elle annonce la « révolution » ricardienne sur ce thème.

Considérant que la terre est un facteur de production qui n'est pas reproductible à l'infini, la production agricole peut diminuer en raison de la fertilité décroissante des terres. Si la production peut encore s'accroître par l'intensification des pratiques culturales des sols les plus fertiles, seule la mise en culture des terres qui le sont moins est en mesure de préserver ou d'augmenter les disponibilités agricoles. Mais ces différences de qualité des terres supposent que, à mesure que celles les moins productives seront utilisées, les coûts de production d'un quintal de blé s'alourdiront, formant la source de la hausse du prix du pain. Or, l'organisation sociale de la production agricole repose sur trois types d'acteurs : le *propriétaire terrien*, qui loue à un fermier une surface pour qu'il l'a cultive, en échange de quoi ce dernier lui verse une rente ; un *fermier ou entrepreneur*, qui combine les deux autres facteurs de production que sont le capital et le travail pour dégager de son activité un produit agricole ; produire suppose enfin que le fermier embauche des *salariés*. Il en découle trois catégories de revenus qui sont rémunérés en fonction de l'état du sol : la *rente foncière*, le *profit* et le *salaire*. Que l'efficacité d'une terre agricole se dégrade, que ses rendements décroissent, il y aura ainsi obligation de cultiver d'autres surfaces, engendrant des coûts de production plus élevés favorisant la progression du prix du blé. Le fermier, à la recherche d'un prix attractif, louera de telles terres mais versera une rente bien plus conséquente au propriétaire. L'inflation sur le prix du pain, consécutive de l'alourdissement des coûts de production, conduit ainsi à une revalorisation du salaire. La rente du propriétaire augmente à raison de la hausse du prix du blé, et ce dernier s'accroît parce que le coût de production – en travail – s'élève. Ricardo, avec sa démonstration, met au jour les tensions entre les classes sociales au sujet de la répartition du produit national, le profit est une variable résiduelle, qui surgit lorsque sont versés le salaire et la rente. C'est par la baisse du taux de profit du fermier qu'intervient celle du profit général[4]. Ce dernier étant aspiré par une dynamique baissière, c'est l'ensemble de l'accumulation du capital qui s'en trouve grippé, menaçant le développement industriel de l'Angleterre. C'est pourquoi chez Ricardo, le spectre de l'état stationnaire est présent, état qui signifie que le taux de profit n'est plus suffisant pour couvrir le risque de l'investissement productif et pour garantir ainsi la poursuite de l'accumulation du capital. La loi des rendements décroissants apparaît déterminante dans l'enchaînement allant

4 Dans une lettre écrite en 1814, Ricardo indique que les profits du fermier ne peuvent que décroître sous l'effet des rendements décroissants, et que ce sont les profits de ce fermier qui déterminent les autres profits des autres secteurs d'activité économique. La correspondance – et l'œuvre complète – de Ricardo a été éditée en 1951 par l'économiste italien Piero Sraffa.

de la formation de la rente, du salaire et du profit résiduel. Surmonter ses effets dévastateurs sur l'accumulation du capital requiert soit de recourir au progrès technique, soit, et ce deuxième point va se révéler plus que décisif, d'importer des grains à un prix inférieur à celui qui s'est formé sur le marché intérieur dans la foulée de la décroissance des rendements.

On sait que Ricardo a traité du progrès technique dans l'un des chapitres de ses *Principes de l'économie politique et de l'impôt.* Mais si ce progrès technique ne fait que seulement compenser le produit agricole obtenu sur des terres de moins bonne qualité agronomique, l'érosion du profit n'est que temporairement entravée. C'est pourquoi le chapitre VII sur le commerce extérieur des *Principes* est si important. En achetant du blé moins cher à l'étranger, Ricardo entend montrer que la baisse du prix du pain en découlerait, qu'il ne serait plus nécessaire de cultiver du grain sur des terres moins fertiles. Ce qui lui fait entrevoir une diminution du *salaire*, de la *rente*, et une reconstitution du *profit* propice à la poursuite de l'accumulation du capital.

Citons Ricardo : « Tout au long de cet ouvrage, je tente de démontrer que le taux de profit ne peut jamais croître, si ce n'est sous l'effet d'une baisse des salaires, et que l'on ne peut avoir une baisse durable des salaires, si ce n'est à la suite d'une baisse du prix des biens nécessaires dans lesquels les salaires sont dépensés. *Par conséquent, si l'expansion du commerce extérieur, ou le perfectionnement des machines, permettait de mettre sur le marché, à un prix réduit, la nourriture et les biens nécessaires consommés par le travailleur, les profits augmenteraient.* Si, au lieu de cultiver notre propre blé, ou de fabriquer les vêtements et les autres biens nécessaires, nous découvrions un nouveau marché nous procurant ces marchandises à moindre prix, alors les salaires baisseraient, les profits augmenteraient » (Ricardo, 1821 [1992], p. 151, nous soulignons).

Deux ans auparavant, dans un court *Essai* analysant l'influence du prix du blé sur les profits, Ricardo indique : « Donc les profits dépendent du prix, ou plus exactement de la valeur de la nourriture. Tout ce qui facilite la production de biens alimentaires, indépendamment de la rareté ou de l'abondance des marchandises, augmente le coût de production de la nourriture, sans en augmenter la quantité, dans tous les cas contribue à la baisse du taux de profit moyen » Ricardo (1988) [1815], p. 13).

En indiquant que « au lieu de cultiver notre propre blé… », Ricardo livre là une information et une intention essentielles. L'ouverture du marché anglais à l'importation de blé moins coûteux constitue un instrument destiné à repousser l'échéance de l'état stationnaire qui requiert de renoncer à la culture de cette céréale sur le sol national. La hausse des importations est couverte par un surcroît d'exportations de biens manufacturés. Ce qui implique d'abroger la Loi sur les blés (*Corn Laws*), pour que, comme l'a indiqué Paul Mantoux, « l'Angleterre devienne l'usine du monde », et « le monde, le grenier de l'Angleterre » (Mantoux, 1928) (Verley, 1997). En d'autres termes, il est nécessaire, pour rétablir le taux de profit, d'en finir avec des *Corn Laws* qui incarnent une forme de politique agricole. Une longue bataille s'engage entre les partisans de leur maintien – les propriétaires terriens et quelques théoriciens de l'économie comme Malthus – et leurs opposants, les manufacturiers emmenés par l'*Anti Corn Law League*, fondée en 1842 par les célèbres Richard Cobden et John Bright, et que Ricardo rejoindra en démontrant l'intérêt pour l'Angleterre qu'il y a à ouvrir son marché aux importations de blé. Ces *Corn Laws* sont abrogés (*Repeal*) en 1846, après de longues années de tensions au Parlement britannique, sous le Ministère de Robert Peel, qui redevient *Prime Minister* en 1841, après l'avoir été une première fois en 1835-1836 (Schonhardt-Bailey, 2006).

Si ces clivages se situent à l'échelle du Parlement britannique, ils traversent le champ de la science économique. Paul Vidonne va jusqu'à dire que les grands débats théoriques qui, notamment, opposent Malthus et Ricardo durant toutes ces années, sont à l'origine de la constitution de ce champ scientifique qu'est devenue l'économie[5]. En quoi Malthus se dresse-t-il contre la démonstration et contre la vision du monde de son adversaire théorique et futur élu au Parlement ?

---

5 Paul Vidonne (*op. cit.*) indique même que : « Il n'est guère d'autres exemples d'une collaboration scientifique aussi intense entre deux personnes que tout pourtant sépare » (p. 161). « C'est un véritable miracle qu'avec des positions aussi éloignées les deux fondateurs de l'école classique aient pu dialoguer si longtemps » (p. 163). Et ces considérations sont d'autant plus précieuses que le dialogue entre Malthus et Ricardo a porté précisément sur la question agricole, et notamment sur la légitimité ou pas de l'importation de grains (Pouch, 2009).

L'INSULARITÉ DE MALTHUS
La peur de la dépendance alimentaire

L'évocation du nom de ce penseur de l'économie qu'est Malthus conduit immédiatement à rappeler son œuvre la plus répandue, la plus connue, et qui, d'une certaine manière, sous-tend les analyses relatives à la question de la faim dans le monde. Il s'agit de son *Essai sur le principe de population*, daté de 1798, dans lequel il montre que le coefficient multiplicateur de la croissance démographique est supérieur à celui observé pour la production de biens de subsistance. Il est déduit que, pour surmonter l'état stationnaire qui s'annonce par le seul jeu de ce décalage entre les deux types de croissances, l'une arithmétique, l'autre, géométrique, les hommes doivent produire davantage et contenir leur propension à l'oisiveté et aux mœurs dissolues. Cet *Essai* est en réalité une enquête sur les facteurs à l'origine desquels se forment la pauvreté des nations et la misère des classes laborieuses. À ne s'en remettre qu'à une lecture univoque de l'œuvre du pasteur anglais, on raterait l'essentiel, à savoir son approche de la rente, du profit, son apport théorique fondamental développé dans ses *Principe d'économie politique considérés sous le rapport de leur application pratique*, publié en 1820, et qui a une résonance jusque dans la *Théorie générale de l'emploi, de l'intérêt et de la monnaie* de John Maynard Keynes[6]. Auparavant, en 1814, Malthus fait paraître ses *Observations sur les effets des Corn Laws, et de la hausse et de la baisse du prix du blé sur l'agriculture et sur la richesse d'un pays*, dans lequel il analyse les avantages et les inconvénients du protectionnisme (Malthus, 1814). Ce sont surtout les échanges épistolaires – précédés d'une première rencontre en 1811 – étalés sur une décennie, que Malthus entretint avec Ricardo qui doivent retenir l'attention, puisque l'on peut y détecter deux visions opposées de la question agricole, au travers de la rente et du profit (Paglin, 1961).

Selon Malthus, le prix des subsistances, s'il est élevé, garantit un profit croissant. Ce prix des subsistances ne peut être élevé que sous la condition d'une offre restreinte, puisque la formation d'un prix dépend

6 Certains auteurs ont montré que ces deux œuvres, l'*Essai* et les *Principes*, contiennent des analyses et des argumentaires inconciliables. Lire sur ce point Caire (1984) et Platteau (1984).

de la confrontation d'une offre et d'une demande. En la circonstance, restreindre l'offre globale, face à une demande qui s'accroît par la dynamique démographique, consiste à limiter aussi les importations entrant dans la composition de l'offre. Son point de vue se fonde sur la période 1792-1813, durant laquelle les profits étaient élevés, et ont correspondu à la cherté des prix des denrées. Si la confrontation de l'offre et de la demande détermine le prix qui lui-même entre dans la formation du profit, pour Malthus, en dépit de nombreux revirements dans la conception qu'il a de la rente, c'est aussi ce jeu de la demande et de l'offre qui est la source de la rente, dans la mesure où celle-ci émergence par la différence entre le coût de production et le prix.

C'est cette conception de la rente et du profit de Malthus que Ricardo ne va cesser de contredire, pour aboutir, comme cela été dit plus haut, à justifier l'abrogation des *Corn Laws*. On trouve évidemment des réponses à Malthus dans la correspondance des deux auteurs, mais c'est l'*Essai sur l'influence d'un bas prix du blé sur les profits*, daté de 1815, que l'on trouve une réponse argumentée et instantanée aux écrits de Malthus. Il consacre enfin tout un chapitre sur Malthus et sa théorie de la rente dans son œuvre canonique, les Principes de 1817. Pour Ricardo, le profit se forme dans la sphère de la production, et plus précisément encore dans la difficulté qu'il y a à produire un quintal de blé sur des terres de fertilité décroissante. La baisse du taux de profit résulte ainsi de l'élévation de la rente et des salaires. C'est ce mouvement haussier de la rente, inhérente à l'activité agricole, qui menace la dynamique du profit, pouvant, à terme, endommagé le système économique dans son ensemble. Fondamentalement, Ricardo établit un lien entre le secteur agricole et la dynamique d'ensemble du capitalisme. Du fait des rendements décroissants en agriculture, la moindre efficacité du système de production agricole est pour lui porteuse d'une perte du capitalisme dans son intégralité. Il est donc indispensable de s'affranchir des taxes à l'importation, alors que, pour son adversaire Malthus, les restrictions à l'importation, parce qu'elles accroissent le prix des denrées alimentaires, favorisent la croissance des profits.

L'importance décisive du débat qui anime les deux auteurs réside aussi dans la vision qu'ils ont de la rareté, de l'état stationnaire toujours menaçant. Manifestement, pour Malthus, qui affiche sans doute un héritage légué par le courant physiocrate, la terre, le travail, le progrès technique, permettent de contenir l'avènement de cet état stationnaire. La terre a cette particularité de pouvoir livrer des subsistances suffisamment nombreuses pour couvrir les besoins des hommes. Telle n'est pas la vision de Ricardo, pour qui la générosité de la terre n'est en réalité qu'une illusion. Avec sa démonstration des rendements décroissants, elle se révèle au contraire avare. L'interprétation qu'a pu donner Michel Foucault de cette vision de l'économie chez Ricardo a consisté à montrer que chez cet auteur, la vie côtoie dangereusement la mort (Foucault, 1966). Le travail, le progrès technique, mais surtout le commerce extérieur de produits agricoles, forment des outils fondamentaux pour repousser cette mort, pour nier l'avarice de la terre. Malthus opte ainsi pour le maintien des *Corn Laws*, y voyant une possibilité de produire suffisamment sur le sol national. Ricardo exprime sa croyance en une option contraire, ouvrir les frontières pour acheter des denrées et reporter l'échéance de la finitude, car l'acquisition de denrées à moindre coût, sont indispensables non seulement pour ne pas mourir de faim, mais surtout pour perpétuer autant que faire se peut, l'accumulation du capital[7].

La posture de Malthus a fait de lui un défenseur des propriétaires fonciers, certains auteurs, dont Marx, estimant que son entreprise théorique était une manière habile de prendre la défense de ces propriétaires terriens afin de retarder l'avènement d'une société industrielle octroyant le pouvoir économique, voire politique, aux manufacturiers. S'il y a une part de vérité dans cette approche de la théorie de Malthus, au point qu'elle est encore discutée de nos jours, il faut sans doute prendre le point de vue du pasteur anglais comme la conviction qui était la sienne de considérer le protectionnisme anglais, et donc les *Corn Laws*, comme un moyen de ne pas faire de l'Angleterre une nation dépendante de l'extérieur pour son approvisionnement alimentaire. On peut mesurer l'écho d'une telle perception de l'agriculture chez Malthus, dans les débats qui ont surgi depuis 2020 autour de la souveraineté alimentaire, en France tout particulièrement. Ce à quoi s'est opposé avec obstination Ricardo, qui, *a contrario*, voit dans la taxation des importations une entorse décisive à l'accumulation du capital, puisqu'elles participent

7 Michel Foucault indique sur ce point que « L'économie du XVIIIe siècle était en rapport à une *mathesis* comme science générale de tous les ordres possibles ; celle du XIXe sera référée à une anthropologie comme discours de la finitude naturelle de l'homme » (Foucault, 1966, p. 269).

de la cherté du blé et donc de la hausse de la rente et des salaires, au détriment de l'industrie anglaise.

Le message de Malthus apparaît dès lors explicite. L'Angleterre ne doit pas être sous la dépendance d'une puissance extérieure. Elle doit puiser dans ses ressources agricoles propres pour subvenir aux besoins de sa population, par le maintien d'une politique appropriée, en l'occurrence les *Corn Laws*, assimilable à une politique agricole protégeant les productions locales de la concurrence extérieure. Malthus affiche de ce point de vue un certain conservatisme, une critique à son endroit que l'on retrouvera régulièrement sous la plume des partisans du libre-échange, de l'ouverture commerciale, notamment au sujet de la PAC. Dans le camp des opposants, évidemment Ricardo se trouve en haut du tableau. Encore une fois, indiquons que Ricardo n'a pas varié dans sa conception de l'économie et du profit. Ce n'est qu'en diminuant la valeur d'échange des biens de subsistance que l'on peut augmenter le profit. C'est la fonction même du commerce extérieur que d'offrir l'opportunité à une nation d'importer un bien alimentaire moins cher que s'il était produit sur le territoire national. Certes, la baisse de salaires réels est une autre opportunité. Le progrès technique en constitue une autre, puisqu'il permet d'accroître les volumes afin de dégager un surplus. À lire Ricardo, c'est bien, comme il le dit dans son *Essai* de 1815 dans la : « Découverte de nouveaux marchés, d'où l'on peut importer le blé à un prix inférieur auquel il est produit dans le pays » (Ricardo, 1815 [1988], p. 10), que l'issue à la baisse du taux de profit se situe. Et pourtant, de manière tout à fait saisissante, Ricardo émet un doute, que l'on peut lire dans l'*Essai*, mais qui disparaît deux ans après, dans ses *Principes de l'économie politique et de l'impôt*. Dans ce court passage, Ricardo semble se ranger du côté de Malthus, et considérer que la souveraineté alimentaire constitue un enjeu stratégique.

Donnons longuement la parole à Ricardo : « Si donc la capacité d'acheter des biens de subsistance à bon marché est d'une telle importance, et si l'importation de blé tend à réduire le prix ; seuls des arguments presque irréfutables sur le danger de dépendre des pays étrangers pour une partie de notre nourriture, car c'est seulement dans cette optique qu'il peut y avoir discussion, devraient être avancés pour nous amener à restreindre les importations. Ce qui nous obligera aussi à retenir du capital dans un emploi qu'il quitterait sinon pour un autre beaucoup plus rentable [...] Ce sont donc les dangers d'une dépendance vis-à-vis de l'offre étrangère pour une quantité considérable de notre nourriture, qui peuvent être seuls opposés aux multiples avantages que, dans notre cas, procurerait l'importation de blé [...] Ces dangers sont généralement au nombre de deux. Premièrement : dans le cas d'une guerre, une union de puissances continentales, ou le pouvoir de notre principal ennemi, pourrait nous priver de notre approvisionnement habituel. Deuxièmement, si de mauvaises saisons survenaient outremer, les pays exportateurs seraient en droit de nous refuser la quantité habituellement exportée, pour pallier leur propre déficit » (Ricardo, 1815 [1988], p. 13-14).

En voulant répondre aux arguments sur le protectionnisme agricole de Malthus, Ricardo parvient malgré cela à considérer que l'exception existe et que son interlocuteur l'a amené à réfléchir sur les dangers du libre-échange. L'*Essai* de 1815 apparaît de ce point de vue fort instructif, jusqu'à aujourd'hui. Mais les craintes de Ricardo s'effacent et disparaissent dans les *Principes*. L'opuscule de 1815 est par conséquent un texte de transition. L'année de sa publication, 1815, permet de le voir comme une contribution à la véritable naissance de la science économique. L'ouverture commerciale est un moyen de repousser l'échéance de l'état stationnaire.

CONCLUSION AU CHAPITRE

Des joutes théoriques que nous avons passées en revue, de manière sans doute trop synthétique, le lecteur pourra légitimement s'interroger sur la place réelle qu'occupait la politique agricole. Dans notre modernité, en effet, l'idée de politique agricole est associée à des instruments de soutien des prix, à des subventions, à des aides directes ou indirectes, etc. En réalité, ce qu'il convient de dire est que la politique agricole n'a pas été pensée en tant que telle au moment de la formation de la science économique. Elle n'a d'existence théorique qu'au travers de la question du commerce extérieur. Ce sont les obstacles dressés devant ce commerce par l'État, ou bien leur démantèlement, recommandé par des économistes qui mettent sur ce sujet au jour leurs différences, qui font office de politique agricole. L'histoire de la pensée économique livre quand même de précieux enseignements sur ce thème, enseignements qui mériteraient d'être réexaminés lorsque l'on délivre des cours aux élèves des grandes écoles d'agronomie ou aux étudiants des universités, et donc d'y consacrer suffisamment de temps.

Car ce qui a été rappelé ici, c'est que les questions qui opposaient hier, par exemple les physiocrates à leurs adversaires italiens – l'Abbé Galiani notamment – ou Malthus à Ricardo, trouvent un écho dans nos débats d'aujourd'hui sur la préservation ou non de la régulation des marchés agricoles, sur les limitations – par le truchement des droits de douane en particulier – ou non que l'on doit appliquer au commerce international de produits agricoles et alimentaires, avec, en toile de fond, le concept de souveraineté alimentaire qui a indéniablement retrouvé une certaine légitimité. Les joutes théoriques portent donc sur l'un de ces points structurant qui organise la société, celui de savoir comment l'on nourrit les hommes et les femmes composant cette société, à partir d'une production réalisée. Le regard porté par l'économiste sur cette question traduit bien sa préoccupation des conditions de formation de l'existence matérielle de ces hommes et de ces femmes, cet examen qui, plus tard, sera au centre de l'œuvre économique de Marx, et qui sera en particulier exposé dans les propos introductifs au *Capital*. Plusieurs options se présentent : soit par le marché pur dégagé de toute forme d'interventionnisme, soit par l'État, soit par une combinaison des deux.

L'idée de politique agricole nécessitait de rappeler qu'elle avait une longue généalogie, que l'on pouvait se positionner par rapport à elle, la légitimer, la contester, en fonction de la proximité que l'on a avec des courants théoriques et idéologiques inscrits dans l'histoire de la pensée économique. Il en découle que l'on ne peut situer l'émergence des politiques agricoles uniquement dans des événements historiques comme la Grande Dépression aux États-Unis, laquelle a constitué un facteur déterminant dans la formation de l'*Agricultural Adjusment Act* de 1933, ou bien encore dans les mesures prises en France durant le Front populaire de 1936 pour réguler les marchés agricoles. Et encore moins dans l'acte de naissance de l'Europe communautaire de la fin des années 1950. Si les politiques agricoles sont effectivement des émanations d'épisodes politiques et économiques, elles sont en premier lieu un objet de théorie économique depuis le début de la discipline jusqu'à nos jours. Pour le dire autrement, les politiques agricoles sont encastrées dans des controverses théoriques qui ont jalonné l'histoire de la discipline, elles en sont en quelque sorte la concrétude.

Thierry POUCH
Laboratoire Regards,
Université de Reims
Chambres d'agriculture France
Académie d'Agriculture de France

JUSTIFIER L'INTERVENTION PUBLIQUE EN AGRICULTURE

De la correction des défaillances de marché à l'enjeu de sécurité alimentaire

Pourquoi y a-t-il des politiques agricoles ? Qu'est ce qui justifie l'intervention des pouvoirs publics sur les marchés agricoles ? Comment distinguer la poursuite de l'intérêt général en matière agricole d'une part, de la défense d'intérêts particuliers et sectoriels d'autre part ? Telles sont les questions que ce chapitre propose d'éclairer en mobilisant différents cadres analytiques spécifiques ou non à l'agriculture. L'existence d'imperfections et de défaillances de marché qui perturbent la fonction d'allocation des ressources qu'on attend du jeu de l'offre et de la demande constitue l'approche la plus largement acceptée pour justifier l'intervention publique. En deuxième lieu, les causes de l'instabilité structurelle des marchés agricoles offrent également un référentiel complémentaire utile pour appréhender les limites de l'absence de politiques agricoles et alimentaires. Enfin, on mobilisera une troisième grille d'analyse inspirée des travaux de l'économiste Richard Musgrave qui définit la recherche de stabilité comme l'une des fonctions des pouvoirs publics.

Ces trois cadres offrent ainsi une vision alternative à l'approche qui consiste à présumer de l'efficience des marchés pour considérer les politiques agricoles comme autant de distorsions au fonctionnement idéalisé du jeu de l'offre et de la demande, approche qui conduit invariablement à expliquer la survivance de l'intervention publique comme la résultante du lobbying des groupes de pression agricoles sur les décideurs.

L'EXISTENCE D'IMPERFECTIONS ET DE DÉFAILLANCES DE MARCHÉ

Les concepts d'imperfections et de défaillances de marché sont issus de la théorie néoclassique, approche microéconomique tout à fait centrale des sciences économiques. Nous emploierons ici indistinctement les deux notions même si la notion de défaillances de marché semble plus large et englobe les imperfections. Initiée notamment par les économistes Walras, Menger et Jevons à la fin du XIXe siècle, la théorie néoclassique est une représentation de l'économie centrée sur les marchés et les échanges entre producteurs et consommateurs. Le modèle de l'équilibre général en est la figure de proue. Il s'agit d'une représentation de l'économie sous la forme d'un ensemble d'équations dont les prix constituent les principales variables. Elle laisse une large place à la formalisation mathématique : c'est sur la base des propriétés mathématiques nécessaires à l'obtention d'une solution à l'ensemble d'équations que sont définies les conditions de concurrence parfaite (Guerrien, 2004). Dit autrement, à chaque propriété mathématique correspond une condition économique à respecter pour que les marchés fonctionnent de manière satisfaisante. Et inversement, quand n'est pas respectée une propriété mathématique et la condition de concurrence parfaite qui lui est associée, on définit alors une défaillance de marché. La théorie économique néoclassique conduit ainsi à justifier l'intervention publique par la correction des défaillances de marché ou par la compensation des conséquences des défaillances, le courant des économistes néo-institutionnalistes emprunte largement cette approche.

Passons maintenant en revue les différentes défaillances de marché en laissant au maximum de côté les dimensions mathématiques afin d'en simplifier la lecture. Pour chacune des défaillances, les enjeux de politiques agricoles et alimentaires sont contextualisés.

LA NON-ATOMICITÉ

Pour que les marchés soient concurrentiels, les acheteurs comme les vendeurs doivent être suffisamment nombreux et ils ne doivent pas pouvoir se coordonner entre eux dans l'optique d'influencer les prix en leur faveur. Ils doivent être suffisamment atomisés pour être preneurs des prix qui se forment via le tâtonnement de la rencontre des offres et des demandes. À l'inverse, on considérera qu'ils sont faiseurs de prix s'ils disposent d'un pouvoir de marché obtenu soit de par leur taille disproportionnée au regard des autres agents, soit parce qu'ils s'entendent sur les prix ou les quantités pour fausser le jeu concurrentiel.

Les chaines de valeur agro-alimentaire sont généralement caractérisées par une très forte atomicité du maillon de la production agricole. À mesure que les produits sont transformés et que l'on se rapproche du consommateur final, la concentration des acteurs s'accroit jusqu'à prendre la forme d'oligopsones où un ou plusieurs maillons ne vont regrouper qu'une poignée d'acteurs qui détiendront un pouvoir de négociation important. Depuis les années 1960, la distribution de produits agroalimentaires en France a connu un phénomène de concentration important : aujourd'hui, quatre centrales d'achat concentrent plus de 80 % de la distribution alimentaire.

En principe, les autorités en charge de la concurrence disposent de leviers pour limiter la concentration. Dans les faits, c'est davantage l'encouragement de la concentration des maillons atomisés qui est observé. La constitution de coopératives agricoles a été particulièrement promue à partir des années 1930 pour rééquilibrer le pouvoir de négociation des agriculteurs. Améliorer l'organisation des producteurs agricoles figure encore de nos jours parmi les objectifs de la Politique Agricole Commune (PAC) qui offre la possibilité aux États membres de financer les organisations de producteurs, qu'elles soient ou non des coopératives agricoles.

LES ASYMÉTRIES D'INFORMATION

Une deuxième condition réside dans la transparence et le partage de l'information parmi l'ensemble des agents économiques. En effet, pour qu'un équilibre de marché puisse être atteint, tout se passe comme si chaque agent devait pouvoir être en mesure d'appréhender la manière dont les autres vont se comporter de manière à faire lui-même les choix de production ou de consommation qui correspondront à la situation d'équilibre. A contrario, quand le niveau d'information d'une catégorie d'agent par rapport à d'autres est jugé insuffisant, on parle d'asymétrie d'information. Les asymétries d'information peuvent notamment conduire les agents économiques à modifier leurs comportements au préjudice du niveau de qualité du bien échangé. Citons l'exemple emblématique du marché des voitures d'occasion popularisé par Akerlof (1970) : l'incertitude sur l'état réel des véhicules conduit à en dévaloriser le prix ce qui incite les propriétaires des voitures de qualité à renoncer à les mettre en vente. On parle alors d'anti-sélection.

La réglementation des produits sous indications géographiques renvoie directement à la logique de pallier les asymétries d'information. C'est en particulier le cas pour le vin que l'on qualifie de bien d'expérience dans la mesure où il est difficile de se faire une idée de la qualité du contenu sans l'avoir directement goûté. L'étiquetage du vin renvoyant à un cahier des charges de production sera alors de nature à réduire l'asymétrie d'information entre celui qui a rempli la bouteille et celui qui va la vider, le premier ayant plus d'informations que le second.

La production d'informations statistiques fiables répond également au besoin de mieux informer les agents économiques afin qu'ils prennent leurs décisions sur les meilleures bases possibles. La publication des prix et des autres informations relatives à la conjoncture des marchés participe de la bonne information de l'ensemble des agents économiques. La connaissance des coûts de production et des marges des différents maillons contribue à un plus juste partage de la valeur ajoutée au sein des chaines alimentaires.

LA PRÉSENCE DE COÛTS FIXES

La troisième condition à respecter pour que le jeu d'équations représentant les différents marchés ait une solution est que les ensembles de production et de préférence des consommateurs soient convexes. Cette hypothèse est particulièrement forte puisqu'elle impose à la fois l'absence de rendements croissants à partir d'un certain niveau de production (la croissance des entreprises ne leur permet plus de faire baisser le coût de production unitaire, il n'y a plus d'économie d'échelle possible) – et de coûts fixes (en opposition aux coûts variables de production, qui s'ajuste facilement). Cela signifie que pour que le jeu de la concurrence aboutisse à un équilibre, il faudrait que tous les producteurs aient une taille à partir de laquelle produire plus leur coûte plus cher par unité produite. Compte tenu de l'importance des indivisibilités (on ne peut pas acheter 0,8 tracteurs), on considère généralement en agriculture que les économies d'échelle sont faibles mais restent positives. De plus, les investissements matériels à mobiliser sont bien souvent spécifiques à une production, ce qui rend assez peu réaliste la représentation d'un capital se redéployant entre secteurs d'un équilibre à l'autre.

L'agriculture a une structure de coût de production se rapprochant d'une industrie lourde avec des coûts fixes importants au regard des coûts variables. Pour mobiliser des terres agricoles et un capital d'exploitation conséquent, les agriculteurs réalisent des emprunts conséquents qu'ils mettent une bonne partie de leur carrière à rembourser. La présence de coûts fixes joue clairement sur la réactivité face aux variations de prix : si l'on considère que l'offre réagit plutôt fortement aux hausses de prix, c'est l'inverse quand les prix baissent car les agriculteurs auront davantage intérêt à écraser leurs coûts fixes en produisant au maximum.

Cette asymétrie de la réponse de l'offre face aux prix est à la base des crises de surproduction. Et contrairement à d'autres industries lourdes, la grande atomicité des agriculteurs leur ôte tout espoir que, individuellement, la réduction de la production ait un effet sur les prix. Accompagner la résorption de ces surcapacités de production ou stimuler une demande alternative pour palier le faible ajustement de l'offre constituent de fait les pierres angulaires de l'action publique dans les pays où il y a davantage d'excédents que de pénuries à gérer depuis le début du XXe siècle.

LES BARRIÈRES À L'ENTRÉE ET À LA SORTIE

Pour que les marchés puissent allouer efficacement les ressources, la concurrence doit pouvoir advenir par l'arrivée de nouveaux agents économiques. On parle alors de marchés contestables quand la possibilité d'entrée de nouveaux concurrents maintient les prix à un niveau proche des prix concurrentiels même si l'on se rapproche de fait d'une situation où quelques entreprises dominent le secteur. En agriculture, les terres agricoles sont un facteur de production incontournable et quasiment fixe en quantité. En dehors des fronts pionniers, on ne « produit » pas de nouveaux hectares et les surfaces ont plutôt tendance à décroitre du fait de l'urbanisation et de leur artificialisation. L'accès au foncier peut dès lors s'apparenter à une barrière à l'entrée. La concentration des terres dans quelques exploitations, suite notamment à des ventes forcées en période de crise, peut conduire les pouvoirs publics à opérer des formes d'interventions sur les marchés des terres agricoles pour faire évoluer l'organisation sociale de la production agricole. À l'inverse, certaines politiques de gestion de l'offre vont au contraire conduire à établir des barrières à l'entrée pour réduire le niveau de concurrence entre les producteurs de manière à rééquilibrer les pouvoirs de négociation avec les autres maillons plus concentrés.

Dans les contextes d'agricultures en phase de modernisation, la question des barrières à la sortie des actifs agricoles surnuméraires se pose habituellement. Bien que la capacité d'absorption par les autres secteurs soit souvent surestimée, on considère bien souvent que la formation des agriculteurs et de leur progéniture constitue un levier important, autant pour permettre l'accroissement de la productivité du travail de ceux qui restent que pour baisser les barrières à la sortie et assurer l'employabilité dans d'autres secteurs de ceux qui quittent l'agriculture.

L'INCOMPLÉTUDE DES MARCHÉS

La prise en compte du temps et de l'incertitude n'est pas chose aisée en économie comme ailleurs. Afin d'intégrer ces dimensions dans la théorie de l'équilibre général, on postule que les marchés permettent non seulement la rencontre des offres et des demandes pour les biens présents, mais également pour les biens futurs. On parle alors de complétude des marchés quand il existe des marchés contingents aux différents états de la nature futurs possibles, marchés contingents qui indiquent un prix pour un bien futur différent pour chaque état futur possible, et dont la probabilité d'occurrence est déterminable. Quand ces marchés n'existent pas et que la probabilisation des états futurs de la nature apparait comme inatteignable, on dit alors qu'il y a incomplétude des marchés ce qui constitue une autre défaillance de marché. En agriculture comme pour l'ensemble des autres matières premières il existe certes des marchés à terme qui permettent d'anticiper la vente ou l'achat deux ou trois années à l'avance mais, dans les faits, la forte corrélation entre les prix des différentes échéances, et surtout l'unicité de chaque échéance, montre qu'il ne s'agit pas vraiment de marchés contingents.

L'incomplétude des marchés renvoie également à la faiblesse de l'offre d'assurances pour permettre aux agriculteurs de se couvrir contre les différents aléas auxquels ils sont confrontés. L'assurabilité d'un aléa dépend principalement de deux dimensions : la corrélation des occurrences de l'événement au sein d'une population et l'intensité du sinistre. On parle de risque « systémique » quand tous les agents exposés sont touchés en même temps et de risque « catastrophique » quand les dégâts sont d'ampleur. Un orage de grêle peut avoir des conséquences importantes mais il aura une portée limitée dans l'espace, ce qui le rend assurable par mutualisation. À l'inverse, une période de marchés déprimés va toucher tous les agriculteurs en même temps. Aussi, pour les risques de marché, la mutualisation n'est pas possible, la couverture peut se faire par transfert de risque vers les marchés à terme mais sera d'une portée d'autant plus faible que la volatilité sera irrégulière et marquée par de longues périodes de déprime.

Les systèmes d'assurance agricole les plus aboutis sont aux États-Unis et en Espagne, à la faveur d'une implication très importante des pouvoirs publics. Subventionner les agriculteurs pour faire baisser le coût réel des assurances peut se justifier par la nécessité de ne pas faire fuir les agriculteurs qui sont rarement touchés par un incident climatique : on parle en effet de sélection adverse ou d'anti-sélection quand les mauvais profils de risque chassent les bons profils, limitant de fait la mutualisation. En revanche, penser les assurances comme un outil efficace de la transition agroécologique n'a pas de sens. Par exemple, se passer de pesticides est une prise de risque significative et aucune assurance ne peut être bâtie comme une incitation à prendre plus de risque. Au contraire, une police d'assurance intègre une franchise pour que l'assuré ne prenne pas plus de risque que s'il n'était pas couvert, cela s'appelle limiter l'aléa moral des assurés.

LES EXTERNALITÉS ET LES BIENS COLLECTIFS

Une externalité est l'effet qu'un agent économique crée par son activité sur le bien-être d'un autre agent, sans échange sur un marché. Selon l'impact sur autrui, les externalités peuvent être positives, comme l'entretien d'un paysage bocager par des activités d'élevage, ou négatives comme le cas d'une pollution de l'eau par exemple. L'existence de ces externalités appelle les pouvoirs publics à les prendre en compte notamment en cherchant à « internaliser les externalités » en taxant celles qui sont négatives ou en subventionnant celles qui sont positives. Les externalités partagent avec les biens collectifs deux caractéristiques : la non-rivalité et la non-excluabilité. Le bien-être que vous allez retirer de la vue d'un beau paysage ne va pas être affecté par le bien-être qu'en retire votre camarade de randonnée, il y a alors non-rivalité. L'effet de la pollution de l'air ou d'une nappe phréatique va affecter tous les habitants de la région sans que l'on puisse en préserver certains agents, on parle alors de non-excluabilité.

Laissée à la seule initiative individuelle, la production de biens collectifs sera sous optimale voire nulle car personne ne sera prêt à révéler sa disposition à payer pour un bien ou un service dont il peut profiter sans que cela n'affecte le bien-être des autres et sans qu'on puisse effectivement l'en priver. L'exemple de l'éclairage public offert par un lampadaire l'illustre : le sentiment de sécurité ressenti par mon voisin ne va pas jouer sur mon propre bien-être et il ne pourra jamais y avoir un système de barrières au milieu de la rue pour m'empêcher d'en profiter. La production de biens collectifs ne peut donc pas reposer sur le jeu de l'offre et de la demande.

Les activités agricoles s'inscrivent pleinement dans leur milieu naturel, les externalités positives comme négatives sont nombreuses et constituent autant de défaillances que les politiques agro-environnementales cherchent à internaliser. Les instruments les plus usuels sont les taxes au nom du principe du pollueur-payeur d'un côté, et les paiements pour services environnementaux comme les mesures agro-environnementales et climatiques de la PAC de l'autre. La création d'un marché de quotas d'émissions de gaz à effet de serre constitue l'un des moyens d'internaliser les externalités, il n'en reste pas moins qu'il s'agit là d'une politique publique à part entière, dont l'efficacité dépendra de l'ambition en termes de réduction des émissions et des contrôles par les autorités administratives pour rendre effective la contrainte.

En définitive, les imperfections et les défaillances de marché sont nombreuses en agriculture et justifient l'intervention des pouvoirs publics pour les corriger et améliorer le fonctionnement des marchés, ou en limiter les effets. Si la présence d'externalités sur l'environnement revient fréquemment comme une justification dans les débats de politiques agricoles, jusqu'à avoir fait un slogan de « public money for public good », force est de constater que les autres défaillances de marché sont nettement moins mises en avant, alors qu'elles expliquent tout autant des dysfonctionnements de marchés et appellent tout autant des mesures de régulation publique au regard de la grille d'analyse néoclassique des défaillances de marché.

L'INSTABILITÉ STRUCTURELLE DES MARCHÉS AGRICOLES

Après avoir considéré la correction des défaillances de marché comme justification à l'intervention publique, nous développons maintenant un cadre spécifique au secteur agricole, largement inspiré des travaux de Jean-Marc Boussard sur l'instabilité des marchés agricoles et les comportements des producteurs face aux risques (voir notamment Boussard, Gérard, Piketty, 2005). Loin de correspondre au modèle de l'ajustement par les prix qui permet la mise en adéquation de l'offre et de la demande, il apparait au contraire que les caractéristiques des marchés agricoles engendrent une instabilité structurelle qui empêche les prix sur les marchés de tendre vers leur niveau d'équilibre, c'est-à-dire vers le niveau les coûts de production complets marginaux.

L'INÉLASTICITÉ DE LA DEMANDE ALIMENTAIRE

L'une des principales sources d'instabilité des marchés agricoles tient à l'inélasticité de la demande alimentaire : le niveau des prix agit relativement peu sur la demande en produits alimentaires. Ce n'est pas parce que les prix de la pomme de terre vont être trois fois plus faibles que les consommateurs vont en consommer trois fois plus, on parle parfois de « mur des estomacs ». À l'opposé, l'alimentation étant à la base de la subsistance, une hausse des prix alimentaires conduira en premier lieu à réduire les dépenses allouées à d'autres postes de consommation, afin de prioriser les apports caloriques des membres de la famille. En économie des matières premières agricoles, cette inélasticité est bien connue. C'est parce que les biens alimentaires sont qualifiés de « premiers », au sens où ils satisfont des besoins de première nécessité, que leur consommation est relativement insensible, ou inélatique, aux variations de prix. En d'autres termes, on ne peut comprimer à l'excès la consommation de biens agricoles et alimentaires – c'est-à-dire ne pas se nourrir – parce qu'un prix flambe sur le marché, ou inversement, considérer que le volume consommé peut augmenter indéfiniment en raison d'un prix très faible (Giraud, Ollivier, 2015).

L'inélasticité de la demande est à la base de la Loi de King, du nom de Grégory King (1648-1712), statisticien britannique qui observa que de relativement faibles variations des quantités produites de blé engendraient de fortes fluctuations du prix de la céréale. Et c'est la stabilité quantitative de la demande des ménages en produits alimentaires qui est mis en avant par King ; il en conclut également que les agriculteurs ont de meilleurs revenus quand les récoltes sont mauvaises. L'instabilité des prix agricoles sur les marchés ne peut être dissociée de la conception que l'on peut se faire de la sécurité alimentaire, puisque, comme cela a été montré avec la crise économique et financière de 2008, puis avec la guerre en Ukraine, les pics de prix ont constitué des risques pour l'accès à l'alimentation – souvent importée – des pays les plus précaires en matière d'approvisionnement. D'où l'importance des politiques publiques visant à réguler les marchés, afin d'atténuer la volatilité, et à lisser les risques concernant la sécurité des approvisionnements.

LES ALÉAS CLIMATIQUES ET SANITAIRES

La plupart des productions agricoles sont dépendantes des conditions météorologiques. Pour les céréales, la pluviométrie des dernières semaines avant la moisson peut faire varier le rendement de 10 à 20 % au bas mot. Cette période agite largement les marchés, on parle même de *weather market* pour caractériser cette période où la faiblesse des précipitations dans l'une ou l'autre des principales zones de production peut entrainer de fortes fluctuations des prix sur les marchés. Le dérèglement climatique consécutif à l'augmentation des émissions de gaz à effet de serre conduit indiscutablement à une augmentation de la variabilité des rendements. L'émergence d'une maladie affectant les plantes ou les animaux peut également se traduire par d'importantes fluctuations des quantités offertes. Par les mesures sanitaires prises pour tenter d'endiguer leur propagation, les zoonoses vont également se traduire par une perturbation des flux commerciaux.

LES DÉLAIS DE PRODUCTION OU LA FIXITÉ DE L'OFFRE À COURT TERME

La production agricole résulte de processus biologiques qui impliquent des délais incompressibles entre la décision de production et la mise en marché. À court terme, la réponse de l'offre aux variations de prix est donc très faible. Pour les cultures, l'assolement se décide une année avant la récolte. Pour les productions animales, l'inertie est même plus importante dès lors que la production implique la constitution d'un cheptel reproducteur et des équipements spécifiques à l'élevage en question. On retrouve ici le sujet des coûts fixes.

L'existence de délais de production est à la base du célèbre modèle du Cobweb (toile d'araignée) développé par Mordecai Ezekiel en 1938, pour expliquer l'instabilité des prix agricoles. Ces délais de production conditionnent un décalage entre la temporalité de la décision de mise en production et la temporalité de la récolte. L'agriculteur aura tendance à se fier aux prix de marché à l'œuvre dans la première période pour établir sa décision, alors que le prix qu'il percevra dépendra de l'équilibre entre l'offre et la demande dans la période suivante. Selon ce modèle d'anticipations dite naïves, les prix élevés (respectivement bas) de la première période inciteront l'agriculteur à produire plus (respectivement moins) de ladite production, ce qui engendrera des prix bas (respectivement hauts) au moment de la récolte. Selon les hypothèses sur l'élasticité de la demande et de l'offre, la série de prix ainsi obtenue sera convergente ou divergente. Il peut être souligné que les économistes parleront dans ce cas d'erreur d'anticipation de la part des agriculteurs, qui ne seraient pas à même de prévoir le niveau de prix ce qui, évidemment, est impossible.

L'ASYMÉTRIE DE LA RÉPONSE DE L'OFFRE À MOYEN TERME

C'est une source d'instabilité suffisamment importante pour qu'elle figure à nouveau ici. Si à court terme l'offre est fixe, ce n'est pas le cas à moyen terme. Nous l'avons vu plus haut, la présence d'importants coûts fixes induit une réponse de l'offre asymétrique face aux variations de prix. Les cours élevés vont inciter les agriculteurs à remettre des terres marginales en culture, à développer voire à créer de nouveaux ateliers d'élevage par exemple. En revanche, une fois que les stocks sont reconstitués, que l'offre a rattrapé la demande, les prix diminuent.

Que font alors les agriculteurs ? Ont-ils intérêt à baisser leur production ou bien vont-ils chercher à maintenir voire augmenter leur production pour écraser au maximum leurs coûts fixes et rembourser les investissements qu'ils ont consentis ? La réponse sera d'autant plus du côté de la seconde partie de l'alternative que les productions demandent des équipements spécifiques. La capacité de l'agriculture de type familial à supporter une faible rémunération du travail et du capital les aideront à faire « le dos rond » un certain temps. Mais, à terme, l'absence de perspectives conduira au désinvestissement et à la sortie de la production. La résorption des surcapacités de production ne peut pas se faire par l'ajustement marchand, elle nécessite une intervention publique, c'est même la principale des finalités des politiques agricoles depuis le début du siècle dernier qu'il y a plus de surproductions que de pénuries à gérer.

LA FINANCIARISATION DES MARCHÉS AGRICOLES

La financiarisation de l'agriculture a suscité une vaste littérature depuis une bonne vingtaine d'années, qui a pris une ampleur inattendue lors du processus d'investissements dans le foncier dans certaines régions du monde (Ducastel, Anseeuw, 2017). Cette phase de la financiarisation de l'agriculture a été pourtant précédée d'une amorce de financiarisation, au XIXe siècle, avec la formation des marchés à terme. Les marchés financiers cotant des matières premières agricoles se sont en effet véritablement développés à la fin du XIXe siècle aux États-Unis, quand les certificats d'entreposage de céréales ont commencé à s'échanger librement. En réponse à la grande crise de 1929 puis dans les années 1950 et 1970, plusieurs tentatives visant à réguler les marchés financiers ont notamment conduit à l'interdiction des options sur les matières premières agricoles, interdiction à l'œuvre jusque dans les années 1980. Le développement de la finance de marché consécutive de la libéralisation des marchés de capitaux durant les années 1990 a engendré un développement inédit des marchés financiers sur matières premières agricoles, dont les prix sont devenus les références pour l'ensemble des transactions physiques.

Ce phénomène de financiarisation des marchés agricoles se traduit par une cointégration des différents marchés de matières premières (Guilleminot *et al.*, 2014) : les marchés évoluent dans le même sens selon les anticipations et les humeurs des investisseurs institutionnels, reléguant les fondamentaux de marchés – c'est à dire la réalité de la production, de la consommation et des stocks – à ne plus être que des variables explicatives de second rang des fluctuations observées. La financiarisation des marchés agricoles est sans conteste une source d'instabilité des marchés qui, au bas mot, amplifie à l'extrême la volatilité des prix agricoles en offrant un support à la spéculation, à la hausse comme à la baisse.

Mis bout à bout ces facteurs d'instabilité permettent d'avancer que la volatilité des marchés agricoles n'est pas accidentelle mais structurelle (Boussard, 2007). Le modèle de l'ajustement par les prix, où une variation de quelques pourcents des prix offre le moyen de stimuler ou de contraindre, alternativement, l'offre ou la demande, apparait, en effet, en complet décalage avec des prix qui peuvent doubler, voire tripler, en quelques mois. Au-delà de l'ampleur des fluctuations, la fréquence observée des mouvements de prix sur les marchés internationaux montre également une irrégularité importante : des phases de brefs pics spéculatifs quand la sécurité alimentaire est en jeu alternent avec de longues phases de prix déprimés et relativement stables du fait de coûts fixes qui limitent la réactivité de l'offre. On peut donc dire que les prix internationaux correspondent accidentellement à leur niveau d'équilibre, c'est-à-dire le niveau des coûts de production des producteurs les moins compétitifs mais nécessaires pour satisfaire la demande. Certes, l'ouverture commerciale permet de limiter les effets de la variabilité des rendements via le transfert des denrées agricoles vers les zones déficitaires. Mais, au-delà de cette source d'instabilité qualifiée « d'exogène » par Boussard, le développement des échanges n'a pas d'effet tampon sur les autres sources qualifiées « d'endogènes ». C'est même au demeurant le contraire dans la mesure où l'ouverture commerciale se base sur la remise en cause des politiques de stockage à visée stabilisatrice, et non sur une coopération internationale pour endiguer l'instabilité structurelle des marchés agricoles.

ASSURER LA STABILITÉ COMME RÔLE DES POUVOIRS PUBLICS

Les défaillances de marchés en agriculture et les sources de l'instabilité structurelle des marchés agricoles sont autant de causes explicatives des divergences entre, d'une part, le fonctionnement réel des marchés et, de l'autre, l'épure idéalisée du jeu de l'offre et de la demande en régime de concurrence parfaite. Les conséquences de ces dysfonctionnements doivent également être abordées pour comprendre la nécessité de politiques agricoles et alimentaires à même d'en protéger les populations, d'assurer la sécurité alimentaire et de participer au développement économique. Pour ce faire, nous nous inscrivons dans l'approche de l'économiste Richard Musgrave qui établit les trois fonctions de l'État : allocation, redistribution et stabilisation (Musgrave, 1959), cette dernière se déclinant en stabilité des prix et en recherche du plein-emploi des facteurs de production, en particulier, le plein-emploi du facteur travail.

LA SÉCURITÉ ALIMENTAIRE À LA BASE DE LA STABILITÉ DES INSTITUTIONS

Il est sans doute éclairant de rappeler la citation attribuée au journaliste américain Alfred Henry Lewis : « il y a seulement 9 repas qui séparent l'humanité de l'anarchie ». Assurer la sécurité alimentaire est une fonction de base de toute autorité présidant à la destinée d'une communauté humaine. Rappelons d'ailleurs que le grenier à grains constitue sans doute la première institution de l'histoire de la sédentarisation de l'espèce humaine.

Les émeutes de la faim apparues lors de la crise alimentaire de 2007-2008 ainsi que la chute de plusieurs régimes politiques lors du printemps arabe en 2011, consécutives de la flambée des prix du blé l'année précédente, ont à nouveau montré l'impact d'une hausse des prix agricoles et alimentaires pour des populations mobilisant une part conséquente de leurs ressources à l'achat de nourriture. En Afrique subsaharienne, entre le quart et le tiers des dépenses sont ainsi consacrés à l'achat de céréales.

L'impératif de la sécurité alimentaire impose aux gouvernements de prendre des décisions pour y répondre, faute de quoi c'est la remise en cause de son pouvoir qui se jouera. La mise en place de restrictions à l'exportation par de nombreux pays lors de la crise alimentaire de 2007-2008 a participé du mouvement de panique qui s'est alors installé. Plusieurs organisations internationales ont dénoncé ces décisions unilatérales qui ont indubitablement amplifié la hausse des prix. Mais pouvait-il en être autrement ? Franck Galtier invoque un principe de réalité selon lequel aucun gouvernement ne peut rester passif face à ce type de crises (Galtier, 2012). Faute d'une coopération préventive pour éviter le mouvement de panique, les mêmes causes produiront les mêmes effets. C'est surement dans cette direction que les organisations internationales devraient travailler, en s'inspirant notamment de la diplomatie du riz mise en place entre les pays asiatiques dans le cadre international de l'ASEAN+3.

LES POLITIQUES DE PRIX AGRICOLES, LES PREMIÈRES DES POLITIQUES MACROÉCONOMIQUES

La stabilité des prix est une condition *sine qua none* au bon fonctionnement d'une économie. Si une légère inflation pourra avoir quelques vertus pour le remboursement des dettes privées comme publiques, la maitrise de l'inflation n'en reste pas moins l'un des objectifs cardinaux de la politique macroéconomique. Autant la crise alimentaire de 2007-2008 et ses répliques de 2010 et 2012 avaient principalement touché les économies des pays en développement, autant la crise alimentaire consécutive de la guerre en Ukraine depuis 2022 s'est traduite pour l'Union européenne (UE) par une inflation des prix alimentaires de plus de 25 % les deux premières années. Les conséquences sociales sont majeures avec une explosion de la précarité alimentaire au sein, pourtant, des pays parmi les plus riches. Surtout, l'inflation conjuguée des matières premières agricoles et énergétiques a conduit à un resserrement de la politique monétaire avec un relèvement des taux d'intérêt directeurs de la Banque Centrale Européenne. À l'évidence, on ne peut que douter de l'effet réel de cette hausse sur une inflation d'origine spéculative et liée à la capacité d'acteurs en position dominante pour gonfler leurs marges (*greedflation*). Cette faible efficacité doit également être mise au regard des conséquences négatives du relèvement des taux d'intérêt sur d'autres secteurs de l'économie comme le logement.

Le cas d'espèce n'est pas sans rappeler que la volatilité des prix agricoles n'est pas seulement un problème pour les agriculteurs, mais également pour les consommateurs et l'ensemble de l'économie. Dans des chaines de valeur où la transmission des prix est loin d'être parfaite, les épisodes de volatilité permettent la constitution de rentes de situation par ce qu'on appelle parfois « l'effet cliquet » : les hausses des prix à la production se transmettent mieux à la consommation que les baisses, ce qui augmente d'autant les marges des intermédiaires. De plus, en univers incertain, les agents économiques auront intérêt à agir comme s'ils avaient une prime de risque à prendre quand ils considèrent les signaux que sont les prix : il en découle une sous-optimalité dans les choix de production par rapport au contrefactuel sans risque.

Cet épisode d'inflation alimentaire touche plus particulièrement les pays comme ceux de l'UE, très directement connectés aux prix des marchés internationaux. Paradoxalement, à la faveur de 30 ans de dérégulation de la PAC, l'UE a utilisé à plein l'ouverture commerciale croissante comme une force anti-inflationniste. La crise climatique, tout comme l'augmentation des désordres internationaux d'un monde plus multipolaire que jamais, doivent amener à s'interroger sur l'option employée par l'Europe que de confier un volet important de sa politique monétaire à sa politique commerciale. Cela parait d'autant plus important que les conséquences sociales pour les agriculteurs et l'acceptabilité sociale voire la faisabilité même d'un agenda de transition agroécologique se heurtent de plein fouet à une connexion sans garde-fous aux prix internationaux qui, rappelons-le, ne sont pas des prix d'équilibre, mais une alternance de prix de panique et de prix de dumping.

LE CERCLE VERTUEUX DE LA STABILISATION

La stabilisation des marchés agricoles a également des effets structurels de long terme. La première PAC, de ses débuts en 1962 à la réforme de 1992, en est un des exemples majeurs. Assurer une stabilité des prix aux agriculteurs a permis d'engager la modernisation du secteur par le recours à la mécanisation et l'incorporation du progrès technique, la stabilisation des marchés jouant non seulement sur les anticipations des producteurs, mais aussi sur celles de leurs financeurs. Cela s'est traduit par une augmentation de la productivité du travail et donc par une baisse des coûts de production et des prix pour les consommateurs dans la mesure où les prix garantis de la PAC, suivant cette dynamique, n'étaient pas complètement réactualisés pour compenser l'inflation. Victime de son succès, la première PAC a été confrontée à la difficulté de gérer les surplus qu'elle a générés et aux problèmes environnementaux liés, il n'en reste pas moins qu'en protégeant les agriculteurs de la volatilité des prix, elle a entrainé une dynamique globalement vertueuse sur le plan de l'élévation de la productivité du secteur. Ce que l'on peut considérer comme un succès au regard des objectifs initiaux ouvrit alors une alternative : la maitrise de l'offre pour encadrer la surproduction ou le retour de l'instabilité par la connexion aux prix internationaux.

Ce cercle vertueux de la stabilisation doit s'entendre au regard d'un des concepts phares de la théorie du « Farm Problem », du nom du courant de pensée à l'œuvre aux États-Unis principalement des années 1930 aux années 1980 (Tweeten, 1971). Le « treadmill effect » que l'on peut imager par un tapis roulant ou une souris courant dans sa roue et que l'on s'aventurera à paraphraser par l'effet « cours ou crève ! », tend à expliquer pourquoi en dépit de l'accroissement de la productivité du travail agricole, les conditions économiques et sociales des agriculteurs font du sur-place. En effet, le progrès technique engendre une baisse des coûts mais aussi des prix, qui fait sortir du tapis roulant les agriculteurs dans l'incapacité d'améliorer leur productivité. Seuls restent ceux qui suivent le rythme du progrès technique. Pour autant, faute de régulation des marchés, les fruits des gains de productivité qu'ils développent sont directement absorbés par le reste de la chaine de valeur via la baisse des prix agricoles. En maitrisant la baisse des prix consécutive de l'augmentation des gains de productivité, la première PAC a de toute évidence permis d'accélérer la modernisation du secteur en freinant l'absorption du bénéfice des gains de productivité vers les industries agroalimentaires et les consommateurs.

La sortie des actifs agricoles engendrée par l'augmentation de la productivité du travail pose également question dans la perspective de l'objectif de plein emploi des facteurs de production. Les capacités d'absorption des autres secteurs ne sauraient être surestimées. De plus, les importants différentiels de productivité agricole entre les continents appelleraient à privilégier l'intégration commerciale au sein de régions relativement homogènes dans leur phase de développement (Mazoyer et Roudart, 2005). Il en va en effet également de la stabilité politique dans la mesure où l'ajustement se fera sinon par la migration des bras et des cerveaux surnuméraires.

CONCLUSION AU CHAPITRE

Les marchés agricoles sont marqués par de nombreuses défaillances que l'on ne saurait réduire aux seules externalités environnementales. Les défaillances sont à mettre au regard des « distorsions » que les politiques publiques sont supposées créer sur le fonctionnement, trop souvent idéalisé, des marchés. Faute de prendre la mesure des défaillances de marchés, l'analyste conclura invariablement à l'inefficacité voire au caractère contre-productif des politiques agricoles, aveuglé par sa propre croyance dans l'efficience des marchés. L'instabilité des marchés agricoles est à ce point forte qu'on peut la qualifier de structurelle. Les prix agricoles dessinent des cycles alternant de brefs pics de prix de panique quand la sécurité alimentaire est en jeu et que la spéculation fait rage, et des larges creux où les prix de dumping collent aux coûts de production des moins-disant en matière de standards environnementaux et sociaux : les prix de marché croisent parfois leur niveau d'équilibre mais ne s'y arrêtent jamais.

L'instabilité des marchés agricoles n'étant pas seulement un problème pour les agriculteurs, les politiques agricoles et alimentaires doivent aussi s'apprécier par les effets de stabilité qu'elles offrent à l'ensemble de l'économie. C'est en particulier le cas des politiques de stockage public. Leur coût paraitra démesuré si le référentiel est celui de l'efficience des marchés car, selon ce dernier, la stabilité est offerte gratuitement par le marché libéré des distorsions. Mais en relâchant cette hypothèse, il apparaitrait que le coût de gestion d'un stock public est moindre que les coûts engendrés par l'absence de stocks. On pourra même se tenter à avancer qu'un stock public bien géré rapporte de l'argent au stockeur en dernier ressort. Bref, en rester à expliquer la survivance de politiques agricoles au nom de la captation des instances politiques par le lobbying des agriculteurs parait pour le moins limitatif.

Frédéric Courleux
Conseiller politique
au Parlement européen

CONTROVERSES THÉORIQUES ET ÉMERGENCE DES POLITIQUES AGRICOLES

La rupture des années 1930

> Une discipline s'affadit (sinon s'affaiblit) lorsqu'elle cesse de s'appuyer sur l'étude du passé.
>
> Yves André PEREZ, 2012.

La Grande Dépression et l'ampleur du choc qu'elle engendra sur l'économie mondiale fut à l'origine de nombreux débats théoriques au sein des économistes des années 1930. On peut même considérer que cette période incarna des années de haute théorie, tant les grands noms de la science économique ont contribué, au travers de leurs échanges, de conférences et de congrès, à faire émerger une nouvelle façon de voir la science économique dans une phase de grande crise capitaliste. La crise des années 1930 est en effet venue bousculer dans leurs fondements les certitudes de l'orthodoxie néo-classique en matière de théorie économique, en particulier sur le fonctionnement des marchés. Les recherches ont alors eu pour ambition d'expliquer des phénomènes économiques qui, à l'instar de la grande crise du capitalisme américain, n'avaient guère, voire pas du tout, leur place dans les théories en vigueur jusque-là (Boyer, 2023). L'introduction d'une théorie des fluctuations, d'une vision renouvelée de la croissance et de ses soubassements, de la dynamique économique, et de la crise économique, ont ainsi profondément reconstruit la macroéconomie. Quelques années plus tard, l'économiste Alvin Hansen avançait la notion de « stagnation séculaire » (Hansen, 1938). Dans cette approche, l'un de ses confrères lui emboîta le pas, en publiant un ouvrage qui fit date sur ce sujet (Sweezy, 1942).

Plusieurs enjeux ont surgi des ces moments de crise. D'abord l'interprétation de cette grave crise. Ensuite, l'analyse de l'instabilité des marchés et, par extension, du capitalisme lui-même. Enfin, la thèse de la « stagnation séculaire » ouvrit une série de controverses monumentales, notamment au sujet des leviers pour en sortir, et opposa en particulier le tandem Hansen et Sweezy à Joseph Schumpeter (Schumpeter, 1931) (Dockès, 2015). C'est dans ce contexte que les réflexions sur la nécessité d'une intervention publique pour réguler certains mécanismes de marché ont atteint un haut degré d'intensité, au cours de cette période de troubles, et le secteur agricole n'échappa pas à ces analyses.

Parce que les recettes du passé avaient montré leur impuissance à résoudre la crise, de nouvelles expériences en matière d'intervention publique sur les marchés agricoles furent conduites. Jusque-là, les actions des États s'étaient limitées à des mesures temporaires de gestion de crise. Aussi, on considère les années 1930 comme la période de naissance des politiques agricoles. Nous en étudierons deux dans ce chapitre : l'*Agricultural Adjustment Act* aux États-Unis – pays exportateur de denrées agricoles – et le cas des offices agricoles en France – pays importateur. Parmi les outils mis en place à cette époque de part et d'autre de l'Atlantique, certains sont encore à l'œuvre aujourd'hui.

UN RETOUR PROVISOIRE DE L'INTERVENTION DES POUVOIRS PUBLICS SUR LES MARCHÉS AGRICOLES
La période 1880-1920

Le contexte des années 1930 est, avant l'ébranlement causé par la crise économique et financière de 1929, dépositaire de l'héritage de crises successives ayant bousculé le secteur agricole.

LES CRISES AGRICOLES DE LA FIN DU XIXe SIÈCLE

En France, la crise agricole de la fin du XIXe siècle (1880-1900) signe une première force de rappel. Le prix du blé baisse face à la concurrence d'autres pays exportateurs – notamment des États-Unis – et au développement des infrastructures de transport, le vignoble est dévasté par le phylloxéra. Une politique agricole protectionniste fondée sur une hausse des droits de douane (relevés de 3,3 % à 21,3 %) est instaurée à l'initiative du député et ancien ministre de l'Agriculture, Jules Méline, en 1892 afin d'encourager la production nationale, avec le soutien des industriels et des propriétaires terriens (Noel, 1988) (Pouch, 2002).

Les États-Unis sont également confrontés à une crise agricole, mais d'une autre nature puisqu'il s'agit à partir de 1893, d'une crise de surproduction, qui entraîne les prix agricoles à la baisse et la faillite de nombreux agriculteurs. Cet événement va faire émerger des débats au niveau politique quant à la nécessité de mesures de soutien. Cette conjonction de crises agricoles entre États agricoles va conduire à une ébauche de coordination internationale avec la création de la *Commission internationale de l'agriculture* et l'organisation du premier congrès international d'agriculture à Paris en 1889 sous l'initiative de Jules Méline, qui vise à promouvoir les mesures de protectionnisme au niveau européen face aux importations de produits agricoles américains (Noel, 1988) (Von Graevenitz, 2012).

LA PREMIÈRE GUERRE MONDIALE : UNE PRISE DE CONSCIENCE

Le conflit de 1914-1918 conduisit les États à revenir – temporairement – sur le mouvement de libéralisation des marchés agricoles. Les marchés sont alors soumis aux États-Unis à de fortes tensions sur l'offre en produits agricoles (face à une faible récolte de blé notamment), tensions aggravées par les importations des pays européens en guerre, et qui engendrent une remontée des prix alimentaires de +46 % entre juillet 1916 et avril 1917 (Hall, 1973). L'Europe fait face aux pénuries alimentaires, et les États-Unis décident d'acheminer des productions américaines vers la Belgique, l'Italie et le Nord de la France, en passant par le Royaume-Uni. Cet approvisionnement, financé par les gouvernements alliés, est coordonné par Herbert Hoover, mandaté par le gouvernement, et qui deviendra ultérieurement le 31e Président des États-Unis. Les exportations massives de céréales en direction de l'Europe en guerre constituent une opportunité pour non seulement aider les Alliés à tenir, mais aussi pour soutenir les revenus des agriculteurs américains, lesquels se sont redressés assez rapidement à partir de 1916.

Une fois les États-Unis entrés dans le conflit, et alors que les stocks agricoles sont au plus bas, le Président Wilson décide de poursuivre l'acheminement de l'aide alimentaire vers l'Europe. L'Administration du Président Wilson (avec David Franklin Houston comme Secrétaire d'État à l'Agriculture), instaure à partir de 1917 un prix garanti pour le blé, à un niveau considéré rémunérateur pour les agriculteurs – ceux-ci devant être incités à continuer à produire pour approvisionner les Américains et les Européens – et qui garantisse dans le même temps un prix de l'alimentation abordable pour les consommateurs (Hall, 1973) (Fite, 1955).

La Première Guerre mondiale constitue ainsi un premier tournant en matière d'intervention publique, en ce qu'elle verra naître la première initiative de contrôle des prix alimentaires aux États-Unis – sous le *Lever Food Control Act*. Cette politique sera mise en œuvre par la *US Food Administration*, dirigée par Herbert Hoover. Cet épisode fera émerger la figure du spéculateur, ennemi de l'intérêt général, et de la nécessité de lutter contre l'asymétrie d'information, qui motive l'intervention du gouvernement, notamment sous la pression des groupes d'influence composés d'agriculteurs qui montent en puissance (Chancellier, 2014) (Hoffman et Libecap, 1991).

La Première Guerre mondiale n'aura toutefois constitué qu'une parenthèse dans la période du laisser-faire. Au sortir de la guerre, les États-Unis font marche arrière sur l'interventionnisme. Ce « return to normalcy » voit la mise au placard des institutions créées pendant le conflit (Dockès, 2017). On en revient à l'état initial de la pensée économique, dans lequel toute intervention de l'État, par exemple à travers des mesures de politique agricole agissant sur les volumes ou sur les prix, était considérée comme nuisible aux producteurs et aux consommateurs, ou, autrement dit, à la formation d'un équilibre sur le marché des denrées agricoles.

En France, l'intervention des pouvoirs publics vise à assurer l'approvisionnement alimentaire de la population. Le pays est amputé d'une partie de son territoire, au Nord-Est, donc de son potentiel de production agricole. Les hommes réquisitionnés manquent aux travaux agricoles, d'autant plus que les zones rurales sont proportionnellement davantage mobilisées que les villes (Barral, 1968). On manque également de matériel et d'intrants. La production nationale décline (la production de blé est quasiment divisée par deux entre 1914 et 1917). Aussi, l'État ordonne dès 1914 la suspension des droits de douane sur le blé, la farine, le pain, les légumes secs, ou encore les viandes salées. Les exportations de lait et de sucre sont interdites. L'État s'approprie également le monopole de l'importation de viande congelée. À partir de 1915, les pouvoirs publics décident la réquisition du blé et de la farine, le Service du ravitaillement détient le monopole des importations de céréales (qu'il assure auprès des États-Unis notamment). L'intervention de l'État monte encore d'un niveau à partir de 1916, avec le plafonnement des volumes pouvant être vendus pour la viande congelée, le sucre, les pommes de terre, le lait, ou le beurre. Des cartes de rationnement du pain sont distribuées à partir de 1918 (Barral, 1968), on instaure le principe de deux jours sans viande (Langlinay, 2005). Dans ce contexte de pénurie, les prix agricoles augmentent, de même que les coûts de production – mais dans une moindre mesure, ce qui permet l'amélioration du revenu agricole –, et les pouvoirs publics semblent démunis pour contrer la « vie chère », les cultivateurs sont accusés de profiter de la situation (Barral, 1968, p. 189).

Contrairement aux États-Unis, l'Armistice de 1918 n'est pas synonyme de baisse des ambitions de contrôler le secteur agricole français par l'État. Preuve en est, le Ministère de l'Agriculture et du Ravitaillement publie en 1919 un avant-projet d'un programme agricole « tendant à l'intensification de la production et à la réforme des méthodes administratives » justifié ainsi : « pendant la guerre, il fallait produire à tout prix, pour la sûreté du pays. Aujourd'hui, après la victoire, il faut se mettre au travail pour surproduire, pour donner à la France, avec la richesse, la puissance et l'indépendance qui lui sont dues après plus de quatre ans de glorieuses souffrances » (Ministère de l'Agriculture et du Ravitaillement, 1919, p. 2). L'intervention de l'État est jugée nécessaire à l'intensification de la production, pour définir un plan de national production (que produire en priorité, et où ?), développer la sélection génétique, subventionner l'achat d'équipement, améliorer le réseau de transport.

Enfin, il est proposé qu'« un régime douanier et commercial bien compris assurera une protection suffisante des produits du sol, en vue de leur écoulement à des prix rémunérateurs. La création d'abattoirs régionaux pourvus de frigorifiques stabilisera les cours du bétail. Enfin, en facilitant l'écoulement direct des produits à la consommation, au moyen d'offices départementaux et communaux d'approvisionnements en gros et demi-gros, et de coopératives de consommation, on protégera les agriculteurs et les consommateurs contre les trop nombreux intermédiaires, qui, par leurs spéculations, prélèvent des bénéfices exagérés et causent le renchérissement de la vie. » (id. p. 23). Ces ambitions fortes affichées du côté du Ministère ont néanmoins rencontré l'opposition des représentants de la profession agricole et la planification proposée en 1919 ne vit finalement pas le jour (Barral, 1968).

AUX ÉTATS-UNIS, SAUVER L'AGRICULTURE POUR SORTIR DE LA GRANDE DÉPRESSION

La sortie de la Première Guerre mondiale ne se fait pas sans dégâts pour les marchés agricoles, puisqu'ils sont rapidement précipités dans une crise qui va conduire les États à renouer avec des méthodes d'intervention. Plusieurs raisons sont à évoquer ici.

LA CRISE AGRICOLE DES ANNÉES 1920

Le ralentissement des dépenses étatiques en est une première. Les États avaient consenti à d'importantes dépenses pour soutenir l'effort militaire pendant la guerre, notamment à partir d'emprunts contractés auprès des États-Unis. Ces dépenses sont à l'origine d'un épisode d'inflation en Europe, qui va prendre fin brutalement avec l'arrêt des combats et le ralentissement des dépenses miliaires (Dockès, 2017). Deuxième perturbation : la chute des exportations – tout spécialement celles de matières premières agricoles. Celles-ci avaient été stimulées lors du conflit, avec des échanges nourris depuis les États-Unis vers l'Europe. Mais la fin de la guerre est synonyme de fermeture de débouchés à l'export – l'Europe tentant de reconstituer son agriculture, d'autant que les pays européens sont endettés vis-à-vis des États-Unis et cherchent donc à réduire leurs créances envers ce pays. Les prix agricoles baissent aux États-Unis sous la pression des volumes qui s'accumulent, alors que la concurrence d'autres pays exportateurs se fait plus pressante (au premier rang desquels figurent l'Argentine, l'Australie, et le Canada). Troisième source du ralentissement de l'activité économique : la hausse de la productivité du travail est plus rapide que celle des salaires. Les inégalités de revenus s'aggravent, à tel point que la consommation décroche et ne suit plus le rythme d'accroissement de la productivité (Dockès, *op. cit.*). Face à la hausse des taux d'intérêt, les profits accumulés sont investis sur les marchés boursiers plutôt que dans des investissements physiques (Galbraith, 1954).

C'est dans ce contexte à haut risque que les mesures de régulation des marchés mises en place pendant la guerre, d'encadrement des prix par exemple, sont levées – à l'exception de politiques douanières, tel que l'*Emergency Tariff Act* de 1921 et le *Fordney-McCumber Tariff* de 1922, qui font revenir les droits de douane à un niveau supérieur à celui en vigueur avant la Première guerre mondiale. Les agriculteurs américains se trouvent pris en étau dans un ciseau des prix : ils commercialisent leur production aux prix du marché mondial, mais doivent se procurer des intrants à prix maintenus élevés, notamment du fait des droits de douane portant sur les biens industriels. Les agriculteurs américains attendent du gouvernement la réintroduction de prix garantis, à l'instar de ce qui avait été entrepris pendant la première guerre mondiale. Un projet de législation est élaboré sur ces bases par deux hommes, George N. Peek et Hugh S. Johnson, non pas représentants des agriculteurs, mais de l'industrie amont (respectivement président et directeur général adjoint de la *Moline Plow Company*, entreprise de fabrication de charrues). La finalité en est de relever les prix agricoles sur le marché intérieur, de sorte à maintenir un rapport de prix favorable avec les matières premières industrielles (le rapport de prix idéal étant celui d'avant la Première Guerre mondiale), d'instaurer des droits de douane sur les importations agricoles, et d'exporter les surplus agricoles au prix mondial, afin d'éviter l'engorgement sur le marché intérieur et l'effondrement des cours. C'est la mise en forme du principe « d'égalité pour l'agriculture » (*Equality for Agriculture*), qui va séduire des représentants du monde agricole – plus particulièrement les producteurs de blé, en proie à une sévère chute de leurs exportations et des prix – et jusqu'au Secrétaire d'État à l'Agriculture Henry Cantwell Wallace (Fite, 1955) (Benedict, 1966).

Ce principe va être directement repris dans la proposition de loi McNary-Haugen échafaudée en 1924, du nom des deux parlementaires l'ayant portée (Charles McNary, Sénateur républicain de l'Oregon, et Gilbert Haugen, élu républicain de l'Iowa à la Chambre des représentants). Après plusieurs échecs devant le Parlement, la loi fut finalement adoptée trois ans plus tard, le 17 février 1927. Les producteurs de blé, coton, laine, bovins, porcs, riz (c'est-à-dire des productions régulièrement confrontées au problème des surplus), bénéficieraient d'un prix de soutien sur le marché intérieur variable, fluctuant de sorte à maintenir un ratio de prix entre denrées agricoles et industrielles identique à celui de la période 1909-1914, d'aides compensant partiellement le différentiel de prix à l'export, et de droits de douane sur les importations permettant de les placer au niveau du prix de soutien. Les coopératives seraient également soutenues. Mais le Président d'alors, Calvin Coolidge, farouche opposant à la régulation des prix, opposa son véto à la loi, à deux reprises, en 1927 puis en 1928 sur une nouvelle version du texte (Benedict, 1966).

L'*AGRICULTURAL ADJUSTMENT ACT* : UN CHANGEMENT DE PARADIGME AUX ÉTATS-UNIS

Le choc de la crise de 1929, suivi de la Grande Dépression, va marquer le plus grand tournant dans la politique américaine, avec la fin du laissez-faire et l'inscription des débats sur la légitimité de l'interventionnisme étatique dans la théorie économique. Comme le souligne William J. Barber : « la faillite évidente des remèdes du passé suggérait qu'il était temps d'essayer quelque chose de différent » (Barber, 1996, p. 2).

En 1929, sous l'Administration du Président Herbert Hoover – qui fut par la suite lourdement critiqué pour son manque d'action – est adopté l'*Agricultural Marketing Act*. Cette loi voit la création du *Federal Farm Board*, institution avec pour mission de renforcer les coopératives agricoles et de stabiliser les prix. À contre-cœur, et contre l'avis de mille économistes qui lui adressent une pétition, Hoover accepte l'adoption du tarif Smoot-Hawley en juin 1930 qui élève les droits de douane de 20 % notamment pour les importations agricoles et les biens industriels, faisant passer le droit de douane moyen (toutes catégories de produits) de 40 à 48 %. Cette mesure va déclencher des mesures de rétorsion de la part d'autres pays parmi lesquels Cuba, le Mexique, la France, l'Italie, l'Espagne, l'Australie et la Nouvelle-Zélande (Dockès, *op. cit.*).

Les tentatives de Hoover pour stopper l'hémorragie sur les marchés agricoles se montreront inefficaces. Entre 1929 et 1932 les prix agricoles – déjà bien peu élevés, encore empêtrés dans la crise du début des années 1920 – reculent encore de 61 %. Les prix alimentaires se replient moins, baissant de 36 % (du fait, notamment, de coûts de transport restant élevés). Les revenus des salariés urbains chutent encore davantage, de 45 %, amputant leur pouvoir d'achat. La baisse de la demande se poursuit donc (Ezekiel, 1933).

Le passage à une logique interventionniste se matérialise avec l'arrivée au pouvoir de Franklin Delano Roosevelt. L'agriculture fait partie des priorités du *New Deal* porté par le candidat Roosevelt pendant sa campagne et lors de son accession au pouvoir. Jean Piel avance plusieurs raisons à la priorisation du problème agricole par l'Administration Roosevelt (Piel, 1950). La première est celle d'une contribution de l'agriculture au krach de 1929, en ce que la fluctuation des prix agricoles aurait concouru à la Grande Dépression (fin de la Première Guerre mondiale et reprise de la production agricole européenne entraînant une chute de la demande en matières premières agricoles venant des États-Unis, alors que dans le même temps la production reste dynamique au niveau mondial, et que les agriculteurs américains s'étaient endettés pour investir lors de la période de prix hauts pendant le conflit (Dockès, *op. cit.*). Pierre Dockès ajoute à cet élément le fait que l'agriculture est devenue un débouché pour l'industrie. Par conséquent, la préservation du revenu des agriculteurs est apparue nécessaire afin de protéger le reste de l'économie. Pendant la campagne présidentielle de 1932, Roosevelt prononce ainsi un discours adressé au monde agricole, dans lequel il souligne l'interdépendance de l'économie américaine, entre les différentes filières agricoles, et en particulier entre l'agriculture et l'industrie, insistant sur la nécessité, pour sortir de la crise, de protéger le pouvoir d'achat des agriculteurs, acheteurs d'intrants.

La seconde explication avancée par Piel repose sur la représentation des territoires ruraux comme des sources de gisement de main d'œuvre : la bonne santé du secteur agricole permettrait donc de maintenir des territoires ruraux dynamiques, de protéger la trajectoire démographique du pays et donc les ressources en main d'œuvre de l'ensemble de l'économie nationale.

Au-delà du seul volet agricole, l'élaboration de la politique économique et sociale du New Deal a ceci de particulier qu'elle constitue une expérience inédite de coopération entre politiques et universitaires, et tout spécialement d'économistes. Ce rapprochement démarre dès la campagne présidentielle de 1932 : le candidat Roosevelt s'entoure d'une équipe de conseillers, le « *brain trust* », dont les membres sont tous enseignants à l'Université de Columbia. Il s'agit de Raymond Moley, professeur de sciences politiques, de Rexford G. Tugwell, professeur d'économie spécialiste des sujets agricoles, défendant le planisme, et d'Adolf A. Berle, professeur de droit (Péréon, 2015). La qualité des informations dont disposaient les décideurs étant fortement remise en cause par la crise de 1929, n'ayant pas permis d'éviter le désastre, l'université a été vue comme un gisement de savoirs, et nombre d'universitaires ont rejoint les rangs des Ministères, dont celui de l'Agriculture (Didier, 2009). Le lien entre la société, les méthodes statistiques, et les modes d'action politique, va d'ailleurs prendre forme (Desrosières, 2008). Les liens entre ministère de l'Agriculture et Universités se renforcent, accentuant par là même la fonction sociale de l'Université aux États-Unis. Les institutionnalistes, par le pragmatisme de leurs travaux – influencés par John Dewey, l'un des fondateurs avec Charles S. Pierce, de la philosophie pragmatiste –, vont figurer en première place de ce mouvement. Le Bureau d'économie agricole au sein de l'USDA (*US Department of Agriculture*, ou ministère de l'Agriculture) recrutait parmi les diplômés de l'Université du Wisconsin, influencés par John R. Commons (Delcey et Noblet, 2021). Au sein de l'École de formation des fonctionnaires de l'USDA (la *Graduate School of the Department of Agriculture*), la présence d'économistes planificateurs – auquel se rattache la légeandaire figure de Rexford Tugwell – est attestée (Rutherford, 2011a et 2011b).

Signe de l'urgence et de l'importance accordée au sujet, Roosevelt s'attaque au problème agricole dès le début de son mandat. En mars 1933, dix jours après son discours inaugural, il présente au Congrès son projet de politique agricole – l'*Agricultural Adjustment Act* (AAA), loi d'ajustement agricole : « je vous le dis franchement, c'est un chemin nouveau et inédit, mais je vous dis avec la même franchise que des conditions inédites appellent l'emploi de nouveaux moyens pour sauver l'agriculture » (Roosevelt, 1933). La loi sera adoptée le 12 mai 1933.

L'objectif de l'AAA était double. D'une part, il s'agissait de rétablir et maintenir un équilibre entre production et consommation de denrées agricoles, et des conditions de commercialisation, de sorte de rétablir le niveau des prix reçus par les agriculteurs et leur assurer un pouvoir d'achat vis-à-vis des biens qu'ils achètent (parité). Ce niveau de pouvoir d'achat devait être au même niveau que celui de la période d'avant la

Première guerre mondiale. La période de référence retenue est celle d'août 1909 à juillet 1914, à l'exception du tabac (d'août 1909 à juillet 1929). Afin d'atteindre ces prix de parité, l'AAA accordait au Secrétaire d'État à l'Agriculture la possibilité : de réduire les surfaces agricoles en production sur la base de contrats (sans caractère obligatoire) signés avec les agriculteurs et le versement de paiements en retour ; de convenir d'accords avec les organisations de producteurs et de l'aval pour réguler la commercialisation ; de mettre en place une taxe sur la transformation pour financer la régulation des marchés. Le blé, le coton, le maïs, le riz, le porc, le tabac et le lait sont concernés dans un premier temps, mais la législation s'étendra par la suite à d'autres secteurs (sucre, pommes de terre, coton).

La *Commodity Credit Corporation* (CCC) est créée en octobre 1933 pour mettre en œuvre cette politique. En cas de baisse des prix, les agriculteurs pouvaient stocker leur récolte auprès de cet organisme public, recevant en échange un prix garanti. La CCC participait ainsi au retrait de volumes des marchés, et écoulait les surplus lorsque les prix remontaient. En période de prix hauts, les producteurs retiraient leurs stocks des silos de la CCC et lui remboursaient la somme perçue au moment du dépôt, pour aller écouler leur marchandise sur les marchés.

D'autre part, le gouvernement devait protéger les intérêts des consommateurs : le réajustement des niveaux de production agricole ne devait pas entraîner la hausse de la part des dépenses consacrées par les ménages à l'alimentation.

DES DÉBATS THÉORIQUES INTERNES AUTOUR DU *NEW DEAL* AGRICOLE

Dès 1932, pendant sa campagne présidentielle, le candidat Roosevelt se voit présenter différentes propositions de relance du secteur agricole (Rosen, 1977) (Barber, 1994) (Barber, 1996) :

1. Le *Domestic Allotment Plan*, porté par les économistes Rexford Tugwell et Gardiner Means (qui avait travaillé avec Berle sur la question des concentrations), reposait sur le contrôle des volumes et le contrôle des prix de denrées agricoles de base. Ils obtiennent également le soutien des économistes Mordecai Ezekiel et Milburn Lincoln Wilson, qui avaient initialement soutenu l'approche du

land use planning. Le plan devait être financé par le biais d'une taxe prélevée sur les transformateurs, qui permettrait ensuite de subventionner les agriculteurs ayant souscrit un contrat de réduction de leur production avec l'État ;

2. Le *Land use planning*, également porté par des universitaires – Richard T. Ely, Henry C. Taylor, Lewis C. Gray, H. Tolley : en faveur de l'intervention de l'État mais de façon différenciée. Ce groupe d'universitaires issus de l'Université du Wisconsin, proches de John R. Commons – l'un des fondateurs de l'institutionnalisme – qui y enseignait (Gilbert, Baker, 1997), défendait la pertinence de la régulation publique des prix et de la production pour les secteurs en situation de monopoles. En revanche, pour les autres secteurs, l'intervention publique doit selon eux se limiter à coordonner l'offre et la demande et la protection des plus vulnérables. Ils craignent que l'intervention publique sur les prix n'encourage la production, or la priorité est alors à la baisse des volumes. Leur projet repose sur le retrait de la production agricole de terres dites « marginales » (à faible potentiel agronomique) afin de les convertir en prairies et en forêts, par le biais d'achats de terres par l'État ;
   On notera que le *Domestic Allotment Plan* comportait également un volet de réduction des surfaces (une diminution en % par rapport à une période de référence, alors que le *land use planning* proposait de déterminer les surfaces à retirer de la production selon leur moindre efficacité agronomique).
3. Le projet d'*Equality for Agriculture*, évoqué plus haut, porté par des personnalités issues du monde de l'industrie agroalimentaire : George Peek et Hugh Johnson.

Le courant du *Domestic Allotment Plan* va exercer une influence importante sur les débuts de l'AAA, qui reprend les principes de contrôle des volumes et des prix. Mais cette influence va être de courte durée, devant les critiques opposées à l'AAA. Les promoteurs du *Land use planning* ont notamment mis en avant une contradiction agricole au cœur du fonctionnement des programmes du New Deal : le Département à l'Agriculture avait pour mandat de réduire les volumes agricoles, alors que l'Administration des Travaux Publics (*Public Works Administration*) œuvrait pour développer les surfaces cultivables via les programmes d'investissement dans le matériel d'irrigation. Rexford Tugwell lui-même s'est montré critique de la mise en œuvre de la politique agricole de 1933, dénonçant notamment le fait qu'elle ait surtout bénéficié aux plus grandes structures agricoles du pays (Barber, 1994 ; Barber, 1996). Il adopte ainsi, à partir de 1935, le principe du *Land use planning*, qu'il voit comme un moyen de sortir des familles rurales de la pauvreté. Il dirigera d'ailleurs à partir de 1935 la *Resettlement Administration* (administration de la réinstallation), dont la mission consiste en l'achat des terres dites marginales occupées par des familles rurales pauvres, et la réinstallation de ces familles.

Finalement, à partir de la seconde moitié des années 1930, puis de façon plus aigüe après la Seconde Guerre mondiale, le cadre théorique institutionnaliste s'efface au profit du keynésianisme (Adair et Gislain, 2011). La phase de récession de 1937-1938 vit une nouvelle vague d'universitaires porter leurs propositions aux politiques. Il en fut ainsi de Lauchlin Currie (du *Federal Reserve Board*), dont les travaux se situent dans la lignée de la *Théorie générale* de J.M. Keynes (parue en 1936). Selon Currie, la cause de cette récession était à chercher du côté du changement opéré dans la politique budgétaire du gouvernement, avec l'introduction de prélèvements sur les salaires pour financer le programme de sécurité sociale. Sa ligne : atteindre un niveau suffisant de dépense publique pour élever le niveau de la demande, stimuler l'économie, et atteindre ainsi le plein emploi (Barber, *op. cit.*).

Les partisans du *Domestic Allotment Plan* vont perdre toute influence. Tugwell est mis de côté pendant la campagne présidentielle de 1936, devenu trop controversé, trop radical et anticonstitutionnel. Il démissionnera peu de temps après. Gardiner Means continue à suivre l'approche d'intervention publique de ses débuts. Il travaille à partir de 1935 au Comité des ressources nationales (National Resources Committee) : la clé selon lui était d'abaisser les prix de denrées de base pour stimuler l'investissement. Irréconciliable avec l'approche de Currie, Means fut mis de côté, ses travaux désavoués. Mordecai Ezekiel, dont la réputation comme mathématicien et statisticien n'est plus à faire, réputation qui a été renforcée par son analyse du cycle du porc, paru en 1938 sous la forme d'un célèbre article intitulé *The Cobweb Theorem*, quant à lui (passé de l'une à l'autre approche de l'AAA, au début du New Deal), s'est rangé du côté de Currie à partir de 1938 (Ezeikiel, 1938).

Le coup de grâce à cette première approche de la politique agricole fut donné par la Cour Suprême en janvier 1936, qui révoqua l'AAA de 1933. Cet événement conduisit l'administration à opérer un changement d'approche, continuant à s'appuyer sur des principes de planification, mais se réorientant vers les principes du *Land Use Planning*. Cela fut traduit dans la législation à travers le *Soil Conservation and Domestic Allotment Act* du 29 février 1936. L'objectif de hausse des prix agricoles n'est plus celui mis en avant comme dans le texte de 1933. Il est remplacé par un objectif de hausse des revenus agricoles. Cette nouvelle approche voit l'octroi de subventions sous forme de paiements directs à l'hectare aux agriculteurs moyennant le passage à des cultures favorables à la conservation des sols (et qui – coïncidence voulue – n'étaient pas en situation de surproduction) : légumineuses, prairies.

L'INTRODUCTION DE PROGRAMMES D'AIDE ALIMENTAIRE AUX ÉTATS-UNIS

Après la première expérience conduite pendant la Première Guerre mondiale de régulation des prix alimentaires sous l'Administration Wilson, la Grande Dépression va mener à l'introduction, en 1933, de programmes de distribution alimentaire à partir des surplus agricoles, sous l'égide de la *Federal Surplus Relief Corporation*, nouvellement créée dans le cadre du *National Industrial Recovery Act* du 16 juin 1933. La création de cette nouvelle institution est soutenue par le Secrétaire d'État à l'Agriculture, Henry A. Wallace, mais aussi par l'homme d'affaires et conseiller de Wallace, Milo Perkins. En 1934, devant la persistance d'excédents sur le marché du porc, le gouvernement va procéder à des distributions de viande aux familles de chômeurs.

En 1935 naît le premier programme d'aide alimentaire pérenne aux États-Unis – à travers la Section 32 de la *Public Law* 72-320 ou *Potato Control Act*. Le Secrétaire d'État à l'Agriculture y est autorisé à mobiliser une partie des droits de douane perçus pour stimuler la demande intérieure en produits agricoles en ciblant les ménages à bas revenus. Les États producteurs de pommes de terre se sont montrés très favorables à ce type de mesures, avec le soutien de syndicats agricoles, mais aussi des représentants des chemins de fer qui voyaient un intérêt à ce que les flux de marchandises repartent à la hausse (DeLorme, Kamerschen, Redman, 1992).

Cette politique va être mise en œuvre via la *Federal Surplus Commodities Corporation*, créée en 1935, et présidée par un économiste de l'USDA : Jesse W. Tapp, diplômé de l'Université du Wisconsin en Économie agricole en 1922. Les premiers programmes de coupons alimentaires ou *food stamps*, définis en 1936, seront mis en œuvre entre 1939 et 1943, et placés sous la responsabilité de Milo Perkins. Selon Moran (2011), les associations représentatives des grossistes ont été à la manœuvre pour définir ces programmes, dans lequels ils devaient avoir un rôle à jouer en achetant les produits auprès des agriculteurs pour les revendre aux distributeurs (les distributions des surplus conduites précédemment avaient mis les grossistes hors-jeu, l'État se procurant directement les denrées auprès des agriculteurs). L'importance de soutenir la demande domestique se fait d'autant plus centrale à partir de 1939, alors que la demande des pays européens envers les denrées agricoles des États-Unis faiblit à la veille de la Seconde Guerre mondiale.

LA FRANCE DES OFFICES AGRICOLES

Le cas américain, pour illustrer une certaine radicalité dans l'ambition de réguler le secteur agricole, n'est pas un cas isolé. Touchée par la Grande Dépression, la France va elle aussi s'investir dans une perspective similaire, lors notamment du Front populaire.

PREMIERS PAS EN MATIÈRE DE RÉGULATION AU DÉBUT DES ANNÉES 1930

Rappelons le contexte du début des années 1930 dans la France agricole. Depuis 1926, les prix sont déprimés, nous sommes en situation de surproduction d'une part, et de sous-consommation d'autre part. La concurrence internationale est exacerbée. Après l'Armistice, le gouvernement de Poincaré, cherchant à combattre la « vie chère », avait maintenu les mesures d'ouverture du marché français aux importations et les dispositifs d'interdiction des exportations instaurés pendant la Première Guerre mondiale (Barral, 1968). En 1929, André Tardieu, alors Président du Conseil, va revenir sur cette décision et relever les droits de douane, mais aussi entreprendre d'intervenir sur les marchés, notamment ceux du vin et du blé.

La viticulture française s'engouffre tôt dans la crise, les premiers signes apparaissent dès 1925, tandis que la production augmente, poussée par la hausse des rendements en métropole et en Algérie, que la consommation n'absorbe pas, et alors que les importations de vins espagnols et portugais progressent (Bagnol, 2012). Les pouvoirs publics essayent, d'abord timidement, d'enrayer la baisse des prix en encadrant plus strictement la qualité des vins pour relancer la consommation (interdiction de la chaptalisation dans les vignobles du Sud de la France et d'Algérie à partir de 1929, encadrement du coupage en 1930), et par de premières mesures de distillation des vins pour retirer des volumes du marché.

Mais devant l'inefficacité de ces premières mesures, le gouvernement va plus loin dans la régulation du marché viticole avec la loi du 4 juillet 1931 sur la viticulture. D'après Pirou, cette législation « marque une date capitale dans l'histoire de la politique d'économie dirigée en France parce qu'elle en a été la première application d'ensemble » (Pirou, 1934, p. 42) – même si la littérature retient davantage la création de l'Office national interprofessionnel du blé comme événement fondateur de l'intervention sur les marchés agricoles. Elle va notamment cibler les plus gros producteurs, considérés responsables de la situation, en interdisant la plantation de nouvelles vignes pour tout propriétaire possédant plus de 10 ha ou récoltant plus de 500 hectolitres de vin, ou encore en instaurant une taxe sur les hauts rendements. Le gouvernement est par ailleurs désormais autorisé à contraindre au blocage d'une partie de la récolte dans les caves des producteurs (à l'exclusion des petites propriétés) si risque de surproduction, à imposer la distillation en cas de récolte supérieure à 65 millions d'hectolitres de vin produits, visant prioritairement les gros producteurs.

Le dernier levier activé est celui de la qualité, par l'interdiction de l'irrigation des vignes après le 15 juillet et l'imposition d'un degré d'alcool minimum. Les surplus vont néanmoins continuer à perturber le marché. Non seulement les plus petits vignerons (en-dessous de 10 ha) ont pu continuer à planter des vignes mais les stocks de vins bloqués dans les caves se sont accumulés sans pouvoir être écoulés (Pirou, 1934). C'est ainsi qu'en 1934, devant une récolte estimée à 100 millions d'hectolitres, soit 15 millions de plus que le niveau de la consommation intérieure, le gouvernement impose la distillation de ces surplus, interdit les plantations nouvelles, organise l'arrachage de vignes, et sélectionne les cépages autorisés pour interdire ceux considérés de moindre qualité (Noah, Othello, Jacquez notamment).

D'autres initiatives seront prises sur les marchés des produits laitiers : mise en place de contingentements à l'importation à partir de 1931 (à la suite desquels l'Allemagne et l'Angleterre lancent des mesures de rétorsion à l'encontre de la France), protection des appellations d'origine par la signature d'accords commerciaux avec des pays partenaires, tentative de relance de la consommation avec le durcissement des critères de qualité et la lutte contre les fraudes, distribution de lait dans les écoles, et la création d'un Comité central du lait en 1935 (Delbaere, 2012).

Le deuxième cas d'encadrement des marchés agricoles est celui du blé. Les stocks de blé, de 3 millions de tonnes en 1925, passent à 14 millions en 1929, le prix du blé chute de 183 francs par quintal en 1926 à 134 francs en 1929 (Petit, 1985) (Marioni, Vincent, 1976).

Les textes législatifs vont se succéder entre 1929 et 1933, mais se révèleront insuffisants. Fin 1929, une loi est votée pour contraindre à un pourcentage minimum de blé français dans la fabrication de farine, instaurer une prime à l'exportation, et des droits de douane sur le blé importé (loi du 1er décembre 1929) (Hitier, 1934). La loi du 30 avril 1930 vient ensuite encourager la constitution de stocks de blés et de farines destinés à sécuriser l'approvisionnement de la population. Le ministère de l'Agriculture pouvait s'appuyer pour cela sur les coopératives, qui reçoivent des primes de stockage et ne sont autorisées à vendre les stocks que graduellement, selon un rythme convenu avec le ministère de l'Agriculture pour ne pas déstabiliser les cours.

La loi du 10 juillet 1933 introduira un prix minimum de vente du quintal de blé à 115 francs en-dessous duquel toute vente est interdite. Ce prix plancher s'est avéré inefficace, ne résolvant toujours pas la problématique des surplus. Elle sera suivie de la loi du 28 décembre 1933 qui instaure une taxe sur les producteurs de blé (par quintal de blé) pour financer un service de contrôle des surfaces de blé dans le but de les limiter. Selon Hitier (1934), cette suite de lois ne forme toutefois pas une politique : ce sont des « lois de circonstance », conjoncturelles, qui par ailleurs ne furent pas ou peu appliquées – à l'instar du prix plancher du blé, dont l'application fut contournée par l'aval, et peu contrôlée par l'administration faute de moyens (Marioni, Vincent, *op. cit.*). La meunerie a réduit sa demande, et le prix minimum n'étant pas assuré par l'État en dernier ressort, des agriculteurs se sont résignés à vendre sous le prix minimum (Pirou, 1934). Un « cours gangster », à 80 franc l'hectolitre, se confronta au prix minimum de 115 francs, avant que celui-ci ne fut finalement abandonné fin 1934 (Barral, 1968, p. 229). L'échec du prix plancher fera dire aux socialistes qu'il faut aller plus loin dans l'intervention sur les marchés, avec la mise en place d'un organisme central qui fixe les cours et qui organise la vente (Chatriot, 2016).

1936, LE FRONT POPULAIRE ET LA CRÉATION DES OFFICES AGRICOLES

Dès 1925, le parti socialiste, dont le député Adéodat Compère-Morel (en charge des questions agricoles), rédige une proposition de loi portant sur la création d'un office du blé qui, en plus de contrôler les flux d'importations et d'exportations, définirait et garantirait l'application d'un prix du blé équivalent à un prix de revient augmenté d'une marge dite légitime, le tout financé à partir d'une taxe prélevée sur les volumes de blé commercialisés (Chatriot, 2016). En 1934, le parti socialiste propose lors de son Congrès national la création d'un « Office national du blé, du vin, des engrais, afin de briser la spéculation triomphante de la loi » (SFIO, 1934, p. 49). Parmi les principaux bâtisseurs du programme agricole de la SFIO, on trouve George Monnet, député et agriculteur (un « néo-rural » dirait-on aujourd'hui – fils de magistrat, il s'installe dans l'Aisne à l'Armistice pour y fonder sa ferme [Lynch, 2002]) (Margairaz, 1991).

Le programme du Front populaire (Rassemblement populaire), fruit de l'alliance des socialistes de la Section française de l'internationale ouvrière (SFIO), des communistes et des radicaux de gauche, est publié début 1936. Son volet agricole repose sur les propositions suivantes :

- Revalorisation des produits de la terre, combinée avec une lutte contre la spéculation et la vie chère, de manière à réduire l'écart entre les prix de gros et les prix de détail
- Pour supprimer la dime prélevée par la spéculation sur les producteurs et les consommateurs : création d'un office national interprofessionnel des céréales

– Soutien aux coopératives agricoles, livraison des engrais au prix de revient par les offices nationaux de l'azote et des potasses, contrôle et tarification de la vente des superphosphates et autres engrais, développement du crédit agricole, réduction des baux à ferme.

On notera que les premières expériences d'office interviennent avant 1936 dans le milieu industriel. En 1924 notamment, avec la création de l'Office national industriel de l'azote par la loi du 11 avril (Chatriot, 2016). À partir d'une convention signée entre la France et l'entreprise industrielle allemande BASF (*Badische Anilin und Soda Fabrik*), dans le cadre du traité de Versailles de 1919, la France est autorisée à utiliser le procédé breveté dit Haber qui permet la fabrication d'ammoniac – composant des engrais azotés – à partir de dihydrogène et diazote gazeux. Aucun accord n'étant trouvé avec des industries privées pour utiliser le procédé en France, le gouvernement s'orienta vers la création d'un office dans la région de Toulouse (Taillefer, 1957).

Après la victoire du Front populaire aux élections législatives de mai 1936, George Monnet devient ministre de l'Agriculture du gouvernement de Léon Blum. Monnet annonce en juin 1936 la politique agricole du gouvernement, dont le but est de revaloriser le prix des denrées agricoles afin d'assurer une rémunération « légitime » aux producteurs, qui doit aller de pair avec des mesures de relance du pouvoir d'achat des Français (Le Populaire, 1936). Trois grands chantiers sont identifiés : la création d'un Office du blé, la mise sur pieds d'un fonds d'indemnisation des calamités agricoles, et un programme de grands travaux d'infrastructures en milieu rural. Si le ministre insiste sur la nécessité d'une politique transversale à l'ensemble des productions, la priorité est donnée à l'organisation du marché du blé. La filiation avec l'expérience américaine est revendiquée par le gouvernement : devant le Sénat, Léon Blum se réclame du précédent de Roosevelt (Margairaz, 1991).

La loi instituant l'Office national interprofessionnel du blé (ONIB) sera ainsi adoptée le 15 août 1936. L'originalité de cette institution est qu'elle associe deux objectifs distincts : garantir un prix du blé rémunérateur aux producteurs, et un prix du pain abordable aux consommateurs. Des objectifs clairement rappelés par le gouvernement dans l'exposé des motifs de la proposition de loi : « la revalorisation des produits agricoles, au même titre que la hausse des salaires, est indispensable pour accroître la capacité de consommation des masses », ou encore « c'est l'ensemble des marchés agricoles que nous devrons organiser pour les soustraire aux caprices des cotations spéculatives et pour diminuer au maximum l'écart trop souvent excessif qui sépare le prix de gros du prix de détail. En face des grands trusts qui dominent les marchés agricoles, il est nécessaire d'organiser la discipline collective des producteurs » (cité par Chatriot, 2016). Ceci devant être associé à la revalorisation des salaires des ouvriers agricoles, que Monnet voulait indexer sur le prix des denrées.

Placé sous la tutelle des ministères de l'Agriculture et des Finances, l'Office est dirigé par un Conseil où siègent les représentants des cultivateurs, des consommateurs, de la minoterie, de la boulangerie, et de l'État. Il a pour mission de fixer le prix auquel devra être vendu le quintal de blé pour assurer au producteur une rémunération équitable, mais aussi de réguler la qualité de la farine pour la fabrication du pain. L'Office est également doté du monopole de l'importation et de l'exportation, il a donc les rênes pour réguler les flux disponibles sur le marché. D'autant qu'il peut gérer les surplus par le stockage notamment, financé par le prélèvement d'une taxe sur les producteurs apporteurs de volumes supérieurs à 100 quintaux (soit 5 % des producteurs environ) (Marioni, Vincent, *op. cit.*).

Afin d'éviter les fraudes (qui avaient entraîné l'échec de la loi de juillet 1933 fixant un prix minimum pour le blé), les producteurs sont obligés de livrer leur récolte à des organismes stockeurs agréés – coopératives ou négociants. Le rythme d'écoulement des stocks par ces organismes est ensuite encadré par l'Office pour éviter tout engorgement des marchés. Le gouvernement va ainsi encourager la création de coopératives et de silos pour assurer un maillage territorial de stockage adéquat, et travailler à l'amélioration des statistiques de récolte. Entre 1936 et 1938, le nombre de coopératives passe de 819 à 1283 (Marioni, Vincent, *op. cit.*). De mauvaises récoltes les années qui suivirent la mise en place de l'Office aidèrent à son succès (Barras, 1968).

Dans un mouvement similaire est publié le 15 septembre 1937 un décret et un arrêté instituant un système de stockage public du beurre, sur base volontaire (le stockage privé est toujours autorisé). Les organismes privés (industriels ou commerçants) reçoivent une aide au stockage de la part des pouvoirs publics, en contrepartie de laquelle ils s'engagent à ne déstocker que sur autorisation de l'État (Delbaere, 2012).

L'office du blé devait initier une série d'autres offices agricoles : le vin, le lait, la viande, le sucre, étaient également visés par le gouvernement Blum. Ces velléités initiales n'aboutiront pas, se heurtant à la résistance du Parlement et des organisations syndicales agricoles majoritaires – celles-ci demandant la gestion des marchés par la profession s(Barral, 1968 ; Chatriot, 2016).

LES DÉBATS DES ÉCONOMISTES AUTOUR DE LA GRANDE DÉPRESSION, SES CAUSES ET SES REMÈDES

Ces décisions politiques sont précédées ou accompagnées de controverses thériques d'une importance décisive, non seulement pour la science économique elle-même, mais surtout, comme on vient de le voir, pour le secteur agricole. Le cas des États-Unis apparaît de ce point de vue éclairant.

L'analyse des raisons de la crise et de la dépression qui a animé les économistes, puis des solutions idoines pour en sortir, vont faire l'objet de foisonnants débats entre économistes tout au long des années 1930. Pendant ces « années de haute théorie », telles que les a qualifiées Shackle (1967), l'intérêt des économistes est stimulé par l'ampleur, la durée et le caractère universel de la crise, alors la plus grave crise capitaliste (Varga, 1935). Comme le souligne Bernard Gazier, les diverses analyses proposées peuvent se distinguer les unes des autres selon le degré de stabilité que leurs auteurs prêtent au capitalisme : « si l'on postule la stabilité, alors les événements, dans leur ampleur tragique, imposent l'analyse d'erreurs ou d'enchaînements accidentels qui se sont combinés pour transformer une récession d'amplitude moyenne en une catastrophe mondiale. En revanche, si l'on analyse le capitalisme comme un système instable, on aura tendance à mettre en évidence le jeu de mécanismes profonds qui rendaient inévitable sinon la totalité des événements, du moins cette première faillite mondiale de l'ordre libéral et le recours à ce que nous avons appelé un "capitalisme sous surveillance" » (Gazier, 2016, p. 90). L'exhaustivité des débats étant hors de portée dans le cadre de ce chapitre, nous en présentons quelques-unes, sous un prisme agricole.

LE PRINCIPE DU PLANISME

Au sein de l'institutionnalisme, l'économiste américain Rexford Tugwell se démarque en proposant en 1932 devant l'*American Economic Association* sa vision de la sortie de la crise, une vision qui repose sur le planisme, en opposition radicale au laissez-faire, et qui le conduit à proposer au candidat Roosevelt une proposition de plan pour l'agriculture dont nous avons déjà fait mention. Il qualifie les économistes orthodoxes de « naïfs », méconnaissant la psychologie de la nature humaine, qui n'ont pas vu venir la crise dont les signes annonciateurs étaient perceptibles pour qui voulaient bien les voir (Tugwell, 1932, p. 78)[1]. À l'inverse, il propose la création d'une instance gouvernementale qui contrôlerait l'orientation des capitaux (Tugwell annonce clairement la nécessité de mettre fin à la libre entreprise), l'ajustement de la production à la consommation, le contrôle des prix et des marges. La réussite de ce schéma, selon Tugwell, repose sur le travail préalable d'amélioration du pouvoir d'achat des consommateurs. On peut situer ce planisme dans la lignée de l'un des pères fondateurs de l'institutionnalisme américain, Thorstein Veblen, qui proposait au début des années 1920 de confier l'allocation des ressources à des ingénieurs et des techniciens plutôt qu'aux acteurs financiers dans le capitalisme (Veblen, 1919) (Barber, 1996). En 1935, Tugwell ira jusqu'à voir dans la problématique de la prospérité des zones rurales – par le biais de l'ajustement des ressources agricoles aux besoins de la population – une question de préservation des libertés civiques.

L'INTERPRÉTATION LIBÉRALE DE LIONEL ROBBINS (1934)

Lionel Robbins (1898-1984) fut un économiste britannique ayant enseigné à la *London School of Economics*, prestigieuse institution où se formaient et circulaient les idées libérales en économie. La chute des prix des matières premières agricoles est due selon Robbins, tel qu'il le détaille dans son ouvrage *La Grande Dépression* de 1934, à une contraction de la demande, mais aussi à une hausse de la productivité par le progrès technique qui se serait heurtée au mur d'une demande relativement inélastique. Tenter de restreindre le volume de production n'aurait qu'un impact négatif, ne conduisant qu'à l'appauvrissement

1 Sur le courant institutionnaliste et ses fondements, on pourra lire Hédoin (2014).

général. Robbins ne voit dès lors qu'une voie de sortie possible à la crise agricole : la réorientation d'une partie des producteurs vers des productions pour lesquelles la demande est davantage élastique. Il critique ainsi les interventions publiques sur les marchés agricoles démarrées aux États-Unis sous Roosevelt, qui visent à diminuer la production pour remonter les cours et ne font que retarder les réorientations nécessaires, tout en pénalisant les consommateurs. Il s'attaque également aux mesures protectionnistes. Selon lui, la baisse des droits de douane sur les productions industrielles aurait pu se révéler bien plus utile aux agriculteurs américains en leur assurant une diminution de leurs coûts de production.

S'inscrivant en opposition au planisme, Robbins interprète le choix fait par les États-Unis dans l'*Agricultural Adjustment Act* comme celui d'une politique de restriction et de monopoles destinée à garantir la valeur du capital investi, à l'encontre du « progrès économique » qui s'entendrait par la diminution du prix des denrées. En situation de concurrence, le producteur qui voit les coûts de production augmenter au-delà du prix de vente espéré sortirait de cette production pour se tourner vers une autre production plus profitable. Et c'est ainsi que, selon Robbins, le marché libre atteint l'alignement parfait entre ce qui est produit d'une part, et ce que les consommateurs attendent d'autre part. Le planisme empêcherait ce processus, et aggraverait la crise.

La sortie de la crise résiderait ainsi dans le rétablissement de la confiance par le rétablissement d'une certaine stabilité des taux de change, qui permettrait de relever le niveau des prix, dans l'instauration d'un système monétaire mondial avec le rétablissement de l'étalon-or au niveau international, dans l'abaissement des droits de douane, dans l'introduction d'une plus grande flexibilité dans les salaires, et enfin dans la limitation de l'intervention de l'État afin de libérer les marchés.

L'INTERPRÉTATION MARXISTE D'EUGÈNE VARGA (1934)

Du côté des économistes marxistes, l'économiste hongrois Eugène Varga explique la crise par le fait que « les différents capitalistes, poussés par la concurrence, développent les forces productives sans tenir compte de la diminution relative du pouvoir de consommation ». S'appuyant sur les concepts développés par Marx dans son analyse des cycles, Varga considère que la constitution d'un excédent de l'appareil de production, résultant des investissements massifs dans les moyens de production après-guerre en Europe, financés par l'endettement auprès des États-Unis, lui-même source de « rationalisation » de la main d'œuvre (donc de chômage), va être à l'origine d'un décalage entre potentiel de production et pouvoir de consommation, c'est-à-dire des débouchés et, en réalité, d'une surproduction généralisée. Selon Varga, la crise est par ailleurs aggravée par le fait que vient s'y additionner une crise agraire mondiale – ce trait nouveau étant le résultat notamment de la révolution des transports qui permet l'internationalisation des marchés agricoles. Il offre une analyse détaillée des caractéristiques des crises agraires et de la crise actuelle, dont le symptôme est la surproduction, avec la chute des prix associée. Il y voit une « crise capitaliste » dans la mesure où elle est causée par « la contradiction entre la production sociale et l'appropriation privée, la pauvreté et la réduction de la consommation des masses qui s'ensuivent ».

L'agriculture étant à la fois un débouché et un fournisseur de l'industrie (respectivement pour les intrants agricoles et la transformation des matières premières), la crise agraire aggrave la crise industrielle, et vice-versa. Il se montre critique du New Deal, notamment des efforts fournis par l'Administration Roosevelt pour rehausser les prix agricoles, qualifiés d'échec car n'ayant pas réussi à limiter la production. Les différentes initiatives prises par les États à travers le monde pour surmonter la crise viennent, selon Varga, renforcer l'orientation vers un capitalisme d'État, celui-ci intervenant désormais sur le commerce extérieur (droits de douane, aides à l'exportation…) ou sur les prix des denrées agricoles. La perspective est celle d'un conflit mondial, déjà en préparation, Varga expliquant que « dans la lutte pour les marchés tous les États se heurtent continuellement les uns aux autres […]. Tous les États bourgeois s'arment fébrilement pour la nouvelle guerre dans l'espoir de pouvoir régler par la violence, aux dépens de leurs concurrents, la question des marchés en leur faveur ». Cette vision de la Grande Dépréssion des années 1930, résonne avec celle développée par Lénine dans son ouvrage de 1916, *L'impérialisme, Stade suprême du capitalisme*.

LES MODÉLISATIONS DE MORDECAI EZEKIEL ET LA REMISE EN CAUSE DE L'ÉQUILIBRE ÉCONOMIQUE

Si l'on suit la catégorisation d'Allan G. Gruchy, les économistes relevant de l'institutionnalisme américain peuvent être divisés en deux groupes : le premier, dans lequel se situeraient Veblen et Tugwell (même s'il s'en éloigne), estimant que le capitalisme ne peut pas être réformé et qu'il doit être dépassé pour réconcilier des intérêts économiques divergents ; le second, rassemblant Commons et ses disciples de l'Université du Wisconsin, croyant en la possibilité d'éliminer les conflits entre intérêts divers dans le cadre du capitalisme (Gruchy, 1939). Mordecai Ezekiel, économiste à l'USDA pendant les années 1930, qui deviendra conseiller au Secrétaire d'État à l'Agriculture, se situe dans ce deuxième courant de l'institutionnalisme.

Dès mars 1933 (avant l'AAA donc), Ezekiel se montre critique envers les mesures protectionnistes mises en place aux États-Unis. Il considère que les États-Unis, en instaurant des droits de douane élevés, et en exigeant des États débiteurs de rembourser leurs dettes, ont déclenché des réactions protectionnistes de la part des pays endettés, aggravant la crise (Ezekiel, 1933). Il promeut la baisse des barrières douanières au niveau mondial, de sorte que les pays européens puissent exporter vers les États-Unis, et disposer de devises pour acheter en retour des productions américaines. La baisse des prix à la consommation passe selon Ezekiel par l'affaiblissement des monopoles, la baisse du coût des transports, des loyers, mais aussi des salaires afin de stimuler l'emploi qui doit permettre de relancer la consommation. Cet ensemble de mesures doit permettre le réajustement de la production et de la consommation.

Pourtant, Ezekiel va manisfement rallier le courant hétérodoxe, lui apportant même une caution scientifique du fait de son intime connaissanc des mathématiques. Une contribution certes tardive mais décisive d'Ezekiel consiste en sa participation en 1938 à la mise en évidence d'un fonctionnement des marchés en « toile d'araignée », le théorème du *Cobweb*, à partir de travaux précédemment publiés – par Henry Schultz en 1930, par Tinbergen en 1930, et par Nicholas Kaldor en 1934 (le premier à formuler l'existence d'un *Cobweb*). Du fait de l'existence d'anticipations de prix de la part des producteurs et d'un décalage entre le moment de la décision de production et l'arrivée de cette production sur le marché, prix et quantités évoluent de façon contraire. Le théorème du cobweb montre ainsi, contrairement à ce qu'affirmait la théorie classique, que les prix et volumes de certaines matières premières – notamment agricoles, fluctuent à l'infini, et ont tendance à s'éloigner de l'équilibre.

Ezekiel est clair sur la récusation du concept d'équilibre : « même en condition de concurrence pure et d'offre et demande statiques, il n'existe pas de "mécanisme automatique d'auto-régulation" qui permette le plein emploi des ressources » (Ezekiel, 1938, p. 279). Partant de cette démonstration, l'intervention publique sur les marchés agricoles paraît justifiée (Pouch, 2014).

EN FRANCE, JOUTES THÉORIQUES SUR L'OUVERTURE AUX ÉCHANGES

Alors qu'aux États-Unis, les débats sur la question agricole dans la crise des années 1930 avaient beaucoup gravité autour de la gestion du potentiel de production, en France, du fait de la position différente occupée par ce pays sur les marchés mondiaux, le débat s'est porté sur l'opposition entre tenants du protectionnisme et partisans du libre-échange.

Citons dans un premier temps Louis Brocard, Héritier de Paul Cauwès, père du courant de l'économie nationale de la fin du XIXe (« à la fois libéral en matière de relations économiques nationales et interventionniste dans le domaine des relations économiques internationales » [Ravix, 2000]). Il publie entre 1929 et 1931 des travaux dans lesquels il se révèle partisan d'une croissance régulière et équilibrée, insistant sur l'importance de maintenir le caractère d'économie complexe propre à la France – complexité étant entendue d'une part par l'équilibre entre le secteur agricole et l'industrie, et d'autre part par l'équilibre entre industries lourdes et légères. Cet équilibre, garantissant à la France une certaine indépendance vis-à-vis du commerce international, devait lui assurer une résistance particulière à la crise et sécuriser l'approvisionnement de sa population en denrées agricoles. Sans viser l'autarcie, Brocard défendait le protectionnisme commercial, qu'il juge indispensable à la préservation des différents secteurs et donc au maintien des équilibres dans le système économique national (Pérez, 2012). Attachant de l'importance à l'analyse dynamique et globale, il met en évidence que « la nation ne vit pas repliée sur elle-même, elle collabore avec les autres nations » (Echinard, Le Roy, 2000). Il en tire la conclusion que l'abaissement des droits de douane n'est donc pas à l'origine des échanges entre nations, ces échanges pré-existant au libre-échange. D'autres économistes soulignèrent l'importance de ne pas dépendre de l'extérieur pour la recherche de débouchés. Le cas de la France, qui faisait preuve d'une meilleure résistance à la crise que des pays industriels comme l'Allemagne et les États-Unis, en apportait la preuve. Certains iront jusqu'à promouvoir l'autarcie.

Du coté des libéraux, on trouve Jacques Rueff, polytechnicien, économiste, occupant les fonctions de membre de la section financière de la Société des Nations et d'attaché financier à l'ambassade française de Londres en 1930. Libéral, favorable au laissez-faire, pourfendeur des déficits publics, il s'inscrit en opposition aux politiques de contrôle des prix qui seraient le propre de régimes totalitaires (Teulon, Fischer, 2011). En 1934, il prononce une élocution intitulée « Pourquoi, malgré tout, je reste libéral », dans laquelle il accuse les interventions publiques sur les marchés d'aggraver les crises : « Y avait-il insuffisance d'un article peu important, on en taxait le prix, et les longues queues à la porte des boutiques venaient révéler les demandes non satisfaites et le déséquilibre dont on avait ainsi évité la disparition. Inversement, le blé se trouvait-il en excédent ? Aussitôt on créait un farm board où l'on fixait un prix minimum pour empêcher la baisse et éviter que la réduction des emblavures ne vienne mettre un terme à la crise. Et dans tous les domaines, par des trusts, par des cartels, par des plans – tel le plan Stevenson, jadis pour le caoutchouc – par le contingentement des importations, on réussissait, en se libérant du mécanisme des prix, à échapper à l'emprise des forces qui devaient tendre à maintenir les équilibres ou à les rétablir lorsqu'ils avaient été accidentellement troublés, donc à éviter les crises ou à en réduire au minimum l'ampleur et la durée. » (Rueff, 1934). Il prononce ces propos devant le cercle de réflexion X-Crise, qui ne manque pas de réagir.

Le groupe X-Crise fut créé en 1931 par d'anciens élèves de l'École Polytechnique avec pour objectif de cerner les causes de la crise en cours. Le groupe auditionnera au cours des ans des économistes et hommes politiques de différents bords. Parmi ses membres, certains seront auteurs de propositions d'économie dirigée, porteurs d'un planisme à la française. L'un deux, Auguste Detœuf, proclamera dans une tribune en 1936 « La fin du libéralisme » : « le libéralisme, tel qu'il a joué au dix-neuvième siècle, est mort. Il est inutile de tenter de le faire revivre.

Il faut s'adapter à l'état nouveau. Puisqu'il a été bienfaisant, puisqu'il recèle des ferments utiles nécessaires, il faut tâcher de sauver du libéralisme tout ce qui peut être sauvé. Mais comme on ne peut tout sauver il faut rechercher ce qui doit être sacrifié en lui » (Detœuf, 1936).

CONCLUSION AU CHAPITRE

La crise économique, financière et agricole des années 1930 a eu pour conséquence l'expérimentation aux États-Unis et en France, par des gouvernements nouvellement élus, de politiques agricoles transversales telles que les pays n'en avaient encore jamais connues, avec pour pilier la régulation des marchés (Petit, 1985). Les économistes se sont passionnés pour cet événement d'ampleur mondiale, et ont participé aux débats sur les pistes de sortie de la crise, à la fois sur les plans théoriques mais aussi, dans certains cas, politiques, illustrant les propos de Robert Boyer affirmant qu'en économie : « la théorie est fille de l'Histoire » (Boyer, 2001, p. 1106).

Marine Raffray
Chambres d'agriculture France
Doctorante à l'Université
de Reims Champagne Ardenne

LES CONDITIONS D'ÉMERGENCE, LES PRISES DE DÉCISION ET LES INSTRUMENTS DE LA *POLITIQUE AGRICOLE COMMUNE* (1962-1992)

L'ambition de ce chapitre d'ouvrage est de revenir sur une période désormais lointaine, mais structurante de la Politique Agricole Commune (PAC), à savoir celle qui précède la réforme de la PAC de 1992. Trois parties sont distinguées pour ce faire.

La première traite de la naissance de la PAC, au tout début des années soixante, alors que ce projet n'engageait que six États membres fondateurs (Allemagne, Belgique, France, Italie, Luxembourg et Pays-Bas). Pour en rendre compte, elle s'intéresse successivement à la situation de l'économie et de l'agriculture à l'aube de la mise en œuvre du marché commun, aux équilibres politiques qui prévalaient à l'époque, aux « péchés originaux » de la PAC, aux objectifs assignés par l'article 39 du Traité de Rome et aux principes fondateurs initiés lors de la Conférence de Stresa.

La deuxième partie présente, tout d'abord, les principaux mécanismes arrêtés pour gérer les marchés agricoles, sans entrer cependant dans le détail de toutes les mesures spécifiques prises, telles que les quotas sucriers ou les mécanismes de retrait dans le secteur des fruits et légumes. Elle développe ensuite les premiers pas de la politique européenne des structures agricoles, dans la continuité du célèbre Plan Mansholt, en insistant sur la Directive portant sur les zones de montagne et les zones défavorisées et le règlement 787/85.

La troisième partie, qui s'échelonne de 1973 à 1991, revient sur les principales turbulences qui ont agité la PAC, avec l'introduction des taxes de coresponsabilité et la mise en œuvre de stabilisateurs budgétaires. Elle met en évidence quelques éléments du volet extérieur de la PAC qui influencèrent fortement son développement.

LA NAISSANCE DE LA PAC

L'ÉCONOMIE ET L'AGRICULTURE À L'AUBE DU MARCHÉ COMMUN

À la création du marché commun, les six pays fondateurs de la Communauté Économique Européenne (CEE) disposaient d'une surface totale de 117 millions d'hectares, dont 60 % de surface agricole utile (SAU). Ces surfaces agricoles recouvraient cependant une très grande hétérogénité en termes de potentiels agronomiques et de localisation : des plaines à hauts potentiels céréaliers du Bassin parisien, aux régions montagneuses dominées par les prairies, aux côtes du sud de l'Italie.

Dans ces pays, et comme le mentionnent les documents issus de la Conférence de Stresa, près de 17,5 millions de personnes tiraient, à cette époque, leur subsistance de l'agriculture. En Italie, les actifs employés dans le secteur agricole représentaient un tiers de la population active (et plus de la moitié dans le sud du pays) contre un quart en France et un dixième en Belgique. En Italie, 85 % des exploitations agricoles avaient une SAU inférieure à 5 hectares ; ce pourcentage étant de 35 % en France et de 55 % en Allemagne. L'Italie se distinguait par ailleurs par une spécialisation agricole laissant une plus large place aux productions végétales. Les céréales représentaient ainsi un quart de la valeur de la production agricole finale, contre environ un dixième dans les pays partenaires et seulement un vingtième aux Pays-Bas. Les productions de fruits (10 %) et de vin (11 %) occupaient également une place plus importante en Italie. En France, la production de viande bovine était bien représentée alors que les productions de lait et de viande porcine dominaient en Allemagne. D'une manière générale, les productions animales occupaient près des deux tiers de la production agricole finale dans les régions septentrionales (Bénélux, Allemagne du Nord et nord de la France), alors que, dans les régions méridionales, ce sont les productions végétales qui atteignaient ce même niveau.

En 1955, la part du secteur agricole dans le Produit intérieur brut (PIB) variait de 8 % en Belgique à 23 % en Italie, soit un rapport allant du simple au triple. Parallèlement, un agriculteur belge avait, en moyenne, un revenu trois fois supérieur à celui de son homologue italien. De même, à cette époque, les rendements obtenus, par hectare, étaient deux fois et demie plus élevés aux Pays-Bas et en Belgique qu'en Italie. C'était également aux Pays-Bas et en Belgique que le décalage des revenus des agriculteurs par rapport aux autres secteurs économiques était le plus faible.

L'IMPORTANCE DE L'ACCORD POLITIQUE

Parmi les idées fausses régulièrement répétées, au point parfois de devenir pour certains une certitude, se trouve l'affirmation que la PAC a été ce qu'elle était en raison du fait que la CEE était déficitaire en produits agricoles. Or, dès à cette époque, et en moyenne sur trois années de la période 1956-1958, le taux d'autosuffisance de la zone atteignait ou dépassait les 100 % pour les produits laitiers, les pommes de terre et les légumes. Ce taux était alors compris entre 90 % et 100 % pour le blé, le sucre, la viande et les œufs. Les produits les plus clairement déficitaires étaient les fruits, les céréales secondaires et les matières grasses (Oury, 1959). Pourtant, lors de la mise en œuvre des Organisations Communes de Marchés (OCM), ce sont les productions de blé, de céréales secondaires et de lait qui ont bénéficié des mesures les plus interventionnistes (contrairement aux productions les plus déficitaires telles que les fruits et légumes).

La construction de la PAC a nécessité de longues et difficiles négociations, dans un contexte où les exigences sociétales des pays développés étaient double : il s'agissait, d'une part, de garantir l'approvisionnement des populations en biens alimentaires pour éviter le retour des famines ; il s'agissait, d'autre part, d'augmenter la productivité agricole pour libérer de la main d'œuvre utile dans les autres secteurs économiques et pour abaisser les prix réels des aliments.

Plus encore que dans d'autres zones économiques, la PAC a parfaitement répondu à ces objectifs. Il existe d'ailleurs peu de cas dans l'histoire économique de symbiose aussi grande entre une catégorie sociale, les agriculteurs modernistes participants à cette « révolution silencieuse » (Debatisse, 1963) et les demandes sociétales, comme celle vécue par la PAC durant les 30 premières années de son existence.

La construction européenne est une aventure basée sur le consensus entre les deux grands courants politiques européens de l'après-guerre, la démocratie chrétienne et la social-démocratie. Si cette dernière avait une forte assise dans les villes, la démocratie chrétienne était mieux implantée dans les campagnes, là où l'agriculture familiale était le modèle dominant. De plus, les systèmes électoraux en vigueur à l'époque augmentaient le poids politique des circonscriptions rurales.

Les hommes politiques qui négocièrent le Traité de Rome voulaient s'assurer que la CEE ne revivrait plus les dramatiques pénuries de la période post-guerre. Assurer un certain degré d'auto-approvisionnement à la population était alors une ambition partagée de toutes les politiques agricoles, y compris au Royaume-Uni. Cela était d'autant plus le cas en Europe que d'importantes surfaces agricoles issues de terres fertiles étaient désormais placées de l'autre côté du rideau de fer, augmentant ainsi les craintes exprimées par les décideurs politiques. Tout cela explique l'existence de politiques agricoles nationales très interventionnistes qui rendaient impossible la libre circulation de marchandises agricoles sans une uniformisation des mesures de soutien.

À cette époque, le coût de l'alimentation était un élément essentiel (encore plus qu'aujourd'hui) de l'évolution des coûts salariaux. Pourrait-on avoir un marché commun industriel sans une uniformisation de ce facteur ? De plus, la France considérait le marché commun agricole comme le pendant d'un marché commun industriel qui favoriserait l'Allemagne. Mais cela posait un problème car les prix agricoles garantis en Allemagne (mais aussi en Italie et au Luxembourg au moins pour le blé) étaient supérieurs aux prix agricoles français, en particulier pour les céréales. Il fallait fixer un prix unique certes, mais il fallait aussi que le démarrage de la construction européenne ne soit pas perçu par le monde agricole et rural (soutien essentiel de la démocratie chrétienne allemande) comme la cause d'une réduction de leurs niveaux de vie.

LES « PÉCHÉS ORIGINAUX » DE LA PAC ET LEURS PREMIÈRES CONSÉQUENCES

Au moment de la création du marché commun, une décision politique majeure a été prise consistant à fixer les prix communs à l'ensemble de la zone sur la base de prix supérieurs à ceux pratiqués en France (+8 %). Les responsables politiques français étaient bien conscients que ce choix allait avoir des effets inflationnistes au plan domestique, alors même qu'ils venaient tout juste d'adopter un plan de stabilisation. En Allemagne, pays où le prix des céréales a baissé de 11 % à 15 %, de généreuses compensations furent attribuées. Une fois le prix des céréales fixé, les prix des produits laitiers et des viandes, dépendant des coûts de l'alimentation animale, furent fixés en concordance, comme le furent les prix de cultures alternatives telles que la betterave sucrière.

Pour rassurer le monde agricole, ce niveau de prix élevé fut accompagné de garantie illimitée d'achats à l'intervention pour les principaux produits agricoles, ce qui représenta le deuxième péché originel de la PAC.

Pour que les prix intérieurs communautaires puissent se maintenir à un niveau élevé en céréales, en lait et en viande bovine et pour limiter les achats d'interventions, une protection efficace à la frontière a été introduite (les prélèvemens variables à l'importation). Toutefois, pour ne pas trop pénaliser les consommateurs, et pour ne pas pénaliser excessivement la compétitivité des produits industriels du vieux continents, les droits de douane appliqués à de nombreux autres produits furent fixés à un niveau très bas (par parfois même à un niveau nul). Ce fut ainsi le cas pour de nombreux produits clés pour l'alimentation animale comme les graines oléagineuses (colza, tournesol et soja) ainsi que leurs produits, les huiles et les tourteaux. Le déséquilibre dans la protection à la frontière entre les céréales, d'un côté, et les autres aliments pour le bétail constitua le troisième péché originel.

Dans ce nouveau cadre économique (absence de droits de douane sur le soja par exemple), les industries spécialisées en fabrication d'aliments composés ont modifié leurs stratégies et leurs formulations d'aliment du bétail. Elles ont progressivement arrêté d'utiliser les aliments plus plus coûteux (les céréales par exemple) pour les remplacer par des produits de substitution des créales tels que le corn gluten ou le manioc. Ainsi, à la fin des années 1980, la consommation communautaire de céréales diminuait au rythme d'environ 2 millions de tonnes par an.

Cet avantage offert à l'élevage d'un approvisionnement à bas coûts a modifié petit à petit la distribution géographique des cheptels, entraînant progressivement leur localisation dans les zones proches de ports. Cette rupture de la complémentarité entre agriculture et élevage a été lourde de conséquences écologiques. Pour les régions céréalières, le taux en matière organique des sols a diminué, provocant leurs appauvrissements ; pour les régions côtières, la pollution des nappes phréatiques par les effluents d'élevage (que ce soit par exemple en Bretagne, en Flandre, dans la vallée du Pô, aux Pays-Bas ou ailleurs) s'est généralisée. En quelque sorte, on transforma une solution (le fumier) en un problème (la pollution par nitrates).

Une deuxième conséquence négative, anticipée par le Commissaire à l'agriculture, Sicco Mansholt, fut l'éloignement progressif de la majorité des agriculteurs des réalités du marché. Ils étaient devenus plus préoccupés des marathons agricoles qui fixaient annuellement les prix et des interventions politiques, que de la dynamique de la demande des consommateurs.

En dépit de ces effets réels ou supposés, cet accord politique initial sur la fixation des prix a été une satisfaction pour tous les États membres. Le marché commun agricole permettait aux français d'exporter des céréales vers son voisin déficitaire, l'Allemagne ; les prix élevés donnaient des garanties aux producteurs céréaliers allemands ; la liberté d'importation de nombreux produits de base (alimentation animale, fruits et légumes) réconfortait les acheteurs hollandais ; les italiens obtenaient, quant à eux, un soutien important pour des productions spécifiques comme l'huile d'olive.

Les dépenses agricoles ont, dans ce cadre, été fortement influencées par ce choix des prix garantis et l'importance plus ou moins grande des excédents, lesquels entraînaient un coût de stockage (les achats à l'intervention) ou de commercialisation sur les marchés extérieurs par l'octroi de restitution aux exportations (aides accordées à l'exportateur pour compenser l'écart entre le prix européen et le prix mondial).

Ainsi, l'avis éclairé de Sicco Mansholt ne servit à rien. Lui qui, le troisième jour de la conférence de Stresa, déclara : « La politique des prix est un élément important de la politique des marchés agricoles, mais aussi un moyen dangereux ; nous devons tendre vers un revenu raisonnable pour les agriculteurs et les ouvriers agricoles, mais le grand danger est que le producteur et le consommateur s'éloignent du marché » (Jacquot, 2012).

LE TRAITÉ DE ROME

En mars 1957, l'article 39 du Traité de Rome définit les cinq principaux objectifs de la PAC, à savoir : 1) accroître la productivité de l'agriculture, en développant le progrès technique, en assurant le développement rationnel de la production agricole ainsi qu'un emploi optimum des facteurs de production, notamment de la main-d'œuvre ; 2) assurer ainsi un niveau de vie équitable à la population agricole, notamment par le relèvement du revenu individuel de ceux qui travaillent dans l'agriculture ; 3) stabiliser les marchés agricoles ; 4) garantir la sécurité des approvisionnements ; 5) assurer des prix raisonnables dans les livraisons aux consommateurs.

Les objectifs spécifiques de la PAC furent d'abord axés sur les intérêts des producteurs. Grâce à un accroissement de la productivité et à une stabilisation efficace des marchés, les producteurs devaient obtenir un revenu équitable. Comme le soulignait Michel Jacquot (2012), il convient cependant de bien noter que l'on ne parla pas « d'auto-approvisionnement », mais de « sécurité des approvisionnements ». La conférence de Stresa clarifiera plus tard qu'il fallait aussi tenir compte « des importations possibles ». À noter qu'à l'époque, les mots « sécurité des approvisionnements » faisaient référence aux aspects quantitatifs (*food security*) et non pas qualitatifs (sécurité des aliments, *food safety*).

Les intérêts des consommateurs furent incorporés dans les phases finales de la négociation. Ils devaient être assurés d'être approvisionnés en produits alimentaires à des prix raisonnables et stables. La réalisation simultanée de tous ces objectifs a été source de nombreuses tensions. Ces dernières se sont accentuées ensuite avec la prise en compte progressive d'autres objectifs dans les politiques européennes tels que ceux liés à la protection de l'environnement ou la cohésion économique et sociale.

Outre la détermination de ces cinq objectifs, le Traité de Rome citait déjà plusieurs éléments fondamentaux quant à la mise en œuvre de la future PAC : une organisation commune des marchés agricoles ; une politique uniforme en matière de prix ; la création d'un ou de plusieurs fonds communautaires.

Force est de constater que ces objectifs spécifiques de la PAC ont été transposés tels quels dans le Traité de l'Union actuellement en vigueur. La société européenne a pourtant beaucoup changé en 60 ans. Les attentes vis à vis de l'agriculture se sont transformées ; le monde agricole et rural a été bouleversé. S'il aurait été utile de les revisiter lors des négociations des différents Traités, les rédacteurs du Traité de l'Union n'en ont pas voulu ainsi. Ils craignaient d'ouvrir un débat d'une grande complexité et de mettre ainsi un nouvel obstacle (un de plus) sur la difficile route de la ratification. Cela eut été élégant, mais ce n'était pas indispensable. Dans la pratique, non seulement les lectures des objectifs spécifiques de la PAC ont évolué, mais les Traités ont incorporé des objectifs horizontaux applicables à toutes les politiques, y compris à la PAC.

Aujourd'hui, et au-delà de la seule PAC, les objectifs assignés à l'Union Européenne (UE) sont multiples. Ils doivent notamment permettre : de promouvoir la paix, ses valeurs et le bien-être de ses peuples ; d'offrir un espace de liberté, de sécurité et de justice sans frontières intérieures ; de promouvoir le développement durable fondé sur une croissance économique équilibrée et sur la stabilité des prix, une économie de marché hautement compétitive garantissant le plein-emploi et le progrès social, ainsi que la protection de l'environnement ; de lutter contre l'exclusion sociale et la discrimination ; d'encourager le progrès technologique et scientifique ; de promouvoir la cohésion économique, sociale et territoriale, et la solidarité entre les États membres ; de respecter la richesse de sa diversité culturelle et linguistique. Dans ce cadre général, l'UE a tous les instruments juridiques nécessaires pour construire une politique agricole moderne. Le reste n'est que question de volonté politique.

LA CONFÉRENCE DE STRESSA ET LES PRINCIPES FONDAMENTAUX DE LA PAC

En juillet 1958, à Stresa en Italie, eut lieu une Conférence où se réunirent les signataires du Traité de Rome et les représentants des organisations professionnelles des six États membres fondateurs. Ce type de réunion était bien dans l'esprit de l'époque, celui de la cogestion des affaires agricoles par les Administrations et les représentants de la « profession agricole ».

Au cours de cette Conférence, la comparaison des politiques nationales existantes, et la mise en parallèle des ressources et des besoins, permirent de dégager les premières lignes directrices de la future PAC.

Les participants ajoutèrent quelques précisions aux objectifs arrêtés dans le Traité de Rome : la nécessité de réformer les structures agricoles en vue d'aboutir à une meilleure compétitivité, sans pour autant mettre en question l'exploitation familiale ; amener graduellement les prix agricoles à un niveau uniforme pour tous les États membres et, puisque les coûts de production étaient plus élevés dans la CEE que dans les autres grands pays producteurs, ces prix devaient se situer au-dessus du niveau du marché mondial « sans que cela constitue pour autant une incitation à la surproduction ». De plus, la PAC ne devait pas avoir pour objectif d'assurer une autarcie complète de l'Europe des Six. La Communauté devait aussi participer d'une manière équilibrée au commerce mondial.

Mais, il importait de protéger le marché intérieur contre les distorsions de la concurrence venant de l'extérieur.

C'est sur cette base que, à la fin de 1959, la Commission présenta au Conseil de Ministres ses premiers projets de PAC. En juin 1960, se fut le tour des propositions définitives et, en décembre de la même année, le Conseil des ministres arrêta les principes de la création de l'Europe verte. Le marché commun agricole se fonda sur trois principes : l'unicité du marché, la préférence communautaire et la solidarité financière.

Par « unicité du marché », l'on entend une libre circulation des biens entre les États membres. Le marché commun agricole constitue un seul grand marché intérieur dans lequel, par exemple, le « marché français » ou le « marché allemand » ne sont plus que des marchés régionaux. Les droits de douane, les autres entraves aux échanges commerciaux et les subventions susceptibles de fausser la concurrence sont désormais exclus. L'unicité du marché nécessite aussi des prix uniformes et des règles de concurrence communes, un droit administratif et des contrôles sanitaires et vétérinaires harmonisés et, enfin, des parités monétaires stables. Elle doit être organisée en utilisant les mêmes instruments sur l'ensemble du territoire des États membres et exige une gestion centralisée par la CEE et requiert une protection uniforme aux frontières extérieures de la Communauté.

La préférence communautaire est une conséquence de la création d'un marché agricole unifié. On souhaite, de fait, une agriculture européenne qui, en dépit de conditions de production souvent défavorables, puisse contribuer significativement à l'approvisionnement de l'Union. Il était donc logique qu'une préférence soit accordée à la production européenne, toutes les autres conditions étant égales sur le marché intérieur.

Puisqu'il s'agit d'une politique commune, son coût budgétaire doit être supporté en commun. La solidarité financière représenta donc l'une des clés de voûte de la politique agricole commune. Pour la concrétiser, les États membres créèrent un fonds communautaire, le Fonds Européen d'Orientation et de Garantie agricole (FEOGA). Ce fond finançait sur une base commune les dépenses nécessaires à la PAC, quel que soit le produit ou l'État membre auquel elles sont destinées.

LA PREMIÈRE PAC

LES PRINCIPAUX MÉCANISMES DE MARCHÉ DE LA PREMIÈRE PAC

Une fois définis les objectifs et les principes de la PAC, les organisations communes de marché (OCM) furent établies. L'OCM des céréales, mise en route en 1962 est un bon exemple de la démarche adoptée, une sorte de « modèle ». À titre d'illustration, nous présentons ici le cas du blé, du moins tel qu'il fut pratiqué jusqu'en 1996, c'est-à-dire avant l'entrée en vigueur des accords du cycle de l'Uruguay. Le pivot (théorique) de l'organisation de marché était le prix indicatif, qui reçut parfois le nom de prix d'orientation ou de prix objectif. Fixé pour chaque campagne de commercialisation, c'était celui que l'on indiquait au marché pour qu'il lui serve « d'orientation » sur ce que les producteurs devraient percevoir dans la zone la plus déficitaire de l'Union.

Si l'offre intérieure était supérieure à la demande, le prix du marché, c'est-à-dire le prix réel à la production, descendait en dessous du prix indicatif. Si la baisse atteignait une limite considérée comme critique, la Communauté intervenait pour stabiliser le marché et acheter les céréales à un prix fixé d'avance, le prix d'intervention, sensiblement inférieur au prix indicatif. Il représentait une limite inférieure aux prix du marché intérieur et constituait pour les producteurs une sorte de prix minimal garanti dans les zones de production. Ce mécanisme de prix garanti posait un problème par rapport aux importations des pays tiers, car les prix pratiqués sur le marché mondial étaient, en règle générale, sensiblement inférieurs aux prix communautaires. Si, dans ces conditions, on voulait éviter que le marché communautaire ne soit inondé par des pays tiers – ce qui entraînerait l'effondrement complet de la production européenne – et si l'on voulait donner aux producteurs de la Communauté la possibilité de participer au commerce mondial, il fallait prendre des mesures aux frontières, un système semblable aux écluses, composé du prix de seuil, des prélèvements à l'importation, du prix franco-frontière et des restitutions aux exportations.

Le « prix de seuil » était un prix dit « CAF » (c'est-à-dire un prix qui inclut le coût de la marchandise, les assurances et le fret jusqu'au port de destination). Il était fixé à un niveau tel que le prix des céréales importées dans les grands centres de consommation de la Communauté (frais de déchargement et de transport compris) correspondait en théorie au prix indicatif. La différence entre le prix de seuil et le prix d'importation était perçue sous la forme d'un « prélèvement variable à l'importation » qui était versé au budget de la Communauté en tant que ressource propre.

Inversement, à l'exportation, la Communauté calculait un « prix franco-frontière » à partir du prix en zone de production et en y rajoutant les frais d'approche au port en charge des exportations. Il s'agissait d'un prix FOB (*Free on Board*) qui couvrait le coût de la marchandise chargée sur le bateau, une fois les douanes passées, prête à partir. Pour que l'exportation soit possible, le budget communautaire finançait une « restitution à l'exportation » calculée comme la différence entre ce prix franco-frontière et le prix mondial.

Le grand avantage de ce système était sa grande souplesse en tant qu'instrument de stabilisation du marché car, quand les prix mondiaux dépassaient les prix communautaires, le système pouvait s'inverser, avec des taxes aux exportations et même des subventions aux importations.

Pour que le système d'écluse puisse fonctionner correctement, il faut soit que les volumes exportés avec subventions soient limités, soit que l'Union soit autorisé à exporter les excédents quels que soit leurs ampleurs sans limitation. Or, durant les années 1980 et le début des années 1990, la Communauté disposait de volumes d'exportation croissants et considérables. Les accords de l'Uruguay Round limitèrent à la baisse les volumes (et les budgets) maximums exportables avec restitution. De plus, le caractère variable du prélèvement, qui était fixé tous les jours, irritait considérablement nos partenaires commerciaux car il était source d'incertitude. Là aussi, les accords du cycle de l'Uruguay inclurent une clause (la « tarification ») qui contribua aussi à sonner le glas du système.

LES DÉBUTS DE LA POLITIQUE EUROPÉENNE DES STRUCTURES AGRICOLES. LE PLAN MANSHOLT

La conférence de Stresa avait conclu qu'une politique agricole équilibrée devait investir un tiers de son budget dans des mesures tendant à promouvoir la modernisation de l'agriculture et l'amélioration structurelle des exploitations agricoles. En réalité, l'attention se centra sur la mise en route des organisations communes de marché, indispensable pour assurer la libre circulation des marchandises.

La politique socio-structurelle dépendait des États membres, qui n'étaient aucunement pressés de la partager à l'échelle européenne. Sur le plan communautaire, on s'efforça simplement de coordonner les différentes politiques nationales. À cet effet, on créa le Comité Permanent des Structures Agricoles. On y discutait des mesures structurelles nationales et, sur base d'un rapport établi par la Commission, de la situation structurelle de l'agriculture communautaire. En 1964-1965, la Commission proposa 12 actions communes qui ne furent jamais décidées par le Conseil. Il fallut attendre le Plan Mansholt (du nom du commissaire européen en charge de l'agriculture de l'époque) de 1968 pour que la Communauté commence à réfléchir à ce sujet. La Commission approuva alors le fameux « Mémorandum sur la réforme de l'agriculture dans la CEE » qui dressait un diagnostic de la situation agricole : i) l'agriculture avait perdu un tiers de ses actifs durant les années soixante, passant de 15 à 10 millions d'agriculteurs ; ii) la productivité agricole augmentait au rythme de de 7 % par an, soit bien plus que celle du secteur industriel ; iii) la consommation de produits agricoles augmentait de 2,7 % entre 1965 et 1970 contre 3,6 % entre 1960 et 1965. Si chaque agriculteur, pris individuellement, a intérêt à adopter le progrès technique, la disparité se creuse entre les taux de croissance de la production et de la consommation de produits agricoles (Petit et Viallon, 1970) ; iv) les exploitations agricoles étaient trop petites, les deux tiers d'entre elles ayant moins de 10 hectares.

Les propositions faites dans ce rapport étaient radicales, car selon les propos tenus à l'époque « il n'y avait pas de temps à perdre ». Ainsi, il était proposé de mettre en action le plan suivant :

- Accélérer l'exode agricole. Un agriculteur sur deux devrait partir d'ici à 1980, soit de nouveau une perte de 5 millions d'actifs. La moitié de ces partants serait des retraités, l'autre moitié serait des actifs contraints de trouver un emploi en dehors de l'agriculture.
- Créer de « grandes unités de production » et des « exploitations agricoles modernes », capables d'avoir des plans de développement, de tenir des comptabilités, d'une taille sept à huit fois plus grande que les exploitations moyennes de l'époque.
- Bloquer le niveau des prix pour certains produits agricoles en situation d'excédents, voir même les baisser. Les prix étaient

fixés selon des considérations politiques ou sociales, mais pas économiques.

- Retirer de la mise en cultures près de 5 millions d'hectares pour éviter la surproduction agricole (boisement, développement de zones industrielles ou de parcs naturels).
- Abattre 3,5 millions de vaches en 8 ans, pour éviter la réapparition des excédents de beurre et prévenir la progression attendue des rendements laitiers.

Aujourd'hui, la grande majorité des experts s'accorde sur l'idée que le vice-président Mansholt avait raison quant au diagnostic porté. L'évolution structurelle était nécessaire, le problème des excédents agricoles allait se poser, il fallait donc contrôler les prix agricoles. Certes les réponses proposées s'inscrivaient dans la logique productiviste de l'époque, mais il n'est que peu utile de juger les positions d'hier à la lumière des problèmes et des défis d'aujourd'hui.

Au moment de la sortie de ce rapprt, les réactions des milieux agricoles allèrent de l'hostilité indignée au scepticisme, à l'exception notable en France des jeunes agriculteurs (Coulomb, 1999). Les plus prudents se déclaraient réservés et ne pouvaient pas dire publiquement que le Commissaire n'avait pas tout à fait tort. Les opposants les plus virulents furent les agriculteurs bavarois, accusant le Commissaire de vouloir « kolkoviser » l'agriculture européenne.

LES PREMIÈRES DIRECTIVES

En 1972, et après deux années de débats, le Conseil approuva les trois premières directives. La première concerne la modernisation des exploitations agricoles, laquelle avait pour ambition de s'acheminer vers la constitution d'exploitations « viables » ; la deuxième concerne la cessation anticipée de l'activité agricole à partir de 55 ans pour favoriser la modernisation des exploitations résiduelles. La troisième a trait à la Directive sur l'information socio-économique et la formation professionnelle des agriculteurs. Les mesures relatives aux groupements de producteurs et au reboisement interviendront plus tard (respectivement 1978 et 1985).

De cette période ont découlé trois éléments importants qui ont marqué toute la politique socio-structurelle de la Communauté jusqu'à la mise en œuvre de l'Agenda 2000 :

- *L'agriculteur à titre principal*, comme sujet prioritaire de la politique. Il s'agit de celui qui obtient la majorité de son revenu de l'activité agricole ou des activités annexes, ou occupe la majorité de son temps sur l'exploitation.
- *Les exclusions sectorielles.* En effet, en fonction de la situation des marchés, certains secteurs de production ne peuvent pas bénéficier complètement de certaines de ces mesures. Ce fut le cas des œufs et volailles, du porc et de l'achat de bétail d'engraissement. Elles furent accompagnées par des mesures spécifiques visant à la limitation de la production, dans des secteurs comme le vin et le lait. Elles comprenaient notamment des incitations à diminuer les volumes de production avec des primes à la non-commercialisation, à l'abattage, à l'arrachage ou à la reconversion du vignoble.
- *Les exploitations viables.* Ce sont celles qui devraient permettre de dégager à terme, pour le chef d'exploitation, agriculteur à titre principal, un revenu comparable au revenu moyen obtenu dans les activités extra-agricoles de la région où elle est située. Pour bénéficier du soutien, elles doivent présenter un « plan de développement ».

LA DIRECTIVE SUR LES ZONES DE MONTAGNE ET LES ZONES DÉFAVORISÉES

En 1973, l'histoire européenne a été marquée par le premier élargissement, avec l'adhésion du Danemark, de l'Irlande et du Royaume Uni. Cela ne rendit pas la vie européenne plus facile, en particulier sur le volet budgétaire et la gestion des marchés agricoles, mais cela renforça la pression politique pour la prise en compte d'abord des réalités régionales et, plus tard, des questions environnementales. C'est ainsi qu'en 1975 fut approuvée la première Directive concernant l'agriculture de montagne et les zones défavorisées. Elle représentait 25 % de la SAU, 15 % des exploitations et 12 % de la production agricole de la Communauté.

La Directive visait à essayer de réduire les écarts de revenu dont souffraient les agriculteurs de ces régions, en compensant leurs désavantages naturels à caractère permanent, pour garantir le maintien et, dans la mesure du possible, la modernisation de leurs activités agricoles. On essaya d'éviter que, en diversifiant les incitations financières, les améliorations structurelles ne se concentrent pas uniquement dans les régions les plus riches et les plus dynamiques. Dans les zones de montagne, l'altitude entraîne des conditions climatiques difficiles et une période de végétation raccourcie ; de plus, les terrains en pente se prêtent moins bien à la mécanisation de l'agriculture. Dans les zones défavorisées, les terrains sont souvent plus pauvres, si bien que les efforts à fournir pour en accroître le rendement sont parfois disproportionnés par rapport aux résultats espérés.

Au bout du compte, le maintien d'une activité agricole à long terme dans ces zones dépend dès lors de l'obstination de l'exploitant. Quant à l'aide octroyée à ce dernier, elle dépasse le cadre strictement agricole et s'étend à des aspects tels que la conservation du paysage, la protection contre l'érosion, la satisfaction d'exigences liées au tourisme, ainsi que le maintien d'une densité de population suffisante dans des régions menacées de dépeuplement.

Les mesures prévues furent une indemnité compensatoire allouée par hectare ou par UGB ; une augmentation des aides à l'investissement ; l'encouragement à la pluriactivité sur l'exploitation agricole par le tourisme et l'artisanat (mais strictement limité aux agriculteurs à titre principal) et l'amélioration foncière et des pâturages.

Le choix de l'instrument juridique ne fut pas neutre. Une Directive requière sa transposition dans le droit national de chaque État membre. Le contraste entre le discours et la pratique, entre l'ambition des objectifs officiellement affichés et la limitation des mesures approuvées, est un grand classique de la construction européenne.

LES PROGRAMMES INTÉGRÉS MÉDITERRANÉENS

Fruit de cette progressive prise en compte des différences régionales, on observa par ailleurs l'instauration d'aides spécifiques visant d'une façon plus globale des problèmes structurels d'une région entière ou d'un secteur. Les cas d'école les plus clairs furent les Programmes Intégrés Méditerranéens de 1980, conçus pour préparer ces régions (et calmer leurs opinions publiques inquiètes) aux conséquences négatives attendues de l'élargissement vers la Grèce (1981), puis l'Espagne et le Portugal (1986). Comme leurs noms l'indiquent, ces programmes « intégrés » dépassaient, et ce pour la première fois, le cadre purement agricole.

LE RÈGLEMENT 797/85

En 1985, le Conseil approuva un Règlement qui remplaça les directives socio-structurelles. La principale nouveauté était d'ordre juridique car il s'agissait d'un Règlement communautaire, ce qui impliquait qu'il était directement applicable dans tous les États membres.

Pour le reste, son contenu s'inscrivait en bonne continuité. L'amélioration des structures agricoles et l'aide aux zones de montagne et défavorisées furent maintenues, ainsi que le concept du plan de développement. Toutefois, son objectif ne fut plus de « permettre de dégager à terme, pour le chef d'exploitation agriculteur à titre principal, un revenu comparable au revenu moyen obtenu dans les activités extra-agricoles de la région où elle est située ». Plus modestement, on poursuivit une « amélioration durable et substantielle de la situation économique de l'exploitation et notamment du revenu de travail ». De plus, même sans ledit plan, des aides (certes réduites) furent possibles.

Quant aux investissements éligibles, ils pouvaient non seulement concerner l'amélioration qualitative et quantitative de la production, en fonction des besoins des marchés mais aussi, d'un côté, la réduction des coûts, la rationalisation et l'amélioration des conditions de vie et de travail et, de l'autre, la protection et l'amélioration de l'environnement. Toutefois, un montant maximum de l'aide fut introduit. Quant à l'indemnité compensatoire de montagne et de zones défavorisées, on introduisit ici aussi une limite par exploitation et un lien entre le revenu du bénéficiaire et le montant de l'indemnité. Ainsi, la situation sociale du bénéficiaire pouvait être prise en compte, ce qui renforça son rôle d'aide au revenu. De plus, les surfaces agricoles boisées furent déclarées éligibles. L'introduction d'une aide au boisement des terres agricoles et l'amélioration des surfaces boisées dans des exploitations agricoles, furent limitées bien entendu aux seuls exploitants à titre principal.

La Directive sur la retraite anticipée fut remplacée par une aide à la première installation de jeunes agriculteurs comme chef d'exploitation à titre principal, complétée par une augmentation de l'aide aux investissements que le bénéficiaire réalisait dans les cinq années suivant son installation.

« Last but not least », car l'influence britannique est là notoire, les États Membres furent autorisés à mettre en place des systèmes d'aides visant à contribuer à l'introduction ou au maintien de pratiques de production compatible avec les exigences de la protection de l'espace naturel dans des zones sensibles du point de vue de l'environnement. Ainsi, l'idée d'apporter aux agriculteurs des compensations de revenu, s'ils contribuaient par des pratiques de production visant à entretenir ou à améliorer l'environnement, est introduite pour la première fois.

L'ENTRÉE DANS LE TEMPS DES TURBULENCES

Durant une longue période, qualifiée ici de « temps des turbulences », les responsables politiques européens virent venir les problèmes, mais n'eurent pas le courage politique de les affronter. Il fallut pour cela attendre le début des années 1990. Pour des raisons purement explicatives, la longue période des années 1970-1980 est scindée ici en deux étapes, évidemment discutables dans leur découpage, celle de dite « la coresponsabilité » qui couvre jusqu'au Sommet de Stuttgart (1983) et celle dite « des stabilisateurs budgétaires », fruit de la montée des inquiétudes budgétaires.

L'ÉTAPE DE LA CORESPONSABILITÉ (1973-1982)

L'idée de co-responsabiliser les producteurs de la gestion des excédents qu'ils produisent est intellectuellement séduisante. Elle eut donc son heure de gloire. Toutefois, dans la pratique, cela conduit à réduire d'une manière ou d'une autre, le prix d'intervention. Si le nouveau prix garanti continue à être supérieur aux coûts de production, et si les achats à l'intervention ne sont pas soumis à une limite, la réaction logique du producteur individuel est, si possible, celle d'augmenter encore la production pour récupérer sur les volumes la perte enregistrée sur le prix unitaire. Sans aucun doute, le premier secteur concerné par ce phénomène fut le secteur laitier, secteur qu'Adrian Ries (1978) considérait comme « la bête noire » ou le cauchemar de la PAC.

En 1973, dans son Mémorandum 1973-1978, la Commission européenne proposa, mais sans succès, d'appliquer un prélèvement provisoire qui pourrait atteindre un maximum de 2 % du prix d'objectif, ce pour cofinancer la commercialisation des excédents laitiers. En

1975, elle revint à la charge en proposant l'introduction du principe de coresponsabilité des producteurs dans le secteur laitier. Il fallut attendre 1977 pour que le Conseil approuve cette proposition. À titre anecdotique, on peut aussi souligner que, dans ce même document, la Commission européenne signala qu'elle avait « entrepris des travaux visant à simplifier la réglementation agricole » (un thème pas vraiment nouveau donc).

En décembre 1980, dans un document intitulé *réflexion sur la PAC*, la Commission européenne soulignait une idée forte, à savoir : « l'absence de mécanismes régulateurs efficaces pour adapter le développement des productions aux besoins des marchés interne et externe ». Elle complétait son diagnostic en affirmant que : « les OCM tendent à privilégier les producteurs les plus importants qui disposent déjà des structures de production les plus favorables ». Elle proposa alors d'adjoindre un nouvel élément à tous les principes actuels de la PAC, à savoir celui de la « co-responsabilité des producteurs au-delà d'un certain volume de production ».

En mai 1980, le Conseil donna mandat à la Commission européenne d'examiner le « développement des politiques communautaires sans mettre en question ni la responsabilité financière commune pour ces politiques qui sont financées par des ressources propres de la Communauté, ni les principes de base de la PAC ». En 1981, la Commission européenne publia donc un rapport puis une communication sur ses orientations pour l'agriculture européenne. Ces documents soulignaient les principaux points suivants :

- Pour les productions qui sont en excédent structurel, il n'est pas ni économiquement sain, ni financièrement possible d'assurer aux producteurs une garantie pleine.
- Il importe que, plus que par le passé, les prix agricoles soient fixés en tenant compte des réalités du marché. Ainsi, les prix communautaires doivent se rapprocher des prix pratiqués dans les principaux pays tiers concurrents.
- Des aides directes aux revenus de certains producteurs (les petits) sont envisageables.
- Le contrôle communautaire de la qualité des produits doit être renforcé.

- En ce qui concerne les difficultés de l'agriculture méditerranéenne (suite à l'entrée récente de la Grèce et aux négociations d'adhésion engagées avec l'Espagne et le Portugal), la Communauté doit s'inspirer des principes d'équivalence et d'équité. L'équivalence exige que la PAC s'applique sans discrimination aux produits méditerranéens ; l'équité exclut que les mutations nécessaires n'entraînent une détérioration des conditions d'existence de ceux qui les subissent.
- Les garanties doivent être modulées en fonction d'objectifs communautaires de production.

En 1981, la Conseil approuva un prélèvement additionnel dans le secteur laitier. L'année suivante, il instaura « un seuil de garantie » pour les céréales, le riz, le colza, le lait et les tomates transformées. Son dépassement déclenchait une baisse des prix garantis, plus ou moins limitée et, dans certain cas, applicable seulement à l'année qui suit le dépassement.

Comme il fallait s'y attendre, ces mesures furent loin de résoudre tous les problèmes. L'inquiétude parmi les « grands argentiers » de l'Europe, et en particulier les États membres contributeurs net au premier rang desquels se trouvait l'Allemagne, était grandissante.

LES STABILISATEURS BUDGÉTAIRES (1983-1991)

En 1983, le Conseil européen de juin à Stuttgart, sous Présidence allemande, donna mandat à la Commission européenne d'examiner la PAC, avec objectif notamment « d'assurer le contrôle effectif des dépenses agricoles en exploitant pleinement les possibilités existantes et en examinant toutes les OCM. Tous les États membres doivent fournir leur contribution pour réaliser des économies ». Dans la continuité de cette demande, la Commission européenne présenta un rapport qui précisait les principaux points suivants :

- Comme d'autres politiques, la PAC doit répondre à la nécessité d'une utilisation la plus efficace possible des ressources financières de la Communauté.
- Une opération d'économie de coûts, menée sans tenir compte des conséquences sur le plan social et économique, ne servirait

à rien le développement de la Communauté. Elle aboutirait au morcellement de la politique commune et à la réapparition dans des budgets nationaux de dépenses actuellement assumées par la Communauté.

- Le but à poursuivre est la rationalisation et non la renationalisation, de la PAC.
- L'idée de la généralisation des « seuils de garantie » est clairement affichée.
- Elle note que, dans bien des cas, dont le lait, les prix communs sont à peu près au même niveau (ou dans certains cas inférieurs) à ceux pratiqués dans d'autres pays.
- En ce qui concerne les céréales, elle préconise une réduction progressive de l'écart entre les prix mondiaux et les prix communautaires. Cela doit permettre de rendre les céréales communautaires plus compétitives et de supprimer l'avantage (prix) dont bénéficient actuellement les produits de substitution des céréales (PSC).
- Elle propose l'instauration de quotas pour la production laitière.

L'année 1984 fut marquée par l'instauration des quotas laitiers. Ce fut fait avec l'opposition frontale des producteurs de l'époque, les parents des mêmes qui plus tard protestèrent contre leurs disparitions (en 2015). Ils furent fixés sur la base de la production historique, c'est-à-dire qu'ils consolidèrent le déséquilibre du marché communautaire avec toutes ses implications budgétaires. Évoquer les quotas, implique de parler de tensions. La différence de situation entre le producteur qui avait terminé son plan de développement et celui qui le commençait, fut une première source de tensions. Il en fut de même entre le producteur âgé en fin de course et le jeune qui voudrait s'installer ou développer son activité. Ces tensions ont été exacerbées par la valeur patrimoniale des quotas qui rendaient encore plus difficile et couteux le projet d'installation.

Les tensions existaient aussi entre régions et États membres. Les « déficitaires » virent ainsi limiter leur développement. Même si la logique du marché unique conduit à la spécialisation régionale sur base des avantages comparatifs, l'existence de référence nationale ouvrit la voie aux visions « localistes », en premier lieu en Italie et en Espagne. Dans la foulée, il fut instauré un seuil de garantie spécifique pour des nouvelles productions, comme le blé dur, le tournesol, les fruits en sirop et les raisins secs. De plus, l'Accord assura la distillation obligatoire des vins de table si la production dépassait un seuil (national, de nouveau) ou les prix de marché étaient trop bas.

Comme dit la citation, « cent fois sur le métier, remettre son ouvrage ». En 1985, la Commission européenne présenta deux nouvelles communications dont le *Livre vert, un avenir pour l'agriculture européenne*. Mais, il fallut attendre l'année suivante pour que des mesures soient concrètement adoptées. En 1986, un prélèvement de coresponsabilité est instauré dans le secteur des céréales ; les seuils de garantie pour le colza et le tournesol furent remplacés par un système de « quantités maximales garanties ». La différence dans ce dernier cas avec les seuils est que la pénalisation était proportionnelle au dépassement et s'appliquait à la campagne en cours. Toutefois, un butoir maximum à la baisse des prix et des aides fut fixé (5 %).

En 1987, fut décidé une baisse des prix d'intervention des céréales, à travers le subterfuge de l'invention du « prix d'achat à l'intervention » qui fut fixé à 94 % du prix d'intervention ; le butoir à la baisse des prix et des aides pour le colza et le tournesol passa de 5 % à 10 % ; une quantité maximale garantie fut introduite pour les graines de soja (avec butoir de 10 %) et l'huile d'olive.

En 1988, le butoir à la baisse des prix et des aides dans le cas des graines oléagineuses fut éliminé ; des quantités maximales garanties furent prévues pour le tabac et des seuils d'intervention furent fixés pour les tomates fraîches, les oranges, les citrons, les mandarines, les clémentines, les nectarines et les pêches. Hors de la gestion des marchés, un gel des terres volontaire fut instauré. Mais, la grande décision de cette année-là fut la fixation d'une limite budgétaire au budget agricole appelée « ligne directrice agricole ». Elle était calculée sur base des dépenses agricoles de l'année 1988, actualisée chaque année en fonction du taux d'inflation et de 74 % du taux d'accroissement prévu pour le Produit Intérieur Brut (PIB) communautaire. Pour bien comprendre ce mécanisme, il faut savoir que le budget communautaire est alimenté par différentes sources, appelées « ressources propres » dans le jargon communautaire. Chaque année, l'évolution du budget dépend de l'inflation, du taux de croissance du PIB et du taux d'appel dudit PIB.

Si nous supposons constant ce dernier facteur, la limitation du taux d'augmentation du budget agricole à 74 % du taux de croissance du PIB a permis l'apparition de marges de manœuvre budgétaires, soit pour d'autres politiques communes, soit pour diminuer la contribution des États membres. Du point de vue politique, cette ligne directrice marqua un point d'inflexion important dans le débat agricole.

LE VOLET EXTERNE

Le volet externe des politiques agricoles fait l'objet d'une attention approfondie dans d'autres chapitres de ce livre. C'est la raison pour laquelle nous allons nous limiter ici aux facteurs essentiels qui pesèrent sur l'évolution de cette première PAC.

Durant la moitié des années 1980, la situation sur les marchés mondiaux des produits agricoles fut très difficile. Aux excédents croissants de l'UE, s'ajouta la perte de marché pour les céréales des États-Unis à la suite de l'embargo des ventes à l'Union Soviétique.

En 1979, l'Union Soviétique envahissait l'Afghanistan. Les États-Unis, sous la Présidence de Jimmy Carter, firent cause commune avec les combattants afghans contre l'armée rouge ce qui conduisit, entre autres, à l'utilisation de l'arme alimentaire (l'embargo en 1980 des ventes de céréales à l'Union Soviétique). Cet embargo eut deux conséquences, politique et économique et les deux pénalisèrent les exportations américaines. Du point de vue politique, de nombreux pays clients traditionnels des États-Unis diversifièrent leurs fournisseurs pour être moins dépendants d'une source d'approvisionnement capable d'utiliser le commerce comme arme politique. Du point de vue économique, les autres exportateurs de céréales, furent enchantés de couvrir le vide laissé par les américains. Cette perte de marché pour les exportateurs américains provoqua l'alliance entre les États-Unis et les pays du groupe de Cairns, traditionnels partisans de l'élimination des subventions aux exportations et des entraves aux importations des pays développés. L'UE se retrouva seule contre le reste du monde.

La Déclaration de Punta del Este en 1985, qui marqua le début des négociations du cycle de l'Uruguay, doit s'interpréter dans ce contexte. Pour la première fois, l'agriculture fut l'élément essentiel de toute la négociation.

LE PANEL SOJA

À cette époque, les États-Unis étaient fortement irrités par une demande européenne de rééquilibrage de la protection aux frontières de l'Union. Celle-ci consistait à proposer une diminution de la protection pour les céréales en échange d'une augmentation sur les graines et les tourteaux de soja.

La réponse américaine fut de lancer une torpille contre la ligne de flottaison de la PAC. Ils présentèrent une plainte au GATT contre le système de soutien à la production de graines oléagineuses (principalement le colza mais aussi le tournesol et un peu de soja). Suite à l'embargo américain à l'exportation de graines de soja, l'Europe réagissait en instaurant une aide à la transformation des graines oléagineuses communautaires.

À la suite de cette plainte, le GATT condamna le système européen. Le Directeur Général à l'Agriculture de la Commission européenne créa un groupe de travail dédié dans le plus grand des secrets. Après une série d'entretiens (entre autres avec Bruno Catton, Directeur général de l'Union nationale des coopératives agricoles de céréales – Uncac), ce groupe conclura que la meilleure solution était de transposer le système de soutien alors en vigueur aux États Unis, à savoir celui d'une aide à l'hectare basée sur des rendements historiques régionaux. De plus, le système pouvait être facilement élargi aux autres cultures en rotation habituelle, comme les céréales et les protéagineux, tout en restant à l'intérieur de la ligne directrice agricole.

Le sommet du Heysel en décembre 1990, qui devait mettre fin au cycle de l'Uruguay, échoua. Deux jours plus tard, une fois les négociateurs de retour à la maison, une « malencontreuse fuite » révéla quels étaient les vrais projets de la Commission européenne. Les grandes manœuvres qui allaient aboutir à la réforme de 1992 pouvaient commencer.

CONCLUSION AU CHAPITRE

La première PAC fut, tout d'abord, victime de son succès. La situation du monde agricole, la réalité des marchés agricole et les attentes de la société évoluèrent considérablement depuis les années cinquante. Mais la première PAC continua sans changements majeurs, et ce fut logique et compréhensible, mais aussi une erreur. C'est une des caractéristiques assez générales de beaucoup de politiques publiques, celle de continuer à s'appliquer, même quand les conditions qui la justifiaient ont disparu. Cela continue jusqu'au moment où le maintien du statu quo présente plus d'inconvénients que son changement.

Face aux « péchés originaux » de la PAC, le Plan Mansholt représenta une première tentative de réforme. Ce fut une sorte de cas d'école pour montrer comment ne pas faire une réforme. Ce fut aussi une expérience qui traumatisa les services de la Commission européenne. La responsabilité de l'échec ne peut pas seulement être endossée par les forces conservatrices. Du côté des réformistes, on n'avait pas correctement apprécié l'ampleur de la résistance, les objectifs déclarés étaient trop éloignés de l'acceptable du point de vue politique, le travail de préparation et de communication n'avait pas été suffisant.

Toute réforme d'une politique publique signifie une modification de la distribution de ses bénéficiaires. Les perdants protestent énergiquement ; les gagnants potentiels attendent de voir si les résultats positifs annoncés se transforment en réalité ; les indécis sont effrayés par l'idée même d'un changement qui représente toujours plus d'incertitudes.

Ces réflexions sont importantes pour bien comprendre le processus de réforme de la PAC. En effet, les réformes se font toujours avec un retard certain par rapport à leur nécessité ; elles se font par étapes, sans rupture nette entre la vieille politique et la nouvelle, ce qui donne l'impression d'une situation de réforme permanente et elles se construisent sur base de compromis, souvent « boiteux ».

Au début des années 1990, la production communautaire de céréales augmentait en moyenne de 2 millions de tonnes par an quand la consommation diminuait d'autant ; les stocks d'intervention s'accumulaient, en dépit de ventes pourtant records à l'Union Soviétique ;

le coût budgétaire augmentait pendant que le revenu agricole moyen par actif stagnait (malgré la diminution drastique des effectifs) ; nos partenaires commerciaux, dont singulièrement les États-Unis étaient profondément irrités ; l'Europe avait perdu le panel soja au GATT et devait revoir sa copie du soutien aux graines oléagineuses ; l'Europe verte était responsable de l'échec des négociations commerciales du cycle de l'Uruguay ; la pression interne et externe sur la Direction générale de l'Agriculture de la Commission européenne et les Ministres nationaux allait grandissante. L'Europe se trouvait dans la situation où le maintien du statu quo apparaissait comme encore plus inacceptable que les risques liés à une réforme de la PAC.

Tomas GARCIA AZCARATE
Centre des sciences humaines
et sociales de Madrid
Ancien économiste à la DG Agri
de la Commission européenne

POLITIQUE AGRICOLE ET SOUVERAINETÉ ALIMENTAIRE

Le capitalisme a connu deux grandes phases de mondialisation durant lesquelles il a cherché à étendre sa logique sur le monde, c'est-à-dire à s'affranchir des frontières pour élargir les bases de l'accumulation du capital, sans laquelle il n'est rien. On le sait depuis Marx, le principe fondamental du capitalisme c'est de faire de l'argent avec de l'argent, et ce système cherche à le généraliser à tous les espaces économiques disponibles. Par le biais des échanges de marchandises, par le mouvement des flux de capitaux et par la voie des migrations humaines, la période allant de 1870 à 1914 consacre cette dynamique qui voit le capitalisme s'internationaliser. Par la levée des barrières ayant jusque-là fait obstacle à la mise en marché des économies, l'intégration de ces dernières franchit durant cette période une étape décisive, que Karl Polanyi a qualifiée de « grande transformation » (Polanyi, 1944) (Berger, 2003). Avec les crises qui s'enchaînent à partir de la Première Guerre mondiale, crises qui englobent l'agriculture, puis le surgissement d'une Grande Dépression en 1929 qui s'accompagne d'un repli protectionniste opéré par les principales nations capitalistes, la mondialisation d'hier, celle du grand dernier tiers du XIXe siècle, connaît un coup d'arrêt, qui, dans bien des cas, se traduit par un interventionnisme des États dans les mécanismes de l'économie, qui prend notamment la forme de politiques agricoles.

Après la Seconde Guerre mondiale, l'heure est à la reprise des échanges internationaux de marchandises, mais sous le contrôle d'institutions internationales comme le *General Agreement on Tariff and Trade* (GATT), et, surtout, d'États qui, au travers de leurs politiques économiques, modernisent leurs structures, pilotent la conjoncture, et préservent leurs prérogatives dans une économie internationalisée certes, mais pas encore totalement globalisée. L'idée de souveraineté économique s'applique ainsi pleinement et durablement durant cette phase du capitalisme, jusqu'au tournant des années 1980 où l'érosion du principe de la frontière économique s'affirme sous l'influence de forces économiques et sociales suffisamment puissantes pour étendre le marché à des domaines et à des aires géographiques les plus larges possibles.

En matière agricole, que ce soit aux États-Unis, dans le cadre de leur loi agricole, ou en Europe après la guerre avec la Politique Agricole Commune (PAC), voire dans d'autres nations, l'État conduit aux destinées d'un capitalisme qui s'était effondré dans les années 1930 et qui menaçait les équilibres des sociétés. La souveraineté alimentaire s'inscrit pleinement dans cette perspective. C'est précisément cette conception et cette pratique de la souveraineté, en l'occurrence alimentaire, qui sont discréditées dans le cadre de la seconde mondialisation qui est organisée à partir des années 1980. La force des critiques de l'interventionnisme étatique se constitue dès les années 1930, sur des fondements théoriques précis dont ceux définis par l'adversaire farouche de Keynes, Friedrich von Hayek, et se consolide jusqu'aux années 1970, avant de pleinement s'appliquer à partir du début de la décennie 1980.

Ce qui va nous préoccuper ici, c'est d'établir un lien entre politique agricole et souveraineté alimentaire. Après avoir proposé une série de définitions de ce qu'est ou pourrait être une politique agricole, l'une d'entre elles sera retenue parce qu'elle facilite en quelque sorte sa relation avec l'idée de souveraineté alimentaire, qu'il s'agira, à son tour, de définir. Il n'était pour autant pas question d'en rester là, de s'enfermer dans un périmètre méthodologique qui malgré tout a son importance. Car après avoir été longuement remisée au second plan, la souveraineté alimentaire a effectué son grand retour avec la pandémie et avec la guerre en Ukraine. C'est pourquoi il était indispensable non seulement de revenir sur sa définition, mais également d'en mesurer les enjeux pour la période présente, surtout dans un contexte de tensions autour et dans la mondialisation, qui ont précisément été à l'origine de cette restauration de la souveraineté alimentaire.

DÉFINIR LA POLITIQUE AGRICOLE ET ÉTABLIR SON LIEN AVEC LA NOTION DE SOUVERAINETÉ ALIMENTAIRE

L'établissement d'un lien entre politique agricole et souveraineté alimentaire requiert au préalable d'essayer de définir ce que l'on entend par politique agricole. À partir des exemples américains et européens – mais l'approche ne saurait être réduite à ces deux seules expériences, puisque bien d'autres pays ont adopté et pratiquent une politique agricole –, on peut considérer qu'une politique agricole recouvre plusieurs finalités, plusieurs fonctions, et est dotée de différents outils économiques nécessitant des ressources financières. Les phases de crises du capitalisme, de crises structurelles, ou, pour parler comme les économistes de l'école française de la régulation, de « grandes crises capitalistes », appellent l'intervention de l'État qui, à partir de compromis sociaux, enclenche une dynamique de sortie de crise (Boyer, 1978, 2015, 2022). C'est par cette combinaison d'interventionnisme et de compromis institutionnels que les sorties de crises, la formation des régimes de croissance stables peut s'effectuer.

Tel est précisément le cas en agriculture. Une politique agricole constitue un mode d'allocation des ressources alternatif au marché, en ce sens qu'il est décidé et piloté par l'État, et qu'il engage de ce fait durablement les acteurs des filières agricoles (les agriculteurs en premier lieu) dans une perspective de production. À la différence d'une politique économique qui, par définition, ne vise qu'à lisser les fluctuations conjoncturelles, une politique agricole peut non seulement avoir pour fonction de réguler les marchés agricoles, qui sont par nature instables, mais également de prendre part à une transformation des structures, afin d'impulser une dynamique productive sur un temps suffisamment long (Pouch, 2002). Dans les deux cas, il s'agit de répondre à une crise agricole, souvent insérée dans une crise économique plus globale, et d'organiser l'approvisionnement des populations et des industries de la transformation, afin de garantir l'accès à l'alimentation. L'un des objectifs fondamentaux d'une politique agricole réside alors dans une volonté de se déprendre d'une dépendance trop élevée vis-à-vis de fournisseurs extérieurs, qui, soit peuvent subir des chocs climatiques endommageant, parfois gravement, les récoltes au point de les empêcher d'exporter, et de le conduire à privilégier leurs besoins domestiques en pratiquant les restrictions volontaires aux exportations, soit décident, dans un contexte de tensions géopolitiques, de réduire voire de suspendre la totalité des volumes exportés vers une autre nation. C'est ce qui avait conduit l'économiste anglais David Ricardo, en 1815, à indiquer que le secteur agricole et alimentaire pouvait être extrait de sa démonstration sur les avantages comparatifs.

Même si elle ne saurait être située sur un plan similaire, en particulier sur le plan de la géographie, des fondements politiques et des modalités d'application, une réforme agraire peut s'inscrire dans le voisinage d'une politique agricole, en ce sens qu'elles partagent toutes les deux au moins un objectif commun. On sait que depuis l'analyse qui en a été proposé par Karl Kautsky à la toute fin du XIXe siècle, la *Question agraire* a constitué une tentative pour penser les rapports entre le foncier et le capitalisme (Kautsky, 1899). Si, fondamentalement, et surtout tout au long d'un bon tiers du XXe siècle, l'approche de la question agraire est concentrée sur le périmètre du foncier, de son accessibilité pour les paysans (Inde, Cuba, Chine, etc.) afin de rééquilibrer la répartition de la terre dans les pays en développement qui, souvent, étaient passés dans des régimes politiques se réclamant du socialisme, elle n'est toutefois pas dépourvue de lien avec la production de denrées agricoles et, par voie de conséquence, avec les moyens de subsistance des populations. Trouver une issue au problème de qui doit posséder la terre cultivable, permet d'entrevoir une solution à la question de la rémunération du paysan qui la cultive, mais aussi de garantir un approvisionnement régulier en nourriture de la population. *In fine*, l'expérience montre qu'une réforme agraire est porteuse d'une stabilité politique, ou, du moins, elle y contribue fortement (Jessenne *et al.*, 2016).

Une réforme agraire se trouve ainsi en congruence avec une politique agricole, en ce sens que l'idée de souveraineté alimentaire les sous-tend toutes les deux. Par la réforme agraire, il est en effet décidé, souverainement, de transformer les rapports de propriété dans le but de réorganiser la production agricole et de nourrir la population. En intervenant sur les marchés agricoles, avec une volonté d'orienter les structures de production, une politique agricole renferme le plus souvent cette ambition de tendre vers une indépendance en matière d'approvisionnement en biens agricoles et alimentaires. À ce titre, une comparaison entre les lois d'orientation agricoles en France, établies en 1960-1962, et certaines réformes agraires dans les années 1950, avaient eu pour intention voisine, d'instaurer et de développer des exploitations de type familial, à l'époque appréhendée comme le modèle productif le plus adapté aux objectifs de hausses des productions agricoles. On sait que les lois d'orientation en France s'inscrivaient de surcroît dans une PAC dont l'une des priorités était justement d'atteindre l'autosuffisance alimentaire, en poussant à produire, et en limitant la pénétration du marché intérieur des six États membres du Marché commun. Les principes des prix d'intervention, se situant au-dessus des prix du marché mondial, ainsi que celui des prélèvements à l'importation (droits de douane élevés et variables qui s'appliquaient à des produits agricoles importés par les pays membres de l'UE), ont été ceux sur lesquels s'est appuyée l'Europe communautaire pour accroître les volumes de production et nourrir la population des États membres. Il est suggéré d'ajouter un complément à cette interprétation. Réforme agraire et politique agricole ont aussi pour autre principe d'articuler dynamisme économique des exploitations agricoles et développement économique général. Malgré ses répercussions sur la démographie et sur les structures agricoles (diminution du nombre d'agriculteurs, accroissement des surfaces, etc.), on peut dire qu'une politique agricole participe de l'augmentation des gains de productivité, et, à l'arrivée, contribue aux grands équilibres macroéconomiques d'une nation.

Il en découle que, si une politique agricole a pour fonction d'organiser l'allocation des ressources dans l'agriculture, de réguler les marchés, sa définition peut être élargie en indiquant qu'elle est un ensemble de dispositifs institutionnels, ou de règles socio-économique fondées dans un contexte historique précis, dont l'objectif est de promouvoir la production, et, par voie de conséquence, de garantir une hausse régulière du revenu des agriculteurs. Une politique agricole détermine alors les conditions à partir desquelles les décisions et les choix économiques des acteurs agricoles, individuellement ou collectivement peuvent se réaliser. Plus qu'une contribution aux grands équilibres macroéconomiques d'un pays, une politique agricole concourt au progrès général – économique, social, sanitaire, culturel (par l'art culinaire notamment) – de ce pays. L'exercice définitionnel peut même aller jusqu'à considérer qu'une politique agricole apporte à une nation (ou à un groupe de nations s'il s'agit par exemple de l'UE), des moyens productifs, scientifiques et techniques, agronomiques, pour maîtriser en quelque sorte son destin.

On se situe là dans une configuration intellectuelle bien différente de celle qui caractérise la théorie dominante en économie, à savoir la théorie néo-classique. Celle-ci considère en effet d'une part que les marchés s'autorégulent et que, d'autre part, les institutions hors marché doivent être appréhendées comme des données (Debreu, 1959). En étant le socle d'un interventionnisme étatique permettant, selon une période historique opportune, et au travers d'institutions appropriées, de créer les conditions du fonctionnement des marchés agricoles et de leur reproduction, les économistes traitant de la question agricole ont à intégrer dans leur champ d'investigation la problématique des institutions (Boyer, 2022). Ils ont à effectuer cet exercice dans la mesure où une politique agricole, de par les institutions qu'elle a structurées, agit comme un ensemble de mécanismes de régulation des fonctions économiques qui sont celles des agriculteurs. Une telle approche de la politique agricole renferme nécessairement des logiques de compromis ou des logiques de rapports de pouvoir. L'exemple de la PAC symbolise ces logiques. Pour conduire l'agriculture des six États membres fondateurs du Marché commun sur la voie du progrès, du modernisme productif, il fallait construire des compromis entre ces États, mais aussi entre ceux-ci et les acteurs directement concernés par cette perspective de modernisation, et entre les agriculteurs eux-mêmes, du moins la frange moderniste d'entre eux, par opposition aux forces sociales qui entendaient plutôt mettre à l'abri le secteur agricole de ce projet de modernisation. La période actuelle reproduit en quelque sorte ces conflits. L'exemple de la transition agro-écologique le montre à l'envi. Vue par certains comme un processus de changement nécessaire de paradigme productif, comme un impératif au regard des enjeux climatiques, la nouvelle orientation de l'agriculture suscite des divergences, des hostilités, entre des acteurs qui ont bâti ou hérité du modèle antérieur, et ceux qui aspirent à s'en affranchir pour façonner un nouveau paradigme et de nouvelles missions à assigner au secteur agricole. De ce point de vue, il est suggéré de procéder à une périodisation des politiques agricoles, qui, articulée à une analyse de ces rapports de force, de ces compromis sociaux, aiderait à identifier les formes d'exercice du pouvoir économique en agriculture et les modalités de son imbrication avec l'ensemble de l'économie (Roehmer, 1982).

Si elle a pour objet de réguler les marchés agricoles, d'en orienter la dimension productive, et de stimuler la production nationale dans la double perspective de préserver et de moderniser le secteur agricole, une politique agricole ne se limite nullement aux seuls biens agricoles. La production agricole – au sens de produits bruts – appelle des processus de transformation plus ou moins élaborés, qui répond à des besoins alimentaires à mettre en regard des mutations qu'ont connues les sociétés industrielles (urbanisation notamment, mais aussi organisation du travail, etc.). En ce sens, une politique agricole ne peut être isolée du reste des activités économiques. Elle constitue une sorte d'unité organique à partir de laquelle se structurent les relations amont-aval – dont on sait qu'elles sont structurellement conflictuelles, à en juger par les tensions autour du partage de la valeur ajoutée et de la répartition des gains de productivité issus du secteur agricole –, en lien direct avec une politique industrielle, dont les industries de la transformation alimentaire sont partie prenante (Ménard, 1990). La production de biens transformés, à partir de végétaux ou de produits issus des élevages, répond tout autant à cette finalité d'un approvisionnement régulier et durable en biens alimentaires de la population. L'exemple de la formation en Europe de grandes unités industrielles de la transformation au milieu des années 1960 (en France, celle par exemple de BSN Gervais-Danone au milieu des années 1960, devenue aujourd'hui Danone (Bauer, Cohen, 1981)), montre que l'examen de la structure industrielle s'articule avec une politique agricole, la PAC en particulier. C'est pourquoi, au même titre que l'agriculture, l'industrie alimentaire participe de cette souveraineté alimentaire dont il est beaucoup question en France depuis la pandémie de Covid-19.

QU'EST-CE QUE LA SOUVERAINETÉ ALIMENTAIRE ?

Si une politique agricole a à voir avec la souveraineté alimentaire, il est nécessaire alors de proposer une définition de ce concept. Mais, pour définir la souveraineté alimentaire, il est de surcroît utile d'identifier les causes qui sont à l'origine de son affirmation, de sa visibilité dans le champ de l'économie agricole. Une périodisation sera alors à établir, car le principe de la souveraineté alimentaire a connu des périodes où il était mis en avant, et d'autres où il s'est trouvé dilué, pour ne pas dire écarté, du fait d'un contexte économique et politique précis.

Évoquer la souveraineté alimentaire, surtout lorsque l'on s'exprime dans un contexte international tendu, incertain même, c'est immanquablement faire écho aux nombreux textes d'auteurs qui, depuis la Renaissance, se sont penchés sur une notion relevant en priorité du champ de la science politique. Car, comme cela sera vu plus loin dans ce chapitre, il existe un lien entre ce que recouvre la souveraineté d'une nation, et le sens que l'on donne à la souveraineté alimentaire.

Mais auparavant, il doit être montré en quoi la formation de la PAC a répondu, au début des années 1960, à cette ambition d'atteindre une autosuffisance alimentaire, indissociable de l'idée même de la souveraineté. Si l'on prend appui sur l'expérience de l'UE, c'est parce qu'elle est, d'une part, celle qui incarne le mieux la conception que l'on peut se faire de la souveraineté alimentaire, entre six pays fondateurs aux structures économiques différentes, et que, d'autre part, l'objectif qu'elle s'était fixé a été atteint. Il eut été possible de sélectionner un autre exemple de pays qui a, à une période donnée de son histoire, opté pour une politique agricole tournée vers ce principe de la souveraineté alimentaire, en instaurant notamment la pratique de la substitution aux importations. Le cas de la Russie est sans doute à cet égard le plus récent. Le choix du cas européen ici réside dans le fait que, en dépit du retour de la notion de souveraineté alimentaire, le passage progressif d'une Europe à six pays membres à 27, cette restauration ne va pas forcément de soi, loin s'en faut.

UNE MISE EN PERSPECTIVE HISTORIQUE ENTRE LA CONSTRUCTION DE L'EUROPE AGRICOLE ET LA SOUVERAINETÉ ALIMENTAIRE ?

La construction de l'Europe communautaire, dans son volet agriculture, relève d'une ambition rapidement affichée par les États membres. Celle de se nourrir soi-même. La construction européenne a cette particularité d'avoir trouvé l'un de ses fondements dans une PAC qui demeura durant longtemps, à n'en point douter, la seule politique commune de l'Union, dotée d'instruments de régulation des marchés et de mécanismes de soutien des prix, et tournée vers la production de biens agricoles afin d'approvisionner les populations des États membres. L'ambition politique, définie souverainement par une forme de collégialité, était orientée vers l'accession à l'autosuffisance alimentaire. En 1956, la balance commerciale agricole des Six était en effet largement déficitaire, s'établissant à -3 milliards de dollars, les deux tiers de ce déficit étant à imputer à l'Allemagne[1].

Sur une période s'étalant de 1962 à 1992, l'objectif a été à l'évidence atteint. Il suffit, pour s'en convaincre, de mesurer les taux d'auto-approvisionnement (rapport de la production intérieure sur la consommation intérieure, exprimé en pourcentage) qui ont atteint les 100 % dans plusieurs filières (blé, lait, sucre, viandes) dès le début des années 1970 (figure 1). En ce sens, on peut dire que l'objectif de nourrir la population européenne de l'époque, avec les principales productions intérieures, a été largement atteint. Cette ambition illustre en cela l'idée de souveraineté alimentaire, selon la définition que l'on exposera plus bas. Le pari est donc réussi même si les succès de la PAC vont rapidement être considérés comme un obstacle à la poursuite de cette politique agricole, comme vont le souligner plusieurs chapitres de ce livre.

L'UE accède par ailleurs et peu de temps après au rang de grande puissance agro-exportatrice, se positionnant peu à peu comme un rival des États-Unis, puissance dominante dans le domaine de l'agriculture et de l'alimentation depuis la fin de la guerre. Encore aujourd'hui, la France produit plus que ses besoins intérieurs dans différentes filières telles que celles du blé tendre, du maïs, de l'orge, du sucre, des produits laitiers et de quelques viandes, comme les bovins et les porcins, les taux d'autoapprovisionnement dépassant largement les 100 %. C'est parce que le taux dépasse les 100 % que des surplus exportables se forment, propulsant la France, les Pays-Bas et l'Italie dans la hiérarchie des nations qui comptent sur l'échiquier international.

Cette situation ne doit cependant pas passer sous silence le fait qu'il existe des secteurs où la consommation surpasse la production nationale, c'est-à-dire des secteurs où la consommation ne peut se satisfaire des productions nationales en raison de leur faibles volumes disponibles, comme c'est le cas pour le soja, les fruits et légumes, les viandes (volailles, bovins, ovins), le beurre et la crème, etc.

---

1 Commission de la Communauté économique européenne (1958), *Document de travail sur la situation de l'agriculture dans la Communauté*, établi à l'intention des membres de l'Assemblée Parlementaire Européenne, 15 septembre 1958.

	Périodes	France	Allemagne	CEE à 6
Blé	1951	101	57	79
	1958	114	68	93
	1962	120	74	95
	1966-1967	115	77	96
	1968-1969	–	–	120
	1973-1974	189	89	114
Autres céréales sauf riz	1951	90	81	82
	1958	101	79	78
	1962	115	74	75
	1973-1974	125	70	72
Sucre	1951	102	69	90
	1958	97	93	99
	1962	112	85	92
	1966-1967	99	84	92
	1973-1974	154	98	111
Légumes	1951	99	87	102
	1958	97	75	104
	1962	98	74	106
	1966-1967	99	62	103
	1968-1969	–	–	100
	1973-1974	96	39	97
Fruits frais (hors agrumes)	1951	82	89	100
	1958	74	72	96
	1962	82	72	95
	1966-1967	106	62	88
	1968-1969	–	–	88
	1973-1974	103	52	86
Viande de bœuf	1951	100	94	95
	1958	102	89	92
	1962	109	91	92
	1968-1969	–	–	89
	1974	122	95	96
Viande de porc	1951	102	98	103
	1958	102	94	100
	1962	96	96	100
	1968-1969	–	–	99
	1974	87	87	99
Lait entier	1951	98	96	101
	1958	103	95	103
	1962	105	93	102
	1968-1969	–	–	100
	1973	101	101	–

Viande de volaille	1951	100	89	100
	1958	101	52	93
	1962	104	39	91
	1968-1969	–	–	98
	1974	110	50	101
Huiles et graisses végétales et animales	1951	31	29	39
	1958	45	26	38
	1962	44	28	39
	1968-1969	–	–	39

Sources : 1951, 1958, 1962 Commission de la Communauté économique européenne (1966), 1966-1967 (Clerc, 1969), 1968-1969 Comission des Comunautés européennes (1971), 1973-1974 Commission des C.E (1975).

FIG. 1 – Évolution des taux d'auto-approvisionnement pour plusieurs productions agricoles entre 1951 et 1974 (en %).

L'histoire de la PAC est suffisamment bien maîtrisée et exploitée pour ne pas développer outre mesure cette dimension capitale, quasiment fondatrice, de la construction européenne (Détang-Dessendre, Guyomard, 2022) (Bianchi, 2006). En revanche, on peut lire la dynamique agricole qui s'installe au début des années 1960 comme répondant aussi à des enjeux géopolitiques fondamentaux, puisque la PAC est bâtie en 1962, soit un an après l'érection du Mur de Berlin. Les Européens affichent manifestement l'ambition de gérer leur autonomie alimentaire avec une PAC insuflant une dynamique productive, et ce, sous le regard bienveillant et intéressé des États-Unis. Il en découle que, au travers de la PAC, c'est sans doute une forme d'*européanité* qui était en gestation, et c'est pourquoi il n'est pas incongru de penser la PAC et la souveraineté alimentaire comme des fondements historiques de l'Europe. L'un des signes de cette convergence des objectifs agricoles et alimentaires entre les Six pays fondateurs du Marché commun, se situe dans la Conférence de Stresa, qui s'est tenue en juillet 1958 et qui avait pour objet d'énoncer les futurs principes de la PAC. Il s'agissait d'établir une forme de congruence entre les coûts de production entre les différentes agricultures des Six, afin qu'elles « soient placées sur le même plan » (Vellas, 1958). C'est-à-dire que les États membres étaient réunis dans un même processus de dynamisation des productions agricoles. Ils consentirent ainsi à partager et à transférer une fraction de leur souveraineté nationale à l'échelon européen, à savoir l'élaboration et la mise en œuvre de leurs politiques agricoles nationales dans une seule politique, la PAC. Car avant la PAC, les États avaient déjà mis en place des mesures de soutien aux marchés agricoles pour relancer la production. Soyons attentifs à ne pas idéaliser le projet européen, et ne dissimulons pas le fait que dès les premières négociations autour de la PAC, d'âpres débats ont surgi au sujet du degré de pouvoir national que les Six accepteraient de céder à l'échelon communautaire, incarné par la Commission européenne (Lindberg, 1966).

Pour parvenir à des résultats positifs en matière de production et de souveraineté alimentaire, il a fallu se doter d'instruments de politique publique, dont le secteur agricole allait être le grand bénéficiaire. La PAC a en efet été dotée d'outils communs de régulation des marchés (prix garantis établis à l'échelle de la CEE, achats et stockages publics sur les marchés pour soutenir les prix, restitutions aux exportations) et de principes partagés, tels que la libre circulation des productions agricoles sur l'espace du Marché commun, et du dispositif de la préférence communautaire, lequel introduisait des droits de douane variables sur les productions agricoles des pays tiers, cela pour ralentir, pour ne pas dire empêcher, les importations et accorder la priorité aux productions agricoles des États membres. Même lorsque des divergences ont pu émerger, notamment lors des phases de tensions monétaires, c'est-à-dire lors des dévaluations du Franc et des réévaluations du Mark allemand, des mécanismes correcteurs – les célèbres *Montants Compensatoires Monétaires* dits MCM – furent inventés pour préserver l'unicité des prix agricoles, afin de ne pas créer de distorsions de concurrence entre les agriculteurs des pays qui modifiaient leurs parités monétaires[2].

Comment les divergences ont-elles pu être surmontées ? Nous formulons ici quatre hypothèses. La première a trait au rôle de la France : le poids de la France dans l'agriculture des Six États membres, et en raison de la position du Général de Gaulle qui avait posé comme condition préalable à la participation française au Marché commun, l'instauration d'une politique agricole puissante, l'orientation politique fut tournée progressivement vers la convergence (Keeler, 1990). Une deuxième hypothèse est relative au besoin impérieux d'assurer aux populations européennes une alimentation en quantité suffisante – nombre de calories

2 L'avènement de la monnaie unique a bien entendu fait disparaître ce dispositif des MCM, en tout cas pour les pays membres de la zone Euro.

journalières – et à un prix abordable –, un enjeu important pour les populations et donc pour la stabilité politique du continent qui aura pressé les négociateurs afin qu'ils trouvent un accord. Un troisième levier de convergence est à chercher du côté de l'état des secteurs agricoles nationaux (Zobbe, 2001). À la fin des années 1950, les Six sont en effet éloignés de l'autosuffisance alimentaire (seuls les Pays-Bas dégagent des surplus agricoles leur permettant d'obtenir un excédent commercial agricole, les cinq autres pays, dont la France, sont importateurs nets), affichent une situation de sous-production agricole, et une faiblesse des revenus des agriculteurs comparativement aux autres catégories socio-professionnelles, alors qu'un actif sur cinq travaille dans ce secteur. Dans un tel contexte, la reconstruction économique du continent passe nécessairement par la modernisation de l'appareil de production agricole.

Ajoutons un aspect important dans ce thème de l'autosuffisance alimentaire : les débats n'étaient à l'époque pas pollués par la crainte de concurrence entre les agricultures des Six États membres, étant donné le faible niveau de production ramené aux besoins alimentaires ; on peut même avancer qu'il existait une certaine complémentarité entre les secteurs agricoles des Six et, au-delà, de leurs économies.

Ainsi, durant l'année 1958, avant même l'entrée en application de la PAC, les niveaux d'autosuffisance sont très contrastés au sein des Six (Commission de la CEE, 1966). L'Allemagne est déficitaire dans toutes les productions agricoles, et atteint 90 % d'auto-approvisionnement uniquement pour le sucre, le lait entier et la viande porcine, et elle est d'ailleurs appelée à le rester jusqu'à aujourd'hui. La France est excédentaire en céréales, en viandes et en lait. L'Italie présente quant à elle des excédents en sucre, en fruits et légumes et en vin. Les Pays-Bas produisent deux à trois fois plus que leurs besoins intérieurs en viande de volailles et en œufs, de même que dans les autres viandes (porc et bovin), en lait, et en fruits et légumes – mais affiche un lourd déficit en céréales. Quant à la Belgique et au Luxembourg, leurs points forts résidaient dans la production sucrière, dans les légumes, et dans l'aviculture. L'un des inspirateurs du Traité de Rome, Paul-Henry Spaak, estimait que la formation d'un Marché Commun permettrait aux produits agricoles français d'approvisionner le marché allemand, et à l'industrie allemande de fournir le marché français, selon un principe de spécialisation économique partagé (Laurent, 1970).

Le même Paul-Henry Spaak publia, en 1956, un rapport sur les modalités de la mise en place du Marché commun, sorte de préambule au Traité de Rome, dans lequel l'agriculture figurait comme un secteur clé : « on ne peut concevoir l'établissement d'un Marché commun général en Europe sans que l'agriculture s'y trouve incluse. C'est l'un des secteurs où les progrès de productivité qui résulteront du Marché commun, c'est-à-dire de la spécialisation progressive des productions et de l'élargissement des débouchés, peuvent avoir les effets les plus importants sur le niveau de vie des producteurs aussi bien que des consommateurs. En outre, cette inclusion de l'agriculture dans le marché commun est une condition de l'équilibre des échanges entre les différentes économies des États membres. [...] Il est déjà apparent que le fonctionnement et le développement du marché commun dans le domaine agricole ne peuvent être abstraits de la conception et de l'application d'une politique [...] » (Comité intergouvernemental, 1956)[3]. L'agriculture a néanmoins constitué une pierre d'achoppement entre les Six États mais, afin ne pas retarder le processus d'intégration économique, la décision a été prise de définir et de préciser ultérieurement des détails du fonctionnement de la PAC, ce qui explique qu'elle n'a été mise en œuvre qu'en 1962, soit cinq ans après la signature du Traité de Rome (Laurent, art. cit).

Le rôle joué par les États-Unis dans le processus « d'intégration agricole » sur le continent européen n'a pas été secondaire, bien au contraire. Une délégation amériaine participe, en effet, aux discussions sur l'ébauche d'une politique agricole européenne qui se tiennent dès 1952, sous l'égide de l'*Organisation européenne de coopération économique* (OECE)[4]. Cette organisation fut créée à l'initiative des États-Unis afin d'administrer les fonds du *European Recovery Program*, plus connu sous l'appellation de *Plan Marshall.* L'agriculture y était déjà identifiée parmi les secteurs qu'il fallait relancer, dans le cadre de programmes de redressement de la productivité du travail et du capital. Dans un discours resté célèbre daté de 1947 à l'Université d'Harvard, George Marshall, alors Secrétaire d'État, fait part de sa préoccupation à propos des difficultés rencontrées par les pays européens pour relancer leur économie, en lien

3 Comité intergouvernemental créé par la conférence de Messine (1956), *Rapport des chefs de délégation aux ministres des Affaires étrangères*, Bruxelles, Secrétariat, 21 avril 1956.

4 L'OECE comptait seize pays membres : Autriche, Belgique, Danemark, France, Grèce, Irlande, Islande, Italie, Luxembourg, Norvège, Pays-Bas, Portugal, Royaume-Uni, Suède, Suisse et Turquie.

direct avec la question de la « stabilité politique » et dans l'intention d'instaurer un processus durable de paix (Marshall, 1947). L'octroi d'une aide financière des États-Unis pour l'Europe est acté. Ainsi, Outre-Atlantique, la montée en puissance de l'agriculture européenne et la structuration d'une volonté politique au niveau communautaire n'ont pas été perçues comme des menaces immédiates pour les intérêts américains, au contraire. Les relations bilatérales agricoles allaient bien changer quelque vingt-cinq ans plus tard.

Les raisons politiques et économiques ayant conduit les États-Unis à financer la reconstruction européenne et à promouvoir la création d'un marché unique, sont en effet multiples. En plus de pacifier une zone qui fut à deux reprises le théâtre de conflits militaires violents, la reconstruction de l'économie européenne, stimulée par l'intégration, devait engendrer la formation d'une demande sur le Vieux Continent, dont les États-Unis tireraient bénéfice, en raison du fait qu'ils étaient exportateurs de denrées agricoles, de machines agricoles, d'engrais, de produits pharmaceutiques pour l'élevage, de charbon, et de pétrole, même si une partie de leurs exportations allaient être au fil du temps et des réussites de la PAC, remplacées par les productions européennes (Bartlett, 1964). Barlett cite ainsi l'exemple du poulet, pour lequel les États-Unis voient le débouché européen se fermer au fur et à mesure que la production progresse (-60 % en valeur entre 1962 et 1963), alors que les exportations de graines de soja doublent entre 1958 et 1961, pour nourrir ces mêmes poulets. On peut considérer que, dans ce contexte de guerre froide et de rivalité économique entre ces deux régimes politiques qu'étaient à l'époque le communisme et le capitalisme, l'intervention américaine peut être interprétée comme une stratégie intentionnelle pour asseoir en Europe de l'Ouest un capitalisme fondé sur l'État-providence, ou, en d'autres termes, sur un interventionnisme particulièrement prononcé (Maier, 1981). Sous l'influence du Plan Marsahll, le transfert du modèle américain s'est traduit dans le secteur agricole par l'amorce de la motorisation de l'agriculture et de l'usage d'engrais chimiques. Une stratégie fondamentalement inscrite dans une politique d'endiguement organisée par l'Administration Truman à partir de 1947 : les États-Unis ont mis sur pieds des programmes de soutien financier aux pays qui voyaient progresser les forces communistes, comme c'était le cas en France du fait d'un Parti communiste électoralement puissant.

Au fondement de la PAC se trouve par conséquent cette intention d'accompagner une ambition politique, celle d'inscrire la formation d'une communauté européenne dans l'histoire vivante d'un ensemble de pays historiquement enfermés dans les rets de leurs désirs, de leurs passions ou, pour le dire autrement, dans la violence de leurs conflits successifs qui ont scandé cette histoire. C'est pourquoi la souveraineté alimentaire, qui se décline de la souveraineté politique, telle que cette dernière s'élabore à partir du Traité de Rome qui institue en quelque sorte une « alliance transnationale » entre les six pays fondateurs – pour reprendre une expression d'Axel Honneth –, a puissamment répondu à ce défi crucial : endiguer la guerre civile, si l'on veut bien admettre que les deux guerres mondiales furent, selon l'analyse qu'en a livrée Enzo Traverso, une forme de guerre civile au sein même de l'Europe (Honneth, 2020) (Traverso, 2007). La PAC, en ce qu'elle a répondu à un objectif partagé, approvisionner en produits agricoles et alimentaires des populations composant les six États membres, a en quelque sorte permis de neutraliser et de dépasser les différences trop marquées entre les États. La souveraineté alimentaire, incarnée dans la PAC, résultait d'une mise en cohérence de la forme politique de l'Europe communautaire, souhaitée notamment par Jean Monnet, et les souverainetés nationales (Spector, 2021).

La PAC a ainsi formé l'un des maillons de cette ambition de la souveraineté alimentaire. Elle a incarné une volonté politique de construire une zone dans laquelle, par le biais de l'agriculture, les sociétés devenaient maîtresses de leur avenir, une perspective qui était sous-tendue par un consentement à renoncer à une partie de sa propre souveraineté nationale. La souveraineté alimentaire, ainsi élaborée, en dépit des performances accomplies, n'a toutefois été que partielle. Car si la PAC, comme ambition de produire soi-même et pour soi-même des biens agricoles et d'ouvrir l'accès à l'alimentation pour tous, a permis aux États membres d'atteindre une autosuffisance dans des délais assez brefs, une dizaine d'années tout au plus, s'est toutefois distinguée par un angle mort, celui de la dépendance des Six États membres en oléo-protéagineux, ou plus précisément en protéines végétales (soja et tourteaux de soja), scellant l'absence durable d'une autonomie dans le domaine de l'alimentation du bétail, que chacun continue de déplorer aujourd'hui.

La contrepartie de la PAC s'est à l'époque située dans l'ouverture du marché européen aux protéines végétales importées des États-Unis sans droit de douane (soja essentiellement). L'affirmation de la souveraineté alimentaire, prise au sens fondamental d'une autonomie de décision dans ce qu'il faut produire pour satisfaire les besoins des populations, a été contrebalancée par l'Accord autorisant les graines et tourteaux de soja américains à pénétrer le marché européen en étant exonérés de droits de douane, dans le cadre du Dillon Round, le cinquième du GATT (1961-1962). Un tel accord a suspendu toute perspective d'un développement de la production de protéines végétales dans l'UE, conduisant à une dependance structurelle envers les États-Unis dans un premier temps, puis vis-à-vis du Brésil par la suite, pour l'alimentation du bétail.

UN CONTEXTE FAVORABLE AU RETOUR DE LA SOUVERAINETÉ ALIMENTAIRE

La pandémie de Covid-19 et la guerre en Ukraine ont largement participé de la réhabilitation du principe de souveraineté en France. Un processus récent donc, qui suggère toutefois de l'inscrire dans une perspective plus lointaine. D'abord en raison d'une nouvelle visibilité donnée à cette notion de souveraineté alimentaire qui émerge concomitamment à la critique d'une mondialisation qui a d'une part engendré une libéralisation desmarchés sur lesquels évolue le secteur agricole et qui a, d'autre part, exposé les paysans des pays en développement à la concurrence exercée par les pays industrialisés producteurs et exportateurs de denrées agricoles.

Cette critique a été notamment élaborée par l'ONG *Via Campesina*, qui se réclame de l'altermondialisme et qui, en 1996, en plein *Sommet mondial de l'alimentation*, propose de rétablir la notion de souveraineté alimentaire, en la replaçant dans le processus de mondialisation de l'époque. En 1996, soit deux ans après la signature des Accords de Marrakech au GATT, *Via Campesina* va saisir l'opportunité du Sommet mondial de l'alimentation pour dénoncer le *Consensus de Washington*, dont les recommandations poussent les pays en développement à démanteler leurs politiques agricoles et à orienter leurs économies vers des cultures d'exportation afin d'en retirer des recettes dont l'usage permettrait d'amorcer une dynamique de sortie de la pauvreté. L'ONG voit dans ces recommandations une menace pesant sur des pays en développement subissant historiquement et structurellement une insécurité alimentaire, laquelle ne pourrait que s'amplifier du fait notamment de la volatilité des prix agricoles, et surtout lors de périodes de baisses tendancielles de ces prix. *Via Campesina* parvient alors à fédérer autour de son message des nations en développement, en particulier africaines, et à les rallier à un mouvement résolument tourné vers la critique des institutions internationales (Banque Mondiale, Fonds monétaire international). Une posture qui débouche sur la déclaration de Dakar en 2003.

L'Appel de Dakar a eu comme conséquence – laquelle est assez paradoxale dans la mesure où les soutiens accordés aux producteurs des pays du Nord ont régulièrement été dénoncés par les agriculteurs des pays du Sud – de rallier des syndicats professionnels agricoles des pays industrialisés, à l'instar des betteraviers français qui, en pleine restructuration de l'OCM sucre, ont vu dans cet Appel une opportunité pour partager cette conviction à propos du rôle et de l'importance de la régulation du marché du sucre selon le double principe de la gestion et de l'encadrement des volumes et d'un système de prix d'intervention.

La seconde raison à l'origine de la résurgence de la notion de souveraineté alimentaire se situe dans les retombées des attentats du 11 septembre 2001. L'Occident ayant été frappé en son centre, le besoin de sécurité des nations rejaillit et conduit à l'adoption de mesures visant à se protéger non seulement de toute attaque terroriste, mais aussi à chercher les moyens de renforcer la sécurité dans des domaines cruciaux comme l'agriculture. Les attentats ont pu être interprétés, du moins dans leurs conséquences directes, comme un signal de retour des rivalités, passions, d'un rétablissement des États-nations, se traduisant par des jeux concurrentiels intensifs et par des stratégies de contrôles des ressources. La crise économique et financière des années 2007-2012 a porté à son acmé cet impératif de la sécurisation des approvisionnements des nations, en particulier en matières premières, qu'elles soient agricoles, minières ou énergétiques, opérant ainsi leur retour sur le devant de la scène, après des années de relégation au second plan (Boyer, 2004).

Au-delà du champ de l'économie, nombreuses sont les analyses ayant développé cette vision du retour des nations, signifiant une certaine volonté de ne pas mourir, comme l'indique l'historien Pascal Ory, ce qui n'est pas sans lien avec le célèbre *conatus* du philosophe Thomas Hobbes (Ory, 2020). Ce processus historique est le reflet cette résurgence de la souveraineté en général, et alimentaire en particulier. Il est essentiel sur ce point de rappeler que la mondialisation a été portée depuis quarante ans par la recommandation de s'ouvrir toujours plus au monde, de démanteler les taifs douaniers, de s'affranchir de toute tentation protectionniste, de s'insérer sans retenue dans la division internationale du travail.

Avec la résurgence de la souveraineté alimentaire, on observe que l'ouverture commerciale au monde, inlassablement prônée par une Union européenne convaincue des bienfaits de la mondialisation, ne peut être totale, et que, dans des phases historiques caractérisées par des chocs comme celui de la guerre, les nations peuvent faire valoir leurs attaches culturelles, leurs racines historiques, institutionnelles, qui les ont originellement constituées. En ce sens, le retour de la souveraineté alimentaire, articulé au défi de nourrir un peuple, est la manifestation d'un rejet du principe d'ouverture commerciale, laissant place à un discours prônant le recentrage sur la nation. En cela, la souveraineté n'est pas forcément une notion aisément universalisable. On discerne assez mal en effet, dans le cas de l'UE, les contours d'une souveraineté alimentaire de dimension européenne, tant sont forts les clivages entre les États membres. Il n'est alors guère surprenant que ce soit de France qu'ait pu émaner l'idée de souveraineté. On sent bien de surcroît que cette vision de la souveraineté touche directement le cas de l'UE et de son agriculture, au point d'interpréter les Plans Stratégiques Nationaux (PSN) dans le sens d'une exigence de plus d'autonomie de décision dans une Europe qui avait pourtant établi l'idée de politique commune, avant de prôner précisément l'ouverture au monde selon des principes se réclamant du libre-échange. Comment dès lors interpréter cette résurgence de la notion de souveraineté ?

DE QUELQUES FONDEMENTS POLITIQUES DE LA SOUVERAINETÉ ALIMENTAIRE

On ne reviendra pas ici sur l'abondante littérature qui a traité de la notion de souveraineté, en s'appuyant de longue date sur les auteurs fondamentaux de la philosophie politique, qui ont structuré la pensée politique moderne, mais aussi, directement ou indirectement, la pensée économique sur ce thème. Depuis la formation de leur discipline, les économistes, dans leur grande majorité, sont toutefois davantage convaincus par les vertus supposées du marché que par un interventionnisme étatique reposant sur le principe de la souveraineté. Les figures de Nicolas Machiavel, de Jean Bodin, de Thomas Hobbes, de Baruch Spinoza et de Jean-Jacques Rousseau, sont au point de départ d'une perception de la souveraineté qui est parvenue jusqu'à nous et qui continue à nourrir de vastes et nombreuses controverses sur ce thème. On se limitera ici à rappeler quelques aspects selon nous décisifs pour comprendre le cycle historique actuel, fait de crises, de passions humaines et de défense des intérêts, et au fondement duquel la souveraineté, en l'occurrence alimentaire, peut déployer sa pleine légitimité, ouvrant *ipso facto* la réflexion sur les modalités de l'organisation de la société, et celle de l'Europe en particulier. L'ouvrage de référence est sans doute en France celui de Gérard Mairet, qui a produit un support approprié pour nous guider l'analyse proposée dans ce chapitre (Mairet, 1997).

Il faudrait bien entendu mettre en relief les points communs et les divergences entre ces auteurs que sont Hobbes, Spinoza ou Machiavel, ce qui dépasserait le cadre d'analyse que nous avons tracé dans ce chapitre. Indiquons quand même que pour Spinoza, l'État a pour fonction d'instaurer la liberté, laquelle est perçue comme le fondement de la souveraineté, et que, en cela, il se différencie de Hobbes, pour qui la recherche de la souveraineté est au contraire un ordre civil centré sur la sujétion, le souverain incarnant le bien public. Hobbes est d'une certaine manière davantage en résonance avec Machiavel, puisque ce dernier voit dans la souveraineté le fondement même de l'État, ce que reprendra Bodin d'ailleurs, dans la mesure où ce dernier fait de la souveraineté le socle même de la République. Pour Rousseau, en opposition totale avec Hobbes, la souveraineté, définie par le gouvernement, est la chose du peuple, et, en ce sens, touche à la question du commun. Mais ces auteurs convergent pour voir dans la souveraineté un mode de résolution des crises, une sortie des temps troublés, comme une sorte d'acte fondateur d'un nouvel ordre politique et social.

La notion de souveraineté est donc fondamentalement articulée sur une conception de l'autonomie du politique, politique qui, depuis la Renaissance, a accompli une mue conceptuelle et pratique. L'ambition, c'est celle de s'affranchir de toute forme de dépendance, de toute interférence avec une quelconque entité ou autorité supérieure, qu'elle relève du divin, d'une institution ou d'un gouvernement étranger. En ce sens, la souveraineté procède de cette exclusion de toute fondation autre qu'humaine, c'est-à-dire qu'elle a pour soubassement un socle sociohistorique. Elle est représentative de la puissance de fournir des lois, et est ordonnatrice de l'État. La plupart des auteurs, à l'origine desquels on trouve cette affirmation de la souveraineté, montrent que la souveraineté, prise en ce sens, est un mode de résolution des rapports de force qui structurent les rapports humains. Elle incarne en quelque sorte l'accession à la paix civile, la possibilité d'un lien social.

Brièvement résumée, l'idée de souveraineté se décline dans le registre de l'alimentation, elle y trouve une applicataion concrète et réelle. Elle fait de l'État le garant de l'application pleine et entière de ce droit inaliénable de l'homme qui est de pouvoir se nourrir, en décidant souverainement des conditions d'accès à la nourriture, suggérant ainsi à Olivier de Schutter, l'ancien rapporteur spécial des Nations-Unies pour le droit à l'alimentation, de considérer que la sécurité alimentaire était l'otage du commerce dans les négociations de l'OMC, ou de faire dire à son successeur, Mickaël Fakhri, qu'il faudrait suspendre les Accords de Marrakech dans le cas de l'agriculture (Fakhri, 2020). La souveraineté alimentaire est un acte volontaire visant à constituer de façon autonome un mode de production agricole avec, pour visée ultime, la satisfaction ce besoin premier de la société qu'est l'accession à la nourriture.

Si l'on assiste à un retour de la souveraineté alimentaire, après plusieurs années de désaffection, y compris en France, c'est non seulement pour se déprendre d'une mondialisation qui n'a pas atteint les objectifs qui lui ont été assignés, mais aussi parce que cette mondialisation a offert une opportunité pour d'autres nations d'user de ce concept de souveraineté pour restaurer un levier de leur puissance, fondé sur l'agriculture et l'alimentation. L'exemple de la Russie – qui en est un parmi d'autres

– est là pour rappeler qu'un pays, qui a vu ses productions s'effondrer lors du passage d'une économie administrée à l'économie de marché, au point de devenir dépendant de l'extérieur pour ses approvisionnements alimentaires, en se dotant du principe de souveraineté, est capable de redresser une situation et de faire de son secteur agricole un support du redressement national. En France, la réhabilitation de la souveraineté alimentaire procède de cette intention de défendre des intérêts agricoles, de rapprocher l'offre domestique de produits agricoles et alimentaires de la demande. La préservation du rang d'un pays dans la hiérarchie des nations productrices et exportatrices de biens alimentaires procède fondamentalement de cette ambition d'être autonome.

Assurément, l'ouverture internationale des marchés agricoles, la transformation de la hiérarchie des exportateurs et des importateurs qu'elle a occasionnée, ont structuré et renouvelé les rapports de forces à l'œuvre depuis vingt ans, desquels ont surgi des tensions concurrentielles pour capter des parts de marché, opposant ainsi les principales puissances agricoles, notamment dans l'enceinte de l'OMC. Dans le cas de la France, articulée à cette dépendance à la protéine végétale et aux intrants, l'érosion réelle des performances commerciales en produits agricoles et alimentaires sur les marchés – dont se sont fait l'écho nombre d'observateurs, jusque notamment dans l'Hémicycle du Sénat – au profit d'autres nations, a été la source d'une prise de conscience ayant abouti, dans le cadre de la pandémie et de la guerre en Ukraine, à restaurer l'importance de la souveraineté alimentaire dans le débat politique (Duplomb et *al.*, 2022). Avec la pandémie et la guerre en Ukraine, l'État français, en résonance avec les producteurs mais aussi les consommateurs, s'est senti légitime pour réhabiliter cette notion de souveraineté, et ce qui est juste en matière d'approvisionnement alimentaire. Dit autrement, redonner les moyens à la nation de produire par elle-même et pour elle-même des biens agricoles et alimentaires. Lancée en 2017 par Emmanuel Macron, relayée par de nombreux acteurs, la notion de souveraineté n'a guère rencontré d'obstacles pour effectuer son grand retour.

La souveraineté alimentaire se définirait alors comme une *aptitude politique et économique, à déterminer ce qu'il convient de produire comme biens agricoles et alimentaires sur son territoire, sans en référer à une quelconque instance suprême ou supranationale.* Une définition qui n'est pas, comme on va le voir juste après, sans poser de redoutables problèmes.

DEUX OBSTACLES À SURMONTEREN MATIÈRE DE SOUVERAINETÉ ALIMENTAIRE

Le retour de la souveraineté alimentaire a suscité une adhésion plutôt partagée – mais une adhésion somme toute très relative comme on va le voir ci-après – en particulier du côté des agriculteurs et des consommateurs, soucieux de valoriser et de consommer les productions nationales ou locales, et la traçabilité des produits, cela dans un contexte d'érosion des effectifs d'agriculteurs, dont le nombre est passé, en France métropolitaine, en deçà des 400 000 exploitants, selon les données du Recensement agricole de 2020, alors qu'ils étaient encore 1,5 million en 1970. Cette adhésion d'une large frange du corps social ne rend toutefois pas si facile l'application du principe de souveraineté alimentaire. On retiendra deux obstacles fondamentaux à son inscription dans le paysage économique et agricole.

Le premier de ces obstacles a trait au degré d'acceptation du principe de souveraineté alimentaire par la société civile. L'affirmation d'un discours environnementaliste et de l'impératif de la transition agro-écologique, constitue une forme de résistance à l'hégémonie de l'État en tant qu'il incarne l'acteur instituant la loi, en tant qu'il est le dépositaire de la sécurité alimentaire du peuple, et dans la mesure où il est identifié comme celui qui a conduit des politiques publiques ayant eu des effets néfastes sur l'environnement. Il y a dans cette vision des choses, une tentation de faire de l'État un maillon du capitalocène, en tant que système économique ayant orchestré la dégradation du climat par l'organisation, après-guerre, d'une agriculture intensive. La culture de l'écologie se distingue par une exigence de décentralisation dans les pratiques décisionnelles, à partir desquelles le pouvoir est dévolu à des entités locales (Villaba, 2016). Le discours écologique est alors porteur d'une parole affirmant que les principes de décision relevent davantage de la société civile que de la sphère politique, alors que la notion de souveraineté était initialement caractérisée par une articulation des deux, le politique définissant ce qui est juste pour la société.

Il en résulte que le peuple, qui investit certaines fonctions de l'État et instaure ainsi un principe de démocratie directe ou participative, est de nature à dresser une entrave à la restauration de la souveraineté alimentaire, si celle-ci conserve les attributs qui ont été historiquement les siens. Il est bien entendu possible d'appréhender l'écologie comme une nouvelle forme de souveraineté alimentaire, en ce sens que, définissant un mode de production agricole destiné à produire et à consommer des biens, dont la caractéristique intrinsèque serait d'être « sains », elle réduirait la dépendance aux intrants de synthèse. Mais une telle conception se heurte à cette limite que l'écologie, en tout cas telle qu'elle s'incarne dans le Pacte Vert, serait à l'origine d'une réduction des volumes de production agricole, ce qui, en soi, peut porter préjudice aux quantités disponibles sur le territoire national, et par voie de conséquence menacer la souveraineté alimentaire d'un ou de plusieurs États membres.

Si l'on reste sur le registre du national, à cette contrainte s'ajoute celle relative au nombre d'agriculteurs. Envisager de remettre d'aplomb la souveraineté alimentaire, qui fondamentalement suppose de produire pour desserrer la contrainte d'approvisionnement par limitation du recours à l'importation, revient à conditionner la production de ressources agricoles au maintien, si ce n'est à la croissance, des effectifs d'agriculteurs, bref de l'associer à une tentative de rendre attractive le métier. Or, la volatilité des revenus, à laquelle viennent s'ajouter les mutations sociologiques de la société française, exacerbées par le discrédit global dont est souvent victime l'agriculture, dressent des barrièrres face à la perspective d'un renouvellement des actifs. Pourtant, les nombreux défis évoqués à l'instant, auxquels il convient de répondre dans un contexte de guerre et de dégradation du climat, peuvent être considérés comme une source d'attractivité pour l'engagement des jeunes générations dans une activité économique en lien direct avec la préservation du rang de la France dans le monde.

Le second obstacle concerne le périmètre de la souveraineté alimentaire. Portée par la France, l'ambition de restaurer la souveraineté alimentaire – avec une perspective élargie à l'énergie voire à l'industrie – se heurte paradoxalement à l'UE à 27 elle-même. Entrevoir la formation d'une souveraineté européenne dans le domaine de l'agriculture et de l'alimentation fait immanquablement écho à la perte de souveraineté monétaire consécutive de l'entrée dans la zone Euro, dont on sait qu'elle fut l'un des risques mis en relief par les opposants au Traité de Maastricht et qui a fait entrer nombre d'États membres dans une ère de post-souveraineté nationale au profit d'une quête de souveraineté élargie à l'UE. À suivre l'auteur des *Six Livres de la République*, à savoir

Jean Bodin, la souveraineté est un socle à partir duquel l'État garantit la sécurité à son peuple. La question entière et complexe qui est ainsi posée est bien celle des conditions de possibilité d'une création de *souveraineté alimentaire européenne*.

À ce titre, les réformes de la PAC successives ont porté un rude coup à cette perspective, qui, à l'origine, on l'a montré plus haut, figurait dans les ambitions des pays fondateurs du Marché Commun. La complexité du problème réside dans le fait que la souveraineté ne se partage pas, elle est non sécable, et que, dans le cadre européen, il s'agirait alors d'en bâtir une *ex nihilo* (Bodin, 1576). Car la simple juxtaposition d'États membres n'est pas un principe suffisant pour tendre vers la souveraineté alimentaire en Europe. Elle a même pour tendance de perturber et ralentir le processus d'intégration, et fait courir le risque d'impuissance et donc d'un potentiel éclatement de l'UE, risque déjà mis en exergue par Bodin dans sa représentation de la souveraineté. Une crainte qui fut partagée par Hobbes qui, dans son *Léviathan*, met l'accent sur des rivalités émanant de trois types de souverainetés, celle du monarque, des Lords et des Communes. Au-delà de l'hétérogénéité structurelle de l'UE, qui tient aux régimes politiques, aux règlements administratifs, à la culture et à la langue, l'évocation des PSN, dans le cadre de la PAC 2023-2027, renferme ce risque de mise en concurrence des États membres sur le plan agricole, potentiellement préjudiciable à la cohérence de l'UE. Car dans cette affaire de souveraineté alimentaire, les rivalités – ou coalitions – entre les chefs d'États et de gouvernements, la Commission et le Parlement, sont parfois puissantes.

C'est pourquoi le questionnement sur la souveraineté alimentaire conduit nécessairement à placer le curseur sur la possibilité d'une Europe fédérale. Une fois de plus, la PAC originelle, dans ses fondements comme dans son fonctionnement, portait en son sein l'avenir d'une Europe plus homogène, ce qui, inéluctablement fait écho au point de vue de Montesquieu lorsque celui-ci évoquait, en 1758, la perspective d'éclosion d'un corps politique à la fois diversifié mais uni, à l'image des États-Unis, dont le principe fondamental repose sur le *Et pluribus unum*, lequel s'applique notamment au secteur agricole, puisque, comme on va le voir, la politique agricole américaine se définit selon un plan quinquennal, relèvant fondamentalement du Congrès, organe bicaméral législatif de l'État fédéral des États-Unis d'Amérique (Montesquieu, 1758).

À suivre le point de vue de la philosophe Céline Spector, l'UE semble n'être plus très éloignée de cette perspective, du fait de l'extension de ses compétences et de la prédominance des décisions de la Cour de Justice de l'UE[5]. Elle voit ainsi dans le projet européen ce qui se rapproche le mieux d'une sorte d'idéal de cosmopolitisme, auquel l'agriculture prendrait part. L'UE s'est en effet dotée de leviers prenant peu à peu les traits d'une politique de production de biens publics, l'accès aux « biens premiers » – comme le dirait Armatya Sen (Sen, 2009) – que sont les produits entrant dans les conditions matérielles d'existence des populations de l'UE, tout en affichant des exigences élevées en matière d'environnement et de lutte contre le réchauffement climatique.

L'UE reste toutefois fondamentalement traversée par des forces centrifuges, par des jeux d'influence, des rapports de forces établis par des acteurs et des décisions qui la désagrègent, au moins partiellement, et qui sont identifiables d'ailleurs dans le domaine agricole (cadre financier pluriannuel, dérogations, différentiels d'application des règlements, PSN, éco-régimes, blocage unilatéral des importations de céréales ukrainiennes par la Pologne et par la Hongrie, etc.), ou explicites dès lors que l'on observe attentivement le comportement de l'Allemagne (plan énergétique de 200 milliards d'euros en pleine guerre en Ukraine, sans consultation collégiale). Par ailleurs, comment rendre compatible cette quête de souveraineté européenne et la multiplication d'accords de libre-échange, qui assouplissent considérablement les conditions d'accès au marché intracommunautaire des produits agricoles et alimentaires, et qui menacent certains des systèmes productifs agricoles de l'UE, comme les élevages ?

Un symbole marquant de cette désagrégation potentielle de l'Union a été la décision britannique de sortir de l'UE, et qui mérite d'être analysée à la lumière de cette ambition de recouvrer son autonomie nationale. Dans ce cadre, le Royaume-Uni restaure *de facto* sa politique agricole, puisqu'il ne dépend plus de la PAC et des aides agricoles européennes. Quel puissant paradoxe ! ! ! On ne peut restaurer une politique agricole et un secteur agricole qui ont été autrefois sacrifiés. Depuis en effet le milieu du XIXe siècle et l'abrogation des *Corn Laws* en 1846, Londres

5 Dans le chapitre 2 de son ouvrage, Céline Spector développe les approches de la souveraineté et de l'idée de fédération, en confrontant les points de vue de l'Abbé de Saint-Pierre, de Rousseau et, bien entendu, de Kant, la figure de Jürgen Habermas étant également bien présente dans le livre. Elle estime que, sans fédéralisme, la souveraineté est une illusion, ce qui l'amène à préconiser une « souveraineté partagée ».

a sacrifié son agriculture sur l'autel de l'industrie, afin d'asseoir son hégémonie sur le reste du monde par l'industrie et les colonies. Il est bien peu probable que la sortie de l'UE se traduise par un retour d'une politique agricole nationale active qui soit en mesure d'atteindre, à terme, l'autonomie alimentaire, puisque ce pays a fait le choix d'une agriculture environnementale, centrée sur les paysages, rendant le pays dépendant de l'extérieur pour son approvisionnement. D'ailleurs, avant de quitter l'UE, le Royaume-Uni affichait en moyenne un déficit de ses échanges extérieurs de produits agricoles et alimentaires de l'ordre d'une trentaine de milliards d'euros. C'est pourquoi le gouvernement a cherché à très vite négocier des Accords de libre-échange pour faciliter les approvisionnements alimentaires. Certains économistes ont pu, à ce titre, considérer que le Brexit constituait une nouvelle menace pour la stabilité de ces approvisionnements alimentaires, rattachant directement le Brexit aux décisions qui furent prises en 1846 (Lang, Millestone, Marsden, 2017).

Si la France a remis la souveraineté alimentaire au centre des priorités de son agenda politique, cette vision ne fait pas par ailleurs l'unanimité au sein de l'Union. D'une part, l'Irlande ne converge pas avec la singularité de la position française. Résolument tournée vers l'ouverture commerciale, l'Irlande, forte de ses productions animales (viande ovine, viande bovine, lait en particulier), se démarque de l'ambition française d'établir une souveraineté alimentaire européenne, estimant même qu'il s'agit d'un objectif appartenant au passé et qui contredit l'esprit même de l'UE, celui d'être une vaste zone de libre-échange. L'Irlande s'est souvent montrée réfractaire à tout encadrement des productions, à toute forme de régulation, comme ce fut le cas au moment de l'instauration des quotas laitiers en 1984. L'abrogation de ces quotas en 2015 a plutôt été saisie comme une opportunité pour Dublin d'appliquer sa propre conception de la souveraineté, qui consiste en réalité à produire du lait et des produits laitiers autant qu'elle le souhaite pour exporter vers des marchés européens ou plus lointains. En agriculture, et plus spécifiquement dans le secteur laitier, le capitalisme irlandais a affiché sa capacité à résister au choc de la sortie des quotas laitiers en 2015, grâce à des coûts de production réduits du fait de la prédominance de systèmes herbagers.

D'autre part, l'exemple néerlandais, État membre comptant beaucoup dans la production et les exportations européennes de produits agricoles et alimentaires, permet de confirmer l'existence de divergences quant à la vision de ce que doit être l'UE, les Pays-Bas ayant publié un PSN résolument tourné vers la protection de l'environnement et du climat, ce qui passe par exemple par la diminution du cheptel de vaches laitières, afin de réduire les émissions de G.E.S.

L'agriculture constitue ainsi un secteur nuançant fortement l'optimisme de Céline Spector en matière de cheminement vers un fédéralisme européen. Ce secteur incarne à lui seul un non-partage de la souveraineté, et symbolise les lignes de fracture entre les capitalismes composant l'UE, qu'évoque précisément l'œuvre de Jean Bodin, et confirme la pertinence de la notion de « variété des capitalismes » élaborée par Robert Boyer.

POUR REBOUCLER SUR LA POLITIQUE AGRICOLE

Alors que la PAC des années 1962-1992 reposait sur un projet politique visant à organiser et à encadrer la concurrence agricole entre les États membres, l'élargissement du marché unique et l'entrée dans la mondialisation ont privilégié une logique marchande *stricto sensu*, aboutissant à faire de l'UE un espace de rivalités commerciales, préjudiciable au déploiement de l'idée de souveraineté alimentaire européenne. La « main invisible » du marché européen engendre des forces centrifuges, alors qu'à l'origine, l'institution de l'Europe avait privilégié les forces centripètes (Boyer, 2002) (Hall, Soskice, 2002)[6]. Il en découle que, pour aborder la souveraineté alimentaire de l'UE, pour montrer en quoi un tel projet politique est fort éloigné d'une perspective fédérale, celle d'une *européanité*, il est suggéré de construire une critique de la représentation actuelle de l'UE, de son mode de fonctionnement, qui font du marché, bien qu'assorti de quelques règles, l'unique mode de coordination des États membres. Pour être tout à fait complet, effectuons une incursion

6 En proposant sa théorie de la variété des capitalismes, Robert Boyer rejette l'analyse purement économiciste du capitalisme, et privilégie, en quelque sorte le rôle des institutions hors marché ou, dit autrement, du politique dans la genèse des formes institutionnelles. Voir également les parties VIII et IX de : *Économie politique des capitalismes*, *op. cit.* Dans leur analyse des variétés du capitalisme, P. A. Hall et D. Soskice précisent que la culture, les règles informelles, l'histoire, forment aussi, avec les institutions marchandes et non marchandes, les fondements de la variété des capitalismes.

dans le lien qui caractérise la démocratie et la souveraineté, en l'occurrence alimentaire. Puisque la démocratie est au fondement de la souveraineté, on peut se demander si c'est bien à l'État ou bien à la Commission européenne, de définir et d'appliquer le principe de souveraineté alimentaire, ou bien directement au peuple lui-même d'exprimer sa préférence et son point de vue sur cette question qui le concerne directement, puisque la souveraineté alimentaire entre d'une part dans ses conditions matérielles d'existence et, d'autre part, par ce principe qu'elle serait au fondement de sa participation à la chose publique ?

Enfin, on peut mesurer le risque de basculement du centre de gravité de l'UE vers l'Est, notamment vers la Pologne, en cas d'adhésion de l'Ukraine à cette entité européenne. Une souveraineté européenne alimentaire, oui, mais avec un centre décisionnel situé en Pologne, ou sur un axe Varsovie-Kiev ? Définir les contours d'une souveraineté alimentaire de dimension européenne, pour peu que cela soit possible (convention, contractualisation, procédure d'élection démocratique de la Commission, création d'un Conseil de l'UE fédéralisé, etc.), conduit assurément à se demander quel est le degré de consentement que les États membres sont prêts à admettre pour y parvenir, et quelles seraient les modalités d'une mutualisation totale du budget de la PAC et de sa déclinaison dans chaque État membre ?

Peut-on alors faire converger des États qui ont pour préférence la notion de sécurité alimentaire (*food security*), alors que la France semble se singulariser par un usage intensif de celle de souveraineté ? On pourrait même aller jusqu'à associer la souveraineté alimentaire à celle de puissance (*soft power*), vis-à-vis de laquelle la France est en phase – sans doute un legs de la politique gaullienne –, mais envers laquelle l'UE, au regard de son histoire, reste en retrait. Retrait prononcé dès lors que la priorité est désormais accordée à l'environnement, mais priorité qui porte en elle le risque d'une érosion amplifiée de la souveraineté alimentaire.

La réaffirmation du principe de souveraineté alimentaire appelle ainsi à une réhabilitation de la politique agricole en Europe, après des décennies de dilution engendrées par des décisions communautaires dans le cadre des réformes de la PAC elles-mêmes indissociables du projet néolibéral qui se met en place au détour des années 1980. Le contexte de tensions internationales, de crise inflationniste, de précarisation alimentaire de certaines franges de la population européenne, nécessite un rétablissement de la PAC, inscrite dans une démarche de souveraineté partagée qui, en quelque sorte, mettrait un terme à l'bsolutisme de la concurrence.

On a vu précédemment que cette ambition se heurtait à de multiples obstacles. D'où le profond paradoxe qui caractérise l'époque actuelle s'agissant de l'agriculture. D'un côté, une volonté de remettre au centre de la politique agricole l'idée de souveraineté alimentaire, expression d'un État membre, la France, laquelle manifeste en cela son rapport ambigu avec une mondialisation qui a dissout son autonomie de décision. C'est pourquoi il sera intéressant de voir en quoi sa conception de la souveraineté alimentaire suscitera un ralliement plus ou moins large, pouvant conduire à faire émerger une souveraineté européenne inscrite dans la PAC. En ce sens, le projet néolibéral de l'Europe, appliqué au secteur agricole en particulier, bute sur des histoires nationales, des cultures, des identités, vis-à-vis desquelles les citoyens expriment un certain attachement (Streeck, 2023). De l'autre, la persévérance de l'UE dans cette logique de la concurrence et dans cette croyance dans les vertus du marché.

Des attentats du 11 septembre 2001 à la guerre en Ukraine, en passant par la crise économique et financière des années 2008-2012 et enfin par la pandémie, le projet néolibéral, favorisant la mondialisation des économies, n'a pas accompli son travail de pacification des relations internationales, à en juger par cette lancinante question des approvisionnements alimentaires et de l'autonomie de décision en matière de production de ces biens de première nécessité que sont les produits agricoles et alimentaires (Guillaume, 2022) (Pouch, 2024). Preuve en est ce retour de la notion de souveraineté alimentaire, que certains considèrent comme une façon habile de préserver l'exigence de produire, mais qui, indéniablement, s'impose au regard du contexte. Elle ne peut être en cela dissocier de l'intervention de l'État, le rôle de ce dernier n'étant plus de diriger les acteurs vers le marché, de les convaincre de ses vertus, ce qui fut le fil conducteur du néolibéralisme, mais bien de réguler l'économie et l'agriculture.

CONCLUSION AU CHAPITRE

L'articulation entre la politique agricole et la souveraineté alimentaire repose donc sur des fondements politiques et relève d'une construction sociale. Une articulation qui, de ce point de vue, évolue au gré des rapports de force entre les acteurs politiques et économiques. Elle est en effet plus ou moins prononcée selon les phases de l'histoire du capitalisme. L'effacement de la souveraineté alimentaire entre les années 1980 et 2010, fut l'un des symptômes d'une redéfinition des missions de l'État, davantage tournées vers le marché, le calcul économique et le règne absolu de l'intérêt. L'état présent des relations internationales force en quelque sorte les sociétés à repenser leur vision de l'agriculture et de ses finalités, et de relier ces finalités au principe de politique agricole et de souveraineté. Sans un principe de souveraineté alimentaire européenne, ne serait-ce pas la confirmation que l'Europe, dans son ensemble, est mortelle, et que, le secteur par lequel elle s'est construite, pourrait être celui par lequel elle se déconstruira ?

Thierry Pouch
Laboratoire Regards,
Université de Reims
Chambres d'agriculture France
Académie d'Agriculture de France

Marine Raffray
Chambres d'agriculture France
Doctorante à l'Université
de Reims Champagne Ardenne

DEUXIÈME PARTIE

RUPTURES ET CONTINUITÉ DANS LES POLITIQUES AGRICOLES

Les politiques agricoles sont inscrites dans des périodes historiques précises. Elles ont pu correspondre à des modes de résolution des crises économiques, comme ce fut le cas aux États-Unis dans les années de grande crise capitaliste. Elles peuvent aussi répondre, comme dans le cas de l'Europe, à un projet de construction d'un espace économique commun. Dit autrement, elles rythment la dynamique du capitalisme, tant par l'occupation et par l'usage des sols, par la production de biens de première nécessité indispensables aux conditions d'existence des humains, par l'échange de biens alimentaires entre les nations. Elles sont des constructions sociales.

On a vu dans la partie précédente en quoi elles étaient incrustées dans des débats théoriques qui ont été constitutifs de la formation de la science économique et qui ont porté les débats sur la macroéconomie sur une trajectoire de haute intensité. Mais c'est parce qu'elles s'inscrivent dans les temps historiques du capitalisme qu'elles ne peuvent être irréversibles, qu'elles n'ont pas de caractère pérenne. Les politiques agricoles traduisent ainsi un certain état de maturité du capitalisme. Elles peuvent toutefois faire l'objet de critiques, être délégitimées, et par voie de conséquence, abrogées ou réformées, parce que les conditions socio-historiques dans lesquelles elles ont émergé s'épuisent, et sont reconsidérées par de nouveaux rapports de force entre des acteurs politiques, économiques, sociaux. Si la politique agricole américaine affiche une réelle et surprenante longévité, d'autres politiques agricoles ont été absorbées par le tournant de la mondialisation dans les années 1980, et pris dans les maillons du discours que l'on a souvent qualifié, à tort ou à raison, de néolibéraux. Tel est le cas en particulier de la PAC. À partir de 1992 s'engage une série de réformes qui vont modifier en profondeur la physionomie, la logique et les finalités de la PAC.

L'objet de cette seconde partie est précisément de montrer en quoi, face à l'affirmation du discours néolibéral, les politiques agricoles ont été soit maintenues, soit réformées, soit simplement amendées. Cette seconde partie livre aussi des éléments qui permettront d'identifier les facteurs explicatifs de ces évolutions des politiques agricoles. Par facteurs explicatifs, il faut entendre les jeux d'acteurs, les forces institutionnelles, qui ont orienté la politique agricole commune vers de nouveaux horizons, en tentant de surmonter l'inertie qui, selon eux, la distinguait depuis sa création. En cela, la production puis la diffusion des idées dites novatrices sont à rapporter à un contexte idéologique et économique précis, celui de l'essoufflement du message keynésien, dont l'une des traductions concrètes s'est située historiquement dans la formation et l'application de politiques agricoles. De nouveaux acteurs ont ainsi constitué des vecteurs de la production d'idées nouvelles qui ont initié les changements futurs de la PAC. En regard, il semblait indispensable de montrer en quoi la politique agricole américaine a conservé ses principes fondamentaux, ses objectifs et ses financements. Puisque le capitalisme se distingue par une variété des systèmes productifs, par des singularités en matière de régimes d'accumulation, le secteur agricole emprunte des voies différenciées.

Cette partie apportera des éclairages sur une PAC qui, initialement, a constitué le socle de la construction européenne, mais qui, d'une certaine manière, est à l'origine des blocages qui ont pu entraver la poursuite de cette construction européenne. L'exigence des réformes a ainsi été dictée par l'impulsion donnée par des acteurs se présentant comme des novateurs pour la PAC, mais aussi comme des européens convaincus que l'Union européenne se devait d'évoluer, cette évolution passant par des réformes structurelles, et par l'insertion dans la dynamique de l'internationalisation des économies, organisée et décidée au détour des années 1980 par les dirigeants de quelques grands pays industrialisés. La réponse aux dysfonctionnements – légitimes ou supposés – de la PAC trouve son inspiration dans la théorie économique néo-classique.

Plusieurs éléments l'attestent. Le processus de libéralisation des échanges internationaux (qui fera l'objet d'un traitementdans la partie dédiée aux relations internationales), sous l'égide du GATT (devenu Organisation mondiale du commerce par la suite, la révision des dispositifs de soutien, dans le sens d'une baisse des prix d'intervention notamment, qui s'assimile à un allègement progressif de l'interventionnisme étatique, apporteront une solution à ces dysfonctionnements, augmenteront le bien-être général, et règleront la question de la concurrence déloyale que la PAC exerçait envers les pays en développement. Il est établi de surcroît que les négociations commerciales qui se sont déroulées entre 1986 et 1994 dans le cadre du GATT, et qui portaient en particulier sur le démantèlement des tarifs douaniers, avaient aussi pour ambition de réajuster les politiques de soutien telles qu'elles furent pratiquées jusque-là dans les économies de l'OCDE, dans un sens plus libéral. Le secteur agricole est ainsi appelé à rejoindre le vaste mouvement de libéralisation qui s'enclenche au détour des années 1980, et qui l'absorbe quelques années plus tard avec la série de réformes de la PAC. Cette vision participait de cette conviction selon laquelle un monde sans barrière devait contribuer à l'élévation du bien-être des populations, lesquelles retireraient un avantage de la sepécialisation de chacun des pays, sans oublier que la connaissance, en l'occurrence économique, aurait assurément des retombées sur l'ensemble des sociétés. C'est un enseignement bien connu que délivra autrefois la science économique. On sait ce qu'il advint. Un retour des nations et des demandes de protection et de régulation. C'est pourquoi, et ce point sera développé dans la partie consacrée aux relations internationales, il est impératif de repnser la gouvernance globale du monde (Rodrik, 2020) (Stiglitz, Rodrik, 2024).

LE CONTENU IDÉOLOGIQUE DES CRITIQUES ADRESSÉES AUX POLITIQUES AGRICOLES (1980-1990)

L'affirmation des principes keynésiens se répand dès la sortie de la guerre, selon des rythmes et des modalités différenciées qui renvoient à une variété de capitalismes et donc à des structures sociales polarisées. Il n'en demeure pas moins que l'esprit du keynésianisme s'est imposé, conduisant les États à intervenir dans l'économie et en particulier dans le secteur agricole. On sait que Keynes lui-même, dans un article de 1938 paru dans *The Economic Journal*, s'était penché sur le thème de la régulation des marchés agricoles durant les années 1930 (Keynes, 1938). C'est le courant institutionnaliste qui avait largement influencé et déterminé l'orientation et les instruments d'une politique agricole destinée à sortir le secteur d'une crise profonde pouvant même constituer une menace pour la démocratie américaine. Sans être aussi radicale dans ses fondements et dans son empiricité, la Politique Agricole Commune (PAC) de l'Europe au tout début du Marché commun se rattache, de près ou de loin, à cet esprit keynésien qui, certes n'a pas été totalement partagé – l'Allemagne se réclamant comme on le sait de l'ordolibéralisme, ou, si l'on préfère, d'une économie sociale de marché que du keynésianisme – mais qui, comme on l'a vu, forme bien l'un des fondements de la PAC. Durant une trentaine d'années, l'agriculture européenne a fonctionné sur une logique de soutiens publics, dont l'un des effets a été d'impulser la modernisation des structures productives, de stimuler la production, pour aboutir non seulement à une garantie que les revenus des agriculteurs seraient rémunérateurs, mais également à une autosuffisance alimentaire dans un nombre conséquent de produits (céréales, sucre, lait, viande porcine, viande de volaille).

Il convient d'insister sur le fait que les structures économiques comme, à cette période de keynésianisme triomphant, les politiques qui les font émerger, qui les orientent, ou qui les interrompent, ne se succèdent pas selon un principe de vérité ou de réfutation, comme on le laisse parfois supposer, abusivement pourrait-on dire, dans le champ de l'économie et plus spécifiquement encore en économie agricole. *A contrario*, ces structures et ces politiques, pour qu'elles soient à la fois efficaces et cohérentes, s'inscrivent et surgissent dans un contexte social, politique et idéologique porteur, propice à s'imposer dans le paysage de l'économie. Ce qui ne veut pas dire qu'il faille minimiser le regard scientifique ou politique porté sur un domaine, en l'occurrence la politique agricole, mais qu'il est important de maîtriser les mécanismes et contextes sociaux de production des discours et des actes politiques dans lesquels ils prennent forme, et sont parfois imposés, selon le fameux acronyme : *TINA (There Is No Alternative)*, si souvent avancé dans l'Angleterre de Margaret Thatcher.

Or, on sait que depuis la fin de la guerre, une lutte idéologique, rampante, puis de plus en plus explicite, s'est installée dans le paysage économique. Inlassablement, malgré les réussites économiques accomplies, en dépit d'une accession rapide à l'autosuffisance alimentaire, d'une contribution de l'agriculture aux grands équilibres macroéconomiques des nations, la contestation de l'ordre keynésien s'organise, prend consistance dès les années 1920 comme on va le voir, s'appuyant notamment sur les recherches de l'école autrichienne dont le chef de fil, Friedrich Von Hayek (1899-1992) – Prix de la Banque de Suède en sciences économiques en 1974, qu'il partagea avec l'économiste suédois du développement Gunnar Myrdal – n'aura de cesse de vouloir se débarrasser de son adversaire, Keynes et de la théorie qu'il incarnait. En réalité, c'est bien l'interventionnisme étatique en économie qui est l'objet de l'incessante critique qu'Hayek exprime envers Keynes, et envers tous les auteurs qui se réclament de l'État-Providence. En un peu plus d'un quart de siècle, les États et les gouvernements engagent les économies sur la voie du « néolibéralisme », tournent le dos aux principes fondamentaux de l'interventionnisme qui avait précisément fondé la croissance économique, la modernisation des structures et conditionné l'efficacité des appareils de production. Il s'agit maintenant de procéder à une vaste dépréciation de la légitimité et de l'efficacité de l'État, en instaurant en permanence une comparaison avec le marché, dont l'éloge sera répété à l'envi. Un discours qui porte en lui la diabolisation de l'interventionnisme étatique. Le secteur agricole, largement soutenu depuis les années 1950, fortement régulé avec la PAC, est intégré dans ce discours et fait l'objet de réformes allant dans le sens de sa libéralisation. 1992 constitue de ce point de vue une date clé. Les réformes de la PAC ne trouvent pas *stricto sensu* leur origine dans des controverses agricolo-agricoles, dans une perception des coûts budgétaires qu'elle a engendrés depuis la création du Marché commun, dans les critiques qui sont adressées à l'Europe agricole par des concurrents qui prennent ombrage de la montée en puissance de l'agriculture de l'UE. Ces facteurs explicatifs des réformes de la PAC, comme du discrédit des politiques agricoles dans leur ensemble, sont à inscrire dans un mouvement général d'idées et de pratiques, qui, dès les années 1980 jusqu'à aujourd'hui, ont cherché de manière constante et acharnée à rétablir l'ordre marchand dont l'État serait absent, ou plus exactement, dont les objectifs et les outils de la politique économique auraient à être modifiés. C'est un cycle qui s'achève, celui de l'interventionnisme étatique, ou européen pour ce qui est de l'agriculture.

C'est pourquoi, pour introduire ces réformes de la PAC, pour resituer dans un contexte historique et idéologique les changements d'orientation impulsés par l'UE, pour se familiariser avec les controverses relatives au mode de financement de la PAC, il était nécessaire de réexaminer les conditions sociales dans lesquelles ce tournant s'est accompli.

UNE CONTRE-OFFENSIVE LIBÉRALE
Dépasser les apparences

Partons donc d'une réalité historique. Les années 1950-1960 sont, en économie, placées sous l'influence de la théorie keynésienne. On sait que Keynes, dans le chapitre 24 de son œuvre la plus connue, *La théorie générale de l'emploi, de l'intérêt et de la monnaie*, préconise une intervention de l'État dans les mécanismes économiques, afin de surmonter une crise profonde, caractérisée par un chômage involontaire (Keynes, 1936). Il y eut par conséquent une double influence, à la fois sur le plan de la théorie économique et sur celui de la politique. L'usage des dépenses publiques fut régulier tant pour lisser les fluctuations conjoncturelles, que pour orienter l'activité économique dans un sens plus structurel. C'est dans ce cadre théorique que s'inscrit la *politique agricole*, bien que, dans la plupart des manuels traitant de la politique économique, elle ne figure pas en tant que telle parmi les instruments auxquels les États ont habituellement recours[1]. Comme cela a été vu plus haut au travers de différents cas, différents instruments d'intervention non seulement régulaient les marchés agricoles, mais avaient aussi pour fonction de modifier les structures productives, que ce soit dans un cadre national ou européen avec la PAC. La révolution agricole qui installe l'agriculture sur une trajectoire de modernisation, apparaît de ce point de vue indissociable d'une révolution keynésienne. Durant près de quarante ans, l'interventionnisme étatique en agriculture est fort répandu.

Les années 1980 sont celles de la contre-révolution keynésienne. En macroéconomie, la pensée keynésienne est engluée dans une stagflation qui, à peu près partout, entame sa pertinence et sa légitimité. C'est pourquoi le débat qui émerge sur la politique économique l'oppose au courant monétariste, dont le chef de file fut Milton Friedman, courant qui inverse la hiérarchie des outils de politique économique en privilégiant la politique monétaire et le contrôle de la masse monétaire, au détriment de l'instrument budgétaire, pour lutter contre l'inflation. Pour ces économistes en effet, l'inflation est d'abord un phénomène monétaire[2]. De plus, le principe fondamental sur lequel reposait cette approche de l'économie résidait dans la conviction que l'instabilité du système économique ne tient pas aux comportements des acteurs, mais bien à une inadaptation de la politique économique, monétaire en l'occurrence, aux enjeux du réglage de la production et de l'emploi. L'interprétation monétariste de

1 On pourra prendre appui sur l'ouvrage suivant, l'un des plus complets, pour illustrer et déplorer au passage, cette absence de la politique agricole dans les manuels de politique économique : A. Bénassy-Quéré, B. Cœuré, P. Jacquet et J. Pisani-Ferry (2004). Si les fondements, les acteurs, les politiques budgétaire, fiscale et monétaire, de change, de croissance, et d'emploi, y sont étudiées, aucun chapitre sur la politique agricole. À défaut d'un chapitre à part entière, il était possible d'insérer la politique agricole dans l'outil budgétaire ou dans la politique de croissance. Aucune mention, aucun traitement, ne sont pourtant établis s'agissant de l'agriculture.

2 Une critique de cette interprétation de l'inflation a été développée par l'école de la régulation, et notamment par Robert Boyer et Jacques Mistral. Lire sur ce point Boyer et Mistral (1978). Sur le rôle de la politique monétaire comme instrument de stabilisation des prix, consulter Milton Friedman (1948) (1968).

l'inflation a pour ambition de discréditer la politique monétaire, mais aussi la politique budgétaire. En provoquant un déficit des finances de l'État, ce dernier cherche à le financer en se plaçant sur le marché des fonds prêtables. L'attractivité des titres d'État est intimement corrélée au niveau du taux d'intérêt. En augmentant ce taux pour attirer des capitaux pour couvrir le déficit public, l'État est à l'origine d'un « effet d'éviction » (*crowding out effect*) qui se réalise au détriment des acteurs privés, qui s'aperçoivent que la politique monétaire interfère avec leurs comportements et perturbe leurs anticipations de prix. Pour les monétaristes, il est donc préférable de s'en remettre aux mécanismes du marché pour que l'économie chemine vers un équilibre stable. Les années 1960-1970 sont ainsi le théâtre de ce conflit à la fois doctrinal et académique, au sens où une abondante littérature, qui atteint un haut degré de technicité économétrique. Le point culminant de ces controverses est atteint avec la politique monétaire restrictive conduite par son directeur Paul Volcker, qui s'est notamment caractérisée par une hausse impressionnante du taux directeur par une flambée de la Banque Centrale américaine (*FED*), propulsant le dollar à des sommets sur le marché des devises. Une politique suivie des décisions prises par l'Administration Reagan, qui sont allés dans le sens d'une dérégulation des marchés.

La politique monétaire de Volcker a eu comme répercussions une érosion de la compétitivité des exportations américaines de produits agricoles et alimentaires, étant donné la forte appréciation du dollar. Il y a de ce point de vue un lien à tisser entre le recul des parts de marché américaines imputable à cette politique monétaire centrée sur la hausse du taux d'intérêt, et l'ouverture des négociations commerciales au GATT (Accord général sur les tarifs douaniers et le commerce / OMC (Organisation Mondiale du Commerce), en 1986, dans le cadre du cycle de l'Uruguay, qui s'est achevé huit années plus tard, en 1994 (Accords de Marrakech), cycle qui a plongé l'agriculture dans la mondialisation.

Parmi les critiques adressées au monétarisme, il en est une qu'il convient de retenir pour mieux comprendre ce qui va suivre. Pour nombre d'économistes se réclamant du courant des *anticipations rationnelles* (courant lancé par John Muth au début des années 1960), un économiste comme Friedman se situe sur le terrain de la macroéconomie. L'ambition des successeurs de Friedman est précisément de revenir à une approche microéconomique des choses, c'est-à-dire au marché autorégulateur, dans le droit fil de la théorie néo-classique la plus pure. Selon Muth et ses continuateurs, en particulier Robert Lucas, l'objectif est de montrer que l'information économique, financière, etc. est intégrée dans le dispositif comportemental de chacun, aboutissant à faire d'une information originellement privée, un « bien public », capable d'agréger tous les comportements individuels, et d'anticiper ainsi la formation et la dynamique des prix (de Vroey, 2009).

Le keynésianisme a donc eu de nombreux adversaires, et a subi les assauts doctrinaux qui ont jalonné la science économique depuis sa formation. Il ne faudrait pas pour autant réduire l'émergence et l'affirmation de cette contre-révolution keynésienne a un simple enjeu théorique et à une divergence de visions de ce que doit être la politique économique. Ne pas se laisser tromper par ces débats qui, parce qu'ils sont universitaires, laissent l'apparence du sérieux propre à l'exercice académique. Il ne s'agit pas seulement d'une confrontation de paradigmes concurrents à l'intérieur de cette matrice disciplinaire que constitue la science économique. En réalité, des enjeux idéologiques sont à l'œuvre sous les bannières de la science. C'est pourquoi il est crucial de rappeler que, au détour de la décennie 1980, c'est un concept qui s'impose et qui a fait couler beaucoup d'encre, celui de « néolibéralisme ». Il innerve sur une longue période toutes les critiques qui ont été exposées à l'encontre de l'interventionnisme étatique, et l'agriculture et la politique agricole n'échappent à ce mouvement de fond.

Ce mouvement de contestation de la logique keynésienne prend racine dans un contexte historique lointain et précis. C'est pourquoi il ne peut être ramené au seul clivage entre keynésiens et monétaristes. Ce contexte est celui de la grande crise capitaliste des années 1930. On sait en effet que cette période incite les économistes non seulement à essayer de diagnostiquer cette crise, mais surtout à se lancer dans des controverses théoriques de haute intensité pour identifier les leviers d'une sortie. La gravité de la crise menace la survie du capitalisme et de la démocratie. Ce point est, d'une certaine manière, partagé par les économistes. Seules les opposent, radicalement, les politiques à mener pour conduire cette sortie de crise. L'interventionnisme étatique, pouvant prendre la forme, comme chez les économistes américains se réclamant de l'institutionnalisme, d'une planification, se heurte à un courant de pensée fortement hostile à cette perspective. La figure de Friedrich von Hayek est représentative de cette critique et de cette opposition théorique et politique envers la planification. Cette planification des activités économiques fausse le calcul économique, dans la mesure où il entrave le libre fonctionnement du système des prix. C'est pourquoi, dès cette époque, dans ses écrits théoriques, Hayek fustige les économistes-ingénieurs, notamment ceux de l'école Polytechnique en France. L'économiste autrichien n'entend pas se limiter au seul champ de la science économique, puisque, au travers de sa posture critique, il prend position dans le champ de la politique, et revêt ainsi les habits de publiciste. Son discours est d'une importance décisive pour la théorie économique, qu'il entend refonder en établissant une apologie du libéralisme.

Mais ce faisant, Hayek s'engage dans une bataille politique qu'il ne cessera de mener jusqu'à sa mort en 1992. Dans la pléthore de travaux qu'il produit, *The Road of Serfdom* (*La route de la servitude*), publié en 1944 et qui connaîtra un succès planétaire, met au jour cette étroite corrélation entre une approche critique du planisme et la certitude qu'il met en danger le libéralisme et la démocratie, et, par voie de conséquence, la liberté des individus (Hayek, 1944). Hayek insistera toute sa vie sur la dimension liberticide de la planification économique, et propose de se débarrasser de cette tentation funeste et d'adopter un véritable modèle libéral, fondé sur un « ordre spontané » résultant des interactions humaines. Car l'origine de la crise du libéralisme réside selon Hayek dans l'alliance contre-nature entre le libéralisme, le nationalisme et le socialisme (Audier, 2022[3]). Il s'agit selon lui de s'écarter de toute entrave à la circulation des hommes et des capitaux, et d'instaurer un cadre institutionnel, juridique, propice au libre fonctionnement du marché[4].

La référence à l'ouvrage *La route de la servitude* est fondamentale pour suivre le long et patient cheminement des idées de Hayek jusqu'à leur triomphe au début des années 1980 (politiquement, Margaret Thatcher, alors Première Ministre britannique, se réclame de l'auteur de cet ouvrage, puisqu'elle déclare, le 5 février 1981, dans un discours à la Chambre des Communes, qu'elle est « une grande admiratrice du professeur Hayek. Il

3 Hayek partage de ce point de vue, la position de son maître, Ludwig von Mises, développée notamment dans un ouvrage publié en 1919, *Nation, Staat und Wirtschaft.* Voir également du même auteur, *Le socialisme*, 1922, dont la traduction française est préfacée par l'économiste français François Perroux.

4 Dans le troisième volume de *Droit, législation et liberté*, paru en 1979, Hayek précise que : « Notre civilisation avance en faisant l'usage le plus complet possible de la diversité infinie des individus dans l'espèce humaine (Hayek, 1979, p. 206).

serait bien que les honorables membres de cette Chambre lisent certains de ses livres, la *Constitution de la liberté* et *Droit, législation et liberté* »). Faire remonter la genèse des positions de Hayek dans les années 1920 comporte toutefois un intérêt particulier en matière de politique agricole. Si l'apologie du libéralisme est évidente dans *La route de la servitude*, elle est manifestement annoncée quelques années plus tôt, dans un texte de 1938 publié dans *Contemporary Review*, réédité un an plus tard, et dans lequel Hayek critique le tournant socialiste de l'économie américaine (Hayek, 1939). C'est en effet dans ce texte, qui est destiné à des lecteurs américains, qu'Hayek énonce une critique du planisme dans lequel se sont engagés les États-Unis. Sans évoquer le cas de l'agriculture, ni dans ce texte ni dans *The Road of Serfdom*, Hayek rappelle que : « Le libéralisme veut que l'on fasse le meilleur usage possible des forces de la concurrence en tant que moyen de coordonner les efforts humains ; il ne veut pas que l'on laisse les choses en l'état où elles sont. Le libéralisme est fondé sur la conviction que la concurrence est le meilleur moyen de guider les efforts individuels » (Hayek, 1944 [1946], p. 33).

Or, on sait que les États-Unis ont, dès 1933, adopté une *Loi agricole* qui, depuis, est examinée et votées tous les cinq ans. Le secteur agricole est, depuis 1933, fortement soutenu, et incarne, presqu'à lui seul, le dirigisme que dénonce Hayek (Graham, 1976). Il n'a pas été bien entendu le seul à s'indigner de cette option retenue par certains pays du planisme, puisque Walter Lippmann – du nom de celui ayant organisé le fameux colloque qui se tint en août 1938, à la veille de la guerre, à Paris, réunissant 26 intellectuels dont plusieurs économistes comme Friedrich A. Hayek, Ludwig von Mises, Alexander Rüstow, le théoricien de l'ordolibéralisme, les français Louis Baudin et Jacques Rueff, etc., invités à traiter des conditions du renouveau libéral face à la crise économique et au péril qui menace la démocratie –, partage globalement, bien qu'étonnamment, les positions de Hayek sur le planisme[5].

5 Des nuances, voire des clivages entre Lippmann et l'école autrichienne, ont été identifiés et soulevés par Serge Audier dans son ouvrage de 2022 (Audier, *op. cit.*). La proximité des idées de Lippmann sur le libéralisme avec celle de Mises ou de Hayek, apparaît en effet contradictoire avec la position de Lippmann sur le *New Deal* de Roosevelt. Lippmann voit en ce *New Deal* une orientation favorable à la régénération du libéralisme, face à la menace soviétique. L'une des références théoriques de la pensée de Lippmann se trouve dans l'œuvre de l'économiste institutionnaliste John Roger Commons, qui influença les économistes du ministère de l'Agriculture américain, dans leurs réflexions pour définir un programme de politique agricole.

Il faut dire qu'en matière d'agriculture, l'idée de planification fait son chemin. Parmi les économistes ayant travaillé à la définition de la politique agricole américaine, on trouve un certain Rexford G. Tugwell, véritable cheville ouvrière de la nouvelle architecture agricole américaine, et qui, dans un article de 1953, paru en français dans la toute récente Revue économique, s'exprime sur les réticences incompréhensibles des États-Unis envers la planification, envers laquelle il se prononce plus que favorablement (Tugwell, 1953). En France, en 1936, en plein Front Populaire, des mesures sont adoptées pour soutenir l'agriculture, et, à la sortie de la guerre, la planification (indicative) est adoptée et appliquée durant de longues années, et concernera un pan de l'agriculture, en particulier l'équipement en machinisme agricole. En Europe, dès la fin de la décennie 1950, est adoptée, dans le cadre du Marché commun, une PAC, dont l'un des principes fondamentaux, comme cela a été dit, est de soutenir la production par des prix incitatifs, des prix de soutien et diverses autres subventions.

L'affirmation de l'interventionnisme en agriculture participe de l'isolement de la doctrine libérale. Avec le triomphe des idées keynésiennes, les libéraux se situent à la périphérie du radar de la science économique et de l'action politique, ils se sentent en quelque sorte déclassés. Les succès rencontrés par *La route de la servitude* dès sa publication en 1944 et par sa version condensée en 1945 dans le *Reader's Digest*, persuadent Hayek d'organiser la contre-offensive, afin de préserver l'ordre libéral pour lequel il combat depuis les années 1920. Sous sa houlette, les libéraux entrent dans une forme de résistance qui aboutira, dans les années 1970, à une restauration du libéralisme qui, comme on le sait, sera baptisé « néolibéralisme ». L'un des points de départs fondamentaux, historiques, de cette dynamique de reconstitution du discours libéral, est la formation, en 1947, de la Société du Mont-Pèlerin. Hayek invite en effet, au printemps de cette année-là, une soixantaine d'intellectuels, juristes, historiens et économistes (Maurice Allais, Milton Friedman, Fritz Machlup, Wilhelm Röpke, etc.), rejoints par quelques journalistes, à un cycle de conférences à Mont-Pèlerin, une localité suisse. D'autres grands noms de la science économique furent invités, sans être en mesure de se joindre au cycle (Luigi Einaudi, Elie Heckscher, Charles Rist, Daniel Villey, etc.) (Dostaler, 2001). Le mode de financement de cette première rencontre est exclusivement privé – Hayek se méfiant naturellement des apports publics – c'est-à-dire d'entreprises et autres *think tanks* du monde des affaires, ayant exprimé leur hostilité au *New Deal* de Roosevelt. Il ressort de ces éléments historiques que le positionnement de Hayek dans le champ de la théorie économique (prix, capital, cycles), n'est pas dissociable de son combat idéologique pour la liberté individuelle. Avec la Société du Mont-Pèlerin, s'engage une longue période de reconquête de la discipline et de combat politique qui, même si elle se caractérise par des oppositions, des divergences parfois fortes, n'entravent pas pour autant la marche vers l'affirmation du libéralisme, vers la croyance dans les vertus du marché concurrentiel, et le discrédit farouche adressé au planisme, au socialisme, et aussi à l'État social, aux syndicats, etc.

UN CONTEXTE IDÉOLOGIQUE ET ÉCONOMIQUE FAVORABLE À LA CRITIQUE DES POLITIQUES AGRICOLES

L'UE en première ligne

Le combat engagé par les libéraux, emmenés en particulier par Hayek durant l'entre-deux guerres et après la Seconde Guerre mondiale, porte un message clé qui, comme on vient de le voir, est à la fois économique et politique. Sur ce second aspect, il a été répété à l'envi que l'interventionnisme étatique, quelle qu'en soit la forme et la profondeur, constitue une menace pour la liberté individuelle, pour la démocratie. Le rôle des institutions, y compris étatiques, est de produire un cadre juridique efficace pour favoriser des interactions sociales complexes. Son ouvrage *La route de la servitude* apparaît de ce point de vue central, en ce sens que Hayek y développe l'idée que tout constructivisme est porteur d'une intolérance envers la pluralité des comportements et donc des opinions. Or, il se trouve que l'élargissement de l'audience du message hayékien surgit au moment même où en Europe, s'installe avec une ampleur inédite, le débat autour du totalitarisme en Union Soviétique et dans d'autres pays socialistes. Plusieurs conséquences vont en découler, et, dans le champ des idées politiques, libérer l'espace au discours néolibéral.

La problématique des *Droits de l'homme* se déploie dès le début des années 1970. Elle prend appui sur un certain nombre de diagnostics portés sur la situation humaine en URSS (Union des Républiques Socialistes Soviétiques) ou ailleurs, que ce soit en Chine, au Vietnam, à Cuba ou encore dans les pays « européens » du bloc de l'Est. Dans la mesure où ces États se réclament de la pensée marxiste, qu'ils ont adopté un régime communiste, c'est la figure de Marx et des marxistes qui entre dans un long processus de critiques, de discrédits, beaucoup d'intellectuels voyant en eux les principaux responsables de ces atteintes aux *Droits de l'homme*.

De plus, l'échec économique de l'Union soviétique et des pays socialistes, incite les économistes à se détourner de Marx. Sur le plan de l'économie, Keynes rejoint Marx dans ce concert de critiques, puisque la crise économique des années 1970, qui se distingue par une inflation élevée et une stagnation de la production, s'annonce durable (Pouch, 2001). L'impasse dans laquelle se sont trouvées les économies administrées du bloc socialiste, s'est manifestement répercutée sur la vision de ce que fut le fonctionnement des économies durant plusieurs décennies. On assiste dès lors à un vaste mouvement de reconversion des élites politiques aux doctrines néo-libérales, reconversion qui, à l'échelle de l'UE, prend la forme d'une construction élargie d'une économie sociale de marché se singularisant par une diffusion de l'ordolibéralisme allemand – modèle rhénan si souvent avancé – qui consacre ainsi, sous l'impulsion d'un Jacques Delors, une vision chrétienne-démocrate de l'Europe économie (Jobert, Théret, 1994) (Majone, 1994)[6]. Inévitablement, la problématique de la régulation des marchés agricoles et des soutiens publics s'en est trouvée affectée. La vision des économistes a de ce point de vue évolué, se traduisant par une sorte d'effacement des conflits doctrinaux sur le thème de l'interventionnisme étatique en agriculture (Simantov, 1990).

Le corpus théorique qui avait légitimé les politiques agricoles se fissure à partir des années 1980. En ce sens, l'érosion des idées keynésiennes et des fondements de la politique économique touche directement le secteur agricole. Que ce soit : pour le protectionnisme, contenu dans la PAC par

6 Sur le rôle de la Commission Delors dans la construction politique du néo-libéralisme, dont un des aspects se trouve dans le Livre Blanc, et ses retombées sur la PAC, lire en particulier le travail de Rawi Abdelal (Abdelal, 2007). Ne pas oublier de surcroît, que Pascal Lamy, qui fut le Directeur général de l'OMC, a été le chef de Cabinet de la Présidence Delors.

le truchement des prélèvements à l'importation, et largement justifié par l'objectif fixé à la PAC de faire du Marché commun puis de l'UE une zone autosuffisante sur le plan alimentaire ; pour les subventions aux exportations – pour être plus précis restitutions aux exportations abrogées bien plus tard dans le cadre de l'OMC – ; pour les prix de soutiens, appréhendés comme une source de distorsion de concurrence et comme un signal adressé aux producteurs à produire toujours davantage au risque de faire exploser les dépenses budgétaires allouées au secteur agricole, les certitudes d'hier tombent les unes après les autres, au profit d'une vision libérale du fonctionnement de l'économie agricole.

La pensée économique agricole connaît donc une mutation significative au tournant des années 1990. En dresser le constat comme on vient de le faire nécessite malgré tout une approche bien plus approfondie. Partant du principe que l'économie agricole relève généralement de l'économie appliquée, et qu'elle est, selon la typologie dressée par Jean-Yves Caro, une catégorie de la science économique, celle-ci s'insère dans un mouvement d'ensemble, celui du changement paradigmatique de la science économique (Caro, 1983). Afin de combler un retard vis-à-vis des États-Unis, les économistes français s'engagent progressivement dans un processus de professionnalisation de leur discipline, fondée sur l'usage de techniques quantitatives, de modèles mathématiques, afin de satisfaire leur « désir de faire science » (Lordon, 1997). Le tournant pris pour mathématiser l'économie a pour ambition de rapprocher la recherche française d'un idéal académique similaire à ce que l'on observe aux États-Unis. Par l'axiomatisation de la discipline, les économistes escomptent se hisser vers une sorte de summum de la vérité scientifique. Profitant de ce contexte favorable, les économistes agricoles s'immiscent dans ces débats et dans ces ambitions, avec la tentation, somme toute réussie, de batailler et, pour tout dire, d'écarter du corpus théorique et de leur champ propre qu'est l'économie agricole appliquée, toute forme d'hétérodoxie qui, de près ou de loin, tiendrait compte de l'histoire et des classes sociales, et répondant notamment aux sirènes de la réflexivité. Un panorama synthétique des articles parus dans les principales revues d'économie traitant d'agriculture montre une prédominance de la méthode et du discours néo-classique. Dit autrement, à partir des années 1980, on assiste à une sorte d'alignement de l'économie agricole sur les standards établis par la science économique. Tendance qui, à l'arrivée, permet aux économistes agricoles et ruraux, d'être en mesure de répondre à des commandes publiques, tournées vers de l'expertise ou des études d'impacts.

Les économistes agricoles et ruraux rejoignent ainsi la dynamique générale qui s'affirme dès le milieu des années 1970, et qui vient d'être rappelée ci-dessus. L'une des dates clés à retenir est 1975. Elle correspond à la création de l'*Association européenne des économistes agricoles*, lancée lors d'un colloque qui se tint à Uppsala en Suède, soit une année après que Hayek se soit vu décerné le « Prix Nobel » d'économie. L'ambition de cette *Association* est de se hisser au niveau des standards qui sont ceux des économistes agricoles américains, vis-à-vis desquels les français, selon les propos tenus par Michel Petit dans son discours inaugural au colloque, éprouvent à la fois un certain complexe et une réelle admiration. L'influence des recherches nord-américaines en économie rurale est massive et transite par l'*Association internationale des économistes agricoles* (AIEA) et par des revues académiques comme par exemple *Agricultural Economics*, précisément éditée par l'AIEA. La formation de cette *Association*, largement financée par la Commission européenne et quelques *Associations* similaires anglo-saxonnes, fait de l'*European Review of Agricultural Economics* (ERAE), crée en 1973, sa revue officielle à partir de 1976. C'est dans cette revue que l'on peut lire plusieurs articles dédiés à la PAC et à la nécessité de la réformer dans le sens d'une moindre présence normative de l'UE, d'une réorientation des soutiens, d'une prise en compte des conséquences négatives de la modernisation agricole, et, *in fine*, d'une restauration de la régulation du secteur agricole par le marché. Un indice supplémentaire de la prédominance des recherches nord-américaines a trait à l'usage permanent de la langue anglaise, à la référence à une autre revue américaine, l'*American Journal of Agricultural Economics* (AJAE) dans les articles publiés par l'ERAE. La visibilité sociale de cette revue européenne et des économistes – majoritairement allemands, britanniques, néerlandais et américains – qui y publient leurs travaux s'est considérablement accrue (Fouilleux, 2003).

En se penchant sur la PAC selon un prisme néo-classique, les économistes agricoles français n'accèdent pas seulement aux standards de l'académisme en science économique, ils pénètrent tout autant le champ politique, puisque, dès cet instant, ils énoncent à intervalles réguliers, des recommandations à l'UE pour qu'elle réforme sa PAC, sur la base d'études d'impacts. L'un des points de départ de cette juxtaposition du positif et du normatif se situe dans l'article, que l'on peut juger fondateur, publié en 1980 par Louis-Pascal Mahé et Michel Roudet, dans le numéro 135 de la revue *Économie rurale* (Mahé, Roudet, 1980). L'article débute par ce constat sans appel : « Dans sa forme actuelle, la PAC est coûteuse à cause de déséquilibres structurels graves dont elle est, en partie, responsable. Toutefois, ce n'est pas tant le niveau des dépenses communautaires en faveur d'un secteur en déclin démographique que la PAC est critiquable, mais plutôt par les effets pervers que certaines de ses conceptions et sa pratique actuelle ont entraînés » (Mahé, Roudet, 1980, p. 13).

L'article expose un projet de réforme qui, d'une certaine manière, amorce d'innombrables réflexions qui aboutiront, à partir de 1992 à une succession de réformes de la PAC. Mahé et Roudet optent pour une diminution des prix de soutien, compensée par des aides directes déconnectées des productions (ce qui deviendra bien plus tard, des aides découplées), option préfigurant les décisions qui seront prises en 1992 dans le cadre de la première réforme de la PAC. Le raisonnement apparaît à l'évidence calé sur la théorie économique néo-classique (il est par exemple souvent fait référence à la notion d'allocation optimale des facteurs de production, un langage très usité dans les courants néo-classiques), bien que les deux auteurs se soient gardés de ne pas publier un article formalisé. Il faut dire que l'ambition de rejoindre le corpus dominant n'en est qu'à ses débuts, et que l'usage des modèles mathématiques ne se fera que progressivement.

UN CHANGEMENT DE PARADIGME

La diffusion, l'audience et l'influence du message libéral sur les économistes agricoles français, marquent assurément une étape décisive pour repenser la politique agricole, en France notamment. Au sein d'une institution comme l'INRA – devenue désormais INRAe, e pour environnement – le thème de la PAC apparaît durant les années 1960-1970, relativement secondaire dans les travaux de recherche. S'il est traité, c'est en rapport direct avec un questionnement sur le devenir de l'exploitation agricole familiale. L'interrogation partagée par les chercheurs et largement discutée pendant des années, porte sur les répercussions de la modernisation de l'agriculture sur les exploitations agricoles et sur leur mode de production. C'est pourquoi plusieurs chercheurs vont s'opposer sur cette question, au travers d'une vision de l'agriculture se réclamant de Karl Marx, de Karl Kautsky, ou encore de Rosa Luxemburg et de Lénine. Il s'agit pour ces chercheurs, dont les figures emblématiques ont été Claude Servolin et Jean Cavailhès, de prendre la mesure de la conformité ou non du message de Marx sur l'absorption de l'agriculture dans le mode de production capitaliste. L'agriculture, sous sa forme de petite exploitation familiale, subsistera-t-elle ou pas à l'incessante accumulation du capital ? (Pouch, 2023). Dans cette controverse sur les rapports entre l'agriculture et le capitalisme, les principaux auteurs, à l'image de Servolin et de Cavailhès, ne traitent pratiquement pas, voire pas du tout, de la PAC.

L'abondance de la littérature économique sur ce sujet des rapports entre le secteur agricole et le mode de production capitaliste, agrémentée de nombreuses enquêtes de terrain, de prises de positions politiques directement reliées à des postures militantes, domine à cette époque l'espace des idées économiques à l'INRA, voire dans certaines universités. C'est cette problématique qui fait l'objet, à partir de la fin de la décennie 1970, de vives critiques. Outre le contexte idéologique qui a été rappelé plus haut, l'ensemble du courant marxiste est stigmatisé pour ces carences théoriques, la faiblesse des concepts, et, pour tout dire, par une absence de scientificité des recherches menées et réalisées.

La grande transformation de la PAC, au gré des réformes, est donc passée par le vecteur de controverses théoriques dont on sait, si l'on se cale sur le fonctionnement d'un champ scientifique, qu'elle s'est articulée à des conflits scientifiques, dont la fonction est toujours non seulement de détenir le monopole de la vérité scientifique, mais aussi de conquérir le rang de conseiller auprès des décideurs publics, en l'occurrence la Commission européenne. La mise au rebut de la pensée marxiste en agriculture constitue par conséquent un changement de paradigme dans la façon d'interpréter l'agriculture, et d'influencer son devenir. Ce qui est en jeu, c'est le dépassement d'une vision du rôle économique de l'agriculture. À la certitude que l'exploitation agricole familiale subsistera, succède une approche tournée vers sa banalisation dans un capitalisme qui se mondialise. C'est pourquoi, pour en rester sur l'article de Mahé et Roudet, les réformes à venir de la PAC ont pour objet de désenclaver l'agriculture, de remettre en cause les soutiens et autres protections dont elle a bénéficié jusque-là, et de l'ouvrir à la concurrence et de la préparer à conquérir une compétitivité, cette stratégie devant aboutir à la réalisation d'économies budgétaires. Ce qui suppose de se démarquer du caractère « commun » de la PAC, puisqu'il s'agit de faire jouer les différentiels de compétitivité entre les États membres, une compétition qui cheminera vers un ordre agricole européen spontané comme le pense Hayek.

Si une inflexion, qui a été en réalité une mutation profonde, de la PAC est jugée nécessaire par les deux économistes, elle l'a été aussi par le truchement de l'écologie. Le même Louis-Pascal Mahé publie en effet en 1987, avec Pierre Rainelli, un article dans lequel il est question de l'« impact des pratiques et des politiques agricoles sur l'environnement ». Un article en quelque sorte annonciateur des innombrables recherches qui vont suivre, et des nouvelles orientations fixées aux agriculteurs européens dans le cadre de la PAC (Mahé, Rainelli, 1987). C'est le début de ce que d'autres ont, plus tardivement, appelé « l'écologisation de la PAC » (Deverre, Sainte-Marie, 2008). Ce que l'on a appelé le tournant environnemental de la PAC, amorcé idéologiquement au début des années 1980, sous l'impulsion en particulier d'ONG (Organisations Non Gouvernementales) britanniques, se concrétise dans les décisions prises par la Commission européenne dans le cadre des réformes de la PAC à la fin de la décennie 1990. Il déplace les priorités et apporte une nouvelle hiérarchisation des priorités et des modes de financement de la production agricole, tout en posant le problème, déjà soulevé par l'article de Mahé et Roudet, des formes plus ou moins prononcées de résistance à cette « écologisation » de la PAC, expression des divergences profondes entre les États membres elles-mêmes sous-tendues par des stratégies d'acteurs nationaux voire régionaux, à rebours d'un discours mettant en valeur la notion de convergence (Ansaloni, 2016).

En privilégiant la rémunération des services agro-environnementaux, l'Europe se démarque des soutiens à la production, ce qui traduit l'application d'un libéralisme dont l'essence même est de laisser faire le marché sans qu'une quelconque interférence ne se réalise avec l'organisation productive. Le tournant environnemental de la PAC est ainsi fondé sur une sorte de compromis social entre des ONG promouvant l'environnement au détriment de la production, et le courant libéral dont la priorité est la remise en cause de l'interventionnisme sur les marchés agricoles. Il est sur ce point intéressant de noter que ce compromis a été particulièrement dense au Royaume-Uni, dont on connaît l'hostilité à la fois à l'échelle gouvernementale notamment durant les années Thatcher, mais aussi à l'échelle des propriétaires fonciers, des ONG qui ont depuis pignon sur rue (Bazin, Kroll, 2002).

La formation d'un espace d'idées réunissant des économistes se réclamant du libéralisme et donc favorables à une réforme de la PAC a exercé une influence directe sur les décisions qui interviendront à partir de 1992 (Kroll, Pouch, 2012). Le rôle du Royaume-Uni dans cette dynamique réformatrice n'est pas anodin, dans la mesure où, comme cela a été rappelé plus haut dans ce chapitre, c'est dans ce pays que l'audience du message de Hayek a pu être la plus intense, la plus large. Une correspondance s'est formée entre ce message hayekien et les recommandations en matière de réformes de la PAC.

Le point de vue d'Eve Fouilleux livre sur ce terrain une information intéressante : « Si l'on en croit les dires de plusieurs acteurs interrogés (scientifiques et élites administratives), la prise de position de Mahé et Roudet aurait constitué un élément symboliquement et politiquement important dans l'émergence d'une "voix européenne des économistes agricoles sur la PAC" » (Fouilleux, 2003, p. 196-197). Un peu plus loin, elle indique que les élites administratives, notamment de l'UE, se sont situées à : « L'interface entre le monde scientifique académique et celui de la décision, "l'économiste de gouvernement" assure la transmission des résultats de l'expertise sans s'appesantir du raisonnement scientifique qui y a conduit » (Fouilleux, ibidem, p. 203).

Les économistes sont des producteurs de théories et d'idées économiques qui se situent dans une perpétuelle situation de concurrence. Ce chapitre a montré que, avec la figure d'Hayek, c'est un long combat qui s'est engagé pour lutter contre l'interventionnisme étatique dans l'activité économique. Les idées économiques ne peuvent pour autant circuler sans des lieux institutionnels reliés entre eux, dont le rôle est d'émettre de telles idées. Ces mouvements d'idées partent de l'économie pure, de la théorie, pour se répandre dans les autres sphères de la science économique, comme l'économie appliquée dont fait partie intégrante l'agriculture. L'esprit de Hayek s'est immiscé dans les débats sur la PAC, et l'idée de « commune » pouvait en ce sens apparaître suspecte aux yeux d'un tel économiste, car bien trop en résonance avec une tentation socialiste.

L'agriculture, qui a été durablement le réceptacle de soutiens à la production, d'outils visant à l'extraire du jeu concurrentiel, s'est trouvée, à partir des années 1980, englobé dans un tel processus intellectuel et idéologique. Si la figure d'Hayek est si importante, c'est parce qu'il permet d'échapper au discours voulant faire des réformes de la PAC une illustration du démantèlement de ce dispositif de politique publique, d'un retrait de l'État. En réalité, si Hayek est un auteur peu évoqué lorsque l'on tente d'interpréter la logique de cette libéralisation de la PAC, c'est parce qu'il est, sans doute aucun, celui qui est au fondement des réformes. La lecture de son œuvre, une fois de plus, offre la possibilité de lire entre les lignes les réformes de la PAC et d'en tirer des fondements hayekiens. D'abord parce qu'elle est au croisement, comme on l'a dit, de deux champs, celui de la théorie économique et celui de la politique. Ensuite parce Hayek a bien indiqué dans son œuvre, que le libéralisme ne signifiait nullement un retrait absolu et radical de l'État. Ce dernier a pour fonction de délivrer un cadre juridique à l'intérieur duquel peuvent interagir les agents économiques, ces interactions aboutissant à la formation d'un ordre spontané. Si l'on prend appui sur la dernière réforme de la PAC 2023-2027, la Commission européenne a fixé un cadre réglementaire, à l'intérieur duquel se déploie des *Plans Stratégiques Nationaux* (PSN), qui relève de l'autonomie de décision à l'échelon national (di Mambro, Raffray, 2022).

Ne devrait-il pas alors en découler une juxtaposition des stratégies nationales une sorte d'« ordre spontané » européen relatif à l'agriculture, conforme aux ambitions de l'UE ? Si le retrait de l'État a souvent été affirmé comme une dimension centrale du néo-libéralisme, il s'agit en fait, depuis les années 1990, d'un nouveau mode d'intervention de l'État, déconnecté des grands principes de l'interventionnisme, centré sur une redistribution des pouvoirs politiques. La PAC incarne en cela l'évènement d'une grande transformation des États, dans laquelle s'insèrent les économistes agricoles.

UNE DIFFUSION ET UNE APPLICATION INÉGALES DU DISCOURS LIBÉRAL

La contre-offensive libérale émerge dans une Europe ayant adhéré après la guerre au discours interventionniste. On a vu en effet que l'école autrichienne, dont la figure emblématique est Hayek, essaime progressivement son message sur les dangers de l'intervention de l'État pour l'activité économique et pour la démocratie. L'un des points d'arrivée de cette critique de la régulation des marchés est la mise en cause de la PAC à partir du début des années 1980, mise en cause qui se concrétisera par des réformes successives jusqu'à celle de 2023. Il est frappant que, dans ce cadre, les États-Unis, dont on a vu qu'ils avaient élaboré une politique agricole active au début des années 1930, ont échappé à ce mouvement général de la critique de l'interventionnisme et n'ont pas opéré de réforme de leur politique agricole.

Le paradoxe est de ce point de vue réel, dans la mesure où, à la fin des années 1970, la critique du keynésianisme part aussi des États-Unis. Il y eut toutefois une tentative de réforme de la politique agricole américaine. La décision de découpler les aides agricoles au milieu de la décennie 1990 l'atteste. Elle s'inscrit dans le *Farm Bill* de 1996, qui est voté avec, au Congrès, une majorité républicaine, qui initie un mouvement législatif de réforme de la politique agricole vers davantage de libéralisme (Debar, 1996). L'introduction du découplage des aides agricoles, dont la finalité était de réaliser des baisses de dépenses et ainsi d'alléger le budget agricole des États-Unis, n'a finalement été appliquée que sur une période très courte. Le découplage des aides intervient en effet au moment même où surgit la crise des économies asiatiques – Thaïlande, Corée du Sud, Philippines, Singapour, Taïwan, Indonésie, Malaisie – des années 1995-1998, crise qui occasionne notamment une chute de parités de leurs monnaies après une longue période d'appréciation des taux de change imputable à l'ancrage de ces monnaies au dollar américain. Le dévissage des devises asiatiques a eu comme conséquence de renchérir considérablement le coût de leurs importations de produits agricoles et alimentaires. À l'époque, près de 40 % des exportations américaines sont destinés à l'Asie. La contraction des débouchés sur l'Asie a engendré une nette diminution des exportations agricoles et alimentaires des États-Unis, qui s'est traduite par une tendance baissière du solde commercial agroalimentaire fédéral (graphique 1).

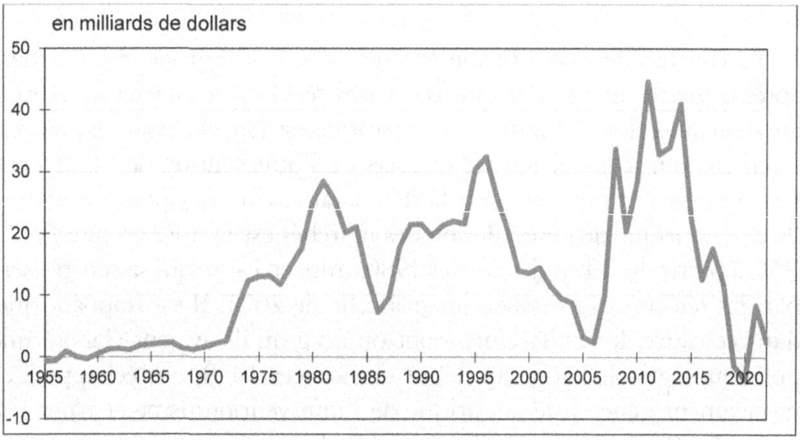

Source : USDA / Traitement Chambres d'Agriculture France.

FIG. 1 – Solde du Commerce extérieur agroalimentaires des États-Unis (milliards de dollars selon les années fiscales).

Le découplage des aides agricoles aux États-Unis peut être interprété comme une adhésion, au moins partielle, au processus de libéralisation des politiques agricoles, et en cela, les États-Unis emboîtent le pas à une Union européenne qui a, depuis 1992, réformé sa PAC. La diminution des exportations et du solde excédentaire agroalimentaire, qui résulte de la crise asiatique, interrompt ce processus. Car cette dégradation de l'excédent se répercute sur le revenu des agriculteurs qui, concomitamment, diminue fortement à son tour. C'est pourquoi les États-Unis et leur ministère de l'Agriculture, ont décidé de réintroduire le couplage des aides, pour redresser un revenu agricole endommagé par la crise asiatique. Ce couplage a perduré jusqu'aux années 2018-2022, et a été appliqué notamment au moment de la guerre commerciale avec la Chine, par Donald Trump, pourtant républicain, pour soutenir le revenu des agriculteurs dont les exportations ont été entravées par l'alourdissement des tarifs douaniers chinois sur les importations de produits agricoles américains (porc, produits laitiers, soja, sorgho, coton, etc.). Il faut dire que 78 % des agriculteurs avaient voté pour le candidat Trump lors de l'élection de novembre 2017.

Ce regard sur l'agriculture américaine de ces vingt-cinq dernières années sont illustratives du clivage entre l'UE et son concurrent américain en matière de libéralisation des politiques agricoles. Le paradoxe réside dans le fait que si ce sont des États-Unis et de l'Angleterre que le message libéral est parti, contaminant une Union européenne qui, depuis, a poursuivi son démantèlement de la PAC, les États-Unis n'ont appliqué les principes du libéralisme en agriculture que sur une très courte période, avant de rétablir les mécanismes antérieurs, à l'image du couplage. Et pourtant, les controverses sont allées bon train durant cette période, pour savoir si la politique agricole américaine pouvait être réformée (Ordan, Paarlberg, Roe, 1996). Une Europe interventionniste durant trente années, mais des États-Unis qui sont restés sur un plan quinquennal agricole depuis 1933. Quel beau paradoxe au pays se réclamant de la libre entreprise ! Un pays qui, malgré tout, est de plus en plus confronté à une contrainte budgétaire qui, comme on l'a vu au moment de l'élaboration de la loi agricole 2024-2029, a nécessité de prolonger d'une année la loi précédente (2018-2023), du fait des tensions politiques au sein même des élus Républicains, et entre Démocrates et Républicains. Car avec plus de 34 000 milliards de dette fédérale, avec un déficit budgétaire croissant, les ressources financières allouées au secteur agricole sont surveillées et courent régulièrement le risque d'un *Shutdown*, comme les États-Unis en ont connu par le passé, c'est-à-dire une période durant laquelle l'État n'est plus autorisé à effectuer des dépenses. L'accumulation de contraintes budgétaires sur lesquelles se greffent des tensions politiques, ouvrent ainsi la voie à une question fondamentale : les États-Unis sont-ils entrés dans une ère de remise en cause de leur politique agricole, dans une perspective de fin de cet interventionnisme fédéral ? Question d'autant plus légitime que, depuis les années 1960, la politique agricole américaine, si elle régule encore l'agriculture, est structurellement articulée sur une logique budgétaire.

CONCLUSION AU CHAPITRE

L'UE s'est donc résolue à réformer sa PAC. Au travers de ses réformes, elle a affiché son adhésion à un certain type de libéralisme, dont les fondements sont manifestement à rechercher du côté de l'œuvre de Hayek. C'est pourquoi l'interprétation économique que l'on fait habituellement de ces réformes mérite d'être nuancée. On peut y voir en effet une orientation nourrie par l'école néo-classique. Il est sans doute plus exact de considérer que si la dimension « planiste » de la PAC a été fortement attaquée, les pouvoirs publics européens restent malgré tout actifs, davantage pour fixer le cadre général, pour orienter les activités agricoles vers une plus grande exigence en matière d'écologie que pour stimuler une production qui engendrerait des distorsions de concurrence, et exposerait l'UE à des plaintes et à des sanctions définies par l'OMC. On sait en effet que les réformes de la PAC sont menées et concrétisées en conformité avec les règlements commerciaux de l'OMC.

Sur cette dimension des échanges mondiaux de produits agricoles et alimentaires, il est suggéré de distinguer le cas de l'UE de celui des États-Unis. Si l'UE a procédé à des réformes de la PAC qui l'ont conduit à s'éloigner du fonctionnement et des finalités premières de la PAC historique, le cas des États-Unis est bien différent et laisse surgir un contraste saisissant. La longévité de la politique agricole des États-Unis est une traduction de la survivance historique de l'interventionnisme étatique dans ce pays. La tentation de réformer la politique agricole à la fin des années 1990 a vite avorté. L'esprit des « planistes » des années de la Grande Dépression a subsisté depuis 1933. Car il ne faut pas oublier que la politique agricole des États-Unis est renouvelée par périodes quinquennales et que, si elle peut être modifiée sur certains aspects, son ossature reste la même depuis la fin de la guerre.

L'UE aurait-elle été plus perméable et ouverte aux idées libérales ? Au regard de la double influence exercée par Hayek en Europe depuis les années 1930 et surtout après, et de celle des ordolibéraux allemands, sans oublier le poids réel du Royaume-Uni, dont l'attitude dans l'histoire de son adhésion à l'UE a consisté à constamment critiquer la PAC et surtout son coût budgétaire, la réponse ne peut être que oui.

Ces réformes de la PAC peuvent ainsi être lues comme l'aboutissement d'une longue bataille idéologique enclenchée dès les années cinquante, mais qui s'installe dans le paysage économique européen au début des années 1980. Cela suggère de dépasser les seuls arguments régulièrement avancés pour mettre au jour les limites et les coûts de la PAC, et d'investir dans les conditions sociales et idéologiques qui ont favorisé l'émergence et l'application de ces réformes et de cette nouvelle PAC. Une nouvelle PAC qui n'incarne pas une rupture définitive avec l'État, avec l'interventionnisme, avec une longue phase engagée au début des années 1960 pendant laquelle l'organisation et la consolidation institutionnelle des modes de production agricoles a semblé dominante. Il s'agit en réalité d'un mouvement de balancier entre une période de régulation forte des marchés agricoles et une autre durant laquelle la logique marchande semble l'emporter depuis 1992.

En tant que maillon de la politique néolibérale, la PAC actuelle a rétabli la prédominance de l'individu agriculteur, de sa stratégie d'adaptation à un environnement particulier, celui de la mondialisation, le plongeant ainsi dans un univers de prédation économique, de guerre commerciale, devenant à l'arrivée l'entrepreneur de lui-même et non plus d'un collectif de producteurs répondant à des injonctions étatiques, comme celle de produire pour nourrir une population à un moindre coût. À une époque où les agriculteurs, dans le cadre de la PAC, avaient à contribuer à organiser un monde nouveau, à bâtir une société en approvisionnant les populations, s'est substitué un agriculteur-entrepreneur se devant de répondre à des normes fixées à un échelon européen, à gérer des risques, à acquérir de l'information pour agir, et à maximiser la rentabilité de son capital. En ce sens, il y aurait moins une crise agricole globale, celle qui témoignerait du passage d'un modèle à un autre, mais davantage une crise de l'agriculture familiale, que l'on nommait autrefois la « petite production marchande », une crise qui ouvre la voie à l'avènement global de l'entreprise agricole, très concentrée, et à la recherche de capitaux pour investir dans de nouvelles méthodes de production, dans la technologie, pour renforcer un pouvoir de marché face aux transformateurs ou aux distributeurs, mais qui, se faisant, admet l'entrée de capitaux extérieurs dans l'entreprise agricole.

Pour comprendre cette dynamique historique, il est suggéré de se plonger dans le mécanisme de l'accumulation du capital, analysé et mis au jour par Marx et par ses continuateurs, à l'instar de Rosa Luxemburg. Par périodes successives, elle est à l'origine d'une production du monde à laquelle correspond des individus qui lui correspondent, pour que les secteurs et l'ensemble de l'économie poursuivent leur existence (Marx, 1867) (Luxemburg, 1916) (Laval, 2007). En ce sens, les débats sur la fin de la paysannerie, les nostalgies régulières sur la disparition de ce monde social qu'est l'agriculture d'hier, semblent bien dérisoires. C'est pourquoi, avec les évolutions historiques récentes, pandémie, guerres, restauration de l'État aux États-Unis, rivalités permanentes, et prise de conscience de la dépendance alimentaire ou énergétique, il est logiquement nécessaire de reprendre le chemin de l'analyse critique.

Thierry Pouch
Laboratoire Regards
de l'Université de Reims
Chambres d'agriculture France
Académie d'Agriculture de France

CONTINUITÉ ET RUPTURES DE LA POLITIQUE AGRICOLE COMMUNE À L'AUNE DES CRISES AGRICOLES

En Amérique du Nord, en Europe occidentale, le XXe siècle a été à la fois celui d'une régression continue et qui se poursuit de la part agricole de la population active et du Produit intérieur brut (PIB) et celui du « triomphe de l'exploitation familiale », permettant un accroissement prodigieux de la production agricole. Les politiques agricoles nationales modernes ont reposé sur des exploitations de type familial entraînées dans un processus d'accumulation capitaliste. Toutefois, au XXIe siècle, une « agriculture de firme » s'affirme (Purseigle, Hervieu, 2022), quoique la représentation symbolique d'une agriculture familiale perdure dans les discours politiques.

Le mouvement spectaculaire de croissance de la production de denrées alimentaires, justifié par l'idée de « modernisation », a souvent été de fait vécu et décrit comme une succession de crises agraires, économiques et sociales. Les mesures de politique agricole en général prennent en compte les conséquences de ces crises. Mais, la finalité des politiques agricoles est plus générale. Elles s'inscrivent dans l'ensemble des politiques économiques et sociales ayant un caractère national portant un projet de développement et de sécurité de la nation.

La mise en place d'une Politique Agricole Commune (PAC) est une pièce essentielle de la construction de ce qui va devenir l'Union européenne (UE). Les six pays fondateurs ont en commun plusieurs problématiques macroéconomiques : une part importante de la paysannerie dans la population active ; un déficit agroalimentaire ; une forte dynamique industrielle. Ces pays ont également des politiques agricoles nationales globalement similaires, mises en place dans les années 1950, qui visent la croissance de la production par la « modernisation » d'une fraction entrepreneuse de la paysannerie familiale, le contrôle des marchés pour garantir des prix minimums pour les principales productions, l'investissement public dans les infrastructures commerciales, le développement de la recherche et l'intégration des paysanneries dans les politiques sociales.

La PAC, mise en place en 1962, dont les dépenses sont assurées par le budget européen, a d'abord absorbé l'essentiel de celui-ci. Si des réformes ont eu lieu et s'il y a des critiques récurrentes sur le respect des principes qui la fondent, ainsi qu'une hétérogénéisation des économies nationales du fait des élargissements, il n'a jamais été question de supprimer cette politique. D'où vient cette résistance, encore aujourd'hui, ainsi que les difficultés qui apparaissent lorsqu'il est question de réformes ? La réponse tient au fait que la politique dite agricole est aussi une politique alimentaire, dont la motivation et les implications ne sont pas que sectorielles. Nous développerons ce point en explicitant la nature ambivalente des politiques agricoles nationales.

L'évolution de l'agriculture européenne, sous l'égide la PAC et dans le contexte des transformations du capitalisme depuis 75 ans, semble suivre une dynamique implacable : diminution du nombre d'exploitations et de travailleurs agricoles, croissance de la taille des exploitations et des élevages, intensification capitalistique et énergétique, artificialisation, etc. Modernisation reste encore aujourd'hui le maître mot de la politique européenne de support de l'investissement dans l'agriculture. Mais, il est possible de présenter d'une autre façon l'histoire de la modernisation agricole au cours des XXe et XXIe siècle, en s'intéressant aux aspects symboliques et culturels et en ne masquant pas les résistances à la modernité. Sous des termes différents selon les périodes, il y a une permanence des tensions entre forces innovatrices et forces conservatrices. Ces positions, réformistes ou conservatrices, selon les circonstances, sont occupées par des acteurs sociaux, catégories ou classes sociales, et types de discours variés. Ainsi, par exemple, l'agriculture biologique, de ses débuts jusqu'à la fin des années 1960, relève principalement d'un discours réactionnaire (contre la science académique et la société industrielle) ; il en va de même pour une part des oppositions au remembrement ; dans les deux cas, il y a eu un renversement des positions. Nous nous attacherons, dans ce texte, à repérer les glissements et inversions de positions, notamment à propos de la modernisation et de la souveraineté alimentaire, pour comprendre la crise actuelle.

Si l'histoire contemporaine de l'agriculture doit se lire à travers les crises, à différentes périodes il ne s'agit pas du même type de crises. Nous distinguerons ici quatre types de crise, du point de vue de leurs rapports tant avec les dynamiques générales de l'économie, qu'avec les débats de politique agricole :

1. Les « *crises de modernisation* » (Allaire, 1988), sectorielles et territoriales, accompagnent la sélection des exploitations, des familles paysannes et des régions qui participent à la croissance d'après-guerre et des années 1960.
2. Les excédents qui se manifestent dès la fin des années 1960 deviennent un problème public européen dans les années 1980. Les *crises de surproduction*, sectorielles et nationales, s'inscrivent dans un contexte de concurrence internationale. Après une série d'adaptations, une réforme en profondeur de la PAC intervient en 1992 en relation avec la création de l'Organisation Mondiale du Commerce (OMC) en 1994.
3. La libéralisation des politiques agricoles nationales accélère la globalisation des chaînes de valeur alimentaires, concernées par la financiarisation des économies. Les crises financière et « alimentaire » de 2007-2008, qui ont un caractère global, mettent en évidence la dépendance des agricultures européennes dans le cadre de la mondialisation. Les crises sectorielles deviennent des *crises financières*, tandis que les mouvements de résistance aux modèles dominants s'inscrivent également dans des visions plus globales. D'abord ignorés, les mouvements « alternatifs » acquièrent une visibilité dans les années 1990 et trouvent des formes de reconnaissance.
4. Si les alertes sont anciennes, les *crises écologiques* occupent seulement depuis une ou deux décennies le devant de la scène politique, à la faveur de la prise de conscience du réchauffement climatique, qui est une crise globale. La pandémie de Covid-19, qui s'inscrit à sa manière dans la crise écologique globale, puis les nouveaux conflits armés et l'inflation, participent à la transformation des enjeux, des mouvements sociaux et des débats politiques. L'agriculture et l'alimentation sont hautement concernées tant du point de vue des causes des problèmes que des solutions envisagées.

Après une réflexion sur la nature des politiques agricoles nationales et ce qu'il y a de commun dans la PAC, nous analyserons les transformations de la PAC en distinguant les quatre périodes dont nous venons d'esquisser les contours. Il s'agit de transformations qui ont pris du temps. Il y a eu des hésitations sur la façon de traiter les excédents. Peu à peu, il a été question d'environnement. L'impact sur les pratiques alimentaires et sur les esprits de la pandémie de Covid-19 pouvait laisser espérer que faire face aux urgences climatiques était une chance pour la régénération de l'agriculture. Éphémère illusion.

NATURE DES POLITIQUES AGRICOLES

DÉFINITION DES POLITIQUES AGRICOLES NATIONALES

Nous entendons, dans ce chapitre, par *politiques agricoles nationales*, les politiques publiques qui visent, d'une part, à assurer dans le temps l'approvisionnement alimentaire d'un territoire et pour cela à stabiliser les prix et contrôler les échanges avec l'extérieur, d'autre part, les réformes institutionnelles ayant pour objet de libérer la croissance agricole (favoriser les investissements productifs et la circulation du savoir agronomique, professionnaliser l'activité agricole). Ainsi définies, elles sont un attribut essentiel des États modernes. Elles conditionnent la logique de l'accumulation capitaliste dans le secteur agricole, qui implique l'émergence d'une paysannerie entrepreneuse, qui participe à leur élaboration. Elles instituent des droits sociaux en relation avec la valeur sociale de la sécurité alimentaire.

Il y a débat sur la façon dont la sécurité alimentaire est assurée ou non par les politiques publiques dans un pays (ou dans une union). S'opposent une conception nationale et protectionniste et une conception libérale et impériale. Philip Mc Michael et Harriet Friedmann en ont fait la clé de distinction des « *food régimes* », concept qu'ils introduisent "*to explore the role of agriculture in the development of the capitalist world economy, and in the trajectory of the state system*" (Mc Michael et Friedmann, 1989, 93), que l'on peut traduire par « régimes agroalimentaires ». Le contraste entre accumulation extensive et intensive distingue les deux premiers régimes décrits, un régime sous l'hégémonie anglaise, fondé sur l'empire, allant de 1870 à 1929, et un régime dominé par les États-Unis de 1947 à 1973. Les États-Unis disposent, notamment avec le pétrole et l'ingénierie génétique, des ressources pour intensifier l'agriculture et l'élevage sur une base nationale. La surproduction américaine est résorbée par des exportations vers l'Europe et l'aide alimentaire vers le Sud qui assure l'hégémonie. L'agriculture s'intensifie dans le monde selon le modèle américain.

Un troisième régime agroalimentaire émergeant dans les années 1990 est appelé « néolibéral » par plusieurs auteurs dont McMichael, les États étant alors au service du capital multinational. Ce régime est en continuité avec le précédent du point de vue énergétique (suprématie du pétrole). L'élevage industriel, qui absorbe les excédents de céréales et le soja produit en Argentine et au Brésil sur des prairies sacrifiées et des terres déboisées, reste le moteur de l'accumulation agricole. Les caractéristiques propres au régime d'accumulation néolibéral sont l'orientation de la demande alimentaire vers des services et, la transformation des formes de concurrence.

Analysant la politique agricole de l'UE, de son origine à sa crise actuelle, nous nous situons dans les contextes des deuxième et troisième *food regimes*, celui des politiques agricoles nationales et celui de leur libéralisation. Il demeure que l'impératif de la sécurité alimentaire continue de donner une légitimité aux politiques agricoles, nonobstant la libéralisation. Ce qui ne va pas sans ambivalence. La sécurité alimentaire dans une économie ouverte ne peut être assurée que par l'échange inégal avec les pays fournisseurs et le maintien de ceux-ci dans un rapport de domination (politique, économique, financier) assurant la perpétuation de ce type d'échange (le parangon de ce modèle étant l'empire britannique). Une condition de l'émergence des politiques agricoles nationales a été l'intégration des marchés locaux dans un cadre national et la négociation d'accords commerciaux internationaux pour les principaux produits primaires échangés (dès la fin du XIXe siècle). La crise des années 1930 a conduit à des politiques de protection des marchés agricoles domestiques, mais aussi à poser la question d'une régulation internationale des marchés instables par nature des matières premières. La tentative après la Seconde Guerre mondiale de concevoir un ordre international instaurant une telle régulation a échoué et les politiques agricoles sont restées un domaine national, l'agriculture étant exclue de l'accord général sur les échanges de 1947 (GATT[1]). Les politiques agricoles nationales ont alors pour finalité la sécurité et la souveraineté alimentaires. On peut parler de souveraineté dans la mesure où la sécurité alimentaire repose sur le développement de la production nationale. Du point de vue de leur finalité, elles ne concernent pas un secteur de production mais la sécurité alimentaire de la population. La forme, plus ou moins corporatiste, que prennent ces politiques dans différents États est conditionnée par des compromis sociaux internes. La réforme libérale de la PAC a reposé la question de la souveraineté alimentaire, nous reviendrons sur ce point.

Lors de la création du Marché Commun, le volet macroéconomique des politiques agricoles des pays fondateurs est mis en commun, tandis que le volet social de ces politiques reste national (création et financement d'un système de retraite et de protection sociale pour les agriculteurs). La PAC a la nature d'une politique économique agricole nationale, dans la mesure où la visée politique est la souveraineté alimentaire et que le Traité de Rome instaure le principe de la solidarité financière.

DETTE SOCIALE ET RÉSILIENCE DES POLITIQUES AGRICOLES

Par la médiation de la monnaie, les interdépendances sociales qui prennent la forme d'obligations et de droits réciproques entre les membres de la société et entre ceux-ci et les organisations collectives représentatives du tout de la société sont traduites en termes de dettes et de créances[2]. Dans les sociétés démocratiques, l'État reconnaît l'existence d'une dette sociale dont il est débiteur en dernier ressort. Les citoyens, ayants-droits des systèmes nationaux de protection sociale, sont créanciers d'une dette publique ; mais ils en sont aussi les premiers débiteurs. La dette sociale est une dette collective mutuelle, que le corps social en son entier a contractée vis-à-vis de lui-même, pour assurer sa continuité.

L'État national souverain agit pour assurer la sécurité alimentaire de la nation, matérialisant une dette sociale, couverte par l'impôt. Les politiques sociales et les politiques économiques qui ont une finalité sociale, créatrices de statuts et de droits sociaux, instituent une forme nouvelle de propriété, la « propriété sociale » (Castel, 2008). Celle-ci se

1 *General Agreement on Tariffs and Trade* ou Accord général sur les tarifs douaniers et le commerce.

2 Nous nous référons à l'approche institutionnaliste de la monnaie, développée notamment par Bruno Théret (*cf.* Théret, 2013).

développe sous la forme de la protection sociale et du droit du travail et inclut selon cet auteur les services publics et les politiques économiques. Entrent dans ce cas les politiques économiques qui sont légitimées par la fonction de l'agriculture quant à l'indépendance nationale et la sécurité alimentaire. Elles créent à la fois un droit à l'alimentation pour les citoyens et les résidents et des statuts sociaux agricoles. Ainsi, sous des régimes spécifiques, les agriculteurs sont inclus dans l'économie « sociale » du capitalisme du XXe siècle.

Lors de la création de la PAC, la dette sociale liée aux politiques agricoles nationales a été transférée à la Communauté Économique Européenne – CEE – (principe de solidarité financière). Cela se traduit d'une part par la « préférence communautaire » pour l'approvisionnement et, d'autre part, par l'affirmation que l'agriculture familiale, qui doit être modernisée, est la base sociale de l'indépendance alimentaire. Contrairement aux autres politiques européennes, la PAC crée des droits et une dette sociale. Toutefois, les politiques d'aide alimentaire pour les populations pauvres restent du domaine des États.

S'agissant d'intervention directe sur les marchés répondant à une finalité sociale, les politiques de stabilisation ne créent pas des détenteurs légaux particuliers. Mais les politiques économiques peuvent également créer des droits d'accès à la dette sociale pour des ayants droits particuliers. Ainsi, la réforme libérale de la PAC a substitué à l'intervention sur les marchés, des aides directes aux producteurs. Ce qui révèle une ambivalence des principes qui fondent l'action publique.

QU'IL Y-A-T-IL DE « COMMUN » DANS LA POLITIQUE AGRICOLE COMMUNE ?

La fondation de la CEE par le Traité de Rome (1957) a créé un « Marché Commun » en instaurant une union douanière et des politiques européennes, pour les transports, le commerce et l'agriculture. L'union douanière était incompatible avec des protections agricoles aux frontières nationales intra-européennes. Une politique commune, ayant le caractère d'une politique nationale, était indispensable, sauf à renoncer au contrôle des marchés agricoles, option non envisageable, à un moment où un quart de la population active des pays fondateurs était employé dans l'agriculture, où on s'inquiétait de la détérioration des revenus agricoles et dans le contexte international (les USA, le Royaume-Uni et les pays du Commonwealth ayant des politiques protectionnistes). La PAC est la seule politique européenne fondée sur une dette sociale fédéralisée. Ceci explique sa résilience.

Le Traité de Rome fixe cinq objectifs à la PAC : (1) accroître la productivité de l'agriculture ; (2) assurer un niveau de vie équitable à la population agricole (objectif de parité) ; (3) stabiliser les marchés ; (4) garantir la sécurité des approvisionnements et (5) assurer des prix raisonnables aux consommateurs. La Conférence de Stresa (juillet 1958) a scellé les trois grands principes de la PAC : le marché unique, la préférence communautaire et la solidarité financière (les dépenses imposées par la PAC sont prises en charge par le budget communautaire). De longues négociations ont été nécessaires pour définir les formes d'intervention selon les produits et les niveaux des prix garantis pour les céréales, le lait ou autres produits concernés. Ce n'est que début 1962 qu'est adoptée l'architecture de base du marché commun agricole, les différentes organisations par filières étant précisées dans les années suivantes.

Après une dizaine d'années de fonctionnement, apparaissent des excédents. Des mesures ponctuelles sont prises (années 1980) pour les contenir et contrôler les dépenses, tout en maintenant l'édifice. Lors de la transformation de l'union douanière originelle en « marché unique » (libre circulation des capitaux, des travailleurs et des produits), les règles commerciales, sanitaires et environnementales ont été harmonisées et placées sous compétence européenne. Ainsi, suite à la signature de l'Acte unique (1986), la législation communautaire s'est enrichie de directives sur les nitrates (1991) et sur la biodiversité (1992), de règlements sur l'agriculture biologique (1991) et sur les Indications Géographiques (1992).

Durant trente ans (1962-1992), les objectifs et les instruments de la PAC sont restés inchangés, avant une réforme libérale, qui, tout en transformant profondément les instruments du marché commun agricole, n'en a pas révisé les principes fondamentaux, bien que la préférence communautaire ait été, de fait, malmenée avec la globalisation des chaines alimentaires et que la gestion de la PAC ait été en partie décentralisée. La complexification de la PAC avec une flexibilité des instruments qui permet des adaptations nationales et régionales n'est pas une « renationalisation » au sens où il s'agirait d'un abandon de la solidarité financière ; il s'agit plutôt d'une décentralisation. La solidité de la PAC, tient à son caractère de politique « nationale » (en l'occurrence « commune »). La même raison rend difficile de la réformer.

Les différents élargissements ont conduit à une sorte d'acculturation de la PAC par différents pays dont le choix de politique agricole préexistant était différent (Royaume Uni) ou dont la situation sociale et les structures de production agricoles différaient fortement de celles des pays membres. L'entrée dans l'UE de l'Espagne, du Portugal et de la Grèce a conduit à un élargissement de la gamme des productions protégées. Lors de son entrée, l'Angleterre a pesé pour réorienter la PAC, dans le sens d'un compromis social entre les propriétaires agricoles et les défenseurs de la nature et de la campagne anglaise. Les Pays de l'Europe Centrale et Orientale (PECO) qui ont adhéré à l'UE à partir de 2004 ont trouvé dans la PAC le moyen de moderniser une agriculture familiale (Pologne) ou d'alléger le poids économique d'une agriculture de subsistance encore nombreuse. Ainsi, la PAC, rendue flexible au fil du temps, a trouvé des soutiens de fait différents dans les anciens pays fondateurs, dans le Royaume-Uni (avant le Brexit) et dans les PECO. Ces trois groupes sont intéressés à la défense de volets différents de la PAC, le soutien aux investissements et à la production, les mesures environnementales et forestières, les mesures sociales et rurales. Ceci a favorisé, au fil du temps, un compromis conservateur.

LA PAC AU FIL DES CRISES AGRICOLES

La perspective que nous avons adoptée pour rendre compte des transformations de la PAC nous conduit à distinguer quatre périodes historiques. Chacune d'elle est marquée par un contexte international, des forces et des mouvements sociaux contradictoires, un régime économique et une forme particulière de crise.

CRISES DE MODERNISATION (ANNÉES 1950 ET 1960)

La mise en place de la PAC, pour les pays fondateurs du Marché Commun, ouvre une période de « modernisation » des exploitations agricoles, au sens d'une intensification capitalistique. La garantie de revenu qu'apporte cette politique est néanmoins, aux yeux des libéraux, d'abord un obstacle à la restructuration des unités productives. Comme le dit Sicco Mansholt, le commissaire européen à l'agriculture, dans son fameux Mémorandum en décembre 1968 : « Il est évident que la politique des prix et celle des garanties sont établies largement en fonction d'aspects sociaux et cela risque de rester le cas tant que dureront les insuffisances structurelles » (§ 14). Les propositions qu'il fait alors visent à accélérer la restructuration, tout en limitant le risque d'excédents.

Sous le terme de « modernisation », il s'agit d'un bouleversement social autant qu'économique. Il concerne une transformation tant des représentations économiques de l'activité paysanne, en référence à l'idée d'entreprise, que de la structure des classes paysannes, souvent décrite comme l'émergence d'une « paysannerie moyenne ». Cette dernière entre dans un cycle d'accumulation et d'endettement. Une fraction de la « petite paysannerie » quitte la terre, tandis que se développe l'emploi industriel. Toutefois, cet exode rural est bien insuffisant pour les besoins de l'industrie. L'emploi industriel, en particulier la catégorie des « ouvriers spécialisés », est abondé par la paupérisation des paysanneries du Maghreb, du sud de l'Europe, de la Turquie ou de certains pays de l'est de l'Europe. Une partie de la petite paysannerie européenne résiste à l'intensification, soit à travers des activités annexes (en particulier dans les zones de montagne et touristiques), soit en combinant agriculture et travail ouvrier (un exemple bien connu est celui de l'Italie centrale).

À titre d'illustration, en France, le niveau de production agricole d'avant-guerre sera retrouvé à la fin des années 1940. Du point de vue de l'équipement et de la motorisation des exploitations la France est en retard par rapport à ses voisins de l'Europe du Nord. Si le rattrapage en termes de niveau d'investissement dans les exploitations agricoles prendra quelques années, l'utilisation, même limitée, des engrais, des semences sélectionnées et de l'insémination artificielle des vaches laitières, ainsi que l'ardeur au travail des familles paysannes conduisent, pour les années 1949-1953, à un taux de croissance exceptionnel, au regard de la première moitié du siècle. Tandis qu'en 1948, de nombreux prix agricoles sont encore taxés pour éviter leur hausse liée aux pénuries d'après-guerre, en peu de temps, face à un pouvoir d'achat qui suit difficilement, on passe d'une situation de relative pénurie à une situation d'excédents relatifs (Brown, 1969). C'est le cas pour les céréales, le lait, la viande ou les productions légumières bretonnes (choux-fleurs, artichauts), entraînant une instabilité des prix et des manifestations paysannes. Ces excédents sont en partie liés à une inadaptation des structures commerciales en rapport avec l'urbanisation de la société. Tant le développement des capacités de transformation, la préparation et la standardisation des produits pour la mise en marché et l'organisation des marchés deviennent des enjeux primordiaux (de Farcy, 1958).

En 1952-1953, la conjonction de deux crises conjoncturelles sur les marchés de la viande bovine et de porc conduit à la mise en place d'une politique d'organisation des marchés (comme ce fut le cas en 1935 et 1936 pour le vin et le blé), avec des « Sociétés Professionnelles d'Intervention » et un Fonds de Garantie Mutuelle et d'Orientation de la Production Agricole. Ce dispositif sera précisé et complété fin 1957 et restera la base de l'intervention sur les prix agricoles jusqu'à la mise au point progressive des règles du Marché Commun. Le Fonds d'Orientation et de Régularisation des Marchés Agricoles (le FORMA), créé le 29 juillet 1961, gère de façon regroupée tous les moyens financiers d'intervention sur les marchés précédemment créés.

En avril 1960, le gouvernement de Michel Debré approuve cinq projets de loi : la loi d'orientation (promulguée le 5 août 1960, elle sera suivie d'une loi complémentaire en 1962), la loi programme d'équipement, un projet de loi foncière, les lois sur l'enseignement agricole (également promulguée le 5 août 1960) et sur l'assurance maladie (promulguée le 25 janvier 1961). Ainsi, se met en place un modèle de développement agricole productiviste « fordiste » (Allaire, 1988), caractérisé par une conjoncture économique (l'inflation), une régulation administrée des marchés, une politique fortement incitative en faveur de l'investissement financé par le crédit et un investissement public massif dans la formation professionnelle et la recherche appliquée. Notons que les prix garantis européens pour les produits bénéficiant d'une organisation de marché (céréales, lait et sucre, notamment) sont fixés par le Conseil Européen sur la base d'évaluation intégrant l'inflation et ne comportent pas de conditions limitatives (quotas ou taxes de résorption). Ces prix ont été initialement fixés à un niveau élevé, au regard des prix français qui étaient inférieurs à ceux des partenaires européens (Allemagne).

De 1959 à 1965, les manifestations paysannes se succèdent : elles accompagnent, secteur après secteur, région après région, ce que nous appelons les « crises de modernisation ». La sélection de la base sociale de l'accumulation correspond à une différenciation de la paysannerie selon un modèle professionnel, ce qui passe par la prise de pouvoir des jeunes dirigeants modernistes face aux conservateurs dans les différentes instances des organisations économiques et professionnelles.

En France (Bertrand, 1980), comme en Europe (Mémorandum Mansholt, 1968), l'augmentation de la productivité du travail dans l'agriculture a été supérieure à celle de l'ensemble de l'économie et notamment à celle de l'industrie. En outre, la consommation ne suit pas la production. Toutefois la question d'une surproduction chronique de denrées alimentaires n'est pas posée. Les excédents de céréales deviennent une ressource pour le développement de l'élevage industriel et la consommation de viande est encouragée. Cette dynamique est le véritable moteur de l'accumulation capitaliste dans l'agriculture. Le problème des excédents apparait, dans cette période, essentiellement comme un problème de politique agricole. Mansholt, en cela libéral, pense que ceux-ci sont le résultat des prix garantis qu'il conviendrait de baisser pour que les agriculteurs soient plus attentifs aux indications des marchés, mais à condition qu'une politique d'accompagnement permette un agrandissement des structures de production et des emplois dans les zones rurales pour les travailleurs en surnombre. Mais cette question ne cesse d'être reportée.

Tant que la PAC garantit les débouchés (en créant des stocks publics), la base sociale de l'accumulation peut s'élargir. Ceci n'a qu'un temps et n'exclut pas une diversité des systèmes locaux. Des systèmes qui ont pu paraître un temps « atypiques » ou « hors-normes », disposant d'un soutien public minimal, se révèlent plus résistants à l'évolution de la conjoncture économique que les systèmes de production suivant un modèle générique d'intensification. Cela a pu être observé à partir des années 1970 et c'est encore le cas aujourd'hui (Dervillé, Allaire, 2014). Ce constat ouvre un débat sur le déplacement du sens de l'idée de modernisation.

En enquêtant sur la place de la campagne de la deuxième moitié du XXe siècle dans les représentations et la production culturelles, Sarah Farmer (2023) montre une face des transformations que l'on n'associe pas habituellement à l'idée de modernisation. Ses observations portent sur la France, mais elles valent pour l'ensemble des pays fondateurs de la CEE, où tandis que la population active agricole se réduisait, la ruralité devenait une cause sociale et culturelle. Ainsi, elle associe dans une même problématique, le développement des résidences secondaires, les néoruraux et les mouvements communautaires et utopistes post 1968 (France, Italie, notamment), les premiers réseaux se référant à l'agriculture biologique, les premiers mouvements environnementalistes, puis l'écologie politique d'aujourd'hui, les ouvrages littéraires, films et œuvres photographiques témoignant nostalgiquement ou pas de la fin du mode de vie paysan. Il y a là le substrat culturel d'une conception alternative de la modernisation.

CRISES DES ANNÉES 1970 ET 1980

De notre point de vue, la période des décennies 1970-1980 se caractérise par deux types de crise : (i) une crise des formules d'intensification, qui se traduit par des faillites et alimente une critique du productivisme ; (ii) une « crise budgétaire », qui nourrit la critique du système de prix administrés en place, mais cache une crise politique. Le caractère exorbitant du coût du soutien des prix agricoles n'apparait qu'au regard du budget préalablement fixé et il est lié au choix des productions soutenues, ce qui renvoie à des rapports de force. La mise en avant politique d'une crise budgétaire prépare le tournant libéral des années 1990.

Contenir les excédents

Tandis que la part de l'Europe s'accroit dans le commerce agroalimentaire mondial, la question commence à se poser si les excédents ont un caractère conjoncturel, renvoyant à l'intervention publique sur les marchés, ou un caractère structurel, compte-tenu du progrès technique et de l'augmentation des rendements. Dès la fin des années 1960, le Mémorandum Mansholt (1968) et le Rapport Vedel[3] (France) mettent

3 Rapport sur les « Perspectives à long terme de l'agriculture française 1968-1985 » produit, dans le cadre de la préparation du VIe Plan, par une Commission présidée par Georges Vedel.

en garde contre la politique de « soutien inconditionnel des marchés » qui « oriente les productions à contre-courant des besoins du marché » (Rapport Vedel, 1969, p 28). Les propositions de ces deux rapports donneront lieu à de nombreuses réactions, qui, notamment, seront hostiles à l'idée d'une limitation nécessaire des capacités de production et à une politique de mise en réserve des terres. La thèse du caractère structurellement excédentaire de la production agricole a très peu de soutien. Toutefois, l'impact médiatique du rapport Meadows (« Halte à la croissance ? ») est important, notamment auprès de Sicco Mansholt, vice-président de la Commission européenne, qui préconise en 1972 une politique prenant acte « qu'il est évident que la société de demain ne pourra pas être axée sur la croissance, du moins pas dans le domaine matériel ». Ce document provoquera des oppositions indignées de tout bord avant d'être oublié (Duverger, 2011).

Le plan Mansholt se réduit finalement à trois directives européennes qui, en 1972, concernent la modernisation des exploitations agricoles, la cessation d'activité agricole (indemnité viagère de départ) et la formation des agriculteurs. Des mesures ponctuelles pour limiter le coût des excédents n'interviendront qu'en 1984, avec une baisse des prix de soutien européens et l'introduction de quotas pour limiter la production laitière. En 1988, les céréales et les oléagineux ont été à leur tour soumis à une taxe de responsabilité au-dessus d'un certain seuil. Une obligation de gel des terres sera introduite lors de la réforme de la PAC de 1992. Certains ont voulu voir dans la directive du 28 avril 1975 instaurant une indemnité compensatrice des handicaps naturels (ICHN), prise après l'élargissement en 1973 de la CEE au Royaume-Uni, à l'Irlande et au Danemark, les prémisses d'un nouveau rôle de la PAC concernant la protection de l'environnement, mais on est encore loin d'une politique agro-environnementale (qui s'amorcera en 1985) ou d'une politique de développement rural qui sera esquissée en 1996.

Alors que les propositions de Mansholt et de la commission Vedel était de baisser les prix garantis, c'est l'inverse qui se produit. Dans le contexte inflationniste des années 1970, le niveau en est régulièrement relevé. De 1975 à 1980, les dépenses de soutien des marchés du fonds européen de garantie agricole (FEOGA) ont été multipliées par 2,5 en monnaie courante. Le soutien des prix absorbe la quasi-totalité du budget au détriment d'une politique d'orientation.

Le système de prix européens communs fonctionne lorsque la parité des monnaies est stable. Il a dû être adapté à l'instabilité financière. Lorsqu'en 1969 le Franc français a été dévalué et le deutsche Mark réévalué, afin d'éviter une hausse des prix agricoles en France et une baisse des revenus en Allemagne, un taux de change particulier (égal au taux de change avant la dévaluation) a été utilisé pour la conversion des prix agricoles communs fixés en Unités de compte (ECU) en monnaie nationale. Ce principe devint la règle. Il repose sur la fixation pour chaque pays d'un taux de change vert et de montants compensatoires s'agissant des importations et exportations. Ce taux est négocié pour chaque produit et chaque campagne agricole lors des Conseils européens. Chaque pays défendant ainsi des intérêts corporatistes nationaux, toute proposition de réforme est évacuée. Le système a perduré, avec des adaptations, jusqu'au 31 décembre 1992 (instauration du marché unique).

Les chocs pétroliers

De 1973 à la réforme de 1984 ont surgi un certain nombre de crises sectorielles en Europe, dans un contexte international instable, avec une restructuration des échanges internationaux accompagnée de crises financières. Le choc pétrolier de 1973-1974, le prix du pétrole ayant quadruplé, a entraîné un renchérissement de près de 50 % du prix des engrais et des produits énergétiques en quelques mois. La crise économique qui suit a notamment pour conséquence, dans presque toute l'Europe, un accroissement du chômage, ce qui limite les opportunités d'emplois de reconversion pour les agriculteurs. En 1973 également, les États-Unis ont décrété un embargo sur leurs exportations de soja, provoquant une hausse des prix de l'alimentation animale en Europe. La seconde crise pétrolière de 1979-1980 a de nouveau entraîné un renchérissement des coûts de production, dont celui des aliments du bétail. Bien que durant cette période la production ait continué à croître, en France, de près de 2 % par an en moyenne, le pouvoir d'achat du revenu net d'entreprise agricole a diminué de 1,8 % par an (source : INSEE).

Crise des trajectoires d'intensification

À partir de 1973, on assiste à la fin de l'élargissement de la base sociale d'accumulation et à la concentration des exploitations modernisées. Aux crises de modernisation succèdent les crises de l'intensification.

En France, le revenu agricole subit une baisse constante jusqu'en 1981. Des exploitations disposant d'un potentiel de production important rencontrent des difficultés financières susceptibles de menacer leur pérennité (impossibilité d'honorer les dettes, obligation de décapitaliser et/ou de compresser les dépenses privées). Phénomène d'abord considéré comme marginal, il touchait en 1982 à peu près 4 % des exploitants à temps complet selon Aubert *et al.* (1986). Ces auteurs montrent qu'il s'agit majoritairement d'agriculteurs plutôt jeunes et d'exploitations moyennes, avec une production plus faible et des charges plus lourdes que les exploitations ayant le même potentiel, du fait d'achats à l'extérieur et d'un fort endettement, notamment de court terme auprès des fournisseurs. Dès 1974, le ministère de l'agriculture a mis en place des aides exceptionnelles aux exploitants menacés de faillite. En 1981, une nouvelle procédure organise un plan de redressement sur trois ans. Au-delà de cette période, le problème des exploitations trop endettées est devenu récurrent, pas seulement en France, et de plus en plus dramatique à chaque crise économique ou sanitaire (taux de suicide élevé). Des dispositifs ont été maintenus pour repérer et permettre la restructuration des exploitations en difficultés et ils ont été récemment encore étendus avec la crise prolongée du début des années 2020.

Au début des années 1980, la question demeure : « allons-nous vers une situation de pénurie ou d'excédents » ? Le Roy (1982), qui pose cette question, s'oppose à Gunther Thiede (1976), alors chef de division de l'Office statistique des Communautés européennes, qui prévoit une augmentation vertigineuse de la production agricole, bien au-delà de la consommation européenne et même du tiers-monde, et qui pense nécessaire (comme Mansholt auparavant) d'amputer l'agriculture d'une partie de ses capacités de production. L'alternative est soit la poursuite d'une politique productiviste, sous réserve de débouchés extérieurs, soit une modération de la croissance agricole, associée à des mesures agro-environnementales et au soutien d'une agriculture rurale diversifiée. La position de Pierre Le Roy, plutôt productiviste, correspond à celle des organisations professionnelles agricoles majoritaires, des autorités européennes et, en France, des ministres de l'Agriculture qui vont se succéder après la parenthèse d'Édith Cresson, au début du 1er septennat de François Mitterrand, qui proclamait ne pas vouloir perdre un agriculteur. Les deux orientations, agro-export et développement rural cohabiteront de fait dans les décennies suivantes, constituant progressivement une ligne de fracture entre types d'agriculture.

Naissance de l'écologie politique et de la gauche paysanne

L'écologie politique, qui a différentes sources d'inspiration, est l'un des débouchés des courants politiques européens d'ultragauche post-68. C'est la période où naissent tant des coordinations d'associations locales, la Fédération Française des Sociétés de Protection de la Nature (France Nature Environnement) en 1968 ou les Amis de la Terre en 1970, Greenpeace en 1971, que la presse écolo, dont « La Gueule ouverte », créée en 1972, qui avec son approche libertaire pourfend le complexe nucléaire et la malbouffe. Les luttes antinucléaires commencent dès 1971 avec la manifestation contre la Centrale du Bugey, leur répression ayant donné lieu à des affrontements violents.

Tandis que, réactifs, les États mettent en place un domaine ministériel pour la Protection de la nature et de l'Environnement (France, 1971), l'opinion publique commence à s'intéresser aux conséquences des pollutions industrielles mais aussi agricoles et les médias populaires se font l'écho des voix discordantes. Des mouvements agricoles hors syndicalisme développent des projets alternatifs. Des mouvements écologiques dénoncent la pollution créée par les élevages intensifs, aux Pays-Bas et en Bretagne où la production porcine devient un problème public. Des militants agricoles critiques du modernisme se réfèrent à la lutte des classes (Lambert, 1971). Les paysans du Larzac gagnent un large soutien en s'opposant, de 1971 à 1981, à l'extension d'un camp militaire, première « Zone à défendre » (ZAD), avant que ce terme n'existe.

Dans les années 1980, les différentes sensibilités qui se retrouvent pour créer la Confédération Paysanne (1987), entrées en relation avec des porteurs d'alternatives agricoles, un temps en marge du syndicalisme, s'approprient la critique écologique du productivisme. Le thème de la recherche d'économie et d'autonomie des exploitations est particulièrement important : indépendance vis-à-vis des firmes et des banques, diversification de la production, vente directe, pluriactivité, etc.

RÉFORME DE LA PAC À PARTIR DE 1992

La réforme de la PAC, qui intervient dans le cadre des négociations multilatérales de l'Uruguay Round (1986-1994)[4] est à la fois libérale et conservatrice. Le renouvellement d'un compromis politique pour limiter la baisse de la part des dépenses agricoles dans le budget européen confirme sa résilience (88 % en 1970, 60 % en 1990, 49 % en 2000, 39 % en 2013 et encore 33 % en 2020).

Dans un premier temps, les agricultures française et européenne bénéficient de la mondialisation qui suit la libération des politiques agricoles en développant les exportations vers les pays de l'Est (dont la Russie), l'Afrique et les Pays du Golfe. Mais entrent en scène rapidement des pays agro-exportateurs comme le Brésil ou l'Argentine, où de vastes territoires connaissent une intensification agricole rapide sous le contrôle d'investisseurs, et de nouveaux importateurs, particulièrement la Chine. La mondialisation, qui se poursuit au long des décennies suivantes deviendra un piège pour l'agriculture européenne, l'Europe n'ayant pas la capacité de faire sa loi sur les marchés globalisés, il lui manque la dimension impériale qui a permis à l'Angleterre du XIXe siècle de bénéficier du libre-échange (Calame, 2024).

Avec la libéralisation des échanges, la question de la souveraineté alimentaire est à repenser dans le contexte de la mondialisation. Dès la mise en place de l'Organisation Mondiale du Commerce (OMC), le « principe de souveraineté alimentaire » a été mis en avant par La Via Campesina[5] en lien avec le droit à alimentation reconnu dans la Charte

4 Le cycle d'Uruguay a été le plus long des cycles de négociations dans le cadre du GATT. Il s'est conclu avec les accords de Marrakech et la création d'une nouvelle organisation internationale, l'Organisation Mondiale du Commerce (OMC), avec une instance de résolution des conflits.

5 La Via Campesina, fondée en 1993, est un mouvement international qui rassemble près de 2000 organisations locales et nationales dans plus de 20 pays des différents continents. Elle a une place auprès des institutions multilatérales.

des Nations Unies (Déclaration du forum des ONG adressée au Sommet Mondial de l'Alimentation, FAO, Rome, novembre 1996). Si la souveraineté alimentaire a été la justification des politiques agricoles nationales, il ne s'agit pas d'un principe inscrit dans le droit international. En faire un principe de droit international, comme le proposent les courants altermondialistes, supposerait un contrôle réciproque des politiques agricoles et une instance de résolution des conflits (du type OMC), pour garantir un principe « qui laisse la possibilité aux pays ou aux groupes de pays de mettre en place les politiques agricoles les mieux adaptées à leurs populations sans qu'elles puissent avoir un impact négatif sur les populations d'autres pays ». Sorti du cadre national, le concept n'a plus de consistance et, comme nous le verrons, il a pu être détourné.

Les années 1990 sont aussi celles d'un « tournant qualité » dans le système d'approvisionnement alimentaire et d'une plus grande visibilité des mouvements sociaux pour des alternatives à la « malbouffe », qui ont pu faire illusion sur la nature des changements dans l'économie mondiale. Une nouvelle période du développement capitaliste s'ouvre, à laquelle se réfère le troisième « food regime » que nous avons mentionné supra.

À la fin de la décennie, la PAC opère un tournant vers l'agroenvironnement[6]. Avec les réformes de 1999 et 2003, la perception des aides est soumise à conditions, c'est-à-dire au respect de bonnes pratiques (BCAE). Cette orientation sera poursuivie, plus ou moins en synergie ou en conflit avec l'orientation pro-marché, en suscitant à la fois l'adhésion d'une partie des agriculteurs, comme le montre le développement de l'agriculture biologique jusqu'en 2020, et de fortes réactions de la part d'une autre partie.

UNE RÉFORME DE LA PAC, LIBÉRALE ET CONSERVATRICE

Les règles édictées par les traités créant l'OMC en 1994 restreignent les instruments des politiques agricoles pour laisser place « au marché ». La réforme de la PAC, qui débute en 1992, programme la baisse de

6 Les Mesures Agro-Environnementales (MAE) font leur apparition dès 1985, à l'initiative du Royaume-Uni ; avec l'article 19 du Règlement 797/85 permettant aux États membres d'attribuer une aide aux agriculteurs qui contribuent à la protection des zones sensibles, dans le but de compenser la perte de revenu liée à la mise en place de pratiques respectueuses de l'environnement. Jusqu'en 1992, l'application de l'article 19 reste facultative pour les États membres.

l'intervention publique sur les marchés et anticipe les conclusions de l'Uruguay Round, en découplant de la production les aides soutenant le revenu agricole. L'individualisation de l'accès ne supprime pas la nature sociale de cette politique (au sens défini ci-dessus), mais met en question sa finalité. Bien que le développement rural soit intégré à la politique agricole plutôt qu'à la politique régionale, la PAC tend à devenir une politique sectorielle, de filière. La PAC initiale avait un double objectif : la parité sociale de revenu pour les agriculteurs et des prix raisonnables pour les consommateurs. Le deuxième objectif reste affirmé mais désolidarisé de la dette sociale agricole.

En compensation de la réduction du niveau des prix garantis ont d'abord été instaurés des paiements compensatoires (droits à prime), réservés à ceux qui étaient producteurs dans les secteurs à prix garanti lors d'une année de référence et au prorata de la surface cultivée ou de la production à cette date (mais indépendamment de la production actuelle). La réforme de juin 2003 va plus loin dans le découplage des aides en instaurant des droits à paiement unique (DPU) par exploitation et par hectare indépendants de l'activité de l'exploitation, qui concernent les exploitations ayant touché des aides en 2000-2002 et qui se substituent partiellement ou totalement aux droits à prime précédemment créés.

Les DPU sont octroyées sous réserve de bonnes pratiques agricoles et environnementales et du respect du bien-être des animaux. La conditionnalité des aides introduite de façon facultative par la réforme MacSharry de 1999 devient obligatoire avec la réforme Fischler de 2003, mais dans l'ensemble les normes restent peu contraignantes, ce qui pourrait se justifier par une stratégie progressive de changement si une telle stratégie était clairement définie et acceptée. Une souplesse de mise en œuvre de cette réforme est laissée aux États membres qui gardent une grande latitude quant à la distribution des DPU et donc, quant à la façon dont sont redistribuées les aides directes entre types d'agriculteurs et régions. Dans la majorité des cas et particulièrement en France la redistribution est limitée. Les exploitations les plus importantes en restent les principaux bénéficiaires. Une étude de la Commission a établi que 85 % des aides directes sont reçus seulement par 23 % des agriculteurs européens (citée par Sotte, 2007).

Quelle est la nature économique du DPU ? Sotte (2007) rappelle que c'est une aide distribuée d'une manière discriminatoire à travers l'Europe, favorisant les régions centrales et les plaines et encourageant les standards de production industrielle. C'est une rente qui maintient les rapports de force structurant l'agriculture européenne. C'est à cette condition (non explicite) que s'est formé un consensus sur la réforme Fischler organisant le découplage des aides. La défense corporatiste du système de rentes hérité du passé est passée avant la réflexion sur la réaffectation de la dette sociale et sur des modalités équitables de soutien des revenus agricoles.

La réforme néolibérale de la PAC, suivant un mouvement général de réforme des politiques agricoles nationales promu par l'OCDE, intègre le développement rural. Une conférence à ce sujet est organisée par la Commission européenne à Cork, en Irlande (novembre1996). La « Déclaration de Cork » affirme la nécessité de soutenir, dans toutes les régions, le développement rural en lui octroyant une part croissante des ressources budgétaires et en introduisant un plus grand degré de subsidiarité. Depuis l'agenda 2000 (réforme de 1999), les instruments de la PAC ont été classés dans deux piliers. Le premier qui concerne les aides directes est encore aujourd'hui le plus important (recouvrant des réalités différentes selon les pays). Le second, cofinancé par les États membres, concerne les aides aux investissements, les mesures agro-environnementales et en faveur de l'économie et de la qualité de vie dans les zones rurales. Cette structure a perduré jusqu'à aujourd'hui. L'objectif initial de transfert des fonds du pilier 1 vers le pilier 2 n'a pas été atteint.

De fait, paradoxalement, la réforme libérale a opéré une sanctuarisation de la PAC. La transformation, initialement à budget constant, d'une propriété sociale intangible au droit à un paiement personnel a révélé la dette sociale attachée à la politique agricole. Selon la réglementation, les bénéficiaires légitimes sont des « agriculteurs actifs », dont la définition, qui incombe aux États membres, ne va pas de soi. Ce changement de la base de la dette sociale est un changement politique majeur : un droit qui appartenait de façon indistincte à tous les citoyens devient un ensemble de droits attribués à des bénéficiaires privés. De nouveaux objectifs et acteurs (ceux du développement rural et de l'agroenvironnement) auraient pu être intégrés dans le nouveau dispositif en différenciant plusieurs catégories de DPU, option sous exploitée jusqu'à la PAC de 2023. De fait, le changement libéral a plutôt conduit à une appropriation corporatiste (les dirigeants agricoles se posant en gestionnaires du budget agricole européen), qui deviendra réactionnaire.

LE « TOURNANT QUALITÉ », LA « RÉVOLUTION DES SUPERMARCHÉS » ET L'ENTRÉE EN SCÈNE DES RÉSEAUX ALIMENTAIRES « ALTERNATIFS »

Une abondante littérature en sociologie et économie rurales, dans les années 1990 et 2000, a mis en avant un « tournant qualité » qui a deux composantes en opposition mais co-évoluant : d'une part, une révolution du système commercial d'approvisionnement alimentaire, avec la multiplication des systèmes d'assurance qualité, privés ou publics et, d'autre part, l'entrée en scène de circuits d'approvisionnement dits alternatifs, qui s'accompagne d'une critique des conséquences sur la santé de l'industrialisation de l'alimentation. Ces recherches ainsi que les médias populaires ont donné une place qui peut paraître disproportionnée, aux initiatives hors système, en s'intéressant moins à d'autres aspects des changements dans la sphère agroalimentaire, comme le changement des habitudes alimentaires (dominance de la restauration hors foyer) et le développement des services (plats préparés, livraison à domicile, etc.). La libéralisation des échanges a été le moteur d'un changement des régimes de concurrence, tant en ce qui concerne la formation des empires alimentaires, que l'émergence des systèmes locaux d'approvisionnent. Les deux dynamiques s'appuient sur une multiplication des labels (Busch, 2000).

Progressivement, la grande distribution a acquis un pouvoir énorme dans l'élaboration de la production agroalimentaire et l'organisation du commerce mondial, imposant des normes de qualité pour les produits qu'elle écoule. La grande distribution a intégré dans sa stratégie la prise en charge de produits non conventionnels tels que les produits bio et locaux. Le règlement européen de 1991 a réservé l'appellation (commerciale) « agriculture biologique » aux produits certifiés par tierce partie, de ce fait l'agriculture biologique pouvait se développer dans le cadre d'un marché spécifique, trouvant ses débouchés aussi bien dans les supermarchés que sur les marchés fermiers ou auprès de groupements de consommateurs. Les supermarchés jouent sur deux tableaux, les labels de qualité, le discount.

Le concept de Réseau Alimentaire Alternatif est apparu pour distinguer des réseaux alimentaires reliant les territoires, les produits et les personnes, qui visent à mettre en question les modes de consommation et de production dominants et prétendent être des alternatives aux systèmes et circuits alimentaires conventionnels. Dans la littérature sur ce sujet (Allaire 2021b), les frontières conceptuelles de ce qui est alternatif ou local sont vagues et controversées. Ce concept recouvre une grande variété de phénomènes liés à la qualification des produits et aux types d'organisation des marchés. Les marchés alternatifs ont été en expansion, à côté des marchés de masse, jusqu'à la période de la pandémie de la Covid-19 et, y compris, durant cette période. Cette expansion n'a certes pas détrôné les supermarchés. Cependant la persistance des alternatives montre que la massification des marchés laisse des opportunités pour des stratégies de contournement.

La reconnaissance par les médias et par la politique européenne des alternatives, avec tout leur flou, a conduit à l'idée de coexistence des modèles agroalimentaires (Gasselin *et al.*, 2021) ; la notion de coexistence étant utilisée de façon positive ou normative. La vision normative de la coexistence des modèles de développement imprègne les politiques dites « de transition ». À cet égard, le critère de triple performance (économique, environnementale et sociale), complexe mais de formulation simple, mis en avant en France par la Loi d'avenir d'octobre 2014 due au ministre de l'Agriculture Stéphane Le Foll, n'a pas reçu un accueil enthousiaste. L'agroécologie promue dans cette loi embarque une large diversité de systèmes et d'options dans un même processus de transition. Elle a pourtant été vivement combattue par la Fédération Nationale des Syndicats d'Exploitants Agricoles (FNSEA), son secrétaire général déclarant lors du congrès de mars 2014 que « l'acte de production est en danger ».

AGROENVIRONNEMENT ET « BIENS PUBLICS »

Un aspect du tournant qualité pour l'agriculture a été la reconnaissance des externalités positives et négatives associées à l'activité agricole, qui sont pour les économistes des « biens publics », c'est-à-dire des biens qui n'entrent pas dans un échange entre un producteur donné et des bénéficiaires identifiés. La reconnaissance des externalités positives est passée par la reconnaissance de la multifonctionnalité des exploitations agricoles dans la réforme de 1999.

Le projet de réorientation de la PAC vers l'environnement a réuni, de fait, libéraux et écologistes autour de cette formule venue d'Angleterre : « la PAC doit financer la production de biens publics par les exploitations qui en bénéficient ». Elle aurait dû susciter le débat politique sur la liste des biens publics entrant dans le champ de la PAC. En utilisant le vocabulaire d'aujourd'hui, on pourrait dire que le bien public visé par la PAC d'hier était la stabilité des marchés, objectif abandonné pour le dogme du marché autorégulateur. Avec une vision limitée de la multifonctionnalité, le débat sur les biens publics produits par l'agriculture a été circonscrit à des enjeux environnementaux et l'approche politique a été réduite à des questions techniques. En contrepoint, s'est développée une réflexion militante se référant plutôt aux « biens communs » (idéaux invoqués comme raison d'être de l'action collective) se rapportant au sol, à l'eau, à la biodiversité, aux paysages et à l'alimentation, plus généralement liés à la bonne santé de la Terre, des humains et du monde vivant.

Finalement, si la protection de l'environnement a été un thème majeur des réformes de la PAC depuis 1994, face au développement de l'écologie politique, et si les changements individuels de pratiques ne sont pas négligeables, cette évolution n'a pas débouché sur un renversement des tendances lourdes de l'intensification dépendant de la chimie et des ressources énergétiques fossiles. Ce qui peut être considéré comme une cause de la crise actuelle de la PAC. Une autre pouvant être l'exacerbation des inégalités économiques et sociales au fil des crises du XXIe siècle qui s'est traduite par une bifurcation des régimes alimentaires entre consommateurs aisés et consommateurs à faible revenu, bifurcation qui a à voir avec les questions écologiques et qui relativise le sens du « tournant qualité » des années 1990. La double orientation, « restaurer » la compétitivité de l'agriculture et légitimiser les aides par la production de biens publics (environnementaux) conduit à une ambiguïté institutionnelle. Celle-ci se développera dans la période suivante pour déboucher sur une grande crise (2024).

GLOBALISATION DES CRISES ÉCONOMIQUES ET ÉCOLOGIQUES (LE DÉBUT MOUVEMENTÉ DU XXIe SIÈCLE)

Après la création de l'OMC et la réforme de la PAC, les deux premières décennies du XXIe siècle, qui sont celles de la libéralisation des marchés agricoles, avec la signature de plusieurs accords de libre-échange entre groupes de pays, connaissent un accroissement des échanges internationaux. Ce qui signifie une internationalisation croissante des systèmes alimentaires sous l'égide de groupes financiers ; un rôle croissant de la finance tant sur les marchés agricoles que dans les relations à l'intérieur des chaînes de valeur, y compris dans les relations entre agriculteurs et fournisseurs.

Le commerce agroalimentaire de l'UE, selon Eurostat, n'a pas cessé de croître au cours des dernières décennies. L'UE, autosuffisante pour un large éventail de produits, est devenue une puissance commerciale, avec des exportations importantes de vins et spiritueux, de blé et de produits laitiers. Cependant, 75 % des échanges sont internes au marché commun et la grande majorité de ceux-ci ont lieu entre un nombre restreint de pays d'Europe occidentale, qui sont reliés par un réseau bien développé de voies de communication. Cette augmentation du commerce reflète l'intégration du secteur agroalimentaire européen.

Cette période est marquée par la crise de 2007-2008, qui rebondit en 2010-2011 et en 2015 après la fin des quotas laitiers. La libéralisation a permis la transmission de l'instabilité des prix qui caractérise les marchés mondiaux vers les économies nationales, certes dans des proportions et des conditions variables. En Europe, l'instabilité des prix agricoles est forte de 2007 à 2015. Les prix sont plus stables entre 2016 et 2021, avant une hausse en 2022. Tandis que les prix des intrants sont stables entre 2016 et 2020, ils s'envolent en 2021 et plus encore en 2022, en particulier ceux des engrais (+90 % par rapport 2021) et de l'énergie (+53 %) (Eurostat 2023).

Entre 2005 et 2020, tous les États membres ont connu une réduction du nombre d'exploitations, les baisses les plus importantes ayant été allé à l'Est et au Sud (Eurostat, 2022). Le nombre d'unités de travail annuel a également diminué. Fama et Corrado (2023) dégagent, au-delà d'importantes différences dans les économies agricoles de l'UE, des tendances générales : (i) un processus de concentration, avec l'émergence de grandes entreprises fortement capitalisées, adoptant des pratiques à forte intensité technologique et tirant parti d'économies d'échelle ; (ii) la concentration progressive des terres entre les mains d'un nombre restreint d'entreprises. Purseigle et Hervieu (2022) avancent l'idée d'une « agriculture sans agriculteurs », constatant (en France) l'essor des grandes exploitations, des entreprises de travaux agricoles, de la sous-traitance de divers services auprès des fournisseurs et un financement croissant du foncier agricole par des capitaux non familiaux, phénomène déjà bien engagé en Allemagne, dans le sud de l'Espagne, au Danemark ou encore au Royaume-Uni. L'émergence d'une « agriculture de firme », multi-localisée, recourant à des capitaux externes et au salariat, est difficile à admettre, comme en témoignent, selon ces auteurs, « les positionnements et les hésitations non seulement du syndicalisme, de la classe politique, des opinions publiques, mais aussi des chercheurs face à ces bouleversements ». Néanmoins, si ces tendances ont ou devraient avoir des implications sur la politique européenne quant au renouvellement des emplois, il reste que la PAC doit gérer une diversité de structures de production et de statuts fonciers.

Durant cette période, les taux d'intérêt diminuent jusqu'en 2022, jusqu'à atteindre des valeurs proches de zéro à la fin des années 2010. Cette conjoncture a favorisé l'accroissement des dépenses et donc de la dette publique, ainsi que les investissements et la dette des entreprises. La hausse des taux d'intérêt dans le contexte inflationniste actuel entraîne mécaniquement une augmentation de ces dettes. Le taux d'endettement des agriculteurs ne cesse de croître. Il est une source d'angoisse, car il constitue souvent un cercle infernal.

Durant cette période, interviennent des accidents industriels et climatiques. Sous la pression des scientifiques, à travers le GIEC et de nouveaux mouvements qui mobilisent la jeunesse, la crise écologique s'inscrit dans les agendas politiques. L'agriculture est désormais critiquée sur ce plan, du fait que le secteur fournit plus de 10 % des émissions de gaz à effet de serre de l'UE. L'agriculture doit, à la fois, réduire ses émissions, capter et stocker du carbone et s'adapter.

LA CRISE DE 2007-2008 ET SES SUITES

La crise internationale de 2007-2008, baptisée « crise alimentaire », a eu des effets réels sur l'accès à la nourriture des populations dans certains pays les plus pauvres, mais aussi aux USA et en Europe. Cette crise est de nature très différente des crises historiques de pénurie provoquant des famines, parfois très étendues. En effet, les disponibilités globales sont suffisantes pour nourrir correctement le monde, y compris selon de nombreux experts si l'agroécologie devenait dominante. Ce sont des crises de la politique agricole qui mettent en jeu plusieurs facteurs, des crises globales.

Les crises des années 1970 et de 2007-2008 ont fait suite à une période de grande stabilité des marchés agricoles caractérisée dans un cas par une forte croissance de la production mondiale, et dans l'autre par une baisse tendancielle des prix alimentaires. Elles ont coïncidé avec une explosion des prix de l'énergie, impactant les coûts de production et de transport, à un moment où les stocks alimentaires étaient bas. La crise de 2007-2008 n'est pas la répétition de la crise de 1973, mais dans les deux cas il s'agit de *grandes crises* qui marquent un changement des régimes d'accumulation. La crise des années 1970, suivie des crises sectorielles d'intensification, est celle de l'agriculture du fordisme. La crise de la fin des années 2000 est celle du régime d'accumulation mondialisé, qui se met en place dans les années 1990 (Allaire, 2023).

La hausse des prix agricoles internationaux en 2008 a été le résultat de la dérégulation des marchés financiers, qui a ouvert grand la porte à la spéculation sur les matières premières dans les années 2000. Plusieurs facteurs explicatifs renvoient à l'évolution des politiques publiques : le développement des agrocarburants, la diminution des stocks, la financiarisation des marchés à terme ou la faiblesse des investissements publics dans l'agriculture. Depuis 2008, la forte instabilité des marchés des produits agricoles de base s'est installée durablement avec le renforcement des politiques de libéralisation.

On a pu voir dans la crise 2007-2008 une crise majeure, en prenant appui sur le constat d'un ralentissement de l'augmentation des rendements agricoles, considéré comme l'indice d'un épuisement des ressources de productivité (Moore 2010). Cependant ce ralentissement est loin d'être général, puisque globalement la production mondiale continue de croître à un rythme soutenu et que la concentration du capital agricole ne semble pas près de s'arrêter. L'élevage industriel reste le moteur de l'accumulation[7]. La stagnation des rendements, dans certains cas, peut refléter le fait que les meilleures stratégies de valorisation du capital ne passent plus nécessairement par l'accroissement des rendements, dans un contexte de surproduction, mais par l'enrichissement de l'offre (avec du capital immatériel).

---

7 En 2017, selon une étude publiée par *Greenpeace*, 71 % des terres agricoles européennes sont destinés à nourrir du bétail. La moitié sont des prairies permanentes qui bénéficient à biodiversité et capte du carbone. L'autre moitié est constituée de terres arables. Selon ce rapport, 63 % des terres arables européennes sont destinés à l'alimentation du bétail.

Les acteurs agricoles et de l'aval ont poursuivi deux stratégies : (i) la recherche compétitive de réduction des coûts en visant l'exportation, (ii) un enrichissement de la production notamment par l'usage des signes de qualité en visant le marché domestique et une économie de proximité. Si la politique européenne semble avoir encouragé à la fois ces deux stratégies, elle n'a pas mis en place les instruments permettant de séparer les marchés. À l'examen que l'on peut en faire aujourd'hui (en 2024), ces deux stratégies ont montré leurs limites. La stratégie d'enrichissement misait sur un développement régulier des classes moyennes à l'échelle mondiale, auquel la crise qui a suivi la pandémie en 2020 a mis fin, pour sans doute une assez longue période. La stratégie agro-exportatrice a diversement réussi selon les filières et les pays. Ce n'est pas le cas de la France qui, de 2000 à aujourd'hui, est passé du troisième pays exportateur de produits agricoles et agroalimentaires au sixième rang mondial, dépassé successivement par l'Allemagne en 2006, le Brésil en 2011 et la Chine en 2013. C'est le résultat d'une stratégie commerciale mal définie. La stratégie de montée en gamme qui a eu bonne presse, n'a pas toujours été adaptée à l'évolution des marchés. Par exemple, dans le secteur de la restauration hors foyer (RHF), 60 % des viandes de volaille consommées sont d'importation, plus de 80 % sur le segment du poulet standard. La diversité des fromages fermiers fait partie de l'image culturelle de la France, mais à l'exportation celle-ci mise sur la poudre de lait standard. Contrairement à l'Allemagne et aux Pays-Bas, les entreprises françaises, notamment celles de taille petite et moyenne, n'ont pas toujours saisi l'opportunité de développer pour l'exportation des fromages ingrédients correspondant à l'évolution de la demande (pizza, salades, burgers, RHF).

RÉCHAUFFEMENT CLIMATIQUE, PANDÉMIE, GUERRES ET INFLATION, L'INTERDÉPENDANCE DES ENJEUX

La pandémie de la Covid-19 a déclenché une crise politico-économique qui s'est amplifiée avec la guerre en Ukraine et l'inflation. La crise sanitaire, qui n'est pas une crise économique, quoiqu'on puisse lier les maladies émergentes à la demande croissante de protéines d'origine animale, se conjugue avec d'autres bouleversements (catastrophes « naturelles », conflits armés, migrations) pour engendrer une crise de grande d'ampleur. Le choc de la pandémie a assurément accéléré des mutations qui étaient déjà à l'œuvre, qu'il s'agisse des tendances de la consommation alimentaire, des inégalités sociales face à l'alimentation ou des tensions sur les marchés agricoles primaires. Les politiques adoptées face à la pandémie et leurs conséquences économiques et géopolitiques ont également accéléré des changements structurels (Pouch et Raffray, 2022).

L'intervention des États pour amortir les effets de la pandémie (2020-2021) les a conduits à injecter des sommes considérables dans les circuits économiques en soutenant les revenus salariés, évitant les faillites et augmentant l'aide alimentaire face à une pauvreté grandissante. Ainsi, le rôle de l'État-nation a été réaffirmé et la souveraineté alimentaire promue au rang d'un objectif majeur (qui se traduira en 2022 par un changement de nom du ministère de l'agriculture, en France comme en Italie). La question de la souveraineté alimentaire, avec l'objectif d'une relocalisation des systèmes alimentaires (à l'instar de l'industrie pharmaceutique), aurait pu être vite oubliée avec la reprise économique dès 2021, si les nouveaux bouleversements liés à la guerre déclenchée en Ukraine, l'inflation qui s'en suivi et l'urgence climatique n'avaient pas relancé les craintes face à l'anarchie des marchés et remis en service le « mythe de la crise alimentaire ». L'affirmation d'une volonté politique pour la transition agroécologique en lien avec l'objectif de souveraineté alimentaire est une nouveauté, exprimée dans la phase post-pandémie, mais qui n'a pas duré longtemps.

Si une certaine reterritorialisation de la consommation a été observée, il s'est agi d'un phénomène transitoire. Et, il ne s'agit pas d'une relocalisation de la production, qui devrait concerner les intrants, qui aujourd'hui sont massivement importés, alimentation animale, énergie et engrais. La dynamique de localisation des productions dépend d'avantages comparatifs (en termes financiers et de compétences) à l'échelle du marché mondialisé. La relocalisation de la production signifierait une dynamique branchée sur les territoires. De telles dynamiques certes existent, dans les interstices laissés par les empires alimentaires, et d'une certaine façon à l'abri de ceux-ci, comme le dit Van der Ploeg (2020). Mais, la globalisation de l'industrie alimentaire va plus vite que les tendances à la relocalisation de l'alimentation.

Les mouvements migratoires saisonniers ont été perturbés par la restriction des déplacements. Ce qui a amené la grande presse européenne, qui jusque-là ne s'en préoccupait guère, à s'intéresser à ces migrants et à leurs conditions de travail. La crise de la Covid-19 a révélé également les conditions de travail déplorables dans des abattoirs gigantesques, comme d'ailleurs, en bout de chaîne, dans nombre de restaurants. La question du travail a fait un retour bienvenu dans le débat, au point que cela a provoqué l'introduction, dans la nouvelle programmation, d'une nouvelle conditionnalité des aides agricoles, exigeant le respect du droit du travail et des lois sociales.

Entre autres effets structurels, la pandémie a accéléré la digitalisation de l'agriculture et des circuits alimentaires. La numérisation n'est en rien une économie d'énergie puisqu'elle repose sur des infrastructures énergivores. À côté d'un objectif, qui demeure, d'un accroissement des volumes de production, un objectif de réduction du travail explique les nouvelles innovations dans les domaines de la génétique et du numérique, tant au niveau de la production que du circuit alimentaire (logistique et services d'intermédiation). C'est d'ailleurs également l'objectif de simplification et de réduction du travail qui explique le recours aux pesticides et l'échec des programmes de réduction. L'économie numérique est au centre des plans de relance post-pandémie français et européen. Pour l'agriculture, des investissements sont ciblés dans le numérique, la robotique et la génétique. Sont privilégiés par ces plans, les changements qui reposent sur la poursuite de l'augmentation du capital par actif au détriment de solutions fondées sur la coopération et des technologies douces.

Sans doute l'effet le plus important de la pandémie a été de faire prendre conscience de l'interdépendance des enjeux écologiques, économiques et sociaux. L'alimentation et l'agriculture se sont trouvées au carrefour des préoccupations sociales, sanitaires, économiques et environnementales. Les réactions des gouvernements ont été, plus ou moins, coordonnées, un principe de solidarité et un plan d'investissement ont été décidé au niveau européen. Le fait que la pandémie ait été perçue comme une épreuve collective, mondiale, rendant visible à tous l'interdépendance des économies pour les biens essentiels que sont l'alimentation et la santé, a sans doute aidé à la prise de conscience de l'urgence climatique également comme un problème planétaire. Les accidents que l'on peut lier au changement climatique, qui se sont multipliés depuis 2020, qui ont eu des répercussions sur l'agriculture, ont de nouveau posé la question d'une feuille de route écologique pour l'agriculture.

En même temps, au cours des années 2010, se sont multipliés collectifs et mouvements écologistes et les mobilisations ont changé de nature, comme le montrent par exemple les grèves pour le climat initiées par *Youth for Climate* en 2018 ou les mobilisations écoféministes. Pour Comby et Dubuisson-Quellier (2023) : « cette dynamique se caractérise par un renouvellement de la conflictualité tant pratique [...] qu'idéologique (oppositions au capitalisme et à son verdissement), si bien qu'apparaissent des clivages au sein même du mouvement », entre des écologies qui seraient ou pas « anticapitalistes ».

Dans ce contexte, tenant compte des rapports du Groupe d'Experts Intergouvernemental sur l'évolution du Climat (GIEC), l'exécutif européen a présenté en décembre 2019, le « Pacte vert » (ou « Green deal »), défini par la présidente de la Commission (Ursula von der Leyen) comme « la nouvelle stratégie de croissance » de l'UE destinée à réduire les émissions de gaz à effet de serre, « tout en créant des emplois et en améliorant notre qualité de vie ». Il s'agit de la priorité n° 1 de son mandat (2019-2024). Ces objectifs sont pris en compte dans la programmation de la nouvelle PAC (2021-2027, entrant en vigueur en janvier 2023) avec la stratégie de « la ferme à la fourchette ». Le Pacte vert, qui vise, à horizon 2030, la réduction de moitié de l'usage des pesticides, de 20 % du recours aux engrais chimiques, ainsi que la réduction de moitié des ventes d'antibiotiques pour les animaux d'élevage, et 25 % des surfaces cultivées en bio, a été d'emblée considéré comme insuffisamment ambitieux par certains écologistes, irréaliste par beaucoup d'observateurs et il a suscité de nombreuses oppositions de la part des organisations agricoles. Il est aujourd'hui au cœur de la contestation agricole et les partis politiques qui ont construit ce projet sont maintenant engagés dans une coalition réactionnaire.

LA CONTESTATION DU PACTE VERT, UNE TRANSITION RATÉE

La contestation du Pacte vert suffit à le voir comme la formulation ratée d'une politique de transition. Le pacte concerne la réduction des émissions (énergie, transport, agriculture) et devait s'articuler avec d'autres politiques de transition, aujourd'hui abandonnées ou réduites. Peut-on penser à la fois la maîtrise du changement climatique, la souveraineté alimentaire et la transition écologique de façon cohérente ? La situation politique dans laquelle nous sommes au début de 2024 laisse penser que non, car s'opère une radicalisation des idées et des options politiques.

L'idée d'une crise globale est largement reprise dans des discours politiques, qui offrent des perspectives divergentes. Classiquement, nous distinguerons trois discours, libéral, radical et réactionnaire, entre lesquels il y a des rapprochements, variables selon les périodes, qui définissent des conjonctures politico-culturelles. Autour de l'idée d'un « monde d'après », les libéraux et les radicaux ont pu se rapprocher sur l'idée de transition écologique, avec certes des propositions fort éloignées (bioéconomie versus agroécologie ou agriculture régénératrice). Mais, aucun type de compromis n'est apparu sur la définition d'un « nouveau modèle ». Avec les crises qui ont suivi, s'est rapidement imposé un discours réactionnaire absorbant les positions libérales.

Sans nier les liens entre les enjeux, les discours réactionnaires quant à eux les séparent. Ce sont aujourd'hui ceux des dirigeants agricoles les plus médiatisés, d'une partie des éditorialistes et des dirigeants des partis de droite (cumulant des positions libérales et réactionnaires) et d'extrême droite. L'appareil d'encadrement professionnel et public de la sphère agroalimentaire n'échappe pas complètement à ce discours, en bridant les alternatives et en entretenant le mythe de la crise alimentaire. La souveraineté alimentaire, qui n'est pas la question de nourrir le monde, est détournée dans les discours réactionnaires. Devenue une capacité de production, dont l'indicateur est la balance commerciale, elle devient incompatible avec tout objectif écologique considéré comme une restriction de la capacité productive. La liberté de produire serait par nature morale !

Tout début 2024 (un an après le début de la mise en œuvre de la nouvelle PAC), un mouvement agricole de contestation s'est emparé de l'Europe de l'Ouest, Allemagne, France, Belgique, Italie et Espagne. Les agriculteurs manifestant dénoncent la crise du coût de la vie, le prix des carburants et des engrais, la réglementation environnementale, la lourdeur de la bureaucratie, la concurrence déloyale et les accords de libre-échange. Déjà, aux Pays-Bas, un plan drastique de réduction de l'azote dévoilé en juin 2022 par le gouvernement dirigé par le libéral Mark Rutte avait provoqué la colère des agriculteurs durant l'été 2022. Les Pays-Bas étant le pays d'Europe qui rejette le plus d'azote, ce plan programmait des objectifs ambitieux avec une réduction de 30 % du cheptel. En mars 2023, la colère des agriculteurs, soutenus par la partie rurale et conservatrice du pays, se traduit dans les urnes en provoquant un séisme politique.

Le « Mouvement agriculteur-citoyen » (BoerBurgerBeweging ou BBB), qui était un parti microscopique arrive en tête aux élections provinciales du 15 mars 2023. Puis les élections législatives du 22 novembre 2023 verront la victoire du leader de l'extrême droite, Geert Wilders (Parti pour la liberté, PVV).

Dans les différents pays, les manifestants en tracteurs ont bloqué des autoroutes et centres-villes et répandu des déchets devant des bâtiments publics ou des permanences de partis écologiques. Une partie des forces engagées dans ce mouvement ont également ciblé, avec des actions parfois violentes, le système agro-industriel, des supermarchés, des banques et caisses d'assurance sociale. Les retards dans le versement des aides ont pu mettre en difficulté des exploitants ayant fait la cession de leurs créances sur les aides auprès des banques ou des coopératives (en France, il s'agirait de 10 % du montant des aides). Les exploitations ne disparaissent pas de leur belle mort (absence de successeurs) mais souvent par suite d'un surendettement. C'est une réalité trop occultée (bien qu'existent de nombreux témoignages), qui caractérise le secteur depuis de longues années et a conduit les autorités à maintenir en place des dispositifs d'accompagnement des exploitations surendettées.

Cette vague de contestation révèle, comme d'autres mouvements auparavant, un décalage entre les élites et les politiciens et cette fraction du peuple qui se sent laissée pour compte, voire méprisée. Les gouvernements et la commission européenne sont accusés de produire en jet continu des règlements et des règlements d'application des règlements et la bureaucratie devint insupportable pour beaucoup de petits entrepreneurs.

Les revendications portent sur les prix de vente, mais la vraie question est celle du revenu, qui dépend aussi de l'évolution des coûts. Il n'y a que les radicaux pour penser que l'on pourrait/devrait inverser la tendance au surinvestissement et réduire l'utilisation des intrants chimiques. Il n'est pas question de l'amont dans les discours des manifestants peut-être parce qu'il y a de grandes divergences dans les relations avec l'amont selon les catégories d'exploitation. Il y a en revanche unanimité entre les manifestants et les gouvernements pour reporter les critiques vers l'aval, la distribution et les consommateurs. Ceci d'autant plus qu'une part de l'inflation alimentaire de 2023 peut être attribuée à une hausse des marges de la distribution. La grande distribution serait-elle profiteuse de la crise alimentaire, comme les pétroliers l'ont été de la crise énergique et les big pharma de la crise pandémique ? À gauche, la question est posée. En France, pas plus qu'en Allemagne, il n'y a de volonté politique décisive pour s'attaquer à la grande distribution. La loi Egalim, censée gérer en France ces relations a été critiquée pour son inefficacité. Le gouvernement a chevauché cette piste et promis contrôles et sanctions et écriture d'une nouvelle version de la loi, ouvrant un débat piégé sur des prix planchers.

Le mouvement de contestation a pris les instances européennes au dépourvu, bien que le Pacte vert soit déjà soumis, à l'approche des prochaines élections au Parlement européen et depuis la victoire de l'extrême droite aux Pays-Bas, à une forte contestation politique de la droite et notamment du PPD (parti de la présidente de la Commission). Tant la Présidente de la Commission, Ursula von der Leyen, que le commissaire à l'agriculture, Janus Wojciechowski, se sont rapidement solidarisés avec la révolte des agriculteurs.

En février 2024, la Commission européenne s'est déclarée prête à réduire les formalités administratives. Elle a proposé d'assouplir la surveillance, les contrôles et les exigences environnementales afin d'alléger le fardeau administratif de la PAC pour les producteurs et les États membres. Les premières mesures actées concernent les conditions d'accès aux aides, l'exemption des petites exploitations des contrôles de conformité, et plus de flexibilité pour les pays de l'UE qui souhaitent modifier leur plan stratégique national. Fort à propos la Commission européenne a rappelé la notion de « force majeure et de circonstances exceptionnelles » pour éviter des pénalités. Par ailleurs, une revendication des États membres, qui n'a pas été retenue, était de reporter la mise en œuvre de la conditionnalité sociale, le respect obligatoire par les bénéficiaires des aides des droits sociaux et du travail.

Dans la précipitation, sans étude d'impact et sans concertation, les instances européennes ont adopté une révision de la PAC qui réduit considérablement les contraintes environnementales. Le 24 avril 2024, le Parlement européen, après le Conseil européen, a adopté en l'état les propositions d'aménagements de la PAC faites le 15 mars par la Commission européenne.

Il est impossible de dire, juste avant les élections européennes de juin 2024, ce qu'il sortira des tensions du début de cette année. Il s'est constitué, idéologiquement, un bloc réactionnaire ultra-libéral et anti-écolo. Celui-ci repose sur une vision des problèmes en décalage avec les réalités sociologiques, mais il sera sans doute dur d'en sortir.

LE DISCOURS RÉACTIONNAIRE

Le discours réactionnaire a détourné la notion de souveraineté alimentaire en mettant en avant la menace d'une « crise alimentaire » mondiale qui justifierait d'investir intensivement dans la croissance de la production agricole. Il est vrai que dans la période actuelle, des risques de crises alimentaires locales existent. Mais, ces risques ne tiennent pas à une pénurie alimentaire globale. Les dirigeants des syndicats agricoles majoritaires ne sont pas seuls à vouloir plus de croissance agricole ; les lobbies agro-alimentaires, agro-industriels et les GAFA, qui également en bénéficient, mettent en avant la « crise alimentaire ». Mais de plus en plus de recherches montrent qu'il s'agit d'un mythe ! Selon Latham (2021), l'Organisation des Nations Unies pour l'alimentation et l'agriculture (FAO) entretient le récit de la crise par des prédictions alarmistes. Or, en examinant les hypothèses utilisées, il montre que la FAO et d'autres modélisateurs ont systématiquement sous-estimé les disponibilités alimentaires mondiales réelles et potentielles et surestimé la demande alimentaire.

Les économistes libéraux soutiennent le discours réactionnaire en se félicitant que la crise agricole ait révélé les dérives de la lutte contre le réchauffement climatique, dont les mesures phares sont apparues irréalisables ou inacceptables. À ce propos, il nous faut reconnaître que traduire des objectifs climatiques en objectifs de réduction des GES et traduire ceux-ci en réduction du cheptel et de la consommation de viande est pour un expert un cheminement logique, dont le résultat doit être un chiffre « parlant ». Chiffre qui, figurant dans un rapport, par son statut de chiffre, acquiert une sorte d'objectivité alors qu'il peut être une bombe politique s'il devient un impératif, un critère opérant dans le réel (*cf.* la révolte des agriculteurs aux Pays-Bas). Le Haut Conseil français pour le Climat, dans un rapport de janvier 2024, considère qu'une réduction de 50 % des émissions de gaz à effet de serre du secteur agricole à l'horizon 2050 est réalisable, à condition que « les Français baissent d'au moins 30 % leur consommation de produits d'origine animale ». En effet, d'après ce rapport, les émissions de gaz à effet de serre (GES) du secteur agricole baissent trop lentement et si elles baissent cela « n'a rien à voir avec les politiques climatiques » du gouvernement. C'est l'impact de la réduction du nombre d'exploitations d'élevage et de l'augmentation du prix des engrais minéraux azotés. Or, s'il est possible, à titre individuel, de changer son régime alimentaire, pour peu que l'on ait une autonomie suffisante quant aux choix alimentaires, quel est l'espace économique et politique qui permettrait une diminution globale suffisamment rapide pour atteindre les objectifs climatiques ? Plus généralement, le changement des pratiques quotidiennes individuelles pour épargner la planète existent, plus ou moins selon les milieux sociaux, mais leur extension n'est pas qu'une affaire de conviction. À la fois elle met en jeu et dépend d'un changement des conditions collectives de vie.

Hirschman (1991), qui a étudié les débats autour de l'instauration des droits civils au XVIIIe siècle, du suffrage universel au XIXe siècle ou de l'État providence au XXe siècle, montre que dans ces trois moments les arguments des « réactionnaires » relèvent de la même rhétorique qu'il définit par les trois concepts : effet pervers, inanité (futility) et mise en péril (jeopardy). Cette rhétorique qui semble une constante des discours réactionnaires s'applique au cas présent. Tel qu'il est mis en œuvre, le verdissement de la PAC a un effet pervers, puisqu'il ne s'agirait pas moins que de bloquer la production agricole et accroître la malnutrition. Les mesures qui sont rejetées sont dénoncées pour leur inanité, les exemples étant nombreux de cas particuliers où le règlement devient inopérant. L'idée que les objectifs devraient être maintenus, mais leur mise en œuvre profondément réformée avec des commissions locales et un autocontrôle collectif, n'effleure pas le discours réactionnaire. D'ailleurs la dénonciation de l'inanité des contraintes et des contrôles n'est pas qu'une critique technique, elle est aussi morale, dans la mesure ils sont vécus comme une défiance vis-à-vis de la profession. Le projet que combat le discours réactionnaire met en péril l'avenir de l'agriculture et, déjà, nombre d'exploitations sont fragilisées par la mise aux normes obligatoires nécessitant des investissements improductifs. Hirschman (1991) ajoute que la « rhétorique du progrès » use d'arguments similaires mais inversés, que nous considérerons en examinant le discours du changement. Pour lui, il faut reconnaitre la nature profondément ambivalente du mouvement historique.

LE DISCOURS DU CHANGEMENT

Les discours du changement sont ceux qui défendent l'idée de transition agroécologique, allant de points de vue réformistes autour de la bioéconomie à un point de vue radical pour lequel il n'y a pas de changement possible sans la sobriété et sans un dépassement du capitalisme fondé sur le développement humain.

Il y a plusieurs visions de ce changement : d'une agriculture industrielle à une agriculture « paysanne », de l'agriculture du pétrole à l'agroécologie, d'un système alimentaire industriel à des systèmes territoriaux. Elles restent dans une conception sectorielle, comme l'était l'idée de multifonctionnalité. Or, dans les années 2020, la question de la production agricole, de ses débouchés, de sa croissance, de ses orientations, de ses rapports aux vivants et de ses techniques n'est plus séparable des enjeux écologiques globaux, biodiversité, santé et climat. L'interrogation sur les systèmes de production alimentaires durables est liée à des options qui se rapportent à la démocratie, contrôle autoritaire ou autonomie locale et remet sur le métier les conceptions et les orientations en matière d'innovation. Le principe de souveraineté alimentaire, confisqué par la droite, se heurte à la réalité de l'internationalisation du système alimentaire ; il pourrait néanmoins justifier l'introduction de « clauses miroir[8] » dans les accords commerciaux bilatéraux.

L'alimentation, plus que l'agriculture, est au cœur des changements dans la période actuelle, tant du point de vue de la sécurité sanitaire et de la lutte contre la malbouffe que du point de vue de la sécurité alimentaire d'une population paupérisée en augmentation en France et en Europe. L'alimentation en tant que cause militante a trouvé un public qui lie les enjeux alimentaires et sociaux. Un dispositif de « sécurité sociale alimentaire » a été conçu, expérimenté dans plusieurs départements et promu, depuis 2019, par un collectif fédérant une douzaine d'organisations nationales (dont le réseau CIVAM, la Confédération paysanne et des associations humanitaires). Comme pour la protection

8 C'est l'idée d'imposer aux importations les mêmes règles et normes, environnementales ou sanitaires que pour les productions domestiques. Il faut distinguer entre les « clauses miroirs », qui s'appliquent dans le cadre des accords de libre-échange, et les « mesures miroirs », plus larges mais devant être justifiées à l'OMC, et qui sont incluses dans la législation européenne pour appliquer les standards européens aux produits importés (par exemple concernant la déforestation).

sociale, chacun verserait une cotisation à une caisse, ajustée à son niveau de revenu. En échange, il pourrait dépenser 150 euros par mois pour l'alimentation, avec cette condition : seuls les produits alimentaires conventionnés pourraient être pris en charge, le conventionnement s'opérant sur la base de critères définis par les usagers au niveau local[9].

Pour contrer l'argument réactionnaire de l'effet pervers, le discours progressiste procède à une escalade rhétorique en considérant que la situation est désespérée ou le péril éminent et qu'il faut donc changer de voie. L'échec des politiques antérieures, dès les débuts de la PAC mettant en branle l'industrialisation de l'agriculture, jusqu'aux politiques libérales du XXIe siècle qui ont fragilisé l'agriculture européenne d'un côté et, de l'autre, les manifestations de plus en plus visibles et aux conséquences dramatiques de la crise écologique, sont responsables de cette situation désespérée pour certains, en tout cas inquiétante et menaçante pour les nouvelles générations. La diversité des contestations montre qu'il n'y a pas d'autre solution qu'un « changement de modèle ». Un changement de politique est donc nécessaire, qui parviendrait à rendre compatibles les enjeux écologiques et sociaux. Le discours du changement n'est pas un soutien au Pacte vert, car le péril éminent est déjà là et l'occasion a été ratée. Une autre voie est à trouver.

Face à l'argument réactionnaire de la mise en péril (paupérisation et menace de crise alimentaire) l'argument « progressiste » repose sur l'effet de complémentarité, qu'Hirschman voit comme la « chimère de la synergie ». Les exploitations en difficulté sont celles qui n'ont pas pu développer une synergie entre activités, qu'il convient de promouvoir, au niveau des exploitations et des territoires. Les discours de changement, prenant acte des interdépendances dans les systèmes socio-écologiques, sont construits autour de la synergie entre dynamiques sociales, économiques et écologiques, et les projets de changement s'affirment dans la « convergence des luttes », autre figure chimérique de la synergie.

Face à l'argument réactionnaire de l'inanité du changement, le discours du changement s'appuie sur la loi du mouvement (historique), de deux façons, soit en affirmant qu'il est toujours possible d'agir individuellement ou collectivement, soit parce le péril éminent justifie une audace politique. Pour Andreas Malm, géographe et activiste, la crise écologique est un état qui devient permanent et « tant que nous ne nous attaquerons pas aux moteurs de crise, nous en subirons sans fin

9 https://securite-sociale-alimentation.org/la-ssa/.

les symptômes. […] il faut s'en prendre aux classes dominantes, qui ont intérêt à ce que la catastrophe se poursuive[10] ».

Ainsi présentés les deux discours constituent des positions extrêmes. Hirschman a mis en évidence une « rhétorique de l'intransigeance » (1991, p. 266). Dans un débat démocratique ouvert, les positions intransigeantes pourraient être dépassées, mais, selon lui, ce n'est pas là la forme qu'a pris le débat dans nos sociétés qui se disent démocratiques. Dans le cas présent, les positions se tendent. Le Pacte vert européen, qui un très bref temps a paru faire consensus, est aujourd'hui abandonné sans que l'on puisse imaginer ce qui lui succèdera. Les élections européennes de juin 2024 et les premières mesures qui ont suivi confirment que l'équilibre européen va changer, et va probablement défaire le bloc politique qui a conduit l'UE depuis plusieurs décennies.

CONCLUSION AU CHAPITRE

En l'espace de cinq ans, la trajectoire politique européenne s'est inversée. Il y a peu, nous dissertions sur le « monde d'après » (nous ne savions pas encore que le monde d'après serait celui des mégafeux et de la multiplication des conflits armés dans le monde, etc.). Le monde d'après la pandémie, constatant les changements de comportements individuels pour s'adapter et une orientation de l'action publique mettant la priorité à la santé sur l'économie. Le monde d'après la prise de conscience du réchauffement climatique. Avec les élections européennes de 2019, les élus écologistes étaient plus nombreux au Parlement européen (mais aussi les élus des partis d'extrême droite). Nous dissertions donc sur les liens entre réchauffement climatique, extractivisme, élevage, pandémie, énergie, pauvreté, alimentation et sécurité sociale. Il était prévisible que les forces hégémoniques tentent de restaurer les anciennes routines et circuits économiques, rendant prévisible la répétition de crises similaires. Cependant, les partisans du changement, espéraient qu'à un tel « retour à la normale » s'opposerait la volonté démocratique de la société civile, dont pourtant, aujourd'hui,

10 Entretien, paru dans *Reporterre*, 14 janvier 2021, https://reporterre.net/Andreas-Malm-Pour-mettre-fin-a-la-catastrophe-il-faut-s-en-prendre-aux-classes-dominantes.

certains soulignent à quel point elle a été soumise à l'ordre strict, sinon brutal, imposé par les mesures de confinement.

Deux voies opposées, possiblement complémentaires, s'offrent pour conduire une transition, la voie des experts, la voie du mouvement social. C'était un point important des discussions sur le monde d'après. Dans la pratique, les autorités européennes ont eu une expérience, certes très limitée, de coopération avec les mouvements sociaux concernant le second pilier, mais lorsqu'il s'est agi de construire le Pacte Vert, les experts ont eu la main, comme le montre l'absence de procédures permettant un suivi et une évaluation des mesures impliquant les populations concernées aux niveaux locaux, régionaux et nationaux, ni de débat sur les indicateurs. La contestation qui éclate en 2023 et 2024 indique pour le moins que l'appropriation par les agriculteurs, et plus généralement les catégories populaires, des objectifs d'une transition climatique et agroécologique n'a pas eu lieu !

Si le caractère commun de la PAC a résisté au tournant néolibéral, à la renationalisation de sa mise en œuvre et à un éclatement des systèmes de production, résistera-t-il au réchauffement climatique et à de nouveaux élargissements, en particulier à l'Ukraine ? Comment surmonter les résistances à la nouvelle PAC qui a démarré en 2023 ? Tant du fait de la poussée réactionnaire que de la radicalisation des luttes écologiques, on ne peut pas aujourd'hui imaginer un compromis politique autour de l'alimentation, de la santé et du besoin de nature compatible avec la lutte contre le réchauffement climatique. Pourtant, c'est seulement un compromis de ce genre qui pourrait constituer un nouvel horizon politique dans lequel pourrait s'intégrer une politique commune, qui ne serait plus la PAC.

L'agroécologie n'a qu'une place limitée dans les discours politiques dominants. Certes, la PAC a tenté d'en prendre en compte certains principes à travers le « verdissement » opéré par la réforme de 2013, mais sans prévoir un investissement massif en formation et un appui aux initiatives collectives locales. Le soutien des politiques publiques à l'agroécologie ne peut pas être comparé avec le soutien que les politiques de modernisation ont apporté à l'agriculture industrielle car cette politique participait d'un projet de développement capitaliste global, tandis que l'agroécologie est une voie alternative (plus ou moins révolutionnaire, selon ceux qui en sont les promoteurs), qui implique des coopérations locales. D'ailleurs, tandis que les modernistes ont pris le pouvoir dans l'appareil professionnel, rien de tel ne s'est produit à propos de l'agroécologie, ses partisans restent en marge de l'appareil professionnel. C'est au nom d'une pluralité de modèles qu'a été engagé le verdissement de la PAC et non sur la base d'une stratégie claire. Mais, même cette stratégie prudente n'a pas obtenu une véritable adhésion.

L'enjeu est de redonner à la seule politique commune une ambition qui dépasse l'agriculture et concerne le destin de la société. L'ancrage politique de la PAC dans la dette sociale ne peut être remis en question sans remettre en cause ces objectifs initiaux, voire les fondements de l'UE. Comme la protection sociale, les politiques économiques à finalité sociale sont menacées tant par les politiques néolibérales, que par le néo-conservatisme, qui tend à s'imposer au moment où nous écrivons ce texte. Les réponses aux urgences écologiques et sociales auraient dû s'inscrire dans la reconnaissance de l'interdépendance des enjeux. L'inverse s'est produit et, sans doute pour longtemps, il n'est pas concevable de reconstruire la PAC dans la perspective élargie d'un pacte vert !

Reste l'alimentation en relation avec la santé, avec le droit à alimentation, la sécurité sociale alimentaire et avec le plaisir de vivre. Là encore il s'agit d'une question imminemment conflictuelle et pour laquelle il faut changer les perspectives d'analyse. Les tensions sur les systèmes alimentaires ne sont pas où l'on dit, le monde ne manque pas de nourriture. D'autant qu'il est possible qu'émerge un consensus social sur la réduction de la consommation de viande par personne. Mais le changement social, n'est pas qu'une affaire de pratique individuelle. Des groupes radicaux (L'atelier paysan, 2021) critiquent de ce point de vue l'ensemble des initiatives alternatives. L'existence des alternatives, permet à l'autorité publique de mettre en avant la liberté des choix individuels et de justifier in fine le système industriel. À un moment donné, celui-ci apporte une réponse à un besoin social en fournissant une alimentation bon marché. Voyons les choses plus globalement, tenant compte de tous les impacts environnementaux et sanitaires, on peut alors s'interroger sur d'autres façons d'assurer une alimentation bon marché pour la population à faible revenu. La solution ne passe pas que par abaisser le coût des aliments bio par l'innovation technique (pour limiter les risques de production et réduire le travail, bien plus important que dans les systèmes industriels) ou la prise en charge des coûts de certification. Cela passe par une politique de l'alimentation du type Sécurité Sociale Alimentaire.

Si cette perspective élargi le champ qui était celui de la PAC, soigneusement distingué des politiques alimentaires restées du ressort des États, elle ne couvre pas l'ensemble des nouvelles questions agricoles. Pour se projeter dans un monde post-pétrole, on ne peut réduire l'agriculture à l'alimentation. Aujourd'hui et pour l'avenir, l'agriculture est appelée à devenir productrice d'énergie et plus largement à remplacer le pétrole par la biomasse dans l'industrie chimique. Il s'agit potentiellement de trajectoires très différentes ayant des implications différentes sur les pratiques agricoles, selon qu'il s'agisse du modèle des raffineries absorbant de vastes tonnages de biomasse indifférenciée ou de chaînes de production avec conservation de l'identité des produits. Quoique cette perspective soit aujourd'hui combattue avec succès par les lobbies, il faudra bien que l'agriculture devenue industrielle s'engage sur la voie de la décroissance énergétique et de la réduction de l'usage des engrais et des pesticides. Il en va de même concernant la consommation de protéines animales. En débattant du pour et du contre, nous n'avons pas toujours conscience de l'ampleur des changements en cause dont il faut prendre la mesure. Relocaliser l'énergie, l'azote et l'alimentation du bétail a des implications multiples. L'élevage industriel se trouve au cœur des enjeux du moment, lui qui a été et est toujours le moteur de l'accumulation dans la sphère agroalimentaire. C'est un complexe mondial, sous le contrôle de multinationales et de quelques pays. Ramener l'économie de l'élevage au niveau d'une gouvernance territoriale suppose des transformations à une série de niveaux sociopolitiques et concernant une pluralité d'espaces économiques et culturels.

Une question préoccupante aujourd'hui concerne la possibilité d'alliances pour un changement en faveur de l'agroécologie, contre le projet réactionnaire. Nous n'avons pas de réponse à cette question. Il faut éviter l'enfermement dans une vision sectorielle. La convergence des luttes sociales n'est pas une loi historique, le contraire est plutôt vrai. Les intellectuels ont assurément une responsabilité pour mettre en lumière les relations entre les multiples terrains où s'activent des changements mettant en jeu des biens communs et questionnant nos expériences collectives. Vaste travail d'enquête pour lequel il faut rester humble.

Gilles ALLAIRE
INRAE

LA LONGÉVITÉ DE LA POLITIQUE AGRICOLE DES ÉTATS-UNIS

Entre soutiens publics aux agriculteurs et aide alimentaire intérieure

Les pouvoirs publics interviennent de longue date dans le secteur agricole aux États-Unis. Leur intervention a commencé dès la fondation de la nouvelle nation, mais ce n'est que depuis la crise des années 1930 qu'ils interviennent directement dans la régulation des marchés et le soutien au revenu agricole. La plupart des outils mis en place à cette époque ont continué à fonctionner jusqu'à aujourd'hui. Pour comprendre la politique agricole américaine contemporaine il est donc indispensable de remonter à ses origines afin d'en expliquer la genèse et l'évolution, en analysant les conditions politiques, économiques et sociales qui ont contribué à la façonner, à l'échelle nationale mais aussi internationale. Les États-Unis occupant depuis la fin du XIXe siècle une place essentielle sur les marchés mondiaux des produits agricoles, la politique agricole américaine et son évolution sont en effet étroitement liées au contexte agricole mondial et à ses transformations (Winders, 2009) (Devienne, 2014). Quelles sont les grandes caractéristiques de l'agriculture des États-Unis ? Le pays possède une vaste superficie agricole, presque exclusivement située sur le territoire des 48 États limitrophes, les *conterminous United States*[1]. Dans cet espace relativement peu peuplé (43 habitants/km^2) l'agriculture occupe 62 % de la superficie, avec 156 millions d'hectares de terres labourables et 314 millions d'hectares de superficies pâturées (prairies permanentes, forêts pâturées et parcours) (Bigelow *et al.*, 2017).

1 Les « conterminous United States », encore appelés « lower 48 » comprennent les 48 États limitrophes des États-Unis et le district de Columbia (Washington D.C.), excluant Alaska et Hawaï.

Sur un territoire dont les dimensions s'apparentent à celles d'un continent, la diversité climatique permet une grande variété de productions agricoles : céréales, oléagineux, coton, agrumes, fruits à noix, vigne… Maïs et soja occupent à eux seuls près de la moitié des terres labourables. La majeure partie des 125 millions d'hectares de terres labourables cultivées est occupée par les trois cultures principales : le maïs occupe aujourd'hui la superficie la plus importante, avec 37 millions ha en moyenne entre 2019 et 2023 (30 %), juste devant le soja, dont la surface a été multipliée par 7 depuis 1950 pour atteindre aujourd'hui 33 millions d'hectares (26 %). Le blé n'est plus aujourd'hui cultivé que sur 18 millions d'hectares (14 %) : il a vu sa surface diminuer de moitié depuis le début des années 1980. Le coton, pilier de l'agriculture du Sud au XIXe siècle, a connu un net déclin, passant de 15 millions d'hectares en 1930 à un peu moins de 10 millions dans les années 1940 avant de se stabiliser à 5 millions d'hectares à partir de la fin des années 1960. Les fruits et légumes occupent une superficie à peu près stable, avec respectivement 1,6 et 2,8 millions d'hectares.

Forts de cette large gamme de productions, les États-Unis sont présents sur le marché mondial de nombreux produits agricoles et alimentaires. Historiquement grands exportateurs de produits bruts – blé, maïs et céréales secondaires, soja, coton et tabac représentaient encore les deux tiers de la valeur des exportations au début des années 1980 – les États-Unis ont développé depuis les années 1990 les exportations de produits à haute valeur ajoutée (viandes, fruits et légumes, produits transformés, etc.). Ceux-ci représentent aujourd'hui environ les deux tiers de la valeur des exportations, les exportations des seuls produits transformés égalant en valeur celles des produits bruts. Soja et maïs arrivent toutefois encore aujourd'hui à la première place des produits exportés (avec respectivement 16 % et 9 % en moyenne ces trois dernières années).

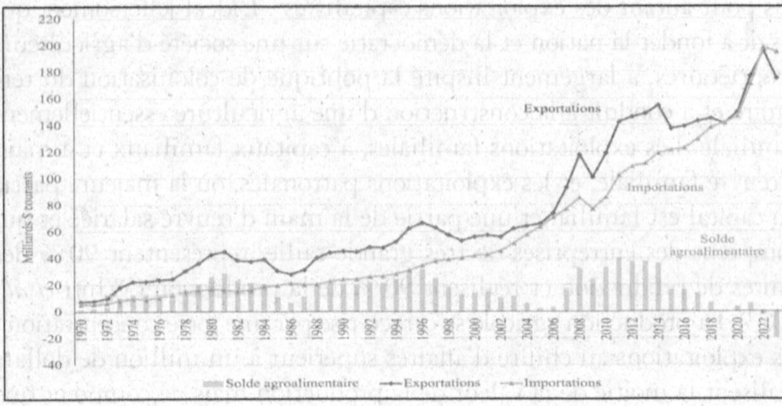

Source : USDA, ERS.

FIG. 1 Un grand pays exportateur
à la balance commerciale agricole fluctuante.

Depuis plus de cinquante ans la balance agro-alimentaire américaine enregistre un solde positif, cependant très fluctuant et qui est pour la première fois depuis les années 1950 devenu négatif en 2023 (figure 1). Les États-Unis jouent un rôle majeur dans les échanges internationaux de produits agricoles, puisqu'ils sont les premiers exportateurs mondiaux, mais aussi l'un des premiers importateurs mondiaux. Les exportations sont marquées par de fortes fluctuations, tandis que les importations progressent régulièrement, essentiellement constituées de produits à forte valeur ajoutée comme les fruits et légumes et les produits tropicaux. Les pouvoirs publics accordent une grande importance aux exportations agricoles pour leur impact sur l'économie nationale : chaque dollar d'exportations agricoles génère 2,07 dollars d'activité économique, tandis que chaque milliard de dollars d'exportations agricoles crée un peu moins de 7 000 emplois (USDA, ERS *Agricultural Trade Multiplier* 2021). Les performances de l'agriculture des États-Unis sont notamment à mettre à l'actif d'une agriculture marquée par des exploitations de grande taille et une forte spécialisation régionale qui épouse les conditions pédoclimatiques du territoire. En 2022, la superficie moyenne des 2 millions d'exploitations agricoles est de 178 hectares (16 ha dans l'UE et 70 ha en France). Ces exploitations de grande taille ne sont pas pour autant des exploitations capitalistes[2]. L'idéal jeffersonien, qui visait à fonder la nation et la démocratie sur une société d'agriculteurs propriétaires, a largement inspiré la politique de colonisation du territoire et a conduit à la construction d'une agriculture essentiellement familiale. Les exploitations familiales, à capitaux familiaux et à main d'œuvre familiale, et les exploitations patronales, où la majeure partie du capital est familial et une partie de la main d'œuvre salariée et qui comptent des entreprises de très grande taille, représentent 90 % des unités de production et réalisent 90 % de la production (Whitt *et al.*, 2023). La production agricole se caractérise par une forte concentration : les exploitations au chiffre d'affaires supérieur à un million de dollars réalisent la moitié de la valeur de la production mais ne comptent que pour un peu plus de 3 % des exploitations ; 90 % d'entre elles sont des exploitations familiales ou patronales (*ibid.*). Les caractéristiques et les performances de l'agriculture des États-Unis doivent beaucoup à l'intervention des pouvoirs publics. Depuis l'indépendance en 1776, la politique agricole a emprunté différentes voies, avant de placer au cœur de son intervention le soutien au revenu des agriculteurs à partir des années 1930 (Effland, 2000) (Devienne, 2014).

AU XIXe SIÈCLE, L'ESSOR D'UNE AGRICULTURE EXPORTATRICE SOUMISE AUX ALÉAS DU MARCHÉ MONDIAL

COLONISATION DU TERRITOIRE ET CONSTRUCTION D'UNE AGRICULTURE MAJORITAIREMENT FAMILIALE

Dès l'Indépendance, les pouvoirs publics mettent en place les conditions nécessaires à l'expansion et à la colonisation du territoire. Entre 1783, date de signature du traité avec la Grande-Bretagne, et 1848, le nouvel État agrandit son territoire jusqu'au Pacifique grâce au démantèlement progressif des empires coloniaux britannique, espagnol et français : traités,

2 C'est-à-dire des entreprises au sein desquelles ni le capital, ni la main-d'œuvre ne sont familiales. Le détenteur du capital ne participe pas à la production qui est entièrement réalisée par des salariés (gérant, contremaître, ouvriers, etc.).

achats, guerres et annexions lui permettent d'acquérir en un peu moins de trois quarts de siècle la souveraineté sur l'ensemble du territoire actuel des États-Unis. En moins d'un siècle, à l'aide de campagnes militaires et de traités, l'État dépossède les nations amérindiennes, contraintes à la déportation puis au cantonnement dans des réserves, de la majeure partie de l'espace à l'ouest des Appalaches. La colonisation de ces terres devenues publiques est encadrée par les ordonnances de 1785 et 1787, qui mettent en place un système cadastral (*Township and Range System*) qui permet d'arpenter les terres en carrés de six miles de côté (le *township*, 93 km^2) subdivisés en trente-six carrés d'un mile carré chacun (les sections, 256 ha) avant leur vente ou leur distribution. Au départ il s'agit d'accélérer le processus de colonisation et d'accroître le revenu du nouvel État : les terres sont vendues aux enchères à un prix élevé et en lots de grande taille (une section ou un *township*). Seuls les vétérans de la guerre d'Indépendance bénéficient d'une distribution gratuite. La taille des lots mis en vente et leur prix sont ensuite progressivement réduits afin de permettre l'accès au foncier à des colons individuels, jusqu'à un quart de quart de section (16 ha) à 3$/ha en 1832, avant qu'une loi en 1841 n'accorde le droit de préemption aux squatters des terres publiques sur un quart de section (65 ha) à 3$/ha. Enfin en 1862, le *Homestead Act*, voté en pleine Guerre de Sécession, ouvre l'accès gratuit au foncier : toute personne qui cultive la terre pendant au moins cinq ans peut obtenir gratuitement une superficie de 65 ha. Cette politique foncière permet de coloniser rapidement le territoire : la « frontière » est fermée dès la fin du XIXe siècle. Si le processus de colonisation a permis, jusqu'à la guerre de Sécession, la création d'exploitations esclavagistes de grande taille, spécialisées dans la production de coton, de riz ou de tabac, la politique fédérale mise en œuvre tout au long du XIXe siècle a soutenu de manière croissante l'expansion d'une agriculture essentiellement basée sur des agriculteurs familiaux indépendants, objectif encore majeur de la politique agricole américaine (Effland, 2000).

La politique foncière vise également à soutenir le développement du chemin de fer pour désenclaver les régions nouvellement colonisées. À partir de 1850 les Compagnies de chemin de fer bénéficient de dons de terres pour la construction des lignes transcontinentales, la vente de ces terres situées le long de la ligne de tracé de la voie devant leur permettre de dégager les fonds nécessaires à leur entreprise. L'expansion du chemin de fer, très rapide au cours de la seconde moitié du XIXe siècle, facilite l'intégration aux échanges marchands des exploitations agricoles. Grâce à la vente de leurs produits, les agriculteurs peuvent à cette époque investir dans des équipements de culture attelée de plus en plus performants (faucheuses, moissonneuses, moissonneuses javeleuses puis lieuses) qui leur permettent d'accroître la superficie qu'ils peuvent cultiver au sein de leur exploitation de grande taille. L'agriculture des États-Unis connaît ainsi une expansion spectaculaire au cours de la seconde moitié du XIXe siècle. Grâce à la progression rapide de la colonisation vers l'ouest, le nombre d'exploitations agricoles passe de 2 à 6 millions entre 1860 et 1910, tandis que la part de la superficie cultivée progresse au sein de ces exploitations agricoles de grande taille grâce aux nouveaux équipements. Au total, la production agricole s'accroît très rapidement au cours de cette période : la production de blé quadruple, celle de maïs est multipliée par trois et demi, celle de coton par cinq et les productions animales doublent (Cochrane, 1979). Dans le même temps l'industrie de transformation (céréales, viandes, produits laitiers) se développe rapidement. La production agricole augmente beaucoup plus vite que la population ; les excédents croissants doivent s'exporter, essentiellement à destination de l'Europe. Entre 1870 et 1880, les exportations de blé et de farine des États-Unis sont multipliées par cinq, représentant en 1880 la moitié de la production. Le volume des exportations agricoles des États-Unis (céréales, coton, tabac, produits animaux, etc.) quintuple entre 1866 et 1900. Grâce à une politique foncière active, une agriculture puissante s'est ainsi construite très rapidement au cours de la seconde moitié du XIXe siècle, qui dépend largement du marché mondial pour l'écoulement de ses produits.

Cette agriculture en pleine expansion affronte une première crise entre 1870 et 1890. Les produits agricoles américains, comme ceux des autres colonies de peuplement européen des régions tempérées, sont produits à très bas prix, grâce à une productivité du travail élevée et un foncier peu onéreux. Ils bénéficient également de coûts de transport qui diminuent rapidement avec l'essor du chemin de fer et de la navigation transocéanique à vapeur. L'arrivée de ces produits sur le marché européen provoque une baisse rapide du prix des produits agricoles et une profonde crise de l'agriculture : entre 1870 et 1900 les céréales voient leur prix diminuer de moitié, les produits laitiers de 25 % et la laine de 70 %

(Tracy, 1986). Face à la crise, la plupart des pays européens choisissent de protéger leur agriculture à partir de 1880 en instaurant des droits de douane sur les importations agricoles. Ces politiques protectionnistes provoquent une stagnation des exportations américaines et une baisse des prix agricoles aux États-Unis : l'agriculture américaine, confrontée à la diminution de la demande sur le marché mondial, doit faire face à la première crise de surproduction de son histoire. Ce type de crise se répètera à plusieurs reprises au cours du XXe siècle.

DÉVELOPPEMENT DE LA RECHERCHE ET DE LA FORMATION AGRICOLES

La baisse des prix agricoles a pour conséquence la montée du mécontentement dans les campagnes américaines. Les premiers syndicats agricoles se créent et les revendications s'élèvent contre les monopoles des compagnies de chemin de fer et des transformateurs. L'État fédéral intervient pour tenter de faire face à la crise avec des mesures qui visent à réguler les taux de fret ferroviaire, à faciliter la création de coopératives et à accroître l'efficacité technique de l'agriculture en développant la recherche et la formation agricoles. La loi Morill de 1862 avait permis à chaque État de financer grâce à des dons de terres publiques la création d'Universités (*Land-grant university*) chargées de développer un enseignement agricole et technique (Rogers, 1997). En 1887, la loi Hatch met en place un système national de recherche agronomique en donnant à chaque État les fonds nécessaires à la création et au fonctionnement de stations expérimentales rattachées à ces universités (Cochrane, 1979) (Rogers, 1997). L'appareil public de recherche, d'enseignement et de vulgarisation agricole est ensuite complété en 1914 (*Smith and Lever Act*) qui créée un service de vulgarisation agricole rattaché aux universités *land-grant* et cogéré par le ministère de l'Agriculture[3] (USDA). Au lendemain de la Première Guerre mondiale, aucun autre pays industrialisé, à l'exception des Pays-Bas, n'est doté d'un système aussi perfectionné de recherche, d'enseignement et de vulgarisation agricole publics (Clarke, 1994).

---

3 En 1862, un Commissaire à l'Agriculture est nommé à la tête d'un office chargé de s'occuper de l'agriculture. Cet office est élevé au rang de ministère en 1889, avec la création du Département de l'Agriculture, *United States Department of Agriculture*, USDA) (Faulkner, 1958).

La conjoncture s'améliore à partir de la fin du XIXe siècle : la colonisation du territoire étant pratiquement achevée, le rythme de progression de la production agricole ralentit et devient moins rapide que celui de la population. L'agriculture des États-Unis devient moins dépendante des exportations, même si les produits agricoles constituent encore la majeure partie des exportations du pays (Benedict, 1966). Les exportations agricoles reprennent vers des pays européens qui, en pleine révolution industrielle, connaissent une forte croissance de la demande urbaine. Les prix agricoles augmentent alors plus rapidement que ceux des biens de production et de consommation ; ils sont élevés et rémunérateurs au cours des années 1910-1914, période considérée comme « l'Âge d'Or » de l'agriculture américaine qui deviendra une référence pour la politique agricole. Les prix se maintiennent à un niveau élevé pendant la Première Guerre mondiale avec l'accroissement de la demande aux États-Unis et en Europe.

LA CONSTRUCTION DE LA POLITIQUE AGRICOLE À PARTIR DES ANNÉES 1930
Stabiliser les prix et assurer une sécurité de revenu aux agriculteurs

LES ANNÉES 1920 : DE PREMIÈRES PROPOSITIONS DE SOUTIEN DES PRIX AGRICOLES ET DE CONTRÔLE DE LA PRODUCTION

Les difficultés réapparaissent dès 1920 lorsque, après la guerre, les agricultures européennes sont à nouveau capables de faire face aux besoins de leur population. Sur un marché mondial déprimé, la concurrence s'exacerbe avec d'autres pays devenus exportateurs de produits agricoles, comme le Canada, l'Australie ou l'Argentine. Les exportations agricoles des États-Unis diminuent de moitié par rapport à la période 1915-1920 et les prix agricoles s'effondrent. Ils diminuent d'un tiers en monnaie constante entre 1920 et 1921, provoquant une baisse de moitié du revenu des agriculteurs (Gardner, 2002), et demeurent ensuite très instables. Dès 1921 les organisations professionnelles agricoles réclament l'intervention des pouvoirs publics sur les marchés. Porté par deux membres d'une entreprise de machinisme agricole de Moline en 1922, le projet *Equality for agriculture* défend l'idée d'un *prix de parité*, qui offre un pouvoir d'achat équitable aux produits agricoles. Deux membres du Congrès, McNary et Haugen, défendent ce projet de loi à partir de 1924, qui est adopté à deux reprises par le Congrès, en 1927 et 1928. À chaque fois le président Coolidge lui oppose son veto, considérant inutile et néfaste l'intervention directe des pouvoirs publics sur les marchés agricoles (Hurt, 2002). En 1929 est adopté *l'Agricultural Marketing Act*, qui vise à confier aux coopératives le rôle de réguler le marché, en leur proposant des prêts subventionnés destinés à leur permettre de s'équiper d'infrastructures de stockage et de proposer aux agriculteurs des crédits de campagne garantis par le stockage de leurs produits.

Ces mesures s'avèrent impuissantes face à la Grande Dépression de 1929. Crise boursière, crise bancaire et crise productive s'enchaînent rapidement à partir d'octobre 1929. Le chômage explose aux États-Unis, touchant un quart de la population active en 1933. La crise économique et la récession se propagent et affectent l'économie mondiale jusqu'à la Seconde Guerre mondiale. La demande de produits agricoles s'effondre sur le marché intérieur comme à l'exportation ; l'agriculture américaine traverse la crise la plus grave de son histoire. Les prix agricoles diminuent presque de moitié entre 1929 et 1932 (figure 2), les revenus agricoles s'effondrent pour atteindre le niveau le plus faible qu'ils aient connus depuis la fin du XIXe siècle et le pouvoir d'achat des agriculteurs diminue de moitié par rapport à l'Âge d'or de l'agriculture (Cochrane, 1979) (Hurt, 2002). Dans les Grandes Plaines, la crise économique se double d'une catastrophe écologique, le *Dust Bowl :* au début des années 1930, des sécheresses estivales répétées favorisent l'érosion éolienne de sols fragilisés par les labours répétés du *dry farming*. L'horizon arable est emporté par le vent, provoquant de spectaculaires tempêtes de poussière dès 1932.

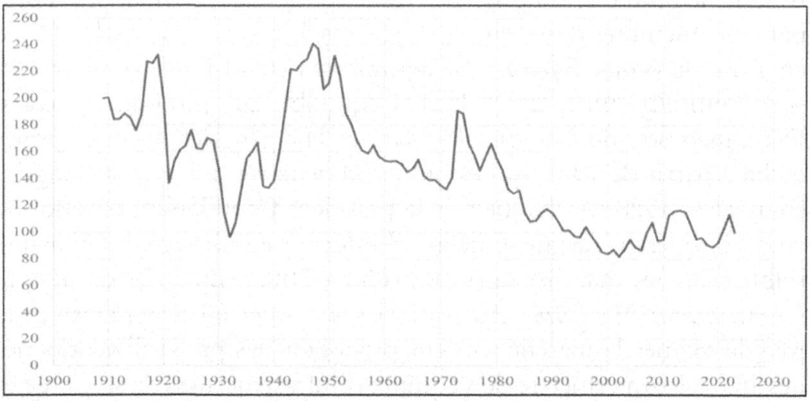

Source ; Agricultural Adjustment Act de 1933.

FIG. 2 – Évolution du prix des produits agricoles en indice et en monnaie constante (2023 = indice 100). Source : USDA, ERS.

Franklin Roosevelt arrive au pouvoir en mars 1933, élu grâce à la promesse d'une « nouvelle donne pour le peuple américain ». Le *New Deal* repose, à un niveau encore inconnu jusqu'alors, sur une intervention forte et continue de l'État fédéral dans la vie économique. Il consiste d'abord en une série de mesures d'urgence, tournées vers l'aide aux secteurs touchés par la crise, puis par de profondes réformes sociales. L'objectif est de lutter contre la crise et stimuler la reprise économique, par l'augmentation des prix et des salaires. L'agriculture est l'un des premiers secteurs concernés : la loi sur l'agriculture (*Agricultural Adjustment Act*, AAA) est votée dès le 12 mai 1933, initiant la série des *Farm bills*, lois pluriannuelles renouvelées tous les cinq ou six ans qui régissent les programmes agricoles et alimentaires de l'État fédéral.

L'instabilité des prix agricoles au cours des années 1920 avait plongé les agriculteurs dans de grandes difficultés économiques et ralenti l'adoption des nouvelles technologies apparues à l'époque, la motorisation agricole et les semences hybrides, ce retard risquant de compromettre à terme la compétitivité de l'agriculture américaine sur le marché mondial (Clarke, 1994). La Grande Dépression les précipite dans une situation très grave qui nécessite une intervention d'urgence. L'objectif prioritaire des pouvoirs publics est de restaurer le pouvoir d'achat des agriculteurs et de leur assurer une sécurité de revenu en les mettant à l'abri des fluctuations des prix agricoles. Le constat et les objectifs de la loi agricole de 1933 (*Agricultural Adjustment Act*, 1933) sont clairement posés : face à « la disparité sévère et croissante entre les prix des produits agricoles et ceux des autres produits, qui a notamment détruit largement la capacité des agriculteurs à acheter des produits industriels et affecté gravement le commerce des produits agricoles qui sont des produits d'intérêt national », il s'agit « d'établir et de maintenir l'équilibre entre la production et la consommation de produits agricoles et de rétablir des prix pour les agriculteurs à un niveau qui permet aux produits agricoles de retrouver un pouvoir d'achat équivalent à celui de la période 1909-1914 ».

L'intervention des pouvoirs publics repose sur une articulation étroite entre le soutien des prix agricoles et le contrôle de la production. Les agriculteurs sont incités à participer à la réduction de la production, et en retour celle-ci doit permettre de rééquilibrer l'offre avec la demande et de restaurer les prix au niveau du prix de *parité*, qui offre aux produits agricoles le même pouvoir d'achat que dans la période de l'Âge d'or de l'agriculture, période caractérisée par l'équilibre du pouvoir d'achat à la ville et à la campagne (Bowers, 1984). La loi agricole de 1933 met en place différentes mesures destinées à faire face à une situation d'urgence. L'intervention des pouvoirs publics est ensuite progressivement ajustée et complétée pour aboutir à la loi agricole de 1938 qui pose les fondements d'une intervention publique structurée et cohérente dans le secteur agricole. La combinaison entre soutien des prix et régulation de la production et des marchés introduite dans le cadre du *New Deal* demeureront au cœur de la politique agricole des États-Unis jusqu'en 1996 (Effland, 2000). Les pouvoirs publics se dotent à cette époque d'un certain nombre d'organismes dont la plupart continuent à exister aujourd'hui : l'*Agricultural Adjustment Administration* (AAA), la *Commodity Credit Corporation* (CCC), la *Farm Credit Administration* (FCA), la *Farm Security Administration* (FSA) et la *Resettlement Administration* (RA).

La loi de 1933 prévoit la mise en place de différents outils destinés à réguler la production et les marchés et à soutenir le prix des « produits de base » (*basic commodities*) : blé, maïs, riz, coton, tabac, viande de porc, lait et produits laitiers (Nourse *et al.*, 1937). Selon la nature des productions et leur destination, les pouvoirs publics peuvent ainsi mettre en place :

- Une réduction des superficies emblavées pour les cultures de programme grâce à des accords volontaires avec les agriculteurs (*acreage allotments*) qui reçoivent en compensation une indemnisation (*benefit payment*). Le programme de contrôle de la production de maïs, qui est essentiellement destiné à l'élevage porcin dans les exploitations agricoles, est associé à celui du porc : après avoir conduit des campagnes d'abattage de porcs en 1933, les pouvoirs publics mettent en place à partir de 1934 une réduction conjointe de la superficie emblavée et du nombre de porcs produits par agriculteur, compensée par le paiement d'une indemnité par unité de surface et par tête.
- Des accords de commercialisation volontaires avec les transformateurs et les associations de producteurs, afin de réguler les volumes commercialisés et fixer un prix minimum à la production. Cette modalité d'intervention est bien adaptée pour les produits périssables comme le lait.
- Des opérations destinées à équilibrer les marchés : résorption des excédents à l'aide de campagnes d'abattage pour les porcs et les bovins, les animaux étant achetés aux agriculteurs à un prix supérieur à celui du marché (Saloutos, 1982), ou grâce à l'achat de produits destinés à l'aide alimentaire intérieure (beurre, fromage, céréales, viande). Dans le cas du blé notamment, un soutien est apporté aux exportations, grâce à des subventions ou des prêts.

Une taxe prélevée sur la première transformation des produits agricoles permet de financer ces programmes de régulation. Son montant est égal à la différence entre le prix à la production moyen et le prix de *parité*, qui offre aux prix agricoles le même pouvoir d'achat qu'au cours de la période 1909-1914.

Ces premières mesures sont ensuite progressivement complétées. La *Commodity Credit Corporation* (CCC), organisme de stockage public, est créée en octobre 1933 : elle offre aux agriculteurs qui participent au programme de réduction de la surface cultivée la possibilité d'obtenir un prêt de campagne à un taux d'intérêt subventionné en stockant tout ou partie de leur récolte auprès de la CCC. Le montant de ce prêt est égal au volume stocké multiplié par un prix unitaire, le prix de soutien (*loan rate*) fixé par l'État fédéral. Ce prêt est non exigible : l'agriculteur a neuf mois pour récupérer sa récolte et rembourser son prêt, au-delà de cette période il l'abandonne à la CCC. Ce dispositif est proposé pour le coton et le maïs dès 1934, avec un stockage à la ferme pour le maïs, encore peu commercialisé. De nouvelles cultures sont ajoutées à la liste des productions concernées par le contrôle de la production : canne et betterave à sucre, autres céréales (seigle, orge, sorgho, riz), arachide, graines de lin et viande bovine, puis pomme de terre en 1935. Le degré d'intervention diffère selon les produits. Pour la viande bovine, l'industrie d'abattage refusant le prélèvement de la taxe sur la transformation, l'intervention des pouvoirs publics pour réguler le marché se limite à l'achat d'animaux. Dans le cas du sucre, dont la consommation intérieure repose pour les deux tiers sur des importations, un quota est mis en place, fixé chaque année au niveau de la consommation intérieure prévue et réparti entre les transformateurs nationaux et les fournisseurs étrangers. Les quotas affectés aux sucreries nationales sont ensuite affectés aux agriculteurs, à qui est attribuée une surface en fonction de leur historique de production. Les agriculteurs peuvent percevoir des *benefit payments* en compensation de la réduction de la superficie cultivée, à la condition de respecter des conditions relatives à l'emploi de main d'œuvre salariée, fréquent pour cette production intensive en travail : salaire minimum pour les journaliers et interdiction de l'emploi d'une main d'œuvre enfantine.

La crise que traverse l'agriculture n'est pas interprétée comme la conséquence seulement d'une surproduction mais aussi d'une sous-consommation intérieure (Debailleul, 1989). La consommation alimentaire américaine a en effet été profondément affectée par la paupérisation d'une partie importante de la population provoquée par la crise économique : le chômage a explosé, touchant 12 millions de personnes en 1933. La *Federal Surplus Relief Corporation* est créée à l'automne 1933 ; elle permet d'articuler les mesures de soutien des marchés et des prix agricoles et l'aide alimentaire intérieure. Une partie des stocks de la CCC et des produits agricoles achetés par l'État fédéral pour équilibrer les marchés sont ainsi utilisés pour la distribution de produits alimentaires (farine, viande de porc et de bœuf, beurre et fromage) aux plus démunis et aux cantines scolaires des quartiers les plus pauvres. Le lien entre le soutien à l'agriculture et l'aide aux cantines scolaires se renforce en 1935 lorsque cette agence, devenue la *Federal Surplus Commodities Corporation*, passe sous la conduite du Département de l'Agriculture et bénéficie à partir de 1936 de fonds provenant des recettes douanières, qui lui permet d'acheter des produits excédentaires afin de les distribuer notamment au profit des cantines scolaires. En 1937 près de 4000 écoles et 350000 élèves en bénéficient.

Dans ce contexte de crise, de nombreuses exploitations agricoles endettées se retrouvent en grave difficulté financière. Les pouvoirs publics interviennent en urgence pour éviter leur faillite, en fondant en 1933 la *Farm Credit Administration* (FCA), chargée de consolider la structure financière des exploitations agricoles en offrant de racheter les prêts des agriculteurs qui ne peuvent plus faire face à leurs échéances pour les renouveler à un taux moins élevé et sur une durée de remboursement plus longue. Elle propose également des crédits à des taux subventionnés. Face au *Dust Bowl*, les pouvoirs publics s'attaquent également au problème de l'érosion des sols : à partir de 1935, la *Resettlement Administration* propose aux agriculteurs installés dans les régions semi-arides touchées par le *Dust Bowl* de racheter leurs terres et de les aider à se réinstaller dans des régions plus favorables. L'État fédéral rachète ainsi 4,8 millions d'hectares entre 1935 et 1937, dont la majeure partie est implantée en prairies.

L'intervention des pouvoirs publics se montre relativement efficace. De nombreux agriculteurs participent aux programmes de régulation de la production, ce qui permet de réduire les superficies cultivées de blé, coton et maïs de 15 % entre 1932 et 1936. La production diminue également, évolution toutefois largement due aux sécheresses de 1934 et 1936 (Cochrane, 1979) (Winders, 2009). Le revenu agricole moyen s'accroît de plus de 65 % entre 1932 et 1936 grâce aux indemnités versées pour la diminution des superficies cultivées ou du nombre de porcs élevés (Hurt, 2002) et grâce à l'augmentation des prix permise par les mesures de régulation. Les prix et les revenus agricoles ne retrouvent cependant pas leur niveau de 1930 (figure 2) (Saloutos, 1982).

Malgré ce succès relatif, la loi agricole de 1933 rencontre de fortes oppositions, de la part de certains agriculteurs, défavorables au contrôle de la production, et surtout de transformateurs, opposés au prélèvement de la taxe destinée à financer ce mécanisme. En 1936, la Cour Suprême rend inconstitutionnel l'*Agricultural Adjustment Act* en annulant deux éléments essentiels de la loi : le pouvoir de l'État fédéral de prélever une taxe sur la transformation pour financer le contrôle de la production et de conclure des accords de réduction des surfaces emblavées avec les agriculteurs. Agriculteurs et pouvoirs publics ne se résolvent pas pour autant à abandonner les efforts destinés à restaurer la prospérité de l'agriculture (Benedict, 1966). Une réflexion est engagée pour la construction d'une politique de régulation de la production agricole et de soutien au revenu agricole plus globale et de plus long terme. Dans l'immédiat, une législation temporaire est adoptée en 1936, le *Soil Conservation and Domestic Allotment Act*, qui s'efforce de réduire l'apparition d'excédents en proposant des subventions aux agriculteurs qui s'engagent à réduire les cultures considérées comme épuisantes (céréales, coton, soja pour le grain…) au profit de cultures préservant les sols (prairies, engrais verts, etc.) ou qui mettent en place des techniques antiérosives.

LES LOIS AGRICOLES DE 1938 ET 1949 : LES FONDEMENTS DE LA POLITIQUE AGRICOLE DES ÉTATS-UNIS

L'*Agricultural Marketing Agreement Act* de 1937 et surtout l'*Agricultural Adjustment Act* de 1938 jettent les bases de l'intervention de l'État fédéral dans le secteur agricole. La loi de 1938 constitue, avec l'*Agricultural Act* de 1949, la législation agricole permanente des États-Unis : les deux lois sont inscrites dans la Constitution, ce qui signifie qu'il est possible d'y revenir en cas de désaccord entre le Congrès et le président lors des négociations autour d'un *Farm Bill*, comme cela a failli être le cas par exemple en 2008.

La législation adoptée en 1937 porte essentiellement sur le sucre et le lait. Elle reconduit les mesures de régulation pour le sucre, en les finançant grâce à une taxe sur la consommation et les importations. Le marché intérieur du sucre est régulé par des quotas et des taxes à l'importation et fonctionne avec un prix supérieur à celui du marché mondial. Dans le secteur laitier, la loi clarifie le statut légal des accords de commercialisation entre producteurs et industriels laitiers et les organise sur le plan géographique avec la mise en place des *Federal Milk Marketing Orders* (FMMO). La régulation comprend le classement du lait selon les utilisations, et la fixation du prix minimum que les transformateurs doivent payer aux producteurs pour les différentes utilisations. Ces prix étant supérieurs à ceux du marché mondial, des quotas d'importation sont mis en place pour protéger le système de soutien des prix et de régulation de la production.

La loi de 1938 tire les leçons des échecs et réussites des mesures mises en place depuis 1933. Elle porte à la fois sur la régulation des prix et des marchés, le crédit, la préservation des sols, la recherche, l'enseignement et la vulgarisation, l'équipement des zones rurales et l'aide alimentaire. Cette politique systémique, basée sur le concept de « *Ever-normal granary* » inspiré de la Chine ancienne (Bodde, 1946) (Imhoff, 2019), vise un développement agricole « équilibré » en combinant l'intervention publique sur quatre aspects complémentaires : « l'offre de produits agricoles ; la demande et la consommation de ces produits ; la préservation des sols et la conservation des produits de la terre ; l'aide aux exploitations agricoles et aux communautés agricoles » (USDA, 1940). L'AAA de 1938 repose sur un financement public. L'intervention principale des pouvoirs publics place au cœur de son intervention le soutien au revenu agricole en articulant étroitement soutien des prix et régulation de la production, de l'offre sur le marché et de la demande intérieure. Il s'agit d'assurer aux agriculteurs un *revenu de parité*, c'est-à-dire un revenu par actif agricole qui présente avec le revenu par actif hors agriculture le même rapport qu'en 1909-1914.

La régulation de la production repose sur un programme de limitation annuelle des superficies emblavées (*acreage allotment*) ou de contrôle de la production pour des produits tels que le lait ou le sucre. Ce programme est reconduit chaque année si nécessaire en fonction de l'évolution prévisible des prix sur le marché et de la production. L'adhésion à ce programme est volontaire. À cette limitation des emblavures vient s'ajouter la possibilité de mettre en place des quotas de commercialisation en cas d'excédents : l'établissement de ces quotas est soumis à l'approbation par référendum des deux tiers des producteurs et rend le contrôle de la production obligatoire. La loi prévoit que le contrôle de la production s'applique de manière systématique pour le blé, le maïs, le coton, le riz et le tabac, et à la discrétion du Secrétaire d'État à l'agriculture pour le lait, les autres céréales, la laine, l'arachide et un certain nombre de fruits. Les paiements compensant la réduction des superficies emblavées sont maintenus, mais liés à des pratiques spécifiques de protection des sols contre l'érosion, comme l'a établi en 1936 le *Soil Conservation Act*. Les agriculteurs qui participent au programme de régulation de la production bénéficient pour les cultures de programme d'un prix garanti grâce au mécanisme de stockage public auprès de la *Commodity Credit Corporation*. Les prêts de campagne, auparavant proposés pour le maïs et le coton, sont ainsi étendus à toutes les cultures de programme. Le prêt étant non exigible, l'agriculteur est assuré de toucher au moins le prix de soutien qui constitue ainsi un prix plancher. Le Secrétaire de l'Agriculture peut fixer le prix de soutien de manière flexible entre 52 % et 75 % du prix de parité, en fonction de l'état du marché.

La loi agricole de 1938 renforce l'articulation entre la régulation de la production et de l'offre de produits agricoles sur le marché et le soutien à la demande intérieure. Le programme de repas scolaires est reconduit et développé : en 1942 plus de 90 000 écoles et près de 6 millions d'enfants en bénéficient. L'aide alimentaire aux plus démunis repose à partir de 1939 sur un programme de tickets alimentaires, les *Food Stamps*. Les familles les plus pauvres peuvent acheter des tickets leur permettant de se procurer une alimentation de base chez des commerçants agréés. Elles obtiennent alors gratuitement des tickets – dont la valeur est égale à la moitié de celle des tickets onéreux – en échange desquels elles peuvent obtenir des produits alimentaires désignés comme excédentaires. Ce système permet d'écouler une partie des stocks de la CCC, tout en tentant d'améliorer la sécurité alimentaire de la population la plus démunie. Entre 1939 et 1943, environ 20 millions d'Américains en ont bénéficié.

La Seconde Guerre mondiale a pour conséquence une forte croissance de l'économie américaine, la résorption du chômage et un regain de la consommation intérieure. Les prix agricoles bénéficient de cette embellie ainsi que de l'accroissement de la demande mondiale. Les pouvoirs publics demandent aux agriculteurs de participer à l'effort de guerre en accroissant leur production, tout en anticipant un effondrement de la demande et des prix agricoles au sortir de la guerre. Le contrôle de la production est abandonné (figure 3) et le soutien des prix renforcé à partir de 1941. Celui-ci est étendu à un grand nombre de produits agricoles, dont le soja par exemple, et le *loan rate* est fixé à un niveau élevé : entre 100 % et 110 % du prix de parité pendant la guerre et 90 % pour les deux années après-guerre. Les stocks disparaissent et les tickets alimentaires sont supprimés dans un contexte de plein emploi.

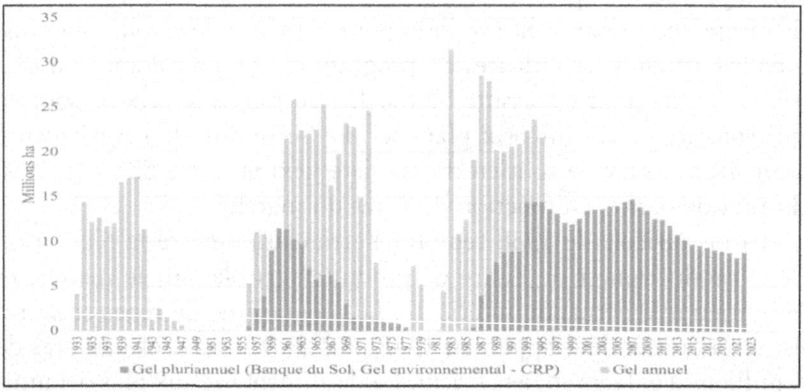

Source : USDA, NASS.

FIG. 3 – Gel de terres aux États-Unis de 1933 à 2022.

Après la guerre commence le débat entre les partisans de prix de soutien élevés, fixés en fonction du prix de parité, comme les Démocrates ainsi que les producteurs de blé et de coton, et ceux qui leur préfèrent des prix de soutien flexibles dépendant de la situation du marché, Républicains et producteurs de maïs et de porc du *corn belt* (Winders, 2009). La loi agricole de 1949 reconduit néanmoins un niveau de soutien élevé, avec un *loan rate* fixé à 90 % du prix de parité. Les pouvoirs publics sont de plus autorisés à contrôler les importations dès lors qu'elles menacent l'efficacité de la politique de régulation mise en place. La loi fixe également le niveau de prix proposé par la CCC pour le stockage des produits laitiers (beurre, poudre de lait, fromage).

La loi de 1949 renforce le lien entre l'aide alimentaire et la gestion des excédents. La forte diminution des surplus agricoles pendant la guerre avait conduit le Congrès à autoriser en 1942 les subventions aux écoles pour compenser la diminution des surplus disponibles grâce à des achats sur le marché. Au lendemain de la guerre, les pressions politiques sont fortes pour la mise en place d'un programme permanent d'aide alimentaire en faveur des écoles. De nombreux conscrits ont en effet dû être réformés durant la guerre pour des problèmes de santé, conséquence de la sous-nutrition dont ils avaient souffert au cours de leur enfance. Le Département de l'Agriculture lance un nouveau programme d'aide alimentaire dès 1946, le *National School Lunch Program*, programme permanent qui permet aux cantines scolaires d'accéder à des subventions et à des dons alimentaires afin de fournir des repas subventionnés ou gratuits aux enfants des familles les plus pauvres. Le programme est décrit comme une mesure de sécurité nationale, visant à sauvegarder la santé des enfants de la nation, mais aussi à encourager la consommation intérieure de produits agricoles nationaux. La loi agricole de 1949 permet à la CCC de faire des dons de produits agricoles, acquis dans le cadre de sa mission de soutien des prix (blé, maïs, sucre, produits laitiers, arachide…), au profit des cantines scolaires mais aussi du Bureau des Affaires indiennes et des institutions caritatives, publiques ou privées, en la dotant d'un budget lui permettant de prendre en charge la transformation, le transport et le stockage de ces produits afin d'en faciliter l'utilisation par ces bénéficiaires et d'accroître ce débouché possible pour les excédents agricoles.

À PARTIR DES ANNÉES 1950
Une politique de plus en plus offensive vis-à-vis du marché mondial

Les lois agricoles qui se sont succédé depuis 1933 offrent aux agriculteurs américains une sécurité de revenu ainsi que des conditions de crédit nouvelles, conditions indispensables à la réalisation d'investissements autorisant un accroissement important de la productivité de leur travail. La politique agricole qui vise à la fois à soutenir les prix agricoles et à contrôler la production, mais uniquement grâce à la limitation des superficies cultivées, offre une sécurité pour les investissements que réalisent dès lors les agriculteurs à un rythme rapide. La révolution agricole du XXe siècle, qui combine motomécanisation, engrais de synthèse et produits phyto et zoosanitaires, sélection génétique et spécialisation progressive des exploitations, qui avait timidement commencé dans les années 1920, prend son essor dans les années 1930, encouragée par la politique de soutien des prix et des revenus agricoles (Clarke, 1994). Ces transformations se poursuivent à un rythme rapide, à mesure que sont proposés aux agriculteurs des équipements plus puissants ainsi que du matériel génétique et des itinéraires techniques plus performants, et soutenues par une politique agricole qui maintient au cœur de son intervention la sécurité de revenu des agriculteurs. Cette évolution génère des excédents, dont la politique agricole américaine s'efforce de faciliter les exportations en rendant l'agriculture américaine de plus en plus offensive vis-à-vis du marché mondial, sans pour autant, jusqu'en 1996, renoncer à la sécurité de revenu des agriculteurs.

1954 : MISE EN PLACE DE L'AIDE ALIMENTAIRE INTERNATIONALE

Dès les années 1930, les agriculteurs qui ont les moyens d'investir se lancent dans de profondes transformations de leur système de production : tracteur, cueilleuses de maïs ou de coton puis moissonneuses-batteuses, qui facilitent la récolte du blé mais aussi celle du soja, culture qui connaît un développement rapide à partir des années 1930 dans le *corn belt* mais également dans l'ancienne *cotton belt*, variétés à plus haut potentiel de rendement dont les maïs hybrides et utilisation d'engrais et des premiers herbicides… L'ensemble de ces transformations aboutit à une forte augmentation des rendements et de la production pour les cultures de programme. La Seconde Guerre mondiale et la période de l'immédiat après-guerre, avec le plan Marshall et la guerre de Corée, se caractérisent par une forte demande mondiale et des prix élevés. Le retour à un fonctionnement normal du marché à partir de 1953 et la reconstruction du potentiel de production européen a pour conséquence la réduction de la demande solvable mondiale et la baisse des prix agricoles et à nouveau pour les États-Unis des difficultés d'exportation et la réapparition des excédents. Au cours des années 1950, les prix en termes réels diminuent en effet de 50 % pour le maïs, 40 % pour le blé et le soja, 25 % pour la viande porcine et 12 % pour les produits laitiers. Le prix de marché passe au-dessous du prix de soutien, lequel est toujours fixé en référence au prix de parité. Les prêts de campagne proposés par la CCC étant non exigibles, les agriculteurs abandonnent donc au bout de neuf mois leur récolte, la CCC se retrouvant ainsi avec des stocks importants qu'elle doit exporter à l'aide de subventions. Les États-Unis tentent de limiter l'accumulation des stocks et de développer de nouveaux débouchés pour leurs exportations. Avec la loi agricole de

1954 le prix de soutien, qui était encore fixé à 90 % du prix de parité, redevient flexible pour être établi entre 75 et 90 % du prix de parité en fonction de la conjoncture. La fixation du *loan rate* à un niveau plus bas en période d'excédents vise à la fois à décourager les emblavures pour la culture concernée mais aussi à limiter les stocks de la CCC en abaissant le prix auquel les agriculteurs sont incités à récupérer leur récolte pour la commercialiser.

Adoptée en 1954, la *Public Law* 480 (PL 480), qui sera plus tard dénommée *Food for Peace*, vise à ouvrir grâce à l'aide alimentaire internationale de nouveaux débouchés, notamment vers les nations devenues indépendantes après le processus de décolonisation. Mise en place au moment où les stocks de blé américain recommencent à s'accumuler, cette loi vise autant à stimuler le commerce international afin d'écouler les excédents qu'à encourager le développement économique des pays du Tiers Monde et, en pleine période de guerre froide, à soutenir la politique étrangère américaine. La *Public Law* 480 devient l'outil fondamental de l'aide alimentaire internationale des États-Unis. Elle permet des ventes à des conditions de crédit très avantageuses, des dons d'urgence ainsi que le troc de produits agricoles contre des biens stratégiques. Au cours de la période 1956-1964, 50 à 60 % des exportations agricoles américaines bénéficient de subventions, dont plus de la moitié relève de l'aide alimentaire internationale. Au cours de cette période, la PL 480 a soutenu la moitié des exportations de riz et de blé, 60 % des exportations de produits laitiers et seulement 15 % des exportations de maïs (Devienne, 2014). La PL 480 demeure encore aujourd'hui un instrument essentiel de la politique agricole américaine : seul le troc de produits agricoles contre des biens stratégiques a été abandonné en 1969, tandis que les autres volets de la PL 480 restent en vigueur.

Les surplus continuant de s'accumuler, les pouvoirs publics renouent avec le contrôle de la production avec l'instauration de la *Soil Bank* en 1956, qui propose de retirer des terres de la production avec un objectif de préservation des sols à l'aide de deux programmes, l'un proposant un gel annuel, destiné aux cultures soutenues par la politique agricole (blé, coton, maïs, tabac arachide et riz) et l'autre un gel sur une durée de 3 à 10 ans. Malgré son succès, cette mesure sera rapidement abandonnée en raison de son coût et de son inefficacité à limiter la production, les terres retirées de la production étant le plus souvent les moins productives.

Le programme de gel annuel, avec lequel 9 millions d'hectares de la production sont retirés de la production en 1957, est abandonné dès 1958. Le programme de gel pluriannuel, qui conduit à la mise en réserve d'environ 11 millions d'hectares, sera maintenu jusqu'en 1965, avec une diminution progressive des surfaces concernées jusqu'en 1972 (figure 3).

Le soutien des prix offert par la politique agricole incite les agriculteurs qui en ont les moyens à réaliser les investissements leur permettant d'accroître leurs rendements et la productivité de leur travail. Le contrôle de la production étant basé sur les superficies plutôt que sur les volumes, les agriculteurs peuvent et ont intérêt à accroître les rendements. Entre 1945 et 1960, les rendements s'accroissent ainsi de manière spectaculaire : 50 % pour le blé, 65 % pour le maïs, 76 % pour le coton et 47 % pour le rendement laitier par vache. En dépit des efforts réalisés pour réguler la production et soutenir la demande, les surplus s'accumulent donc à la CCC, atteignant à la fin des années 1950 le quart de la production de maïs, le tiers de celle de coton et plus de la moitié de celle de blé.

LES ANNÉES 1960 : L'AGRICULTURE DES ÉTATS-UNIS DE PLAIN-PIED AVEC LE MARCHÉ MONDIAL

Dans un contexte d'excédents devenus critiques, la création du Marché commun agricole en Europe vient assombrir les perspectives d'exportation des États-Unis. Prévue dans le traité de Rome en 1957, la Politique Agricole Commune entre en vigueur à partir de 1962, avec pour objectif la préférence communautaire, l'unicité de marché et la garantie de l'indépendance alimentaire de la Communauté Économique Européenne. Les États-Unis peuvent donc s'attendre à perdre des parts sur un marché qui au début des années 1960 absorbe près du quart de leurs exportations agricoles et presque le tiers de celles qui sont payées comptant. Ils tentent néanmoins de maintenir un débouché privilégié pour leurs exportations de soja en négociant dans le cadre du *Dillon Round* en 1962 l'entrée du soja sans taxes dans la CEE.

Dans ce contexte, la politique agricole des États-Unis évolue progressivement, de la fin des années 1950 jusqu'au *Food and Agriculture Act* de 1965, vers un compromis qui vise à concilier sécurité du revenu des agriculteurs américains et développement des exportations. L'agriculture américaine est mise de plain-pied avec le marché mondial : le prix de soutien ou *loan rate* est établi, non plus en référence au prix de parité, mais à un niveau proche des cours mondiaux. La décision pour les agriculteurs de retirer leur récolte du stock à la CCC s'effectue désormais en fonction du prix du marché mondial, ce qui incite les agriculteurs à écouler leur production sur le marché plutôt qu'à la laisser dans les stocks publics en bénéficiant d'un prix de soutien élevé, évitant ainsi à la CCC de se retrouver propriétaire de volumes importants qu'il lui faut exporter à l'aide de subventions. Le revenu des agriculteurs n'est donc plus assuré par des prix élevés, en grande partie déconnectés du marché mondial, mais grâce à des aides directes.

La diminution du prix de soutien, dès 1959 pour le maïs et les céréales secondaires et à partir de 1962 pour le blé, est compensée par des aides qui viennent combler la différence entre le prix de marché et une partie du prix de parité (65 à 90 %, selon les cultures et selon la conjoncture). Ces aides ne sont accessibles que si les agriculteurs participent au programme de contrôle de la production, qui est réintroduit en 1961 pour les cultures de programme[4] (figure 3). La limitation de la superficie cultivée (*volontary acreage program*) est quant à elle compensée en nature (*payment in kind*), à l'aide d'un certificat (*market certificate*), dont la valeur correspond à une partie de ce qui aurait été produit sur la surface non autorisée ; les agriculteurs peuvent l'échanger auprès de la CCC contre le volume de grain correspondant pour le vendre eux-mêmes ou avec son aide. Les quotas de commercialisation sont abandonnés après referendum auprès des producteurs. Le lait et le sucre continuent à bénéficier du même système de soutien qu'auparavant.

L'administration Kennedy entre en fonction en 1961 avec un programme ambitieux de « Guerre contre la pauvreté », qui s'inscrit dans le prolongement de l'esprit réformiste du *New Deal* et qui vise à redonner des capacités d'autonomie aux plus défavorisés grâce à différents programmes d'action publics (Huret, 2008). Le modèle américain de couverture sociale, dont l'élaboration avait commencé avec le *New Deal*, est complété sous le mandat du président Johnson, vice-président de John Kennedy. Le développement de l'aide alimentaire intérieure s'inscrit dans la politique de mise en place du *Welfare state* et permet de soutenir la demande en cette période d'excédents agricoles. Le programme de *Food Stamps*, qui avait été interrompu au cours de la Seconde Guerre mondiale et que l'administration républicaine avait refusé de reconduire au cours

4 Blé, céréales fourragères, riz, coton, arachide, tabac.

des années 1950, est réintroduit dans quelques régions pilotes en 1961, avant de devenir un programme permanent avec le *Food Stamp Act* en 1964. En 1966, le *Child Nutrition Act* élargit l'aide alimentaire dont bénéficient les écoles (petits-déjeuners, goûters, consommation de lait) et concerne également les enfants des familles les plus pauvres en dehors des périodes scolaires (vacances, repas du soir). Au cours des années 1960 et au début des années 1970, période d'excédents agricoles, de nouveaux programmes d'aide alimentaire sont introduits ou viennent renforcer les programmes existants. Ils reposent tous, lors de leur adoption, sur des distributions de produits agricoles et alimentaires et s'adressent à différentes catégories de la population confrontée au risque de sous-nutrition : personnes âgées, femmes enceintes et jeunes mères ou population pauvre des réserves indiennes. En 1972, est créé un programme pilote d'aide aux femmes enceintes et aux jeunes mères (*Women, Infant and Children*, WIC), qui est rendu permanent par la législation de 1974. Au moment de la création du *Food and Nutrition Service* en 1969, agence de l'USDA qui prend dès lors en charge la mise en œuvre de la politique alimentaire américaine, l'aide aux cantines scolaires repose ainsi pour la moitié de sa valeur sur des distributions alimentaires. Il est important de noter que la mission de cette agence est de contribuer à la sécurité alimentaire intérieure *en assurant un soutien au secteur agricole.*

Le contrôle de la production, l'abaissement du *loan rate* et le soutien à la demande intérieure permettent de réduire les stocks de la CCC et de diminuer la part des exportations agricoles subventionnées qui représente plus d'un tiers des exportations entre 1966 et 1970 (Devienne, 2014). La loi agricole de 1970 reconduit ces dispositions, avec quelques modifications. Le contrôle de la production ne repose plus sur des surfaces allouées par culture, ce qui permettait aux agriculteurs de mettre en place d'autres cultures sur la surface retirée de la production, en particulier du soja, mais sur le gel de terre (*set-aside*) qui s'applique sur l'ensemble de l'exploitation. Les paiements aux agriculteurs sont plafonnés à 55 000 $ par culture et par an.

LA LOI AGRICOLE DE 1973 : PRIX D'OBJECTIF ET PAIEMENTS COMPENSATEURS

Une nouvelle loi agricole est discutée au Congrès en 1973, dans un contexte radicalement différent de celui des vingt années précédentes.

Depuis le début des années 1970, le marché mondial est en pleine expansion, notamment avec la demande de l'Union soviétique qui doit recourir à des importations massives de céréales à partir de 1972. L'accroissement de la demande mondiale s'accompagne d'une forte augmentation des prix agricoles.

La loi agricole reconduit le principe de soutien au revenu des agriculteurs en mettant en avant la nécessité d'accroître la production agricole pour répondre à la demande mondiale. Le *loan rate* est fixé à un niveau légèrement inférieur au prix du marché mondial (moyenne des 3 à 5 années précédentes) ; il est encadré par un prix minimum fixé pour la durée de la législation et un maximum établi à 90 à 100 % du prix de parité. Un nouvel outil est introduit, le prix d'objectif (*target price*), qui remplace la référence au prix de parité pour le calcul des paiements de soutien. Le prix d'objectif est fixé en fonction des coûts moyens de production ; il est sensiblement inférieur au prix de parité (80 % environ pour le maïs) mais proche du niveau de soutien pratiqué dans les années 1960. Le prix d'objectif est fixé pour les deux premières années et ajusté ensuite en fonction de l'évolution des rendements et des coûts de production.

Les agriculteurs qui participent au programme de gel de terres, mis en œuvre si l'état du marché le requiert, bénéficient du prix d'objectif pour les cultures de programme (blé, maïs, sorgho, orge, coton, tabac et riz) grâce à un double mécanisme (figure 4). Si le prix de marché moyen au cours des cinq premiers mois de campagne est inférieur au prix d'objectif, ils bénéficient d'un paiement compensateur (*deficiency payment*) qui vient couvrir la différence entre le prix d'objectif et ce prix de marché, cette différence ne pouvant être supérieure à l'écart entre le prix d'objectif et le prix de soutien, les agriculteurs étant assurés de percevoir au minimum le prix de soutien par le mécanisme de prêt non exigible auprès de la CCC. Les paiements compensateurs sont calculés pour chaque culture sur la base d'une surface historique de l'exploitation et d'un rendement de référence fixé par comté (Devienne *et al.*, 2005). Jusqu'en 1977, la surface historique (*farm acreage allotment*) est pondérée par la superficie attribuée à cette culture à l'échelle fédérale, fixée en fonction de l'état prévu du marché, et devient la surface historique de l'agriculteur à partir de la loi agricole de 1977.

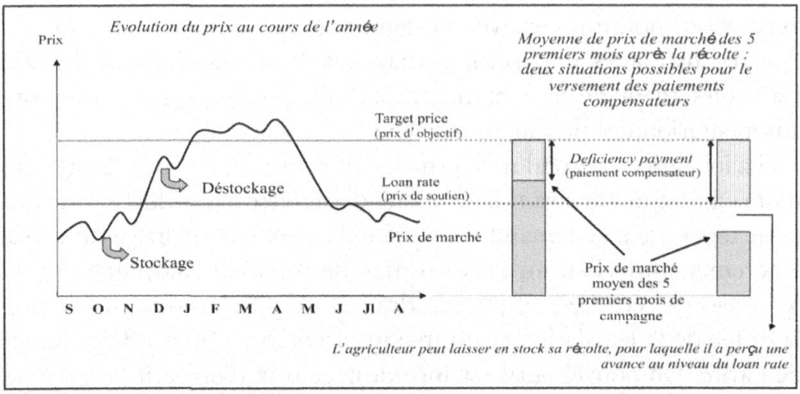

Source : auteur.

FIG. 4 – Prix de marché, prix de soutien et prix d'objectif de 1973 à 1996.

Le soja ne bénéficie que du prix de soutien grâce au stockage proposé par la CCC. Le recours au prix d'objectif n'est pas jugé nécessaire : son prix est élevé, sur un marché mondial en forte expansion sur lequel les États-Unis ont un quasi-monopole. Les pouvoirs publics encouragent la culture du soja en permettant à l'agriculteur de le cultiver à la place de l'une des cultures de programme sans en réduire sa superficie historique (Crowder *et al.*, 1990). Les programmes pour le sucre et le lait sont quant à eux reconduits sans changements majeurs. Le montant des paiements compensateurs est plafonné à un niveau relativement élevé : en 1973, la limite maximum est fixée à 20 000 dollars par personne et par production ; elle sera relevée à 40 000 $ en 1978, puis 50 000 $ en 1980, afin d'accroître le taux de participation des agriculteurs au programme et d'en améliorer ainsi l'efficacité.

L'agriculture américaine tire parti à plein de l'expansion du marché mondial grâce à la fixation du *loan rate* à un niveau proche des cours mondiaux, à la forte dévaluation du dollar consécutive à la rupture des accords de Bretton Woods en 1971 (le dollar n'est plus convertible en or), qui rend les produits agricoles américains très compétitifs, mais aussi grâce à sa productivité du travail élevée. La sécurité de revenu offerte par la politique agricole depuis les années 1930 a en effet permis aux agriculteurs qui en avaient les moyens de poursuivre leurs investissements à l'abri des aléas du marché mondial et d'accroître la productivité de leur travail. Cette évolution s'accompagne d'une augmentation des rendements et d'une spécialisation de plus en plus poussée des exploitations, qui va de pair avec la réalisation d'importants investissements dans des équipements plus performants : dans le *corn belt* par exemple, les plus grandes exploitations abandonnent à cette époque l'élevage bovin viande et/ou porcin pour se tourner vers les grandes cultures, maïs et soja, destinés à la commercialisation. Sur un marché mondial en expansion, l'agriculture des États-Unis est capable de prendre des parts de marché importantes grâce à des coûts de production très bas.

Les exportations agricoles des États-Unis s'accroissent ainsi de près de 12 % par an en moyenne entre 1970 et 1980. L'évolution de l'agriculture américaine est spectaculaire. Le blé, le maïs et le soja voient leur production doubler entre 1970 et 1982. Les exportations américaines de blé doublent elles aussi et la part des États-Unis s'accroît de 33 % à 43 % sur ce marché. L'expansion est encore plus spectaculaire pour le maïs : la part de la production exportée double, pour atteindre le quart de la production ; le volume exporté est multiplié par 4,5, ce qui permet aux États-Unis d'accroître leur part de marché, qui évolue de 50 % à 80 %. Les exportations américaines de soja triplent entre la fin des années 1960 et le début des années 1980, la part du marché mondial détenue par les États-Unis s'élevant au début des années 1980 à 85 % pour les grains et 40 % pour les tourteaux.

L'expansion du marché mondial s'accompagne de prix agricoles élevés. Les prix en monnaie constante des céréales et du soja sont multipliés par deux entre 1970 et 1973-1974, avant de diminuer tout en demeurant relativement élevés jusqu'au début des années 1980 (figure 2). Ils restent supérieurs aux prix d'objectif au cours des années 1970, qui constitue une véritable période d'euphorie pour l'agriculture américaine, qui prend des parts de marché en fonctionnant quasiment sans aides de l'État (1 à 5 milliards de dollars par an) et sans gel de terres (figure 3). L'expansion des débouchés et la réduction des stocks de la CCC ne conduisent pas pour autant à remettre en cause les programmes d'aide alimentaire mis en place au cours des années 1960, car ceux-ci ont fait preuve de leur utilité sociale (Gunderson, 2003) (Devienne, 2011). La Loi agricole de 1973, afin de compenser la diminution des surplus disponibles, alloue un budget pour l'ensemble de ces programmes et autorise les achats publics pour certains d'entre eux, dont elle confie la responsabilité à l'USDA. Les *Food stamps* sont intégrés dans la loi agricole et leurs conditions d'éligibilité élargies. Le nombre de bénéficiaires s'accroît rapidement au cours des années 1970, passant de 1 à 18 millions de personnes en 1977. Les *Food stamps* jouent un rôle crucial face à une pauvreté qui demeure persistante dans les années 1970, avec environ 25 millions de personnes au revenu inférieur au seuil de pauvreté. Cette situation conduit les pouvoirs publics à rendre gratuit l'accès aux tickets alimentaires à partir de 1977, afin de permettre à un plus grand nombre de foyers pauvres d'y avoir accès.

LES ANNÉES 1980 : RETOUR DES EXCÉDENTS ET CRISE DE L'AGRICULTURE AMÉRICAINE

Cette période d'expansion et de prix élevés fait place au début des années 1980 à une crise profonde. Consécutives au choc pétrolier de 1979, la crise économique dans les pays du Nord, la forte hausse des taux d'intérêt et l'explosion de la dette des pays du Sud se conjuguent pour entraîner une diminution de la demande mondiale de produits agricoles et une forte baisse des prix (figure 2). L'agriculture américaine subit une érosion de sa position exportatrice sur un marché mondial en stagnation pour bon nombre de productions et sur lequel la concurrence s'avive avec l'émergence de la capacité d'exportation européenne et brésilienne et l'affirmation de celle de l'Argentine, du Canada et de l'Australie (Devienne et al, 2005). Les exportations américaines sont handicapées par un dollar fort, réévalué de 50 % dans le cadre de la politique monétaire de l'administration Reagan, mais aussi par un *loan rate* que la Loi agricole de 1981, adoptée en pleine euphorie des marchés agricoles, a fixé à un niveau trop élevé. Dès la fin de l'année 1981, les prix du maïs et du blé passent au-dessous du prix de soutien tandis que le prix du soja s'établit à ce niveau. Dans ce contexte, les agriculteurs n'ont pas intérêt à retirer leur récolte du stock et l'abandonnent en fin de campagne à la CCC. Ils ont également largement recours au programme de stockage à la ferme (*Farmers-owned Reserve program*, FOR), programme adopté dans le cadre de la Loi agricole de 1977 pour réduire l'instabilité des prix liée à l'augmentation très rapide de la production agricole américaine et à sa dépendance accrue vis-à-vis du marché mondial, tout en limitant le coût du stockage pour la CCC. Le programme FOR propose aux agriculteurs un prêt au niveau du *loan rate*, non exigible, pour le stockage à la ferme pour une durée maximum de trois ans, assorti de conditions plus strictes que celles de la CCC pour le déstockage (prix de marché supérieur à 125 % du prix de soutien pour le maïs et 140 à 160 % pour le blé). Le recours à ce programme est encouragé par une prime de stockage relativement élevée et par l'annulation des intérêts au-delà d'un an de stockage.

La baisse des prix et le renchérissement des taux d'intérêt plongent l'agriculture américaine dans une crise profonde. Les stocks publics s'accumulent tandis que le gel de terres et le versement d'aides directes deviennent à nouveau indispensables pour soutenir les revenus agricoles. L'accumulation des stocks publics conduit les pouvoirs publics en 1983 à mettre en œuvre un programme renforcé de gel de terres, appelé *Payment in Kind* (PIK). Ce programme, qui est appliqué jusqu'à la loi agricole de 1985, vise à réduire à la fois la production et les stocks de la CCC pour les cultures de programme, blé, maïs, sorgho, riz et coton. Il propose aux agriculteurs de retirer de la production, au-delà du gel obligatoire pour bénéficier des aides publiques, une surface supplémentaire (10 à 30 % de leur surface historique) contre le versement en nature d'une quantité correspondant à 95 % de la production escomptée pour le blé et à 80 % pour les autres cultures. Ce programme s'inspire fortement des mesures qui avaient été mises en place à la fin des années 1950 afin de faire face aux excédents. Au total, ce sont des superficies considérables qui sont retirées de la production aux États-Unis au début des années 1980, jusqu'à 31,2 millions d'hectares en 1983 (figure 3), dont 28 millions d'hectares auraient été consacrés au blé et aux céréales fourragères, superficie légèrement supérieure aux 27 millions d'hectares de céréales européennes à l'époque (Devienne et al, 2005). Il est important de noter que les États-Unis, au cours de cette période de stagnation du marché mondial des céréales, sont le seul pays exportateur à contribuer à la régulation de ce marché en soustrayant des surfaces considérables de la production.

L'ensemble des mesures destinées à faire face à la crise représente un coût budgétaire très important (figure 5). Les excédents conduisent les pouvoirs publics à renouveler les dons en nature pour certains programmes d'aide alimentaire et à les autoriser pour la première fois pour des programmes d'urgence, en particulier au profit des associations caritatives qui mettent en œuvre des actions telles que les soupes populaires ou les banques alimentaires : le programme TEFAP (*Temporary Emergency Food assistance Program*), programme pilote, deviendra permanent dans la Loi agricole de 1990. Lorsqu'au début des années 1990 les surplus agricoles commenceront à diminuer avec la reprise du marché mondial, les achats publics seront également autorisés.

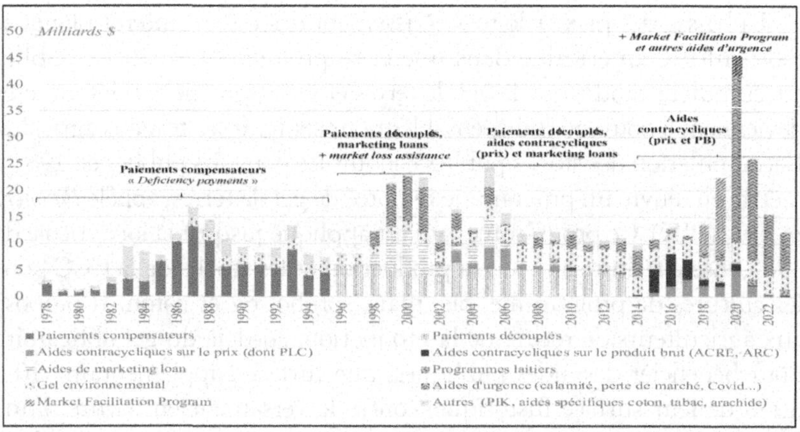

Source : USDA.

Fig. 5 – Évolution des aides directes aux agriculteurs aux États-Unis de 1978 à aujourd'hui. Le filet de sécurité de la politique agricole américaine.

LA LOI AGRICOLE DE 1985 :
UN PRIX DE SOUTIEN FIXÉ AU-DESSOUS DU COURS MONDIAL
ET DES SUBVENTIONS AUX EXPORTATIONS

Au milieu des années 1980, la réflexion autour de la législation agricole prend place dans un contexte marqué par la crise financière de l'agriculture américaine, l'accumulation de stocks importants et l'accroissement du coût budgétaire de la politique agricole, mais aussi par la volonté du président Reagan de diminuer l'intervention publique et placer l'économie agricole dans la voie de l'économie de marché. La pertinence d'une politique fondée sur le soutien des prix et le contrôle de la production est remise en cause (Effland, 2000) (Winders, 2009) : sur un marché mondial atone, le soutien des prix handicape les exportations des États-Unis, tandis que l'augmentation de la production mondiale vient saper les efforts de régulation de la production nationale. Le compromis s'établit en 1985 autour d'une politique qui vise à rendre l'agriculture américaine plus offensive sur le marché mondial tout en continuant à soutenir le revenu des agriculteurs américains. Le niveau de soutien, c'est-à-dire le prix auquel les pouvoirs publics offrent de stocker la récolte des agriculteurs pour les cultures de programme, est désormais fixé au-dessous du cours mondial, afin d'inciter les agriculteurs à ne pas avoir recours au stockage et à écouler leur production sur le marché. Il est fixé à 85 % de la moyenne du prix de marché des cinq années précédentes, en excluant les deux extrêmes, année de prix le plus bas et année de prix le plus élevé (moyenne dite « olympique »).

Pour le coton et le riz, un nouveau dispositif, le *marketing loan* ou prêt de commercialisation, incite les agriculteurs à écouler leur production sur le marché plutôt que de recourir au stockage même lorsque les prix sont bas. Les agriculteurs peuvent toucher les aides de *marketing loan* soit par le programme de prêt de la CCC, soit directement sous la forme d'un *loan deficiency payment* (Westscott, Price, 2001). La première modalité s'applique aux agriculteurs qui ont recours au stockage public : la CCC leur verse alors une avance au taux du *loan rate.* Les agriculteurs sont incités à retirer leur récolte du stock pour la commercialiser même quand le prix de marché est inférieur au *loan rate*, car ils sont autorisés à rembourser le prêt de campagne octroyé par la CCC au niveau du prix de marché et non pas à celui du *loan rate* : ils réalisent alors un bénéfice, le *marketing loan gain*, égal à la différence entre le prix auquel ils ont contracté le prêt et celui auquel ils l'ont remboursé. La seconde modalité proposée leur permet de percevoir cette aide, le *Loan Deficiency Payment* (LDP), sans recourir au stockage auprès de la CCC. Le taux du LDP est égal à la différence, lorsque celle-ci est positive, entre le *loan rate* et le prix de marché ; il varie donc chaque jour en fonction de l'évolution du prix du marché mondial. Les agriculteurs observent l'évolution de ce taux et choisissent le moment qu'ils jugent le plus opportun pour déclencher le paiement du LDP sur tout ou partie de leur récolte. Ils ne peuvent alors plus stocker ce volume auprès de la CCC mais ne sont pas obligés de le commercialiser immédiatement ; ils attendent en général que le prix de marché remonte (*ibid.*).

En cette période de cours mondiaux peu élevés, la diminution du *loan rate* a pour conséquence une augmentation des paiements compensateurs car le prix d'objectif, fixé en référence aux coûts de production, continue à s'appliquer. En dépit d'un plafonnement de ces aides à 50 000 $ par agriculteur et par production, le coût budgétaire du soutien aux revenus agricoles s'accroît fortement (figure 5) : dans le cas du maïs par exemple, les dépenses liées aux paiements compensateurs s'élèvent à plus de la moitié de la valeur de la production en 1986 et 1987, et près du tiers en 1988 (Mercier, 1989). Les paiements compensateurs sont pour la première fois conditionnés au respect de pratiques environnementales liées à la préservation des sols. Le soja, dont les prix demeurent relativement élevés, ne bénéficie toujours pas de prix d'objectif.

Pour éviter que le soutien au revenu agricole ne se traduise par un accroissement trop important des stocks et des dépenses publiques, la régulation de la production est renforcée, avec la création de la réserve foncière environnementale (*Conservation Reserve Program* ou CRP). Les agriculteurs peuvent retirer de la production pour une durée de dix ans des terres aux sols sensibles à l'érosion avec une indemnisation fixée en fonction du montant du fermage (environ 150 %) et la prise en charge de la moitié des coûts d'établissement de pratiques ou d'ouvrages de protection sur ces espaces (Young, Osborn, 1990). La réserve environnementale peut couvrir jusqu'à 18 millions d'hectares. Les surfaces mises en réserve au titre de la CRP augmentent chaque année pour atteindre environ 14 millions d'hectares au début des années 1990, ce qui représente un peu plus de la moitié de la superficie totale retirée de la production (figure 3). La législation de 1985 vise également à soutenir les exportations agricoles en renforçant les dispositifs de garantie de crédit et surtout de subvention : l'*Export Enhancement Program* (EEP) constitue une mesure de rétorsion prise face aux restitutions dont bénéficient les exportations agricoles de l'Union européenne.

Des superficies importantes continuent à être retirées de la production et les stocks demeurent importants jusqu'à la fin des années 1980. L'ensemble de ces mesures permet néanmoins aux États-Unis de stabiliser leurs parts de marché dans une conjoncture mondiale qui demeure morose (Devienne, 2014). La législation de 1990 reconduit ces mesures malgré leur coût budgétaire très important et les prolonge, avec l'introduction d'un assouplissement des assolements pour le calcul de la surface de base pour chaque culture de programme, et l'extension des *marketing loans* au soja et autres oléagineux. Les *marketing loans* sont ensuite appliqués au blé, au maïs et autres céréales fourragères en 1993, en rétorsion au piétinement des négociations commerciales de l'Uruguay Round (Debar, 2000).

LE *FAIR ACT* DE 1996
Abandon du soutien des prix et du contrôle de la production et recul de la régulation des marchés

Au milieu des années 1990, le marché mondial des produits agricoles renoue avec la croissance : la demande mondiale est repartie à la hausse, les prix sont élevés et les stocks à un niveau très bas. Toutes les prévisions d'évolution (FAO, Banque Mondiale, USDA…) sont optimistes. Le marché mondial des produits agricoles devrait connaître une évolution comparable à celle des années 1970, tirée par l'expansion de la demande de la Chine et des Nouveaux Pays Industrialisés, ainsi que celle des pays du Sud. Les États-Unis attendent également beaucoup pour le développement de leurs exportations agricoles de l'ALENA, signé en 1994, qui instaure une zone de libre-échange avec le Canada et le Mexique. Les négociations autour de la nouvelle loi agricole s'engagent dans ce contexte prometteur au sein d'un Congrès au sein duquel les Républicains ont acquis la majorité en 1995, avec l'objectif de réduire l'intervention publique dans l'économie et la société.

La loi agricole de 1996 vise à permettre à l'agriculture américaine de tirer parti au mieux de cette expansion et de l'augmentation attendue des prix agricoles en mobilisant le potentiel de production et d'exportation du pays. Les exploitations agricoles américaines enregistrent une productivité du travail élevée, qui continue à s'accroître rapidement. Dans le *corn belt* par exemple, les gains de productivité reposent, parallèlement à l'agrandissement des exploitations et à des équipements plus puissants, sur l'adoption conjointe de la technique du semis direct et des variétés génétiquement modifiées de soja résistantes au glyphosate, qui permet de simplifier et de réduire le travail des agriculteurs (Devienne, 2008).

Le *Fair Act* de 1996, dont le nom évocateur est *Freedom to Farm*, introduit une profonde rupture avec les politiques agricoles mises en place depuis les années 1930. La nouvelle loi agricole supprime la nécessité de geler des surfaces pour bénéficier des aides gouvernementales et offre une liberté d'assolement totale pour les agriculteurs bénéficiant des aides de l'État. Les États-Unis abandonnent donc la régulation de la production qui était l'un des pivots de leur politique agricole depuis les années 1930. Seul le programme de gel de terres environnemental (CRP) créé en 1985 est maintenu, et ses conditions de sortie sont assouplies pour permettre aux agriculteurs de faire face à l'accroissement de la demande. Il concerne 13,5 millions ha de terres sensibles à l'érosion ou de zones humides. Les aides de *marketing loan* sont maintenues pour l'ensemble des cultures de programme, y compris le soja ; elles sont plafonnées à 75 000 $ par personne et par an, mais la règle des trois entités permet à un agriculteur d'y ajouter la moitié de ce montant sur deux exploitations auxquels il participe en investissant du travail et/ou du capital. Le *Fair Act* consacre donc l'abandon total par les États-Unis du contrôle de l'offre pratiqué depuis les années 1930 : celui-ci en effet ne s'exerce plus, ni à moyen terme par le contrôle de la production, ni à court terme par le stockage public que les *marketing loans* n'encouragent plus.

La nouvelle loi agricole introduit également le découplage des aides à la production. Le prix d'objectif (*target price*) est abandonné et les *deficiency payments* sont remplacés par des paiements découplés, les *Production Flexibility Contract Payments*. Ceux-ci ne dépendent ni de l'évolution du prix de marché, ni du volume et de la nature des cultures réalisées par l'agriculteur. Auparavant, l'obtention des aides était liée au respect du programme de gel de terres mis en place par le gouvernement et à la réalisation sur la surface de base, historiquement constituée, des cultures de programme, voire de soja (Devienne et al, 2005). Désormais l'agriculteur est libre de réaliser les cultures de son choix (à l'exception des fruits et légumes) en fonction de la demande du marché et de l'évolution des prix, ou même de ne pas produire. Les paiements découplés auxquels il a droit s'appliquent à un volume de référence historiquement acquis par l'agriculteur, calculé en fonction de la surface de base de chaque culture de programme, qui reflète l'historique de l'assolement de l'exploitation, et du rendement moyen à l'échelle du comté. Ces paiements sont eux aussi plafonnés, à 40 000 $ par personne et par an. Le taux de ces paiements est fixé par culture par la législation. Il est prévu qu'il diminue progressivement : l'évolution favorable des prix agricoles permise par l'expansion prévue de la demande mondiale devrait permettre à l'agriculture américaine de fonctionner presque sans aides. Le découplage des aides vise à favoriser une meilleure adaptation des agriculteurs à l'évolution des marchés, en les affranchissant de la nécessité de produire les cultures de programme pour pouvoir bénéficier des subventions.

Le Congrès à majorité républicaine vote également en 1996 une profonde réforme de la politique sociale, le *Personal Responsibility and Work Opportunity Reconciliation Act*, qui consacre le passage du système du *welfare* à celui du *workfare.* L'accès à l'aide sociale pour les chômeurs en capacité de travailler est limité à cinq ans maximum au cours de leur vie (*Temporary Assistance for Needy Families*). L'aide sociale autre que médicale est destinée en priorité aux travailleurs pauvres sous la forme d'un crédit d'impôt. Cette réforme affecte l'aide alimentaire intérieure, puisqu'elle restreint les conditions d'accès aux *Food Stamps*, en excluant les immigrants légaux et en instaurant de sévères limitations pour les chômeurs de longue durée, tout en réduisant les plafonds d'aides pour les bénéficiaires. Le budget alloué aux autres programmes d'aide alimentaire, notamment les programmes scolaires et d'urgence, sont reconduits sans modifications ni diminution budgétaire.

LES ANNÉES 2000
Un retour à la sécurité du revenu des agriculteurs mais pas à la régulation de la production

Les conséquences du changement de politique agricole ne se font pas attendre. Le découplage des aides n'entraîne pas de diminution de la production, bien au contraire, puisque la régulation de la production est abandonnée. La production de maïs s'accroît et celle de soja explose. La production de blé quant à elle diminue, l'abandon du gel annuel et le découplage des aides favorisant l'évolution dans la *wheat belt* de la rotation biennale [Jachère/blé] caractéristique du *dry farming* vers la rotation triennale [Jachère / Blé / culture de printemps].

Les prévisions optimistes d'expansion du marché mondial ne se réalisent pas. La crise asiatique et la stagnation économique dans les pays de l'ex-bloc soviétique entraînent une stagnation du marché mondial agricole, sur lequel la concurrence s'avive. Les prix agricoles mondiaux s'effondrent dès 1997. Les agriculteurs américains ne sont plus protégés de l'évolution défavorable des cours mondiaux par le prix d'objectif et subissent cette baisse de plein fouet : le prix de soutien répercute la baisse des cours mondiaux tandis que les paiements directs, fixes, ont été déterminés à un niveau trop bas pour compenser la baisse des prix agricoles. Les pouvoirs publics tentent de soutenir le revenu des agriculteurs grâce au versement d'aides d'urgence (*Market loss assistance*, ou aides pour pertes de marché) qui viennent à partir de 1998 doubler le montant des paiements directs. Les aides publiques à l'agriculture, dont on prévoyait en 1996 la disparition à terme, explosent : les dépenses de la *Commodity Credit Corporation* passent de 4,6 milliards de dollars en 1996 à 32,3 en 2000 (figure 5).

LE DÉBUT DES ANNÉES 2000 : MAINTIEN DE LA POSITION OFFENSIVE DES ÉTATS-UNIS SUR LE MARCHÉ MONDIAL ET RESTAURATION DU FILET DE SÉCURITÉ POUR LES AGRICULTEURS

Cette expérience malencontreuse conduit les pouvoirs publics à revenir au principe qui avait guidé la politique agricole depuis les années 1930 : apporter une sécurité de revenu aux agriculteurs. Le *Risk and Protection Act* en 2000 propose un niveau de subvention élevé pour les assurances sur les rendements et sur le chiffre d'affaires. L'État prend en charge une partie importante de la police d'assurance des agriculteurs, avec un taux qui dépend du niveau de couverture choisi (60 % pour une couverture à 70 % du chiffre d'affaires par exemple, type d'assurance qui rencontre le plus de succès auprès des agriculteurs), il participe aux frais administratifs des compagnies privées, à qui il délègue la responsabilité de proposer les assurances aux agriculteurs, et réassure une partie des contrats les plus risqués. Le contrat repose sur le rendement moyen des quatre à dix années précédentes et, pour l'assurance sur le chiffre d'affaires, sur le prix sur le marché à terme. À la suite de la loi sur les assurances agricoles, la part des superficies assurées progresse : elle s'accroît, pour les neuf principales cultures (céréales, soja, coton, arachide), de 71 % en 1999 à 85 % en 2010, avec une proportion plus importante de superficies assurées sur le chiffre d'affaires, qui passe de 40 à 50 % en 1999 à 60-70 % dès 2001.

Le soutien public au système d'assurances agricoles n'empêche toutefois pas les pouvoirs publics de maintenir, en attendant l'adoption d'une nouvelle loi agricole, les aides d'urgence à un niveau élevé. Les assurances sur le chiffre d'affaires ne peuvent en effet se substituer à la protection de la politique agricole : elles protègent les agriculteurs face aux variations des rendements ou aux fluctuations des prix au cours de la campagne, entre le semis et la récolte. Lors d'une longue période de dépression des marchés agricoles, comme au cours de la période 1998-2007, les prix sur les marchés à terme sont bas et les assurances, même aux taux de couverture les plus élevés, ne peuvent suffire pour protéger le revenu des agriculteurs. La loi agricole adoptée en 2002 restaure le prix d'objectif, véritable filet de sécurité pour les revenus agricoles face aux fluctuations des prix sur le marché mondial. Le prix d'objectif s'applique pour la première fois aux oléagineux, le soja ayant souffert de la concurrence grandissante du Brésil et de l'Argentine et subi, lui aussi, une forte baisse de prix depuis 1997.

L'essentiel des transformations introduites en 1996 est maintenu : la régulation de la production n'existe plus qu'au travers de la réserve environnementale, tandis que le recours au stockage public, outil central de la régulation des marchés, demeure beaucoup moins encouragé puisque les aides de *marketing loan* sont reconduites. Le *loan rate* devient fixe mais il continue à être fixé au-dessous du prix du marché mondial. Les paiements découplés sont conservés et renommés « paiements directs ». Ils s'appliquent désormais aussi aux oléagineux.

Les aides contracycliques viennent donc s'ajouter à ce dispositif, aides qui permettent de couvrir l'agriculteur à la hauteur du prix d'objectif, fixé par la loi par culture en tenant compte des coûts de production. Elles s'apparentent aux *deficiency payments*, instaurés en 1973 et abandonnés lors du *Fair Act*. Les aides contracycliques sont toutefois découplées de la production, puisqu'elles s'appliquent non pas sur la production effective de l'agriculteur, mais sur 85 % du volume historique sur lequel il peut bénéficier des aides (*cf supra*), mais elles sont liées à l'évolution des prix, puisqu'elles se déclenchent lorsque le prix de marché moyen de l'année est inférieur au prix d'objectif. L'aide contracyclique vient combler la différence entre le prix d'objectif d'une part et d'autre part la somme du paiement direct découplé et du prix de marché moyen de l'année. Elle ne peut excéder la différence entre le prix d'objectif et la somme du paiement direct et du *loan rate*, puisque l'agriculteur est assuré de toucher le *loan rate* par le biais du mécanisme de prêt non exigible ou par l'aide de *marketing loan*.

La loi reconduit les règles de plafonnement des aides par agriculteur et établit la limite maximale pour les aides contracycliques à 65 000 $. Les plafonds sont cumulables et la règle des « trois entités » continue de s'exercer. Seuls sont exclus des soutiens publics les agriculteurs dont le revenu brut est supérieur à 2,5 millions de dollars, sauf si plus de 75 % de ce revenu provient de l'activité agricole. Les limites maximales sont donc très élevées, 180 000 $ par agriculteur et jusqu'à 360 000 $ avec la règle des trois entités ; les subventions sont donc accessibles même à de très grandes exploitations agricoles.

Les pouvoirs publics réintroduisent donc les outils qui étaient en vigueur depuis 1973 (prix d'objectif et prix de soutien), sans toutefois reconduire la régulation de la production grâce au gel de terres, régulation qu'ils ont été les seuls à mettre en œuvre pendant plus de 50 ans avant de l'imposer à l'Union européenne dans le cadre des accords de l'Uruguay Round. La logique de la nouvelle politique est donc de permettre aux agriculteurs de mieux s'adapter aux conditions du marché, en offrant un filet de sécurité pour leur revenu, sous la forme d'aides plus ou moins découplées et de subventions aux assurances, tout en continuant à mobiliser à plein le potentiel de production de l'agriculture américaine. Les prix restent bas jusqu'en 2005 et les aides publiques demeurent à un niveau élevé, plus de 10 milliards de dollars par an et jusqu'à 25 milliards en 2005. Elles augmentent lorsque les prix diminuent, offrant ainsi un véritable filet de sécurité aux agriculteurs. En revanche en période de demande mondiale déprimée, les excédents agricoles des États-Unis pèsent désormais de tout leur poids sur le marché, puisqu'ils ont renoncé à la régulation de la production et découragent le recours au stockage public par le *marketing loans*.

La loi de 2002 étend le prix d'objectif et les aides contracycliques au secteur laitier, après une diminution progressive du prix de soutien depuis 1981, mise en œuvre elle aussi pour faciliter les exportations. Les aides contracycliques sont plafonnées à un niveau relativement bas, équivalent à la production de 145 vaches laitières, visant plutôt les exploitations familiales dans un secteur où des troupeaux de très grande taille commencent à se développer. La loi agricole de 2002 renforce également le volet de l'aide alimentaire intérieure. Les conséquences de la réforme de la politique sociale de 1996 ne se sont pas fait attendre : le nombre de bénéficiaires de l'aide sociale a chuté des deux tiers, tandis qu'en raison de la récession économique, le nombre de familles vivant au seuil de pauvreté a augmenté depuis 2000. Cette situation conduit à assouplir dans le cadre du *Farm Bill* de 2002 les conditions d'accès aux *Food Stamps*, qui demeurent la dernière ressource des plus démunis. Le budget prévu pour la durée de la législation (2002-2007) progresse de plus de 3 milliards, représentant 150 milliards, soit 55 % du total, devant les aides directes aux agriculteurs (36 %). Les dépenses pour les *Food Stamps*, principal volet de l'aide alimentaire intérieure depuis le début des années 1970, progressent à nouveau à partir de 2002, passant de 17,8 milliards de dollars en 2001 à 33 milliards en 2007.

2008 : EXPANSION DE LA DEMANDE MONDIALE, DÉVELOPPEMENT DES AGROCARBURANTS ET RECONDUCTION DU FILET DE SÉCURITÉ

Les discussions sur une nouvelle loi agricole s'engagent en 2007 dans un contexte très favorable d'évolution des marchés agricoles, en rupture complète avec la situation qu'ils ont connue au cours des dix dernières années. Le développement des filières d'agrocarburants (diester de soja pour le gazole et surtout éthanol de maïs pour l'essence) est soutenu par une politique volontariste depuis 2000 et surtout depuis l'*Energy Policy Act* de 2005, grâce à l'exemption de taxes pour l'incorporation au carburant et à l'instauration d'une taxe à l'importation qui pour l'éthanol couvre la différence de coût de production avec l'éthanol de canne à sucre brésilien. La part de l'éthanol dans la consommation d'essence aux États-Unis est en pleine expansion depuis 2000 ; elle atteint 5 % de la consommation d'essence en 2006, absorbant près d'un cinquième de la production nationale de maïs, soit autant que les exportations. Il est important de noter qu'à l'époque ces volumes permettent aux États-Unis de réaliser les deux tiers des exportations mondiales. L'expansion de cette filière se poursuit ensuite à un rythme rapide : en 2010 la fabrication d'éthanol absorbera 40 % de la production, contribuant à 10 % de la consommation d'essence des États-Unis.

Le développement spectaculaire de cette filière contribue à l'augmentation du prix du maïs et en cascade de celui des autres grandes cultures à partir de 2006. Dans le même temps, la flambée du prix du pétrole entraîne elle aussi l'accroissement du prix de l'éthanol, du maïs et des autres cultures. La demande de produits agricoles des pays qui connaissent une croissance économique rapide comme la Chine, l'Inde, le Mexique, le Brésil, ou certains pays d'Amérique centrale ou d'Asie du Sud-Est est elle aussi en pleine expansion. En fin de compte le marché mondial des céréales, après avoir stagné à 200 millions de tonnes depuis le début des années 1980, retrouve le chemin de la croissance et l'expansion sur le marché du soja s'accélère. Les prix agricoles connaissent une envolée à partir de la fin de l'année 2006 pour atteindre un pic en 2008.

Les prévisions d'évolution du marché mondial des produits agricoles sont à nouveau très optimistes, se fondant sur l'hypothèse d'une poursuite de la croissance économique des pays des Suds et de la hausse de leur demande de produits agricoles, comme dans les années 1970. Des voix s'élèvent alors encore une fois, en particulier en Europe, pour mettre en avant le fait que les politiques de soutien à l'agriculture ne seront plus nécessaires à l'avenir, car le marché à lui seul permettra aux agriculteurs de percevoir des prix élevés pour leurs produits. Les discussions lors de l'élaboration du nouveau *Farm Bill* à partir de 2006 voient s'affronter deux points de vue radicalement opposés. D'un côté le Président, soucieux de rendre la politique agricole compatible avec la position des États-Unis à l'OMC, prône notamment le renforcement du découplage des aides directes. Au Congrès, s'exerce la pression des lobbies du monde agricole, demandeurs d'un maintien du filet de sécurité pour l'agriculture, et des contribuables, pour lesquels des aides découplées, fixes, apparaissent inacceptables dans un contexte de prix élevés. Après plus d'un an de débats, le Congrès tranche en 2008 en votant un *Farm Bill* résolument protecteur à une très forte majorité, suffisante pour se soustraire au veto présidentiel. Tirant les enseignements de l'échec du *Fair Act* de 1996, le Congrès ne fait pas le choix de faire à nouveau confiance au seul marché. Le *Food, Conservation and Energy Act* reconduit l'ensemble des dispositifs mis en place en 2002 et s'inscrit ainsi dans la continuité des objectifs poursuivis depuis 1933 : assurer la sécurité de revenu des agriculteurs afin de leur permettre de réaliser les investissements nécessaires à l'accroissement de la productivité de leur travail, condition du maintien de la compétitivité de l'agriculture américaine sur le marché international, et ce, tout en favorisant les exportations agricoles américaines. Pour logique que paraisse ce choix au regard de l'évolution de la politique agricole américaine, il est néanmoins en contradiction complète avec les engagements des États-Unis aux négociations à l'OMC.

La reconduction du filet de sécurité pour le revenu des agriculteurs a été obtenue dans un Congrès à majorité démocrate en échange d'un renforcement de la politique alimentaire. L'aide alimentaire intérieure bénéficie d'un budget accru, de près de 50 % en moyenne par an, et devient, avec deux tiers du budget de l'USDA, le programme le plus important de la politique agricole des États-Unis. Les montants octroyés pour les *Food Stamps*, qui font définitivement place à une carte électronique (*Electronic Benefit Transfer*, EBT), sont revalorisés et les critères d'éligibilité élargis. La lutte contre l'obésité, qui touche particulièrement les catégories sociales les plus défavorisées, est prise en compte dans l'ensemble des programmes alimentaires, avec une grande importance accordée à la qualité nutritionnelle de l'alimentation et un budget consacré aux fruits et légumes (cf *infra*). Le programme des *Food Stamps* devient le programme SNAP (*Supplemental Nutrition Assistance Program*).

La crise économique de 2008 provoque une montée rapide du chômage et de la pauvreté aux États-Unis, et par conséquent l'augmentation du nombre de bénéficiaires du programme SNAP. La politique de relance économique adoptée par l'administration Obama dès février 2009, *l'American Recovery and Investment Act*, alloue 20 milliards de dollars supplémentaires au SNAP, afin d'en élargir les conditions d'accès et de revaloriser le montant de l'aide accessible. Le nombre de bénéficiaires s'accroît très rapidement, de 28 millions de personnes en 2008 à 47 en 2012, soit presque un Américain sur six. Les dépenses liées à l'aide alimentaire connaissent une progression spectaculaire. Le budget du programme SNAP passe de 30 milliards de dollars en 2005-2007 à 85 milliards de dollars en 2012, plaçant ce programme au deuxième rang des programmes de lutte contre la pauvreté aux États-Unis, après le programme d'assistance médicale aux plus démunis *Medicaid* (Devienne, 2012).

LES LOIS AGRICOLES DE 2014 ET 2018 : PRIX D'OBJECTIF ET CHIFFRE D'AFFAIRES OBJECTIF ; DES AIDES D'URGENCE DE PLUS EN PLUS PRÉSENTES

La législation qui s'achève a connu des prix agricoles nettement supérieurs à ceux de la législation précédente, mais marqués par une forte volatilité. Les négociations autour du nouveau *Farm Bill* démarrent en période de prix élevés dans un Congrès où la Chambre des représentants est dominée par les Républicains, très préoccupés par la réduction du déficit public et opposés à « l'Amérique des *Food Stamps* ». La législation de 2014, après de longs débats, reconduit néanmoins le filet de sécurité pour les agriculteurs américains et l'aide alimentaire, les puissants lobbys agricoles ayant mis en avant la défense de l'agriculture familiale, afin de la préserver des effets négatifs de la volatilité des prix agricoles (Goodwin *et al.*, 2014), ainsi que la nécessité de conserver l'articulation entre politique agricole et alimentaire. La loi agricole reconduit les dispositifs en place, en introduisant cependant quelques modifications. Les paiements découplés, après avoir été très critiqués pour leur inefficacité à soutenir le revenu des agriculteurs lorsque les prix sont bas et pour leur manque de légitimité en période de prix élevés, sont abandonnés. En cette période de prix élevés, alors que les aides contracycliques n'avaient pas été déclenchées, ils représentaient environ la moitié des aides directes aux agriculteurs (environ 5 milliards de dollars).

Les aides de *marketing loan* sont reconduites, ainsi que les aides contracycliques qui constituent, avec le système d'assurance, le filet de sécurité pour l'agriculture américaine. Les aides contracycliques sont dès lors proposées sous la forme de deux options. Les agriculteurs doivent choisir pour la durée de la législation entre l'aide contracyclique sur le prix, le *Price Loss Coverage* (PLC), et l'aide contracyclique sur le chiffre d'affaires, *Agricultural Risk Coverage* (ARC). Cette seconde option prend le relais du programme ACRE, proposé en 2008, qui n'avait rencontré que peu de succès, en raison de sa complexité et de son manque d'attractivité en cette période de prix marché élevés.

Le programme PLC reconduit le programme précédent d'aides contracycliques, le prix de référence venant remplacer le prix d'objectif. Ce prix de référence est fixé à un niveau supérieur à la législation précédente. L'aide contracyclique se déclenche lorsque le prix de marché moyen de l'année passe au-dessous du prix de référence. Elle est calculée de la même manière qu'auparavant et s'applique sur un volume de référence égal au produit de 85 % de la surface de base de l'agriculteur pour cette culture et du rendement de référence à l'échelle du comté.

Le programme ARC déclenche des aides contracycliques lorsque, par unité de surface, le produit brut effectif (calculé au prix moyen de l'année) est inférieur au produit brut garanti, qui est égal à 86 % du produit brut de référence (calculé au prix le plus élevé entre le prix de référence et la moyenne olympique[5]). Les agriculteurs ont le choix entre le programme à l'échelle du comté ou à l'échelle individuelle. À l'échelle du comté (programme ARC-Co), les aides sont déclenchées par culture et les rendements sont les moyennes du comté : rendement moyen de l'année pour le produit brut effectif et moyenne olympique du rendement pour le produit brut de référence. À l'échelle individuelle, les rendements sont ceux de l'agriculteur mais les aides se déclenchent sur l'ensemble de l'exploitation : le calcul des produits bruts effectifs et de référence s'effectue de la même manière pour les rendements, mais s'applique à l'ensemble de l'exploitation, en prenant en compte la somme pondérée des différentes cultures. Dans les deux cas, le montant unitaire de l'aide contracyclique (PB effectif – 86 % du PB de référence) est plafonné à 10 % du PB de référence et s'applique sur 85 % de la superficie de base. Au sein de ce programme ARC, les agriculteurs vont plutôt choisir le programme ARC-Co, qui s'applique culture par culture.

Les agriculteurs peuvent demander à réévaluer la superficie de base pour les cultures de programme, et remplacer la superficie historiquement acquise par la moyenne des quatre années précédentes. Entre les programmes PLC et ARC, le prix de référence diffère : pour le programme PLC il s'agit d'un prix fixé pour la durée de la législation et pour les programmes ARC, la moyenne olympique peut être supérieure au prix de référence car elle est calculée sur une période où les prix étaient très élevés : c'est le cas pour le maïs et le soja, ce qui incite les agriculteurs à se tourner pour ces cultures vers le programme ARC, mais moins évident pour le blé pour lequel les choix se répartissent à égalité entre ARC et PLC. Les subventions totales (aides de *marketing loan* ou LDP et PLC ou ARC) sont limitées à 125 000 $ par individu

5 La moyenne olympique est calculée sur la base des cinq années précédentes, en excluant l'année où la valeur est la plus élevée et celle où la valeur est la plus basse, et en faisant la moyenne sur les trois années restantes.

activement engagé dans l'agriculture, sans aucune limite spécifique par programme. L'épouse d'un agriculteur peut permettre à un couple d'agriculteurs de bénéficier de 125 000 $ supplémentaires pour le calcul du plafond. Le revenu annuel de l'agriculteur – revenu extra-agricole inclus – ne doit pas dépasser 900 000 $ pour être éligible aux soutiens publics. Au cours de cette législation, les prix agricoles connaissent une forte baisse et les aides contracycliques se déclenchent. Le soutien aux programmes d'assurance est reconduit. Un nouveau programme d'assurance est proposé aux agriculteurs qui s'engagent dans le PLC, le programme SCO (*Supplemental Coverture Option*) lui aussi subventionné, qui offre une protection supplémentaire au-delà de la couverture offerte par les assurances-récolte.

Le secteur laitier connaît une réforme plus profonde, avec la suppression du prix de soutien et des aides contracycliques sur les prix, remplacés par une aide contracyclique qui garantit la marge sur le coût alimentaire. Un premier niveau de couverture est proposé par défaut, et les éleveurs peuvent se couvrir à un niveau supérieur en versant une cotisation dont le montant augmente avec le niveau de couverture, mais aussi avec la taille de troupeau. Ce système permet de protéger les éleveurs contre la volatilité du prix de l'alimentation. Malgré les débats vifs à propos de l'aide alimentaire intérieure, l'essentiel des programmes d'aide alimentaire sont reconduits et leur budget préservé, en dépit des menaces de coupes sombres dans le budget du SNAP. Le budget alloué à l'aide alimentaire intérieure représente 80 % d'un budget total de 490 milliards $ pour la période 2014-2018.

La loi agricole de 2018, votée en période de prix peu élevés, reconduit ces dispositifs avec peu de changements. Les agriculteurs n'ont plus à choisir pour l'ensemble de la période le type d'aide contracyclique. La législation, qui devait s'achever en 2023 mais qui a été prolongée d'une année, a vu les aides exceptionnelles prendre une importance jusqu'alors inconnue. En 2018 et 2019, des aides imprévues, d'un montant considérable (*Marketing Facilitation Program*) (figure 5) ont été versées aux agriculteurs pour faire face à l'embargo chinois sur les importations de soja américain, en rétorsion aux taxes à l'importation instaurées par l'administration Trump sur les produits industriels. Les années 2020 et 2021, avec le Covid, ont été marquées elles aussi par des aides exceptionnelles très importantes. Enfin les catastrophes liées au dérèglement climatique ont quant à elles déclenché des aides d'urgence pour des montants considérables. Ces épisodes montrent la réactivité des pouvoirs publics américains à intervenir, y compris en dehors de ce qui était prévu par la loi agricole, pour assurer le revenu des agriculteurs américains.

UNE NOUVELLE VOIE DE DÉVELOPPEMENT : SOUTIEN AUX PETITES EXPLOITATIONS ET AMÉLIORATION DE L'ALIMENTATION POUR LES PLUS DÉMUNIS

Les aides dont bénéficient les agriculteurs sont proportionnelles aux volumes produits, peu plafonnées et centrées sur un petit nombre de productions. Les analyses conduites depuis les années 1960 montrent que le filet de sécurité de la politique agricole américaine bénéficie surtout aux plus grandes exploitations (Bekkerman et al, 2019) (Imhoff, 2019). Cette situation a conduit les pouvoirs publics à mettre sur pied une Commission nationale des petites exploitations en 1997, qui publie un rapport *A Time to Act* (USDA, 1998) qui souligne la nécessité d'instaurer une politique de soutien spécifique aux petites exploitations, « créatrices de valeur ajoutée et d'emplois », notamment grâce au développement des circuits courts. Progressivement à partir des lois de 2002, et surtout 2008, sont mises en place des mesures de politique agricole spécifiques : micro-crédit, assurance sur le chiffre d'affaires de l'ensemble de l'exploitation, avec des taux de subvention qui augmentent avec la diversité des cultures dans l'assolement, accès au foncier grâce à la possibilité de louer des terres en gel environnemental, et articulation avec la politique alimentaire (Devienne, 2012).

La politique alimentaire, quant à elle, prend en compte de manière croissante les aspects nutritionnels. L'articulation entre l'objectif d'améliorer la qualité de l'alimentation des plus démunis et de soutenir le développement des circuits courts ne cesse de se renforcer : coupons pour l'achat de produits locaux (fruits et légumes) sur les marchés de producteurs ou directement à la ferme dans le cadre du programme WIC à partir de 1992, puis pour les personnes âgées à partir de 2001 ; extension du SNAP dans les marchés de producteurs à partir de 2008 ; programme *Farm to school* à partir de 1997 pour enrichir les repas des cantines scolaires en fruits et légumes, renforcé avec l'instauration d'une prime pour la préférence géographique de l'approvisionnement dans le *Farm Bill* de 2008. Le *Healthy Hunger-Free Kids Act* adopté en 2010, qui vise à élargir le nombre d'enfants bénéficiaires de l'aide alimentaire, à l'école et hors temps scolaire, et à éradiquer le problème de l'obésité en une génération, renforce les aspects relatifs à la qualité de l'alimentation dans les cantines scolaires grâce à l'augmentation de la part de fruits et légumes, en partie d'origine locale avec la consolidation du *Farm to School Program*. Elle met aussi en place un programme pilote pour l'approvisionnement des cantines scolaires en produits issus de l'agriculture biologique.

Ces nouvelles orientations sont confirmées dans la loi agricole de 2014, et puis sous l'administration Biden, qui en 2022 alloue 1,1 milliard de dollars à deux programmes, le *Local Food Purchase Assistance Cooperative Agreement Program* et le *Local Food for Schools Cooperative Agreement Program*, qui visent à soutenir les petites exploitations agricoles, développer l'économie circulaire et améliorer la qualité des repas dans les cantines scolaires. Ces programmes bénéficient de budgets qui restent très inférieurs aux dispositifs généraux de politique agricole et alimentaire. Ils témoignent néanmoins de nouvelles orientations de la politique agricole et alimentaire américaine, qui ne se préoccupe plus seulement de l'alimentation et du développement du marché intérieur en termes quantitatif mais se soucie désormais aussi de la qualité nutritionnelle de l'alimentation, du soutien aux petites exploitations, à la création de valeur ajoutée et au maintien de l'emploi, en mettant en place des pistes de développement originales.

CONCLUSION AU CHAPITRE

L'étude de l'évolution pendant près d'un siècle permet de mettre en évidence la grande permanence des objectifs de la politique agricole américaine, qui place au cœur de son intervention depuis 1933 la sécurité de revenu des agriculteurs. Le filet de sécurité offert aux agriculteurs a d'abord reposé sur le soutien des prix puis s'est orienté vers le soutien du revenu, grâce à des soutiens publics (paiements compensateurs, paiements découplés fixes, aides contracycliques sur le prix, puis sur le chiffre d'affaires) mais en s'appuyant également sur un système d'assurances privées largement subventionné par les pouvoirs publics. Une analyse approfondie montre que ces deux systèmes sont d'ailleurs complémentaires, offrant une protection face à des risques de nature et de temporalité différentes. La sécurité de revenu offerte par la politique agricole a permis depuis les années 1930 aux exploitations qui en avaient les moyens de réaliser les investissements leur permettant d'accroître leurs rendements et la productivité de leur travail, y compris au cours des périodes où les prix n'étaient pas favorables, ce qui leur a permis de prendre des parts de marché quand le marché mondial renouait avec la croissance comme dans les années 1970 ou plus récemment avec l'expansion du marché chinois.

L'accroissement de la production agricole a rendu l'agriculture américaine plus dépendante du marché mondial et a conduit progressivement les pouvoirs publics à mettre en œuvre une politique agricole plus offensive pour faciliter les exportations, avec successivement le développement de l'aide alimentaire internationale, l'abaissement par étapes du prix de soutien, l'abandon de la régulation de la production, les aides de *marketing loan…* Cette dépendance au marché mondial n'est pas sans risques pour les agriculteurs, et a conduit à plusieurs reprises à des interventions d'urgence, en mobilisant parfois des outils et des budgets qui n'avaient pas été prévus par la loi agricole, comme le montre l'exemple récent du *Market Facilitation Program* mis en place par l'administration Trump en 2018-2019 face à l'embargo chinois sur le soja.

Les aides apportées aux agriculteurs sont cependant restées proportionnelles à la surface et aux rendements, peu plafonnées et ont bénéficié aux exploitations les plus grandes et au développement des cultures de programme. Elles ont contribué à la concentration de la production dans des exploitations toujours plus grandes et équipées de matériel de plus en plus performant et coûteux. Ces exploitations, le plus souvent familiales ou patronales, sont de véritables colosses aux pieds d'argile, fragiles face aux aléas économiques et climatiques, et ce d'autant plus qu'elles se sont de plus en plus spécialisées et concentrées sur un petit nombre de productions soutenues par la politique agricole. Les systèmes de production qu'elles mettent en œuvre, peu résilients, sont d'autant plus dépendants de l'intervention publique. La nécessité d'une intervention publique pour protéger des aléas du marché mondial cette agriculture familiale est d'ailleurs un argument mis en avant par les puissants lobbys agricoles au Congrès, qui sont parvenus jusqu'à aujourd'hui à la maintenir, en dépit du fait que les soutiens sont très inégalement répartis et que le revenu moyen des agriculteurs est supérieur au revenu moyen du citoyen américain.

La concentration des aides sur un petit nombre de productions a encouragé la simplification des rotations et des assolements, comme le montre la répartition des cultures aux États-Unis, les quatre principales cultures soutenues par la politique agricole (maïs, soja, blé et coton) occupant près des trois quarts des superficies cultivées. Cette faible diversité des cultures, qui se double d'une spécialisation régionale qui en accentue encore le trait, contribue, elle aussi, à la faible résilience de l'agriculture, tant face aux aléas du marché mondial que face à ceux du changement climatique dont les effets à venir ne feront que s'aggraver. Cette situation laisse à penser que sans transformation majeure, la dépendance de l'agriculture américaine aux soutiens publics, assurances et aides d'urgence, a toutes les chances de perdurer, voire de s'amplifier à l'avenir. Par ailleurs la forte concentration autour d'un petit nombre de productions renforce la dépendance des États-Unis aux importations, ce qui contribue au déséquilibre de la balance commerciale agroalimentaire.

Le soutien indéfectible de la politique agricole a pour conséquence la capitalisation des aides dans le foncier, tant au niveau du prix de vente que du fermage, et ce d'autant plus que l'État n'intervient pas sur ce marché. Ce processus de capitalisation des aides dans le foncier s'est accéléré avec le découplage partiel introduit en 1996 ; une partie des subventions est ainsi captée par les propriétaires fonciers, dont les deux tiers ne sont pas des agriculteurs (Burfisher, Hopkins, 2003). Ainsi la compétitivité de l'agriculture américaine est-elle pénalisée par les charges foncières qui absorbent une part très importante de la valeur ajoutée produite par des exploitations, dont le revenu, en période de prix bas, est constitué en grande partie des aides directes (Devienne *et al.*, 2005). La comparaison des coûts de production du soja avec le Brésil par exemple montrait récemment que les coûts de production sont plus élevés aux États-Unis, non pas en raison d'un différentiel de productivité du travail, mais notamment à cause d'un coût d'accès au foncier bien supérieur (Valdes et al, 2023).

Le soutien à l'environnement est le parent pauvre de la politique agricole américaine, alors même que les États-Unis sont sans doute le premier pays à avoir mis en œuvre une politique agroenvironnementale dans les années 1930, contre le *Dust Bowl* et à avoir instauré l'éco-conditionnalité des aides en 1985. Les préoccupations restent cependant centrées sur la préservation des sols et des zones humides. Les budgets dédiés à l'environnement sont souvent réduits en cours de législation pour abonder le budget consacré au soutien du revenu des agriculteurs qui est la priorité des pouvoirs publics. L'agroécologie n'apparaît pas non plus comme un objectif important de la politique agricole.

Enfin la grande originalité de la politique agricole américaine réside sans nul doute dans l'articulation étroite entre politique agricole et politique alimentaire dès les années 1930. Celle-ci n'a cessé de se renforcer, et le budget de la politique alimentaire de se consolider. Conçue au départ comme le moyen d'écouler les excédents, dont la coexistence avec la sous-nutrition d'une part importante de la population apparaissait impensable, elle est encore jugée comme une politique de soutien à la production agricole car elle permet d'augmenter la consommation alimentaire des plus défavorisés et est à cet égard plus efficace qu'une aide monétaire. Il s'agit bien d'une politique d'inspiration keynésienne dont les effets positifs sur le secteur agricole et l'ensemble de l'économie sont reconnus. Elle joue également un rôle politique majeur car renforcer la politique alimentaire permet d'obtenir au Congrès, lors de la négociation de chaque *Farm Bill*, le soutien politique nécessaire à la reconduction ou au renforcement d'une politique de soutien aux agriculteurs.

Cette politique a connu des adaptations récentes qui lui permettent de répondre à des questions nouvelles dans le domaine de l'alimentation (qualité nutritionnelle, lutte contre l'obésité) comme de l'agriculture (soutien apporté aux petites exploitations agricoles, développement des circuits courts). Elle constitue par ailleurs le dernier rempart contre la pauvreté pour la population américaine la plus défavorisée et ce, dans un contexte où l'aide sociale est déficiente. La question est de savoir si cette sorte de « bipolarisation » de la politique agricole va se poursuivre, avec un soutien important aux grandes exploitations, qui destinent une part importante de leur production aux exportations, et un soutien, bien moins important mais néanmoins croissant, aux petites exploitations, à l'alimentation de qualité et à l'emploi, au travers d'une politique qui s'appuie largement sur l'aide alimentaire et propose des pistes de développement originales. De nombreuses voix s'élèvent aujourd'hui pour réclamer une loi agricole qui réponde mieux aux enjeux environnementaux, notamment le changement climatique, permettant d'évoluer vers une agriculture plus résiliente (Imhoff, 2019) (Pouch, Raffray, 2023). D'une certaine manière, on peut se demander si la permanence de la politique agricole américaine n'est pas devenue, en fin de compte, un talon d'Achille pour l'agriculture de ce pays.

Sophie DEVIENNE
AgroParisTech
Académie d'Agriculture de France

GENÈSE ET ÉVOLUTION DES POLITIQUES AGRICOLES CANADIENNES ET QUÉBÉCOISES

L'objectif de ce chapitre est d'analyser les dynamiques économiques, historiques, politiques et institutionnelles qui ont façonné les orientations des politiques agricoles au Canada et au Québec, afin de mettre en lumière les points de rupture, mais aussi les logiques persistantes. Il trace un portrait des spécificités canadiennes en matière d'agriculture et de politiques agricoles, et propose une analyse de l'évolution des interventions gouvernementales fédérales et québécoises avec un accent sur les politiques de gestion des risques. Ce chapitre traite également de spécificités institutionnelles canadiennes incontournables, soit la gestion de l'offre et la mise en marché collective.

LE CANADA AGRICOLE

Deuxième plus grand pays au monde en termes de superficie, le Canada compte 10 provinces, dont le Québec, et trois territoires fédéraux. Malgré sa taille, le Canada utilise une très faible proportion de ses terres à des fins agricoles, soit 6,2 %, principalement à cause de la qualité des sols et de la nature du climat (Statistiques Canada, 2022). Les terres agricoles sont concentrées dans les Prairies, au Québec et en Ontario. L'agriculture générait un PIB de 36,3 milliards de dollars canadiens en 2022, soit 1,8 % du PIB total (Agriculture Agroalimentaire Canada, 2023). L'ensemble du secteur agricole et agroalimentaire fournit pour sa part un emploi sur 9 au pays et compte pour 7 % (143,8 milliards de dollars) du PIB total.

Le Canada est le cinquième plus grand pays exportateur de produits agroalimentaires au monde avec une valeur exportée de 92,8 milliards de dollars en 2022 (Statistiques Canada, 2023). Ce positionnement vers l'exportation pourrait laisser croire qu'il est en faveur des thèses économiques libérales en matière d'échanges commerciaux agricoles. Cependant, l'agriculture canadienne présente une dualité marquée qui nuance cette position apparente. Une part de l'agriculture canadienne, notamment celle des Prairies canadiennes, est orientée vers l'exportation pour des produits tels que les céréales, les oléagineux, le porc et le bœuf (figure 1). Pour leur part, les secteurs laitiers et avicoles, qui se concentrent au Québec et en Ontario, sont orientés vers le marché domestique et adoptent une politique protectionniste de gestion de l'offre avec des quotas de production.

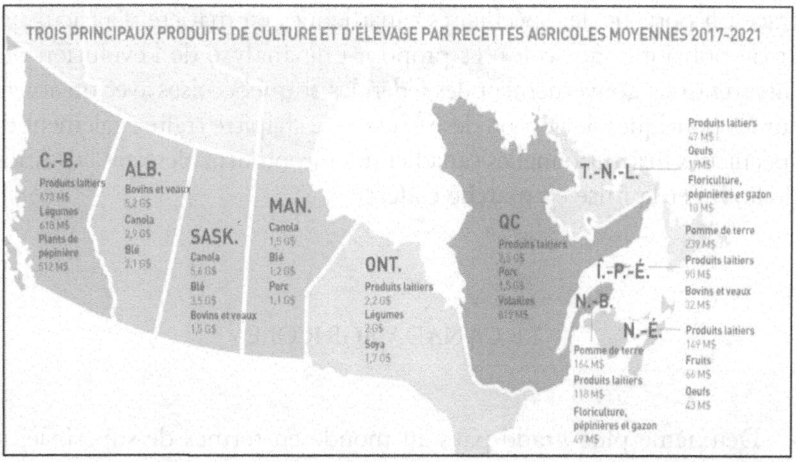

Source : Agriculture et Agroalimentaire Canada, 2022.

FIG. 1 – Recette des principaux produits agricoles par province, moyenne 2017-2021.

SPÉCIFICITÉS DES POLITIQUES AGRICOLES AU SEIN DU CANADA

La dualité de l'agriculture canadienne a créé de nombreux défis pour l'élaboration d'une politique d'ensemble cohérente. Selon la Constitution canadienne, l'agriculture relève d'une juridiction partagée entre le gouvernement fédéral et ceux de chacune des provinces. Ainsi, le gouvernement canadien met en place des programmes utilisés dans toutes les provinces, mais ces dernières peuvent développer leurs propres initiatives dans certains domaines. À titre d'exemple, le commerce interprovincial et international ainsi que l'homologation de pesticides relèvent du gouvernement fédéral tandis que la formation agricole, la protection du territoire agricole, la mise en marché collective, le commerce de produits sur le territoire provincial ainsi que la réglementation entourant l'utilisation des pesticides agricoles relèvent des gouvernements provinciaux. Pour leur part, le soutien des revenus agricoles, le financement agricole, la gestion de l'offre, la recherche et l'innovation dépendent des deux paliers gouvernementaux.

Les dépenses publiques[1] pour le secteur agricole proviennent donc du gouvernement fédéral et de ceux des provinces. Les dépenses de l'ensemble des provinces à leur agriculture sont généralement inférieures à celles du gouvernement canadien, à l'exception de la décennie 2010 (figure 2). Une partie de ces dépenses passent par des programmes à frais partagés entre les gouvernements fédéral et provinciaux, et une autre part par des programmes qui sont spécifiques à chacune des provinces.

1 Les dépenses publiques reflètent une partie de l'intervention gouvernementale, et n'incluent pas les interventions non monétaires, comme les mesures de régulation des marchés (p.ex. gestion de l'offre). Dans la figure 2, toutes les dépenses publiques associées au secteur agroalimentaire sont considérées, incluant notamment les programmes de soutien et de stabilisation des revenus agricoles, d'assurances, d'entreposage et transport, d'aide alimentaire, de développement rural et régional, d'enseignement.

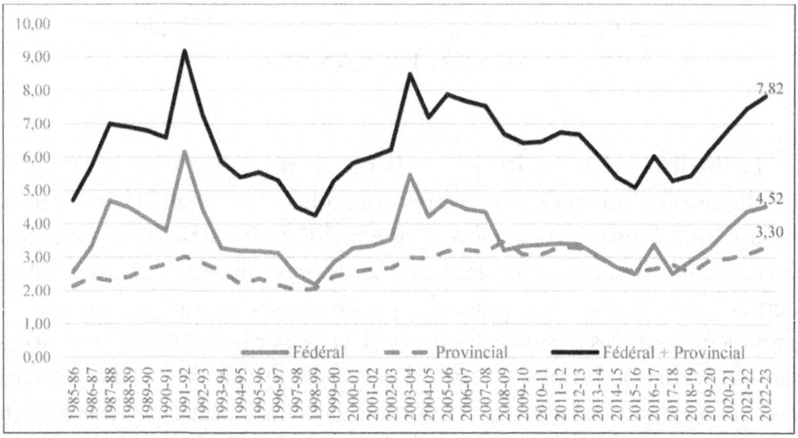

Source : Agriculture et Agroalimentaire Canada, Direction de la recherche et de l'analyse, 2024.

FIG. 2 – Dépenses publiques fédérales et provinciales au secteur agroalimentaire, en milliards de dollars canadiens, Canada, 1985-1986 à 2022-2023.

Le Québec se distingue de la plupart des autres provinces en ayant développé, depuis plus d'un siècle, plusieurs programmes, lois et politiques qui lui sont propres. Cela se reflète d'ailleurs dans la proportion des dépenses publiques agricoles. En 2022-2023, la part du soutien public provincial était de 42 % des dépenses totales canadiennes, comparativement à 60 % au Québec (AAC, 2024). Le Québec a par ailleurs développé des outils de soutien au secteur agricole dans une logique qui lui est spécifique. Un chapitre consacré à la politique agricole canadienne doit tenir compte de cette spécificité, c'est pourquoi une section sera dédiée spécifiquement à l'évolution des politiques au Québec.

GENÈSE DES POLITIQUES AGRICOLES CANADIENNES

L'évolution de la politique agricole canadienne peut être mise en perspective sur une base de grandes périodes avec des points de rupture, causés le plus souvent par des facteurs exogènes au secteur, telles les périodes de guerres, l'évolution des marchés ou encore les considérations d'équilibre budgétaire des finances publiques. Cette section retrace les grandes périodes de l'évolution de l'intervention étatique canadienne en matière agricole.

L'origine de l'intervention canadienne en agriculture remonte à l'établissement de la Constitution canadienne en 1867, qui précise le partage des compétences entre les gouvernements fédéral et provinciaux. Dès lors, la volonté gouvernementale de faire de l'agriculture canadienne un « instrument de développement national, une source d'approvisionnement alimentaire peu dispendieuse pour la population, ainsi qu'un marché pour le secteur manufacturier » s'est imposée (Tyrchniewicz et Tyrchniewicz, 2005, p. 9). L'occupation des terres de l'Ouest est alors à l'avant-plan, le gouvernement fédéral adoptant une logique de colonisation en distribuant des terres dans les Prairies. L'adoption de la Loi du Nid-de-Corbeau en 1897 montre bien l'étroite relation entre la construction du chemin de fer transcanadien et le développement de l'agriculture de l'Ouest. Dans le cadre de cette loi, le gouvernement fédéral finançait le passage du chemin de fer au travers des Rocheuses par le Col du Nid de Corbeau en échange d'un tarif préférentiel, et supposé perpétuel, chargé par les compagnies ferroviaires pour le transport des grains (Gouin, 2010). Ces tarifs, qui contribuaient à améliorer la position concurrentielle des exportations canadiennes de grains, resteront en vigueur près d'une centaine d'années. Au cours de la même période, le gouvernement fédéral adoptait les premières mesures en matière de crédit agricole et intervenait dans la commercialisation par des mesures d'encouragement au développement du mouvement coopératif. L'objectif général des interventions était d'étendre l'agriculture d'un point de vue géographique et de la développer en augmentant sa productivité.

La Grande Dépression qui frappe l'Amérique du Nord au début des années trente se double d'une crise agricole qui présente des caractéristiques assez comparables aux États-Unis et au Canada. La demande pour les produits agricoles fléchit, on observe une chute sans précédent des prix agricoles, en même temps qu'une sécheresse prolongée dans les Prairies. Les revenus des agriculteurs sont durement affectés. Face à une crise agricole sans précédent qui accompagne une crise de l'ensemble de l'économie, les gouvernements canadiens et américains ont été incités à accroître leur intervention en faveur d'un meilleur contrôle des fluctuations des prix agricoles. Les mesures mises de l'avant à cette période se sont surtout limitées à répondre à des impératifs conjoncturels précis (soutien d'urgence aux agriculteurs des Prairies) et ne prenaient pas nécessairement la forme d'une intervention coordonnée visant le soutien des revenus ou des prix des producteurs. Seules des institutions telles que la Société de crédit agricole (1929) qui avait pour objectif de faciliter l'accès au capital pour les producteurs, et la Commission canadienne du blé (1935) qui s'était vu accorder un monopole à l'exportation du blé et d'autres céréales produites dans les provinces des Prairies, venaient intervenir plus largement sur l'économie agricole.

Outre les aides d'urgence, le gouvernement canadien se limitait à encourager le regroupement de l'offre, notamment la création de coopératives, afin que les producteurs puissent aller chercher, par eux-mêmes, leur rémunération sur le marché. Sans être un objectif officiel, ce principe d'autonomie et d'indépendance des producteurs face aux pouvoirs publics a néanmoins marqué profondément les débuts de l'intervention canadienne en agriculture, ainsi que les politiques qui ont suivi. Conséquemment, contrairement à la politique agricole américaine développée à la même époque, la politique agricole canadienne ne bénéficiait que de budgets modestes (Debailleul et Gouin, 1998) et ne possédait pas non plus d'objectifs de développement explicites.

ÉVOLUTION DES PROGRAMMES CANADIENS DE GESTION DES RISQUES AGRICOLES

L'engagement financier du gouvernement fédéral en faveur de l'agriculture va connaître un véritable envol avec la mise en place de l'économie de guerre (Gouin, 2010). La Deuxième Guerre mondiale ferme les débouchés pour les exportations de blé, mais ouvre ceux des produits animaux, viande et produits laitiers, essentiellement à destination de l'Angleterre. De fait, les politiques mises de l'avant ont surtout visé le contrôle et l'orientation de la production vers les besoins des pays alliés (Tyrchniewicz et Tyrchniewicz, 2005). Les interventions du gouvernement vont donc consister à encourager une adaptation de l'agriculture, un accroissement de la production et de la productivité, tout en évitant une inflation des prix.

Les initiatives fédérales dans le domaine agricole se multiplient pendant cette période. En 1941 est mis en place le Programme d'aide au transport des céréales fourragères de l'Ouest vers l'Est du Canada et la Colombie-Britannique afin d'encourager la production animale dans ces régions. Ce programme contribuera d'ailleurs de manière significative au renforcement de la spécialisation des régions agricoles canadiennes. Dans le même temps, des prix minimums ont été instaurés pour certaines productions afin d'encourager la croissance de l'offre, tandis que des prix plafonds ont été imposés à d'autres, pour contrer l'effet de l'inflation et de la rareté (Morisset, 1987). Pendant cette période, le secteur agricole a été mis à contribution dans « l'effort de guerre » du Canada et a réagi rapidement à la demande accrue de produits animaux pour le marché d'exportation. Cette augmentation de la production a nécessité un effort financier important du gouvernement fédéral. Ce financement ne visait pas tant à supporter les producteurs, qu'à « soutenir l'effort de guerre en approvisionnant les Alliés du Canada et à contenir l'inflation intérieure et les prix à la consommation » (Skogstad, 2006). La croissance de l'intervention canadienne en agriculture était alors le fait d'un contexte particulier.

La guerre terminée, le maintien de l'intervention de l'État dans l'agriculture va être justifié par les très fortes fluctuations qu'enregistrent les prix agricoles durant les années 1950 et 1960. Ces fluctuations sont alimentées par l'instabilité des marchés internationaux, mais aussi par les augmentations de rendement qu'enregistrent la plupart des productions. Les engagements financiers élevés seront permis par la très forte croissance économique que connaît le Canada de l'après-guerre et par l'adhésion des élites politiques à la doctrine keynésienne qui fait de l'État le responsable de la stabilité économique du pays. Pour enrayer la dégradation des revenus agricoles qui caractérise les années 1950-1970, le gouvernement fédéral a mis en place les principaux outils qui vont accompagner et influencer l'évolution de l'agriculture canadienne jusqu'à une période récente. Jusque-là, l'intervention fédérale avait été une continuité de ce qui avait été privilégié historiquement, soit un soutien visant à affecter le moins possible le système de marché concurrentiel de la fixation des prix (AGÉCO, 2008). Les nouveaux instruments de protection du revenu agricole seront essentiellement de trois ordres : 1) des régimes d'assurances récolte dans les provinces, programmes co-financés par le gouvernement fédéral ; 2) des paiements directs qui compensent l'écart observé entre le prix de marché et un revenu cible, basé sur la moyenne mobile des prix des cinq années précédentes ; 3) un plus grand contrôle accordé aux producteurs sur le prix de marché par le biais des offices de commercialisation. La plupart des productions bénéficieront de ce renforcement de la régulation agricole, mais tout particulièrement les céréales et le lait, les productions les plus importantes respectivement dans l'Ouest et dans l'Est du pays.

La décennie 1970 débutait par des excédents structurels et la nécessité de reconfigurer l'agriculture canadienne face à des marchés internationaux peu dynamiques et peu attrayants. Cependant, les achats massifs de céréales par l'URSS en 1972, suivis de l'augmentation du pouvoir d'achat des pays pétroliers à la suite du premier « choc pétrolier », ont provoqué une explosion sur le marché des céréales et des oléagineux. Cette période de prix élevés a toutefois été de courte durée et la crise générale de l'économie du début des années 1980 (inflation, hausse des taux d'intérêt, chômage, déficit budgétaire gouvernemental, endettement privé et public) assombrit la situation du secteur agricole. Les négociations multilatérales, initiées en 1986 sous l'égide du GATT[2] (aujourd'hui appelé Organisation mondiale du commerce ou OMC), reflétaient la volonté de nombreux gouvernements de réduire leur soutien public au secteur et de libéraliser le commerce des produits agricoles. Néanmoins, malgré les discours, le soutien des gouvernements au secteur agricole augmentera dans la décennie 1984-1994, en pourcentage des recettes agricoles (figure 3, flèche 1).

2 Acronyme pour Accord général sur les tarifs douaniers et le commerce.

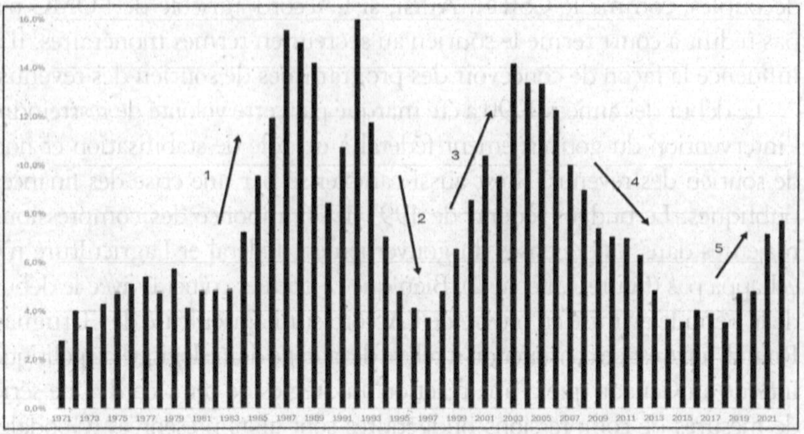

Paiements directs canadiens nets des cotisations des producteurs, incluant notamment les paiements gouvernementaux d'assurance récolte, d'Agri-investissement, d'Agri-stabilité, de programmes provinciaux de stabilisation, et d'assurance grêle privée.
Source : Statistique Canada. Tableau 32-10-0045-01 Recettes monétaires agricoles, annuel.

FIG. 3 – Pourcentage des paiements directs*
sur les recettes monétaires agricoles, Canada, 1971-2022.

C'est dans ce contexte particulier qu'a été entrepris en 1989 un processus de consultation sur la révision de la politique agricole canadienne. Cette première grande réflexion sur les orientations de la politique agricole canadienne marque un tournant dans la conception des programmes de soutien des revenus. Le document de réflexion en appui au processus utilisait systématiquement les termes « stabilisation des revenus » plutôt que « soutien des revenus ». Il assumait dorénavant le fait de laisser au marché la capacité de garantir sur le moyen et le long terme un revenu satisfaisant aux producteurs (Debailleul et Gouin, 1998, p. 32). Cela se concrétisera dès 1990 par la mise en œuvre du Compte de stabilisation du revenu net (CSRN), le premier programme de soutien basé sur les revenus globaux de l'entreprise agricole (et non pas sur les revenus ou le prix d'un produit spécifique), qui sera remplacé plus tard par Agri-investissement. Cette évolution est à mettre en parallèle avec les négociations de l'Accord agricole de l'OMC qui se déroulaient au même moment et qui insistaient sur la réduction des soutiens couplés à une production spécifique, et qui favorisaient plutôt les programmes dits découplés, comme le CSRN. Ainsi, si l'Accord agricole de l'OMC n'a pas réduit à court terme le soutien au secteur en termes monétaires, il a influencé la façon de concevoir des programmes de soutien des revenus.

Le début des années 1990 a été marqué par cette volonté de restreindre l'intervention du gouvernement fédéral à un rôle de stabilisation et non de soutien des revenus. Il est aussi caractérisé par une crise des finances publiques. Le budget fédéral de 1995-1996 annonce des compressions majeures dans les dépenses du gouvernement fédéral et l'agriculture n'y échappa pas (figure 3, flèche 2). Bien que ce budget coïncide avec le début de la période de mise en œuvre de l'Accord sur l'agriculture de l'Uruguay Round, force est de constater qu'il relève davantage d'une logique de politique interne au Canada que d'une réaction aux règles de cet accord. Une série de mesures de compressions budgétaires sont alors présentées (Goodale, 1995), parmi lesquelles l'abolition des subventions au transport des céréales du Nid-de-Corbeau, la suppression du subside laitier[3], la restructuration et fermeture de centres de recherche agricole, une diminution des sommes réservées aux programmes de sécurité des revenus des agriculteurs et une rationalisation des activités des services d'inspection.

Afin de dégager une nouvelle vision en matière de politique agricole au Canada, le gouvernement fédéral a convié les gouvernements provinciaux et territoriaux en 2001 (Comité d'examen du CSA, 2006, p. 11). Cela a constitué le début d'une nouvelle ère pour les politiques agricoles canadiennes marquées par la recherche de plus d'uniformité entre les provinces et complétées, à partir de 2003, par l'établissement d'ententes quinquennales. Ainsi, pour la première fois, les gouvernements (fédéral, provinciaux et territoriaux) se dotent d'orientations et de programmes à frais partagés en signant un Accord-cadre multilatéral qui est révisé à tous les cinq ans (figure 4).

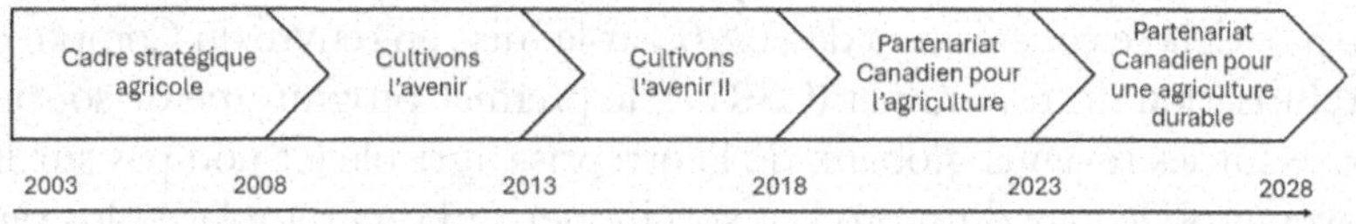

FIG. 4 – Politiques agricoles quinquennales, Canada, 2003-2028.

3 Une subvention directe versée depuis les années 1970 aux producteurs laitiers.

Sur le plan budgétaire, le gouvernement fédéral impose, afin de réduire les disparités entre les programmes en vigueur dans les différentes provinces, d'adopter un partage uniforme des coûts des programmes couverts par l'Accord, soit 60 % par le fédéral et 40 % par les provinces. Avant 2002, le gouvernement fédéral contribuait aux programmes provinciaux par des ententes spéciales ; par exemple, la part des dépenses fédérales pour des programmes du gouvernement canadien qui n'étaient pas en vigueur au Québec était versée dans les programmes spécifiquement québécois comme l'Assurance-stabilisation des revenus agricoles (ASRA), dont il sera question ultérieurement. Le nouveau principe de partage des responsabilités financières (60-40) oblige dorénavant les provinces à mettre en œuvre les programmes fédéraux sur leur territoire pour pouvoir bénéficier des fonds du gouvernement canadien.

Toujours au cours de la même période, la mise en œuvre d'un nouveau programme de gestion des risques (le PCSRA qui sera remplacé plus tard par Agri-stabilité) a définitivement orienté les politiques de soutien des revenus vers le concept du soutien découplé. Ceci confirme une nouvelle fois la volonté gouvernementale d'orienter l'agriculture canadienne vers le marché, en ne soutenant pas, mais en stabilisant à moyen terme, les marges des entreprises agricoles. En effet, bien que le libellé des énoncés de ces quatre politiques quinquennales soit bien entendu quelque peu différent, ajusté au contexte de chacune des périodes de leur élaboration, une ligne directrice semble s'en dégager en matière de gestion des risques agricoles. La première des trois politiques reportait avant tout sur les producteurs agricoles le soin d'« intervenir de façon proactive afin de réduire les risques de l'entreprise » (Comité d'examen du CSA, 2006, p. 3). Les objectifs de Cultivons l'avenir mentionnaient « un secteur qui gère les risques de façon proactive ». Finalement, le Cultivons l'avenir 2 comprend une série de programmes de « gestion des risques de l'entreprise pour aider les agriculteurs à gérer le risque attribuable aux graves instabilités de marché et aux catastrophes ». Il semble que l'intervention canadienne soit de plus en plus loin du soutien pour se rapprocher d'une logique de stabilisation des revenus uniquement en cas de perturbations majeures.

Le début des années 2000 a été marqué par une série de chocs dans le secteur agricole canadien : crise de l'ESB (Encéphalopathie spongiforme bovine), épisode de grippe aviaire en Colombie-Britannique, inondations et sécheresses dans les Prairies, et forte appréciation du dollar canadien par rapport au dollar américain, mettant en péril la compétitivité des filières agroalimentaires exportatrices. En réponse à ces crises, le gouvernement fédéral a dû mettre en place des programmes ad hoc. Le budget alloué à la stabilisation des revenus a donc largement dépassé les prévisions au cours des premières années du Cadre stratégique pour l'agriculture (figure 3, flèche 4).

Passé ces chocs, le secteur agroalimentaire a bénéficié d'un environnement économique plus favorable avec la remontée du prix des céréales et oléagineux de façon importante à compter de 2007. Bien que les difficultés économiques aient perduré dans les secteurs bovins et surtout porcins, ces productions animales n'ont pas bénéficié de nouveaux programmes ad hoc d'importance. Le soutien fédéral a diminué de façon importante à partir de 2007, à la fin du premier Cadre stratégique, jusqu'à atteindre un plancher durant la période 2014-2018 (figure 4, flèche 5). Depuis 2018, ce n'est plus l'instabilité des marchés qui cause tant problème, mais surtout les aléas climatiques importants (sécheresses, inondations). Une nouvelle hausse émerge alors dans les paiements directs aux entreprises agricoles (figure 4, flèche 5) alimentée par les indemnités versées par les programmes d'assurance récolte (figure 5). Situation inédite, les coûts de l'assurance récolte surpassent ceux des programmes de gestion des risques des marchés. Le gouvernement canadien qui était sorti d'une logique de soutien des revenus lui permettant de mieux contrôler les coûts de sa politique agricole, se retrouve dans une logique de soutien croissant lié aux conditions agroclimatiques. Ironie du sort pour un pays grand exportateur de pétrole ! Une tendance qui perdurera probablement, dans le contexte de changements climatiques et d'accroissement des événements climatiques extrêmes. La figure 5 présente l'évolution des paiements directs versés par les gouvernements selon les principaux programmes de gestion des risques, notamment les programmes d'assurance-récolte, d'Agri-stabilité et d'Agri-investissement. Agri-stabilité est un programme qui compense les baisses importantes (30 %) des marges brutes[4] des exploitations agricoles. Agri-Investissement, pour sa part, est un incitatif à l'épargne. Chaque exploitant agricole verse dans un compte un pourcentage de ses ventes nettes[5], doublée d'une

4 Telles que définies par le programme (pour plus de détails, consultez Agriculture et Agroalimentaire Canada).

5 Idem.

contribution des gouvernements d'un même montant ; l'exploitant peut retirer les fonds disponibles dans le compte à tout moment.

Du côté des interventions sur les marchés, la dualité entre l'Ouest et l'Est du Canada est frappante. Dans l'Ouest, le monopole à l'exportation pour le blé et l'orge que détenait la Commission canadienne du blé (CCB) a été aboli en 2012. Non seulement, l'orientation est de donner la possibilité aux producteurs de saisir « les opportunités en répondant aux exigences du marché », mais il semble que pour le gouvernement fédéral, cela passe davantage par l'initiative individuelle que par l'organisation collective. Il s'agit d'un tournant dans l'appui, ou plutôt la fin de l'appui, à la mise en marché collective sur une base coercitive pour les producteurs des Prairies. La donne est différente pour la gestion de l'offre dans les secteurs laitier et avicole, dont la plus grande part est produite dans l'Est du pays. Ce système perdure et s'ajuste, et cela malgré les pressions externes qu'il subit, notamment lorsque le gouvernement canadien accorde un accès supplémentaire au marché canadien à certains produits laitiers et de la volaille, dans ses négociations commerciales avec les États-Unis, l'Europe et d'autres pays (Royer *et al.* 2014).

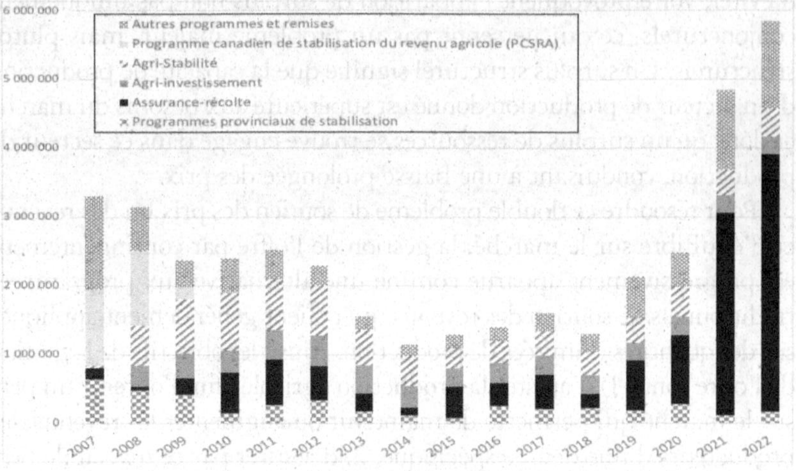

Source : Statistique Canada. Paiements directs versés aux producteurs agricoles.

FIG. 5 – Paiements directs versés par les gouvernements aux producteurs agricoles, Canada, selon les principaux programmes, 2007-2022 (en milliers de dollars canadiens).

ÉVOLUTION DE LA MISE EN MARCHÉ COLLECTIVE ET DE LA GESTION DE L'OFFRE

La plupart des programmes agricoles canadiens et québécois sont conçus pour corriger les effets négatifs des baisses importantes de prix sur le revenu des producteurs agricoles, et en n'agissant qu'occasionnellement. Ces programmes n'interviennent pas directement sur le processus de formation des prix, leur action se situe plutôt a posteriori. Les producteurs reçoivent le prix du marché et, par la suite, une compensation est versée si ce prix ne permet pas d'atteindre les objectifs (en matière de marge brute ou de revenu) établis. Ces programmes font donc confiance dans une certaine mesure aux mécanismes du marché pour assurer la majeure partie de la rémunération des producteurs agricoles et, aussi, pour éviter de trop grands déséquilibres entre l'offre et la demande. Cependant, on constate qu'à long terme, si ces programmes sont relativement efficaces dans leur objectif de stabiliser le revenu adéquat, ils ne permettent pas d'éviter, voire provoquent l'apparition de surplus non pas uniquement conjoncturels, ce qui ne serait pas un problème majeur, mais plutôt structurels. Un surplus structurel signifie que la capacité de production d'un secteur de production donné est supérieure aux besoins du marché et donc qu'un surplus de ressources se trouve engagé dans ce secteur de production, conduisant à une baisse prolongée des prix.

Pour résoudre ce double problème de soutien des prix ou des revenus et d'équilibre sur le marché, la gestion de l'offre par contingentement est progressivement apparue comme une alternative aux programmes traditionnels de soutien des revenus qui étaient généralement appliqués sur des quantités illimitées de production. Ainsi, les objectifs de la gestion de l'offre sont : 1) d'ajuster la production agricole afin d'obtenir un prix sur le marché qui permette de maintenir ou augmenter les revenus des producteurs d'une denrée spécifique, 2) d'assurer par ce niveau de prix une rémunération adéquate des ressources engagées dans le processus de production, y compris les ressources propres, capital et travail, des producteurs agricoles et 3) de stabiliser dans le temps les revenus procurés par la vente des produits agricoles contingentés (Hiscoks 1972 ; Proulx et Saint-Louis, 1978).

La gestion de l'offre implique donc que l'on régularise la production d'un bien agricole donné. Le relèvement et la stabilisation du niveau des revenus sont alors le résultat d'une stratégie claire de régularisation du volume global de l'offre du produit en question sur le marché. Le consommateur se substitue au contribuable pour rémunérer les ressources de production. Les dépenses publiques dans le soutien des revenus agricoles sont de ce fait grandement réduites, voire éliminées.

L'exercice de gérer l'offre au niveau d'une province ou d'une région qui n'a pas de marché fermé ne produira généralement pas les effets escomptés. C'est tout simplement concéder son marché aux producteurs d'autres régions. Le contingentement d'une production implique donc généralement la mise en place d'une politique de contrôle des importations. C'est pour cette raison que le contingentement ne peut être conçu à l'échelle d'une province seulement, à moins qu'il ne s'agisse d'un produit hautement périssable et difficilement transportable, puisqu'une province ne détient pas le pouvoir d'entraver le commerce interprovincial ou international. Inversement, le gouvernement fédéral n'a pas le pouvoir d'imposer le contingentement aux producteurs d'une province, la réglementation de la production comme telle relevant du pouvoir des provinces. La mise en place d'une politique de contingentement au Canada doit donc être concertée entre les deux paliers de gouvernement et être appliquée au niveau national.

Compte tenu des importants pouvoirs octroyés aux secteurs sous gestion de l'offre (lait, œufs, poulet, dindon), ces derniers sont encadrés par différentes lois et différents règlements qui découlent d'une forme d'organisation de la commercialisation plus large, la mise en marché collective. Avant de relater l'historique de la mise en place et de l'évolution du contingentement canadien, il nous apparaît donc pertinent d'expliquer en amont ce qu'est la mise en marché collective au Canada, d'autant plus qu'une importante partie des produits agricoles non-contingentés au pays est aussi commercialisée sous cette forme d'organisation, notamment au Québec.

La mise en marché collective est une forme d'action collective obligatoire[6] qui passe par un dispositif institutionnel permettant aux producteurs agricoles de réglementer à divers niveaux la commercialisation

6 Le concept de mise en marché collective obligatoire, connu sous l'appellation de Marketing Boards en anglais, est apparu au cours de la première moitié du XXe siècle dans les pays

de leurs produits et de négocier collectivement les conditions de vente avec les acheteurs et ce, sectoriellement. Le dispositif, présent, mais aussi différent, dans chacune des provinces canadiennes, comporte une Loi, un régulateur économique ayant des pouvoirs d'arbitrage, la possibilité d'adopter un outil légal (plan conjoint) avec extension juridique, et de créer des offices de commercialisation (aussi appelés offices de producteurs) qui auront pour fonction d'administrer et d'appliquer le plan conjoint.

Un plan conjoint énumère les droits et devoirs des offices, en plus de déterminer l'étendue des pouvoirs d'intervention dans la commercialisation que les producteurs auront choisis collectivement. Chaque plan conjoint mobilise des outils d'intervention différents, selon les caractéristiques du produit visé et les besoins des intervenants. Le contingentement est l'un de ces outils. Tous les plans conjoints possèdent en revanche une extension juridique leur permettant d'une part d'imposer des règlements aux producteurs, et d'autre part d'imposer aux acheteurs une négociation des conditions de vente avec l'office, menant à la conclusion de contrats collectifs de vente appelés conventions de mise en marché. L'extension juridique n'est cependant possible que si le plan conjoint est approuvé par les deux tiers des producteurs. Les offices, quant à eux, sont dirigés par un conseil d'administration de producteurs élus et chargé de répondre aux orientations définies par l'assemblée générale.

La mise en marché collective poursuit principalement trois objectifs. Le premier est d'agir sur le niveau ou la volatilité des prix de marché des produits concernés et donc sur les revenus des producteurs. Elle vise également la parité entre les producteurs agricoles et les différentes régions, et mobilise à cet effet des outils de mise en commun des ventes ou des coûts (de promotion, de mise en marché, de recherche et développement), ainsi que de péréquation (certains exemples dans le secteur laitier sont explicités plus loin). Ainsi, les producteurs soumis à un plan conjoint mobilisant ce type d'outil reçoivent par exemple un même prix pour un produit de qualité identique. Enfin, elle cherche à favoriser une mise en marché efficace et ordonnée, ce qui se traduit par la mise en place de règles communes qui améliore la commercialisation et la coordination des produits, et réduit les coûts de transaction (Royer, 2011 ; Royer *et al.* 2016).

---

du Commonwealth. À l'origine, il se voulait une réponse à l'incapacité des coopératives à faire face efficacement aux périodes de bas prix agricoles (Veeman, 1987).

Pour revenir au système canadien de gestion de l'offre, ce dernier est encadré par deux niveaux de juridiction. Au niveau provincial, le contingentement est encadré par les lois de mise en marché collective dans chaque province et au niveau fédéral, chaque secteur sous gestion de l'offre est encadré par une loi spécifique. Dans le cas du secteur laitier, c'est la Loi sur la Commission canadienne du lait, créée en 1966, qui jette les bases de l'organisation de la politique laitière nationale. Dans les secteurs de la volaille, c'est la Loi sur les offices des produits agricoles, créée en 1972, qui assure ce rôle. Pour des raisons de contraintes de longueur, nous ne traitons ici que du secteur laitier.

La gestion de l'offre du secteur laitier canadien s'est développée sur la base d'un *contrat social* entre le gouvernement et les producteurs. Les principes de base de ce *contrat social* ont mené à l'élaboration d'une politique laitière nationale qui repose sur trois principaux éléments : un quota global basé sur la demande canadienne, une responsabilité financière des surplus assumée par les producteurs et la fixation d'un prix cible du lait basé sur les coûts de production. Pour que le système demeure en équilibre, le gouvernement fédéral s'est engagé à contrôler les frontières pour limiter les importations.

L'établissement du quota global canadien est calculé sur la base de la demande totale en matière grasse du lait. En pratique, le beurre étant utilisé comme produit tampon pour absorber les surplus compte tenu de sa longue conservation en entreposage, la variation des stocks de beurre permet d'évaluer si la demande en produits laitiers augmente ou diminue. Le quota global est alors ajusté en conséquence. La variation du quota est plus ou moins importante d'une année à l'autre. Une fois le quota national établi, il est réparti entre les provinces. À l'intérieur de chaque province, il est ensuite réparti à tous les producteurs sur la base du quota détenu par chacun lors de la campagne précédente.

Le système de gestion de l'offre canadien, en répondant à la demande en matière grasse, produit ce qu'on appelle des surplus structurels, notamment des surplus de protéines laitières qui ne sont pas absorbés par le marché canadien. Les producteurs sont responsables financièrement de l'écoulement de ces surplus. En contrepartie de cette responsabilité, les producteurs ont obtenu certaines garanties sur le niveau des prix à la production. La fixation du prix cible du lait à la production a connu quelques modifications au cours des années. Historiquement, le prix était fixé sur la base des coûts de production. Depuis 2016, le prix est fixé à 50 % en fonction des coûts de production et à 50 % sur l'évolution de l'Indice des prix à la consommation (IPC).

La négociation du prix du lait payé aux producteurs se fait sur la base du prix cible et aussi d'un système de classes de lait qui a été harmonisé en 2000 à l'échelle canadienne. En 2023, il y avait cinq classes de lait : 1) lait et crème liquide, 2) yogourt et produits frais, 3) fromages, 4) beurre et poudre de lait, et 5) ingrédients laitiers servant à la transformation. Le prix du lait des classes 1, 2 et 3 est plus élevé que les classes 4 et 5 puisque ces classes permettent la fabrication de produits à haute valeur ajoutée. Les acheteurs paient le lait selon un principe de paiement selon l'utilisation, c'est-à-dire qu'ils paient un prix du lait d'autant plus élevé qu'ils fabriquent des produits à plus haute valeur ajoutée. Afin de maximiser ses recettes, l'office dispose du pouvoir d'approvisionner en priorité les usines qui fabriquent les produits les plus payants, notamment le lait frais. L'objectif de ce système de vente est de maximiser les recettes obtenues de la vente du lait en approvisionnant prioritairement les usines qui fabriquent les produits liés aux classes les plus rémunératrices.

L'ensemble des recettes découlant de la vente du lait est mis en commun par l'office et permet d'établir un prix *pool* pour chacun des composants laitiers comme le gras, les protéines, le lactose et les autres solides. Il y a ensuite une péréquation des prix entre les producteurs, c'est-à-dire que tous les producteurs reçoivent un même prix moyen quelle que soit l'utilisation qui est faite de leur lait par l'usine qui le reçoit. En fait, les producteurs sont payés selon la composition de leur lait (matière grasse, protéines, et lactose et autres solides). Les laiteries quant à elles, paient un prix *FAB* puisque le coût du transport est supporté par les producteurs et fait l'objet d'une péréquation, c'est-à-dire que le coût de transport d'un hectolitre de lait est le même pour tous les producteurs laitiers, peu importe la distance qui les sépare de leur usine. Ainsi, les producteurs éloignés des laiteries ne paient pas de coûts supplémentaires de transport liés à la distance parcourue.

La pérennité des offices canadiens de commercialisation avec gestion de l'offre contraste avec le démantèlement massif de ces organisations partout ailleurs dans le monde. Les offices canadiens n'auraient pas connu le même sort, notamment parce que le paradigme qui soutient ces organisations n'a toujours pas été remis en question pour des raisons de pragmatisme économique et politique (Royer *et al.*, 2014). Dans un contexte de restrictions budgétaires, les systèmes de contingentement bénéficient en quelque sorte d'une protection que leur offre indirectement leur logique même de fonctionnement : ils n'interfèrent pas sur les fonds publics, mais relèvent du concept de soutien des prix payés par les consommateurs. Advenant leur abolition, la réinstrumentalisation de ces programmes vers les programmes de soutien des revenus découplé risquerait de coûter cher en fonds publics, du moins à court terme.

ÉVOLUTION DE LA POLITIQUE AGRICOLE QUÉBÉCOISE

Le Québec se distingue du reste du Canada non seulement par sa culture francophone, mais également par la place importante qu'a occupé le clergé catholique jusqu'au tournant des années 1960. Ainsi, l'agriculture du Québec était vue comme le refuge de cette population francophone et l'élite politique, étroitement liée au clergé, devait appuyer sa survie. À la fin du XIXe siècle et durant la première moitié du XXe siècle, la politique agricole québécoise était donc essentiellement basée sur l'effort de colonisation du territoire québécois et ce, avec un fort appui de l'Église. Les pouvoirs publics investissaient presque uniquement pour quelques infrastructures routières ou ferroviaires qui facilitaient l'accès aux régions éloignées des plaines agricoles du fleuve Saint-Laurent. À la suite de la crise des années 1930, l'État est intervenu de façon plus massive afin de maintenir sur les terres la main-d'œuvre agricole et d'y retourner une partie des chômeurs des villes (Gouin, 2010). Plusieurs Plans de colonisation furent alors élaborés qui prévoyaient des primes à la colonisation devant permettre des travaux mécanisés de défrichement, de labour, etc.

Toujours à cause de la crise économique, le gouvernement du Québec a mis en place l'Office du Crédit agricole en 1936 afin de permettre aux agriculteurs durement touchés d'obtenir des prêts. Avec le passage d'une agriculture de subsistance à une agriculture visant à écouler ses produits sur le marché, l'Office va progressivement jouer un rôle de fourniture de crédit bon marché pour l'agrandissement et la transmission des exploitations d'une génération à l'autre (Morisset, 1987).

Cet accès au crédit n'était cependant pas suffisant pour permettre le développement de l'agriculture québécoise. Le syndicalisme agricole a donc réclamé au gouvernement du Québec un cadre législatif lui permettant d'ordonner la mise en marché des produits agricoles de façon collective sur le modèle des *Marketing Board* déjà utilisé dans le Canada anglais (Gouin, 2010). Une Commission d'enquête[7] fut mise sur pied par le gouvernement québécois pour étudier cette question et remit son rapport en 1955. L'extrait suivant du rapport final de la Commission permet de bien comprendre le contexte qui a présidé à ses travaux : « L'on aura vu plus haut que le nombre très considérable de petits producteurs dont les produits sont de quantité minime et de qualité incertaine est un facteur de mise en marché désordonnée et d'avilissement des prix qui pénalise nos producteurs spécialisés. » (cité par Morisset 1987, p. 110).

Dès lors, le choix devenait évident, il fallait trouver les moyens de consolider le secteur agricole pour ne garder que les fermes qui pouvaient garantir le développement de l'agriculture québécoise face à la concurrence notamment des producteurs ontariens déjà spécialisés (Morisset, 1987). Comme il n'était évidemment pas question d'expulser directement des producteurs du secteur, un ensemble de mesures indirectes, de mêmes effets, furent utilisées. Du côté de l'État, « on proposa d'abord des mesures relatives à la qualité de la production tels la classification obligatoire, l'inspection, l'étiquetage qui limitaient les possibilités de mise en marché de production en trop petite quantité et de trop mauvaise qualité » (Morisset 1987, p. 114). L'État contribua également à l'amélioration technique de la production agricole : contrôle des semences, des races, insémination artificielle. Un programme de restructuration des usines laitières et des abattoirs était aussi mis en œuvre : subventions et garanties d'emprunt, normes sanitaires, etc.

Parallèlement à cette intervention directe de l'État, le cadre législatif permettant l'organisation des premiers plans conjoints de mise en marché des produits agricoles était adopté en 1956. Le plan conjoint, géré par le syndicalisme agricole, s'avéra complémentaire aux actions réglementaires de l'État pour fermer le marché à un certain nombre d'agriculteurs : production minimale, normes de qualité, régularité des livraisons, etc.

7 La Commission Héon, du nom du juge qui la présidait.

La spécialisation accrue des exploitations à la suite de ces interventions conduisit à une augmentation des risques agroclimatiques, le revenu des entreprises ne dépendant dorénavant que d'une ou de quelques productions. Une sécheresse majeure à l'été 1964 obligea d'ailleurs les gouvernements québécois et fédéral à intervenir massivement pour soutenir les revenus du secteur agricole québécois par des subventions ad hoc d'urgence. Pour faire face à ce risque de façon planifiée, la Régie de l'assurance-récolte était créée en 1967 avec pour mandat d'instaurer un système permanent d'indemnisation des producteurs pour les pertes de revenus encourues à la suite de désastres climatiques d'importance.

Ainsi, ce que le syndicalisme agricole québécois a qualifié de quatre grands piliers de l'environnement réglementaire de l'agriculture québécoise, avait commencé à s'édifier avant les années 1970, du moins pour trois d'entre eux : le crédit agricole, l'assurance récolte (ASREC) et la gestion de l'offre qui se pratique par l'intermédiaire des plans conjoints de mise en marché. Pour compléter ce dispositif, à la suite des crises sévères des marchés bovins et porcins en 1972 et 1974, l'ASRA a été instaurée en 1975. Ce programme fonctionne sur le même principe qu'une assurance avec un tiers de la prime payée par le producteur et le reste par le gouvernement. Des coûts de production sont établis pour chacune des productions visées et si le prix de marché descend sous le coût de production, l'assurance-stabilisation paie au producteur la différence entre le coût de production et le prix de marché.

La notion d'autosuffisance agroalimentaire a orienté la politique agricole menée par le gouvernement du Parti Québécois de 1976 à 1985. Ce gouvernement soutenait le projet de faire du Québec un pays. Le document *Nourrir le Québec*, au titre évocateur, qualifiait de « fondement de la politique québécoise » l'objectif « d'accroître le degré d'auto-approvisionnement, c'est-à-dire la capacité de nourrir le Québec, à partir de ses propres ressources » (Ministère de l'Agriculture, des Pêcheries et de l'Alimentation du Québec [MAPAQ], 1981, p. 9). La « production agricole du Québec ne répond[ait] qu'à seulement 60 % de la consommation intérieure » (Gouvernement du Québec 1979, p. 282). L'ensemble des mesures mis en place sous le gouvernement du Parti Québécois, l'élargissement de l'ASRA à des productions visées (porc, agneau, maïs-grain) et un contexte économique relativement favorable à la fin des années 1970, ont permis une amélioration de l'autosuffisance agroalimentaire du Québec (MAPAQ, 1985). Les productions céréalières et la production porcine ont alors connu un développement significatif.

Une période de flottement, durant laquelle étaient évoquées la rationalisation et la consolidation du secteur agroalimentaire, eut lieu à la suite du changement de gouvernement en 1985 et de l'abandon du projet de souveraineté. Il faudra attendre une rencontre organisée par le MAPAQ et qui réunissait les grandes organisations du secteur agroalimentaire québécois en 1992, pour qu'un nouveau discours, élaboré autour de la Conquête des marchés, prenne forme. Ce discours se situait en lien direct avec le contexte d'intenses négociations qui se déroulaient alors dans le cadre du GATT/OMC. Alors que, jusque-là, ces négociations avaient consacré l'exception agricole, pour la première fois, les soutiens à l'agriculture et l'ouverture des marchés agricoles étaient parmi les questions centrales de la négociation. L'ouverture des marchés et la mondialisation de l'économie devenaient donc une réalité pour le secteur agricole québécois. Cette orientation générale a été confirmée en mars 1998 alors que le gouvernement du Québec invitait les 50 « décideurs » du milieu agroalimentaire pour une conférence (Gouin, 2010). Le consensus le plus significatif qui s'est dégagé de cette conférence portait sur un objectif de doublement des exportations agroalimentaires sur les dix années suivantes. Cet objectif s'inscrivait dans la logique de la conquête des marchés énoncée dès 1992, ainsi que dans les grandes orientations gouvernementales de l'époque, axées sur la croissance économique et la création d'emplois. Or, la croissance sur le marché intérieur ne peut être que limitée et, donc, les marchés à l'exportation devenaient une cible privilégiée. Néanmoins, la course à la conquête des marchés ne conduira pas à une remise en cause des principaux programmes et politiques en vigueur.

À compter de 2002, les équilibres macroéconomiques commencent à se modifier, ce qui va frapper de plein fouet les secteurs exportateurs. La hausse de la valeur du dollar canadien fait mal aux exportateurs de la province. Le secteur porcin, fleuron de l'exportation de l'agroalimentaire québécois, va être durement frappé par la perte de compétitivité relative alors subie. Mais tous les produits exportés sont aussi touchés. Le secteur bovin quant à lui, même s'il n'est pas le plus important au Québec, perd tout accès à l'exportation avec la crise de l'ESB en 2003. Bref, la prospérité pour le secteur agroalimentaire que devait amener la croissance des exportations n'est plus au rendez-vous.

C'est aussi à partir de 2002 que le principe de partage des responsabilités financières 60-40, expliqué précédemment, s'applique. Pour avoir leur part des fonds gouvernementaux, les gouvernements provinciaux doivent dorénavant appliquer les programmes pancanadiens sur leur territoire et les cofinancer. En réaction à cette nouvelle façon de faire, La Financière agricole du Québec, société d'État qui administre ces programmes au Québec, ajusta ses façons de faire. Agri-stabilité est devenu un programme de première ligne, complémentaire avec l'ASRA pour les entreprises agricoles admissibles. Par ailleurs, des programmes financés à 100 % par le Québec seront créés : Agri-Québec (complémentaire à Agri-investissement), créé en 2011) et Agri-Québec plus (complémentaire à Agri-stabilité), créé en 2013). Ces programmes fonctionnent de façon similaire aux programmes pancanadiens, mais sont plus généreux et visent seulement les entreprises qui n'ont pas accès à la gestion de l'offre et à l'ASRA.

Au-delà des facteurs économiques, le secteur agricole vit une crise sociétale importante. Des acteurs environnementaux et des citoyens s'inquiètent de la croissance agricole, plus particulièrement de l'impact des surplus de déjections animales sur la qualité de l'eau (pollution) et de l'air (odeurs). Lors de la consultation sur la production porcine tenue par le Bureau d'audiences publiques sur l'environnement du Québec (BAPE) en 2003, les objectifs d'exportation sont remis en question. Les impacts environnementaux, sociaux et politiques de la production porcine sont débattus sur la place publique. Face à la pression sociale, un moratoire est même imposé au développement de la production porcine sur l'ensemble du territoire de 2002 à 2005. La réglementation agroenvironnementale et les règles de cohabitation entre les usages agricoles et non agricoles sont renforcées. Enfin, le concept de l'écoconditionnalité s'implante au Québec à partir de 2004 à la suite des recommandations du BAPE. Les compensations des programmes de gestion des risques sous l'égide du gouvernement du Québec peuvent dorénavant être réduites si les producteurs ne déposent pas de bilan phosphore[8] ou que leur bilan ne se conforme pas à la norme (FADQ, 2024).

En 2006, le gouvernement du Québec s'en remet à la Commission sur l'avenir de l'agriculture et de l'agroalimentaire du Québec (CAAAQ)

8 Bilan qui fait l'adéquation entre les charges de phosphore produites sur chaque exploitation et la capacité des sols de cette dernière à recevoir ces charges conformément aux dépôts maximums annuels prévus par règlement.

pour trouver des réponses aux enjeux économiques, environnementaux et sociétaux. Cette Commission reçoit et analyse 770 témoignages et mémoires. Le rapport, paru en 2008, pose un diagnostic sévère, à savoir que : « le secteur agricole et agroalimentaire est en train de se refermer sur lui-même. Les systèmes qu'il a mis en place créent des obstacles à l'émergence de nouveaux types d'agriculture, au développement de produits originaux et à l'exploration de nouvelles possibilités commerciales. Ces systèmes sont axés sur un modèle dominant de l'agriculture où tout est imbriqué dans une vision protectrice du secteur » (CAAAQ, 2008, p. 15). Son rapport ne fera cependant pas l'unanimité. Alors que certains y voient l'apologie de la petite agriculture et le manque de réalisme des solutions qui y sont proposées, d'autres y voient plutôt un rapport marquant qui prend en compte la pluralité de l'agriculture québécoise et qui apporte une pluralité de solutions.

Peu de changements dans les politiques agricoles seront associés directement aux recommandations de la CAAAQ, du moins à court terme. Néanmoins, cette Commission a permis deux choses (Gaboury-Bonhomme, 2018). Premièrement, elle documenta l'état du secteur agricole par plusieurs études et mémoires et, surtout, élargit le dialogue sur les orientations agricoles à une diversité d'acteurs. Plus encore, elle a installé le principe que les grandes consultations sur les orientations agricoles devaient être élargies et ouvertes à l'ensemble des parties prenantes, qu'elles soient du secteur agricole ou d'autres milieux (environnement, citoyen, santé, municipal, etc.). Deuxièmement, elle a provoqué une série de travaux sur les grandes politiques agricoles, notamment l'ASRA (Saint-Pierre, 2009), la mise en marché collective (UPA, 2008) et la Loi sur la protection du territoire agricole (Ouimet, 2009), qui, sans mener à des refontes en profondeur de ces politiques, contribueront à des ajustements dans leur mise en œuvre et leurs modes de fonctionnement dans les décennies qui suivront.

La période qui suit la CAAAQ est caractérisée par la recherche de nouveaux consensus, par le défilement de plusieurs documents d'orientation, vite remplacés par de nouveaux. Ainsi, le MAPAQ produit en 2008 la vision qu'il dégage de la CAAAQ : *La Fierté d'en vivre, le Plaisir de s'en nourrir*. En 2011, le Livre vert pour une politique bioalimentaire *Donnez le goût du Québec* est publié. En 2012, la *Politique de souveraineté alimentaire* voit le jour. Un changement de gouvernement en 2014 y met un terme. Finalement, un Sommet sur l'alimentation est organisé en

2017, rassemblant une multitude de représentants du monde agricole, alimentaire, de l'environnement, de la santé, de la pêche et de plusieurs autres horizons. Les résultats de cette vaste consultation aboutiront par l'adoption de la *Politique bioalimentaire*[9] *Alimenter notre monde* 2018-2025.

La *Politique bioalimentaire 2018-2025*, sans proposer de virage majeur des politiques agricoles, rappelle l'importance de l'acceptabilité sociale du secteur en mettant en son cœur, côte à côte, deux grandes ambitions « Maintenir un haut niveau de confiance des consommateurs » et « Développer un secteur bioalimentaire prospère et durable », desquels découlent une multitude d'objectifs. Elle innove également dans ses processus de suivi et de mise en œuvre. Premièrement, ce suivi est appuyé par des cibles de développement quantifiées, mesurables, documentées et mesurées régulièrement. Deuxièmement, la mise en œuvre de la Politique se distingue par la recherche de l'engagement des partenaires de la société civile (non gouvernementaux), d'une collaboration avec le gouvernement fédéral et d'une coordination interministérielle au sein du gouvernement du Québec. C'est d'ailleurs la première fois qu'une politique visant le secteur agroalimentaire est de portée gouvernementale au Québec ; les documents d'orientations des dernières décennies engageaient auparavant la seule responsabilité du MAPAQ.

Il est encore trop tôt pour analyser les effets de la mise en œuvre de la Politique bioalimentaire 2018-2025, mais mentionnons que ses principales orientations ont été maintenues malgré le changement du Parti politique au pouvoir en 2018. Par ailleurs, dans la foulée de la Politique bioalimentaire, le *Plan Agir pour une agriculture durable 2020-2030* a été lancé. Par ce plan, le gouvernement engage le secteur à atteindre des cibles mesurables. Elles portent sur l'adoption de pratiques plus vertes ainsi que sur les effets de l'agriculture sur l'environnement et la santé. Certaines cibles de la Politique bioalimentaire et du Plan d'agriculture durable sont, au moment d'écrire ces lignes, en bonne voie d'être atteintes (plus d'investissements en agriculture et dans la transformation, de contenu québécois des aliments, de superficies biologiques), mais le défi reste grand pour atteindre les autres, notamment celles en lien avec l'environnement (moins de pesticides ; plus de cultures de couverture, de bandes riveraines, de haies brise-vent ; une meilleure qualité de l'eau en milieu agricole) (MAPAQ, 2023 ; 2024).

9 Le secteur bioalimentaire regroupe le secteur agroalimentaire et des pêches.

CONCLUSION AU CHAPITRE

Au total, l'histoire des programmes de soutien des revenus dans la politique agricole canadienne laisse l'impression qu'ils poussent toujours dans le même sens, moins de soutien et uniquement de la stabilisation. Parallèlement, l'apparition périodique et quasi récurrente, jusqu'à la décennie 2000, de programmes ad hoc à l'occasion de chaque crise d'importance semble démontrer que le politique n'a pas historiquement résisté à la pression du milieu agricole et, en cas de crise, a pris des décisions justement « politiques ». Cependant, depuis le début des années 2000, les programmes ad hoc sont beaucoup moins présents. Il faut dire que le contexte des marchés favorable au secteur des céréales et oléagineux a mis à l'abri des soubresauts du marché une large part de l'agriculture canadienne. En outre, les secteurs laitiers et de la volaille restent protégés par la gestion de l'offre, système qui s'est ajusté et perdure malgré les pressions des ententes commerciales pour ouvrir le marché canadien aux produits importés. Parallèlement, dans le contexte des changements climatiques, le coût croissant de l'assurance récolte amène une forte augmentation du budget accordé au soutien de l'agriculture. Cette pression budgétaire conduira-t-elle, comme celle qu'il y avait sur les paiements de soutien des revenus dans les années 1990, à une nouvelle remise en question des instruments de la politique agricole canadienne ? Cela reste à voir, tout comme l'évolution de la spécificité de la politique agricole québécoise dans ce contexte.

Daniel-Mercier Gouin
Annie Royer
Marie-Ève Gaboury-Bonhomme
Université Laval, Canada

DE L'INTERVENTIONNISME À LA DÉRÉGULATION

Le cas de la politique agricole néo-zélandaise

Bien qu'elle ne représente plus que 6 % du PIB et de l'emploi du pays, l'agriculture néo-zélandaise assure encore aujourd'hui, à elle seule, près de la moitié des exportations nationales. Essentiellement tournée vers l'export de commodités issues de l'élevage bovin et ovin, elle est soumise à des impératifs de compétitivité majeurs. La particularité de la Nouvelle-Zélande tient principalement à sa politique agricole, ou plus exactement à son absence de politique agricole. En effet, le pays a procédé en 1985 au démantèlement quasi-total et immédiat de l'ensemble des dispositifs de soutien à l'agriculture qui existaient jusqu'alors, sans que cette décision ne soit jamais remise en cause depuis. Avant cela, l'agriculture du pays était soutenue par un ensemble de dispositifs plus ou moins complets, plus ou moins importants, et plus ou moins permanents dans le temps. Ainsi, alors que les soutiens publics représentaient 20 % de la valeur de la production agricole néo-zélandaise en 1986 (après un pic estimé à 40 % en 1984), ils en représentent moins de 1 % aujourd'hui (OECD, 2024 ; Johnson *et al.*, 1989). À titre de comparaison, en 2022, la moyenne au sein des pays de l'OCDE est de 12,9 %, dans l'Union européenne (UE) de 15,1 %, et aux États-Unis de 7,2 %. Cette situation particulière fait de la Nouvelle-Zélande un exemple quasi unique, une sorte de laboratoire à ciel ouvert permettant d'analyser *in situ* les effets d'un démantèlement complet des politiques agricoles (Cloke, 1996).

Pour autant, une telle analyse n'est pas aisée, et force est de constater qu'elle suscite des divergences d'interprétation importantes. Ainsi, Cassagnou et Berger (2023) décrivent l'année 1985 comme le passage « d'un système parmi les plus régulé au monde à cette période à une très forte libéralisation », marquée par « l'arrêt brutal des soutiens » ; Smith et Montgomery (2004) y voient de la part du gouvernement néo-zélandais : « l'engagement d'éliminer toutes les distorsions étatiques ou gouvernementales du système et d'exposer pleinement le secteur agricole aux forces du marché ». De leur côté, dans une déclaration ministérielle conjointe en 1986, le ministre des finances et celui en charge de l'agriculture affirmaient que jusqu'alors, les agriculteurs néo-zélandais évoluaient dans : « un environnement hautement protégé qui a isolé les agriculteurs des changements qui se produisaient sur les marchés internationaux. Le gouvernement était en fait devenu le preneur de risques dans l'agriculture. Cette forme de soutien n'incitait guère à rechercher une plus grande efficacité dans le secteur agricole » (Moyle et Douglas, 1986).

D'autres proposent des lectures plus nuancées. Sans nier l'importance des réformes entreprises en 1985, Gouin *et al.* (2005) observent ainsi que le cœur de la réforme a consisté à supprimer les soutiens directs, qui pour la plupart n'avaient été introduits qu'au cours de la décennie précédente : « il semble que ce n'est pas tant la diminution drastique du soutien au secteur agricole à compter de 1985 qui soit exceptionnelle que la période 1970 à 1984, caractérisée par une croissance rapide des dépenses du [ministère en charge de l'agriculture] causée avant tout par l'augmentation des paiements de transfert ». Ce faisant, la réforme de 1985, loin de marquer une rupture, serait simplement venue refermer la parenthèse ouverte quelques années auparavant seulement. Nombre d'auteurs insistent également sur le fait que ces soutiens directs bénéficiaient pour l'essentiel aux éleveurs ovins, mais que d'autres, à l'instar des éleveurs laitiers, en ont beaucoup moins profité (Johnson, 1986 ; Griffith et Grundy, 1988 ; Gouin *et al.*, 2005 ; Lattimore, 2006). Au-delà de ces divergences d'interprétation concernant l'ampleur de la libéralisation, la question de ses conséquences sur les processus de développement agricole à l'œuvre demeure peu étudiée. La plupart des analyses en la matière constatent que le nombre d'exploitations agricoles n'a pas drastiquement diminué suite à la déréglementation, contrairement à certaines anticipations (Fairweather, 1992 ; Smith et Montgomery, 2004). De même, la plupart des auteurs soulignent que la libéralisation a incité à réorienter vers la production laitière une partie des terres autrefois dévolues à la production ovine (Gouin *et al.*, 2005 ; Lattimore, 2006 ; Richard *et al.*, 2017). Enfin, plusieurs auteurs considèrent que le retrait du soutien de l'État au secteur agricole a contraint les agriculteurs à accroître leur production et la productivité de leur travail (Gouin *et al.*, 2005 ; Cassagnou et Berger, 2023). Mais peu d'éléments d'analyse existent sur les mécanismes sous-jacents à ces évolutions, les transformations concrètes des systèmes de production mis en œuvre par les agriculteurs et le rôle des réformes de 1985 dans ces évolutions.

Interroger le sens et les conséquences concrètes de la dérégulation de 1985 : c'est ce à quoi ce chapitre prétend contribuer. Pour ce faire, il paraît opportun de replacer la libéralisation de 1985 dans un contexte historique large, afin de comprendre comment ce moment particulier s'insère dans le temps long de l'histoire des politiques agricoles néo-zélandaises. Par ailleurs, comme le suggèrent Clocke (1996) et Le Héron (1991), il paraît nécessaire de ne pas limiter l'analyse à la seule libéralisation de la politique agricole. Celle-ci n'est en effet que le volet agricole d'un mouvement plus large de dérégulation de l'ensemble de l'économie néo-zélandaise, susceptible d'avoir impacté les processus de développement agricole à l'œuvre.

Les analyses présentées ici s'appuient sur les résultats d'un travail de thèse conduit entre 2014 et 2018 (Hugonnet, 2018). Le propos portera plus particulièrement sur la production laitière, ce secteur se révélant être, comme nous le verrons, particulièrement pertinent pour mettre en lumière les impacts de la politique agricole néo-zélandaise et ses évolutions. L'idée défendue ici est la suivante : la dérégulation de l'économie néo-zélandaise au milieu des années 1980 est à l'origine d'une réorientation majeure du développement agricole en Nouvelle-Zélande. Pour autant, il serait faux de considérer que les agriculteurs néo-zélandais étaient jusqu'alors protégés de la concurrence internationale. Nous montrerons que le mode de régulation en place avant 1985, loin d'être particulièrement protecteur s'agissant de la production laitière, a été à l'origine d'un développement agricole tout à fait particulier.

Une première section montrera comment se sont mis en place, à partir de la fin du XIXe siècle et jusqu'au milieu du XXe, les principaux outils de régulation du secteur agricole en Nouvelle-Zélande et comment ils ont contribué à l'émergence d'une production laitière familiale reposant sur des systèmes de production herbagers. Dans une deuxième section, nous verrons que dès les années 1950, les éleveurs laitiers néo-zélandais ont été fortement exposés à la concurrence internationale. Dans le contexte de régulation antérieur à 1985, nous montrerons que cela les a conduits à s'orienter vers des systèmes de production reposant sur les principes de l'agroécologie, afin de produire à moindre coût. Enfin, la dernière section décrira les réformes opérées en 1985 et leurs conséquences.

MONTÉE EN PUISSANCE DE L'INTERVENTIONNISME DE L'ÉTAT EN FAVEUR D'UNE PRODUCTION LAITIÈRE FAMILIALE ET HERBAGÈRE (1880-1940)

La fin du XIXe siècle et la première moitié du XXe se caractérisent en Nouvelle-Zélande par un interventionnisme croissant de la part de l'État dans l'organisation de la production et des marchés agricoles. Cette section décrit les outils mis en œuvre et, sans tomber dans l'écueil consistant à faire des politiques publiques le seul et unique moteur des transformations de l'agriculture, vise à mettre en lumière la contribution de celles-ci au développement d'une production laitière familiale et herbagère.

UNE AGRICULTURE INITIALEMENT DOMINÉE PAR LA GRANDE EXPLOITATION À SALARIÉS (1880)

Amorcée dans les années 1840, la colonisation de la Nouvelle-Zélande par les britanniques est loin d'être terminée en 1880. C'est en particulier le cas sur l'île Nord du pays, alors largement couverte d'un *bush* dense nécessitant un défrichement exigeant en capitaux et travail avant d'être cultivé. Par ailleurs, les populations maories sont relativement nombreuses au Nord, ce qui ralentit fortement le processus de colonisation. Sur l'île Sud en revanche, moins densément peuplée et pour l'essentiel couverte d'une prairie naturelle lorsque débarquent les britanniques, la colonisation est très rapide. Dès les années 1860, la quasi-totalité du territoire de cette île est exploitée.

Dans les années 1880, l'agriculture néo-zélandaise est dominée par la grande exploitation capitaliste à salariés, sur le modèle des *latifundia* sud-américains, généralement détenue par des colons issus de la *gentry* anglaise. D'abord occupants illégaux de leurs terres (*squatters*), ils ont ensuite été autorisés à les louer (*runholding*) par la *Crown Land Ordinance* de 1851, avant d'être, de fait, contraints de les acheter dans les années 1870 pour devenir *estates owners*. À la tête d'exploitations de plusieurs centaines voire milliers d'hectares, ils mettent en œuvre des systèmes de production tournés vers l'élevage ovin pour la production de laine, éventuellement couplé à une production céréalière dans les zones de basse altitude. Ils emploient une abondante main d'œuvre, notamment pour la tonte et les moissons. Les salariés de ces grands domaines disposent généralement de lopins de quelques hectares où ils pratiquent une agriculture d'autosubsistance. Finalement, l'agriculture néo-zélandaise en 1880 se caractérise par une forte différenciation sociale et d'importantes inégalités de répartition du foncier. Les données du recensement de 1878, montrent que les 417 exploitations de plus de 2 000 ha de l'époque, qui représentaient alors 1,6 % du total des exploitations néo-zélandaises, accaparaient à elles seules presque 60 % de la Superficie agricole Utile (SAU) nationale. À l'autre bout du spectre, les 6 000 exploitations de moins de 4 ha, soit 23 % des exploitations, se partageaient 0,2 % de la SAU.

L'ÉMERGENCE D'UNE AGRICULTURE FAMILIALE AVEC LE SOUTIEN, ENTRE AUTRES, DES POUVOIRS PUBLICS (1880-1920)

Principalement destinée à l'export vers le Royaume-Uni, la production agricole néo-zélandaise est directement impactée par la crise de surproduction mondiale de la fin du XIXe siècle, et la diminution des prix de la laine et du blé qui s'en suit (Mazoyer et Roudart, 1997). Ceci fragilise grandement les *estate owners*, et nombre d'entre eux font faillite. Plus généralement, l'ensemble l'économie de la Nouvelle-Zélande est fragilisé dans la mesure où la laine et le blé représentaient, au début des années 1880, respectivement 40 % et 20 % de la valeur totale des exportations du pays (Hawke, 1985). Dès lors, l'agriculture familiale reçoit un soutien grandissant de la part des pouvoirs publics, qui en font progressivement la clé de voute du développement agricole et économique du pays. Celle-ci est en effet perçue comme une alternative crédible en réponse à la faillite – au sens littéral du terme – du modèle de l'exploitation capitaliste, mais aussi comme le moyen de mettre enfin en valeur les terres de l'île Nord du pays, qui demeurent largement inexploitées au début de la décennie 1880. Le soutien à l'agriculture familiale atteint son apogée en 1891, avec l'arrivée au pouvoir d'un gouvernement libéral acquis à sa cause.

Ce soutien se traduit notamment par des conditions nouvelles d'attribution des terres à coloniser, principalement situées sur l'île Nord. Jusqu'à présent, les lots mis en vente étaient de grande taille et les prix élevés, ce qui limitait les possibilités d'accès au foncier pour les agriculteurs aux ressources limitées. Dès 1877, la *Land Act* introduit le mécanisme de « *deferred payment* » permettant à un colon d'acquérir 320 acres (128 ha) en ne payant qu'un vingtième du prix au moment de l'achat, le solde étant ensuite payé sur 10 ans. Cette loi est amendée à plusieurs reprises entre 1882 et 1884 afin d'introduire deux nouveaux dispositifs : la location sur 25 ans avec option d'achat au bout de 10 ans et le bail perpétuel. Pour limiter l'accaparement foncier par les colons les mieux dotés en capital, l'attribution de terres en vue de la colonisation est réservée aux colons disposant de moins de 640 acres (256 ha) de terres de première classe ou 2 000 acres (800 ha) de terres de seconde classe (Métin, 1901). Ces conditions seront durcies par le gouvernement libéral en 1891 (Waterson, 1969). Enfin, pour faciliter l'accès des agriculteurs nouvellement installés aux capitaux nécessaires à la mise en valeur des terres qu'ils ont acquises, le gouvernement introduit en 1894 l'*Advance to Settler Act*. Cette loi permet l'octroi de prêts à taux bonifiés, de l'ordre de 3 %, aux colons nouvellement installés.

Sur l'île Sud, les *estates owners*, qui accaparent l'essentiel des terres disponibles, sont clairement pointés du doigt, comme l'illustre cette déclaration de Reeves, membre du gouvernement libéral de 1891 à 1906 : « Je pense que ces grands domaines, qu'ils soient partiellement ou presque entièrement mis en valeur, sont une peste sociale, un obstacle à l'industrie, une barricade dans la voie du progrès ». Pour encourager le démantèlement et la subdivision des grands domaines afin d'y installer des agriculteurs familiaux, le gouvernement recourt à deux mesures. La première est l'instauration d'une taxe foncière à taux progressif, c'est-à-dire dont le taux augmente à mesure que la surface détenue par le propriétaire s'accroît (*Land and Income Assessment Act*, 1891). Reeves, encore lui, est très clair quant aux objectifs de cette taxe : « Je dis que le parti que nous représentons ne veut pas de ces grands domaines, et cette taxe progressive est là pour leur rappeler que la colonie ne veut pas de ces grands domaines. Cette taxe progressive n'est pas très élevée en elle-même, mais elle est l'affirmation d'un grand principe. Ces grands domaines ne sont pas désirés ». Cette taxe foncière vise donc clairement à pénaliser les *estates owners* et à les inciter à vendre. Plus radicale encore, la *Land for Settlement Act* de 1894 donne la possibilité à l'État de saisir les grands domaines qu'il juge insuffisamment mis en valeur, d'en exproprier les propriétaires moyennant indemnisation, et de les subdiviser pour installer des agriculteurs familiaux.

Incontestablement, l'ensemble de ces dispositifs ont largement contribué à l'émergence et au renforcement d'une l'agriculture familiale en Nouvelle-Zélande, qui s'impose au début du XXe siècle. Pour autant, deux erreurs d'interprétation doivent être évitées. La première serait de considérer que cette politique de soutien à l'agriculture familiale a permis un accès universel au foncier agricole. Ainsi, étudiant le profil sociologique des personnes ayant pu accéder à la propriété à l'occasion du démantèlement par l'État d'un grand domaine en particulier, Waterson (1969) en déduit : « Au final, le domaine a été colonisé par des agriculteurs disposant de ressources en capital modérées mais pas par des ouvriers agricoles avides de terres pour survivre, comme certains des libéraux et des admirateurs du programme Land for Settlement l'ont prétendu plus tard ».

Toute une frange de la population rurale, notamment les Maoris et les travailleurs journaliers des grands domaines, demeure largement exclue de l'accès au foncier. Le deuxième écueil serait de considérer que l'essor de l'agriculture familiale en Nouvelle-Zélande tient à ces seules mesures de politiques publiques. À bien des égards, il apparaît même que ce soutien politique est davantage venu renforcer une tendance déjà à l'œuvre qu'il ne l'a initiée. En effet, dès le début des années 1980, face à la baisse des prix agricoles, nombre de grands propriétaires ont fait le choix de vendre et subdiviser leur domaine, afin d'investir leurs capitaux dans d'autres secteurs de l'économie, sans que l'intervention de l'État ne soit nécessaire. Par ailleurs, avant d'être soutenue par le gouvernement libéral en 1891, l'agriculture familiale l'a été par la bourgeoisie marchande néo-zélandaise (banques, exportateurs, etc.), qui y a rapidement vu le moyen de supplanter la faillite de la grande agriculture capitaliste et lui a mis à disposition son capital (Fairweather, 1982).

Quoi qu'il en soit, il résulte de ces transformations une réduction des inégalités de répartition du foncier agricole dans le pays. Ainsi en 1920, les exploitations de plus de 2 000 ha n'exploitent plus que 43 % de la SAU nationale.

L'INTERVENTIONNISME DE L'ÉTAT AU SERVICE D'UNE PRODUCTION LAITIÈRE HERBAGÈRE (1920-1940)

Le début du XXe siècle est marqué en Nouvelle-Zélande par le développement de la production laitière, dont les produits (beurre principalement et fromages) peuvent désormais être exportés grâce à la mise au point, à la fin du XIXe siècle, des transports maritimes réfrigérés. La production de lait se développe principalement sur l'île Nord nouvellement colonisée, où les conditions pédo-climatiques sont favorables à la croissance de l'herbe. La production laitière est le fait d'agriculteurs familiaux récemment installés sur des superficies de 40 ha environ. Sur l'île Sud, où la production herbagère est concentrée sur le printemps en raison de températures froides en hiver et de précipitations peu abondantes en été, la production de lait est cantonnée aux plus petites exploitations (moins de 40 ha). L'essentiel de l'île Sud est mis en valeur par des exploitations ovines éventuellement associée à une production céréalière dans les zones de basse altitude, et disposant de superficies variées (de 80 à plusieurs centaines d'hectares) issues de la subdivision des grands domaines de la fin du XIXe siècle.

Les systèmes de production du lait mis en œuvre dans les années 1920 reposent sur des plantes sarclées fourragères (betterave, chou) conduites en rotation avec des prairies temporaires multi-espèces. En raison de sols souvent acides et déficients en phosphate, les espèces les plus intéressantes pour l'alimentation des animaux (ray-grass et trèfle notamment) disparaissent rapidement des herbages, raison pour laquelle les prairies sont retournées au bout de 3 à 5 ans. L'alimentation des animaux s'appuie sur le pâturage continu des prairies du printemps à l'automne, et la distribution de plantes sarclées fourragères en hiver, complétées de foin. Très exigeantes en travail pour leur culture ou la distribution aux animaux, les plantes sarclées fourragères limitent fortement le nombre de vaches qu'un actif peut détenir.

Pour dépasser ce goulot d'étranglement, la plupart des zootechniciens néo-zélandais de l'époque proposent la suppression des plantes sarclées fourragères et leur remplacement par des prairies permanentes ou temporaires multi-espèces de très longue durée (15 à 20 ans), dont la persistance et les rendements seraient renforcés par la sélection variétale, l'apport d'amendements calciques et d'engrais phosphatés ainsi que par la mise en œuvre d'un pâturage tournant permis par la subdivision du parcellaire. La production herbagère plus importante des prairies ainsi conduites devrait permettre la constitution d'importants stocks de foin, moyennant une mécanisation poussée de la chaine de récolte des fourrages (faneuses, andaineurs, râteaux et griffes à foin). L'objectif de tout cela étant d'accroître la quantité de foin stockée par actif pour le substituer aux plantes sarclées fourragères dans l'alimentation hivernale des animaux, et ainsi ne plus avoir à cultiver ces plantes particulièrement exigeantes en travail (Levy, 1970 ; McMeekan, 1964 ; Smallfield, 1970). L'ensemble de ces transformations sont désignées sous le terme de « révolution herbagère ».

La mise en œuvre de ces transformations, préconisées par la recherche agronomique dès 1910, se heurte à un contexte économique marqué par une diminution des prix à la production, notamment pour le lait. En effet, si pendant toute la durée de la Première Guerre mondiale et jusqu'en 1920, le Royaume-Uni, comptant sur ses colonies et *Dominions* pour assurer son approvisionnement alimentaire, garantissait l'achat à un prix fixé à l'avance de l'intégralité de la production agricole néo-zélandaise (*'Imperial commandeer'*), ce dispositif a été abrogé en 1920. À partir de cette date, la reconstitution des capacités productives des pays européens engagés dans le conflit mondial (dont la Russie), entraine une diminution des prix du beurre à l'international. Cette diminution sera accentuée par l'instauration de mesures protectionnistes par plusieurs pays (France, Allemagne), qui conduisent les pays exportateurs (Pays-Bas, Danemark, etc.) à réorienter leurs exports vers le Royaume-Uni, dont le marché est resté ouvert. Cette concurrence accrue se répercute sur le prix payé aux éleveurs laitiers néo-zélandais, qui diminue. Cette baisse sera encore accentuée par la crise de 1929. Dans ces conditions, les éleveurs néo-zélandais ne sont pas en mesure de réaliser les investissements nécessaires au déploiement de cette « révolution herbagère », et il faudra l'intervention forte de l'État et l'instauration de mesures de régulation et de soutien à l'élevage laitier pour le permettre.

Ce soutien se traduit tout d'abord par la négociation et la signature, en 1932, des « accords d'Ottawa », qui organisent les échanges et relations commerciales entre le Royaume-Uni et ses anciennes colonies et *Dominions*[1] membres du *Commonwealth*. Cet accord confère aux pays

1 Déjà largement autonome, la Nouvelle-Zélande obtient le statut de *Dominion* britannique en 1906, renforçant ainsi son indépendance à l'égard du Royaume-Uni. Le gouvernement néo-zélandais récupère alors les compétences relatives à la diplomatie et à la défense,

du *Commonwealth* un accès privilégié au marché britannique pour leurs exportations agricoles et forestières. Celles-ci peuvent ainsi entrer à droit de douane nul ou faible (moins de 5 % de leur valeur), et le Royaume-Uni s'engage en parallèle à taxer les importations en provenance des pays non-membres du *Commonwealth* à hauteur de 20 %. Pour le Royaume-Uni, il s'agit de soutenir la production agricole dans ses anciennes colonies, afin de sécuriser ses approvisionnements alimentaires dans l'hypothèse d'un nouveau conflit mondial. Pour les autres pays comme la Nouvelle-Zélande, ce type d'arrangement constitue ce que l'on pourrait qualifier de « protectionnisme par procuration ». En effet, la Nouvelle-Zélande ne peut pas protéger ses éleveurs de la concurrence internationale en instaurant des droits de douanes à ses propres frontières, puisque sa production est essentiellement exportée. En revanche, l'instauration de droits de douane par le Royaume-Uni, tout en maintenant un accès à droits nul ou presque à la Nouvelle-Zélande, permet une protection des éleveurs néo-zélandais vis-à-vis de la concurrence internationale.

Au-delà de ces aspects relatifs à la politique commerciale, le gouvernement néo-zélandais établit au début des années 1920 des offices de commercialisation (*marketing boards*) pour les principales productions exportées : *Meat Board* (1922), *Dairy Board* (1923) et *Wool Board* (1924). Ces offices parapublics rassemblent des représentants des producteurs, des transformateurs et du gouvernement. Ils sont financés par des prélèvements sur les exportations dont le niveau est fixé par les offices eux-mêmes. Les textes législatifs qui les créent leur donne quasiment toute latitude pour mettre en place les outils et régulations qu'ils jugent nécessaires afin d'organiser leurs filières respectives (Smallfield, 1970 ; McLintock, 1966). Initialement, ils limitent peu ou prou leurs interventions à des activités de lobbying, de promotion, de surveillance et d'observation des marchés, de financement de travaux de recherche et de développement ainsi qu'à la mise en place de systèmes de notation des produits selon leur qualité. C'est eux également qui se chargent de négocier les contrats relatifs au transport maritime des marchandises dans l'optique de réduire les coûts, et qui planifient l'acheminement des marchandises vers le Royaume-Uni afin d'éviter de trop brusques fluctuations des prix liées à un approvisionnement irrégulier du marché

---

jusqu'ici du ressort de la couronne britannique. Pour autant, les liens avec le Royaume-Uni restent forts. En particulier, le roi d'Angleterre est le chef de l'État néo-zélandais.

britannique. En revanche dans un premier temps, ils n'interviennent pas dans l'organisation et dans la régulation des marchés, et ce bien que la législation leur en donne en théorie le pouvoir (Martin, 1986).

La situation évolue en 1935, à la faveur de l'arrivée au pouvoir du premier gouvernement travailliste. Pour conquérir un électorat rural qui lui était jusqu'ici défavorable, celui-ci s'est en effet engagé à instaurer un mécanisme de prix garantis pour l'ensemble des produits agricoles exportés, et plus particulièrement pour les produits laitiers (McLintock, 1966). Ainsi, en 1936, la *Primary Products Marketing Act* instaure un ministère chargé de la commercialisation des produits agricoles (*Primary Products Marketing Department*), qui a en théorie le pouvoir d'administrer la commercialisation de n'importe quel produit agricole qui lui paraît devoir l'être, mais qui dans les faits ne s'intéressera qu'aux produits laitiers. Ainsi à partir de cette date, le gouvernement achète aux coopératives laitières l'intégralité de leur production et se charge lui-même de la vente aux importateurs britanniques. Le gouvernement, par l'intermédiaire du *Primary Products Marketing Department*, récupère ainsi l'essentiel des fonctions du *Dairy Board*, qui limite désormais ses activités à du lobbying (Martin, 1986).

L'acquisition de la marchandise se fait à un prix garanti, fixé chaque année par le gouvernement à un niveau devant permettre aux coopératives de payer leurs producteurs à un prix couvrant le coût moyen de production. En effet, la loi prévoit que : « tout producteur efficace engagé dans le secteur laitier dans des conditions habituelles et des circonstances normales doit être assuré d'obtenir un revenu net suffisant pour lui permettre de subvenir à ses besoins et à ceux de sa famille dans un état de confort raisonnable ». Lorsque les prix obtenus à l'export sont supérieurs au prix garanti auquel il achète la marchandise, le gouvernement accumule des réserves sur un compte dédié (*Dairy Industry Account*). Ces réserves sont ensuite mobilisées lorsque les prix à l'international sont inférieurs au prix garanti. Ce dispositif se traduit par une hausse du prix du lait à la production.

À ces dispositifs de soutien et de régulation des prix s'en ajoutent d'autres, destinés à faciliter l'accès des agriculteurs aux intrants, et notamment les engrais phosphatés. En effet, le traité de Versailles a placé l'île de Nairu, ancienne colonie allemande du Pacifique abritant de gigantesques mines de phosphates, sous le contrôle conjoint du

Royaume-Uni, de l'Australie et de la Nouvelle-Zélande. Les mines de Nairu sont exploitées par la *British Phosphate Commission*, où siègent des représentants des gouvernements néo-zélandais et australiens. Le prix du phosphate vendu par cette commission aux fabricants d'engrais néo-zélandais est très en-deçà des prix observés sur les marchés internationaux, jusqu'à moitié moins cher d'après certaines sources (Bertram, 2010). Par ailleurs, le gouvernement néo-zélandais subventionne le transport des engrais phosphatés et de la chaux des usines de fabrication vers les exploitations agricoles. Ceci contribue à réduire significativement le coût des intrants pour les producteurs. Enfin, pour faciliter l'accès des agriculteurs au crédit, le gouvernement créé en 1936 la *State Advances Corporation*, une banque publique qui propose des prêts à taux bonifiés aux agriculteurs souhaitant investir pour développer leur outil de production (Nightingale, 2008).

L'ensemble de ces mesures de régulation permet aux éleveurs laitiers néo-zélandais de mettre rapidement en œuvre, dans le courant des années 1930, les transformations de la « révolution herbagère ». Cela se traduit par un accroissement significatif de la production laitière du pays, ainsi que des exportations de produits laitiers. Les volumes de beurre exportés ont ainsi été multipliés par neuf entre 1920 et 1940, et sont passés de 40 000 à environ 360 000 tonnes. De leur côté, les exportations de fromages, bien qu'elles aient connu une augmentation plus limitée, sont tout de même passées de 60 000 tonnes en 1915 à 100 000 tonnes en 1940, soit une augmentation de près de 70 % (Hawke, 1985). Cette augmentation a permis à la Nouvelle-Zélande de devenir le premier fournisseur de beurre du Royaume-Uni (28 % des importations britanniques en 1940, contre seulement 6 % en 1915), devant le Danemark (26,5 % des importations britanniques en 1940, contre 46 % en 1915).

UNE EXPOSITION CROISSANTE DES ÉLEVEURS LAITIERS À LA CONCURRENCE INTERNATIONALE, ET DES SOUTIENS PUBLICS LIMITÉS (1950-1985)

Progressivement à partir des années 1950, les évolutions de la politique agricole néo-zélandaise se traduisent par une exposition croissante des éleveurs laitiers à la concurrence internationale. Certaines régulations seront néanmoins maintenues, ce qui se traduira par un développement agricole tout à fait original, à rebours des transformations alors à l'œuvre dans le reste des pays développés (Hugonnet et Devienne, 2018).

DES PRODUCTEURS LAITIERS TRÈS VITE EXPOSÉS À LA CONCURRENCE INTERNATIONALE, ET DES PRIX À LA PRODUCTION EN FORTE DIMINUTION

Comme il l'avait déjà fait lors de la Première Guerre mondiale, le Royaume-Uni s'était engagé tout au long du second conflit mondial à acheter à un prix fixé à l'avance la totalité de la production agricole issue de ses *Dominions*. Cet accord (« *bulk purchase agreement* ») a été reconduit annuellement durant la période de reconstruction après-guerre, et n'a finalement pris fin qu'en 1954. Durant cette période, les agriculteurs néo-zélandais ont bénéficié de prix stables et plutôt élevés. La situation se dégrade toutefois rapidement ensuite, à mesure que s'accroissent la production et les exportations européennes suite à la mise en œuvre de la politique agricole commune (PAC). Ces exportations, largement subventionnées, viennent concurrencer les exportations néo-zélandaises.

Dans ces conditions, sauf à accepter de mobiliser un budget conséquent, le gouvernement néo-zélandais n'est pas en mesure de maintenir le système de prix garantis pour le beurre couvrant les coûts moyens de production introduit dans les années 1930. Dès 1952, un accord entre le gouvernement néo-zélandais et l'industrie laitière stipule que le secteur laitier est un secteur trop important pour qu'il soit possible et souhaitable de mobiliser de larges ressources budgétaires pour le soutenir. Sans remettre formellement en cause le principe du prix garanti couvrant les coûts de production, cet accord prévoit que sur le long terme, les comptes du *Dairy Industry Account* doivent s'équilibrer. Cela revient à dire qu'il n'est pas envisageable de fixer un prix garanti qui soit durablement déconnecté des marchés internationaux.

Votée en 1961, la *Dairy Board Act* va plus loin encore. Par cette loi, le *Dairy Board* se voit confier la responsabilité de la mise en marché de la production néo-zélandaise, responsabilité qui était exercée par le gouvernement depuis 1936. Le *Dairy Board* est doté d'un monopole d'exportation, qui en fait la seule structure habilitée à exporter la production laitière du pays. Ce monopole vise à accroître le pouvoir de marché du *board* afin de lui permettre de négocier de meilleurs prix pour les productions néo-zélandaises, et évite que les coopératives laitières du pays ne se fassent la compétition entre elles. Au-delà de ces évolutions organisationnelles, la *Dairy Board Act* a des conséquences importantes sur le mécanisme de prix garanti pour le beurre. Si la loi en préserve le principe, elle en modifie profondément sa substance. D'une part, l'administration de ce dispositif revient désormais au *Dairy Board*, et non plus uniquement au gouvernement. D'autre part, toute référence au coût moyen de production dans la fixation du prix garanti est supprimée. Ainsi, la loi prévoit que la détermination du prix garanti pour le beurre doit désormais :

- assurer la stabilité et l'efficacité du secteur laitier ;
- tenir compte des prévisions et perspectives concernant les marchés internationaux ;
- prendre en considération l'état du *Dairy Industry Account* (McLintock, 1966).

Si le système de prix garanti subsiste, il s'apparente désormais davantage à un système de lissage des prix internationaux, dont on se contente d'atténuer les fluctuations d'une année sur l'autre, qu'à un véritable outil de régulation des marchés et de soutien des prix. Certes, le gouvernement permet au *Dairy Board* de faire refinancer les éventuelles dettes du *Dairy Industry Account* directement auprès de la banque centrale, à des taux inférieurs à ceux proposés par les banques commerciales. Ceci peut indirectement et modestement contribuer à soutenir les prix à la production. Mais de manière générale, on peut dire que dès les années 1950 et plus encore à partir des années 1960, les éleveurs laitiers néo-zélandais sont très fortement exposés à la concurrence internationale et que le prix payé à la production reflète les prix obtenus à l'export.

La situation se complique davantage encore pour les éleveurs laitiers en 1973, lorsque le Royaume-Uni entre dans la Communauté Économique Européenne (CEE) et rejoint le marché commun européen. Dès lors, la Nouvelle-Zélande perd son accès privilégié au marché britannique, qui absorbait en 1970, 83 % des exportations néo-zélandaises de beurre et 72 % de celles de fromages. Alors que ces exportations pouvaient jusqu'à cette date entrer sans droits de douanes, elles sont désormais sévèrement taxées, en vertu du protectionnisme qui caractérise la PAC d'alors. Certes, le gouvernement néo-zélandais fait pression sur le gouvernement britannique pour que celui-ci prenne en considération sa situation à l'occasion des négociations d'adhésion du Royaume-Uni à la CEE. Ainsi, le « Protocole 18 » du traité d'adhésion du Royaume-Uni à la CEE prévoit une période transitoire dérogatoire de cinq années pendant lesquelles la Nouvelle-Zélande conserve le droit d'exporter sans droit de douane des quantités décroissantes de beurre (de 165 000 tonnes à 138 000 tonnes) et de fromages (de 68 000 tonnes à 15 000 tonnes) à destination du Royaume-Uni. Pour le beurre, le régime dérogatoire sera reconduit année après année jusqu'en 1984 mais pour des quantités toujours plus limitées (83 000 tonnes en 1984).

Dans la mesure où la Nouvelle-Zélande exportait au début des années 1970 près de 160 000 tonnes de beurre à destination du Royaume-Uni et 70 000 tonnes de fromages, on comprend que ces mesures dérogatoires sont largement insuffisantes pour prémunir le secteur laitier néo-zélandais d'une crise des débouchés importante. L'autre conséquence de l'entrée du Royaume-Uni dans la CEE tient au fait que désormais, les importations en provenance des concurrents européens de la Nouvelle-Zélande, au premier rang desquels figurent les Pays-Bas et le Danemark (entré en 1973 comme le Royaume-Uni), peuvent pénétrer le marché britannique sans être frappés de droits de douanes. Dans ce contexte, les prix du lait à la production en Nouvelle-Zélande dégringolent et sont divisés par quatre en monnaie constante entre 1950 et 1985 (figure 1).

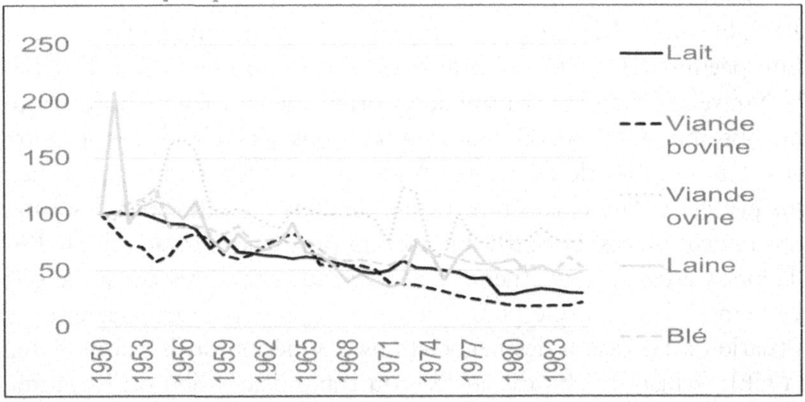

Sources : FAOStats et Infoshare.

FIG. 1 – Évolution des prix agricoles en Nouvelle-Zélande (monnaie constante, base 100=1950).

En plus de prix du lait à la production en diminution, les éleveurs laitiers sont pénalisés par des prix des intrants et des équipements élevés. Celui-ci résulte du contrôle des importations alors imposé en Nouvelle-Zélande. Instauré en 1937 par le premier gouvernement travailliste, il visait, dans le contexte de ralentissement des échanges internationaux postérieur à la crise de 1929, à éviter que la balance commerciale néo-zélandaise ne devienne trop déficitaire en raison d'importations trop importantes par rapport aux exportations, tout en favorisant le développement d'une industrie nationale de substitution aux importations. Ce contrôle des importations repose principalement sur une limitation quantitative des importations par le biais de quotas. Concrètement, le gouvernement fixe annuellement et pour chaque bien un quota au-delà duquel l'importation du produit considéré n'est plus possible. Ce quota est fixé en fonction de la quantité importée l'année précédente et de la situation économique du pays : lorsque les perspectives concernant les exportations sont bonnes, les quotas sont augmentés et certains produits peuvent même être exclus du contrôle.

À l'inverse, les quotas d'importation sont réduits lorsque l'on pressent une situation compliquée concernant les exportations, et la liste des produits concernés par les restrictions s'allonge. Aussi, alors qu'au sortir de la Seconde Guerre mondiale la quasi-totalité des produits faisaient l'objet de restrictions quantitatives aux importations, celles-ci ne concernent plus que 23 % des produits en 1957 (Jones, 1999). L'embellie sur les marchés internationaux de produits agricoles au début des années 1950 a en effet permis de relâcher partiellement les contraintes sur les importations. Dès 1958 en revanche, en raison d'une dégradation des prix obtenus à l'exportation, des restrictions aux importations sont rétablies sur la totalité des produits importés. Pour les agriculteurs néo-zélandais, ces mesures de contrôle contribuent à renchérir significativement les intrants et équipements importés : engrais azotés, aliments du bétail, tracteurs, matériel de culture et de récolte des fourrages, etc. (Singleton, 2008 ; Gouin *et al.*, 2005). Lattimore (1987) estime le surcoût à 35 à 55 % suivant les années. Il résulte à la fois de la limitation de l'offre causée par le contrôle des importations, mais aussi des coûts de transaction qu'il induit pour les importateurs (démarches administratives longues et complexes nécessaires pour l'obtention de l'autorisation d'importer). Par ailleurs, à l'inverse de ce qui a été observé dans d'autres secteurs (textile, automobile), les restrictions aux importations ne se sont pas traduites, s'agissant des intrants et équipements agricoles, par le développement d'une production nationale de substitution aux importations.

C'est donc à un ciseau des prix important que sont confrontés les éleveurs laitiers néo-zélandais après la Seconde Guerre mondiale. Nous verrons à la fin de cette section quelles en ont été les conséquences sur le développement agricole.

DANS LES ANNÉES 1970, DES SUBVENTIONS QUI BÉNÉFICIENT TRÈS PEU AUX ÉLEVEURS LAITIERS

La politique agricole néo-zélandaise se caractérise enfin par l'introduction, dans le courant des années 1970, d'un certain nombre de subventions. Ces subventions visaient tout d'abord à soutenir l'activité agricole, alors fortement pénalisée par la perte du débouché britannique. Il s'agissait également, dans le contexte du premier choc pétrolier qui s'est traduit par une augmentation importante des importations néo-zélandaises (alors largement constituées de produits énergétiques), de soutenir le principal secteur d'exportation du pays. Les dirigeants d'alors espéraient que les subventions à l'agriculture permettraient d'accroître la production agricole, donc les exportations, et partant de rétablir l'équilibre de la balance commerciale. Ces subventions ont pris différentes formes : aides à l'investissement, subventions sur le prix des engrais, subventions versées en fonction des prix à la production, etc.

Parmi les aides à l'investissement, on trouve le « *Livestock Incentive Scheme* » (LIS) et les « *Land Development Encouragement Loans* » (LDEL). Instauré en 1978 et maintenu jusqu'en 1982, le LIS vise à soutenir les agriculteurs qui accroissent la taille de leur troupeau, en leur accordant un prêt à taux zéro d'un montant de 12 $ ou une déduction fiscale de 24 $ par « *Stock Unit*[2] » (SU) supplémentaire. Si l'augmentation du nombre d'animaux est supérieure à 2 % et si celui-ci est maintenu au moins deux années, l'éleveur n'a même pas à rembourser le prêt. De son côté le LDEL, en vigueur de 1978 à 1981, vise à soutenir les éleveurs qui entreprennent des travaux d'amélioration foncière (drainage, terrassement). Il s'agit d'un programme de prêts à taux bonifiés d'un montant maximal de 250 $/ha, alloué aux éleveurs entreprenant des travaux d'amélioration foncière sur au moins 10 ha et permettant un chargement minimal d'au moins 10 SU/ha. Si le chargement est maintenu plusieurs années, le prêt est converti en prêt à taux zéro, les intérêts déjà versés par l'agriculteur lui sont reversés, et seulement la moitié du capital doit être remboursée. En plus de ces soutiens aux investissements, une subvention sur le prix des engrais phosphatés est introduite dans le courant des années 1970. Elle vient compléter la subvention de leur transport déjà en vigueur depuis les années 1930.

Enfin, le « *Supplementary Minimum Price* » (SMP) est introduit en 1978. Le SMP consiste en une aide contra-cyclique versée aux éleveurs lorsque le prix de vente de leurs produits descend en deçà d'un prix plancher fixé annuellement par le gouvernement pour les principales productions exportées (viande ovine, viande bovine, lait et laine). Si les prix descendent en dessous du prix plancher, le gouvernement verse aux producteurs la différence entre le prix du marché et le prix plancher, sous la forme de paiements directs compensatoires. La détermination du prix plancher ne se fait pas sur une base ou un mode de calcul clairement établis, et les logiques présidant à leur fixation semblent avoir varié au cours du temps : tantôt il s'agissait de permettre aux éleveurs de couvrir leurs coûts de production, tantôt les prix semblaient davantage déterminés par la situation sur les marchés internationaux (Gouin, 2005 *et al.*, 2005).

---

2 Unité de référence permettant d'agréger le bétail de différentes espèces et âges. 1 SU = 1 brebis = 0,17 bovins.

Rétrospectivement, il apparaît néanmoins que les prix planchers de la viande ovine, et dans une moindre mesure ceux de la laine, ont été fixés à des niveaux significativement supérieurs aux prix sur les marchés internationaux. En revanche ceux du lait se situaient globalement en deçà. Ainsi, de 1978 à 1985, des paiements compensatoires n'ont été versés pour le lait qu'au cours de la saison 1978-1979, alors que les éleveurs ovins ont reçu des paiements au cours des saisons 1981-1982, 1982-1983 et 1983-1984, aussi bien pour la viande que pour la laine.

De façon générale, en raison notamment de la façon dont est administrée le SMP, les soutiens publics à l'agriculture bénéficient essentiellement aux éleveurs ovins, et de façon marginale aux éleveurs laitiers. Ainsi, Lattimore (2006) estime que l'ensemble des subventions représentaient en 1984, c'est-à-dire à la veille de la libéralisation de la politique agricole néo-zélandaise, 90 % du chiffre d'affaires des éleveurs ovins, contre 13 % pour les éleveurs laitiers.

UN DÉVELOPPEMENT AGRICOLE ORIGINAL EN ÉLEVAGE LAITIER, CENTRÉ SUR L'AGRO-ÉCOLOGIE

Dans ce contexte particulier, caractérisé par une forte diminution des prix du lait à la production, un renchérissement des intrants et équipements importés en raison du contrôle des importations, et enfin de soutiens publics finalement limités, les éleveurs laitiers néo-zélandais vont s'orienter vers un développement agricole particulier, à rebours des transformations alors mises en œuvre en Europe ou en Amérique du Nord.

Dans la plupart des pays développés en effet, le développement agricole à l'œuvre après la Seconde Guerre mondiale s'est appuyé sur la moto-mécanisation, afin d'accroître les surfaces prises en charge par actif ainsi que la taille des troupeaux ; le recours à la sélection génétique, afin de disposer de plantes et animaux à haut potentiel de rendement, et enfin l'usage massif d'intrants (engrais de synthèse, produits phytosanitaires, compléments pour l'alimentation animale) pour accroître les rendements par hectare ou par animal. En élevage laitier, ce développement agricole s'est traduit par l'augmentation de la part des fourrages stockés (ensilage d'herbe et de maïs) et des concentrés (tourteaux de soja et colza notamment) dans les rations, au détriment du pâturage (Charoin *et al.*, 2012). L'ensemble de ces transformations a nécessité des capacités d'investissement et de trésorerie importantes. Si les éleveurs nord-américains et européens ont bénéficié d'un contexte économique favorable à de tels investissements, en raison notamment des politiques agricoles mises en œuvre dans ces pays, il n'en est pas de même pour les éleveurs laitiers néo-zélandais qui n'ont aucunement les moyens de mettre en œuvre de telles transformations.

Ce faisant, ils s'orientent vers des systèmes de production herbagers hautement productifs, mais autonomes et très économes en intrants (Hugonnet et Devienne, 2017). L'objectif pour eux sera d'accroître les volumes produits sans avoir à recourir à des intrants et équipements trop onéreux, de façon à maintenir leurs revenus en dépit de la très forte diminution des prix à la production à laquelle ils sont confrontés. Ces systèmes de production s'appuient largement sur les fonctionnalités offertes par les écosystèmes, et à ce titre relèvent de l'agro-écologie (Altierri, 1986 ; Schaller, 2013). Ils permettront aux éleveurs laitiers néo-zélandais de produire à moindre coût, et ainsi de rester compétitif vis-à-vis de leurs concurrents à l'international.

Concrètement, les éleveurs néo-zélandais remplacent dès 1950-1960 leurs prairies multi-espèces par des prairies ray-grass anglais / trèfle blanc de très longue durée (15-20 ans). Le premier est notamment choisi pour sa capacité à croitre en hiver dans les conditions climatiques des régions laitières de l'île Nord (10°C en moyenne mensuelle, le ray-grass anglais étant capable de croître à partir de 7°C). Le second permet, grâce à sa capacité à fixer l'azote de l'air, d'assurer la fertilisation azotée de la prairie. Le calendrier de production est quant à lui étroitement calé sur la courbe de croissance de l'herbe : tarissements en hiver pour limiter les besoins à cette période d'étiage fourrager, vêlages en sortie d'hiver pour profiter du pic de production herbager du printemps, réformes et passage à la mono-traite au début de l'été pour pallier la diminution estivale de la vitesse de croissance de l'herbe, etc. Le recours aux techniques de pâturage tournant dynamique, moyennant l'emploi de clôtures électriques, permet d'optimiser la production et la gestion de la ressource herbagère (temps de repousse variables, constitution de stocks d'herbe sur pied à l'automne en vue de l'hiver, pâturage hivernal, etc.). Ces transformations permettent d'accroitre la part du pâturage dans l'alimentation des animaux, et de ce fait d'augmenter le nombre de vaches laitières détenues sans avoir à investir dans du matériel de récolte et distribution des fourrages. Les chargements animaux sont ainsi passés de 1,5 à 3 vaches par ha entre 1950 et 1985, et la productivité physique du travail de 75 000 kg de lait par actif et par an à 200 000-250 000 kg par actif et par an.

Ces évolutions, que l'on pourrait qualifier de seconde révolution herbagère par analogie avec celle de la première moitié du XXe siècle, nécessitent très peu d'investissements et sont donc par conséquents accessibles à la plupart des éleveurs, en tous cas sur l'île Nord où le nombre d'exploitations laitières diminue peu (-30 % entre 1950 et 1985). Les éleveurs laitiers de l'île Sud pâtissent de températures trop fraiches en hiver pour permettre une quelconque croissance de l'herbe, et ne peuvent mettre en œuvre les changements de pratiques décrits plus haut. Déjà peu nombreux, leur nombre y diminue rapidement (-70 % entre 1950 et 1985), au profit de l'élevage ovin, davantage soutenu par les pouvoirs publics.

LIBÉRALISATION DE L'ÉCONOMIE NÉO-ZÉLANDAISE ET NOUVEAU PARADIGME DE DÉVELOPPEMENT AGRICOLE EN ÉLEVAGE LAITIER (1985-2020)

La libéralisation de la politique agricole néo-zélandaise de 1985 est fréquemment analysée à l'aune quasi exclusive de la suppression des subventions agricoles. Cependant, celle-ci n'est qu'une (petite) facette d'un mouvement plus vaste de dérégulation de l'économie du pays. Cette dérégulation a eu des conséquences majeures sur l'élevage laitier, bien davantage que la seule fin des subventions.

UNE DÉRÉGULATION RAPIDE ET QUASI COMPLÈTE DE L'ÉCONOMIE NÉO-ZÉLANDAISE

La dérégulation de l'économie de la Nouvelle-Zélande en 1985 est la réponse apportée par le gouvernement d'alors à la crise économique dans laquelle le pays s'est enfoncé depuis 1973 et le premier choc pétrolier. Cette crise se traduit par un déficit commercial chronique depuis 1974, ce qui, pour un pays très dépendant du commerce international comme la Nouvelle-Zélande, est particulièrement problématique. Ce déficit commercial résulte du doublement du montant des importations entre 1970 et 1984, notamment énergétiques, que la hausse des exportations (+75 %), principalement agricoles, ne suffit pas à compenser. Dans un premier temps, les différents gouvernements qui se sont succédé ont mis en œuvre, en réponse à ces difficultés, des politiques de soutien de l'activité économique par la puissance publique. Celle-ci se sont révélées couteuses, et n'ont pas vraiment produit les effets escomptés. En effet, le PIB du pays ne s'est accru que de 17 % entre 1974 et 1984, contre 50 % au cours de la décennie précédente.

De son côté le chômage, bien que faible en 1984 (4 %), est largement plus élevé qu'il ne l'était en 1974, le pays étant alors au plein emploi. Parallèlement, les comptes publics se sont passablement dégradés, déficit et dette passant respectivement de 3 % et 40 % du PIB en 1975 à 9 % et 63 % en 1985. Cette dégradation de la situation budgétaire du pays est également la conséquence des subventions agricoles introduites dans les années 1970. Ainsi, le budget du ministère de l'agriculture est passé de 100 millions $NZ en 1975 (3-4 % du PIB) à 800 millions en 1984 (13 % du PIB).

Revenu au pouvoir en 1984, le parti travailliste se lance alors dans un vaste programme de réformes économiques. Celles-ci sont parfois désignées sous le vocable *Rogernomics*, en référence au nom du ministre des Finances d'alors, Roger Douglas, et par analogie avec les *Reaganomics* étatsuniennes. Elles se caractérisent par leur ampleur et leur mise en œuvre rapide. Ces réformes, résumées dans la figure 2, comprennent quatre volets : un volet agricole, un volet économique, un volet monétaire et enfin un volet social[3].

Politique agricole : accroître les exportations agricoles par la libre allocation des ressources	**Politique économique : faciliter l'accès aux capitaux et attirer les capitaux étrangers**	**Politique monétaire : limiter l'inflation et attirer les capitaux étrangers**	**Politique sociale : réduire le prix de la main d'œuvre**
• Levée du contrôle des importations	• Levée des restrictions aux flux de capitaux	• Dévaluation et dérégulation du taux de change	• Dérégulation du marché du travail
• Suppression des soutiens au secteur agricole (production ovine et céréalière)	• Libéralisation du secteur financier	• Dérégulation du taux d'intérêt	• Baisse des minima sociaux
	• Baisse de l'impôt sur les sociétés		
• Suppression du contrôle des structures, du soutien à l'installation, etc.	• Faibles restrictions à l'acquisition de foncier agricole par des investisseurs étrangers	• Banque centrale indépendante, avec pour seul objectif la maîtrise de l'inflation	• Politique migratoire permettant de faire venir une main d'œuvre peu chère

FIG. 2 – Principales mesures prises à partir de 1984 dans le cadre de la libéralisation de l'économie néo-zélandaise.

3 Pour être tout à fait exact, ce volet relatif à la politique sociale sera mis en œuvre plus tardivement, entre 1990 et 1993, par le gouvernement issu du parti national qui a succédé au gouvernement travailliste. Particulièrement dur sur le plan social, ses détracteurs les désignent sous le terme de *Ruthanasia*, contraction de « *Ruth* », en référence au nom de la ministre des finances chargée de leur mise en œuvre (Ruth Richardson) et « *euthanasia* ».

Sur le plan de la politique agricole, les réformes entreprises ont pour objectif d'accroître la production et les exportations agricoles par le biais de la libre allocation des ressources. Ainsi, le contrôle des importations est supprimé. Il s'agit de permettre aux agriculteurs néo-zélandais d'accéder à des intrants et équipements bon marché, afin qu'ils puissent accroitre leur production. Au-delà de ces aspects, le contrôle des importations, en protégeant de la concurrence internationale un secteur industriel peu performant, est accusé de détourner du secteur agricole de la main-d'œuvre et des capitaux qui vont s'employer et s'investir dans l'industrie au lieu de se tourner vers le secteur agricole. Dès lors ce dernier verrait son développement bridé par un manque de ressources (main-d'œuvre et capital) et par le renchérissement du prix de celles-ci. Au-delà du contrôle des importations, l'ensemble des subventions au secteur agricole sont supprimées : subventions au transport de la chaux et des engrais phosphatés, subvention au prix des engrais phosphatés, et surtout « *Supplementary Minimum Price* ».

Outre l'objectif d'économie budgétaire et de rétablissement de l'équilibre des comptes publics, ces suppressions sont guidées par des motivations d'ordre politique et idéologique. On considère en effet que si certains secteurs ont besoin de soutiens publics, c'est qu'ils ne sont pas suffisamment compétitifs et qu'il vaut mieux s'orienter vers d'autres productions. Par ailleurs, ces subventions sont accusées d'inhiber l'innovation dans les secteurs qui en bénéficient, notamment l'élevage ovin (Moyle et Douglas, 1986). Pour terminer ce tour d'horizon des réformes liées à la politique agricole, signalons la suppression d'un certain nombre de dispositifs qui n'ont pas été évoqués jusqu'à présent car relativement secondaires : démantèlement de la régulation des prix du blé et du lait frais de consommation destinés au marché intérieur, privatisation de la « *Rural bank* », qui accordait aux agriculteurs des prêts à taux régulés, suppression du contrôle des structures et du soutien à l'installation. Le contrôle des structures visait à éviter l'accaparement foncier et la reconstitution des grands domaines démantelés à la fin du XIXe siècle, et le soutien à l'installation consistait en l'octroi de prêts à taux bonifié aux jeunes agriculteurs reprenant une exploitation. À travers la suppression de ces deux dispositifs, l'objectif est de ne pas freiner la constitution de grandes unités de production, synonymes d'économies d'échelle et supposées être plus efficaces. Enfin, fait notable, le *Dairy Board* et son monopole d'exportation ont survécu à cette vague de libéralisation jusqu'en 2001, date à laquelle les deux principales coopératives du pays ont fusionné pour former la coopérative Fonterra. Cette entreprise collecte alors 90 % du lait produit en Nouvelle-Zélande, et dispose donc *de facto* d'un quasi-monopole.

Sur le plan de la politique économique, les transformations entreprises visent à faciliter l'accès aux capitaux, afin de stimuler l'investissement, et à attirer en Nouvelle-Zélande des capitaux étrangers. Pour ce faire, le contrôle des flux entrants et sortant de capitaux est supprimé et le secteur financier libéralisé. Cette libéralisation consiste notamment en la suppression d'un certain nombre de normes prudentielles auxquelles étaient soumises les banques. En effet jusque 1984, les banques néo-zélandaises devaient respecter des ratios de liquidités, c'est-à-dire qu'elles devaient détenir en liquidité une proportion minimale de leurs encours de crédit. La levée de cette obligation vise à faciliter l'accès au crédit. Par ailleurs, le taux de l'impôt sur les bénéfices des sociétés passe de 45 % pour les entreprises résidentes en Nouvelle-Zélande et 50 % pour les non-résidentes en 1984, à 33 % quel que soit le statut de l'entreprise. Ce taux sera à nouveau revu à la baisse en 2008 (30 %) et 2011 (28 %). Enfin, la Nouvelle-Zélande impose des conditions globalement peu contraignantes à l'acquisition de foncier agricole par des investisseurs étrangers, ce qui contribue à en faire un pays plutôt très ouvert sur cet aspect, au regard des législations et réglementations de nombreux autres pays développés.

Sur le plan monétaire, les réformes mises en œuvre sont d'inspiration monétariste et visent essentiellement à limiter l'inflation (Cloke, 1996), galopante entre 1974 et 1983 (11 à 17 %), et qui n'avait pu être contenue à des taux raisonnables en 1983 et 1984 (6-7 %) qu'au prix d'un gel des prix et des salaires. Il s'agit également, une fois encore, d'attirer en Nouvelle-Zélande des capitaux qu'une inflation trop importante pourrait rebuter. Pour ce faire, le dollar néo-zélandais est dévalué de 20 % en 1984, et le taux de change est dérégulé. La dévaluation de 1984 est fréquemment présentée comme ayant été pour le gouvernement le moyen de permettre aux agriculteurs de supporter le choc résultant des réformes entreprises, en stimulant les exportations grâce à un taux de change favorable. Son effet sera toutefois de courte durée puisque dès 1988, le dollar néo-zélandais retrouve le niveau de parité qu'il avait avant 1984 avec les autres monnaies de référence (Sheppard, 1993). Par ailleurs, le taux d'intérêt, auparavant fixé par le gouvernement, est lui aussi dérégulé. Dans le contexte d'appréciation du dollar néo-zélandais à partir de 1985, et suite à la décision du gouvernement de financer la dette publique sur les marchés financiers et non plus auprès de la Banque centrale, cela se traduit par une hausse du taux, qui passe de 10 % en 1985 à 25 % en 1987 (Sheppard, 1993). Cependant, le taux diminue rapidement ensuite, et passe sous la barre des 5 % dès le début des années 1990.

Enfin, la dérégulation comprend également un ensemble de réformes concernant la politique sociale et de l'emploi, dont la finalité est de réduire le prix de la main d'œuvre, afin de renforcer la compétitivité des entreprises néo-zélandaises (Goldfinch, 2004). Ainsi, l'*Employment Contracts Act* adoptée en 1991 rompt avec le principe de la négociation collective, qui avait contribué à faire de « *l'ouvrier néo-zélandais l'un des mieux protégés au monde* » (Siegfried, 1904, p. 97). À partir de 1991, les contrats de travail conclus entre employés et employeurs peuvent déroger aux conventions collectives, et la quasi-totalité des dispositions des contrats de travail sont renvoyées à une négociation de gré à gré entre employeur et salarié. De son côté, la loi se contente de fixer un socle de droits minimums dont doit bénéficier le salarié (salaire horaire minimum, 4 semaines de congés payés, etc.). En revanche, il n'y a pas de durée légale du travail, ni obligation de majoration des heures supplémentaires. Par ailleurs, les conditions d'accès aux prestations sociales, notamment celles liées à l'indemnisation du chômage, sont durcies, afin d'inciter les personnes sans travail à accepter des emplois, y compris mal rémunérés.

Enfin, les gouvernements successifs ont mis en œuvre une politique migratoire particulièrement accommodante pour le secteur agricole. Bon nombre de métiers agricoles, notamment en élevage laitier, ont ainsi été placés sur la liste dite des « qualifications en pénurie immédiate » (« *Immediate skills shortage list* »). Ce statut facilite l'emploi de travailleurs étrangers puisque l'employeur n'a pas à démontrer au préalable qu'il a essayé de recruter un Néo-zélandais avant d'employer un travailleur étranger. Pour ce dernier, l'obtention d'un visa de travail est facilitée, à condition qu'il dispose d'une promesse d'embauche et de qualifications en adéquation avec celle-ci. Outre le fait que cette main d'œuvre immigrée a souvent des exigences en matière de rémunération modestes, les conditions de son entrée sur le territoire néo-zélandais ne la placent pas dans une position de négociation favorable vis-à-vis de son employeur. En effet, quelqu'un qui entre en Nouvelle-Zélande avec un visa de travail pour exercer un métier donné ne peut exercer d'autre profession, doit obtenir une autorisation de l'administration pour changer d'employeur, et si le contrat de travail qui lui a permis de rentrer en Nouvelle-Zélande est rompu pour une raison ou pour une autre, le travailleur immigré est tenu de quitter le pays dans les trois mois s'il ne trouve pas un autre emploi.

UN NOUVEAU PARADIGME DE DÉVELOPPEMENT AGRICOLE EN ÉLEVAGE LAITIER, EN RÉPONSE À LA DÉRÉGULATION

À partir de 1985, en lien avec la dérégulation de l'économie néo-zélandaise dont les grandes lignes ont été présentées précédemment, les logiques de développement agricole à l'œuvre en élevage laitier changent en profondeur. Elles s'articulent autour de deux transformations principales : la perte d'autonomie des systèmes fourragers et la financiarisation de la production laitière. La suppression des subventions agricoles n'a eu en pratique aucun effet direct sur les éleveurs laitiers, dans la mesure où ils n'en ont jamais bénéficié de façon majeure. C'est d'autant plus vrai qu'à partir de 1985, les prix du lait à la production se stabilisent (1985-2000, figure 3) avant de repartir à la hausse (2000-2015), malgré une variabilité certaine. Cette amélioration des prix à la production résulte de l'augmentation de la demande mondiale en produit laitiers, tirée par l'Asie du Sud-Est et surtout la Chine, quand dans le même temps la communauté européenne, alors premier exportateur mondial de produits laitiers, contingente sa production. En parallèle, la suppression du contrôle des importations a pour conséquence une diminution du prix des intrants et des équipements. Entre 1985 et 1990, les prix des principaux intrants utilisés par les agriculteurs diminuent de 20 à 40 % suivant les cas. L'urée voit son prix diminuer de 60 % entre 1985 et 2000, avant de remonter légèrement mais sans jamais retrouver son niveau d'avant 1985. Enfin, le taux d'intérêt, désormais dérégulé, diminue rapidement après quelques années à des niveaux très élevés et s'établit aux alentours de 3 % à partir de la fin des années 2000. Au-delà de cet élément, les banques adoptent des politiques de crédit particulièrement laxistes, en tous cas jusqu'à la crise financière de 2008, ce qui facilitent l'accès des éleveurs aux capitaux. Le contexte économique dans lequel évoluent les éleveurs laitiers à partir de 1985 se révèle donc particulièrement favorable et contraste avec la situation antérieure.

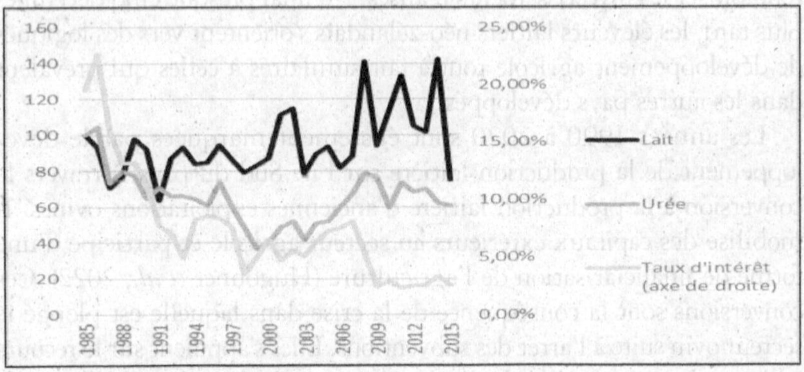

Source : FAOStats et Infoshare.

FIG. 3 – Évolution des prix du lait et de l'urée (axe de gauche, monnaie constante, base 100=1985) et du taux d'intérêt (axe de droite).

Dans ce contexte, les éleveurs laitiers ont dans un premier temps (1990-2000) recours aux engrais azotés de synthèse afin d'étendre la période de croissance de l'herbe et d'accroître la production herbagère, en particulier au printemps. Ceci permet la constitution de stocks d'ensilage, distribués en été avec du tourteau de palmiste[4]. Par la suite (2000-2020), ils introduisent du maïs-ensilage dans les assolements et les rations, afin d'en accroître la densité énergétique et augmenter les rendements par animal, moyennant souvent un changement de race (Kiwi[5] ou Frisonne). Ces transformations entrainent un accroissement considérable de la productivité physique du travail, qui peut dépasser le million de kg de lait par actif et par an. Elles nécessitent des investissements conséquents en matériel de traction et de récolte et distribution des fourrages, ainsi que la construction d'une aire d'alimentation bétonnée pour la distribution de l'ensilage de maïs. De ce fait, tous les agriculteurs n'ont pas les moyens de les mettre en œuvre et le développement

4 Sous-produit de la production d'huile de palme utilisé en alimentation animale.
5 Race de vache issue du croisement entre Jersiaises et Frisonnes.

agricole est beaucoup plus différencié que par le passé. Il s'accompagne d'une réduction du nombre d'exploitations et d'une augmentation concomitante de la superficie des exploitations restantes, ce qui permet de rentabiliser les investissements réalisés. Au final presque cinq décennies plus tard, les éleveurs laitiers néo-zélandais s'orientent vers des logiques de développement agricole tout à fait similaires à celles qui prévalent dans les autres pays développés.

Les années 1990 à 2020 sont également marquées par le développement de la production laitière sur l'île Sud du pays, à travers la conversion à la production laitière d'anciennes exploitations ovines. Il mobilise des capitaux extérieurs au secteur agricole et participe d'une forme de financiarisation de l'agriculture (Hugonnet *et al.*, 2022). Ces conversions sont la conséquence de la crise dans laquelle est plongé le secteur ovin suite à l'arrêt des subventions. Elles s'appuient sur le recours à l'irrigation pour pallier la diminution estivale de pousse de l'herbe et nécessitent de ce fait de grandes quantités de capitaux (construction de la salle de traite, irrigation, etc.). Trois phases peuvent être distinguées dans ce processus. La première phase de conversions (1990-2000) est cantonnée aux zones les plus faciles à irriguer (nappe peu profonde). Elle est le fait de grandes fortunes de l'immobilier, qui ont accumulé de grandes quantités de capitaux dans les années 1970 et sont à la recherche d'opportunités d'investissement pour les faire fructifier.

Ces investisseurs entendent réaliser une plus-value importante en achetant plusieurs dizaines d'exploitations ovines à bas prix car au bord de la faillite, et en les revendant au prix fort une fois converties à la production laitière, généralement à un éleveur laitier venu de l'île Nord qui souhaite se développer. Il s'agit donc d'investissements de court terme. La seconde phase de conversion (2000-2008) est le fait d'investisseurs aux ressources plus limitées que lors de la phase précédente, et qui profitent des facilités d'accès au crédit permis par la dérégulation pour réunir les capitaux nécessaires. Il peut s'agir d'investisseurs urbains (professions libérales, cadres, etc.), d'éleveurs laitiers de l'île Nord qui migrent au Sud pour poursuivre leur développement, ou de sociétés anonymes détenues par des investisseurs urbains et ruraux. La rentabilisation de ces investissements repose moins sur la plus-value foncière liée à la conversion, qui diminue du fait de la hausse du prix d'acquisition des exploitations ovines, que sur les revenus tirés de la production de lait.

Ces-derniers augmentent en raison de prix du lait orientés à la hausse et d'une diminution du prix de la main-d'œuvre résultant notamment de la dérégulation du marché du travail et de la politique migratoire mise en œuvre. Enfin, la dernière phase (2008-2020) est marquée par l'arrivée d'investisseurs internationaux, et notamment des fonds de pensions et investisseurs chinois, qui profitent notamment des faibles restrictions à l'acquisition de foncier agricole par des investisseurs étrangers imposées par la Nouvelle-Zélande, et de conditions fiscales avantageuses (imposition sur les bénéfices des sociétés relativement faible, absence d'imposition sur les gains en capital, etc.).

Du fait de ces évolutions, la production laitière néo-zélandaise a plus que doublé entre 1986 et 2022, passant de 8.2 à 21 millions de tonnes, même si un plateau semble être atteint depuis 2015. À titre de comparaison, sur la même période, la production laitière de l'UE à 27 n'a progressé que de 7 % environ, passant de 144 à 154 millions de tonnes, et celle des États-Unis de 60 % environ (de 65 à 103 millions de tonnes). Ce dynamisme de la production laitière néo-zélandaise a permis au pays de devenir le premier exportateur mondial de produits laitiers en volumes, devant l'UE. Toutefois, le développement agricole à l'œuvre depuis 1985 n'est pas sans poser un certain nombre de questions quant à ses implications socio-économiques (création et répartition de la valeur ajoutée, conditions de travail et de rémunération, dépendances aux importations, etc.) ou environnementales (pollutions liées à un usage de plus en plus massif d'intrants, surexploitation de la ressource en eau pour l'irrigation, etc.).

CONCLUSION AU CHAPITRE

Les politiques agricoles ont joué un rôle central en matière de développement agricole en Nouvelle-Zélande. C'est en effet l'interventionnisme de l'État au début du XXe siècle qui a permis, en partie du moins, de faire émerger dans le pays une production laitière familiale reposant sur des systèmes herbagers. Très vite cependant, dès les années 1960, les régulations mises en place au début du siècle sont remises en question, par l'évolution du contexte international et la concurrence des exportations européennes subventionnées d'abord, puis par la perte du débouché britannique suite à l'entrée du Royaume-Uni dans la communauté économique européenne. Impossible dans ces conditions de maintenir les dispositifs de soutien du prix du beurre qui avait été instaurés précédemment. Parallèlement, la politique commerciale de la Nouvelle-Zélande, en restreignant les importations, pénalise les éleveurs laitiers et les empêche d'accéder aux intrants et équipements sur lesquels repose la modernisation agricole après-guerre. Cette situation les conduit à explorer des voies de développement agricole très différentes de celles suivies au même moment dans la plupart des pays développés.

Au final, replacée dans une perspective historique de long terme, la dérégulation de 1985, qu'il convient de ne pas restreindre à sa dimension strictement agricole, n'apparaît pas comme la rupture qui aurait fait passer la production laitière néo-zélandaise d'un environnement économique hyper-régulé et protégé à un libéralisme débridé. Elle s'interprète plutôt comme une nouvelle insertion de la Nouvelle-Zélande dans la mondialisation et le capitalisme mondialisé, avec de nouvelles « règles du jeu ». Elle a eu pour conséquence une réorientation importante du développement agricole en élevage laitier, caractérisée par une perte d'autonomie des systèmes fourragers et une tendance à la financiarisation. Il est important de ne pas perdre de vue le fait que ces évolutions ont pris place dans un contexte international bien particulier, marqué par une hausse de la demande mondiale en produits laitiers dès la fin des années 1980 et par le contingentement de la production européenne en 1984, la CEE étant alors le premier exportateur mondial. Il est probable que les évolutions du secteur laitier néo-zélandais auraient été bien différentes dans un contexte moins porteur.

Mickaël Hugonnet
Centre d'études et de prospectives,
Ministère de l'Agriculture
et de la Souveraineté alimentaire[6]

6 Ce chapitre n'engage que son auteur et non l'institution pour laquelle il travaille.

TROISIÈME PARTIE

POLITIQUES AGRICOLES

DES PROBLÉMATIQUES NOUVELLES

La seconde partie de cet ouvrage a traité des réformes de la PAC. Elle a montré quels ont pu en être les facteurs explicatifs. Cette grande politique agricole, instaurée et consolidée en 1962, a constitué durant trente ans, l'un des socles de la construction européenne. On peut même dire qu'il s'agit de la seule et unique politique commune de l'Union européenne. Même la monnaie unique, qui ne forme pas une zone monétaire réunissant l'intégralité des États membres de l'UE, ne se distingue pas jusqu'à présent par une politique monétaire commune. La PAC a permis à l'UE d'accomplir des progrès importants en matière de production agricole, de réalisation de l'autosuffisance alimentaire, et, par la suite, d'accession au rang de grande puissance agro-exportatrice mondiale. Mais d'une certaine manière, la PAC a été victime de ses succès. Au tournant des années 1980, se pose les questions de la surproduction, de la gestion des stocks communautaires, de son coût – notamment en sucre en et lait – et des distorsions de concurrence qu'elle a engendrées aux yeux des pays concurrents de l'UE, et en premier lieu les États-Unis.

C'est pourquoi il a été dit que la décennie 1990 marquait un tournant pour la PAC, tournant qui était en réalité annonciateur d'une grande transformation de la logique sur laquelle s'était construite cette politique européenne et des finalités qui lui avaient été assignées à l'époque. Les réformes vont en effet réorienter les dispositifs de soutien, fixer de nouvelles priorités, faire émerger de nouvelles problématiques indissociables des défis du XXIe siècle, à commencer par celui du climat. Il a fallu accorder aussi une attention particulière au développement rural, ainsi qu'aux agricultures des économies insulaires. La montée en puissance de la question écologique, qui se décline en diverses dimensions, dont celle du bien-être animal, occupe désormais une place centrale, ce dont la définition du *Green Deal* (Pacte Vert), atteste. Et puis, la dislocation du bloc soviétique, le passage de pays jusque-là économiquement administrés, à l'économie de marché, leur adhésion à l'UE, a également bouleversé la logique, le fonctionnement, et les objectifs de la PAC. La dernière réforme, celle des années 2023-2027, se distingue de surcroît par une remise en cause de l'idée de « politique commune », puisque, dans un cadre général fixé par la Commission européenne, ce sont les

États membres qui ont défini nationalement, leur stratégie agricole. Les *Plans Stratégiques Nationaux* (P.S.N), ne sont-ils pas porteurs d'une forme de renationalisation de la PAC ?

Cette troisième partie vise par conséquent à approfondir l'analyse et la compréhension de la nouvelle PAC, à répertorier les innovations qui ont émergé en matière de politique publique, et à montrer en quoi, par ces réformes, et, parallèlement, par l'instauration en 2019 d'une ambition visant à conduire l'agriculture européenne dans un processus de transition écologique (*Green Deal*), les physionomies de la PAC et donc celle de l'agriculture européenne, s'éloignent de celles qui avaient été dessinées à partir du début des années 1960. Une grande transformation de la PAC est initiée au tournant des années 2000.

La variété des thèmes abordés dans cette partie explique qu'elle soit aussi longue. Car l'Union européenne a en effet intégré dans les réformes successives des enjeux importants, considérant que l'activité agricole devait apporter une forte contribution à la lutte contre le dérèglement climatique. Il était par voie de conséquence recommandé, dans cette troisième partie, de couvrir un panorama assez large de ces enjeux, et de leurs effets sur les agriculteurs eux-mêmes, et plus spécifiquement sur leur revenu. De même était-il indispensable de montrer comment l'UE a intégré les pays anciennement socialistes, et comment ces derniers ont pu bénéficier, plus ou moins fortement, de la PAC et des soutiens qu'elle renferme et qui sont alloués aux producteurs ou aux régions.

LA PAC ET LES AIDES DIRECTES AUX EXPLOITATIONS AGRICOLES EN FRANCE

Une mise en perspective historique depuis 1992 et des réflexions pour l'après 2024

La Politique Agricole Commune (PAC) a été initiée dans le contexte de l'après-guerre, dans une période où l'Europe était déficitaire pour de nombreux produits agricoles, alors même que l'agriculture, encore peu modernisée, occupait une main-d'œuvre nombreuse. Si des efforts d'investissement et de modernisation étaient déjà à l'œuvre à la suite du Plan Marshall adopté en 1948, la mise en œuvre de la PAC, au début des années soixante, a marqué le début d'une grande aventure collective pour l'agriculture française et européenne. Plus de soixante années plus tard, la PAC est toujours bien présente dans le quotidien des agriculteurs, en dépit des élargissements successifs opérés (de six États membres à vingt-huit, puis vingt-sept après le départ récent du Royaume-Uni) et de la difficulté, parfois, d'obtenir un consensus entre pays sur les orientations politiques à privilégier. Première politique intégrée au niveau européen, la PAC résulte de cette longue histoire et des adaptations qui lui ont été apportées au fil du temps. Ces dernières ont été nécessaires pour tenir compte de l'évolution des marchés agricoles, du coût budgétaire de cette politique, des dommages causés à l'environnement et à la biodiversité, des attentes renouvelées des citoyens (santé humaine, bien-être animal) et des accords commerciaux signés dans le cadre du GATT (accord général sur les tarifs douaniers et le commerce), puis de l'Organisation Mondiale du Commerce (OMC).

En mars 1957, l'article 39 du Traité de Rome assignait les cinq objectifs suivants à la PAC : i) accroître la productivité de l'agriculture en développant le progrès technique, en assurant le développement rationnel de la production agricole ainsi qu'un emploi optimum des facteurs de production, notamment de la main-d'œuvre ; ii) assurer un niveau de vie équitable à la population agricole, notamment par le relèvement du revenu individuel de ceux qui travaillent dans l'agriculture ; iii) stabiliser les marchés ; iv) garantir la sécurité des approvisionnements ; et v) assurer des prix raisonnables aux consommateurs.

Pour atteindre ces ambitions, trois grands principes ont été arrêtés lors de la Conférence de Stresa de juillet 1958, à savoir l'unicité des marchés, la préférence communautaire et la solidarité financière (Bianchi, 2012) (Bureau, Thoyer, 2014). Dès son origine, l'unicité des marchés impliquait l'harmonisation des réglementations administratives et sanitaires entre les États membres de la Communauté et la suppression des droits de douane à l'intérieur de celle-ci. La préférence communautaire se caractérisait, de son côté, par l'application de tarifs douaniers uniformes aux frontières externes de la Communauté sur les produits importés, et par l'octroi d'aides à l'exportation sur pays tiers (plus communément appelées restitutions aux exportations). Avant leur abolition en 2013, conformément aux engagements pris par l'Union européenne (UE) dans le cadre des accords de l'OMC, ces dernières étaient attribuées pour compenser la différence entre les prix observés sur le marché intérieur et les prix internationaux. La préférence communautaire suggérait ainsi que l'approvisionnement des États membres devait se faire en priorité sur le marché intérieur, le recours aux importations ne devant être envisagé que dans le cas où la production communautaire était structurellement déficitaire. Enfin, le principe de la solidarité financière supposait que les dépenses de la PAC devaient être supportées par tous les États membres, et ce indépendamment de leurs contributions respectives au budget communautaire.

Tout au long des années soixante, la PAC a été progressivement structurée autour d'un fond dédié, le Fonds Européen d'Orientation et de Garantie Agricole (FEOGA), et d'une vingtaine d'Organisations Communes de Marchés (OCM). Quatre grandes catégories d'OCM ont alors été adoptées. La première, dotée du plus haut niveau de protection, combinait des prix garantis, fixés à un niveau élevé pour stimuler la production agricole, des taxes à l'importation et des subventions à l'exportation. Couvrant près de 70 % de la production agricole européenne, elle s'appliquait aux céréales, au sucre, à la viande bovine, au beurre et à la poudre de lait écrémé. La deuxième catégorie, appliquée aux volailles, aux œufs, aux fruits et légumes et aux fleurs, recourait uniquement à une protection aux frontières. La troisième catégorie concernait des productions (oléagineux, protéagineux et coton) pour lesquelles un engagement avait été pris à l'échelle internationale de ne pas modifier les droits de douane et pour lesquelles la Communauté était fortement importatrice. La quatrième et dernière catégorie concernait des productions mineures bénéficiant d'aides forfaitaires (chanvre, houblon, lin, etc.).

Cette structuration de la PAC selon différentes OCM explique pourquoi, encore aujourd'hui, toutes les productions agricoles (et, partant, les exploitations selon leur type de spécialisation) ne bénéficient pas des mêmes niveaux de soutien. Parallèlement à la construction de ces OCM et aux réflexions initiées à compter de décembre 1968 dans le Plan Mansholt, une politique socio-structurelle a été imaginée au début des années soixante-dix pour contribuer à la modernisation du secteur agricole. Cette politique a donné naissance à plusieurs mesures dont les plans de développement, les aides à la cessation d'activité, les aides à la formation des agriculteurs, les aides à l'installation et, à compter de 1975, les aides aux zones défavorisées.

Couplée au progrès technique et aux gains de productivité (de la terre et du travail), la PAC a clairement favorisé un développement rapide de la production agricole européenne. Derrière cet incontestable succès, des limites sont apparues à plusieurs niveaux dès le milieu des années soixante-dix : i) pour certaines productions, dont les céréales et le lait, l'offre a dépassé les besoins intérieurs, ceci entrainant d'importants coûts budgétaires pour stocker les produits ou les vendre à bas prix moyennant des aides publiques sur le marché international ; ii) le développement rapide de la production a eu des impacts négatifs sur l'environnement et la préservation des ressources naturelles ; iii) les soutiens de la PAC étaient inégalement répartis entre les exploitations selon leur taille, leur orientation productive, leur localisation, etc. ; iv) nombreux étaient les agriculteurs qui avaient le sentiment que les gains élevés de productivité étaient captés principalement par l'aval, sans une amélioration significative de leurs revenus. La contrainte internationale (négociations dans le cadre du GATT) et ces limites ont ouvert la voie à la réforme de la PAC de 1992 qui a entraîné une baisse des prix garantis et, en contrepartie, la mise en place d'aides directes compensatoires.

Dans ce cadre, ce chapitre s'intéresse à l'évolution des aides directes de la PAC allouées aux exploitations agricoles françaises. Par « aides directes », il est entendu ici toutes les subventions d'exploitation inscrites dans le compte de résultat des exploitations, qu'elles soient issues du premier pilier ou du deuxième pilier de la PAC, qu'elles soient financées par l'UE, l'État français ou les collectivités territoriales.

Ce chapitre est structuré en trois parties. La première présente, de manière synthétique, les principales étapes qui ont structuré la PAC depuis la réforme de 1992 et jusqu'en 2023. L'objectif est de proposer une analyse des principales décisions prises au fil du temps sur la manière d'octroyer les aides directes aux agriculteurs, et ainsi mieux comprendre les logiques internes de la PAC. La deuxième partie, plus économique et moins profonde sur un plan historique (elle ne porte que sur les années les plus récentes), aborde la dépendance des exploitations agricoles françaises aux aides directes de la PAC. Une attention est également portée à la question du revenu des agriculteurs français. Tout en présentant les définitions et limites des concepts mobilisés pour analyser ces revenus, quelques analyses chiffrées sont proposées pour rendre compte, d'une part, de la répartition des aides entre exploitations et, d'autre part, de l'hétérogénéité du poids de ces aides dans les résultats économiques des entreprises agricoles. Enfin, la troisième partie traite de la réforme de la PAC entrée en vigueur en 2023. Fruit d'une longue négociation, cette réforme renforce la subsidiarité et introduit un nouvel instrument, l'éco-régime. Après en avoir présenté les éléments constitutifs, l'objectif est de suggérer quelques réflexions critiques sur cette nouvelle PAC 2023-2027, essentiellement sur la base de son application en France.

LA TRANSFORMATION DES MODALITÉS D'OCTROI DES AIDES DIRECTES AUX EXPLOITATIONS AGRICOLES FRANÇAISES DEPUIS 1992

Cette première partie a pour objectif de revenir sur les principales étapes qui ont jalonné cette période allant de 1992 à 2023, en essayant de mettre en évidence les modifications essentielles intervenues, les raisons qui ont justifié ces évolutions, et les impacts clés pour les exploitations agricoles. Trois sections sont distinguées : la première s'intéresse à la première réforme d'ampleur de la PAC, à savoir celle de 1992, qualifiée souvent de « réforme Mac Sharry », du nom du Commissaire européen à l'agriculture de l'époque. La deuxième section est focalisée sur les réformes de 1999 (dite « Agenda 2000 ») de 2003 (dite « accord de Luxembourg »). La troisième et dernière section est centrée sur la réforme de 2009 (dite « bilan de santé de la PAC ») et enfin sur celle de 2014 dont les mesures se sont appliquées jusqu'en 2023.

LA RÉFORME DE LA PAC DE 1992

Parmi les réformes de la PAC intervenues au cours des trois dernières décennies, celle de Mac Sharry, adoptée en mai 1992, est très certainement celle qui a eu l'impact le plus fort sur l'évolution de la structure du compte de résultat des exploitations agricoles (françaises et européennes) (Burrell, 1992). C'est probablement aussi la réforme qui a suscité le plus de réactions critiques de la part des agriculteurs. Les orientations politiques prises marquaient en effet une rupture fondamentale par rapport à la période antérieure. Elles impliquaient aussi une hausse soudaine, et parfois mal comprise, de certaines contraintes administratives imposées en contrepartie de l'allocation des aides directes.

Cette réforme a été adoptée sous l'influence, d'abord, de contraintes externes liées aux négociations engagées dans le cadre du GATT et, ensuite, de contraintes internes, telles que les dérives budgétaires de la PAC et la croissance des excédents pour certaines productions (Guyomard *et al.*, 1992). Elle a été caractérisée notamment par une baisse progressive, en trois années, des prix d'intervention des céréales (-35 %) et de la viande bovine (-15 %). La réduction de l'écart entre les prix domestiques et les prix internationaux poursuivait deux ambitions : i) elle devait permettre de réduire les montants alloués aux restitutions aux exportations, qui avaient considérablement augmenté au fil de l'accumulation des excédents ; ii) elle devait favoriser la consommation de produits céréaliers européens, devenus moins chers, au détriment de produits importés, tels que le corn gluten feed, le manioc, etc. Parallèlement à ces baisses de prix garantis, plusieurs modifications ont été apportées aux régimes d'intervention sur les marchés (dates d'intervention, plafonnement des volumes concernés, etc.). Par ailleurs, des mesures dites d'accompagnement ont également été adoptées. Elles concernaient l'instauration d'un régime de préretraites, la mise en place d'un programme d'aide au boisement des terres agricoles, ou encore l'adoption des premières mesures dites « agro-environnementales ».

Pour éviter que la baisse des prix garantis ne provoque une chute brutale des revenus des agriculteurs, un système d'aides directes, appelées à l'époque « paiements compensatoires », a alors été mis en place, avec pour ambition de compenser intégralement le choc économique subi par les exploitations. Ces aides directes ont dès lors été déterminées, dans chaque exploitation, sur la base des facteurs de production détenus, c'est-à-dire les superficies de céréales (pour les aides à l'hectare) et le cheptel de bovins-viande (pour les aides par tête de bétail). Ainsi, et contrairement à la logique qui prévalait avec des prix garantis, ces aides n'étaient plus directement reliées aux quantités produites de biens agricoles. Bien que la subsidiarité soit à l'époque moins développée qu'aujourd'hui, certaines latitudes avaient été laissées aux États membres dans l'application des mécanismes d'allocation des aides. Ainsi, par exemple en France, le montant de l'aide par hectare de céréales a été différencié géographiquement, le fixant à un niveau plus élevé dans les départements bénéficiant des plus hauts rendements car le choc économique provoqué par la baisse des prix y était plus important. De même, les surfaces irriguées ont bénéficié d'un montant d'aides par hectare plus élevé que les surfaces non irriguées. Ces décisions ont eu une influence forte et durable sur la répartition des aides directes entre exploitations et entre régions tout au long des trente dernières années.

En contrepartie de l'octroi d'aides directes, et de façon à mieux contrôler l'offre, les pouvoirs publics ont conditionné le versement des paiements compensatoires à la mise en jachère obligatoire d'une partie de la sole céréalière (jusqu'à 15 % en 1995). De même, ils ont conditionné l'octroi des primes aux bovins au respect de certains seuils d'intensification du chargement (exprimé en nombre d'animaux par hectare). La logique d'une meilleure maîtrise de l'offre s'était imposée un peu plus tôt dans le secteur laitier, avec l'adoption dès 1984 d'un contingentement de la production (Guyomard, Mahé, 1993). Initialement mis en œuvre de façon temporaire pour résoudre un problème d'excédents, les quotas laitiers ont finalement été prorogés jusqu'en 2015. En France, les pouvoirs publics ont fait le choix de limiter la production de lait au niveau de chaque département, ce qui a eu pour effet de geler la répartition territoriale initiale de la production et de freiner le processus de concentration de l'offre laitière dans les bassins de production les plus compétitifs.

Cette réforme de la PAC de 1992 a été un préalable à la signature en 1994 de l'Accord Agricole du cycle de l'Uruguay (Delorme, 1993) (Tangermann, 2001). La baisse des prix garantis et le contrôle plus rigoureux de l'offre ont permis aux autorités communautaires d'accepter une baisse des subventions aux exportations et des droits de douane, sans que cela ne soit trop préjudiciable. Il était d'autant plus possible d'envisager la signature de cet accord que les paiements compensatoires introduits en 1992 ont été exemptés, du moins temporairement, des engagements de réduction liés aux mesures dites de soutien interne (OMC, 1995). Non conformes à la définition des soutiens acceptables sans restriction (classés dans la « boîte verte » selon la terminologie de l'OMC) présentés dans l'article 6 de l'annexe 2 de cet accord, les paiements compensatoires de la PAC ont été classés dans la « boite bleue ». Cette catégorie était une exception à la règle générale qui voulait que toutes les subventions liées à la production soient réduites ou maintenues à des niveaux minimaux.

Si la réforme de la PAC de 1992 n'est pas parvenue à réduire les dépenses budgétaires totales allouées à l'agriculture européenne (le soutien assuré par les contribuables se substituant au soutien assuré par les consommateurs), ces dernières sont devenues plus prévisibles. En effet, la fixation d'enveloppes basées sur des facteurs de production (hectares et têtes de bétail) et la meilleure maitrise de l'offre ont joué favorablement dans ce sens.

S'agissant des exploitations agricoles françaises, cette réforme a entraîné une forte hausse des aides directes, telles que définies ci-dessus. Le montant de ces aides par exploitation et par an est, en effet, passé en moyenne de 3 100 euros en 1990 à 20 300 euros en 2000 à l'échelle métropolitaine. Exprimées en pourcentage du revenu des agriculteurs (en prenant l'indicateur du résultat courant avant impôt en référence, *cf.* partie 2), les aides sont passées de 13 % en 1990 à 66 % en 2000. Comme c'est le cas dans la deuxième partie de ce chapitre, ces données sont issues du Réseau d'Information Comptable Agricole (Rica). Mis en œuvre en France en 1968, le Rica est la déclinaison française du *Farm Accounting Data Network* (FADN), une enquête conduite annuellement dans tous les États membres de l'UE (Devauvre, 2023). En 2022, l'échantillon du Rica français compte 7 322 exploitations, représentant, après l'application d'un coefficient d'extrapolation, un univers de

285 000 exploitations agricoles. Si cet outil statistique exclut les très petites exploitations, il couvre plus de 95 % de la valeur ajoutée agricole nationale et se révèle être particulièrement pertinent pour étudier les aides directes allouées à l'agriculture et les revenus agricoles.

LES RÉFORMES DE LA PAC DE 1999 ET DE 2003

Décidée par le Conseil européen de Berlin, la réforme de la PAC de l'Agenda 2000 a entériné la logique de la baisse des prix engagée quelques années plus tôt. Moyennant une application graduelle sur trois années, une baisse des prix institutionnels a donc de nouveau été enclenchée à compter de l'année 2000, tant pour les céréales (-15 %) que pour la viande bovine (-20 %). Peu impacté en 1992 (avec seulement une baisse du prix d'intervention du beurre de 5 %), le secteur laitier a cette fois été pleinement concerné par la baisse des prix de soutien (-15 % pour le prix d'intervention du beurre et de la poudre de lait écrémé à compter de 2005).

Ces baisses de prix ont, à nouveau, été compensées (cette fois seulement partiellement) par l'octroi d'aides directes aux agriculteurs, toujours sur la base des facteurs de production. Pour le secteur laitier, les aides nouvellement introduites ont été assises sur le volume des quotas laitiers. Cette réforme a également réduit le taux de jachère obligatoire à 10 % (15 % antérieurement) et modifié le régime des primes bovines : fixation de plafonds régionaux pour le nombre de droits à la Prime Spéciale aux Bovins Allaitants (PSBM) ; fixation de plafonds individuels pour le nombre de droits à la Prime au Maintien du Troupeau de Vache Allaitante (PMTVA) ; limitation du nombre total d'animaux pouvant bénéficier de la PSBM et de la PMTVA à 1,8 Unité Gros Bovins (UGB) par hectare de superficie fourragère. Par ailleurs, un règlement dit « horizontal » a été adopté pour inciter les États membres à prendre en compte le respect d'exigences environnementales lors de l'octroi des aides directes. En France, par exemple, ce dernier a permis de mettre en place une modulation des aides directes du premier pilier de la PAC pour permettre le financement des Contrats Territoriaux d'Exploitation (CTE), l'un des outils imaginés alors au titre du deuxième pilier (Chatellier, Kleinhanss, 2002).

La réforme de l'Agenda 2000 a également conduit à la création d'un deuxième pilier de la PAC dédié aux mesures du développement rural, héritières des mesures agro-environnementales introduites en 1992 (Dechambre, 2007). Toutes les mesures existantes ont alors été regroupées dans un seul cadre légal, le règlement de développement rural, basé sur une programmation pluriannuelle sur sept ans (soit 2000-2006 à l'époque). Le Fonds Européen pour le Développement Rural (FEADER) a été créé à cette fin, avec pour attributions : la compétitivité des secteurs agricole et forestier ; l'environnement et le paysage ; la qualité de vie dans les zones rurales ; l'encouragement à la diversification de l'économie rurale.

En juin 2003, dans le prolongement de l'Agenda 2000 et dans la perspective du futur élargissement de l'UE aux Pays d'Europe Centrale et Orientale (PECO) en 2004, les autorités communautaires ont conclu un nouvel accord, dit « accord de Luxembourg », qui a marqué une nouvelle étape pour le budget européen, avec le renforcement de la discipline financière. Outre les préoccupations internes à l'UE, cet accord visait à rendre les soutiens de la PAC plus compatibles avec les règles relatives au soutien interne, édictées dans le cadre de l'OMC. Il s'agissait de faire en sorte que les paiements compensatoires, calés sur les facteurs production et classés dans la « boite bleue », basculent progressivement dans la « boite verte » en devenant des paiements dits « découplés ». Selon l'Organisation de Coopération et de Développement Économique (OCDE), une aide est considérée comme « découplée » si le niveau de production observé n'est pas différent de celui qui l'aurait été en l'absence du soutien (OCDE, 2000).

L'accord de Luxembourg a donc entériné la mise en œuvre du découplage des aides directes. À sa mise en application, cette notion, assez théorique (Gohin *et al.*, 1999), n'était pas toujours bien comprise des agriculteurs. L'instauration du découplage des aides institue en effet une rupture du lien entre, d'une part, subvention et, d'autre part, production ou utilisation d'un facteur de production (Butault, 2004). Plus concrètement, le découplage doit permettre aux exploitations de bâtir une stratégie productive qui soit fondée non pas sur les aides qu'elles perçoivent pour chacune des productions possibles, mais sur leur appréciation de l'orientation des marchés agricoles de celles-ci.

L'accord de Luxembourg a donc conduit au remplacement de la plupart des aides directes existantes jusque-là, basées sur les facteurs de production, par un paiement unique par exploitation. Si le découplage a été rendu obligatoire, les États membres ont cependant disposé, au titre du principe de la subsidiarité, de grandes latitudes pour le mettre en application. Ces dernières concernaient : i) le choix de la date d'entrée en vigueur du dispositif, la France ayant retenu 2006 ; ii) le choix de l'intensité du découplage, la France ayant opté pour le maintien d'un certain niveau de couplage pour quelques aides (25 % des aides aux hectares de grandes cultures, 40 % de la prime à l'abattage des bovins, 50 % des aides ovines et caprines, 100 % de la PMTVA) ; iii) le choix du mode de calcul des paiements découplés, la France ayant privilégié le modèle dit « historique », permettant le maintien des montants d'aides existantes dans chaque exploitation, plutôt que de procéder à une harmonisation des montants par hectare des aides découplées au sein d'une même région (modèle dit « régionalisé »), option qui aurait *de facto* entraîné une redistribution importante des aides entre exploitations et régions (Chatellier, 2006).

Parallèlement aux attentes sociétales grandissantes des citoyens européens vis-à-vis de l'agriculture, la réforme de 2003 a par ailleurs imposé la mise en application de la « conditionnalité des aides ». Ce principe visait à conditionner le versement des aides directes au respect de 18 directives européennes relatives à l'environnement, la santé publique, la santé des animaux et des végétaux et le bien-être animal (Butault, 2007). De même, et depuis lors car ce principe s'applique toujours aujourd'hui, le découplage ne conditionnant plus l'octroi des aides découplées à une production effective, les agriculteurs se doivent de maintenir « de Bonnes Conditions Agricoles et Environnementales » (BCAE) minimales sur leurs terres afin de garantir une remise en culture facile et rapide en cas de non-production.

Au final, alors qu'initialement l'accord de Luxembourg ne devait procéder qu'à quelques ajustements de la PAC de 1999, force est de constater que les changements intervenus ont été profonds et qu'ils ont impacté durablement la manière dont les aides de la PAC sont désormais allouées aux agriculteurs. Cette réforme a par ailleurs conduit à une simplification au travers de la création, à compter de 2007, d'une OCM unique rassemblant, dans un seul texte, les mécanismes de régulation des 21 OCM existantes.

LES RÉFORMES DE LA PAC DE 2008 ET DE 2014, APPLIQUÉES JUSQU'EN 2023

Le « bilan de santé de la PAC », signé en novembre 2008, a modifié plusieurs règles de l'accord de Luxembourg. Au titre de la régulation des marchés, le changement le plus notable a été la suppression programmée des quotas laitiers à partir de 2015 (moyennant une sortie progressive via une hausse échelonnée de leurs volumes sur les années 2009 à 2015). Au niveau des paiements directs, les principales évolutions ont été les suivantes :

i) Toutes les aides directes du premier pilier de la PAC, à quelques exceptions près, devaient être découplées à compter de 2012. La France a donc mis en application le principe du découplage, tout en utilisant au maximum les possibilités de maintenir couplées certaines aides (dont la PMTVA à hauteur de 75 %) ;
ii) Les États membres ayant adopté le modèle historique pour le calcul du paiement unique par exploitation étaient encouragés à privilégier une homogénéisation, entre exploitations, du montant à l'hectare des droits à paiement unique (DPU) alloués. Contrairement à d'autres États membres, la France n'a pas souhaité se saisir de cette opportunité ;
iii) Au titre de la modulation obligatoire, dont le taux devait obligatoirement passer de 5 % en 2008 à 12 % en 2012, et des articles 63 et 68 du règlement n° 73/2009, les États membres disposaient de nouvelles latitudes pour procéder à une redistribution des aides directes entre exploitations, secteurs productifs et régions.

Les décisions nationales concernant ces différents outils, arrêtées en février 2009, ont permis de réorienter 1,4 milliard d'euros (en 2010), soit l'équivalent de 18 % des aides directes reçues par les agriculteurs, essentiellement au profit des exploitations spécialisées en ovins et en bovins-lait, plus particulièrement celles ayant une part élevée de prairies dans leur assolement, et au détriment de celles spécialisées en céréales et en production intensive de bovins-viande (Chatellier, Guyomard, 2011).

En juin 2013, dans la continuité du bilan de santé de la PAC, les ministres européens de l'Agriculture, le Parlement européen et la Commission européenne se sont accordés sur les règles de la PAC pour la période 2014 à 2020, les mesures ayant finalement été appliquées jusqu'en

2023. Toujours structurée autour de ses deux piliers, cette nouvelle PAC a apporté des modifications aux instruments de régulation des marchés : l'abolition des quotas laitiers en 2015 a été confirmée ; les quotas sucriers ont été supprimés en 2017 ; une possibilité a été donnée aux organisations professionnelles de négocier des contrats de vente au nom de leurs membres ; des instruments de gestion des crises ont été introduits.

Dans le cadre de la PAC 2014-2020, les paiements couplés ont été renforcés pour atteindre un montant annuel de 1,13 milliard d'euros en 2022 (soit 15 % du total). Ces paiements couplés ont été alloués principalement aux productions animales : 58 % des fonds ont été attribués aux vaches allaitantes, 12 % aux vaches laitières (surtout celles localisées en montagne), 11 % aux ovins et 1 % aux caprins. Les soutiens couplés résiduels (18 %) ont été versés aux productions végétales (légumineuses fourragères, protéagineux, pruneaux, blé dur, soja, etc.).

Concernant les aides découplées du premier pilier (5,6 milliards d'euros en France en 2022), cette réforme a tout d'abord engagé un processus dit de « convergence externe » de façon à ce que les écarts observés entre États membres dans le montant des aides allouées par hectare se réduisent (Lécole, Thoyer, 2015). Ce mécanisme a été légèrement défavorable à la France et à la plupart des autres États membres d'Europe de l'Ouest. Il a, en revanche, été bénéfique aux pays d'Europe centrale et orientale et à ceux du Sud de l'Europe. Cette réforme a également procédé à une refonte en profondeur de l'architecture des aides découplées. Ainsi, les Droits à Paiement Unique (DPU) mis en place en 2006 ont été remplacés par un système d'aides découplées distinguant quatre niveaux :

– Le Droit à Paiement de Base (DPB) qui représente un montant de 2,9 milliards d'euros en France en 2022. À l'origine, la « valeur initiale » des DPB dans une exploitation donnée était proportionnelle à la valeur des paiements reçus au titre des DPU en 2014. Puis, chaque année de 2015 à 2019, la valeur des DPB a évolué progressivement de façon à ce que l'aide par hectare apportée à chaque agriculteur se rapproche de la valeur moyenne nationale (qui était de 114 euros par hectare en 2022), ce au nom du principe dit de la « convergence interne ». Cette uniformisation a permis de redistribuer une partie des paiements directs des exploitations qui avaient des références historiques élevées vers celles qui avaient des références plus basses (Laroche-Dupraz, Piet, 2018). Ce fut aussi un moyen d'une redistribution partielle des aides entre régions, au bénéfice de celles qui avaient été défavorisées par la régionalisation des rendements de référence lors de la réforme de 1992 (*cf. supra*). Ainsi, ce dispositif a été favorable pour les départements du Sud de la France au détriment du bassin parisien et des Hauts-de-France ;

- Le « paiement vert » représente un montant de 2 milliards d'euros en France en 2022. Il s'agit d'un paiement découplé dont le montant est proportionnel au montant du paiement de base (en 2022, il était de l'ordre de 80 euros par hectare) et qui est accordé à tout exploitant qui respecte trois critères bénéfiques pour l'environnement : i) contribuer au maintien, au niveau régional, d'un ratio de prairies permanentes par rapport à la surface admissible totale, et ne pas retourner certaines prairies et pâturages permanents, dits sensibles ; ii) respecter une exigence de diversification des cultures, c'est-à-dire avoir sur ses terres arables au moins trois cultures dans le cas général ; iii) consacrer au moins 5 % de sa surface en terres arables à l'établissement ou au maintien de surfaces d'intérêt écologique (arbres, haies, mares, bandes tampons, cultures fixant l'azote, etc.) ;
- Le paiement redistributif représente un montant de 677 millions d'euros en France en 2022. Il s'agit ici encore d'un paiement découplé, optionnel mais que la France a choisi de mettre en œuvre, d'un montant fixe au niveau national (environ 50 euros par hectare depuis 2016) et payé dans la limite des 52 premiers droits à paiement de base. Si l'adoption du paiement redistributif permet effectivement de redistribuer une partie des aides découplées des plus grandes exploitations, en particulier céréalières, vers les exploitations les plus petites, dont les exploitations laitières (Chatellier, 2020), des travaux montrent que ce dispositif s'avère bénéfique aux exploitations dont la taille atteint jusqu'à 100 hectares, soit bien au-delà du plafond des 52 hectares primés (Piet *et al.*, 2023) ;
- Le paiement additionnel pour les jeunes agriculteurs, représente quant à lui un montant de 76 millions d'euros en France en 2022. Ce dernier permet de verser, pour une période maximale de cinq ans, un complément d'aides découplées par hectare (102 euros par hectare en 2021) dans la limite d'un plafond fixé aux 34 premiers droits à paiement de base (Ministère de l'Agriculture et de l'Alimentation, 2022).

Parallèlement aux aides découplées et couplées du premier pilier, les soutiens accordés au titre du deuxième pilier de la PAC se sont élevés, en France, à 2,2 milliards d'euros en 2022, dont 1,07 milliard pour les Indemnités Compensatoires de Handicaps Naturels (ICHN), 503 millions d'euros pour les mesures agro-environnementales et climatiques et 572 millions d'euros pour les aides à l'installation, à la cessation d'activité et à l'investissement. De façon complémentaire aux aides directes de la PAC, les « concours publics à l'agriculture » identifient d'autres soutiens budgétaires attribués sur la base d'un financement national (Agreste, 2023), qui constituent autant de soutiens, directs ou indirects, au revenu des agriculteurs. Il s'agit principalement d'aides allouées aux agriculteurs confrontés à des crises sanitaires et aléas de production (980 millions d'euros en 2022) et de mesures d'allègement de charges (4,6 milliards d'euros en 2022, dont 2 milliards de mesures fiscales et 2,6 milliards de mesures sociales).

LES AIDES DIRECTES ET LES REVENUS DES EXPLOITATIONS AGRICOLES FRANÇAISES

Cette deuxième partie, centrée sur les aides directes et les revenus dans les exploitations agricoles françaises, valorise principalement les données issues du Réseau d'Information Comptable Agricole (RICA). Cette partie est structurée en deux sections. La première présente une analyse de la répartition des aides directes entre les exploitations agricoles françaises. La deuxième aborde la question des liens entre aides directes et revenus des exploitations.

LA RÉPARTITION DES AIDES DIRECTES AUX EXPLOITATIONS AGRICOLES FRANÇAISES

Le montant des aides directes allouées aux exploitations s'est élevé, en moyenne annuelle en France sur la période 2020 à 2022, à 33 700 euros par exploitation. En termes de comparaison, ce montant était de 3 100 euros en 1990, 20 300 euros en 2000 et 31 100 euros en 2010. Ce montant moyen n'a donc que faiblement augmenté au cours des quinze dernières années, la légère progression observée tenant essentiellement à la baisse du nombre d'exploitations. En moyenne annuelle sur la période 2020 à 2022, la figure 1 montre que les aides directes se sont donc élevées à 16 800 euros par Unité de Travail Annuel (UTA, ou équivalent-temps-plein) et 369 euros par hectare de surface agricole utile (SAU).

Pour mesurer les écarts de dépendance aux aides directes selon différentes catégories d'exploitations, une déclinaison a été réalisée pour plusieurs orientations technico-économiques (ce que l'on nomme habituellement sous le sigle OTEX). Les sept OTEX identifiées dans la figure 1, qui rassemblent 71 % des exploitations françaises et 90 % de la SAU, regroupent 85 % des aides directes. Les exploitations des OTEX non représentées dans cette figure 1 sont celles qui bénéficient le moins des aides directes de la PAC. Il s'agit principalement des exploitations spécialisées en maraîchage (13 300 euros de subventions par exploitation en moyenne annuelle 2020-2022), en horticulture (4 900 euros) et en viticulture (10 900 euros). Pour les exploitations spécialisées en porcs (37 100 euros) et en volailles (26 400 euros), les aides directes reçues concernent essentiellement les productions associées de grandes cultures.

	Sélection d'OTEX*							Total**
	1500	1600	4500	4600	4700	4813	6184	
Nombre d'exploitations	55 600	22 100	38 000	35 000	7 300	13 900	35 100	291 700
% des aides directes	18,9%	7,2%	14,8%	18,2%	4,3%	6,5%	15,0%	100,0%
% des exploitations agricoles	19,0%	7,6%	13,0%	12,0%	2,5%	4,8%	12,0%	100,0%
% des UTA	12,3%	8,0%	13,1%	8,3%	2,6%	3,9%	11,7%	100,0%
% de la SAU	26,7%	9,2%	14,6%	15,2%	4,0%	4,6%	15,4%	100,0%
% de la production (hors aides)	14,7%	10,1%	15,5%	4,7%	2,9%	2,1%	12,5%	100,0%
Aides directes / Exploitation (€)	33 500	32 000	38 300	51 100	58 100	46 400	42 000	33 700
- dont aides découplées	82,2%	75,9%	61,2%	45,9%	53,1%	41,3%	59,2%	56,7%
- dont aides couplées	4,9%	4,8%	1,9%	22,0%	13,3%	18,8%	12,3%	9,7%
- dont ICHN	1,3%	1,1%	17,5%	20,3%	19,8%	30,2%	8,7%	11,2%
- dont accidents climatiques	0,6%	0,6%	0,7%	2,6%	1,5%	0,4%	1,3%	2,1%
- dont MAE et aides bio	4,0%	3,1%	5,1%	4,5%	3,1%	3,5%	4,5%	4,1%
- dont autres aides	7,0%	14,5%	13,6%	4,7%	9,2%	5,8%	14,0%	16,2%
Aides directes / UTA (€)	25 700	15 000	19 000	37 000	27 700	28 500	21 500	16 800
Aides directes / Ha de SAU (€)	261	290	372	442	400	521	359	369

Sources : Rica France 2020, 2021 et 2022 / Traitement des auteurs.

(*) Codes des OTEX : 1500 : céréales et oléo-protéagineux ; 1600 : autres grandes cultures ; 4500 : bovins-lait ; 4600 : bovins-viande ; 4700 : mixtes bovins-lait / bovins-viande ; 4813 : ovins-caprins ; 6184 : polyculture et polyélevage.

(**) Total : ensemble des exploitations (y compris les OTEX non représentées dans le tableau).

FIG. 1 – Les aides directes dans les exploitations agricoles françaises selon les OTEX (moyenne annuelle 2020-2022 en valeur courante).

Les exploitations spécialisées en céréales et oléo-protéagineux reçoivent 18,9 % des aides directes totales allouées à l'agriculture française en rassemblant 12,3 % des emplois et 26,7 % de la SAU. Dans ces exploitations, où les aides découplées occupent une place prépondérante (82 % du total), le montant des aides directes totales par hectare (261 euros) est devenu, au fil de l'entrée en vigueur de l'uniformisation des DPB par hectare (voir section 1.3), nettement inférieur à celui des exploitations spécialisées en bovins-viande (442 euros), et à la moyenne nationale toutes OTEX confondues (369 euros). Pour les exploitations spécialisées en bovins-viande, le montant des aides directes atteint en moyenne nationale 51 100 euros, soit le niveau le plus élevé des OTEX après celui des exploitations de bovins mixtes (association des productions de viande bovine et de lait).

Ainsi, les exploitations spécialisées en bovins-viande perçoivent 18,2 % des aides directes pour 13,1 % des emplois agricoles. Elles bénéficient d'une grande diversité de soutien : 45 % d'aides découplées, 22 % d'aides couplées, 20 % d'ICHN et 11 % d'autres aides. Les exploitations spécialisées en lait de vache reçoivent 14,8 % des aides directes nationales pour 13 % des effectifs. Très peu concernées par les soutiens couplés, elles bénéficient, en moyenne, d'un montant d'aides directes de 372 euros par hectare et de 19 000 euros par UTA. Ce dernier montant est supérieur à celui perçu par les exploitations spécialisées en « autres grandes cultures » (15 000 euros) qui mobilisent de la main d'œuvre pour produire des cultures peu bénéficiaires d'aides directes, telles que les betteraves sucrières et les pommes de terre. Si les exploitations spécialisées en ovins-caprins comptent peu dans le budget global (6,5 % des aides directes), elles sont les plus fortement soutenues à l'hectare (521 euros en moyenne) grâce notamment au poids conséquent des ICHN (30 % du total des aides directes). Les exploitations de polyculture et de polyélevage, qui perçoivent en moyenne 42 000 euros, ont une structure d'aides proche du profil moyen.

	Sélection d'OTEX*							Total**
	1500	1600	4500	4600	4700	4813	6184	
Répartition des exploitations agricoles (% du total au sein de chaque OTEX)								
Moins de 50 ha	12,1%	24,9%	13,9%	10,3%	4,1%	34,5%	22,2%	34,7%
De 50 à 100 ha	34,7%	28,1%	43,9%	41,1%	26,0%	33,8%	27,1%	28,8%
De 100 à 200 ha	36,7%	33,5%	35,8%	38,0%	47,9%	23,7%	35,9%	27,2%
Plus de 200 ha	16,5%	13,5%	6,4%	10,6%	22,0%	8,0%	14,8%	9,3%
Ensemble	100,0%	100,0%	100,0%	100,0%	100,0%	100,0%	100,0%	100,0%
Répartition des aides directes (% du montant total au sein de chaque OTEX)								
Moins de 50 ha	4,5%	12,0%	6,5%	5,1%	1,9%	17,2%	8,8%	13,6%
De 50 à 100 ha	21,2%	19,5%	31,9%	29,2%	14,3%	30,3%	18,5%	24,3%
De 100 à 200 ha	40,7%	41,1%	47,2%	44,8%	47,6%	33,5%	41,5%	39,4%
Plus de 200 ha	33,6%	27,4%	14,4%	20,9%	36,2%	19,0%	31,2%	22,7%
Ensemble	100,0%	100,0%	100,0%	100,0%	100,0%	100,0%	100,0%	100,0%
Montant moyen des aides directes par exploitation (euros par an)								
Moins de 50 ha	12 500	15 400	17 900	25 000	23 800	23 000	16 600	13 200
De 50 à 100 ha	20 400	22 200	27 800	36 200	32 700	41 100	28 700	28 500
De 100 à 200 ha	37 100	39 100	50 500	60 400	58 300	66 000	48 500	48 800
Plus de 200 ha	68 100	66 700	84 900	102 100	94 200	120 700	88 900	82 400
Ensemble	33 500	32 000	38 300	51 100	58 100	46 400	42 000	33 700
Montant moyen des aides directes par Unité de Travail Agricole (euros par an)								
Moins de 50 ha	11 600	7 600	14 900	24 000	17 500	17 500	9 800	6 100
De 50 à 100 ha	18 100	11 300	17 500	32 500	23 100	26 500	18 300	17 400
De 100 à 200 ha	28 500	19 700	20 100	39 600	27 200	35 600	25 500	25 200
Plus de 200 ha	37 100	21 400	21 900	45 100	31 900	44 100	28 500	30 400
Ensemble	25 700	15 000	19 000	37 000	27 700	28 500	21 500	16 800
Montant moyen des aides directes par hectare de SAU (euros par an)								
Moins de 50 ha	326	611	457	617	636	726	624	646
De 50 à 100 ha	274	299	381	486	437	589	391	389
De 100 à 200 ha	257	270	369	435	406	491	347	348
Plus de 200 ha	250	252	338	380	373	386	319	304
Ensemble	261	290	372	442	400	521	359	369

Sources : Rica France 2020, 2021 et 2022 / Traitement des auteurs.
(*) Codes des OTEX : 1500 : céréales et oléo-protéagineux ; 1600 : autres grandes cultures ; 4500 : bovins-lait ; 4600 : bovins-viande ; 4700 : mixtes bovins-lait / bovins-viande ; 4813 : ovins-caprins ; 6184 : polyculture et polyélevage.
(**) Total : ensemble des exploitations (y compris les OTEX non représentées dans le tableau).

FIG. 2 – Les aides directes dans les exploitations agricoles françaises selon les OTEX et les classes de superficie agricole (moyenne annuelle 2020-2022 en valeur courante).

Comme expliqué dans la première partie, l'introduction, optionnelle en 2013 et devenue obligatoire en 2023, du paiement redistributif visait à rediriger une partie des aides découplées des exploitations les plus grandes vers les exploitations les plus petites. La figure 2 montre ainsi que, rapporté à l'hectare de SAU, le montant des aides directes est, aujourd'hui, d'autant plus élevé que l'exploitation est petite (respectivement 646 euros pour celles de moins de 50 hectares contre 304 euros pour celles de plus de 200 hectares). Si l'objectif était d'affaiblir, au moins un peu, le lien entre la taille des exploitations et le montant des aides directes qu'elles perçoivent, force est de constater que la SAU par exploitation demeure malgré tout un puissant facteur de différenciation. En effet, toutes OTEX confondues, le montant des aides directes par exploitation est, en moyenne 2020-2022 en France, de 13 200 euros pour les 100 300 exploitations utilisant moins de 50 hectares contre 82 400 euros pour les 26 900 exploitations de plus de 200 hectares (figure 2). Ainsi, les exploitations de plus de 200 hectares représentent 9,3 % des exploitations françaises pour 22,6 % des aides directes. Inversement, celles de moins de 50 hectares reçoivent 13,6 % des aides directes alors qu'elles constituent 34,7 % des effectifs. Cet écart tient à la logique d'attribution des aides directes et au fait que les petites exploitations sont plus nombreuses à relever des OTEX moins concernées par les aides de la PAC (maraîchage, horticulture, viticulture). Rapporté à l'emploi, les écarts dans le montant d'aides se réduisent néanmoins entre ces deux classes extrêmes (respectivement 6 100 euros et 30 400 euros), dans la mesure où les plus grandes exploitations occupent relativement plus de main d'œuvre (Piet, 2019).

La figure 2 montre enfin que ce lien entre la taille de l'exploitation (en hectares) et le montant des aides directes perçu par exploitation s'observe pour toutes les OTEX étudiées. Ainsi, par exemple pour les exploitations spécialisées en céréales et oléagineux, les exploitations de plus de 200 hectares représentent 16,4 % des effectifs pour 33,5 % des aides directes. Parmi les exploitations laitières spécialisées, les unités de moins de 50 hectares reçoivent en moyenne 17 900 euros quand celles de plus de 200 hectares bénéficient de 84 900 euros. Cet écart, d'un facteur de presque 5, est néanmoins nettement atténué lorsque le montant des aides directes est rapporté aux emplois, l'écart ne représentant alors qu'un facteur de 1,4.

LA DÉPENDANCE DU REVENU DES AGRICULTEURS AUX AIDES DIRECTES

Les données du Rica permettent également d'apprécier le poids des aides de la PAC dans la formation des résultats économiques des exploitations agricoles françaises. L'encadré présente les indicateurs les plus pertinents utilisés pour mesurer ces derniers, en rappelant les définitions, les significations et les échelles de validité. Toutes OTEX confondues et en moyenne pour la période 2020 à 2022, les aides directes représentent 37 % de l'Excédent Brut d'Exploitation (EBE) et 64 % du Résultat Courant Avant Impôt (RCAI).

ENCADRÉ 1 – Les indicateurs de mesure des « revenus agricoles »

À l'échelle microéconomique, et sans plus de précision, il est en général entendu que la mesure du « revenu agricole » s'intéresse à la rémunération des seuls chefs et cheffes d'exploitation dans le cas des exploitations individuelles, et des associés et associées non-salariés participant aux travaux dans le cas des exploitations sociétaires. Les différents indicateurs utilisés pour mesurer la richesse produite par les exploitations agricoles sont renseignés dans les soldes intermédiaires de gestion issus de la comptabilité des entreprises. Il s'agit principalement, d'une part, de l'Excédent Brut d'Exploitation (EBE) et, d'autre part, du Résultat Courant Avant Impôt (RCAI), tous deux mesurant la capacité d'une exploitation à rémunérer le travail non salarié et le capital, c'est-à-dire sa rentabilité (Piet *et al.*, 2021a).

L'EBE mesure la rentabilité d'une exploitation sans tenir compte des choix d'investissement et de financement opérés par les dirigeants de l'exploitation, alors que le RCAI, en déduisant notamment les dotations aux amortissements et les intérêts des emprunts, en tient compte. Intégrant déjà la rémunération des salariés au titre des charges, EBE et RCAI sont en général rapportés aux UTA non salariées et non aux UTA totales de l'exploitation lorsqu'il s'agit d'établir un indicateur par actif. Le résultat économique comptable de l'exploitation, mesuré par l'EBE ou le RCAI, n'informe cependant pas directement sur la rémunération effective que l'exploitant, entrepreneur indépendant, prélève sur son entreprise pour subvenir à ses dépenses privées, comme peut le faire le salaire pour les salariés. Concrètement, ce sont les prélèvements privés qui constituent la partie du résultat d'entreprise effectivement décaissée en vue de rémunérer le travail des non-salariés. Le RCAI est toutefois un indicateur des prélèvements privés potentiels car il tient compte de la rémunération de tous les facteurs de production à l'exception du travail propre du ou des exploitants et de leurs apports en capitaux. Piet *et al.* (2021b) montrent ainsi que le RCAI est en moyenne d'un niveau comparable aux prélèvements privés sur longue période, mais qu'il est plus sujet à des variations conjoncturelles, les prélèvements privés étant plus lissés d'une année sur l'autre.

À l'échelle macroéconomique, l'Insee présente tous les ans à la Commission des Comptes de l'Agriculture de la Nation (CCAN), deux fois dans l'année, le Compte de l'Agriculture, compte satellite spécifique des comptes nationaux consacré à la branche agricole (Géry *et al.*, 2023). Les deux indicateurs de revenu le plus souvent utilisés ici sont la Valeur Ajoutée Brute aux Coûts des Facteurs (VABCF) et le Résultat Net de la Branche Agricole (RNBA). La première, qui ne tient pas compte des salaires versés ni des cotisations sociales payées par les agriculteurs employeurs, peut être rapportée au nombre total d'Unités de Travail Annuel (UTA, ou équivalents temps-plein) ; le second, qui a déduit ces charges, peut être rapporté au nombre d'UTA des seuls non-salariés.

Quelle que soit l'échelle considérée, les indicateurs ci-dessus ne constituent pas une mesure du revenu disponible des agriculteurs ni, *a fortiori*, des leurs ménages, mais seulement de la richesse dégagée par chaque entreprise (à l'échelle micro) ou l'ensemble du secteur (à l'échelle macro). Pour évaluer le revenu total des individus, il faut également tenir compte des éventuelles autres sources de revenu, comme les revenus fonciers, les revenus du patrimoine ou les transferts sociaux, et, pour les ménages, des éventuels revenus du conjoint qui peuvent eux aussi être d'origine agricole ou non (Delame, 2021). Enfin, selon la définition de l'Insee, le niveau de vie est une notion encore différente, qui s'obtient en divisant le revenu disponible du ménage par le nombre d'unités de consommation de celui-ci ; c'est en fonction de ce niveau de vie qu'est notamment appréciée la position par rapport au seuil de pauvreté (Bordet-Gaudin *et al.*, 2021).

Le poids des aides directes dans l'EBE, et encore plus dans le RCAI, varie assez fortement d'une année à l'autre dans la mesure où cet indicateur est très sensible aux variations conjoncturelles des prix et des volumes des produits et des intrants agricoles. Ainsi, au cours des trois années étudiées, les aides directes ont représenté en moyenne nationale 85 % du RCAI en 2020, 60 % en 2021 et 47 % en 2022, le plus bas niveau des quinze dernières années (en raison de prix agricoles, et donc de RCAI, plus élevés en 2022). La part des aides directes dans ces deux indicateurs varie également beaucoup en fonction de la performance économique des exploitations (Chatellier, 2021). Si, toutes OTEX confondues, la valeur de ces deux ratios est plus élevée dans les exploitations de grande taille (plus de 200 hectares) que dans celles de petite taille (moins de 50 hectares), la situation est moins évidente quand ce raisonnement et effectué pour une OTEX en particulier. Pour les exploitations spécialisées en céréales et oléo-protéagineux, par exemple, la situation est légèrement inverse. Pour toutes les OTEX, le niveau de revenu (EBE ou RCAI) par UTA non salariée augmente, en moyenne, avec la taille des exploitations en hectares (figure 3).

	Sélection d'OTEX*							Total**
	1500	1600	4500	4600	4700	4813	6184	
EBE par UTA non salariée (moyenne annuelle 2020-2022 en euros constants de 2022)								
Moins de 50 ha	29 200	46 900	40 200	24 100	30 700	29 600	33 700	54 700
De 50 à 100 ha	44 500	68 600	62 000	33 000	43 700	42 700	51 900	58 100
De 100 à 200 ha	80 500	107 000	77 800	45 800	67 800	45 900	72 400	77 700
Plus de 200 ha	123 800	166 600	99 000	60 800	81 000	54 700	100 400	104 600
Ensemble	72 900	93 800	71 100	41 900	66 200	41 100	66 300	69 100
Aides directes en % de l'EBE (moyenne annuelle 2020-2022)								
Moins de 50 ha	48%	28%	42%	103%	60%	69%	40%	20%
De 50 à 100 ha	49%	28%	34%	106%	59%	75%	44%	41%
De 100 à 200 ha	44%	29%	34%	98%	49%	89%	47%	44%
Plus de 200 ha	41%	26%	33%	94%	52%	107%	44%	44%
Ensemble	44%	27%	34%	99%	51%	83%	45%	37%
RCAI par UTA non salariée (moyenne annuelle 2020-2022 en euros constants de 2022)								
Moins de 50 ha	20 000	32 000	23 900	12 700	16 200	13 200	19 800	35 700
De 50 à 100 ha	29 300	44 600	35 100	16 700	23 400	23 700	30 100	34 600
De 100 à 200 ha	52 700	69 100	42 600	22 200	38 100	22 100	40 100	45 300
Plus de 200 ha	84 700	112 700	54 300	29 800	44 800	32 500	61 200	64 300
Ensemble	48 600	61 900	39 600	20 700	36 900	21 200	38 400	42 000
Aides directes en % du RCAI (moyenne annuelle 2020-2022)								
Moins de 50 ha	81%	42%	73%	200%	129%	156%	69%	31%
De 50 à 100 ha	91%	43%	63%	219%	117%	135%	78%	73%
De 100 à 200 ha	81%	50%	65%	208%	94%	186%	92%	80%
Plus de 200 ha	69%	43%	64%	207%	105%	182%	78%	79%
Ensemble	78%	44%	65%	210%	100%	160%	81%	64%

Sources : Rica France 2020, 2021 et 2022 / Traitement des auteurs.
(*) Codes des OTEX : 1500 : céréales et oléo-protéagineux ; 1600 : autres grandes cultures ; 4500 : bovins-lait ; 4600 : bovins-viande ; 4700 : mixtes bovins-lait / bovins-viande ; 4813 : ovins-caprins ; 6184 : polyculture et polyélevage.
(**) Total : ensemble des exploitations (y compris les OTEX non représentées dans le tableau).

FIG. 3 – L'EBE par UTA non salariée, le RCAI par UTA non salariée et le montant des aides directes en % de l'EBE et du RCAI selon les OTEX et les classes de superficie agricole en France (moyenne annuelle 2020-2022).

La distribution du poids des aides directes dans l'EBE ou le RCAI montre une grande diversité de situations, aussi bien au sein de chaque OTEX que pour l'ensemble des exploitations. La figure 4 montre en effet que, toutes OTEX confondues et en moyenne sur 2020-2022, un cinquième des exploitations agricoles perçoivent des aides qui représentent moins de 25 % de leur RCAI, moins d'un tiers entre 25 % et 75 %, et plus de la moitié plus de 75 %. Ces proportions varient néanmoins fortement entre spécialisations. De ce point de vue, les situations les plus contrastées sont celles des exploitations spécialisées en autres grandes cultures et des exploitations spécialisées en élevage de bovins-viande : les aides directes représentent moins de 25 % du RCAI pour environ un cinquième des premières alors que ce n'est le cas pour aucune des deuxièmes ; à l'inverse, les aides directes représentent plus de 100 % du RCAI pour plus de 85 % des exploitations spécialisées en bovins-viande contre seulement un peu plus du quart de celles spécialisées en « autres grandes cultures ».

	Sélection d'OTEX*							Total**
	1500	1600	4500	4600	4700	4813	6184	
Part des exploitations (% du total de chaque OTEX) dont le poids des aides directes dans l'EBE représente…***								
Moins de 25%	18.7%	37.7%	27.7%	0.4%	9.8%	6.3%	22.1%	31.8%
Entre 25% et 50%	36.7%	33.4%	42.4%	4.9%	30.5%	15.5%	26.0%	24.4%
Entre 50% et 75%	17.6%	12.3%	15.3%	15.0%	26.4%	16.1%	19.2%	13.6%
Entre 75% et 100%	9.4%	6.0%	6.5%	23.8%	17.8%	15.9%	11.1%	9.3%
100% et plus	17.6%	10.6%	8.1%	55.9%	15.5%	46.2%	21.6%	20.9%
Part des exploitations (% du total de chaque OTEX) dont le poids des aides directes dans le RCAI représente…***								
Moins de 25%	8.7%	21.5%	10.3%	0.0%	2.9%	3.6%	11.1%	20.8%
Entre 25% et 50%	27.1%	28.0%	25.9%	1.4%	15.5%	4.6%	18.1%	17.2%
Entre 50% et 75%	17.7%	14.1%	18.7%	4.3%	13.8%	6.7%	13.2%	11.4%
Entre 75% et 100%	9.9%	10.0%	11.6%	7.4%	13.4%	9.2%	9.0%	8.1%
100% et plus	36.6%	26.4%	33.5%	86.9%	54.4%	75.9%	48.6%	42.5%

Sources : Rica France 2020, 2021 et 2022 / Traitement des auteurs.
(*) Codes des OTEX : 1500 : céréales et oléo-protéagineux ; 1600 : autres grandes cultures ; 4500 : bovins-lait ; 4600 : bovins-viande ; 4700 : mixtes bovins-lait / bovins-viande ; 4813 : ovins-caprins ; 6184 : polyculture et polyélevage.
(**) Total : ensemble des exploitations (y compris les OTEX non représentées dans le tableau).
(***) Les exploitations ayant un EBE ou un RCAI négatifs ont été classées dans la catégorie « 100 % et plus ».

FIG. 4 – La distribution du poids des aides directes en % de l'EBE et du RCAI selon les OTEX en France (moyenne annuelle 2020-2022).

Avec des méthodes légèrement différentes, Piet et Desjeux (2021) et Agreste (2023b) montrent que les aides de la PAC opèrent une redistribution « progressive », les exploitations ayant les résultats économiques les plus faibles représentant une part plus importante de la richesse totale créée après transfert qu'avant transfert. Utilisant l'EBE par UTA non-salariée comme indicateur de revenu, Agreste (2023b) constate ainsi qu'en 2022, les 50 % d'exploitations ayant les résultats les plus faibles représentaient environ 8 % de l'EBE total dégagé avant prise en compte des subventions, contre plus de 15 % de celui-ci après prise en compte des subventions. De leur côté, Piet et Desjeux (2021) mettent en évidence que, de ce point de vue, les aides du premier pilier de la PAC jouent un rôle redistributif plus important que celles du deuxième pilier, mais ces dernières contribuent néanmoins de manière significative à la réduction des inégalités de résultats au profit des quantiles inférieurs de la distribution. Comme le soulignent ces auteurs, de telles conclusions sont néanmoins à prendre avec précaution : sans subventions, les choix de production et d'investissement des exploitants seraient différents, certains pouvant être amenés à cesser leur activité faute d'une rentabilité suffisante en l'absence de soutien, de sorte que la répartition des revenus hors aides serait alors profondément modifiée. Une comparaison purement « statique » des deux situations, avec ou sans aides, n'est donc pas totalement satisfaisante pour apprécier pleinement l'impact des aides sur la distribution des résultats économiques des exploitations.

	1980	1990	2000	2010	2020	2023
RNBA total (millions d'euros)	25 200	23 830	19 280	16 330	15 920	18 160
RNBA / UTA non-salariée (euros)	14 800	20 300	25 350	29 100	35 800	43 300

Source : Insee, Comptes de l'agriculture en 2023 et SSP, Recensement de l'agriculture 2020 / Traitement des auteurs.

FIG. 5 – Évolution du Résultat Net de la Branche Agricole (RNBA) en termes réels (déflaté par l'indice de prix du PIB).

Une réflexion complémentaire pourrait être, enfin, de s'interroger sur l'évolution à long terme des revenus des agriculteurs français, en se souvenant que la PAC a toujours eu pour objectif de soutenir les niveaux de ces revenus. D'après les indicateurs macroéconomiques établis par l'Insee, qui relèvent d'une approche méthodologique différente de celle, microéconomique, du Rica (*cf.* encadré), il apparait ainsi que si le Résultat net de la branche agricole (RNBA) baisse en termes réels depuis plus de 40 ans, la tendance est inverse quand cet agrégat est rapporté au nombre d'actifs (figure 5). Le RNBA total du secteur a en effet diminué de près de 30 % entre 1980 et 2023 alors que, rapporté aux UTA non-salariées, il a été multiplié par presque trois sur la même période.

Ce « problème agricole », déjà souligné au début des années 1990, met en évidence le rôle joué par l'importante restructuration du secteur, observée en France depuis les années 1960 au moins, dans la répartition de la richesse créée (Gardner, 1992). La « ferme France » connaît en effet depuis plusieurs décennies une forte diminution non seulement du nombre des exploitations, mais également de la main d'œuvre non salariée, en particulier familiale, tendance encore confirmée par le recensement de l'agriculture de 2020 (Givois, 2022).

LA PAC 2023-2027

Après cinq années de difficiles négociations et avec deux années de retard (en raison de la crise de la Covid-19 et de tensions sur le budget alloué à l'agriculture, etc.), une nouvelle version de la PAC est entrée en vigueur le 1er janvier 2023 pour une durée prévue de 5 ans. Cette nouvelle PAC s'inscrit dans le cadre financier pluriannuel 2021-2027 qui a bénéficié d'une révision à mi-parcours en mars 2024. À compter sûrement de 2025, la Commission européenne fera une évaluation à mi-parcours de cette nouvelle PAC en proposant quelques ajustements pour préparer l'après 2027. Dotée d'un budget constant en termes nominaux, cette nouvelle PAC poursuit neuf objectifs spécifiques, trois pour chacune des trois dimensions de la durabilité (sociale, économique et environnementale). Analysées à l'aune des instruments mobilisés et des budgets alloués à ceux-ci, les cibles prioritaires sont clairement le soutien des revenus agricoles et, dans une moindre mesure, la protection de l'environnement.

LES PRINCIPALES MESURES DE LA PAC 2023-2027

La première nouveauté de la PAC 2023-2027 est d'offrir de plus grandes marges de manœuvre à chaque État membre, *via* la définition de Plans Stratégiques Nationaux (PSN), en termes de déclinaison du menu communautaire. Cette plus grande subsidiarité repose sur le principe que chaque État membre connait mieux ses besoins et les moyens à utiliser pour y faire face. De façon liée, elle implique une nouvelle forme de dialogue entre les gouvernements nationaux et la Commission européenne davantage basée sur des indicateurs de performance regroupés en quatre types : indicateurs de contexte, de réalisation, de résultat et d'impact. Elle conduit à ce que les mises en œuvre nationales de la PAC sont encore plus hétérogènes aujourd'hui qu'hier. Son analyse requiert donc d'être menée pays par pays. L'attention est ci-après centrée sur la France.

Doté en France d'un budget moyen annuel de 6,7 milliards d'euros sur la période 2023-2027, le premier pilier de la PAC cible d'abord le soutien des revenus agricoles *via* un ensemble de mesures cumulables : un paiement de base découplé (3,2 milliards d'euros), un paiement redistributif sur les premiers hectares devenu obligatoire (674 millions d'euros), un paiement réservé aux jeunes agriculteurs (101 millions d'euros) et un ensemble d'aides couplées à certaines productions (1 milliard d'euros). La principale innovation instrumentale est l'introduction de l'éco-régime. Doté d'un budget annuel de 1,6 milliard d'euros, l'éco-régime compense les surcoûts liés à l'emploi de pratiques et de systèmes agricoles plus respectueux de l'environnement. C'est au titre de l'éco-régime que les différents États membres ont fait preuve d'une très grande imagination, aussi bien en termes de cibles environnementales que de mesures mises en œuvre. Doté en France d'un budget annuel trois fois moindre (2,2 milliards d'euros), le deuxième pilier est peu modifié, non seulement parce que l'ICHN absorbe toujours la moitié de ce budget (1,1 milliard d'euros), mais aussi parce que l'enveloppe consacrée aux Mesures Agro-Environnementales et Climatiques (MAEC) n'augmente que de 10 millions € pour atteindre 260 millions d'euros. Les deux enveloppes augmentées sont celles des aides de conversion à l'agriculture biologique (+ 90 millions d'euros) et le soutien public à l'assurance récolte (+ 36 millions d'euros).

Les objectifs en matière d'amélioration de la protection de l'environnement sont à nouveau poursuivis en associant le « bâton », *via* la conditionnalité des aides directes, et la « carotte », *via* les MAEC et l'éco-régime. La conditionnalité est renforcée en intégrant les trois mesures du verdissement de la PAC antérieure. Les MAEC ciblent prioritairement les enjeux eau, sol, biodiversité et élevage (au double titre du climat et du bien-être animal). L'éco-régime, enfin, est accessible via trois voies alternatives, celle des pratiques, celle des infrastructures agro-écologiques et celle de la certification environnementale. Alors que les deux premières voies reprennent les cibles du paiement vert de la PAC antérieure, et donnent droit à deux niveaux de paiement (de base et supérieur), celle de la certification environnementale repose sur l'adoption de labels environnementaux, spécifiquement les exigences CE2+ de la certification HVE (Haute Valeur Environnementale) pour accéder au niveau de base, les exigences HVE de cette même certification pour le niveau supérieur, et enfin les exigences de la certification AB (Agriculture Biologique). En 2023, les paiements correspondants à ces trois niveaux sont égaux à 47, 64 et 94 euros par hectare, respectivement.

CONTINUITÉ OU RUPTURE POUR LES EXPLOITATIONS ?

L'éco-régime aurait pu être le vecteur d'un réel verdissement des aides allouées à l'agriculture française. Ce ne sera pas le cas dans la mesure où la quasi-totalité des agriculteurs français devraient avoir accès au niveau de base de l'éco-régime et plus de 80 % au niveau supérieur sans changer leurs pratiques agricoles actuelles (Lassalas *et al.*, 2023). Ce résultat signifie que l'ambition environnementale de la nouvelle PAC, du moins telle que mise en œuvre en France, continuera de reposer sur les deux instruments de la conditionnalité et des MAEC. L'inclusion des trois mesures du paiement vert dans la conditionnalité relève d'une simplification bienvenue mais elle ne générera pas de bénéfices environnementaux *per se*. Les autres règles de la conditionnalité ne sont que marginalement augmentées ou renforcées (Guyomard *et al.*, 2023a). Enfin, l'augmentation très limitée du budget alloué aux MAEC fait qu'il ne faut pas en attendre une augmentation substantielle des bénéfices environnementaux.

À ce *statu quo* environnemental s'ajoute un *statu quo* sur le plan économique. En premier lieu, parce que l'accès facilité à l'éco-régime (*cf. supra*) implique qu'il fonctionnera essentiellement comme une aide de soutien des revenus agricoles et non comme une compensation des surcoûts liés à la mise en œuvre, relativement à la situation pré-2023, de nouvelles pratiques agricoles plus respectueuses de l'environnement. En second lieu, parce que la France avait déjà mis en place un paiement redistributif lors de la PAC 2014-2022 et a choisi de ne pas en changer les paramètres dans la PAC 2023-2027. Enfin, parce que les aides couplées à certaines productions continueront à bénéficier majoritairement aux éleveurs de petits et gros ruminants.

La PAC 2023-2027 telle qu'elle est appliquée en France apparaît ainsi comme une politique de double *statu quo*, environnemental et économique. Elle n'est pas à la hauteur du défi environnemental et ne modifiera que marginalement l'inégale répartition des aides directes qui, parce que majoritairement versées à l'hectare, continueront à être biaisées en faveur des plus grandes exploitations en termes de SAU.

CONCLUSION AU CHAPITRE

Un an seulement après son entrée en vigueur, la nouvelle PAC fait déjà l'objet de nombreuses réflexions quant à ses réorientations à imaginer pour l'après 2027, voire avant cette échéance car les textes incluent la possibilité d'une révision à mi-parcours dès 2025. Début 2024, dans de nombreux États membres, des agriculteurs sont montés sur leurs tracteurs pour manifester leur mécontentement non seulement à l'encontre de la PAC, mais plus généralement à l'encontre des politiques publiques européennes qui régentent leur activité (volets agricoles des accords commerciaux bilatéraux négociés par la Commission européenne accusés d'ouvrir trop fortement les marchés européens, libéralisation des échanges agricoles avec l'Ukraine, règlements européens et directives européennes sources d'un excès de normes, etc.).

À ces griefs d'ordre communautaire s'ajoutent des doléances d'ordre domestique, en France à l'encontre d'une supposée surtransposition des exigences bruxelloises ou d'une application défaillante des lois EGAlim de rééquilibrage des relations commerciales agricoles dont l'objectif premier est d'assurer une juste rémunération du travail des agriculteurs. Ceci sans oublier les craintes à l'encontre du volet agro-alimentaire du Pacte vert européen, perçu comme une stratégie de décroissance qui pèsera négativement sur les revenus agricoles et ce, bien que ce volet ne soit pas encore concrètement inscrit dans les politiques européennes.

Comme les autres agricultures du monde, les agricultures européenne et française font face à de nombreux défis interdépendants qu'elles ne parviennent pas à relever. Ceci tient à la difficile conciliation entre, d'une part, des objectifs économiques de compétitivité et de soutien des revenus agricoles, et, d'autre part, des objectifs de baisse des émissions agricoles de gaz à effet de serre et de protection augmentée de l'environnement dans les agro-écosystèmes. Ceci dans un contexte où les aides directes de la PAC représentent, on l'a vu, un poids important dans le revenu de nombreuses exploitations agricoles. À budget constant, selon les endroits où seront placés les curseurs, la PAC de l'après 2027 continuera à privilégier l'économie au détriment de l'environnement ou, au contraire, sera – enfin – plus favorable à l'environnement mais alors, sans doute, au détriment des revenus agricoles. Sortir du dilemme requiert de trouver de nouvelles ressources financières. Celles-ci gagneront à ne pas être limitées aux soutiens publics et être étendues à la sphère privée *via*, notamment, la création de marchés des services climatiques et environnementaux financés par les usagers intermédiaires et finaux (Guyomard, 2021).

Dans cette perspective, il apparaît opportun de rompre le focus sur le seul secteur primaire de l'agriculture en adoptant une approche cohérente de l'ensemble de la chaine alimentaire, depuis l'exploitation agricole et l'agriculteur jusqu'à l'assiette et le consommateur. Le Pacte vert s'inscrit dans cette logique en jouant simultanément sur les leviers de l'agroécologisation des pratiques agricoles, de la baisse des pertes et gaspillages sur toute la chaîne alimentaire, et de l'adoption de régimes alimentaires sains et durables. Ce n'est qu'en jouant simultanément sur ces trois leviers qu'il sera en effet possible de réduire de façon substantielle les émissions de gaz à effet de serre, les dommages à la biodiversité et les effets délétères de régimes alimentaires trop caloriques et/ou déséquilibrés sur la santé de certains consommateurs (Guyomard *et al.*, 2023b). La principale faiblesse du volet agro-alimentaire du Pacte vert est qu'il n'inclut pas de propositions claires et concrètes sur son financement, plus généralement sur le traitement des points de tension que celui-ci engendrera inévitablement (Guyomard *et al.*, 2024).

Le premier point de tension a trait à l'extensification des pratiques agricoles qui soulève trois questions : i) l'existence d'une alternative crédible à la stratégie de *land sharing* qui sous-tend le Pacte vert ; ii) les solutions mobilisables pour augmenter les rendements d'une agriculture plus extensive ; et, iii) les conséquences économiques d'un développement conjoint de l'agroécologie et de l'agriculture biologique. Le second point de tension a trait à la sécurité alimentaire. Ici les enjeux sont de limiter la baisse de la production domestique, de contenir l'augmentation des importations, de limiter les fuites de pollution vers l'étranger et de garantir l'accès à tous à des régimes alimentaires sains et équilibrés, dans un contexte de fortes différenciations sociales des pratiques dans ce domaine. Le troisième point de tension a plus spécifiquement trait aux évolutions des comportements de consommation requises pour adopter de tels régimes alimentaires sains et équilibrés. Dans cette perspective, Guyomard *et al.* (2024) soulignent l'intérêt à agir non seulement au stade de la consommation finale mais aussi sur la qualité de l'offre alimentaire.

Enfin, le quatrième point de tension est lié à l'ampleur des impacts économiques du Pacte vert sur les filières animales. Celles-ci risquent en effet d'être pénalisées à la fois par un choc de demande lié à végétalisation des régimes alimentaires et par un choc d'offre lié à l'extensification des pratiques agricoles. Quantités et prix pourraient diminuer dans une telle ampleur que les filières animales et les territoires où l'élevage est dominant, ne pourront pas s'adapter seuls. Une augmentation des soutiens publics serait alors nécessaire pour permettre une adaptation des acteurs. Cette dernière pourra prendre diverses formes : sortie du secteur, réorientation vers le végétal, montée en gamme, diversification, développement de paiements pour services environnementaux, etc. L'avenir des revenus agricoles et du poids des aides dans ces derniers dépendra ainsi largement de la façon dont la stratégie du Pacte vert sera traduite de façon opérationnelle dans la future PAC.

Vincent CHATELLIER
Hervé GUYOMARD
Laurent PIET
INRAE

POLITIQUE AGRICOLE ET DÉVELOPPEMENT RURAL

Quelle contribution du programme *LEADER* ?

L'analyse des politiques agricoles conduit spontanément à identifier les fondements sectoriels des soutiens pour le maintien et le développement des activités agricoles dans un objectif de production de denrées alimentaires. Plusieurs chapitres du présent ouvrage se sont ainsi attachés à décrypter les ressorts et mécanismes du fonctionnement des marchés, de la formation des revenus, ou encore des régulations des filières.

Toutefois d'autres analystes, qu'ils soient économistes, politistes ou sociologues, proposent de décentrer le regard, de faire un pas de côté, et de mettre la focale sur une composante plus méconnue des politiques agricoles, à savoir sa dimension territoriale. Cette démarche passe par le renouvellement des cadres de lecture : (i) soit en analysant de nouvelles formes de régulation économique (Allaire, 2002) (Laurent, Du Tertre, 2008) ou de leviers d'intervention dans une perspective du décloisonnement des cadres sectoriels (Trouvé et al, 2007) ; (ii) soit en identifiant d'autres fonctions que la seule fonction productive de l'agriculture (Barthélémy, Nieddu, 2003) (Berriet-Solliec, 2016) (Dwyer *et al.*, 2020) ; (iii) soit en pointant les changements des cadres cognitifs et normatifs des politiques agricoles (Müller, 2000) (Hervieu *et al.*, 2010) ; (iv) soit enfin, en interrogeant la diversité des conceptions du développement rural (Berriet-Solliec, Daucé, 2001) (Marsden *et al.*, 2012) (Laidin, Berriet-Solliec, 2022a), la place de l'agriculture et la nature des leviers qui sous-tendent ces différentes approches (Perriet-Cornet, 2013).

Le présent chapitre croise une double perspective de science politique et d'économie institutionnaliste en centrant le propos sur la Politique Agricole Commune (PAC), plus précisément sur le volet dit « développement rural » plus connu sous l'appellation second pilier de la PAC. En première lecture, cette composante de la PAC se distingue de celle du 1er pilier – dédié spécifiquement aux marchés et filières agricoles – par son financement moindre et son orientation qualifiée de « rurale » mais dont on ne distingue pas d'emblée les contours précis[1]. Une lecture plus approfondie conduit dès lors à ouvrir la boîte noire de cette composante rurale pour en expliciter l'histoire complexe entre tensions sectorielles et territoriales, entre enjeux économiques et sociaux mais aussi entre tiraillements politiques et rapports de force au sein d'un espace européen en construction qui oscille entre convergence (autour d'un modèle économique compétitif sur l'échiquier international) et cohésion (entre grands ensembles régionaux structurellement très différents). Analyser la PAC par le prisme du rural, revient ainsi à pointer les ambiguïtés des choix politiques et économiques européens dont nous cherchons, modestement, à pointer quelques éléments de décryptage. Notre objectif est d'apporter, à celui ou celle qui soulèvera le couvercle de la chape sectorielle, quelques éléments pour éclairer « ce que rural veut dire » et les enjeux que recouvre une approche territorialisée de l'agriculture.

Selon une approche systémique et dynamique, le choix est fait ici de rappeler les fondements historiques du 2nd pilier et de le situer dans le contexte de sa triple filiation (Petit, 2020). Puis nous centrerons notre attention, avant de zoomer sur un instrument emblématique du soutien aux zones rurales, le programme européen LEADER (Liaisons entre Actions de Développement de l'Économie Rurale) pour expliciter les logiques de sa mise en œuvre puis interroger ses effets sur les territoires ruraux et en particulier sur le déploiement de stratégies agricoles.

1 Au titre du 1er pilier, la France a bénéficié d'environ 50 milliards d'euros sur la période 2014 à 2020. Quant aux montants financiers alloués au second pilier de la PAC sur la même programmation, ils s'élèvent à 11,4 milliards d'euros (ODR, 2022) soit un peu moins d'un quart environ un cinquième de l'ensemble des crédits européens FEADER.

ENTRE TENSIONS SECTORIELLES ET ENJEUX DE RÉDUCTION DES INÉGALITÉS RÉGIONALES

Quelle place pour un 2nd pilier de la PAC dédié au développement rural ?

La reconnaissance explicite d'une composante « développement rural » au sein de la PAC et son institutionnalisation en tant que 2nd pilier datent de la réforme de 1999 (dite Agenda 2000) avec la promulgation du Règlement de Développement Rural (RDR)[2]. Cependant, une compréhension fine du catalogue des 20 mesures proposées par le RDR appelle un décryptage des logiques historiques et de l'entrelacement des différents dispositifs qui la composent.

ENTRE ACCOMPAGNEMENT ET REMISE EN CAUSE DU PROCESSUS DE MODERNISATION AGRICOLE QUELLE PLACE POUR LE DÉVELOPPEMENT RURAL ?

Commençons d'emblée par un rappel historique : s'il faut certes attendre juillet 1985 et la publication du Livre Vert de la Commission européenne pour que la notion de développement rural apparaisse explicitement dans un document communautaire traitant de la PAC et 1999 pour que la réforme de l'Agenda 2000 institutionnalise un 2nd pilier de la PAC, l'idée d'une double composante de la PAC est plus ancienne et apparaît dès le Traité de Rome de 1957. Toutefois, au sortir de la seconde guerre mondiale, en complément d'une prise en charge publique des marchés et filières agricoles, les préoccupations en termes d'autosuffisance alimentaire se traduisent par une politique visant l'adaptation des exploitations agricoles à une augmentation de leur productivité du travail[3]. Ces aides dites socio-structurelles se révèlent

2 Règlement (CE) n° 1257/99 du Conseil du 17 mai 1999 concernant le soutien au développement rural par le Fonds européen d'orientation et de garantie agricole (FEOGA), modifié par le Règlement (UE) n° 1305/2013 du 17 décembre 2013 relatif au soutien du développement rural par le Fonds européen agricole de développement des économies rurales (FEADER).

3 Le traité de Rome mentionnait dans son préambule l'objectif de développement harmonieux et de réduction des écarts entre les différentes régions, mais sans prévoir de politique spécifique pour atteindre cet objectif. Ce n'est que dans les années 60 que les

un accompagnement des effets d'une PAC face au clivage qui se met en place entre les uns, performants et compétitifs, et les autres, exclus du processus de modernisation du secteur (qualifiés d'archaïques) (Berriet-Solliec, Daucé, 2001).

Ainsi, dès ses origines, la PAC, telle qu'elle a été conçue par le traité de Rome et négociée sur les bords du lac de Stresa en juillet 1958, devait initialement reposer sur deux piliers, la politique de soutien des prix et des marchés et la politique structurelle. Mais l'énergie des six pays fondateurs du marché commun a été pour l'essentiel consacrée aux organisations communes de marché (OCM), même si, en 1964 lors de la création du fonds financier agricole, le règlement (CEE) n° 17/64 introduit bien une distinction entre les sections « Garantie » et « Orientation » du FEOGA et définit clairement le champ d'intervention de cette dernière section : « financer l'adaptation et l'amélioration des structures de production des exploitations agricoles et des structures et conditions de transformation et de commercialisation des produits agricoles ». En fait, l'aide du FEOGA-Orientation n'était accordée que pour des projets individuels, publics ou privés : elle restait ponctuelle et représentait des sommes minimes par rapport aux montants consacrés au soutien des marchés.

C'est en 1972 que la politique européenne des structures, inspirée pour partie de la politique de modernisation agricole en France et des lois de 1960-1962, se dessine autour de trois directives dédiées à la mise en place des plans de développement, à l'encouragement à la cessation d'activités (aide à la pré-retraite pour les structures les moins productives et donc les plus fragiles dans un contexte de modernisation) et au renforcement du conseil agricole et des dispositifs de renforcement de la formation des jeunes actifs agricoles. S'appuyant déjà sur un diagnostic sévère porté sur le fonctionnement de la PAC (inadaptation structurelle de l'offre à la demande, excédents coûteux pour les pouvoirs publics, objectif de parité entre le secteur agricole et les autres secteurs non atteint…)

---

gouvernements comprendront progressivement la nécessité de concevoir une véritable politique régionale. Celle-ci va se mettre véritablement en place avec la création du FEDER (Fonds européen de développement régional) en 1975 puis, après une phase d'expérimentation, se verra confortée avec la réforme des fonds structurels de 1988. À noter, dans les objectifs de cette réforme, la distinction entre un objectif dit 5a visant à accélérer l'adaptation des structures agricoles (financé par le FEOGA) et un objectif 5b, zoné, explicitement dédié au développement des zones rurales et bénéficiant d'un financement pluri-fonds (FEOGA, FEDER et Fonds Social Européen / FSE) au titre de son caractère plurisectoriel.

par le Commissaire Sicco Mansholt dès 1968, l'objectif de ces mesures structurelles est notamment d'accélérer le processus d'adaptation des exploitations agricoles aux contraintes du marché.

Ce sont également des critiques de la PAC qui vont donner naissance à une nouvelle directive structurelle en 1975. La PAC est en effet accusée de ne pas prendre en considération les spécificités des zones de montagnes avec des revendications portées par les agriculteurs de ces régions qui se sentent exclus des soutiens publics proposés. Cette directive organise le soutien de l'agriculture dans les régions de montagne et dans certaines régions défavorisées via quatre mesures :

- Une aide directe au revenu : indemnité compensatoire de handicap naturel (ICHN) ;
- Un renforcement des aides aux investissements individuels (réduction des conditions à remplir et augmentation des sommes accordées), une fraction des aides pouvant être affectée à des investissements artisanaux ou touristiques ;
- Un encouragement à la pluriactivité sur l'exploitation agricole (tourisme et artisanat), limité toutefois aux exploitants à titre principal ;
- Des aides à des investissements collectifs (pour la production fourragère et pour l'aménagement de pâturages et des alpages).

Ainsi, si les bénéficiaires de ces aides sont principalement les agriculteurs, cette directive traduit une première forme de décloisonnement du secteur agricole : en effet, préfigurant timidement une approche rurale intégrant différents secteurs, les aides aux investissements prévoient marginalement une ouverture à d'autres bénéficiaires – artisans ou acteurs touristiques – avec comme objectif de soutenir financièrement le maintien d'activités économiques et la vitalité de zones rurales présentant des conditions structurelles défavorables (éloignement, pente, conditions climatiques)[4].

Par conséquent, en spécifiant des critères de localisation géographique pour l'octroi d'une aide publique européenne et en ouvrant les aides de

4 Pour nombre d'observateurs, la politique de la montagne reste ainsi la première politique territorialisée (Eychenne, 2012) (Tarolli, Straffenini, 2020). À noter que cette dimension territoriale reste confidentielle au regard des logiques de marché et se heurte, jusqu'à aujourd'hui, à des logiques sectorielles pré-dominantes induisant notamment l'abandon des terres les moins productives (Dax et *al.*, 2020) et la fragilisation des zones rurales de confins.

la PAC aux acteurs non-agricoles (même si la population-cible reste celle des agriculteurs), cette directive constitue une double innovation importante. Pour la première fois au sein de la PAC, une approche territoriale est proposée au sein de la politique agricole, révélant un des processus de territorialisation formalisé par Trouvé *et al.* (2007) et synthétisés dans l'encadré 1, le renforcement de la dimension territoriale dans une politique sectorielle. Par la suite, il faudra attendre 1981 pour que la Communauté européenne, au sein de sa politique régionale et le soutien du FEDER et du FSE en plus du FEOGA, reprenne cette idée de soutien intégré aux zones défavorisées (souvent des zones rurales) avec les programmes de développement intégré (PDI), limités à 3 territoires, sous la forme de projets pilotes : les îles d'Écosse (Nouvelles-Hébrides), le département de Lozère et les régions défavorisées de la Belgique[5]. La politique régionale en faveur des zones rurales s'inscrit dans le deuxième processus de territorialisation, le processus de désectorisation des politiques agricoles.

ENCADRÉ 1 – Du secteur au territoire : deux processus de territorialisation

Le renforcement de la dimension territoriale dans la politique sectorielle

Utilisation des ressources locales pour restaurer la valeur ajoutée agricole
– Soutien de la qualité fondée sur les ressources spécifiques
– Coordination des acteurs sectoriels
– Soutien de nouvelles formes de réduction des coûts de production et diversification non-agricole

Adaptation à des demandes locales environnementales et sociales
– Réponse à des demandes diversifiées en biens et en services locaux
– Zonage infrarégional des aides

5 Ensuite, dans le sillage de ces mesures pilotes, seront proposées en 1984, des opérations intégrées pour le développement et la reconversion économique des régions (OID) (Règlement (CEE) n° 1787/84). Ces programmes révolutionnent l'intervention des fonds, qui s'effectuait auparavant de manière séparée, en les associant, dans une programmation unique, à la réalisation d'objectifs communs de développement, sur une période pluriannuelle (5 ans) et sur des zones déterminées, de taille assez importante. Cette approche globale du développement local, sur une base pluriannuelle a été rapidement perçue comme un mode d'intervention privilégié de l'action structurelle communautaire et a servi de « laboratoire » à l'intervention européenne. Ce dispositif a inspiré la création, en 1985, des programmes intégrés méditerranéens (PIM) pour préparer les régions concernées de la France, de l'Italie et de la Grèce, au choc représenté par l'élargissement de l'Europe des 10 à l'Espagne et au Portugal.

– Développement d'une logique de projet agro-environnemental
– Soutien d'actifs agricoles peu ou pas soutenus par la PAC

La désectorisation des politiques agricoles
– Ouverture du cadre organisationnel aux acteurs non agricoles
– Ouverture à des soutiens à des bénéficiaires non agricoles
– Soutien des territoires de projet
– Recours à des mesures relevant du développement régional et/ou rural

Source : Trouvé, Berriet-Solliec et Déprès, 2007

La prise en compte de cette dimension territoriale dans sa double acceptation est accélérée par le mouvement de régionalisation en Europe (Pasquier, 2012). Elle est justifiée notamment comme un moyen de prendre en compte la diversité des problèmes et d'adapter les politiques aux différents contextes (Berriet-Solliec et al, 2006 ; Trouvé *et al.*, 2013, Laidin, 2019). Le principe de subsidiarité, d'abord règle tacite à compter de 1986, puis adopté en 1992 pour les fonds structurels (FEDER, FSE) et FEOGA-O conduit à la mise en place de partenariats et des co-financements avec les autorités locales. Dans le cas de la France, se met en place un double mouvement, une européanisation des interventions locales avec une mise en œuvre locale de la politique de développement rural[6] et une régionalisation des politiques européennes, avec un pilotage régional des politiques européennes, assuré d'abord par les services régionaux de l'État puis par les collectivités territoriales régionales à partir de 2014 (Pasquier, 2012). Ce mouvement s'inscrit dans le processus progressif de décentralisation qui a démarré dans les années 1980 et qui s'est poursuivi avec le transfert de gestion des fonds européens, dont le FEADER, au niveau des Conseils régionaux en 2014 (Pham, Berriet-Solliec, 2017). Les Conseils régionaux se trouvent désormais en charge des mesures dites non-surfaciques pour la programmation 2023-2027, les services de l'État ayant en charge les mesures dont l'application est liée à la surface des fermes, en particulier les mesures agro-environnementales et climatiques (MAEC) et l'ICHN.

Enfin, ce sont également des dénonciations tout aussi sévères des effets environnementaux négatifs de la PAC qui ont conduit la Commission

6 Avec dans les années 1990, la mise en place au niveau régional de Plans de développement des zones rurales (PDZR) pour définir les actions.

Européenne à très progressivement prendre en considération les dimensions environnementales de l'agriculture jusqu'à la proposition d'un *Green Deal*, sans pour autant que ces mesures agro-environnementales aient, à ce jour, produits des effets significatifs sur les changements de pratiques (Ansaloni, 2015) (Peeters *et al.*, 2020). Nous ne détaillerons pas ici cette dimension environnementale prise en charge dans un autre chapitre de ce manuel.

La PAC a donc évolué en fonction des changements économiques, sociaux et environnementaux qui affectent la société et son second pilier n'échappe pas à cette logique de transformation itérative (Hervieu *et al.*, 2010). C'est ainsi par exemple que Franz Fischler, ancien Commissaire européen chargé de l'agriculture et du développement rural, invoque « la nécessité de politiques de développement rural propres à accompagner les changements qui s'opèrent dans les zones rurales » (cité par Berriet-Solliec et Daucé, 2001). Toutefois, une telle injonction mérite de s'arrêter quelque peu pour expliciter ce que recouvrent ces politiques de développement rural.

UN ENCHEVÊTREMENT DES DISPOSITIFS ISSUS D'UNE TRIPLE FILIATION : AGRICOLE, ENVIRONNEMENTALE ET RURALE

Dans la diversité des acceptions des politiques de développement rural, le 2nd pilier de la PAC relève principalement d'une approche agro-centrée (Laidin et Berriet-Solliec, 2022a). Ainsi, ce sont les aides à l'ICHN et les MAEC, dont les bénéficiaires sont uniquement des agriculteurs, qui représentent dans la dernière programmation 2014-2020, la majeure partie du budget dédié à ce 2nd pilier, marquant un « tournant agricole vert » (Pham, Berriet-Solliec, 2017) (ODR, 2022).

Jusqu'en 2000, la politique de développement rural fait partie de la politique régionale, en mobilisant les fonds structurels (FEER et FSE) et le FEOGA-O. Cependant, la Commission européenne s'attache, au fil des programmations à communiquer sur le rôle de la PAC comme outil stratégique de développement rural. Cet affichage prend différentes formes : l'existence d'une mesure dite « mesure 33 » dédiée aux acteurs non-agricoles sur la période 2000-2006, un axe 3 dédié à l'amélioration de la qualité de la vie dans les zones rurales et l'encouragement de la diversification des activités économiques en 2007-2013[7].

---

7 Sur cette programmation, cet axe 3 coexiste avec un axe 1 (amélioration de la compétitivité de l'agriculture et de la sylviculture par un soutien à la restructuration), un axe 2

Aux modifications de vocable près, le même triptyque se retrouve pour les programmations suivantes (2014-2020 et celle post-2020) dans la formulation des trois principaux objectifs stratégiques du 2nd pilier de la PAC (eux-mêmes déclinés en six priorités[8] alimentées par vingt catégories d'aides du RDR) :

- Améliorer la compétitivité des secteurs agricole et sylvicole ;
- Garantir la gestion durable des ressources naturelles et la mise en œuvre de mesures visant à préserver le climat ;
- Assurer un développement territorial équilibré des économies et des communautés rurales, notamment la création et la préservation des emplois existants.

L'origine de ces trois objectifs est à rechercher dans la triple filiation du second pilier de la PAC : (i) le volet structurel de la politique agricole, précédemment décrit dans ce chapitre, et qui recouvre des aides à l'adaptation des exploitations dans un contexte de baisse des prix agricoles et de recherche de compétitivité ; (ii) le volet environnemental de la politique agricole, avec une prise en compte progressive des fonctions non marchandes et services écosystémiques de l'agriculture ; (iii) le volet de développement rural de la politique régionale ou politique de cohésion économique et sociale (Trouvé *et al.*, 2013) (Laidin, 2019).

Une telle lecture n'est pas aisée tant les contours de ce second pilier peuvent apparaître flous, contribuant à un manque de lisibilité. En 1999, c'est précisément un des objectifs du RDR d'accroître une plus grande identification des interventions communautaires dédiées au développement rural dans un contexte d'élargissement de l'Union Européenne,

---

(amélioration de l'environnement et l'espace rural par le soutien à la gestion de l'espace) et un axe 4 LEADER (qui sera détaillé dans la suite de ce chapitre).

8 Chaque programme de développement rural, dans son application régionale, doit comporter au moins 4 des 6 priorités suivantes (1) favoriser le transfert de connaissances et l'innovation dans les secteurs de l'agriculture et de la foresterie, ainsi que dans les zones rurales (2) améliorer la viabilité et la compétitivité de tous les types d'agriculture et promouvoir les technologies agricoles innovantes et la gestion durable des forêts (3) promouvoir l'organisation de la chaîne alimentaire, le bien-être des animaux et la gestion des risques dans l'agriculture (4) promouvoir l'utilisation efficace des ressources et soutenir la transition vers une économie sobre en carbone et résiliente au changement climatique dans les secteurs agricole, alimentaire et forestier (5) restaurer, préserver et renforcer les écosystèmes liés à l'agriculture et à la foresterie, enfin (6) promouvoir l'inclusion sociale, la réduction de la pauvreté et le développement économique dans les zones rurales.

alors même que se déploient des logiques culturelles, sociales, économiques et politiques très diversifiées et que les politiques tendent à se régionaliser selon le principe de subsidiarité. Décrypter les fondements du 2nd pilier de la PAC et en préciser les contours consiste dès lors à comprendre préalablement les différentes conceptions qui sous-tendent ses mesures (encadré 2) et à les expliciter dans les États-membres et/ou Régions étudiés.

ENCADRÉ 2 – Sept conceptions du développement rural

La diversité des conceptions du développement rural dans les pays européens peut être organisée en 7 répertoires (R) regroupés en 3 paradigmes (P) correspondant à trois périodes de référence depuis l'après-guerre jusqu'à aujourd'hui :

P1 : Modernisation des secteurs et du monde rural à partir des années 1950

- R1 – Développement agricole
- R2 – Aménagement du territoire

P2 : Soutien à la cohésion économique et sociale au sein des zones rurales et entre zones rurales et urbaines à partir des années 1980

- R3 – Développement local
- R4 – Développement territorial
- R5 – Développement régional

P3 : Montée en puissance de la question environnementale avec le verdissement des soutiens aux territoires ruraux et la ruralisation de l'agriculture à partir des années 1990

- R6 – Gestion environnementale des espaces ruraux
- R7 – Agro-écologie

Source : Laidin et Berriet-Solliec, 2022a

Ainsi, dans le contexte de la PAC, si la politique communautaire de développement rural est bien une extension, un accompagnement, voire une compensation de la politique des prix et marchés, elle intègre la prise en compte des enjeux environnementaux via notamment le dispositif Natura 2000 et les mesures agro-environnementales et climatiques. Elle est aussi une application au monde rural de la politique communautaire de renforcement de la cohésion économique et sociale, initiée à partir de 1980, généralisée lors de la réforme des fonds structurels de 1988 et réaffirmée avec la signature du traité de Maastricht en 1992.

In fine, le second pilier de la PAC repose sur une triple justification de l'intervention publique : l'une relevant de l'efficacité économique (la modernisation des exploitations agricoles), la deuxième de la prise en compte des externalités environnementales et des services éco-systémiques (développement de pratiques agro-écologiques et soutien de la biodiversité), enfin la troisième reposant sur l'équité sociale et territoriale (la compensation des handicaps). Ce registre de justification de la PAC perdure et peut être illustré par le soutien aux fermes de petite dimension économique en termes de revenu et de notre unité de travail mais ayant un rôle social et territorial significatif dans les zones rurales ou périurbaines (Lécole, 2021). Il justifie également les approches territoriales dans les zones rurales avec le programme emblématique LEADER.

Ce chapitre propose d'analyser plus précisément la contribution du programme LEADER à la priorité 6 de la stratégie européenne du 2nd pilier de la PAC, à savoir la promotion de l'inclusion sociale, la réduction de la pauvreté et le développement économique dans les zones rurales. La question posée est alors de savoir quels sont les effets générés par LEADER et avec quelles conséquences sur les activités agricoles.

LEADER
Un programme européen dédié au développement local des zones rurales

Initié dès 1991 par la Commission Européenne comme un programme d'initiative communautaire au sein de la Politique de cohésion économique et sociale visant à expérimenter un nouveau paradigme rural, LEADER est devenu, en 2007, une composante à part entière du second pilier de la PAC, pilier dédié au développement rural, alors que le 1er pilier vise essentiellement les exploitations, les filières et les marchés agricoles. Qu'est-ce que cette intégration a changé dans les modalités d'intervention très sectorielle de la PAC ? En quoi LEADER propose-t-il un nouveau cadre de soutien public au monde agricole ? Quinze ans après cette nouvelle configuration, LEADER a-t-il eu des effets sur les stratégies agricoles locales, en particulier en accompagnant des démarches intégrant davantage les enjeux climatiques et écologiques ? Autant d'interrogations auxquelles ce chapitre d'ouvrage propose d'apporter quelques éclairages.

Né du constat des limites des approches qualifiées de descendantes et sectorielles du développement agricole, le programme LEADER s'inscrit en rupture avec les formes antérieures de développement rural centrées sur les questions de production agricole et définies par les pouvoirs centraux (Laidin, Berriet-Solliec, 2022a). Plus largement, l'introduction du programme LEADER par la Commission européenne au début des années 1990 s'inscrit dans un double contexte :

- Le renouvellement de la question rurale autrement que par le déploiement de politiques sectorielles agricoles ou de politiques d'investissements dans les infrastructures (Berriet-Solliec *et al.*, 2008). À titre d'illustration, citons Michel Laine, principal concepteur de LEADER, avec ses propos rapportés par Doré (2011) et selon lesquels M. Laine avait reçu en 1991 « carte blanche pour inventer un dérivatif aux quotas laitiers ». Ce débat sur les évolutions des instruments d'action publique du secteur au territoire ouvre des perspectives de développement local fondé sur la diversification des activités rurales et la valorisation des ressources territoriales (Lacquement, Raynal, 2013), les soutiens aux activités agricoles étant ici intégrées dans le cadre englobant du développement rural avec un estompement des frontières strictement agricoles.
- Une régionalisation croissante des politiques européennes et des interrogations sur la place des pouvoirs locaux dans un système géopolitique majoritairement piloté par les États-membres, le débat s'ouvrant sur la mise en place alternative d'une gouvernance territoriale associant des acteurs privés ou publics de l'Europe au local (Lacquement, Chevalier, 2020) (Pollerman *et al.*, 2020).

7 PRINCIPES, 6 GÉNÉRATIONS DE PROGRAMME

Dès sa création, au-delà de la faiblesse de sa dotation financière par rapport à celle dont bénéficient les politiques structurelles communautaires (moins de 10 % comme nous le détaillerons plus tard dans ce chapitre), l'intérêt de LEADER, qui se veut expérimental et innovant, est, selon la Commission, son « caractère pilote » en matière de gouvernance territoriale. Plus précisément, l'approche LEADER est résumée par sept principes (Cour des comptes Européenne, 2010) :

- Une stratégie locale de développement sur un territoire, généralement de taille infra-départemental ;
- Une démarche ascendante (ou « *bottom-up* ») et participative ;
- Un partenariat local public-privé de décision, formalisé au sein d'un Groupe d'Action Locale (GAL) dans lequel les acteurs privés ont une place au moins égale à 50 % ;
- L'innovation entendue au sens large (nouveau produit, nouveau processus, nouvelle organisation, nouveau marché…) et relative (le cas échéant, par transfert et adaptation d'innovations développées ailleurs) ;
- Une approche intégrée et multisectorielle ;
- Une mise en réseau (échanges de bonnes pratiques, transfert…) ;
- La coopération avec d'autres territoires organisés dans une autre région, un autre État membre, voire un pays tiers.

De 1990 à 2023, six générations de programmes LEADER se sont succédé ; il ne s'agit pas ici d'analyser finement leurs évolutions comme l'ont fait d'autres auteurs (Doré, 2011) (Laidin, 2019) mais de focaliser notre analyse sur les relations complexes qui se sont tissées entre LEADER et la PAC au cours de ces trente années de cohabitation entre expérimentation, curiosité distanciée et intérêt stratégique de la part de la Commission Européenne.

ENCADRÉ 3 – Évolution de LEADER de 1991 à 2027

L'évolution de la mise en œuvre de LEADER peut être présentée en distinguant trois grandes phases de cadrage politique.

Un programme multi-fonds (FEDER, FSE, FEOGA-O) pour accompagner les investissements, les compétences et les projets ruraux

LEADER I, mené sur 1991-1994 initie la démarche sur un petit nombre de territoires (40 GAL en France) et selon une logique intégrée de développement des territoires ruraux.

LEADER II (1995-2000) généralise l'approche avec une forte extension territoriale (179 GAL en France sélectionnés à l'échelle régionale). Certains observateurs ont qualifié cette évolution de « dilution au détriment de l'approche intégrée » (Doré, 2011) avec une ouverture en France, sous l'égide des préfectures de région, aux financements de projets sectoriels.

Un programme recentré sur le fonds du développement agricole (FEOGA-O) avec un soutien très large en faveur des projets ruraux

LEADER + (2000-2006) vise un approfondissement de la méthode à travers d'un axe stratégique majeur nommé « thème fédérateur » et d'une exigence affichée d'innovation (140 GAL en France, sélectionnés au niveau national). L'État français choisit de déployer LEADER en complémentarité avec la politique de territoires de projets (Pays Voynet, Parcs Naturels Régionaux) et le volet territorial des Contrats de Plan État-Région (CPER).

Un programme intégré à la PAC comme axe méthodologique du 2e Pilier de développement rural (FEADER)

Depuis 2007, LEADER est intégré au second pilier de la PAC et mobilise du FEADER : LEADER (2007-2013) est géré au niveau régional sous l'égide des services déconcentrés de l'État avec un partenariat plus ou moins fort avec les conseils régionaux selon les configurations régionales des relations État / Conseil régional. Sur cette période, avec plus de 2 000 GAL en Europe, le nombre de GAL a plus que doublé par rapport au programme LEADER+, et la moitié des territoires ont mis en œuvre une approche LEADER pour la première fois (Commission européenne, 2011). LEADER est dès lors soumis aux contraintes des dispositifs sectoriels agricoles et imposé comme un axe méthodologique transversal (axe 4) du 2nd pilier de la PAC. Pour les GAL, il s'agit de déployer une stratégie dite « priorité ciblée » avec comme objectif d'impulser des démarches de coopération territoriale, par exemple pour la valorisation des productions dont les produits agricoles. Cette structuration avec l'obligation de mobilisation des dispositifs sectoriels conduit de nombreux GAL et porteurs de projets à des impasses, bloquant le déploiement de la mise en œuvre de LEADER, jusqu'à ce qu'une mesure spécifique LEADER soit réintroduite.

L'approche *place-based* de la politique de cohésion économique et sociale insérée dans la PAC (FEADER)

LEADER (2014-2022) correspond à la priorité 6 / mesure 19 du 2nd pilier de la PAC et devient un instrument de Développement Local mené par les Acteurs Locaux (DLAL). LEADER redevient une mesure spécifique du RDR pour corriger les impasses de la génération précédente. Le changement majeur en France est le transfert de la compétence « développement rural » de l'État vers les Conseils Régionaux, ceux-ci devenant autorités de gestion de LEADER-DLAL. Les Conseils régionaux se saisissent de LEADER de manière extrêmement variée selon leurs rapports aux politiques territoriales. Ce transfert de compétences de gestion du programme s'est accompagné de difficultés dans les modalités administratives et financières, l'autorité de paiement étant restée aux mains de l'État. Le DLAL marque le retour des approches territoriales au sein de la politique de cohésion face aux échecs des axes méthodologiques au sein de la PAC mais aussi de la PCP. C'est la tentative de mise en œuvre de l'approche *place-based* du rapport Barca paru en 2009 et valorisé dans un article scientifique en 2012 (Barca et *al.*, 2012)). La politique de cohésion se dote alors de deux outils territoriaux, l'ITI (l'investissement territorial intégré) et le DLAL, tous deux soutenus par plusieurs fonds européen (FEDER, FSE, FEAMP, FEADER). Mais, dans la mise en œuvre, la DG AGRI, pilote du FEADER résiste et demande à piloter le DLAL FEADER. La PAC domine alors la politique de cohésion économique et sociale communautaire et les approches territoriales multi-fonds peinent à se mettre en place (en France, seule la Région Bretagne la tente et l'abandonne la génération suivante).

LEADER (2023-2027) s'inscrit dans la continuité de la génération précédente. Au même titre que d'autres acteurs locaux, les agriculteurs ou leurs groupements peuvent bénéficier de subventions LEADER avec un encouragement à coopérer avec d'autres acteurs (collectivités, acteurs de l'artisanat, du tourisme …). Le DLAL multi-fonds se poursuit mais sans obligation. Les mises en œuvre compliqués du fait de règlements communautaires extrêmement différents selon les fonds réduit fortement le soutien aux approches territoriales dites *place-based*.

La mise en œuvre de LEADER demeure dépendante du style national, la distribution des pouvoirs entre l'État et les collectivités territoriales, le paradigme qui irrigue les conceptions de la mise en œuvre du programme (Laidin, 2019). En France, dès 1995 et la deuxième génération de programmation, les acteurs agricoles ont participé au programme LEADER en cherchant la valorisation de leurs productions locales mais pas forcément en intégrant d'enjeux environnementaux. Mais il faut attendre 2007 et l'intégration de LEADER dans la PAC pour constater le déploiement de LEADER dans le monde agricole, certains thèmes fédérateurs étant explicitement centrés sur des thématiques agricoles, par exemple sur l'accompagnement de démarches agro-environnementales ou de l'encouragement aux développements des énergies renouvelables (projet de méthanisation, implantation de panneaux photovoltaïques dans les exploitations…) mais aussi avec des injonctions fortes de l'autorité de gestion pour intégrer des bénéficiaires agricoles. Le déploiement de LEADER en mesures de la PAC renforce cette tentative d'« agricolisation » de LEADER, chaque GAL ayant été contraint de découper sa stratégie de développement local en mesures du 2nd pilier de la PAC.

Pour la génération de projets 2007-2013, dans un souci de clarification de la politique de développement rural, la Commission européennea souhaité intégrer les programmes LEADER dans la traduction du RDR. Cette intégration des territoires de projet dans la politique du 2nd pilier de la PAC *via* le programme LEADER s'est heurtée à des critiques fortes de la part du monde agricole qui soulève la question de l'insertion des agriculteurs dans ces projets de développement rural au sein de la PAC (Berriet-Solliec, Trouvé, 2013). En effet, en règle générale, les aides en question ne touchent que très peu ou pas d'acteurs du monde agricole. Dans ces conditions, pour la profession agricole, peu sensible aux arguments en termes de développement endogène, non seulement le programme LEADER n'atteint pas l'objectif de mise en relation des ruraux agriculteurs et non agriculteurs, mais il a tous les risques d'exacerber les conflits entre eux (Shucksmith, 2010).

L'approche LEADER, tout en conservant un caractère confidentiel aux côtés des principaux instruments de la PAC (Paiements Directs, Aides à la modernisation, Mesures agro-environnementales et climatiques…), constitue un outil d'investissement pluriannuel et flexible, adapté aux réalités locales de chaque État membre. À ce titre, pour la Commission européenne, LEADER joue un rôle de communication stratégiquement important pour afficher et mettre en visibilité la volonté de l'Union européenne de prendre en considération les spécificités territoriales (Doré, 2011). Si les thématiques climatiques et environnementales ne sont pas spécifiquement ciblées par LEADER, elles peuvent constituer un des éléments de la stratégie d'un GAL. Le Pays de Cornouaille nous offre un exemple de cette prise en compte des bio-ressources agricoles au sein d'un projet de développement territorial. Toutefois, l'attention portée à l'agriculture et aux agriculteurs au sein de LEADER peut être perçue comme une tentative avortée de territorialiser l'agriculture.

LEADER est peu investi par les acteurs agricoles, son design territorial étant trop éloigné du design sectoriel qui domine largement le soutien à l'agriculture au sein de l'Union européenne, et en France en particulier.

DES BUDGETS QUI RESTENT LIMITÉS POUR UN PROGRAMME QUI PERDURE DEPUIS PLUS DE 30 ANS

Les programmes LEADER sont souvent critiqués pour les faibles moyens financiers qu'ils mobilisent au regard de la complexité administrative (Cour des comptes européenne, 2022). Par exemple, en France, les crédits du 2nd pilier de la PAC dédiés spécifiquement à LEADER représentent 5 % de l'ensemble des crédits du FEADER sur la période 2014-2020 (ODR, 2022). Et même en Irlande, où cette proportion peut s'élever à 20 % du FEADER de cet État-membre dédiés à LEADER, ces montants représentent, malgré tout, des sommes minimes au regard de ceux dédiés au 1er pilier.

Les effets de LEADER sont donc à rechercher au-delà de leurs impacts financiers. Ils portent davantage sur les effets cumulatifs sur le renforcement des pouvoirs locaux au fil de la succession des différentes générations de programme et sur le maintien de la qualité de vie, confortant la structuration politique, sociale et économique des territoires ruraux.

PAS D'EFFETS DIRECTS SUR LE SECTEUR AGRICOLE MAIS DES EFFETS TERRITORIAUX CUMULATIFS DE LEADER SUR LA CONDUITE DE L'ACTION PUBLIQUE LOCALE

LEADER, en tant qu'instrument de soutien au développement local, ne produit pas d'effets directs sur le secteur agricole. En revanche, ce programme, en contribuant à renforcer les pouvoirs locaux, confortent la structuration du tissu social et économique local, influant indirectement la pérennité des activités agricoles (Laidin, 2019). LEADER participe, en effet, du renforcement des capacités locales, à savoir des capacités à définir une orientation pour l'action publique locale, mais aussi comme capacités à mobiliser des ressources nécessaires à la mise en œuvre de ces décisions.

Plus précisément, les effets de LEADER portent sur les systèmes d'innovation sociale, la mobilisation d'autres instruments d'action publique territorialisés et la coopération intercommunautaire et intercommunale (Laidin et Berriet-Solliec, 2022b). Selon les degrés d'implication des acteurs agricoles dans les GAL et en fonction des thématiques retenues dans les projets, les questions agro-environnementales peuvent être plus ou moins exprimées et soutenues comme l'illustrent des exemples français et italiens étudiés dans le cadre de recherches dédiées à LEADER (Laidin, 2019) (Pollerman *et al.*, 2020) (Berriet-Solliec, Laidin *et al.*, 2022).

LEADER COMME OUTIL D'ACCOMPAGNEMENT DE L'INNOVATION SOCIALE

LEADER offre l'opportunité aux acteurs des zones rurales d'expérimenter des alternatives au modèle agricole productiviste et une gouvernance locale à partir de coalitions d'acteurs locaux publics et privés. Il génère des innovations sociales en favorisant la coopération entre acteurs divers, qui créent des connaissances partagées dans un processus d'apprentissage mutuel.

LEADER encourage ainsi l'expérimentation de nouveaux services ou de nouvelles activités, de nouvelles thématiques jugées pertinentes a priori par certains acteurs du territoire, mais qu'il convient de tester. En Italie, le GAL Delta 2000 a, par exemple, déployé un projet d'écotourisme centré sur le *birdwatching* dès LEADER II. LEADER est une opportunité pour que les acteurs locaux s'emparent de la stratégie autour de l'écotourisme et financent les projets qui y concourent selon plusieurs entrées, l'accueil touristique, l'éducation à l'environnement, l'engagement en faveur des mobilités douces et la rénovation du patrimoine local. Par conséquent, LEADER fournit un lieu de socialisation et mobilisation continue des acteurs privés et publics, qui constituent un terreau pouvant permettre l'émergence de nouvelle thématique de développement comme l'écotourisme associant acteurs publics et privés.

LEADER COMME OUTIL DE MOBILISATION D'AUTRES INSTRUMENTS D'ACTION PUBLIQUE TERRITORIALISÉS

En tant qu'instrument pionnier d'action publique territorialisé, LEADER a contribué à généraliser le « mode projet » (Laidin, Berriet-Solliec, 2022b). Cette appropriation d'un nouveau mode d'action publique fournit des ressources pour s'engager dans d'autres dispositifs actionnant les mêmes ressorts liés à la subsidiarité, l'ascendance, la construction du projet local, la mobilisation de financements externes et internes pour soutenir ce projet. Dans les zones rurales, il leur permet de découvrir les approches territoriales, d'expérimenter le partenariat public-privé, de s'engager dans la contractualisation de l'action publique et de connaître les procédures d'appels d'offres.

Après avoir acquis de l'expérience via le montage et le portage des projets LEADER, les GAL ouest Cornouaille et du Pays d'Arcachon Val de l'Eyre s'investissent eux aussi dans des instruments d'action publique territorialisés nationaux ou régionaux. Ainsi, le GAL ouest Cornouaille a investi le dispositif de Pôle d'excellence rurale (PER) proposé par l'État pour soutenir des projets innovants en milieu rural mais aussi dans le dispositif de Gestion intégrée des zones côtières porté également par l'État.

RENFORCER LES COOPÉRATIONS INTERCOMMUNAUTAIRES OU INTERCOMMUNALES

Outil de programmation pluriannuel, LEADER offre également un cadre pour expérimenter dans le temps long des formes de coopérations entre intercommunalités en France. Par exemple, en ouest Cornouaille, LEADER a permis d'élargir la coopération engagée entre les intercommunautés à partir du pays d'accueil touristique. En vingt-cinq ans, LEADER a participé à la création d'une identité commune ouest-cornouaillaise avec un développement des représentations communes et des valeurs qu'ils valorisent dans des projets locaux. Il a suscité des coopérations entre collectivités territoriales, entre intercommunalités de l'ouest Cornouaille, mais aussi avec les autres acteurs institutionnels. Petit à petit, LEADER fournit des apprentissages, des savoirs en actions qui favorisent les projets collectifs et la mise en place d'une coopération entre communes.

LEADER COMME SOUTIEN D'UN CADRE DE VIE DURABLE EN MILIEU RURAL

LEADER n'a certes pas d'influence significative sur les activités agricoles sensu stricto (mais ce n'est pas un de ces objectifs). Cependant, des travaux d'évaluation réalisés avec du recul sur la période 2007-2013, démontrent que LEADER, combiné à d'autres mesures de développement rural du second pilier (dites mesures de l'axe 3 sur cette programmation), génère des effets positifs sur le maintien et le développement des emplois de l'économie présentielle (commerces, services à la population santé, enseignement, administration) (Berriet-Solliec, Diallo *et al.*, 2022). D'autres effets sur l'attractivité résidentielle sont à relever, notamment dans les communes à vocation touristique.

Ainsi, misant sur la qualité de vie en milieu rural et le maintien d'activités sociales, culturelles et économiques, LEADER joue sur les conditions de vie et de travail des acteurs du monde agricole, sans toutefois impulser de véritable logique structurante de développement local intégré tel que promu à Cork en 1996 lors de la première conférence européenne consacrée au développement rural intégré (et non plus agro-centré).

CONCLUSION AU CHAPITRE

Alors que la Commission Européenne promeut pour les années à venir un Pacte Rural européen, sa traduction concrète en termes de politique communautaire de développement rural n'a pas encore vu le jour, malgré les plaidoyers comme celui du réseau ELARD (réseau européen LEADER). Le constat peut ainsi être fait de la difficulté à appréhender la ruralité dans un espace de débat qui ne soit pas dans l'ombre des enjeux agricoles. Cette chape sectorielle a d'autant plus de poids qu'elle oppose une organisation agricole très structurée et puissante versus des représentants du monde rural difficiles à identifier pour co-construire les fondements et modalités d'une politique rurale commune rural.

Dans ces conditions, la régulation sectorielle de l'agriculture reste la principale voie envisageable à ce jour, alors que des formes territorialisées de soutiens pourraient permettre de répondre, par des canaux et des réseaux différents, aux enjeux de développement de certaines zones rurales. À ce propos, LEADER, en perpétuelle expérimentation dotée de moyens faibles, ne joue qu'un rôle d'instrument financier complémentaire pour les zones bénéficiaires, de caution rurale pour la Commission européenne. En France, ayant contribué à briser, estomper, voire élargir les frontières de l'intervention sectorielle agricole, LEADER reste marqué par sa complexité administrative et des retards de paiement qui mettent en difficultés certaines structures de développement local.

Toutefois, quand le programme n'est pas capté par les élites locales, les effets d'innovation et d'apprentissage générés par LEADER mettent en lumière le rôle de formation que jouent les dispositifs territorialisés que ce soit pour l'appropriation des mécaniques administratives et financières communautaires, pour l'acculturation démocratique locale ou pour la structuration de réseaux locaux d'innovation où les acteurs agricoles peuvent trouver leur place, en particulier comme vecteur de développement agro-écologique localisé (Lacquement, Chevalier, 2020).

Conforter et soutenir de tels effets d'apprentissage supposeraient un affranchissement du catalogue de mesures de développement rural de la PAC ; dit autrement, promouvoir une politique de la ruralité comme un des socles d'une politique commune rurale, nécessiterait de consolider des dispositifs territorialisés libérés des entraves agricoles qui les cantonnent, dans la configuration actuelle du 2nd pilier de la PAC, dans une approche agro-centrée.

Marielle BERRIET-SOLLIEC
Institut Agro Dijon

Catherine LAIDIN
Institut Agro Rennes-Angers

GREEN DEAL, TRANSITION ÉCOLOGIQUE ET PAC 2023

À la recherche d'une nouvelle cohérence. Le cas de la Wallonie

Avant de proposer une réflexion personnelle sur l'application de la Politique agricole commune (PAC), notamment celle de 2023-2027, en Wallonie, il nous semble utile d'apporter au lecteur quelques précisions sur nos parcours, ne serait-ce que pour mieux comprendre notre mise en perspective. Nous sommes toutes les deux ingénieurs agronomes de formation (diplômées de l'Université de Louvain la Neuve et de l'Université de Gembloux). Nos origines sont rurales, et clairement ancrées dans l'agriculture wallonne pour l'une d'entre nous (famille, époux et fils agriculteur). Si nous avons travaillé toutes deux temporairement dans un Cabinet ministériel, c'est principalement au sein du service d'études de la Fédération Wallonne de l'Agriculture (principale organisation professionnelle agricole wallonne) que nous avons été actives pendant de nombreuses années. À ce titre, nous avons été largement impliquées dans la négociation et la construction de la nouvelle PAC, ainsi que dans l'élaboration du Plan Stratégique Wallon 2023-2027, tant au niveau technique que politique. Nous avons également sillonné la Wallonie et animé de multiples conférences et discussions techniques en tant que responsables syndicales. Cette présence, « au four et au moulin » de la négociation PAC découle de la proximité culturelle « bien wallonne » entre les représentants syndicaux, les mandataires politiques régionaux et les agents du Service public de Wallonie (SPW). Cela reste à nos yeux un atout qui permet de préserver autant que possible la cohérence et l'efficience agronomique de la déclinaison régionale de la PAC.

Fortes de cette vision globale et évolutive sur les négociations impliquant l'agriculture, mais également orientées par notre proximité avec les premiers concernés, nous avons décidé de partager notre point de vue sur la PAC 2023-2027, la transition agroécologique qu'elle renforce et le Pacte vert dont elle est un des piliers.

PRINCIPALES CARACTÉRISTIQUES DE L'AGRICULTURE EN WALLONIE

La Wallonie est, avec la Flandre et la Région Bruxelles-Capitale, l'une des trois Régions fédérées qui constituent la Belgique. Occupant 60 % du territoire belge, la Wallonie n'héberge pourtant qu'un tiers de la population belge[1]. Elle se caractérise donc par une densité de population nettement plus faible (218 habitants/km² contre 381 à l'échelle nationale et 497 en Région flamande) offrant de l'espace pour les terres agricoles et les surfaces boisées. Ainsi, la surface agricole utile (SAU) occupe 44 % de la superficie totale de la Wallonie (soit 738 800 ha) tandis que les forêts en occupent 33 % (SPW EEW, 2023). La SAU wallonne représente 54 % de la SAU nationale (Statbel, 2023) (figure 1).

En 2022, la Wallonie comptait 12 670 exploitations agricoles, soit 36 % du total belge, avec une SAU moyenne de 58 ha. En comparaison, la Flandre comptait 22 450 exploitations, soit 64 % des effectifs belges, avec une SAU moyenne de 28 ha. La superficie moyenne des exploitations agricoles belges a triplé au cours des 40 dernières années pour atteindre 39 ha en 2022. Cette évolution va de pair avec la perte de deux tiers des exploitations sur la même période, même si ce déclin semble se stabiliser récemment (SPW EAW, 2023).

En Wallonie, les exploitations d'élevage de bovins (lait ou viande) représentent près de la moitié (48 %) des exploitations agricoles et les cultures fourragères et prairies couvrent un peu plus de la moitié (56 %) de la SAU (SPW EAW, 2023). La Wallonie est caractérisée par des exploitations plus extensives, avec une prédominance d'élevages herbivores, tant bovins qu'ovins, qui se développent ces dernières années. De plus, les deux tiers des prairies belges sont localisés en Wallonie

1 Au 1er janvier 2024, la population légale belge comptait 11,76 millions d'habitants, dont 58 % en Région flamande, 31,4 % en Région wallonne et 10,6 % en Région de Bruxelles-Capitale (Statbel, 2024).

(Statbel, 2023). A contrario, la Flandre se caractérise par des exploitations plus intensives, sur des surfaces réduites voire en zero grazing, où se concentre l'extrême majorité des élevages monogastriques (porcs et volailles) et les cultures horticoles, qu'elles soient fruitières, légumières et ornementales, de plein air ou sous serre.

	Wallonie	Flandre
Densité de population (habitant/Km^2)	218	497
SAU (ha)	738 800	622 300
Nombre d'exploitations agricoles (2022)	12 670	22 450
SAU moyenne / exploitation agricole (ha)	58	28
Surfaces toujours couvertes d'herbe (ha)	309 200 (42 % SAU)	161 500 (26 % SAU)
Surfaces de grandes cultures (ha)	305 800 (41 % SAU)	224 900 (36 % SAU)
Nombre de bovins (millions de têtes)	1, 03 (45 %)	1, 24 (55 %)
Nombre de porcins (millions de têtes)	0,34 (6 %)	5,07 (94 %)
Nombre de volailles (millions de têtes)	8,47 (16 %)	45,53 (84 %)
Surfaces de cultures sous serre (ha)	125 ha (5 %)	2 600 ha (95 %)

Source : StatBel.

FIG. 1 – Comparaison entre la Wallonie et la Flandre de quelques chiffres clés 2023.

Sur les 14 régions agricoles que compte la Belgique, 10 sont présentes en Wallonie (SPW EAW, 2023). Ces régions agricoles sont délimitées selon leurs caractéristiques naturelles et leur potentiel agronomique (figure 2)[2].

Au Nord de la Wallonie, la région limoneuse est la plus vaste. Ses sols riches et fertiles permettent d'y pratiquer des grandes cultures (ces dernières regroupant les céréales, les cultures industrielles, les pommes de terre et les légumineuses récoltées en grains secs). Ainsi, la moitié des céréales wallonnes sont cultivées dans cette région. La région sablo-limoneuse présente un sol propice à un vaste éventail de cultures. Près de la moitié des exploitations de cette région sont spécialisées en grandes cultures, mais l'élevage de bovins (lait et/ou viande) y occupe une place

2 Voir Arrêté du Gouvernement wallon du 24 novembre 2016 définissant les régions agricoles présentes sur le territoire de la Région wallonne. https://wallex.wallonie.be/eli/arrete/2016/11/24/2016027320/2016/12/16.

non négligeable (29 % des exploitations). Plus au Sud, l'Ardenne est caractérisée par une couche arable peu profonde rendant la culture difficile. Ainsi, la moitié de la surface de cette région est couverte de forêts et les fourrages occupent près de 90 % de la SAU. Les productions animales y sont prédominantes, notamment les bovins-viande. La région jurassique est assez similaire à l'Ardenne avec un peu de céréales. Entre ces régions extrêmes, limoneuse / sablo-limoneuse et Ardenne/Jurassique, on trouve des régions agricoles aux caractéristiques agronomiques plus diversifiées alliant cultures et élevages dans des proportions variables comme dans le Condroz, la Fagne, la Famenne ou la Campine hennuyère (plus petite région agricole), à la spécialisation laitière dans la région herbagère liégeoise ou en Haute Ardenne.

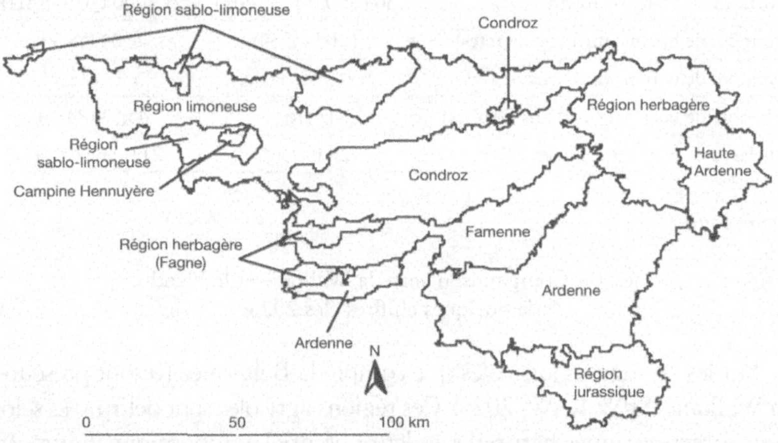

Source : Leteinturier et al. 2007.

FIG. 2 – Les régions agricoles wallonnes (Leteinturier *et al.*, 2007).

La répartition géographique des orientations technico-économiques (OTEX) présentes en Wallonie démontre la grande mixité des exploitations wallonnes. C'est clairement le cas à l'Ouest de la Région où plusieurs OTEX cohabitent sans réelle dominance. Par contre, le Sud est majoritairement occupé par des exploitations spécialisées en bovins-viande, l'Est par des exploitations spécialisées en bovins-lait alors que les exploitations situées au Nord sont essentiellement spécialisées en grandes cultures. Cette diversité des spéculations, même si elle est considérée comme un atout en termes de résilience des systèmes agricoles et de durabilité (économie circulaire), tend à disparaître en Wallonie. D'un point de vue environnemental, la Wallonie compte 240 sites Natura 2000, couvrant 221 000 ha, soit l'équivalent de 13 % du territoire. Le réseau Natura 2000 est constitué à près de 75 % de forêts. Les prairies et cultures représentent respectivement 15 % et 1 % du réseau (SPW EEW, 2023 & Natagriwal, 2023). Sans surprise donc, ces 240 sites se situent majoritairement au Sud du Sillon Sambre et Meuse et concernent majoritairement les régions à dominance herbagère (Natagriwal, 2023).

Depuis 1995, la Wallonie a proposé des mesures agro-environnementales aux agriculteurs. Si leur adhésion à ce programme a été mitigée au début, la mise en place d'une structure d'encadrement a permis de convaincre jusqu'à 8 800 agriculteurs en 2012, soit 57 % de ceux-ci (SPW EEW, 2023 & Walot, 2022). Les réformes de la PAC et la mise en œuvre de la conditionnalité ont contraint les politiques à revoir à la hausse certaines mesures ou exigences du cahier des charges. Les montants proposés au fil des programmations ont également été revisés, rendant ces mesures parfois moins attractives. Le taux d'adhésion s'est ainsi réduit pour se stabiliser à 48 % des agriculteurs en 2022, soit près d'un agriculteur sur deux. Le programme agro-environnemental et climatique wallon se caractérise par des méthodes dites "de base", accessibles à tout agriculteur qui s'engage à respecter un cahier des charges unique, et des méthodes dites "ciblées" dont le cahier des charges est adapté en fonction d'un diagnostic préalable réalisé par un conseiller indépendant. Ces dernières sont plus exigeantes en termes de mise en œuvre mais bénéficient de compensations majorées.

Fin 2023, la Wallonie comptait 2 014 exploitations en agriculture biologique (AB), soit 16 % des exploitations agricoles wallonnes. La surface agricole en AB couvrait près de 12,5 % de la SAU totale (Biowallonie, 2024). Ces surfaces se répartissaient de la façon suivante : prairies permanentes (64 % du total), grandes cultures (22 %, majoritairement des céréales et des mélanges céréales-légumineuses), prairies temporaires (8 %), autres cultures (6 %). Ce pourcentage important de prairies en Wallonie explique la transition vers l'agriculture biologique d'un nombre élevé d'élevages bovins. Ces derniers demandent une surface plus importante de prairie par animal, tant pour répondre aux spécificités de l'AB que pour assurer une autonomie fourragère maximale. C'est donc sans surprise que la majorité des exploitations relevant de l'AB sont situées au Sud du Sillon Sambre et Meuse.

Si le Pacte vert européen a fixé l'objectif d'atteindre 25 % de terres agricoles européennes en AB à l'horizon 2030, la Wallonie a été plus ambitieuse (30 %). Pour ce faire, elle a adopté un plan de développement de la production biologique à l'horizon 2030 (Plan bio 2030). Ce plan répond à plusieurs enjeux tels que l'amélioration du revenu et de la résilience des agriculteurs, la protection de l'environnement, la préservation de la biodiversité, etc. Pour atteindre ces objectifs, ce plan prévoit une trentaine d'actions allant de l'accompagnement des différents acteurs à la promotion de l'agriculture biologique en passant par la recherche, la formation et l'innovation. Un budget de 30 millions d'euros a été dédié pour financer ces actions d'ici fin 2025, ce, de façon complémentaire aux enveloppes dédiées au secteur bio dans le cadre du plan stratégique de la PAC (SPW, 2021).

Enfin, dans le cadre de la mise en œuvre de la directive Nitrates, la Wallonie a introduit un instrument de mesure du respect des normes maximales épandables avec le taux de liaison au sol. Chaque année, les agriculteurs se voient notifier un taux qui compare la quantité d'azote théoriquement produite par les effluents de leur cheptel avec la quantité d'azote théoriquement épandable sur les terres qu'ils exploitent. Pour être conforme, ce taux ne doit pas dépasser l'unité au risque de sanctions environnementales ainsi qu'en matière de conditionnalité. Des échanges sont cependant permis et réglementés entre les agriculteurs déficitaires (avec peu ou pas de cheptel) et ceux en excès (cheptel trop important ou trop peu de surface). Un tel outil favorise ainsi les échanges entre agriculteurs et la valorisation des engrais de ferme sur les terres agricoles. (Protect'Eau, 2023).

PROCESSUS D'ÉLABORATION DU PLAN STRATÉGIQUE PAC WALLON

La Belgique est le seul État membre de l'Union européenne (UE) à avoir obtenu l'autorisation de déposer deux plans stratégiques, un pour la Flandre et un autre pour la Wallonie. En effet, les modifications de la Constitution belge ayant donné une pleine autonomie aux Régions en ce qui concerne l'agriculture, la Belgique ne dispose plus d'autorité de gestion fédérale. Il était donc impossible, dans ces conditions, de déposer un seul et unique plan stratégique belge, même combinant les parties wallonne et flamande. Cela étant, la Commission européenne a été difficile à convaincre et elle semble avoir conditionné son accord au respect scrupuleux de la procédure d'élaboration des plans stratégiques, notamment la participation active des parties prenantes dans les différentes étapes du processus. Au niveau wallon, deux ministres se partageaient les compétences liées à la PAC, d'une part, le ministre de l'Agriculture (Willy Borsus) issu d'un parti de droite ayant aussi dans ses attributions l'économie et, d'autre part, la ministre de la Ruralité (Céline Tellier), écologiste, qui gèrait l'environnement et le bien-être animal. À cela s'ajoutait le ministre du Climat (Philippe Henry), également écologiste, mais aussi les autres partenaires du Gouvernement wallon dont les socialistes qui en assumaient la présidence.

Comme l'exige le règlement européen, l'élaboration du plan stratégique PAC a suivi de nombreuses étapes dont certaines ont démarré alors que les différentes instances européennes étaient toujours en discussion sur la mise en œuvre même de la nouvelle politique. Courant 2019, les autorités wallonnes ont réalisé la description de la situation actuelle de la Wallonie sur base des données connues, tout en sachant que cet état des lieux serait actualisé avant le dépôt du plan stratégique à la Commission. Ces mêmes autorités ont également identifié les forces, faiblesses, opportunités et menaces (matrice SWOT) de notre territoire au regard des objectifs spécifiques de la PAC et ont poussé la réflexion jusqu'à lister les besoins auxquels la future PAC devait répondre et les hiérarchiser en fonction de leur importance.

Fin 2019, ces différents documents ont été présentés par les deux ministres à toutes les parties prenantes. Et elles étaient près d'une trentaine autour de la table. Outre les organisations des différents secteurs économiques (agricole, forestier, agro-alimentaire, touristique, PME, etc.), les organisations environnementales, rurales et citoyennes étaient conviées aux discussions. Toutes ces organisations ont été invitées, dans un délai très court d'à peine un mois (présentation le 19/12/2019 et contributions écrites à envoyer pour le 17/01/2020), à faire part de leurs remarques et commentaires sur les différents documents présentés. À charge des autorités d'analyser ces différentes contributions, de compléter le cas échéant les besoins prioritaires et de retravailler la hiérarchisation de ceux-ci. Le résultat de ce travail d'analyse a été présenté fin juin 2020 et a nécessité encore plusieurs réunions pour hiérarchiser les besoins prioritaires et surtout, identifier les interventions permettant de répondre à ces derniers. La Wallonie ne s'est pas arrêtée en si bon chemin. Elle a poursuivi les discussions avec les parties prenantes pour co-construire toutes les interventions de la future PAC, mais également pour les éléments plus transversaux tels que les définitions conditionnant l'éligibilité ou encore les modalités de la conditionnalité.

La crise sanitaire de la Covid-19 a compliqué ces discussions qui ont été, dans un premier temps, interrompues complètement et, par la suite, soit organisées en présentiel avec des limitations de nombre de représentants par organisation, soit tenues en visio-conférences. Si les discussions en distanciel ont rendu les interactions entre les participants moins aisées, elles permettaient cependant aux différents experts des organisations d'assister aux échanges. Ainsi, aucune différence n'était faite entre les parties prenantes, notamment au regard de leur représentativité. Qu'elle défende un petit ou un gros secteur, un nombre limité de potentiels bénéficiaires ou un grand, chaque organisation avait le même poids et les mêmes droits dans les négociations.

Si la majorité des organisations avaient déjà participé à ce type d'échanges pour les mesures du développement rural de la précédente programmation, pour certains, c'était la première fois qu'on leur donnait la possibilité d'influer sur les modalités d'octroi des aides directes. Certaines organisations s'en sont assez vite désintéressées, notamment les organisations représentatives des secteurs économiques autres qu'agricole et sylvicole. Les organisations environnementales, quant à elles, y ont vu l'opportunité de porter leurs revendications. Elles ont d'ailleurs formé, dès 2019, une coalition nommée imPAACTe afin de promouvoir la transition écologique vers une agriculture et une alimentation toutes deux durables pour l'homme et la nature. Cette coalition avait bien intégré que la PAC était une des politiques du Pacte vert déjà financée. Dès lors, la PAC était l'outil à privilégier pour atteindre les objectifs climatiques et environnementaux du Pacte vert. Les partenaires de cette coalition « verte » ont déployé beaucoup d'énergie afin que le plan stratégique wallon traduise les enjeux prioritaires qu'ils avaient identifiés à savoir (ImPAACTe, 2021) :

- Renforcer le réseau et le maillage écologique en imposant un pourcentage minimal d'éléments soutenant la biodiversité dans chacune des exploitations agricoles et par des mesures volontaires pour soutenir les agriculteurs qui vont plus loin, avec un objectif régional de 10 % en terres arables et de 15 % en prairies.
- Maintenir les prairies et encourager une transition de l'élevage, notamment en remplaçant le soutien couplé par une prime aux prairies permanentes, prime d'autant plus importante que la charge en bétail est réduite.
- Soutenir la transition écologique en cultures pour permettre d'atteindre une réduction de 50 % des produits phytosanitaires, de 50 % d'engrais et de 20 % de perte de nutriments, notamment en encourageant les pratiques agroécologiques.
- Assurer un budget fort à l'agriculture biologique au travers des aides à la conversion et au maintien en agriculture biologique, des aides à l'investissement, à l'installation des jeunes, à l'échange de connaissances et à l'information, mais aussi en dédiant jusqu'à 3 % des aides directes au développement des filières biologiques.

De leur côté, les organisations agricoles ont parfois manqué de cohésion, rendant leurs positions fragiles vis-à-vis des organisations environnementales. Ainsi, elles ont réussi à s'accorder sur le fait qu'il fallait reconnaître les nombreux efforts déjà consentis par les agriculteurs au fil des dernières années et sur la nécessité d'une certaine stabilité des politiques. Hélas, elles n'ont pu éviter de se déchirer sur des interventions stratégiques comme le soutien couplé ou certains éco-régimes. Sur l'impulsion du ministre de l'Agriculture, elles sont cependant parvenues à s'entendre sur certaines lignes directrices, renforçant ainsi la position de ce dernier dans les négociations politiques. Il est en effet plus aisé de défendre des aides que toutes les organisations agricoles demandent et revendiquent plutôt que celles que certaines d'entre elles refusent.

Mais ce ne fut pas sans mal. De nombreuses discussions ont été nécessaires, particulièrement techniques et régulièrement alimentées par des données chiffrées fournies par le SPW, afin de peaufiner les propositions et de rencontrer l'adhésion de chacune des organisations agricoles. C'est donc fort de ce soutien que le ministre de l'Agriculture a soumis le premier projet plan stratégique PAC à l'approbation du

Gouvernement wallon. Un nouveau round s'annonçait alors : convaincre les partenaires du Gouvernement du bien-fondé des interventions contenues dans ce plan et des modalités de mise en œuvre. Les discussions ont été tendues tant les attentes de certains étaient élevées. Ainsi, les écologistes, en contact régulier avec les organisations environnementales, portaient les revendications de ces dernières alors que les socialistes, soucieux de la santé des citoyens, attendaient des efforts considérables sur la réduction de l'utilisation de produits phytosanitaires. Plusieurs points d'achoppement ont mis du temps à se résorber et notamment, la hauteur du soutien à l'agriculture biologique, le budget alloué aux aides couplées, les différentes mesures de biodiversité et certains éco-régimes.

C'est dans ce contexte politique très tendu que les organisations agricoles ont joué un rôle non négligeable en manifestant, semaine après semaine, sous les fenêtres du conseil des ministres. Cette pression constante, appuyée par les conclusions des études émanant du Département américain de l'Agriculture, de l'Université de Kiel (Allemagne) et du Centre de Recherche Commun sur la PAC et la stratégie « de la ferme à la table », a permis de garantir un certain équilibre entre aides au revenu et aides environnementales. Pour les représentants de l'agriculture, la PAC ne devait pas financer tous les objectifs du Pacte vert au détriment du maintien d'une agriculture wallonne qui nourrit sa population à un prix abordable.

Restait l'étape ultime, la soumission du plan à la Commission européenne, le 17 mars 2022, et la nouvelle vague d'intenses négociations, parfois tendues, avec les fonctionnaires européens voire même directement avec le Commissaire, pour convaincre du bien-fondé du plan dans le respect des règlements. Près de six mois se sont écoulés entre la lettre d'observation adressée par la Commission le 25 mai et le dépôt final du plan stratégique. Six mois au cours desquels les échanges entre la Commission, les représentants du ministre, voire le ministre lui-même, et l'administration ont été soutenus. Six mois au cours desquels les experts techniques des organisations ont été mis à contribution pour justifier les réponses en fonction des besoins identifiés, construire des contre-propositions en fonction des réalités du terrain et étayer de manière chiffrée les argumentaires.

CONTENU DU PLAN STRATÉGIQUE WALLON DE LA PAC

Le plan stratégique wallon a été déposé à la Commission européenne le 18 novembre 2022, après de nombreux échanges avec cette dernière pour répondre à ses exigences. Ce plan, approuvé le 5 décembre 2022, est disponible sur le Portail de l'agriculture wallonne (SPW PS PAC, 2023)[3].

En Wallonie, le budget alloué aux aides du premier pilier de la PAC, lequel est intégralement financé par le Fonds européen agricole de garantie (FEAGA), s'élève à 1,32 milliard d'euros sur la période 2023-2027, dont 49,8 % d'aides découplées, 26 % d'aides pour l'éco-régime, 21,3 % d'aides couplées et 2,9 % d'aides aux jeunes agriculteurs (figure 3).

	Millions d'euros	%
Aides découplés (hors éco-régime)	**661,41**	**49,80 %**
Paiement de base au revenu	402,42	30,30 %
Paiement redistributif	258,98	19,50 %
Aides de l'éco-régime	**345,31**	**26,00 %**
Éco-régime – Prairies permanentes	126,17	9,50 %
Éco-régime – Couverture hivernale	99,60	7,50 %
Éco-régime – Maillage écologique	58,30	4,39 %
Éco-régime – Culture favorable à l'environnement	30,54	2,30 %
Éco-régime – Réduction d'intrants	30,68	2,31 %
Aides couplées	**282,89**	**21,30 %**
Aides couplées aux vaches à viande	230,87	17,38 %
Aides couplées aux vaches mixtes	16,73	1,26 %
Aides couplées aux vaches laitières	13,78	1,04 %
Aides couplées aux ovins	4,81	0,36 %
Aides couplées aux cultures protéiques	16,68	1,26 %
Paiement aux jeunes agriculteurs	**38,51**	**2,90 %**
Total des aides du 1er pilier de la PAC	**1 328,13**	**100,00 %**

Source : Agriculture.wallonie.be.

FIG. 3 – Les aides du 1er pilier de la PAC
en Wallonnie sur la période 2023-2027.

3 Voir : https://agriculture.wallonie.be/plan-strategique-pac-2023-2027.

Contrairement à d'autres États membres de l'UE, la Wallonie n'a pas mis en place de régime de soutien aux petits producteurs, faute de pouvoir exclure les pensionnés ou les extra-régionaux, ni d'interventions en faveur de la gestion des risques, faute de budget suffisant. Elle n'a pas éprouvé de difficulté à mettre en place le paiement redistributif. Elle y a affecté une part non négligeable de son budget (19,5 % des aides directes) en hausse de 2 % par rapport à la programmation précédente dans laquelle elle avait déjà volontairement mis en place cette intervention.

La part réservée aux éco-régimes est fixée à 26 % du budget total des aides directes. La Wallonie a fait le choix d'un nombre limité de 5 éco-régimes différents pour répondre aux principaux enjeux environnementaux de la Wallonie. Ces éco-régimes sont accessibles à tous les agriculteurs, quelles que soient les spéculations pratiquées y compris en agriculture biologique (à l'exception de l'éco-régime « réduction d'intrants »). La variable d'ajustement a été le paiement de base dont le budget a été déterminé en fonction des choix budgétaires des autres interventions.

La Wallonie a bénéficié d'une dérogation pour les aides couplées, comme dans la programmation précédente, afin d'affecter plus de moyens financiers que les 13 % maximum fixés par le règlement européen. Ainsi, la part allouée à ces aides couplées a été maintenue à 21,3 % pour soutenir majoritairement l'élevage bovin, qu'il soit bovins-viande (18 %), bovins-mixte (1,26 %) ou bovins-lait (1,16 %), mais aussi le secteur ovin (0,24 %) et, pour la première fois, la production de protéagineux (0,64 %) (tableau 2).

Le soutien aux jeunes agriculteurs a également été relevé, passant de 1,9 à 2,9 % et les modalités d'octroi des aides ont été revues pour renforcer le soutien aux plus petites structures (aide dégressive en fonction de la surface exploitée).

Par ailleurs, la définition de l'agriculteur actif a été longuement débattue par les parties prenantes dont la volonté unanime était de réserver les aides aux « vrais » agriculteurs. Toute la difficulté a résidé dans le choix de critères objectifs, non discriminatoires et surtout, facilement contrôlables. Quelles que soient les conditions imposées, il fallait pouvoir les vérifier pour tous les agriculteurs chaque année et ce, avec les moyens humains et financiers à disposition. Le choix s'est donc limité à des exigences de qualification minimale et d'inscription à la Banque Carrefour des Entreprises (BCE) et à l'exclusion de certaines activités (liste négative élargie aux activités carcérales et aux sociétés de conseils de gestion).

Concernant le deuxième pilier de la PAC, le taux de cofinancement de la Wallonie est important (62,9 %), ce qui permet de disposer d'un budget de 534 millions d'euros pour la période 2023-2027 (figure 4).

	Millions d'euros	%
Agriculture biologique	140,00	26,20 %
Investissements dans les exploitations	116,90	21,88 %
Mesures agroenvironnementales	94,40	17,67 %
Zones à contraintes naturelles et spécifiques	44,30	8,29 %
Installation des jeunes agriculteurs	35,00	6,55 %
LEADER	26,80	5,02 %
Natura 2000 – Agricoles	25,25	4,73 %
Investissements dans les entreprises du secteur IAA	11,00	2,06 %
Autres interventions du 2e pilier	40,66	7,60 %
Total des aides du 2e pilier de la PAC	**534,31**	**100,00 %**

Source : Agriculture.wallonie.be.

FIG. 4 – Enveloppe budgétaire des différentes interventions du 2e pilier de la PAC.

Les interventions liées au développement rural sont assez similaires à celles de la programmation précédente, avec des mesures phares que sont les aides à l'agriculture biologique (26,2 % du budget), les mesures agro-environnementales et climatiques (17,7 %), les aides aux investissements productifs dans les exploitations agricoles (21,9 %), les indemnités dans les zones soumises à contraintes naturelles et spécifiques (8,3 %) et les aides à l'installation des jeunes agriculteurs (6,5 %). Quelques nouveautés ont cependant vu le jour comme des aides aux investissements non-productifs destinés à soutenir les agriculteurs dans la lutte contre l'érosion des sols, des investissements dans les dessertes forestières ou encore le soutien à la coopération dans l'innovation. Les moyens affectés à ces nouvelles interventions restent par contre limités (moins de 1 % du budget total).

Si la volonté initialement affichée par tous était de simplifier la nouvelle PAC et les conditions d'accès aux différents régimes d'aide, il est vite apparu au fil des discussions que cet objectif ne serait pas atteint. Entre le respect des exigences minimales, notamment de la conditionnalité renforcée, l'obligation de ne soutenir que les efforts supplémentaires en matière d'environnement, les contraintes budgétaires et les objectifs prioritaires à atteindre, c'est bel et bien la simplification qui a été sacrifiée. La seule mesure qui a fortement simplifié ses conditions d'octroi, ce sont les aides aux investissements et à l'installation. Mais cela n'est pas sans conséquence. Qui dit simplification, dit généralisation et, dans ce cas, ouverture à un plus grand nombre de bénéficiaires. Avec une enveloppe fermée, c'est la sélection qui détermine les projets soutenus au détriment d'autres pouvant être tout aussi intéressants mais pourtant non retenus.

Pour les autres aides, et notamment les aides environnementales, les cahiers des charges relèvent parfois d'un vrai casse-tête pour les bénéficiaires avec un risque non négligeable de désintéressement de ceux-ci pour les interventions proposées.

Pour le secteur agricole, il était important d'assurer une cohérence entre la nécessité, d'une part, de produire des biens agricoles en quantité et en qualité et, d'autre part, le respect des normes sanitaires, environnementales, etc. Ainsi, toute la difficulté de cette nouvelle PAC a été de construire des interventions, notamment environnementales, qui garantissent une certaine production agricole, tout en préservant les qualités sanitaires des produits. Les interventions proposées devaient éviter les effets collatéraux qui auraient été contraires aux objectifs de réduction des moyens de lutte phytosanitaire affichés dans le Pacte vert.

FOCUS SUR LES ÉCO-RÉGIMES ET AUTRES INTERVENTIONS ENVIRONNEMENTALES DE LA PAC

Avec le paiement vert (un paiement conditionné au respect de plusieurs conditions environnementales), la précédente programmation avait vu apparaître, pour la première fois, des aides environnementales dans le premier pilier de la PAC. Jusqu'alors, les aides environnementales relevaient du 2e pilier de la PAC et leur engagement était volontaire. Le paiement vert n'était pas facultatif puisque les agriculteurs qui ne respectaient pas les conditions, non seulement ne bénéficiaient pas de l'aide correspondante, mais étaient sanctionnés en fonction de l'importance du non-respect. La nouvelle PAC a renforcé la conditionnalité en y incluant les exigences du paiement vert et a introduit une nouvelle notion dite « les éco-régimes ». Contrairement au paiement vert, les éco-régimes sont volontaires pour les agriculteurs, comme pour les mesures agro-environnementales du second pilier. Ils sont cependant obligatoires pour les États membres qui doivent y consacrer une part non négligeable de leur budget (à savoir 25 % des aides directes du premier pilier). Avec ce nouveau dispositif, les agriculteurs sont, d'une certaine manière, forcés d'y adhérer s'ils veulent conserver leurs aides à des niveaux similaires aux années précédentes.

Le choix des éco-régimes à proposer aux agriculteurs n'a pas été aisé. Il fallait tenir compte des mesures environnementales du 2e pilier de la PAC et proposer des mesures différentes ou complémentaires mais avec un niveau d'exigence plus élevé, au risque que la mise en œuvre du cahier des charges devienne tellement complexe que les agriculteurs n'y adhèrent pas. Un tel scénario n'était évidemment pas envisageable vu les obligations européennes d'atteindre les objectifs du cadre de performance et le risque de perdre le budget européen non consommé. Pour les organisations environnementales, les éco-régimes devaient surtout être ambitieux pour permettre d'atteindre les objectifs environnementaux du Pacte vert et pour engager la Wallonie dans une réelle transition écologique. Pour les organisations agricoles, ils devaient être attractifs afin de garantir l'utilisation du budget et surtout, être suffisamment diversifiés pour que tous les agriculteurs puissent s'y engager et ce, quelles que soient leurs orientations de production.

Agriculture biologique

Une des premières propositions de l'administration wallonne fut de bâtir un éco-régime permettant de soutenir l'agriculture biologique, en lieu et place des mêmes aides mais cofinancées. Vu les ambitions de la Wallonie en termes de développement du bio, la majorité du budget des éco-régimes risquait d'être affectée à ce seul éco-régime accessible aux 16 % d'agriculteurs wallons en AB. Une telle proposition n'était pas envisageable pour la plupart des organisations agricoles qui craignaient une perte budgétaire si l'objectif de 30 % de la SAU wallonne à l'horizon 2030 n'était pas atteint faute d'adhésion des agriculteurs. Pour elles, la Wallonie devait soutenir financièrement ses ambitions au travers du cofinancement des aides. C'est finalement le choix qui a été retenu puisque le soutien à l'agriculture biologique est resté dans le deuxième pilier de la PAC avec un budget conséquent, fruit des négociations politiques et de la pression des écologistes.

Autonomie fourragère

Une autre proposition visait à renforcer l'autonomie fourragère des exploitations d'élevage en soutenant les prairies permanentes, ce de manière d'autant plus importante que la charge en bétail est faible. Cet éco-régime pouvait être combiné avec la mesure agro-environnementale dénommée : « faible charge en bétail », mais pour des charges encore plus réduites (moins de 1,8 Unité Gros Bétail – UGB – par ha de superficie fourragère). Même s'il s'agissait d'une proposition d'éco-régime, certains y voyaient une opportunité de remplacer, à terme, les aides couplées, tout un incitant à la réduction de l'élevage régional.

Les premières simulations réalisées à partir des seuils de chargement proposés ont montré que très peu de polyculteurs-éleveurs auraient bénéficié de cet éco-régime et que les efforts à consentir risquaient d'être trop élevés eu égard aux montants proposés. Le risque majeur était alors que ceux-ci choisissent d'abandonner l'élevage et retournent leurs prairies en cultures. Un tel scénario allait à l'encontre de l'objectif poursuivi et devait donc être affiné. C'est ce qui a été fait sur proposition des organisations agricoles qui ont co-construit l'éco-régime finalement proposé aux agriculteurs. Celui-ci se décompose en deux niveaux d'aide : une aide de base visant à préserver toutes les prairies permanentes et une aide supplémentaire conditionnée à la charge en bétail visant à inciter à la réduction du bétail en Wallonie. Les négociations politiques ont, là aussi, été compliquées ; les Verts estimant que les efforts de réduction du cheptel étaient insuffisants. C'est ainsi que des échéances ont été fixées pour progressivement interrompre le soutien aux seuils de chargement les plus élevés et accélérer l'extensification du cheptel wallon.

Maillage écologique

Un des enjeux majeurs identifiés par les autorités publiques était d'enrayer le déclin de la biodiversité à l'horizon 2030 et de lui dédier 7 à 12 % d'espaces agricoles. Pour ce faire, un éco-régime « maillage écologique »' a été proposé. Celui-ci est destiné à soutenir les surfaces non productives mises en œuvre par les agriculteurs en complément des exigences de la conditionnalité (BCAE 8 – Part minimale de terres arables consacrée à des surfaces et des éléments non productifs) et reprend la mesure agro-environnementale et climatique « éléments du maillage » (MB1) de l'ancienne programmation. Si l'intégration de la MB1 dans cet éco-régime donnait une première indication des surfaces potentiellement engagées, la part de surfaces non productives couverte par cet éco-régime était plus difficilement quantifiable et ce, d'autant plus que les exigences de la BCAE 8 seraient contraignantes pour les agriculteurs. Pour atteindre les ambitions souhaitées, les organisations agricoles ont fait moultes propositions mais la plupart se sont heurtées à des difficultés de contrôlabilité et ont été rejetées. Le choix s'est donc limité à des éléments du paysage et aux surfaces telles que jachères et bords de champs dont la définition est bien claire pour les agriculteurs comme pour les administrations. L'adhésion des agriculteurs a, quant à elle, été soutenue par un montant attractif qui, même s'il est limité à 40 % de la SAU de l'exploitation, va davantage soutenir l'agriculture pratiquée par les « jardiniers du paysage » que l'agriculture productive qui nourrit sa population.

Cultures favorables à l'environnement

Le soutien aux cultures favorables à l'environnement qui se faisait via une Mesure agro-environnementale et climatique (MAEC) devient un éco-régime avec un montant revalorisé (passage de 200 €/ha à 380 €/ha) pour le rendre davantage attractif pour les agriculteurs. Cet éco-régime vise à protéger les eaux de surface et les eaux souterraines, à diversifier les espèces végétales cultivées, à préserver la qualité des sols, à accroître l'autonomie alimentaire, à protéger la biodiversité, mais aussi à relocaliser la production alimentaire et réduire les émissions d'ammoniac.

Couverture longue des sols

Pour répondre à l'enjeu de la préservation des ressources naturelles telles que l'eau et le sol, mais aussi pour augmenter la résilience des exploitations face aux changements climatiques, les autorités publiques ont proposé une incitation à la couverture longue des sols durant la période hivernale. Contrairement aux autres éco-régimes qui soutiennent des parcelles dédiées, cet éco-régime a une portée globale et se calcule à l'échelle de l'exploitation sur base de l'effort réalisé : le montant à l'ha est d'autant plus important que la part de la surface couverte dans l'exploitation est élevée, sans toutefois dépasser 45 €/ha. À nouveau, pour répondre aux exigences européennes, les exigences devaient aller au-delà de la conditionnalité, notamment la BCAE 6 – Couverture des sols minimale en vue d'éviter les sols nus dans les périodes les plus sensibles. Ainsi, il fallait faire en sorte que l'obligation de couvrir les sols de la BCAE 6 n'excède pas le 31 décembre, comme dans la programmation précédente, pour que l'éco-régime puisse soutenir le maintien des couverts au-delà de cette date. L'essentiel des discussions avec les parties prenantes s'est concentré sur la date limite de maintien de ces couverts afin de permettre la mise en place des cultures de printemps, mais aussi sur le pourcentage de couverture à atteindre à l'échelle de l'exploitation. Des dispositions ont également été prises pour garantir des efforts de la part de tous les agriculteurs, y compris ceux qui exploitent majoritairement des prairies. De leur côté, les écologistes ont imposé, à court terme (2025), une interdiction de destruction chimique de ces couverts. Si les agriculteurs ne recourent pas systématiquement à l'utilisation des herbicides pour détruire leurs couverts, les conditions climatiques ne leur donnent parfois pas le choix (notamment en cas d'hiver doux). L'avenir nous dira si la compensation est suffisante pour qu'ils prennent le risque en 2025 ou pas ou si cette pratique va à l'encontre de l'objectif de protection des sols poursuivi.

Réduction d'intrants

Le dernier éco-régime vise à soutenir la réduction d'intrants. Une aide est ainsi octroyée lorsque l'agriculteur s'engage à ne pas appliquer une série de produits phytosanitaires sur les parcelles de terres arables et les cultures permanentes. Les molécules prohibées sont celles qui sont considérées comme « à substituer » dans la réglementation européenne, avec un focus sur les molécules qui ont un impact sur l'état des masses d'eau. Cependant, il est prévu que la liste des substances actives prohibées soit mise à jour au regard de leur utilisation dans les cultures présentes en Wallonie. C'est le seul éco-régime qui n'est pas accessible aux agriculteurs engagés en AB, qui ont déjà l'interdiction d'utiliser les produits phytosanitaires identifiés et qui sont soutenus par ailleurs.

Impact du Pacte vert et de la stratégie « de la ferme à la table »

Dès le début des discussions, les parties prenantes environnementales, de même que les autorités publiques, ont rappelé la nécessité de construire des aides environnementales qui soient en corrélation avec les différents enjeux du Pacte vert. La Wallonie, elle-même, avait déjà affiché dans sa déclaration de politique régionale 2019-2024 des objectifs ambitieux[4] que ce soient en termes de développement de l'agriculture biologique, de biodiversité ou de sortie des pesticides pour lesquels elle se devait d'utiliser le levier qu'est la PAC (Wallonie, 2019).

C'est donc sur cette base que l'administration a élaboré les premières propositions d'interventions et avec ce cadre politique que les négociations ont dû être menées.

FOCUS SUR LES AIDES COUPLÉES

Historique du régime des aides couplées en Wallonie

En 2012-2013, lors des discussions PAC 2015, la Région wallonne disposait d'environ 265 000 droits à la prime vache allaitante. Le taux d'utilisation de ces droits était proche de 100 % et chaque agriculteur disposait d'une référence individuelle figée sur la programmation (un quota). Ce quota pouvait être transféré d'un producteur à l'autre, mais seulement de manière définitive et selon des conditions strictes. Ces quotas étaient monnayés entre agriculteurs, ce qui rendait leur accès difficile aux jeunes. En Wallonie, la répartition de ces droits ne s'est jamais limitée aux seules zones de prairies, les bovins allaitants étant bien présents sur l'ensemble du territoire wallon : l'Ardenne (33 %), la région Limoneuse (21 %), le Condroz (17 %), la Famenne (12 %), la région Jurassique (7 %), les autres régions agricoles comptant chacune pour moins de 5 %.

4 Cette déclaration de politique régionale prévoyait en effet que la Wallonie utilise « de manière ambitieuse les éco-régimes prévus dans le cadre de la nouvelle PAC » notamment en soutenant « les exploitations qui pratiquent l'élevage extensif et accroissent leur autonomie fourragère" mais aussi en "favorisant les pratiques agronomiques susceptibles de renforcer le maillage écologique, de fixer le carbone dans les sols ou la végétation et de préserver les ressources en eau".

Au démarrage des négociations, tous les acteurs autour de la table étaient bien conscients de la nécessité de faire évoluer le régime de soutien à la vache allaitante pour permettre un accès plus aisé pour les nouveaux détenteurs. En outre, le régime des aides couplées était jugé trop complexe, peu flexible voire pénalisant pour les jeunes qui devaient acheter des droits de production. À l'époque, la Commission européenne souhaitait encourager un découplage total de la vache allaitante. Toutefois, elle acceptait une certaine souplesse dans les régions où il n'y avait pas d'autres options économiques pour les éleveurs (régions spécialisées en « Viande »). Cette approche réductrice de la production bovine s'accordait assez mal avec la part importante d'exploitations en polyculture-élevage en Wallonie qui ne se limitait pas aux seules régions herbagères. Pour les représentants politiques wallons, ainsi que pour ceux du secteur bovin, un soutien du revenu lié à la production bovine partout en Wallonie était jugé indispensable pour deux raisons majeures. Tout d'abord, la complémentarité élevage-culture de l'agriculture wallonne était considérée comme un atout majeur en termes de durabilité, de résilience et d'économie circulaire et elle devait s'envisager à l'échelle régionale. La crainte à l'époque était que le découplage n'entraîne une accélération de la disparition des élevages allaitants et cela, tout particulièrement dans les zones plus mixtes où le labour des prairies et leur mise en culture étaient envisageables. Le découplage aurait ainsi entraîné une accélération du retournement des prairies, phénomène déjà bien présent en Wallonie.

L'autre préoccupation liée à ce découplage des aides couplées concernait le maintien d'une masse critique dans la production bovine en Wallonie. En effet, jusqu'à présent, le marché de la viande bovine en Belgique est relativement déconnecté du marché européen à cause d'une prédominance dans les abattages de carcasses bien conformées (type S dans la classification de carcasses Seurop – principalement liée à la race Blanc Bleu Belge ou à des croisements avec cette dernière). Cette caractéristique de notre cheptel, conjuguée à un attachement du consommateur belge à ce type de carcasse a jusqu'ici imposé une approche « de niche » dans la grande distribution (qui concentre près de 74,7 % des ventes de viande) (Scan Conso, 2023), les viandes étrangères étant peu présentes. Cependant, une diminution trop importante du troupeau allaitant, sous cette masse critique, risquerait de faire entrer le marché de la viande bovine belge dans une compétition basée uniquement sur les prix (en lien avec le marché européen beaucoup plus volatil), avec tout ce que cela sous-tend comme risque de démantèlement de la filière existante à moyen et long terme. Après de nombreuses réunions et discussions et sous certaines conditions (suppression de l'historique des références, fixation d'une enveloppe d'animaux éligibles sur base de l'année 2013, pas d'incitation à la production), le ministre wallon de l'agriculture de l'époque a pu faire entendre son point de vue à la Commission européenne et un régime dérogatoire a été mis en place en Wallonie (21,3 % du budget alloué au soutien couplé au lieu de 13 %).

Un nouveau régime a également été introduit pour l'élevage de bovins mixtes et laitiers. Une prime ovine est venue s'ajouter au dispositif de soutien pour relancer cette production marginale en Wallonie. Lors de chaque campagne, la totalité de l'enveloppe était allouée aux éleveurs via un mécanisme de redistribution qui permettait d'adapter le montant de la prime au nombre total de bovins éligibles (le nombre de bovins diminuant, la prime a eu tendance à augmenter entre 2015 et 2022).

La négociation relative au régime d'aides couplées 2023-2027

Tout comme lors de la négociation précédente, le mécanisme de soutien pour la filière bovine a de nouveau été fortement remis en question par les services de la Commission et les Organisations non gouvernementales (ONG) environnementales. La volonté du ministre de l'Agriculture wallon ainsi que du secteur de l'élevage était de préserver au maximum le régime de soutien couplé. La négociation avec la Commission a abouti à un compromis. Le budget du soutien couplé passera ainsi de 21,3 % en 2023 à 18,5 % au terme de la programmation et il reste principalement alloué au secteur bovin. Les principaux points d'attention ont été les suivants :

– Simplification du système et accès facilité pour les jeunes éleveurs

Le secteur agricole souhaitait une simplification du système d'octroi des aides couplées mais avec un maintien du montant de la prime, tout spécialement pour faciliter l'accès des jeunes éleveurs au soutien couplé. La relève étant faible parmi les éleveurs allaitants (seuls 14 % des éleveurs de plus de 50 ans déclarent avoir un repreneur) (SPW EAW, 2023), la crainte de ne pas pouvoir garder un volume de production suffisant était encore plus présente que lors de la programmation précédente.

– Nécessité de garder une masse critique de production

À ce sujet, il est important de rappeler que le marché de la viande bovine en Belgique est spécifique dans la mesure où il est resté relativement isolé du marché européen. Les outils d'abattage sont de taille moyenne (Petel *et al.*, 2019) et sont proches des aires de production, tout en étant adaptés aux spécificités du marché national (une consommation de carcasses de type S). Jusqu'ici, la viande belge a pu résister aux pressions commerciales des produits d'importation et cela, malgré une restructuration importante parmi les outils de transformation et une sous-utilisation persistante de la capacité d'abattage dans les abattoirs restés en activité. Néanmoins, le maintien d'une masse critique est indispensable à l'équilibre de toute la filière bovine et au maintien de l'autonomie de l'approvisionnement en viande bovine en Belgique.

– Crainte d'un découplage qui pénalise les régions plus extensives

Concernant l'impact du découplage des aides sur le secteur bovin, les publications sont nombreuses et divergent parfois dans leurs conclusions. Cependant, lors des discussions, l'attention avait été attirée sur le rapport spécial de la Cour des comptes européenne (Cour des comptes, 2012) : « le cheptel de vaches allaitantes s'est contracté dans les États-Membres qui ont opté pour le découplage total. Particulièrement dans les régions de production correspondant à des zones défavorisées à dominance herbagère, etc. » et le rapport de conclure : « ce sont des facteurs exogènes et contextuels qui influencent les secteurs d'une manière prédominante plutôt que les régimes d'aides en tant que tels. Cependant, des éléments probants montrent que, dans les régions fragiles, le découplage des primes a eu pour conséquence une réduction de la production animale ». En Wallonie, l'élevage allaitant reste une spéculation centrale dans plusieurs provinces herbagères et, qui plus est, ces territoires ne disposent pas de réelle alternative de production. Le risque d'une accélération de la baisse du cheptel semblait donc bien présent.

– Imposition d'exigences environnementales liées à la charge en bétail

La principale exigence concerne la fixation d'un seuil maximal d'UGB/ha. En effet, la Commission européenne a imposé que le programme d'aides couplées soit lié à des exigences environnementales. D'un point de vue budgétaire, c'est une bonne nouvelle que le soutien couplé soit globalement préservé et reste alloué en grande partie à destination des éleveurs. Ce point (dont l'issue est restée longtemps incertaine) a fait l'objet d'un gros travail de lobbying collégial (Cabinet du ministre et syndicats agricoles). Certaines modalités d'application ont évolué dans le bon sens vu la sous-utilisation de l'enveloppe fermée de primes couplées régionales : la suppression des références individuelles va amener plus de flexibilité dans l'évolution du cheptel de l'élevage et l'augmentation à 10 ans d'âge pour les animaux éligibles à l'aide couplée va permettre une meilleure prise en compte des vaches allaitantes plus âgées et donc des races à viande plus rustiques.

Par contre, il faut regretter l'abaissement conséquent de certains plafonds d'octroi des aides : limitation du soutien à 50 vaches laitières (au lieu de 100) et à 145 vaches à viande (au lieu de 250) par unité de travail. Cette limitation pourrait, en effet, fragiliser financièrement des exploitations détenues par de jeunes exploitants actifs. Vu le faible taux d'installation dans le secteur de l'élevage et la baisse constante du cheptel, cette limitation n'a pas, selon nous, de fondement socio-économique.

En ce qui concerne les éco-régimes, notamment celui relatif aux prairies permanentes à faible niveau de chargement en bétail, l'idée d'une compensation de base forfaitaire par ha non liée au chargement a été retenue. Ce forfait de base est complété par différents niveaux de soutien qui sont eux bien corrélés au chargement en bétail (plus la charge est faible, plus le soutien augmente). En revanche, il faut regretter que l'ensemble des UGB de l'exploitation (et donc les bovins à l'engraissement) soit pris en compte dans le calcul de cette charge et qu'une grande partie des céréales fourragères soit exclue du décompte des superficies fourragères. Cela va clairement affaiblir le soutien dans les exploitations de naisseurs-engraisseurs (circuit fermé avec les broutards engraissés) et les exploitations de polycultures-élevage qui sont plus intensives vu les co-produits de cultures industrielles telles que les betteraves et les chicorées non pris en compte dans la surface fourragère.

– Impact du Pacte vert et rôle de la stratégie « de la ferme à la table »

Lors de la négociation de la PAC, et plus particulièrement pour les aides couplées, la Wallonie n'a pas souhaité ajouter de contraintes liées au bien-être animal ou à la biodiversité. Par contre, ces aspects sont bien pris en compte dans les éco-régimes et dans plusieurs mesures du deuxième pilier que sont certaines MAEC ou encore les aides aux investissements productifs. En Wallonie, comme dans les autres États membres, la baisse du cheptel est continue depuis plusieurs années. Les producteurs craignent que celle-ci soit compensée par une hausse des importations et une baisse des exportations de viandes. En 2022, la chute de production a été, par rapport à 2021, de 3,6 % en viande bovine, 10 % en viande porcine et 18 % en viande ovine et caprine (Statbel, bilan d'approvisionnement en viande, 2023).

Ces premières tendances démontrent toute l'importance du débat autour de la préférence communautaire et de la cohérence entre les attentes sociétales du citoyen et le comportement d'achat du consommateur. Il est crucial que la stratégie « de la ferme à la table » trouve des solutions pour couvrir les coûts environnementaux et la perte de compétitivité qui pèsent sur les productions intracommunautaires. L'étiquetage des externalités positives et négatives des produits agricoles transformés ou non sera certainement une piste de solution tout comme le renforcement de la position des agriculteurs dans la filière agro-alimentaire. Les travaux sont malheureusement nettement moins avancés sur ces axes pourtant déterminants pour l'avenir du secteur agricole.

FOCUS SUR LE RENOUVELLEMENT DES GÉNÉRATIONS AU TRAVERS DE CETTE PAC

En 2020, l'âge moyen du chef d'exploitation wallon, professionnelle ou non, est de 55 ans. Seul un chef sur cinq a moins de 45 ans alors qu'ils sont deux sur cinq à avoir plus de 55 ans (SPW EAW, 2023). Le taux de renouvellement mesuré par le rapport entre les moins de 35 ans et les plus de 55 ans est de 12 % alors qu'il est voisin de 20 % dans les pays limitrophes (SPW PS PAC, 2023). Soutenir le renouvellement des générations, et donc les jeunes agriculteurs, est vital pour assurer à long terme la pérennité de l'agriculture en Wallonie.

La Wallonie a toujours soutenu les jeunes au maximum de ses capacités et de ce que permettait les règlements européens. Ainsi, la précédente programmation consacrait déjà près de 2 % de son budget au paiement jeune agriculteur octroyé sous forme d'une aide forfaitaire sur les 90 premiers hectares de l'exploitation. Ce seuil (90 ha) peut sembler élevé au regard de la surface moyenne wallonne (58 ha en 2022), mais il correspond assez bien à la SAU moyenne des jeunes agriculteurs bénéficiaires de l'aide qui était de 82 ha en 2020 (SPW PS PAC, 2023). Une analyse plus poussée a cependant montré que les jeunes avaient un taux d'endettement plus élevé (74 % vs 48 %) et une capacité de rémunérer la main d'œuvre familiale moindre (95 % vs 152 %) dans les exploitations de moins de 50 ha que dans celles de plus de 50 ha. Le même constat a été posé pour les jeunes qui exploitent seul en comparaison avec ceux comptant plusieurs personnes physiques titulaires (souvent un jeune en association avec des personnes plus âgées).

Dans la nouvelle programmation 2023-2027, le choix a été fait de renforcer le soutien aux exploitations de taille moyenne en octroyant un montant d'aide plus élevé aux 50 premiers hectares de l'exploitation (140 €/ha de 0 à 50 hectares) qu'aux 50 hectares suivants (80 €/ha de 50 à 100 hectares). De plus, compte tenu du nombre élevé d'exploitations en association (près de 60 % des bénéficiaires du paiement jeune sont des exploitations avec plusieurs titulaires personnes physiques), il est possible, du moins sous certaines conditions, que les plafonds d'aides soient appliqués au niveau de chacun des titulaires d'une exploitation qui remplissent les critères de jeune agriculteur la même année. C'est ce qu'on appelle le déplafonnement des aides qui s'appliquent également aux aides couplées et au paiement redistributeur.

En complément, les jeunes agriculteurs qui s'installent pour la première fois en agriculture peuvent solliciter des aides à l'installation. Là aussi, le montant octroyé est le maximum autorisé par l'UE à savoir, 70 000 €. Cette aide est octroyée moyennant le respect de plusieurs conditions telles que la qualification professionnelle, la conformité avec certaines exigences environnementales, la tenue d'une comptabilité de gestion ou encore la rédaction d'un plan d'entreprise. La grande nouveauté par rapport à la programmation précédente est la possibilité de s'installer de manière progressive et de devenir agriculteur à titre principal endéans les cinq années de l'installation et non plus dès la première année.

Cette possibilité était une demande expresse des organisations agricoles, notamment des jeunes, afin de permettre aux futurs agriculteurs de conserver leur emploi, et donc un revenu, durant les premières années de leur installation, le temps que la rentabilité soit suffisante pour vivre dignement de l'activité agricole.

Enfin, les jeunes agriculteurs bénéficient également d'avantages non négligeables pour les investissements productifs dans les exploitations agricoles. Ainsi, non seulement l'aide est majorée (10 %) lorsqu'au moins un des titulaires de l'exploitation répond à la définition du jeune agriculteur mais, en plus, ils sont avantagés dans la sélection des projets et ont ainsi plus de chances de bénéficier des aides sollicitées. Notons également que la Wallonie soutient financièrement, en dehors de la PAC et en dehors des cursus scolaires, des programmes de formation et de stage, afin que les jeunes qui souhaitent s'installer en agriculture puissent acquérir les compétences nécessaires à la reprise et la gestion d'une exploitation agricole.

REGARD SUR LE PACTE VERT ET SUR LA PAC

Dans l'ensemble, la réforme de la PAC 2023-2027 appliquée en Wallonie a joué la carte de la continuité pour les mesures où le cadre européen le permettait, notamment le paiement de base, le paiement redistributif ou encore le soutien couplé. Certaines de ces mesures jouent un rôle important dans le revenu, notamment le soutien couplé, et d'autres ont un impact positif sur les plus petites structures ou celles avec plusieurs agriculteurs actifs comme le paiement redistributif. La poursuite de la convergence interne entraîne, quant à elle, un rééquilibrage des paiements de base autour de la moyenne régionale. En ce qui concerne la convergence externe, sa pertinence reste, du moins selon nous, nettement plus discutable vu le prix élevé de certains facteurs de production en Wallonie, dont le foncier (SPW, 2023). Le maintien du soutien couplé a toujours été considéré comme une mesure phare des dernières réformes de la PAC, et le régime a été maintenu dans le plan stratégique wallon avec certaines conditions de réduction de la charge en bétail, le but étant d'éviter une accélération de la baisse du cheptel dans les régions extensives. Même si on manque encore de recul, on a pu constater une baisse plus limitée du cheptel de bovins en 2023 (0,87 %) que cela n'avait été le cas en 2022 (1,12 %) et en 2021 (1,50 %). Au total, la baisse a été de 4,6 % entre 2018 et 2023.

En ce qui concerne les nouveautés de la PAC, les éco-régimes ont fait l'objet de discussions techniques afin d'atteindre les objectifs environnementaux attendus sur le territoire. Du point de vue du secteur, leur caractère volontaire impliquait la recherche d'un bon équilibre entre les coûts de mise en œuvre pour les agriculteurs et les compensations prévues pour chaque éco-régime. Pour certains d'entre eux ce fut le cas, tel l'éco-régime « couverture longue des sols » qui ne nécessite que peu d'investissement. Pour d'autres, la mauvaise balance contraintes-indemnités en a considérablement réduit ou, à l'inverse, en a dopé, l'attractivité selon le cas (échec de l'éco-régime « réduction d'intrant »).

Selon les autorités compétentes, il était nécessaire de s'assurer de la contrôlabilité du cahier des charges de chaque éco-régime. C'est ainsi que certaines aides sont conditionnées à des pratiques clairement identifiables et parfois même limitées à des échéances fixes rendant leur respect parfois contradictoire avec les conditions climatiques ou l'état du sol. Des arbitrages financiers devaient également être menés entre les mesures environnementales du 1er pilier (comme les éco-régimes) et celles du 2e pilier (mesures agro-environnementales, soutien à l'agriculture biologique notamment). Ces arbitrages auraient dû se baser sur une analyse économique préalable de l'articulation entre les deux piliers de la PAC. Tel ne fut pas le cas puisque les simulations se sont concentrées sur les aides du 1er pilier et leur impact potentiel sur le revenu. Le risque de surcompensation par cumul d'aides pour certains types d'exploitation et de non-accompagnement de la transition écologique pour d'autres est donc bien présent. Au regard de certains éco-régimes discutés puis abandonnés en cours de réflexion, nous pensons que la Wallonie est passée à côté de certaines mesures-phares qui auraient notamment permis de soutenir le taux d'humus des sols, l'agriculture de précision et l'économie circulaire au sein ou entre exploitations. L'autonomie fourragère, quant à elle, est partiellement soutenue par l'éco-régime « cultures favorables à l'environnement ».

Néanmoins, les conditions strictes arrêtées n'en font pas un franc succès. Or, une reconnaissance de l'intérêt de ces mesures dans le cadre de la transition écologique entamée dans la PAC permettrait de mieux préserver le caractère diversifié de nombreuses exploitations wallonnes (exploitations mixtes de polyculture-élevage).

Les mesures relatives à la gestion des risques sont également absentes du plan stratégique wallon alors que le Gouvernement l'avait explicitement prévu dans sa Déclaration de politique régionale 2019-2024 (Wallonie, 2019). Que ce soit en lien avec la volatilité des marchés des produits agricoles, des intrants, de l'énergie ou en lien avec les aléas climatiques et sanitaires, aucun système assurantiel n'a pu voir le jour tant les freins sont nombreux : coût, conditions d'accès, complexité du calcul des indemnités, etc. Pour le moment, le fonds des calamités, malgré son soutien financier limité, reste donc le seul filet de sécurité pour les agriculteurs en cas d'aléas climatiques, mais pour combien de temps encore ? Les événements climatiques extrêmes se succèdent au fil des années, touchant des spéculations diverses qu'il sera de plus en plus difficile de prendre en charge par le seul budget wallon.

Enfin, l'influence du contexte géopolitique durant toute la phase de préparation du plan stratégique PAC ne doit pas être négligée. La crise de la Covid-19 a montré l'importance de garantir notre souveraineté alimentaire et d'assurer un approvisionnement de produits de qualité en quantité. Ce que la guerre en Ukraine n'a fait que renforcer, incitant même la Commission européenne à déroger à l'obligation de « gel d'une partie des terres arables ». Difficile dès lors pour les agriculteurs de répondre à la demande de production tout en mettant en place des mesures excessives en faveur de l'environnement ou de la biodiversité et en respectant des contraintes légales (sanitaires, qualité, etc.).

L'équilibre entre biens de consommation et biens environnementaux n'est pas simple à trouver et nous craignons qu'il ne le soit pas de manière équitable pour tous les agriculteurs. Ainsi, dans les régions à fortes contraintes environnementales, comme c'est le cas des zones Natura 2000, certains agriculteurs ont fait leurs calculs et arrivent à dégager un revenu en optimisant les différentes aides environnementales. A contrario, dans les régions les plus productives, mais aussi celles à plus forte pression foncière, les agriculteurs conservent l'ambition de produire des biens de consommation et se contentent de répondre aux exigences minimales voire à s'engager dans les mesures les moins contraignantes mais nettement moins intéressantes financièrement. Un tel clivage risque de limiter les effets environnementaux des mesures aux zones dans lesquelles les besoins sont les plus importants (zones de grandes cultures avec moins de biodiversité, moins de surfaces en AB, moins d'éléments du paysage, etc.) au profit d'une surcompensation financière dans les zones relativement préservées environnementalement.

CONCLUSION AU CHAPITRE

Chaque réforme de la PAC est un savant dosage entre les réalités agronomiques et économiques des agriculteurs, les contraintes fonctionnelles des administrations et les attentes sociétales auxquelles les hommes politiques européens veulent répondre. Finalement, le secteur agricole regrette souvent de n'avoir négocié que pour « sauver les meubles » tandis que d'autres parties prenantes d'obédience écologiste ou simplement « plus vertes » sont déçues du résultat car elles ont l'impression que le niveau d'ambition « verte » affiché au départ a été édulcoré au fur et à mesure de l'élaboration de la réforme. C'est un reproche formulé avec encore plus d'insistance à l'issue de cette réforme de la PAC. L'ambition de la Commission européenne était en effet d'orienter la PAC pour s'assurer de la mise en œuvre de la transition écologique déployée au sein du Pacte vert, notamment dans le plan climat, la stratégie biodiversité ou encore la stratégie « de la ferme à la table ». Dans le cas présent, il faut néanmoins garder en tête que la participation aux éco-régimes reste volontaire (le paiement vert ayant été inclus dans la conditionnalité). Cette recherche de compromis est donc cruciale pour s'assurer de l'adhésion d'une majorité d'agriculteurs à la nouvelle PAC.

La cohérence globale de la PAC doit également rester un élément fédérateur de l'agriculture européenne même si elle doit intégrer la diversité des régions et des pratiques dans les plans stratégiques. La longue liste des éco-régimes et leur niveau de contrainte à géométrie variable dans les États membres posent question : la Commission européenne s'est-elle assurée d'une compensation juste et équitable des efforts environnementaux déclinés dans les différents plans stratégiques ? Les contraintes et leurs compensations sont-elles bien liées à l'investissement consenti par l'agriculteur et pas aux orientations politiques du gouvernement en place lors des négociations ? Les niveaux d'exigences sont-ils les mêmes pour les premiers plans approuvés que pour les derniers ? Les observations de la Commission européenne ne sont-elles pas plus poussées au fur et à mesure de l'analyse des différents plans stratégiques ? De l'expérience vécue par la Wallonie, et déjà pour la PAC précédente, la Commission européenne n'hésite pas à utiliser ce que d'autres États membres ont proposé dans leur plan pour tenter de l'imposer, faisant fi des particularités régionales.

L'enchaînement rapide des réformes de la PAC laissent peu de temps pour évaluer les impacts et pour mesurer la pertinence des différents régimes, contraintes et mesures mis en place. Couplé à la volatilité grandissante des prix de marché, il devient vraiment difficile pour les agriculteurs d'intégrer les nouvelles règles et pour les jeunes de se lancer dans le métier. L'agriculture s'apparente à une industrie lourde tant les capitaux immobilisés et les moyens de production sont importants. Sans attractivité socio-économique pour les jeunes, l'activité continue le temps de la carrière de l'agriculteur en place et puis, elle cesse faute de repreneur. En outre, la taille des exploitations va grandissante et il devient de plus en plus compliqué de trouver la capacité d'investissements suffisante pour reprendre les outils de production. Le modèle de l'agriculture familiale, même si c'est le modèle que disent vouloir défendre les politiques européens, rencontre de plus en plus de difficultés pour faire face au contexte actuel (crises géopolitiques, volatilités des marchés, dérèglements climatiques, contraintes environnementales et de bien-être animal, accords commerciaux de libre-échange, etc.).

La complexité de mise en œuvre des exigences tend à décourager les agriculteurs à s'engager dans certains régimes d'aides. La crainte de « mal faire », les contrôles inévitables et les pénalités appliquées en cas de non-respect contraignent les agriculteurs à évaluer les risques et la lourdeur administrative au regard du bénéfice annoncé. Si chaque nouvelle PAC ambitionne d'apporter de la simplification, aucune n'y est parvenue jusqu'à présent, alors que les outils à disposition pour gérer les différents régimes d'aide n'ont jamais été aussi nombreux. Ainsi, alors que la Wallonie utilise les données satellitaires pour plusieurs de ses contrôles, elle n'a pas pu les affecter aux nouveaux éco-régimes proposés faute de développements informatiques. La PAC a aussi un coût administratif qui est rarement évalué lors de la construction de cette politique et qu'il conviendrait pourtant de prendre en compte.

Après ces quatre années qui viennent d'ébranler les fondamentaux de l'Europe agricole comme notre souveraineté alimentaire ou la protection relative de notre marché à la hausse massive des importations ukrainiennes, la toute jeune PAC 2023 semble déjà avoir besoin d'un *lifting* profond. À l'heure où le monde agricole descend dans les rues un peu partout en Europe, n'est-il pas temps de se poser les bonnes questions : un recul de la production forcé par les normes et les contraintes va-t-il vraiment amener des solutions durables face aux enjeux agricoles, tout particulièrement du point de vue socio-économique ? Le danger d'un clivage entre une agriculture verte, qui ne produit pas ou peu, et une agriculture désengagée de la PAC mais plus innovante et « high-tech », qui approvisionne le marché mondial est bien réel. Le risque d'une diminution (par disparition ou désaffection) des agriculteurs engagés dans la transition verte est omniprésent. Pourtant, leur demande est simple : retrouver un juste prix pour leurs produits. Pas simple dans le contexte inflationniste actuel et alors que près de 14 % du budget des ménages belges est consacré à l'alimentation, chiffre en net recul après l'engouement pour la consommation locale provoqué par la pandémie (Statbel, 2023). Et si tirer les leçons agricoles de la crise de la Covid-19 faisait aussi partie de la solution ?

Avec un peu de recul sur les précédentes PAC, il est clair que les bonnes pratiques environnementales intègrent le quotidien des agriculteurs quand leur mise en œuvre est agronomiquement cohérente. C'est le cas par exemple de la couverture des sols en hiver qui s'est généralisée au fil des années ou encore du renforcement de la biodiversité par l'implantation de haies ou la fauche tardive. L'agriculture biologique a également connu un bel essor. Le cap de la PAC 2023-2027 est le bon. C'est celui d'une agriculture plus résiliente, moins dépendante des intrants et plus cohérente avec son territoire et sa société. Il faut cependant veiller à accompagner la transition de l'agriculture sous toutes ses formes. Pour ce faire, la Commission européenne et les États membres doivent dès maintenant veiller à favoriser les ajustements nécessaires afin de ne pas opposer les modes de production et cliver les agriculteurs. Laissons-leur le temps d'appréhender les nouvelles attentes et faisons leur confiance pour opérer cette transition de manière durable sans vouloir en faire une révolution.

Isabelle JAUMOTTE
Ancienne directrice du service d'études de la Fédération Wallonne de l'Agriculture (Belgique)

Marie-Laurence SEMAILLE
Association Régionale de Santé et d'Identification Animales (Belgique)

LA CRISE DES REVENUS AGRICOLES ET LE DILEMME DU SAMARITAIN

Depuis la nuit des temps, de nombreuses sources d'aléas affectent les revenus agricoles. Les variations sur les prix, les quantités et les qualités produites en relation avec des évènements climatiques, sanitaires ou des déséquilibres conjoncturels d'offre et de demande induisent une volatilité élevée des revenus. C'est ainsi que l'actualité décrit l'agriculture comme un secteur « toujours » en crise. La gestion des aléas est aussi ancienne que l'agriculture. La sélection génétique végétale et animale, les méthodes de fertilisation des sols ou encore les traitements phytosanitaires et produits de santé animale ont permis depuis longtemps une augmentation des rendements mais aussi une sécurisation partielle des revenus. La diversification traditionnelle des productions sur l'exploitation agricole participait aussi à la gestion du risque. Depuis un siècle environ, des instruments financiers dérivés des marchés à terme et des formes coopératives d'organisation ont permis une gestion de la variabilité des prix tandis que les contrats d'assurance sur des évènements climatiques, grêle, puis gel puis multirisques climatiques, traitaient du risque indépendant donc mutualisable.

L'État intervient aussi régulièrement, « à tous les niveaux », régional, national et européen pour ce qui concerne la France. L'histoire de ces interventions est longue et les instruments mis en œuvre sont nombreux. Ainsi, des lois adoptées à la fin du XIXe siècle ont reconnu et encouragé la capacité d'action mutuelle des agriculteurs pour gérer le crédit ainsi que le risque agricole. Dans ces lois, le soutien public aux assurances et réassurance mutuelles y est déjà décrit, ce soutien prenant la forme de subventions aux sociétés d'assurance mutuelle et quasi-réassurance publique en cas d'évènements extrêmes. Quelques années plus tard, les projets de lois de 1923 et loi de 1928 introduisent la notion de « calamité agricole », climatiques pour les productions végétales et sanitaires pour les productions animales. Cette dernière loi propose des mesures et des instruments de stabilisation du revenu qui sont toujours d'actualité, subvention aux assurances, dotation à des fonds de compensation lors de calamités agricoles ou encore des aides fiscales. Les instruments se sont développés ultérieurement, avec dans les années 1950 introduction d'allègements de charges fiscales et sociales. Au fil du temps, les instruments *ex post* de compensation de pertes économiques sont devenus prépondérantes sur les mesures *ex ante*.

Malgré des décennies de travaux économiques, les débats se poursuivent pour savoir quand l'État doit intervenir, avec quels instruments et à quelle hauteur lors d'aléas. Dans un rapport s'appuyant sur des études réalisées dans de nombreux pays membres, l'OCDE (2009) synthétise l'état de l'art comme suit : « en pratique, les limites d'un évènement exceptionnel, d'une catastrophe, d'un désastre ou d'une crise n'ont jamais été bien définies ».

L'intuition suggère que l'État doit intervenir quand les revenus agricoles sont réduits de façon sensible. Mais faut-il prendre en compte une situation annuelle ou une situation lissée sur plusieurs années ? Faut-il prendre en compte l'effet d'un évènement climatique ou sanitaire sur un assolement peu diversifié ou faut-il considérer l'effet de cet évènement sur une exploitation ayant mis en œuvre des mesures de prévention, pratiques culturales ajustées et de diversification de portefeuille de revenu ?

La catastrophe dépend donc de la situation de l'exploitation agricole avant l'occurrence d'un aléa. Et il est probable que cette situation dépende de l'anticipation par les acteurs d'une possible intervention *ex post* de l'État. Il y aurait alors une circularité des comportements en agriculture comme évoqué dans le dilemme du Samaritain. In fine, n'y a-t-il pas en agriculture des aléas naturels qui se combinent aux comportements des acteurs économiques pour aboutir à des revenus agricoles régulièrement en crise ?

L'objectif de ce chapitre est double :

1. Faire une synthèse de la littérature d'économie agricole sur le rôle de l'État lors d'aléas productifs extrêmes, État confronté à court terme au dilemme du Samaritain,
2. Illustrer le cas français avec à l'appui des chiffres historiques sur les multiples soutiens financiers et non financiers.

En conclusion, les mesures récentes de refonte du système de gestion des risques climatiques agricoles seront discutées. La mutation du secteur céréalier après la suppression des prix d'intervention sera aussi évoquée pour illustrer la capacité d'adaptation des acteurs aux aléas de marché. Nous indiquons finalement quelques pistes de recherche pour aller plus loin dans cette ancienne mais toujours bien réelle problématique.

UNE SYNTHÈSE DES ANALYSES ÉCONOMIQUES

La gestion des aléas agricoles est une problématique ancienne qui a motivé de très nombreux travaux de recherche. Une récente synthèse parmi d'autres de cette large littérature est disponible dans Cordier et Gohin (2020), où l'accent est porté sur les justifications de l'intervention publique en présence d'aléas. Il s'agit tout particulièrement de défaillances informationnelles. La nouvelle synthèse présentée dans cette première partie se focalise sur les aléas quantités (ignorant donc les autres aléas tels que les prix) et le rôle potentiel de la puissance publique lors d'aléas extrêmes. D'une part, comme nous le verrons dans la seconde partie, ces aléas quantités ont depuis longtemps justifié l'intervention de l'État français alors que les aléas prix sont plus récents dans certaines filières. Par ailleurs, les informations aujourd'hui disponibles sur les conséquences potentielles du changement climatique suggèrent que les aléas quantités pourraient devenir plus importants dans les prochaines décennies, en intensité et en fréquence.

DES SOLUTIONS TECHNIQUES ET FINANCIÈRES DE GESTION DES ALÉAS

Les activités agricoles ont toujours été sensibles aux aléas naturels, tout particulièrement les activités végétales sensibles aux caprices du climat ou de la météorologie. Le risque sanitaire affecte aussi les productions animales comme les productions végétales avec la réduction programmée des phytosanitaires voire leur interdiction partielle. De nombreuses solutions sont mobilisables pour atténuer les conséquences sur les revenus et consommations des ménages agricoles (Delame,

2021). Plusieurs solutions techniques ont été testées, par les agriculteurs eux-mêmes et/ou les institutions de recherche/développement, pour réduire la sensibilité des rendements et revenus à ces aléas. Par exemple, Mosnier (2015) montre par simulation d'un modèle bioéconomique que, confrontés à des risques de production fourragère, les éleveurs bovins français peuvent modifier leurs assolements et les niveaux des cheptels avant de recourir à des contrats d'assurance. Chavas *et al.* (2018) évaluent statistiquement sur des données réelles d'exploitations américaines que les risques de production en élevage sont moins importants que les risques de production en cultures. Par conséquent, les choix d'activité des exploitations conditionnent la variabilité des revenus des exploitations agricoles et par suite, leurs demandes de produits d'assurance. En mobilisant des données expérimentales sur la production de maïs grain, Chavas (2019) montre que les rotations de culture aux États Unis et les semences génétiquement modifiées sont des leviers importants permettant de réduire les impacts de ces aléas sur la production agricole. Goodwin et Piggott (2020) mobilisent des données factuelles de contrats d'assurance pour démontrer statistiquement que les cultures génétiquement modifiées sont moins sensibles aux aléas. Cependant, certaines solutions techniques (comme les OGM susmentionnés, les produits phytosanitaires, l'irrigation et les retenues collinaires, etc.) peuvent être sujettes à controverse en raison de leurs conséquences environnementales et/ou sanitaires. Par ailleurs, leur adoption par les agriculteurs peut être limitée par les coûts certains qu'elles génèrent relativement aux bénéfices incertains qu'elles apportent. Il subsiste en effet toujours des niveaux d'aléas supportés par les agriculteurs, pouvant remettre en cause la pérennité économique de leurs exploitations. Aussi, au-delà de ces solutions techniques, les agriculteurs peuvent mobiliser des solutions financières, dont les contrats d'assurance.

Les types de contrats d'assurance sont multiples, pouvant couvrir un seul aléa, une combinaison d'aléas, un paramètre (e.g. le rendement), une combinaison de paramètres (e.g. chiffre d'affaires ou marge à l'unité de production), avec différents niveaux de couverture et de franchise. Par exemple, un contrat d'assurance grêle est une décision *ex ante* de la part d'un producteur de payer une prime à un assureur qui lui versera une indemnité si un incident de grêle affecte ses récoltes. Cette solution financière *ex ante* n'est pas toujours adoptée par les agriculteurs si par exemple, ils estiment que la prime payée est supérieure aux indemnités espérées, sur une ou sur plusieurs années. Cela renvoie notamment à la question du mode de détermination des primes d'assurance, plus généralement aux informations utilisées par les agriculteurs (versus les assureurs) pour déterminer leur demande (versus leur offre) de contrats d'assurance.

La littérature économique a beaucoup analysé deux problèmes informationnels qui affectent l'existence ou la pérennité même des marchés de l'assurance agricole. Le premier problème réside dans l'asymétrie d'information entre les assureurs et les assurés, les agriculteurs disposant de plus d'information sur leurs conditions de production que les assureurs. Ceci génère des problèmes d'anti-sélection (seuls les producteurs présentant le plus de risque s'assurent) et d'aléa moral (la souscription entraîne une modification de comportement de l'agriculteur pouvant prendre plus de risque). Outre une meilleure collecte de l'information sur les agriculteurs, une solution fréquemment évoquée dans la littérature pour contourner ce type de problèmes réside dans le recours à des contrats dont l'indemnité est basée sur un indice, c'est-à-dire une variable non manipulable et observable par les deux parties[1].

Cependant l'usage des indices peut induire un risque de base élevé[2] qui, malgré les subventions gouvernementales, reste souvent trop important aux yeux de l'agriculteur (Ye *et al.*, 2020). Ces premiers problèmes d'information font toujours l'objet de travaux de recherche. Par exemple, Brunette *et al.* (2020) analysent dans un cadre statique la substitution entre les contrats d'assurance et les décisions d'auto-assurance et trouvent que les asymétries d'information n'ont pas d'impact sur cette substitution. Ces résultats théoriques questionnent les politiques de soutien aux assurances qui diminuent les niveaux d'auto-assurance. Dans le contexte agricole américain, Mieno *et al.* (2018) développent une analyse dynamique originale qui prend en compte l'historique des rendements obtenus par les agriculteurs. Ils montrent alors que l'aléa moral a une dimension dynamique et que l'information historique mobilisée par les assureurs leur permet de se prémunir des effets potentiels de l'aléa moral.

---

1 D'autres solutions portent sur l'usage de franchises ou de bonus sur primes.

2 i.e. le risque lié à une corrélation imparfaite entre le rendement indiciel et le rendement réel de l'agriculteur.

Le deuxième problème informationnel réside dans la nature potentiellement systémique des aléas agricoles. Plus l'aléa est corrélé entre les agriculteurs, plus la prime demandée par les assureurs sera élevée. En effet ceux-ci prennent alors le risque de tomber éventuellement en faillite si un aléa défavorable affecte simultanément tous leurs assurés. Comme la réassurance privée peut trouver ses limites dans le niveau du caractère systémique du risque climatique, une solution fréquemment évoquée dans la littérature consiste à recourir aux marchés financiers comme réassurance alternative (Duncan et Myers, 2000, Shen et Odening, 2013). Comme les risques climatiques ne sont pas corrélés aux fluctuations des marchés des capitaux, les marchés financiers ont l'avantage de pouvoir fournir beaucoup plus de capital que nécessaire à l'industrie de l'assurance, le capital privé élimine le besoin d'implication du gouvernement et les investisseurs peuvent choisir un type particulier d'exposition au risque et le montant de cette exposition. Cependant, là aussi, peuvent subvenir des problèmes informationnels et des risques de base (Skees et Barnett, 1999). La titrisation des risques agricoles est un sujet de recherche en cours (Karagiannis *et al.* 2016, Wu, 2020).

LES ASSURANCES ET L'INTERVENTION DE L'ÉTAT

Les assurances agricoles sont donc challengées par d'autres solutions de gestion des risques (solutions techniques notamment) et par ailleurs confrontées à des problèmes informationnels qui peuvent limiter leur développement, voire même leur existence. Dès lors, les acteurs économiques font potentiellement face à une incomplétude des marchés, qui interroge sur le rôle de la puissance publique. Cette question a motivé de nombreux travaux qui soulignent son rôle, disons pour l'instant contradictoire, en intervenant simultanément avant et après l'aléa, via des soutiens dits d'urgence, de catastrophe ou de crise. Dans la suite du texte, nous parlerons de soutien de crise, ces soutiens pouvant prendre de multiples formes (subventions spécifiques, allégements de charge, non budgétaires). Ainsi, dans le cas français, Blanc (2003) trouve que les corrélations des aléas individuels des producteurs de céréales ne contribuent que marginalement à augmenter les primes d'assurance, donc ces aléas sont peu systémiques. Les défaillances informationnelles ne peuvent pas expliquer la faible diffusion des programmes d'assurance récolte. Selon cet auteur, l'existence de dispositifs publics concurrents d'indemnisation semble constituer un obstacle plus important au développement de l'assurance récolte. Plus récemment, Koening *et al.* (2019) identifient aussi les soutiens de crise *ex post* de l'État comme un des freins à l'assurance récolte. Il ne s'agit pas, loin de là, d'une spécificité française. Par exemple, van Assenldonk *et al.* (2013) montrent à l'aide d'un modèle de simulation la substitution entre l'assurance subventionnée et les soutiens de crise, Glauber et Collins (2002) témoignent aussi de cette concurrence dans le cas américain. À notre connaissance, seuls Deryugina et Kirwan (2017) ont à ce jour quantifié statistiquement cette substitution entre les deux types d'intervention. Cette quantification n'est pas aisée du fait d'un cercle « vicieux » entre soutien *ex ante* à l'assurance et soutien de crise. En effet, la demande d'assurance par les agriculteurs sera d'autant plus faible qu'ils anticipent un soutien de crise de l'État si l'aléa conduit à de forts dommages pour plusieurs agriculteurs. Et l'État interviendra d'autant plus que peu d'agriculteurs sont assurés, entretenant donc la faible demande des agriculteurs. L'État fait donc face au dilemme du Samaritain qui est celui auquel se trouve confronté un individu altruiste : soit il choisit de ne pas aider l'autre à la suite d'un sinistre, ce qui lui pose un problème moral, soit il choisit de l'aider ce qui ne donne pas à ce dernier les bonnes incitations pour s'adapter (Hardelin, 2010).

Ce dilemme du Samaritain, mis en avant par Buchanan (1975), a été d'abord étudié théoriquement dans des cadres non agricoles. Kaplow (1991) démontre ainsi l'inefficacité des soutiens de crise à cause des effets d'aléa moral en termes de moindres dépenses de protection. Il explique sa politique optimale notamment dans le cas d'un ménage souhaitant construire dans une zone potentiellement inondable et sous-estimant l'aléa inondation. Plutôt que d'aider ce ménage en cas effectif d'inondation, cet auteur démontre qu'il est préférable de lui signifier avant la construction les primes d'assurance qu'il sera dans l'obligation de souscrire. Ces primes seront plus élevées dans les zones sensibles aux inondations. Alors le ménage investira aux bons endroits et/ou fera les bons niveaux d'investissement. Dans un contexte agricole, Innes (2003) analyse ce dilemme du Samaritain en considérant des agriculteurs hétérogènes, neutres au risque et faisant face à un aléa quantité. Les soutiens de crise versés par l'État sont justifiés par un objectif politique visant à garantir un niveau récurrent minimal de revenu aux agriculteurs. L'existence de ce revenu minimum conduit, par un effet d'aléa moral, à moins d'efforts par les agriculteurs, soit moins de production en moyenne. Dans ce contexte contraint, la politique optimale combine une assurance récolte *ex ante* et un soutien des prix, ce dernier étant nécessaire pour inciter les agriculteurs à produire plus (car ils sous produisent avec l'anticipation d'un revenu minimum fourni par l'État). L'assurance récolte *ex ante* est quant à elle nécessaire pour reproduire les effets des soutiens de crise en cas de sinistre. La politique optimale définie par cet auteur conduit à la suppression des soutiens de crise.

Les résultats d'Innes (2003) sont obtenus dans un cadre très particulier, avec des soutiens de crise décidés au niveau individuel. Il reconnait que sa politique optimale n'est plus nécessaire si les soutiens de crise sont décidés à un niveau collectif, limitant alors la sous production des agriculteurs. De même, la prise en compte d'un marché de la terre pourrait la remettre en cause. Il reconnait enfin que les soutiens de crise peuvent être légitimes si le coût d'opportunité des fonds publics est aléatoire. En effet, le niveau optimal de soutien de crise est fonction du contexte macroéconomique global et moins de soutien est donné lorsque les budgets publics sont tendus et inversement.

Plus récemment, Bulut (2017) a développé une autre analyse théorique des soutiens aux assurances versus soutiens de crise, en considérant aussi des agriculteurs hétérogènes mais averses au risque et confrontés à des aléas systémiques. Cet auteur montre qu'un soutien aux assurances peut être préférable aux soutiens de crise, la raison essentielle étant que ces derniers ne sont pas calibrés aux réels besoins des agriculteurs. À l'inverse, les produits d'assurance sont mieux définis par rapport à l'hétérogénéité des exploitations agricoles.

Ces deux seuls papiers théoriques sur le dilemme du Samaritain développés dans un contexte agricole préconisent une intervention *ex ante* sous forme de soutien aux assurances, plutôt qu'*ex post* de la part de l'État sous forme de soutien de crise. Mais ils s'appuient sur de nombreuses hypothèses qui mériteraient d'être levées pour tester leur robustesse (par exemple, sur l'articulation avec les solutions techniques discutées au début de cette section). Au-delà de ces papiers normatifs, d'autres préconisent diverses évolutions des soutiens de crise aux États-Unis sans fournir toutefois une évaluation économique globale. Ainsi, Babcock (2012) suggère de subventionner très fortement, voir rendre gratuit, les contrats d'assurance ne couvrant que les aléas extrêmes (autrement dit, ceux avec seuils élevés de déclenchement) et de diminuer les niveaux de subventions pour les contrats d'assurance couvrant les aléas plus courants. Cet auteur soutient que cette politique limiterait les problèmes d'anti-sélection aux niveaux de la couverture des aléas « courants » et qu'elle diminuerait les coûts globaux de l'actuelle politique agricole américaine, par l'amenuisement des soutiens de crise. Plus récemment, Belasco *et al.* (2020) suggèrent de limiter les soutiens de crise à la partie systémique de l'aléa. Ces auteurs estiment par cette mesure une forte réduction des coûts globaux de la politique agricole américaine mais que leur proposition introduirait un nouveau risque de base.

LE CAS FRANÇAIS

L'aléa climatique en France est fréquent et divers, avec déjà des épisodes extrêmes. Sécheresse, excès de pluviométrie, grêle, gel affectent toutes les régions de France sans tropisme particulier. Les études montrent que la fréquence des épisodes extrêmes devrait augmenter dans le futur (Ecorys 2017, Moncoulon et al 2021). L'aléa sanitaire affecte également toutes les productions animales, les maladies animales étant endémiques ou générant des épizooties. Au-delà de ces évènements naturels, les secteurs agricoles sont confrontés périodiquement à des déséquilibres d'offre et de demande conjoncturels. L'impact de ces évènements et déséquilibres se traduit par des situations économiques usuellement qualifiées de crises. Dans de nombreux cas, l'État français intervient *ex post* en sus des actions *ex ante*, ces dernières actions étant menées en général en support à des instruments privés. Cette section présente d'abord un état des évènements relevé dans les documents de synthèse annuels publiés par le ministère de l'Agriculture ayant justifié des mesures budgétaires spécifiques. La seconde partie de la section est un essai de description et d'évaluation des mesures budgétaires *ex post* d'aides à la stabilisation du revenu des agriculteurs.

QUELQUES FAITS SUR LES RISQUES CLIMATIQUES ET SANITAIRES

L'histoire récente des évènements climatiques et sanitaires, mais aussi des « crises », est décrite dans les rapports annuels sur les concours publics, sous le titre « aide relatives aux aléas de production ». Parmi les évènements climatiques affectant les productions végétales, les sécheresses sont les plus flagrantes, toujours plus fréquentes et intenses déjà à climat actuel et surtout à climat futur (Kapsambélis 2022). Elles motiveront en partie le lancement au printemps 2021 du « Varenne agricole de l'eau et de l'adaptation au changement climatique ».

Un épisode de sécheresse affecte différemment les types de production selon les périodes concernées. La sécheresse peut être précoce comme en 2023, 2022, 2019, 2015, 2011 et 2009 ou estivale comme en 2020, 2005, 2003 1976 et plus rarement tardive comme en 2018.

D'autres chocs climatiques affectent régulièrement les productions végétales, comme les excès d'eau survenus en 2016 (pluies diluviennes, épisode qui s'est reproduit en 2024, avec, pour principale conséquence, une baisse importante des récoltes de céréales et de blé tendre en particulier, à 26 millions de tonnes), 2011 ou 2007, le gel sur arboriculture et viticulture en avril 2021 et 2017, aux printemps 2012, 2008 ou 2005. Enfin des phénomènes en général plus localisés (tempêtes / orages / couverture du ciel) peuvent aussi impacter les cultures comme en 2019, 2018, 2016, 2014, 2009, 2007, 2000.

Des évènements sanitaires se rajoutent à ce panorama des évènements climatiques, surtout lors de l'interdiction de produits phytosanitaires. La chute des rendements en betterave à sucre observée en 2020 et 2022 est plutôt liée à la prolifération incontrôlée de pucerons porteurs du virus de la jaunisse après interdiction des pesticides néonicotinoïdes. La modélisation du développement de la jaunisse en France en l'absence de néonicotinoïdes (Phélippé-Guinvarc'h et al 2023) montre bien l'impact du climat hivernal sur l'infection virale, ouvrant des opportunités de mesures de prévention unitaires ou en synergie. Cependant sans solution immédiate à cet aléa sanitaire, des processus d'indemnisation *ex post* ont alors été mis en place, le premier de façon classique après récolte en 2021. Le second, appelé « filet de sécurité », anticipait le principe d'une indemnisation sur perte liée à la jaunisse. Annoncé en février 2023 avant les semis de betterave, les modalités ont été annoncées en décembre durant la période de récolte pour indemnisation à l'été 2024. En fait le problème de mesures *ex ante* efficaces face à la réduction ou suppression de produits phytosanitaires est majeur mais reste entier actuellement[3].

Les évènements sanitaires touchent aussi les productions animales et induisent quant à elles des indemnisations de sinistre plus ou moins importantes en fonction notamment des décisions prises par les pouvoirs publics (zone d'abattage, durée de confinement, zonage de transport) : grippe aviaire (2020, 2006, 2003), fièvre catarrhale ovine (2017, 2006 et à nouveau en 2024).

Enfin, les crises de revenus agricoles sont liées aux évènements naturels mais aussi à des ruptures d'équilibre de marché fortuites. Par exemple, dans la filière porcine, des problèmes sanitaires dans un pays tiers peuvent pour partie expliquer des mouvements ultérieurs cycliques de prix et par suite de revenus agricoles alternant périodes fastes et de crises. Nous pouvons aussi évoquer la crise des fruits et légumes en 2011 en France liée aux conditions climatiques « trop » favorables qui ont induit une simultanéité de la production française et espagnole. Une offre excessive en début de campagne pénalise les prix et le revenu agricole sur l'ensemble de la campagne de commercialisation.

DES POLITIQUES PUBLIQUES FRANÇAISES DEPUIS LA NUIT DES TEMPS

Les États se sont dotés depuis la nuit des temps de moyens de gestion des stocks de produits agricoles afin d'éviter ou de limiter les épisodes de famine. Ils ont aussi développé des mesures de commerce international afin de limiter les effets des aléas naturels. L'État intervient en situation d'urgence. Louis XIV faisait venir des convois de blé de Baltique afin de nourrir son peuple les années de faible récolte. Mais la capacité ou non des Anglais et des Hollandais à s'accaparer les convois créait une volatilité élevée des prix domestiques du blé, sans commune mesure avec la volatilité actuelle des marchés mondiaux.

En France, les aides publiques de soutien au revenu agricole sont anciennes et nombreuses. Les aides à la stabilisation des prix et du revenu le sont tout autant avec des plans d'urgence qui se succèdent

3 Le cas de la cerise française et de la suppression du pesticide contre la mouche drosophile suzukii est similaire. Un fonds d'urgence d'indemnisation de 10 millions d'euros a été mis en place fin 2023.

sans relâche. Les lois françaises de 1928 puis de 1932 instituaient déjà une caisse de solidarité contre les calamités agricoles (gel, inondation, tempêtes) et une contribution de l'État aux primes d'assurance contre la grêle. Les lois prévoyaient aussi l'octroi de prêts spéciaux par le Crédit agricole en cas de sinistre avec des bonifications de taux d'intérêt. Le financement de ces lois était assuré par le budget de l'État et, plus tard, par une dotation de la Loterie nationale tout juste créée. La loi du 8 août 1950, dont certaines dispositions restent inscrites dans le Code Rural, est venue compléter les lois antérieures en créant des dispositions de garantie publique de prêts, de réduction fiscale sur les taxes foncières et d'allègement de charges. En août 1976, le gouvernement annonce une aide pour l'agriculture financée par une majoration exceptionnelle de l'impôt sur le revenu, « l'impôt sécheresse » bel exemple de solidarité nationale obligée. En avril 2021, trois jours après une vague de gel exceptionnel, l'État français élabore un plan de plus d'un milliard d'euros.

LES PLANS D'URGENCE SE SUCCÈDENT

Les « urgences » ont des origines variées. Sur les quatorze dernières années, et sans prétention d'exhaustivité, nous relevons seize actions des pouvoirs publics. Les productions végétales bénéficient d'aides principalement sur événement climatique tandis que les productions animales bénéficient plutôt d'aides liées à des déséquilibres de marché.

2007 – Intervention du Fonds d'Allègement des Charges (FAC) pour les viticulteurs et pour les agriculteurs touchés par les orages, tempêtes et excès d'eau du printemps-été.

2008 – « Plan de soutien aux éleveurs de porcs ». Prêts de consolidation pour les arboriculteurs et activation du FAC pour les serristes et les producteurs de mirabelle.

2009 – Aides d'urgence des entreprises fruitières et légumières en difficulté. Allègement des charges financières et reconstitution de fonds de roulement en faveur des exploitations laitières endettées. Prise en charge de cotisations sociales agricoles en conséquences de tempête.

2010 – « Plan de Soutien Exceptionnel à l'Agriculture » (dit PSEA) par prêts de consolidation et report d'annuités.

2011 – « Dispositif d'Accompagnement Spécifique des Agriculteurs » (DACS) pour 57 millions d'euros, 13 millions d'exonération de charges sociales versées à la MSA et 44 millions pour audits, prise en charge intérêts d'emprunt et aides à la reconversion. Plan spécifique d'action Fruits & Légumes pour répondre « à la détérioration de la consommation engendrée par la crise sanitaire exceptionnelle en Allemagne ».

2015 – « Plan de Soutien à l'élevage français », 57 millions d'euros pour les secteurs bovin et porcin : prise en charge d'intérêts d'emprunt et de coûts de garantie (proposés par BPI France et SIAGI)[4], de restructuration de la dette et des coûts liés à l'année blanche. Le plan inclut aussi 180 millions d'euros de baisse de cotisations sociales et 200 millions d'aides fiscales.

2016 – « Pacte de consolidation et de refinancement des exploitations agricoles » (PCREA) liée à la crise céréalière (330 millions de dégrèvements sur les taxes foncières. 400 millions d'augmentation des allègements de cotisations sociales y compris pour l'élevage).

2017 – Création d'un nouveau Fonds d'Allègement de Charges (FAC-5) pour financer l'aide à restructuration des prêts bancaires (consolidation ou réaménagement) et adaptations financières pour « année blanche ». Allègement accru de l'impôt sur le revenu par l'épargne de précaution (dotations pour investissement et aléas).

2020 – Plus de la moitié des céréaliers en perte après une moisson « catastrophique » selon l'AGPB (Association Générale des Producteurs de Blé) qui demande un plan d'urgence incluant une avance sur les aides directes de la PAC et la mobilisation « classique » des instruments de réductions de charges (fiscales, sociales et financières). Les garanties d'État ont été octroyées par BPI France et différentes mutuelles professionnelles.

2021 – Suite à l'épisode de gel du 6 au 8 avril sur dix régions métropolitaines, le premier Ministre annonce dès le 10 avril que « Tous les mécanismes de soutien seront activés sans délai (dégrèvement de taxe foncière, report ou annulation de charges) ». Il indique aussi qu'un dispositif supplémentaire sera mis en place avec un financement par la solidarité nationale (Ministère agriculture 2021). Fonds d'urgence betterave sur perte jaunisse.

---

4 La situation du financement de l'agriculture française a été récemment étudiée par la Banque Européenne d'Investissement (rapport fi-compass – 2020). Il y est présenté l'ensemble des mécanismes de garantie, les types de contrats ainsi que les principaux acteurs présents.

2022 – Fonds d'urgence grêle mis en place en septembre pour une aide de trésorerie forfaitaire. Plan de sauvegarde de la filière porcine en janvier

2023 – Pour faire face à une « succession des crises inflationniste, sanitaire et climatique (qui) ont frappé de plein fouet certains bassins viticoles », il est créé en septembre un fonds d'urgence au profit des viticulteurs. Il est créé un « filet de sécurité » pour indemniser les pertes liées à la jaunisse de la betterave sur récolte 2023. Il est enfin créé un fonds d'urgence en décembre afin d'aider les éleveurs et les maraichers du nord de la France à faire face aux conséquences économiques des inondations / coulées de boue de fin d'année (perte exploitation, fourrage) ainsi que des tempêtes Ciaran et Domingos début novembre (travaux reconstruction bâtiments).

2024 – Pour faire face à une crise agricole « sociale » multiforme en janvier, il est mis en place en urgence une série de mesures de facilitation administrative ainsi qu'une aide financière (suppression de la réduction de dégrèvement fiscal sur le gasoil non routier) et des aides spécifiques (aide d'urgence de 50 millions d'euros pour soutenir la filière bio, fonds d'urgence de 50 millions d'euros pour indemniser les pertes sanitaires animales).

Les plans se succèdent donc en mobilisant une panoplie d'instruments conçus depuis des décennies. L'*ex post* est ainsi inscrit dans la démarche « normale » des pouvoirs publics, activé par des organisations agricoles bien entraînées aussi.

UNE ÉVALUATION DE L'IMPORTANCE RELATIVE DES AIDES AGRICOLES *EX POST*

L'évaluation du montant des aides agricoles *ex post* n'est pas une tâche aisée. À notre connaissance, l'étude de leur efficacité microéconomique et macroéconomique n'a jamais été réalisée. Les documents fournis par le ministère de l'Agriculture, par la Cour des Comptes ou par les rapports annuels du Sénat sur les lois de finance ne fournissent pas a priori de données homogènes et il faut comprendre les subtilités d'attribution de lignes budgétaires pour tenter de les rendre homogènes, difficulté bien exposée par Séronie (2018). Jusqu'en 2015, les documents publics ne proposent que deux lignes relatives à la « Gestion des aléas de production et allègement des charges », la première sous le titre « FNGRA, bonification prêts calamités, FAC, Agridif[5]… » et la seconde sous le titre « Autres ». La figure 1 fournit une synthèse des dépenses budgétaires sur la période 2007-2015.

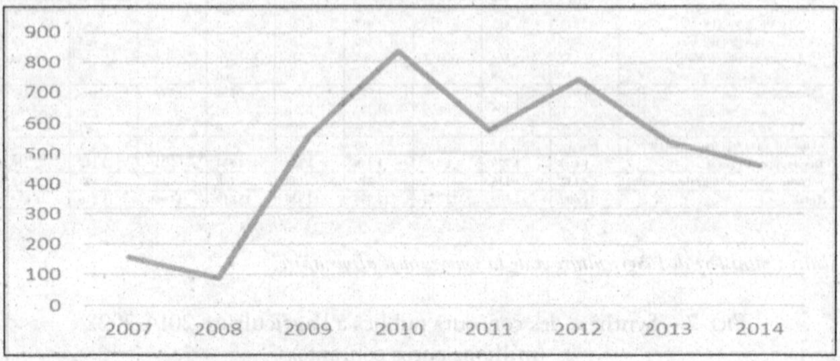

Source : rapports du Sénat sur lois de finance 2008-2015.

FIG. 1 – Dépenses budgétaires du titre « Gestion des aléas de production et allègement de charges » (en millions €).

Nous observons une croissance forte des dépenses budgétaires relatives à la gestion des aléas et des allègements de charges sans doute liée à une politique de soutien du revenu par des mesures pérennes. Mais l'ordre de grandeur de 500 à 800 millions d'euros de dépenses budgétaires présenté est faible par rapport à la réalité car il n'intègre que les dépenses du ministère de l'Agriculture.

Le document 2015 de la Commission des Comptes de l'Agriculture de la Nation fournit pour la première fois une présentation plus détaillée et plus complète des concours publics à l'agriculture en 2014 sur budgets national et communautaire en dissociant la gestion des aléas de production (calamités et assurance récolte) des allègements de charges, elles-mêmes distinguant les allègements sur charges fiscales, sociales et financières (FAC et restructuration de la dette). Il est apparu impossible d'étendre le Graphique 1 aux années post-2014 pour des problèmes d'homogénéité de données. La figure 2 est une synthèse des concours publics à l'agriculture sur budget national et communautaire sur la période 2014-2022.

5 Agridif, dispositif de diagnostic de l'exploitation et d'élaboration d'un plan de redressement.

	2014	2015	2016	2017	2018	2019	2020	2021	2022
Aides directes (avec aides couplées)	**7 334**	**6 743**	**7 078**	**6 933**	**8 116**	**7 158**	**6 993**	**6 883**	**7 019**
Aides de marché	**777**	**796**	**721**	**727**	**770**	**662**	**758**	**786**	**947**
Gestion des aléas de production	**92**	**143**	**204**	**135**	**260**	**270**	**317**	**541**	**373**
- Indemnités calamités agricoles	22	48	113	44	161	145	180	389	212
- Aides à l'assurance agricole	71	96	91	92	100	125	137	153	161
Aide de crises (covid, Ukraine, etc.)	**0**	**0**	**0**	**0**	**0**	**0**	**394**	**686**	**607**
Allègement de charges	**2 647**	**2 998**	**3 753**	**3 661**	**3 412**	**4 263**	**4 133**	**4 114**	**4 620**
- Fiscales	1 607	1 628	1 826	1 800	1 986	2 232	2 015	1 950	2 032
* TICPE et TICGN	843	852	923	1 017	1 069	nd	nd	nd	nd
* Taxe foncière non bâti	202	195	330	180	220	nd	nd	nd	nd
* Impôt revenu / Bénéfices	522	542	534	564	628	nd	nd	nd	nd
* Autres mesures fiscales	39	38	38	38	40	nd	nd	nd	nd
- Sociales	1 027	1 313	1 699	1 771	1 765	2 031	2 117	2 163	2 587
* Cotisation employeur	986	1 105	1 099	1 173	1 270	nd	nd	nd	nd
* Cotisations exploitants	41	208	600	598	495	nd	nd	nd	nd
- Financières (FAC, trésorerie, etc)	12	57	228	90	39	1	1	1	1
Développement rural	**1 600**	**1 729**	**1 416**	**1 498**	**2 231**	**2 544**	**2 227**	**2 143**	**2 210**
Sécurité sanitaire végétale/animale	**134**	**135**	**227**	**239**	**149**	**148**	**150**	**198**	**363**
Total	**12 600**	**12 509**	**13 356**	**12 988**	**14 920**	**15 019**	**14 960**	**15 336**	**16 147**

Source : ministère de l'Agriculture et de la souveraineté alimentaire.

FIG. 2 – Synthèse des concours publics à l'agriculture 2014-2022 (millions euros courants).

Les dépenses fiscales et sociales en faveur de l'agriculture ont un coût total de 4,6 milliards d'euros en 2022 (Agreste 2023). Elles recouvrent d'abord des mesures purement de soutien au revenu par réduction de valeur des charges de production (2 milliards €) comme le taux réduit et le remboursement d'une partie de la taxe de consommation intérieure sur les produits énergétiques appliquée au gazole, l'exonération partielle des parts communales de taxes foncières sur les propriétés non bâties en faveur des terres agricoles mais aussi en mesures de stabilisation du revenu comme des dégrèvements de taxes foncières en raison de pertes de récolte. Le commentaire du dossier Agreste 2023 stipule que l'augmentation de 510 millions d'euros est dû à des allègements supplémentaires de charges fiscales et sociales liés aux évènements climatiques et internationaux. Le total des aides publiques à l'agriculture est estimé à 16 milliards d'euros en 2022, dont 7 milliards en aides au revenu agricole (aides directes sans considération au risque porté par les agriculteurs[6]). Les aides directes (soutien au revenu financé sur budget

6 Il a été longtemps soutenu par la Commission Européenne que les aides directes étaient un instrument de gestion du risque sur le revenu agricole. Les aides directes réduisent le coefficient de variation du revenu agricole en augmentant le dénominateur de ce coefficient (le revenu moyen) mais sans changer le numérateur (l'écart-type du revenu donc le risque). Il s'agit donc d'un effet richesse qui peut au contraire favoriser la prise de risque de l'agriculteur grâce à un revenu certain.

européen) et aides de marché portent sur 8 milliards (66 %), les allègements de charges sur budget national pour 4 milliards (33 %) et les subventions aux primes d'assurance rendement pour 0,1 milliard (1 %).

Cependant, il est toujours difficile de distinguer dans les statistiques publiques les aides pérennes (mais variables) des aides exceptionnelles liées à des évènements naturels et/ou des crises de marché. Quelques années de « crise climatique » peuvent cependant être analysées.

En 2016, année particulièrement affectée par des évènements climatiques défavorables, excès d'eau, de la grêle, du gel et de défaut de lumière sur céréales, le Tableau 1 montre une augmentation de 135 millions d'euros par rapport à 2015 du dégrèvement de taxe foncière, charge fiscale, ainsi qu'une augmentation du dégrèvement de charges sociales « exploitant » de 392 millions d'euros. La dépense publique exceptionnelle sur crise 2016 peut donc être estimée à 527 millions d'euros. De même en 2019, année climatique difficile, les augmentations de dégrèvement sont respectivement de 273 et 261 millions d'euros pour les charges fiscales et sociales.

Il faudrait ajouter à ces mesures la recapitalisation suivant besoin du Fonds National de Gestion des Risques Agricoles (FNGRA)[7], qui peut être considérée comme une mesure *ex ante* selon son principe de financement (abondement à 50/50 avec les contributions additionnelles sur primes d'assurances agricoles) mais qui est en fait une mesure *ex post* dans la pratique de financement post-sinistre climatique. Les contributions budgétaires au FNGRA sont aléatoires car fonction des évènements naturels et de besoins de recapitalisation (2012 et 2016), voire de prélèvements publics.

La mesure publique *ex ante* la plus importante correspond aux subventions de primes des contrats d'assurance récolte. Cette subvention a été d'abord financée sur budget national puis a fait l'objet d'un financement sur pilier 1 de la PAC à partir de 2009[8] avant un cofinancement sur pilier 2 (FEADER) à partir de 2014[9]. Les aides à l'assurance récolte ont progressé ces dernières années de 20 millions d'euros en 2012 à plus de 100 millions en 2019 pour atteindre 160 millions en 2022. La réforme de l'assurance agricole mise en place début 2023 prévoit un

7 Le FNGRA a succédé en 2010 au Fonds National de Gestion des Calamités Agricoles (FNGCA), créé en 1960. Les assureurs ont en effet élargi leurs contrats agricoles, grêle et le gel, vers un ensemble de risques climatiques.

8 Selon Article 68 du règlement (CE) n° 73/2009.

9 Selon Article 48 du règlement (CE) n° 1305/2013.

financement potentiel augmenté jusqu'à 680 millions d'euros par an grâce à de nouvelles ressources (e.g. augmentation des taxes sur contrats agricoles, solidarité nationale).

Il faut constater que les subventions aux primes d'assurance sont permanentes mais plafonnent à un niveau relativement faible par rapport aux dotations financières exceptionnelles, y compris FNGRA, liées aux évènements climatiques, sanitaires ou de crises économiques. Ce niveau de financement correspondait à la planification de dépenses de la France sur le FEDAER pour la période 2014-2020[10] au regard du faible taux de diffusion de l'assurance récolte chez les agriculteurs (diffusion maximale à 30 % environ pour grandes cultures et viticulture mais seulement 3 % en arboriculture). La loi 2022 de réforme de l'assurance agricole appliquée début 2023 a modifié sensiblement les conditions de fonctionnement des contrats (réduction de franchises augmentation des taux de subvention en particulier) et augmenté fortement les moyens de financement des subventions aux primes. La réforme a déjà induit en 2023 une augmentation sensible du taux de couverture pour les secteurs à faible taux, notamment augmentation de 3 à 9 % de couverture en arboriculture ou encore de 1 à 11 % pour l'assurance indicielle « prairie ».

Cependant, cette amélioration de couverture doit être suivie techniquement et financièrement pour valider la pertinence de la réforme. Les estimations budgétaires indiquent un ordre de grandeur de 1 à 10 du besoin de subventions aux assurances[11]. Autrement dit le niveau 2022 de 160 millions d'euros de subvention, augmenté par différentes mesures à 680 millions d'euros à partir de 2023 pourrait augmenter au-delà du milliard d'euros, ce qui nécessiterait soit une augmentation sensible du budget agricole européen soit une réorientation forte des aides directes au revenu vers une dotation aux assurances, soit enfin plus de recours à la solidarité nationale, comme présenté dans le dernier rapport parlementaire (Descrozaille 2021) sur le sujet. Une clause de revoyure

10 Un stabilisateur budgétaire a d'abord été mis en place fin 2013 induisant un aléa sur le taux de subvention et bloquant la progression des surfaces assurées les années suivantes. Un système à double taux de subvention a été mis en place ensuite afin de réduire la valeur des capitaux assurés et limiter le besoin de subvention totale de la ferme France.

11 Différentes estimations ont été proposées avec des hypothèses variées sur les taux de couverture par production. L'ordre de grandeur du besoin de subvention converge. Les derniers chiffres proposés proviennent du rapport Descrozaille (2021), en particulier de son annexe 12 « Note du Crédit Agricole Pacifica » (p. 181) et annexe 13 « Note de DiagoRisk » (p. 186).

est d'ailleurs prévue dans la loi de 2022 afin de prendre en compte le dépassement financier requis par des évènements climatiques extrêmes.

CONCLUSION AU CHAPITRE

Selon les éléments de théorie économique, l'éviction des mesures privées de gestion du risque *ex ante* est fortement probable lorsque les mesures publiques *ex post* dominent. C'est le dilemme du Samaritain appliqué à l'agriculture. En France, depuis de nombreuses années, les mesures *ex post* de stabilisation du revenu face aux risques naturels et aux déséquilibres récurrents de marché, appelés crises, sont dominantes par rapport aux mesures *ex ante*. La domination porte sur le nombre de mesures mais surtout sur les montants budgétaires alloués. Il a été aussi montré que les aides *ex post* portent plutôt sur les allègements de charges que sur les compensations de pertes de production.

Si la volatilité des revenus agricoles augmente bien avec l'augmentation des aléas exogènes et endogènes (Ecorys 2017), la stratégie d'usage des instruments *ex post* pourrait devenir plus coûteuse budgétairement et moins efficace. L'augmentation nécessaire des allègements divers de charges pourrait ne pas compenser les pertes de compétitivité. À la lumière des travaux d'Alston (2018) quantifiant l'efficacité des aides de long terme aux investissements relativement à l'efficacité des aides de court terme aux revenus agricoles, le cercle vicieux de l'augmentation des aides *ex post* aux aléas de production et des crises pour compenser une compétitivité relative décroissante devrait être cassé.

La complétude des marchés de gestion de aléas est requise. La numérisation des marchés et les technologies de l'information vont modifier la réalité pratique de cette complétude. Le secteur privé doit alors développer les instruments *ex ante* avec, selon les cas, l'appui technique et financier de l'État. La culture générale de la gestion des aléas doit être intégrée au comportement des acteurs de marché, au niveau agricole mais également et de manière plus globale dans l'ensemble des filières agroalimentaires. La formation doit être initiée au plus tôt pour les cadres des entreprises concernées.

Ces recommandations sur la formation, l'investissement dans des équipements de prévention sont d'ailleurs au cœur du rapport du député Descrozaille pour une refonte du système français de gestion des risques de production agricole (Descrozaille, 2021). Outre de nouvelles modalités de gestion de l'eau agricole face aux sécheresses, ce rapport inclut aussi des ajustements pour stimuler le développement de l'assurance récolte : avantage fiscal indirect renforcé par un adossement à la Dotation à l'Épargne de Précaution, augmentation des subventions de primes permise par le règlement Omnibus, nouvelle règle de déclenchement du régime des calamités agricoles (proche de la proposition de Babcock, 2012 pour les États-Unis, cf infra). La loi de mars 2022, dont l'application a débuté en janvier 2023, dérive directement de ce rapport. Elle prévoit un financement du système assurantiel (subvention aux primes, compensation des assureurs pour la gestion des « non-assurés » et création d'un fonds de solidarité nationale) par une augmentation des taux de cotisation « catastrophique » des contrats d'assurance aux biens agricoles, une dotation maintenue de la dotation FEADER et par une contribution selon besoin du fonds de solidarité nationale par une fiscalité environnementale. La loi demande aussi la création d'un pool de co-réassurance dont la perspective de bénéfices est intéressante : (1) réduction de la prime pure de risque de la ferme France par mise en commun du calcul actuariel sur contrats MRC courants, associée à une mutualisation étendue, et innovation actuarielle sur nouveaux contrats MRC, éventuellement sanitaires et (2) réduction du coût de la réassurance « externe » traditionnelle par agrégation du risque national ou mise en place d'une réassurance alternative au niveau national.

Le financement du nouveau système assurantiel et de la garantie publique sur évènements climatiques extrêmes (plus de 50 % de perte de production) semble toutefois limité compte tenu des effets prévisibles du changement climatique et reste un sujet ouvert et perfectible. D'autres pistes de financement doivent être réfléchies. Notamment le plan d'urgence consécutif au gel d'avril 2021 suggère d'indemniser des entreprises de la transformation/distribution qui seraient impactées par un moindre volume d'activité. Subissant les conséquences des aléas climatiques ou sanitaires, le rôle potentiel des acteurs de l'aval dans la gestion des risques agricoles mérite donc d'être étudié[12].

12 Gohin (2012) allait même plus loin en incluant aussi les acteurs de l'amont, tout particulièrement les propriétaires du foncier agricole.

Ces conséquences sur l'aval de la filière sont d'ailleurs majeures dans le cas de la filière betterave sucrière. La crise de la betterave sucrière de 2020, doublée d'un sinistre climatique en 2021, semble annoncer de l'innovation dans l'aide publique à la gestion du risque sur le revenu agricole. Un plan national de recherche et d'innovation (PNRI) sur trois ans accompagnait l'autorisation temporaire d'usage des néonicotinoïdes, depuis suspendue, afin de trouver des « solutions opérationnelles » de gestion du risque sanitaire de la jaunisse. La recherche publique et privée est lancée dans de multiples directions, y compris dans une dimension financière pour la gestion du risque extrême de rendement (assurances, fonds mutuel, titrisation).

Sur le principe, l'innovation financière attendue du PNRI est majeure car elle viendra compléter la boîte à outils *ex ante* de la gestion du risque sanitaire sur le revenu agricole au moment où la société française met en question l'usage des pesticides (après celui des antibiotiques) pour la santé des citoyens et la conservation de la biodiversité.

L'histoire du secteur des grandes cultures témoigne du possible succès de l'innovation financière. En effet, le secteur des grandes cultures a réussi une avancée suite à la réforme de la PAC en 1992. Face à la volatilité croissante des prix des oléagineux puis des céréales résultant de la mise en œuvre pratique de la réforme, les associations professionnelles du secteur ont souhaité la création de contrats à terme par le MATIF pour le colza en 1994 puis en 1996 pour le blé et 1999 pour le maïs. Bégué-Turon *et al.* (2017) montrent comment les acteurs des filières ont développé des contrats à prix ferme dérivés des prix à terme et comment le marché de gré à gré s'est développé pour atteindre en vingt ans un degré de maturité quasi compatible avec des pays très orienté vers les marchés financiers comme les États-Unis. Bagnarosa et Gohin (2019) montrent également le développement permanent des contrats financiers tout au sein même des filières avec l'usage de technologies modernes pour l'analyse de bases de données et le traitement de l'information. Ces techniques intègrent ainsi la nouvelle financiarisation des marchés par les fonds d'investissement indiciels qui ont drainé beaucoup d'investisseurs vers les produits agricoles (Cordier et Gohin 2014).

D'autres secteurs s'adaptent également à la volatilité des marchés. Le secteur sucrier dispose depuis longtemps de contrats à terme sur le sucre, à Londres et à New York, mais évoluait il y a encore quelques années dans le régime des quotas de betterave sucrière. À la suite de la suppression des quotas en 2017 et à la chute des prix en 2018, les premiers contrats de production indexés sur le prix à terme sont actuellement initiés à la demande des planteurs, induisant une évolution nécessaire du marché de gré à gré. Le secteur laitier se trouve également exposé à de fortes fluctuations des prix de marché depuis la suppression des quotas laitiers en 2015. Son adaptation prend des formes plus complexes que celles du secteur végétal car le lait se valorise en de multiples produits sur des marchés industriels et de consommation aux comportements très distincts.

Pour absorber le risque naturel croissant ainsi que les déséquilibres de marché plus fréquents et plus forts, l'innovation sur les instruments de gestion du risque *ex ante* est fondamentale. Elle est d'ores et déjà présente. Les contrats à prime annuels se sophistiquent, les contrats pluri-annuels de stabilisation des prix et des marges sont développés par des entreprises leader dans leur filière. Mais le rôle de l'État est crucial pour le support au développement technique et organisationnel des instruments *ex ante*. Ce rôle doit s'envisager dans une optique de long terme de création de nouveaux marchés contingents du risque et dépasser une vision de court terme l'exposant inéluctablement au dilemme du Samaritain[13].

La recherche en la matière est donc indispensable, tournée vers les entreprises mais aussi, et de façon conjointe, vers les politiques publiques. L'accès aux données microéconomiques pour évaluer leur efficacité est un préalable à une recherche appliquée. Ces données font défaut aujourd'hui, d'où l'absence d'évaluation dans cet article. En termes microéconomiques, elle devra porter *a minima* sur la modélisation du rôle de la technologie dans la gestion des risques de production (combinaison d'inputs favorisant la production en moyenne et diminuant sa sensibilité aux aléas naturels), du comportement des prix et des marchés agricoles dans leur nouvel environnement financier mondial, sur le traitement de l'information numérisée pour la caractérisation, la prévision et la

13 La possible éligibilité aux calamités pour les secteurs de la betterave et du colza suite au gel d'avril 2021 alors que ces secteurs sont couverts par l'assurance récolte multirisques climatiques illustre à nouveau ce dilemme. Pour atténuer cet effet, le plan en cours de finalisation à la date d'écriture de cet article prévoit un dispositif de soutien aux assurés afin d'éviter que les indemnisations versées aux non-assurés ne dés-incitent à la souscription d'assurance.

gestion du risque ou encore sur l'amélioration de l'efficacité des contrats d'assurance et les méthodes de titrisation du risque agricole. En termes macroéconomiques, les modèles d'action des pouvoirs publics doivent être évalués et sans doute révisés. Le travail de Gohin (2019) sur le bénéfice net des assurances agricoles sur le bien être national appliqué au cas américain est un exemple. L'absence du risque dans les modèles d'analyse de la Commission Européenne pour les réformes de la PAC en est un contre-exemple (Gohin et Zheng, 2020). Les aides publiques à l'agriculture en seraient probablement bouleversées, avec des transferts importants d'une aide statique au revenu agricole, sans succès envisageable, vers des aides dynamiques aux instruments de stabilisation de ce dernier et des soutiens au titre des multiples enjeux environnementaux.

Guillaume BAGNAROSA
Rennes School of Business

Jean CORDIER
Institut Agro Rennes-Angers
Académie d'Agriculture de France

Alexandre GOHIN
INRAE

LA QUESTION DE LA RÉPARTITION DE LA VALEUR AJOUTÉE ENTRE L'AGRICULTURE ET LES AUTRES ACTIVITÉS DE LA CHAÎNE AGROALIMENTAIRE

Le cas français

La consommation alimentaire des ménages français s'est élevée à 252 milliards d'euros en 2020, en incluant les services de restauration (INSEE, 2021)[1]. L'agriculture, par ses productions, contribue à répondre à cette *demande finale*[2] avec d'autres activités productives, dont les industries et le commerce alimentaires, et des industries ou services qui sont éloignés du périmètre habituel de l'analyse ou du cadre institutionnel des filières agroalimentaires : agrofourniture, énergie, logistique et transport, publicité et *marketing*, services financiers, services de contrôle sanitaire, administration, etc. Ainsi, la satisfaction de la demande finale d'un produit entraîne une série de *productions nécessaires* : évidemment celles du produit objet de la demande finale et de ses matières premières mais aussi celles de tous les biens et services utilisés en consommation intermédiaire dans toutes les branches contributrices. Comme toute *demande finale*, les dépenses alimentaires se répartissent dans ces branches en *valeurs ajoutées*, qui sont les rémunérations des facteurs primaires (travail et capital) mobilisés pour produire les *productions nécessaires*. Se pose alors la question du partage

1 Notons qu'il ne s'agit que de la consommation de produits et services alimentaires par les *ménages* résidents, qui exclut donc les dépenses de restauration dans le cadre des activités des entreprises (repas d'affaires), classées par les comptables nationaux comme consommation intermédiaire, ainsi que la consommation alimentaire lorsqu'elle est indissociable de celles de certains services (santé, enseignement…), classée alors dans la consommation desdits services.

2 La comptabilité nationale désigne par « demande finale » toute utilisation d'un produit autre que sa destruction complète, ou sa transformation, dans un cycle annuel de production (consommation intermédiaire) ; la demande finale d'un produit recouvre donc la consommation finale de ce produit (par exemple, consommation alimentaire des ménages), son exportation et son utilisation en formation brute de capital (immobilisation en investissement ou stockage).

des 252 milliards d'euros de dépense alimentaire entre ces branches, et particulièrement, de la part de l'agriculture dans cette répartition.

Nous répondons à cette question en nous fondant sur l'approche développée en France par *l'Observatoire de la formation des prix et des marges des produits alimentaires* (OFPM, 2022) sous l'intitulé d'*euro alimentaire* et nous présentons les mesures de politique économique intervenant dans cette répartition. L'analyse se limite à la France, sous la contrainte de la disponibilité des données, évoquée plus loin (Encadré 1).

LA PART DE L'AGRICULTURE DANS LA RÉPARTITION DES DEMANDES FINALES EN VALEURS AJOUTÉES
Méthode et résultats

LE PRINCIPE DES CALCULS : UNE DÉCLINAISON DES ÉQUILIBRES COMPTABLES MACROÉCONOMIQUES DES TABLEAUX ENTRÉES-SORTIES

La méthode s'inspire du « food dollar » du service de recherche économique du Département de l'Agriculture des États-Unis (Canning, 2011) et consiste en une application des calculs sur *tableaux entrées-sorties* (TES) du modèle de Wassily Leontief (Leontief, 1966). Elle a été décrite et mobilisée dans divers travaux (Rastoin, Ghersi, 2010) (Boyer, Butault, 2014) (Boyer, 2021) (OFPM, 2022). Les calculs, que nous n'exposerons pas, aboutissent à la répartition entre les branches, dont l'agriculture, des valeurs ajoutées induites par les différentes demandes finales en différents produits : consommation alimentaire, exportation de produits agroalimentaires, investissement en biens agroalimentaires ou toute autre demande finale. Nous n'étudions ici que la répartition de la principale demande finale en termes de valeur ajoutée induite en agriculture : la consommation alimentaire.

La source principale des calculs est le *TES symétrique des produits domestiques au prix de base* (Eurostat, 2008), présenté en version condensée sur la figure 1. Il répartit l'utilisation de chaque produit domestique (en ligne) entre ses différentes utilisations (en colonne) : consommation intermédiaire par les différentes branches, demandes finales dont consommation finale, exportation et investissement ou stockage. Chaque branche de ce TES est « pure », définie par la production d'un seul produit, les consommations intermédiaires de chaque branche donnent donc la composition de son produit en différents produits domestiques. Les productions et leurs utilisations sont au *prix de base*, *i.e.* le montant que le producteur reçoit de l'acheteur, diminué des impôts sur le produit dont s'acquitte le producteur et augmenté des subventions sur le produit qu'il reçoit[3]. Le tableau est dit symétrique car ainsi, pour chaque produit, le montant de la ressource domestique, c'est-à dire la production de la branche, est égal au montant de ses utilisations : consommation intermédiaire par les différentes branches et demande finale.

France Année : 2020 Unité : 10^9 € courants	Agriculture (a)	Industries agroalimentaires (b)	Restauration	Commerce et transport	Autres industries et services	Total	Consommation finale	Autres demandes finales	Total demande finale	Total utilisations
Agriculture (a)	13,0	43,2	1,2	0,0	0,7	58,1	11,0	13,9	24,8	82,9
Industries agroalimentaires (b)	6,0	18,9	13,2	2,1	11,6	51,8	83,1	37,5	120,6	172,3
Restauration (c)	0,0	0,2	0,6	4,9	10,6	16,4	49,4	0,0	49,4	65,8
Commerce et transport	4,7	15,1	4,9	88,6	120,6	234,0	235,8	139,8	375,6	609,6
Autres industries et services	13,5	27,5	7,8	157,2	940,4	1 146,4	1 144,2	810,9	1 955,1	3 101,5
Total aux prix de base	37,3	105,0	27,7	252,8	1 083,8	1 506,7	1 523,4	1 002,1	2 525,6	4 032,2
Importations	10,6	19,1	5,6	55,3	307,3	397,9	142,9	122,8	265,7	663,6
Taxes	2,1	2,2	1,0	13,1	65,9	84,4	150,4	39,7	190,1	274,6
Total au prix d'acquisition	50,0	126,3	34,3	321,2	1 457,0	1 989,0	1 816,7	1 164,7	2 981,4	4 970,4
Valeur ajoutée au prix de base	32,9	46,0	31,5	288,4	1 644,5	2 043,3				
Production au prix de base	82,9	172,3	65,8	609,6	3 101,5	4 032,2				

Source : Eurostat, INSEE.
(a) y compris pêche et aquaculture (montant faible) ; (b) industries alimentaires, fabrication de boissons, fabrications de produits du tabac. (c) : biens et services produits par la restauration (sur place ou livrés aux consommateurs) notamment à partir de consommations intermédiaires de produits agricoles et des industries alimentaires.

FIG. 1 – Tableau entrées-sorties symétrique des produits domestiques aux prix de base sans subventions aux produits (version condensée).

3 Pour les calculs, ces subventions ont été préalablement retirées des valeurs au prix de base du TES car elles ne constituent pas une dépense des acheteurs des produits ; dans tout ce qui suit, « prix de base » signifiera en fait « prix de base hors subventions au produit ».

Ce TES permet de calculer la « *production nécessaire* » de chaque branche pour la demande finale de chaque produit, dont sa consommation finale au prix de base[4]. Nous désignons par *valeur ajoutée intérieure* d'une branche, la différence entre sa production et sa consommation intermédiaire en produits domestiques au prix de base : le TES présente l'égalité entre la *valeur ajoutée intérieure* totale toutes branches (4 032,2 – 1 506,7 = 2 525,6 sur la figure 1) et la demande finale totale tous produits (2 525,6 sur la figure 1). En appliquant aux *productions nécessaires* les taux de valeur ajoutée intérieure des branches (calculables sur le TES), cette égalité globale se décline pour les demandes finales de chaque produit, dont sa consommation finale au prix de base, qui s'exprime alors sous la forme de la somme des valeurs ajoutées intérieures qu'elle induit dans les différentes branches. Le TES fournit les structures des valeurs ajoutées intérieures des branches en valeur ajoutée (proprement dite), consommation intermédiaire importée et taxes sur consommation intermédiaire : en appliquant ces structures aux valeurs ajoutées intérieures induites dans les différentes branches par les consommations finales, nous obtenons leur répartition en valeurs ajoutées, consommation intermédiaire importée et taxes sur consommation intermédiaire. À ce stade, cette répartition porte sur des consommations finales au prix de base, donc avant marges de commerce et de transport et hors taxes de consommation finale (TVA, accises). Les comptes nationaux fournissent ces taxes et ces marges.

Ces marges sont une consommation finale de services de commerce et de transport, donc elles induisent également des valeurs ajoutées, consommation intermédiaire importée et taxes sur la consommation intermédiaire. Ces composantes des marges sont calculées selon le principe exposé plus haut, et ajoutées membre à membre à la répartition des consommations finales au prix de base. Enfin, les comptes nationaux fournissent les importations par produit et par utilisation, dont celles qui s'ajoutent à la consommation finale de produits domestiques.

---

4 Selon l'égalité établie par Leontief : $[^{PDFd}]$ la matrice carrée des productions des branches en ligne nécessaires pour les demandes finales de produits domestiques en colonne au prix de base est donnée par le produit matriciel $[^{pDFd}] = [I - A_d]^{-1} \times [DFd]$ avec A_d : matrice carrée des coefficients de consommations intermédiaires au prix de base en produit domestique en ligne pour la production des branches en colonnes ; I : matrice identité et $[DFd]$: matrice carrée diagonale des demandes finales de produits domestiques.

La consommation finale de chaque produit, au prix d'acquisition, est donc décomposable en valeurs ajoutées, consommation intermédiaire importée, importation finale et taxes. À noter que les mêmes calculs permettraient de décomposer de la même façon les autres demandes finales (exportation, investissement).

Adaptation à la décomposition de la consommation alimentaire

La consommation alimentaire, principale demande finale adressée à l'agriculture, est contenue dans la consommation finale, via le commerce de détail, de produits de l'agriculture et des industries alimentaires et dans la consommation finale de services de restauration. Les calculs sur TES permettent donc de décomposer ces consommations finales de biens et services agroalimentaires. Mais leur total est supérieur à la *consommation alimentaire* enregistrée dans les comptes nationaux, du fait qu'il comprend des achats non destinés à l'alimentation humaine : fleurs, plantes et animaux de compagnie s'agissant des produits agricoles, produits du tabac et aliments pour animaux de compagnie s'agissant des produits des industries agroalimentaires. Des corrections sont donc apportées à la décomposition de la consommation finale de produits de l'agriculture et à celle industries agroalimentaires issues des calculs évoqués précédemment. On obtient finalement le résultat présenté dans la figure 2 :

France Année : 2020 Unité : 10^6 € courants	Consommation alimentaire de produits hors restauration et de service de restauration					
	Produits de l'agriculture (a)	Produits de la pêche et de l'aquaculture (a)	Produits des industries agroalimentaires (a)	Total hors restauration (a)	Consommation alimentaire en restauration (b)	Total restauration incluse
Valeurs ajoutées induites par branche :						
Agriculture	4 263	3	10 867	15 134	1 624	16 757
Pêche et aquaculture	2	187	137	326	122	448
Industries agroalimentaires	275	7	24 334	24 616	3 054	27 670
Autres industries	1 005	71	5 786	6 861	1 297	8 158
Restauration	87	8	452	548	23 488	24 035
Commerce	8 431	814	33 382	42 628	2 015	44 642
Autres services	3 821	366	24 588	28 775	7 403	36 178
Total valeur ajoutée induite	**17 885**	**1 456**	**99 546**	**118 887**	**39 004**	**157 891**
Importations intermédiaires	*3 788*	*324*	*25 186*	*29 299*	*7 879*	*37 178*
Importations finales	*6 516*	*496*	*22 703*	*29 715*	*0*	*29 715*
Importations totales	***10 305***	***820***	***47 890***	***59 014***	***7 879***	***66 893***
Taxes	*2 249*	*177*	*19 132*	*21 558*	*5 469*	*27 027*
Consommation alimentaire des ménages	**30 439**	**2 453**	**166 568**	**199 459**	**52 351**	**251 811**

Source : calculs auteur d'après Eurostat et INSEE.
(a) Produits alimentaires bruts (agricoles) ou transformés (par les industries agroalimentaires et des boissons) consommés via le commerce de détail alimentaire. (b) : produits alimentaires consommés en restauration, hors domicile ou livrée à domicile, incluant le service fourni.

FIG. 2 – Décomposition de la consommation alimentaire en valeurs ajoutées, importations et taxes.

Des calculs réciproques de ceux exposés précédemment permettent de décomposer la valeur ajoutée de chaque branche en valeurs ajoutées induites par les différentes demandes finales en différents produits. Le paragraphe suivant présente le résultat de ces calculs appliqués à la branche agricole, mettant en évidence le poids de la consommation alimentaire dans la formation de la valeur ajoutée de cette branche.

La formation de la valeur ajoutée de la branche agricole par les différentes demandes finales

En 2020, la valeur ajoutée brute de la branche agricole se décompose comme suit, en termes de contributions des demandes finales (figure 3)[5]. La consommation alimentaire restauration incluse contribue pour 52 % à la valeur ajoutée brute de la branche, dont le tiers provient des exportations agroalimentaires (produits agricoles et des industries agroalimentaires). La formation brute de capital en biens agroalimentaires recouvre le stockage de ces produits et leur immobilisation (plantations pérennes, par exemple) et contribue pour 4 % à la valeur ajoutée agricole. 12 % provient des « autres demandes finales », qui portent sur des produits autres qu'agroalimentaires incorporant des consommations intermédiaires d'origine agricole, par exemple : produits biosourcés (dont biocarburants) et biens et services incorporant de tels produits. Les contributions des demandes finales à la valeur ajoutée hors subventions sont identiques à leurs contributions à la production hors subventions. La figure 3 pourrait être réalisé en incluant les subventions : il porterait alors sur la valeur ajoutée « au coût des facteurs », dans laquelle les subventions représentent 20 %.

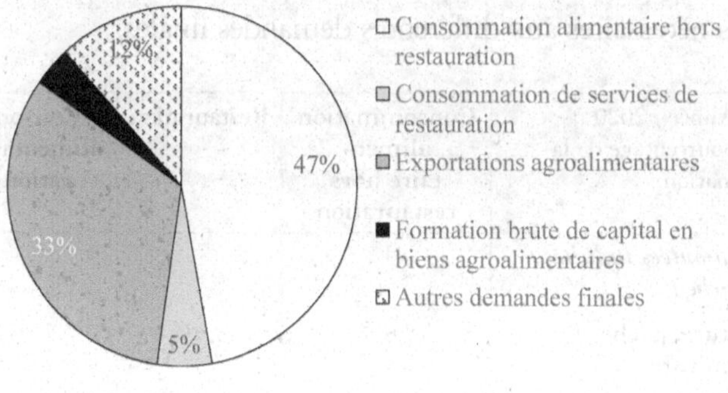

France. Année : 2020. Unité : pourcentage de la valeur ajoutée brute hors subventions.
Source : calculs auteur d'après Eurostat et INSEE.

FIG. 3 – Contributions des demandes finales
à la valeur ajoutée brute hors subventions de la branche agricole.

5 Production moins consommation intermédiaire ; « brute » car compte non tenu de la consommation de capital fixe.

LA PART RELATIVEMENT FAIBLE ET TENDANCIELLEMENT DÉCROISSANTE DE L'AGRICULTURE DANS LE PARTAGE DE « L'EURO ALIMENTAIRE » DU CONSOMMATEUR

En 2020, l'agriculture a reçu un peu plus du dixième de la valeur ajoutée induite par la consommation alimentaire. La figure 4 résume, en pourcentages, les résultats de la figure 2. La valeur ajoutée induite dans la branche agricole par la consommation alimentaire ne représente que 6,6 % (plus 0,2 % pour la pêche et l'aquaculture) de la dépense alimentaire nationale et 11 % de la valeur ajoutée induite dans toutes les branches (6,6/62,7). Le poids des importations est élevé, représentant plus du quart de la dépense alimentaire. La part importante du commerce et des services est révélatrice de modes de consommation portant sur des produits éloignés de leur origine agroindustrielle ; elle traduit l'incorporation, dans la valeur de l'alimentation, de divers services intervenant dans la mise à disposition des produits (logistique, réseau commercial) et censés l'optimiser (publicité et *marketing*) ou la sécuriser (contrôles sanitaires, assurances). Ces activités recouvrent de nombreux emplois et une partie de la valeur ajoutée qu'elles dégagent est allouée à leur rémunération. La figure 5 présente les emplois induits par la consommation alimentaire, calculés en répartissant l'emploi de chaque branche au prorata des productions nécessaires aux différentes demandes finales.

France. Année : 2020 Unité : pourcentage de la consommation.	**Consommation alimentaire hors restauration**	**Restauration**	**Consommation alimentaire restauration incluse**
Valeurs ajoutées induites par branche :			
Agriculture, pêche et aquaculture	7,8 %	3,3 %	6,8 %
Industries agroalimentaires	12,3 %	5,8 %	11,0 %
Restauration	0,3 %	44,9 %	9,5 %
Autres industries	3,4 %	2,5 %	3,2 %
Commerce	21,4 %	3,8 %	17,7 %
Autres services	14,4 %	14,1 %	14,4 %
Total valeur ajoutée	**59,6 %**	**74,5 %**	**62,7 %**

Consommations intermédiaires importées	14,7 %	15,0 %	14,8 %
Importations alimentaires (finales)	14,9 %	0,0 % (*)	11,8 %
Taxes	10,8 %	10,4 %	10,7 %
Consommation effective des ménages	**100,0 %**	**100,0 %**	**100,0 %**

(*) il n'y a pas d'importations finales de services de restauration, ces services étant exclusivement produits par des entreprises domestiques (mais qui importent des consommations intermédiaires).
Source : calculs auteur d'après Eurostat.

FIG. 4 – Parts des valeurs ajoutées, importations et taxes en valeurs ajoutées dans la consommation alimentaire.

L'excédent brut d'exploitation étant, dans les données disponibles, confondu avec le revenu mixte brut des entreprises individuelles (en agriculture notamment), on ne peut pas poursuivre l'analyse jusqu'à la répartition de la dépense alimentaire entre rémunération du travail (salarié et non salarié) et rémunération du capital, dans laquelle il serait alors pertinent de distinguer le « coût du capital et son surcoût » (Cordonnier *et al.*, 2013), autrement dit la rémunération normale des investisseurs, et les rentes obtenues notamment du fait de *pouvoirs de marché* ou de *puissance d'achat* favorisés par les *structures de marché* (oligopoles, oligopsones). La figure 6 présente l'évolution des composantes de la consommation alimentaire en valeurs ajoutées et importations sur 1999-2020 (non représentées, les taxes évoluent peu, restant de l'ordre de 10 %). On note que la part de l'agriculture dans la valeur ajoutée induite par la consommation alimentaire diminue. Du fait des changements de base des comptes nationaux, les résultats présentent deux ruptures de séries (en 2005 et en 2010), autorisant cependant des comparaisons sur le sens des évolutions. Sur toute la période, la hiérarchie de ces différentes composantes est assez stable. On note la part toujours relativement faible de la valeur ajoutée induite dans l'agriculture, le poids toujours élevé et croissant des importations, entraînant la tendance à la baisse des parts de valeurs ajoutées dans toutes les branches. La part de l'agriculture présente cependant des évolutions contrastées : jusqu'en 2005, nous observons une baisse presque régulière, sous l'effet de celle des prix agricoles induite par les réformes de la Politique agricole commune (PAC) qui ont diminué le soutien de ces prix en les rapprochant des cours mondiaux.

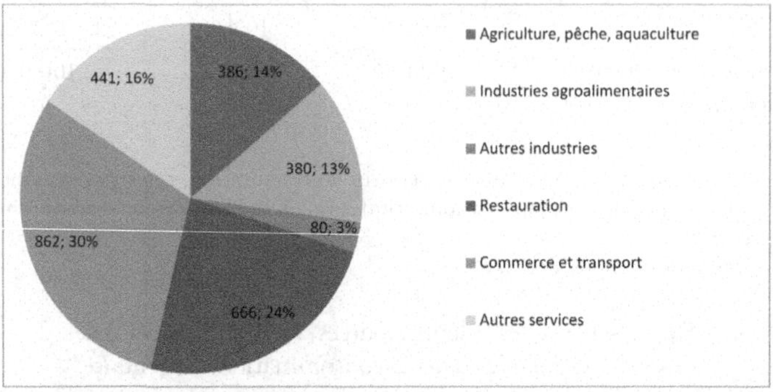

France. Année : 2020. Unités : 1 000 équivalents temps-plein (ETP) ; pourcentage du total des ETP induits par la consommation alimentaire.
Source : calculs auteur d'après Eurostat.

FIG. 5 – Répartition par branche des emplois induits par la consommation alimentaire restauration incluse.

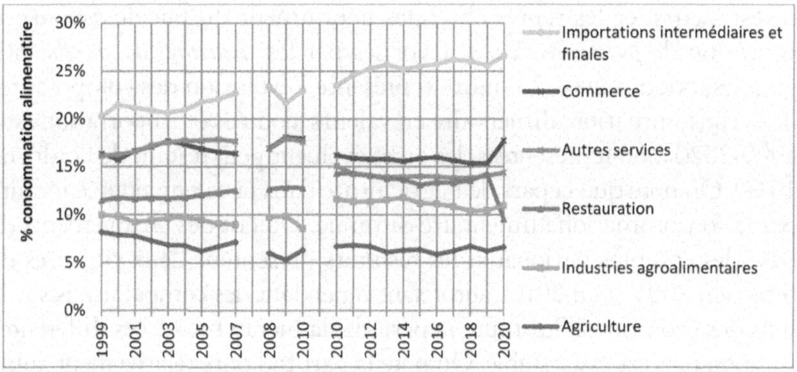

France. Années : 1999-2020. Unité : pourcentage de la consommation alimentaire.
Source : calculs auteur d'après Eurostat.

FIG. 6 – Évolution des composantes de la consommation alimentaire en valeurs ajoutées induites dans les branches et importations.

À partir de 2006, les prix agricoles dérégulés par le désarmement des politiques d'intervention sur les marchés agricoles sont davantage exposés à la volatilité. Celle-ci se caractérise d'abord par une phase de hausse des prix agricoles entre 2005 et 2008, hausse qui suit celle des matières premières et de l'énergie, dans un contexte d'aléas climatiques, de faiblesse des stocks, de spéculation et d'accroissement de la demande. Il s'ensuit une remontée de la part de l'agriculture en 2007. Le changement de base des comptes nationaux en 2008 détermine une deuxième et courte série de résultats, (2008-2010), caractérisée par la baisse de la part de l'agriculture en 2009, due à la diminution des prix agricoles ; l'offre agricole ayant fortement augmenté en 2009 en réponse à la précédente hausse des prix. Sur la période 2010 – 2019, les importations progressent encore et, corrélativement, les parts de valeurs ajoutées s'inscrivent généralement dans une tendance à la baisse, plus ou moins marquée ou régulière selon les branches, la part de l'agriculture présente de notables variations. En 2020, la part de la restauration diminue fortement au profit de celle du commerce sous l'effet des mesures de confinement imposées lors de l'épisode de Covid-19, celles des autres branches, dont l'agriculture, se redressent.

La part de valeur ajoutée de l'agriculture dans la consommation alimentaire est le produit du *taux de valeur ajoutée* (valeur ajoutée rapportée à la production) de la branche par son *coefficient de production dans la consommation alimentaire* (production agricole *nécessaire* pour la consommation alimentaire, rapportée à cette dernière). La figure 7 compare les variations de la part de valeur ajoutée de l'agriculture dans la consommation alimentaire avec celles de ces deux déterminants (les résultats antérieurs à 2010 ont été estimés en nouvelle base des comptes nationaux pour être raccordés aux séries suivantes). La part de valeur ajoutée de l'agriculture dans la consommation alimentaire présente généralement des variations annuelles de même sens que celles du taux de valeur ajoutée de la branche, atténuées ou amplifiées par celles du coefficient de production agricole ; en 2020, la forte baisse de la consommation en restauration du fait du confinement lors de l'épidémie de Covid-19 fait augmenter le coefficient de production agricole de l'alimentation et les parts de valeurs ajoutées autres branches, donc celle de l'agriculture, malgré une baisse de son taux de valeur ajoutée.

Nous associons ensuite aux deux déterminants de la part de valeur ajoutée de l'agriculture dans la consommation alimentaire, les deux prix relatifs suivants : l'indice de prix de la production de la branche agricole[6] rapporté à l'indice des prix de la consommation alimentaire[7], intervenant dans les évolutions du coefficient de production, et l'indice de prix de la production de la branche agricole rapporté à l'indice de prix de la consommation intermédiaire de la branche, intervenant dans les évolutions de son taux de valeur ajoutée. Il est alors possible d'analyser la variation de la part de l'agriculture dans la consommation alimentaire en termes de variations de prix relatifs et de volumes relatifs. Ainsi, toutes choses égales par ailleurs, cette part augmente si augmentent également l'un des deux prix relatifs des produits agricoles, ou le coefficient de production agricole dans la consommation alimentaire en volume, ou le taux de valeur ajoutée en volume de la branche. Ce dernier dépend, à moyen-long terme, de l'effet du progrès technique sur la productivité de la consommation intermédiaire et, conjoncturellement, des aléas affectant le volume de production ; il s'inscrit dans une tendance à la hausse de l'ordre de 1 % par an. Le coefficient de production agricole de l'alimentation en volume dépend négativement à moyen-long terme du degré de transformation de l'alimentation, de l'incorporation de services (restauration, publicité, *marketing*, services financiers, sécurité sanitaire…) et de la croissance des importations finales et intermédiaires résultant de différentiels de compétitivité-prix, de l'ouverture des marchés et de l'internationalisation des modes alimentaires. Il s'inscrit dans une tendance à la baisse de l'ordre de -1 % par an. Sur la période étudiée, relativement courte, c'est surtout l'effet des évolutions des prix relatifs qui est mise en évidence (figure 8). Le rapport des prix de la production agricole aux prix de la consommation alimentaire, qui intervient dans le coefficient de production, tend à la baisse de 1999 à 2020. Le rapport des prix de la production agricole à ceux de sa consommation intermédiaire présente de 1999 à 2009 une tendance à la baisse qu'il imprime à l'évolution de la part de l'agriculture ; il se redresse par la suite, atténuant l'impact de la baisse des prix agricoles relativement à ceux de l'alimentation sur la part de l'agriculture. Certaines années sont marquées par une conjoncture particulière : 2003 et 2005, où malgré un redressement des prix relatifs, la part de l'agriculture continue de diminuer du fait d'une baisse de la production en volume consécutive à la sécheresse ; 2009, où les prix agricoles enregistrent une baisse importante.

6 Prix de la production de la branche hors subventions aux produits.
7 Prix de la consommation finale de services de restauration inclus.

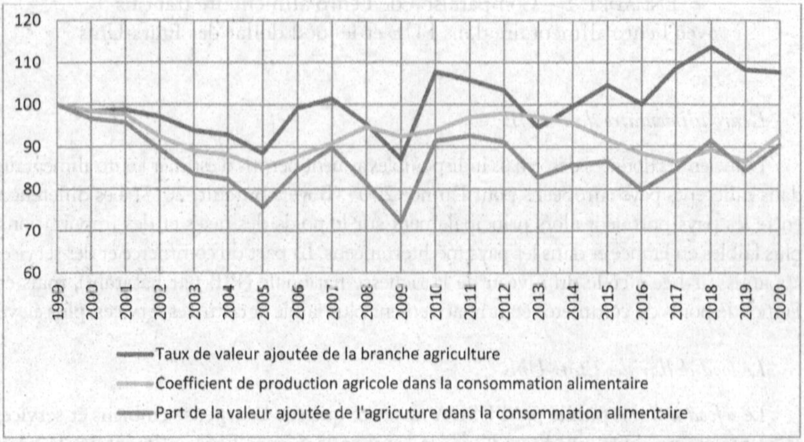

France. Années : 1999-2020. Indice 100 en 1999.
Source : calculs auteur d'après Eurostat.

FIG. 7 – Part de valeur ajoutée de l'agriculture dans la consommation alimentaire : déterminants en valeur.

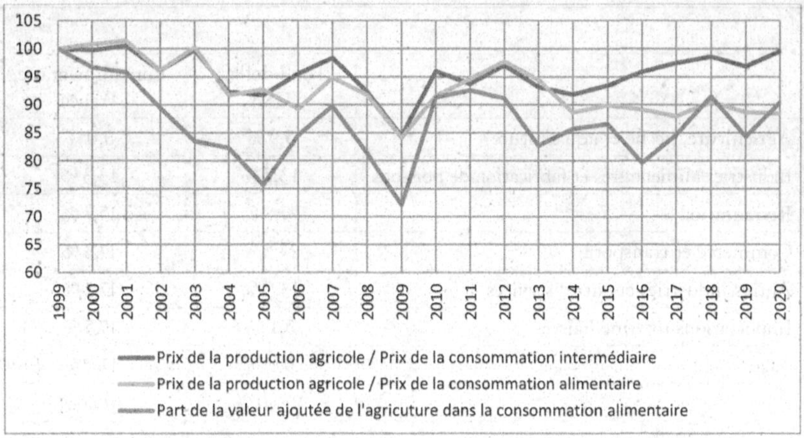

France. Années : 1999-2020. Indice 100 en 1999.
Source : calculs auteur d'après Eurostat.

FIG. 8 – Variations des prix relatifs et de la part de valeur ajoutée de l'agriculture dans la consommation alimentaire.

ENCADRÉ 1 – Comparaison de l'euro alimentaire français
avec l'euro alimentaire dans l'UE et le food dollar des États-Unis

L'euro alimentaire dans l'UE

D'anciennes données désormais indisponibles avaient permis d'estimer l'euro alimentaire dans différents pays européens pour l'année 2005 (Boyer, Butault, 2013). Les différences entre les pays portaient alors principalement sur le poids des taxes et des importations, plus faibles en France et dans les pays méditerranéens. La part du commerce et des services apparaissait liée à celle du niveau de la richesse nationale (PIB par habitant), mais en France, le poids du commerce était relativement plus faible et celui des services, plus élevé.

Le food dollar des États-Unis

Le «*food dollar*» publié par l'USDA ne porte que sur la dépense en biens et services alimentaires produits aux États-Unis; la comparaison avec l'euro alimentaire français nécessite donc de recalculer ce dernier en excluant les importations finales, leurs marges commerciales et de transport et leurs taxes. Les différences importantes portent sur la part de l'agriculture, plus élevée en France, sur le poids considérable de la restauration aux USA (et donc un poids du commerce plus faible) et sur le taux d'importation intermédiaire plus bas aux USA découlant notamment de leur plus grande indépendance énergétique (figure 9).

	Food dollar, USA	Euro alimentaire, France
Agriculture, pêche et aquaculture	5,9 %	8,0 %
Industries alimentaires et fabrication de boissons	13,7 %	13,3 %
Restauration	27,8 %	15,7 %
Commerce et transport	24,5 %	17,3 %
Autres industries et autres services	13,9 %	17,1 %
Importations intermédiaires	5,1 %	17,5 %
Taxes	9,1 %	11,2 %
	100,0 %	*100,0 %*

Moyenne années 2015-2020; Unité : % de la consommation alimentaire.
Source : calculs auteur d'après Eurostat et USDA-ERS.

FIG. 9 – Répartition de la consommation alimentaire
de produits domestiques restauration incluse en valeurs ajoutées,
importations et taxes; comparaison France – USA.

STRUCTURE DES MARCHÉS ET RÉSULTATS ÉCONOMIQUES DANS L'AVAL DE LA CHAÎNE ALIMENTAIRE

Les prix relatifs, particulièrement importants dans la détermination de la part de l'agriculture dans « l'euro alimentaire », dépendent de la structure des marchés et de leur organisation, sous l'influence des politiques publiques, spécifiquement agricoles (PAC, mesures nationales agricoles) ou visant d'autres activités et fonctions économiques (commerce, consommation, concurrence, échanges extérieurs...).

CONCENTRATION DE LA GRANDE DISTRIBUTION ALIMENTAIRE

La concentration à l'achat de la grande distribution et la puissance d'achat qui en découle sont fréquemment mises en cause dans la répartition de la valeur dans la chaîne alimentaire aux dépens de l'agriculture. Les calculs sur le TES et les comptes du commerce (INSEE, 2022) permettent d'évaluer à près de 30 % la part de la production agricole totale sur laquelle s'exerce directement ou indirectement cette puissance d'achat[8], via les centrales d'achat ou de référencement des enseignes. Le nombre de ces structures est en général assimilé en France à celui des sept principales enseignes de supermarchés et hypermarchés dont certaines ont passé des accords d'achats groupés ou constitué des centrales communes, essentiellement pour la négociation de produits industriels, excluant cependant de leur champ les produits alimentaires frais traditionnels, à fort coefficient de produits agricoles.

En moyenne de 2015 à 2020, l'ensemble constitué des rayons alimentaires frais des entreprises d'hypermarchés et de supermarchés présente un résultat avant impôt rapporté au chiffre d'affaires de 1,7 % (OFPM, 2022), supérieur à celui de l'activité totale de ces sociétés, de 0,9 % (INSEE, 2023) : l'alimentaire est une source notable de bénéfices pour le secteur, qui a perdu une partie du marché non alimentaire au profit d'autres formes de commerce. La rentabilité du capital des enseignes françaises de

8 30 % étant la part, dans la production agricole totale, de celle nécessaire à la production des biens alimentaires achetés dans la grande distribution, les autres parts de la production agricole totale étant induites par la consommation alimentaire via d'autres circuits et par les autres demandes finales.

la grande distribution à dominante alimentaire les différencie fortement en fonction de leur mode d'organisation : évaluée de 2013 à 2021 par le rapport de l'excédent brut d'exploitation à l'actif, cette rentabilité est en moyenne de 12,6 % pour les entreprises des réseaux d'« indépendants » mais de 0,8 % seulement pour les groupes « intégrés[9] » (ILEC, 2023). La situation financière de ces groupes et leurs résultats boursiers au regard des exigences des actionnaires (*cf.* figure 10) accentuent probablement la pression qu'ils exercent sur leurs fournisseurs.

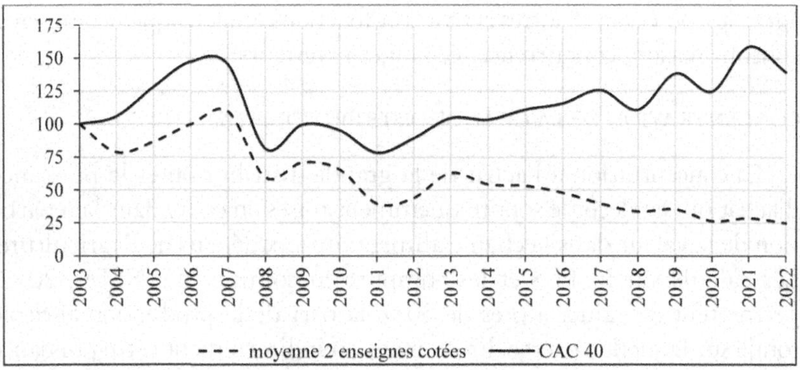

France. Années : 2003-2022. Valeurs déflatées par l'indice du prix du PIB. Indice 100 en 2003.
Source : calculs auteur d'après Euronext et INSEE.

FIG. 10 – Cours moyen à la clôture des actions des deux enseignes de la grande distribution cotées en bourse comparé au CAC 40.

CONCENTRATION DANS L'INDUSTRIE ALIMENTAIRE

L'industrie alimentaire est caractérisée à la fois par une forte concentration de la production de certaines familles de produits dans quelques grands groupes industriels, et par un grand nombre d'entreprises de taille modeste. Ainsi, d'après l'INSEE (INSEE, 2023), en 2020, 22 grandes entreprises (GE), soit moins de 1 % des entreprises des industries

9 Groupe « intégré » : les points de vente de l'enseigne, dirigés par des salariés du groupe, constituent des établissements (et non entreprises juridiquement distinctes) d'une même société ; réseau « d'indépendants » : les points de vente d'une même enseigne sont des entreprises juridiquement distinctes dont les propriétaires sont associés pour négocier auprès des fournisseurs.

alimentaires et des boissons réalisent 43 % du chiffre d'affaires (CA) du secteur. Dans le secteur des industries des viandes, près de 50 % du CA est dégagé par seulement 4 GE (moins de 1 % des entreprises du secteur). Cette concentration de la production coexistant avec de nombreuses petites et moyennes entreprises s'observe également dans l'industrie laitière où 71 % du CA se concentre dans 7 GE (2 % des effectifs) dont une grande firme multinationale et une importante filiale de coopérative agricole. Ces secteurs industriels s'apparentent ainsi à des « oligopoles à frange », structures de marché dans lesquelles quelques offreurs dominant le marché coexistent avec un grand nombre d'autres offreurs, de taille modeste ; avec la grande distribution concentrée à l'achat, la structure de marché est en outre celles d'« oligopoles bilatéraux » (petit nombre de fournisseurs-industriels face à un petit nombre de clients-distributeurs) (Mevel, Leray, 2009). La part de la production agricole totale nécessaire à la fabrication industrielle d'aliments transformés destinés au commerce de détail est de 28 % de la production totale de la branche agricole, dont 20 % pour la fabrication destinée à la grande distribution (d'après calculs sur TES et les comptes du commerce, INSEE, 2022).

En moyenne de 2015 à 2020, le secteur des industries alimentaires présente un résultat avant impôt rapporté au chiffre d'affaires de 4,3 %. Ce taux est de 5,8 % dans la fabrication de produits laitiers, de 2,8 % dans la transformation et conservation de la viande de boucherie (INSEE, 2023) et de moins de 1 % pour le maillon de l'abattage-découpe de bovins (OFPM, 2022) malgré sa forte concentration. Ces ratios sont inférieurs à la moyenne dans l'industrie manufacturière non alimentaire, soit 6,9 % (INSEE, 2023). Le secteur des industries alimentaires connait plusieurs difficultés économiques ; sa productivité globale est faible, stagnante voire en baisse et se traduit par une diminution des taux de marge qui a atteint 30 points entre 1995 et 2015 dans les industries du lait et des viandes (Butault, Réquillart, 2012) (Turolla, 2018). De 2014 à 2021, sa rentabilité brute du capital, évaluée par l'excédent brut d'exploitation rapporté à l'actif, est en moyenne de 4 %, nettement inférieure à celle des enseignes d'indépendants de la grande distribution (12,6 %) mais supérieure au 0,8 % des distributeurs intégrés (ILEC, 2023). La récente « déconsommation » alimentaire (Delta *et al.*, 2023), les difficultés de l'aval et sa concentration, s'ajoutent pour peser aux dépens de l'agriculture dans le partage de la valeur.

RÉGLEMENTATION DU COMMERCE, DROIT DE LA CONCURRENCE ET POLITIQUE AGRICOLE

Quels effets sur la répartition de la valeur ?

LE RECUL DES INSTRUMENTS TRADITIONNELS DE LA POLITIQUE AGRICOLE ACCROÎT L'IMPORTANCE DE LA RÉGULATION DU COMMERCE ET DE LA CONCURRENCE

Avant les réformes qui changeront profondément la PAC à partie de 1992, diverses analyses évoquaient déjà le pouvoir de l'amont et de l'aval de l'agriculture dans la formation des prix agricoles et des prix des intrants, et le transfert des gains de productivité de la branche agricole vers ses clients et ses fournisseurs qui en résultait (Bergmann, Bourdon, 1982). Ces préoccupations se sont accrues depuis la série de réformes de la PAC menées depuis 1992 sous pressions multilatérales, mais aussi budgétaires et, plus récemment, sociétales et environnementales (Petit, 2020). Ces réformes ont progressivement conduit au désarmement des politiques de soutien des prix et de régulation des marchés agricoles, tandis qu'étaient renforcées les règles en faveur de la concurrence interne, avec leur application discutable au secteur agricole (Prieto, 2018). Dans ce contexte où recule l'organisation et la protection communautaires des marchés, l'impact des réglementation nationales sur les structures de marché et les relations commerciales dans la formation des prix agricoles prend une nouvelle acuité. Du fait de sa concentration et son dynamisme, la grande distribution s'est trouvée placée au centre de ces préoccupations, au risque parfois d'éclipser d'autres raisons des difficultés de l'agriculture : coût du capital et des intrants, mondialisation et *dumping* (notamment social et environnemental) y afférent, stagnation du pouvoir d'achat des consommateurs, épuisement d'un certain modèle productiviste et consumériste…

Les réglementations nationales de l'urbanisme commercial, de la concentration du commerce de détail et de ses relations avec ses fournisseurs ont ainsi fait au cours des vingt dernières années l'objet d'analyses économiques renouvelées et de critiques croissantes des milieux agricoles. De nouvelles règles nationales visant l'amélioration des conditions de mise en marché des produits agricoles ont été intégrées au droit des relations commerciales, sous contrainte des règles européennes de la concurrence et à la faveur de leur évolution qui, à partir des années 2000, vient à la fois préciser et déplacer la frontière des exceptions agricoles au droit de la concurrence, notamment en matière d'entente[10].

LES ÉVOLUTIONS DE LA RÉGLEMENTATION NATIONALE DE LA GRANDE DISTRIBUTION

Du fait de sa puissance d'achat face à certains de ses fournisseurs et de son expansion aux dépens du commerce traditionnel, mais aussi de son efficacité supposée pour contenir l'inflation, la grande distribution a suscité en France des réglementations nationales successives parfois contradictoires ou contre-productives. Ce qu'il convient d'observer, ce sont les barrières à l'entrée qui ont contribué à la puissance du secteur.

Le pouvoir politique a ainsi d'abord misé sur le développement de la grande distribution pour contenir les prix à la consommation, interdisant par exemple dès 1960 la discrimination des points de vente par les fournisseurs. Mais dès les années 1970, jusqu'aux années 1990, sont édictées des règles d'urbanisme commercial qui soumettent à des procédures d'autorisation administrative restrictives l'implantation des commerces excédant un seuil donné de superficie, afin de préserver le commerce traditionnel. Sans empêcher l'érosion de ce dernier, ces mesures ont eu des effets inflationnistes et contribué à la concentration du secteur, en tant que barrières à l'entrée protégeant les réseaux de distribution déjà en place contre l'implantation de nouveaux opérateurs, notamment ceux du *« hard-discount »* apparus dans les années 1990 (Askenazy, Weidenfeld, 2007) (Monino et Turolla, 2008). Ces barrières à l'entrée ont conforté le pouvoir d'oligopsone de la grande distribution sur ses petits fournisseurs atomisés (agriculteurs, petites et moyennes entreprises agroalimentaires), et le pouvoir d'oligopole bilatéral qu'elle partage avec ses plus gros fournisseurs (grandes entreprises nationales ou multinationales agroalimentaires) aux dépens des consommateurs (Allain, Chambolle, Vergé, 2008) (Mevel, Leray, 2009). En 2008, entre autres mesures « pro-concurrence » censées favoriser la croissance et préserver

10 Entente : désigne, en droit de la concurrence, toute coordination de deux ou plusieurs entreprises qui aurait pour effet de réduire l'état supposé de concurrence non faussée, censée supérieur en termes de bien-être collectif, qui prévaudrait en l'absence de ladite coordination.

le pouvoir d'achat des consommateurs, une loi dite de « modernisation de l'économie » (LME) a finalement relevé le seuil de superficie soumettant à autorisation l'implantation de magasins. La loi « climat » de 2021, en prévoyant de renforcer les règles de délivrance des autorisations d'urbanisme commercial afin de limiter l'artificialisation des sols, est susceptible d'avoir à nouveau des effets sur la concentration du secteur.

La LME a instauré également la libre négociation des « conditions générales de vente », mesure visant à renforcer la concurrence pour réduire l'inflation, mais qui accroît le pouvoir des distributeurs d'obtenir des baisses de tarifs, de la part de fournisseurs trop dispersés pour contrer la puissance de centrales d'achat concentrées. Dans la même veine pro-concurrence et anti-inflationniste de la LME, d'autres mesures avaient un peu avant abaissé le seuil de l'interdiction de revente à perte (SRP)[11], réactivant la concurrence entre distributeurs sur les prix de vente. Ces dispositions ont eu des effets déflationnistes (Allain, Chambolle, Turolla, 2016) mais ont été critiquées par les organisations agricoles, au motif que la relance de la concurrence dans la grande distribution se serait moins traduite par une diminution de ses marges et de celles de l'industrie que par une pression accrue à la baisse des prix agricoles.

En 2018, dans une loi promulguée à la suite des débats organisés par le gouvernement sur l'agriculture et l'alimentation[12], le SRP des produits alimentaires est majoré de 10 %. Sous des hypothèses fortes et contestables (Autorité de la concurrence, 2018) (Allain, Caprice, Chambolle, 2018), l'objectif affiché de cette mesure est de permettre l'augmentation des marges des distributeurs sur les produits alimentaires de grande marque, pour lesquels ils ont peu de pouvoir de négociation, afin qu'en contrepartie ils acceptent de réduire leurs marges sur les produits alimentaires bruts ou peu transformés, à fort contenu en matière première agricole, en consentant des prix plus élevés à leurs fournisseurs, à charge pour ces derniers de répercuter une partie de cet avantage dans les prix d'achat aux producteurs agricoles. Il est également escompté que l'augmentation des prix des produits élaborés de grande marque provoque un report de consommation sur les produits

---

11 Le SRP définit la notion de prix d'achat à prendre en compte pour appliquer la loi française qui, dans le but d'empêcher les pratiques commerciales prédatrices, interdit à tout commerçant de revendre un produit à un prix *inférieur* à son prix d'achat.

12 Les « États généraux de l'alimentation ».

non affectés par la hausse du SRP, notamment ceux à fort coefficient de matière première agricole : il en résulterait une amélioration du chiffre d'affaires de ces produits, qui pourrait alors aussi permettre une hausse des prix agricoles. Ces éventuels effets de « ruissellement de valeur », selon le terme des éléments de langage de la communication politique, n'ont pu être appréciés par les évaluations récentes du dispositif (Bonnet, Garde, 2020) (Bonnet, Leveneur, 2023). Il est probable que l'« augmentation du SRP ne réglera pas la question du partage des profits entre les acteurs. Le déséquilibre est structurel… » (Allain, Caprice, Chambolle, 2018), découlant des structures de marchés d'oligopsone et d'oligopole bilatéral évoquées plus haut, auxquelles s'ajoute la dépendance des prix agricoles nationaux aux marchés mondiaux, et même européen dans un ensemble d'États aux standards économiques, fiscaux, sociaux et environnementaux disparates.

La réglementation s'est longtemps peu préoccupée de la concentration à l'achat de la grande distribution au motif qu'elle était censée profiter au consommateur en constituant un « contre-pouvoir de marché[13] », bien que cet effet de la concentration ne soit pas toujours avéré : dans certaines conditions, « les centrales d'achat peuvent permettre aux distributeurs membres de réduire leur coût global d'approvisionnement, sans que cela se traduise par une baisse des prix de détail » (Allain, Chambolle, Turolla, 2016). Désormais, la loi précitée de 2018 oblige les enseignes à informer l'Autorité de la Concurrence de leurs projets d'accord en vue d'achats ou de référencements en commun, l'Autorité pouvant en exiger le retrait ou l'aménagement si, au terme d'un bilan concurrentiel, elle estime que l'accord n'apporte pas « au progrès économique "une contribution suffisante pour compenser d'éventuelles atteintes à la concurrence, en prenant en compte son impact tant pour les producteurs, les transformateurs et les distributeurs que pour les consommateurs." » (de La Rosa, 2023) ou présente « un risque de fragilisation des fournisseurs… » (Autorité de la Concurrence, 2020). Des enseignes ont été ainsi amenées à exclure de leurs accords à l'achat certains produits alimentaires à fort coefficient agricole, eut égard à la fragilité de l'amont de la filière.

---

13 Notion de *« countervailing buyer power »* de la législation antitrust des États-Unis (qui a inspiré le droit de la concurrence européen), selon lequel la puissance à l'achat de certains opérateurs peut être bénéfique pour la concurrence si elle compense le pouvoir de marché de leurs fournisseurs. *Cf.* notamment (Andriès, Azcárate, 2015).

RÉGULER LES MARCHÉS AGRICOLES PAR LA CONTRACTUALISATION : LES INITIATIVES NATIONALES

En réponse aux inquiétudes agricoles vis-à-vis de la LME, de la volatilité des prix et du recul de la régulation des marchés par politique agricole commune, il a été promulgué en 2010 une « loi de modernisation de l'agriculture et de la pêche » (LMAP) dont le dispositif majeur était de permettre, par accord interprofessionnel, l'obligation de conclure des contrats de vente pour la première mise en marché des produits agricoles. Cette contractualisation est envisagée à la fois comme instrument de sécurisation des décisions des producteurs agricoles, en substitution aux interventions déclinantes de la PAC, et comme moyen de rééquilibrage des relations commerciales de l'agriculture avec son aval. À la suite du constat de son absence d'effet notable sur les tendances des niveaux des prix des produits agricoles concernés (Marty *et al.*, 2015) (Berger *et al.*, 2015), la mesure a été suivie, de 2018 à 2023, d'une addition d'autres dispositifs législatifs censés rendre la contractualisation plus efficace.

Rendant obligatoire les contrats pour certaines productions agricoles, ils imposent par ailleurs la prise en compte d'indicateurs de coûts de production agricole dans les modalités contractuelles de définition des prix de vente des produits agricoles, la révision automatique de ces prix en fonction de l'évolution de ces indicateurs et un dispositif visant à ce que les industriels de l'agroalimentaire fabriquant les produits de marques de distributeurs puissent répercuter intégralement dans leur prix de vente leurs coûts d'achat en matière première agricole. L'évaluation complète de ces dispositifs reste à faire. L'Institut de l'élevage note une légère amélioration du prix du lait de vache à la production à partir de 2019, qu'il impute au développement des contrats, tout en constatant que cette hausse du prix à la production est inférieure à celle constatée dans les autres pays européens (Le Clerc, Riou, 2022) ; d'autres analyses soulignent que la contractualisation ne permet pas à elle seule de rééquilibrer la relation commerciale entre éleveurs et l'industrie laitière privée, notamment lorsque le regroupement de l'offre au sein d'organisations de producteurs reste insuffisant, lorsque les contrats sont passés à long terme et renforcent la dépendance économique des producteurs tout en renvoyant la fixation des prix à des clauses facilement remises en cause unilatéralement par les industriels, sans prévoir de règle de partage de la valeur ajoutée par l'industrie ou de prise en compte suffisante des coûts de production agricole (Courleux, 2018). La contractualisation mise en place en France s'inscrit par ailleurs dans les évolutions récentes de l'articulation de la PAC avec le droit de la concurrence.

PAC ET DROIT EUROPÉEN DE LA CONCURRENCE : VERS UN RÉÉQUILIBRAGE PLUS FAVORABLE À L'AGRICULTURE ?

La PAC constitue-t-elle un ensemble de dispositions dérogeant au droit de la concurrence ? Les articles 101 et 102 du Traité sur le fonctionnement de l'Union européenne (TFUE) prohibent les ententes entre entreprises sur les prix et les volumes de production ou le partage des marchés, ainsi que l'abus de position dominante. Ces dispositions du droit primaire de l'UE visent l'établissement sur le marché intérieur d'un état de concurrence « libre et non faussée », sorte d'optimum de second rang censé rapprocher le fonctionnement concret des marchés de l'état théorique de concurrence « pure et parfaite » que préconisent les « théorèmes de l'économie du bien-être » aux fins de maximiser le surplus social. Toutefois, le TFUE (article 38) précise que les principes généraux du droit européen de la concurrence s'appliquent aux produits agricoles « sauf dispositions contraires » des articles (39 à 44) qui fondent la politique agricole commune : l'article 42 permet en substance que l'organisation commune des marchés agricoles (OCM) puisse déroger aux règles de la concurrence, renvoyant au Parlement et au Conseil le soin de préciser ces dérogations dans le droit dérivé. Ce droit a évolué au cours des années 2000 vers un relatif rééquilibrage en faveur des producteurs agricoles, le désarmement de l'instrumentation originelle de la PAC et l'instabilité des marchés ayant ravivé la question d'un meilleur partage de la valeur et des risques de prix entre acteurs des filières agroalimentaires.

Ainsi, après un premier recadrage réglementaire par le règlement CE n° 1184/2006 du Conseil du 24 juillet 2006 « portant application de certaines règles de concurrence à la production et au commerce des produits agricoles », d'autres règlements européens ont précisé les nouvelles marges de manœuvre autorisées, d'une part, aux actions économiques collectives des producteurs agricoles dans le cadre de leurs organisations de producteurs (OP), et d'autre part, aux actions concertées de différents maillons d'une même filière agroalimentaire dans le cadre des associations interprofessionnelles.

Parmi les actions susceptibles d'interférer avec le droit de la concurrence mais néanmoins autorisées sous certaines conditions, figure la production et la diffusion par les OP d'informations statistiques sur les marchés à l'exclusion de tout échange de données individuelles entre entreprises, constitutif d'une pratique prohibée d'entente. Cette disposition est conforme aux canons de la concurrence, qui pour être libre et non faussée, sinon pure et parfaite, suppose de réduire les asymétries d'information. Dans un arrêt de 2017 relatif à une suspicion d'entente entre producteurs d'endives, la cour de justice de l'UE allait un peu plus loin dans ce sens en précisant qu'une organisation de producteurs peut procéder à « des échanges d'informations stratégiques [...], une coordination entre producteurs agricoles concernant les volumes de produits agricoles mis en marché », voire à « une certaine forme de coordination de la politique tarifaire des producteurs agricoles individuels ». Toutefois, il demeurait l'interdiction de négocier et fixer collectivement les prix de vente par les OP auxquelles les adhérents ne livraient pas la totalité des produits ni n'en transféraient la propriété. Après une première dérogation pour le lait de vache, à la suite de la crise laitière à l'automne 2009 et en guise de mesure d'adaptation aux conséquences de l'abandon de la maîtrise de l'offre par les quotas laitiers, cette interdiction a été levée par le règlement dit « omnibus » (règlement n° 2017/2393 modifiant le « règlement OCM » n° 1308/2013 quels que soient les produits et qu'il y ait ou non apport total ou transfert de propriété.

Les OP sont désormais autorisées à « négocier des contrats concernant l'offre de produits agricoles, au nom de ses membres, pour tout ou partie de leur production totale... » par lesquels « ...les agriculteurs, y compris les associations d'agriculteurs, et leurs premiers acheteurs peuvent convenir de clauses de répartition de la valeur... » en se référant par exemple à des indicateurs de coûts de production. Cette évolution notable au regard du droit de la concurrence est renforcée par une autre disposition du règlement précité qui permet « l'extension[14] » de certaines mesures prises par une OP à des opérateurs non adhérents à celle-ci. Peuvent être ainsi étendus les contrats-types de mise en vente des

14 L'extension désigne la voie réglementaire par laquelle est rendu obligatoire le respect de règles collectives par tous les opérateurs censés en bénéficier, au-delà des seuls membres de l'organisation qui les ont fixées, ceci aux fins d'en renforcer l'efficacité et d'éviter que des agents en profitent sans y participer, en « passager clandestin » (Olson, 1965).

produits, à l'exclusion, notamment, de clauses de fixation des prix ou du contingentement de la production. Cette extension de contrats-types est également permise pour ceux élaborés par les associations interprofessionnelles, qui engagent alors plusieurs maillons d'une filière et peuvent « établir des clauses types de répartition de la valeur […], portant notamment sur les gains et les pertes enregistrés sur le marché, afin de déterminer comment doit être répartie entre [les maillons de la filière] toute évolution des prix […] des produits concernés ou [de leurs] matières premières ». Ceci fonde la possibilité d'adopter des « contrats multipartites en cascade » régissant les modalités du transfert de la valeur, tel que la transmission d'amont en aval d'éléments des coûts de production agricole, sur la base d'indicateurs dont la disponibilité, la pertinence, la fiabilité et la diffusion présentent alors d'importants enjeux… et soulèvent de nombreuses difficultés de méthode.

CONCLUSION AU CHAPITRE

La part de valeur ajoutée que l'agriculture représente dans la consommation alimentaire dépend du coefficient de production agricole nécessaire pour satisfaire cette demande et du taux de valeur ajoutée de la branche. Le coefficient de production agricole dépend négativement du volume des importations, du degré de transformation des produits alimentaires et de l'incorporation croissante de services divers dans l'offre alimentaire. Son niveau et son évolution sont liés aux choix de politique économique – dont agricole – d'extension du marché unique européen et d'abaissement de ses protections aux conséquences éventuellement tempérées par l'éventuelle concrétisation d'orientations nationales récentes en faveur de la souveraineté alimentaire et de la relocalisation de certaines productions agricoles, ou par l'accompagnement du développement de « circuits courts » et d'autres demandes en faveur de la consommation de produits locaux, aux effets toutefois marginaux sur la composition de « l'euro alimentaire ». Le taux de valeur ajoutée en volume de la branche agricole reflète la productivité moyenne en volume de ses consommations intermédiaires. Ce déterminant de la part de valeur ajoutée de l'agriculture dans la dépense alimentaire dépend du progrès technique, lequel se trouve orienté par certaines politiques publiques non spécifiquement agricoles (et notamment environnementales) à l'égard de certaines technologies.

Les effets des rapports précités en volume sont accentués, ou infléchis voire inversés sous les effets des prix relatifs : prix agricoles rapportés aux prix alimentaires, prix agricoles rapportés aux prix des consommations intermédiaires de la branche. La PAC ayant abandonné le soutien des prix agricoles via l'intervention directe sur les marchés, ces rapports de prix sont soumis à davantage de volatilité, et leur régulation davantage renvoyée aux politiques publiques qui relèvent de la régulation des relations commerciales et du droit de la concurrence, et notamment les exceptions qu'il accorde à l'agriculture.

Philippe Boyer
Académie d'Agriculture de France

LA *POLITIQUE AGRICOLE COMMUNE* DANS LES DÉPARTEMENTS D'OUTRE-MER

Une partie du territoire de certains États membres de l'UE se trouve dans des zones du globe éloignées de l'Europe. Ces régions, dénommées *régions ultrapériphériques* (RUP), doivent faire face à un certain nombre de difficultés tenant à leurs caractéristiques géographiques, notamment l'éloignement, l'insularité, la faible superficie agricole exploitable, ainsi qu'un relief et un climat difficiles. Leur économie est dépendante d'un petit nombre de produits (il s'agit souvent de produits agricoles ou de ressources naturelles). Ces éléments limitent les potentialités de leur développement économique. Il existe actuellement neuf régions ultrapériphériques : cinq départements français d'Outre-Mer (la Guadeloupe, la Guyane, la Martinique, La Réunion et Mayotte) ; une collectivité d'Outre-Mer française (Saint-Martin) ; deux régions autonomes portugaises (Madère et les Açores), et, enfin, une communauté autonome espagnole (les îles Canaries).

Il ne faut pas confondre RUP et pays et territoires d'Outre-Mer (PTOM) qui, au nombre de treize sont rattachés par des liens constitutionnels au Danemark, à la France et aux Pays-Bas, et ne font pas partie du marché unique. Ils doivent donc répondre aux obligations arrêtées à l'égard des États non-membres de l'UE dans le domaine des échanges, notamment quant aux règles d'origine, au respect des normes sanitaires et phytosanitaires et aux mesures de sauvegarde. L'article 355 du Traité sur le fonctionnement de l'Union européenne (TFUE), autorise le Conseil européen, sur demande de l'État membre concerné, à transformer les PTOM français, danois ou néerlandais en RUP, et *vice-versa*, sans qu'il soit nécessaire de modifier ledit Traité. Ainsi, Saint-Barthélemy, qui, jusqu'à la fin de l'année 2011, figurait parmi les régions ultrapériphériques de l'UE, est devenu un PTOM en 2012. C'est l'inverse qui s'est produit pour Mayotte en 2014, passée du statut de PTOM à celui de RUP par décision du Conseil européen.

En dépit de la grande distance qui les sépare du continent européen, les régions ultrapériphériques font partie intégrante de l'Union européenne et la législation et les accords de l'Union sont pleinement applicables sur leur territoire. Cependant, compte tenu de leur position géographique particulière et des difficultés qui l'accompagnent, les politiques européennes ont été adaptées à leur situation. Les mesures mises en place pour ce faire concernent notamment les politiques douanières et commerciales, la politique fiscale, les zones franches, les politiques dans les domaines de l'agriculture et de la pêche et les conditions d'approvisionnement en matières premières et en biens de consommation de première nécessité. De même, les règles applicables aux aides d'État et les conditions d'accès aux fonds structurels et aux programmes horizontaux de l'UE sont, elles aussi, susceptibles d'aménagements en fonction des besoins de ces régions qui bénéficient d'enveloppes spéciales au titre du Fonds européen de développement régional (FEDER). Outre les fonds spéciaux alloués au titre du FEDER, les RUP bénéficient également, dans le domaine de l'agriculture, du POSEI (*Programme d'Options Spécifiques à l'Éloignement et à l'Insularité*), lequel est financé principalement par le Fonds européen agricole de garantie (FEAGA). Les détails de ce programme sont exposés plus longuement dans le chapitre suivant.

LES RÉGIONS ULTRA-PÉRIPHÉRIQUES EN QUELQUES CHIFFRES

Environ cinq millions de personnes vivent dans les régions ultrapériphériques, dont certaines ont connu une forte croissance démographique en raison de l'immigration. Le taux de croissance naturelle de la population y est également relativement élevé, étant donné que la population est beaucoup plus jeune dans la plupart de ces régions que sur le continent de l'UE. En 2020, les taux d'emploi dans toutes les régions ultrapériphériques étaient inférieurs à la moyenne de l'UE, allant de 43 % à Mayotte à 71 % aux Açores. Seules ces dernières affichaient un taux de chômage inférieur à la moyenne de l'UE (6,1 %), les taux aux îles Canaries et à Mayotte étant plus de trois fois supérieurs à la moyenne. Malgré des taux de chômage élevés, les îles Canaries sont la seule région ultrapériphérique où la proportion de personnes âgées de 25 à 64 ans titulaires d'un diplôme de l'enseignement supérieur est supérieure à la moyenne de l'UE (34,4 % en 2020) (figure 1).

	Eloignement par rapport à la capitale (km)	Superficie (km²)	Population (*)	PIB / hab. (****)
EU-27	***	4 225 127	446 828 803	100
France	***	638 475	67 842 582	104
Portugal	***	92 227	10 352 042	76
Espagne	***	505 983	47 432 805	83
Açores	1 548	2 322	236 488	67
Iles Canaries	1850 (a)	7 447	2 252 237	62
Guadeloupe	7 578	1 685	407 810	69
Guyane	7 841	83 751	296 058	46
Madère	1 041	802	251 182	69
Martinique	7 641	1 109	352 205	76
La Réunion	9 921	2 504	869 993	68
Saint-Martin (*****)	6 700	86 (***)	32 358	ND
Mayotte	8 444	367	299 022	30
(a) : moyenne pour l'ensemble des îles				
(*) : Données provisoires pour 2022 - Source EUROSTAT				
(**) : Source : Annuaire régional d'EUROSTAT 2022.				
(***) : 53 pour la partie française				
(****) : en pourcentage de la moyenne de l'UE (UE = 100)				
(*****) Données pour 2020 - Sources : Institut national de la statistique et des études économiques et ministère des outre-mer Aucune donnée récente disponible pour le PIB				

Source : https://www.europarl.europa.eu/factsheets/fr/sheet/100/regions-ultraperipheriques-rup.

FIG. 1 – Principales caractéristiques des RUP.

Dans les cinq départements français d'Outre-Mer les superficies cultivées sont limitées du fait des contraintes géographiques et pédologiques. Rapportées à la surface totale du département elles représentent entre 16,5 % du total à La Réunion et 20,9 % à la Martinique. Pour la Guyane, compte tenu de la place qu'occupe la forêt, cette proportion n'est que de 0,4 %. Conséquence de ce manque d'espaces cultivables, la SAU moyenne par exploitation est comprise entre 4,1 hectares en Guadeloupe et 8,5 ha à la Martinique. Excepté en Guyane et à Mayotte les cultures dites « d'exportation » (banane et canne à sucre) occupent historiquement une partie importante des surfaces cultivées. En 2022, la SAU dédiée à la canne à sucre représentait 23 %, permettant ainsi de produire 2 millions de tonnes de canne, en baisse régulière depuis 2010, année où la production de canne avait frôlé les 3 millions de tonnes. C'est à la Réunion que la SAU consacrée à la canne à sucre est la plus élevée (48 %), ce qui permet à cette île de poroduire 65 % de la production de canne des DOM 1,3 million de tonnes, soit la principale activité de l'île, très loin devant des productions comme les légumes et tubercules et les fruits), largement devant la Guadeloupe (25 %). En revanche, c'est en Guadeloupe et en Martinique que la production de bananes (hors plantain) est concentrée, avec, respectivement 25 et 66 % (source : Agreste, statistiques agricoles annuelles, pour tous les éléments chiffrés ci-dessus)).

LE PROGRAMME D'OPTIONS SPÉCIFIQUES À L'ÉLOIGNEMENT ET À L'INSULARITÉ (POSEI)

Le statut de RUP défini à l'article 349 du Traité sur le fonctionnement de l'Union européenne (*cf.* encadré 1) a permis l'établissement d'outils adaptés à la situation particulière des Outre-mer. À l'origine, un programme, nommé POSEIDOM, concernait uniquement les DOM français. À la suite l'adhésion de l'Espagne et du Portugal à l'Union européenne en 1986, le programme a été adapté aux spécificités agricoles de ces deux nouveaux États-membre.

Encadré 1 – Journal officiel de l'Union européenne – C326/1 du 26 octobre 2021

Traité sur le fonctionnement de l'Union européenne (Version consolidée) – Septième partie – Dispositions générales et finales – Article 349 (ex-article 299, paragraphe 2, deuxième, troisième et quatrième alinéas, TCE).

Compte tenu de la situation économique et sociale structurelle de la Guadeloupe, de la Guyane française, de la Martinique, de la Réunion, de Saint-Barthélemy, de Saint-Martin, des Açores, de Madère et des îles Canaries, qui est aggravée par leur éloignement, l'insularité, leur faible superficie, le relief et le climat difficiles, leur dépendance économique vis-à-vis d'un petit nombre de produits, facteurs dont la permanence et la combinaison nuisent gravement à leur développement, le Conseil, sur proposition de la Commission et après consultation du Parlement européen, arrête des mesures spécifiques visant, en particulier, à fixer les conditions de l'application des traités à ces régions, y compris les politiques communes. Lorsque les mesures spécifiques en question sont adoptées par le Conseil conformément à une procédure législative spéciale, il statue également sur proposition de la Commission et après consultation du Parlement européen.

> Les mesures visées au premier alinéa portent notamment sur les politiques douanières et commerciales, la politique fiscale, les zones franches, les politiques dans les domaines de l'agriculture et de la pêche, les conditions d'approvisionnement en matières premières et en biens de consommation de première nécessité, les aides d'État, et les conditions d'accès aux fonds structurels et aux programmes horizontaux de l'Union.
>
> Le Conseil arrête les mesures visées au premier alinéa en tenant compte des caractéristiques et contraintes particulières des régions ultrapériphériques sans nuire à l'intégrité et à la cohérence de l'ordre juridique de l'Union, y compris le marché intérieur et les politiques communes.

OBJECTIFS ET FINANCEMENT DU POSEI

Le POSEI est aujourd'hui le principal instrument de mise à disposition des aides européennes et nationales au secteur agricole pour toutes les RUP. Il vise globalement à améliorer la compétitivité économique et technique des filières agricoles ultramarines et se décline en deux volets : d'une part les mesures en faveur des productions agricoles locales (MFPAL) qui regroupent les aides aux filières « traditionnelles » (banane, canne, sucre et rhum), ainsi que les aides à la diversification végétale et à l'alimentation animale et, d'autre part, le régime spécifique d'approvisionnement (RSA) qui permet d'octroyer des aides à l'importation d'intrants nécessaires au bon fonctionnement et au développement des filières agricoles (aliments du bétail par exemple). Le POSEI comporte également un volet « actions transversales », lequel regroupe le financement d'études, de projets de démonstration, de formations et de mesures d'assistance technique. Ces mesures spécifiques, détaillées dans le règlement européen n° 228/2013 du Parlement européen et du Conseil portant mesures spécifiques dans le domaine de l'agriculture en faveur les régions ultrapériphériques de l'Union européenne (ci-après dénommé « règlement POSEI »), répondent à trois grands objectifs :

- Garantir l'approvisionnement des régions ultrapériphériques en produits essentiels à la consommation humaine, ou à leur transformation, et, en tant qu'intrants agricoles, en allégeant les surcoûts liés à leur ultrapériphéricité, sans porter préjudice aux productions locales et à leur développement ;
- Pérenniser et développer, dans une optique durable, les filières de diversification animale et végétale des régions ultrapériphériques,

y compris la production, la transformation et la commercialisation des produits locaux ;

- Enfin, préserver le développement et renforcer la compétitivité des filières agricoles traditionnelles des régions ultrapériphériques, y compris la production, la transformation et la commercialisation des productions et produits locaux.

Prenant en compte les caractéristiques des agricultures ultramarines françaises au regard de ces trois grands objectifs réglementaires européens, le programme se décline ensuite chaque année, pour chaque territoire et pour chaque filière, avec comme objectif central de promouvoir une agriculture durable et de répondre à ceux de la « Trajectoire Outre-mer 5.0 » issue du Livre Bleu Outre-mer[1]. Les mesures retenues doivent permettre, d'une part, d'assurer le maintien des productions d'exportation (banane, sucre et rhum), qui jouent un rôle central dans l'emploi et la structuration du milieu rural insulaire et, d'autre part, le développement des productions de diversification dans les filières animales et végétales afin d'améliorer la couverture des besoins de la consommation locale – ce que l'on nomme traditionnellement le taux d'auto-approvisionnement – et de percer des niches à l'export pour les produits tropicaux. Pour ce faire, le POSEI français répond à cinq objectifs stratégiques :

- Améliorer la compétitivité de l'agriculture et des industries agroalimentaires en prenant pleinement en compte leurs contraintes spécifiques, notamment celles liées à l'éloignement et à l'insularité ;
- Faire de l'alimentation et de l'autonomie alimentaire un levier de développement économique des territoires ;
- Consolider une agriculture de proximité au service du marché local, pour une meilleure cohésion économique et sociale des populations ;
- Tracer de nouvelles perspectives de diversification, de valeur ajoutée et d'exportation pour l'ensemble des filières ;
- Et enfin, s'appuyer sur le caractère multifonctionnel de l'agriculture des DOM pour poursuivre un aménagement équilibré et durable

1 Le Livre bleu Outre-mer contient l'ensemble des travaux réalisés au cours des Assises des Outre-mer, organisées entre octobre 2017 et mars 2018. Il est structuré en quatre parties : « des territoires à vivre – des territoires accompagnés – des territoires pionniers – des territoires d'influence et de rayonnement ».

du territoire rural, notamment en protégeant l'environnement et en préservant les ressources naturelles.

À ces cinq objectifs stratégiques sont associés six objectifs opérationnels, à savoir :

– Améliorer l'auto-approvisionnement de la population locale et de l'économie productrice d'emplois par l'augmentation de la production et le développement de l'importation de substitution (produits végétaux et animaux) ;
– Renforcer la durabilité et la résilience des entreprises et des filières ;
– Créer localement de la valeur ajoutée avec les produits locaux, que ce soient des transformations fermières, artisanales ou industrielles ;
– Développer des filières de diversification organisées et structurées (élevage, fruits et légumes, créneaux de niche) notamment pour une gestion collective de la commercialisation locale ou à l'exportation, permettant de compenser les risques liés à une trop forte spécialisation (banane et/ou canne à sucre) ;
– Consolider et pérenniser la filière banane, filière structurante pour l'agriculture et le maintien de l'emploi ;
– Enfin, consolider et pérenniser le développement de la filière canne à sucre, filière structurante pour l'agriculture et production multifonctionnelle par excellence, là où elle est présente.

Ces objectifs peuvent être complétés par la mise en place de démarches « qualité » et de signes distinctifs (produits pays, labels, logo RUP et indications géographiques protégées), en s'inscrivant sur des marchés à conforter ou à créer pour des productions se démarquant des productions européennes ou mondiales, soit par leur propre nature (rhum, produits exotiques tels qu'ananas Victoria, litchis, etc.), soit par leur complémentarité grâce à la contre-saison, comme c'est le cas dans la production de melons par exemple (figure 2). Les mesures POSEI sont principalement financées par le Fonds européen agricole de garantie (FEAGA). D'un montant global de 653 millions par an pour la période 2021-2027, les producteurs ultramarins français en perçoivent 42,6 % (278,4 millions), leurs homologues espagnols 41,1 % (268,4 millions) et les producteurs portugais le solde (106,2 millions). À ces crédits communautaires financés par le FEAGA peuvent s'ajouter des contributions nationales. Ces dernières, en constante augmentation pour la France, représentent aujourd'hui près de 16 % des crédits dévolus à l'agriculture des DOM, contre environ 2 % seulement au début des années 2010 (figure 3).

Objectifs réglementaires	Objectifs stratégiques	Objectifs opérationnels
Garantir l'approvisionnement des régions ultrapériphériques en produits essentiels à la consommation humaine, ou à la transformation, et, en tant qu'intrants agricoles, en allégeant les surcoûts liés à leur ultrapériphéricité, sans porter préjudice aux productions locales et à leur développement.	**OS1** : améliorer la compétitivité de l'agriculture et des industries agroalimentaires en prenant pleinement en compte leurs contraintes spécifiques, notamment celles liées à l'éloignement et à l'insularité. **OS2** : faire de l'alimentation et de l'autonomie alimentaire un levier de développement économique des territoires.	**OP1** : améliorer l'auto-approvisionnement de la population locale et de l'économie productrice d'emplois par l'augmentation de la production et le développement de l'importation de substitution (produits végétaux et animaux). **OP2** : renforcer la durabilité et la résilience des entreprises et des filières ; **OP4** : développer des filières de diversification organisées et structurées (élevage, fruits et légumes, créneaux de niche) notamment pour une gestion collective de la commercialisation locale ou à l'export, permettant de compenser les risques liés à une trop forte spécialisation (banane et/ou canne à sucre) et évitant les spéculations par des « effets d'aubaine ».
Pérenniser et développer, dans une optique durable, les filières de diversification animale et végétale des régions ultrapériphériques, y compris la production, la transformation et la commercialisation des produits locaux.	**OS1** : améliorer la compétitivité de l'agriculture et des industries agroalimentaires en prenant pleinement en compte leurs contraintes spécifiques, notamment celles liées à l'éloignement et à l'insularité. **OS2** : faire de l'alimentation et de l'autonomie alimentaire un levier de développement économique des territoires. **OS3** : consolider une agriculture de proximité au service du marché local, pour une meilleure cohésion économique et sociale des populations. **OS4** : tracer de nouvelles perspectives de diversification, de valeur ajoutée et d'exportation pour l'ensemble des filières.	**OP2** : renforcer la durabilité et la résilience des entreprises et des filières. **OP3** : créer localement de la valeur ajoutée avec les produits locaux, que ce soient des transformations fermières, artisanales ou industrielles. **OP4** : développer des filières de diversification organisées et structurées (élevage, fruits et légumes, créneaux de niche) notamment pour une gestion collective de la commercialisation locale ou à l'export, permettant de compenser les risques liés à une trop forte spécialisation (banane et/ou canne à sucre) et évitant les spéculations par des « effets d'aubaine ».

	<u>OS5</u> : s'appuyer sur le caractère multifonctionnel de l'agriculture des DOM pour poursuivre un aménagement équilibré et durable du territoire rural, notamment en protégeant l'environnement et en préservant les ressources naturelles.	
Préserver le développement et renforcer la compétitivité des filières agricoles traditionnelles des régions ultrapériphériques, y compris la production, la transformation et la commercialisation des productio)ns et produits locaux.	<u>OS1</u> : améliorer la compétitivité de l'agriculture et des industries agroalimentaires en prenant pleinement en compte leurs contraintes spécifiques, notamment celles liées à l'éloignement et à l'insularité. <u>OS4</u> : tracer de nouvelles perspectives de diversification, de valeur ajoutée et d'exportation pour l'ensemble des filières. <u>OS5</u> : s'appuyer sur le caractère multifonctionnel de l'agriculture des DOM pour poursuivre un aménagement équilibré et durable du territoire rural, notamment en protégeant l'environnement et en préservant les ressources naturelles.	<u>OP2</u> : renforcer la durabilité et la résilience des entreprises et des filières. <u>OP3</u> : créer localement de la valeur ajoutée avec les produits locaux, que ce soient des transformations fermières, artisanales ou industrielles. <u>OP5</u> : consolider et pérenniser la filière banane, filière structurante pour l'agriculture et le maintien de l'emploi. <u>OP6</u> : consolider et pérenniser le développement de la filière canne à sucre, filière structurante pour l'agriculture et production multifonctionnelle par excellence, là où elle est présente

FIG. 2 – La structuration du POSEI français.

	2010	2015	2020	2021	
	Milliers d'euros				*% du Total*
MONTANT TOTAL PAYE	282 712	309 955	320 751	326 833	100,0%
* Dont FEAGA	276 259	274 940	275 699	274 769	84,1%
* Dont complément national	6 453	35 016	45 052	52 063	15,9%
Actions transversales	1 342	1 079	2 253	2 127	0,7%
* Dont animation et gestion des filières	0	0	1 031	947	0,3%
Actions en faveur de la filière banane	129 100	127 297	127 059	126 975	38,9%
Actions en faveur de la filière canne, sucre, rhum	74 798	74 740	74 593	74 710	22,9%
Actions en faveur des productions végétales de diversification	16 141	23 739	29 700	33 841	10,4%
Actions en faveur des productions animales	40 953	56 643	60 279	62 392	19,1%
* Dont primes aux éleveurs de ruminants	13 861	15 226	14 859	13 460	4,1%
Régime Spécifique d'Approvisionnement (RSA)	20 378	26 457	26 867	26 788	8,2%

Sources : ODEADOM, ASP – Synthèses des rapports d'exécution.

FIG. 3 – Évolution des crédits POSEI – France.

Ces montants importants (plus de 50 millions d'euros en 2021) ont principalement été utilisés pour renforcer les actions en faveur des productions végétales de diversification, et des productions animales. Entre les années 2010 et 2021 ces dernières ont en effet progressé de près de 70 %, passant de 57 à 96 millions d'euros. En dépit de cette évolution, les aides POSEI allouées aux producteurs de bananes représentent encore aujourd'hui 39 % de budget global et celles dévolues au secteur « Canne-Sucre-Rhum » près de 23 %.

LES MESURES EN FAVEUR DU SECTEUR
DE LA CANNE À SUCRE ET DU RHUM

L'allocation budgétaire de la mesure « Canne-Sucre-Rhum » a été de près de 75 millions d'euros en 2021. Elle est stable depuis 2009, après avoir connu une augmentation de 5 % en 2008. L'aide aux industries sucrières concentre 79,2 % des montants payés, celle au tonnage de canne livré 13,3 % et celle à la transformation de canne en rhum agricole 7,5 %.

L'aide forfaitaire d'adaptation de l'industrie sucrière des DOM, d'un montant de 59,2 millions d'euros, est également stable depuis 2010. Près des trois quarts de ce montant sont attribués aux deux usines sucrières réunionnaises pour un total de 44,2 millions, du fait de l'importance de la production de canne sur cette île, comme on l'a vu plus haut. Les 26 % restants sont répartis entre la Guadeloupe (24 % de l'enveloppe totale aux deux entreprises concernées, soit 14 millions) et la Martinique (2 %, soit un peu plus d'un million pour la seule sucrerie restant opérationnelle sur l'ile). Cette « aide forfaitaire d'adaptation de l'industrie sucrière des DOM à la réforme de l'OCM sucre » est versée aux sucreries qui, en contrepartie, se sont engagées, d'une part, à garantir un prix d'achat minimum de la canne aux planteurs et, d'autre part, à réaliser des actions de modernisation et d'écoulement des sucres produits. Il s'agit donc d'une « aide de marché relevant du premier pilier de la PAC » bénéficiant indirectement aux producteurs de canne. *In fine*, l'aide doit permettre de maintenir la culture de la canne et d'assurer une première valorisation sur place dans les DOM.

Pour la campagne 2021, les montants versés au titre de l'aide à la transformation de canne en rhum agricole ont atteint 5,6 millions d'euros, à raison de 3,8 millions pour la Martinique, 1,7 million pour la Guadeloupe, et 129 000 € pour la Guyane. Cette aide est stable sur la période 2013-2021. Au total, ce sont 16 distilleries qui ont bénéficié de ces subventions pour un volume global de 87 476 hectolitres d'alcool pur, soit 63,5 % du volume total de rhum agricole produit cette année-là. Cette aide vise à soutenir les distilleries des DOM, qui font face à des coûts importants (matières premières, salaires, dépollution...), tout en ayant à supporter la concurrence des pays-tiers. Cette aide est une aide de marché, relevant du premier pilier de la PAC et, par construction, bénéficie aux agriculteurs producteurs de canne. L'aide est versée pour les quantités de cannes transformées directement en rhum agricole pour lesquelles le distillateur apporte la preuve qu'il a payé aux producteurs de cannes concernés le prix minimal fixé par arrêté préfectoral.

Particularité ultra-marine, la fixation d'un prix minimum pour la canne payé aux planteurs fait, pour chaque département, l'objet d'une convention pluriannuelle garantie par l'État. À titre d'illustration, la convention couvrant la période 2022-2027 pour l'île de La Réunion a été signée par tous les acteurs professionnels (le CPCS, la chambre d'agriculture, l'ensemble des syndicats agricoles, le syndicat du sucre), le Préfet, les représentants des deux collectivités locales (Conseil régional et Collectivité départementale), ALBIOMA (une entreprise productrice d'énergeis renouvelables) et le Ministre délégué aux Outre-Mer qui est personnellement intervenu et a souhaité s'associer à cette signature. Le prix de la tonne de canne de référence a ainsi été fixé à 40,07 €/t sur toute la période 2022-2027, même en cas de retournement des paramètres extérieurs à la filière (situation de marché européen défavorable, augmentation du coût du fret, des intrants...).

À cette recette de base s'ajoutent une « aide à la production de cannes » attribuée par l'État, afin de compenser les handicaps structurels propres au secteur sucrier à La Réunion, une « aide bagasse énergie » qui rémunère l'utilisation de la bagasse pour produire de l'électricité, et diverses autres indemnités et subventions spécifiques (la bagasse est un résidu de la canne, issu des tiges, dont on extrait un jus). *In fine*, la recette moyenne des planteurs (pour une canne coupée manuellement, une production totale inférieure à 700 tonnes et à 13,8 % de richesse en sucre) devrait atteindre environ 103 €/tonne au cours des cinq prochaines années.

Pour conclure sur ce point, signalons que le prix minimum de la canne payé aux planteurs par les industriels est aujourd'hui de 32,34 €/t à la Guadeloupe et de 44,34 €/t à la Martinique. Toutefois, pour ces deux départements existent également diverses aides communautaires et nationales, voire régionales ou départementales, qui permettent aux planteurs de percevoir jusqu'à 113 euros par tonne de canne livrée à la Guadeloupe, voire plus à la Martinique. En résumé les planteurs de canne bénéficient d'aides directes couplées à la production, d'un prix d'achat minimum des cannes par les industriels, garanti par l'État et d'un ensemble d'indemnités et de subventions qui peuvent représenter plusieurs fois le montant des recettes liées à la vente de leurs récoltes.

Enfin, l'ATCL (Aide à la Tonne de Canne Livrée) a, cette même année été versée à 4 635 bénéficiaires, pour un montant total de 9,9 millions d'euros, dont 70 % aux producteurs réunionnais de canne à sucre. Cette aide vise à soutenir les agriculteurs pour la production des tonnages de canne à sucre qui sont livrés aux industriels (usines sucrières et distilleries) dans leurs centres de réception. Elle est justifiée auprès des instances communautaires par le fait que « La production de canne à sucre dans les outre-mer fait face à de nombreux handicaps structurels (coût des intrants, topographie contraignante, coût du transport, etc.) qui sont supportés par les producteurs de canne », (Source : ODEADOM – Décision technique 2018-GC02).

LES MESURES EN FAVEUR DES PRODUCTEURS DE BANANES

En ce qui concerne les aides au secteur de la banane qui, rappelons-le (*cf.* Tableau 3), s'élèvent chaque année à environ 127 millions d'euros par an, leur mécanisme d'attribution est le suivant :

- Peuvent bénéficier de l'aide tous les producteurs de bananes en activité (174 en Guadeloupe et 330 à la Martinique en 2021) qui sont adhérents d'une organisation de producteurs (OP) et engagés dans le *Plan Banane Durable* (PBD). L'objectif général de ce dernier est de contribuer au renforcement de la transition agroécologique des systèmes de culture de bananes en travaillant à la définition et à la diffusion de solutions alternatives sans pesticides, tout en favorisant une diversification culturale avec et par les systèmes de culture bananiers.

Chaque producteur dispose d'une référence individuelle (RI) obtenue : soit par attribution directe pour la campagne en cours, sur la base de leur production historique de l'époque ; soit par cession entre un cédant et un repreneur ; soit par attribution via la réserve départementale ; soit, enfin, par attribution de RI transférées de la réserve départementale du territoire voisin, lorsqu'il reste des références individuelles disponibles qui n'ont pas été attribuées. Ces références individuelles peuvent faire l'objet de transferts entre producteurs. Le fait générateur de l'aide est la production commercialisée au cours de la campagne précédente. Chaque année, le montant unitaire de l'aide par tonne de référence individuelle (avant attribution, le cas échéant, de reliquats) est égal au montant de l'enveloppe totale disponible (129 M€) divisé par la somme des références individuelles mobilisées.

Le montant individuel de l'aide est, quant à lui, fonction du taux de réalisation de la référence individuelle, ainsi que d'une éventuelle éligibilité à la distribution de reliquats. Si le planteur commercialise via son OP au moins 80 % de sa référence individuelle, il perçoit une aide correspondant à la totalité de son droit individuel à l'aide. Si ce volume est supérieur ou égal à 70 % et strictement inférieur à 80 % de sa référence individuelle, le montant perçu correspondant à 80 % de son droit individuel à l'aide. Enfin, si ce volume est strictement inférieur à 70 % de cette référence, l'aide versée au planteur est directement proportionnelle au taux de réalisation de sa référence individuelle. Une fois ces aides versées selon les modalités décrites ci-dessus, la part non mobilisée des droits individuels à l'aide est répartie tout d'abord entre les planteurs qui ont dépassé 100 % de leur référence individuelle. Dans le cas où ce reliquat est insuffisant pour couvrir l'ensemble des tonnages supplémentaires, les planteurs dont la RI est inférieure à 500 tonnes sont prioritaires. Elle est ensuite attribuée aux nouveaux planteurs sans référence individuelle. Enfin, le solde est réparti entre les planteurs des Antilles qui ont atteint 80 % de leurs références individuelles, au prorata des quantités effectivement commercialisées par l'exploitation dans la limite des 500 premières tonnes de RI. L'aide est versée par l'ODEADOM à l'OP, qui la reverse intégralement à ses planteurs adhérents.

Lorsqu'un agriculteur n'a pas été en mesure de respecter ses engagements en raison d'un cas de force majeure ou de circonstances climatiques exceptionnelles (cyclone, inondations, sécheresse...), le droit à l'aide lui reste acquis pour la surface ou les quantités admissibles au moment où le cas de force majeure ou les circonstances exceptionnelles sont intervenus. En conséquence, le tonnage de bananes commercialisées reconstitué, c'est-à-dire celui que l'autorité compétente estime que le planteur aurait commercialisé sans la survenue de ces évènements, est égal à la somme des pertes déclarées par le planteur et validées par l'autorité compétente, et du tonnage réellement commercialisé par le planteur sur l'exercice affecté. Ce tonnage reconstitué est alors utilisé pour le calcul de l'aide dont le planteur va bénéficier au titre de l'exercice affecté par le cas de force majeure ou de circonstances exceptionnelles.

À titre d'illustration, l'aide POSEI payée en 2021 a bénéficié à 504 exploitations (174 en Guadeloupe et 330 à la Martinique). Le tonnage commercialisé présenté à l'aide a atteint 184 434 tonnes et celui pris en compte pour le calcul de l'aide, soit les tonnages commercialisés en 2020 augmentés des tonnages reconstitués, a atteint 228 590 tonnes. Enfin, 99 % des exploitations ont touché 100 % de leur droit à l'aide en 2021. L'aide moyenne s'est donc élevée pour cet exercice à 252 000 euros par exploitation, soit 18 300 euros par hectare de banane cultivé et 688 euros par tonne de bananes commercialisées. Le prix moyen payé aux producteurs a été, pour cette même année, de 616 €/t.

Les modalités d'attribution de l'aide POSEI permettent donc aux producteurs antillais de bananes de percevoir chaque année l'intégralité de l'enveloppe financière dévolue à ce secteur, indépendamment des variations de production qui peuvent se révéler importantes du fait des aléas climatiques. Au cours de la dernière décennie les quantités de bananes commercialisées se situent en effet entre un maximum de 267 000 tonnes en 2014 et un minimum de 162 000 tonnes en 2017.

LES MESURES EN FAVEUR DES PRODUCTIONS ANIMALES

Les aides destinées au financement des actions en faveur des productions animales constituent le troisième poste de dépenses du POSEI avec, pour l'exercice 2021, un montant total payé de 62,4 millions, dont 32,6 millions au titre du complément national. Ce total se décompose en : aides à la structuration de l'élevage (47,5 millions d'euros, voir tabelau 4) ; primes animales (13,5 millions) ; et aides à l'importation d'animaux vivants (1,4 million). À l'heure actuelle, quelles que soient les filières et les départements, la consommation de viandes n'est couverte que très partiellement par les productions animales locales. Le taux de couverture maximum – ou taux d'auto-approvisionnement – n'est en effet que de 57 % pour la viande porc à La Réunion, alors qu'il atteint à peine 4 % pour les viandes de porc et de volaille en Guyane. Compte tenu de cette situation, les aides à la structuration de l'élevage financées par le POSEI visent à améliorer la couverture du marché local en quantité, en qualité et en régularité, en encourageant la structuration et l'organisation des filières et en assurant à chaque producteur un revenu équitable. Pour atteindre ces objectifs de nombreuses aides sont proposées aux éleveurs ultramarins. Ces dernières sont fonction des enveloppes financières disponibles, du département concerné, de la filière bénéficiaire et de la finalité de la mesure.

À titre d'illustration, pour l'exercice 2021, les éleveurs guadeloupéens avaient accès à huit grandes catégories d'aides. Certaines d'entre elles sont fonction de l'espèce animale concernée et/ou de la nature du produit (par exemple : produit d'abattoir, produit transformé, produit non transformé ou co-produit pour l'aide à la valorisation de la production par la découpe ou la transformation), voire d'autres critères (transport en vif ou en réfrigéré pour l'aide au développement de la production des îles de Marie-Galante et de La Désirade). À ces différents critères peuvent s'ajouter des majorations spécifiques, comme pour les aides à l'adaptation de la production organisée aux besoins du marché majorées de 20 % pour les exploitations certifiées en agriculture biologique. *In fine*, en combinant l'ensemble des critères, on dénombre 36 montants d'aides différents pour le seul département de la Guadeloupe...

Les aides à la structuration de l'élevage visant à répondre à la diversité des besoins identifiés par les organisations professionnelles locales, le nombre de bénéficiaires est parfois très réduit. Ainsi, pour l'exercice 2021, elles n'ont été attribuées qu'à huit éleveurs de poulet de chair guadeloupéens, cinq producteurs de lapins et aucun élevage de poules pondeuses. Enfin, compte tenu du nombre important d'aides, certaines ne disposent que d'une enveloppe financière réduite (1 000 euros par an par exemple pour les aides au stockage du porc à la Guadeloupe). En matière de développement des productions animales, le POSEI offre donc des réponses « sur mesure » aux besoins spécifiques des éleveurs ultramarins. S'il était encore nécessaire de s'en convaincre, rappelons à titre d'illustration l'existence d'une aide à la commercialisation des poules de réforme congelées en Guyane. L'aide, de 0,32 €/kg de viande de volaille congelée produite localement et commercialisée auprès d'entreprises de la distribution de Guyane, est financée à hauteur de 25 000 € par an. Outre les aides à la structuration de l'élevage, les éleveurs ultramarins de ruminants bénéficient également, comme leurs homologues métropolitains, de trois types d'aides directes : des aides au développement et au maintien du cheptel allaitant (ADMCA pour 10,7 millions d'euros en 2021), des primes à l'abattage (PAB à hauteur de 2,4 millions d'euros) et des primes aux petits ruminants (PPR à concurrence de 385 000 euros). Globalement ces trois types d'aides ont bénéficié en 2021 à 3 600 éleveurs détenant 55 400 animaux éligibles.

	Tous DOM		GUADELOUPE	GUYANE	MARTINIQUE	LA REUNION
	* 1 000 €	Soit en %	* 1 000 €	* 1 000 €	* 1 000 €	* 1 000 €
Filière bovine et bubaline viande	8 473	17,8%	910	1 254	1 042	5267
Filière lait	5 653	11,9%	0	0	0	5653
Filières ovine et caprine	689	1,5%	41	163	71	415
Filière porcine	9 159	19,3%	2 313	803	1 397	4647
Filière avicole, volailles de chair	9 927	20,9%	509	106	3 743	5569
Filière avicole, œufs	399	0,8%	0	399	0	0
Filière cunicole	173	0,4%	35	0	19	119
Filière apicole	230	0,5%	11	27	0	192
Filière aquacole	0	0,0%	0	0	0	0
Inter-filières	5 587	11,8%	244	877	3 768	698
Projet DEFI (La Réunion)	5 301	11,2%	0	0	0	5300
Mayotte	1 901	4,0%	0	0	0	0
TOTAL	**47 492**	**100,0%**	**4 063**	**3 629**	**10 040**	**27 860**
Soit en % du total			8,6%	7,6%	21,1%	58,7%

Source : ODEADOM – POSEI France RAE 2021.

FIG. 4 – Aides en faveur de la structuration de l'élevage.

LES MESURES EN FAVEUR DES PRODUCTIONS VÉGÉTALES DE DIVERSIFICATION

Pour l'année 2021, les producteurs ultramarins ont bénéficié de 33,8 millions d'euros d'aides au titre des productions végétales de diversification, somme qui a pu leur être versée grâce à un complément national qui a atteint 21,8 millions d'euros, soit près des deux tiers du total (figure 5). L'aide à la commercialisation locale des productions locales représente plus de la moitié des sommes versées (51,5 % de l'enveloppe, pour un total de 17,4 millions payés cette année la). La Réunion en bénéficie de 63 %, la Guadeloupe de 21 %, la Martinique de 15 % et la Guyane de 1 %. Les aides d'accompagnement des filières atteignent quant à elles 5,2 millions d'euros, soit 15,4 % du total de la mesure[2]. Comme pour les précédentes, La Réunion est le premier département à en bénéficier (60 % du total), suivi de la Guadeloupe (24 %) et de la Martinique (14 %). Enfin, l'aide à la commercialisation hors région de production s'est élevée à 4,5 millions, soit 13,3 % du total de la mesure. Plus des deux tiers (67 %) de cette aide est consommé par La Réunion, 19 % par la Guadeloupe et 13 % par la Martinique. Ces trois mesures représentent plus de 80 % des aides en faveur des productions végétales de diversification. Mentionnons également, pour 3,7 millions d'euros, les aides spécifiquement réservées aux producteurs de Mayotte. Les cinq autres dispositifs relevant de cette mesure représentent globalement moins de 10 % des paiements totaux.

Tous dispositifs confondus, la Réunion est le premier bénéficiaire des aides à la diversification végétale, avec un montant de 19 millions d'euros, soit 75,7 % du montant total, suivie de la Guadeloupe (6,1 millions), Mayotte (4,7 millions), la Martinique (3,7 millions) et la Guyane (380 000 euros).

	Montant payé (€)	Soit en % du total
Aides à la commercialisation locale des productions locales	17 404 354	51,4%
Aides d'accompagnement des filières	5 207 319	15,4%
Aides à la commercialisation hors région de production	4 514 678	13,3%
Aides en faveur des productions végétales de Mayotte	3 687 778	10,9%
Aides à la transformation (fruits et légumes)	2 354 563	7,0%
Aides spécifiques à la filière plantes aromatiques, à parfum et médicinales	272 158	0,8%
Aides en faveur des actions de promotion et de communication	255 072	0,8%
Aides à la protection des semences et plants	122 836	0,4%
Aides spécifiques à la Guyane	22 320	0,1%
TOTAL des aides payées	33 841 078	100,0%
Dont CIOM	21 841 413	64,5%
Dont FEAGA	11 999 665	35,5%

Source : ODEADOM – POSEI France RAE 2021.

FIG. 5 – Aides en faveur des productions végétales de diversification.

2 Les aides d'accompagnement des filières regroupent les aides à la collecte, au transport, au transport régional (Guadeloupe et Martinique), au conditionnement, à la mise en place des politiques qualité, l'aide au stockage à température dirigée (à la Réunion et la Guadeloupe depuis 2021), ainsi que l'aide complémentaire de soutien à la consommation locale dans le cadre de la restauration hors foyer.

LE RÉGIME SPÉCIFIQUE D'APPROVISIONNEMENT (RSA)

Les autres actions financées par le POSEI sont relatives, pour 2,1 millions d'euros aux « Actions transversales » et pour près de 27 millions au « Régime spécifique d'approvisionnement ». Les premières permettent de financer des études, des projets de démonstration, des formations et des mesures d'assistance technique. En 2021 l'enveloppe financière réservée à l'assistance technique s'élevait à 700 000 euros ; environ 1,4 million étaient consacrés au financement de réseaux de référence pour les productions animales et végétales et un peu plus de 400 000 € à l'animation et à la gestion des filières végétales.

En ce qui concerne le RSA (Régime spécifique d'approvisionnement), ses objectifs sont « de garantir l'approvisionnement des régions ultrapériphériques en produits agricoles essentiels et de pallier les surcoûts induits par l'ultrapériphéricité de ces régions ». Concrètement, il s'agit d'abaisser les prix des produits essentiels à la consommation humaine, à la transformation ou en tant qu'intrants agricoles en compensant les surcoûts d'acheminement induits par leur éloignement des sources d'approvisionnement, ainsi que les surcoûts liés à l'étroitesse des marchés locaux. Pour ce faire, le régime repose sur, d'une part une exonération de droits d'importation pour les produits importés de pays tiers et, d'autre part, l'octroi d'une aide pour l'approvisionnement des régions ultrapériphériques en produits de l'Union détenus en stocks publics résultant de l'application de mesures d'intervention ou disponibles sur le marché de l'Union. En 2021 ce sont près de 27 millions d'euros qui ont été dépensés à cette fin.

Au total, 47 opérateurs ont pu bénéficier de cette mesure, sachant que près de 95 % de l'ensemble des aides payées l'ont été à seulement 15 opérateurs, parmi lesquels 2 d'entre eux se voient attribuer 60 % de ce montant. Les aides versées concernent essentiellement le poste « Céréales et autres produits destinés à l'alimentation humaine et animale », poste qui a mobilisé à lui seul 24,2 millions d'euros, soit 91 % du montant payé dans le cadre de cette mesure. Cette caractéristique, valable pour tous les DOM, reflète les priorités de la mesure RSA du POSEI France, qui vise principalement à diminuer les coûts de production et d'importation des aliments pour animaux. La grande majorité des introductions d'origine UE a été effectuée par La Réunion, qui représentait 58 % des aides et 60 % des volumes en 2021. Sachant qu'en 2021 un peu plus de 348 000 tonnes de « céréales et autres produits » ont été importées dans le DOM depuis la Métropole pour un montant total de 26,6 millions d'euros, l'aide moyenne s'élève donc, tous départements confondus, à environ 76 €/t. Les données rassemblées dans les figures 6 et 7 permettent de constater qu'en dépit des sommes importantes allouées au RSA au cours de la dernière décennie, le taux de couverture, à savoir le ratio (Valeur totale des produits aidés par le RSA) / Valeur totale des mêmes produits importés) est, globalement, plutôt orienté à la baisse.

	2013	2014	2015	2016	2017	2018	2019	2020	2021
Antilles	39%	34%	33%	32%	31%	32%	33%	30%	35%
Réunion	40%	43%	41%	39%	39%	39%	38%	39%	43%
Guyane	36%	36%	37%	36%	36%	35%	28%	31%	37%
Mayotte	ND	38%	50%	35%	25%	28%	27%	27%	23%
Ensemble des DOM	43%	39%	39%	36%	34%	35%	34%	34%	37%

Source : ODEADOM – POSEI France RAE 2021.

FIG. 6 – Évolution du taux de couverture global du RSA sur les besoins d'approvisionnement.

	2013	2014	2015	2016	2017	2018	2019	2020	2021
Antilles	15%	14%	13%	12%	12%	12%	12%	10%	11%
Réunion	35%	35%	36%	33%	33%	33%	35%	35%	38%
Guyane	4%	4%	5%	4%	5%	4%	4%	8%	4%

Source : ODEADOM – POSEI France RAE 2021.

FIG. 7 – Évolution du taux de couverture global du RSA sur les besoins d'approvisionnement en viandes (en tonnes équivalent carcasse).

Si l'on examine plus en détail l'évolution du taux de couverture pour les viandes, produits indirectement aidés en priorité par les aides du RSA, on constate également que les taux de couverture, particulièrement bas en Guyane et aux Antilles, ne se sont pas améliorés au cours de la période étudiée. Pour amorcer quelques propos terminaux consacrés au POSEI, précisons que le programme peut être révisé chaque année en fonction des demandes des opérateurs et des évènements spécifiques de la campagne précédente ayant impacté significativement les filières agricoles et que l'ensemble des mesures sont gérées par les organismes payeurs agréés, à savoir l'office de développement de l'économie agricole d'outre-mer (ODEADOM) et l'agence de services et de paiement (ASP).

LES AUTRES SOUTIENS PUBLICS À L'AGRICULTURE ULTRAMARINE

Outre les 331 millions d'euros versés en 2022 aux agriculteurs ultramarins au titre du programme POSEI (montant FEAGA cumulé au complément national dit « CIOM » de 50,3 millions), ces derniers ont également bénéficié de 156 millions d'aides au titre des programmes nationaux de soutien à l'agriculture, de 101 millions dans le cadre du second pilier de la PAC et d'un million versé au titre de l'Organisation Commune de Marché (OCM) fruits et légumes[3]. Parmi les aides nationales versées en 2022 mentionnons celles octroyées dans le cadre du plan France Relance (17,2 millions) et dans celui du plan de résilience Ukraine (8,6 millions).

À ces 590 millions d'euros aides versées directement aux différents acteurs du secteur agricole s'ajoutent d'autres formes de soutiens nationaux. En effet, les départements d'Outre-mer bénéficient, notamment, d'un régime de fiscalité réduite sur les rhums expédiés en Métropole (pertes de recettes pour les finances publiques estimées à environ 124 millions d'euros en 2022) et d'exonérations/allègements de cotisations sociales (environ 13 millions d'euros). Ils bénéficient également, pour les rhums produits et consommés dans les DOM, d'une fiscalité réduite dont le bénéfice a été estimé à environ 65 millions par an dans un récent rapport conjoint de l'Inspection Générale des Finances, du Conseil Général de l'Environnement et du Développement Durable et

3 Contre 327 millions en 2021.

du Conseil Général de l'Alimentation, de l'Agriculture et des Espaces Ruraux. L'Inspection Générale des finances a également rendu public en octobre 2023 un rapport portant sur « l'évaluation du régime d'aide fiscale à l'investissement productif en outre-mer ». Pour le secteur de l'agriculture, elle estime ces dépenses fiscales à près de 88 millions par an. Le total des soutiens, incluant ces dernières estimations, s'élevait donc à environ 880 millions pour l'exercice 2022. Précisons toutefois que cette somme n'intègre pas les dispositifs génériques de défiscalisation propres aux Outre-mer ou les appuis indirects tels que les différentiels d'octroi de mer[4], du fait de difficultés méthodologiques pour les estimer et les affecter précisément.

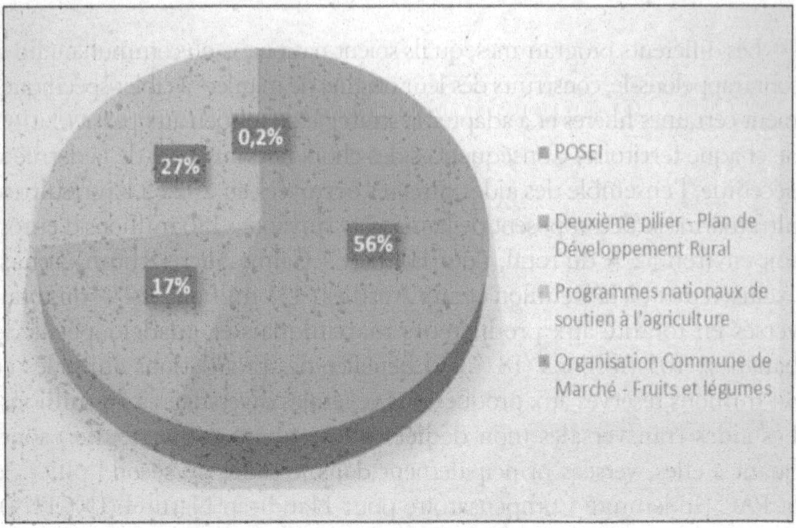

Source : Les soutiens à l'agriculture ultramarine : Bilan 2022, Note Observatoire EAOM n° 2023-03.

FIG. 8 – Détail du total des aides versées
à l'agriculture ultramarine en 2022.

4 Il s'agit d'une taxe perçue au profit des collectivités locales des départements d'Outre-mer (départements et communes) qui s'applique aux marchandises introduites dans les D.O.M. en provenance de métropole ou d'autres pays ; aux livraisons à titre onéreux, réalisées par des personnes qui accomplissent dans les D.O.M. des activités de production ; aux livraisons à titre onéreux, effectuées dans les D.O.M. par des personnes qui achètent en vue de l'exportation ou de la revente à d'autres assujettis. Source : *Douanes.*

	Guadeloupe	Martinique	Réunion	Guyane	Mayotte
Banane	33	98			
Canne-Sucre-Rhum	53	8	125	0,1	-
Productions animales	14	19	56	11	4
Productions végétales	6	5	17	1,3	4
Toutes filières	22	12	67	17	10

Source : Les soutiens à l'agriculture ultramarine : Bilan 2022 – Novembre 2023 – Note Observatoire EAOM n° 2023-03.

FIG. 9 – Répartition des aides par filières et par DROM en 2022 (Millions d'euros).

Les différents programmes, qu'ils soient nationaux ou communautaires, sont, rappelons-le, construits dès leur origine de manière à cibler spécifiquement certaines filières et à adapter la stratégie de soutien aux particularités de chaque territoire. Conséquences des choix faits au cours de la dernière décennie, l'ensemble des aides directes octroyées en 2022 à l'agriculture ultramarine se décomposent de la manière suivante : 186 millions d'euros, soit environ 32 % du total, pour la filière « Canne-Sucre-Rhum », quasi exclusivement à la Réunion et aux Antilles ; 131 millions (22 % du total) versés en totalité aux producteurs martiniquais et guadeloupéens de bananes ; 105 millions (18 %) au bénéfice des productions animales et 34 millions réservés aux productions végétales diversifiées à 34 millions. Les aides transversales (non dédiées à une filière en particulier) sont, quant à elles, versées principalement dans le cadre du second pilier de la PAC (Indemnité Compensatoire pour Handicap Naturel (INCHN), Mesure Agri Environnementale (MAE), investissements matériels…) et totalisent 127 millions d'euros, soit 22 % du total. Les modalités d'octroi des aides par filière impactant directement les montants versés par territoire, les départements producteurs de bananes et de canne à sucre (les Antilles et la Réunion) bénéficient d'aides notablement plus importantes que la Guyane ou Mayotte. Le montant total des aides versées à l'agriculture réunionnaise atteint ainsi 266 millions, soit 45 % du total, contre 143 millions pour la Martinique (24 %) et 128 millions pour la Guadeloupe (22 %). Le solde, soit 47 millions se partagent entre la Guyane (29 millions) et Mayotte (18 millions).

POUR QUELS RÉSULTATS ?

Les soutiens publics (directs ou indirects) dont ont bénéficié les agricultures ultramarines au cours de la dernière décennie ont-ils permis d'atteindre leurs objectifs, à savoir améliorer la compétitivité des filières et la couverture des besoins alimentaires par des produits locaux ? Les données rassemblées dans le tableau ci-dessous permettent d'apporter une première réponse à cette question. On constate en effet que les aides octroyées ont permis, en moyenne, de limiter la diminution du nombre d'exploitations. Le recul, tous DOM confondus n'est en effet que de 6,9 % en une décennie, contre 20,4 % pour l'Hexagone, selon les données du Recensement Agricole (tableau 9). Le recul est toutefois marqué à la Réunion et à la Martinique alors que le nombre de producteurs augmente légèrement en Guadeloupe et en Guyane.

Grâce au fort dynamisme de l'agriculture guyanaise le nombre d'emplois agricole est, globalement, en progression, de même que les surfaces cultivées et le cheptel présent. Le bilan est toutefois moins favorable pour la Réunion, la Martinique et la Guadeloupe, départements qui voient l'emploi agricole et les surfaces cultivées, voire le cheptel, reculer au cours de la décennie étudiée. Un examen détaillé de l'évolution de la filière de la banane permet de constater que, pour les deux iles concernées (Guadeloupe et Martinique), le nombre de bénéficiaires de l'aide régresse de plus de 15 % au cours de la période étudiée (tableau 10). Le recul est également marqué pour les surfaces (-15,9 %) et pour les tonnages commercialisés (-11,8 %). Compte tenu du mode d'attribution des aides (*cf.* page ...), les aides par producteur et par hectare de bananes cultivées augmentent de près de 20 %. Avec une aide moyenne de plus de 60 euros par tonne commercialisée, les soutiens publics au secteur sont aujourd'hui supérieurs à la valeur de la production.

S'agissant de la filière « Canne – Sucre – Rhum » rappelons que, contrairement à la filière banane, les soutiens publics ne se limitent pas aux seules aides directes du POSEI. Outre ces dernières, les différents acteurs du secteur (producteurs, distillateurs, sucreries) perçoivent également des aides, ou bénéficient de soutiens indirects, d'autres origines (second pilier de la PAC, aides nationales, fiscalité préférentielle, ...). En dépit des importants soutiens dont bénéficie la filière, le nombre de producteurs ultramarins de canne à sucre a baissé de plus de 20 % en moins de 10 ans. Les surfaces plantées en canne ayant régressées à un rythme moindre (-3,7 %), les quantités récoltées ne reculent « que » de 4,6 %, en moyenne pour les quatre DOM concernés. En matière d'utilisation des cannes récoltées, on constate que la production de sucre est en net recul (-17,7 % en équivalent sucre blanc) alors que celle de rhum est en forte progression (+24,2 % pour l'ensemble des rhums, dont + 36 % pour les seuls rhums agricoles). Le développement des productions animales étant une des priorités affichées par les pouvoirs publics, les aides directes (communautaires et nationales) du POSEI allouées à ce secteur ont progressé de plus de 50 % au cours de la dernière décennie. En dépit de cette hausse importante du budget, le nombre d'animaux ayant bénéficié des primes animales aux éleveurs de ruminants a diminué de plus de 16 % en moins de dix ans et celui des bénéficiaires de plus de 21 % (figures 10, 11 et 12).

	GUADELOUPE	MARTINIQUE	GUYANE	LA REUNION	TOTAL
	Nombre d'exploitations				
2012	7 243	3 095	6 012	7 642	26 004
2021	7 295	2 637	6 145	6 108	24 206
Evolution	0,7%	-14,8%	2,2%	-20,1%	-6,9%
	Emploi agricole (UTA)				
2013	6 886	6 560	8 264	11 537	35 260
2021	6 504	5 818	13 455	10 171	37 969
Evolution	-5,5%	-11,3%	62,8%	-11,8%	7,7%
	Superficie Agricole Utilisée (ha)				
2012	31 401	24 660	26 361	43 307	127 741
2020	29 809	23 035	32 374	41 940	129 178
Evolution	-5,1%	-6,6%	22,8%	-3,2%	1,1%
	Cheptel (UGB)				
2013	45 984	27 370	16 791	71 314	163 472
2021	37 512	32 564	27 854	79 847	179 798
Evolution	-18,4%	19,0%	65,9%	12,0%	10,0%

Source : ODEADOM – POSEI France RAE 202.

FIG. 10 – Évolutions structurelles entre 2012 et 2021 selon les départements.

	2013	2016	2019	2020	2021	Evolution
Nombre de bénéficiaires de l'aide	597	554	516	517	504	-15,6%
Tonnage commercialisé (t)	230 529	248 537	197 576	184 434	203 434	-11,8%
Surfaces en bananes (ha)	8 428	7 490	6 534	6 930	7 089	-15,9%
Valeur de la production (k€)	126 935	149 910	122 452	113 554	119 904	-5,5%
Aides versées (k€)	125 961	129 072	128 806	126 940	126 975	0,8%
Aides par producteur (€)	210 990	232 982	249 624	245 532	251 935	19,4%
Aides / Surfaces en banane (€/ha)	14 946	17 233	19 713	18 317	17 912	19,8%
Aides / Production commercialisée (€/t)	55	52	65	69	62	14,2%
Aides / Valeur de la production (€/t)	99%	86%	105%	112%	106%	6,7%

Source : ODEADOM – Rapport annuel d'Exécution du POSEI France 2021.

FIG. 11 – Évolution des aides aux producteurs antillais de bananes.

	2013	2016	2019	2020	2021	Evolution
Nombre de producteurs*	5 878	5 488	5 287	5 089	4 635	-21,1%
SAU totale (ha)	128 305	127 581	127 077	128 933	128 933	0,5%
Surface plantée en canne (ha)	38 690	38 060	38 352	37 742	37 271	-3,7%
Soit en % de la SAU	30,2%	29,8%	30,2%	29,3%	28,9%	-4,1%
Production de canne (t)	2 403 354	2 604 009	2 462 645	2 295 559	2 293 559	-4,6%
Rendement (t/ha)	62,1	68,4	64,2	60,8	61,5	-0,9%
Tonnages livrés aux distilleries	194 795	247 983	222 725	246 077	254 597	30,7%
Soit en % du total	8,1%	9,5%	9,0%	10,7%	11,1%	37,0%
Volumes de rhums produits (hap)**	261 966	276 368	306 457	327 522	325 259	24,2%
Dont rhums agricoles	101 242	125 617	122 211	139 366	137 723	36,0%
Soit en %	38,6%	45,3%	39,9%	42,6%	42,3%	9,6%
Production de sucre (en tonnes équivalent sucre blanc)	245 399	239 007	224 814	214 233	202 023	-17,7%
** Il s'agit du nombre de bénéficiaires de l'aide au tonnage de canne à sucre livré dans les centres de réception.*						
*** hap = hectolitres d'alcool pur*						

Source : ODEADOM – Rapport annuel d'Exécution du POSEI France 2021.

FIG. 12 – Principales évolutions de la filière « Canne – Sucre – Rhum » (Tous DOM).

Conséquence directe de la baisse d'animaux primés, le taux de couverture de la consommation par des viandes produites localement, déjà très faible en début de période, régresse significativement en Guadeloupe (-11 %) et en Martinique (-8 %). Il se maintient en Guyane et progresse légèrement à La Réunion (tableau 13). La production porcine éprouve également des difficultés à se développer, sauf ces dernières années à La Réunion. Ce département enregistre également une nette amélioration de son taux de couverture du marché local pour la viande de volailles.

Malgré des évolutions notables, la consommation locale de viande de volaille reste encore aujourd'hui majoritairement d'origine métropolitaine et communautaire (entre 85 et 96 %) pour les trois autres départements ultramarins (figure 13).

	2013	2016	2019	2020	2021	2021/2013
Montant total payé (k€)	15 934	15 443	14 507	14 299	13 460	-15,5%
Nombre de têtes primées	66 129	68 851	58 442	58 151	55 409	-16,2%
Dont ADMCA	40 943	37 517	35 796	34 402	33 150	-19,0%
Dont PAB	11 928	19 267	10 831	11 948	10 559	-11,5%
Dont PPR	13 258	12 067	11 815	11 801	11 700	-11,8%
Nombre de bénéficiaires	4 576	4 196	3 706	3 518	3 606	-21,2%
Dont ADMCA	2 625	2 480	2 108	1 993	1 993	-24,1%
Dont PAB	1 654	1 459	1 356	1 291	1 251	-24,4%
Dont PPR	297	257	242	234	362	21,9%

Source : ODEADOM – Rapport annuel d'Exécution du POSEI France 2021.

FIG. 13 – Évolution des primes animales (Tous DOM).

		2013	2016	2019	2020	2021	2021/2013
Viande bovine	Guadeloupe	37%	30%	28%	28%	26%	-11%
	Guyane	15%	24%	23%	24%	17,3%	2,3%
	Martinique	24%	21%	19%	21%	16%	-8%
	La Réunion	22%	21%	20%	29%	27%	5%
Viande porcine	Guadeloupe	25,1%	24,7%	23,7%	19,3%	21,1%	-4%
	Guyane	1%	3%	6%	5%	3,9%	2,9%
	Martinique	27%	27%	29%	26,4%	25,4%	-1,6%
	La Réunion	33%	37%	35%	53%	57%	24%
Viande de volaille	Guadeloupe	**	7,7%	9,0%	10,0%	13,0%	**
	Guyane	**	0,1%	4,0%	4,0%	4,0%	**
	Martinique	12%	13%	12%	13%	15%	3%
	La Réunion	39%	34%	38%	43%	46%	7%

Source : ODEADOM – Rapport annuel d'Exécution du POSEI France 2021.

FIG. 14 – Évolution des taux de couverture du marché local.

En ce qui concerne les aides POSEI en faveur des productions végétales de diversification elles sont passées, entre les années 2013 et 2021, de 17 millions d'euros à près de 34 millions grâce à un abondement national de près de 18 millions (figure 14). Pour les trois principales mesures d'aide à la mise en marché, les dépenses ont progressé de 80 %. Cette forte progression des aides s'est accompagnée d'une augmentation très sensible des tonnages aidés, augmentation toutefois inférieure à celle des aides versées. L'écart est particulièrement important pour les aides à la commercialisation hors région de production qui augmentent de 118 % alors que les volumes aidés ne progressent que de 12 %.

		2013	2016	2019	2020	2021	2021/2013
Aide à la commercialisation locale	Montant des aides versées (k€)	10 001	12 945	15 241	16 336	17 404	74%
	Tonnages de fruits et légumes aidés (t)	31 551	35 623	39 581	41 894	44 948	42%
Aide à la transformation	Montant des aides versées (k€)	1 423	2 085	2 089	2 191	2 355	65%
	Tonnages aidés (t)	3 745	4 645	4 865	4 989	5 492	47%
Aide à la commercialisation hors région de production	Montant des aides versées (k€)	2 067	4 182	4 134	4 094	4 515	118%
	Tonnages aidés (t)	5 598	5 811	6 187	5 115	6 290	12%
TOTAL des trois mesures	Montant des aides versées (k€)	13 491	19 212	21 464	22 621	24 274	80%
	Tonnages aidés (t)	40 894	46 079	50 633	51 998	56 730	39%

Source : ODEADOM – Rapport annuel d'Exécution du POSEI France 2021.

FIG. 15 – Évolution des mesures en faveur des productions végétales de diversification.

Comparés à la consommation de viandes, celle de fruits est mieux couverte par les productions locales. En effet, en moyenne, sur l'ensemble de la période 2013-2020, les taux de couverture sont relativement élevés en Guyane et à Mayotte (environ 94 % en moyenne sur les deux départements pour les produits bruts, 80 % pour l'ensemble des produits bruts et transformés). Ils sont sensiblement plus faibles pour la Réunion (62 % pour les produits bruts, 35 % pour l'ensemble des produits bruts et transformés) et surtout aux Antilles (respectivement 29 et 13 % pour les produits bruts seuls et produits bruts et transformés de Martinique, 43 et 17 % pour la Guadeloupe).

Pour les légumes, ces taux sont également élevés pour la Guyane (90 % pour les produits bruts, 81 % pour l'ensemble des produits bruts et transformés), Mayotte (87 % pour les produits bruts, 72 % pour l'ensemble des produits), et la Réunion (68 % pour les produits bruts, 48 % pour l'ensemble des produits) mais restent faibles aux Antilles (entre 26 et 38 % pour la Martinique et 43 et 55 % pour la Guadeloupe)[5].

5 Source : Couverture des besoins alimentaires dans les DROM – Avril 2022 – Note Observatoire EAOM n° 2022 02.

CONCLUSION AU CHAPITRE

On constate que les deux départements antillais (Guadeloupe et Martinique) voient globalement leur situation économique se dégrader au cours de la dernière décennie. La valeur de la production agricole diminue pour les deux territoires et, malgré l'importance des subventions, les ressources totales dégagées par le secteur agricole sont en baisse. La forte augmentation des charges amplifie le recul et, *in fine*, le revenu dégagé au niveau de la branche enregistre une baisse de 10 % à la Martinique et de 24 % à la Guadeloupe, entre 2010 et 2021. La situation est nettement plus favorable à La Réunion, département où la valeur de la production agricole progresse de 12 %. Couplée à une forte augmentation des subventions (+32 %) et à une bonne maitrise des charges (+2 % seulement pour l'ensemble des consommations intermédiaires), cette progression se traduit par un revenu global en hausse de 26 %. Enfin, s'agissant de la Guyane, ce territoire se caractérise par une très forte dynamique agricole. La valeur de la production agricole a augmenté de 43 % en une décennie ce qui, en dépit d'une baisse des subventions et une intensification de la production, a permis au revenu d'afficher une progression de 39 %.

En résumé, alors que le secteur agricole guyanais ne bénéficie actuellement que de 4 % du total des concours publics octroyés aux départements d'Outre-mer, l'agriculture y connait néanmoins un très fort développement. Au cours de la dernière décennie la surface cultivée a en effet progressé de 23 %, le cheptel de 66 % et le nombre de travailleurs agricoles de 63 %. Ce fort dynamisme au niveau des structures s'est traduit par une augmentation de 39 % du revenu global dégagé par la branche. L'évolution de la situation économique du secteur est également favorable à La Réunion avec une progression du revenu global de 26 % entre les années 2010 et 2021. Au niveau structurel on constate toutefois un recul de 20 % du nombre d'exploitations agricoles, de 12 % du nombre de travailleurs agricoles et de 3 % des superficies cultivées. Le cheptel détenu augmente quant à lui de 12 %. Rappelons que ce département bénéficie aujourd'hui de 34 % des aides POSEI, soit un peu plus de 114 millions d'euros et de 296 millions de soutiens publics (subventions et autres types de soutiens). Enfin, en dépit des 376 millions d'euros de soutiens publics dont bénéficient les Antilles, la situation économique du secteur agricole s'est fortement dégradée au cours de la dernière décennie avec une baisse du revenu de la branche de 10 % à la Martinique et de 24 % en Guadeloupe. L'emploi agricole recule dans les deux départements, de même que les superficies cultivées. L'importance des soutiens publics, le ciblage des aides et leur couplage à la production n'ont donc pas été suffisants pour éviter le recul du secteur agricole de ces deux départements.

Enfin, comme le souligne un rapport récent de la Cour des Comptes, « l'octroi de la majorité des aides POSEI étant conditionné à l'adhésion à une organisation de producteurs, elles excluent le secteur vivrier et le secteur informel, fortement développé sur ces territoires ». De ce fait, les auteurs du rapport estiment que « les aides publiques bénéficient à moins de la moitié des exploitations agricoles outre-mer et même à moins de 10 % des exploitations en Guyane. Les exploitations bénéficiaires d'aides publiques ont perçu, en moyenne, 22 343 euros de soutiens en 2020, soit autant que les petites exploitations agricoles de métropole (22 920 euros), malgré des surfaces moyennes beaucoup plus faibles (moins de 10 ha contre 53 ha pour les petites exploitations en métropole). Cette moyenne cache néanmoins d'importantes disparités : 50 % des bénéficiaires perçoivent en effet moins de 2 600 € d'aides par an, 10 % plus de 32 100 € et 1 % plus de 274 900 €[6] ».

Alain BLOGOWSKI
Ancien chef du bureau
de l'évaluation et de la prospective
au ministère de l'Agriculture

6 *Cf.* « Les subventions à l'agriculture et à la pêche en outre-mer » – Cour des comptes – 15 septembre 2023.

DE LA TRANSITION DE SYSTÈME À L'INTÉGRATION DANS LA PAC

Les politiques agricoles des États membres de l'Est européen

Trois décennies après la mise en œuvre d'une transition de système impliquant l'adoption des principes de l'État de droit et des règles de l'économie de marché, les onze nouveaux États membres[1] qui ont rejoint l'Union européenne (UE) participent à la Politique Agricole Commune (PAC) dans les mêmes conditions que les anciens États membres. Les agricultures de ces États y sont parvenues au terme d'un parcours inédit pour s'extraire d'un collectivisme agraire qui leur avait imposé les logiques d'une appropriation sociale des moyens de production et d'une économie administrée et planifiée. La volonté de rupture avec ce système, affichée par les régimes post-communistes dès 1990, a requis de leur part d'exigeantes réformes afin de s'insérer dans l'économie de marché et d'opérer les privatisations jugées nécessaires pour faire émerger des acteurs économiques autonomes. L'intention de devenir membre de la Communauté européenne, annoncée par la plupart de ces pays dès 1990-1991, demandait la réalisation d'un vaste ensemble de réformes les préparant à rejoindre celle-ci, dans le respect des principes et des normes de son organisation. Dans cette perspective, ils ont bénéficié de l'assistance consentie par Bruxelles pour accompagner l'ouverture de leurs marchés, le réaménagement de leurs structures de production, le redressement des capacités productives de leurs agricultures.

Par leur ampleur et leur complexité, les transformations accomplies invitent à considérer la manière dont les ambitions de réformes

1 En 2004, l'Estonie, la Lettonie, la Lituanie, la Pologne, la République tchèque, la Slovaquie, la Hongrie, en 2007, la Roumanie et la Bulgarie, et la Croatie en 2013. Les dates d'adhésion décalées signalent les difficultés éprouvées par la Roumanie et la Bulgarie pour satisfaire aux conditions d'entrée.

politique, économique et sociale ont été articulées aux objectifs des politiques agricoles proprement dites[2], tant en ce qui concerne leurs modes d'intervention respectifs que leur mise à l'agenda politique. L'ensemble de ces changements participe d'une dynamique processuelle complexe dont il convient de repérer les moments clés en soulignant les grandes lignes de la recomposition des structures agraires qu'ils provoquent.

Une première phase de transformation, au cours de la décennie 1990, découle de la mise en place de réformes ayant pour objet de redistribuer les droits de propriété sur la terre et sur le capital de production, par l'adoption d'un ensemble de lois organisant la privatisation des anciennes exploitations collectives[3]. Le mode de production collectiviste avait juxtaposé deux formes sociales de production, les coopératives et les fermes d'État, différentes par leur arrière-plan historique, leur répartition territoriale et leur importance relative selon les pays. Les réformes engagent la conversion du statut juridique et du mode de gouvernance des exploitations collectives qui dans le même temps entreprennent de s'ajuster aux règles de l'économie de marché. En Pologne et en Slovénie, où les paysanneries avaient résisté à une collectivisation intégrale et détenaient une part prépondérante des terres agricoles, le passage à l'économie de marché déstabilise l'activité des petites exploitations.

Une deuxième séquence de restructuration s'amorce, au tournant des années 2000, lors de la préparation de l'adhésion qui requiert l'adoption des principes et des normes fondant l'organisation communautaire, pour prendre sa pleine mesure au lendemain de l'intégration. La mutation agraire se prolonge à travers une recomposition des structures de production qui tend à sélectionner les opérateurs économiques les plus efficients. À partir de 2004, les agricultures des nouveaux États membres (NEM) commencent à percevoir les aides directes de la PAC et à bénéficier des mesures de développement rural du second pilier. Le financement accordé par ces dispositifs d'intervention favorise l'essor des capacités productives et la progression des performances économiques.

Si, au début de la décennie 1990, les choix politiques guidant les réformes ont relevé de la décision souveraine de chaque État, à la suite de

---

2 Sous le terme de politique agricole nous entendons au sens large les interventions publiques appliquées à l'agriculture et au développement rural. Thierry Pouch propose huit définitions différentes en fonction du cadre théorique auquel on se réfère (Pouch, 2002).

3 Le terme générique « exploitations collectives » désigne les coopératives de production agricole (*kolkhoz* en Union soviétique) et les fermes d'État (*sovkoz*).

l'accession à la PAC, les NEM se sont saisi des dispositifs communautaires pour en décliner les visées dans leurs domaines d'action respectifs, en accord avec le principe de subsidiarité. Trente ans plus tard, leurs politiques nationales témoignent de leur ambition de préserver les intérêts de leurs producteurs agricoles, de maitriser leur redressement économique, d'affirmer leur souveraineté étatique. Les onze États membres composant l'Europe de l'Est[4] s'étendent des rives de la Baltique aux rivages de l'Adriatique et de la mer Noire, de la Bohême tchèque au littoral bulgare, et offrent une grande variété de milieux naturels et de paysages agraires. Ainsi délimitée, la zone d'étude couvre les territoires de l'ancien glacis du bloc de l'Est qui se sont libérés de la domination soviétique en 1990-1991, et se positionnent à présent sur le flanc oriental de l'Union européenne. L'étude entend retracer les principales tendances d'évolution communes aux agricultures post-collectivistes, sans se priver d'accorder une attention plus grande à quelques-uns de ces pays producteurs.

DE LA SORTIE DU COMMUNISME À L'ADHÉSION
Les réformes de la transition post-collectiviste

LA DÉCOLLECTIVISATION : UNE PRIORITÉ POLITIQUE

À la suite de la rupture quasi simultanée avec le régime communiste et la domination soviétique, les pays d'Europe centrale et orientale (PECO)[5] s'engagent dans une transition de système politique et économique[6], inaugurée par le double changement du mode de régulation

4 Le terme « Europe de l'Est » a une résonnance géopolitique, l'expression « Europe centrale et orientale » relève d'une approche géographique.

5 Ces pays d'Europe centrale et orientale désignés par l'abréviation « PECO », ont été reconnus en tant que « pays candidats » à partir de la phase de pré-adhésion, puis qualifiés de « nouveaux États membres » lors de leur accession à l'UE. Plus récemment, l'expression ambigüe d'Europe de l'Est a ressurgi.

6 L'emploi de ce terme est ici une commodité de langage qui n'implique pas le ralliement au paradigme de la « transition vers l'économie de marché » que recommandaient les organisations financières internationales. Notre analyse s'inscrit dans une perspective évolutionnaire qui reconnait le poids des héritages historiques comme le rôle des réformes institutionnelles.

économique et des formes d'appropriation des moyens de production. Ces deux volets vont progresser de manière combinée, à des rythmes et selon des voies nationales variés.

À peine libérées de la tutelle étatique planificatrice, les agricultures des PECO sont soumises à une véritable avalanche de réformes structurelles qui, dans un premier temps au moins, désorganisent leurs conditions d'activité. Le passage vers l'économie de marché introduit de nouvelles règles du jeu[7] et entraine la désorientation des exploitations agricoles qui subissent une violente crise économique, du fait de la dérégulation et du désengagement de l'État. La libération des prix des produits, suivie d'une flambée du coût des intrants, le repli de la demande sur les marchés intérieur et extérieur, exercent des effets dévastateurs sur le secteur agricole qui bascule « d'un choc excédentaire à la récession » (Pouliquen, 1993). Largement inexpérimentés face à de tels bouleversements, les nouveaux gouvernements hésitent à formuler des politiques spécifiques au secteur agricole, en se bornant, dans la plupart des cas, à introduire des mesures de protection des marchés de produits agricoles. De manière générale, les responsables politiques ne prêtent pas une attention suffisante au choix d'un nouveau modèle agricole destiné à remplacer le collectivisme agraire[8]. Comme dans l'ensemble de l'économie, ils s'en remettent aux opérateurs économiques pour engager la privatisation du secteur agricole.

Les politiques de décollectivisation ont dû arbitrer entre des options plus ou moins explicitement formulées s'agissant du changement de modèle économique et social en agriculture, et en conséquence, elles ont emprunté des voies plurielles en fonction des rapports de force sur les scènes politiques nationales[9]. Le débat sur la privatisation a opposé des acteurs aux intérêts économiques distincts. Les anciens propriétaires, spoliés par la collectivisation, réclamaient le retour de leurs terres tandis que les dirigeants des exploitations collectives, qualifiés de « barons verts » (Swain, 2013), prétendaient défendre les capacités productives du secteur agricole. La grande majorité des actifs agricoles, démunis de toute structure représentative, ne constituait pas une force sociale organisée, en mesure de faire entendre sa voix.

---

7 Mises en œuvre dans le cadre de politiques de stabilisation macro-économique.

8 Système reposant sur l'appropriation sociale de la terre et des moyens de production et l'organisation collective du travail, fonctionnant dans le cadre d'une économie administrée.

9 Processus de sortie du collectivisme impliquant la dissolution de ce mode d'organisation et le transfert des droits de propriété à des acteurs économiques autonomes.

Dans un contexte de vives tensions, la priorité reconnue à la privatisation a placé le législateur devant la responsabilité de définir les principes d'une redistribution des droits de propriété sur la terre et le capital de production (Hann, 2003). De retour sur la scène politique, divers partis politiques historiques, inspirés par une idéologie agrarienne, demandaient « un propriétaire pour chaque parcelle de terre ». Au nom d'une justice réparatrice, la demande de retour des terres aux anciens propriétaires a imposé une sorte de préalable, dont le règlement a fait l'objet de lois de restitution des biens en Tchécoslovaquie (Zrincsak, 1997) ou de compensation de leur valeur en Hongrie (Maurel, 1994). La privatisation du capital de production et la transformation juridique des exploitations coopératives ont fait l'objet de lois séparées. En Europe centrale, dans les États baltes devenus indépendants en 1991 (Zvinkliene, 1995), des dispositifs régis par un agenda précis ont ordonnancé le transfert des droits de propriété en agriculture. Ailleurs, les voies suivies par la décollectivisation ont été plus chaotiques. En Roumanie, le démantèlement des coopératives s'est engagé de manière spontanée à l'initiative de leurs membres (Rey, 1996) (von Hirschhausen, 1997). La loi sur le fonds foncier, adoptée en février 1991, témoignait d'une volonté de réforme agraire animée par un principe d'égalité, en combinant la restitution des biens dans la limite de dix hectares par ménage et l'attribution de parcelles aux employés des coopératives dissoutes. En Bulgarie, d'incessants changements de majorité gouvernementale ont conduit à réviser les dispositifs rétablissant dans leurs droits une masse de petits propriétaires qui n'ont eu d'autre choix que de laisser leurs biens au sein des coopératives réformées (Giordano, Kostova, 1995).

Les politiques de privatisation en agriculture ont emprunté des voies relativement complexes dont seules les grandes lignes sont ici retracées. La distinction établie par la doctrine socialiste entre propriété coopérative (d'un collectif) et propriété étatique (du peuple tout entier), a justifié la conception et l'application de cadres juridiques propres à chaque secteur. Les dispositifs ont combiné plusieurs approches : la pleine reconnaissance des droits sur la terre et les biens apportés par les membres des coopératives, la restitution ou la compensation des biens confisqués aux anciens propriétaires, l'attribution de parcelles aux travailleurs agricoles. Ces modalités concernaient diverses catégories d'ayants droit : les anciens propriétaires ou leurs descendants, les membres des coopératives ayant apporté leurs terres, leur cheptel et leur matériel, les employés n'ayant contribué que par leur travail. Pour ces divers groupes, la réappropriation d'un bien foncier ne présentait ni la même signification patrimoniale ni la même valeur économique. La mise en œuvre des procédures de redistribution des droits sur le foncier a eu pour effet immédiat de recréer une multitude de petits propriétaires dont l'intérêt pour l'usage agricole de la terre s'annonçait fort variable. Les modalités de transfert des droits de propriété sur le capital d'exploitation (bâtiments, cheptel et matériel) ont été incorporées aux lois régissant la conversion du statut des coopératives de production. La répartition des parts sociales, après évaluation du capital d'exploitation, a été mesurée selon divers critères (l'apport initial en biens, la contribution en travail des ayants droit). Dans la plupart des pays[10], la transformation du statut juridique des coopératives, laissée à l'initiative de l'assemblée des membres, s'est réalisée de manière plus rapide que la privatisation des fermes d'État, conduite sous le contrôle d'agences publiques, selon des modalités diverses : mise en gérance ou en location, mise en vente des terres, transformation en société de droit privé[11].

LA REFONDATION DES RÉGIMES DE PROPRIÉTÉ

La transformation des droits de propriété sur la terre, pierre d'angle de la transition post-collectiviste en préalable à toute politique agricole, a demandé la mise en place d'un cadre de régulation des nouveaux régimes fonciers et la réorganisation des systèmes d'administration foncière. La reconnaissance des droits de propriété sur la terre a pris pour référence les documents cadastraux antérieurs à la période communiste lorsqu'ils avaient été conservés[12]. L'adoption d'un corpus de lois établissant les principes et les modalités de la réaffectation des droits de propriété sur

10 En Lituanie, les mêmes procédures de transformation ont été appliquées indifféremment aux kolkhozes et aux sovkhozes hérités de l'occupation soviétique (Mačiulyte, 1995).

11 En Hongrie, la privatisation d'une partie des fermes d'État a été différée d'une décennie, en Roumanie, elles sont restées sous le contrôle de l'État, qui les a converties en sociétés commerciales. En Pologne, la gestion et la privatisation des terres du secteur d'État ont été confiées à une Agence publique (Agence de la propriété agricole du Trésor d'État).

12 L'organisation d'une administration foncière moderne a demandé un travail de mise à niveau exigeant la refonte des cadastres pour pouvoir délivrer les titres de propriété et enregistrer les transactions foncières, une condition nécessaire à l'établissement de marchés fonciers fonctionnels et transparents.

la terre a été suivie de l'élaboration des dispositifs normatifs encadrant les rapports de propriété et réglementant le transfert des droits de propriété, de manière à garantir leur sécurisation. Si les régimes fonciers post-collectivistes présentent des traits communs qui tiennent aux héritages agraires et aux politiques de privatisation adoptées, les dispositifs juridiques régulant les conditions d'acquisition et de protection de la propriété portent la marque de réglementations diversement libérales selon les politiques nationales[13]. De manière générale, le marché foncier de l'achat-vente a fait l'objet d'une réglementation plus stricte que celui de la location qui a joué un rôle essentiel dans la reconfiguration des structures d'exploitation. Des restrictions ont frappé l'acquisition de la terre agricole par les investisseurs étrangers, les soumettant à diverses exigences d'antériorité de résidence et d'exercice d'une activité agricole dans le pays.

TRAJECTOIRES DE RECONFIGURATION DES STRUCTURES D'EXPLOITATION

Les itinéraires de sortie du collectivisme ont été majoritairement orchestrés sur la base d'une privatisation des terres et des biens, au bénéfice de catégories d'ayants droit aux compétences et aux intérêts pour le moins disparates. Deux effets majeurs doivent être soulignés. En premier lieu, le mode de distribution des droits de propriété sur la terre a entrainé une fragmentation de la trame foncière (Hartvigsen, 2014) qui rappelait le morcellement des structures foncières d'avant la collectivisation[14]. En second lieu, les dispositifs juridiques réglant le transfert des droits de propriété ont eu pour conséquence majeure de désassembler les facteurs de production essentiels en agriculture que sont la terre, le capital et le travail. L'application de ces règles a largement déterminé les modes de recomposition des droits de propriété et d'usage sur la terre et le capital, et la reconfiguration des exploitations agricoles. Les possibilités de réappropriation concrète des biens par les bénéficiaires ont été fonction de leur capacité à s'engager dans un projet de création ou de reprise d'une exploitation agricole, en fonction de leur

13 Ainsi en est-il de la taille maximale autorisée de l'exploitation agricole en fonction de son statut juridique.

14 La restitution s'est fondée sur les droits de propriété issus des réformes agraires réalisées antérieurement aux campagnes de collectivisation.

dotation initiale en facteurs de production. Dans leur grande majorité, les travailleurs agricoles ne maitrisaient pas les savoir-faire indispensables pour gérer une exploitation agricole, tandis que les anciens propriétaires et leurs héritiers avaient rompu tout lien avec l'activité agricole.

De manière générale, seuls les « spécialistes » (techniciens, ingénieurs, vétérinaires) et les cadres dirigeants des exploitations collectives disposaient des aptitudes managériales requises pour relever le défi de la conduite d'une exploitation. De ce fait, la recomposition des rapports de propriété s'est largement opérée à l'initiative et au bénéfice des acteurs les plus entreprenants et les mieux placés pour se saisir des opportunités et contrôler l'accès au foncier comme au capital social, dont les effets économiques pèsent sur l'orientation des politiques agricoles jusqu'à aujourd'hui.

Les logiques d'acteurs et les stratégies d'assemblage du couple propriété/exploitation conduisent à distinguer des formes sociales post-collectivistes originales :

- Une première forme sociale est le fruit d'une large redistribution des droits de propriété sur la terre aux membres et employés des coopératives qui ont pu agrandir le traditionnel lopin attribué par le système collectiviste. Le nombre des micro-exploitations a bondi en Lituanie, en Hongrie, en Bulgarie et surtout en Roumanie, tandis que leur présence est restée, sinon marginale du moins faible, en République tchèque, Slovaquie et Estonie. Dans un contexte de crise et de montée du chômage, ces petites exploitations de subsistance ont joué un important rôle d'amortisseur social ;
- Une deuxième voie de recomposition procède d'une concentration des terres au profit de structures de grandes dimensions et disposant des équipements d'une grande agriculture mécanisée. De nombreux petits propriétaires, résidant en ville ou trop âgés, ont préféré louer les terres restituées. En l'absence de marché foncier organisé, seules les grandes exploitations-successeurs[15], converties en coopératives de propriétaires, en associations ou en sociétés agricoles, étaient en mesure de prendre en location les terres, moyennant le versement d'une rente foncière. La concentration foncière par la « tenure

15 Expression générique désignant les exploitations issues de la transformation des anciennes exploitations collectives.

inversée[16] » est devenue la voie prépondérante de la recomposition des structures en Tchéquie, Slovaquie, Bulgarie, Estonie, et largement présente en Hongrie et en Roumanie. Sans être de taille géante comme les exploitations qui les avaient précédées, ces macro-exploitations sociétaires ont réussi à préserver une assise foncière de l'ordre de plusieurs centaines d'hectares (Pouliquen, 2011) ;

– La création d'exploitations de taille moyenne a été le fait d'une minorité de ceux qui ont pu se réapproprier un bien foncier. L'opportunité de retirer des terres et des instruments de travail des coopératives a permis à des agriculteurs de s'installer de manière indépendante. De type individuel ou familial, ces exploitations se différencient par leur faible niveau d'équipement et l'orientation de la production tournée vers le marché sans renoncer à l'autoconsommation. Renouant avec une logique fondée sur une articulation étroite entre la terre, le capital et le projet familial, leur assise foncière combine faire-valoir direct et indirect. Les difficultés éprouvées par ces agriculteurs nouvellement installés pour accéder au crédit, bénéficier d'une assistance technique adéquate et écouler la production sur le marché ont pu entraver la réalisation de leur projet. Des politiques de soutien à l'agriculture de type familial ou patronal ont appuyé leur consolidation (Lituanie, Lettonie, Hongrie) mais elles ont rarement été durables, en raison des changements de majorité politique.

À l'issue de ce premier acte de la restructuration post-collectiviste, la différenciation territoriale des profils structurels est en place (Maurel, Lacquement, 2007). Une dominante de grandes exploitations de type sociétaire, détenant une part prépondérante de la SAU, caractérise plusieurs agricultures (République tchèque, Slovaquie, Estonie, Bulgarie). Une relative diversité de structures individualise la Hongrie (Vandenbroucke, Feher, 2011) et s'affirme en Lituanie (Mačiulyte, Maurel, 1998) et Lettonie. La Roumanie affiche une dualité agraire associant un très grand nombre de petites exploitations et des exploitations de grande taille. La Pologne et la Slovénie où dominent de petites et moyennes exploitations forment un cas à part. Le déroulement de ces restructurations s'est accompagné

16 La « tenure inversée » désigne la situation dans laquelle de petits propriétaires cèdent en location leurs terres à des tenanciers qui opèrent une concentration du foncier au profit de grandes exploitations (Colin, 2014).

de la réduction de l'emploi agricole, de la montée du chômage rural en lien avec la réduction des excédents de main d'œuvre et la mise en faillite des exploitations dont la viabilité n'était pas assurée. Leurs effets ont contribué à déstabiliser des territoires ruraux dont l'agriculture collectivisée avait jusque-là pris en charge la quasi-totalité de l'activité économique et sociale. En quelques années, un délestage massif des actifs agricoles s'est déclenché, qui visait à redresser une productivité du travail très inférieure à celle des agricultures d'Europe occidentale. L'entreprise de rattrapage demandait une assistance particulière de la part de la Communauté européenne dans la perspective d'une future adhésion.

UN TEMPS DE PRÉ-APPRENTISSAGE EN VUE DE L'ADHÉSION

Dès l'instant où les pays d'Europe de l'Est ont été libérés de la domination soviétique, ils ont exprimé leur aspiration d'un « retour à l'Europe », à sa culture et à ses valeurs. Ce vœu appelait l'adhésion aux principes de l'État de droit et de la démocratie, et la réorientation de leurs échanges vers l'Europe de l'Ouest. Le basculement de l'ordre géopolitique continental ouvrait la voie d'un nouvel élargissement de la construction européenne[17]. La Communauté économique européenne (CEE) et ses États membres (au nombre de 12 à l'époque)[18] ont décidé d'apporter leur aide à la transition de système, sans pour autant prendre d'engagement sur l'échéance du rapprochement. Dès la fin de l'année 1989, la Commission européenne a pris l'initiative d'accorder une assistance financière et technique, dans le cadre du programme communautaire PHARE[19], pour aider la Pologne et la Hongrie à engager leur transition. Dès décembre 1990, des discussions ont été ouvertes concernant l'association de trois pays d'Europe centrale (Hongrie, Pologne, Tchécoslovaquie). De 1991 à 1995, la CEE a signé des accords d'association avec dix pays qui s'étaient porté candidats à l'adhésion. Ces accords avaient pour objectif de créer progressivement une zone de

---

17 Au moment même où la Communauté européenne devenait l'Union européenne (traité de Maastricht, signé le 7 février 1992 et entré en vigueur au 1er novembre 1993).

18 L'Autriche, la Finlande, la Suède sont entrées dans l'UE au 1er janvier 1995.

19 Sous l'acronyme PHARE (Pologne, Hongrie, aide à la reconstruction économique), le programme d'aide communautaire a été l'un des instruments de préadhésion financés par l'Union européenne pour aider les pays candidats d'Europe centrale et orientale (Estonie, Hongrie, Lettonie, Lituanie, Pologne, Slovaquie, Slovénie et République tchèque, ainsi que la Bulgarie et la Roumanie) dans leurs préparatifs d'adhésion à l'Union européenne.

libre-échange bilatéral entre la CEE et chacun des pays signataires, dans un délai de dix ans (Lhomel, 1992). Pour les pays candidats, le projet de rejoindre l'Europe représentait un défi additionnel qui supposait de remplir les critères fixés par le Sommet de Copenhague (1993), le respect des principes de la démocratie libérale, de l'État de droit et d'une économie de marché fonctionnelle. Les conditions d'entrée ont été par la suite affinées (Madrid, 1995, Luxembourg, 1997, Helsinki, 1999). La décision d'un nouvel élargissement s'est traduite par l'ouverture de négociations avec un premier groupe de pays, en 1998, puis avec un second groupe, en 2000. La préparation s'est intensifiée, concrétisée par l'impératif de reprise de l'acquis communautaire, c'est-à-dire l'application des règles et normes communautaires. Dans les domaines de l'agriculture et de la ruralité, le processus s'est accompagné d'une aide substantielle de l'UE dans le cadre de l'instrument de pré-adhésion SAPARD[20], destiné à financer des mesures de soutien à la restructuration et à la modernisation de l'agriculture, ainsi qu'au développement rural, pour la période 2000-2006. Le programme SAPARD avait pour objectif de préparer les pays candidats à l'utilisation efficace des fonds structurels par la mise en place des institutions nécessaires[21]. La perspective de l'adhésion à l'UE demandait une complète réorganisation de leur administration foncière (Bogaerts, Williamson, Fendel, 2002), l'alignement sur les standards européens, l'introduction des instruments nécessaires à la mise en œuvre des mesures de la PAC, tels que le système intégré de gestion et de contrôle (SIGC)[22]. Le soutien financier et l'assistance technique accordés par Bruxelles ont permis de refonder les systèmes d'administration foncière dans le respect des normes européennes, sans toutefois renoncer aux traditions juridiques et administratives propres à chaque pays. Les actions promues par l'instrument de pré-adhésion ont encouragé l'élaboration de programmes opérationnels de développement rural (PODR) par les gouvernements des pays candidats. Avant même leur adhésion, la Hongrie et la Pologne ont expérimenté le programme

20 *Special Accession Programme for Agricultural and Rural Development* (SAPARD).

21 Chaque pays était invité à mettre en place un organisme payeur, un système intégré de gestion et de contrôle (SIGC) des paiements directs octroyés au titre de la PAC, à renforcer sa capacité administrative (*capacity building*), notamment en matière de gestion des subventions et d'application des mesures.

22 Le système garantit une identification unique de chaque agriculteur ainsi que de toutes les parcelles agricoles. Il doit être établi sur la base d'un plan cadastral à jour.

pilote LEADER+ qui leur a permis de financer les premiers groupes d'action locale (Halamska, Maurel, 2010).

Parallèlement à ce large ensemble de préparatifs destinés à l'adaptation des institutions aux normes européennes, la PAC était elle-même affectée par une série de réformes modifiant le cadre destiné à accueillir les nouveaux entrants. À l'issue d'une décennie de difficiles négociations conduites par la Commission européenne avec les pays candidats, huit nouveaux États membres ont rejoint l'UE en 2004, l'entrée de la Roumanie et de la Bulgarie étant repoussée à 2007. Les nouveaux États membres intègrent l'UE avec des économies agricoles incomplètement restructurées[23] et des espaces ruraux ébranlés par les effets du démontage des structures collectivistes et le handicap d'une lourde charge humaine dans les campagnes (Pologne, Slovaquie, Hongrie, Lituanie). Compte tenu du processus de décapitalisation résultant de la conversion de statut des exploitations agricoles, de la faiblesse des investissements, le niveau de compétitivité de ces économies agricoles était sensiblement inférieur à la moyenne des pays européens (Pouliquen, 2001). Les échanges agroalimentaires extérieurs amorçaient un lent rééquilibrage. Conçue pour soutenir la modernisation et renforcer la compétitivité des agricultures des anciens États membres, la PAC était-elle en mesure de répondre aux considérables besoins de restructuration des agricultures des nouveaux entrants ? Les règles du marché unique pouvaient-elles être mises en œuvre sans risque de concurrence dommageable entre anciens et nouveaux États membres ? Autant de questions que la perspective de l'élargissement n'a pas manqué de soulever, dans la mesure où celui-ci mettait en contact frontal des mondes agricoles aux histoires agraires distinctes et susceptibles d'entretenir des vues divergentes du rôle de la PAC et du marché unique.

23 À cet égard, le document de réflexion de la Commission européenne en date du 30 janvier 2002, faisait état des médiocres performances et des structures défavorables de ces agricultures. « L'élargissement et l'agriculture : l'intégration réussie des nouveaux États membres dans la PAC », 30 p.

LA MISE EN ŒUVRE DE LA POLITIQUE AGRICOLE COMMUNE PAR LES NEM (2004-2013)

LES DÉFIS DE L'ÉLARGISSEMENT

La perspective du « grand élargissement » a fait figure de gageure, tant pour les pays candidats, pour lesquels l'approche de ce moment clé clôturait une laborieuse transition de système, que pour les anciens États membres, qui appréhendaient les incertitudes d'un projet préparé sans réelle vision partagée (Chavance, 2004). Dès l'ouverture des négociations, les conditions politiques et financières de l'intégration des pays candidats ont suscité de vives tensions qui risquaient de réduire les implications de l'adhésion au seul rapport des coûts et bénéfices respectifs, en sous estimant « les écarts subsistants entre les orientations effectives des politiques agricoles des PECO et celle de la PAC » (Pouliquen, 2001). L'entrée dans l'UE d'économies agricoles incomplètement restructurées et aux faibles niveaux de compétitivité effective posait la question des conséquences pour les marchés intérieurs et extérieurs en termes de distorsions de concurrence (Pouliquen, 2011). Leur prise en compte réclamait d'ajuster les conditions exigées par l'UE à l'accession des pays candidats, autant de sujets cruciaux qui ont été au cœur de négociations tendues.

Au-delà des enjeux d'ordre économique, c'est un modèle institutionnel que l'UE proposait de transférer à travers l'acquis communautaire[24]. Condition *sine qua non* imposée par les critères de Copenhague, la transposition de l'acquis communautaire dans la législation nationale de chaque État membre constituait le cœur du programme d'action en vue de l'adhésion. Il proposait un processus d'institutionnalisation de règles formelles, de procédures et de normes définies au niveau européen qu'il s'agissait d'incorporer dans les politiques publiques au niveau national. La mise en œuvre des principes et des mécanismes propres à la PAC demandait que les États candidats soient dotés des institutions indispensables et conformes aux normes européennes. Le discours

24 Terme politico-juridique correspondant au socle commun de droits et d'obligations qui lie l'ensemble des États membres au titre de l'UE. Aux fins de négociation entre l'UE et les pays candidats, l'acquis a été divisé en 31 chapitres. S'agissant de l'agriculture, la reprise de l'acquis communautaire relevait du chapitre 7.

dominant mettant en avant l'européanisation[25] conférait une marque de légitimité à cet ample mouvement de transfert des dispositifs institutionnels. L'ambition du projet politique pouvait-elle se limiter à un processus d'européanisation, entendu au sens normatif, dont l'avancée était tenue comme le principal indicateur de succès des politiques publiques européennes ? De quelle manière la pression exercée par le programme d'action de l'UE allait-elle infléchir les stratégies agricoles des nouveaux entrants ? L'émergence d'un niveau de gouvernement supérieur au niveau national, en matière d'orientation des politiques agricoles, modifiait radicalement la place de l'acteur étatique et son rôle de décideur. Indépendamment de l'adoption du modèle institutionnel européen et des contraintes l'accompagnant, quel serait l'impact des opportunités offertes par les mesures de la PAC sur le rattrapage du retard de compétitivité et les dynamiques de modernisation ?

L'AJUSTEMENT DES CONDITIONS D'ADHÉSION

Les conditions d'adhésion ont été précisées par l'Agenda 2000[26]. Les négociations concernant le chapitre agricole ont révélé plusieurs points d'achoppement entre les pays candidats et les instances dirigeantes de l'UE qui avaient trait respectivement au versement des aides directes de la PAC, à la détermination des quotas de production et des instruments de gestion de l'offre, enfin à l'achat de terres agricoles par des investisseurs européens.

L'accès aux aides directes des pays entrants a constitué l'écueil le plus sérieux[27]. À l'origine, la Commission européenne avait écarté l'idée de leur en accorder le bénéfice, une position jugée inacceptable par les pays candidats qui considéraient que la privation d'aides introduisait

25 La notion d'européanisation s'entend au sens normatif, à savoir la création d'institutions sur le modèle européen, la diffusion et l'institutionnalisation des règles, des normes et des pratiques de l'UE, impliquant l'adaptation des structures administratives et des systèmes juridiques, etc. Dans un sens élargi, la notion s'applique au processus de rapprochement des sociétés et des systèmes, à la progression du processus de convergence des nouveaux États membres avec les anciens membres de l'UE.

26 Lors du Conseil européen de Berlin (26 mars 1999), les Quinze adoptent l'Agenda 2000 qui fixe un programme d'action relatif au fonctionnement interne de l'Union européenne, à la mise en place d'un nouveau cadre financier, à la réforme de la politique agricole commune (PAC) et au processus de préadhésion des pays candidats avant l'élargissement de l'UE.

27 La question de leur versement avait été laissée en suspens par l'accord de Berlin validant les perspectives financières pour la période 2000-2006.

une « PAC au rabais ». Dès lors que les paiements directs relevaient de l'acquis agricole, les nouveaux entrants ne pouvaient en être exclus durablement. L'accord conclu à l'issue du Conseil européen de Copenhague (décembre 2002) ménageait un accès progressif aux aides directes de la PAC leur attribuant 25 % des aides en 2004, 30 % en 2005, 35 % en 2006 et 40 % en 2007, puis une augmentation de 10 % par an permettant d'atteindre 100 % en 2013. Les NEM étaient autorisés à compléter les aides versées en transférant jusqu'à 30 % des crédits destinés au second pilier pour la période 2004-2006[28] et en mobilisant des ressources nationales. L'ensemble de ces mesures annonçait un formidable soutien financier pour la poursuite de la restructuration de ces agricultures.

La détermination des quotas de production[29] a constitué un autre point de tension. La difficulté résidait dans le choix des références historiques pour déterminer les quotas conditionnant les capacités de développement des filières concernées. La décision de retenir les données de la deuxième moitié de la décennie 1990, correspondant à un début de redressement des productions des pays candidats, présentait une solution sans doute acceptable mais jugée décevante. Ces solutions de compromis au sujet de l'introduction progressive des aides, du choix des références historiques, participaient d'une sorte de marchandage que le souci de Bruxelles de maitriser la charge financière pesant sur le budget communautaire justifiait en partie.

Un obstacle d'une autre nature concernait l'accès des citoyens européens au marché foncier des nouveaux entrants. Pour l'ensemble des pays candidats, cette question était d'une importance cruciale. Mettant en avant le risque de flambée des prix du foncier[30], les pays candidats entendaient garder le contrôle de leur marché foncier en négociant une dérogation au principe de la libre circulation du capital au sein de l'UE. Les pays candidats ont plaidé pour que la durée de cette période dérogatoire soit la plus longue possible (de 7 à 12 ans)[31]. La défense obstinée d'un ordre

28 Régime de paiements directs nationaux complémentaires (*top-ups*).

29 Les quotas de production pour le lait, le sucre, le tabac, ainsi que les quotas de primes (nombre de bovins et d'hectares primés).

30 L'argument avancé portait sur le différentiel des prix du foncier et celui des revenus agricoles par rapport aux anciens pays membres, faisant peser la menace d'une ressource foncière plus rare et donc plus chère pour les agriculteurs des pays entrants.

31 La Pologne a demandé une durée de 18 ans, finalement réduite à 14 ans. Les durées du moratoire, différentes d'un pays à l'autre, ont par la suite été prolongées.

juridique relevant de la souveraineté de la nation l'a emporté sur l'objectif de libéralisation du marché foncier pourtant considéré comme un prérequis par l'UE. Le moratoire obtenu permettait aux pays candidats de différer la pénétration des investisseurs européens (Swinnen, Vranken, 2009)[32]. Demeuré non résolu, le différend au sujet de l'accès au marché foncier des nouveaux entrants était susceptible de ressurgir à l'avenir.

SUR LA VOIE D'UNE CONVERGENCE INSTITUTIONNELLE

L'adhésion à l'UE a été accompagnée d'un temps d'installation des règles de la PAC au sein des politiques nationales des NEM. Cette étape requérait la mise en place d'une administration dédiée à la gestion des instruments de la PAC selon des procédures spécifiques répondant aux règles de la législation communautaire. Au préalable, il convenait d'établir les autorités de financement nationales : l'autorité compétente, en règle générale le ministère de l'Agriculture ; l'organisme payeur, en charge du traitement des demandes de subventions, de la vérification de leur éligibilité, du versement des paiements et responsable de la collecte des données concernant les deux piliers de la PAC ; l'organisme de certification en charge de garantir l'agrément et le contrôle des décisions de l'autorité compétente. L'organisme payeur national pouvait déléguer une partie de ses fonctions à une ou plusieurs agences de paiement et d'intervention, dont les services étaient implantés de l'échelon administratif régional jusqu'au niveau local. L'installation sur le terrain de ces nouvelles structures, intervenant au lendemain d'importantes réformes de décentralisation de l'administration territoriale, constituait un véritable défi. De leur efficacité dépendait la fourniture adéquate des prestations attendues par les agriculteurs, l'obtention d'informations concernant les conditions d'éligibilité, ainsi que l'assistance en matière de conseils. Tout un réseau de services de guichet réceptionnant les dossiers de demande des agriculteurs, ainsi que de services d'arrière-guichet pour la collecte et le traitement des données, a été mis en place de manière à assurer le maillage des territoires ruraux. La complexité de ces structures organisationnelles, les défaillances découlant d'une insuffisante capacité administrative et du manque d'imputabilité (*accountability*), ont pu

32 Sous la forme de « contrats de poche », c'est-à-dire d'arrangements officieux, de nombreuses acquisitions auraient réussi à échapper à la réglementation.

desservir leur fonctionnement et décourager les agriculteurs, en particulier les petits exploitants, isolés ou âgés, souvent peu instruits, qui se sont sentis exclus du bénéfice des mesures qui leur étaient pourtant destinées (ainsi de la mesure de soutien aux exploitations de semi-subsistance)[33].

La mise en œuvre des mesures de la PAC ménageait des possibilités d'ajustement de la part des NEM. Les pays candidats disposaient d'une marge de manœuvre pour adapter les modalités d'accès aux mesures des deux piliers. C'est ainsi qu'ils pouvaient opter pour un régime de paiement unique à la surface (RPUS)[34]. Les nouveaux entrants, à l'exception de la Slovénie, ont retenu ce régime simplifié. La possibilité de transférer une partie du soutien affecté au développement rural sous la forme de paiements complémentaires dans une limite de 30 % leur a été accordée. La plupart d'entre eux ont saisi cette opportunité, bien qu'à des degrés variables (les plus faibles en Slovaquie et Lituanie). Le fait que le montant du soutien des aides directes[35] ait été calculé sur la base des références de la période de pré-adhésion explique les écarts existants entre les États membres (Csaki, 2009). La République tchèque, la Hongrie et la Slovénie ont perçu les montants les plus élevés (52-84 euros/ha) au cours des années 2004-2007, les plus faibles l'ont été par les trois États baltes (17-44 euros/ha), la Pologne et la Slovaquie se positionnant à des niveaux intermédiaires.

L'examen de la distribution des aides directes révèle la grande diversité des situations concernant le nombre de bénéficiaires, le montant perçu en moyenne, le degré de concentration de ces aides au profit de certaines catégories de bénéficiaires. En Pologne, le nombre des bénéficiaires dépasse le million d'agriculteurs mais ceux-ci perçoivent des aides d'un montant très modeste. Un profil similaire caractérise la Slovénie, tandis que la Lituanie et la Lettonie présentent une distribution plus

33 Voir à ce sujet les résultats de l'enquête conduite en Bulgarie et en Roumanie, S. Wegener *et al.* L'administration de la politique agricole commune en Bulgarie et en Roumanie : les obstacles à l'imputabilité et à la capacité administrative, *Revue internationale des sciences administratives*, 2011/3, Vol. 77, p. 605-630.

34 Le régime de paiement unique à la surface (RPUS) est un régime transitoire simplifié qui prévoit l'octroi à tous les agriculteurs d'un montant forfaitaire à l'hectare, rendant superflue la réalisation de contrôles complexes des droits au paiement. Dans ce cadre du RPUS, les règles de la PAC réformée concernant le respect de l'éco-conditionnalité sont facultatives. https://ec.europa.eu/agriculture/publi/fact/simplification/fr.pdf.

35 L'analyse porte sur l'attribution des paiements directs et laisse de côté le soutien accordé au titre des interventions sur les marchés des produits.

équilibrée. À l'inverse, la République tchèque et la Slovaquie affichent une concentration relative des aides directes au profit d'environ un dixième des bénéficiaires qui absorbent les trois quarts du montant accordé. Quel que soit le pays, les grandes exploitations sociétaires s'avèrent les bénéficiaires privilégiés du régime de paiement unique à la surface.

La mise en œuvre des mesures du second pilier de la PAC ménageait d'autres possibilités d'ajustement. Le ciblage des mesures financées par le second pilier et destinées aux petites exploitations s'est révélé inapproprié. Qu'il s'agisse du soutien à la modernisation des petites exploitations (mesure 121) ou de l'aide aux exploitations de semi-subsistance (mesure 141), la définition de critères alignés sur les standards européens ne correspondait pas aux situations réelles et leur application a disqualifié la grande majorité des petits exploitants, en particulier en Roumanie (Roger, 2012). L'architecture du second pilier, définie par le Règlement de développement rural (adopté en 1999), comportait trois axes financés par le Fonds européen d'orientation et de garantie agricole (FEOGA) : amélioration de la compétitivité de l'agriculture et de la sylviculture, préservation de l'environnement et du patrimoine rural, qualité de vie des espaces ruraux et diversification de leur économie. Ils se déclinaient en mesures d'accompagnement (pré-retraite, zones défavorisées et zones soumises à des contraintes environnementales et agro-environnementales, boisement des terres agricoles), et en mesures de diversification et de modernisation des exploitations agricoles (investissements, aides à l'installation des jeunes agriculteurs, à la formation professionnelle, à la transformation et à la commercialisation des produits agricoles). Dès la période 2000-2006, puis durant la période 2007-2013, les nouveaux entrants avaient été invités à soumettre des plans, destinés à encadrer la programmation de leur politique de développement rural. Chaque État avait la possibilité d'orienter les modalités d'intervention en matière de développement rural en privilégiant certaines de ces mesures. À partir de l'analyse des maquettes budgétaires du second pilier et des objectifs des programmes nationaux, une équipe de chercheurs de l'INRA (Lataste *et al.*, 2012) a élaboré une typologie des logiques d'intervention en fonction de divers critères. La Hongrie, la Lituanie et l'Estonie ont opté pour une stratégie de soutien à la compétitivité dans une « vision agro-centrée ». La Pologne, la Lettonie, la Roumanie, la Bulgarie[36], ont orienté leurs

36 Ces deux dernières entrées en 2007 dans l'UE.

interventions dans une « vision intégrée » du développement rural et de la diversification, tandis que la République tchèque, la Slovaquie et la Slovénie ont privilégié une « recherche d'équité » visant à compenser les handicaps des zones défavorisées et de montagne. Ainsi, à travers une politique de menu à la carte, les nouveaux États-membres ont-ils cherché à ajuster le choix des mesures relevant du second pilier afin de mieux répondre à leurs problématiques spécifiques de développement agricole et rural.

UN REDRESSEMENT DES CAPACITÉS PRODUCTIVES

L'accès au financement de la PAC a offert de réelles opportunités de relance aux agricultures des nouveaux entrants. Le bilan de la première décennie (2004-2013), dressé par les services de la Direction générale de l'agriculture et du développement rural de la Commission européenne, s'est avéré particulièrement favorable, au point de qualifier l'élargissement de « *success story* » pour en souligner les retombées positives[37]. Les indicateurs sélectionnés pointent l'amélioration des performances économiques et la réduction des écarts avec les agricultures des anciens États membres (Bazin, Bourdeau-Lepage, 2011 ; Pouliquen, 2011). Loin de reculer sous l'effet de la concurrence des anciens États membres, l'augmentation de la production agricole, en volume comme en valeur, témoigne de la poursuite du redressement engagé dès le tournant des années 2000. De manière générale, la productivité du travail agricole s'améliore même si cet indicateur progresse plus lentement en rythme annuel que dans l'UE-15 (3,3 % contre 3,6 %). La réduction du suremploi agricole, en partie résorbé par les départs des plus jeunes vers la ville et l'étranger, commence à faire sentir ses effets. Le fait le plus notable réside dans le bond spectaculaire du niveau de revenu agricole, multiplié par cinq en dix ans, soit une progression de 21 % en moyenne annuelle, un signal favorablement perçu par des agriculteurs qui avaient un temps redouté les conséquences de l'adhésion. L'insertion dans le marché unique a créé de nouvelles opportunités, comme le confirme l'intensification des échanges avec les anciens membres et la progression en valeur des exportations et des importations de produits agricoles et alimentaires.

---

37 Les données qui suivent sont extraites de *Agricultural Policy Perspectives Briefs*, publiés par la Commission européenne, et concernent la période 2003-2010.

Leur solde commercial négatif vis-à-vis des pays membres de l'UE s'est considérablement réduit et la part relative des produits agricoles dans le commerce extérieur de ces pays s'est accrue. Tous n'en ont pas profité de la même manière. Si la Hongrie, la Pologne et la Lituanie ont vu leur balance commerciale agricole se redresser et devenir excédentaire, en revanche le déficit a persisté en Estonie, Lettonie, République tchèque et Slovaquie, quoiqu'en se réduisant dans le cas de ces deux derniers pays.

Cet ensemble de données statistiques atteste des effets tangibles de la PAC et de son rôle de levier sur le renforcement des capacités productives et l'amélioration de la compétitivité effective des exploitations. Loin d'être uniformes, les performances enregistrées au cours de la période de post-adhésion soulignent le maintien d'écarts de structures non négligeables entre les agricultures des NEM. Un mouvement de délestage du secteur agricole en nombre d'actifs et une réduction de sa contribution en valeur relative au Produit Intérieur Brut, s'affirment avec force. En témoigne le recul du nombre des exploitations en Slovaquie (-14,2 % par an), en Pologne (-5,1 % par an), en Lituanie (-4,3 %), en Hongrie (-4,1 %)[38], qui procède de l'élimination des très nombreuses petites exploitations mais aussi du fait que les plus petites structures ont cessé d'être enregistrées par les services statistiques au lendemain de l'adhésion. La taille économique des exploitations, mesurée en termes de production brute standard (PBS), se renforce davantage dans le cas des NEM (+11,2 % par an) et tout particulièrement en Pologne (+14,2 %), que dans l'UE 15 (+3,5 %).

Si tout indique que l'intégration européenne a accéléré les changements structurels, l'effet de levier de la PAC s'est appliqué différemment en fonction des trajectoires agraires propres à chaque État ou à chaque région. Loin d'inverser la tendance à la polarisation des structures agricoles, la pression adaptative de la PAC a contribué à l'élargissement des plus grandes structures et à l'élimination progressive des plus petites. De manière générale, l'extrême diversité des profils structurels des agricultures des nouveaux membres, observable dès la période de pré-adhésion, s'en est trouvée confirmée (Csaki, Jambor, 2009, 2013).

38 *Op. cit.*

MODES D'ACTION DE LA PAC ET NOUVEAUX ENJEUX : DE LA CONSOLIDATION À LA CONTESTATION

En même temps que se clôt l'exercice budgétaire 2007-2013, s'achève l'apprentissage des dispositifs institutionnels et réglementaires de la PAC. Sous la pression adaptative de la PAC, les nouveaux membres sont parvenus à relancer la croissance de leurs économies agricoles et à engager le rééquilibrage de leurs échanges agro-alimentaires avec les anciens membres. Avec la nouvelle réforme de la PAC en 2013, on entre dans une nouvelle phase des relations entre ces États et les instances européennes, portée par l'expression de demandes contradictoires, d'une part, une exigence de symétrie en matière de soutien financier avec les anciens EM, d'autre part, le souhait de voir reconnaitre les problèmes spécifiques d'agricultures dont la restructuration demeurait inachevée. Les nouveaux États membres bénéficient désormais à plein régime des aides communautaires pour consolider le redressement de leurs économies agricoles, tout en n'ayant de cesse d'exprimer la singularité de leurs structures au sein du marché unique (Csaki, Jambor, 2016, 2019). Avec l'arrivée au pouvoir de majorités politiques conservatrices guidées par une exigence de souveraineté, plusieurs États font entendre leurs voix jusqu'à s'écarter des principes et des règles de fonctionnement de l'UE. En fonction de la nature des enjeux, la contestation est le fait des membres du groupe de Višegrad, la Pologne et la Hongrie jouant un rôle de leader, mais elle peut aussi s'élargir à d'autres pays[39].

Les négociations précédant la programmation budgétaire de la PAC (2013-2020) ont ouvert un espace opportun pour faire valoir leurs intérêts. Les NEM ont plaidé pour une répartition plus équitable des aides directes, véritable cheval de bataille. Le compromis adopté, à l'initiative du Commissaire européen Dacian Ciolos, a permis de réduire progressivement les inégalités affectant la distribution des aides directes entre les États membres[40]. De manière générale, les NEM se sont efforcés de préserver les dérogations octroyées lors de l'adhésion, parmi lesquelles la prolongation du régime de paiement unique à la surface[41]. Dans le cadre

39 Il s'agit d'une organisation intergouvernementale réunissant quatre pays d'Europe centrale : la Hongrie, la Pologne, la République tchèque et la Slovaquie.

40 De nationalité roumaine, cet ingénieur agronome, docteur de l'École nationale supérieure agronomique de Montpellier, connaissait parfaitement les données du dossier.

41 À la demande des NEM, le RPUS à l'origine accordé pour une période transitoire, a été reconduit jusqu'en 2020.

de l'approche globale et intégrée inspirant la refonte des instruments de la politique commune et renforçant les marges de manœuvre des États membres, les derniers entrants ont obtenu satisfaction sur des points essentiels tels que la convergence externe d'ici la fin de l'exercice financier, la flexibilité entre les deux piliers, assortie de la possibilité de glissements budgétaires. De plus, ils ont bénéficié de la possibilité d'un soutien couplé limité pour assurer l'avenir de secteurs potentiellement vulnérables et d'une aide nationale transitionnelle (ANT) leur permettant d'accorder des soutiens particuliers à certains secteurs de production.

Dans le cadre de la nouvelle architecture ordonnançant les paiements directs et les transferts entre piliers, les EM pouvaient décider des priorités de leurs politiques nationales. Afin d'orienter le soutien vers les exploitations de petite et moyenne taille, et de corriger les disparités les plus extrêmes, les EM pouvaient verser un paiement « redistributif » aux trente premiers hectares des exploitations en finançant l'opération par une réduction de 5 % des paiements directs attribués aux exploitations percevant plus de 150 000 euros. Seuls quatre NEM, la Bulgarie, la Lituanie, la Pologne et la Roumanie, ont mis en œuvre ce dispositif. D'autres ajustements prévoyaient d'abaisser le seuil de la superficie éligible au versement des aides et d'augmenter le montant attribué. Six pays, la Bulgarie, l'Estonie, la Hongrie, la Lettonie, la Pologne, la Roumanie, ont opté pour l'application d'un régime simplifié alternatif en faveur des petites exploitations. Le montant alloué est resté trop modeste (environ 1 250 euros/an) pour rendre attractive une aide qui était assortie du respect d'exigences minimales[42].

Dans le cadre de la programmation 2014-2020, le second pilier a fait l'objet d'une redéfinition des priorités (au nombre de six) avec la possibilité de les regrouper en sous-programmes thématiques. Les autorités nationales devaient formuler leurs programmes de développement rural (PNDR), cofinancés par l'UE et chaque EM, en choisissant à la carte dans un menu de mesures, de manière à cibler la logique d'intervention propre à chaque État. La deuxième priorité « Améliorer la compétitivité de tous les agriculteurs et renforcer la viabilité des exploitations agricoles »

---

42 En Roumanie, il faut exploiter un hectare composé de parcelles d'au moins 0,3 ha, réunir un ensemble de documents (titre de propriété ou contrat d'affermage, de concession ou d'association, une preuve du type de culture pratiquée) et se soumettre à un dispositif de contrôle (le SIGC) impliquant d'identifier l'assise de l'exploitation sur internet (Roger, 2012).

concernait directement le soutien aux exploitations agricoles en regroupant diverses mesures relatives à leur modernisation, à l'installation des jeunes agriculteurs, etc. La Pologne et la Lituanie leur ont affecté respectivement 35 % et 28,9 % des fonds du second pilier ciblant la recherche de compétitivité. La Roumanie a retenu cette même priorité, mais en ne lui affectant que 21 % des fonds (Roger, 2017). D'autres États membres ont privilégié la préservation de leurs écosystèmes, la République tchèque et la Slovaquie, en leur allouant respectivement 59 % et 43,1 % des fonds, tandis que la Hongrie leur en a dédié seulement 28 %. Dans ce dernier cas, la répartition des aides semble indiquer que le soutien des petites exploitations n'est pas à l'ordre du jour.

Plus encore que le caractère optionnel de ces interventions, ce sont les effets distributifs de la PAC qu'il convient de souligner. Si dans l'ensemble de l'UE, les quatre cinquièmes des paiements bénéficient au cinquième des bénéficiaires, cette proportion atteint des taux supérieurs en Slovaquie (94 %), en République tchèque (89 %), en Estonie (85 %), en Hongrie (85 %). Plus de 30 % des aides sont absorbées par un tout petit nombre d'attributaires percevant plus de 100 000 euros en République tchèque, en Slovaquie, Bulgarie et Hongrie, la proportion restant de l'ordre de 15 à 30 % en Roumanie, Estonie et Lettonie. À l'inverse, la part relative perçue par les petits exploitants est égale ou inférieure à 15 % de l'enveloppe des paiements directs en Roumanie, en Pologne, Lettonie et Lituanie où plus de la moitié des bénéficiaires reçoivent moins de 1 250 euros/an. D'aussi forts contrastes dans la répartition des aides de la PAC invitent à examiner leurs répercussions sur les recompositions à l'œuvre.

LOGIQUES D'APPUI ET DYNAMIQUES DE RESTRUCTURATION

Un premier bilan de l'ensemble de la période post-adhésion (2005-2020) peut être dressé à partir des données de l'enquête *Farm Statistical Survey* (FSS) conduite selon une méthodologie identique par tous les EM. Les données permettent notamment de retracer les évolutions du nombre des exploitations et de la distribution de la SAU par catégorie de taille. Le processus d'agrandissement des structures s'est généralisé à l'ensemble des NEM, le nombre total d'exploitations régressant alors que la superficie agricole demeurait stable, voire en très légère progression, du fait de la relance agricole post-transition. En chiffres absolus, la Pologne et la Roumanie ont enregistré les plus fortes contractions du nombre d'exploitations, représentant environ la moitié des unités disparues dans l'ensemble de l'UE, soit un allègement significatif et pour le moins bienvenu. Pour l'essentiel, ce recul est le fait des petites exploitations de moins de cinq hectares dont le nombre s'effondre partout et qui voient leur part relative dans la SAU descendre à un niveau inférieur à la moyenne de l'UE. Toutefois trois pays, la Pologne, la Roumanie et la Slovénie où les petites exploitations détiennent respectivement 11,7 %, 22,8 % et 19,9 % de la SAU, font toujours exception. La progression en nombre et en superficie des grandes exploitations au-delà du seuil de cent hectares progresse dans tous les NEM, pour atteindre des niveaux de concentration supérieurs à ceux de la plupart des pays européens. Seules la Pologne et la Slovénie s'individualisent par des valeurs sensiblement plus faibles, respectivement 23,2 % et 7,6 %, tandis qu'avec un taux de 47,8 % la Roumanie se rapproche du niveau européen (50,3 %). Entre ces classes extrêmes, les catégories des exploitations moyennes (de plus de cinq hectares à moins de cent) affichent des tendances globalement négatives en nombre et en superficie, plus variées dans le détail des classes de taille. Tout se passe comme si le processus d'élargissement foncier opérait en respectant une relative isomorphie des profils structurels, c'est-à-dire sans bouleverser la typologie esquissée à l'issue de la première décennie de recomposition (voir ci-dessus). La diversité des configurations nationales peut être sommairement décrite, à partir de critères discriminants relativement simples (figure 1) :

- Un premier profil organisé autour d'un pôle dominant de grandes exploitations, se distingue par la prépondérance du travail salarié et la prééminence de la « tenure inversée ». Les agricultures de l'Estonie, de la République tchèque, de la Slovaquie, de la Bulgarie et de la Hongrie, se rangent dans ce type. Toutes sont parvenues à résorber le poids des petites exploitations ;
- À l'inverse, un deuxième groupe s'individualise par la présence majoritaire des petites et moyennes exploitations recourant au travail familial et à un mode de faire-valoir direct et/ou mixte. Fidèles à la tradition de paysanneries attachées à la terre, la Pologne (Halamska, 2016), et dans une moindre mesure la Slovénie et la Croatie, affichent le choix d'un modèle d'agriculture familiale ;

– Entre ces deux types de profil, la Lettonie et la Lituanie préservent une relative dualité des structures, associant de grandes exploitations fondées sur l'emploi salarié et des exploitations moyennes de type familial. Le mode de faire-valoir direct l'emporte, sans être écrasant. En Roumanie, la dualité des structures s'exprime par une surreprésentation en nombre des petites structures et une concentration de la SAU au profit des grandes exploitations (Alexandri, Giurca, Luca, Ghib, 2020 ; Roger, 2019). Les deux tiers des superficies agricoles y sont en location.

États membres	Grandes exploitations de 100 ha et plus en % SAU	Petites exploitations de moins de 5 ha en % SAU	Exploitations moyennes de 5 ha à 100 ha en % SAU	Terres en location en % SAU	Travail salarié en % UTH	Types de profil structurel
Estonie	80	0,3	19,7	65	58	1
R. tchèque	86,4	0,3	13,3	72	78	1
Slovaquie	88,5	0,7	10,2	90	92	1
Hongrie	65	4,1	30,9	59	59	1
Bulgarie	75	2,5	22,5	86	66	1
Pologne	23,2	11,7	65,1	28	11	2
Slovénie	7,5	19,9	72,6	35	3	2
Roumanie	47,8	24,4	27,8	66	22	3
Lettonie	63	3,5	33,5	46	41	3
Lituanie	55	5,4	39,6	49	18	3
Croatie	43	12,5	44,5	45	12	3
UE	52	5,8	42,2	57	27	

Sources : Eurostat / FarmEconomicsOverviewReport.

FIG. 1 – Profils structurels en 2020.

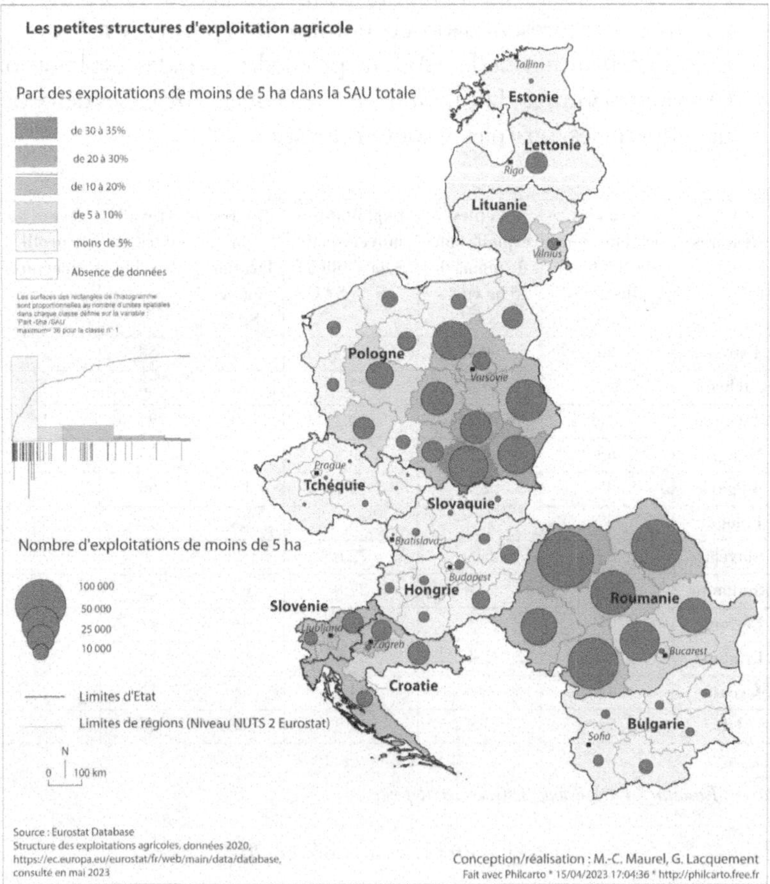
Les petites structures d'exploitation agricole
Part des exploitations de moins de 5 ha dans la SAU totale
de 30 à 35%
de 20 à 30%
de 10 à 20%
de 5 à 10%
moins de 5%
Absence de données
Nombre d'exploitations de moins de 5 ha
100 000
50 000
25 000
10 000
Limites d'Etat
Limites de régions (Niveau NUTS 2 Eurostat)
N
0
100 km
Tallinn
Estonie
Lettonie
Riga
Lituanie
Vilnius
Pologne
Varsovie
Prague
Tchéquie
Slovaquie
Bratislava
Budapest
Hongrie
Slovénie
Ljubljana
Zagreb
Croatie
Roumanie
Bucarest
Bulgarie
Sofia
Source : Eurostat Database
Structure des exploitations agricoles, données 2020,
https://ec.europa.eu/eurostat/fr/web/main/data/database,
consulté en mai 2023
Conception/réalisation : M.-C. Maurel, G. Lacquement
Fait avec Philcarto * 15/04/2023 17:04:36 * http://philcarto.free.fr

FIG. 2

DE PETITES EXPLOITATIONS EN REPLI, L'ÉPILOGUE D'UNE DÉCOMPOSITION PAYSANNE

Les petites exploitations se positionnent à l'un des extrêmes d'un continuum statistique dont les grandes exploitations forment l'autre pôle. En règle générale, cette catégorie de taille est mal enregistrée par l'appareil statistique[43], les indicateurs de dimension économique (production brute standard, volume des unités de travail) sont sujets à caution, en particulier la part relative de la production autoconsommée, un critère qui fonde la définition de l'exploitation de semi-subsistance, une réalité aux contours flous, n'en déplaise aux experts (Davidova *et al.* 2013)[44]. La distribution territoriale met en évidence des pôles d'ancrage privilégiés, en Roumanie dans les régions du nord-ouest, du nord-est et du sud-ouest où elles occupent de 20 à 30 % de la SAU, et en Pologne dans les voïvodies du quart sud-est où leur nombre atteint une densité maximale (figure 2). En dehors de ces espaces, les petites exploitations n'ont nulle part disparu et leur marque reste prégnante dans le paysage des localités rurales qu'elles ceinturent de vergers et de cultures maraichères. Les trois quarts de ces petites exploitations appartiennent à la catégorie de moins de 2 hectares et sont principalement tournées vers l'agriculture de subsistance. La Lituanie fait exception, la plupart des petites exploitations relevant de la catégorie de 2 à 5 hectares, du fait de l'attribution d'au moins trois hectares à tous les ménages ruraux lors de la réforme agraire (Mačiulyte, 2005). Héritières des lopins individuels attribués par les exploitations collectives aux travailleurs pour assurer leur approvisionnement alimentaire, ces micro-exploitations participent d'un mode de production domestique par la modestie des moyens mis en œuvre et la mobilisation du travail familial.

Beaucoup de ménages ruraux ont bénéficié de l'attribution de parcelles dans le cadre de la décollectivisation et ces petites exploitations ont joué un rôle d'amortisseur social lors de la crise de transition. Coupées de leurs liens symbiotiques avec la grande exploitation collective, ces

---

43 L'estimation du nombre réel des petites exploitations agricoles est restreinte du fait que les petites exploitations sont en partie omises par les enregistrements officiels. En outre, le recensement peut être biaisé en raison du relèvement du seuil des exploitations suivies par l'enquête *Farm Statistical Survey* (FSS) à 5 ha, 2 ha et 1 ha, respectivement par la République tchèque, la Slovaquie et la Pologne, réduisant d'autant la couverture de cette catégorie.

44 Si l'enquête FSS d'Eurostat dénombre les exploitations qui consomment plus de 50 % de leur production finale, cette donnée n'est pas renseignée en Bulgarie et se révèle peu fiable ailleurs.

micro-exploitations ont éprouvé les plus grandes difficultés pour effectuer les travaux de culture et pour accéder aux circuits marchands. Pourtant, dès ce moment-là, on a évoqué un retour au modèle paysan (von Hirschhausen, 1997) (Darrot, 2008), tout un courant de recherche mettant en avant une vision idéalisée de la résilience des petits exploitants post-socialistes (Visser *et al.*, 2019). L'hypothèse avancée d'une « repaysannisation » au nom d'un passé mythifié ne s'est pas concrétisée et l'évolution inverse, à savoir un mouvement de « dépaysannisation » du monde agricole, s'est déployée (Halamska, 2021). La petite exploitation paysanne est partout en voie d'élimination. En Roumanie, la marginalisation de cette forme sociale que les politiciens ont en vain tenté de qualifier de « petite agriculture capitaliste » est une réalité (Roger, 2019).

Après avoir accordé un illusoire accès à la propriété privée à une multitude de ménages agricoles, les changements à l'œuvre sont porteurs de menaces d'exclusion et de dépossession des petits exploitants-propriétaires. La Lituanie enregistre une évolution similaire avec la survivance de micro-exploitations dans l'incapacité de s'élargir et de trouver un successeur. Le débat concernant la place de la petite exploitation, d'abord appelée à jouer un rôle d'amortisseur social, puis invitée à développer des projets d'avenir grâce à l'octroi de diverses mesures d'aide, n'a pas été posé en termes clairs, ni par les responsables politiques ni par les instances de Bruxelles. Le ciblage politique est demeuré largement inopérant, ainsi du dispositif applicable aux exploitations de semi-subsistance (Davidova, 2014). Il ne suffit pas de qualifier de manière positive une catégorie pour alléger le poids du déterminisme socio-historique. Réduite à l'état de relique sous la forme du lopin auxiliaire au temps du collectivisme, l'exploitation parcellaire restituée à l'ancien salarié ou au retraité ne pouvait tabler sur un quelconque appui, dans un contexte de libéralisation économique, pour se reconstituer. De fait, après un temps d'incertitude, tout semble indiquer que les petits producteurs sont promis à une inéluctable décomposition sociale (Maurel, 2021).

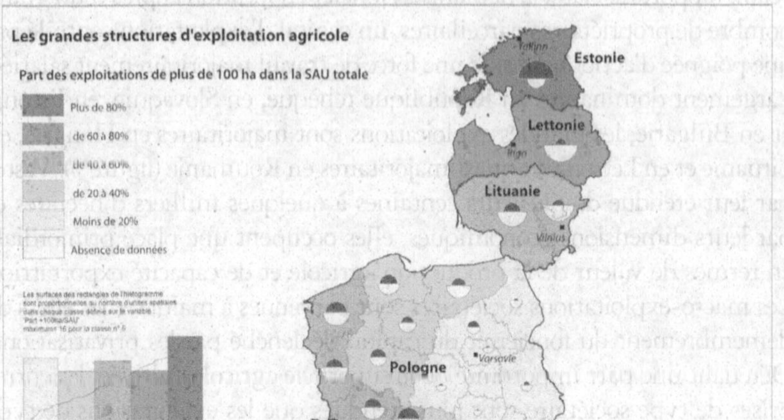
Les grandes structures d'exploitation agricole
Part des exploitations de plus de 100 ha dans la SAU totale
Plus de 80%
de 60 à 80%
de 40 à 60%
de 20 à 40%
Moins de 20%
Absence de données
Nombre d'exploitations de plus de 100 ha
5000
2500
1000
500
Exploitations individuelles
Exploitations sociétaires
Limites d'Etat
Limites de régions (Niveau NUTS 2 Eurostat)
Estonie
Tallinn
Lettonie
Riga
Lituanie
Vilnius
Pologne
Varsovie
Prague
Tchéquie
Slovaquie
Bratislava
Budapest
Hongrie
Slovénie
Ljubljana
Zagreb
Croatie
Roumanie
Bucarest
Bulgarie
Sofia
N
0 100 km
Source : Eurostat Database
Structure des exploitations agricoles, données 2020,
https://ec.europa.eu/eurostat/fr/web/main/data/database,
consulté en mai 2023
Conception/réalisation : M.-C. Maurel, G. Lacquement
Fait avec Philcarto * 05/04/2023 15:46:12 * http://philcarto.free.fr

FIG. 3

LA MONTÉE EN PUISSANCE D'UNE AGRICULTURE D'ENTREPRISE

Singularité structurelle étroitement dépendante de l'empreinte des maillages agraires du passé, la grande exploitation est devenue le cadre de nouveaux rapports sociaux articulant un foncier en location auprès d'un grand nombre de propriétaires parcellaires, un capital d'exploitation contrôlé par une poignée d'actionnaires, et une force de travail majoritairement salariée. Largement dominantes en République tchèque, en Slovaquie, en Estonie et en Bulgarie, les grandes exploitations sont majoritaires en Hongrie, en Lituanie et en Lettonie et quasi-majoritaires en Roumanie (figure 3). Vastes par leur étendue de plusieurs centaines à quelques milliers d'hectares et par leurs dimensions économiques, elles occupent une place primordiale en termes de valeur de la production agricole et de capacité exportatrice. Les macro-exploitations sociétaires sont parvenues à maitriser les effets de démembrement du foncier et du capital déclenché par les privatisations. Détenant une part importante de la superficie agricole cultivée, les entreprises de type sociétaire sont plus étendues que les exploitations de type entrepreneurial ayant pour titulaire une personne physique. L'importance relative et les caractéristiques de ces deux catégories varient selon les pays et les régions. La forme sociétaire est prépondérante en Slovaquie (88 % de la SAU), en République tchèque (79,1 %) et en Estonie (76,5 %), et concentre plus de la moitié des superficies détenues par cette catégorie dans les régions les plus favorables à la grande culture céréalière, en Transdanubie et dans l'Alföld hongrois, dans les plaines d'Olténie, de Munténie et de la Dobroudja en Roumanie, ainsi qu'en Bulgarie septentrionale.

À la suite de l'entrée dans l'UE, les grandes structures ont traversé une nouvelle phase de concentration foncière et d'accumulation du capital, sous l'influence de deux mécanismes. D'une part, l'élargissement foncier a été stimulé par le régime simplifié des paiements directs, actionnant des effets de rente au profit des grandes exploitations (Swain, 2013), sans que cela se traduise nécessairement par une amélioration de la valeur ajoutée par hectare. D'autre part, les modes de régulation des marchés fonciers nationaux instaurés par les politiques publiques conduites par des gouvernements conservateurs ont favorisé la consolidation de leur assise en les protégeant de la concurrence des investisseurs étrangers (Maurel, 2021). Les agences d'État en charge de la gestion des terres publiques sont intervenues par la mise en vente, un temps différée, des terres de l'ancien secteur des fermes d'État. Diverses pratiques d'attribution préférentielle (enchères, délits d'initiés) ont orienté le mouvement de transfert du foncier au profit des plus grandes structures.

Fruit des stratégies de contrôle de l'accès au foncier et du capital financier stimulées par le régime d'aides directes, une version inédite de « l'agriculture d'entreprise » s'est développée, portée par une nouvelle génération de managers et soutenue par les pouvoirs en place (notamment en Hongrie, en République tchèque et en Slovaquie). La montée en puissance des formes sociétaires en agriculture est le fait d'hommes d'affaires venus d'autres secteurs de l'économie et de la finance dont les stratégies d'implantation sélectionnent les filières les plus attractives (cultures céréalières, oléagineux, élevages industriels, notamment). En moins de deux décennies, d'influents groupes financiers sont parvenus à constituer des *agro-holdings* structurant les chaines agro-alimentaires dans une logique d'intégration verticale. Si ces structures participent du mouvement de financiarisation de l'agriculture observable ailleurs dans le monde, elles revêtent des traits particuliers par les liens de collusion que leurs détenteurs ont noués avec les dirigeants politiques[45]. De ce fait, le contrôle des transactions foncières est devenu un enjeu politique majeur qui éclaire les multiples tentatives de durcissement de la législation afin de limiter l'accès des terres agricoles aux investisseurs européens (Maurel, 2019, 2021)[46]. Porté par une politique de protection des intérêts nationaux au nom de la souveraineté étatique, l'*agro-business* étend son emprise sur l'agriculture d'entreprise, en intégrant ce segment essentiel dans ses réseaux financiers. Dans sa version centre-européenne, la pénétration du capitalisme en agriculture revêt des traits originaux, la permanence de la grande exploitation recourant au système de la « tenure inversée » et procédant de la prise de contrôle du capital financier sur un mode oligarchique.

LES TRAJECTOIRES DIVERGENTES DE L'AGRICULTURE POLONAISE

L'agriculture polonaise traverse une mutation de grande ampleur qui est loin d'être achevée. Le régime communiste s'était résigné à tolérer une petite agriculture paysanne en l'encadrant sur un mode semi-dirigiste

45 Ce « capitalisme de connivence » (ou de copinage) se développe avec l'appui des pouvoirs politiques, de manière ouverte en Hongrie, à peine dissimulée dans les autres pays. Les oligarques « domestiques » s'efforcent de contrecarrer la pénétration des multinationales.

46 L'adoption de nouvelles lois correspond à la fin du moratoire qui avait écarté la possibilité d'achat du foncier agricole par les Européens.

(Maurel, 1989). De petites exploitations familiales d'une superficie moyenne de six hectares détenaient plus des trois quarts des terres en propriété et mobilisaient 3,7 millions d'actifs familiaux. Limitées dans leur développement, mal équipées, inégalement ouvertes sur des circuits d'échanges contrôlés par les secteurs étatique et coopératif, ces exploitations paysannes qui fonctionnaient en symbiose avec l'économie administrée ont été brutalement confrontées aux durs mécanismes du marché, sans pouvoir en maitriser les règles (Halamska, 1997). Dans le même temps, plus d'un millier de fermes d'État (18,2 % de la SAU) devaient affronter l'épreuve de la privatisation sous la responsabilité de l'Agence de la propriété agricole, tandis que les exploitations coopératives agricoles (3,7 % de la SAU) étaient tenues d'établir la reconnaissance de droits de propriété, en réévaluant les parts de leurs membres. Dès les années 1990, sous l'effet des chocs successifs du passage au marché, les itinéraires de transformation de ces diverses composantes ont divergé. Un mouvement de « repli paysan » affectant les plus petites exploitations a pris le pas sur une amorce de développement marchand des exploitations familiales de moyennes dimensions (Maurel, Halamska, Lamarche, 2003). Après 2004, le clivage entre ces deux groupes s'est rapidement accentué, tandis que progressait une lente restructuration des terres provenant de l'ancien secteur étatique. L'accession aux aides de la PAC a garanti l'apport d'un flux financier régulier et massif améliorant les revenus et les capacités d'investissement du groupe des exploitations recherchant l'intensification et la spécialisation de la production marchande. Complexes dans le détail, les changements de structure peuvent être ainsi synthétisés (Halamska, 2016)[47]. Une première tendance de fond a trait à la contraction continue du nombre d'exploitations agricoles. Dans un premier temps, le recul est resté lent, le nombre total d'exploitations familiales, qui s'élevait à 2,70 millions en 1990, se réduit à 2,47 millions en 2005.

Dans un second temps, après l'entrée dans l'UE, le rythme de contraction s'est accru, affectant en priorité les plus petites exploitations (moins de cinq hectares), ainsi que la catégorie inférieure des exploitations moyennes (sous le seuil de vingt hectares), tandis que toutes les classes d'exploitations au-dessus de trente hectares enregistraient une forte progression. En quinze ans (2005-2020), l'agriculture polonaise a

47 Il convient de souligner le caractère inédit des processus qui se déroulent en Pologne, par rapport à ceux présents dans les autres pays d'Europe centrale.

vu disparaitre plus d'un million d'exploitations (-47,4 %), ce qui a permis un élargissement significatif de la taille moyenne des exploitations qui atteint onze hectares, la place des petites exploitations reculant de 17,5 % à 11,7 % de la SAU, au bénéfice de l'accroissement relatif des exploitations moyennes (de 30 à 100 hectares) et des grandes exploitations (plus de 100 hectares). Prises ensemble, ces deux dernières catégories, qui représentaient le tiers de la SAU en 2005, en concentrent presque la moitié (46,7 %) quinze ans plus tard. L'élargissement foncier s'est accompagné d'un processus sélectif d'intégration au marché qui s'est renforcé, une partie seulement des exploitations familiales se modernisant pour constituer une agriculture professionnelle. L'agriculture polonaise est désormais composée d'une diversité d'exploitations ayant des caractéristiques et des logiques de fonctionnement distinctes. Encore largement dominante, l'agriculture familiale ne constitue plus un tout, elle est traversée par une nouvelle forme de dualité. Un pôle moderniste est constitué d'exploitations marchandes, fonctionnant dans un modèle de type entreprise familiale, et bénéficiant à plein des aides financières de la PAC, ainsi que des politiques de formation et de conseil impulsées par le ministère de l'Agriculture et du développement rural.

À l'opposé de ce pôle dynamique, les petites exploitations « quasi-paysannes » forment un groupe passif, sans lien avec le marché et sans capacité d'innovation (Halamska, 2016). Ayant réduit leur volume de production[48], simplifié leur système de culture, abandonné la production animale, ces ménages vivent principalement de revenus non agricoles et de divers avantages sociaux[49]. La reproduction sociale de ce groupe d'exploitants marginalisés sur le plan économique procède d'une logique qui n'a rien à voir avec une quelconque recherche de viabilité économique ou de soutenabilité écologique, mais qui est directement le produit du pacte social établi entre le pouvoir en place et sa base électorale (Halamska, 2021). C'est la voie singulière de la décomposition d'une économie paysanne qui par le passé avait résisté à toutes les tentatives de collectivisation.

La dichotomie structurelle entre ces deux pôles se double d'une dualité géographique dont l'origine procède d'anciens partages territoriaux

48 Certains petits exploitants louent de manière informelle leurs terres et continuent à percevoir le montant du paiement direct qui vient s'ajouter à leurs revenus non agricoles.

49 À savoir un régime de sécurité sociale généreux et une fiscalité légère sur le foncier, avantages accordés au début de la décennie 1990 et depuis lors maintenus.

qui ont durablement marqué l'assise territoriale mouvante du pays. Les disparités de structure revêtent des traits spécifiques selon l'histoire propre à chaque région (Badach *et al.*, 2023). Les petites exploitations sont encore fort nombreuses dans le quart sud-est du pays tandis que dans les voïvodies de la partie occidentale domine une agriculture familiale marchande, dynamique et performante, particulièrement en Grande Pologne. À l'ouest, en Basse Silésie et dans la voïvodie de Lubusz, au nord, en Poméranie occidentale, en Poméranie et en Varmie-Mazurie, une agriculture d'entreprise parfaitement compétitive a pris le relai des grandes fermes d'État dont les terres ont servi d'une part, à élargir des exploitations familiales de type entrepreneurial et d'autre part, à établir de très grandes exploitations de type sociétaire, comparables à celles présentes dans les pays voisins (Maurel, Lacquement, 2020). La restructuration engagée dans le cadre de la PAC a permis l'élargissement foncier et l'accumulation du capital au profit de plus d'une dizaine de milliers de grandes exploitations, vecteurs de la pénétration du capitalisme en agriculture, tout en autorisant la survie de plus d'un million de petites exploitations d'importance économique négligeable mais dont le poids politique et social est significatif.

DES TRAJECTOIRES AGRICOLES DÉPENDANTES DU CHEMIN SUIVI
Bilan et perspectives

UN TABLEAU MITIGÉ

Après un temps d'appropriation des dispositifs d'intervention de la PAC par les agriculteurs de ces pays, le soutien communautaire est devenu une ressource structurante de leur développement. Les paiements directs ont joué un rôle clé dans l'appui au processus de convergence externe et dans l'amélioration des performances économiques[50]. L'effort de rattrapage repose en partie sur les gains réalisés en matière de productivité

50 La part relative des paiements directs par rapport à l'ensemble des fonds européens perçus par ces pays est partout supérieure à la moyenne de l'UE (10 %), et atteint 18 % dans le cas de la Bulgarie, 17 % dans celui de la Roumanie.

du travail. Au cours de la période 2007-2020, toutes ces agricultures ont enregistré un allègement de leur main d'œuvre, avec des baisses sensiblement fortes en Pologne, Lettonie, Estonie et plus encore en Roumanie, Slovaquie et Bulgarie. Les niveaux de productivité exprimés en valeur nette ajoutée par unité de travail restent très différenciés : le groupe des agricultures à dominante de grandes exploitations et de travail salarié présente des performances comparables voire légèrement supérieures à la moyenne européenne. De plus faibles gains sont enregistrés par les agricultures lourdement dotées de petites et moyennes exploitations familiales (Pologne, Roumanie, Slovénie), la Lettonie, la Lituanie, la Croatie se situant en position intermédiaire. Ces résultats en matière d'intensification de la production sont obtenus par l'usage massif d'intrants chimiques, au prix du risque de l'érosion des sols et d'une destruction de la biodiversité et de la qualité des paysages. La plupart des indicateurs d'impact témoignent d'une insuffisante prise en compte des conséquences sur l'environnement, que confirme la réticence des exploitants agricoles à l'égard des mesures agroenvironnementales et climatiques (MAEC)[51]. Pour l'essentiel, les progrès de compétitivité procèdent de l'application à grande échelle d'un modèle productiviste qui place la terre sous « haute intensité agricole[52] ». Loin d'être corrigé ainsi que la stratégie du Green Deal le recommanderait, le défaut d'ambition environnementale de certains de ces EM caractérise leur réception des objectifs de la PAC, ainsi que le révèlent les choix opérés dans le contexte de la nouvelle période financière (2023-2027).

LA PAC DE L'APRÈS 2023 ET LA RÉACTION SOUVERAINISTE

Le nouveau modèle de gouvernance de la PAC, adopté en juin 2021, a ouvert la porte à une forme de renationalisation des politiques agricoles. Si l'UE fixe le cadre commun des objectifs et des instruments mobilisables, ceux-ci se déploient dans le cadre de chaque plan stratégique national (PSN), sur la base d'une identification des besoins prioritaires nationaux et d'une sélection des instruments adaptés, accompagnée de jalons de suivi et d'indicateurs de succès. Le principe de subsidiarité est

---

51 La part relative de la superficie agricole assujettie aux MAEC est inférieure à la moyenne de l'UE (13 %) à l'exception de la Slovénie.

52 Les valeurs les plus fortes sont relevées en Roumanie, Bulgarie, Estonie, Slovaquie, Lettonie, où elle concerne plus de la moitié de la SAU.

ainsi étendu à l'ensemble des dispositifs d'intervention de la PAC. En confiant aux États membres les choix stratégiques et les modalités de gestion, la Commission européenne les autorise à décliner les objectifs et les instruments de la PAC en fonction de leurs intérêts spécifiques. Les EM disposent de marges de manœuvre significatives pour ajuster le recours aux divers dispositifs proposés par la PAC. La possibilité d'attribuer un paiement redistributif aux premiers hectares (10 % des paiements directs), en faveur des petites et moyennes exploitations, a diversement retenu leur attention. La détermination des conditions d'éligibilité, le montant du soutien complémentaire révèlent leur positionnement en matière de politique des structures, en faveur de telle ou telle catégorie d'exploitations. Le plafond correspond aux 150 premiers hectares en République tchèque, en Slovaquie, en Hongrie et atteint même 300 hectares en Pologne (en modulant le montant versé en fonction de la superficie) tandis qu'en Lituanie et en Roumanie, seuls les 50 premiers hectares sont éligibles. Les mécanismes de plafonnement et de dégressivité permettant de limiter les paiements directs alloués aux très grandes exploitations ont été écartés par six pays[53]. Le recours aux paiements couplés est systématiquement utilisé pour renforcer la compétitivité de secteurs en difficulté, en particulier l'élevage. À la lecture des divers PSN[54], il ressort que le renforcement des exigences en matière de conditionnalité environnementale ainsi que l'introduction obligatoire des dispositifs de l'éco-régime n'ont pas soulevé un grand engouement de la part des décideurs politiques, contraints de faire respecter *a minima* les objectifs environnementaux.

Entre la Commission européenne et les gouvernements de plusieurs de ces pays, des tensions relatives au respect des principes et des règles de la PAC se manifestent. C'est ainsi qu'à l'expiration du moratoire négocié lors de leur entrée, la plupart des nouveaux États membres ont remanié la législation régulant les transactions foncières de manière à en faire un instrument de contrôle qui privilégie les exploitants en place pour l'achat de terres (via le droit de préemption) et dissuade la pénétration des investisseurs européens (Ciaian, Drabik, Falkowski, Kancs, 2017).

53 La République tchèque, l'Estonie, la Hongrie, la Croatie, la Pologne et la Roumanie. Seule la Slovaquie a introduit les deux instruments.

54 European Commission, 2022, *Proposed CAP Strategic Plans and Commission observations, Summary overview for 27 Member States*, June 2022, 40 p.

Jugées discriminatoires et non conformes au droit communautaire, les lois adoptées ont fait l'objet d'un ultimatum adressé à cinq de ces États par les instances européennes (Maurel, 2021). De manière plus grave, les atteintes aux principes de l'État de droit de la Hongrie et de la Pologne alimentent un contentieux avec Bruxelles. Au printemps 2023, à l'initiative de la Pologne, un mouvement protestataire s'est déclenché qui dénonçait la concurrence des céréales et des oléagineux affluant d'Ukraine dans les pays limitrophes, à la suite du blocage des ports de la mer Noire[55]. Intervenant après d'autres désaccords, ce différend procède de la demande de protectionnisme des producteurs agricoles, portée, amplifiée et orchestrée par les majorités au pouvoir. En décrétant unilatéralement un embargo aux importations, en cherchant à contrôler la pénétration des investisseurs européens, les gouvernements entendent affirmer de manière déterminée leur souveraineté étatique. L'idée qu'une économie de marché peut cohabiter avec un État fort, soucieux de protéger les intérêts nationaux en contrant l'immixtion des investisseurs extérieurs semble largement partagée par les pays du « bloc oriental » de l'UE.

UN NOUVEAU CAPITALISME AGRAIRE

Tout un courant d'analyse souligne l'ampleur de la pénétration des investissements directs étrangers dans les économies d'Europe centrale et orientale pour avancer le caractère dépendant des capitalismes apparus au tournant du siècle (Delteil, 2018). Dans un registre différent, d'autres chercheurs mettent l'accent sur la variété des capitalismes postcommunistes (Mihaly, Szelenyi, 2020)[56], en soulignant les cas de dérive nationaliste, sur un registre populiste ou encore illibéral. Ces angles d'approche ont leur part de pertinence. Nos propres analyses ont mis en évidence des trajectoires agraires dépendantes à l'égard du chemin suivi (*path dependency*), en replaçant les changements intervenus au cours de la période postcommuniste dans la longue durée des structures agraires

55 C'est ainsi qu'à la mi-avril 2023, à la suite de la Pologne, la Hongrie, la Slovaquie, la Bulgarie et la Roumanie ont décrété un embargo à l'égard des produits agricoles venus d'Ukraine et auxquels l'UE avait accordé une baisse des tarifs douaniers au printemps 2022. Résolu par un accord de compromis, signé par la Commission européenne, le différend a révélé la détermination de ces pays à défendre des positions protectionnistes.

56 Mihályi, Peter et Szelényi, Iván, 2020, *Varieties of Post-Communist Capitalism : A Comparative Analysis of Russia, Eastern Europe and China*, Haymarket Books.

propres à ces sociétés rurales. Selon des rythmes et des modalités variées, les recompositions successives ont procédé de mécanismes complexes de transmission qui ont remodelé les relations de propriété et les rapports sociaux avant, pendant et après l'intermède collectiviste.

À plusieurs reprises au cours du XXe siècle, les régimes politiques ont entrepris de changer radicalement de modèle agricole, sans s'appuyer sur l'état réel de développement des forces productives. Lors de la rupture avec le système collectiviste, la question du choix d'un modèle de remplacement s'est trouvée éludée par le jeu complexe des intérêts politiques et sociaux qui se sont affrontés sur les scènes nationales. La référence à l'idéal-typique du petit paysan propriétaire s'est vite heurtée aux réalités d'une agriculture que l'économie administrée avait largement transformée en l'industrialisant. Les politiques de réforme foncière des années 1990 ont conduit à restaurer, sous la forme de centaines de milliers de micro-exploitations, des structures obsolètes, tandis qu'une agriculture familiale composée d'exploitations de taille moyenne a partout éprouvé des difficultés à se reconstituer[57]. L'attachement de nombreux ménages ruraux à la petite agriculture parcellaire, figure traditionnelle du genre de vie domestique à la campagne, relève d'une illusion que la décomposition sociale de la petite paysannerie est appelée à dissiper.

Dans les transformations à l'œuvre, le fait marquant réside dans la consolidation de grandes et de très grandes exploitations qui ont puisé les ressorts de leur développement dans les aides de la PAC et l'accès au marché communautaire. L'intermède collectiviste avait accompli une modernisation des techniques de production des grandes structures, en inscrivant l'agriculture dans une version du capitalisme d'État, fondée sur la division sociale des tâches et la marchandisation du travail sous la forme du salariat agricole. L'empreinte territoriale de cette « grande maille agraire » s'est révélée durable (Maurel, 2012). Une nouvelle classe de managers, issue de la couche dirigeante des ingénieurs et spécialistes, a pris la main sur le processus de recomposition de la terre et du capital que les politiques de privatisation avaient désassemblé. En moins d'une décennie, une oligarchie d'entrepreneurs est parvenue à asseoir son contrôle sur une partie des chaînes de production agro-alimentaires.

57 Les économies agricoles qui, comme en Lituanie, ont tenté de renouer avec ce modèle ne sont pas à présent les mieux placées.

En République tchèque, en Hongrie, en Slovaquie, la pénétration du capitalisme en agriculture est le fait d'entrepreneurs puissants et influents en partie issus de ces pays, tandis qu'en Roumanie et en Bulgarie, la participation de capitaux d'origine européenne, voire internationale tend à l'emporter. L'agriculture polonaise ne fait pas exception au développement des grandes exploitations capitalistes qui viennent renforcer le dynamisme de son agriculture et du secteur agro-alimentaire (Maurel, Lacquement, 2020). À quelques rares exceptions près, les agricultures de l'Est de l'Europe ont fait l'économie d'un détour par le modèle de l'agriculture familiale, un temps promu par la PAC, pour entrer quasiment sans transition dans la voie d'un mode de production capitaliste.

CONCLUSION AU CHAPITRE

Les politiques agricoles sont évolutives et peuvent être sujettes à des bouleversements. Les pays qui forment aujourd'hui le flanc oriental de l'UE ont traversé trois décennies de changements ininterrompus, sans disposer d'une pleine maitrise de leurs politiques agricoles. Leur positionnement géopolitique a pesé sur leurs capacités de décision, qu'il s'agisse hier du basculement vers l'Ouest et l'économie de marché afin de se dégager d'une tutelle soviétique pesante et, à présent, de mobiliser leurs forces face à ce qu'ils considèrent une agression injustifiée de la Russie et une menace pour leur propre sécurité. Leurs politiques agricoles portent la marque des traces sociales du passé agraire de paysanneries dominées par les grands propriétaires, de la violence des campagnes de collectivisation, des revers de l'application d'un modèle dirigiste ciblant une modernisation agro-industrielle. La rupture soudaine avec le système communiste a rendu au marché sa suprématie en libéralisant les prix et les échanges commerciaux, et en lançant la privatisation de l'ensemble de l'économie. Sous la pression du paradigme de la transition, ces pays ont été invités à s'aligner sur les normes institutionnelles et les standards occidentaux.

La conception libérale du changement de système a vite percuté d'autres représentations sociales qui mettaient en exergue la valeur symbolique de la propriété de la terre agricole pour en réclamer la restitution. La privatisation des structures collectives qui s'est accomplie à l'initiative de groupes d'acteurs sociaux aux intérêts disparates a été suivie d'une phase de recomposition. Dans le même temps, la préparation à l'adhésion a converti des politiques agricoles sans grande cohérence en un dispositif institutionnel fortement encadré par des experts dépêchés par Bruxelles auprès des instances nationales qui ont dû se plier aux exigences de l'acquis communautaire. Au lendemain de l'entrée dans l'UE, les succès engrangés en termes de redressement des performances économiques n'ont pu masquer le coût social consenti par le monde agricole en dépit d'une active politique de développement rural impulsée par l'UE. Sous la pression des lobbies de l'*agro-business*, la PAC a paradoxalement hâté la montée en force d'un nouveau capitalisme agraire dont les visées politiques ont cessé de s'aligner sur celles des anciens États membres.

Guillaume LACQUEMENT
Université de Perpignan,
CNRS, UMR ART-Dev

Marie-Claude MAUREL
EHESS,
Académie d'Agriculture de France

POLITIQUE AGRICOLE COMMUNE ET AGRICULTURE BIOLOGIQUE

Entre développement et crise

Aborder la question des relations entre l'agriculture biologique et la Politique Agricole Commune (PAC) européenne peut sembler paradoxal, si l'on se réfère à l'identité même de l'agriculture biologique, laquelle apparaît comme un mouvement social d'opposition à l'agriculture conventionnelle. En effet, son origine en Europe remonte au début du XXe siècle, où elle fut théorisée par une diversité de personnes (médecins, agronomes, chimistes, etc.) qui se positionnaient très en marge des pratiques agricoles conventionnelles, caractérisées notamment par l'extension rapide de la fertilisation chimique minérale. En France, l'agriculture biologique (désormais AB) apparaît au milieu des années 1950, et la fin des années 1980 verra son institutionnalisation progressive dans le paysage politique national.

Nous allons nous intéresser aux rapports entre ce mouvement agricole alternatif et l'évolution de la PAC, pour la période allant de 1992 à 2022, qui ont conduit l'Europe à devenir l'un des principaux marchés de produits biologiques au monde. Ce choix s'explique parce que 1992 est une année charnière pour l'agriculture européenne avec la mise en œuvre de la nouvelle PAC, qui marque la première réforme. Elle jalonne aussi la reconnaissance politique fraîchement acquise du mouvement social de l'AB, avec le vote le 24 juin 1991 par 1er Conseil des Communautés Européennes, du règlement européen relatif à l'agriculture biologique. Ce cadre législatif va favoriser le développement de la production biologique et surtout générer un marché pour ses produits. L'année 2022 clôture une programmation PAC et prépare une programmation 2023-2027 riche de nouvelles ambitions pour l'agriculture européenne. C'est aussi l'année où la récession sur le marché des produits biologiques en Europe se marque plus nettement, après quasiment trente années d'une croissance continue.

Durant cette période, l'Union Européenne (UE) passe de 12 à 27 États membres, s'élargissant à une grande diversité de situations agricoles et de climats, et avec plus de 447 millions d'habitants à nourrir. Nous concentrerons notre analyse de la situation de crise de l'AB, débutée fin 2021, sur le marché de consommation biologique (bio) français.

GENÈSE DES RELATIONS ENTRE PAC ET AGRICULTURE BIOLOGIQUE

Pour mieux comprendre la genèse des relations entre la PAC et l'agriculture biologique, replongeons-nous d'abord dans le contexte politique et économique de la fin des années 1980. Les États de la Communauté Européenne, alors en pleine expansion, font face à une situation d'excédents structurels de la production agricole, et les mesures de régulation mises en place (quotas, gel des terres, extensification) ne suffisent pas à limiter la surproduction. De plus, les pratiques agricoles intensives ont engendré des dommages sur l'environnement (pollution des eaux, érosion des sols, perte de biodiversité), alimentant des oppositions de plus en plus fréquentes vis-à-vis du modèle agricole encouragé dès le début de la PAC en 1962. La Commission européenne engage alors une réflexion sur l'avenir du monde rural et sur la nécessaire prise de conscience politique des enjeux environnementaux. Cela prend la forme d'un Livre Vert de la Commission sur les perspectives de la PAC, adopté le 13 juillet 1985. Le Livre Vert fait partie des premiers textes européens qui mentionnent l'agriculture biologique. Il met en avant l'ambition de promouvoir la diversification et l'amélioration qualitative de la production en fonction des marchés. C'est aussi la première fois qu'est évoquée la nécessité d'un volet environnemental pour la PAC, afin de sortir de l'engrenage des dépenses générées par l'accumulation des excédents de production agricole, et des problèmes de pollution diffuse des activités agricoles intensives sur l'environnement. Sur ces points, l'agriculture biologique, qui propose un changement dans la conception d'un nouveau modèle agricole à mettre en place, apporte des réponses inédites sur plusieurs enjeux cruciaux de la PAC :

– Les produits agricoles biologiques répondent à un nouveau marché et à une attente de consommateurs européens préoccupés par la baisse de qualité des produits alimentaires.
– Les pratiques de l'agriculture biologique représentent un atout pour l'environnement par l'absence d'utilisation de produits chimiques de synthèse, la recherche d'un équilibre sol, plante, animal et la mise en place de rotations appropriées intégrant des légumineuses pour maintenir la fertilité des sols.
– L'agriculture biologique, plus gourmande en main-d'œuvre, représente un atout pour l'espace rural grâce au maintien d'une activité agricole dans des zones rurales en déprise et dévitalisées.
– L'agriculture biologique peut constituer une alternative à la régulation de marchés agricoles excédentaires car les rendements des cultures sont moindres.

C'est ainsi que l'agriculture biologique se retrouve à la croisée de deux grandes politiques européennes : la politique agricole européenne, pour laquelle la fin des années 1980 amorce des perspectives de réformes, et la politique environnementale en émergence. En effet, c'est dans le Livre Vert de 1985 qu'apparaissent pour la première fois, et de façon explicite, les grands principes qui vont présider à la mise en œuvre des réformes successives de la PAC, avec l'abandon des politiques reposant sur le soutien des prix et/ou le contrôle des volumes, le découplage et la conditionnalité des aides. De même, l'Acte unique européen de 1986 prévoit une compétence spécifique de l'Europe sur le plan environnemental. Au préalable, le règlement R(CEE)797/85 concernant l'amélioration de l'efficacité des structures de l'agriculture, et destiné à l'extensification et la reconversion des productions suivant les besoins du marché, avait été adopté en mars 1985. C'est un texte important car son article 19 propose un ensemble de mesures de protection de l'environnement.

Ce règlement préfigure une nouvelle voie pour des aides accordées aux agriculteurs qui entretiennent ou améliorent leur environnement, dans les zones sensibles du point de vue de la protection de l'environnement et des ressources naturelles, et du maintien de l'espace naturel et du paysage. Ainsi, il acte le fait que les pratiques de production agricole, compatibles avec les exigences de la protection de l'environnement et des ressources naturelles, génèrent une baisse du revenu agricole qu'il convient de compenser. L'article 19 sera complété à plusieurs reprises les années suivantes, afin d'instaurer un régime d'aides incitatives pour introduire ou maintenir des méthodes de production agricole compatibles avec les exigences accrues de la protection de l'environnement ou du maintien de l'espace rural[1]. En février 1991, la Commission réaffirme les propositions qu'elle estime urgente d'accepter : reconnaître deux fonctions principales à l'agriculture, à savoir la production et la protection de l'environnement et du développement rural ; contribuer à une production agricole respectueuse de l'environnement et promouvant des produits alimentaires de qualité[2]. Toutes ces évolutions contribuent à créer un contexte favorable à la reconnaissance et au développement de l'agriculture biologique. Ainsi les années 1990 vont être placées sous le signe de l'intégration dans la PAC et de la normalisation de l'agriculture biologique.

LA CONCRÉTISATION D'UN RÈGLEMENT EUROPÉEN UNIQUE POUR ENCADRER L'AGRICULTURE BIOLOGIQUE

C'est la France qui ouvre la voie, en étant le premier pays européen à avoir mis en place dès 1980 une législation définissant l'agriculture biologique et ses produits, avec un dispositif d'homologation d'un cahier des charges officiel pour encadrer les pratiques, contenant un plan de contrôle par un organisme indépendant et un modèle d'étiquetage[3]. En quelques années, ce ne sont pas moins de 12 cahiers des charges portés par des organismes différents qui sont ainsi homologués. Le Danemark et l'Autriche emboitent le pas, en prenant à leur tour des dispositions législatives pour encadrer et clarifier la confusion générée par des mouvements hétérogènes se réclamant de l'agriculture biologique. En 1987, une première estimation fait état de près de 7 500 agriculteurs biologiques en Europe cultivant plus de 100 000 ha, et la France en représente 50 % (Bailleux, Scharpe, 1994).

En décembre 1989, la Commission européenne fait une première proposition de règlement concernant le mode de production biologique, reprise par le Parlement européen[4]. C'est donc le 24 juin 1991 que le

1 Seuls deux pays (le Danemark en 1987 et l'Allemagne en 1989) vont activer cette mesure pour encourager la conversion à l'agriculture biologique.
2 COM (91)100 final.
3 Loi d'orientation agricole du 4 juillet 1980 et décret du 10 mars 1981.
4 COM (89) 552, déc. 1989.

Conseil européen adopte le règlement relatif au mode de production biologique de produits agricoles végétaux et sa présentation sur les produits agricoles et les denrées alimentaires. Cela constitue une étape déterminante dans la reconnaissance officielle de ce mode de production au niveau européen et même international, car ce texte définit des règles uniformes et harmonisées pour les opérateurs de tous les pays de l'UE. Ce cadre juridique assure aux consommateurs une garantie sur les principes de production biologique suivis dans les exploitations, ainsi que pour la transformation, la commercialisation, l'étiquetage, le contrôle et l'importation des produits biologiques, empêchant ainsi les fraudes potentielles naissantes[5]. Il entend d'abord répondre aux attentes de consommateurs qui recherchent des produits biologiques, en protégeant ce nouveau marché de produits agricoles. De plus, ce règlement représente le premier texte horizontal sur la qualité qui réserve un vocabulaire, « agriculture biologique », et atteste la spécificité des produits sur l'ensemble du territoire européen, assurant ainsi une protection pour la commercialisation de ces produits. Cette réglementation de base est complétée en 1992 et 1993 par différents règlements de la Commission européenne, pour préciser certaines modalités d'application, notamment les annexes de produits utilisables en AB et surtout le régime d'importation de produits biologiques en provenance de pays tiers[6]. Compte tenu de pratiques existantes dans le commerce international de produits biologiques naissant, cinq pays tiers avaient obtenu l'équivalence pour les règles de production et de contrôle des produits biologiques avec le règlement européen dès 1992, facilitant ainsi l'importation de leurs productions bio sur le territoire européen. Il s'agissait de l'Argentine, de l'Autriche, de l'Australie, d'Israël et de la Suisse[7]. Pour les opérateurs désireux d'importer des produits bio de pays tiers ne figurant pas sur cette liste, un système dérogatoire avait été mis en place sur une durée fixée, la preuve d'équivalence fournie par l'importateur étant sous la responsabilité de chaque État membre.

5 Règlement (CEE) 2092/91 du Conseil.

6 Voir Annexe 1 dans (Baillieux et Alberik, 1994) : « L'agriculture biologique », Europe Verte, 2/94.

7 En 1992 l'Autriche n'était pas encore dans l'UE.

UN MODÈLE DE CONTRÔLE ET DE CERTIFICATION UNIQUE ET UNE GOUVERNANCE EUROPÉENNE POUR L'AB

Le règlement CEE 2092/91 détaille les modalités de contrôle et les exigences auxquelles doivent se soumettre tous les opérateurs se référant au mode de production biologique dans leurs activités. L'organisation du système de contrôle relève de la compétence de chaque État membre sur son territoire, qui doit ainsi gérer l'accréditation et l'agrément des organismes privés. Ces organismes certificateurs vont assurer les missions de contrôle des opérateurs et de certification des produits qui respectent le règlement européen. On constate une grande variabilité des dispositifs choisis selon les États membres : en 1993, on ne compte pas moins de 51 organismes agréés en Allemagne, 4 en France, 7 en Italie et au Royaume-Uni, 2 au Portugal, en Espagne et en Grèce, mais 1 seul aux Pays-Bas. Les opérateurs bio peuvent donc choisir leur organisme certificateur, excepté aux Pays-Bas.

Emboitant le pas de la France qui avait fait sienne la norme NF-EN45011 depuis 1989, les organismes certificateurs de l'AB doivent respecter la norme européenne EN45011, laquelle garantit l'indépendance, la compétence et l'impartialité des audits et de la certification délivrée, et sont accrédités pour cela. Cette norme européenne s'appuie sur les guides internationaux ISO/CEI 28 et 40, ce qui va faciliter les échanges de produits certifiés bio à l'échelle internationale. Toutefois, cette obligation va à l'encontre des initiatives d'auto-contrôle ou de système participatif de garantie (SPG) que certaines associations gestionnaires de marque (*Nature et Progrès* ou IFOAM par exemple) ont développé et maintenu. Notons également que cette exigence de respect de la norme a un coût, endossé par les opérateurs. Gilles Allaire souligne que le système de certification et de contrôle globalisé adopté par l'UE génère des coûts privés importants de participation, ou coûts de transaction significatifs, qui restent à la charge des bénéficiaires (en l'occurrence les consommateurs de produits bio) (Allaire, 2016).

Ainsi, l'UE va jouer un rôle précurseur à l'échelle mondiale pour la clarification de règles internationales visant à garantir et protéger les productions biologiques. Compte tenu de l'augmentation de la production et du développement du commerce international de ces produits, elle interpelle la commission du *Codex Alimentarius*[8]. Le fruit du travail

8 Organisme intergouvernemental de plus de 188 membres, relevant du programme mixte FAO/OMS sur les normes alimentaires, tel qu'établi par l'organisation des Nations unies pour l'alimentation et l'agriculture (FAO) et l'Organisation Mondiale de la Santé (OMS).

de la commission, le *Codex Alimentarius*, constitue un recueil de normes alimentaires, lignes directrices, codes d'usages et autres recommandations adoptées au niveau international dans le but de garantir la sécurité sanitaire et la qualité des produits alimentaires, afin de protéger la santé des consommateurs, et d'assurer des pratiques loyales dans le commerce alimentaire. Elle joue donc un rôle prépondérant dans la normalisation alimentaire mondiale. En 1999, la commission du Codex a développé les Directives concernant la production, la transformation, l'étiquetage et la commercialisation des aliments issus de l'agriculture biologique[9]. L'objectif principal était de faciliter le commerce international et de prévenir les allégations trompeuses, par une harmonisation des exigences pour les produits biologiques. Ces directives avaient aussi l'ambition de servir de cadre, pouvant aider les gouvernements n'en disposant pas d'établir une réglementation nationale pour la production biologique. Étaient notamment cités les pays en développement et les États d'Europe de l'Est. D'abord établies pour les produits végétaux, il faudra attendre 2001 pour intégrer les dispositions relatives aux animaux d'élevage et aux produits d'animaux d'élevage ; des révisions successives (2003, 2004 et 2007) interviendront sur les annexes 2 et 3 (conditions d'inscription de substances ou d'ingrédients) du Codex.

La normalisation de l'AB avec le règlement bio s'accompagne de la mise en place d'une gouvernance européenne spécifique. Pour assurer la transparence de son fonctionnement, la Commission consulte tous les États membres ainsi que des groupes de travail qui lui remontent des données probantes. Pour l'AB, cette gouvernance s'appuie sur plusieurs instances complémentaires dont les titres vont évoluer au fil des années. Un groupe d'experts ad-hoc pour commencer, car il va falloir élargir assez vite le règlement bio aux productions animales, qui devient en 2008 le EGTOP (*Expert Group for Technical Advice on Organic Production*), groupe d'experts appelé à formuler des avis techniques sur la production bio et à fournir des conseils aux institutions européennes. Ensuite, il y a l'*Organic Production Commitee*, comité chargé de remonter les points de vue des États membres sur la législation en matière de production bio. Et enfin un groupe de dialogue civil (GDC) dédié à l'agriculture biologique, parmi les 7 GDC établis dans le domaine de la PAC. Il est composé de 35 organisations non gouvernementales et a une mission

9 Lors de sa 23e session du 28 juin 1999.

de conseil auprès de la Commission. Ces groupes vont être sollicités régulièrement par la Commission sur la période considérée (1992-2022) pour participer à l'évolution de la réglementation bio (élargissement aux productions animales en 1999, puis révisions du règlement en 2007/2008 et en 2018). Chaque étape règlementaire relative à l'AB donne lieu à de très nombreuses réunions[10].

UNE PROTECTION DU MARCHÉ DES PRODUITS BIOLOGIQUES QUI S'ASSORTIT D'UNE PLACE DÉDIÉE DANS LA NOUVELLE PAC

L'application au 1er janvier 1993 du règlement CEE 2092/91 dans tous les États membres se traduit par une dynamique de développement pour la production biologique, grâce à l'appui de certains instruments de la PAC. En effet, la réforme de la PAC, intervenue en mai 1992, marque une grande inflexion, en substituant à un système de protection par les prix un système d'aides compensatoires aux revenus. La ligne générale d'évolution est au découplage des aides par rapport à la production (pour limiter les excédents). De plus, Mac Sharry souhaitait faire de l'environnement et de la gestion de l'espace rural le troisième pilier de la PAC. Aussi, sa réforme en 1992 va prendre davantage en compte l'incidence de la production agricole sur l'environnement, à travers certaines mesures d'accompagnement de la réforme cofinancées par le FEOGA (Fonds européen d'orientation et de garantie agricole). Le règlement CEE 2078/92 adopté le 30 juin 1992 va constituer le socle des mesures agro-environnementales (MAE). Il prévoit d'apporter aux agriculteurs une compensation financière pour la mise en œuvre de pratiques agricoles ayant un effet positif sur l'environnement par l'octroi d'une prime annuelle à l'hectare ou à l'unité de gros bétail pendant 5 ans minimum[11].

L'article 2(a) de ce règlement mentionne clairement l'agriculture biologique. Il va servir de cadre unifié pour soutenir la conversion et

10 L'actuel règlement (UE) 2018/848 détient la palme du plus long trilogue européen pour un texte réglementaire, avec pas moins de 18 réunions de la Commission, du Parlement et du Conseil entre 2015 et 2018, année de son adoption.

11 Le règlement (CEE) 2078/92 dit : « considérant que l'instauration d'un régime d'aides visant à encourager une diminution sensible de l'utilisation des engrais ou des produits phytopharmaceutiques ou la mise en œuvre des méthodes d'agriculture biologique peut contribuer non seulement à une diminution des risques de pollution d'origine agricole mais également à l'adaptation des divers secteurs de production aux besoins des marchés en favorisant des productions moins intensives ».

le maintien de la production bio dans l'UE. Toutefois, sa mise en œuvre va respecter le nouveau principe de subsidiarité de chaque État membre, issu du Traité de Maastricht, dans le cadre de programmes zonaux pluriannuels proposés par les États membres pour la période 1994-1999[12]. Le rôle principal de ce soutien aux producteurs bio est de fournir une assurance contre les risques liés à la conversion (perte de revenus liée à la baisse de rendements et à l'absence de marché valorisateur pendant la conversion) ; il n'est pas un objectif politique en soi mais un moyen de parvenir à une finalité en matière de protection de l'environnement. Toutefois certains États membres le considèrent comme un moyen de répondre à la demande des consommateurs et de transférer des revenus aux agriculteurs, en maintenant une activité agricole dans des zones défavorisées ou de montagne, où le développement de l'AB va permettre de valoriser correctement des productions de qualité malgré leurs rendements plus faibles (Italie du sud, montagnes autrichiennes par exemple).

Par ailleurs, les agriculteurs bio peuvent bénéficier des aides accordées aux exploitations agricoles dans le cadre de la politique d'amélioration des structures (aides aux investissements, formation, création de groupements de producteurs par exemple). En 1996, tous les États membres ont mis en place des politiques de soutien à l'agriculture biologique dans leur programme, mais avec une très grande variabilité entre pays (taux et conditions de paiement, critères d'éligibilité, variations régionales)[13]. Cela peut conduire à des distorsions du marché et à une concurrence déloyale entre régions européennes, bien éloignées des objectifs du règlement (CE) 2092/91, lequel entendait créer des conditions de concurrence équitables sur le marché des denrées bio de l'UE, et adopter une approche commune concernant les conditions et les niveaux de paiement pour les programmes de soutien à l'AB. Mais c'est l'un des travers de dispositifs financiers basés sur un taux d'aide fixe par hectare et par type de culture.

À ce titre, l'AB occupe une position unique parmi les MAE en raison du rôle que peut jouer le marché dans le revenu des producteurs.

---

12 Couvrant une zone homogène par rapport à l'environnement et l'espace naturel.

13 Pour plus de détails, voir Lampkin Nicolas *et al.* (1999) qui évalue l'impact de la PAC et de la politique environnementale de l'UE sur le secteur bio pour 18 pays dont 15 États membres.

Aussi, l'élargissement du marché bio va être une exigence fondamentale du soutien à la production. Plusieurs instruments financiers déployés par la PAC sont mobilisables par les États membres pour développer le marché bio, en octroyant notamment des aides financières aux activités de transformation et de commercialisation. Mais seulement trois États (Allemagne, Autriche et Danemark) vont utiliser ces soutiens pour développer un marketing fort sur les produits bio. Sur le long terme, le résultat est stupéfiant, car la part de consommation alimentaire bio dans ces pays est bien supérieure à la moyenne européenne qui reste inférieure à 5 %. Pour illustrer cette dynamique de développement de l'AB enclenchée grâce aux MAE, le soutien direct aux producteurs biologiques et en conversion a représenté 190 millions d'écus (monnaie européenne avant l'euro) pour l'UE en 1996. Et en 1997, ce sont plus de 65 000 exploitations et 1,27 million d'hectares bio qui ont bénéficié de ces aides, pour un coût de 260 millions d'écus, soit 10,7 % de l'ensemble du programme agro-environnemental (Lampkin et al, 1999).

LES ANNÉES 2000
Le développement de la production et de l'alimentation biologiques encouragés en Europe avec le soutien de la PAC

Sur la période 1993-1999, on assiste à l'émergence de nombreux plans pluriannuels de développement de l'AB dans les États membres. Cela va clairement dynamiser la production biologique mais de façon relativement hétérogène avec de fortes différences entre les États (voir figure 1). L'Agenda 2000 et la naissance en 1999 du second pilier de la PAC consacré au développement rural, vont permettre à l'AB de se rapprocher davantage des objectifs de la PAC en matière d'environnement, de bien-être animal et de santé des végétaux. Cela va aussi compléter « la boîte à outils » des dispositifs financiers utilisables pour développer l'AB. Les réformes de la PAC qui vont suivre – 2003 avec l'introduction du découplage des paiements agricoles directs et de la conditionnalité des aides, qui consacre l'évolution vers une agriculture durable et intègre pleinement l'AB dans le second Pilier de la PAC ; le bilan de santé en 2008 ; la réforme de 2013 qui renforce le second pilier et oriente 30 % des aides vers les pratiques agricoles respectueuses de l'environnement – iront dans le même sens, visant à donner un cadre d'intervention publique pour soutenir l'agriculture biologique, mais avec une contrepartie de financement par les États membres.

	Nb exploitations Bio			Hectares engagés en AB		
	1994	1998	2008	1994	1998	2008
Allemagne	5 866	9 194	19 810	272 140	414 290	907 786
Danemark	676	2 270	1 842	20 687	93 200	150 100
Espagne	909	6 600	21 255	17 200	269 450	1 129 840
France	3 556	6 233	13 300	94 800	220 000	583 800
Italie	8 597	40 000	44 370	154 120	600 000	1 002 410
Pays-Bas	512	870	1 400	11 340	22 320	50 434

Source : Eurostat.

FIG. 1 – Estimations statistiques du développement de la production biologique pour quelques États-membres de l'UE entre 1994 et 2008 (en milliers).

Compte tenu de leurs marges de manœuvre, on constate alors que le degré et le type de soutien à l'agriculture biologique varient considérablement d'un État membre à l'autre, suivant le rôle qu'ils lui attribuent dans leur programme de politique agricole. Les plans d'actions nationaux ou régionaux de développement de l'AB qui s'élaborent, vont être des instruments stratégiques de soutien au secteur bio. Par exemple, bien après le Danemark, les Pays-Bas, l'Autriche ou l'Allemagne, la France lance en novembre 1997 son premier plan de développement pluriannuel (dit « plan Riquois » de 1998-2002), lequel entend placer l'AB au cœur de l'agriculture française. Il se justifie en mettant en avant la réponse économiquement viable qu'offre l'AB à la demande d'un marché en pleine croissance, la garantie d'un mode de production respectueux de l'environnement et du bien-être animal, qui propose une réelle opportunité d'installation de jeunes agriculteurs ayant un bon niveau technique, mais aussi comme outil de développement du territoire générant plus d'emplois et valorisant des produits adaptés aux terroirs.

Ce format de plan est une manière de coordonner du mieux possible les liens entre les différentes politiques nationales autour d'une ambition claire : multiplier les surfaces en AB par dix pour atteindre un million d'hectares bio en 2005 et 25 000 agriculteurs bio (soit 3 % de la SAU et 5 % des exploitations agricoles en France). Cet objectif positionnait la France vers la reconquête de la place de premier rang qu'elle occupait dans l'UE sur l'AB jusqu'en 1991. Son retard s'expliquait en partie par les choix politiques d'orienter préférentiellement les enveloppes MAE issues de la réforme de la PAC vers la prime à l'herbe plutôt que vers l'AB, et de tarder jusqu'en 1998 pour lancer un plan de développement pluriannuel dédié, quand plusieurs pays européens (Pays-Bas, Danemark, Allemagne) en avaient déjà engagé deux dans le même temps.

Le développement du marché reste toutefois une exigence fondamentale du soutien à l'AB. Dans le cadre de l'économie libérale, le jeu du marché détermine l'ajustement de l'offre et de la demande, mais cela suppose une absence de distorsion de concurrence. Le règlement bio de 1991 entendait créer des conditions de concurrence équitables sur le marché européen des denrées biologiques. En juin 2004, avec le premier Plan d'Action Européen en matière d'alimentation et d'agriculture biologique (COM/2004/0415 final), la Commission va définir la base de l'élaboration des politiques de soutien au secteur bio. Elle donne ainsi sa vision stratégique globale de la contribution de l'AB à la PAC, à travers son double rôle sociétal et environnemental : la commercialisation des denrées alimentaires bio répond aux préoccupations d'un certain nombre de consommateurs. L'AB doit donc être rémunérée par les marchés et financée par les acheteurs. Son développement sera à cet égard régi par le jeu du marché. Parmi les vingt-et-une actions de ce Plan Européen, la création du logo biologique de l'Union en 2010, facilement reconnaissable, va jouer un rôle très important vis-à-vis de l'identification des produits bio par les consommateurs. L'Eurofeuille que l'on connaît, sera obligatoire à partir de juillet 2010 sur toutes les denrées alimentaires biologiques préemballées produites dans l'UE.

Dès le départ, ce logo commun contient l'indication du lieu de production des matières premières agricoles. C'est une tentative de clause miroir avant l'heure, pour faciliter le choix des consommateurs. Compte tenu de l'évolution rapide du marché des produits biologiques avec une croissance de 10 % par an depuis 1998, les importations de produits bio en provenance des pays tiers jouent un rôle important. Le marché bio européen constitue un pôle d'attraction significatif pour tous les pays tiers. En 2004, le marché des produits bio représentait à peine 1 % du marché alimentaire mondial ; il était évalué à 27,8 milliards de dollars US dont 13,7 milliards pour l'UE, la plaçant ainsi comme premier marché mondial des produits bio juste devant l'Amérique du Nord (Bonny, 2006). Ce premier plan d'action européen sera suivi en mars 2014 d'une seconde déclinaison, qui engage notamment la révision du règlement européen bio de 2007 et se solidarise du cadre de la réforme de la PAC 2014-2020. Puis, en mars 2021, c'est un troisième plan d'action bio européen qui est proposé par la Commission européenne, adossé à la stratégie « Farm To Fork » dans le cadre du Pacte Vert pour l'Europe et de la programmation PAC 2023-2027.

Plusieurs analyses européennes sur la période 1993-2010 se sont penchées sur la façon dont le soutien politique au développement du marché a affecté le secteur bio (Lampkin et al, 1999) (Stolze et al, 2011). Ces travaux ont révélé les facteurs influençant l'efficacité et l'efficience des mesures mises en œuvre : en plus des aides à l'hectare pour les producteurs, le financement du conseil, de la formation, de la recherche et de la diffusion des techniques bio, mais aussi le soutien au marketing et à la transformation des produits sont des garanties de réussite des politiques proposées, qu'elles soient nationales ou régionales. Il est bien clair que le soutien public reste le principal moteur du développement du secteur bio. Son efficacité relève d'un ensemble cohérent de mesures d'aide intégrées dans un cadre stratégique. Celui-ci devrait être guidé par une approche commerciale axée sur le développement du secteur bio en tant qu'industrie compétitive et performante. Malheureusement, cette reconnaissance de la contribution potentielle de l'agriculture biologique à la compétitivité économique et à certains objectifs de développement rural n'est présente que dans quelques États membres. Souvent le secteur bio reste un sujet isolé, générant un décalage entre les politiques agricoles et environnementales générales et la politique relative au bio.

Toutefois, malgré un engagement très variable à soutenir la bio selon les États membres sur la période, la croissance de la production biologique européenne entre 2000 et 2020 reste exponentielle. Attraction par la demande ou bien incitation à l'agriculture biologique par la politique menée ? L'équilibre idéal est difficile à atteindre et un conflit peut naître entre la politique de soutien à l'AB et le développement du marché des aliments bio. C'est ce que nous allons approfondir maintenant.

LES ANNÉES 2020
Le marché bio entre en crise avec une panne de consommateurs

Les politiques européennes de soutien à l'AB ont permis d'accroitre la production bio, et la programmation PAC 2015-2022 s'est notamment illustrée par un net emballement dans la croissance des surfaces bio. Un tel développement a aussi participé à populariser la consommation de produits biologiques. En vingt ans, le marché biologique mondial a progressé de 545 %, passant de 21 milliards de dollars US en 2001 à 135,5 milliards en 2021 (FIBL, 2023). Avec 54,5 milliards d'euros de dépenses en produits bio, le territoire européen représente toujours le premier marché bio mondial, suivi de très près par l'Amérique du Nord – principalement les États-Unis – dont les ventes ont avoisiné les 54 milliards d'euros en 2021. Avec 12,7 milliards d'euros de chiffre d'affaires bio en 2021, la France occupe la place de troisième plus gros marché mondial derrière les États-Unis (48,6 milliards d'euros) et l'Allemagne (15,9 milliards d'euros). En revanche, la part de bio dans la consommation alimentaire ainsi que les sommes dépensées par les ménages est bien plus modeste et reste en deçà de nombreux pays européens (figure 2).

	Ventes au détail (millions €)	Part de bio dans la consommation	€ dépensés par personne
Total pays d'Europe	54539	(Pas de données)	66
Union Européenne	46665	4,7 %	104
Allemagne	15870	7 %	191
Autriche	2397	11,6 %	268
Belgique	978	3,8 %	122
Danemark	2240	13 %	384
Espagne	2528	2,5 %	53
France	12659	6,6 %	187
Italie	3943	3,4 %	67
Luxembourg	197	11 %	313
Suisse	3705	10,9 %	425

Source : IFOAM d'après une enquête : FiBL-AMI de 2023.

FIG. 2 – Marché biologique dans certains pays européens en 2021.

Cette expansion considérable de l'offre en produits biologiques qui s'était, jusqu'à récemment, accompagnée d'une réponse encourageante de la demande, s'est malheureusement retrouvée rapidement bousculée par des chocs exogènes. Ainsi, après plusieurs décennies de soutien au développement mené par l'UE et par la France, l'agriculture biologique s'est confrontée dès la fin 2021 à une crise sans précédent, générée par une baisse de la consommation. Ce déséquilibre entre l'offre et la demande en produits bio concerne d'autres pays européens et questionne l'avenir des filières biologiques. De fait, les crises révèlent souvent des opportunités pour dresser l'état des lieux d'une situation, car elles déstabilisent l'ordre établi et marquent un moment décisif pour l'avenir. Le secteur bio en est bien conscient, car c'est notamment lors de situations de crises qu'il a su faire valoir sa légitimité.

Les crises sanitaires en lien avec l'alimentation – par exemple la « vache folle » en 1996 ou encore le poulet à la dioxine en 1999 – ont donné une audience aux pratiques alternatives de l'AB, et qui s'est traduite par de nombreuses conversions d'agriculteurs vers l'AB. La crise actuelle qui frappe les filières bio marque un basculement vers une évolution incertaine et nous encourage à dresser un bilan des politiques de développement engagées jusqu'alors. C'est l'occasion de replacer l'importance de l'économie dans le champ de l'agriculture et de l'alimentation, secteurs soumis à la dure loi de l'offre et de la demande. On accorde ici la priorité au cas français, puisque la France est redevenue le premier pays doté en surfaces bio et le second marché bio au niveau européen. Mais, malgré son importance, ce marché biologique français connait une « décroissance » particulièrement significative que l'on observe également ailleurs en Europe.

L'institutionnalisation de l'AB qui a été amorcée dans les années 1980 en France, puis 1990 dans l'UE, s'était opérée dans un contexte très dynamique pour la filière : une demande en croissance continue répondant à des attentes sociétales précises, et une offre encore largement déficitaire. La reconnaissance publique de l'agriculture biologique avait alors permis de répondre aux inquiétudes des agriculteurs et des citoyens dans un contexte très favorable à son développement, ce qui peut désormais participer à en exprimer les limites actuelles. La pandémie de Covid-19 a contribué à mettre en avant les atouts sanitaire et écologique de l'agriculture biologique dans un contexte propice, puisque les Français avaient considérablement augmenté leurs dépenses alimentaires pendant cette période, profitant des confinements successifs pour cuisiner davantage.

Pour pallier certaines pénuries, ils s'étaient tournés vers des produits labellisés AB faute de leur alternative conventionnelle. Par exemple, les ventes de sucre et d'épicerie-pâtisserie bio ont augmenté de 38,5 % (en valeur) entre 2019 et 2020. Mais en réalité, la crise sanitaire a masqué une perte de croissance latente du marché bio, dont la chute récente fût brutale pour les opérateurs du secteur. Depuis 2021, la filière bio a essuyé une perte globale de 755 millions d'euros de chiffre d'affaires, soit un recul de 6 % en deux ans (figure 3). Les grandes surfaces ont vu leur vente bio diminuer de 8,3 % depuis 2021, et ce pourcentage a même atteint 10,3 % pour la distribution spécialisée. Cette crise concerne tous les produits – notamment les aliments frais – hors boissons alcoolisées dont les ventes se sont maintenues.

	Ventes de produits biologiques			Prix au détail
	2020	2022	Variation 2022/2020	Variation 2022/2021
Fruits	1 056	926	-14 %	1,8 %
Légumes	1 039	964	-8 %	0,4 %
Lait	431	393	-10 %	7,0 %
Produits laitiers	902	809	-11 %	3,9 %
Œufs	630	611	-3 %	8 %
Viande bovine	446	387	-15 %	9,5 %
Viande porcine	159	131	-21 %	7,0 %
Viande agneau	79	64	-23 %	10 %
Volaille	308	268	-15 %	8,0 %
Charcuterie salaison	189	149	-27 %	-1,0 %
Épicerie	4 050	3 821	-6 %	4,0 %
Boissons alcoolisées	1 178	1 322	11 %	3,1 %
Tous produits confondus	12 831	12 076	-6 %	4,0 %

Source : AND International.

FIG. 3 – Évolution des ventes des produits biologiques en France (en millions d'euros) et évolution des prix au détail.

STRATÉGIES D'ADAPTATION DE L'AMONT À L'AVAL

L'année 2021 sonne le début de la crise du marché bio français, dans un contexte économique marqué par le retour de l'inflation, une situation inédite depuis la fin des années 1970, et indissociable de la reprise économique de 2021 et surtout de la guerre en Ukraine qui ont fortement renchérit le coût des énergies fossiles et des produits agricoles : +9,2 % en décembre 2022 dans la zone euro, et +6,7 % en France pour la même période (Eurostat, 2022). Bien entendu, cette situation économique entraîne des répercussions sur les choix alimentaires des consommateurs, puisque l'on observe une tendance à la descente en gamme dans leurs actes d'achats. Les produits biologiques constituant une gamme premium, sont les plus durement touchés par l'arbitrage économique des consommateurs, ce qui oblige les acteurs de l'amont à l'aval des filières bio à s'adapter à cette contraction de la demande. À l'aval, la grande distribution réduit l'assortiment bio de ses rayons ou ferme certains de ses magasins dédiés, limitant ainsi les débouchés. Par conséquent, les entreprises et coopératives sont contraintes d'imposer des régulations de la production biologique à travers des déclassements de produits, des réductions d'achats, ou le refus de nouveaux contrats bio et du non-remplacement d'arrêts d'activités de producteurs certifiés.

Pourtant les agriculteurs français avaient été largement encouragés à la conversion vers l'AB, notamment à travers les objectifs ambitieux fixés sur cinq ans par les plans de filière, lesquels furent imposés par la Loi EGALIM 1. Il avait été projeté un doublement de la production de lait de vache bio entre 2017 et 2022, ou encore la mise en marché d'au moins 10 % de porcs bio en 2027 (voir les plans de filière Cniel, 2017 et Inaporc, 2017). Mais, dans un contexte de débouchés limités, les agriculteurs ont été contraints d'encaisser des déclassements de leur production ou des diminutions drastiques des prix d'achats. Par exemple, durant la période printanière de 2022 et 2023, les éleveurs de vaches laitières bio ont vendu leur lait en deçà du prix standard conventionnel. L'écart de prix entre bio et conventionnel sur la moyenne de 2022 était de 40 euros pour 1 000 litres, quand les coûts de production, supérieurs en bio, nécessitaient un écart convenable entre 100 et 120 euros les 1 000 litres selon l'Institut de l'Élevage (IDELE). Une des explications à cela se trouve dans le fait que le prix du lait bio n'a que peu augmenté ces dernières années, lorsqu'il a significativement augmenté en conventionnel.

En ce qui concerne l'élevage porcin bio, l'interprofession avait imposé une régulation de 25 % de la production nationale en 2022, mais cela n'a pas suffi à enrayer la surproduction. Ces chiffres restent inquiétants, compte tenu de la part de bio dans ces filières : 5 % de la collecte de lait de vache, et seulement 2 % des élevages de truies en France étaient certifiés bio en 2022. À l'avenir, il est fort possible que la part bio dans la production totale diminue et que les arrêts d'activité et les dé-certifications soient plus nombreuses. Sur les dix premiers mois de 2023, 1 000 producteurs bio ont stoppé leur activité, principalement des éleveurs : -4,8 % chez les éleveurs de bovins laitiers, -9,2 % chez les ovins viandes, et -9,4 % en élevage porcin. La situation est compliquée pour les éleveurs bio, très sensibles à l'augmentation du prix de l'énergie et parfois largement dépendants d'alimentation animale bio importée. Les prix payés en bio n'ont pas suffi à compenser la hausse des coûts de production, tandis que l'on observe en parallèle une forte augmentation des prix en magasin pour l'ensemble des produits biologiques, excepté sur la charcuterie dont les prix en grandes surfaces ont régressé. De plus, l'écart de prix entre les produits bio et conventionnels s'est maintenu malgré une inflation plus limitée sur les produits labélisés : +4 % pour les produits bio, contre +7 % pour les produits conventionnels.

Trois principaux facteurs peuvent être avancés pour expliquer cette crise bio dans sa dimension structurelle. D'abord, l'augmentation en France de la précarité alimentaire, qui renforce les arbitrages économiques des consommateurs ; ensuite, une politique de soutien public à l'agriculture biologique insuffisante, notamment en termes de marketing stratégique et de communication vers le consommateur ; et, enfin des freins sociologiques qui limitent le déploiement du marché biologique.

UN CONTEXTE ÉCONOMIQUE DIFFICILE QUI RENFORCE L'ARBITRAGE DES CONSOMMATEURS

À son origine, le marché des produits bio en France s'est développé dans une vision alternative de la relation producteur-consommateur, en privilégiant la vente directe des produits biologiques et leur distribution auprès de magasins spécialisés. Ceux-ci ciblaient principalement des ménages aisés et soucieux de leur alimentation et de leur santé. Par exemple, l'enseigne la Vie Claire – dont le premier magasin a ouvert en 1948 à Paris – répondait à cette demande d'une alimentation saine et naturelle. Trois décennies plus tard l'association Nature & Progrès a constitué son groupement d'achat, devenu l'enseigne Biocoop en 1986. Ce projet avait pour ambition de construire une agriculture durable et de lutter contre l'agro-industrie, en proposant une juste rémunération des agriculteurs bio et un approvisionnement en circuit court (Piriou, 2002). Mais cette coopérative, bien que dirigée par des intérêts collectifs, reste peu accessible aux ménages modestes ou moins sensibilisés aux pratiques de l'agriculture biologique et aux effets de l'alimentation sur leur santé. La reconnaissance officielle de l'AB en 1991 va marquer un tournant, avec le réveil de l'intérêt de la grande distribution pour les produits biologiques et son insertion progressive sur ce nouveau marché.

Deux enseignes seront précurseuses en France, Monoprix et Carrefour. Cette dernière proposera, dès 1992, sa boule bio, premier pain biologique de grande surface. Depuis, la gamme bio de la chaîne s'est largement développée et compte en 2023 pas moins de 3 500 producteurs bio contractualisés pour fournir sa marque propre « Carrefour BIO ». L'arrivée de la grande distribution permet de démocratiser les produits bio par leur accessibilité, mais elle affaiblit la contestation pionnière, ce qui a pu contribuer à accroître la méfiance et les doutes des consommateurs envers la qualité des produits labélisés vendus en grandes surfaces.

Dans le contexte inflationniste qui a suivi la crise Covid-19, le coût des produits biologiques est souvent apparu comme la principale explication de la crise du marché bio. Le prix est cité à 71 % comme premier frein à l'achat de produits bio par ceux qui n'en consomment pas, et 65 % des consommateurs réguliers disent ne pas en consommer davantage en raison du prix (ObSoCo, 2023). De plus, une étude de l'INSEE confirme que 14 % de la population de France métropolitaine était en situation de privation matérielle et sociale en 2022, le plus haut niveau atteint depuis 2013. Cette pression s'exerce principalement par l'augmentation des coûts de l'énergie, un Français sur dix n'ayant pas les moyens de chauffer correctement son logement. Souvent réduite à l'inflation récente, cette situation est en réalité à l'œuvre depuis plusieurs années. Entre 2009 et 2017, le nombre de bénéficiaires de l'aide alimentaire a doublé atteignant 5,5 millions, et ce chiffre a fortement augmenté depuis, notamment en raison du Covid et de l'inflation (Bazin, Bocquet, 2018).

Selon une étude publiée par le Crédoc en mai 2023, 16 % des Français ne mangeraient pas à leur faim (insécurité alimentaire quantitative), et 45 % déclarent ne pas manger ce qu'ils souhaitent (insécurité alimentaire qualitative) (Crédoc, 2023). Cette hausse globale de la précarité accentue le sentiment de vulnérabilité des ménages, et touche autant les foyers modestes que les classes moyennes (Crédoc, 2022). Ainsi, cette paupérisation généralisée met à mal la capacité des ménages à acheter des produits alimentaires plus chers, malgré l'intérêt des individus de consommer de façon plus éthique. L'envolée de l'inflation alimentaire en France, évaluée à +14,3 % en avril 2023 (en glissement annuel)[1] a contraint les clients à modifier leurs habitudes de consommation alimentaire. Ils ont effectué davantage d'achats en hard discount et ont réduit les quantités achetées, au détriment des produits frais et chers.

En 2022, alors que les volumes de produits bio achetés avaient diminué de 7,8 %, les volumes de produits premiers prix avaient quant à eux augmenté de 7,4 % (Circana, 2022).

Ce report des achats vers des marques distributeurs ou des EDMP (*Enseignes à dominante marques propres*) peut toutefois profiter au bio dont les ventes en hard discount ont augmenté de 11 % en 2022 (ANDI, 2023). C'est d'ailleurs le seul circuit de distribution bio qui a vu ses ventes progresser en 2022. Cette tendance inquiète certains acteurs des filières, compte tenu de l'impact sur les prix agricoles et le partage de la valeur. De plus, il convient d'observer l'origine des produits bio achalandés afin de s'assurer que l'augmentation des ventes profite réellement aux agriculteurs bio français. De plus, si les produits bio premiers prix ou MDD (Marques de distributeurs) proposent des prix plus faibles, ils sont en revanche les plus touchés par l'inflation : + 21,8 % sur les marques premiers prix, +19,8 % pour les MDD et 16,6 % pour les marques nationales en avril 2023 (Circana, 2023). La tendance d'achat de produits premiers prix est observée dans de nombreux pays européens, même ceux reconnus pour leur fort pouvoir d'achat. En Allemagne, par exemple, le marché bio a diminué de 3,5 % entre 2021 et 2022, une baisse endossée par les magasins spécialisés (-12,3 %) et la vente directe (-18 %). En revanche, la grande distribution s'est maintenue avec une évolution de +3,2 %, et une progression des ventes en magasin discount de près de 13 %.

Au Danemark, la consommation alimentaire bio des ménages, qui avait atteint 12,8 % en 2020 a diminué de 0,8 % en deux ans et les Danois sont 46 % à déclarer chercher les bonnes affaires lors de leurs achats. En Suisse les ventes bio ont moins diminué que les ventes alimentaires dans leur ensemble : -2,2 % en bio contre -4,9 % en non bio pour l'année 2022, mais le prix reste un enjeu de taille et la part de marché en bio des discounter suisses a progressé de 3,9 % en 2018 à 6,1 % en 2022. Même si le prix reste central dans l'acte d'achat, les doutes autour de l'authenticité des produits bio prennent de plus en plus d'importance dans les raisons citées par ceux qui n'en consomment pas. L'étude menée par l'ObSoCo[14] (Observatoire Société et Consommation) pour l'Agence Bio révèle que 57 % d'entre eux éprouvent des doutes

14 L'ObSoco est une société d'études et de conseils en stratégie dirigé par Philippe Moati pour l'Agence Bio.

sur le fait que les produits labellisés sont réellement bio, soit 17 % de plus qu'en 2021. 64 % pensent que le bio sert surtout à justifier des prix plus élevés et 61 % pensent que c'est d'abord du marketing. Cela peut expliquer qu'une majorité de Français (59 %) trouve anormal l'écart de prix entre bio et non bio (ObSoCo, 2023). Cette méfiance est sûrement renforcée par la fréquente méconnaissance des règles entourant le cahier des charges bio.

En revanche, si le prix constitue un frein à l'achat bio, il permet aussi de refléter la qualité du produit, car un prix bas peut générer des suspicions quant aux conséquences sanitaires ou environnementales induites par sa production. Ainsi, les consommateurs sont prêts à dépenser une certaine somme, mais veulent être assurés de la supériorité du produit bio sur un autre. De même, un prix excessif paraîtra injustifié et provoquera un sentiment de méfiance chez le consommateur. Il est donc indispensable de contrôler le rapport qualité/prix et de ne pas dépasser le « seuil d'acceptabilité » c'est-à-dire le prix maximal auquel la qualité d'un produit semble justifiée (Dekhili, 2013). Si la hausse des prix alimentaires est grandement responsable de la crise de consommation bio, les déréférencements opérés par les grandes surfaces dès la fin 2021 y sont aussi pour beaucoup. Selon le Circana (anciennement IRI), l'offre de produits biologiques en grande surface alimentaire a diminué de 13,4 % entre mars 2022 et mars 2023. Compte tenu de la part de marché de la grande distribution[15], ces déréférencements aggravent la crise sur le long terme. Ce qui s'est passé en Angleterre permet de saisir les répercussions importantes que peut causer une suppression de l'offre bio en magasin. Après l'explosion du marché bio dans les années 2000, les chaînes de supermarchés, qui formaient un oligopole sur la distribution de produits biologiques, ont appréhendé les conséquences de la crise économique de 2008 en diminuant largement les références bio de leurs rayons. La stratégie s'est avérée dévastatrice puisque le pays verra ses ventes bio diminuer drastiquement et le marché bio ne retrouvera son niveau d'avant crise qu'en 2021.

15 52,6 % des achats bio se sont effectués en grande surface en 2022.

UNE CONCURRENCE DE LABELS ET DES DISPARITÉS DE SOUTIEN

Cette tension sur les prix et les doutes qui s'insinuent chez les consommateurs sont renforcés par la concurrence d'autres labels, manifestation de cette société de surconsommation dont le stade ultime apparaît sous une forme d'« hyperchoix ». L'hyperchoix est « une situation dans laquelle l'avantage d'un choix plus large ne compense pas la difficulté voire l'impossibilité à choisir – et à trouver les moyens de choisir. S'il existe un nombre de produits optimum pour choisir, alors la société d'hyperchoix est allée au-delà de ce point » (Larceneux, Berger, 2006). Cette surabondance d'offre s'avère complexe pour le consommateur qui doit s'informer par lui-même, au-delà des mentions aux appellations parfois hasardeuses. Elle l'encourage à agir comme « un consom'acteur » en lui accordant le sentiment d'un réel impact sur la société généré par son acte d'achat. Or, l'étude de l'ObSoCo pour l'Agence Bio révèle que seuls 33 % des Français savent exactement ce qu'est un produit bio. Les ventes de produits locaux et équitables semblent mieux résister à la crise, car ils véhiculent des promesses claires et comprises de tous.

L'Agence Bio a exprimé que 73 % des pertes en valeur du bio vont vers d'autres offres labélisées (Zéro Résidu de Pesticide par exemple). La multitude de mentions valorisantes risque de limiter la croissance du marché bio en réduisant le consentement à payer des consommateurs, qui peuvent dès lors faire un achat vertueux pour un moindre coût. On constate ainsi que la gestion de la différenciation des produits bio a été banalisée, en négligeant un travail de fond sur l'information des consommateurs à propos des valeurs communes véhiculées par ces produits. De plus, des concurrences au développement de l'AB émergent au niveau des aides publiques et des soutiens vis-à-vis des ambitions de développement. C'est le cas avec la démarche HVE (Haute Valeur Environnementale), issue du Grenelle de l'Environnement en 2008 et soutenue par les pouvoirs publics.

En 2009, Natacha Sautereau identifiait trois facteurs favorisant la conversion à l'agriculture biologique : des signaux positifs du marché, l'accès au conseil et à l'information et enfin des éléments incitatifs des pouvoirs publics via des aides financières notamment (Sautereau, 2009). Attraction par la demande ou incitation par la politique publique ? La crise actuelle de l'AB confirme plus que jamais l'intérêt d'associer politiques de soutien à l'agriculture et politique alimentaire, afin de ne pas seulement s'engager à augmenter l'offre mais aussi à dynamiser la demande afin d'élargir les débouchés. En France, les actions en faveur du développement de l'AB sont déterminées depuis 2007 par les Programmes Ambition Bio qui fixent des objectifs à 5 ans. L'un des axes de ce plan vise à développer la consommation via l'éducation à l'alimentation, la communication pédagogique et le développement de l'offre bio en restauration hors domicile. C'est l'engagement de la loi EGALIM de 2018 qui fixe l'objectif de 50 % de produits durables et de qualité en restauration collective, dont 20 % d'aliments biologiques. Mais, cet objectif était déjà inscrit depuis 2007 dans le Plan Bio Horizon 2012. On constate que cette ambition ne parvient toujours pas à s'imposer, la part de bio en restauration collective n'excédant pas 7 %, alors que cette mesure peut constituer un vrai relais de croissance pour le secteur bio.

Un récent rapport de la Cour des comptes sur le soutien à l'agriculture biologique affirme la pertinence de cet objectif, mais regrette le manque de suivi et d'accompagnement. Le Rapport estime que la politique de soutien en faveur de l'agriculture biologique « n'est pas à la hauteur de l'ambition affichée par les pouvoirs publics ». L'une des raisons du manque d'efficacité de l'ambition française est venue de la régionalisation des soutiens publics à l'AB (conversion et maintien) décidée en France pour la programmation PAC 2015-2022, qui a généré des distorsions de niveau d'aides entre agriculteurs bio sur le territoire national. Cela concerne aussi l'absence de coordination des différents plans d'action régionaux en faveur de l'AB, pas toujours en cohérence avec le programme national qui devrait servir de cadre stratégique commun. De plus, à la suite du Grenelle de l'Environnement, les pouvoirs publics français ont appuyé le soutien à la démarche HVE, pouvant créer une certaine confusion chez les consommateurs sans explication claire.

Enfin, la suppression de l'aide au maintien par l'État en 2017 a été un frein supplémentaire au développement de l'agriculture biologique. L'exemple d'autres pays européens (Danemark, Allemagne) démontre que l'aide au maintien a été une base d'appui pour les autres mesures de soutien à l'AB : commercialisation, marketing vers la demande, etc. Les politiques publiques sont moins efficaces quand les destinataires n'ont pas confiance dans la fiabilité et la continuité de l'aide gouvernementale, ce qui est le cas en France. Toutefois, pour guider le développement du secteur bio par une approche commerciale, il reste l'action d'appui aux projets de structuration des filières biologiques du fonds Avenir Bio géré par l'Agence Bio. Celui-ci a été renfloué au sortir de la crise Covid-19 et complété par un investissement pour des actions de communication sur les atouts des produits biologiques vers les consommateurs.

LA RESPONSABILISATION DU CONSOM'ACTEUR

Initialement les consommateurs de produits bio étaient « militants » et convaincus du bien-fondé de l'agriculture biologique ; ils désiraient s'affranchir des grandes entreprises agro-alimentaires et des grandes surfaces (Piriou, 2002). Mais le développement du marché des produits biologiques a élargi la sphère des consommateurs bio, qui suivent davantage des intérêts utilitaires et hédonistes qu'un acte engagé et politique (Rémy, 2004). Augmenter l'offre de produits bio permet d'engager la transition agricole et alimentaire devenue nécessaire, mais elle n'est pérenne que si elle est absorbée par l'aval. L'évolution de la consommation alimentaire bio des ménages peut relever de trois leviers : la restauration collective, qui rencontre des difficultés à atteindre l'obligation fixée par la loi EGALIM ; les référencements en magasin et la mise en rayon continue de nouveaux produits bio, afin d'attiser l'envie et la curiosité des acheteurs ; la proposition de produits bio en restauration commerciale. Mais, 92 % du marché biologique est à destination de la consommation à domicile, ce qui rend la filière bio d'autant plus sensibles aux arbitrages des consommateurs.

En réalité, la consommation des ménages répond à des processus complexes, et le manque d'offre bio en restauration collective met en exergue les difficultés inhérentes à l'introduction de produits de qualité dans ce canal de distribution, dont le principal frein reste le prix. Faisant abstraction du prix, il convient de s'interroger sur l'acte alimentaire, car la pérennité du marché bio repose sur la capacité du consommateur à choisir en faveur de sa santé et de la protection de l'environnement. Cela nécessite un libre arbitre total. Les individus sont-ils réellement libres de leurs choix alimentaires ? Il semblerait que : « L'idée d'un consommateur rationnel est une double fiction. Il n'y a pas un consommateur régi par des lois simples, dont on pourrait repérer les déterminants, en tout temps et en tout lieu, et qui mobiliserait une forme de rationalité unique : celle de ses intérêts économiques et/ou sanitaires » (Corbeau, Poulain, 2002).

L'alimentation biologique n'est en aucun cas exempte de représentations, d'imaginaire social et son image élitiste joue certainement en sa défaveur. En ce sens, mobiliser la pensée sociologique est particulièrement approprié car la majorité des analyses sur les freins à la consommation biologique se sont attachées à saisir la logique de l'individu exclu du groupe – selon une psychologie comportementale – plutôt que comme faisant partie d'un groupe et répondant à des déterminismes sociaux et culturels. La sociologie estime que tout acte, le plus individuel soit-il, est en réalité un fait social (Durkheim, 1895). L'acte alimentaire peut d'ailleurs être considéré comme un « fait social total » (Mauss, 1925), c'est-à-dire qu'il concerne chaque citoyen. Cela explique par ailleurs que l'alimentation soit un objet d'étude multidisciplinaire, faisant appel à l'agronomie, la biologique, la psychologie, l'anthropologie ou encore la sociologie.

Le libre arbitre supposé du consommateur dans son acte d'achat est alors absorbé par la multifonctionnalité de l'alimentation, dans ses dimensions biologique et nutritionnelle, mais aussi économique, sociale ou encore culturelle. En ce sens, les pratiques alimentaires répondent à des forces sociales, comme tout acte de consommation ; elles remplissent une fonction de distinction d'autrui ou, au contraire, d'appartenance à un groupe (Bourdieu, 1979). Cela peut permettre de comprendre le plafonnement des ventes bio observé dès 2017 dont la croissance, certes toujours à deux chiffres, diminuait d'années en années. D'une certaine manière, la pérennité du marché bio fonctionne sur la culpabilité alimentaire des consommateurs, qui sont encouragés à devenir des « consom'acteurs » et à se frayer un chemin parmi les rayons surabondants et face aux estampilles multiples vantant des bienfaits divers et variés.

Ainsi, cette crise bio témoigne du fait que l'offre ne crée pas sa propre demande et ne la porte pas à son niveau, comme l'enseigne la théorie de l'économiste français Jean-Baptiste Say, principe plus connu sous le nom de « loi des débouchés », soulignant ainsi l'absence de crise de surproduction. Le déséquilibre entre la production et la consommation bio est réel en France, mais aussi en Europe. En septembre 2023, l'Agence Bio avait comptabilisé pour la première fois en quinze ans, un solde négatif entre les sorties du bio (comprenant les dé-certifications, les départs en retraite, les changements de raison sociale ou les arrêts d'activité agricole) et les engagements en bio. Cette tendance est visible dans d'autres pays européens. C'est le cas au Danemark dont les surfaces certifiées bio diminuent depuis 2021, le pays compte 56 fermes bio de moins entre 2022 et 2023. BioDenmark[16] explique cela par la hausse des coûts de l'énergie et des aliments pour animaux, ainsi que par la situation globale instable, participant à créer un marché incertain. De même, l'Autriche voit peu à peu son équilibre offre demande bio se renverser, la production progressant plus vite que la consommation.

CONCLUSION AU CHAPITRE

Sur la période considérée (1992-2022), l'agriculture biologique, d'abord mouvement social, s'est structurée pour acquérir une reconnaissance politique et générer un marché. Nous avons tenté de montrer comment pendant ces trente années, les relations entre la PAC et l'agriculture biologique ont conduit ce mode de production, d'un marché de niche concernant un nombre modeste de producteurs s'adressant à un nombre réduit de consommateurs convaincus, à devenir un marché de produits alimentaires reconnu à l'échelle internationale. Le soutien public au secteur bio engagé par la Commission européenne s'est avéré être un moyen de contribuer à la réalisation des objectifs politiques en matière d'agriculture et d'environnement, tout en fournissant un revenu approprié aux agriculteurs sous réserve d'effets positifs sur l'environnement. En effet, l'exploitation des terres en bio assure des services publics en apportant des avantages au bénéfice de l'environnement et du développement rural, ainsi qu'une amélioration du bien-être animal : sous cet angle, l'AB doit avoir la société pour moteur. Certes, les aides de la PAC permettent de compenser les surcoûts liés à la transition agroécologique, mais il n'existe pas véritablement de rémunération des agriculteurs bio pour l'ensemble des services environnementaux rendus, les consommateurs ayant un rôle déterminant à jouer par l'achat des denrées alimentaires biologiques.

Nous avons suivi l'évolution du rôle de l'AB dans la politique agricole, mais de façon très contrastée selon les États membres, suivant leur environnement contextuel plus ou moins favorable. Cette hétérogénéité des trajectoires de développement du secteur bio, multiples et

16 Association à but non lucratif qui représente l'industrie alimentaire bio au Danemark.

non linéaires entre régions européennes a renforcé les phénomènes de concurrence entre elles pour ces produits, au détriment des attentes de la Commission européenne. Elle a tenté d'imposer sa vision stratégique à travers ses différents Plans d'Action Bio, mais cela n'a eu véritablement d'impact que dans certaines régions, où la politique bio était en cohérence avec des objectifs plus larges d'agriculture, d'environnement, de développement rural et de société.

La garantie de perspectives de croissance pour la production bio repose nonobstant sur l'assurance d'un équilibre entre l'offre et la demande. La crise que traverse le secteur bio nous le rappelle car elle témoigne d'une augmentation trop rapide des surfaces de production biologiques, au détriment d'une demande très spécialisée et pas suffisamment élargie.

Le développement et la pérennité de l'agriculture biologique sont basés sur un paradoxe : ce qui la rend attrayante pour nombre d'agriculteurs – un prix d'achat valorisé en AB – est sans doute ce qui freine l'essor du marché car la majorité des consommateurs résistent à augmenter significativement leurs dépenses alimentaires. Aussi, l'avenir de l'agriculture biologique ne peut pas se baser sur la seule résilience des producteurs certifiés et la capacité des consommateurs à absorber l'offre. Les politiques de développement qui s'obstinent à augmenter les surfaces biologiques dans le but de réduire l'impact de l'agriculture sur l'environnement et le changement climatique, ont sans doute oublié le consommateur ou du moins ont manqué de saisir ses intérêts, qui se révèlent parfois en contradiction avec la vision idéale qu'on pourrait se faire du monde agricole de demain.

Il semble évident que les enjeux environnementaux et climatiques qui se profilent dans le proche avenir font de l'agriculture biologique un mode de production à soutenir (cf stratégie de la Commission Européenne *Farm to Fork* visant 25 % de SAU bio en Europe en 2030). Toutefois, début 2024 la Commission européenne a revu ses ambitions à la baisse car le marché des denrées bio n'a pas été soutenu au même rythme que l'extension des surfaces. Pour sortir de la crise, il va être nécessaire de renforcer la contribution de l'AB aux politiques de qualité alimentaire par des actions de marketing ciblé et de communication sur les bénéfices de l'alimentation biologique. De plus, l'UE doit contribuer à une concurrence loyale entre les producteurs bio en réduisant les distorsions de concurrence entre pays (pouvant être liées à une surtransposition réglementaire comme en France) et persévérer à renforcer l'appui aux actions de recherche-développement pour lever certains verrous techniques. Gageons que cette confrontation entre la PAC et l'agriculture biologique aura permis de faire évoluer les positions respectives vers une plus grande prise en compte de l'importance de l'environnement dans l'agriculture, et de montrer le rôle complexe des politiques de soutien associées.

Magali CATTEAU
Chambres d'agriculture France

Anne GLANDIÈRES
Chambre Régionale d'agriculture
Occitanie

POLITIQUE AGRICOLE OU POLITIQUE ALIMENTAIRE ?

Un système alimentaire se définit par « la manière dont les hommes s'organisent, dans l'espace et dans le temps, pour obtenir et consommer leur nourriture » (Malassis, 1994). Après la Seconde Guerre mondiale, notre système alimentaire s'est reconstruit sur un modèle productiviste pour fournir à la population une alimentation en quantité et en qualité suffisantes. La Politique Agricole Commune (PAC) a permis à l'Europe d'assurer son autonomie alimentaire relative à partir des années 1970. Mais aujourd'hui, le système alimentaire français fait face à de nombreux défis : impacts sanitaires et environnementaux des modèles de production, adaptation au changement climatique, relève des générations d'agriculteurs, amélioration des revenus et limitation de leur irrégularité. Faire converger toutes ces préoccupations apparaît difficile, tant les enjeux environnementaux et sociaux ont longtemps été négligés par des politiques agricoles fondées sur une clé de lecture essentiellement économique. Les contraintes biophysiques du changement climatique et de l'effondrement de la biodiversité précipitent la nécessité de rapprocher toutes ces perspectives en nous rappelant à quel point l'agriculture est une économie du vivant.

Dans ce contexte, il apparaît indispensable de repenser les politiques agricoles à l'aune d'un horizon commun à moyen et long terme : celui d'une alimentation saine et durable, où la convergence des objectifs de santé et de durabilité joue un rôle structurant. C'est l'approche sur laquelle ont convergé en 2020 l'Organisation des Nations unies pour l'alimentation et l'agriculture (FAO) et l'Organisation mondiale de la Santé (OMS) en publiant des principes directeurs pour une alimentation saine et durable qui se situent au confluent exact de ces préoccupations. C'est également l'approche retenue par la loi « climat et résilience » de 2021 qui institue une stratégie nationale pour l'alimentation, la nutrition et le climat. Ce cadre d'action publique, qui se veut intégratif pour mettre en cohérence à très long terme les politiques concernées par ces enjeux, pointe en creux une des carences des politiques agricoles : l'impensé de l'enjeu alimentaire.

LE SYSTÈME ALIMENTAIRE FRANÇAIS AU CARREFOUR D'ENJEUX GLOBAUX ET DE SPÉCIFICITÉS NATIONALES

LA NÉCESSITÉ D'UNE TRANSITION ALIMENTAIRE DIFFÉRENCIÉE À L'ÉCHELLE DE LA PLANÈTE

Des besoins alimentaires hétérogènes

Selon la FAO, près de 690 millions de personnes (8,9 % de la population mondiale) auraient ainsi été sous-alimentées en 2019 et les projections de disponibilités alimentaires totales montrent que cette sous-alimentation pourrait atteindre 840 millions de personnes en 2030. Mais ce constat reste marqué par de grandes disparités : les risques de sous-alimentation se concentrent sur certaines régions du monde, notamment en Afrique subsaharienne et en Asie du Sud-Est où le coût d'une alimentation saine dépasse souvent le budget alimentaire quotidien (FAO, 2020).

Au sein des pays industrialisés, l'Europe a aujourd'hui la capacité de fournir à sa population une quantité suffisante d'aliments, notamment grâce à des politiques historiques de soutien à l'agriculture. Néanmoins la malnutrition subsiste, en particulier dans les catégories sociales les plus défavorisées. Ainsi, en France, le taux de suffisance des apports énergétiques moyens est supérieur à 140 % : les quantités d'aliments consommés en moyenne par la population couvrent 1,4 fois leurs besoins énergétiques théoriques. À l'inverse, la prévalence de la sous-alimentation est inférieure à 2,5 % de la population pour la période 2017-2020 et la prévalence de l'insécurité alimentaire modérée ou grave, entendue comme l'absence d'accès régulier à une nourriture équilibrée d'un point de vue nutritionnel et en quantité suffisante, serait de l'ordre de 6 %.

En termes d'équilibres nutritionnels, une méta-analyse conduite en 2015 a permis d'étudier l'évolution des habitudes alimentaires dans 197 pays entre 1990 et 2010 à l'échelle planétaire, en comparant la consommation d'aliments entrant dans la composition de régimes alimentaires bénéfiques pour la santé (fruits et légumes, poisson, lait) avec celle d'aliments dont l'excès nuit à la santé (sodas, graisses saturées) (Fumiaki *et al.*, 2015). Les pays à haut niveau de revenus consomment plus d'aliments rentrant dans la composition de régimes alimentaires équilibrés que les pays pauvres, et tous les régimes alimentaires ont vu leur composition nutritionnelle s'améliorer dans les pays riches, alors que cette composition s'est détériorée dans certains pays à faible revenu d'Afrique et d'Asie. Toutefois, certains pays riches (États-Unis, Canada, Nouvelle-Zélande, etc.) consomment plus de produits gras, sucrés et ultra-transformés, à l'origine de maladies dont le coût social est particulièrement élevé, comme l'obésité ou le diabète. En prolongeant les tendances alimentaires actuelles d'ici à 2030, les coûts sanitaires directs et indirects liés à l'alimentation devraient atteindre près de 1 300 milliards de dollars au niveau mondial, 57 % de ce montant étant imputable aux traitements des maladies intercurrentes (diabète, maladies cardio-vasculaires, cancers), et 43 % aux pertes de productivité et besoins d'assistance occasionnés (Springmann, 2020).

Le changement climatique impose une transition vers des régimes alimentaires végétalisés

D'ici à 2050, la demande alimentaire mondiale exprimée en apports énergétiques journaliers devrait avoir augmenté de 70 % par rapport à 2006 pour une population mondiale se rapprochant des 10 milliards d'êtres humains (Raganathan *et al.*, 2016). Or les émissions totales liées à la production alimentaire, incluant le changement d'affectation des terres, représentaient 13,8 $GteqCO_2$ en 2010, soit 28 % des émissions mondiales tous secteurs confondus (Rogissart *et al.*, 2020). Notre alimentation constitue en effet une source importante de gaz à effet de serre (GES). Parmi ces émissions, la consommation de viande occupe une place particulière, l'élevage étant émetteur de gaz à très haut pouvoir de réchauffement, comme le méthane émis par les ruminants ou issus des déjections animales, dont le pouvoir de réchauffement sur cent ans est environ 30 fois supérieur à celui du CO_2. Ainsi, cette même étude estime que les émissions générées par la consommation de produits de l'élevage représenteraient 62 % des émissions liées à la consommation alimentaire, soit environ 8,5 $GteqCO_2$ (± 2,4 $GteqCO_2$). Par conséquent, sans végétalisation des régimes alimentaires, la croissance mondiale de la population ferait bondir les émissions de GES liées à la production alimentaire de 30 à 80 %.

Les expertises convergent aujourd'hui pour affirmer que les changements de comportement vers des régimes plus durables constituent l'une des clefs de la soutenabilité du système alimentaire dans son ensemble. Et ce d'autant qu'une alimentation comportant moins d'aliments transformés et plus de fruits et de légumes s'accompagne tout à la fois d'une réduction des émissions de GES et d'un repli des maladies non transmissibles. Ainsi, à l'échelle mondiale, on estime que la transition vers des régimes flexitariens, végétariens ou végétaliens, pourrait faire baisser le taux de mortalité de 6 à 10 % et réduire les émissions de GES d'origine alimentaire de 29 à 70 % d'ici à 2030 tout en garantissant la sécurité alimentaire mondiale (Springmann *et al.*, 2018). La mise en œuvre de ces régimes alimentaires présenterait en outre d'importants bénéfices économiques pour la société, par la diminution massive des coûts directs et indirects de 1 300 milliards de dollars liés aux effets sanitaires (Springmann *et al.*, 2020).

Cependant, si le régime végétalien émet le moins de CO_2, sa généralisation à l'échelle mondiale apparaît difficile, tant pour des raisons culturelles que nutritionnelles, certaines populations présentant des carences marquées comme les femmes enceintes ou les enfants dans les pays en voie de développement (Brent *et al.*, 2020). Il reste nécessaire d'augmenter pour raisons de santé les rations de produits carnés ou laitiers dans certains des pays souffrant de malnutrition, notamment de carences protéiniques chez les enfants, tout en diminuant significativement la consommation de produits animaux (viande, produits laitiers et œufs) dans les pays développés.

UN SYSTÈME ALIMENTAIRE FRANÇAIS DONT LA SINGULARITÉ S'ÉTIOLE

Au regard de nos voisins européens, un régime alimentaire particulier

Les régimes alimentaires européens se caractérisent par la nature de l'offre alimentaire locale et les traditions culinaires très ancrées. Le régime alimentaire français se distingue ainsi par sa diversité, liée aux spécificités régionales pédoclimatiques et culturelles, ainsi qu'au positionnement même de la France, aux confins des influences culinaires méditerranéennes et nordiques. Parmi ses spécificités, la structuration quotidienne de la consommation d'aliments autour de trois repas se maintient avec le temps, ainsi que l'importance de la restauration collective (Riou *et al.*, 2015). L'indice de masse corporelle (IMC) moyen est ainsi, en France, inférieur aux niveaux enregistrés chez nos voisins européens ainsi que dans les pays dont la richesse par habitant est comparable (Carotti *et al.*, 2018). La plus faible prise d'aliments en dehors des repas explique que la France soit relativement moins confrontée au surpoids (IMC > 25) et à l'obésité (IMC > 30) que la plupart de ses voisins européens.

Mais une alimentation plus grasse et de plus en plus ultra-transformée

Néanmoins, à l'image des autres pays développés, les régimes alimentaires ont connu en France un apport calorique de plus en plus riche, dépassant en 2005 les 3600 kcal alors que les besoins nutritionnels d'un adulte sont de l'ordre de 2300 kcal. Cette croissance s'est caractérisée par une inversion des parts respectives des glucides et des lipides sous l'effet de l'accroissement de la consommation d'aliments ultra-transformés au détriment d'aliments bruts (Monteiro *et al.*, 2018). L'ultra-transformation des aliments est par ailleurs associée à un risque accru de développement de certains cancers (Fiolet *et al.*, 2018).

Les études individuelles de consommations alimentaires (INCA) réalisées par l'Agence nationale de sécurité sanitaire de l'alimentation (Anses) donnent la mesure des déséquilibres nutritionnels qui en résultent et pointent des disparités de comportements alimentaires très fortes en fonction de l'âge, du sexe, du niveau d'étude ou encore de la région.

L'étude INCA 3 conduite en 2014-2015 montre qu'au regard des recommandations de santé publique, le statut pondéral et le niveau d'activité physique des Français restent inadaptés avec une part croissante de la population en surpoids et sédentaire. Ainsi, un tiers des enfants et des adultes présentent un comportement associant inactivité physique et sédentarité. Plus précisément, la moitié des adolescents de 11 à 14 ans, deux tiers des adolescents de 15 à 17 ans et plus de 80 % des adultes de 18 à 79 ans présentent un comportement sédentaire.

Des risques nutritionnels marqués par un gradient social

L'étude de santé sur l'environnement, la biosurveillance, l'activité physique et la nutrition Esteban publiée par Santé Publique France en février 2020, a constaté une stabilisation de la prévalence du surpoids (IMC ≥ 25) et de l'obésité (IMC ≥ 30) depuis 2006, qu'il s'agisse des enfants (6-17 ans) ou des adultes. Pour autant, le surpoids concerne 49 % des adultes, dont 17 % au titre de l'obésité (les chiffres pour les enfants et adolescents étant de respectivement 17 % dont 4 %). De plus, « la prévalence du surpoids (obésité incluse) est restée supérieure chez les personnes les moins diplômées » ainsi que « chez les enfants dont les personnes de référence du ménage étaient les moins diplômées », autant de constats attestant la persistance d'inégalités sociales de santé (dont le lien avec le niveau de diplôme est plus prononcé en France qu'en moyenne européenne). Globalement, le taux d'obésité reste le triple de ce qu'il était il y a trente ans. Le coût social de l'obésité et du surpoids a été chiffré à 20 Md€ annuels (Trésor-Eco, 2016). Par ailleurs, d'autres enjeux de santé publique liés à l'alimentation émergent : ainsi, chez les enfants, l'étude Esteban met à jour une forte hausse de la minceur, passée de 8 % à 13 %, touchant principalement les filles de 11 à 14 ans. Ceci rappelle que les déséquilibres nutritionnels n'ont pas un visage unique, et qu'aux défis du surpoids et de l'obésité s'ajoutent les troubles anorexiques.

L'impact du régime alimentaire sur la santé est certes en France moindre que dans la plupart des pays du monde. Ainsi, une consultation des données de l'étude « *global burden of disease* » (GBD), montre qu'après contrôle de la structure par âge, la France présenterait le cinquième meilleur bilan mondial en matière de taux de mortalité imputable au régime alimentaire, et même le troisième meilleur bilan mondial si l'on se base sur les années de vie en bonne santé perdues (*Disability Adjusted Life Years* ou DALYs). Pour autant, les enjeux de santé publique associés à la nutrition restent importants en France avec en particulier la forte croissance du diabète de type 2 ces vingt dernières années, qui touche 4,6 % de la population, pour un coût annuel de 7,7 milliards d'euros.

Une consommation d'alcool préoccupante

La France fait partie des pays où la consommation d'alcool est la plus élevée en Europe, se situant en 2015 au 43e rang sur les 53 pays de la région Europe de l'OMS (Bonaldi, Hill, 2018). Cette mauvaise performance s'observe lorsque l'on compare les impacts sanitaires de l'alcool entre les pays : dans l'étude « *global burden of disease* », la France quitte le peloton de tête et se classe 115e et 113e (sur 204 pays et territoires étudiés) aux titres respectifs du taux de mortalité et des DALYs imputables à la consommation d'alcool, et ce à structure par âge standardisée. En France, les décès attribuables à l'alcool représentent 64 % de ceux attribuables au régime alimentaire (contre 39 % dans l'UE) et les années de vie en bonne santé perdue du fait de l'alcool dépassent celles liées au régime alimentaire, alors qu'elles n'en représentent que deux tiers en moyenne dans l'Union européenne (UE).

De fait, chaque année, la consommation d'alcool coûte la vie à 41 000 personnes (30 000 décès chez les hommes, 11 000 décès chez les femmes), soit plus de 7 % de l'ensemble des décès des plus de 15 ans. Ceci inclut 16 000 décès par cancers, 9 900 décès par maladies cardiovasculaires, 6 800 par maladies digestives, 5 400 pour une cause externe (accident ou suicide) et plus de 3 000 pour une autre maladie (maladies mentales, troubles du comportement, etc.). L'alcool apparaît notamment comme le deuxième facteur explicatif des cancers liés aux modes de vie et à l'environnement, derrière le tabac mais devant le régime alimentaire (hors alcool) (Marant-Micallet *et al.*, 2018). Or, malgré sa baisse tendancielle, la consommation d'alcool reste élevée en France, et la tendance en matière de consommation excessive est préoccupante. La proportion de personnes déclarant une ivresse dans l'année a augmenté de 50 % entre 2005 et 2017, et celle de personnes en déclarant au moins 10 a doublé sur la même période (pour atteindre 4 % en 2017) (Richard *et al.*, 2019).

Une hausse de la précarité alimentaire

Du fait de la hausse du pouvoir d'achat, la part de l'alimentation dans les dépenses des ménages a diminué de manière continue depuis 1960, passant de 28,4 % en 1960 à 17,3 % en 2014 (INSEE, 2014). Alors que l'alimentation était le premier poste de dépenses en 1960, elle devient le troisième en 2017 après les transports et le logement (INSEE, 2017). Les ménages défavorisés continuent à consacrer une part plus forte de leur budget à l'alimentation, malgré un montant de dépenses plus faible dans l'absolu. En 2017, pour les ménages du 1er quintile, les dépenses d'alimentation représentent en moyenne 18,3 % de la consommation totale, contre 14,2 % pour ceux du cinquième quintile (France Stratégie, 2021). Les ménages les plus modestes (1er quintile) dépensent en moyenne sur l'année 3 150 euros par ménage en alimentation à domicile, contre 6 000 euros pour les ménages les plus aisés (5e quintile). Les contraintes budgétaires contribuent ainsi à expliquer des consommations différenciées entre les ménages suivant leur niveau de vie (ex : moins de fruits et de poissons pour le 1er quintile de niveau de vie) avec des variations dans les apports nutritionnels (meilleure alimentation avec des revenus élevés) (Cavaillet *et al.*, 2005). L'accès à une alimentation diversifiée, équilibrée, et de qualité est ainsi inégal.

Dans ce contexte, l'aide alimentaire constitue une réponse immédiate à l'insécurité alimentaire qui touche la partie de la population la plus fragile. Les personnes isolées et les familles monoparentales sont surreprésentées parmi les bénéficiaires, ainsi que plus généralement les femmes (70 %). Autres catégories surreprésentées, les étrangers et les personnes sans logement (respectivement 20 % et 14 %) ; 82 % des bénéficiaires déclarent par ailleurs au moins un problème de santé (Banques alimentaires, 2021).

Une prise en compte récente des défis environnementaux

Les agroécosystèmes sont tout à la fois à l'origine de services écosystémiques et d'externalités négatives. Il s'agit notamment d'émissions de gaz à effet de serre, de pollutions diffuses des milieux par des intrants chimiques (engrais ou pesticides), d'altération de la qualité des sols ou d'érosion de la biodiversité. Des indicateurs et mesures témoignent néanmoins d'une lente amélioration de l'état de l'environnement pour certains d'entre eux, comme la consommation d'engrais. Les comportements alimentaires intègrent également de nouvelles normes sociales, de plus en plus exigeantes sur les questions de bien-être animal et de préservation de l'environnement. Cela explique pour partie la diminution de consommation de viande (87,5 kg/habitant/an en 2018 en France contre 94 en 1998), la hausse tendancielle de la consommation des produits issus de l'agriculture biologique (69 % des personnes interrogées déclarant en consommer régulièrement), le développement de circuits courts et la montée en puissance dans le débat public des enjeux de lutte contre le gaspillage alimentaire (Agence bio, 2016).

Le défi climatique constituera un élément déterminant de l'évolution de notre système alimentaire dans les années à venir. Tout d'abord, parce que notre système émet des gaz à effet de serre au niveau de la production primaire avec 86 Mt CO2eq en 2018, correspondant à 19 % des émissions de GES en France, dont 43 % de N_2O issu des fertilisants azotés et 42 % de CH_4 (méthane) issu des productions animales (émissions des animaux et issues des effluents). À ces émissions directes s'ajoutent les émissions indirectes de GES, avec des pertes (au champ et dans les usines de transformation) et gaspillages (chez le consommateur) équivalant à 15 Mt d'équivalent CO_2 émis par an à l'échelle nationale, soit 3,3 % des émissions de gaz à effet de serre (GES) françaises (Ademe, 2016). Cet état de fait explique que la stratégie nationale bas carbone fixe l'objectif d'une diminution des émissions non-énergétiques du secteur agricole de 17 % en 2030 et de 38 % en 2050 par rapport à la référence 2015, en recommandant notamment de développer l'agro-écologie, de réduire les apports d'azote et d'améliorer la gestion des effluents d'élevage. Néanmoins, ces orientations ne précisent pas la manière dont ces objectifs devront être traduits et déclinés filière par filière. Compte tenu de la part actuellement croissante des aliments importés dans le régime alimentaire français, se pose la question des externalités environnementales liées à la production et à l'importation de ces denrées. Peu de données ou d'études globales existent dans ce domaine, même si des outils ont été récemment développés comme le programme Agribalyse avec le soutien de l'Ademe. Contrairement à certaines idées reçues, l'impact carbone lié au transport sur de longues distances n'est pas toujours prépondérant sur les effets liés au mode de distribution au consommateur. Les conditions de production sont en revanche déterminantes.

Parmi ces enjeux, la question de l'impact climatique de la consommation de viande occupe une place particulière, notamment pour ce qui concerne les viandes de ruminants. Ainsi, en analyse de cycle de vie complet, un kilogramme de viande bovine équivaut à une émission de 27 kg $CO2_{eq}$, devant le porc (12,1 kg $CO2_{eq}$), la dinde (10,9 kg $CO2_{eq}$) ou le poulet (6,9 kg $CO2_{eq}$) (Environmental Working Group, 2011). Cependant, l'intensité des émissions varie considérablement au sein d'une même production, en particulier chez les ruminants, ce qui est le reflet des différences de conditions pédoclimatiques, de pratiques agricoles et de gestion des filières, les filières d'élevage extensif et autonome contribuant à la séquestration de carbone dans les prairies. Cette variabilité est particulièrement marquée en production de viande de ruminants alors qu'elle est plus faible en production laitière bovine ainsi qu'en productions porcine et avicole (Dumont *et al.*, 2016).

Enfin, alors que les risques microbiologiques ont beaucoup diminué dans les dernières décennies, l'exposition directe ou indirecte à des substances chimiques et leurs résidus constitue désormais une préoccupation majeure. Cette exposition peut être liée à la production agricole. On peut notamment citer :

- La présence de résidus de produits chimiques, dont certains à effet perturbateur endocrinien potentiel, dans la chaîne alimentaire (Schillinger, Vasselle, 2017) ;
- La pollution des sols et de l'air liés aux pesticides et métaux lourds (cuivre notamment utilisé en viticulture, en agriculture biologique et en agriculture conventionnelle) ;
- L'exposition directe des utilisateurs et des populations riveraines aux contaminants chimiques ;
- Le rejet dans l'environnement (sols et eaux) de résidus d'antibiotiques, de bactéries résistantes ou de gènes de résistance lié à un mode d'élevage intensif ;
- La pollution de l'eau par les nitrates et les pesticides, issue à plus de 90 % de l'activité agricole ;
- La pollution de l'air, qui serait responsable en France de près de 48 000 décès prématurés chaque année, toutes sources de pollution confondues (Pascal *et al.*, 2016). En effet, à l'échelle nationale, le secteur agricole serait ainsi responsable de 98 % des émissions

d'ammoniac, de 76 % des émissions de méthane, de 10 % des émissions d'oxydes d'azote, et de 20 % des particules primaires en suspension issues notamment du brûlage des résidus de culture à l'air libre, le nettoyage des silos, l'écobuage, les travaux du sol.

Les coûts socio-économiques supportés par la société pour lutter contre ces pollutions chimiques sont significatifs, même s'ils restent difficiles à évaluer. À la valeur d'achat des produits agricoles et aux subventions publiques allouées à l'agriculture s'ajoutent ainsi les coûts liés aux externalités négatives générées, estimées entre 0,9 et 1,5 milliard d'euros par an pour ce qui relève des pollutions des eaux (coûts de traitement) (Bommelaer, Devaux, 2011) ; à environ 200 millions d'euros par an pour la pollution de l'air liée aux pesticides et engrais agricoles (impacts sanitaires et en termes d'émissions de GES) et entre 70 et 100 millions d'euros par an concernant a minima les atteintes à la biodiversité liées à l'eutrophisation des milieux (pertes marchandes touristiques liées aux algues vertes) (Marcus, Simon, 2015).

UNE PERTE DE SOUVERAINETÉ ALIMENTAIRE ET DE RÉSILIENCE

L'agroalimentaire constitue le premier secteur industriel français aussi bien en termes de chiffre d'affaires que d'emplois. En 2021, le secteur a réalisé un chiffre d'affaires de 198 milliards d'euros. Il employait près de 459 800 personnes réparties sur tout le territoire national. Les industries agro-alimentaires (IAA) représentent ainsi 17 % du poids des industries manufacturières dans le PIB, avec une grande majorité (98 %) de TPE et PME dont la forte dispersion sur le territoire national fait de l'industrie agroalimentaire un secteur d'activité stratégique pour de nombreux territoires ruraux.

Ce secteur, historiquement avantagé par l'importance et la diversité de la production nationale agricole ainsi que par les traditions alimentaires, est confronté aujourd'hui à de nombreux défis. Les performances socio-économiques du système alimentaire français sont dégradées, ce qui fragilise notre souveraineté alimentaire, entendue comme la possibilité donnée aux États de mettre en place les politiques agricoles les mieux adaptées à leurs populations sans porter atteinte aux populations d'autres pays[1].

1 Définition apportée par le mouvement altermondialiste Via Campesina en 1996.

La dégradation de l'autonomie alimentaire nationale

L'autonomie alimentaire se définit par l'accès en tout temps et à long terme à une quantité quotidienne suffisante de nourriture, à un coût raisonnable, sur un territoire donné, sans avoir à faire appel aux ressources extérieures. Elle peut être approchée par l'examen de la balance commerciale agroalimentaire.

Le secteur agroalimentaire constitue le troisième poste d'excédent commercial de la France, avec 5,8 milliards d'euros en 2023. De 2010 à 2023, cet excédent s'est établi en moyenne à 9 milliards d'euros. Ces résultats positifs sont à souligner dans un contexte d'aggravation constante de notre déficit commercial depuis le milieu des années 2000, atteignant 100 milliards d'euros en 2023. L'excédent agricole et agroalimentaire s'est toutefois lui-même tendanciellement érodé depuis une quinzaine d'années et varie très fortement par produit. Il résulte avant tout des excédents commerciaux très élevés enregistrés pour les vins et spiritueux, les céréales et les produits laitiers. Le bilan est plus contrasté pour les viandes tandis que nos importations de fruits et légumes, de produits de la mer et de produits issus de l'agriculture biologique ont considérablement augmenté. En conséquence, hors excédents liés aux vins et céréales, la France importe environ 20 % de son alimentation. Concernant les protéines végétales, la proportion d'importation par rapport à la quantité totale de protéines nécessaires pour l'élevage est voisine de 40 %, dans un contexte historique de déficit structurel.

En 2023, les exportations françaises de produits agricoles et alimentaires s'élèvent à 81 milliards d'euros, en hausse de 22 % par rapport à la moyenne 2010-2023, et principalement à destination de l'UE-27 (58 %). La France se maintient au 6e rang des exportateurs mondiaux de produits agricoles et alimentaires, avec une part de marché proche de 5 %. Mais elle a reculé de la première à la troisième place du classement des exportateurs européens, détrônée par l'Allemagne et les Pays-Bas. Les exportations de produits transformés (y compris vins et spiritueux) représentent les trois quarts du total des exportations agricoles et agroalimentaires françaises. La France recule ainsi au 9e rang mondial pour les exportations de produits bruts, derrière les États-Unis, le Brésil, les Pays-Bas, la Chine, l'Espagne, le Canada, l'Inde et le Mexique. En revanche, la France reste au 4e rang pour les exportations de produits transformés, derrière les États-Unis, l'Allemagne et les Pays-Bas.

Un renouvellement des générations et une attractivité à la peine

Au niveau de la production primaire, on compte 674 890 emplois en équivalent temps plein en France en 2020, dont 391 100 chefs d'exploitation ou coexploitants, 164 700 salariés permanents, 75 600 salariés saisonniers ou occasionnels. Ce secteur couvre ainsi environ 2,2 % de l'emploi total, contre 7,1 % en 1982. L'âge moyen des agriculteurs est de 52 ans : un tiers des agriculteurs a plus de 55 ans, et un agriculteur sur deux a plus de 50 ans. Le secteur agricole reste marqué par une forte reproduction sociale qui, conjuguée au vieillissement de la population agricole, conduit à des difficultés croissantes à se renouveler. Malgré un regain d'intérêt récent par de nouveaux candidats à l'installation, seulement 30 % des installations se font hors du cadre familial, part dont la tendance est croissante. Les capacités d'investissement élevées désormais nécessaires pour constituer les outils d'exploitation ainsi que les difficultés d'accès au foncier peuvent constituer des freins sérieux aux installations hors cadre. L'avenir de l'agriculture française devrait donc se jouer dans les années à venir : selon un récent avis du CESE, « le rythme actuel des installations en agriculture (13 000 en 2019) ne permettra pas de compenser les cessations d'activités massives prévues dans les années à venir », et « un quart des exploitations pourrait ainsi disparaître en cinq ans seulement ». Si l'on retient cette estimation, la France pourrait voir le nombre de ses exploitations agricoles se situer en-dessous des 330 000 au milieu des années 2020 (Coly, 2020).

Corollaire de la diminution continue de la population active agricole depuis l'après-guerre, on peut observer une concentration des exploitations : depuis le début des années 2000, la Surface Agricole Utile (SAU) moyenne par exploitation en France augmente d'environ 2 % par an pour s'établir à 69 hectares en 2020. Parallèlement à l'agrandissement des exploitations agricoles, le nombre d'exploitations de forme sociétaire continue de croître à un rythme annuel d'environ 6 % depuis 2010. Avec environ 162 100 exploitations concernées en 2020, elles représentent 41 % des exploitations (contre 6 % en 1988 et un peu moins de 20 % en 2000). Au sein des grandes exploitations, les sociétés sont prédominantes (68 %) (Agreste, 2020). À l'inverse, les exploitations de type individuel, qui représentaient plus de 80 % de l'ensemble en 2000, ont vu leur nombre diminuer pour atteindre 228 000 en 2020, soit un peu plus de 58 % des exploitations. Le modèle sociétaire gagne donc progressivement du terrain.

La rémunération reste une question essentielle pour l'attractivité de ce secteur où derrière de fortes disparités, dominent des revenus aléatoires et parfois faibles (INSEE, 2020). En moyenne sur la période 2010-2022, les revenus agricoles les plus élevés sont ceux des exploitations spécialisées en grandes cultures, viticulture et production porcine. À l'autre extrême, les revenus les plus faibles sont ceux des exploitations spécialisées en productions d'herbivores (bovins-viande, ovins-caprins et bovins-lait). Pour chaque orientation de production, des écarts très importants de revenus sont constatés entre exploitations, en fonction notamment de leur taille, de leur efficience productive et de leur niveau d'endettement. Le revenu des agriculteurs français varie également de façon importante selon les années, en fonction de la conjoncture internationale des prix et des éventuels chocs climatiques. Au cours de la période 2010 à 2022, la moins bonne année a été celle de 2016 (conjugaison d'une crise laitière et d'une très faible récolte céréalière) et la meilleure a été 2022 (forte hausse des cours mondiaux).

Les potentialités de l'agriculture biologique

L'intensité en main d'œuvre, très dépendante des filières (ex. : faible pour les grandes cultures pour partie vouées à l'export, forte pour les activités de type fruits et légumes et viticulture), dépend également beaucoup des modes de production et de valorisation. Ainsi, une exploitation en bio et pratiquant les circuits courts à plus de 50 % de son chiffre d'affaires emploierait en moyenne 2,4 unités de travail annuel (UTA), contre seulement 1,5 UTA en agriculture conventionnelle, ce qui revient à 0,045 UTA par hectare contre 0,028 en conventionnel, toutes choses égales par ailleurs (France stratégie, INRA, 2013). Au-delà de la seule étape de production, les systèmes agroécologiques peuvent également s'inscrire dans des circuits de transformation ou de distribution alternatifs, également plus intensifs en main d'œuvre. L'essentiel de la création d'emplois se situe alors à l'aval de la production (transformation, distribution) et peut, à l'instar de l'industrie agroalimentaire en général, irriguer l'ensemble du tissu territorial (Maréchal, *et al.*, 2018).

Les terres cultivées en bio ont fortement progressé entre 2010 (0,80 millions d'hectares) et 2023 (2,76 millions d'hectares), data à laquelle elles représentent 10,4 % de la SAU nationale (pour 61 000 exploitations concernées contre 20 600 en 2010). La production française de produits bio ne couvre que les deux tiers de la demande nationale en volume. Certains secteurs demeurent largement déficitaires tels que les fruits et légumes bio et les produits de la mer. L'essentiel des exportations de produits issus de l'agriculture biologique repose sur les vins et spiritueux, les produits laitiers et les volailles.

DES POLITIQUES FRAGMENTÉES ET À L'EFFECTIVITÉ INCERTAINE

Depuis le début du XXe siècle, les politiques de l'alimentation ont accompagné les changements de nos sociétés. Leur contenu et leur fonctionnement actuels sont le fruit de ces évolutions (Bellemain *et al.*, 2017). Elles reposent actuellement sur deux principaux leviers : le programme national nutrition santé (PNNS) et le programme national de l'alimentation (PNA). Au-delà, un très grand nombre de politiques publiques impactent le système alimentaire (politiques agricoles, environnementales, industrielles, commerciales, fiscales, sociales…). Ces politiques impliquant des parties prenantes aux intérêts divergents, l'alimentation se retrouve au cœur du défi de leur mise en cohérence.

UNE GENÈSE RÉCENTE FONDÉE SUR UNE PRÉOCCUPATION DE SANTÉ PUBLIQUE

Portée par la révolution sanitaire du XIXe siècle, la préoccupation alimentaire émerge autour des questions de prévention et d'hygiène. Sont alors mis en place des systèmes de contrôle afin de sécuriser la chaîne alimentaire, avec en particulier la loi du 1er août 1905 sur les fraudes et falsifications de produits. L'après Seconde Guerre mondiale marque une nouvelle période. La France et l'Europe souhaitent « retrouver leur autosuffisance alimentaire et mettent en œuvre une politique agricole offensive » avec la PAC. Ces décennies accompagnent le développement du secteur agro-industriel et celui de nouveaux modes de vie. De fait, les habitudes alimentaires des Français changent. Dans les années 1970-1980, les préoccupations sur la qualité sont grandissantes et font bientôt place à une certaine inquiétude des consommateurs face à leur alimentation. Celle-ci est alimentée par la multiplication des crises alimentaires (exemple : dans les années 1990, toxi-infections alimentaires collectives (épisodes de listérioses) ou de contaminations chimiques des productions alimentaires (« poulet à la dioxine ») dont les médias se font le relais, même si ces crises à répétition traduisent également un renforcement des contrôles et de la prévention. La crise dite « de la vache folle » à la fin des années 1990 conduira à une remise à plat du système national de sécurité sanitaire de l'alimentation avec la création d'une agence française dédiée, l'Agence française de sécurité sanitaire des aliments (AFSSA).

À la suite de ces épisodes, le consommateur revendique de plus en plus une association directe aux politiques publiques au cours des années 2000. Ces attentes ont aujourd'hui trouvé une réponse partielle au sein d'instances consultatives telles que le Conseil national de l'alimentation (CNA). L'association des citoyens à l'élaboration des politiques agricoles impactant la structure et le fonctionnement de notre système alimentaire reste encore limitée. L'organisation par la CNDP d'un récent débat public sur l'avenir de la PAC, obligatoire au titre de l'évaluation environnementale des plans et programmes, constitue en soi une innovation remarquable.

Ces différentes approches de l'alimentation ont façonné les politiques du secteur à travers le temps. Le CNA rappelle ainsi que la question alimentaire ne s'est pas inscrite « dans une politique spécifique, mais au croisement de différents systèmes législatifs et réglementaires », et « la politique alimentaire s'est progressivement institutionnalisée au sein de différents ministères (agriculture, consommation, santé) », avec les traditionnels écueils que comporte une telle interministérialité. Cela explique les réflexions déjà anciennes sur les meilleures manières d'articuler les différents programmes nationaux de contrôle, tout en garantissant l'indépendance des activités de prévention et de gestion des risques sanitaires par rapport aux activités de soutien économique aux filières. Il faut relever enfin que la politique alimentaire s'est historiquement centrée sur les enjeux de sécurité sanitaire des aliments et n'a que très récemment évolué vers la prise en compte des équilibres nutritionnels indispensables à une alimentation saine.

Plus récemment, la France s'est dotée de deux programmes d'action pluriannuels visant des objectifs ambitieux et de long terme en matière de nutrition et d'alimentation. Tout d'abord le Programme national nutrition santé (PNNS), impulsé par le ministère de la Santé dès 2001 et salué à sa création comme « une démarche avant-gardiste » (De Batz *et al.*, 2016). Puis le Programme national pour l'alimentation (PNA) piloté par le ministère de l'Agriculture en 2010. Le PNNS et le PNA ont été renouvelés à plusieurs reprises, avec des ajustements parfois forts en termes de priorités et de cibles. Enfin, plus récemment, un document de présentation commun a été rendu public lors du Comité Interministériel de la Santé du 25 mars 2019, dénommé « Programme national de l'alimentation et de la nutrition » (PNAN).

Cette dichotomie entre une politique de l'alimentation et une politique nutritionnelle peut interroger, le champ de la nutrition incluant par définition l'alimentation. La nuance ne relève en fait pas tant du champ couvert que de la différence de point de vue institutionnel (préoccupations de santé publique et sociales d'une part ; entrées agricole, agroalimentaire, de sécurité sanitaire, voire culturelle et patrimoniale d'autre part). Cela a conduit à mobiliser et impliquer des acteurs généralement différents, qu'il s'agisse de l'impulsion nationale, de la mise en œuvre de terrain, ou de la surveillance et du contrôle.

LES POLITIQUES SANITAIRES ET SOCIALES

Le PNNS : de la sensibilisation individuelle aux déterminants sociaux

Le Programme national nutrition santé (PNNS) est un plan de santé publique traduisant la prise de conscience par les pouvoirs publics du rôle fondamental de l'alimentation et de la sédentarité dans l'émergence des maladies non transmissibles. Ainsi, le plan a évolué en s'appuyant tout particulièrement sur les données des grandes études épidémiologiques de cohorte. Les premières versions du PNNS se centraient sur l'individu, puis le plan a progressivement pris en compte les questions populationnelles. Cela a notamment permis d'identifier les inégalités sociales de santé comme déterminant majeur du degré d'équilibre alimentaire. Pour répondre à cet enjeu, le PNNS s'est saisi du levier de l'amélioration de l'environnement alimentaire ; qui correspond à l'ensemble des éléments extérieurs qui influent les choix alimentaires, au-delà de la seule « offre alimentaire » au sens réglementaire et économique : cercle de sociabilité de l'individu, tissu commercial local, normes culturelles, pression marketing, etc.

Aujourd'hui, la quatrième version du PNNS promeut une alimentation et une activité physique favorables à un état nutritionnel et un état de santé les meilleurs possibles. Dans cette logique très intégrative, le PNNS garantit une transversalité avec une articulation autour de nombreux programmes engagés dans le développement durable (Plan National Santé-Environnement – PNSE-, plan Ecophyto, plan biodiversité, programme ambition bio, stratégie nationale bas-carbone notamment).

L'aide alimentaire, clé de voûte des politiques de cohésion sociale

Dans le cadre de la stratégie nationale de prévention et de lutte contre la pauvreté, des mesures sont déployées pour permettre à tous l'accès à l'alimentation. Parmi elles, figure la tarification sociale des cantines. En améliorant l'accès à au moins un repas équilibré par jour, l'objectif est à terme d'améliorer à la fois la santé des enfants et de favoriser leur réussite scolaire. Par ailleurs, aux actions liées au seul accès à l'alimentation peuvent être adossées des initiatives d'inclusion sociale et d'insertion. De multiples projets poursuivant cet objectif ont vu le jour comme les épiceries solidaires, les tiers-lieux ou encore les ateliers cuisine. Le secteur de l'alimentation étant lui-même pourvoyeur d'emplois, de multiples initiatives voient le jour pour réinsérer des publics éloignés de l'emploi par ce biais. Les ateliers et chantiers d'insertion de l'alimentation et les écopôles du secteur alimentaire en constituent des exemples (Inspection générale des affaires sociales, 2019).

L'un des principaux enjeux auxquels doit répondre l'aide alimentaire est celui de la qualité nutritionnelle. Les paniers proposés sont bien souvent déséquilibrés à cet égard. Le CNA rapporte le manque de viandes, de fruits et de légumes dans ces paniers et la trop grande présence de féculents raffinés, de matières grasses ajoutées et de produits sucrés et/ou salés. D'autres limites sont pointées comme la monotonie alimentaire et la perception de la qualité. Au-delà de la qualité, il convient de rappeler que l'aide alimentaire entend répondre à des situations d'urgence. Or, du fait du phénomène de non-recours, elle peine à atteindre toutes les personnes en difficulté. Pour faciliter l'accès de tous à une alimentation de qualité, le Comité national de coordination de la lutte contre la précarité alimentaire (Cocolupa) a été mis en place en septembre 2020 pour structurer durablement la coordination des acteurs.

Des politiques éducatives encore timides

L'Éducation Nationale est un acteur central, par son contact direct avec des générations entières, que ce soit à travers le temps d'enseignement ou le temps périscolaire. À cet égard, la restauration collective au sein des établissements constitue un puissant levier, à la main des collectivités. Si de nombreux professionnels sont ainsi mobilisables, qu'il s'agisse des enseignants, des personnels de la médecine scolaire, de ceux de la restauration collective, ou encore des assistants de service social et psychologues, l'Éducation Nationale peut aussi associer les parents à ses actions, afin que les messages franchissent au mieux l'enceinte des établissements. Les inspections, tout comme le CNA, ont en effet insisté sur l'enjeu de leur information et sensibilisation (Carotti *et al.*, 2018) (CNA, 2019).

L'Éducation Nationale, porteuse de divers plans émanant d'autres ministères, se retrouve exposée à une gestion de l'interministérialité sur laquelle elle n'a guère de prise, même si la coordination s'améliore, notamment au niveau local via les comités d'éducation à la santé et à la citoyenneté, ainsi que de nombreux projets alimentaires territoriaux. Elle est confrontée à une tâche complexe : préserver la simplicité et la cohérence des messages, tout en couvrant le large ensemble de thèmes dévolu, relevant de registres différents (enjeux sanitaires, environnementaux, économiques ou culturels).

La consommation d'alcool, angle mort de la politique de l'alimentation

La consommation d'alcool est aujourd'hui l'un des facteurs majeurs de dégradation de l'espérance de vie en bonne santé en France, devant les autres facteurs liés au régime alimentaire. Pourtant, le mot « alcool » est absent du PNA 3, ainsi que du bilan à mi-parcours du PNNS 4. Certes, la lutte contre l'alcoolisme est traitée dans le cadre de plans de lutte contre les drogues et les pratiques addictives pilotés par le ministère de la Santé. Toutefois, le sujet ne relève pas que de la prévention et du traitement des conduites addictives. Au-delà des maladies directement imputables à l'alcool, il s'agit aussi d'un enjeu nutritionnel, compte tenu des apports en sucre que représente l'alcool, certaines études indiquant même des apports cumulés en sucre dépassant ceux associés à la consommation des boissons sucrées – d'où un débat depuis plusieurs années sur l'opportunité d'étendre l'affichage nutritionnel aux boissons alcoolisées (Marant-Micallet *et al.*, 2018).

UNE POLITIQUE D'AMÉLIORATION DE LA QUALITÉ DE L'ALIMENTATION

En avril 2008, le Ministère chargé de l'agriculture a lancé un Plan national de l'offre alimentaire, avec pour objectif de rapprocher les producteurs et les consommateurs. C'est en 2010 que le législateur officialise une politique de l'alimentation en tant que telle à travers la Loi de modernisation de l'Agriculture et de la Pêche, politique publique déclinée au travers du Programme National pour l'Alimentation (PNA). Les finalités de la politique de l'alimentation sont précisément définies par l'article 1 de la « loi d'avenir pour l'agriculture, l'alimentation et la forêt » (loi n° 2014-1170 du 13 octobre 2014) : « assurer à la population l'accès à une alimentation sûre, saine, diversifiée, de bonne qualité et en quantité suffisante, produite dans des conditions économiquement et socialement acceptables par tous, favorisant l'emploi, la protection de l'environnement et des paysages et contribuant à l'atténuation et à l'adaptation aux effets du changement climatique ».

L'article 1 de la loi d'avenir pour l'agriculture se conclut par l'évocation des projets alimentaires territoriaux (PAT), présentés comme une forme privilégiée d'action pour répondre aux objectifs du PNA, visant à

« rapprocher les producteurs, les transformateurs, les distributeurs, les collectivités territoriales et les consommateurs et à développer l'agriculture sur les territoires et la qualité de l'alimentation ».

La dernière version du PNA intègre les orientations de la loi pour l'équilibre des relations commerciales dans le secteur agricole et une alimentation saine et durable traduisant une partie des conclusions des États généraux de l'alimentation de 2018. Par ailleurs, le plan de relance lancé en 2020 prévoit l'engagement de près de 200 millions d'euros consacrés à la transition écologique au service d'une alimentation saine, durable et locale pour tous. Ces mesures portent notamment sur le soutien aux cantines scolaires des petites communes, à l'alimentation locale et solidaire, à l'agriculture urbaine et aux jardins partagés.

DES POLITIQUES D'ORIENTATION DE LA PRODUCTION PRIMAIRE

Beaucoup de politiques publiques ou de stratégies, pilotées au niveau national ou européen, structurent le fonctionnement du système alimentaire. Il s'agit notamment des dispositifs de soutien économique aux exploitations et filières agricoles comme ceux de la politique agricole commune (PAC) ou de réduction des pollutions diffuses impactant la santé et l'environnement (plan Ecophyto, plan national santé-environnement).

La politique agricole commune (PAC)

Pilier historique de la construction européenne, la PAC représente encore aujourd'hui, avec plus de 55 milliards d'euros, le tiers du budget de l'UE. Construite initialement autour de l'aide à la production et de l'intervention indirecte sur les prix, elle continue aujourd'hui d'orienter dans une logique productiviste les systèmes agricoles à l'échelle de l'UE. Les réformes successives portant sur une meilleure intégration des enjeux environnementaux, notamment la réforme de 2015 mettant en œuvre des dispositifs de paiement vert, n'ont pas permis d'améliorer l'état de l'environnement, comme l'a d'ailleurs souligné à deux reprises la Cour des comptes européenne, en 2017 et 2020 (Cour des Comptes de l'UE, 2017) (Cour des Comptes de l'UE, 2020).

Cette politique européenne née en 1962 a permis d'accroître la production alimentaire de l'Europe et de diminuer le coût relatif de l'alimentation pour les ménages mais n'a pas permis de faire face à un certain nombre de défis environnementaux émergents ou d'offrir à l'ensemble de la population agricole un niveau de revenu suffisant et stable. L'une des principales critiques formulées à son égard réside dans l'importance excessive du budget distribué sous forme d'aides directes, centrées sur l'aide économique à la production, en comparaison du budget alloué au second pilier, dédié au développement rural et à la protection de l'environnement, qui a joué un rôle beaucoup plus important dans la promotion de la transition agroécologique. Ainsi, la PAC ne constitue toujours pas, en l'état actuel (programmation, 2023-2027), un réel instrument de transition vers l'agroécologie et plus largement, vers un modèle agricole plus durable.

Le plan Ecophyto

Au regard des enjeux de santé publique liés à l'usage de substances chimiques, les politiques publiques de maîtrise de l'usage des produits phytopharmaceutiques contribuent indirectement à restructurer notre système alimentaire. Ces politiques ont été initiées au niveau européen et déclinées au niveau national. Le plan Ecophyto, lancé en 2009, avait pour objectif de réduire de 50 % l'utilisation des produits phytopharmaceutiques dans un délai de 10 ans, « si possible », cette formulation soulignant en soi la difficulté d'atteinte de l'objectif envisagé. Il s'inscrit dans le cadre de la directive européenne 2009/128 d'utilisation des produits phytopharmaceutiques compatible avec le développement durable, qui demande à ce que « les États membres aient recours à des plans d'action nationaux visant à fixer des objectifs quantitatifs, des cibles, des mesures, des calendriers et des indicateurs en vue de réduire les risques et les effets de l'utilisation des pesticides sur la santé humaine et l'environnement et à encourager le développement et l'introduction de la lutte intégrée contre les ennemis des cultures et de méthodes ou de techniques de substitution en vue de réduire la dépendance à l'égard de l'utilisation des pesticides ». Le plan Ecophyto II, lancé en 2014, consolide certaines actions structurantes de la première période du plan comme le réseau de fermes et d'expérimentation DEPHY (Démonstration, expérimentation et production de références sur les systèmes économes en phytosanitaires), le dispositif de certificat individuel Certiphyto, les outils de diffusion d'information. En novembre 2018, le plan Écophyto II+ matérialise les engagements pris par le Gouvernement et apporte une nouvelle impulsion pour atteindre l'objectif de réduire les usages de produits phytopharmaceutiques de 50 % d'ici 2025.

Chaque année, 71 millions d'euros sont consacrés au plan Ecophyto grâce au prélèvement d'une partie de la redevance sur les ventes de produits phytopharmaceutiques, dont le marché français est estimé à environ 1,9 milliard d'euros par an. Ce plan s'est rapidement heurté aux difficultés à faire évoluer un modèle agricole dominant, caractérisé par une grande dépendance à la mécanisation et à la chimie. De fait, il n'a pas été suffisant pour engager des changements de modèle qui pourraient modifier significativement la donne en termes d'usage de tels produits. Au cours du plan Ecophyto I, entre 2009 et 2014, une augmentation de 5 % du recours aux produits phytopharmaceutiques a été observée entre la période 2009-2011 et la période 2011-2013. Mis à part 2015, chaque année a vu le NODU (Nombre de dose-unités), indicateur de recours aux pesticides, augmenter.

Le plan national de santé environnement (PNSE)

La France élabore tous les cinq ans depuis 2004 un plan national santé environnement (PNSE). Les PNSE successifs sont copilotés par le ministère de la Transition écologique et le ministère de la Santé. Inscrits dans le code de la santé publique, ils ont poursuivi plusieurs objectifs comme l'amélioration de l'impact de l'environnement sur la santé, la meilleure prise en compte de la santé et de l'environnement à toutes les échelles du territoire, et le développement de programmes de recherche structurés. En 2020, le PNSE 4 (2021-2025) propose des actions concrètes pour mieux comprendre et réduire les risques liés aux substances chimiques, aux agents physiques et aux agents infectieux en lien avec les zoonoses, qui peuvent se transmettre de l'animal à l'homme. Il s'inscrit ainsi pleinement dans le cadre de la démarche « *One Health* ». Il pourrait donc contribuer à limiter certains risques sanitaires pour le consommateur, même s'il n'inclut pas explicitement l'enjeu alimentaire.

ACCÉLÉRER LA TRANSITION VERS UN SYSTÈME ALIMENTAIRE PLUS DURABLE EN S'APPUYANT SUR LES LEVIERS DE LA PLANIFICATION ÉCOLOGIQUE

Qu'il s'agisse d'actions dirigées vers le consommateur ou tournées vers la (re)mobilisation de la production agro-alimentaire nationale au service d'une alimentation saine, durable, locale et accessible à tous, les propositions de refondation de la politique de l'alimentation ne manquent pas (Denier-Pasqueir *et al.*, 2020) (Carton, Fichet, 2020). Toutes convergent vers une planification de long terme de cette bifurcation agroécologique aux échelles territoriale, nationale et européenne et à la levée coordonnée des verrous socio-techniques bloquant le système alimentaire.

UN MEILLEUR ACCOMPAGNEMENT DU CONSOMMATEUR

L'éducation à l'alimentation, clé de voûte de l'évolution des comportements

Un triple constat de fort impact de l'alimentation et de la consommation d'alcool sur la santé, de larges inégalités sociales en la matière (et ce très tôt dans la vie), et de nouveaux risques justifie une action résolue en matière d'éducation à l'alimentation. Au-delà du choix des aliments, les enjeux incluent les modes d'alimentation, forts contributeurs aux inégalités de santé, ainsi que l'activité physique, dans le cadre d'une approche unifiée de la nutrition.

Diverses inspections ont soulevé l'intérêt des approches « *bottom-up* » et non descendantes (Carotti *et al.*, 2018). *A contrario*, il a été noté que « trop souvent encore [...] un discours descendant et injonctif est proposé aux élèves, discours qui à lui seul n'est guère formateur. Un travail collaboratif entre enseignants et personnels de santé, voire une formation inter catégorielle commune, sont autant de leviers pour optimiser et renforcer la pertinence de ces interventions réalisées sur le temps d'enseignement ». Ces différents constats peuvent d'ailleurs appeler à étudier les évolutions envisageables du rôle de la médecine scolaire en la matière. Le Haut Conseil de la santé publique (HCSP) a aussi indiqué que l'efficacité des interventions d'éducation nutritionnelle serait bien plus importante lorsqu'elle vise à accroître, outre les connaissances, « les compétences et/ou les capacités des individus », et « qu'elles font le lien entre la théorie et la pratique » (Spronk *et al.*, 2014).

Améliorer l'information nutritionnelle et environnementale du consommateur

Les dispositifs d'étiquetage ont un intérêt bien documenté. À titre d'exemple, une expérimentation française a été conduite en conditions réelles en 2016 testant l'efficacité de différents systèmes dont le Nutri-Score sur la qualité nutritionnelle des achats ainsi que la compréhension et perception des logos par les consommateurs. Les résultats se sont révélés positifs. D'autres études étrangères sont arrivées à des constats similaires. Toutefois bien que ces dispositifs s'avèrent efficaces, l'utilisation du Nutriscore et de l'affichage environnemental dans l'alimentation ne font pas l'objet d'une réglementation contraignante et restent volontaires, dans un contexte de nécessaire harmonisation au niveau de l'UE.

Or, l'information du consommateur et l'éducation à l'alimentation sont confrontées aux moyens publicitaires et aux stratégies marketing des producteurs et marchands de produits de faible qualité nutritionnelle. La mission de l'Inspection générale des affaires sociales (IGAS) relative au PNNS 3 a ainsi précisé que pour nombre des acteurs rencontrés, le seul étiquetage nutritionnel « ne constituait pas une panacée, capable de faire seule contrepoids aux logos, slogans, campagnes et injonctions des marques et produits les plus séduisants pour les consommateurs », le CNA relevant que « les moyens financiers publics destinés à l'alimentation sont largement inférieurs aux moyens publicitaires alloués pour les produits alimentaires, au niveau national comme local » (De Batz *et al.*, 2016).

Améliorer la qualité nutritionnelle de l'offre à promouvoir

L'offre alimentaire reste encore assez variable du point de vue de sa qualité. Mais les reformulations constituent un puissant levier d'amélioration à cet égard. Le Haut Conseil de la Santé Publique (HCSP) les définit comme un « changement de la composition en nutriments des aliments transformés [...] visant à réduire le contenu en nutriments négatifs (tels que le sodium, les acides gras saturés, les acides gras trans, les calories) ou à augmenter le contenu en nutriments ou ingrédients bénéfiques (tels que les fibres, céréales complètes ; fruits et légumes, etc.) ». Globalement, l'enjeu des reformulations se fait d'autant plus important que l'on observe, selon le CNA, « une tendance à l'augmentation de la part des produits plus transformés qui concernent désormais près de 80 % des dépenses alimentaires des ménages » (CNA, 2018). Les PNA et PNNS prévoient certes des actions en la matière, mais celles-ci s'inscrivent dans une logique d'engagement volontaire des acteurs de la filière agroalimentaire, par opposition à d'éventuelles mesures réglementaires. On entend par ce dernier terme l'édiction de standards de composition nutritionnelle, comportant des limites maximales (ou minimales) par catégories ou familles d'aliments.

Certains pays se sont engagés avec succès dans la voie des mesures réglementaires. Ainsi l'Autriche, le Danemark, la Lettonie et la Hongrie ont mis en place une législation qui limite la teneur en acides gras trans, dont des études épidémiologiques ont montré qu'une consommation excessive était associée à une augmentation du risque cardiovasculaire des denrées alimentaires. La mise en place, par le Danemark, en 2003, d'un taux maximal légal d'acides gras trans d'origine industrielle, limitant à 2 % [leur] présence dans les huiles et les matières grasses a permis de réduire de manière importante le nombre de décès causés par des maladies cardiovasculaires.

Renforcer l'accessibilité de l'offre alimentaire

Les subventions à la demande prennent diverses formes, comme la restauration collective subventionnée et les titres-restaurant, et s'adressent à différents publics. Les subventions permettent de rendre l'offre alimentaire plus accessible aux plus modestes. Plusieurs mesures ont été mises en place dans la restauration collective pour répondre à cet enjeu. S'agissant de la remise de coupons d'achat, plusieurs travaux étudient leur impact sur la consommation et la santé (Inserm, 2014). Certains d'entre eux montrent que les bénéfices d'une telle politique sont avérés lorsque les coupons sont distribués aux catégories les plus défavorisées, qu'ils sont ciblés sur l'achat de produits recommandés tels que les fruits et les légumes, les produits lactés et les vitamines, et que cette distribution est complétée par une éducation nutritionnelle adaptée. On observe alors une amélioration de la consommation alimentaire ainsi que du statut nutritionnel des populations. Plusieurs pays étrangers ont initié une politique de coupons à l'image des États-Unis (Programme *Special Supplementary Nutrition Program for Women, Infants and Children*), de l'Australie (*Fighting Disease with Fruit*) ou du Royaume-Uni (programme *Healthy Start*). Comme rappelé par l'Institut National de la Santé et de la Recherche Médicale (INSERM), il est apparu que ces interventions adossées à de l'éducation nutritionnelle ont un effet positif sur la qualité de la consommation alimentaire des personnes défavorisées.

RETERRITORIALISER NOTRE SYSTÈME ALIMENTAIRE ET PROMOUVOIR L'AGRO-ÉCOLOGIE

Pays historiquement capable de couvrir l'essentiel de ses besoins, encore exportateur net pour certaines productions, la France doit aujourd'hui prendre des options claires pour sécuriser et améliorer son propre système alimentaire. Elle doit notamment pour cela dessiner un avenir désirable et valorisant pour les professionnels du secteur agro-alimentaire selon une déclinaison territoriale efficace, et contribuer ainsi à la nécessaire transition du système alimentaire mondial.

Des leviers économiques de transition vers l'agroécologie à renforcer

Comme on l'a vu, la production agricole nationale est aujourd'hui largement déterminée par la PAC. Malgré l'essor de la production en agriculture biologique et le développement de systèmes agricoles territorialisés durables, la généralisation de pratiques agroécologiques à même d'accompagner la transition alimentaire globale relève d'un changement systémique des politiques agricoles.

À l'heure actuelle, les aides directes de la PAC sont liées à la taille des exploitations et à des références historiques de production. Ces aides tiennent certes compte de l'enjeu environnemental via les éco-régimes (25 % des aides directes) et « la conditionnalité ». Mais l'utilisation d'outils de type quotas, seuils, prescriptions et dérogations limite l'efficacité du système sur le plan environnemental. D'autres outils existent qui permettraient pourtant de simplifier la PAC et de renforcer son ambition environnementale, à budget inchangé. C'est notamment le cas d'instruments de type bonus-malus (France Stratégie, 2019). Les rotations de cultures préservent la fertilité des sols, réduisent les risques phytosanitaires et limitent l'usage d'intrants chimiques. La diversification des cultures pourrait, dans cette perspective, être encouragée via un bonus. De même, les prairies (permanentes ou naturelles) contribuent à l'alimentation des animaux, à la préservation des sols et à la séquestration du carbone. Pour ces raisons, leur maintien pourrait être assorti d'un bonus (et à l'inverse d'un malus en cas de labourage). Pour encourager la préservation des écosystèmes, un bonus pourrait également être versé aux agriculteurs qui entretiennent les surfaces d'intérêt écologique (haies, alignement d'arbres, mares…). De plus, repenser les aides directes pour qu'elles soient proportionnelles au travail agricole plutôt qu'à la taille des exploitations permettrait, d'une part, d'assurer à tous les agriculteurs un paiement minimal déconnecté du niveau de la production agricole, et d'autre part, de tenir compte de l'augmentation de la charge de travail lors du passage à des pratiques agroécologiques. Ce « paiement de base par unité de travail » serait versé sous condition du respect des pratiques environnementales exigées aujourd'hui dans le cadre des éco-régimes, et financé par le budget consacré actuellement à l'aide de base au revenu et aux éco-régimes.

On peut supposer qu'outre les bénéfices environnementaux générés, de telles évolutions permettraient plus facilement une réorientation des systèmes d'exploitation vers des productions plus intéressantes pour la transition alimentaire nationale et mondiale. Il s'agira toutefois d'éviter qu'à une production nationale ou européenne peu durable se substituent des importations provenant de pays tiers qui le seraient encore moins, ne sauvegardant pas davantage notre souveraineté alimentaire. En effet, quelles que soient les options retenues en matière d'affichage environnemental, le consommateur reste libre de son choix de régime alimentaire, et, à régime donné, il peut choisir des produits étrangers moins chers, que cette différence de prix soit due à un surcroît de productivité des partenaires commerciaux (éventuellement grâce à de plus faibles coûts de main d'œuvre), ou à de moindres exigences environnementales. Les contrôles sanitaires aux frontières de l'UE et les obligations d'équivalence à l'introduction de produits alimentaires sur le marché commun pour certains labels comme par exemple le label bio sont de nature à limiter ces risques. L'introduction en 2023 d'un « ajustement carbone » aux frontières de l'UE, dans le cadre du *Green Deal*, pourra également contribuer à limiter ces risques de concurrence.

Des dynamiques locales de transition

En dehors de mesures et dispositifs relevant du niveau national voire supranational (règles d'étiquetage, normes agro-alimentaires, etc.), de nombreuses dimensions de la politique de l'alimentation renvoient à une mise en œuvre territoriale, dont le support identifié est aujourd'hui, pour l'essentiel, le projet alimentaire territorial (PAT).

De façon globale, les PAT mobilisent un grand nombre d'acteurs au niveau local. Comme exposé supra, leur première réussite est d'avoir permis l'émergence de démarches inédites dans l'approche et la rencontre des acteurs, notamment entre le monde agricole et les autres acteurs territoriaux. L'intégration de nouveaux acteurs, par exemple des associations environnementalistes ou de consommateurs, a conduit à dépasser le simple face à face entre le monde agricole et les pouvoirs publics. De nombreux partenariats entre des acteurs locaux publics, professionnels ou associatifs ont ainsi pu se développer. Mais l'absence de dimension alimentaire dans la politique agricole européenne, l'interministérialité de la politique nationale de l'alimentation (en comparaison par exemple des politiques agricoles), ou encore l'absence de désignation d'une compétence alimentaire, n'ont certainement pas poussé les collectivités infrarégionales à se saisir massivement de l'instrument des PAT. L'appropriation très variable du fait alimentaire au niveau des régions a également pu jouer. L'échelon régional s'est en effet relativement peu saisi de la question alimentaire, alors que l'échelle régionale est celle où il est possible d'intervenir dans le champ des filières mais aussi de la distribution et du commerce, sans parler des politiques agricoles avec le pilotage d'une partie du FEADER (Fonds européen agricole pour le développement rural) pour le financement du deuxième pilier de la PAC.

Pour autant, une certaine dynamique s'instaure aujourd'hui autour des PAT et l'enjeu réside donc dans la manière de poursuivre l'amélioration continue et l'engagement volontaire. Dès lors, il convient de veiller à ce que d'éventuels reformatages du dispositif ne découragent pas les acteurs les plus innovants. C'est en effet dans l'initiative locale que réside une part d'appropriation par l'expérience de la complexité des questions alimentaires et de rapprochement des parties prenantes.

FAIRE DE LA TRANSITION VERS UNE ALIMENTATION SAINE ET DURABLE POUR TOUS UN AXE STRUCTURANT DE LA PLANIFICATION ÉCOLOGIQUE

Des avancées ont été réalisées depuis 20 ans grâce à la politique de l'alimentation. Le HCSP a ainsi jugé que « la dynamique impulsée par le PNNS depuis 2001 a permis de définir un cadre national de référence pour la population et les professionnels et a abouti à certaines améliorations de l'état nutritionnel de la population française ». Pour autant, on mesure aisément, à partir des éléments qui précèdent, les limites rencontrées par la coexistence de plans d'actions parfois peu conçus dans une logique d'évaluation, parfois insuffisamment suivis en cours de mise en œuvre, et parfois tributaires d'arbitrages interministériels pris en amont se démarquant des avis d'experts sollicités. Ces divers plans peuvent, de surcroît, omettre certains grands déterminants de la production alimentaire et de l'offre au consommateur ou certains facteurs majeurs de l'impact de l'alimentation sur la santé (consommation d'alcool en particulier). Beaucoup reste donc encore à faire pour construire une vision qui articule les politiques visant à une alimentation saine, celles visant à un modèle de production agricole et agroalimentaire plus durable, et pour les replacer dans une perspective à long terme prenant en compte les enjeux européens et internationaux à la fois sur la transition écologique et les échanges commerciaux.

Quelle que soit la qualité des nouveaux plans, ceux-ci auront toujours vocation à guider l'action opérationnelle au niveau national et local, selon des objectifs fixés à un horizon de seulement quelques années, et auprès d'acteurs dont les champs de compétences restent spécifiques. La politique de l'alimentation est pourtant confrontée à certains enjeux dont la maîtrise requiert une vision stratégique intégrée et au long-cours : conséquences du réchauffement climatique, de l'épuisement des sols, de la globalisation économique, des changements d'habitudes de vie et de normes culturelles, voire de systèmes de valeur, etc. Les éléments de prospective à mobiliser relèvent, dans certains cas au moins, d'une réflexion à l'échelle internationale et pas seulement hexagonale. Ils vont aussi au-delà des champs d'action des administrations traditionnellement mobilisées (si l'on prend à nouveau l'exemple du commerce international évoqué plus haut).

CONCLUSION AU CHAPITRE

Pour permettre une réelle transition du système alimentaire français, la formulation d'un nouvel horizon pour cette transition long terme apparait nécessaire. Cela implique d'élaborer une stratégie de long terme (sur un horizon 2040) dans un cadre disciplinaire, en s'appuyant sur les organes de suivi et d'évaluation, ainsi que sur l'ensemble de la communauté scientifique et des parties prenantes, à l'image des politiques stratégiques en matière de changement climatique. Tant pour des raisons nutritionnelles que climatiques, la végétalisation de notre alimentation devra faire partie des éléments clés de cette stratégie. Cela impliquera de poser la question des instruments incitant à la réduction de la consommation de viande, y compris l'application de bonus-malus carbone appliqués aux élevages ou d'une modulation de la TVA applicable aux aliments en fonction des émissions de gaz à effet de serre ou des bénéfices nutritionnels (France Stratégie, 2020) (Gérard, 2020). Plus largement, concernant la réduction des émissions de GES du secteur agricole, il apparaît indispensable d'accompagner les objectifs de réduction du budget carbone du secteur agricole d'une feuille de route détaillant pour chaque filière les bonnes pratiques à mettre en œuvre pour développer l'agroécologie ainsi que les cibles intermédiaires à atteindre.

Cette stratégie aurait vocation à formuler une vision du nouveau système alimentaire français pendant et après la transition, ainsi que la part prise par la production agricole et agroalimentaire nationale (à l'image des questions de mix énergétique, en matière climatique) et les conditions qui en découleraient pour orienter son évolution. Une telle transition contribuerait en outre à asseoir notre souveraineté alimentaire en facilitant la relocalisation de certaines productions sur lesquelles nous sommes aujourd'hui déficitaires. Cette stratégie de long terme aurait également vocation à alimenter les positions françaises dans le cadre des négociations européennes ou internationales, de nombreux enjeux précités ne pouvant relever d'une approche purement hexagonale. En un mot, elle constituerait le volet agricole d'une planification écologique ambitieuse.

Julien Fosse
INRAE Hauts-de-France

LA QUESTION DU BIEN-ÊTRE ANIMAL DANS LES POLITIQUES AGRICOLES

À première vue, la prise en compte du bien-être animal serait à considérer comme un progrès, au sens d'une plus grande considération des conditions de vie et de mort des animaux d'élevage. À l'instar des politiques visant l'atténuation de l'impact environnemental des activités agricoles, on pourrait penser que l'intégration du bien-être animal dans les politiques agricoles rendrait l'agriculture plus vertueuse, cette fois-ci sur des aspects éthiques en lien avec le rapport de travail liant l'éleveur à l'animal.

Néanmoins, nous nous demanderons si ces normes de bien-être animal ne serviraient pas d'autres objectifs, dans un contexte où elles ne remettent pas en cause l'intense processus d'industrialisation des filières animales enclenchée depuis la seconde moitié du XXe siècle. En quoi les dynamiques contemporaines d'accumulation de capital ont-elles engendré des revendications sociétales sur le sort des animaux d'élevage. Conjointement, nous questionnerons la manière dont les filières animales se sont emparées du bien-être animal pour conforter un mode de développement reposant avant tout sur une logique fordiste.

Sauf mention contraire, nous nous appuierons sur le cas français. Dans un premier temps, nous montrerons pourquoi et dans quelle mesure les productions animales se sont industrialisées. Cela nous amènera à faire le lien entre ce processus d'industrialisation et l'émergence de lectures critiques de l'élevage, notamment en matière de bien-être animal. Nous aborderons ensuite la « transformation » de ces revendications en un mouvement producteur de normes et d'institutions relevant aussi bien de la sphère privée que des politiques publiques. C'est au sein de cette partie que seront abordées les politiques agricoles en lien avec le bien-être animal, après avoir fait le choix de détailler leurs conditions d'émergence socio-économiques et de les « enchâsser » dans des dynamiques d'accumulation du capital. Enfin, dans un quatrième temps, nous nous questionnerons sur les perspectives d'évolution de ce processus de « mise en normes » des pratiques d'élevage, dans un contexte où les productions animales sont de plus en plus concurrencées par des alternatives végétales ou issues de la division cellulaire.

UNE RÉVOLUTION AGRICOLE CONTEMPORAINE BASÉE SUR L'INDUSTRIALISATION DES FILIÈRES ANIMALES

L'industrialisation des filières animales et la montée des revendications sur le bien-être des animaux d'élevage vont de pair. En effet, l'avènement d'une consommation de masse à partir des Trente Glorieuses a nécessité d'adapter l'offre, de la distribution aux unités de production agricoles en passant par le secteur agroalimentaire. De tels bouleversements ont engendré la mise en place de préceptes fordistes pour soutenir l'accumulation de capital, en lien avec des institutions régulant les contradictions inhérentes à ce type de développement agricole.

UNE GRILLE D'ANALYSE POUR COMPRENDRE L'INDUSTRIALISATION DES FILIÈRES AGRICOLES[1]

L'industrialisation des filières animales renvoie à un processus où la « logique du capital » remplace celle du travail (Coquart, 1983), en se substituant à la « logique artisanale » (Coquart et Soufflet, 1989). Par « artisanat », Christine Jaeger, *et al.* (1985) entendent une logique économique qui rassemble des producteurs indépendants, dont l'objectif est de « valoriser individuellement un savoir-faire, faute de pouvoir rentabiliser un capital qu'ils ne possèdent d'ailleurs pas ». La « logique artisanale » a vocation à subvenir aux besoins du producteur et de sa famille, sans forcément rechercher la croissance, ni investir en permanence à des fins d'accroissement des profits (Jaeger, *et al. ibid.*). *A contrario*, la logique capitaliste, fondée sur la dissociation entre capital et travail, repose sur le recours à la force de travail salariée. Une partie de la richesse, créée

1 Sur tous ces points, se reporter à Dubrulle (2021).

grâce à cette force de travail, constitue le profit capté par un autre agent économique, détenant cette fois-ci le capital, mais n'incorporant pas la moindre quantité de travail au processus de production. Dans ce cas, la reproduction élargie du capital constitue la finalité, soit le réinvestissement des profits dans l'entreprise ou placés ailleurs afin d'accroître les profits.

Nous proposons de définir le processus d'industrialisation des filières animales comme une combinaison de leviers techniques et organisationnels, à la fois de consommation de masse, de distribution de masse et de production agroalimentaire de masse, où la logique capitaliste se substitue progressivement à la logique artisanale. A.-C Mermet (2011) entend par *consommation de masse* des pratiques de consommation « superflues », notamment d'objets standardisés à bas prix, adoptés par l'ensemble de la société. De fait, le produit fini est davantage normalisé et élaboré (Sans, Coquart, 1998). Pour ce qui relève de la distribution, Philippe Moati (2001) définit la *distribution de masse* comme une forme de « dépersonnalisation » de la relation commerciale. L'avènement de la grande distribution substitue le face-à-face client-commerçant par une relation liant directement le consommateur à la marchandise. De fait, l'identité de celui qui vend influe peu sur la transaction. Quant à la *production agroalimentaire de masse*, le processus de production se caractérise par un accroissement de la consommation de capital fixe et d'énergie par travailleur (Malassis, 1977), ainsi qu'une forte division du travail, au moyen d'une segmentation des processus de production et d'une division spatiale des activités (Mouhoud, 1995). Ces procédés sont au service de la production de biens standardisés confectionnés par des travailleurs pas ou peu qualifiés (Gordon, 1990).

DANS BON NOMBRE DE PRODUCTIONS ANIMALES, UNE LOGIQUE FORDISTE EST À L'ŒUVRE

Toutefois, cette industrialisation ne concerne pas uniquement le secteur agroalimentaire et la grande distribution. En effet, la satisfaction d'une consommation alimentaire de masse engendrant une distribution et une production agroalimentaire massifiées, a nécessité d'organiser la production agricole pour accroître la production de marchandises issues de l'agriculture tout en en standardisant les caractéristiques. Initiée au sortir de la Seconde Guerre mondiale, la révolution agricole contemporaine, bâtie sur la chimisation, la grande motomécanisation et la sélection génétique selon des critères de maximisation du rendement s'est donc traduit par un processus *d'industrialisation des pratiques d'élevage* (Mazoyer, Roudart, 1997). La sociologue Jocelyne Porcher distingue d'ailleurs les « productions animales » de l'élevage, renvoyant les premières à une organisation scientifique de l'élevage, initiée dès le milieu du XIXe siècle avec les prémices de la zootechnie (Porcher, 2019). À l'image des évolutions contemporaines de l'élevage français, les pratiques d'une majorité d'agriculteurs vont progressivement suivre les préceptes fordistes. D'après Gilles Allaire (1996), les principes de l'agriculture fordiste reposent notamment sur l'extension de la mécanisation, la séparation de la conception et de le production, l'assurance de débouchés garantis et la production à coûts décroissants de biens standardisés de qualité réglementaire. Ces « principes de gestion » se traduisent par des articulations au sein même de l'unité de production agricole, mais aussi entre cette dernière et son environnement socio-économique, ce que nous verrons dans le point suivant.

Commençons donc par tenter de comprendre en quoi l'évolution des pratiques d'élevage a suivi une logique fordiste tout au long de la révolution agricole contemporaine. En premier lieu, les dynamiques agraires contemporaines ont visé *l'augmentation des rendements*, soit la production finale par unité de cheptel reproducteur, généralement appréciée à l'échelle de l'année. Il s'agit donc d'accroître la production de lait par vache, brebis ou chèvre, le nombre de porcelets par truie, le nombre de veaux sevrés par vache etc. Une telle logique repose avant tout sur la substitution de quantités de travail par du capital circulant, soit des moyens de production totalement consommés à l'issue du processus de production. Cette maximisation des rendements a été permise par la sélection génétique, mais aussi par l'accroissement de la valeur alimentaire des rations, tant en quantité qu'en teneur énergétique et azotée. Le recours, préventif et curatif, aux antibiotiques et aux vaccins a permis de réduire le taux de pertes (baisse de la mortalité), ainsi que la fréquence de pathologies entravant les rendements. La stimulation hormonale, à l'image des anabolisants utilisés chez les bovins à l'engraissement (interdits en France depuis 1988) ou de l'ocytocine pour stimuler la mise-bas, fait également partie des leviers techniques mis en œuvre.

En second lieu, en parallèle de l'augmentation des rendements, la révolution agricole contemporaine s'est soldée par *un important accroissement du cheptel reproducteur par unité de travail*, contribuant là-encore à accroître les quantités produites par travailleur. En plus de la substitution de quantités de travail par du capital circulant, la réduction du temps de travail socialement nécessaire à l'élevage d'un animal reproducteur et sa suite, passe aussi par le recours accru aux consommations de capital fixe – soit des moyens de production partiellement détruits à l'issue du processus de production. L'aménagement de bâtiments d'élevage existants ou la construction de nouveaux, a en effet joué un rôle clé. Ces évolutions bâtimentaires ont permis un contrôle de la reproduction, à l'image de la stabulation libre rendant possible la monte naturelle en bâtiment et la conduite en lot en élevage bovin. À cela s'ajoutent des équipements visant à réduire le temps nécessaire à la distribution de la ration alimentaire (chaîne d'alimentation en aviculture, système « soupe » en élevage porcin, mélangeuse en élevage bovin etc.). Le temps de déplacement et de manipulation des animaux a été drastiquement réduit, à l'image des évolutions des techniques de traite. Il en est de même pour le travail d'évacuation des effluents, via l'installation de caillebotis et de fosses à lisier. Ces aménagements vont de pair avec la spécialisation de la production, visant à flécher la quasi-totalité des ressources (terre, eau, travail et capital) en direction de l'espèce pour laquelle les éleveurs possèdent les plus forts avantages comparatifs. Une telle logique a donc acté la fin du polyélevage dans la grande majorité des exploitations françaises et, dans certains cas, une réduction partielle ou totale de la polyculture au profit de l'achat d'aliments produits en dehors de l'exploitation agricole. De même, les processus de production ont été réduits afin d'allouer les ressources à l'accroissement des effectifs d'animaux reproducteurs, à l'image du passage du bœuf au broutard en élevage bovin allaitant, de la pratique du vêlage à deux ans ou du sevrage à vingt-et-un jours en élevage porcin.

Qu'il s'agisse de l'accroissement des rendements comme du nombre d'unités de bétail par unité de travail, la révolution agricole contemporaine s'est traduite par une hausse des volumes produits par unité de travail, mais aussi par une plus grande standardisation des produits finis en vue de se conformer aux attentes de l'aval des filières. Néanmoins, le processus d'industrialisation des productions animales n'a pas atteint son paroxysme. Nombre d'éleveurs, producteurs de denrées issues d'animaux aux caractéristiques hétérogènes, continuent en effet d'exercer des pratiques reposant sur une adaptation perpétuelle à l'environnement. De plus, l'ampleur de la dynamique d'industrialisation des pratiques d'élevage n'a pas été la même selon la position sociale des exploitants et les ressources auxquelles ces derniers ont eu accès au cours de l'histoire. Toutefois, si l'industrialisation des filières a joué un rôle moteur, l'accumulation de capital au sein des unités de production agricoles a nécessité le soutien de politiques agricoles et de marché, suggérant de poursuivre l'analyse en nous intéressant au mode de régulation à l'œuvre, soit aux forces socio-économiques ayant accompagné l'élevage dans sa mue fordiste.

LE RÔLE DES FORMES INSTITUTIONNELLES POUR SOUTENIR L'ACCUMULATION

À l'instar des travaux de Marx, l'accumulation de capital, dynamique pétrie de contradictions, nécessite un ensemble de régularités afin de maintenir un état d'apparente stabilité (Aglietta, 1981). Telle est la thèse défendue par les économistes régulationnistes, notamment les tenants de l'école dite « parisienne » (Aglietta, Boyer, Lipietz, Mistral…)[2]. Ces régularités, nommées *formes institutionnelles*, émanent de procédures et de comportements qui visent au maintien en l'état des rapports sociaux de production et d'échange, ainsi qu'au « pilotage » global du régime d'accumulation (Boyer 1987, 2004). Pour les régulationnistes, cette thèse s'applique à l'ensemble des secteurs d'activité économique, dont l'agriculture, à l'image des travaux conduits par Daniel Bartoli et Daniel Boulet sur le secteur viticole (Bartoli, Boulet, 1990).

Afin d'étudier les aspects propres aux questions agricoles, il s'avère pertinent, en effet, d'adopter une grille d'analyse en termes de *régulation sectorielle* comme ont pu la mettre en œuvre Bartoli et Boulet (*ibid.*), mais aussi Gilles Allaire (1988), ou encore Robert Boyer (1990), et plus récemment encore, des auteurs tels que Catherine Laurent et Christian du Tertre (2008) coordinateurs de l'ouvrage *Secteurs et territoires dans les régulations émergentes*, ou Axel Magnan (2022) dans sa thèse de doctorat d'économie institutionnelle consacrée au développement du salariat précaire en agriculture.

Ces approches permettent d'identifier, de caractériser et d'expliquer l'action de formes institutionnelles à une échelle plus mésoéconomique,

2 En opposition à l'école dite « grenobloise » dont Gérard Destanne de Bernis constitue la figure tutélaire ou de l'école de la régulation « systémique » représentée par Paul Boccara.

davantage en lien avec l'activité économique cible et les dynamiques qui la concernent directement (Bartoli et Boulet, *ibid.*). Ainsi, la question des politiques publiques sectorielles, à l'image des politiques agricoles, agit de manière transversale sur des formes institutionnelles (appelées *dispositifs institutionnels* par Bartoli et Boulet) telles que les formes de la concurrence ou les modalités d'adhésion au marché mondial.

L'étude des politiques agricoles, à l'image de la Politique agricole commune (PAC) en Europe, s'avère nécessaire pour comprendre les dynamiques d'accumulation et de régulation qui influent sur les processus de *développement agricole* – tel que défini par Marcel Mazoyer (1987), voyant en ce dernier « [...] un changement progressif du processus de production agricole allant dans le sens d'une amélioration du milieu cultivé, des outils, des matériels biologiques (plantes cultivées et animaux domestiques), des conditions du travail agricole et de la satisfaction des besoins sociaux ». En Europe, la PAC a en effet joué un rôle central dans les dynamiques agraires contemporaines. Dans son ouvrage intitulé *Essai sur l'histoire des rapports entre l'agriculture et le capitalisme*, l'économiste Thierry Pouch indique que l'absorption de l'agriculture dans et par le mode de production capitaliste passerait, entre autres, par l'avènement d'un puissant secteur de la transformation agroalimentaire (Pouch, 2023). Le développement de ce dernier a été favorisé par le transfert des gains de productivité réalisés dans le secteur agricole. La mise en œuvre de la PAC a permis cette opération en soutenant le revenu des agriculteurs par le versement de soutiens publics, ce qui a permis la baisse du prix payé au producteur au profit de l'aval des filières et du consommateur. De même, les modalités d'attribution des aides versées au titre de la PAC, qu'il s'agisse de prix garantis ou d'aides directes, ont incité les agriculteurs à accroître la productivité physique de leur travail pour maximiser le montant des subventions perçues. Cette logique a favorisé la substitution de quantités de travail par du capital et accentué le recours aux intrants et aux machines. Toutefois, à partir du début des années 1990, la politique de soutien à l'accroissement de la productivité a été progressivement dépassée pour favoriser l'intégration de l'agriculture européenne sur les marchés mondiaux en renforçant sa compétitivité (Ansaloni et Allaire, 2016). Ainsi, la PAC a joué un rôle crucial pour soutenir l'accumulation de capital, qu'il s'agisse du secteur agricole mais aussi de l'agrofourniture et de l'agroalimentaire qui ont pu se développer de manière conséquente.

Après avoir mis en exergue les mutations contemporaines des filières animales, intéressons-nous aux effets de ces dynamiques agraires sur le bien-être animal et la manière dont ces dernières ont engendré une remise en cause de la part de certains citoyens. Au même titre que les atteintes environnementales, la question du bien-être animal fait partie des conséquences de l'accumulation fordiste qu'il convient de réguler pour recueillir l'acceptation du plus grand nombre.

UNE MONTÉE DES REVENDICATIONS SUR LE BIEN-ÊTRE ANIMAL

Traitons désormais des conditions sociales d'émergence de discours critiques sur le bien-être animal, et en quoi ces dernières ne peuvent être tues, au risque d'amenuiser les dynamiques d'accumulation à l'œuvre depuis l'après-guerre.

UNE INDUSTRIALISATION QUI INTERROGE LE BIEN-ÊTRE DES ANIMAUX D'ÉLEVAGE

Nous l'avons vu, l'industrialisation des filières animales résulte d'une logique d'accumulation fordiste soutenue par des politiques agricoles et de marché, à l'instar de la PAC. Néanmoins, ces dynamiques agraires contemporaines basées sur la maximisation des quantités produites par unité de travail comportent leur lot de conséquences socio-environnementales et sanitaires. Nous ne reviendrons pas longuement sur les effets de la concentration géographique des épandages d'effluents d'élevage sur la qualité de l'eau, l'impact des émissions de gaz à effet de serre issus de l'éructation des ruminants et de la culture des productions végétales nécessaires à l'alimentation du bétail ou encore l'accroissement de la pression sanitaire du fait d'une forte densité d'animaux logés dans le même bâtiment. Ces effets induits sont indissociables d'une logique d'accumulation fordiste axée notamment, comme nous l'avons souligné, sur la spécialisation de la production, le raccourcissement des processus de production, l'accroissement des rendements par unité de cheptel reproducteur ou encore la substitution capital/travail.

À l'image des conséquences environnementales et sanitaires de la révolution agricole contemporaine, les effets sur le bien-être animal font partie des manifestations de nature à susciter des revendications sociales pouvant possiblement freiner voire bloquer l'accumulation de capital. En ce sens, la survie du régime fordiste, dépend de sa relative acceptation (ou, le cas échéant, la répression des formes contestataires), ce qui nécessite la production de formes institutionnelles *ad hoc*. Avant de nous intéresser aux conditions d'émergence de ces dernières, définissons ce que nous entendons par « bien-être des animaux d'élevage » en vue de comprendre en quoi ce dernier a pu être entravé par des manifestations « extrêmes » de la logique fordiste ou constitue, *a minima*, un point de préoccupation et de vigilance.

Pour définir le « bien-être des animaux d'élevage », nous nous appuypns sur la définition de l'Organisation mondiale de la santé animale (OMSA), organisation intergouvernementale fondée au début du XXe siècle. D'après l'OMSA, le bien-être animal désigne « l'état physique et mental d'un animal en relation avec les conditions dans lesquelles il vit et meurt ». On le voit, cette définition s'inscrit dans une conception juridique où l'animal demeure un être doué de sensibilité, à l'instar l'article L214-1 du 8 mai 2010 du code rural français et de l'article 515-14 du Code civil entré en vigueur le 16 février 2015. Elle accorde une place centrale aux conditions de vie et de mort de l'animal, ce qui fait directement le lien avec les conditions d'élevage, de manipulation, de transport et, *in fine*, d'abattage. Pour ce qui relève des animaux d'élevage, d'après l'OMSA, la mesure du bien-être animal s'appuie notamment sur le principe fondateur dit des « cinq libertés ». Ces principes renvoient à un rapport présenté au Parlement britannique en 1965, dit « rapport Brambell » du nom de son auteur, F.-W. Rogers Brambell, à l'époque Chef du Comité technique chargé d'enquêter sur le bien-être des animaux relevant de systèmes d'élevage « intensifs ». Les « cinq libertés » posent un cadre selon lequel les animaux d'élevage devraient être épargnés : de la faim, de la soif et de malnutrition ; de la peur et de la détresse ; de l'inconfort physique et thermique ; de la douleur, des blessures et des maladies ; et d'être libre d'exprimer des modes normaux de comportement. Ces principes guident encore aujourd'hui une grande partie des travaux d'éthologues. Ils constituent des repères de premier choix pour toute personne s'investissant sur la question du bien-être des animaux d'élevage.

La réduction du temps de travail socialement nécessaire par animal et sa suite, peut engendrer une série de dérives, allant de la négligence à la maltraitance, dont la nature et l'ampleur demeurent difficiles à estimer. La méfiance des citoyens envers certaines pratiques d'élevage peut aussi être accentuée par le fait que les processus de production agricoles, notamment ceux concernant des animaux évoluant en claustration permanente, sont difficilement perceptibles par le grand public et nourrissent de fait des représentations plus ou moins éloignées du monde réel. La conception « d'animal machine » et l'application de process industriels à des êtres vivants peut interroger et heurter une partie des consommateurs, craignant que les animaux d'élevage ne soient transformés en des marchandises inertes, à l'image des biens manufacturés sortant de la plupart des usines.

Après avoir mis en évidence l'un des objets de la contestation de l'accumulation fordiste, voyons quels agents sociaux se sont mobilisés dans la défense du bien-être animal tout en pointant leurs principaux répertoires d'action. Il s'avère en effet indispensable de présenter et d'expliquer le lien entre l'origine de ces remises en cause et la manière dont celles-ci se sont transformées en formes institutionnelles dédiées à la protection du bien-être des animaux d'élevage. Voyons d'abord qu'au-delà des groupes sociaux organisés, la montée des préoccupations sur le bien-être animal découle en grande partie des trajectoires agraires présentées précédemment.

UNE PRÉOCCUPATION CROISSANTE DES CONSOMMATEURS

L'arrêt de la consommation de viande peut être vu comme un moyen de contrôler plus facilement ce que l'on mange, adossé à une certaine « obsession » de la nourriture saine (Mathieu, Dorard, 2016), même si les produits hypertransformés à destination des végétariens sont nombreux (galettes, nuggets ou encore steaks). Toutefois, d'après une étude conduite par FranceAgriMer (2021), le régime végétarien ne concernerait que 2,2 % de la population française. En revanche, près d'un quart des français s'orienterait vers des pratiques dites « flexitariennes », soit une réduction de la consommation de viande avec une plus forte attention portée à la qualité et à l'origine.

Toutefois, un paradoxe demeure, puisque cette sensibilisation sur la manière dont sont produits les biens alimentaires, et notamment les produits carnés, se double d'une certaine ignorance, voire d'un relatif désintéressement pour le métier d'éleveur du fait de la marginalisation de la place de l'élevage dans la société (Delanoue, *et al.* 2018). Ainsi, à défaut d'entretenir des liens réguliers avec des agriculteurs, une partie des consommateurs, issus notamment de la petite bourgeoisie culturelle, se retrouvent dans un état de surexposition face aux discours critiques sur l'élevage véhiculés par les médias ou leurs connaissances. Un tel terreau s'avère donc propice à la diffusion d'idées remettant en cause les pratiques d'élevage, ce qui nécessite de revenir à l'origine des discours sur la cause animale qui accompagnent la « mise en normes » des pratiques d'élevage. Cette production de discours est à la fois cause et conséquence du développement d'organisations sociales actives sur la cause animale. De fait, la portée des idées est considérablement augmentée et passe du ressenti individuel à la revendication collective.

DU BIEN-ÊTRE ANIMAL À LA CAUSE ANIMALE

Fabien Carrié, *et al.* (2023) définissent la *cause animale* comme un « ensemble diversifié d'idées et de discours, d'organisations et de mouvements sociaux, plaidant pour une reconnaissance et une réparation des atteintes faites aux animaux ». Ces revendications, qui semblent occuper une place grandissante dans les discours contemporaines, ne datent pourtant pas d'aujourd'hui. Elles remontent en effet à l'Angleterre du début du XIXe siècle, marquée par les préoccupations morales de la *gentry* urbaine qui s'offusquait contre la maltraitance des chevaux de calèche (Porcher, 2019). La cause animale va ensuite essaimer et gagner la France durant la Seconde moitié du XIXe siècle avec des mouvements se préoccupant du devenir des animaux errants (la Société protectrice des animaux est créée en 1845), de la lutte contre la vivisection (dissection d'animaux vivants lors d'expérimentations scientifiques) la corrida et la chasse (Carrié, *et al. ibid.*). Jusqu'au milieu du XXe siècle, la cause animale se caractérise par des conceptions sectorielles, soit « des courants qui se focalisent sur des pratiques spécifiques concernant les animaux (comme la chasse ou l'expérimentation animale) qu'ils entendent soit réformer, soit faire interdire » (Carrié, *et al. ibid.*).

Il faudra attendre la seconde moitié du XXe siècle pour voir se développer des conceptions plus systémiques de la cause, soit, pour F. Carrié *et al.* (*Ibid.*), des « courants qui contestent l'ensemble des pratiques dans lesquelles des animaux sont utilisés au profit des humains, celles-ci formant un système généralisé qu'il s'agit de remettre en cause et d'abolir ». D'après F. Carrié, *et al.* (*Ibid.*), les conceptions « systémiques » de la cause s'inspirent de travaux de scientifiques et intellectuels, à l'image de Richard Ryder et Peter Singer qui théorisent le « spécisme » au début des années 1970. Pour J. Michalon (2023), le spécisme peut être défini comme « la discrimination des êtres sur la base de leur appartenance à une espèce » et va de pair avec l'antispécisme, soit « l'attitude consistant à dénoncer l'arbitraire de cette différenciation et ses conséquences pratiques sur les animaux ». À la même époque émergent les *Animal Studies* dans les milieux universitaires anglo-saxons, qui associent à la fois des chercheurs, mais aussi des militants de la cause animale (Michalon, *ibid.*). Cette production intellectuelle va donc contribuer à nourrir les discours des militants et sortir peu à peu des conceptions strictement « sectorielles » de la cause animale.

Il est important de noter qu'au sein de ces approches systémiques, la perception des atteintes portées aux animaux diffère selon l'objectif poursuivi, pouvant aller d'une volonté d'améliorer les conditions d'élevage pour tendre vers davantage de « bien-être » (courant *welfariste*) au souhait d'abolir toute relation de travail entre humains et animaux (courant *abolitioniste*). Ces revendications « systémiques » sont assorties de répertoires d'action plus visibles du grand public, qu'il s'agisse de *sit-in*, de réunions publiques ouvertes à tous, ou de « passages à l'acte », à l'image de sabotages d'infrastructures, de « libération » d'animaux d'élevage et du recours à la caméra caché. Très dynamiques aux États-Unis dès les années 1960, il faudra attendre les années 1980 pour que les mouvements animalistes pénètrent la société française. À travers la défense de la cause animale, le bien-être animal sort de la sphère individuelle pour irriguer l'ensemble de la société au moyen de l'essaimage de groupes sociaux à la sociologie et aux répertoires d'action variés. À travers la production de normes, le welfarisme va progressivement s'imposer comme une logique d'aménagement des filières animales en vue de soutenir l'accumulation et poursuivre leur industrialisation.

À ce stade, les revendications portées par la sphère militante n'ont pas encore d'intérêt significatif sur les pratiques des agriculteurs, d'où l'intérêt d'aborder les éléments transformant une partie de ces idées en un ensemble de normes et d'institutions.

LA MISE EN PLACE D'INSTITUTIONS ET DES NORMES DE BIEN-ÊTRE ANIMAL COROLLAIRE DE L'INDUSTRIALISATION DES FILIÈRES

L'industrialisation des productions animales s'est accompagnée de contestations qui nécessitent d'être régulées au risque de compromettre l'accumulation. Pour ce faire, des normes de bien-être animal, produites aussi bien par des acteurs privés que et des institutions publiques, œuvrent à l'acceptabilité sociale de pratiques d'élevage, d'abattage, de transformation et de distribution de plus en plus imprégnées par la logique du capital.

DES IDÉES AUX NORMES

Afin d'expliquer l'influence des idées dans la construction des politiques publiques, notamment de la PAC, la politiste Ève Fouilleux (2000) s'outille du concept de *forum d'idées*, qu'elle définit comme « des scènes plus ou moins institutionnalisées, régies par des règles et des dynamiques spécifiques, au sein desquelles des acteurs ont des débats touchant de près ou de loin à la politique publique que l'on étudie ». Parmi ces forums d'idées, E. Fouilleux distingue ceux qui relèvent de la *production d'idées*, de ceux qui œuvrent à leur *réutilisation* et leur *institutionnalisation* à des fins d'élaboration de politiques publiques selon différentes temporalités. Les forums de la profession agricole ou de la société civile organisée (ONG, laboratoires d'idées type *think-tanks*, associations etc.) produiront en permanence, tandis que les forums associant des responsables politiques traiteront des questions agricoles de manière ponctuelle, à l'occasion de l'actualité médiatique et des échéances électorales.

Ces forums d'idées sont propices à l'émergence et au développement de *matrices cognitives et normatives* au sens où l'entend Yves Surel (1998), soit un ensemble de visions du monde (traditionnelle, moderne, post-moderne, intégrale etc. voir (Rigolot, 2017) à ce sujet), de principes spécifiques (déclinaisons de visions du monde en aspects plus particuliers et opérationnels), de modes d'action (considérations pratiques sur les méthodes et moyens à mettre en œuvre) et d'instruments (outils mis en œuvre selon le ou les mode(s) d'action). Ce système de représentations et de mise en application d'idées aboutit à la mise en œuvre de normes, dont le secteur agricole et alimentaire est loin d'être exempt. En effet, d'après Allaire, l'industrialisation du secteur agroalimentaire a engendré un déplacement de régime de responsabilité en direction des consommateurs (Allaire, 2014). L'émergence d'une consommation et d'une distribution de masse a préfiguré une situation où la confiance, relevant auparavant de la sphère domestique (souvent exercée, dans un contexte de division genrée des tâches domestiques, par la mère de famille), s'est déplacée vers la sphère économique et politique, induisant la production de normes (Allaire, *ibid.*).

La mise en place de normes peut se faire de manière progressive, accompagnant l'industrialisation des pratiques agricoles, de transformation agroalimentaire, de distribution et de consommation. Elle peut également être accélérée lorsqu'une crise se produit, à l'image de l'épisode de l'*Encéphalopathie spongiforme bovine* (ESB) qui s'est déroulé du milieu des années 1990 au début des années 2000, où une crise sanitaire a déclenché une grave crise de confiance chez le consommateur. En vue d'y remédier, l'interprofession française du bétail et de la viande (Interbev) accouche en 1997 d'un accord rendant l'étiquetage obligatoire des viandes bovines vendues au détail (hors steak haché) où figurent l'origine de l'animal, sa catégorie (jeune bovin, taureau, génisse, vache, bœuf) et son type racial (laitier, mixte, viande) (Sans et De Fontguyon, 1999). Toutefois, la crise de l'ESB, loin d'être conjoncturelle, ne fait qu'exacerber des contradictions inhérentes aux dynamiques agraires contemporaines. Comme l'écrit la sociologue Céline Granjou (2003), la mise en place d'une démarche de traçabilité peut être vue comme une conséquence de cette industrialisation, où il s'agit « dans un objectif de productivité et de standardisation, de codifier un certain nombre de critères, de mémoriser les phases normalisées des activités, et de vérifier l'adéquation de ces "traces" au moyen d'autocontrôles et de techniques diverses ». Ainsi, la traçabilité vise « à créer une confiance fondée sur la preuve du respect de certaines normes techniques codifiant les procédures de fabrication, elle nous éloigne par là même encore plus d'un mode de production artisanal, soumis aux aléas et aux défauts inhérents à la reproduction humaine des mêmes gestes. » (Granjou, *ibid.*).

La production croissante de normes concerne aussi bien la sphère de la consommation que celle de la production. La transformation des pratiques agricoles, amplement incitée et accompagnée par les politiques agricoles comme évoqué dans la partie précédente, s'accompagne également d'un processus de normalisation, à l'image de la multiplication des cahiers des charges issus de démarches de certification qui accordent une place croissante aux questions de bien-être animal.

QUAND LE BIEN-ÊTRE ANIMAL S'INVITE DANS LES PROCESSUS DE PRODUCTION AGROALIMENTAIRE

En premier lieu, la production de normes de bien-être animal peut relever de la sphère privée. Tel est l'esprit du recours au diagnostic *Boviwell* dans l'industrie agroalimentaire et dans la grande distribution. Cet outil de mesure du bien-être des bovins allaitants ou laitiers a été conçu par l'entreprise agroalimentaire *MoyPark* en lien avec l'interprofession (Interbev et le Centre national interprofessionnel de l'économie laitière) et de quelques associations[3]. Il s'appuie sur cinq libertés fondamentales inspirées du rapport Brambell (voir *supra*) et se base, de manière générale, sur le référentiel scientifique européen en matière de bien-être animal *Welfare Quality Network*, consortium d'instituts de recherche publique (INRAe, Université de Wageningen etc.) et d'acteurs privés (à l'image du groupe laitier Lactalis). Pour chacune de ces « libertés », un score est attribué à l'éleveur en fonction de mesures portant notamment sur l'observation des animaux et de leur environnement ou de questions posées directement au producteur. Cette collecte de données opérée sur l'exploitation agricole, généralement effectuée tous les trois ans est réalisée par un tiers, souvent technicien ou conseiller agricole. L'audit *Boviwell* relève donc d'un cadre normatif où le bien-être animal est apprécié au moyen d'un score, selon des critères homogènes entre exploitations. Ainsi, une classe de notation comprise entre 0 et 100 (100 étant le maximum), assortie d'un code couleur correspondant à chacune de ces quatre classes contribue à renseigner de manière simple et objectif le niveau de bien-être animal observé sur une exploitation d'élevage bovin. Une telle sortie intéresse donc des acteurs privés désireux de communiquer sur le niveau de bien-être animal de leurs fournisseurs avec la volonté de faire progresser ces derniers pour satisfaire une attente croissante chez de nombreux consommateurs.

Ainsi, dans le secteur du lait de vache, la coopérative Agrial ou l'industriel Savencia souhaitent que la totalité de leurs adhérents et

3 Voir <https://www.interbev.fr/ressource/boviwell-un-outil-pour-evaluer-le-bien-etre-des-bovins-en-elevage/>. En ligne. Consulté le 29 février 2024.

fournisseurs effectuent un diagnostic *Boviwell* d'ici 2025. Le groupe Savencia s'est même doté d'une charte de bien-être animal en 2021 construite en lien avec l'ONG welfariste *Compassion In World Farming* (CIWF)[4]. Cette dernière cherche notamment à offrir son expertise aux entreprises des filières animales et à « récompenser » les efforts mis en place par ces dernières. Dans la même lignée, Mac Donald's demande des audits *Boviwell* aux agriculteurs avec lesquels des contrats d'approvisionnement en viande bovine ont été signés par l'intermédiaire d'agents commerciaux coopératifs ou privés[5].

Dans sa Politique de bien-être animal, le groupe *Lidl* s'engage à « définir un cadre d'évaluation du bien-être animal commun à tous les élevages et contrôler la mise en œuvre des engagements[6] ». Cet objectif passe notamment par le suivi annuel d'indicateurs de bien-être animal définis avec les fournisseurs du distributeur en s'appuyant sur des outils tels que *Boviwell*. À travers cet audit, les acteurs privés mettent donc en œuvre des démarches de normalisation pour certifier le degré de bien-être animal de leurs fournisseurs. Voyons désormais en quoi cette production de normes relève également de la sphère publique et débouche sur la création d'institutions.

L'INSTITUTIONNALISATION DE LA CAUSE ANIMALE

Loin d'être exclusivement cantonnée à la sphère militante, la cause animale a progressivement pénétré les institutions de la République française et de l'Union européenne. Elle influe de fait sur les politiques agricoles. Créé en 1980, le bureau de la protection animale (devenu bureau du bien-être animal en 2021) fait partie des divisions de la sous-direction de la santé et du bien-être animal du ministère de l'Agriculture et de la Souveraineté alimentaire (Carrié, *et al. ibid.*). Cette institution a vocation à faire appliquer la règlementation en matière de bien-être animal et à financer des programmes de recherche. On notera aussi la mise en place de la Commission nationale de l'expérimentation animale (CNEA) en 1987 (devenue Commission nationale pour la protection des

4 Voir <https://www.savencia.com/sites/default/files/inline-files/Charte%20Savencia%20pour%20le%20bien-%C3%AAtre%20animal.pdf>. En ligne, consulté le 29 févier 2024.

5 Voir <https://www.mcdonalds.fr/nos-engagements/aux-cotes-des-agriculteurs/accompagner-de-nouvelles-pratiques-agro-ecologiques>. En ligne, consulté le 29 février 2024.

6 Voir <https://corporate.lidl.fr/pdf/show/51718>. En ligne, consulté le 29 février 2024.

animaux utilisés à des fins scientifiques). La CNEA, instance consultative dépendant du ministère de l'Agriculture, vise à protéger les animaux utilisés à des fins scientifiques. Le Comité national de réflexion éthique en expérimentation animale (CNREEA) est placé sous l'égide de la CNEA depuis 2005. Dans la lignée de la Loi d'avenir pour l'agriculture de 2016, le Centre national de référence (CNR) du bien-être animal a été créé en 2017. Ce réseau, chargée de partager des connaissances en matière de bien-être animal associe la recherche agronomique publique (INRAe), les instituts techniques agricoles, le réseau des Chambres d'agriculture ainsi que des associations de protection animale.

À l'échelle de l'UE, la direction générale Santé et sécurité alimentaire fait office d'instance d'élaboration de normes de bien-être animal, bien que le sujet soit aussi traité au sein des directions générales Agriculture, Environnement, Marché intérieur et services ou encore Commerce (Broom, 2017). On notera également l'influence de l'*Eurogroup of Animals*, groupe de pression créé en 1980, qui, en 2024, regroupe quatre-vingt-dix-huit organisations[7]. Ce lobby cherche notamment à rendre les normes de bien-être animal européennes plus contraignantes (Carrié, *et al. ibid.*) et occupe une place de choix dans les institutions européens. Il assure par exemple le secrétariat de l'*Intergroup on the Welfare and Conservation of Animals* (intergroupe pour le bien-être et la protection des animaux), fondé en 1983 et regroupant 95 parlementaires européens de tous pays et bords politiques confondus désireux de s'investir sur le bien-être animal[8]. Ce rôle stratégique place l'Eurogroup of Animals directement en lien avec les représentants des citoyens européens et au cœur du pouvoir politique.

Ces institutions publiques, qu'il s'agisse de lieux de consultation, de décision ou d'exécution, sont productrices de normes. Si l'impact des discours sur la cause animale est réel, notamment lorsqu'il y a collusion entre la sphère politique et la sphère militante (à l'image de l'*Eurogroup of Animals*), il ne faut guère perdre de vue la nécessité de créer un cadre d'acceptabilité pour maintenir en l'état des filières animales industrialisées dont les contradictions économiques et socio-environnementales se font chaque jour plus importantes. Qu'il s'agisse de la grande distribution, des industriels, du secteur de la coopération ou des représentants des agriculteurs engagés dans ces pratiques ; un grand nombre de voix et

7 Voir < https://www.eurogroupforanimals.org/>. En ligne. Consulté le 29 février 2024.
8 Voir < https://www.animalwelfareintergroup.eu/>. En ligne. Consulté le 29 février 2024.

d'intérêts continuent d'exercer une influence sur les Gouvernements. En l'état, ces derniers ne semblent pas prêts à acter une remise en cause profonde de soixante-dix ans d'industrialisation de l'élevage et des formes d'abattage, de transformation, de distribution et de consommation. L'aménagement de ce système agro-industriel devient une question de survie, tant les contestations véhiculées par une partie de la population peuvent contribuer à sa dislocation et sa remise en cause généralisée, d'où la mise en œuvre de politiques agricoles en matière de bien-être animal. Ces dernières peuvent être vues comme un compromis entre les pressions émanant des mouvements se réclamant de la cause animale et celles exercées par les tenants des filières animales conventionnelles.

DES INSTITUTIONS PRODUCTRICES DE NORMES

Ces institutions sont donc productrices de normes de bien-être animal. Ces dernières relèvent notamment de la conditionnalité des soutiens versés au titre de la Politique agricole commune, principe initié lors de la réforme de 2003 et qui comprend deux types d'exigences. On retrouve en premier lieu les obligations relevant des bonnes conditions agricoles et agro-environnementales (BCAE). Ces dernières portent davantage sur les éléments surfaciques, avec des mesures attrayant au maintien des prairies permanentes, protection des zones humides, prévention de l'érosion des sols, rotation des cultures etc. En second lieu, les *exigences réglementaires en matière de gestion* (ERMG) concernent quant à elles l'environnement (notamment les directives Eau, Nitrates ou Habitat), la santé publique, la santé végétale et le bien-être animal[9]. En cas de non-respect des BCAE comme des ERMG, l'agriculteur peut se voir infliger des retenues parfois importantes sur le montant des aides directes et des soutiens versés au titre du développement rural.

Les ERMG spécifiques au bien-être animal concernent l'ensemble des animaux d'élevage, avec des dispositions supplémentaires pour les veaux et les porcs. La directive européenne 98/58/CE du Conseil de l'Union européenne du 20 juillet 1998 concernant la protection des animaux dans les élevages établit des normes minimales pour la protection des animaux élevés ou détenus à des fins d'élevage. Elle induit

9 Voir <https://agriculture.ec.europa.eu/common-agricultural-policy/income-support/conditionality_fr>. En ligne. Consulté le 29 février 2024.

notamment la mise en place de dispositifs d'enregistrement de pratiques (comme la tenue de registres sanitaires) d'inspection et de contrôle des exploitations agricoles. Cette directive se traduit également par des exigences en matière de liberté de mouvement des animaux, d'accès à l'alimentation et à l'eau, ou encore de condition de vie en bâtiment. Concernant les normes minimales relatives à la protection des porcs et des veaux, celles-ci sont régies par deux directives européennes datant de 1991 révisées en 2018. Pour ces deux espèces, la réglementation a essentiellement trait aux caractéristiques des bâtiments d'élevage en claustration permanente (densité maximale d'animaux, type de revêtement de sol, accès à une luminosité minimale etc.), à l'alimentation (notamment la fréquence des repas et les modalités de distribution et d'accès à la nourriture), aux aspects sanitaires et nutritionnels (apports en fer pour les veaux, interventions sur les porcelets) ainsi qu'à l'éthologie (interdiction de l'attache des veaux au-delà d'une heure par jour ou de l'élevage en case individuelle au-delà de 8 jours, accès des porcs à des objets manipulables, isolement des porc à risque ou agressifs, possibilité donnée aux truies à l'attache de se mouvoir etc.).

Les normes de bien-être animal s'appliquent également aux agriculteurs bénéficiant d'aides à l'investissement. Ces dernières sont versées au titre du Fonds européen agricole pour le développement rural (FEADER) cofinancé par l'Union européenne et les régions sous l'autorité de gestion de ces dernières. Ainsi, les critères de bien-être animal diffèrent selon les régions. En Occitanie, dans le cadre de l'appel à projet 2023-2027, tout éleveur porteur de projet doit être engagé dans une démarche en faveur du bien-être animal, à l'image de l'outil *Boviwell* pour les bovins[10]. En Centre-Val-de-Loire, la réalisation d'un diagnostic *Boviwell* fait également partie de la liste des conditions d'éligibilité aux aides à la modernisation des exploitations agricoles, bien qu'il soit possible de choisir entre différentes mesures, y compris n'ayant aucun rapport avec le bien-être animal, pour prétendre aux soutiens[11].

On l'aura vu, le respect d'une réglementation et la conformation volontaire à des cahiers des charges ou à des audits de bien-être animal

---

10 Voir <https://po.chambre-agriculture.fr/fileadmin/user_upload/Occitanie/073_Inst-Pyrenees-Orientales/FICHIERS/ACTUALITES/VITI/2023/Pass_Viti/IEA_AAP_Annexes.pdf>. En ligne. Consulté le 29 février 2024.

11 Voir <https://www.centre-valdeloire.fr/sites/default/files/media/document/2023-09/PRI-FEADER-230727.pdf>. En ligne. Consulté le 29 février 2024.

contribuent à réguler les contradictions inhérentes à l'industrialisation des filières animales. Ces normes de bien-être animal doivent être considérées comme l'institutionnalisation de revendications issues de la société civile organisée agrégeant et dépassant le seul ressenti individuel.

UNE STRATÉGIE DE SURVIE POUR LES FILIÈRES ANIMALES, MAIS POUR COMBIEN DE TEMPS ?

Intéressons-nous désormais aux perspectives d'évolution du processus de normalisation croissante des filières animales, corollaire de leur industrialisation. L'émergence de substituts aux produits animaux pourrait ouvrir une nouvelle étape et, avec elle, un nouveau rapport aux normes de bien-être animal.

UNE CONCURRENCE ACCRUE ENTRE SOURCES DE PROTÉINES

La production de normes va de pair avec la poursuite de l'industrialisation des filières animales. Qu'il s'agisse de normes émanant d'agents publics ou privés, la continuation de l'accumulation fordiste demande de produire des institutions nouvelles pour maintenir un état « d'apparente stabilité » absolument indispensable pour soutenir l'accumulation du capital. Dans un contexte où, nous l'avons vu, la montée des préoccupations éthiques, environnementales et sanitaires pourrait engendrer à moyen terme un recul significatif de la consommation de viande, les filières animales ont besoin de rassurer le consommateur. Il en va de leur acceptabilité sociale et de leur survie économique, d'où l'importance de normes émanant d'acteurs publics et privés. Ainsi, la certification de la production ou la conditionnalité des soutiens publics selon des critères de bien-être animal contribuent à réguler des contradictions inhérentes aux mutations contemporaines de l'élevage français et européen.

Toutefois, on peut se demander si ces normes, mises en place à partir des années 1990, sera suffisante pour maintenir les intérêts économiques des filières animales. La question n'est pas tant la montée du scepticisme vis-à-vis de la consommation de la viande que la concurrence accrue du marché des substituts aux protéines animales. En effet, ces intérêts économiques sont colossaux, puisque les investissements mondiaux sur la viande de synthèse s'élèvent à 2,8 milliards de dollars sur 2016-2022 selon le *Good Food Institute*, réseau international promouvant les alternatives aux protéines animales[12]. Au regard des faibles performances économiques des productions animales (revenu agricole largement dépendant des soutiens publics (Chatellier, *et al.* 2021) ou faibles taux de marge des industries de la viande d'après l'Insee), on comprend l'intérêt des investisseurs pour des formes de production de protéines où l'industrialisation, augmentant le taux de profit associé, peut être poussée à son paroxysme contrairement aux protéines d'origine animale. En effet, malgré l'engagement dans une logique fordiste depuis la seconde moitié du XXe siècle, l'industrialisation des filières animales demeure incomplète. Le processus d'absorption dans et par le mode de production capitaliste semble se heurter à des contraintes structurelles.

L'industrialisation vise notamment à raccourcir les processus de production pour accélérer la rotation du capital et donc le profit. Toutefois, si la durée des processus de production de biens issus d'animaux a fortement été raccourcie depuis soixante-dix ans, elle ne pourra être réduite à portion congrue. Il faudra toujours intégrer les temps de mise à la reproduction, de gestation et de croissance des produits. Même en pratiquant le vêlage à deux ans au lieu de trois, il sera toujours nécessaire de conserver pendant deux ans une génisse « improductive », ne produisant ni veau ni lait. Toujours en élevage bovin, les intervalles entre vêlages peuvent être raccourcis grâce à une meilleure gestion de la reproduction, à l'image du recours à l'insémination artificielle ou la pratique de l'échographie et du monitorage, mais les durées de gestation ne pourront être réduites en-dessous d'un certain seuil. En élevage avicole ou porcin, les processus de production ont pu être accélérés davantage qu'en production de lait de vache ou de viande bovine, mais ils se heurtent là encore à des durées incompressibles de temps de couve, de gestation et de croissance des produits jusqu'à atteindre leur taille adulte, et ce malgré la sélection génétique et un plus grand suivi de la reproduction.

---

12 Voir <https://gfi.org/wp-content/uploads/2023/01/2022-Cultivated-Meat-State-of-the-Industry_Executive-Summary-1.pdf>. En ligne. Consulté le 29 février 2024.

LES NORMES DE BIEN-ÊTRE ANIMAL COMME DISPOSITIF TRANSITOIRE ?

Ainsi, la poursuite de l'industrialisation de la production de protéines passera peut-être par une substitution progressive des protéines animales par d'autres sources de protéines, dont les processus de production peuvent être davantage raccourcis et où la substitution capital/travail pourra avoir lieu dans des proportions plus conséquentes qu'en élevage. À cet effet, les normes de bien-être animal peuvent être vues comme un dispositif transitoire, visant à rendre acceptable des productions animales finalement « semi-industrialisées » dans l'attente du développement de leurs alternatives. Ces normes peuvent aussi être considérées comme une stratégie de survie pour des filières animales qui se heurteront, un jour ou l'autre, à un tarissement des capitaux finançant la poursuite de l'accumulation fordiste, qu'il s'agisse d'investissements en sélection génétique, en alimentation, en santé animale ou encore en équipements d'élevage. En parallèle, il est possible que les soutiens publics ne compensent pas le possible désintérêt des investisseurs privés pour les productions animales. Ainsi, les politiques publiques pourraient préférer allouer des moyens au subventionnement des protéines végétales et de synthèse, qu'il s'agisse du soutien à la recherche et développement ou à la promotion de régimes alimentaires comprenant moins de protéines animales au nom de considérations sanitaires ou environnementales.

Toutefois, on imagine mal les Gouvernements sacrifier du jour au lendemain leurs productions animales, tant l'élevage pèse encore lourd dans la balance électorale et que la dimension hédonique de l'alimentation demeure vivace. C'est en en sens que les politiques de bien-être animal *pourraient servir de caution au développement de solutions alternatives aux protéines animales.* La mise en avant du bien-être des animaux d'élevage peut en effet être perçu comme un gage de qualité supplémentaire, mais aussi comme une énième rustine posée sur des filières en souffrance, condamnées, du point de vue du capital, à évoluer dans un état d'incomplète industrialisation. La question du bien-être animal permet de faire diversion sur l'absorption croissante de l'élevage dans et par le mode de production capitaliste en donnant des gages de satisfaction au consommateur.

Ainsi, le maintien de filières animales au-dessus de la ligne de flottaison au moyen d'importants soutiens publics et d'une absence de remise en cause de pratiques industrielles peut être perçu *comme une manière de contenter, de manière court-termiste, les intérêts économiques et politiques gravitant autour des protéines animales*, pouvant donc être vu comme une manière « d'acheter la paix sociale ». Cette stratégie permet de passer sous silence les soutiens discrets mais émergents aux protéines alternatives. Ainsi, dans le cadre du programme *France Relance* (100 milliards d'euros d'investissement public sur 2020-2022), a été élaborée une Stratégie nationale sur les protéines végétales. Ce dispositif doté d'un financement public de 100 millions d'euros, vise aussi bien le renforcement de l'autonomie protéique des exploitations d'élevage que l'encouragement des Français à « augmenter leur consommation de protéines végétales, pour répondre aux nouvelles recommandations nutritionnelles[13] ». Au-delà du soutien à la structuration de filières, la Stratégie nationale sur les protéines végétales intègre le déroulement de campagnes de promotion de consommation de légumineuses. Dans le même temps, la Banque publique d'investissement (BPI) a soutenu deux entreprises productrices de viande de synthèse en 2022 (Rietmann et Cabanel, 2023). Comparé aux soutiens accordés aux productions animales, ces sommes peuvent sembler infinitésimales mais actent les prémices de politiques publiques en faveur de substituts aux protéines animales. La dynamique semble toutefois enclenchée dans d'autres pays. En 2022, d'après The Good Food Institute les Pays-Bas ont investi près de de 65 millions d'argent public sur la viande cellulaire. La même année, le Congrès états-unien a alloué 6 millions d'euros à la recherche et développement sur les protéines alternatives pendant que l'État de Californie mettait 6 millions d'euros sur la table. Somme toute menus, ces soutiens financiers sont bien réels et matérialisent une volonté politique d'accompagner l'économie de la substitution des protéines animales, qui, rappelons-le, est en concurrence directe avec les protéines animales.

CONCLUSION AU CHAPITRE

De la seconde moitié du XXe siècle à nos jours, l'avènement d'une consommation de masse a conduit à l'industrialisation des filières animales

13 Voir <https://www.economie.gouv.fr/plan-de-relance/mesures/strategie-nationale-sur-les-proteines-vegetales>. En ligne. Consulté le 29 février 2024.

à travers la maximisation des rendements et des effectifs animaux par unité de travail. Ces dynamiques fordistes ont engendré des comportements et des pratiques d'élevage et d'abattage de nature à interroger le respect du bien-être animal et éveiller des revendications chez une partie des consommateurs, en partie portées par les associations de défense de la cause animale. Face à ces pressions pouvant compromettre la logique d'accumulation, des normes ont été produites par des acteurs privés et publics en vue d'aménager les conséquences de l'industrialisation des productions animales.

Toutefois, dans un contexte d'émergence de substituts aux protéines animales, les normes de bien-être animal peuvent être vues à la fois comme une forme de régulation transitoire tant que les conditions du développement généralisé des protéines végétales et de synthèse ne seront pas réunies. Il est également possible de considérer ces normes comme un moyen de montrer que les décideurs publics continuent d'agir pour l'élevage, le temps de préparer le terrain au soutien à la production de protéines végétales et de synthèse, davantage compatibles avec l'intégration croissante de notre alimentation dans et par le mode de production capitaliste.

En parallèle des normes de bien-être animal, le « verdissement » des politiques agricoles suit la même logique. Sous couvert de respect de l'environnement, se cache une fois de plus la question de l'acceptation sociale de rapports sociaux de type capitaliste. En ce sens, la lecture régulationniste des politiques agricoles s'avère précieuse pour comprendre l'origine et la place des institutions dans les dynamiques d'accumulation. Comme bon nombre d'économistes ont pu le démontrer, de Marx à ses continuateurs, la logique du capital possède cette formidable capacité de se réinventer en permanence, du secteur agricole à l'ensemble de l'économie.

Jonathan DUBRULLE
UMR Prodig, AgroParisTech

ÉVOLUTIONS ET RÉGULATION DE L'ÉCONOMIE VITICOLE

La viticulture est une production agricole qui présente des spécificités induisant des modalités d'intervention particulières. Il s'agit tout d'abord d'une plante pérenne dont le cycle de vie peut dépasser 50 ans et plus, après trois années d'attente de la première mise à fruit. Le nombre de variétés cultivées est considérable et répondre à un changement de gout du consommateur prend du temps. Le vin issu de la vigne est un produit transformé bien que toujours classé parmi les productions agricoles. Ce produit est fragile et d'une grande diversité, ce qui interdit un stockage centralisé. Il ne fait pas partie des produits alimentaires nécessaires à la survie du consommateur et, de plus, il contient de l'alcool dont la consommation fait l'enjeu de débats et controverses. Les prohibitionnistes affrontent les tolérants, « avec modération ».

Le prix de la bouteille de vin peut varier d'un à cent et plus pour certains flacons qualifiés « d'icônes ». Ce marché n'est plus celui d'un « *commodity* » agricole, d'un produit de base, mais celui d'un produit hautement différencié, par le cépage, la parcelle, l'origine, le domaine de production, l'appellation, la région et le pays, sans oublier la réputation. On pourrait évoquer également les vins très qualitatifs, des « vins fins » (les grands crus classés bordelais…) (*fine wine*) et des vins de « luxe » qu'on retrouve, entre autres, parmi les vins de champagne. Et pourtant les données globales de production, de consommation et d'échanges internationaux expliquent bien la plupart des crises.

La régulation du marché du vin est le fruit d'une longue histoire française. Elle s'est étoffée à partir de la moitié du XIXe siècle et tout au long du XXe suivant la crise languedocienne de 1907. Le climat, les crises biologiques, les guerres expliquent les crises et les décisions de politique économique. Les crises sont caractérisées par une surproduction et une baisse drastique des revenus des vignerons. La mise en œuvre du marché commun a généré l'une des réglementations les plus complexes et foisonnantes de l'organisation commune des marchés. Le rôle du droit dans le fonctionnement de l'économie sectorielle et l'influence des acteurs économiques sur la genèse et l'application du droit font encore l'objet de discussions « doctrinales ». « Pour sa part, l'économie du droit vise à combler cette lacune en prenant en considération le rapport entre normes et action économique… la construction de la qualité est un processus à la fois technique, économique et institutionnel et elle ne peut s'expliquer qu'en prenant en considération l'interaction entre activité économique et règles de droit » (Stanziani, 2003).

C'est à cette relation réciproque entre le droit et l'économie de marché que nous allons nous intéresser tout au long de ce chapitre. Pour comprendre comment la situation de la filière viticole a généré un droit aussi abondant pour maintenir les équilibres économiques, en satisfaisant des objectifs de qualité et de compétitivité, et sociaux, en maintenant le revenu des viticulteurs, solution des crises, nous allons suivre l'histoire de ce secteur, d'abord en France puis en Europe en débordant si nécessaire sur la situation mondiale. En retour, nous n'oublierons pas de montrer le rôle de la réglementation et des interventions dans la structuration du secteur.

LES BASES HISTORIQUES

DU XIXe SIÈCLE À LA CRISE DE 1907

La viticulture française s'est développée tout au long du XIXe siècle en suivant la croissance de la consommation. La superficie plantée en vigne passe d'un million sept cent cinquante mille hectares en 1800 à deux millions cinq cent mille hectares en 1870. Cette croissance s'explique par la conjugaison de trois phénomènes. Tout d'abord, la croissance de la population passe de trente à quarante millions d'habitants sur le siècle, les villes se développent en même temps que le capitalisme industriel et le mouvement ouvrier. Un marché s'ouvre pour une boisson alcoolique produite en grande quantité et à bas prix. La consommation individuelle passe de cinquante et un litres en 1848 à 80 litres en 1880.

Les moyens de transport se modernisent : le réseau routier, la navigation à vapeur, mais surtout le train. La ligne Paris-Lyon-Méditerranée atteint Perpignan en 1958 (Caralp-Landon, 1951). Le Languedoc-Roussillon se consacre à cette monoculture et le vignoble français atteint son apogée en 1873. Simultanément, la productivité s'améliore. Certaines régions doublent leur rendement agronomique en implantant de nouvelles variétés ou choisissant les plus productives. L'usage de la fumure se développe ainsi que des tailles plus longues (Garrier, 1989).

Enfin la « science s'en mêle ». Chaptal définit les conditions du sucrage (la chaptalisation) pour augmenter le degré alcoolique des vins produits dans les régions plus froides ou à plus haut rendement. Pasteur applique ses connaissances biologiques au vin. Tout ceci favorise l'amélioration qualitative des vins, la conservation et le transport. La situation économique du Languedoc se renforce.

La viticulture rencontre ses premières crises biologiques : l'oïdium et le mildiou, rapidement maitrisés grâce à la « chimie » et les traitements par le soufre et la bouillie bordelaise. À partir de 1850, la viticulture développe une production de masse faisant appel à de la main-d'œuvre extérieure, peu qualifiée et peu rémunérée, provenant des montagnes des alentours et principalement d'Espagne (Maurin, 1981). Au bout de quelques années, ces ouvriers agricoles deviennent métayers ou fermiers, achètent leur maison et de la terre pour y planter des vignes par bouturage. À côté des grands domaines se développe une viticulture paysanne au sein des villages. Ce contre-exode rural est atypique au regard du développement industriel d'autres régions. La croissance de la production s'accompagne d'une industrie d'amont qui fait vivre une partie de la population : tonnellerie, pulvérisateurs, matériel viticole. La spécialisation viticole rend l'ensemble de l'économie régionale dépendante de cette activité. Toutes les classes de la population ont des liens avec la vigne et en tirent peu ou prou des revenus.

LA CRISE PHYLLOXÉRIQUE : « UNE GUERRE DE TRENTE ANS »

Arrive des États-Unis, via des amateurs de plantes exotiques et des botanistes, un petit insecte, une espèce de puceron au cycle biologique complexe qui va transformer l'ensemble de la viticulture européenne et mondiale : le Phylloxera (*Daktulosphaira vitifoliae*[1]). De façon simplifiée, la forme radicicole s'attaque aux racines et fait mourir la vigne française *Vitis vinifera*, la forme gallicole qui se développe sur le feuillage présente un stade ailé qui est dispersé par le vent et contamine progressivement tous les vignobles (Pouget, 1990). La production s'effondre. Le Gard, premier département touché, voit sa production passer de 1,8 million d'hectolitres en 1971 sur 89 000 ha, à 900 000 hl en 1875 sur 40 000 ha et 100 000 hl en 1876 sur 19 000 ha. Le pic des 2,6 millions d'hectares du vignoble français ne sera plus jamais atteint. Des vignobles entiers comme les côtes d'Auvergne vont disparaître. Tout au long des trente dernières années du XIXe siècle, le vignoble languedocien puis français va devoir se renouveler.

D'UNE VITICULTURE INTENSIVE EN TRAVAIL À UNE ACTIVITÉ INTENSIVE EN CAPITAL

Le renouvellement du vignoble est partiellement assuré par des acteurs extérieurs à la viticulture du fait du changement technique et de la mobilisation de plants greffés. Les bois américains font l'objet de spéculation et de fraudes, d'où la spécialisation de l'École de Montpellier en ampélographie. Les modes de conduite changent, les vignes s'alignent. Le labour, l'arrachage, le greffage et la replantation associent le travail et le capital. Les coûts de production augmentent. Pour répondre à ces contraintes et aux besoins du marché, les vignes continuent de descendre dans la plaine et on utilise progressivement des variétés plus productives comme l'Aramon et les hybrides, avec moins d'attention à la qualité des vins produits. Entre 1889 et 1895, un nouveau vignoble est mis en place, mais sur une surface réduite d'un tiers : 1,74 million d'hectares en 1900 contre 2,6 millions en 1865. Cette restructuration du vignoble à marche forcée aboutit à un niveau de production dépassant celui de la période préphylloxérique. Comme le dit clairement Gilbert Garrier, le Phylloxera a reporté de trente ans la crise de surproduction viticole.

---

1 En France initialement nommé *Phylloxera vastatrix*.

LA CRISE DE 1907

Durant la période de reconstitution du vignoble, le marché est en déséquilibre, la demande n'est satisfaite que par l'importation d'Espagne, d'Italie et de Grèce, touchées plus tardivement, d'une part, mais aussi, d'autre part, par l'élaboration de vins frauduleux à partir de divers produits : marcs, lies, raisins secs, produits sucrés, divers acides, colorants, etc. donc souvent par des élaborateurs sans vignoble. Vient également s'ajouter la production algérienne développée par les vignerons ruinés qui ont traversé la méditerranée. De plus, en 1903, le gouvernement français autorise la chaptalisation des vins importés. En 1902 & 1903, les récoltes sont faibles, autour de 35 à 40 Mnhl, du fait des conditions climatiques, et les prix entre 16 et 24 f/hl. Mais en 1904 & 1905, toute l'Europe réalise d'abondantes récoltes grâce au climat : +96 % en France, +48 % en Espagne, +16 % en Italie. En France, le seuil d'équilibre est de 50 Mnhl et la production atteint 69 Mnhl. Ce niveau élevé de production se poursuit les années suivantes : 58 Mnhl en 1905, 52 en 1906, 66 en 1907. Le prix du vin s'effondre autour de 6 ou 7 f/hl. Le Languedoc vend de plus en plus mal ses vins et les stocks gonflent. Dans les cafés on vend même le vin « à l'heure » : vous buvez autant de vins que vous voulez ou pouvez pour un forfait à l'heure.

Il s'en est suivi quelques réactions sociales et des manifestations de viticulteurs. Marcellin Albert devient le premier leader de la révolte des vignerons. Ces derniers manifestent et se retrouvent 600 000, le 9 juin 1907 à Montpellier. Ils sont soutenus par les représentants officiels, les maires des quatre départements du Midi démissionnent. Le 17e régiment d'infanterie refuse de tirer sur la foule. Mais le 19 juin, le 139e régiment tire sur la foule déchaînée et fait six morts et de nombreux blessés à Narbonne. Marcellin Albert est reçu à Paris par Clémenceau. Le gouvernement décide de s'atteler au problème. La solution préconisée répond au diagnostic sur l'origine de la crise de surproduction : la fraude, mais ne tient pas encore compte de la maitrise du potentiel de production, ni des rendements. Le premier objectif d'une politique de régulation des marchés repose donc sur la définition du produit, des pratiques œnologiques autorisées et interdites, c'est la création des normes.

LES CONSÉQUENCES DE LA CRISE DU PHYLLOXERA

Déjà la loi du 21 mars 1888 définit les syndicats et les viticulteurs commencent à s'organiser pour défendre leurs intérêts. La loi Griffe du 14 juillet 1889 établit la définition du vin et celle du 11 juillet 1891 et ses suivantes précisent les pratiques œnologiques autorisées et interdites. « Le terme vin est réservé aux produits résultant de la fermentation de raisins frais ». En 1907 est mise en place la déclaration de récolte qui permet de savoir si la production du vin est obtenue à partir de vignes. Les interdictions et pénalisations sont renforcées pour les mélanges et les manipulations de produits. Le décret du 3 septembre 1907 crée le service de la répression des fraudes en charge de lutter contre ces produits déloyaux. Les syndicats viticoles peuvent se porter parties civiles contre les fraudes. Dès 1908 par procédure administrative puis en 1919 par procédure juridique, les régions qui produisent traditionnellement des vins réputés, mais non compétitifs avec ceux du Midi, peuvent s'organiser en appellations d'origine. Sont ainsi protégés les vins de haute qualité avec de faibles rendements.

En 1927 sont ajoutés des critères variétaux et de pratiques traditionnelles. En 1929, la réglementation de la chaptalisation confirme deux sous-secteurs qui vont fonctionner différemment. Au Nord, l'enrichissement du vin par sucrage est autorisé pour des raisons climatiques, de rendement et de tradition, et donc considéré comme ne contribuant pas à la surproduction. Cette pratique est interdite dans le Midi, car elle est accusée de favoriser la surproduction.

LA GUERRE 14-18 ET LE STATUT VITICOLE

Les efforts déployés contre la fraude, mais principalement l'arrivée de petites récoltes puis de la guerre vont « rétablir » la situation. La guerre va faire chuter la production, car la plupart des hommes valides sont sur le front. La demande s'adapte. Le vin est introduit dans la ration alimentaire des soldats. Ceux qui rentreront des tranchées l'ont alors introduit dans leurs habitudes alimentaires. Le vin deviendra la boisson nationale et la consommation individuelle poursuivra sa croissance. Les années 1920 verront se succéder petites et grosses récoltes avec les fluctuations de revenus qui en ont suivi. De cette situation ont découlé, de 1930 à 1935, une série de décisions politiques et une réglementation visant enfin à réguler le marché des vins de table : Le Statut viticole. Ces textes ont été présentés et soutenus par le député de l'Hérault Édouard Barthe après une large enquête auprès des professionnels y compris les négociants. Il est d'usage de les regrouper sous le terme de « Statut viticole ». Ces décisions s'inspirent de l'analyse de l'effet King, démontré pour la viticulture française par le professeur Jules Milhau (1953).

La définition du produit est confirmée, le cadastre viticole est créé ce qui permet enfin de savoir qui produit quoi et l'état du potentiel de production. Simultanément se constitue un « droit de plantation » qui résulte d'une interdiction de plantation sans avoir arraché au préalable une surface équivalente à celle plantée, dans une proportion modulable selon le classement des cépages. Il constitue avec l'arrachage primé la principale modalité d'intervention sur les tendances à plus long terme de la production. Le marché fait enfin l'objet d'une intervention conjoncturelle pour la production de masse selon l'importance de la récolte, avec le stockage et la distillation des excédents. Cette organisation du marché soutient enfin les revenus des producteurs.

Le marché des vins d'appellation se régulera différemment par la différenciation du produit, son origine, sa gestion autonome des droits de plantation et la définition d'un rendement maximum qui permet d'éviter la surproduction pour des raisons qualitatives, mais, de fait, les cours sont maintenus par la gestion de l'offre c'est-à-dire par le contrôle des surfaces et des rendements. La guerre arrivera trop vite pour un plein développement de ces mesures. Production et consommation chuteront durant cette période de pénuries alimentaires. C'est donc tout au long des années cinquante que les principes du Statut viticole seront mis en œuvre.

DE L'IVCC AU PREMIER TEXTE EUROPÉEN

L'institution gérante de cette régulation du marché des vins de consommation courante est enfin créée le 30 septembre 1953. L'institut des Vins de Consommation Courante (IVCC) a pour mission d'équilibrer tout le marché du vin. Il met en œuvre le cadastre viticole qui s'achèvera en 1962. Il gère les contrats de stockage, les bulletins d'analyse et les importations. En même temps que se met en place le cadastre viticole, une démarche négociée entre producteurs, agronomes et administration procède à une classification des cépages par département, en quatre catégories : recommandé, autorisé, autorisé avec astérisque et interdit. Les recommandés peuvent être plantés sans pénalisation de surface, les autorisés peuvent être replantés, mais avec une décote de 30 %, les autorisés avec astérisque peuvent rester en place, mais ne peuvent être replantés, les interdits doivent être arrachés dans un délai prédéfini, il s'agit principalement des six hybrides américains parmi les premiers importés. Des primes d'arrachage sont également données pour réduire le potentiel de production et favoriser une amélioration qualitative des vins, en particulier en supprimant les hybrides producteurs directs.

Pour la libération des vins est créé un mécanisme de quantum afin de ne pas inonder le marché. Les volumes libérés dépendent de la taille des exploitations dans un souci de défense sociale des petits producteurs. Mais la division des déclarations de récolte au sein de la famille réduit l'efficacité de la mesure. Tout ceci permet une évolution qualitative des vins de table et le renforcement de l'organisation du marché soutient le revenu des producteurs.

LA RÉGULATION EUROPÉENNE ET LA LUTTE CONTRE LES EXCÉDENTS

L'ARRIVÉE DE L'ORGANISATION COMMUNE DU MARCHÉ DES VINS

La première organisation commune du marché du vin date de 1962, avec le règlement (CEE) n° 24/1962. Ce document établit la volonté des trois États viticoles de mettre en place cette organisation. Mais les vrais textes fondateurs datent de 1970, les fameux 816/1970 pour les vins de consommation courante (VCC) et 817/1970 pour les « vins de qualité produits dans des régions déterminées » (VQPRD). Durant cette période, la commission fait état d'un déficit de vin pour la communauté européenne avec un taux de couverture d'environ 90 %. Est-ce cette indication ? Toujours est-il que chaque pays développe son vignoble, la Moselle en particulier en République Fédérale d'Allemagne, le Sud pour l'Italie. La France maintient ses règles de limitation du vignoble, mais bénéficie des progrès techniques et accroît progressivement ses rendements. La disparition du vignoble algérien à la suite des accords d'Évian va dans le sens de l'accroissement de l'offre métropolitaine, mais ces vins algériens, médecins pour ceux du Languedoc, sont remplacés à parts égales par les importations italiennes. Par ailleurs, la consommation individuelle de vin chute à partir de 1962. Ce retournement de tendance d'abord en France, puis dans les principaux pays producteurs dans le monde, va créer un écart croissant entre l'offre et la demande.

Les deux trajectoires d'amélioration de la qualité des vins se poursuivent. Dès 1964, l'intervention sur le marché des VCC est facilitée. L'encouragement à la sélection des meilleurs vins est reconnu par le label « vins de l'article 26 » précurseur des futurs vins de pays de département (1968). En 1967, l'INAO et l'État renforcent le contrôle de la qualité des vins d'Appellation en créant des comités régionaux de l'INAO. En 1974, ils réorganisent les rendements limites des vins d'appellation.

LES TROIS PREMIÈRES PÉRIODES 1970-1975 ; 1976-1984 ; 1985-1999

En 1973, le plan pour la conversion qualitative viticole du midi de la France est lancé. Ce plan, accompagné de larges subventions, comporte trois volets autour de la création de groupements de producteurs. Le volet vignoble vise à introduire des cépages « améliorateurs » extra méridionaux. L'idée initiale était que la baisse de la consommation du vin était due à une qualité insuffisante et qu'en introduisant quelques pourcents de vins plus « nobles », plus aromatiques, cela favoriserait la consommation. En outre, la création de plans de restructuration du vignoble visait à favoriser les échanges de parcelles et à les regrouper en « îlots de restructuration », bref un remembrement à la mode viticole à la recherche de gains de productivité. Le second volet concernait la vinification : il s'agissait d'améliorer les équipements et de recruter des œnologues. La troisième dimension visait à améliorer la commercialisation par la formation de groupements de producteurs, soit en créant des Unions de coopératives, soit en associant des entreprises de négoce sous la forme de SICA.

LA CRÉATION DU MARCHÉ EUROPÉEN

La réglementation européenne reprend quasi intégralement la réglementation française qui a déjà acquis une bonne expérience en la matière ; quasiment, car à l'exception d'un outil majeur : les droits de plantation (Barthe, 1989). Dès le début des années 70, les excédents arrivent. Le niveau de vie italien reste encore nettement inférieur à celui de la France. Malgré les montants compensatoires monétaires, le différentiel de prix avec les vins italiens demeure et surviennent deux « guerres du vin » entre les deux pays. Les importations se poursuivent malgré la surproduction française. Les manifestations reprennent en particulier par les « comités d'action viticole » : Arraisonnement des camions citernes important les vins, vidange et destruction de cuves chez les négociants, arraisonnement de l'Ampélos, pinardier italien arrivé au port de Sète. À Montredon-Corbières s'affrontent gendarmes, CRS et vignerons. Des tirs partent des deux côtés : un commandant de gendarmerie et un viticulteur s'effondrent, 24 fonctionnaires blessés dont 19 atteints par balles (Ministère de l'Intérieur, 1976).

Paris et Bruxelles prennent conscience de l'ampleur de la crise. Les droits de plantation sont immédiatement remis en place. Des primes d'arrachage, d'abord dans une forme temporaire, puis définitive, sont données pour réduire le potentiel de production. La Commission Européenne développe ses interventions aidées avec le stockage et la distillation. La première action de l'Europe du vin a donc été de s'attaquer aux excédants des deux guerres du vin, de mettre en œuvre les mécanismes classiques d'intervention sur ce marché : le contrôle des volumes par la distillation et le stockage, et la limitation du potentiel de croissance de ce surplus par les droits de plantation et les primes d'arrachage. Dès 1980, des primes pour l'arrachage définitif viennent s'ajouter. Des aides européennes viennent également favoriser la restructuration qualitative du vignoble européen. Les Vins délimités de qualité supérieure (VDQS) sont promus au rang des AOC. Au début des années 80, des niveaux inégalés de distillation sont atteints. La moyenne des distillations de 1985 à 1990 atteint 40 millions d'hectolitres.

L'arrivée de l'Espagne, avec le plus grand vignoble du monde et un million six cent mille hectares, et du Portugal dans le marché commun en 1986 après celle de la Grèce en 1981, complète le « wine lake », le surplus européen de vin. Le régime de distillation se renforce. Les accords de Dublin de 1984 ajoutent un système de quota pour soutenir le marché et mettent en place une distillation obligatoire à bas prix. Le régime d'arrachage est étendu à tous les vignobles avec des montants croissants. En Languedoc, les AOC s'unissent au niveau régional. L'Europe ramène la tendance de la production vers celle de la consommation. L'effet dévastateur sur les revenus de la distillation obligatoire accélère le processus. L'équilibre est atteint au début des années 90 (Montaigne, 1993).

LES EXCÉDENTS ET LE RÉGIME DES PRIX

À partir des déclarations de récolte et de stocks, les services statistiques réalisent un bilan prévisionnel permettant de quantifier l'excédent en début de campagne, ce qui va déclencher différentes salves de stockage et de distillation. Les mécanismes d'intervention sont soumis à un régime des prix à deux dimensions : des prix réels observés sur les marchés et comparés à des niveaux de prix légaux. Les prix réels sont établis chaque semaine sur un ensemble de places représentatives du marché européen, pour six types de vins de table. Les prix légaux s'articulent autour d'un prix d'objectif, le prix d'orientation définissant le niveau de rémunération des producteurs et remplissant les objectifs du marché commun : parité avec l'ensemble de la société, niveau raisonnable pour les transformateurs et les consommateurs. Les autres prix découlent de ce dernier en pourcentage. Apparait donc un prix plancher à 82 % du prix d'orientation qui va déclencher l'intervention si le prix sur le marché passe durablement en dessous de son niveau. De même, le prix plafond devrait ouvrir les frontières pour alimenter un éventuel déficit. Le prix minimum ne devrait jamais être atteint (figure 1).

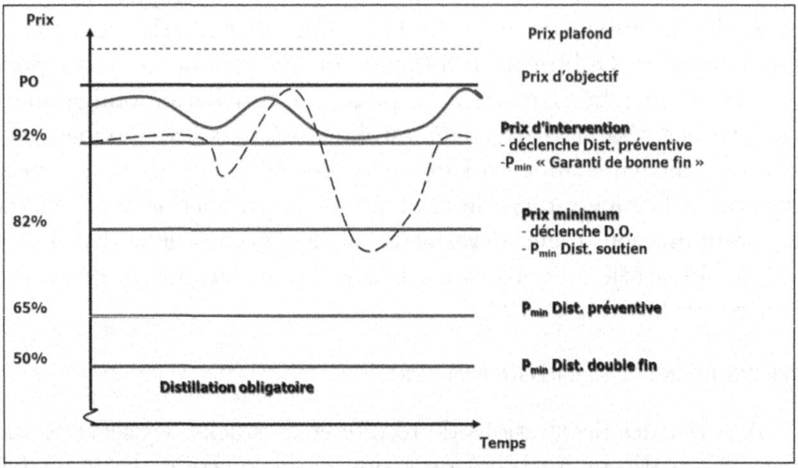

FIG. 1 – Régime des prix et distillation.

LES MÉCANISMES D'INTERVENTION DE COURT TERME :
LE STOCKAGE ET LA DISTILLATION

Mis en place dans les OCM-vin de 1976 à 1999, ces interventions visent toutes à réguler le marché en limitant les excédents. Le stockage à court terme fait l'objet de contrats sur trois mois. Son rôle consiste à étaler la mise en marché après récolte et limiter l'effondrement des prix qui s'en suit. La surproduction étant structurelle, il a été rapidement abandonné. De même sont mis en place des contrats de stockage à long terme de neuf mois. L'objectif est ici de favoriser le report des excédents d'une année sur la suivante, éventuellement déficitaire. Ces contrats étant volontaires, afin de ne pas défavoriser les souscripteurs en sortie de contrat, ils sont éligibles aux distillations dites de « Garantie de bonne fin » à un prix considéré comme proche de celui du début de campagne. La distillation des vins à double fin vise à « étanchéifier le marché des vins de table », en obligeant la distillation des vins « issus de produits ou destinés à une double fin ». Il s'agit des vins issus de raisins de table ou à double fin, et de vins destinés à l'élaboration d'alcool de bouche au-delà des quantités maximales vinifiables comme en Cognac. Cette obligation participe à la limitation de l'excédent.

Les prestations viniques ont un objectif qualitatif en limitant les vins de presse mis sur le marché. Le montant de cette obligation est défini par un pourcentage de l'alcool contenu dans les vins. Elles permettent la récupération de l'alcool des sous-produits. Elles limitent également le volume des excédents et jouent un rôle de protection de l'environnement par le traitement des lies et des marcs. Ces distillations obligatoires apparaissent comme techniques tout en contribuant à la limitation des excédents. La régulation du marché par une simple distillation en cours d'année manque d'efficacité. Bruxelles vient donc ajouter aux trois outils d'intervention de 1976, un quatrième lors des « accords de Dublin » en 1984, la distillation obligatoire (Montaigne *et al.*, 1993).

La *distillation préventive* volontaire est ouverte en début de campagne et sans limites de volume au prix de 65 % du prix d'orientation. À partir de 1984, elle est limitée en volume à 10 ou 15 hl/ha de vin de table et déduite des obligations de distillation obligatoire. La *distillation de garantie* de bonne fin, liée aux contrats de stockage à long terme, limitée à 18 % des volumes est payée à 92 % du prix d'orientation. Elle va progressivement disparaître à partir de 1984. Enfin, une *distillation de soutien* est mise en œuvre si les cours se maintiennent à un niveau inférieur au prix plancher de 82 % du prix d'orientation. En 1984, elle est également limitée en volume. Les niveaux de prix de ces distillations apparaissent satisfaisants pour un certain nombre de producteurs du Sud de l'Italie et de la France. Ce système favoriserait la production de gros rendements directement destinés à la distillation. Tous les efforts de progression qualitative vers des rendements plus faibles et des vins plus orientés vers la demande du consommateur seraient découragés. Un système original à fonctionnement conjoncturel, mais à effet structurel est mis en place : la fameuse « distillation obligatoire » des vins de table ayant également provoqué son lot de manifestations dans le Midi. Son originalité est de mettre en place une relation entre le rendement individuel à l'hectare et le taux de distillation obligatoire appliqué.

Le principe général de coresponsabilité concerne donc également les vins. Les calculs se font à plusieurs niveaux. Une première répartition s'établit entre les États membres en fonction de leur production historique, en principe, mais cette évaluation sera toujours le fruit de négociations. Chaque État membre va alors répartir ce quota selon un barème spécifique. Par exemple en France, aucune distillation obligatoire n'est imposée en dessous de 90 hl/ha, seuil maximal de rendement des vins de pays. Puis le taux atteint rapidement 100 % pour 130 hl/ha puis 120 hl/ha puis 110 hl/ha au long des années. Les Italiens établissent un barème beaucoup plus progressif, partant de 50 hl/ha et progressant beaucoup plus lentement en fonction du rendement jusqu'à des taux de 50 % vers 150-200 hl/ha. L'Espagne, compte tenu de la faiblesse générale de ses rendements en vin de table, autour de 25-30 hl/ha selon la pluviométrie, établit une contribution moyenne de 10 % à un niveau régional. C'est sa contribution à la réduction des excédents.

Le prix fixé est déjà très faible au départ à 50 % du PO pour un volume donné, puis à un niveau inférieur, jusqu'à 30 % du PO pour les volumes dépassant les quotas fixés. Il s'agit de fait d'un stabilisateur budgétaire. L'alcool obtenu est réservé à un usage industriel : biocarburants, industrie des parfums et cosmétique.... Des modèles de simulation micro-économiques ont essayé d'évaluer ce mécanisme d'intervention (Montaigne, 1993). Il a eu un effet brutal en France. Cette distillation lamine les revenus et les rendements sans laisser d'alternative. Les comportements induits, illustrés par les simulations, ont fait disparaître quasi totalement l'assiette de la distillation obligatoire en France. Il a rencontré un peu plus d'inertie en Italie en « socialisant le mécanisme » et en Espagne du fait des faibles rendements ou des structures de polyculture élevage. L'Allemagne et la Grèce furent peu concernées. Les alternatives pour les producteurs languedociens ont consisté, soit à baisser leurs rendements, soit à se restructurer en vignobles de qualité, vins de pays ou vins d'appellation, selon leur localisation géographique, soit arracher le vignoble en vue d'une reconversion culturale.

LES AUTRES MÉCANISMES

D'autres interventions s'attaquent aux excédents : une aide est proposée pour utiliser des moûts de raisin concentrés et des moûts de raisin concentrés rectifiés. Cette aide réduit les volumes de vins sur le marché, car la concentration élimine 4/5e de l'eau du moût, contrairement à l'usage du sucre qui rend commercialisable un vin dont le degré serait trop faible donc sans réduire son volume ni l'éliminer du marché. Elle correspond également à la demande des vignerons du Midi d'une loi unique pour l'enrichissement en égalisant les coûts de l'opération d'enrichissement. En effet, le coût d'utilisation de moût concentré est 2 à 3 fois supérieur à celui du saccharose, celui d'un MCR jusqu'à 4 fois plus élevé. Ces aides seront supprimées après la vendange 2012. Une aide à l'utilisation des moûts de cépages de cuves pour l'élaboration de jus de raisins est mise en place. L'exportation est soutenue par des restitutions, mais avec un impact dérisoire.

LES MESURES STRUCTURELLES : L'ARRACHAGE ET LA RESTRUCTURATION DU VIGNOBLE

Les deux volets de la politique structurelle restent les mêmes qu'à la suite du statut viticole avec des adaptations et moyens améliorés : l'arrachage pour réduire le potentiel de production et donc l'excédent et la restructuration qualitative par le remplacement des cépages et la réduction des rendements, le tout réservé aux vins de table. En 1976, la Commission interdit toute plantation nouvelle en vin de table et met en place des primes à la reconversion. En 1980, elle propose des primes d'arrachage temporaires et définitives. L'administration gère les droits de plantation via le cadastre. En 1985, les primes sont croissantes avec le rendement pour compenser le niveau de perte de revenu. En 1988, elles sont prises en charge intégralement par l'Europe et donc pour tous les pays, éliminant la pression différentielle selon le pays.

LA RÉFORME DE 1999
L'OCM-vin dans l'Agenda 2000

L'Europe a enfin réglé ses problèmes de surproduction. Des déficits apparaissent même sur certains marchés lors de petites récoltes. Occupée à réduire la pléthore, l'Europe a porté peu d'attention aux nouvelles concurrences des pays non européens, ceux que l'on qualifie de pays du Nouveau Monde et de l'hémisphère sud : Les États-Unis, l'Argentine et le Chili, l'Afrique du Sud, l'Australie et la Nouvelle-Zélande. Entre 1993 et 2010, leur production augmente en moyenne, d'un million d'hl par an. La demande des pays producteurs traditionnels continue de chuter. Celle de l'Allemagne augmente légèrement, celles des États-Unis, de l'Australie et de l'Angleterre explosent. Les exportations des pays du Nouveau Monde suivent une croissance exponentielle.

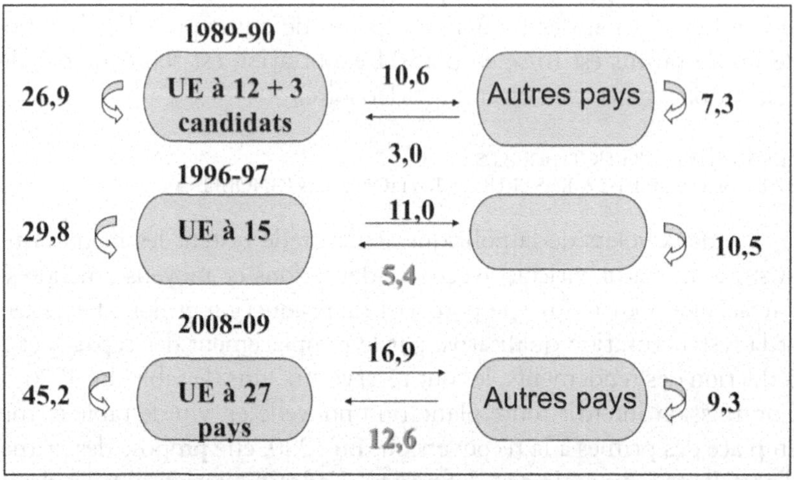

FIG. 2 – Bilan des échanges mondiaux (intra et extra-UE).

De 1989-1990 à 1997, les échanges intra-européens progressent peu et les exportations en dehors de l'Europe sont pratiquement stables. À l'opposé, les échanges entre pays non européens augmentent de plus de trois millions d'hl et les importations européennes vont presque doubler. L'Angleterre est la principale bénéficiaire de cette progression, en particulier en provenance de l'Australie. Pendant ce temps, le vignoble européen se réduit, vieillit, perd de sa compétitivité et n'est plus adapté à la demande mondiale (figure 2).

LES ACCORDS DE MARRAKECH, 1994 ET L'OMC

Pour le secteur vin, ces accords n'ont qu'une faible influence au départ et ne vont faire sentir leur effet que dans les OCM suivantes de 1999 et surtout de 2008. Mais les distillations sont contestées à l'OMC, car elles « biaisent » les prix. La boite verte est à privilégier. Les barrières tarifaires sont de faible importance pour le vin qui est beaucoup mieux protégé par les normes œnologiques. Mais les accords bilatéraux se multiplient avec des contreparties. En outre, l'Union européenne commence à chercher à réduire ou limiter la croissance de son budget PAC.

LES QUESTIONS D'ORGANISATION EUROPÉENNE

La production de vins de qualité, vins de pays et vins AOC se généralise et la régulation portant seule sur le marché des vins de table se justifie de moins en moins. La consommation occasionnelle progresse partout et les gammes de prix des différentes catégories s'interpénètrent. Le coût de la gestion des distillations et de l'alcool qui en est issu est particulièrement élevé, alors que l'alcool de bouche est déficitaire et qu'il faut maintenir ce débouché. La gestion de la distillation obligatoire au niveau européen demeure complexe et hétérogène entre producteurs et pays. L'intervention ne doit plus être un débouché artificiel pour une production excédentaire. Le régime des aides à la restructuration s'est interrompu au niveau européen en 1993, seule la France l'a maintenu sur un budget national. De ce fait, une large part des vignobles espagnols et italiens reste obsolète et inadaptée aux tendances de la consommation, ce qui pouvait expliquer les pertes de parts de marché des producteurs européens. Il faut également reconnaître le rôle des groupements de producteurs et des organisations de filière.

LA RÉFORME PROPREMENT DITE

Les objectifs de la réforme sont de simplifier l'OCM, d'améliorer l'équilibre Offre-Demande et la compétitivité du secteur à long terme. Pour cela, l'Europe va limiter l'arrachage définitif, va donner de nouveaux droits de plantations pour les vins à indication géographique, dans certaines limites, va favoriser la restructuration du vignoble par des primes en tenant compte de la diversité régionale. L'ensemble de ces interventions sont étendues aux vins de qualité. Elle va favoriser les distillations volontaires pour approvisionner l'alcool de bouche. L'OCM vin de 1999 a supprimé plusieurs régimes de distillation, à savoir, les distillations obligatoires, de garantie de bonne fin, préventive et de soutien. Ces distillations ont été remplacées par une distillation de crise et la distillation d'alcool de bouche (DAB). La distillation de crise devient optionnelle et exceptionnelle, destinée à faire face à des perturbations temporaires des marchés des vins. Le principe de l'interdiction de plantations est maintenu jusqu'en 2010, sauf pour des droits de plantation nouvelle, des droits de replantation et des droits prélevés sur une réserve. L'Europe, après plus de vingt années de politique d'arrachage, se reprend et permet à chaque état de planter jusqu'à 1,5 % de la superficie existante sous condition d'un cadastre « à jour » et d'une plantation en VQPRD ou en vins avec une indication géographique protégée VIGP. S'y ajoute 0,5 % de ces superficies dans une « réserve européenne ».

Par ailleurs, le dispositif de l'OCM-vin garde une certaine spécificité tout en cherchant à assouplir les contradictions avec les orientations de l'OMC. Parmi les décisions prises, il est à noter la disparition des prix d'orientation, l'arrêt du mécanisme de distillation obligatoire ainsi que la réduction des restitutions à l'exportation. Les aides à l'arrachage de vignes ont été maintenues, mais non avec la finalité d'éliminer les excédents structurels, mais plutôt d'éradiquer les productions sans débouchés. Les aides à la restructuration du vignoble ont été conservées avec la finalité d'adapter l'offre de vins à la demande.

Cette OCM-vin prévoit des interventions de marché simplifiées. Le soutien financier au stockage privé des vins est préservé ainsi que les distillations de vins issus de variétés à double fin et les prestations viniques. L'aide à l'utilisation des moûts concentrés ou rectifiés est également maintenue. Les droits de replantation sont issus de vignes arrachées, en principe destinées à l'exploitation où a lieu l'arrachage et ont une durée d'utilisation de 5 à 8 ans. Au-delà de cette période, au lieu de disparaître ils sont versés dans une réserve. L'idée principale étant de ne plus laisser disparaître des superficies sans contrôle et de permettre aux viticulteurs intéressés et sans droit, de planter.

Un système complémentaire consiste à réaliser une plantation anticipée associée à un engagement à arracher dans les trois ans. Ce mécanisme permet d'attendre la mise en production de la nouvelle plantation avant de faire disparaître la source de revenus de la vigne arrachée. De ce fait, la prime est réduite et donc le coût budgétaire de l'intervention. Par contre d'un point de vue macro-économique, les plantations anticipées participent à l'accroissement du potentiel de production. Le système de réserves de droits est créé par les États membres. Il est alimenté par les droits nouvellement créés et les droits non utilisés dans les délais prescrits (5 à 8 ans). Leur attribution est gratuite pour les jeunes agriculteurs, payante pour les autres. Les pratiques et modalités de mise en œuvre varient largement selon les États membres, en particulier avec des réserves régionales (Montaigne *et al.*, 2013a).

La nouvelle OCM maintient une prime d'abandon définitif. Son montant est fixé par les États membres. Une clause de sauvegarde permet d'exclure des superficies pour protéger certains vignobles comme pour la Grèce qui aurait tout arraché tant la prime était avantageuse dans ce pays. En complément de ces mesures, la Commission européenne a mis en œuvre le « règlement horizontal » pour soutenir des actions d'information et de promotion des produits agricoles, dont le vin, dans les pays tiers.

Quant aux groupements de producteurs et aux organismes de filière, ils obtiennent une reconnaissance juridique communautaire, sous réserve d'assurer la programmation de la production et son adaptation à la demande. Ils assurent la promotion de la concentration de l'offre avec la mise en marché des productions, la réduction des coûts et la régularisation des prix. Ils ont un rôle de promotion de techniques respectueuses de l'environnement et ils respectent l'intérêt des consommateurs. Cette décision va dans la voie d'une reconnaissance de ces organisations comme acteurs économiques. Celle-ci sera définitivement actée par le règlement omnibus du 13 décembre 2017 et incorporée dans la nouvelle OCM 2023 (Montaigne *et al.*, 1997).

LES CRISES DE 2001 ET 2004, L'ARRACHAGE, LA DISPARITION DES DROITS DE PLANTATION ET LA NOUVELLE OCM-2008

LA CRISE FRANÇAISE DE 2001

En 2000-2001, la relance des plantations est à peine décidée que le Languedoc subit une nouvelle crise. Les manifestations reprennent ainsi que les dégradations sectorielles, chez les négociants accusés d'importation de VDPCE, et publiques avec celles des perceptions et des péages d'autoroute. La situation des jeunes installés qui doivent rembourser leurs emprunts, notamment de reconversion du vignoble, est préoccupante avec la baisse ou l'arrêt du versement des acomptes. Les cuves sont pleines, les prix chutent, ainsi le Chardonnay modèle de la reconversion qualitative passe de 900 F/°hl à 550 F/°hl. Les chiffres d'affaires chutent de 25 à 50 % selon les départements. Les explications sont multiples : une surproduction mondiale de 20 à 30 Mn hl, deux récoltes françaises à 60 Mn hl après deux petites récoltes dues, en 1997, à la gelée et aux inondations, et en 1998 à la sécheresse. La productivité se relâche, les rendements limites pour les vins à IGP, passent de 99 hl/ha à 108 hl/ha avec des transferts entre producteurs. La concurrence du Nouveau Monde s'exacerbe et les vins de table entrent d'Italie et d'Espagne. La consommation chute de 700 000 hl en 6 mois et de 18 %/an en VdT (VSIG). La distillation de 800 000 hl à 24,30 f/°hl de début de campagne est inefficace. Une viticulture duale ou à deux vitesses se confirme, le prix des vins AOC augmente de 22 % en deux ans, les vins de pays d'Oc augmentent leur sortie des chais alors que celle des vins de table chute de 24 %. L'équilibre patiemment atteint dès 1992-1995 en France est à nouveau rompu.

La réaction de l'État passe par le plan Glavany, ministre de l'Agriculture. Les rendements des vins de pays sont abaissés et plafonnés en zone mixte pour les AOC. Les plantations, en particulier celles anticipées, sont ralenties, des conditions de rendement sont imposées pour les aides de l'UE. Le plan réoriente les programmes de restructuration du vignoble et participe à la restructuration des caves et leur fusion. Le volume de distillation est négocié. Pour l'ensemble de l'Europe, 21,7 Mn hl sont demandés en 2000-2001. La question de l'arrachage est à nouveau posée. Le partenariat sous la forme de contrat avec le négoce apparait désormais comme l'une des solutions.

UNE CRISE MONDIALE

Une petite chronologie des écarts entre la production et la consommation mondiales dont on déduit une trentaine de millions d'hectolitres d'usages industriels et variés, participe à la compréhension des évolutions du marché, des crises et donc de l'évolution des OCM-vin. De 91 à 95, en moyenne le marché mondial est équilibré grâce à l'arrachage européen. En 1996, l'écart atteint une vingtaine de millions d'hectolitres, en 1997, 4 ou 5, en 1998 le marché est déficitaire. La réforme de 1999 semble donc rationnelle et bien venue. Il faut relancer la production « compétitive ». Deux alertes surviennent en 1999 et 2000 avec à nouveau un écart d'une vingtaine de millions d'hectolitres. Suivent une année de récolte moyenne puis deux années de petites récoltes en 2002 et 2003. Mais en 2004 survient la plus grosse surproduction mondiale, « 1907 à l'échelle mondiale ». Les hasards du climat synchronisent les fortes productions dans le monde entier. L'excédent est estimé à plus de 50 à 60 millions d'hectolitres dont la moitié des raisins ne sera même pas récoltée. Tous les principaux pays producteurs sont touchés. Les pays du Nouveau Monde découvrent les conséquences d'une liberté des plantations sans limites.

L'exemple de l'Australie est de ce point de vue édifiant. La surproduction de vins est liée en particulier à trois années consécutives de productions record (2004-2006). Cette hausse de la production a impacté les disponibilités sur les marchés internationaux et a donné lieu à un déséquilibre entre l'offre et la demande suivi d'un effondrement des prix. L'Australie a réalisé un développement exponentiel de son vignoble, en particulier grâce à un système fiscal particulièrement attractif. L'adaptation au marché se fait par la non-récolte des raisins et l'arrachage privé, c'est-à-dire sans aide publique. Le prix du raisin passe de 2 300 dollars la tonne en 2001-2002 à 400 dollars la tonne en 2011-2012. Les contrats sont remis en cause. Les stocks passent de 8 à 20 millions de litres. Les surfaces non récoltées atteignent 9 % en 2008-2009 soit 14 500 ha. La logique reste celle d'entreprises non soutenues par l'État, qui liquident leurs actifs et ferment avec le licenciement dépassant parfois plus de 300 personnes. Le prix du foncier est divisé par deux. On retrouve les mêmes indicateurs de crise : arrachages, faillites, non-récolte, séquestre bancaire, chute du prix du foncier, etc. La situation économique viticole de l'UE est exacerbée en raison d'une poursuite de la baisse de la consommation dans les pays européens traditionnellement producteurs de vin. La consommation a fortement décliné également en raison des changements des modes de vie et de la concurrence d'autres boissons. La consommation de vins sous appellation a augmenté jusqu'aux années 2000 puis a plafonné en raison de la banalisation de l'offre et la montée en gamme des vins de pays de cépage. Cette évolution est également le résultat de l'effet du changement de générations.

De plus, l'accroissement des exportations des « nouveaux » pays producteurs vers l'Europe du Nord et notamment au Royaume-Uni, accroît les difficultés. Les effets des taux de change sont significatifs et accentués par l'émergence des échanges internationaux de vins en vrac, car le taux de change des principales monnaies des pays du Nouveau Monde est indexé au dollar. Ces tendances ont accentué la concurrence des vins autour des 2 USD/litre où la France n'est pas compétitive. Les interprofessions ont réagi en mettant en œuvre la distillation de crise, la limitation des rendements agronomiques, la création d'une réserve qualitative et la requalification de vins en appellation générique en vins de pays.

LA RÉFORME DE L'OCM-2008

La réforme de l'OCM-2008 a été engagée dans ce contexte de crise de surproduction européenne et internationale, renforcée par la crise économique et financière mondiale de 2007/2008, laquelle a réduit significativement les achats de vins sur les marchés internationaux. Les échanges internationaux sont marqués par une croissance rapide des exportations de vins des pays producteurs de vin de l'hémisphère sud et des États-Unis, lesquels ont atteint 23 % des parts de marchés des échanges internationaux en volume. Les échanges internationaux ont fortement progressé à l'intérieur de l'EU, mais également en dehors. Comme les échanges internationaux entre les pays hors de l'UE vers l'UE ont progressé plus rapidement, les importations des vins en volume au sein de l'EU se rapprochent du niveau de ses exportations.

Les objectifs de la réforme poursuivent les stratégies issues du constat de la croissance de la concurrence extra européenne et de la perte de compétitivité du vignoble européen. Elle prend également en compte la diversité des situations des pays producteurs, d'où l'apparition des « menus » (*cf.* infra). Il s'agit donc : d'accroître la compétitivité, de renforcer l'image des vins européens comme les meilleurs du monde, de reconquérir les marchés traditionnels et d'en gagner de nouveaux, tant au sein qu'à l'extérieur de l'Europe, de simplifier les règles de régulation du marché, de préserver les traditions de la production européenne et protéger les régions rurales et enfin, de respecter l'environnement.

Dans la forme, dans un souci de clarté et de simplification, la réforme de 2008 visait également à unifier les règles appliquées à tous les secteurs agricoles de l'UE dans une OCM dite « unique ». Le secteur vin y fut donc intégré. Les nouvelles mesures appliquées au secteur du vin se voulaient davantage « décentralisées ». Pour répondre aux problématiques et spécificités de chaque pays, la Commission européenne créait les « plans nationaux d'aide » (PNA) choisis par chaque État-Membre au sein d'un menu. Au niveau budgétaire, l'UE cherchait également à réduire les dépenses liées, en particulier, à la distillation de crise et la distillation destinée aux alcools de bouche (DAB). La nouvelle OCM a préalloué aux États membres producteurs de vin, un budget basé sur les années précédentes. Chacun pouvait alors choisir des mesures dans une liste définie dans l'OCM vitivinicole et les soumettre à la Commission dans un premier programme quinquennal (2009-2013). [Règlement (CE) n° 1782/2003].

Le « menu » comprenait : la restructuration et la reconversion des vignobles avec l'objectif de moderniser et d'adapter la production au marché ; la modernisation de la chaîne de production incluant l'innovation et la commercialisation de façon à améliorer les performances des entreprises ; la vendange en vert : une mesure qui permet de mieux réguler le volume de production, particulièrement adopté en Espagne et dans le sud de l'Italie ; les fonds de mutualisation qui visent à réguler les revenus et assurer la solidarité entre les producteurs. Il s'agit d'une mesure d'aide aux producteurs pour faire face à des fluctuations de marché. Ce soutien est temporaire et dégressif pour la constitution d'un fonds de mutualisation. Aucun État membre n'a adopté cette mesure ; l'assurance récolte, pour faire face aux risques climatiques et biologiques. Elle vise à soutenir les producteurs pour faire face aux aléas climatiques, aux catastrophes naturelles ou à des maladies impactant les récoltes. Cette mesure a démarré lentement, mais couvre en 2023 près de la moitié des producteurs (*cf.* infra). En complément, les États membres disposaient de la possibilité d'introduire un régime de paiement unique (RPU) pour certains producteurs, lequel pouvait être cumulé avec la prime d'arrachage.

Le budget initialement alloué à l'enveloppe française s'élevait à 1,187 milliard, soit près de 22 % de l'ensemble du budget européen global alloué aux 11 mesures prévues. En France, l'essentiel des fonds a été alloué à deux mesures : la restructuration et la reconversion des vignobles (37,1 % du total) et les investissements des entreprises vitivinicoles (24,42 %). Les mesures destinées aux droits au paiement unique (DPU), la vendange en vert, les fonds mutuels et la distillation d'alcool de bouche ont été exclus des financements prévus dans le plan quinquennal français (2008-2013)[2].

2 Après l'arrachage, les surfaces agricoles plantées en vigne pouvaient être éligibles au régime des droits de paiement unique (DPU) d'un montant égal à la moyenne régionale

Par ailleurs, la Commission européenne a autorisé le transfert d'une partie des fonds des aides vers les programmes de développement existants afin de soutenir les territoires ruraux. Les producteurs devaient arracher les plantations illégales effectuées après le 31 août 1998 à leurs frais avant la fin 2008, sous peine de sanctions modulées en fonction de la gravité, de l'étendue et de la durée du manquement. Les plantations après le 31 août 1998 devaient être régularisées au plus tard, le 31 décembre 2009 contre le paiement d'une redevance. La distillation de crise va sortir du budget européen après une période de transition de quatre années, durant laquelle le cofinancement UE-États membres est dégressif, de 20 % à 5 % de l'enveloppe nationale au maximum, puis le financement est laissé au budget national avec un maximum de 15 % de l'enveloppe et l'accord de la commission. En France, le budget initial prévu pour cette mesure s'élevait à 36,7 millions d'euros (2009-2013). Le soutien transitoire à cette mesure, largement utilisée dans la communauté espagnole de Castilla-La Mancha, était prévu jusqu'au 31 juillet 2012. Cette aide est octroyée sous la forme d'une aide à l'hectare. Il s'agit d'une décision difficile pour les producteurs et distillateurs du sud de l'Espagne et dans une moindre mesure de l'Italie. Cette décision a impacté l'activité économique de nombreuses distilleries par l'arrêt du soutien européen au prix de vente de l'alcool. La distillation des sous-produits de la vinification (marcs et lies) reste obligatoire pour les producteurs. La réforme de l'OCM-vin de 2008 prévoit que les États membres pouvaient également la financer sur leur enveloppe nationale, mais selon certaines conditions. Cette activité des distilleries était jusqu'alors un élément contribuant à la qualité et à la traçabilité des vins, permettant de plus de réduire la pollution relative aux sous-produits de la vinification, ce qui justifiait une intervention publique. Les distilleries disposaient ainsi d'un dispositif complémentaire de régulation pouvant être activé, par exemple, en cas de dépassement des rendements agronomiques limites des appellations.

La réforme de l'OCM-vin de 2008 a prévu une aide transitoire aux moûts concentrés pendant une période de 4 ans. Au-delà de cette période, le montant correspondant pouvait être transféré dans l'enveloppe des

---

de l'aide directe découplée, laquelle ne pouvait pas dépasser les 350 euros/ha. Cette mesure correspondait donc à l'application du cadre général de la PAC. En concertation avec les organisations professionnelles, la France, à l'opposé de l'Espagne, a fait de choix de ne pas retenir l'octroi d'aides de DPU aux parcelles de vignes, aide dont le niveau paraissait dérisoire comparé à la valeur foncière.

États membres concernés. En France, le budget initial prévu pour cette mesure s'élevait à 55,2 millions d'euros (2009-2013). Au sein de chaque État membre et entre eux, l'enrichissement des vins et la chaptalisation provoquent des distorsions de concurrence. La réforme de l'OCM-vin de 2008 a également créé une aide pour la mise en œuvre d'une vendange en vert permettant une réponse à des crises de court terme. La réforme prévoit également d'autoriser la mention du cépage et du millésime pour tous les vins ne disposant pas d'une appellation d'origine ou d'une indication géographique. Cette nouvelle mesure facilite le contrôle et la traçabilité des vins. Elle offre aux metteurs en marché un nouveau levier de marketing et de communication avec le consommateur. Les aides à la promotion et à l'information dans les pays tiers se destinent à soutenir les initiatives en faveur des vins européennes.

Cette mesure comprend une diversité d'actions : communication, relations publiques, marketing, participation à des foires et salons d'envergure, des études de marché ainsi que des études d'évaluation sur la mise en œuvre des actions de promotion et d'information. En France, le budget initial alloué à l'aide pour cette mesure a atteint 11,47 % de l'ensemble de l'enveloppe nationale (2009-2013). Elles sont accessibles aux opérateurs privés et aux interprofessions. La gestion des aides est partagée entre les États membres (mise en œuvre) et la Commission européenne (gestion). Les mesures de promotion et d'information ont fait l'objet d'un premier rapport d'évaluation. À cet égard, plusieurs critiques ont été émises par les évaluateurs, à savoir : des défaillances sur l'évaluation de la qualité des projets et l'efficience des dépenses engagées. (Cour des comptes, 2014).

LE CAS DE L'ARRACHAGE ET DES DROITS DE PLANTATION

LES DÉBATS ET SA MISE EN ŒUVRE

Après la mise en œuvre de l'OCM-vin de 1999, le rythme des arrachages des vignes a été différencié au fil du temps. La France a poursuivi les arrachages de vignes, mais à un niveau faible. La « transition » dans l'Europe centrale et orientale a provoqué l'érosion des vignobles de ces pays. L'élargissement à l'UE de nouveaux pays a contribué à stimuler des plantations de vignes, mais la crise de surproduction internationale de vins (2004-2006) a provoqué de nouveaux arrachages dans ces pays (Montaigne *et al.*, 2023). Dès 2006, des discussions commencent entre les institutions européennes, la commission, le COPA-COGECA (Comité des organisations professionnelles agricoles de l'Union européenne et Comité général de la coopération agricole de l'Union européenne) et le Parlement européen, pour modifier en profondeur l'OCM-vin et répondre à la crise qui perdure. Les institutions européennes estiment que la perte de parts de marché est due à un manque de compétitivité des producteurs européens en pointant du doigt la vétusté des exploitations et leur superficie trop petite qui ne permettent pas d'atteindre des économies d'échelles du fait de la présence des droits de plantation qui empêche leur croissance. L'analyse des causes principales de la situation n'est plus macro-économique, mais micro-économique. Pour répondre à ce double problème, la Commission propose un plan en deux temps qui d'abord « consiste à rétablir l'équilibre du marché [puis] à accroître la compétitivité, notamment avec la suppression des droits de plantation » (Commission of the European Communities, 2006, p. 9). Le régime d'arrachage primé doit donc être rétabli pour encourager fortement les producteurs de vin les moins compétitifs à perdre leurs droits de plantation moyennant une prime compensatrice, et à quitter de manière définitive la viticulture.

« Puis dans un second temps, s'appuyant sur la théorie économique, les producteurs les plus compétitifs devraient placer rapidement la compétitivité de leur entreprise au cœur de leurs préoccupations et naturellement croître en taille étant donné que les droits de plantation n'existeront plus pour freiner leur expansion. À moyen ou long terme, cela représenterait une réduction de leurs coûts de production fixes » (Commission of the European Communities, 2006, p. 9 « Vers un secteur vitivinicole européen durable », la commission retient et justifie le choix du scénario de « Réforme en profondeur de l'OCM – Variante B (en deux phases) ». Le Conseil des ministres approuve le 29 avril 2008 la réforme de l'OCM-vin en adoptant le règlement (CE) n° 479/2008. L'article 102 du règlement (Procédure et budget), définit deux priorités d'accès à la prime l'une pour les viticulteurs âgés d'au moins 55 ans et l'autre pour ceux qui arracheront l'intégralité de leur vignoble ou cesseront totalement leur activité viticole. La politique d'arrachage de l'OCM 2008 a été plébiscitée par les viticulteurs, l'objectif sur trois ans étant atteint dès la première année, la plupart des pays ont utilisé 100 % des budgets alloués et d'importants coefficients de réfaction, de l'ordre de 50 %, ont dû être appliqués.

Pour des raisons techniques sur certains dossiers, finalement 160 550 ha ont été arrachés et primés, soit 91 % de l'objectif. L'Espagne avec 93 600 ha représente plus de 58 % des arrachages primés, l'Italie avec 28 462 ha, soit 18 %, et la France avec 22 638 ha, soit 14 %, totalisent à eux trois 144 700 ha soit 90 % du total. 4 % du vignoble européen a été arraché en 3 ans, l'équivalent de 10 millions d'hl soit 6 % du potentiel européen. La première région concernée par ce programme, en France, est le Languedoc-Roussillon : avec 15 882 ha arrachés primés et 5 327 dossiers, soit plus de 70 % des arrachages totaux réalisés durant les 3 campagnes. En France, 98 % des dossiers ont été retenus sur la base de critères communautaires : l'âge et l'arrachage total. Aucun ciblage de régions, de cépages ou d'exploitations particulières, ni d'interdire ou limiter certaines régions ou certains cépages. Cette intervention n'a donc pas suivi une stratégie économique particulière (FranceAgriMer, 2012). Finalement l'article 90 du Règlement (CE) n° 479/2008 « annonce le "maintien transitoire des droits de plantation" jusqu'au 31 décembre 2015 ». Il s'agirait donc de la disparition d'un mécanisme de régulation qui était apparu en France lors de la promulgation de la loi du 8 juillet 1933[3].

DE L'OCM-VIN 2008 À L'OCM-VIN 2013 : DES DROITS AUX AUTORISATIONS

La disparition définitive des droits de plantation actée par le Règlement (CE) n° 479/2008 a tellement été abondamment critiquée par les parties prenantes qu'elle sera annulée et les droits seront maintenus, mais transformés. En effet à l'approche de l'échéance, le bien-fondé de cette dérégulation a été remis en cause à l'échelle européenne par un bon nombre de professionnels et d'élus de collectivités territoriales qui ont craint des conséquences désastreuses (Montaigne *et al.*, 2013). Dans ce

3 Art. 3. Pendant une période de cinq années à compter du 1er août 1933, sont suspendus toutes plantations ou tous compléments de plantations autres que ceux nécessaires pour assurer l'entretien du vignoble, sur une surface égale à l'intérieur d'une même exploitation. Journal officiel de la République française. Lois et décrets n° 0163 du 13/07/1933.

scénario, tout propriétaire de terrain agricole aurait pu y planter de la vigne. Pendant cette période, certains arguments émanant de la théorie économique, notamment l'existence d'économies d'échelles en viticulture et le fait que les droits empêchent la croissance des exploitations viticoles, sur lesquelles la Commission basait son argumentation, commencent à être remis en question, notamment en France (Delord *et al.*, 2014).

Face à cette impasse, les institutions européennes ont réagi en adoptant le Règlement (UE) nº 1308/2013 qui acte le passage à l'OCM unique et reporte la transformation des droits de plantation en autorisations de plantation, prévue par l'OCM-vin 2008, fin 2015, au lieu de les faire disparaître. Une libéralisation totale de la viticulture européenne a encore une fois été évitée, mais les modifications des règles sont loin d'être anodines. Le considérant 54 prend acte que les objectifs de la réforme de l'OCM-vin 2008 ont été atteints : les excédents structurels sont éliminés, le secteur vitivinicole de l'Union européenne est plus compétitif et s'oriente davantage vers le marché. Ceci justifie la fin des droits de plantation. Cette évolution favorable est le résultat d'une réduction sensible des superficies vinicoles dans toute l'Union, de la cessation d'activité des producteurs les moins compétitifs, ainsi que de la suppression progressive de certaines mesures de soutien du marché [les distillations] qui a éliminé tout attrait pour des investissements dépourvus de viabilité économique [vignes à haut rendement, cuverie, etc.]. La réduction de la capacité d'offre, le soutien en faveur de mesures structurelles et de la promotion des exportations ont permis une meilleure adaptation à la baisse de la demande au niveau de l'Union, qui découle d'une diminution progressive de la consommation dans les États membres traditionnellement producteurs de vin.

Le considérant 55 place rapidement un garde-fou pour se protéger d'« une augmentation trop rapide de nouvelles plantations de vigne pour répondre à l'évolution prévue de la demande internationale », car à moyen terme elle « pourrait conduire à nouveau à une situation de surcapacité d'offre ». C'est pourquoi une « croissance contrôlée des plantations de vigne au cours de la période allant de 2016 à 2030 » nécessite « un nouveau système de gestion de ces plantations au niveau de l'Union, sous la forme d'un régime d'octroi d'autorisations de plantation de vigne ». La création des autorisations de plantation est nécessaire et d'intérêt général.

L'idée de la Commission est de suivre la ligne de crête entre produire plus pour répondre à une croissance mondiale tout en évitant la surproduction. En effet, les perspectives d'une hausse progressive de la demande au niveau du marché mondial incitent à accroître la capacité d'offre et, partant, à planter de nouvelles vignes au cours de la prochaine décennie. S'il convient de poursuivre l'objectif principal, qui est d'améliorer la compétitivité du secteur vitivinicole de l'Union, afin qu'il ne perdre pas de parts du marché mondial, une augmentation trop rapide de nouvelles plantations de vigne pour répondre à l'évolution prévue de la demande internationale pourrait conduire à nouveau à une situation de surcapacité d'offre à moyen terme.

LES AUTORISATIONS DE PLANTATION,
QUEL CHANGEMENT POUR LE FONCIER ET LA VITICULTURE ?

Avant l'OCM 2008, le droit de plantation rattaché à l'exploitation pouvait être transféré moyennant un prix indirectement fixé par l'office gérant la réserve nationale depuis 1999. De fait, en France, le prix des échanges gérés par des intermédiaires était égal au prix de la réserve moins quelques coûts de transaction destinés au courtier. La gestion des réserves variait fortement selon les États-Membres. En entrant un peu dans le détail, en France, ces échanges de droits ne pouvaient être réalisés qu'au sein des deux catégories de vins de qualité : les vins IGP ou AOP. Il fallait, en plus, disposer d'une « autorisation[4] » de l'ODG, l'organisme de défense et de gestion de l'appellation qui arbitrait les demandes selon le potentiel de croissance ou les besoins de renouvellement, et l'installation des jeunes vignerons.

L'ensemble des demandes étaient réparties par appellation, au niveau national, par FranceAgrimer et l'INAO, tout en respectant les quotas européens. De plus, la superficie attribuable à chaque demandeur était limitée à un hectare en AOP, trois hectares en IGP. Un solde positif pouvait être réparti, la limite maximale étant alors de cinq hectares. Même si le système paraît d'une grande complexité, sa logique est particulièrement simple : dans une tendance générale à la réduction du vignoble français, la prime d'arrachage n'a pas « épuisé » les réserves de droits de plantation. Dans un souci de progression de la qualité des

4 « Autorisations administratives » à ne pas confondre avec les « nouvelles autorisations européennes » de 2016.

vins, les vins à IGP et à AOP ont été favorisés. La gestion de la régression du potentiel de production s'est donc faite avec une relocalisation géographique des vignobles, vers les régions les plus réputées présentant des perspectives positives de marché[5].

L'OCM 2013 libéralise en partie la plantation de vigne avec l'introduction des autorisations de plantation au 1er janvier 2016. Il existe tout de même des limites qui permettent de maintenir un contrôle du potentiel de production : au niveau local grâce aux IG présentant un nouveau dossier économique et au niveau national avec la limite de 1 % de plantations nouvelles. Bref, la règle passe de « tout est interdit sauf autorisation » pour les droits de plantation à « tout est autorisé sauf limitation régionale ou nationale » pour les autorisations. En effet, il est à nouveau possible de planter des VSIG et leur superficie plantée rentre dans la limite nationale de croissance de 1 %. De fait, certaines IG craignent les plantations dans la périphérie de leur appellation. C'est le cas du Champagne qui invoque un détournement de notoriété.

En ce qui concerne la croissance des exploitations viticoles, nous devons tenir compte de l'évolution des règlements, viticole et foncier, qui entourent cette possibilité. Une exploitation viticole peut croître de deux façons, soit à surface égale acquérir des autorisations de plantations pour planter de la vigne sur du foncier dont elle est déjà propriétaire, soit en achetant des terres déjà plantées en vignes. Sous l'OCM 2008, l'augmentation « interne » est fortement limitée par la difficulté de recevoir des droits de plantation. La présence de l'article R. 665-14 du code rural contribue également à cette limitation, car elle bloque la distance entre une parcelle et le siège d'une exploitation viticole à 70 km. Sous l'OCM 2013, cet encadrement engendré par les droits de plantation vole en éclat. Désormais, une exploitation viticole peut recevoir autant d'autorisations de plantation qu'elle le souhaite à condition que les limites au sein des IG et au niveau national ne soient pas atteintes. Quant à la croissance par acquisition du foncier, l'introduction de la LAAAF[6] refonde le contrôle des structures ce qui apporte des changements importants à la régulation du marché du foncier viticole. Cependant, nous notons que sous les deux OCM, les régulations foncières sont

5 Mais nous verrons ci-dessous en quoi ces choix peuvent déboucher sur une crise des années plus tard.

6 Loi d'avenir pour l'agriculture, l'alimentation et la forêt (LAAAF)

largement contournables grâce à l'acquisition du foncier par la fusion-acquisition d'entreprises viticoles. De plus, un décret abroge l'article R. 665-14 du code rural sur la distance maximale des parcelles au sein d'une exploitation.

Les conséquences sur le foncier viticole se font ressentir au niveau des IG prestigieuses disposant de réserves foncières non négligeables, car les nouvelles autorisations permettent à celles-ci de planter plus rapidement qu'avec les droits sous l'ancienne OCM. En effet, sans limites demandées par une IG, un viticulteur recevra 100 % de sa demande en surface à condition que la limite des 1 % ne soit pas atteinte. Si c'est le cas, toutes les demandes des viticulteurs seront revues à la baisse et au prorata. À court terme, cela donne plus de flexibilité aux viticulteurs ayant accès à des réserves foncières pour répondre à des demandes sur le marché. À long terme, il y a un risque de saturation du marché foncier au sein de l'IG. Dès lors, le marché foncier pourrait se déconnecter de la valeur économique, celle calculée à partir de la valeur de la production de vin (Barthélemy, 2000).

L'INCLUSION DANS LE MARCHÉ COMMUN UNIQUE EN 2013

L'intégration de la réforme de 2008 de l'OCM-vin dans la réforme générale de l'Organisation unique du marché commun en 2013, s'est faite quasi naturellement, Règlement (EU) 1308/2013. La politique viticole combine des règles spécifiques de gestion du marché avec les ressources horizontales du développement rural. Les mesures des programmes de soutien nationaux (PSN) restent les mêmes qu'en 2008. Comme dans la période précédente, près de la moitié des fonds de soutien sur la période 2014–2018, a été consacrée à la restructuration du vignoble et deux cinquièmes à l'investissement et à la promotion. Les mesures conjoncturelles sont restées marginales. D'une manière générale, après les crises de 2004, avec la surproduction mondiale, et de 2008, avec le « *subprimes* », l'Europe a bénéficié, sur la période, d'un équilibre normal entre l'offre et la demande, ce qui explique la faiblesse du recours aux interventions et la focalisation du budget sur la compétitivité[7].

7 Rappelons que cet équilibre peut être renforcé par le financement sur les NSP de distillation en cas de crise locale, comme c'est le cas pour le Languedoc et le Bordelais en 2023-2024. Ce budget ne doit pas cependant dépasser 15 % des fonds attribué à l'État Membre concerné.

APRÈS LE BREXIT, LE COVID ET LA TAXE TRUMP
La nouvelle OCM 2023-2027

De fait, avec de nombreuses adaptations, cette nouvelle OCM confirme les objectifs définis en 2013, qui eux-mêmes incluent, pour le vin, les bases définies en 2008. Elle se focalise sur une transformation de gouvernance avec un accroissement de la subsidiarité et la nécessaire création de plans stratégiques au sein de chaque État membre. Il s'agit d'une approche « taillée sur mesure » (Pomarici *et al.* 2020), mais qui doit être conforme au programme « Farm to Fork » et à l'« European Green Deal » tous deux faisant partie des causes des manifestations d'agriculteurs en 2024 (Courleux, 2023). Qu'y a-t-il de nouveau dans cette OCM-unique pour la viticulture ? Comme en 2013, la nouvelle OCM incorpore dans son projet unique les programmes nationaux de soutien (PNS) et comme précédemment, les choix retenus, comme leur montant, par les États membres varient dans une enveloppe quasi fixe. C'est donc au niveau des modifications plus « secondaires » qu'il faut rechercher une réorientation ou une inflexion sur quelques points somme toute d'importance, mais ne transformant pas fondamentalement la politique viticole de régulation des marchés.

Les autorisations de plantation sont maintenues, avec des délais rallongés pour tenir compte de la période COVID : leur validité passe de 3 à 6 ans et l'expiration de la transition avec les droits de plantation a été reculée de deux ans de 2020 à 2022. Les critères d'attribution peuvent être régionalisés. Des critères de préservation des ressources génétiques et de performance managériale peuvent être retenus. La reconversion des droits s'achève en 2025. Les bases de calcul de la superficie de référence peuvent être différenciées pour tenir compte des éventuelles baisses de la surface nationale. À ce titre, la Cour des comptes européenne estime que le rôle de cette mesure sur l'amélioration de la compétitivité n'est pas assez clair, ce que la commission accepte de prendre en compte pour les évaluations annuelles (European Court of Auditors, 2023). Les variétés hybrides sont finalement autorisées pour l'élaboration des vins d'appellation, après leur autorisation pour les vins sans et avec indication géographique, étendant ainsi le règlement de 2013. Les choix finaux restent cependant aux États membres et aux organismes de gestion de ces appellations (Montaigne *et al.*, 2021).

La Commission européenne développe son engagement initié en 2019 en faveur de la désalcoolisation des vins, initialement limitée à 20 %. Les travaux d'harmonisation des méthodes et des enjeux discutés par l'OIV, ainsi que les programmes de recherche de l'INRA (Montaigne Étienne *et al.*, 2013b), présageaient ce qui apparait conforme à une tendance de la demande.

Les mentions d'étiquetage de 2013 s'appliquent désormais à tous les vins. L'étiquetage de la valeur nutritionnelle et de la composition des vins a fait l'objet de nombreux débats tant le nombre de mentions pouvait être important et variable. Des compromis ont été obtenus en y joignant une dimension « marketing » grâce à l'usage des QR codes. Les interprofessions et les organisations de producteurs sont enfin reconnues comme des acteurs économiques au sens plein. Ils ne représentent plus des ententes condamnées par les règlements anti-concurrentiels. Ils peuvent désormais fournir des orientations de prix indicatifs, « pour faire barrage au risque de dépréciation des prix des vins de qualité ».

LE PLAN STRATÉGIQUE NATIONAL (P.S.N)

Le projet de réforme de la nouvelle PAC 2023-2027, lancé à partir de juin 2018, est basé sur des planifications stratégiques élaborées à l'échelle de chaque État membre. Elles répondent aux trois objectifs généraux de la PAC : favoriser une agriculture intelligente et résiliente assurant la sécurité alimentaire, renforcer les actions favorables à l'environnement et au climat, et renforcer le tissu socio-économique des zones rurales. Le PSN de la France correspond à un document de planification stratégique, encadré par la réglementation européenne. Le PSN cherche à favoriser le développement d'un secteur agricole et sylvicole plus diversifié et résistant, et à accompagner la transition agro-écologique engagée par les agriculteurs. Il s'agit également d'assurer le développement social et économique des zones rurales. Le Programme stratégique français est accepté le 31 août 2022, par la Commission européenne. Dans sa version complète, il s'agit d'un document de 1 024 pages au sein duquel il est difficile d'isoler ce qui revient à la seule viticulture, en particulier sa part au sein des interventions horizontales, par exemple les aides à l'agriculture biologique.

Il est entré en vigueur le 1er janvier 2023. Le PSN concerne non seulement les paiements directs et les aides au développement rural, mais aussi des programmes sectoriels concernant les filières viticoles, huile d'olive, fruits et légumes et apicoles qui y sont intégrées. Les choix au sein de ces NSP, programmes nationaux d'aide (PNA) créés en 2008, font l'objet de décisions nationales respectant les règlements de filière et les enveloppes budgétaires attribuées à chaque État membre. Le changement porte seulement sur l'établissement de minima de dépenses environnementales. Bien entendu, chaque programme reste spécifique de la filière concernée tout en respectant les objectifs communs. Les bénéficiaires de ces programmes sont précisés, pour la filière viticole ce sont les viticulteurs, les interprofessions, les distillateurs, les caves et les coopératives.

Les principaux objectifs sont explicités : orienter la production pour l'adapter à la demande, réduire les coûts de production et stabiliser les prix, concentrer l'offre, améliorer la compétitivité, favoriser les méthodes de production durables, réduire les déchets, préserver le climat et les ressources naturelles, améliorer la valeur et la qualité commerciales des produits par les IGP et les AOP. L'environnement et l'écologie tiennent une part croissante dans les préoccupations du législateur. Ces objectifs insistent également sur la prévention des risques, la régulation des marchés, les règles et les conditions de travail. Enfin, la valorisation des sous-produits de la vinification à des fins industrielles et énergétiques est encouragée. Du côté des consommateurs, il s'agit d'encourager une consommation responsable, faire connaitre le système de qualité, renforcer la compétitivité y compris hors de l'UE. Sur les cinq années 2023-2028, le budget du PNA Vitiviniculture français représente, 908 millions d'euros. Les orientations stratégiques restent les mêmes avec 41 % pour la restructuration et la reconversion, 30 % pour les investissements matériels et immatériels, 17 % pour la distillation des sous-produits, 1 % pour l'information et 11 % pour la promotion dans les pays tiers. En revanche, les interventions de crise n'apparaissent pas dans ce plan. Elles sont cependant mobilisables. La distillation de crise est cofinancée comme l'arrachage en Bordelais en 2024. « Les outils de gestion de crises exceptionnelles mobilisables dans le cadre du PNA et de l'OCM pourront quant à eux compléter cet arsenal de protection contre les crises, au regard des risques prix et marchés. Ils ont d'ailleurs démontré toute leur utilité dans la crise sanitaire de la COVID-19, notamment dans le secteur vitivinicole » (p. 280).

LES CRISES RÉCENTES

LA SITUATION BORDELAISE

Le potentiel de production viticole bordelais et les arrachages de vignes face aux défis de l'évolution des marchés, des aléas biologiques et climatiques. Le 6 décembre 2022 à Bordeaux les vignerons manifestaient dans la ville en demandant un plan d'arrachage face à la chute du prix du vin. Les symptômes sont connus : les fermages ne sont plus loués, car plus rentables, les banques les abandonnent, les viticulteurs âgés ne peuvent pas prendre leur retraite faute de repreneurs, continuer est impraticable à cause des coûts de production supérieurs aux prix de vente du vin. Les vignes à vendre ne trouvent plus d'acquéreur, les arrachages « spontanés » sont à la charge des vignerons. Quelle explication retenir ? À la suite de la crise financière internationale de 2008, de l'instauration temporaire d'une surtaxe de 25 % pour les vins tranquilles importés aux États-Unis par l'administration Trump (fin 2019-mars 2021), des effets de la crise sanitaire du COVID-19 et, plus récemment, des conséquences de la guerre en Ukraine, la consommation de vins de Bordeaux a progressivement baissé. Ajoutons avec les restrictions de la crise sanitaire du COVID-19, la « fermeture » prolongée du marché chinois, une destination traditionnelle pour les vins bordelais.

Les effets du ralentissement de la demande sur le marché domestique et des échanges internationaux concernent principalement les vins de bordeaux d'entrée et de milieu de gamme[8]. L'ensemble de ces phénomènes ont contribué à l'accumulation progressive des stocks ainsi qu'à une baisse des prix moyens. De plus, de nombreux vignerons ont été impactés par des pertes de récolte liées aux accidents climatiques de 2017 (gel) et de 2022 (grêle). La dynamique des surfaces peut éclairer la logique de la politique viticole européenne. Si l'on prend la Gironde, principal département pour la production de vins de Bordeaux, la superficie en vigne était de 105 000 ha en 1990 et de 115 000 ha en 2019 (Agreste, 2020). Mais sur cette trentaine d'années, les tendances étaient contrastées : de 1988 à 2005, la superficie s'était accrue de près de 23 000 ha. Sur cette première période, Bordeaux « déshabillait » le Languedoc-Roussillon qui arrachait ses vignes de vins de table en plaine et très productives, et transférait les droits de plantation ou recevait de nouveaux droits de Bruxelles. Cette hausse avait profité principalement à l'Entre-Deux-Mers (+15 000 ha). Les crises conjoncturelles et structurelles de 2005 à 2011 ont marqué un coup d'arrêt à cette expansion : 10 000 ha de vigne ont été arrachés, dont 4 000 ha accompagnés par la mise en place de la prime d'abandon définitif[9]. Depuis, sa superficie est relativement stable. En ce qui concerne les surfaces plantées, on remarque une forte progression de l'encépagement en rouge au cours de la période 1998-2008, or dans la chute de la consommation ce sont les vins rouges qui déclinent le plus (Réjalot Michel, 2019).

LE PLAN D'ARRACHAGE VITICOLE BORDELAIS EN 2024

Depuis la mise en œuvre de l'arrachage « social » de (2008 à 2011) par l'OCM-vin en 2008, les aides européennes à l'arrachage ont été supprimées. La filière régionale bordelaise s'est mobilisée et a mis en place un dispositif d'arrachage « sanitaire » des vignes en Gironde, avec deux objectifs : éviter la propagation de la maladie de la flavescence dorée ; faciliter la restructuration du vignoble bordelais. À moyen terme, les producteurs vont développer trois stratégies complémentaires : l'extension de la commercialisation sous l'IGP « Atlantique » ou les VSIG « Vins de France » ; la croissance du Crémant de Bordeaux ; la réorientation

8 Ce qui a été analysé par Jean-Marie Cardebat (2023) comme une confirmation de l'effet Alchian–Allen sur le marché différencié des vins de Bordeaux.

9 En particulier avec l'opération « Mariann Fischer Boel ». (2008).

d'une partie de l'encépagement vers la production de vins blancs La régulation du potentiel viticole bordelais par l'arrachage est une mesure drastique et relativement rapide. Celui-ci permettrait de réduire les surfaces viticoles de façon significative et « d'apurer » les stocks de vins rouges à moyen terme.

D'AUTRES CRISES EN FRANCE ET EN EUROPE

Crise viticole dans l'Aude : Manifestation à Narbonne : « Monsieur le ministre, le Sud crève, le peuple vigneron s'est réveillé ». C'est par ce titre que le journal régional l'Indépendant rend compte de la manifestation de 4 à 6 000 vignerons à Narbonne le 25 novembre 2023.

À la baisse mondiale de la consommation de vin, s'ajoutent les aléas climatiques et une sécheresse sévère depuis deux ans en Pays catalan. En France, les stocks sont assez élevés y compris pour les vins à indication géographique protégée et les vins de France. En raison des difficultés pour écouler la production, la profession viticole demande des mesures de gestion de crise, telles que des aides à la distillation, au stockage privé et à l'arrachage définitif des vignes. Actuellement, la distillation de crise et les arrachages définitifs ne sont plus intégrés au plan national d'aide prévu par réglementation européenne. La partie la plus importante des stocks est constituée de vins sous appellation. En Espagne, malgré une faible pression sur les stocks, il existe des tensions dans quelques régions, dont la Catalogne et l'Extremadura. En conséquence, en 2013 de nombreuses associations professionnelles ont demandé au gouvernement la mise en œuvre d'une distillation de crise, volontaire. En Catalogne, la distillation de crise a bénéficié d'une aide européenne de 700 000 €, cofinancée à hauteur de 50 % par des fonds régionaux. Dans la région d'Extremadura, la distillation de crise a concerné tout le territoire régional pour des vins rouges et rosés sans indication géographique avec une dépense totale de 820 868 €. La mesure de distillation a été financée par les fonds issus du programme d'aide national à la vitiviniculture (PASVE). Cette mesure est introduite en complément de l'aide à la vendange en vert autorisée début 2023 et financée à hauteur de 15 millions d'euros. Les producteurs de vin espagnol ont également bénéficié d'une aide de 10 Mn € pour les vendanges en vert en Castilla-la-Mancha et dans La Rioja sur 6 189 ha. En Italie, quelques demandes régionales de distillation ont été faites dans le Lazio et la Sicile pour 300 000 hl.

À la fin de la campagne 2022, les stocks de vins disponibles au Portugal pour les vins rouges et rosés étaient 20 % supérieurs à la moyenne des 5 dernières années, soit +1,25 million d'hl. Le gouvernement a prévu 20 millions d'euros pour soutenir la distillation de crise pour un potentiel prévisionnel 578 000 hl, principalement dans les régions de l'Alentejo, du Douro et de Lisbonne. La situation économique européenne et mondiale suivant la crise de la COVID 19 et la baisse mondiale de la consommation des vins ont réactivé les interventions de crise maintenant bien connues : distillation de crise et arrachages. L'évolution montre bien qu'il s'agit de crises plutôt régionales avec des budgets essentiellement nationaux, mais bénéficiant de compléments européens. L'ampleur de ces budgets est sans commune mesure avec ceux des années quatre-vingt.

En Australie, un plan d'arrachage massif des vignes en production est en cours pour enrayer la crise de surproduction et faire face à la chute des prix des raisins de cuve. Ces difficultés concernent principalement les plantations de cépages destinés à la production de vins rouges. Le surplus est estimé à 20 000 ha. Au Chili, on estime les arrachages de vignes à 15 % des surfaces. Le vignoble sud-africain de 89 384 ha en 2022 se rétrécit également à des rythmes variables, selon des régions. Mais en dehors de l'Europe, ces interventions ne bénéficient pas des aides publiques.

CONCLUSION AU CHAPITRE

Ce long récapitulatif des régulations du marché du vin et des contextes socio-économiques qui les ont guidées nous a bien montré l'originalité et le caractère précurseur de l'organisation de ce secteur[10]. La PAC-vin a bénéficié de cette expérience sur la régulation du marché, la définition de la politique qualitative et le rôle des interprofessions et autres

10 Nous retenons ici la définition du Larousse en Économie : « Processus complexe par lequel un système économique et social parvient à se reproduire dans le temps en conservant l'essentiel de ses caractéristiques structurelles ». Pour le marché du vin nous retiendrons les règlementations et les objectifs de stabilité.

organisations professionnelles. Peut-on extraire de ce qui précède des invariants et des facteurs déterminants pour comprendre les évolutions passées et futures de la politique économique viticole ? Tout d'abord, rappelons à nouveau la spécificité de la vigne ; plante pérenne à longue durée de vie, incroyable diversité des variétés cultivées, produisant un produit transformé d'une grande complexité et d'une grande échelle de valeurs, produit qui, de plus, n'est plus considérée comme un produit alimentaire indispensable, mais culturel. Elle a imposé des interventions originales sans équivalence dans les autres productions. Comme beaucoup d'autres productions agricoles, les marchés du vin subissent toujours la loi de King. Dès qu'apparait la surproduction, l'inélasticité de la demande fait que les prix s'effondrent comme la recette des viticulteurs. La consommation ne réagit pas à la baisse des prix.

La volatilité des rendements liée aux aléas climatiques et aux crises biologiques dépasse souvent la capacité de report d'une année sur l'autre, d'un produit dont la durée de vie était souvent liée à l'alcool. Avec le temps, deux trajectoires de progression qualitative se sont développées. D'un côté les vins de table ont progressé « à leur manière » avec le statut viticole et sa classification des cépages ; et les VAOC avec leurs règles techniques d'un autre, toutes deux bénéficiant des travaux de la science viticole et œnologique. Elles se superposent partiellement aujourd'hui par l'interpénétration des gammes et des prix en particulier sous l'influence de la concurrence internationale. Elles ont toutes les deux bénéficié des investissements technologiques à la vigne et à la cave. Ces transformations ont abouti à une très forte différenciation des produits et le marché est devenu un marché de concurrence imparfaite où cependant le déséquilibre global entre l'offre et la demande reste la source de crises itératives. Mais se sont ajoutées des crises locales, régionales ou nationales faisant l'objet d'interventions publiques, essentiellement en Europe. Les grandes crises mondiales de 2004 et 2010 se sont éloignées, mais il reste ces crises plus locales ou régionales. On peut même y retrouver l'effet Alchian-Allen, avec une demande soutenue pour les produits haut de gamme et une crise pour l'entrée de gamme des mêmes produits. L'OCM-vin s'est adaptée en régionalisant les mêmes interventions : arrachage et distillation.

Les principales orientations et objectifs de l'OCM-vin n'ont pas considérablement changé depuis la réforme de 1976, à savoir, la stabilisation des marchés et la rémunération équitable des viticulteurs, en favorisant une orientation vers les productions de qualité. La spécialisation viticole de régions entières comme le Languedoc, l'Émilie-Romagne ou Castilla la Mancha a entrainé des réactions plus intenses de l'ensemble des parties prenantes de la filière et des politiques. Les vingt premières années de la commission n'ont pas été simples avec la situation quasi permanente de crise de surproduction, face à une consommation déclinante et une réorientation qualitative drastique. Acteur dominant sur le marché mondial du vin, l'Europe a mis du temps à prendre conscience du développement accéléré de la concurrence internationale et de la croissance des « nouveaux producteurs », dont une grande partie des vignobles tout neufs, a bénéficié du matériel végétal français et européen de grande qualité, issu de trente ans de sélection sanitaire et clonale.

Les accords de Marrakech et l'OMC, les accords commerciaux et la géopolitique ont eu leur part d'influence sur les politiques prises selon la couleur de leur boite. Le rôle accordé à la Commission européenne en matière technique, les normes et les pratiques œnologiques ont été déterminantes dans la progression qualitative des vins et surtout dans les échanges internationaux. Elle a bénéficié de l'accumulation des travaux de l'OIV au point de lui déléguer finalement ce rôle et en adoptant ses résultats.

Tout au long des réformes de l'OCM-vin, les décisions politiques sont passées de la recherche d'un équilibre quantitatif à un développement qualitatif, mais également d'une vraie politique commune d'organisation à une renationalisation des choix à partir d'un menu commun. Il s'agit peut-être du seul compromis politique accessible, mais plus probablement de la prise en compte des grandes différences de situation selon les États membres associés à des choix stratégiques différents. Le principe de subsidiarité défini à l'article 5 du traité de l'Union européenne ne reste-t-il pas l'un des fondamentaux ? Simultanément depuis le début du XXIe siècle se sont ajoutés des objectifs de compétitivité sur les marchés internationaux et les budgets se sont réorientés en ce sens. De façon plus générale, la viticulture est engagée dans les enjeux climatiques et environnementaux.

Nous laisserons le mot de la fin à la professeure Gabrielle Rochdi (2023) : « Le modèle d'intervention proposé par l'Union européenne repose sur un schéma de compromis élaboré entre les intérêts communs et les intérêts particuliers des terroirs d'appellation définis selon des stratégies collectives structurées. Couvrant toute la chaîne du *process* amont et aval, il œuvre en globalité en offrant un cadre de réglementation harmonisée ou encore par des mesures d'intervention qui ne s'appliquent pas au soutien du revenu, mais à l'orientation vers la compétitivité durable du secteur ».

Étienne MONTAIGNE
SupAgro Montpellier

Alfredo COELHO
Bordeaux Sciences Agro

Samson ZADMEHRAN
INRAE

Achevé d'imprimer par Corlet,
Condé-en-Normandie (Calvados),
en Avril 2025
N° d'impression : 187544 - dépôt légal : Avril 2025
Imprimé en France

RENCONTRES
675

Politiques agricoles

Volume II

Politiques agricoles

Volume II

Théories, histoires, réformes, expériences

Sous la direction de Vincent Chatellier, Martin Pidoux,
Thierry Pouch et Marine Raffray

Préface de Laurence Roudart

Postface de Sébastien Abis

PARIS
CLASSIQUES GARNIER
2025

ISBN 978-2-406-18457-7 (livre broché)
ISBN 978-2-406-18458-4 (livre relié)
ISSN 2103-5636

QUATRIÈME PARTIE

POLITIQUES AGRICOLES ET RELATIONS INTERNATIONALES

L'état présent de la mondialisation et le long processus d'intégration de l'agriculture dans la mondialisation, nécessitaient un traitement à part entière de la question des liens entre politiques agricoles et les relations internationales. On sait en effet que, depuis le milieu de la décennie 1990, à la faveur des négociations commerciales multilatérales qui se sont déroulées dans le cadre du GATT/OMC, et qui se sont conclues par les Accords de Marrakech en 1994, l'agriculture ne peut plus être appréhendée comme un secteur à l'abri des échanges internationaux et des tensions concurrentielles entre les principaux pays producteurs et exportateurs de produits agricoles et alimentaires. L'évolution même du capitalisme mondial et des rapports de force entre les nations agricoles, ont débouché sur une vaste recomposition de la hiérarchie des acteurs impliqués dans ces flux commerciaux internationaux. Alors que les États-Unis ont occupé durant de longues années le rang de premiers exportateurs mondiaux de produits agricoles et alimentaires, devant l'Union européenne, celle-ci est parvenue à leur ravir au début des années 2000 la position de leader, et à se hisser au rang de première puissance agro-exportatrice.

Le déclassement des États-Unis est donc réel dans cette hiérarchie, avec, plus récemment, un rattrapage entrepris par le Brésil, qui est devenu la troisième puissance exportatrice mondiale de produits agricoles et alimentaires. Il est assurément logique que, du fait de la concentration des offres mondiales de produits agricoles et alimentaires (pour l'exemple, on rappellera ici qu'une dizaine de pays approvisionne à eux seuls la population mondiale en blé tendre (15 % en moyenne de la production sont exportés), et représentent quasiment 90 % des flux commerciaux, faisant ainsi face à une multitude de demandeurs, dont la Chine, l'Indonésie et l'Égypte, forment les plus importants) (Abis, 2023).

C'est pourquoi ces mutations structurelles ont été à l'origine d'un grippage de l'Organisation mondiale du commerce, lequel s'explique par de profondes tensions concurrentielles entre ces nations pour capter ou préserver leurs parts de marché. Il en découle que, depuis l'ouverture du cycle de Doha en novembre 2001, aucun accord multilatéral n'a pu voir le jour, portant à près de 25 ans la durée de ce cycle, un véritable record, largement supérieur aux huit années ayant ponctué les négociations du cycle précédent, qualifié de cycle d'Uruguay (1986-1995). Outre les trois pays mentionnés ci-dessus, un quatrième a largement perturbé, voire bloqué, la finalisation des discussions du cycle de Doha. Il s'agit de l'Inde. New-Delhi, en affichant sa volonté de sécuriser ses approvisionnements alimentaires, entend poursuivre sa pratique d'une politique agricole, en allouant notamment des soutiens publics pour le stockage des denrées agricoles.

L'échec de la Conférence ministérielle de mars 2024, qui s'est déroulée à Abou Dabi, en constitue une illustration, signifiant ainsi que l'institution de Genève n'est plus en mesure d'exercer ses missions. Ce qui devait aider à la structuration des relations commerciales s'est finalement traduit par une impossibilité d'harmoniser des intérêts aussi puissamment divergents. La transition du GATT vers l'OMC n'a certes pas été une révolution, juste apparamment une évolution, mais qui, rétrospectivement, n'a pas été en mesure de résoudre les tensions profondes entre les États défendant jalousement leurs intérêts agricoles (Barton, Goldstein, Josling, Steinberg, 2006).

Le blocage des négociations multilatérales qui s'est étalé sur plusieurs années exprime aussi le basculement du centre de gravité de l'agriculture mondiale vers l'Asie (Inde), et plus largement vers l'Eurasie (avec la Russie, devenue entre-temps une très grande puissance agricole, plus spécifiquement la première puissance exportatrice mondiale de blé tendre, avec environ, et selon les années, 18 à 20 % des parts de marché à l'exportation). Nul doute que la guerre en Ukraine a exacerbé les ambitions hégémoniques d'un pays comme la Russie, dont on peut dire qu'elle traduit un objectif de « désoccidentalisation » – ou, si l'on préfère, de « russification » – des marchés agricoles (Pouch, Raffray, 2022).

Mais à la question du démantèlement des droits de douane et des soutiens internes tels qu'ils sont pratiqués par certaines nations dans le cadre de leurs politiques agricoles, s'est depuis greffée celle des barrières commerciales non tarifaires, en particulier celles relatives aux normes et à leur harmonisation à l'échelle mondiale.

Plus fondamentalement, il est maintenant avéré que le secteur agricole, qui a été incorporé dans la mondialisation, est pleinement concerné par ce que Thomas Gomart nomme « l'accélération de l'histoire », et incarne l'un des nœuds géoéconomiques décisifs de ce monde qui, selon lui, est désormais « hors de contrôle » (Gomart, 2024).

Ce sont ces questions qui font l'objet d'un traitement approfondi dans cette partie de l'ouvrage. Certes, la présence d'un chapitre portant sur les dynamiques d'exportations et d'importations aurait été légitime. Mais son caractère descritptif, auquel s'ajoute le fait que cette approche est largement abordée par une abondante littérature économique, a milité pour que soient présents trois chapitres analysant l'un le commerce international et son articulation aux politiques agricoles, l'autre le rôle de plus en plus crucial des normes dans les flux et les négociations, et l'avant-dernier, les stratégies de puissance déployées par les grandes nationas agricoles. Le tout dernier chapitre abordera concrétement ces enjeux de puissance, au travers notamment les produits de grandes cultures, céréales, oléagineux et sucre.

PUISSANCE, CONFLITS ET ÉTATS

Aux sources géopolitiques des politiques agricoles

Après avoir annoncé la fin des territoires en 1995, qui sont, de fait, matriciels de la géopolitique, le spécialiste des relations internationales, Bertrand Badie, a récemment déclaré que « le monde n'est plus géopolitique ». Cette assertion en forme d'assaut intellectuel contre une discipline, il est vrai mal définie, était le sous-titre de son ouvrage « inter socialités ». Il y décrit un monde dans lequel, globalement, les sociétés déterminent désormais les agendas internationaux – les relations internationales sont aussi inter-sociales, tandis que les États les subissent dans une sorte de renversement historique. Et la quatrième de couverture de souligner que « les conflits ne sont plus dominés par le choc des armées. » Sans entrer dans la discussion de cet ouvrage, très stimulant au demeurant comme le sont souvent les écrits de Bertrand Badie, constatons que, selon cette définition, la géopolitique ne s'arrêterait qu'aux États et donnerait une prime aux faits militaires. Or la géopolitique n'est pas que cela, tant s'en faut.

Ayant voulu renouveler l'approche de la géopolitique, qui avait revêtu les habits d'une pensée géostratégique très empreinte de nationalisme, Yves Lacoste l'a définie comme l'analyse des rivalités de pouvoir sur des territoires. L'État encore moins le militaire ne sont les catégories obligées de cette géopolitique, dont les acteurs sont avant tout des groupes en conflit, à propos de territoires ou de ressources qui leur sont liées. Mais le conflit ne saurait à lui seul dire toute la géopolitique. Elle est également considérée par d'autres spécialistes comme l'analyse des politiques de puissances, sous-entendu le plus souvent des États, en lien avec la géographie ; que ce soit la situation géographique sur une mappemonde ou les ressources. Il n'est nullement question, en convoquant cette définition, de retenir un déterminisme systématique que la formule napoléonienne – « la politique des États est dans leur géographie » – a cristallisée. Il n'en demeure pas moins que la géographie n'est pas étrangère à l'éthos politique des États. Par exemple, encore aujourd'hui, la Russie et le Qatar, deux pays aux antipodes en termes d'ampleur territoriale, montrent que la projection de puissance a beaucoup à voir avec leur géographie, depuis les ressources géographiques de leurs sol et sous-sol, jusqu'à leur voisinage et à leur positionnement sur une carte. S'il n'est pas question de faire, ici, cette analyse, retenons juste que la recherche de puissance demeure bel et bien articulée au territoire.

À partir de ces deux approches, aussi bien par les conflits que par la recherche de puissance, il y a bien lieu de penser que l'agriculture est profondément géopolitique. Dans l'usage qu'elle fait des ressources en terres et en eau, elle se trouve en effet au cœur de rivalités de pouvoir entre acteurs qui les convoitent. Quant à sa fonction alimentaire, elle a bien quelque chose à voir avec la puissance. Car comment l'être dès lors qu'on se retrouve en situation de dépendance mal contrôlée ? À l'inverse le fait de pouvoir assurer l'approvisionnement des autres, n'est-il pas une garantie d'influence ou de *soft power* pour reprendre l'expression de Joseph Nye ?

Dans cet ouvrage qui traite des politiques agricoles, il nous revient donc d'analyser l'arrière-plan géopolitique des politiques agricoles. Plusieurs questions appellent des réponses que nous essaierons, ici, de brosser : dans quelle mesure la recherche de puissance a-t-elle pu influencer des politiques agricoles ? En quoi cet objectif reste-t-il d'actualité ? De même, eu égard à sa forte conflictualité, comment la question foncière a-t-elle été traitée par les différents régimes politiques au sortir de violences à forte résonance agraire ? Autrement dit, il s'agit de regarder comment les politiques agricoles traduisent le versant extérieur (la puissance) et le versant intérieur (le régime) du pouvoir. C'est donc une géopolitique externe et interne, selon les catégories d'Yves Lacoste, que nous proposons ici, et cela selon une approche comparatiste qui emprunte seulement les chemins de la moyenne durée. Car les politiques agricoles pensées comme des politiques publiques en appui à un secteur n'ont, de fait, pas une si longue histoire.

POLITIQUES AGRICOLES ET RECHERCHE DE PUISSANCE

La politique de puissance, autrement dit cette *capacité à peser* sur d'autres ou au minimum à ne pas trop en dépendre ne peut négliger l'agriculture tant l'alimentation est un besoin vital du quotidien. Mais ce qui peut paraître ici comme une évidence ne l'a plus été récemment. Si dans les premières décennies de l'après la Seconde Guerre mondiale, le monde en expansion mettait beaucoup de pays en situation de dépendance précaire, le développement de l'offre alimentaire au tournant du XXe siècle pouvait en effet laisser penser que cet atout géopolitique conféré par l'agro-exportation était devenu caduc, tandis que le risque de la dépendance s'étiolait : la chute des prix agricoles, entre autres entretenue par la guerre commerciale que se livraient Américains et Européens, pouvait laisser accroire que le commerce vidait de fait la portée géopolitique de la fonction nourricière. La dépendance alimentaire pouvait désormais se régler aisément par des livraisons bon marché, réduisant ainsi l'inquiétude des pays dépendants et l'atout d'influence de ceux qui pouvaient nourrir les autres. Mais par un nouveau retournement de l'histoire, ce qui paraissait devoir durer semble un peu remisé, au moins pour un temps. D'une part, les chocs de prix agricoles en 2007-2008 puis en 2010-2011 ont révélé la précarité d'être dépendant. D'autre part, le passage d'un affrontement idéologique, celui de la guerre froide, à une « fin de l'histoire » où prévaudrait la démocratie libérale ne s'est en effet pas vraiment produit.

C'est une « ère de viscéralité[1] » qui s'est ouverte, et le conflit identitaire a pris désormais le dessus sur les conjectures iréniques de la fin de la guerre froide. Du national-populisme qui s'empare des démocraties aux affirmations belliqueuses des États autoritaires comme la Chine ou la Russie, c'est la montée en puissance du ressentiment qui s'observe et qui s'habille de « ce patriotisme sans noblesse » selon la belle expression d'Albert Schweitzer qui qualifiait ainsi le nationalisme (Schweitzer, 2016). Or ce retour des nationalismes n'est pas sans effets, ni sur la perception de la dépendance pour certains, ni sur l'opportunité de devenir influent

1 Achille Mbembé, *Le Monde*, 28 novembre 2018.

par ses capacités alimentaires pour d'autres, sans compter qu'il met à mal le multilatéralisme – en particulier l'Organisation Mondiale du Commerce (OMC) et son rôle de prévention du désordre commercial. Reprendre le chemin de l'histoire récente s'avère riche d'enseignements pour mesurer l'acuité de ces liens entre puissance et politiques agricoles.

PESER

L'histoire et l'actualité de certains pays témoignent du fait que la capacité à peser sur les affaires du monde a bien rimé avec la capacité à produire de l'alimentation. Tous ont en commun d'avoir une géographie favorable à l'agriculture. Mais en l'espèce, les aménités de la géographie ne sont jamais des opportunités en elles-mêmes, car il faut qu'elles soient valorisées par des organisations humaines et des politiques publiques.

Figure idéal-typique de la puissance alimentaire ou plutôt de la puissance par l'alimentaire, les États-Unis ont émergé, faut-il le rappeler, par l'agriculture. La guerre de Sécession (1860-1865) fut un jalon important dans cette émergence. Au lendemain de cette guerre le territoire couvrait une surface de 9,8 millions de km^2, soit à peu près autant que l'Europe à l'ouest de l'Oural, et sa population était passée de 4 à 32 millions d'habitants depuis l'indépendance. Si l'Ouest avait déjà vu les colons arriver à ses confins, notamment au travers de la ruée vers l'or, c'est surtout dans la foulée de cette guerre que la colonisation agraire allait se produire. Avec l'*Homestead Act* voté en 1862[2], l'État fédéral américain alors dirigé par Abraham Lincoln mit en œuvre un instrument de cette accélération de la conquête de l'Ouest dès la fin du conflit en 1865. L'allocation très égalitaire de 64 hectares aux colons et de 128 hectares dans les territoires plus défavorisés, et ce à des conditions tarifaires très avantageuses, contribua en effet à l'avancée du front pionnier agraire, en particulier vers les grandes plaines du Centre où allait s'établir la Wheat Belt. L'*Homestead Act* ne fut pas le seul instrument, l'État fédéral opérant aussi des ventes aux enchères. De même, cette politique n'empêcha pas les spéculations de revendeurs opportunistes. Cette grande vague de distribution, marquée tout de même au sceau d'un certain égalitarisme consacrait une agriculture familiale intensive

2 Cette loi fut votée après la sécession du Sud et départ de ses délégués au Congrès. Ils s'étaient opposés à la distribution de terres craignant de voir les esclaves des plantations déserter leurs propriétaires.

à rebours de celle de l'Amérique latine marquée alors par la grande propriété extensive. L'essor de l'agriculture fut aussi favorisé par le véritable « âge de fer » du pays, autrement dit le déploiement du vaste réseau ferroviaire qui transportait marchandises et colons dans le vaste territoire. Entre les années 1870 et la Première Guerre mondiale, c'est donc un essor impressionnant de l'agriculture qui permit à ce « pays neuf » de s'inviter notoirement dans le concert des nations. Il put le faire encore plus à l'issue de la Grande Guerre où il devint désormais le premier fournisseur mondial de blé, la Russie s'étant alors effondrée sur fond de révolution puis de guerre civile.

On l'oublie parfois : cette expansion de l'agriculture a constitué le premier moteur de l'économie américaine facilitant l'allumage du second qu'est l'industrie, au risque aussi de l'influer négativement. En effet, c'est par un retournement des marchés mondiaux alimentaires au cours des années 1920 que s'est en partie produite la crise financière de 1929, via l'annonce des piètres performances industrielles en partie indexées sur celles des *farmers* : composant avec leurs familles une grande partie du tissu social américain, ils représentaient alors un très important débouché pour les industries[3]. Le *New Deal*, au travers de la mise en place de son volet agricole – *Agricultural Adjustment Act* – mis en œuvre en 1933, permit, faut-il le rappeler, le sauvetage de l'agriculture américaine. Sans que l'on ait besoin d'en redonner les détails, peut-on juste souligner qu'un couplage entre jachères et aides au revenus devait prévenir deux maux de l'agriculture américaine : la surproduction ainsi que les excès d'une agriculture intensive et quasi extractive qui avait déclenché des épisodes de *dust bowl*, autre plaie immortalisée par Steinbeck. Non seulement cette première politique agricole d'ensemble, qui fut l'initiatrice des grands *Farm Bills* permit à l'agriculture américaine de poursuivre sa marche en avant, mais celle-ci allait figurer dans le répertoire de puissance dans le cadre de la guerre froide. L'endiguement (*containment*) de l'URSS

3 À la suite de Joseph.E. Stiglitz, Gérard Bréaur remet en lumière l'importance de la crise agricole dans la crise économique américaine dont le krach financier d'octobre 1929 a apporté le signal en même temps qu'il l'a approfondi. Plusieurs causes expliquent cette crise agricole aux effets collatéraux si puissants. Au sortir de la Première Guerre mondiale les farmers américains ont été portés par les achats en Europe et le retrait soviétique des marchés. Mais la reconstitution de l'agriculture en Europe de l'Ouest, la reprise de la production soviétique et la diversification de l'approvisionnement britannique comptant sur ses dominions plus que sur les USA ont entrainé ce retournement d'autant plus difficile à supporter pour les agriculteurs qu'ils s'étaient endettés.

voulu par Washington passait certes par l'établissement de dispositifs militaires, allant de l'OTAN (Organisation du traité de l'Atlantique nord) en Europe à l'OTASE (Organisation du traité de l'Asie du Sud-Est) en Asie du Sud-Est, en passant par le Pacte de Bagdad au Moyen-Orient. Mais il s'appuyait aussi sur la capacité des plaines céréalières à produire en partie une aide alimentaire à forte visée géostratégique. En observant les cartes de la distribution de l'aide alimentaire qui prenait le chemin des pays voués à prêter leur concours dans cette endiguement, l'évidence de la logique stratégique frappe. En outre, cette aide permettait d'éviter que la production agricole américaine, riche de son succès, n'alourdisse trop les stocks publics au risque de peser sur les cours et le revenu des agriculteurs.

D'une limite financière – la cherté du système-, les États-Unis pouvaient en faire une opportunité géopolitique. La longue série des programmes, depuis le *Foreign Assistance Act* conçu en 1947 au *Food For Peace Act* lancé en 1966, en passant par la *Public Law 80* votée en 1954, les facilités alimentaires ont donc servi d'outil d'influence ; aussi bien en tant que *soft power*, car elles avaient un effet d'entraînement sur les pays destinataires, que comme un possible *hard power* étant entendu qu'une fois l'aide accordée, sa possible suspension constituait aussi un potentiel de pression. Par-delà les cartes, on retrouve çà et là des déclarations qui attestent de la portée stratégique de l'aide alimentaire, de fait conçue comme un *food power*. Ainsi dans un moment de resserrement de l'offre alimentaire, y compris américaine, et sur fond de conjecture d'un refroidissement climatique un rapport de la CIA, publié en août1974, mentionnait ainsi : « Dans les années de vaches maigres, quand les États-Unis ne pourront pas satisfaire les demandes alimentaires de la plupart des pays importateurs, Washington aurait le pouvoir potentiel de décider de la vie et de la mort des masses d'hommes pauvres. Non seulement les pays en développement pauvres, mais aussi les puissances plus grandes dépendraient, au moins en partie, des importations de vivres en provenance des États-Unis[4] ».

Dans la foulée, les États-Unis conclurent, en octobre 1976, un accord avec l'Union soviétique qui la rendait captive d'achats annuels de 6 à 8 millions de tonnes de blé américain. Faut-il s'étonner que, dans ce rapport de dépendance, les États-Unis usèrent encore de leur *food power* contre les Soviétiques après leur invasion de l'Afghanistan ? Mais, finalement,

4 *Potential Implications of Trends in World Population, Food Production, and Climate*, OPR-401, août 1974, 50 pages.

pour quel résultat ? Car l'embourbement militaire soviétique dans ce pays de montagne a plus contribué à la fin d'une URSS déjà en proie à bien des faiblesses, de même que le contre-choc pétrolier concerté entre Saoudiens et Américains si dépréciateur pour la richesse pétrolière de Moscou. Ceci permet de relativiser le *hard power* alimentaire américain à ce moment-là, et encore plus par la suite eu égard à la percée d'autres greniers céréaliers mondiaux, à commencer par l'Europe. Pour autant, si le *hard power* céréalier interroge, le *soft power* alimentaire américain a largement fonctionné, comme on l'a vu avec la destination très géostratégique de son aide alimentaire. De nos jours, bien qu'existant encore, le *Food For Peace Act* a évolué dans ses outils[5] autant que dans ses visées. Non seulement du fait de la fin guerre froide entre les USA et l'URSS mais parce que l'aide alimentaire s'est trouvée davantage encadrée par le multilatéralisme. C'est d'ailleurs le volet de l'aide alimentaire interne qui a pris le relais en grande partie.

Si le *food power* américain démontre ainsi le lien entre puissance et offre alimentaire, le contre-exemple de l'URSS est là pour le corroborer par la négative. En effet, le formidable potentiel agricole que l'URSS détenait n'a jamais pu être utilisé par Moscou. Son modèle agricole, basé sur la planification collectiviste, n'a pas réussi à valoriser la grande langue de terres noires allant de l'Ukraine au sud-ouest de la Russie et, partant, n'a pu offrir de l'aide alimentaire dans une stratégie de contre-encerclement des États-Unis. Et l'ouverture de fronts pionniers agraires sur lesdites nouvelles terres d'Asie centrale, notamment du temps de Nikita Khrouchtchev, n'a pas permis de renverser la tendance[6]. Comme le diagnostiqua René Dumont après un voyage en URSS, le

5 Longtemps le plus abondant, le titre I – *Economic Assistance and Food Security* – consistait en des facilités alimentaires (ventes à crédits et remboursables à taux réduits) n'est plus actif depuis la fin de la guerre froide. Le titre II – Emergency and Private Assistance Programs – concernant les aides au PAM et autres organisations internationales a en revanche augmenté.

6 Dès 1969 un conseiller de l'ambassade de France à Moscou écrivit : « C'est en effet tout le modèle de l'agriculture socialiste à travers le mythe de son inhérente supériorité qui s'est trouvé ainsi battu en brèche. L'événement a pris plus de relief encore peut-être en raison de l'abondance bien connue des terres arables, qui était censée compenser largement les éventuelles erreurs de gestion d'une politique agricole mal inspirée. L'incapacité subséquente où a été l'URSS de subvenir aux besoins des démocraties populaires et des autres pays amis, sinon par le biais d'un mécanisme d'achat et de revente n'a pas peu contribué non plus à entacher le prestige général de ce pays. » « L'URSS a-t-elle résolu son problème de blé ? », *CPE*, n° 113, janvier 1969, p. 63-67.

problème résidait surtout dans l'absence de motivation et d'initiative des travailleurs de ces collectifs autoritaires (Dumont, 1964). Partant, non seulement Moscou n'a pas pu peser favorablement sur son voisinage, voire au-delà, mais le pire c'est qu'elle a dû parfois recourir à la réquisition, avec tout ce que cela comporte de ressentiments, notamment dans la Pologne voisine qui avait ménagé un secteur agricole privé assez conséquent. Comme démonstration de *soft power*, il y avait mieux !

Cependant si, ce faisant, l'URSS a démontré par la négative le lien entre puissance et alimentation, la Russie nouvelle en fait une démonstration positive. En 2015, la Russie a retrouvé sa place de première exportatrice de blé, soit un siècle après l'avoir cédée. Arrivé au faîte du pouvoir en 2000, moins de deux ans après l'effondrement du rouble en 1998 qui avait produit une envolée de la facture alimentaire d'un pays importateur, Vladimir Poutine a fait de l'agriculture russe un vecteur de puissance au point de s'impliquer lui-même pour sortir des palinodies d'un débat parlementaire sur le foncier à la douma. En poussant en 2001 l'adoption d'une loi visant à privatiser les anciens domaines collectifs et en engageant un fort soutien aux intrants et un déploiement d'infrastructures logistiques, les champs de Russie ont été intégrés dans une visée géostratégique. Selon Caroline Dufy et Svetlana Barsukova « en 2008, la doctrine pour la sécurité alimentaire (doktrina prodovol'stvennoj bezopasnosti) dans la Fédération de Russie a été constituée comme un bloc majeur de la Doctrine sur la sécurité nationale pour 2020 » (Dufy, Barsukova, 2017). De fait, la Russie a bien utilisé cette capacité dans sa politique de projection de puissance, notamment dans le conflit syrien où elle a volé au secours de son allié Bachar Al-Assad, en lui offrant non seulement une couverture aérienne mais également en lui destinant des céréales en quantité, alors que son grenier de l'Euphrate a été contrôlé par Daech de 2014 à 2017 puis par les Kurdes syriens.

Depuis, la Russie fait de son blé un élément de son répertoire d'influence dans la région déficitaire du Moyen-Orient où elle veut peser, mais aussi en Afrique où sa présence militaire est de plus en plus évidente (Abis, Bégoc, 2018). Ne se souciant pas des règles d'encadrement multilatéral de l'aide alimentaire, elle fournit à certains pays des aides gratuites en relais d'autres attributs de son répertoire de puissance. Elle le fait surtout depuis l'été 2023, tout en bloquant l'accord de juillet

2022 qui permettait à l'Ukraine d'évacuer ses productions agricoles. Ce faisant, elle transforme une attitude qui pourrait lui être reprochée en instrument de sa projection vers les pays qui dépendent le plus des productions de la mer Noire. Le cynisme n'a pas de limites dans la Russie de Vladimir Poutine dont les armées auraient en plus détruit 60 000 tonnes de céréales destinées à l'exportation en juillet 2023 (Lezean, 2023). Ajoutons que la Russie continue d'élargir l'éventail de ses productions destinées à sa projection, à commencer par le sucre alimentaire (Abis, Pouch, 2023). Ajoutons aussi qu'après s'être accaparée les terres fertiles de la péninsule de Crimée en 2014, la Russie bénéficie d'opportunités foncières nouvelles dans les régions ukrainiennes de Zaporijia, Donetsk, Kherson et Louhansk. Rien ne nous permet pour autant de considérer qu'il s'agit là d'un des buts de guerre. Au minimum s'agit-il d'une aubaine.

Si cette capacité à peser s'illustre particulièrement au travers de cet ancien duopole de la guerre froide, d'autres grands pays agricoles ne sont pas en reste. L'Amérique latine avec ses terres en abondance a donné à certains grands pays de miser sur leurs champs pour rêver de puissance. Porté par des élites conscientes de l'atout que leur conférait son vaste territoire, le Brésil a incarné ce rêve, particulièrement depuis la dictature militaire (1964-1985) dont le narratif célébrait la force vitale de la terre, mais loin d'exalter la figure paysanne très souvent reléguée dans un pays très dual sur le plan foncier. Soutenue par ses alliés grands propriétaires, la junte militaire les a encouragés à investir dans leurs terres, à commencer par les vastes étendues du Mato Grosso, du Para et Cerrado longtemps dévolues au pastoralisme extensif. Pendant que des millions de paysans sans terre étaient de leur côté maintenus dans la pauvreté, en l'absence de réforme agraire qui aurait été contre les intérêts de ces grandes *fazendas*, celles-ci ont pu se muer en entreprises agricoles intensives, avec le soutien de l'État. Combinant intrants, pesticides, semences et irrigation, elles sont pu faire du Brésil un pays agro-exportateur notoire, qui se lançait à l'assaut du monde avec son soja, sa canne à sucre et son élevage intensif. Avec le retour de la démocratie en 1985, les choix ont été confirmés, y compris sous les mandats présidentiels de la gauche brésilienne (2003-2016) qui pouvaient difficilement se passer de cet atout économique sans parler de l'industrie de transformation qui s'était déployée de façon connexe. Dans une sorte de « dépendance au sentier », le président Lula (2003-2011) a lui-même cherché à en faire un instrument d'influence de son pays, engagé alors dans une diplomatie Sud-Sud des plus active, en particulier vers le monde arabe, dont beaucoup de Brésiliens sont issus depuis la période ottomane (Abis, Nardonne, 2009). Depuis 2018, le retour d'un pouvoir national-populiste nostalgique de la dictature n'a fait que conforter cette option agro-exportatrice, aidé en cela par le puissant lobby de la *bancada ruralista* qui réunit des parlementaires de l'agrobusiness et de la grande propriété. Tout ce qui pouvait gêner ce rêve de puissance – la lutte des paysans sans terre, les droits des Indiens de la forêt amazonienne, les préoccupations environnementales – fut dès lors voué aux gémonies par le nouveau pouvoir. Rien ne paraissait meilleur que la richesse des terres et le pouvoir qu'elle est supposée conférer au pays.

Mais, là encore, pour quelle influence, quand on sait le discrédit international du président Jair Bolsonaro qui a été tenu notamment responsable du recul de la forêt amazonienne ? Certes l'un de ses grands clients, la Chine, est peu regardant sur ces aspects mais les pays de l'Union européenne, qui offrent des débouchés importants, se sont faits critiques de ces pratiques dangereuses au point d'empêcher désormais les importations des produits issus de la déforestation brésilienne engagée à partir de 2020. Le retour de Lula en 2022 a d'ailleurs marqué un reflux de la déforestation car, dans un monde ou la puissance ne semble plus pouvoir aller contre le climat, il se fait le héraut de sa protection (Blanc, 2023).

Riche de ses étendues et des eaux, l'Argentine s'est également imaginée devenir le « grenier du monde » de sorte à rayonner sur ces affaires (Antoine, 2020). Mais, là encore, pour quel résultat ? Non seulement ses performances ne l'amènent pas en position de force sur les marchés mondiaux au point de pouvoir indexer une quelconque influence sur sa capacité d'exportation, mais sa projection alimentaire à l'international est en partie conditionnée aux investissements chinois comme ce fut le cas au XIXe siècle avec les investissements britanniques.

Au final, admettons qu'il y a bien pour certains États une intention de lier l'influence à l'alimentaire. Dans certains cas, il y a une réelle effectivité de ce lien, ainsi que les États-Unis tendent à le montrer pendant la guerre froide et la Russie aujourd'hui. Cependant, ces derniers exemples sud-américains doivent permettre de relativiser cette dimension de l'alimentation en tant que capacité à peser. D'ailleurs, deux grands pays exportateurs – les États-Unis et l'Australie – ont récemment fait l'amère expérience d'un retournement de cette capacité. Engagés dans des critiques contre la Chine, pour des raisons de guerre commerciale et pour des raisons politiques, notamment sur la question des Ouïghours, ces deux pays se sont heurtés à des sanctions de Pékin qui a frappé leur agriculture[7]. Aux États-Unis, en particulier, la chute des importations de soja par la Chine a ainsi conduit l'Administration Trump à lancer deux plans d'aide d'urgence en 2018 et 2019, respectivement de 12 et 16 milliards de dollars, pour venir en soutien d'un secteur agricole qui lui avait été très favorable en 2016.

Ce renversement de la puissance qui consiste à voir un pays dépendant peser sur un pays agro-exportateur n'est pas rare. Ce phénomène s'est d'ailleurs produit récemment pour l'Union européenne lorsqu'après avoir voulu imposer des sanctions économiques à la Russie en rétorsion de son soutien aux sécessionnistes ukrainiens, Moscou a décrété un embargo sur les produits agricoles européens comme elle l'a fait avec les produits canadiens et américains, Washington et Ottawa ayant aussi utilisé des sanctions économiques. Le résultat n'a pas tardé : avec cet embargo décidé en août 2014, la Russie a élargi l'éventail de ses productions, complétant ainsi sa capacité céréalière par de meilleures performances en lait, viande et fruits, tout en cherchant aussi de nouveaux fournisseurs. C'est à n'en pas douter l'Europe qui a le plus perdu avec cette réponse russe du fait de l'importance du débouché qu'elle constituait (Mathieu, Pouch, 2020).

Après avoir recouvré une capacité à peser par sa production céréalière, la Russie a de la sorte montré la force que peut aussi procurer une capacité à ne pas dépendre sur le plan alimentaire. C'est cette capacité que nous regardons maintenant.

7 La Chine, après avoir interdit les importations de viande en mai 2020, puis des orges pour raisons sanitaires et, avec l'institution le 31 août de droits antidumping de 80,4 %, a lancé des procédures contre les vins qui doivent aboutir et conduire à des droits d'entrée de 202,7 % à partir de mi-novembre 2020.

NE PAS DÉPENDRE

« Être dépendant de l'extérieur pour les matières agricoles de base est au moins aussi dangereux que la dépendance dans le domaine de l'industrie et de la défense[8] ». C'est ainsi que président turc Recep Tayyip Erdogan, épris de puissance et nourri d'un nationalisme vigoureux, formulait en creux un élément de sa doctrine stratégique. Ne pas dépendre sur le plan alimentaire : alors qu'on croyait cette idée remisée, force est d'admettre qu'elle opère un retour en cette période troublée.

Commençons par la Chine qui illustre pleinement cette capacité à ne pas dépendre ou du moins à maîtriser sa dépendance. Enracinée dans un monde rural très inégalitaire, la révolution maoïste avait d'abord recouru à la réforme agraire avant que la collectivisation ne fût engagée à la fin des années 1950 dans le cadre du *Grand Bond en avant*, dont le point d'orgue fut la création de gigantesques communes populaires. Cette politique provoqua la grande famine de 1958 à 1961. Certes, des évènements climatiques y contribuèrent aussi, de même que la décision des autorités de continuer à exporter des céréales pour financer l'effort industriel. Mais la brutale réforme foncière fut déterminante dans cette tragédie humaine, de même qu'elle contribua, en minimisant la production, à pénaliser le rayonnement de la Chine dont l'heure du retour sonnera, justement, avec des réformes foncières. Non seulement les communes populaires furent dissoutes mais l'arrivée de Deng Xiaoping en 1978 permit aux paysans de devenir usagers de la terre et d'une partie du produit de leur travail dans le cadre du « système de responsabilité ». Ce faisant, l'agriculture chinoise constitua le premier moteur de la croissance économique du pays, relayé ensuite par l'essor industriel dans les zones franches du littoral.

Cependant cet essor de la production agricole ne compense plus aujourd'hui les besoins alimentaires, décuplés par la transition alimentaire vers des régimes plus carnés. Alors que Xi Jinping porte au plus haut le rêve de puissance de la Chine, la doctrine agricole et alimentaire constitue de la sorte l'une des priorités de l'agenda politique dans un contexte de fortes contraintes : la Chine ne compte que 9 % des terres arables mondiale alors qu'elle accueille 20 % de la population mondiale,

8 Discours prononcé lors du forum sur l'agriculture organisé à Ankara le 21 novembre 2019.

la pollution des sols est massive et le stress hydrique s'intensifie dans certaines régions (Chaumet, Pouch, 2017). Plutôt que d'être autosuffisante pour tout, la Chine insiste sur l'autosuffisance en blé et riz, ce qui n'est pas anodin en termes géopolitiques tant l'histoire a montré qu'elles conditionnent la stabilité politique. Pour ce faire, la Chine a fortement augmenté ses soutiens publics à l'agriculture depuis la décennie 2010 tandis que des grands travaux d'infrastructures qui dépassent le cadre des politiques agricoles permettent de convoyer de l'eau du Yang Tse Kiang, vers le nord du pays souffrant d'aridité croissante. Quant à ce qu'elle importe, Pékin veut éviter avant tout les risques de ruptures d'approvisionnement, que les routes de la soie lancées en 2013 ont pour vocation de réduire (Delcourt, 2020). Aussi bien en investissant directement ou indirectement dans les terres que dans les infrastructures. C'est particulièrement le cas en Amérique du Sud (Brésil, Argentine et Paraguay) où les zones de production de soja concurrencent celles des États-Unis, dont la Chine entend de moins en moins dépendre dans un contexte de détérioration de leurs relations. En diversifiant ses lieux d'achats, la Chine pèse plus sur les États-Unis, tandis que ceux-ci, très tournés ver Pékin sont soumis aux « humeurs » géopolitiques chinoises.

Si la Chine illustre bien l'actualité de cette capacité à ne pas dépendre ou à organiser sa dépendance au point d'en faire un instrument de puissance, d'autres grands pays l'ont recherchée avec des fortunes finalement moins évidentes. À commencer par son grand voisin indien qui s'est également caractérisé par son effort précoce pour s'émanciper sur le plan alimentaire et ainsi nourrir son rêve de puissance. La profondeur de son histoire et la taille de son territoire nourrissaient, en Inde, la représentation de la puissance qui ne pouvait aller avec le fait d'être la première destinataire de l'aide alimentaire américaine jusqu'au début des années 1960. Qui plus est, depuis la Conférence de Bandung en 1955, l'Inde figurait dans le mouvement des non-alignés, réellement lancé par la conférence de Belgrade en 1961. Mais de la volonté de ne pas dépendre à la non-dépendance, le chemin peut parfois d'avérer long. Le Premier ministre Jawaharlal Nehru avait eu beau proclamer cette formule restée à la postérité, « tout peut attendre, sauf l'agriculture », la transformation des campagnes indiennes n'avait jusqu'alors pas été à la hauteur des ambitions affichées au risque de voir éclater des jacqueries de paysans pauvres. Ce fut d'ailleurs le cas à partir de 1967 où une guérilla paysanne nourrie de doxa maoïste prit forme avant de s'enraciner dans le paysage. Pourtant, le lancement de la révolution verte dès 1965 allait avoir des résultats quantitatifs indéniables (Brun, Le Lay, 2021). L'Inde est devenue autosuffisante pour ses besoins en riz et en blé. Cependant, le fait qu'elle ne soit plus dépendante n'a pas pour autant résolu la facture sociale d'un pays encore traditionnel dans ses structures, notamment sur le plan agraire. À quoi sert-il dès lors de ne plus dépendre quand une partie non-négligeable de sa population vit une certaine insécurité alimentaire, moins du fait du manque de disponibilité alimentaire que de la pauvreté ? Or, faut-il le rappeler, les paysans indiens, les plus nombreux au monde, figurent souvent parmi les plus pauvres du pays. Non seulement la révolution verte ne s'est jamais accompagnée d'une réelle transformation sociale pour les paysans, mais l'endettement les soumet aujourd'hui à un fardeau considérable. Autrement dit la non-dépendance aux approvisionnements extérieurs est-elle une avancée quand les paysans souffrent, qu'ils se suicident en nombre, et que les révoltes intérieures empruntent souvent le chemin des jacqueries comme ce fut le cas encore entre décembre 2020 et février 2021[9] ? Et comment passer sous silence la crise de l'eau qui caractérise les régions de la révolution verte, notamment les États du Penjab et de l'Haryana ?

Les limites de cette politique de non-dépendance sont également très observables au Moyen-Orient. Au lendemain de la Seconde Guerre mondiale, certains pays de cette région ont essayé de construire des politiques de sécurisation alimentaire, gages d'indépendance et de stabilité politique. D'une part, dans un contexte de fort accroissement démographique, il s'agissait d'accroître la productivité agricole pour se rapprocher au mieux de l'autosuffisance, notamment pour les céréales qui constituaient de loin la base alimentaire : en assurant ainsi leur propre approvisionnement en produits de base, les pays de la région cherchaient à s'abstraire le plus possible de toute utilisation de l'arme alimentaire par les pays fournisseurs. L'Égypte, après la révolution nassérienne en 1952, la Syrie après la prise du pouvoir par le Baas (parti de la renaissance socialiste arabe) en 1963, l'Arabie saoudite après la guerre de Kippour

9 Ces protestations étaient liées à la volonté du gouvernement de réformer le système d'achat des produits agricoles. Avec la révolution verte, les paysans se voyaient garantir un prix agricole minimum en échange de la vente dans des marchés de gros publics. En libéralisant ce système, les paysans craignaient de tomber sous la coupe d'entreprises agro-alimentaires puissantes et peu regardantes de leur sort.

et le choc pétrolier de 1973 et l'Iran après la révolution islamique de 1979 illustrent en particulier cette recherche d'une « capacité à refuser de faire », un attribut de la puissance, fondée sur le développement hydro-agricole pour parvenir à l'autosuffisance alimentaire (Blanc, 2012). Aucun d'entre eux ne voulait ainsi dépendre de l'aide alimentaire américaine eu égard à leurs relations plus ou moins tendues avec Washington et avec son allié israélien dans la région. Même l'Arabie saoudite, pourtant liée aux États-Unis depuis 1945, décida de s'exonérer de leur *food power* dans ce moment de tension relative que fut le choc pétrolier de 1973. Cependant, les résultats restent, à tout le moins, contrastés.

Sur le plan quantitatif, les performances ont certes été au rendez-vous mais le surcroît de population a souvent absorbé les gains de production. C'est surtout le cas de l'Égypte qui est aujourd'hui le pays présentant le plus grand déficit au monde, que seule la rente géopolitique permet de couvrir : le contrôle du canal de Suez, l'accord de paix avec Israël depuis 1979 et aujourd'hui la lutte contre les frères musulmans sont autant de rentes directes et indirectes sur lesquels Le Caire capitalise. Les autres pays sont parvenus à un niveau d'autosuffisance plus marqué mais au prix de dégradations environnementales sévères, en particulier la salinisation des sols et le rabattement des nappes. Ainsi, en Syrie, quand se produisit la sécheresse de 2006-2010, dont on a pu dire sans doute hâtivement qu'elle avait pu être une des causes de la révolution de 2011, les pompages étaient déjà hypothéqués du fait de l'effondrement des nappes tandis que les fleuves s'étaient taris (Selby *et al.*, 2017)[10].

Quant à l'Iran, la liste est longue de ces signaux qui alertent sur la détérioration de ses ressources en eau[11]. La crise est telle que les langues se délient. Le chef du département de l'environnement de la République islamique et vice-président, Issa Kalantari, a prévenu en août 2018, d'une « grande catastrophe » hydraulique à venir. Devant cette hypothèque

10 Depuis, la guerre civile n'a rien arrangé sur ce plan, ajoutant à cette crise agro-environnementale la dislocation d'un tissu agricole jadis dynamique, sans compter que la Turquie profite de cet affaiblissement de la Syrie mais aussi de l'Irak pour déployer son irrigation au sud de son territoire et ainsi peser sur les débits en aval.

11 Au nord-ouest, le lac Orumieh, l'un des plus grands lacs salés du monde, a quasiment disparu, de même que les lacs de Bakhtegan et de Maharloo dans la province du Fars ou celui d'Hamoun près de l'Afghanistan. Des cratères apparaissent dans le sol et des sources se tarissent comme autant de témoignages des rabattements de nappes. Des barrages sont au plus bas, quand la ville d'Ispahan n'est plus que momentanément traversée par le fleuve Zayandeh Rud qui animait sa vie.

hydraulique, il n'est pas étonnant que les pays du Golfe, riches en hydrocarbures mais pauvres en eau et en terres, soient actifs dans les investissements agricoles à l'étranger tandis qu'ils construisent de grands silos de stockage et se dotent d'établissements d'achats publics comme la Saudi Grains Organization en Arabie saoudite afin de sécuriser leurs approvisionnements. Mais pour les autres, la pression de la croissance démographique rend leur situation précaire, en tout cas très éloignée de ce rêve de puissance par l'autosuffisance qu'ils ont pu jadis caresser. Il leur reste à gérer surtout le risque d'insécurité alimentaire via des subventions alimentaires quand les cours flambent, comme on l'a encore vu au moment du début de la guerre russe contre l'Ukraine, tandis que les politiques agricoles, marquées au sceau de la libéralisation, cherchent désormais à promouvoir les supposés avantages comparatifs de sorte à diminuer la facture des importations.

Nous ne pouvons clore ce tour mondial, sans aborder l'Europe dont la trajectoire l'a conduite de la recherche à ne pas dépendre à celle de la capacité à peser. Si elle n'est pas une puissance classique en ce sens qu'elle n'a pas de *hard power* militaire, l'Europe n'en est pas moins une puissance économique doublée d'un projet politique d'unification et de paix. Or force est de constater que parmi « les solidarités de faits » chères à Robert Schuman, elle a mis en priorité l'agriculture à des fins de stabilité politique et d'indépendance alimentaire. Mieux : c'est bien cette politique, la plus intégrée et la plus ambitieuse de toute l'histoire de la construction européenne, qui a permis de cimenter un espace hétéroclite. L'Europe-puissance a ainsi trouvé sa cohésion au travers de sa politique agricole commune. Mise en place dans la foulée du Traité de Rome, cette politique à la fois productiviste (prix garantis) et protectionniste (prélèvements massifs aux frontières) a tellement fonctionné, que l'Europe est devenue autosuffisante puis excédentaire dès la décennie 1970, contestant le quasi-monopole américain sur les marchés mondiaux. Après avoir cherché à ne pas dépendre, l'Europe s'est ainsi dotée d'une capacité à peser. Mais, là encore, il convient de s'interroger sur le résultat. Dans les années 1980, elle entra en effet en guerre commerciale avec les États-Unis, guerre qui lui fut coûteuse en termes économiques car la politique de subvention aux exportations était lourde, mais aussi en termes d'image car ses excédents étaient accusés de contribuer à la ruine des agricultures du Sud. Elle fut ainsi conduite à modifier son modèle agricole pour le faire aller vers une approche moins productiviste. Aujourd'hui, cette capacité à peser réside moins dans le fait de se projeter à l'international, même si certains pays comme la France peuvent constituer des amortisseurs de crise alimentaire dans leur périphérie méditerranéenne et africaine, que comme une « puissance de l'exemplarité » en matière de réponse au nouveau paradigme agro-environnemental marqué au sceau du changement climatique (Abis, 2015). L'Europe, « puissance normative internationale » selon les mots de Zaki Laïdi, pourrait donc l'être aussi dans le domaine agricole, si tant est que son modèle de production paraisse attractif parce que légitime (Laïdi, 2009). Mais il faudrait pour cela qu'il le soit aussi sur le plan interne, à l'heure où de grandes mobilisations agricoles se font jour, et qu'il ne soit pas détricoté sous les assauts de la vague national-populiste qui monte en Europe.

POLITIQUES AGRICOLES ET CONFLITS AGRO-POLITIQUES

Cette approche des politiques agricoles par la puissance a montré en filigrane combien les politiques foncières ont été déterminantes ou dirimantes dans l'affirmation du secteur agricole. L'URSS versus la Russie, la Chine de Mao versus celle de Deng Xiaoping en ont offert la preuve. D'autres exemples pourraient être convoqués. Taïwan et la Corée du Sud ont décollé une fois la réforme agraire entreprise, respectivement au début des années 1950 et 1960, quand la Corée du nord et la Chine populaire restaient empêtrées dans leur choix du collectivisme autoritaire. Tout ceci nous renvoie au grand conflit historique qui a trait à la terre ou plutôt à l'inégalité d'accès à la terre, particulièrement au cours du XXe siècle qui en a constitué un paroxysme. On ne compte plus les jacqueries, insurrections, révolutions et dérives autoritaires nées de la contestation ou de la volonté de maintenir un ordre enraciné sur un accès asymétrique à la terre.

AUX ORIGINES DES CONFLITS

Reprenons ce qui s'est passé. En premier lieu, des rapports de force internes (économiques et/ou politiques) ou externes (colonisation) ont induit un « façonnement du monde moderne », pour reprendre l'expression de John Weaver. Autrement dit la plupart des sociétés se sont érigées sur cette appropriation inégalitaire du foncier, soit du fait de causes endogènes, soit du fait de causes exogènes ou encore de processus combinant les deux.

Par endogène, nous entendons des processus strictement liés à des rapports de forces internes aux sociétés. L'Europe en est le meilleur exemple. En Angleterre, le régime des enclosures lancé dès le XVIe siècle s'est accéléré à partir du début du XIXe siècle. Des *open fields* laissés à l'usage collectif ont été enclos par les propriétaires, obligeant les paysans éleveurs à offrir leurs bras aux industries. Ailleurs, on aurait tort de penser que la grande propriété ne fut jamais que la perpétuation des régimes féodaux qui avaient transformé les paysans en sujets. Ainsi en Italie, en Espagne et au Portugal, c'est une sorte de « changement de propriétaire » qui a contribué à la polarisation foncière au début du XXe siècle. En Espagne, les anciens grands domaines féodaux qui avaient été établis après la reconquête musulmane ont été en partie dissous au XIXe siècle dans le cadre du processus de *parcelación*, mais la vente des lots de terre a favorisé les élites économiques émergentes. Cet « embourgeoisement de la terre » a pu s'observer aussi en Italie où le processus d'unification, achevé en 1871, a été une occasion perdue de réforme agraire ainsi qu'a pu le stipuler Antonio Gramsci. Comme en Espagne, le démantèlement des grands domaines des royaumes, duchés et autres entités de l'ancien régime, sous forme de *quotizziazione*, a en effet profité à des acquéreurs solvables, la terre n'ayant fait que changer de main entre figures de l'ancien régime et nouveaux capitalistes bourgeois. En Europe centrale et de l'Est, la grande propriété de l'ancien régime qui avait eu tendance à laisser des marges aux paysans tenanciers, sous la forme de la montée en puissance du métayage et du fermage, n'a en revanche pas vraiment changé de main. Pire, c'est à un « néo-servage » que l'on assiste à partir du XVIIIe siècle, les paysans étant davantage assignés à la grande propriété du fait d'un renforcement de leurs corvées. Le besoin de céréales pour une Europe de l'ouest en cours d'industrialisation avait renforcé l'intérêt des propriétaires (junkers allemands, boyards austro-hongrois, seigneurs russes, etc.) pour l'exploitation directe de leur terre, la main-d'œuvre devenant dès lors indispensable.

Ces rapports de forces internes ont également conduit à une même appropriation en Chine au cours de ce XIXe siècle. L'ordre ancien des campagnes s'était opéré autour des mandarins et autres dignitaires représentants de la dynastie Qing. Mais alors que l'économie chinoise était de plus en plus monétarisée et que les échanges économiques s'intensifiaient, cette élite profita de sa force économique pour acheter des terres aux nombreux paysans ruinés. Le même phénomène s'est produit au Japon où, après le début de l'ère Meiji en 1868, des lois foncières visant à moderniser le secteur permirent aux paysans de devenir propriétaires de terres qu'ils tenaient jusqu'alors en usage, tandis que l'empereur en était le propriétaire en dernière instance. Mais, dans la foulée de cette privatisation de la terre entamée en 1871, beaucoup de paysans accablés par le poids des taxes foncières et les aléas agricoles durent les laisser à leurs créanciers qui devenaient ainsi de grands propriétaires.

L'autre grand processus d'appropriation inégalitaire participe du colonialisme, d'où sa qualification de cause exogène, parce que l'impulsion vient d'ailleurs. En Amérique latine Espagnols et Portugais ont établi des régimes fonciers qui empruntaient aux systèmes latifundiaires de la péninsule ibérique. Dans l'Amérique espagnole, deux régimes de grandes exploitations s'étaient succédé, les *encomiendas* puis les *haciendas*. Dans les premières, qui étaient des sortes de circonscriptions foncières dévolues en usage à un dignitaire espagnol, le travail des paysans indiens devait permettre d'assurer l'approvisionnement alimentaire des ouvriers des mines. Mais avec l'effondrement de la population indienne sous les coups de boutoirs de la colonisation, ces structures avaient dû être progressivement remplacées par la grande propriété dès le XVIe siècle. Dans ces *haciendas*, les maîtres étaient désormais propriétaires et les paysans, souvent originaires d'Espagne, s'employaient comme *peones* ou travaillaient les terres comme métayers. Au long des trois siècles qui ont conduit ce continent vers la rupture avec l'Espagne, ces domaines se sont multipliés au fur et à mesure de la pénétration intérieure tandis que le droit d'aînesse a préservé leur intégrité. Selon des modalités différentes, le Brésil s'est aussi paré d'un régime de grande propriété. Il était lui-même inspiré de ce qui s'était passé au Portugal dans le cadre de la reconquête du sud où un régime très pyramidal – le régime *sesmerial* – avait été imposé. Après la conquête du Brésil, de hauts dignitaires de la Couronne portugaise s'étaient ainsi vu octroyer de vastes bandes de terres d'est en ouest, chacune de ces capitaineries étant découpée ensuite en *sesmarias* que géraient des notables de seconds rangs. Après trois siècles de statu quo politique, ces grandes familles terriennes du Brésil et de l'Amérique espagnole ne supporteront plus le fardeau fiscal des Couronnes d'Espagne et du Portugal, ce qui expliquera leur engagement dans un processus d'indépendance dont le point d'orgue se situera entre 1810 et 1825.

L'Afrique fut également concernée par cette dynamique de concentration foncière coloniale. En fait, il faut distinguer l'Afrique des extrémités (Maghreb et Afrique australe) où la colonisation de peuplement contribua largement à déposséder les populations autochtones, et l'Afrique plus centrale (de l'ouest à l'est) où la colonisation fut moins prégnante en termes de peuplements allochtones. Dans le premier cas, des régimes fonciers le plus souvent violents (*Lands Acts* de 1913 et 1936 en Afrique du Sud, *Land Apportionment Act* en Rhodésie – Zimbabwe –, mise sous séquestre des terres des tribus révoltées et décret Warnier en 1873 en Algérie, etc.). Ailleurs, dans les territoires moins exposés à la colonisation de peuplement, c'est le régime coutumier et souvent égalitaire qui continua à prévaloir en dehors de quelques exceptions comme la grande Éthiopie. Entre le tournant du XIXe siècle et les années 1950, les rois Ménélik II et Hailé Sélassié y développèrent en effet un régime de grande propriété féodale particulièrement dans territoires reconquis au sud (Oromo, Somali, Afars) après avoir été perdus par les Amhara-Tigréens durant le djihad d'Ahmed Grann (1527-1543).

En réalité, les phénomènes endogènes (rapports de force interne) et exogènes (colonisation) se sont souvent combinés. Ainsi dans le nord de l'Inde, les Britanniques ont transformé les *zamindari*, sortes de collecteurs d'impôts qu'avaient établis les Moghols, en grands propriétaires terriens lors de leur passage. Ils devinrent ainsi les relais de la puissance britannique. Mais comme l'espace était grand, les Britanniques trouvèrent d'autres modalités pour adapter leur gouvernance aux différents contextes culturels et politiques. Le résultat fut le même : un régime de grande propriété fut consacré depuis l'actuel Pakistan jusqu'aux États du sud de l'Inde.

Le Moyen-Orient offre aussi cette combinaison de causes, le pouvoir colonial ottoman consacrant une élite foncière arabe dans la région du Croissant fertile, de l'actuel Irak à la Palestine. Dans le cadre des réformes (*tanzimat*) voulues par un pouvoir en quête de modernisation au mitan du XIXe siècle, des titres de propriétés furent distribués à ceux qui, jusqu'alors, la détenaient en usage, tandis que le sultan en était, en dernière instance, l'unique propriétaire. Mais ce processus d'immatriculation-privatisation profita aux notabilités arabes qui purent inscrire beaucoup de terres en leur nom car les paysans analphabètes leur laissaient la main. Qui plus est, à la faveur d'aléas de production, cette élite put aussi accroitre son capital foncier en reprenant de la terre aux paysans qui s'étaient endettés auprès d'eux. En Égypte, détachée de l'empire depuis Mohamed Ali, les mêmes mécanismes furent à l'œuvre au XIXe siècle (privilèges fonciers donnés aux dignitaires, privatisation et endettement profitant aux commerçants), conduisant à une extrême concentration de la terre. En 1950, 1 % des Égyptiens, détenaient ainsi 50 % de la terre en 1950, tout comme en Syrie.

DEVENIRS DE LA QUESTION FONCIÈRE ET RÉGIMES POLITIQUES

En retour cet état de fait inégalitaire a été tôt ou tard remis en question au cœur d'épisodes que je qualifie d'agro-politiques (Blanc, 2020). Leur intensité est alors d'autant plus aigüe que les acteurs du conflit – les grands détenteurs de terre et les paysans qui en manquent – sont agrégés par des idéologies (nationalisme, marxisme, idéologies religieuses), que la composante rurale est forte et que la soif de terres est importante. Nous ne pouvons pas reprendre toutes ces séquences. En revanche, pouvons-nous catégoriser les régimes issus de ces moments en termes de politiques agricoles, essentiellement sur le volet foncier. Si l'on en reste à une certaine épure, trois catégories se détachent : les régimes marxisants, les régimes militaro-agrariens et les régimes démocratiques ou en transition démocratique. Force est d'admettre que le traitement de la terre a rimé avec une *prolétarisation des paysans*, accompagnée de leur contrôle dans le premier cas, un *transfert des paysans* dans le second, et un *transfert aux paysans* dans le troisième.

Paysans prolétarisés

Commençons par le marxisme, qui a porté tant de processus révolutionnaires. Certes au XXe siècle toutes les révolutions à forte tonalité agraire n'ont pas eu les parfums de cette idéologie qui a tant résonné dans les campagnes. La révolution mexicaine, par exemple, lancée en 1907 par deux leaders paysans Emiliano Zapata et Pancho Villa, n'a pas emprunté la *praxis* marxiste. S'il s'agissait de reprendre la terre à ceux qui la possédaient, la dynamique n'était pas pensée en tant que conflit de classe en vue de construire une société nouvelle. Cependant, force est d'admettre que la plupart des révolutions marxistes ont largement misé sur des paysans relégués, ou tout du moins se sont appuyées sur eux sans qu'en première instance ceux-ci aient toujours été les dépositaires du projet de transformation radicale porté par le philosophe allemand. De l'URSS à la Chine, de l'Éthiopie à Cuba, du Vietnam à la Corée du nord, des leaders révolutionnaires souvent non-issus du monde paysan ont misé sur un prolétariat rural pour réussir leur projet de sortie des anciens rapports de production. Même en URSS dont l'analyse souvent superficielle de la révolution a pu conduire à ignorer cette composante paysanne, celle-ci a été centrale.

Par-delà ces prises de pouvoir agraro-centrées, la planète a connu bien des guérillas révolutionnaires qui ont buté sur les portes d'un pouvoir qui s'est maintenu. Des Forces armées colombiennes (FARC) à l'Armée du nouveau peuple aux Philippines, en passant par les naxalites indiennes ou les Kurdes du PKK turcs, on en est ainsi resté à des « situations révolutionnaires » pour reprendre une expression de Charles Tilly, où l'usage de la grammaire marxiste a été déterminant dans la mobilisation de groupes à grande base paysanne. Dans ce cas, en l'absence de prise de pouvoir qui ne permettait pas de peser sur l'ensemble du territoire, les acteurs révolutionnaires concernés ont tenté d'opérer, dans les zones qu'ils contrôlaient, des redistributions de terres.

Ces redistributions de terres à grande échelle ont été en revanche la marque des régimes marxistes qui se sont installés pour longtemps au pouvoir. Constatons qu'elles ont été ensuite, tôt ou tard, relayées par des collectivisations plus ou moins poussées ; et cela, au nom d'une logique industrielle et/ou d'une rupture de confiance plus ou moins en résonance avec la représentation marxienne des « paysans parcellaires » jugés trop autonomes par essence pour entrer dans un grand dessein de transformation collective.

L'URSS a été la première à faire ce pas en deux temps, depuis la réforme foncière de la NEP destinée à reconstruire l'agriculture, jusqu'à la collectivisation lancée par Staline en 1929. Cette redistribution suivie de fait d'une dépossession paysanne a pris à peu près le même nombre d'années en Chine, entre la victoire du PC en 1949 et le lancement du grand Bond en avant en 1958. Dans les deux cas, on connaît le résultat, de la famine tragique à court terme à la plus ou moins grande paralysie productive à long terme, sans oublier la révolte de paysans opposés à leur enrôlement dans des unités collectives. Cette double séquence – réforme agraire et collectivisation subie – s'est produite ailleurs. Par exemple, en Corée du Nord le gouvernement de Kim Il-Sung opéra une redistribution forcée des terres à des paysans organisés en coopératives dès le mois de février 1946, avant de transformer celles-ci en fermes collectives entre 1954 et 1958. On connaît là aussi la suite, à savoir quelques famines qui jalonnent l'histoire de ce pays isolé autant que méconnu. À Cuba, la réforme agraire fut déclarée en mai 1959, dans la foulée immédiate de la prise du pouvoir. Il faudra moins de quatre ans pour que la collectivisation massive soit lancée, le virage marxiste-léniniste étant réellement pris en 1961. C'est ainsi que quelque 80 % des terres arables passèrent sous contrôle de l'État, tandis que la spécialisation dans la canne à sucre fut portée à son maximum (Hanon, 2020). S'il n'y a pas eu pour autant d'insécurité alimentaire voire de famine dans ce pays au regard des précédents, sans doute est-ce lié en partie au fait que l'URSS s'est engagée massivement sur le plan économique quand bien même ses capacités financières étaient contraintes[12] : la situation géographique de l'île en faisait un territoire à haute valeur stratégique pour Moscou.

Ce ne sont là que quelques exemples parmi tant d'autres qui montrent comment la terre a été souvent traitée en deux temps, dès lors que des régimes se revendiquant d'un certain marxisme accédaient au pouvoir. Ainsi, des pays d'Europe centrale au Nord-Vietnam[13], on retrouve à quelque chose près ce schéma qui a consacré un domaine collectivisé après un premier temps de réforme agraire coercitive, la visée étant d'industrialiser autant que possible l'agriculture et, en dernière instance, de prolétariser des paysans voire de les contrôler. Il n'en demeure pas moins que ce processus n'a pas toujours été poussé aussi loin, comme par exemple au Nicaragua où les fermes collectives n'ont pas eu le temps

12 Moscou envoyait notamment du pétrole gratuit quand l'URSS payait le sucre à un prix soutenu.

13 Quand le Sud a été conquis par le Nord Vietnam en 1976, la tentative de collectivisation s'est heurtée sur des révoltes paysannes (1978-1979) et à une crise alimentaire. Puis la très progressive libéralisation dans les années 1980 a remis ce modèle en question.

de dominer le paysage agraire entre la révolution sandiniste en 1979 et le début de la transition démocratique en 1989.

Dans certains pays restés davantage aux portes de la voie socialiste radicale, force est de constater qu'ils se sont arrêtés à la seule réforme agraire sans adopter le collectivisme foncier. De l'Égypte de Nasser, qui dès 1952 sonna l'heure du nationalisme arabe mâtiné de socialisme, à la Syrie dirigée à partir de 1963 par le parti Baas, les paysans se sont vu octroyer des terres sans avoir jamais à s'engager dans des unités collectivisées, à l'exception des quelques fermes d'État créées dans le nord de la Syrie[14]. C'était une façon de reprendre le contrôle des campagnes jadis contrôlées par les grands propriétaires. Par-delà leur encadrement technique et économique, les paysans étaient soumis au politique, avec, en Syrie, l'établissement d'un syndicat paysan pro-baasiste véritable courroie de transmission avec le régime. En Algérie, où le FLN avait également mâtiné son nationalisme de socialisme, la période de l'étatisme agraire alla plus loin encore que la seule coopérativisation : à partir de 1983, des domaines agricoles socialistes remplacèrent les domaines autogérés, où des paysans sans terre s'étaient vu octroyer des terres reprises aux colons dès 1962, ainsi que les coopératives agricoles qui couvraient les terres reprises à partir de 1971 aux grands propriétaires algériens. Mais rapidement l'État algérien se ravisa : quatre ans après avoir été édifiés, ces domaines peu efficaces furent disloqués sur fond de tournant libéral qui sera de plus en plus assumé par la suite.

À l'instar de l'Algérie, de la Syrie et de l'Égypte, tous les pays à matrice plus ou moins socialisante ont depuis longtemps modifié leur politique foncière. Déjà, au mitan des années 1970, la Chine populaire, après la mort de Mao, choisit, comme nous le mentionnions plus haut, d'opérer une « repaysannerie de l'agriculture », autrement dit l'émancipation des paysans des communes populaires, leur consécration en tant qu'usufruitiers de la terre et l'autorisation reçue de vendre une part leur production sur les marchés (Chaumet, Pouch, 2017). Mais c'est surtout à partir des années 1980 et encore plus à leur tournant, sur fond de crise puis de dislocation de l'URSS et de l'ancien Pacte de Varsovie, que la décollectivisation agraire ou tout du moins la décoopérativisation

14 Ceci servit à édifier la ceinture arabe voulue par les autorités baasistes dès 1963. Il s'agissait d'y établir des paysans arabes dans les régions peuplées majoritairement de Kurdes de sorte à entraver leur irrédentisme. Les paysans arabes vinrent de la région du lac Assad dont le remplissage inonda des villages alentours. Mais cette politique fut limitée dans son ampleur.

étatique du monde agricole a été à l'agenda de tous les pays qui avaient emprunté cette voie plus moins radicale. C'est bien sûr en premier lieu, toutes les anciennes républiques de l'ancienne URSS et tous les anciens pays d'Europe centrale et orientale qui, en ayant abandonné toute référence au marxisme, ont démantelé leurs structures collectives, au point de voir apparaître de grands domaines privés, une petite agriculture plus ou moins résiduelle se logeant dans ce qui reste de terres arables.

Même dans certains pays qui ont gardé leur référence au communisme, l'état des structures agraires a désormais peu à voir avec ce qui avait cours à l'acmé de l'expérience marxiste ou maoïste. À Cuba, les fermes d'État ont été pratiquement toutes transformées en coopératives produisant pour les institutions d'État (hôpitaux, écoles, jardins d'enfants) avec la possibilité désormais de garder le reliquat de production pour le vendre sur des marchés paysans. Au Vietnam, la réorientation foncière en 1993 permit aux paysans de redevenir autonomes dans leurs activités quand bien même ils n'obtenaient qu'un droit d'usage sur des terres détenues par l'État. À noter aussi que dans ce pays encore affiché comme communiste, tout comme au Laos voisin, lui aussi resté « communiste », l'arrivée d'investisseurs en agriculture, souvent internationaux, rompt notoirement avec l'ancien modèle collectiviste.

Quant aux pays qui se sont revendiqués beaucoup plus vaguement d'une inspiration socialiste, à l'instar de l'Égypte et de la Syrie, et qui n'avaient pas été jusqu'à la collectivisation, une opération de libéralisation s'est produite au cours de la décennie 1990, confirmée par la suite. Dans des pays endettés et dont la population avait beaucoup grossi, il ne s'agissait plus d'atteindre l'autosuffisance alimentaire mais de promouvoir des filières d'exportations sources de devises. Afin de renforcer la compétitivité de ces filières, une agriculture d'investisseurs fut ainsi promue, avec le lancement de véritables contre-réformes agraires. Avec la fin des plafonds de surface pour les propriétaires et des loyers pour les locataires, des mobilisations significatives se sont produites qui en disent long de la fin du pacte social avec les paysans : en Égypte, la révolution de 2011 a donné lieu à des réoccupations de terres par des paysans qui les avaient perdues avec cette contre-réforme agraire ; en Syrie, la paysannerie en proie à une crise agraire, sur fond de chocs climatiques et de libéralisation mal vécue, n'a pas été éloignée des manifestations en amont de la guerre civile.

Paysans transférés

Dans ces moments agro-politiques, la victoire n'a pas toujours échu aux révolutionnaires, tant s'en faut. Les épisodes d'affrontements ont pu en effet conforter des oligarchies foncières en prenant appui sur des pouvoirs militaires. L'Europe méditerranéenne, très marquée par la question foncière, a connu ces moments de confrontations souvent avec forte violence. En Italie, au Portugal et en Espagne, les dérives autoritaires des années 1920 à 1930 ont emprunté à cette question, la grande propriété se jetant dans les bras de juntes nationalistes quand les paysans se sont rebellés. Après avoir manqué l'occasion de l'unification italienne pour opérer une véritable réforme agraire, l'Italie fut aussi le premier pays à basculer vers un régime fort, après deux années d'affrontements dans les zones rurales[15]. Le *Biennio rosso* en 1919 et 1920 avait été émaillé de nombreuses occupations de terre au point de pousser des propriétaires à créer des escadrons (*squadras*) et à financer les Faisceaux italiens de combat visant à les aider à contenir ces paysans révoltés. L'arrivée des fascistes en Italie est ainsi clairement liée à cette agitation agraire. La même lecture peut être opérée au Portugal avec le basculement autoritaire en 1926 puis la confirmation de Salazar en 1930. Il en est de même pour l'Espagne où l'arrivée de Franco en 1939 se produisit dans un même contexte ; celui du conflit entre une oligarchie foncière attachée au statu quo foncier et des paysans et ouvriers agricoles affamés de terres quand ils n'étaient pas affamés tout cours. Dans les deux pays, le durcissement autoritaire profita à l'élite foncière. En Espagne, la grande réforme agraire qui avait été notoirement accélérée par les républicains en 1936 fut même non seulement arrêtée mais les terres furent en grande partie redonnées à leurs anciens propriétaires. Un autoritarisme agrarien allait perdurer dans ces deux pays jusqu'au mitan des années 1970 comme il perdura en Italie jusqu'en 1945.

Le traitement de la question paysanne dans ces trois pays permet de dégager un même air de famille dans les politiques chargées de résoudre une équation difficile. La chape autoritaire ayant ses limites, il fallait amortir la faim de terre d'une population rurale en expansion, sans pour autant s'opposer à l'oligarchie foncière, véritable base du régime. C'est un registre d'instruments, bien plus large qu'une politique

15 Dans ses Cahiers de prison, Antonio Gramsci évoque « une révolution agraire manquée ».

agricole et foncière, qui fut utilisé. Ces trois pays se lancèrent ainsi dans la bonification de terres incultes de sorte à baisser la pression dans les campagnes. Ce fut la campagne d'assèchement des marais en Italie. Ce furent, en Espagne et au Portugal, des politiques de colonisation agraire de terres vierges en métropole. Par ailleurs la possession de colonies permit un déversement dans les territoires de l'Outre-mer. En Italie où cet instrument fut opérant, la Libye constitua ainsi un eldorado pour les paysans de Sardaigne, de Sicile et d'autres régions italiennes. Eu égard aux résistances que les Italiens se virent opposer après leur entrée sur ce territoire en 1912, il fallut surtout attendre la fin des années 1920 pour que ce registre soit utilisé et que les plaines côtières de Benghazi, de Syrte et de Tripoli soient dévolues à la colonisation agraire italienne. Cet exode, le Portugal tenta d'y recourir aussi en facilitant l'envoi de paysans dans les terres coloniales d'Angola et du Mozambique mais l'opération fut limitée, sans doute du fait de l'éloignement. De fait, le plus grand transfert des travailleurs de la terre des péninsules ibérique et italienne s'opéra au travers de l'émigration en Europe, particulièrement en France qui reçut beaucoup de ruraux relégués de ces territoires méditerranéens.

Ce type de régime militaro-terrien s'est aussi révélé sur d'autres continents. C'est le cas de l'Amérique latine qui a hérité d'une structure d'appropriation inégalitaires des terres : le monde rural est resté couvert de *latifundios* ou de *fazendas* souvent gigantesques, tandis que la paysannerie est reléguée aux interstices laissés par ces grandes propriétés ou employées par elles. Dans ce contexte, l'élite terrienne a pu garder la main en s'appuyant sur des juntes militaires qui, elles-mêmes, bénéficiaient du contexte de guerre froide pour obtenir le soutien américain. Le plus grand pays, le Brésil, a ainsi démontré une façon de résoudre la question du déséquilibre qui ressemble de près à ce qui s'est produit dans les dictatures méditerranéennes. Le coup d'État militaire contre Joao Goulard en 1964, au prétexte d'avoir voulu lancer une réforme agraire, a ouvert une longue période autoritaire jusqu'en 1985. Là encore s'est posée l'équation pour répondre à la fois à la faim de terres des uns et à l'exigence de garder les avantages fonciers des autres. Aucune réforme agraire n'a été engagée après avoir suspendu celle lancée par Joao Goulard. Comme nous l'avons évoqué précédemment, les grands domaines de la zone médiane – entre Amazonie et bande littorale – marqués par la grande propriété se sont trouvés au cœur de l'affirmation de la politique de puissance. L'État a investi dans la transformation des grandes propriétés extensives en exploitations intensives productrices de canne à sucre et de soja.

Quant aux paysans sans terre, ils ont dû ravaler leurs revendications dans un contexte autoritaire, le pouvoir leur « offrant » surtout de s'engager dans la colonisation de nouvelles terres en Amazonie. Ce nouvel espace, longtemps considéré comme une *terra incognita*, avait déjà été réhabilité lors du précédent cycle autoritaire, en particulier avec le président Getulio Vargas (1934-1945 ; 1951-1955). Mais c'est avec la nouvelle dictature qu'il est investi plus massivement au nom du mot d'ordre « une terre sans hommes pour des hommes sans terre », lancé en ouverture du Plan d'intégration national (PIN). Mais les paysans du Nordeste et d'autres régions défavorisées, qui devaient s'établir dans des lots de part et d'autre de la Transamazonienne, ne se sont pas précipités tant s'en faut. Finalement ce désenclavement de l'Amazonie a surtout servi à faciliter la venue d'investisseurs de toutes sortes, allant des grandes fermes d'élevage aux groupes miniers, souvent favorisés par des facilités fiscales. Les paysans sans terre n'ont donc pas gagné grand-chose dans l'affaire, tandis que la déforestation a été à la mesure de la démesure politique. Si le retour de la démocratie en 1985 a mis du temps à diminuer cette emprise foncière, faut-il s'étonner que Jair Bolsonaro, nostalgique de la dictature, et soutenu par une bonne partie du lobby agro-industriel de la *Bancada ruralista*, ait tenté de la relancer après son arrivée au pouvoir en 2018 ?

Le transfert de la paysannerie sans terre en contexte autoritaire a été pratiqué dans un autre grand pays d'Amérique latine. En Colombie où l'agriculture se situe surtout dans les Cordillères plus tempérées que les terres basses, les régimes autoritaires d'extraction foncière ont là aussi manié le bâton de la coercition contre les paysans rebelles et la « carotte » des transferts vers des zones vierges sur le plan agricole. Annoncée en 1961 sur injonction des USA, inquiets sous Kennedy, de cette matrice révolutionnaire que constituaient les campagnes, la réforme agraire n'entama en réalité rien de la grande propriété des régions hautes, au point que des guérillas paysannes dont les FARC, de loin les plus puissantes, furent créées au cours des années 1960. Pour désamorcer, les paysans furent incités à s'engager dans des fronts pionniers agraires dans les zones basses des denses forêts. Mais en déplaçant la solution du problème foncier vers les marges du territoire, la culture des drogues opéra une percée avec son cortège de violences. Car en accompagnant les paysans sur les fronts pionniers de la forêt amazonienne, les guérillas trouvèrent dans la drogue un moyen pour financer un équipement militaire de plus en plus lourd. Il en fut de même des groupes paramilitaires à la solde du pouvoir qui se lancèrent dans cette entreprise productive pour financer eux aussi leur armement.

L'Amérique latine n'a pas été la seule à reproduire ce que les dictatures méditerranéennes avaient expérimenté avant elle. En Asie, l'Indonésie, sous le pouvoir de Suharto (1967-1998), a repris la transmigration[16] paysanne vers les îles pour réduire la pression démographique à Java et ainsi y prévenir trop d'instabilité sans y contraindre l'élite foncière. Des parcelles étaient distribuées aux paysans ainsi que des aides à la production. Mais l'Estado Novo, du nom dont s'était affublé le pouvoir en référence à celui de Salazar, poussa aussi des entreprises d'État à s'engager dans ces fronts pionniers, pour faire de l'agriculture de plantation un vecteur d'affirmation, avec tous les effets environnementaux que l'on sait. Le retour relatif de la démocratie n'a pas infléchi une tendance qui permet de se projeter à l'assaut des marchés agricoles. Aux Philippines, la méthode du transfert fut également utilisée au temps de la dictature de Marcos (1965-1986). La mauvaise distribution des terres héritées de la colonisation espagnole donna lieu à la création d'une mouvance communiste (New People Army, NPA)[17]. Afin de se débarrasser de la question foncière sur les îles principales, la dictature de Marcos (1965-1986) organisa, au travers d'incitations économiques, l'envoi de paysans sans terre sur la grande île musulmane de Mindanao qui est la seule à n'avoir pas été colonisée par l'Espagne. Par-delà le recul collatéral de la forêt, ces arrivées de paysans pauvres catholiques sur l'île, au long des décennies de dictature, ont suscité successivement le nationalisme (Front Moro de libération, 1969), l'islamisme (Front Moro islamique de libération, 1978) puis le djihadisme sur l'île, le mouvement Abu Sayyaf créé en 1991 dans la foulée d'Al Qaïda ayant fait à allégeance à Daech en 2014. Peu importe que le retour de la

16 Les Néerlandais, au temps de leur tutelle, avaient lancé ce type de colonisation dans l'archipel.

17 Ce mouvement reste actif malgré des tentatives récurrentes en vue d'un accord de paix. La récente présidence de Duterte (2016-2022), aux méthodes brutales, a été très néfaste de ce point de vue.

démocratie ait entretemps conduit à une réforme agraire sur les autres îles. La venue de ces paysans non-musulmans avait déjà produit le processus de radicalisation à Mindanao.

Paysans renforcés

La fin de la dictature et le retour de la démocratie ont conduit à une réforme agraire aux Philippines. Ce lien entre démocratie et réforme agraire n'est pas fortuit. Il y a même une affinité élective et ancienne entre les deux. Comme nous l'avons évoqué, c'est par la distribution égalitaire de la terre qu'Abraham Lincoln imagina déjà en 1862, en pleine guerre de Sécession, *l'Homestead Act* qui prévoyait la distribution foncière dans un espace états-unien alors loin d'être couvert. Il se situait dans la lignée des Pères de l'Amérique, notamment de Thomas Jefferson qui prôna la propriété égalitaire en rupture avec l'Ancien Régime britannique dont il fallait se séparer. Pointant « l'égalité des conditions », Alexis de Tocqueville dans *La démocratie en Amérique* avait d'ailleurs saisi, bien avant le *Homestead Act*, la passion de l'égalité dans ce « nouveau » pays, quand bien même elle concernait seulement les populations venues du Royaume-Uni à l'exclusion des populations amérindiennes et afro-ascendantes. Le Canada, lui-même, érigea en 1872 une même loi d'attribution égalitaire dans les grandes plaines comme vecteur de justice politique.

Cette façon d'opérer était donc bien différente de ce qui prévalait sur le Vieux Continent nonobstant l'ouverture d'un cycle révolutionnaire dès la fin du XVIIe siècle. Même la Révolution française porteuse d'idéaux égalitaires ne fut pas un modèle de redistribution foncière. À la fin du XIXe siècle, c'est ce constat d'une république empêchée par la non-adhésion des paysans qui conduisit Gambetta à porter un fort intérêt à l'encadrement politique de l'agriculture. Pour ce faire, il facilita notamment l'accès des paysans à la terre au travers de leur accès au crédit. Il s'agissait en quelque sorte d'une réforme agraire par le marché, les paysans étant renforcés économiquement pour acheter des terres à ceux qui la possédaient. « Nous devons faire chausser aux paysans les sabots de la République ». Cette formule de Gambetta, en dit long de ce lien entre le régime politique et la question foncière. En tout cas, cette grande attention portée au transfert de terres aux paysans est sans doute l'une des raisons pour lesquelles la France évita toute violence agro-politique au XXe siècle, comme ce fut le cas ailleurs en Europe méditerranéenne, en Europe centrale ou en Russie. Bien entendu, on ne peut passer sous silence la purge de la Première Guerre mondiale qui avait de fait réduit la pression foncière dans les campagnes françaises.

Le rapport entre transfert foncier aux paysans et démocratie s'est vérifié ailleurs. À commencer par les pays méditerranéens où les transitions démocratiques s'adossèrent à des réformes agraires, dès 1950 en Italie, puis à partir de 1975 au Portugal et en Espagne. Mais l'Europe fut loin d'être la seule. Par exemple, le nouveau pouvoir japonais en fit aussi sa priorité au lendemain de la Seconde Guerre mondiale. Une réforme agraire fut ainsi décidée dès 1946. Si les Américains, en charge du Japon, se souciaient de la paupérisation des campagnes et du risque révolutionnaire qu'elle représentait dans un contexte marqué par l'infusion des idées marxistes, ce sont les Japonais qui, dès la capitulation en 1945, portèrent cette préoccupation au nouveau parlement. Mac Arthur dépêcha juste une mission d'experts pour finaliser le projet (Calvet, 2002). Avec cette réforme les propriétaires absentéistes furent expropriés mais dédommagés par l'État tandis que les paysans avaient 30 ans pour acquérir la terre cultivée. Cette réforme a été considérée comme une certaine réussite, au moins sur le plan politique car la stabilité fut au rendez-vous dans les campagnes. Cette stabilité fut aidée en cela par l'essor industriel qui aida fortement à la décongestion des zones rurales. Elle tint aussi à la politique agricole japonaise très interventionniste, notamment en termes de prix du riz. En effet, le Japon longtemps dominé par le parti-libéral démocrate (PLD), auquel les paysans japonais étaient très liés (et le demeurent), considérait l'indépendance en riz comme un des vecteurs de sa puissance et de stabilité, et ce quoi que cela lui coûtait en termes économiques.

Cette affinité entre démocratie et transfert des terres allait connaître quand même des limites voire des contre-modèles. Des limites si l'on se réfère entre autres à certains pays d'Amérique latine dont les réformes agraires lancées lors de parenthèses démocratiques n'ont pas connu de lendemains véritables du fait, justement, de retours autoritaires. Les réformes agraires entreprises ont été dans le renversement de Jacobo Arbenz au Guatemala en 1954, de Joao Goulard au Brésil en 1964 et d'Allende au Chili en 1973. Quant à Fernando Lugo qui a été éconduit en 2013, au prétexte qu'il attaqua les intérêts de la grande propriété dans un pays parmi les plus inégalitaires sur le plan foncier, son destin montre que les réflexes qui ont porté l'autoritarisme en Amérique latine n'y ont pas disparu.

Des contre-modèles aussi comme le furent Taïwan et la Corée du Sud qui, en période encore autoritaire, opérèrent des réformes agraires moins avec le souci de soutenir la démocratie que l'économie. À Taïwan, elle fut facilitée par le fait que le départ des Japonais avait laissé des terres à redistribuer et que le nouveau pouvoir de Tchang Kaï Chek, venu de la Chine continentale, n'avait pas eu de lien avec l'oligarchie foncière locale. Il en fut de même en Corée du Sud, mais la réforme y fut plus tardive. Assurément, là encore, le départ des colons japonais libérait du foncier mais la guerre sur la péninsule (1950-1953) et le maintien d'un pouvoir proche de l'oligarchie foncière jusqu'en 1960 ne facilitaient pas cette réforme agraire. Il fallut attendre l'arrivée d'un pouvoir militaire très déconnecté des familles terriennes pour l'opérer. S'ils ne sont donc pas le fait de pouvoirs démocratiques, ces transferts aux paysans ont fortement contribué à l'essor économique puis à la démocratisation sur l'île et la péninsule.

Pour finir sur ce lien entre démocratie et réforme foncière, nous pouvons évoquer ce qui se passa en Afrique du Sud, avec la fin de l'apartheid et l'arrivée de Nelson Mandela au pouvoir à la faveur des premières élections démocratiques dans le pays. Dans un pays où la dépossession foncière des Noirs avait été organisée dès 1913, il décida d'une réforme agraire à son arrivée aux affaires. Mais dans cette démocratie arc-en-ciel qu'il appelait de ses vœux, il privilégia une réforme agraire douce, autrement dit par le marché, l'État facilitant financièrement les transferts volontaires de terres par les propriétaires Blancs. La démocratie ne pouvait aller avec une réforme violente, comme allait le faire en 2000 le Zimbabwe, dirigé par un Robert Mugabé décrédibilisé, car en proie aux lourdes accusations de corruption. On sait ce qu'il est advenu de cette réforme agraire violente : une quasi-famine obligeant près de 2 millions de Zimbabwéens à gagner l'Afrique du Sud. Faut-il s'étonner dès lors que l'Afrique du Sud ait répugné depuis à accélérer la réforme agraire par des moyens coercitifs et cela malgré la pression de dissidences venues de l'ANC ? Certes, le président Ramaphosa, lui-même assez fortement contesté pour sa corruption a remis cette réforme à l'agenda en proposant son durcissement. Mais la loi soumise au vote le 7 décembre 2021 n'a pas reçu la majorité. Le premier parti d'opposition de l'Alliance démocratique (DA), plutôt Blanc, l'a refusé, de même que le parti des Combattants pour la liberté économique (EFF) de Julius Malema, un ancien de l'ANC, mais pour des raisons opposées, à savoir que la réforme n'allait pas assez loin dans la réappropriation foncière par les Noirs[18].

Enfin, pour clore cette fresque concernant le lien entre démocratie et réforme, nous pouvons revenir sur la Colombie. Alors qu'elle avait offert un exemple d'autoritarisme militaro-terrien, constatons que le processus de paix lancé en 2016 n'est pas sans lien avec la dimension foncière, dans un pays où la violence s'est nourrie de l'inégalité d'accès à la terre. Après avoir été exposée aux manœuvres dilatoires du président, Iván Duque, élu en 2018, la réforme agraire a été accélérée depuis l'arrivée à la présidence en 2022 de Gustavo Petro qui se fait le héraut de la Colombie apaisée et démocratique. Il reste à savoir si elle pourra être menée à son terme afin de sortir durablement le pays de ses pesanteurs.

CONCLUSION AU CHAPITRE

Cette réflexion ne portait pas vraiment sur le contenu des politiques agricoles. Elle s'assignait surtout de mettre en lumière les soubassements géopolitiques qui peuvent les porter. *Ad extra*, nous avons vu que la politique agricole peut servir la *puissance*, aussi bien en termes de capacités à peser que de capacités à ne pas trop dépendre. Certes, avec la mondialisation sur fond de fin de l'histoire annoncée par Francis Fukuyama, cette façon de résonner la question alimentaire pouvait paraître caduque après une guerre froide où elle avait au contraire démontré son acuité. Mais dans le nouveau cycle historique, fait aujourd'hui de défiance et de rareté croissante, la question alimentaire et, partant agricole est mis à l'agenda de moult États qui opèrent un réarmement stratégique.

18 Ironie de l'histoire, les dernières élections législatives du 29 mai 2024, ont fait perdre à l'ANC sa majorité, une première depuis les élections libres de 1994. Cela l'oblige à gouverner avec l'Alliance démocratique, qui, à ses origines, était plutôt dominée par les Blancs.

Ad intra, le rapide balayage géo-historique a montré que les politiques foncières, pour traiter les situations d'inégalités foncières, en disent long des régimes politiques qui les ont traitées. Là aussi, cet aspect n'est pas aussi éculé qu'on pourrait le penser alors que les sociétés s'urbanisent. Les derniers exemples qu'on a évoqués montrent l'acuité de ce sujet. Qui plus est, on assiste à un nouveau cycle de concentration foncière dans le monde qui n'est pas sans risques agro-politiques, particulièrement dans des zones encore très rurales, comme l'Afrique et l'Asie du Sud. Même dans des sociétés très urbanisées, à commencer par l'Europe, la concentration foncière fait l'objet de contestations sporadiques qui pourraient ne pas en rester là. L'avenir pourrait ainsi montrer que les soubassements de la violence politique du passé ne sont peut-être pas aussi révolus qu'on veut bien le penser.

Pierre Blanc
Professeur de géopolitique
à Sciences Po Bordeaux
et à Bordeaux Sciences Agro

COMMERCE INTERNATIONAL ET POLITIQUES AGRICOLES

Régime d'exception ou intégration, tensions et opportunités

Il s'agit dans ce chapitre d'examiner les relations entre les politiques agricoles nationales ou communes et les négociations commerciales internationales. Explorer la genèse et la teneur des accords commerciaux est essentiel pour comprendre certains tournants des politiques agricoles et évaluer les défis posés à leurs évolutions futures. Le constat ne doit cependant pas être unidirectionnel : les politiques agricoles de différents pays ont souvent posé des limites à la libéralisation des échanges visée dans les négociations commerciales, tant multilatérales que régionales ou bilatérales. Si l'agriculture ne constitue en principe plus une exception dans le champ d'application des accords commerciaux, elle demeure toujours un chapitre singulier des négociations, influençant le résultat global de celles-ci. Il est aussi utile de se départir d'une vision simplificatrice qui voudrait que l'intégration de l'agriculture aux accords commerciaux ne constitue, pour l'essentiel, qu'une menace. Les échanges internationaux de produits agricoles sont indispensables à la sécurité alimentaire de nombreux pays, tant développés qu'émergents ou en développement. Le volet agricole des exportations constitue, pour d'autres pays, un pilier essentiel de leur balance commerciale, voire un levier de leur politique de développement. Enfin, les disciplines imposées par les accords multilatéraux ont contribué à une orientation généralement plus efficiente des politiques agricoles. Pour toutes ces raisons, la relation entre accords commerciaux internationaux et politiques agricoles mérite une analyse approfondie et nuancée.

Les développements multilatéraux sont historiquement les plus importants et exercent encore une influence notable sur les politiques agricoles. Il est donc nécessaire de traiter en priorité les négociations du GATT (Accord général sur les tarifs douaniers et le commerce) puis de l'Organisation mondiale du commerce (OMC), ainsi que le fonctionnement actuel de cette organisation. Le volet agricole dans les négociations commerciales plurilatérales, régionales et bilatérales, sera examiné, à travers certains exemples illustratifs. Le choix des exemples traités vise à sensibiliser à la diversité des relations entre ce type d'accords et les politiques agricoles, plutôt qu'à hiérarchiser les accords selon leur importance ou leur impact.

Ce chapitre ne pouvait échapper à une discussion sur les avantages et les risques du libre-échange dans le domaine agricole, ses effets sur la sécurité alimentaire, le développement économique et sur les dimensions environnementales et sociales de la durabilité. Cela constitue un préalable pour pouvoir ensuite aborder l'impact concret des accords à l'aune des objectifs des politiques agricoles. La discussion est complétée par quelques données concernant le développement récent du commerce international de produits agricoles et agroalimentaires.

Une dernière partie tente d'approfondir les interactions entre accords commerciaux et politiques agricoles. Il traite en priorité des relations entre l'accord agricole de l'OMC et les politiques agricoles européennes, avec une brève excursion aux États-Unis, puis aborde les interactions avec les accords régionaux ou bilatéraux. L'impact des politiques agricoles sur le champ et le résultat de négociations commerciales internationales fait l'objet des remarques finales.

Une discussion générale conclut ce chapitre. Elle s'articule sur différentes questions et plaide finalement pour une approche renouvelée du volet agricole des négociations internationales.

ACCORDS COMMERCIAUX MULTILATÉRAUX

ACCORD GÉNÉRAL SUR LES TARIFS DOUANIERS ET LE COMMERCE (GATT)

À l'issue de la Seconde Guerre mondiale, la nécessaire réorganisation de l'ordre mondial est passée, sur le plan économique, par les accords de Bretton Woods en 1944, portant sur les questions monétaires et débouchant sur la création du Fonds monétaire international, et la Charte de La Havane, en 1948, qui prévoyait la création d'une Organisation internationale du commerce (OIC) intégrée à l'Organisation des Nations-Unies (ONU). Le GATT constituait un arrangement provisoire conclu en 1947 entre 23 pays. La Charte de La Havane n'ayant pas été ratifiée, en particulier en raison de l'opposition interne aux États-Unis, l'OIC n'a pas vu le jour et le GATT – en tant qu'organisation informelle – a constitué la colonne vertébrale du multilatéralisme commercial jusqu'à son remplacement par l'OMC en 1995. Le nombre de pays signataires du GATT est passé, par étapes, de 23 à 128.

Le GATT visait à lutter contre le protectionnisme et le désordre sur les marchés internationaux qui étaient considérés comme une des causes économiques de la Seconde Guerre mondiale. Il comprend un dispositif d'ouverture graduelle des marchés. Il est tenu compte du contexte et des intérêts tant américains qu'européens en acceptant une tolérance vis-à-vis des accords régionaux et des possibilités de protection du marché intérieur (Abbas, 2007). Dès son origine, le GATT associe libéralisation et régulation des échanges internationaux. Le GATT se fonde sur trois principes qui imprègnent aujourd'hui l'ensemble des accords de l'OMC :

- La non-discrimination : celle-ci repose sur deux clauses. La clause de la nation la plus favorisée (NPF), selon laquelle tout avantage accordé à un membre doit être appliqué à l'ensemble des pays partenaires membres de l'accord. La clause du traitement national qui stipule que les produits importés et les produits domestiques doivent être traités de façon identique.
- La réciprocité : c'est l'idée qu'un pays bénéficiant d'un avantage commercial concédé par un autre pays doit accorder à celui-ci un avantage « équivalent ». Elle va de pair avec la volonté de favoriser le développement des exportations ; l'ouverture aux importations constituant une concession nécessaire au fonctionnement du système.
- La transparence : elle établit que les droits de douane sont l'instrument de protection le plus lisible, fournissant une base de négociation claire. Les restrictions quantitatives, les barrières non-tarifaires, le dumping et les subventions, en particulier les subventions à l'exportation, sont proscrits ou encadrés de manière très restrictive. La transparence ressort aussi de l'obligation qu'ont

les États de notifier leur législation commerciale nationale et internationale au Secrétariat.

La protection douanière est légitime selon les règles du GATT, pour autant qu'elle soit transcrite uniquement en droits de douane. Toute négociation commerciale débute par des propositions de démantèlement des droits de douane ; à chaque demande d'ouverture de marché pour les produits domestiques doit correspondre une offre d'ouverture de son propre marché (réciprocité), concessions qui doivent ensuite bénéficier à l'ensemble des parties (clause NPF). Les règles du GATT n'obligent pas à libéraliser et admettent, pour chaque principe, des exemptions et des dérogations bien encadrées. L'accord contient aussi des mesures de défense commerciale, anti-dumping, sauvegarde et mesures compensatoires. La réduction multilatérale des droits de douane, mais aussi l'approfondissement des règles de l'accord et l'introduction de nouvelles exceptions ont fait l'objet de sept cycles de négociations, de celui de Genève (1947) jusqu'à celui de Tokyo (1973-1979). Le Cycle d'Uruguay marquera ensuite un élargissement décisif des accords et la création de l'OMC, comme nous le verrons plus loin.

Si les produits agricoles n'ont jamais été exclus du champ d'application du GATT, ils ont fait dès l'origine l'objet de nombreuses exceptions pour tenir compte des conditions très hétérogènes de la production agricole selon les pays et de la diversité des politiques de soutien (Dunkel, 1991), (FAO, 2001). Par exemple, des restrictions quantitatives à l'importation ont été admises (conditionnées à des limitations de la production intérieure), ce qui constitue une déviation majeure au regard des principes du GATT qui privilégient les droits de douane par rapport à tout autre type de protection. Les disciplines relatives aux subventions à l'exportation de produits agricoles ont été rédigées de manière volontairement imprécise, ce qui a entraîné leur affaiblissement progressif. En 1955, les États-Unis obtenaient l'autorisation de déroger aux règles du GATT pour des pans entiers de leur politique agricole, en particulier dans le domaine du sucre, de l'arachide et des produits laitiers (Hathaway, 1997). Peu après, les Communautés européennes créées en 1957 décidaient de recourir à une forme de protection – les prélèvements variables – ni prévue, ni expressément interdite par les disciplines du GATT. Quelques années après la création du GATT, deux des plus grandes puissances commerciales n'étaient plus disposées à observer l'esprit et la lettre de l'accord dans le domaine de l'agriculture, entraînant d'autres pays à ne pas se conformer à ses disciplines ou à revendiquer des dérogations supplémentaires.

Le désordre sur les marchés a suivi de près l'absence de disciplines généralement acceptées et l'agriculture a occupé une place de plus en plus importante parmi les préoccupations des membres et les négociations du GATT. Sans relater chaque développement, il faut mentionner un arrangement sur les céréales, conclu lors du Kennedy Round (1963-1967), ainsi que des accords introduisant des prix minimaux pour certains produits laitiers et la viande bovine, en marge du Cycle de Tokyo (1973-1979). Mais leurs dispositions peu ambitieuses et limitées à quelques produits ont été rapidement dépassées par les évènements, entre autres par de fortes fluctuations sur les marchés. Les années 1980 ont été marquées par d'importants excédents agricoles, dus à l'augmentation rapide de la productivité et aux politiques de soutien. Ces excédents ont entraîné, aux États-Unis et en Europe, l'explosion des coûts de stockage et de subventionnement des exportations, ainsi que de graves répercussions pour les pays qui étaient des producteurs efficaces (comme l'Argentine, le Brésil, l'Australie et la Nouvelle-Zélande) et subissaient la concurrence déloyale d'exportations subventionnées. De plus, nombre de pays en développement étaient indirectement découragés de développer leur propre production agricole puisqu'ils pouvaient disposer de surplus à bas prix. Les guerres commerciales agricoles entraînaient également un rebond protectionniste dans d'autres secteurs et le recul de la coopération internationale. Cependant, aucun pays n'était prêt à procéder à un désarmement unilatéral de sa production ni de ses politiques de soutien (Guyomard *et al.*, 1994). Peu à peu a grandi l'idée de lancer un nouveau cycle de négociations multilatérales avec, pour l'agriculture, une approche beaucoup plus large que les seules mesures à la frontière. En effet, les distorsions commerciales résultaient aussi des mesures de soutien interne et de d'engagements budgétaires très hétérogènes selon les pays. Ces considérations ont prévalu lors du lancement du cycle d'Uruguay en 1986.

Le GATT en tant qu'accord, peu modifié lors du Cycle d'Uruguay, constitue toujours le pilier central des accords de l'OMC[1].

---

1 Son texte (GATT 1994) et des aides à sa lecture sont disponibles sur le site Internet de l'OMC https://www.wto.org/french/docs_f/legal_f/gatt47.pdf ; https://www.wto.org/french/docs_f/legal_f/06-gatt_f.htm ; https://www.wto.org/french/docs_f/legal_f/ursum_f.htm#General.

CYCLE D'URUGUAY ET CRÉATION DE L'ORGANISATION MONDIALE DU COMMERCE (OMC)

Le Cycle d'Uruguay, dont l'idée avait germé en 1982, a été formellement lancé par la conférence ministérielle de Punta de l'Este en 1986 ; les négociations ont duré jusqu'à fin 1993 ; les accords ont été signés à Marrakech en 1994 et sont entrés en vigueur en janvier 1995, simultanément avec la création de l'OMC. Ce n'est pas d'aujourd'hui que les processus multilatéraux prennent du temps et traversent des périodes de doute et de crise. Les objectifs principaux de cette vaste négociation comportaient l'élargissement du système multilatéral à des domaines nouveaux tels que le commerce des services et la propriété intellectuelle ainsi que la réforme du commerce de produits sensibles, ceux de l'agriculture et les textiles. Sur le plan institutionnel, les accords du Cycle d'Uruguay marquent un nouveau départ, avec la constitution d'une organisation internationale en bonne et due forme, l'OMC, la codification du système de règlement des différends et l'institution d'un mécanisme d'examen régulier des politiques commerciales.

L'agriculture a constitué une des principales pierres d'achoppement de la négociation. Le pré-accord de Blair House entre les États-Unis et la Communauté européenne a finalement débloqué la situation en 1992 (Guyomard, Mahé, 1993). Il incluait la globalisation du soutien interne[2] avec un engagement de réduction de 20 % (tout en sanctuarisant les paiements directs européens découplés et les aides compensatrices américaines), la tarification de toutes les mesures à la frontière avec engagement de réduction de 36 %, un accès au marché minimum de 3 à 5 % de la consommation intérieure, un engagement de réduction des subventions à l'exportation et la résolution du conflit sur les oléagineux.

L'Accord sur l'agriculture du Cycle d'Uruguay (AACU)[3] est construit sur la base du pré-accord de Blair House. Il remplace les deux clauses agricoles spécifiques du GATT par un traité complexe de 30 pages. Il s'articule sur les éléments suivants :

– Accès aux marchés : tarification, c'est-à-dire la transformation de toutes les mesures non tarifaires en droits de douane (ou tarifs)

2 Agrégation de l'ensemble des soutiens accordés aux différentes productions.
3 https://www.wto.org/french/thewto_f/whatis_f/tif_f/agrm3_f.htm ; https://www.wto.org/french/docs_f/legal_f/14-ag_01_f.htm.

uniquement (consolidés à un niveau assurant une protection à peu près équivalente au statu quo ante, y compris celle générée par des restrictions quantitatives et autres mesures non tarifaires) ; ouverture de contingents avec des droits abaissés par rapport aux droits ordinaires pour assurer l'accès minimum ; réduction des droits de douane hors contingent de 35 % en 6 ans ; clause de sauvegarde spéciale (en cas de baisse soudaine des prix ou d'augmentation massive du volume des importations).

- Soutien interne : distinction entre les mesures stimulant directement la production et celles n'ayant pas d'effets directs sur la production et le commerce ; engagement de réduire les premières (« boîte orange »), agrégées dans la mesure globale de soutien (MGS), de 20 % en six ans ; clause « de minimis » : une MGS inférieure ou égale à 5 % de la valeur de la production est exemptée des disciplines de réduction.
- Les mesures internes ayant une incidence minime sur le commerce peuvent être adoptées librement et sont classées dans la catégorie « verte ». Elles comprennent les services assurés par les pouvoirs publics tels que la recherche, les services d'inspection liés à la santé publique ou aux mesures phytosanitaires, l'amélioration des infrastructures, la promotion de la commercialisation, la détention de stocks publics pour assurer la sécurité alimentaire et l'aide alimentaire pour des segments de la population dans le besoin. Elles recouvrent aussi les paiements versés directement aux agriculteurs qui n'ont pas pour effet de stimuler la production (découplage), comme certaines formes de soutien direct des revenus, l'aide en cas de catastrophe naturelle, l'aide à la restructuration des exploitations et les paiements directs dans le cadre de programmes de protection de l'environnement et de développement régional. Sont aussi autorisés mais plafonnés : certains paiements directs aux agriculteurs qui sont tenus de limiter la production (« boîte bleue »).
- Subventions à l'exportation : sont couvertes toutes les subventions liées directement ou indirectement à l'exportation (notamment vente de stocks à un prix inférieur au marché intérieur, réduction des coûts de commercialisation ou de transport, subvention aux produits de base incorporés dans les produits transformés, par ex. le blé destiné à la fabrication de biscuits) ; engagement de réduire

le volume des exportations subventionnées de 21 % et le montant budgétaire destinée à ces subventions de 35 % en six ans.

- L'AACU comporte, pour concrétiser ses dispositions de principe, une liste d'engagement pour chacun des pays signataires, avec les niveaux de référence initiaux et les engagements de réduction par produit (par position tarifaire), tant pour les droits de douane que pour le soutien interne et les subventions à l'exportation.
- Les engagements sont différenciés entre pays développés et pays en développement ; les pays les moins avancés sont largement exemptés ; les indications ci-dessus concernent les pays développés.
- L'AACU introduit une obligation de notification annuelle pour toutes les mesures couvertes par l'accord. Elle constitue la base pour la surveillance de la tenue des engagements par le Secrétariat et pour les interventions des membres dans le Comité de l'agriculture.

Un autre accord du Cycle d'Uruguay est important pour l'agriculture : l'Accord sur l'application des mesures sanitaires et phytosanitaires (SPS)[4]. Il concerne les règlementations visant l'innocuité des produits alimentaires, ainsi que la protection de la santé animale et la préservation des végétaux. Il laisse libres les pays d'édicter leurs propres normes, en demandant toutefois de le faire sur une base scientifique et recommandant d'utiliser, là où elles existent, les normes internationales. Les réglementations sanitaires et phytosanitaires doivent être appliquées de manière non-discriminatoire, pour assurer la santé publique et celle des animaux et des végétaux, mais pas à titre protectionniste. L'accord établit une obligation de transparence (notification des mesures) ; un Comité SPS examine les questions qui pourraient avoir un impact sur le commerce et coopère avec les organisations techniques compétentes, notamment le Codex alimentarius FAO-OMS, la Convention internationale pour la protection des végétaux et l'Organisation mondiale de la santé animale. En cas de conflit résultant de l'application de mesures sanitaires et phytosanitaires, il peut être recouru au mécanisme de règlement des différends de l'OMC. Cette possibilité a été largement utilisée depuis l'entrée en vigueur des accords, l'évaluation des risques et de la pertinence des mesures n'étant rarement basée exclusivement sur

4 https://www.wto.org/french/tratop_f/sps_f/spsund_f.htm ; https://www.wto.org/french/tratop_f/sps_f/spsagr_f.htm.

la science. Il faut relever que l'Accord SPS ne couvre pas les questions concernant d'autres préoccupations des consommateurs, ni le bien-être animal ou les questions environnementales liées à la production agricole (MacLaren, 1995).

Au vu de la complexité de l'AACU, de l'accord SPS et des listes d'engagement de chaque pays, l'agriculture constitue au terme du Cycle d'Uruguay un cas beaucoup plus particulier qu'il ne l'a jamais été sous le GATT de 1947. Selon (Tangermann, 2001), il était nécessaire d'établir des règles différentes pour l'agriculture et cependant, la tarification, les disciplines sur la concurrence dans les exportations et le soutien interne ont plutôt rapproché l'agriculture de la philosophie générale du GATT.

L'agriculture est également concernée dans une moindre mesure par d'autres accords de l'OMC, dont les accords sur les obstacles techniques au commerce (OTC), sur les mesures d'antidumping, celui sur les subventions et les mesures compensatoires (qui touche notamment les produits agricoles transformés) et celui sur la propriété intellectuelle (ADPIC[5]). Les indications géographiques connaissent de longue date des approches divergentes entre l'Europe et le monde anglo-saxon. On sait que ce dernier mise sur les marques privées et s'oppose à une protection publique et ex officio pour les appellations d'origine, alors qu'en Europe, les Appellations d'origine protégée (AOP) et les Indications géographiques protégées (IGP) constituent un pilier essentiel de la promotion de la qualité et de la protection des consommateurs. L'ADPIC consolide un niveau de protection basique pour l'ensemble des produits, insuffisant pour faire reconnaître les AOP au-delà des frontières européennes, à l'exception d'une protection spécifique des appellations des vins et spiritueux (Addor & Grazioli, 2002).

Enfin, une clause du GATT complétée par un protocole interprétatif cadre le rapport entre multilatéralisme et accords commerciaux régionaux (ACR). À première vue, il pourrait y avoir concurrence entre ACR et accords de l'OMC, voire incompatibilité entre la clause NPF et des accords préférentiels. De manière pragmatique, les membres de l'OMC ont reconnu que les ACR peuvent contribuer au développement d'un système commercial plus ouvert, avec des libéralisations qui vont au-delà du niveau concédé sur le plan multilatéral. Selon l'article XXIV du GATT et le protocole interprétatif, les ACR ne doivent pas prétériter

5 Aspects de la propriété intellectuelle liés au commerce.

les intérêts des partenaires commerciaux non inclus dans l'accord préférentiel et inclure l'essentiel du commerce, en vue d'établir à terme de véritables zones de libre-échange ; sont prohibés des accords ciblés sur certains produits seulement ou excluant les produits agricoles.

De manière sommaire, le Cycle d'Uruguay a entraîné une réduction des droits de douane, du soutien lié aux produits et des subventions à l'exportation, réductions toutefois modérées et adaptées au niveau initial de chaque membre. Il en a résulté un peu moins de distorsions dans le commerce international et surtout, en tenant aussi compte de l'accord SPS et des procédures de règlement des différends, moins de tensions internationales et davantage de règles explicites et exécutoires (MacLaren, 1995). Cependant, aux yeux de certains membres, il apparaît rapidement que le Cycle d'Uruguay représente un agenda inachevé. Des réductions plus significatives du protectionnisme sont attendues : la réduction non pondérée des tarifs a conduit à une grande dispersion et au maintien de droits prohibitifs sur des produits sensibles ; la boîte verte est souvent considérée comme trop généreuse (en faveur des politiques agricoles américaine et européenne) ; la réduction agrégée de la MGS fait perdurer des soutiens internes excessifs pour le sucre et les produits laitiers, notamment. L'esprit de réduction par étapes des barrières commerciales qui a prévalu durant l'histoire du GATT pour les produits industriels devrait être repris dans de nouvelles étapes de négociation agricole. Une clause de l'AACU prévoit d'ailleurs explicitement que la réduction du soutien et de la protection agricole est un processus continu à appliquer de manière progressive. D'autres voix demandent davantage de considération pour les préoccupations non commerciales (sécurité alimentaire, environnement, bien-être animal), une protection efficace des appellations d'origine, une attitude plus proactive en faveur des pays en développement. Il y a de nombreux sujets pour nourrir un nouvel agenda de négociations, ceci dès avant l'achèvement de la période de mise en œuvre des accords du Cycle d'Uruguay en 2000.

OMC, CYCLE DE DOHA ET DÉVELOPPEMENTS RÉCENTS

L'histoire du multilatéralisme commercial entre 1999 et 2023 est mouvementée, mais n'a finalement guère entraîné de modifications significatives dans ce qui impacte les politiques agricoles. Le résumé qui suit sera donc succinct.

La Conférence ministérielle de Seattle (1999) était censée faire le bilan de la mise en œuvre des accords du cycle de l'Uruguay et discuter d'un agenda de suivi. Sans entente entre les acteurs majeurs et avec, en coulisses, les plus imposantes manifestations anti-mondialisation de rue connues jusqu'ici, elle s'est soldée par un échec. C'est la quatrième Conférence ministérielle de l'OMC, tenue à Doha (Qatar) en 2001, qui a établi un nouvel agenda de négociation, sous le nom de « Programme de Doha pour le développement ». Pour l'agriculture, les objectifs comprenaient une réduction des tarifs douaniers (spécialement les droits les plus élevés, à caractère prohibitif), une réduction supplémentaire du soutien interne ayant des effets de distorsion des échanges, l'élimination des subventions à l'exportation et plusieurs thèmes concernant les pays en développement, la sécurité alimentaire, le développement rural et les produits spéciaux, notamment.

Les échéances convenues à Doha n'ont pas été respectées. La Conférence ministérielle de Cancun (2003) a marqué une première césure avec l'abandon, sur pression des pays en développement, des sujets dits « de Singapour » : commerce et investissements, politique de la concurrence, transparence des marchés publics et facilitation des échanges. Les questions relatives à l'agriculture constituaient aussi une pierre d'achoppement (Nègre, 2023). Le processus a été relancé en 2004 et après plusieurs étapes, il a débouché en 2008 sur un projet de modalités, sorte d'esquisse en vue d'un accord formel. Une divergence de fond entre les États-Unis et l'Inde sur la clause de sauvegarde en faveur des pays en développement a toutefois mis ce projet en échec le 29 juillet 2008 à Genève.

Même s'il n'y a pas eu consensus sur la base de ces modalités, ni en 2008, ni ultérieurement, il n'est pas inutile d'en préciser les points cardinaux concernant l'agriculture. Ils continuent à servir de référence pour des disciplines possibles, que ce soit pour de nouveaux développements multilatéraux ou dans le cadre d'autres négociations commerciales.

– Accès aux marchés : réduction moyenne de 54 % au moins des droits de douane, avec une formule qui impose de réduire plus fortement les droits élevés (jusqu'à 70 % pour les droits supérieurs à 70 % de la valeur) ; abaissements limités pour les produits sensibles, mais compensés par des contingents tarifaires à des taux préférentiels ; élimination de la clause de sauvegarde spéciale.

- Soutien interne : réduction des soutiens avec effets de distorsion (boîte orange + boîte bleue + clause de minimis) de 55 à 80 % pour les pays développés, avec des disciplines spécifiques par boîte, réduction du « de minimis » de 5 à 2,5 % ; révision des règles de la boîte verte.
- Concurrence à l'exportation : élimination de toutes les subventions à l'exportation (y compris les subventions déguisées en crédits à l'exportation) ; disciplines relatives aux entreprises d'État exportatrices et à l'aide alimentaire autre que d'urgence.

Vu l'échec, depuis 2008, de toutes les tentatives de trouver un consensus sur un accord global, un changement d'approche a été opéré progressivement et confirmé par la Conférence ministérielle de Nairobi en 2015. Les membres privilégient une politique des petits pas et des accords partiels. En matière agricole, un accord formel a été conclu à Nairobi (2015), qui comprenait l'élimination des subventions à l'exportation (élimination immédiate, sauf pour quelques produits transformés, pour lesquels un délai a été accordé jusqu'en 2020), un arrangement sur les stocks publics des pays en développement et une amélioration de l'accès aux marchés pour le coton en provenance des pays les moins avancés. Depuis, des discussions se poursuivent épisodiquement, jusqu'ici sans avancées significatives sur les grands sujets de l'agenda de Doha ; avec un peu plus d'intensité et quelques modestes résultats sur des sujets intéressant spécifiquement les pays en développement ou les moins avancés. Le scepticisme croissant des États-Unis vis-à-vis du multilatéralisme – voire l'opposition frontale de l'administration Trump (2017-2021) – et les attentes maximalistes des grands exportateurs et des pays avancés tels que l'Inde et la Chine expliquent l'enlisement des négociations de l'OMC. Les profonds bouleversements géostratégiques récents, dont la guerre en Ukraine, n'ont que dopé les forces de freinage déjà activées.

Malgré le blocage des grandes négociations, l'OMC a conservé un pouvoir important par sa représentativité (164 membres signataires des accords et 24 pays observateurs négociant leur accession) et par son fonctionnement institutionnel, centré sur la mise en œuvre des accords et le règlement de litiges commerciaux entre ses membres. À ce titre, l'organe de règlement des différends (ORD) joue un rôle primordial de régulateur du commerce mondial (De Nanteuil, 2021). Une première instance (des panels d'experts) statue sur les cas qui lui sont soumis ; y compris la procédure d'appel, la procédure ne peut se prolonger au-delà de 24 mois ; si la partie condamnée poursuit l'application de dispositions jugées contraires aux traités, la partie victime peut mettre en place des contre-mesures, généralement des droits de douane compensant le préjudice économique subi. Depuis sa création, l'ORD a été saisi de 600 affaires et rendu plus de 350 décisions définitives. Outre son rôle de gendarme respecté vu la réalité des contre-mesures invocables, il a établi une jurisprudence essentielle à l'interprétation des accords. Les États-Unis ont, dès 2011, reproché à l'organe d'appel son « activisme judiciaire », soit une propension à interpréter les dispositions des accords au-delà d'une lecture littérale et à combler certaines de leurs lacunes. Par rétorsion, ils se sont opposés au remplacement de membres de l'organe d'appel (éligibles à l'unanimité) et, actuellement, il n'y a plus de juges en nombre suffisant pour pouvoir statuer en appel. Il en résulte une paralysie partielle du mécanisme de règlement des différends. De nombreux cas continuent cependant à être résolus soit à l'échelon inférieur, soit par le mécanisme de consultations ou par arbitrage. Si certains griefs des États-Unis contre l'organe d'appel sont à prendre au sérieux, il n'en reste pas moins qu'une négociation ouverte pour clarifier les points litigieux serait préférable au blocage de son fonctionnement.

De nombreuses décisions de l'ORD[6] ont été rendues au titre de l'accord sur l'agriculture et de l'accord SPS. Elles ont clarifié les règles applicables, mis aux bans certaines pratiques pour les contourner ou des obstacles non-tarifaires arbitraires et discriminants. Elles contribuent par là à davantage de transparence et d'égalité des chances dans les échanges commerciaux. Certaines décisions marquent des étapes significatives pour une meilleure prise en compte des attentes sociétales. Dans le conflit avec les États-Unis sur la viande aux hormones (DS 26), l'organe d'appel de l'OMC a reconnu comme légitime et conforme aux accords la primauté de la protection des consommateurs postulée par l'UE, même si celle-ci a perdu sur d'autres aspects de la procédure. D'autre part, l'ORD a reconnu que le bien-être des animaux relève de l'éthique publique et peut fonder des interdictions d'importation (DS 401, différend opposant l'UE à la Norvège et au Canada sur l'interdiction d'importer des produits dérivés du phoque).

---

6 Décisions bien documentées dans le portail Internet de l'OMC. Chaque procédure est référencée avec son numéro DS. https://www.wto.org/french/tratop_f/dispu_f/dispu_f.htm.

ACCORDS COMMERCIAUX RÉGIONAUX ET BILATÉRAUX

LES UNIONS DOUANIÈRES

Il faut distinguer ici la création d'unions douanières régionales fortement intégrées et la conclusion d'accords commerciaux régionaux ou bilatéraux qui visent prioritairement la promotion des exportations. Le Traité de Rome (1957) constitue l'exemple-phare de la première catégorie. Les six pays fondateurs de la Communauté économique européenne (CEE), ancêtre de l'Union européenne, y ont ancré une union douanière qui implique la libre circulation des marchandises entre les pays membres et un tarif extérieur commun. Ce dispositif s'accompagne de l'intégration de politiques internes, soit, pour le secteur agricole, la PAC crée en 1958, avec trois principes fondateurs toujours d'actualité : unicité du marché, préférence communautaire et solidarité financière (mutualisation des recettes et des dépenses) (Chatellier *et al.*, 2020). L'interventionnisme fort de la PAC a occulté toute discussion sur le bien-fondé du libre-échange des produits agricoles et alimentaires entre les partenaires de la CEE ; le niveau assez homogène de leur développement agricole a par ailleurs permis d'éviter des déséquilibres dangereux dans les échanges. Au fil des élargissements successifs, des discussions ont ressurgi sur les risques du libre-échange agricole intra-communautaire. Mais la force de la PAC, les étapes de transition et les mécanismes de cohésion ont permis de surmonter les difficultés.

Dans le cadre de sa politique d'association et de voisinage, l'UE a conclu une union douanière avec la Turquie, mais les produits agricoles, le charbon et l'acier en sont exclus. Des unions douanières ont aussi été créées sur d'autres continents, avec un degré d'intégration bien moindre qu'au sein de l'UE : le Mercosur en Amérique du Sud, et la Communauté d'Afrique de l'Est, notamment.

ACCORDS BILATÉRAUX DE L'UE

Dans le cadre de sa politique d'association, l'UE a négocié, soit sous la forme de l'Espace économique européen (EEE)[7], soit dans des accords bilatéraux avec la Suisse, une combinaison de concessions tarifaires spécifiques pour des produits agricoles, un libre-échange encadré pour les produits de l'industrie agroalimentaire, ainsi que des règles d'harmonisation et de coopération dans les domaines de la sécurité alimentaire, vétérinaire et phytosanitaire, des normes de commercialisation pour les intrants, le vin et les spiritueux, des règles pour l'agriculture biologique et de la protection des appellations d'origine. C'est un modèle atypique d'accords, intégrant fortement les marchés sur le plan normatif et éliminant par conséquent la plupart des obstacles non-tarifaires, mais sans démantèlement systématique de la protection tarifaire agricole. Il ne peut se comprendre que comme un élément dans un ensemble d'accords enveloppant l'ensemble des relations très étroites existant entre l'UE et ses voisins suisses ou membres de l'EEE.

En dehors du pourtour méditerranéen, l'UE avait conclu des accords de libre-échange de première génération avec le Mexique et le Chili. Mais elle a longtemps affiché sa préférence pour le multilatéralisme et même décrété un moratoire sur l'ouverture de négociations bilatérales entre 1999 et 2006. Le changement de stratégie s'est matérialisé avec l'ouverture successive, dès 2007, de nombreuses négociations en Asie, en Amérique du Nord et du Sud et, plus récemment, en Océanie. Les accords et projets d'accords récents sont qualifiés d'accords de seconde génération. Comme ceux de première génération, ils visent la facilitation des échanges de biens via la réduction ou l'élimination des droits de douane. Mais ils cherchent également à réduire les entraves au commerce non-tarifaires, en harmonisant les normes et simplifiant ou supprimant les procédures de certification et les licences d'importation. De plus, ils ont un champ d'application élargi, en incluant par exemple les services, les marchés publics et des dispositions en matière de propriété intellectuelle ou de protection des investissements.

Le CETA[8] vise le renforcement de liens commerciaux et économiques déjà forts entre l'UE et le Canada, notamment par l'abolition

7 EEE, accord qui lie l'UE avec la Norvège, l'Islande et le Liechtenstein.

8 Comprehensive economic and trade agreement (accord économique et commercial global), accord de libre-échange entre l'UE et le Canada, signé en 2016 et entré en vigueur en 2017 (à l'exception des dispositions concernant les différends entre investisseurs et États).

de 98 % des droits de douane. Il inclut largement les aspects de seconde génération décrits ci-dessus. L'accord a suscité l'inquiétude dans les milieux agricoles européens, français en particulier. Ils craignaient une remise en cause des modèles agricoles et agroécologiques européens avec la concurrence de produits issus d'une agriculture moins réglementée, ainsi que la perte de parts de marché de viande bovine dont le Canada est un producteur compétitif. En réalité, les produits sensibles européens, en particulier les viandes bovine et porcine et le blé, ont été protégés par des quotas d'importation restrictifs assortis de longs délais de transition. Les Canadiens, de leur côté, ont maintenu une protection élevée pour le lait, certains produits laitiers et les volailles. Sept ans après l'entrée en vigueur de l'accord, les quotas européens de viande bovine ne sont pratiquement pas utilisés par les exportateurs canadiens, ceux-ci n'ayant pas mis en place des filières conformes aux standards sanitaires européens (sans hormones et autres stimulateurs de croissance). En revanche, l'agriculture européenne bénéficie largement de la libéralisation des exportations de fromages, produits alimentaires transformés, vins et spiritueux.

Il existe un projet d'accord entre l'UE et le Mercosur[9], finalisé sur le plan technique, mais bloqué dans sa conclusion politique. Il suscite bien davantage de craintes et de contestation que le CETA de la part des organisations agricoles et de la société civile. Cependant, une analyse factuelle permettrait de lever les réticences agricoles : les contingents tarifaires prévus pour la viande bovine, porcine, la volaille et le sucre sont inférieurs aux volumes actuels d'importation en provenance des pays du Mercosur et les standards européens liés à l'alimentation animale et aux modalités d'abattage continueraient à s'appliquer à toutes les importations. Le projet d'accord avec le Mercosur comprend aussi des dispositions sur le respect des droits des travailleurs et des populations indigènes, une coopération dans le domaine de l'environnement et, nouveauté absolue, du bien-être animal, ainsi qu'une référence à l'accord de Paris sur le climat. Il s'inscrit dans une dynamique de promotion d'un commerce responsable. Le débat est cependant légitime sur la question de savoir si les garde-fous sociaux, environnementaux et climatiques

9 Argentine, Brésil, Paraguay, Uruguay, Venezuela (momentanément suspendu) ; la Bolivie est en processus d'accession. Ce projet a été finalisé, et signé, en décembre 2024, lors du Sommet du Mercosur à Montevideo.

sont suffisants. Mais c'est probablement l'évolution du Brésil sous la présidence de Jair Bolsonaro (2019-2023) qui a alimenté la contestation de tout type d'accord avec le Mercosur.

Globalement, les accords commerciaux bilatéraux signés à ce jour ont exercé une certaine pression sur quelques productions européennes encore très protégées à l'entrée dans l'UE (fruits, légumes, viande bovine), mais sont restés sans impact significatif sur les principales productions de l'UE, exclues des accords ou protégées avec des quotas d'importation restrictifs (sucre, céréales, produits laitiers, viandes) (Chatellier *et al.* 2020). De plus, les modestes libéralisations tarifaires restent parfois sans effet parce qu'occultées par des obstacles non-tarifaires (restrictions calendaires pour les fruits et légumes, normes sanitaires pour la viande, par exemple).

ACCORDS DE L'AELE ET DE LA SUISSE

En matière agricole, il est généralement erroné de parler d'accords de libre-échange. Les accords bilatéraux conclus jusqu'ici sont tous sélectifs, maintenant une protection élevée pour les produits sensibles et tentant de créer de nouvelles opportunités d'exportation pour les secteurs compétitifs. Ceci caractérise les accords conclus par l'UE et, à un degré supérieur, par la Suisse et la Norvège. Ces deux pays ont négocié, au sein de l'AELE[10] ou individuellement, de très nombreux accords commerciaux. La Suisse dispose, à fin 2023, hors convention de l'AELE et accords bilatéraux avec l'UE, d'un réseau de 33 accords de libre-échange avec 43 pays partenaires. Mais aucun de ces accords n'a remis en cause la protection douanière particulièrement élevée dont bénéficie l'agriculture suisse. Seul l'accord agricole avec l'UE, qui a introduit le libre-échange pour le fromage, a eu un impact significatif sur un marché sectoriel (croissance des exportations et des importations de fromages ; impact positif sur la qualité et la diversité des productions et sur la protection de l'origine).

L'accord entre l'AELE et l'Indonésie, respectivement son protocole agricole Suisse-Indonésie, contient une disposition tout-à-fait originale : pour répondre aux préoccupations suscitées par les impacts de la production d'huile de palme en Indonésie, en particulier la déforestation

10 Association européenne de libre-échange : Islande, Liechtenstein, Norvège et Suisse.

et des atteintes aux droits des petits agriculteurs locaux, la concession d'un contingent tarifaire à droit minimal pour l'huile de palme a été conditionné au respect de standards volontaires mais reconnus internationalement, avec certification par un organisme indépendant. Cette conditionnalité – une première dans un accord de libre-échange – a permis de lever l'opposition de l'agriculture et de certaines ONG au projet d'accord et de lui faire passer avec succès le référendum populaire (succès plutôt mince : 51 % de votes favorables).

ACCORDS DES ÉTATS-UNIS ET DU JAPON

Pour compléter ces considérations sur les accords bilatéraux ou régionaux, il sied d'élargir l'analyse au-delà du continent européen. La sélectivité dans le volet agricole de ces accords ne constitue pas une spécificité européenne. Dans le NAFTA[11], des délais de transition de 9 à 15 ans ont été convenus pour mettre en place progressivement la libéralisation des échanges agricoles et de nombreuses exceptions permanentes y ont été introduites, notamment pour protéger les productions sous gestion de l'offre au Canada, le secteur laitier, les œufs et la volaille, ou la production américaine d'arachide. L'accord a été renégocié sous la présidence Trump, parce que l'administration américaine considérait les concessions et l'impact du NAFTA comme unilatéralement profitables au Mexique et au Canada et voulait éliminer le protectionnisme laitier canadien. Un nouvel acronyme, USMCA (USA, Mexique, Canada), figure en tête de l'accord révisé, mais le libre-échange intégral visé par les États-Unis n'est pas devenu une réalité. Seul a été convenue une baisse du soutien canadien pour le lait maigre et la poudre de lait écrémé qui devrait améliorer un peu l'accès au marché pour les producteurs américains ; les tarifs et contingents douaniers en place restent inchangés, ainsi que la gestion de l'offre canadienne.

La troisième puissance économique mondiale, le Japon, fait preuve d'une très grande réserve quand il s'agit d'inclure les produits agricoles dans ses accords commerciaux. L'agriculture y est un secteur fort protégé et bénéficie d'un puissant lobby politique ; le taux particulièrement bas d'autosuffisance alimentaire (environ 40 %) et le passé isolationniste du

11 Traité nord-américain de libre-échange : Canada, Mexique, États-Unis, remplacé en 2020 par l'USMCA, accord révisé entre les mêmes partenaires (NAFTA ou en français ALENA).

pays expliquent aussi cette posture. Le riz y est protégé par un droit de douane de 700 %. Le Japon continue à exclure ses « cinq produits sacrés » de toute réduction tarifaire : le riz, la viande (bovine et porcine), le blé, le sucre. Quand il est poussé dans ses derniers retranchements, il accorde quelques améliorations au niveau des contingents d'importation. Dans l'accord de partenariat économique avec l'UE, le Japon a tout de même concédé l'élimination sur dix ans des droits de douane sur la viande de porc transformée.

POTENTIEL ET LIMITES DES ACCORDS BILATÉRAUX ET RÉGIONAUX

Des exemples traités plus haut, il ressort un certain nombre de tendances générales. La multiplication des accords bilatéraux et régionaux n'a pas substitué la libéralisation des échanges agricoles longtemps visée sur le plan multilatéral. Les abaissements tarifaires y sont sélectifs ; tous les pays continuent à protéger les secteurs sensibles de leur agriculture. À l'opposé, dans le domaine industriel, les barrières douanières – plus basses avant accord que dans le domaine agricole – sont généralement éliminées dans les ACR. Les ACR ne traitent pas des autres mesures qui peuvent influencer le commerce, en particulier le soutien interne agricole, mais font simplement référence aux règles de l'OMC.

Les accords les plus récents couvrent aussi certaines questions non-tarifaires, en privilégiant la coopération, voire la reconnaissance réciproque de l'équivalence de certaines normes, et la simplification des formalités d'importation. Les échanges sont-ils équitables s'il y a, entre partenaires, des niveaux d'engagement très différents en matière sociale, environnementale et climatique ? Cette préoccupation domine de plus en plus les débats publics autour des ACR. Elle trouve son écho dans de nombreux nouveaux accords, avec des références aux accords sociaux, environnementaux et climatiques et des mécanismes de coopération, mais généralement sans dispositions contraignantes.

La plupart des études mettent en évidence une augmentation du commerce de produits agricoles et de produits alimentaires transformés à la suite de la mise en œuvre d'accords commerciaux bilatéraux (Chatellier *et al.*, 2020) (Copenhagen Economics, 2016). Elle est due aux concessions obtenues dans les secteurs compétitifs, par exemple, pour l'UE, vins et spiritueux, fromages, produits de l'industrie alimentaire.

Il en résulte des effets bénéfiques pour l'agriculture et les emplois en aval de l'agriculture. Il existe d'ailleurs une concurrence entre acteurs du commerce international pour conclure des ACR, animée par la crainte de subir la concurrence de partenaires qui bénéficient d'accords préférentiels. Les avantages préférentiels peuvent n'être que temporaires. Par exemple, l'AELE a signé un accord commercial avec la Corée du Sud en 2006. Celui-ci a permis à la Suisse, entre autres, de développer rapidement ses exportations de fromages frais vers la Corée. En 2011, c'est l'UE qui a conclu un accord avec la Corée du Sud et, au vu de concessions encore plus intéressantes que dans l'accord AELE-Corée, les parts de marché de fromage frais suisse ont rapidement diminué au bénéfice des exportateurs de l'UE.

Malgré un constat largement partagé selon lequel la compétition engagée pour conclure des ACR représente en partie un gaspillage d'énergie, cela n'a pas suscité jusqu'ici la réaction logique qui tendrait à privilégier à nouveau l'approche multilatérale.

AVANTAGES ET RISQUES DU LIBRE-ÉCHANGE DANS LE DOMAINE AGRICOLE

Il est utile à ce stade de résumer quelques arguments généraux sur les avantages et les risques de la libéralisation des échanges agricoles et d'indiquer les pistes pour réduire ces derniers. Suit un bref point de situation sur l'évolution des échanges agricoles.

APPROCHE ÉCONOMIQUE

Les avantages avancés pour le libre-échange, général ou agricole, reposent sur le théorème des avantages comparatifs de Ricardo. Selon les économistes néo-classiques, toute déviation par rapport au libre-échange conduit à une perte de bien-être global. Sans nier le besoin d'accompagner les transitions, ils plaident pour une libéralisation générale des échanges, y compris agricoles, et pour des politiques internes qui se limitent à remédier à certaines défaillances des marchés. Les modèles quantitatifs utilisés pour évaluer ex ante l'impact de l'ouverture des marchés sont majoritairement des modèles d'équilibre général dont le principe est calqué sur la théorie néo-classique ; ils recherchent une maximisation du bien-être général en redistribuant l'offre et la demande à de nouveaux prix d'équilibre.

L'histoire économique ancienne et récente semble plutôt corroborer une relation positive entre libéralisation des échanges, croissance économique et réduction de la pauvreté. L'Organisation de Coopération et de Développement Économique (OCDE), le Fonds monétaire International (FMI) et de nombreux instituts scientifiques fournissent diverses analyses dans ce sens. Mais elles ne sont pas unanimement partagées. À titre d'exemple, (Sapir, 2007) démonte le mythe d'un lien de cause à effet entre libéralisation des échanges et développement économique. Il conclut toutefois que le seul résultat robuste de la théorie économique est qu'il vaut mieux avoir du commerce que pas de commerce du tout ; selon lui, la théorie condamne l'autarcie mais nullement le protectionnisme, qu'il estime adéquat selon les situations et le stade de développement. Ce débat est général et ne traite pas des spécificités agricoles.

Parmi les économistes ruraux, les critiques de la doctrine de l'équilibre général s'articulent sur plusieurs axes (Loyat, Pouch, 2018) : imperfection des marchés, asymétrie d'information, structures non concurrentielles de la demande, instabilité des marchés agricoles, aléas climatiques, diversité des économies agricoles, défaillance des marchés pour assurer les biens communs tels que la sécurité alimentaire, la protection des paysages et la biodiversité. Ce questionnement n'autorise pas la conclusion que l'autarcie ou le protectionnisme constitueraient le remède à tous les maux. Des politiques publiques différenciées, mettant en musique des instruments variés, sont nécessaires plutôt qu'une gouvernance basée sur les seuls préceptes du libre-échange.

Le scepticisme quant à la validité de la théorie néo-classique et des modèles d'équilibre général pour le domaine agricole n'est pas partagé par tous, soit au terme d'analyses théoriques pointues (Facchini, 2006), soit au travers d'argumentaires plus pragmatiques (Pahpy, 2018). Parmi les éléments avancés ressortent notamment le coût du protectionnisme pour les agriculteurs (droits de douane sur les moyens de production), l'illusion de productivité créée par les tarifs et les subventions qui conduit à une mauvaise allocation des ressources, les surcoûts pour les consommateurs, qui affectent particulièrement les plus pauvres.

Les avis sur l'impact économique de l'ouverture des marchés agricoles semblent inconciliables. Mais une lecture sans parti pris des diverses analyses permet de penser qu'il ne s'agit pas d'un choix entre noir et blanc, mais plutôt d'une question de dosage : le commerce et la liberté du commerce ne sont pas négatifs en soi, mais la primauté au libre-commerce sans encadrement peut être problématique. Partisans et opposants de la libéralisation des échanges conviennent d'un élément : celle-ci ne distribue pas également ses bénéfices. Il y a des coûts d'adaptation et des compensations dont toute politique cohérente doit tenir compte.

BIENS COMMUNS

Au-delà de la dimension économique, des risques du libre-échange en agriculture sont identifiés pour la souveraineté alimentaire, la sécurité sanitaire, la protection de l'environnement et du climat, le tissu social régional ou les inégalités sociales. Ces enjeux concernent des biens communs et peuvent être placés dans le contexte du développement durable. Chacun des risques mériterait une analyse en profondeur et la confrontation de différentes méthodes pour les circonvenir. Il n'y a place ici que pour quelques commentaires succincts.

Souveraineté alimentaire

Il s'agit d'une revendication compréhensible en France, pays doté d'un très grand potentiel de production agricole, mais en perte de compétitivité relative face à d'autres pays membres de l'UE. D'autres pays, en revanche, manquent de ressources agricoles pour nourrir leur population (Japon, Suisse, par exemple, mais aussi de nombreux pays parmi les moins avancés). Pour eux, un réseau d'accords commerciaux garantissant la fluidité des importations vaut nettement mieux que l'isolement au milieu d'une mosaïque de protectionnismes autosuffisants. Dans le chamboulement géopolitique actuel, il est légitime que chaque pays ou union régionale scrute la sécurité de son approvisionnement alimentaire et décide souverainement de sa politique en la matière, sans que le protectionnisme soit la recette universelle pour la garantir.

Sécurité sanitaire

Les normes de sécurité sanitaire s'appliquent dans chaque pays aussi bien aux produits nationaux qu'importés, de manière légitime selon les règles de l'OMC et, par conséquent, aux termes des accords de libre-échange. Il y a bien entendu débat entre partenaires commerciaux appliquant des normes différentes. De manière schématique, le principe de précaution européen se heurte parfois au principe de la preuve scientifique favorisé par les Américains. Les accords commerciaux font soit l'impasse sur le sujet et le traitement national s'impose, soit ils l'abordent et tendent à réduire les barrières non-tarifaires que constituent les normes par des mécanismes de coopération ou une reconnaissance réciproque d'équivalence. Les Européens sont évidemment marqués par le conflit de 30 ans avec les États-Unis sur la viande aux hormones. Malgré les résultats ambigus du règlement des différends, les consommateurs européens n'ont pas trouvé et ne trouveront pas non plus à l'avenir de viande aux hormones sur l'étal de leurs boucheries et supermarchés. Bruxelles est restée ferme sur sa ligne de précaution ; une voie détournée a été choisie pour mettre fin au conflit.

Aspects environnementaux

Il y a plusieurs niveaux à considérer. Concernant la substitution d'un produit national par un produit importé, on peut se référer aux écobilans (analyses de cycle de vie) référencés dans des banques de données internationales, Ecoinvent ou ESU-services par exemple. Vu la multiplicité des impacts environnementaux et climatiques tout au long de la chaîne agro-alimentaire, la comparaison du bilan de plusieurs produits est complexe. Pour la pondération des critères et leur agrégation, il n'existe pas d'approche universellement applicable. Superficiellement, les impacts les plus importants proviennent généralement du mode de production agricole ; les transports ont un impact moindre, à l'exception des transports par avion. Par exemple, en février, la tomate marocaine cultivée en plein champ a un écobilan nettement meilleur que la tomate hollandaise cultivée en serre chauffée. Les asperges péruviennes livrées en Europe par avion ont un bilan écologique moins favorable que les asperges de Cavaillon récoltées en saison. Vu ces tendances, le libre-commerce au sein d'une vaste région, avec transports terrestres et maritimes, produits de saison et modes de production respectueux de l'environnement, devrait permettre des impacts environnementaux minimaux. Une analyse sans parti pris est nécessaire pour faire les bons choix. Les modes de production ne sont pas par définition moins écologiques à l'étranger et hors de l'Europe. Une céréale cultivée de manière extensive au Canada peut, par exemple, présenter un meilleur écobilan que le même produit cultivé en Europe avec une fumure et des traitements phytosanitaires maximisant le rendement, y compris en tenant compte du transport par bateau d'Amérique du Nord en Europe.

Vu la granulosité fine des facteurs influençant l'impact écologique des produits importés ou nationaux, ce serait une illusion de vouloir tout régler dans les accords commerciaux ou en interdisant le commerce international. Il en va aussi de la responsabilité des politiques agro-environnementales internes et de celle des acteurs de la chaîne d'approvisionnement et des consommateurs. Cependant, une différenciation des droits de douane selon les modes de production constitue une piste envisageable dans des accords bilatéraux ou régionaux. Elle implique l'existence de standards reconnus par les deux parties et de procédures de certification indépendantes. Par exemple, une différenciation entre produits de l'agriculture biologique et produits conventionnels serait techniquement envisageable. Il n'est cependant pas sûr qu'elle soit bienvenue de la part des producteurs bio nationaux, puisque des droits de douane plus bas pour les produits labelisés bio exerceraient une pression sur le supplément de prix touché pour les produits bio domestiques. Une autre piste, celle des clauses miroirs promues par la France au sein de l'UE, semble se heurter à de très nombreuses difficultés (Dehut, Pouch, 2021).

Autre niveau, les enjeux planétaires que constituent le réchauffement climatique et la perte de biodiversité. La lutte contre ces fléaux relève prioritairement de la responsabilité des gouvernements et il est légitime de s'en préoccuper en relation avec la négociation d'accords commerciaux, sans oublier toutefois que la conclusion d'accords pertinents plus contraignants relève en premier lieu des forums internationaux dédiés tels que la Convention-cadre sur les changements climatiques et la Convention sur la diversité biologique. Sur le plan commercial, l'attitude est modulable entre le rejet, le normatif et l'incitatif. Le rejet consiste à ne pas négocier d'accords avec des pays qui ne respectent pas ces conventions ; la voie normative pourrait prévoir des concessions réservées uniquement aux filières certifiées quant à leur impact sur le climat et la biodiversité et des clauses de sauvegarde en cas de violation flagrante des conventions sur le climat et la biodiversité. L'approche incitative, généralement suivie jusqu'ici dans les accords, se base sur le dialogue, la coopération et la promotion des bonnes pratiques. Le champ du possible est large sur le plan bilatéral. Il ne faut toutefois pas en surestimer l'impact, vu que les règles convenues ne touchent pas les importations hors régime préférentiel. Celles-ci ne pourraient devenir plus vertueuses qu'en fonction de nouvelles règles multilatérales – le piétinement chronique des négociations à l'OMC ne donne guère de perspectives dans ce sens à court terme – ou avec une politique volontariste imposant par exemple une taxe CO2 ou son équivalent aussi bien sur les productions nationales que sur les importations (mécanisme d'ajustement carbone décidé par l'UE, comme modèle).

Une bonne politique commerciale nécessite des évaluations sérieuses sur l'impact des nouveaux accords en projet et, ex post, sur l'impact des accords en vigueur. Des évaluations qui doivent toucher toutes les dimensions du développement durable et nourrir le dialogue avec la société civile avant de guider les décisions politiques. L'UE fait figure de pionnier dans ce domaine.

Droits humains et aspects sociaux

Le postulat de certains politiciens libéraux, selon lequel l'ouverture commerciale et l'élévation du PIB entraînent automatiquement un meilleur respect des droits de l'homme et une amélioration du sort des travailleurs et des petits agriculteurs, ne s'est malheureusement pas universellement vérifié. En témoignent les développements en Chine ou dans de nombreux pays africains par exemple. L'inverse est tout autant invalidé ; l'isolationnisme de Myanmar ou de la Corée du Nord ne semble guère enviable pour les populations concernées, en comparaison des pays asiatiques intégrés dans le commerce mondial comme la Corée du Sud, le Japon et d'autres.

Pour rendre justice aux préoccupations légitimes de respect des droits humains et de réduction des inégalités sociales, il existe des approches similaires à celles évoquées plus haut pour les enjeux écologiques et climatiques : rejet, voies normative et incitative. Même constat aussi : tout ne peut pas se régler dans les accords commerciaux. Mais la référence à la Déclaration universelle des droits de l'homme et aux conventions de l'Organisation mondiale du travail constitue un prérequis de tout accord commercial responsable. Le refus d'approfondir les relations commerciales s'impose dans les cas les plus graves de violation des droits humains et sociaux. Avec les autres partenaires, il s'agit de trouver le bon équilibre entre approches normative et incitative.

En résumé, l'analyse des impacts du libre-échange agricole sur les biens communs invite à des appréciations nuancées. Il n'y a pas menace générale, mais un ensemble de risques maîtrisables et d'opportunités, si la politique commerciale est pilotée avec clairvoyance. Des réponses concrètes aux préoccupations dans le domaine des biens communs existent et peuvent être prises en compte dans les choix d'ouvrir ou non des négociations avec certains partenaires et dans la formulation des mandats de négociation. Des progrès plus importants pourraient être atteints avec une relance multilatérale, que ce soit dans les forums des Nations-Unies dédiés aux biens communs ou à l'OMC.

DÉVELOPPEMENTS RÉCENTS DU COMMERCE DE PRODUITS AGRICOLES

Une analyse statistique détaillée des développements commerciaux sortirait du cadre du présent chapitre et perdrait rapidement de son actualité. Il est cependant utile de mettre en évidence quelques tendances.

Le commerce mondial de marchandises a progressé à un rythme double de celui du PIB mondial dans les décennies 1990 et 2000, et au même rythme que la croissance du PIB depuis (Artus, 2024). Selon l'OCDE, le commerce global de produits agricoles continue de croître rapidement, en moyenne de 7 % par an entre 2001 et 2019. Une tendance essentielle consiste en une intégration croissante dans des chaînes de valeurs globales. Les agriculteurs sont dépendants de machines, équipements et intrants de production provenant de divers pays. Leurs produits et les services associés sont, pour une part importante, transformés et distribués par étapes dans plusieurs pays, souvent à une échelle transcontinentale. Des parts importantes de valeur importée sont réexportées. Les indicateurs d'engagement dans des chaînes de valeur globales sont plus élevés pour les produits agricoles et alimentaires que dans l'industrie (OCDE, 2020).

Même dans les années 2017 à 2022, marquées par une pandémie et des perturbations dans les chaînes d'approvisionnement, les exportations mondiales ont progressé de 40 % en valeur totale, et de 35 % pour les produits agricoles et alimentaires. L'UE a vu ses exportations agricoles croître de 30 % au cours de cette période, consolidant son rôle de leader mondial. La part du commerce hors de l'UE est relativement stable, représentant en moyenne 35 % des exportations, 65 % revenant au commerce intra-communautaire. Selon (DG AGRI, 2023), entre 2018 et 2022, les exportations hors UE dans le domaine agricole et alimentaire ont cru de 16 % et les importations de 32 %. La balance agricole européenne reste largement positive, les exportations représentant 134 % des importations en 2022. Ce même indicateur se situait à 152 % en 2021 et à 142 % en 2018, montrant qu'on a à faire à des fluctuations de rendement et des prix volatiles plutôt qu'à des tendances lourdes. Des analyses détaillées sur un horizon plus long confirment la dynamique commerciale du secteur agroalimentaire européen et le rôle-clé que jouent ses exportations (Chatellier et Pouch, 2022).

En raison de surfaces agricoles très faibles par rapport à la population résidente, la Suisse est un importateur agricole net et présente un taux d'autosuffisance oscillant entre 52 % et 59 % entre 2016 et 2021 (taux mesuré en énergie), voire entre 45 % et 52 % si on tient compte des aliments importés pour la production animale. Vu la forte croissance démographique, le volume des importations de matières premières agricoles ne peut que continuer à croître. Mais le secteur de transformation alimentaire suisse génère, dans des créneaux spécialisés, des revenus croissants à l'exportation, notamment avec les préparations de café, des boissons non alcoolisées, le chocolat, des produits laitiers (surtout les fromages) et des produits à base de céréales. Sur les vingt dernières années (moyenne 2000-2004 jusqu'à 2022), les importations agricoles et agroalimentaires sont passées en Suisse de 8,5 à 15,1 milliards de francs suisses[12], soit une augmentation de 77 %, et les exportations de 4,4 à 10,8 milliards de francs suisses (+145 %). Le déficit du commerce extérieur agricole suisse est resté stable à environ 4 milliards de francs suisses malgré l'inévitable croissance des importations. Une évolution symptomatique des avantages de l'accès aux marchés extérieurs (tout en maintenant une protection douanière élevée pour l'agriculture),

---

12 1 franc suisse valait 1.06 euro au début 2024.

favorable en termes d'emplois et de compétitivité dans le secteur de la transformation alimentaire.

Sont à retenir de ces quelques considérations quantitatives : les échanges agricoles et agroalimentaires mondiaux continuent à progresser à un rythme soutenu, sans perturbation majeure dans un temps marqué par une pandémie et des troubles géopolitiques inédits depuis l'après-guerre. Les chaînes de valeur agroalimentaires deviennent plus complexes et plus internationales. L'UE est, comme premier exportateur et troisième importateur mondial (en 2022, derrière la Chine et les États-Unis), un acteur majeur des marchés agricoles et agroalimentaires. La prospérité de ses agriculteurs et de ses transformateurs dépend du bon fonctionnement des échanges internationaux. Même des petits pays importateurs nets de denrées alimentaires peuvent tirer leur épingle du jeu avec une spécialisation dans quelques créneaux de transformation alimentaire. Le commerce international ne constitue évidemment pas la panacée pour maîtriser tous les défis auxquels est confrontée l'agriculture, mais un commerce encadré fait partie des solutions.

INTERACTIONS ENTRE ACCORDS COMMERCIAUX ET POLITIQUES AGRICOLES

INFLÉCHISSEMENTS EN RELATION AVEC LE CYCLE D'URUGUAY

La nécessité de règles plus enveloppantes pour l'agriculture, négociées lors du Cycle d'Uruguay, est liée aux conflits commerciaux entre l'Europe, les États-Unis et d'autres pays exportateurs (groupe de Cairns[13]). En parallèle, des raisons internes poussaient aussi à une réforme de la PAC : croissance trop rapide du budget pour financer la gestion des excédents et les restitutions à l'exportation, baisse du revenu des agriculteurs et pression excessive sur l'environnement. Des motifs internes similaires imposaient aussi une réforme de la politique agricole de pays comme la Suisse, peu concernés par les grandes tensions commerciales internationales. L'UE

13 Organisation qui comprend actuellement 19 pays exportateurs agricoles, dont l'Australie, la Nouvelle-Zélande, l'Argentine, le Brésil, le Canada, l'Indonésie et l'Afrique du Sud.

s'est préparée à l'aboutissement du Cycle d'Uruguay et a permis le déblocage des négociations avec la réforme de la PAC de 1992.

Accès aux marchés

L'AACU a imposé un changement fondamental dans la protection à la frontière : la substitution de mesures tarifaires et non-tarifaires très variées par des droits de douane consolidés et soumis à réduction. L'UE a abandonné ses prélèvements variables qui garantissaient les prix administrés indépendamment des fluctuations des marchés mondiaux. Elle a coordonné cette mesure avec une baisse du soutien interne destinée à réduire l'écart de ses prix des cours mondiaux, en particulier pour les céréales. La Suisse n'a conservé des droits de douane variables que dans son régime de protection des céréales fourragères et du sucre. L'engagement de réduction n'a pas conduit à un démantèlement significatif des droits de douane dans les pays industrialisés, ceci en raison de références dépassées et d'astuces dans la tarification. Les pays émergents qui ont accédé ultérieurement à l'OMC ont souvent été soumis à des disciplines plus strictes.

L'AACU prévoyait aussi un accès minimal pour chaque produit et le maintien des flux commerciaux préexistants. Cela a nécessité l'instauration d'une multitude de contingents tarifaires, soit des quantités limitées qui peuvent être importées sans droit ou à droit fortement réduit. Les règles d'attribution des quotas, portant sur les ayants-droits, les quantités de référence, la saisonnalité etc., sont suffisamment souples pour constituer des instruments indirects d'administration de certains marchés internes.

Les résultats de la tarification étant très hétérogènes et l'engagement de réduction portant sur une moyenne, la protection douanière subsistant après la mise en œuvre de l'AACU est en dents de scie. L'UE applique en 2022 des droits agricoles moyens MFN[14] de 11,4 % (WTO, ITC & UNCTAD, 2023), la Suisse et la Norvège de 32,4 % respectivement 35,5 %, soit des taux très élevés en comparaison avec les droits appliqués sur les produits industriels (4,1 %, 1,3 %, 0,4 % respectivement pour l'UE, la Suisse et la Norvège). Ces moyennes cachent de grandes disparités, les produits-clés de ces agricultures bénéficiant d'un niveau de protection bien supérieur, des droits plus faibles ou nuls étant imputés aux produits primaires tropicaux et à certains produits transformés.

14 Droits appliqués aux importations de tout pays, hors préférences et accords bilatéraux.

Un accès au marché plus aisé que selon les conditions multilatérales est accordé aux pays les moins avancés, aux pays en développement en vertu du Système Généralisé des Préférences (SPG) et, grâce aux accords de partenariat de l'UE, à la majorité des pays d'Afrique, des Caraïbes et des îles du Sud Pacifique.

En résumé, la protection à la frontière est devenue plus lisible avec les règles de l'OMC et reste un instrument important de politique agricole. Les pays européens et d'autres pays protectionnistes (Japon, Corée du Sud, etc.) disposent d'une marge de manœuvre suffisante pour maintenir des prix agricoles supérieurs aux cours mondiaux dans les secteurs moins compétitifs.

Soutien interne

L'agrégation de tous les soutiens liés aux productions (boîte orange) a permis de mettre de l'ordre dans les instruments des politiques agricoles et a généralement favorisé le découplage. Comme pour la protection à la frontière, l'engagement de réduction de la MGS n'a pas eu un impact très contraignant. Là aussi, des références dépassées et des méthodes de calcul favorables ont permis aux signataires de l'AACU de garder d'importantes marges de manœuvre. La création de la boîte verte, sans limite budgétaire, a contribué à promouvoir les mesures ciblées sur les objectifs environnementaux et sociaux ou sur le développement régional.

L'UE a suivi dans toutes les réformes de la PAC depuis 1992 un cours inspiré par les principes de l'AACU et plus rigoureux que celui imposé par sa liste d'engagements. Elle a éliminé pratiquement tous les prix garantis et les aides directes ; les mécanismes d'intervention et de stockage public qui les ont remplacés ont été réduits et démantelés par étapes, en modulant les seuils d'intervention. Elle dispose aujourd'hui sur le papier d'importantes réserves pour le soutien direct des productions, mais continue à déployer de préférence les mesures découplées et un second pilier axé sur la promotion d'une agriculture résiliente et durable, la gestion des risques et le développement rural.

La Norvège a gardé une politique plus traditionnelle avec comme priorité le maintien de productions diversifiées dans des zones marginales ; elle recourt davantage que l'UE ou la Suisse aux mesures des boîtes orange et bleue, dans le respect de ses engagements. La politique agricole suisse a pris son virage décisif en 1999 avec la suppression des prix garantis, des garanties de prise en charge des produits et des structures paraétatiques monopolistiques qui assuraient l'écoulement des produits laitiers et des céréales. Elle a fait œuvre de pionnier dans l'éco-conditionnalité des paiements directs et dans le déploiement de certaines mesures agro-environnementales. La Suisse maintient cependant un soutien direct aux productions laitière et sucrière, qu'elle justifie par une protection douanière nettement plus faible que pour les autres secteurs de production. Comme l'UE, elle dispose d'une marge de manœuvre importante pour déployer des mesures de boîte orange, mais s'en abstient, à l'exception de l'introduction en 2019 d'une prime sur le lait et les céréales panifiables, pour compenser l'abolition des subventions sur les matières premières incorporées dans les produits transformés.

Subvention aux exportations

Les distorsions qu'elles provoquaient ont constitué un des motifs principaux de la négociation agricole de l'Uruguay Round. L'AACU les a circonscrites, partiellement réduites et a empêché que de nouvelles subventions soient introduites. Mais il a fallu attendre 2015 pour leur démantèlement total. La plupart des utilisateurs de cet instrument, européens en particulier, les avaient fortement réduites auparavant sur base volontaire. Il est cependant regrettable que des instruments à effet équivalent (garantie de crédits, soutien d'exportations au titre fallacieux d'aide alimentaire) n'aient pas tous été abolis simultanément.

Transparence et discipline

Même si le multilatéralisme est actuellement remis en question par certaines grandes puissances, force est de constater que concernant les politiques agricoles, l'AACU a apporté de la transparence. En incluant des engagements sur la plupart des mesures qui ont un impact sur les échanges (à l'exception notoire des restrictions à l'exportation) et en mettant en œuvre un mécanisme de notification détaillé et contraignant. Cette transparence permet d'analyser en tout temps les mesures effectivement mises en œuvre par chaque partenaire et fait l'objet des revues de politique commerciale auxquelles chaque membre de l'OMC est soumis. La transparence contribue à une concurrence plus saine sur les marchés, ou tout au moins à ce que les biais de concurrence soient identifiés, discutés entre partenaires et, si nécessaire, soumis au mécanisme de règlement des différends.

Chez de nombreux signataires des accords de l'OMC, en particulier européens, la mise en œuvre de l'AACU ne s'est pas limitée aux engagements formels, mais elle a orienté, sur base volontaire, d'importantes réformes de politique agricole. C'est à ce propos qu'on peut parler de l'effet disciplinant des règles de l'OMC, avec en fin de compte des mesures mieux ciblées sur les objectifs multifonctionnels et une utilisation plus efficace des moyens publics.

Politique agricole américaine

Elle présente historiquement un niveau de soutien nettement inférieur à celui des politiques européennes. La tarification et les réductions de tarifs convenues dans l'AACU n'ont pas affecté significativement son dispositif de protection extérieure, relativement ouvert (5,1 % MFN appliqué en 2022). (Paarlberg, 1997) ne détecte pas non plus d'effets concrets notables provenant des engagements de réduction du soutien interne. C'est peut-être une vision un peu réductrice. Deux réformes du « farm bill » (loi sur l'agriculture), en 1985 et 1990, avaient réduit pour des raisons budgétaires les soutiens directs aux productions et donné la marge de manœuvre nécessaire pour conclure l'AACU. D'autre part, le pré-accord de Blair House, puis l'AACU, ont mis hors du champ des réductions les paiements compensatoires, pilier central de la politique américaine qui permettent de soutenir les revenus en cas de chute des prix ou de récoltes catastrophiques. C'était une monnaie d'échange avec l'UE qui souhaitait mettre à l'abri les paiements directs découplés de la PAC. Les paiements compensatoires américains ont cependant été suspendus de 1995 à 2002, eu égard à la hausse marquée des cours mondiaux, puis réintroduits avec quelques amendements. Pendant leur suspension, de nouvelles mesures, partiellement découplées, mais aussi des garanties de crédit pour promouvoir les exportations, ont été introduites, pour des raisons politiques internes. Il en découle que les majorités au Congrès, les questions budgétaires et le poids des lobbys ont façonné l'évolution sinueuse de la politique agricole américaine, bien davantage que les engagements internationaux (Paalberg, 1997).

Les développements récents confirment cette thèse. Sous l'administration Trump (2017-2021), les soutiens à la production agricole ont augmenté à un niveau inconnu jusqu'ici, avec des budgets supplémentaires pour le soutien des prix et des revenus et pour l'assurance-récolte fédérale, complétés par des paiements ad hoc pour compenser les effets de la pandémie et ceux des guerres commerciales menées contre la Chine, l'Europe ou le Brésil. Le plafond de soutien interne notifié à l'OMC a certainement été largement dépassé en 2019 et 2020 (Glauber, Smith, 2021).

Analysant l'ensemble des pays membres de l'OCDE, certains auteurs concluaient que l'AACU a été, sur le plan formel, correctement mis en œuvre par ses signataires et continue de fournir un cadre de référence légal déterminant pour l'évolution des politiques agricoles (Tangermann, 2001) (Tangermann, 2003). Il n'observait cependant pas d'inflexion majeure dans la réduction globale du soutien à l'agriculture. Le changement le plus marquant induit par l'AACU réside dans la composition du soutien, soit dans l'instrumentaire des politiques agricoles et la ventilation des budgets, avec une part croissante de paiements découplés. Qu'en est-il vingt ans plus tard ? L'OCDE suit les développements dans 54 pays membres et non-membres et indique que le soutien total à l'agriculture y a été multiplié par 2,5 fois entre 2000-2002 et 2020-2022, tout en progressant plus lentement que la valeur totale de la production agricole (3,6 fois) (OCDE, 2023). Les transferts directs aux producteurs représentaient 630 milliards USD par an en 2020-2022 dans les 54 pays examinés, soit 14 % des recettes agricoles brutes, chiffre stable depuis 10 ans, précédemment en baisse (20 % de 2000-2002). La Chine a maintenant détrôné l'Europe et les États-Unis en matière de soutien à l'agriculture et l'Inde joue aussi dans la cour des grands.

INTERACTIONS AVEC LES ACCORDS BILATÉRAUX ET RÉGIONAUX

Contrairement à l'approche globale suivie au sein de l'OMC, les ACR ne traitent généralement que de la protection à la frontière. Le soutien interne à l'agriculture demeure à la discrétion de chacun des partenaires. Pour cette raison, et au vu de la sélectivité des concessions tarifaires, les ACR n'infléchissent guère les politiques agricoles des pays signataires (Thompson-Lipponen, Greenville, 2019). Ce sont plus souvent les politiques agricoles qui dimensionnent les concessions tarifaires envisageables dans les négociations. À ce jour, aucun pays n'a eu à modifier sa politique de soutien à l'agriculture en raison d'accords bilatéraux.

Les développements récents montrent la volonté, de la part des pays européens en tout cas, d'inclure des objectifs de durabilité dans ces accords. Une meilleure cohérence entre les politiques internes et la politique économique extérieure est à encourager.

L'UE investit de longue date beaucoup d'énergie pour protéger ses indications géographiques (AOP et IGP) dans le cadre de ses accords de libre-échange, ou par des accords spécifiques. Elle est suivie dans cette démarche par la Suisse, mais fait face à l'opposition farouche des États-Unis et de quelques-uns de ses alliés. Lier une ouverture supplémentaire des frontières au respect des indications d'origine fait sens, à la fois pour la promotion des exportations de produits authentiques de qualité et pour éviter la concurrence déloyale résultant de l'imitation de ces produits ou de l'usurpation de leur réputation. Dans une optique juridique commerciale, cela consiste à exporter de la protection, en dépassant les catégories classiques des obstacles tarifaires et non-tarifaires (Huysmans, 2022). L'accord CETA avec le Canada représente une étape capitale dans ce sens, l'UE ayant réussi à convaincre son partenaire de s'embarquer dans une voie mal vue en Amérique du Nord. Dix autres accords de l'UE, à ce jour, contiennent aussi des dispositions pour protéger les indications géographiques européennes, généralement avec des listes limitées aux principales indications ou à celles qui ne sont pas contestées.

LES POLITIQUES AGRICOLES COMME FREIN AUX NÉGOCIATIONS INTERNATIONALES

Comme mentionné, ce sont souvent les politiques agricoles en place qui calibrent les concessions possibles dans les ACR. Dans certains cas, les politiques agricoles ou le poids politique de l'agriculture empêchent l'ouverture de négociations bilatérales ou les bloquent en cours de route.

Il y a un questionnement fréquent dans les pays développés tournés vers l'exportation de biens industriels et de services et dont l'agriculture ne contribue que marginalement au PIB. N'est-ce pas ce secteur insignifiant qui a fait échouer le Cycle de Doha ou qui empêche la conclusion d'accords bilatéraux ambitieux, avec les États-Unis ou le Mercosur par exemple ? Le débat est légitime, mais souvent caricatural. Concernant Doha et l'échec de 2008, il y a bien un rapport avec l'agriculture, autour d'une dissension entre deux acteurs majeurs, les États-Unis et l'Inde, le premier craignant que la clause de sauvegarde prévue pour les pays en développement ne ferme définitivement le marché du second à ses exportations de céréales et d'autres produits agricoles. En toile de fond, c'est bien l'impossibilité de trouver de nouveaux équilibres avec les puissances émergentes qui explique le blocage, alors que pendant l'ère du GATT, toutes les questions ouvertes avaient pu être résolues par des accords entre les États-Unis et l'Europe.

Dans le domaine bilatéral, il est vrai que le protectionnisme agricole de pays comme la Suisse restreint l'ampleur des concessions qu'elle peut obtenir pour son industrie et ses services, quand elle négocie avec des exportateurs agricoles typiques. Mais l'agriculture est rarement la cause unique de résultats décevants. Souvent interviennent aussi des questions de propriété intellectuelle ou de mobilité des travailleurs, par exemple.

Le cas du libre-échange avec les États-Unis est illustré par l'échec du partenariat transatlantique de commerce et d'investissement pour l'UE ou celui de l'exploration d'un accord de libre-échange par la Suisse. Difficile pour la Suisse d'imaginer des relations équilibrées avec un exportateur agricole si puissant qui n'admet pas d'exceptions durables ; difficile pour l'UE et pour la Suisse d'entrer en matière sur l'élimination de tout obstacle lié à la protection des consommateurs (viande aux hormones, OGM, etc.) et d'accepter le refus de la protection des indications géographiques. Mais là encore, il y avait aussi des sujets non-agricoles qui fâchent, notamment dans la propriété intellectuelle, et une approche plus mercantiliste que libérale quand les intérêts industriels américains sont en jeu. Finalement, le slogan « America first » a rendue impossible la recherche de compromis équilibrés.

L'agriculture, surtout quand elle se rallie des attentes citoyennes sur la qualité de l'alimentation et les enjeux environnementaux, présente un poids politique bien plus important que sa part de PIB. Aucun pays ne peut conclure d'accords en esquivant les questions agricoles. Ce qui n'est pas négatif, si on tient compte des enjeux liés à l'agriculture et l'alimentation, non reflétés par l'indicateur du PIB. Mais cela ne devrait pas empêcher non plus l'agriculture de mieux se positionner comme un secteur vital et dynamique, intégré à l'économie et au commerce, qui peut profiter à la fois de nouvelles opportunités sur les marchés internationaux et de meilleures règles pour les échanges.

CONCLUSION AU CHAPITRE

Deux remarques en préambule de cette conclusion :

- L'historique des accords multilatéraux et bilatéraux, l'analyse de leur contenu et de leur impact montrent qu'il n'existe pas une voie unique vers une agriculture sans protection douanière ni soutien interne. Dans ce sens, l'exception agricole est une réalité, autant en 2024 qu'en 1945, même si les règles qui la circonscrivent ont changé au cours du temps. Plutôt que des principes libéraux, ce sont essentiellement des intérêts mercantiles qui ont présidé et président encore aux négociations commerciales, à la mise en œuvre des accords et parfois à leur non-respect. Les accords en place laissent toute marge de manœuvre aux États pour poursuivre des politiques agricoles avec des objectifs correspondant aux attentes sociétales et porteuses d'avenir pour relever les défis actuels – au moins dans les pays qui disposent de ressources budgétaires suffisantes.
- Depuis quelques années, le multilatéralisme est remis en question par des acteurs majeurs. Amplifiés par les différentes crises et guerres qui caractérisent cette troisième décennie du XXIe siècle, on voit renaître des réflexes protectionnistes et, concrètement, la multiplication des obstacles au commerce. Les anciens équilibres basés sur une domination économique sans partage des États-Unis et de ses alliés occidentaux ont vécu ; les pays émergents gagnent en puissance et revendiquent leur influence politique. Dans ce contexte, les politiques commerciales se détournent de la question d'une gouvernance adaptée à la globalisation effective des échanges pour jouer le rôle d'un instrument parmi d'autres dans les conflits géostratégiques. Cette période trouble permet au moins d'observer si le commerce sans règles vaut mieux que des règles mutualisées, respectivement de réfléchir à un après avec de meilleures règles.

Comme discuté plus haut, une approche sans présupposé sur les avantages et les risques d'une libéralisation des échanges agricoles conduit à un bilan tout en nuance. Le contexte présent invite encore à davantage de circonspection. Plutôt que des assertions péremptoires, il semble préférable de poser quelques questions-clés et de donner des éléments pour une discussion porteuse d'avenir.

MONDE EN CRISE(S) OU MONDIALISATION EN CRISE ?

Malgré quelques traces de freinage, les échanges continuent à croître, également dans le secteur agricole et agro-alimentaire. La mondialisation économique, financière et technologique est en marche, voire s'accélère encore. Seuls régressent les échanges avec la Chine et les investissements extérieurs en Chine, signe d'une « désinisation » plutôt qu'une démondialisation (Artus, 2024). En revanche, sur le plan politique, culturel, identitaire, la mondialisation est en crise.

De plus, la question de savoir si la mondialisation des échanges ne participe pas à la montée des risques climatiques et environnementaux se pose avec acuité. Dans la rationalité économique, cette interrogation a une réponse : l'internalisation de toutes les externalités conduirait à des échanges responsables – en clair, incorporer le coût des émissions de CO_2 et des dommages sur la biodiversité dans le prix des produits et des services mettrait fin aux dégâts, voire réconcilierait les tenants et les opposants du théorème des avantages comparatifs.

Mais les tensions géopolitiques et la montée des populismes ne laissent pas augurer la mise en place prochaine d'une gouvernance adéquate pour sortir des crises, réorienter le développement économique sur un modèle durable et mieux encadrer les échanges. Une attitude responsable consiste alors d'une part à mettre en lumière les risques de laisser se poursuivre la mondialisation sans gouvernance multilatérale et, d'autre part, à se prémunir contre les dangers de crises encore plus graves. Dans le domaine agricole et alimentaire, la prévention invite à revisiter les chaînes d'approvisionnement, prioriser les partenariats régionaux et œuvrer à davantage de durabilité et de résilience pour la production, la transformation et la consommation.

REPLIS PROTECTIONNISTES OU REDÉPLOIEMENT MULTILATÉRAL ?

Comme mentionné, les tendances protectionnistes sont concrètes actuellement, et les échanges agricoles n'y échappent pas. La multiplication des entraves au commerce et des mesures compensatoires et anti-dumping ainsi que le regain de politiques de soutien motivées par des guerres commerciales n'a toutefois pas mis fin à la progression des échanges agricoles. Pour combien de temps ? Impossible de le prédire, mais le risque que le protectionnisme aggrave les crises en cours est réel. On a déjà pu mesurer l'effet dévastateur provoqué par certaines restrictions temporaires d'exportations agricoles.

Les négociations bilatérales entre partenaires de bonne volonté peuvent produire des effets positifs, mais limités. À terme, aucun chemin ne passe à côté de la voie multilatérale, tout d'abord pour préserver l'acquis, le fonctionnement de l'institution et du règlement des différends, puis pour reprendre des discussions plus sérieuses et plus intégratives que celles qui se mènent actuellement à l'OMC.

QUELS NOUVEAUX DÉFIS POUR LES AGRICULTURES ET L'ALIMENTATION ?

Tout n'est pas lié au commerce international, mais réduire l'empreinte carbone, restaurer la biodiversité, développer des systèmes alimentaires plus durables, donner leurs chances aux pays les plus pauvres représentent des défis globaux qui ne trouveront pas de réponses sans un engagement au niveau global. Si le contexte actuel n'est pas propice aux grandes avancées multilatérales, il n'est pas interdit de mieux identifier les interactions entre les grands défis et de prévoir une redéfinition du champ de futures négociations. L'objectif prioritaire de nouvelles négociations commerciales multilatérales devrait aller à la facilitation d'échanges qui contribuent à la résolution des grands problèmes de la planète plutôt qu'à la défense d'intérêts mercantiles à court terme. Une telle attitude s'imposerait particulièrement en agriculture, secteur de survie par définition, secteur des temps longs, non délocalisable ni relocalisable, particulièrement exposé aux enjeux climatiques et environnementaux.

S'il semble difficile de mettre une majorité de pays autour d'une table avec de tels objectifs, le dysfonctionnement prolongé du système commercial international et l'absence de nouvelles règles entraîneraient des risques démesurés pour l'alimentation et l'environnement mondial. Ils ne constituent donc pas une alternative raisonnable.

CHANGEMENTS NÉCESSAIRES DANS LA MÉTHODE ?

Nouveaux défis et expérience de l'échec du Cycle de Doha invitent à repenser la méthode des négociations commerciales multilatérales et le fonctionnement de l'OMC. La règle de l'unanimité est problématique, aussi bien pour la nomination des juges de l'organe d'appel que pour la conclusion de toute négociation. Un seul pays peut prendre le reste du monde en otage en fonction d'intérêts très particuliers. Pourquoi ne pas oser introduire des majorités qualifiées, avec des garde-fous pour préserver le caractère inclusif de l'organisation ?

Deux autres pièges ont conduit à l'enlisement des négociations commerciales multilatérales : le lien de tous les sujets en un seul paquet global, qui exacerbe le risque de blocage quand un pays ou un groupe de pays ne trouve pas son compte dans un domaine particulier. D'autre part, la distinction entre pays développés et en développement et la définition de règles spécifiques à leur appliquer, à l'heure où des pays comme la Chine, l'Inde ou le Brésil sont devenus en quelques années de grandes puissances mondiales. La politique des petits pas pratiquée depuis 2015 constitue une réponse temporaire au premier piège, en attendant mieux. Les membres qui veulent relancer la machine de l'OMC sont pleinement conscients de l'ensemble des difficultés institutionnelles et à la recherche de solutions.

Les grandes négociations mondiales sont centrées chacune sur un enjeu particulier, climat, biodiversité, commerce. Leur décloisonnement serait souhaitable, mais comporte des risques supplémentaires de blocage. Une alternative consisterait à tenter une approche plus sectorielle, autour de l'agriculture et de l'alimentation, qui tienne compte des interconnexions entre les défis et valorise les synergies entre échanges encadrés et durabilité. Une voie pour faire mieux converger politiques agricoles, environnementales et commerce international ?

Jacques CHAVAZ
Consultant, ancien directeur suppléant de l'Office fédéral de l'agriculture (Suisse)

NORMES ET SIGNES DE QUALITÉ DANS LES ÉCHANGES INTERNATIONAUX DE PRODUITS AGRICOLES ET AGROALIMENTAIRES

Alors que les droits de douane appliqués aux produits agricoles ont largement diminué depuis le début du siècle sous l'effet de différentes libéralisations (Bureau *et al.*, 2018), une part de plus en plus importante des échanges agricoles et agroalimentaires est soumise à des normes de qualité (Disdier, Fugazza 2020). Ce phénomène a plusieurs explications. Premièrement, les crises sanitaires qui ont touché le secteur ces dernières décennies et le changement climatique sont à l'origine d'une demande croissante des consommateurs pour des produits sains et respectueux de l'environnement, ainsi que pour une meilleure information à propos des produits qu'ils consomment. Deuxièmement, l'internationalisation des chaînes de production et de la grande distribution a rendu essentielle la question de la traçabilité des produits alimentaires. Il s'agit de garantir l'origine et la qualité sanitaire des produits lors des diverses étapes de leur production, qui a potentiellement lieu dans des entreprises ou pays différents. Enfin, l'idée selon laquelle les pays utilisent les normes pour protéger leur production nationale de la concurrence internationale, malgré les règles de l'Organisation Mondiale du Commerce (OMC), ne peut être complètement exclue dans certains cas.

Une très grande hétérogénéité se cache derrière le terme de norme. Si elles ont en commun d'améliorer la qualité des produits, les normes ont des objectifs variés. Certaines cherchent uniquement à garantir la sécurité sanitaire des produits, d'autres y ajoutent divers attributs. Elles visent parfois simplement à fournir des informations aux consommateurs, ou à différencier une production vis-à-vis de la concurrence. Les questions environnementales ou de bien-être animal sont également à l'origine de certaines mesures tandis que d'autres indiquent la provenance des produits. Les normes de qualité sont également diverses en termes d'exigence et génèrent donc des coûts d'adoption très variables. Le sujet de la norme change aussi selon les cas : alors que certaines mesures définissent les critères de qualité des produits, d'autres s'attachent davantage au procédé de production en lui-même. Différents types d'acteurs sont à l'origine des normes de qualité. Les pouvoirs publics définissent les normes obligatoires, qui concernent à la fois les produits domestiques et importés. Certaines normes sont élaborées par des organismes de normalisation avant d'être reprises par des États ou des entreprises privées. Enfin, certaines normes sont volontaires ou ne sont imposées que pour vendre à des acteurs spécifiques comme les supermarchés.

Les normes cherchent généralement à réduire l'asymétrie d'information pour les consommateurs à propos des produits qu'ils consomment. La qualité sanitaire ou les procédés de productions ne sont en effet pas facilement observables par les consommateurs. Cet univers normatif complexe rend difficile l'accès aux marchés internationaux pour les exportateurs, en particulier ceux des pays en développement. L'émergence de normes est ainsi souvent critiquée pour son aspect discriminatoire. La différence d'approche normative entre pays est une source majeure de tension internationale. Les divergences de culture règlementaire ou de préférences collectives expliquent cette confrontation des modèles qui s'illustre par le grand nombre de cas déposés sur ces sujets à l'organisme de règlement des différends de l'OMC. L'opposition aux normes ne se limite toutefois pas aux questions d'accès aux marchés et au commerce international, elles sont également incriminées par les producteurs domestiques comme le montrent les nombreuses oppositions aux normes, en particulier européennes, lors du Brexit. Plus récemment, elles sont source d'une colère croissante de la part des agriculteurs. Plus que le niveau d'exigence de ces normes, c'est aussi leur accumulation et la complexité administrative de leur mise en œuvre qui sont décriées.

Si leur développement génère des tensions géopolitiques, l'importance des normes de qualité dans les échanges en font un outil d'influence essentiel dans les relations internationales. La diffusion des normes d'un pays au niveau mondial donne à ses producteurs un avantage compétitif évident sur les marchés tiers, en y réduisant la concurrence et en limitant le coût de la mise aux normes de leurs produits. La participation aux instances des organismes internationaux de normalisation ou de l'OMC et l'inclusion des normes dans les accords bilatéraux sont autant de moyens pour les pays d'imposer leurs normes à leurs partenaires. La taille de leur marché confère aussi à certains pays un pouvoir réglementaire sur le marché mondial. En effet, il est plus rentable pour les entreprises des pays tiers d'appliquer les réglementations de leurs principaux marchés d'exportation à l'ensemble de leur production que de mettre en place des chaînes de production dédiées. Ces entreprises deviennent ainsi des promoteurs de ces normes sur leur propre marché, permettant ainsi la diffusion des normes européennes, chinoises ou américaines dans leur propre pays. Ce phénomène, appelé « effet Bruxelles » dans le cas de l'Union européenne (UE), est un bon exemple des enjeux de cette concurrence normative dans les relations internationales.

Ce chapitre a pour objectif de discuter le rôle des normes et signes de qualité dans la régulation du commerce international de produits agricoles et agroalimentaires. Dans un premier temps, il s'agira de présenter les différents types de normes en fonction de leur conception et de leurs objectifs. La deuxième partie examinera l'effet des normes sur les échanges de produits agricoles et agroalimentaires. La troisième partie discutera de la place, entre conflit et tentative d'harmonisation, des normes dans les relations internationales.

NORMES ET SIGNES DE QUALITÉ
De quoi parle-t-on ?

Il existe une grande diversité de normes et signes de qualité sur les produits agricoles et agroalimentaires. Les normes peuvent être publiques ou privées, obligatoires ou volontaires. Elles portent sur les méthodes de production ou les caractéristiques des produits. Elles diffèrent selon les acteurs impliqués lors de leur conception, selon les contrôles ou audits mis en œuvre et sanctions encourues en cas de non-respect des règles. Plusieurs grandes catégories de normes peuvent être identifiées. Cette classification repose notamment sur la classification proposée par Henson (2008) et Henson et Humphrey (2010).

Les trois premières catégories de normes sont bien connues. La première est celle des normes dites publiques obligatoires. Cette catégorie regroupe en fait les réglementations publiques adoptées par les États. Ces règlementations sont obligatoires et concernent tous les acteurs d'un territoire donné. Des contrôles sont effectués par des contrôleurs et inspecteurs officiels pour vérifier la conformité avec les règlementations. Les litiges sont gérés sous juridictions pénales ou administratives. Dans le domaine alimentaire, on peut citer par exemple le règlement (CE) n° 178/2002, texte clé du paquet Hygiène européen, et qui constitue la législation alimentaire (« *general food law* ») au niveau européen. Elle vise à garantir un niveau élevé de protection des consommateurs, mais aussi de la santé et du bien-être des animaux, de la santé des plantes et de l'environnement. Elle souligne notamment la nécessité pour les opérateurs du secteur alimentaire de mettre en œuvre des plans de contrôle des risques liés à la sécurité alimentaire, de tracer leurs intrants et leurs extrants et de mieux contrôler la sécurité de leurs produits (Rouvière, Latouche, 2014). Ces normes sont appliquées sur le territoire national et peuvent être définies par les États ou basées sur des standards internationaux (HACCP, ISO etc.). L'objectif de ces normes, à l'image de la législation alimentaire, est d'assurer la protection des consommateurs, la loyauté des transactions et la libre circulation des produits sur le territoire. Elles s'appliquent aux denrées produites sur le territoire national mais également aux produits importés circulant sur ce même territoire. À ce titre, elles ont un impact sur les échanges entre les biens et leur adoption est donc soumise à certaines règles définies à l'OMC.

On peut évoquer deuxièmement les normes publiques volontaires. Cette catégorie de normes regroupe les démarches publiques qui sont élaborées et adoptées par les pouvoirs publics mais n'ont pas de caractère obligatoire. Il s'agit par exemple des démarches AOP (Appellation d'Origine Protégée), IGP (Indication Géographique Protégée), Label Rouge ou Agriculture Biologique (AB). Ces démarches sont volontaires, mises en œuvre par les opérateurs (les exploitations agricoles ou les entreprises) qui souhaitent s'inscrire dans ces démarches. L'objectif est d'envoyer un signal de qualité du produit aux consommateurs et de se différencier sur le marché. Les démarches AOP et IGP par exemple sont des indications géographiques identifiées par des labels spécifiques. La présence de ce label garantit aux consommateurs que la production et la transformation des produits ont été réalisées selon un cahier des charges précis, dans une zone géographique déterminée (le terroir), ce qui détermine les caractéristiques essentielles du produit. Ce dispositif établit ainsi un lien direct avec la qualité du produit et un lien indirect avec le développement rural et le soutien aux revenus des agriculteurs impliqués (Duvaleix-Tréguier *et al.*, 2018). Le respect du contenu de ces démarches (cahier des charges pour les AOP par exemple) est vérifié par des auditeurs publics ou privés. En cas de manquement, les litiges sont gérés par les organismes en charge des démarches et peuvent donner lieu à des sanctions. La sanction peut aller jusqu'à l'exclusion de la démarche.

Les normes collectives internationales constituent la troisième catégorie. Elles peuvent être élaborées par des organismes de normalisation (types AFNOR, ISO) ou des commissions comme celle du Codex Alimentarius (recueil de normes alimentaires et textes apparentés, internationalement adoptés, ayant pour objet de protéger la santé des consommateurs). La logique d'élaboration est collective (tous les opérateurs concernés par la norme en cours d'élaboration sont impliqués) et internationale, et concerne un secteur ou une production donnée, indépendamment de la notion de territoire. Son application n'est pas obligatoire. Elle peut être adoptée par les opérateurs qui le souhaitent. Les organismes certificateurs procèdent alors à des audits pour valider le respect de la norme. Il est intéressant de noter à ce stade que le caractère consensuel des normes collectives internationales, puisqu'élaborées par l'ensemble des acteurs impliqués et concernés au niveau international, en fait un texte de référence sur lequel peuvent venir s'appuyer certaines réglementations publiques ou décisions internationales (la dernière partie reviendra sur ce point). Les normes internationales sont considérées comme des guides de référence pour traiter un problème technique. Leur objectif est de rationaliser et d'harmoniser les pratiques à mettre en place pour le résoudre. Il est donc important que tous les acteurs concernés soient représentés lors de son élaboration.

La dernière catégorie de normes, plus récente, regroupe les normes privées. Ces normes peuvent être définies comme des exigences initiées et pilotées par les opérateurs privés concernant les produits ou les processus de fabrication de ces produits (Kinniburgh et al, 2018). Les normes privées sont considérées comme des outils permettant de coordonner les chaînes d'approvisionnements des entreprises et notamment des entreprises multinationales. Celles-ci peuvent ainsi imposer leurs exigences relatives aux produits et processus de production au niveau international via une norme (Du, 2018). Le développement de ce type d'outil est principalement lié à l'exigence de « *due diligence* » imposée dès 1998 avec le « *food safety act* » au Royaume Uni, puis dans le règlement de l'UE n° 178/2002 et le paquet Hygiène déjà évoqués et, plus récemment, le « *Food Safety Modernization Act* » dans la loi américaine de 2011. Dans ce cadre, les entreprises ont obligation de prouver leur participation dans la prévention des risques liés à la sécurité alimentaire. Elles imposent alors à leurs fournisseurs des bonnes pratiques et règles à respecter. Il s'agit donc d'un transfert partiel et progressif de la responsabilité des pouvoirs publics vers le secteur privé qui a fortement incité les entreprises à développer des systèmes internes de gestion de la sécurité alimentaire.

Selon Du (2018), les normes alimentaires privées prennent de plus en plus d'importance dans les systèmes alimentaires actuels. Ce sont des instruments de marché institutionnalisés permettant de relever les défis de la gouvernance de la chaîne alimentaire. Elles semblent être à la fois un outil utile au secteur privé pour réguler les chaînes d'approvisionnement, un substitut à une réglementation publique inadéquate, une réponse à une réglementation gouvernementale de plus en plus stricte et à des litiges potentiels, et un moyen d'aller au-delà des réglementations publiques pour fournir des arguments crédibles en faveur de la différenciation des produits.

Alors que ces normes privées traitaient initialement de l'obligation de sécurité sanitaire, leur champ de compétence s'est étoffé au cours du temps. De nombreuses normes dites de durabilité se développent maintenant, reflétant les attentes des consommateurs (Henson, 2008). Elles incluent des exigences à respecter concernant un large éventail de paramètres de durabilité, y compris le respect des droits de l'homme fondamentaux, la santé, la sécurité des travailleurs ou encore les impacts environnementaux de la production.

On distingue deux types de normes privées volontaires. Il y a d'abord les normes imposées par un client à ses fournisseurs (donc à l'amont de la filière). Dans ce cas on parle alors de référentiels privés (Valceschini et al, 2005), comme GlobalGAP, IFS (*International Food Standard*) ou BRC (*British Retailer consortium*). Ces référentiels sont élaborés par un ou plusieurs opérateurs (enseignes de la grande distribution pour les référentiels les plus connus) imposés à leurs fournisseurs et ne sont pas visibles par les consommateurs. Ils ne concernent donc que les relations entre entreprises (BtoB *business to business*). Rao *et al.* (2021) montrent que ce type de référentiel, initialement élaboré dans le but d'assurer la sécurité alimentaire, est le plus étudié dans la littérature. Ils sont détenus par des conglomérats de la distribution et placent donc le secteur de la distribution en position d'influence dans la chaîne d'approvisionnement. Ces référentiels ont un impact sur les structures des chaînes, l'accès au marché et l'efficacité des systèmes de gestion de la sécurité alimentaire. L'adoption d'un référentiel (après respect du cahier des charges, audit et obtention de la certification) par l'entreprise qui le souhaite lui permet notamment de devenir fournisseur de produits sous marques de distributeurs. Ces référentiels peuvent être imposés par plusieurs enseignes de la grande distribution (comme GlobalGap imposé par la grande distribution pour la production de fruits et légumes frais, BRC pour les enseignes britanniques) ou une seule enseigne avec une certification spécifique (Nurture par TESCO sur les fruits et légumes frais vendus dans ses rayons).

Un autre type de normes privées volontaires regroupe les normes volontaires initiées par une diversité de parties prenantes, et qui sont souvent identifiées par un label spécifique, reconnu ou non par le consommateur. La plupart de ces normes prennent en compte une grande variété d'aspects en lien avec le développement durable. Elles visent en effet à garantir que les produits et les processus de production associés respectent un ensemble d'exigences sociales, économiques et/ou environnementales afin de rendre la production mondiale plus durable. Elles sont largement utilisées dans les secteurs de la banane, du cacao, du café, du coton, de l'huile de palme, du soja, de la canne à sucre et du thé, qui sont principalement produits et exportés par les pays en développement. Parmi les plus connues, on peut citer le « *Marine Stewardship Council* » (MSC), qui est une organisation multipartite composée de représentants de l'industrie des produits de la mer, d'organisations non gouvernementales (ONG) de défense de l'environnement et du monde universitaire, qui établit des normes sur les pratiques halieutiques pour protéger les océans et sauvegarder l'approvisionnement en produits de la mer. L'ONG Rainforest Alliance, fondée en 1987, promeut des pratiques commerciales responsables et fournit des certifications pour la sylviculture et l'agriculture durables, en particulier dans les secteurs du café, du cacao, du thé, des noisettes et de la banane, mais aussi pour le tourisme durable. Le « *Rountable on Sustainable Palm Oil* » (RSPO) est une organisation consacrée à l'huile de palme responsable. Il s'agit d'une initiative privée lancée en 2004 par Unilever, avec le soutien de l'association environnementale WWF, pour instaurer un dialogue entre tous les acteurs du marché de l'huile de palme lors de « tables rondes » internationales. Des déclinaisons nationales (donc élaborées par le secteur public) sont apparues en Indonésie et en Malaisie par exemple (UNCTAD, 2023).

Les normes privées dépassent le cadre géographique juridique de la norme publique. On note par exemple que les distributeurs des pays développés imposent leurs règles du jeu à l'ensemble de la filière d'approvisionnement (du fournisseur à la distribution) au-delà des frontières nationales. Les normes privées apparaissent donc comme des outils plus puissants que les réglementations nationales publiques pour modifier les pratiques de production et de transformation dans le domaine alimentaire. Elles ont en effet un rôle croissant dans la gestion de la chaîne d'approvisionnement agricole, notamment dans les pays où les réglementations publiques sont plus faibles (Kinniburgh *et al.* 2018). L'adhésion aux normes privées est devenue une condition d'entrée pour un nombre croissant de producteurs de produits agricoles et agroalimentaires et ce malgré le caractère volontaire (c'est-à-dire non réglementaire) de ces normes. Cela s'explique par l'intégration verticale de plus en plus poussée dans les chaînes de valeur mondiales et la concentration accrue du marché international entre un nombre plus restreint de grands acheteurs et notamment les enseignes de la grande distribution (Kinniburgh et al, 2018) (Henson, 2008) (Henson, Humphrey, 2010).

Il est important de bien comprendre que la position d'une norme dans l'une ou l'autre des catégories est évolutive dans le temps. En effet, la réglementation publique peut s'appuyer sur une norme initialement privée (initiée par un opérateur pour sa gestion des approvisionnements, ou par un groupe d'opérateurs d'un secteur donné) qui s'impose et devient reconnue par tous. C'est le cas de la norme HACCP par exemple. Ce référentiel collectif visant à garantir la sécurité sanitaire des aliments est devenu un standard international puis un minimum légal au niveau européen. Les interactions de ce type, entre normes publiques, internationales et privées, sont nombreuses. Les réglementations publiques peuvent servir de référence à la norme privée qui va souvent au-delà des exigences obligatoires. De la même façon, une réglementation peut s'appuyer sur une norme privée. Ce point pose d'ailleurs question puisque dans ce cas, il est donné un caractère obligatoire à une norme élaborée par le secteur privé. Les normes ne peuvent donc pas être classées en catégories distinctes (Du 2018). Elles se répartissent plutôt sur un continuum (Henson, Humphrey, 2010) allant de la norme publique à la norme privée, de l'obligatoire au volontaire et en évoluant dans le temps.

QUELS IMPACTS SUR LES FLUX COMMERCIAUX ?

La grande variété des normes et signes de qualité rend leur impact sur le commerce international difficile à évaluer. Malgré une littérature académique importante sur le sujet, l'effet général des normes sur les flux commerciaux fait encore l'objet de débats. L'absence de données harmonisées pour les différents types de normes pose des problèmes méthodologiques. Dans leur méta-analyse, Santeramo et Lamonaca (2019) mettent en évidence la grande diversité des résultats obtenus dans la littérature sur le sujet, qui s'explique à la fois par des différences de méthode d'estimation, et par la multiplicité des normes, des produits ou des marchés.

Les normes publiques sont souvent considérées comme des barrières au commerce, voire comme des mesures protectionnistes par les pays qui y font face. En effet, répondre aux exigences de qualité des marchés tiers génère potentiellement des coûts supplémentaires pour les producteurs qui veulent y exporter leurs produits (Xiong, Beghin 2014). Une partie de ces frais sont fixes, qu'il s'agisse d'une adaptation des systèmes de production de l'entreprise exportatrice pour répondre aux critères des pays importateurs, de la mise en place ou de l'amélioration de codes de bonne pratique et des installations pour garantir la traçabilité des produits, de l'acquisition de certificats suite à un audit, ou simplement de la recherche d'informations sur les conditions de l'accès aux marchés étrangers. Les coûts entraînés par les normes peuvent également varier en fonction des quantités exportées ou être renouvelés à chaque expédition.

C'est le cas par exemple des restrictions d'utilisation de pesticides ou d'antibiotiques qui rendent plus coûteuse la production de chaque unité, des obligations d'étiquetages ou de packaging spécifiques aux marchés de destination ou des contrôles à la frontière qui prolongent les délais de livraison à cause des inspections et des tests lors du passage en douane. Le risque de rejet de certaines expéditions aux frontières représente également un coût non négligeable pour les exportateurs.

Le surcoût lié aux normes privées est similaire à celui des normes publiques, mais est souvent supérieur. Les référentiels de la grande distribution en particulier sont à l'origine de contraintes plus importantes que les règlementations publiques, que cela soit en termes de procédés de production, de systèmes de management ou de traçabilité. Comme expliqué dans la partie précédente, le niveau d'exigence de ces référentiels s'explique par le fait que le metteur en marché soit au final responsable de la qualité sanitaire des produits vendus et, de ce fait, préfère se couvrir des potentiels risques sanitaires en imposant à ses fournisseurs des normes strictes de qualité. La superposition des normes publiques et privées constitue une difficulté supplémentaire pour les exportateurs qui doivent adapter leurs produits et systèmes de production à différents objectifs et critères. Les coûts induits sont par ailleurs encore plus élevés quand le producteur-exportateur veut vendre dans différents pays et à différents opérateurs. Même si certaines enseignes de grande distribution françaises et Walmart se sont mis d'accord pour définir des référentiels communs, la multiplicité des normes privées en elle-même est à l'origine de coûts non négligeables en multipliant le nombre de contraintes et de contrôles pour les producteurs.

En entraînant une hausse des coûts de production et de transaction, normes publiques et privées limitent les flux commerciaux entre pays partenaires. En fonction des normes et des contraintes qui leur sont associées, on observe une baisse des volumes des produits échangés, voire parfois une disparition complète de certains flux lorsque les contraintes sont trop fortes pour les exportateurs. Il faut toutefois noter que les normes n'entraînent des coûts et par conséquent ne limitent le commerce que dans la mesure où les normes du pays de destination diffèrent de celles du pays d'origine. Les producteurs européens ne sont ainsi pas limités par les normes européennes pour vendre sur les autres marchés de l'UE, les normes étant en principe harmonisées entre pays membres. La taille du marché de destination a également son importance, car il est plus intéressant pour un producteur d'adapter sa production pour remplir les conditions d'une norme si cette dernière s'applique à un marché important. L'entreprise pourra ainsi amortir les coûts fixes d'une adaptation de son mode de production, ce qui sera plus difficile si le marché où la norme restrictive s'applique est de petite taille. L'interdiction du bœuf aux hormones sur le marché européen est un bon exemple. S'il n'était pas rentable pour les producteurs américains de développer une filière bœuf garantie sans hormone tant que le marché européen était protégé par des droits de douane très élevés, l'ouverture d'un quota sans droits de douane pour le bœuf de haute qualité américain, suite au conflit à l'OMC en 2009, a rendu profitable pour les éleveurs États-uniens de mettre en place une production répondant aux exigences sans hormones du marché de l'UE.

L'impact des normes sur le commerce est également variable en fonction du type d'entreprise. Les grandes entreprises, les plus productives, sont en effet plus à même de faire face aux contraintes entraînées par la mise aux normes de leur production, que cela soit du point de vue technique ou financier (Gaigné, Larue, 2016). Les petites entreprises se trouvent ainsi doublement marginalisées, d'une part parce qu'elles ne peuvent pas répondre aux exigences normatives des pays tiers, d'autre part parce que leurs parts de marchés sont prises par les grandes entreprises. Fernandes *et al.* (2019) montrent ce phénomène dans le cas de la mise en place de minimums de résidus de pesticides. Seules les petites entreprises sont affectées tandis que les firmes les plus productives voient leur probabilité d'exporter, la valeur et la qualité de leurs exportations augmenter. L'importance des coûts engendrés par les normes ou signaux de qualité pour les petites entreprises montre l'intérêt pour ces dernières de coopérer pour réduire ces coûts. Les indications géographiques sont un exemple de marque collective appartenant à un ensemble de firmes, certaines très petites, qui permet de partager et par conséquent de réduire les coûts de certification, de promotion et de marketing, tout en signalant la qualité des produits aux consommateurs.

L'impact des normes sur les échanges de produits agricoles et agroalimentaires ne dépend pas que du type d'entreprise exportatrice. Il varie également en fonction des pays producteurs. Normes et signaux de qualité sont ainsi souvent critiqués pour leur effet discriminatoire vis-à-vis des pays en développement (Curzi *et al.* 2018). Les coûts liés à la mise aux normes des productions évoqués plus haut sont en effet plus difficiles à supporter pour les producteurs de pays avec de fortes contraintes financières, techniques ou institutionnelles, que pour ceux de pays à hauts revenus où les normes de qualité sont déjà importantes. Les normes publiques comme privées peuvent constituer de vrais obstacles pour accéder aux marchés tiers, comme le montrent Traoré et Tamini (2022) dans le cas des minimums de résidus de pesticides pour les mangues en Afrique. Cet aspect discriminatoire des normes et signes de qualité pour les pays en développement est d'autant plus important que ces derniers sont relativement peu présents dans les instances internationales de normalisation où se définissent les nouvelles normes.

Si cette partie ne s'est jusqu'à présent concentrée que sur la dimension « obstacle au commerce » des normes publiques et privées, il ne faut pas oublier que, à certaines exceptions près, l'objectif de ces normes n'est pas de limiter le commerce, puisqu'elles s'appliquent également aux producteurs domestiques, mais de protéger les consommateurs. Plus globalement, les normes visent à corriger les défaillances de marché. Les consommateurs ne peuvent en effet pas observer toutes les caractéristiques des produits qu'ils consomment. Ils ne peuvent pas connaître par exemple la quantité de résidus de pesticides ou de toxines contenue dans leurs produits, ni savoir s'ils ont été produits sans modifications génétiques ou avec des méthodes respectueuses de l'environnement ou du bien-être animal. Les normes permettent de réduire ces asymétries d'information, en fournissant des indications aux consommateurs sur leurs produits et en leur garantissant un certain niveau de sécurité sanitaire. Elles permettent également de mettre en avant les externalités positives de la production agricole, qui peuvent ainsi être valorisées par les consommateurs. En améliorant la confiance des consommateurs, les normes ont un effet positif sur leur demande, ce qui se répercute sur le commerce et la qualité des produits échangés (Fiankor *et al.* 2021).

Les normes publiques impactent également positivement le commerce lorsque les pays s'accordent pour les harmoniser, comme cela a été le cas sur le marché européen. De Frahan et Vancauteren (2006) montrent ainsi que l'harmonisation des réglementations alimentaires lors de la création du marché unique a entraîné une augmentation des échanges intracommunautaires, mais de manière inégale selon les secteurs. L'introduction de plus en plus fréquente de clauses relatives aux mesures non-tarifaires dans les accords commerciaux dits « profonds » a des chances d'avoir un impact non négligeable sur le commerce, même si l'harmonisation des normes dans le cadre de ces accords est loin d'être une réalité. Une convergence des normes au sein des accords bilatéraux pourrait être à l'origine d'un effet « club » en augmentant le commerce entre les pays membres aux normes similaires, et en excluant les pays aux normes moins contraignantes.

Les normes collectives internationales définies au sein des organismes de normalisation jouent également un rôle de catalyseur sur le commerce. En créant des référentiels et un langage commun au niveau international, ces normes favorisent la compatibilité des systèmes de contrôles des produits dans les différents pays et, de ce fait, facilitent le commerce. En aidant au développement des systèmes de traçabilité et de contrôles au sein des entreprises, les normes de type ISO ou HACCP réduisent également les défaillances et le risque sanitaire, ce qui a un effet positif sur la production puis les échanges de biens agricoles et agroalimentaires.

Les normes publiques volontaires favorisent également le commerce international en permettant aux entreprises de signaler leur qualité intrinsèque aux consommateurs. La certification garantie par un organisme tiers devient alors un moyen de différentier les produits de la concurrence en insistant sur leur mode de production ou leur localisation (labels rouge, bio ou indication géographique). Cette différentiation permet aux entreprises de vendre leurs produits à des prix plus élevés. Duvaleix *et al.* (2021) montrent ainsi que les AOP sont à l'origine d'une hausse des prix de vente à l'international dans le secteur des fromages. Ce résultat suggère que la reconnaissance des indications géographiques dans les accords bilatéraux de l'UE, qui est une autre sorte d'harmonisation des normes, permet aux producteurs européens de vendre leurs produits plus chers sur les marchés partenaires, ce qui a été démontré par Emlinger et Latouche (2024) dans le cas français.

Si les normes privées volontaires, on l'a vu, génèrent des coûts importants pour les producteurs et exportateurs, elles peuvent également impacter positivement le commerce. Ces référentiels privés permettent en effet l'établissement de relations commerciales privilégiées entre la grande distribution et ses fournisseurs, ce qui réduit les coûts de recherche de partenaires commerciaux pour ces derniers (Latouche, Chevassus-Lozza, 2015). Ces entreprises qui se certifient pour vendre à la grande distribution dans leur pays d'origine, bénéficient également des réseaux de distribution à l'étranger de leurs partenaires, ce que montrent Cheptea *et al.* (2018). Les entreprises françaises certifiées IFS vendent davantage dans les destinations où les chaînes de supermarchés françaises sont implantées. Comme les normes publiques volontaires, les normes privées permettent par ailleurs aux entreprises de réduire leur risque et d'augmenter leur commerce, comme c'est le cas de GlobalGap dans le secteur des fruits et légumes d'après Andersson (2019). Ces différents résultats sont à considérer à l'aune de l'expansion mondiale de la grande distribution ces 20 dernières années, mais également du développement des chaînes globales de valeur, les normes privées volontaires ne concernant pas seulement la relation des entreprises avec les metteurs en marché finaux, mais aussi l'ensemble des relations BtoB.

Les effets positifs de l'instauration des normes ne se limitent pas au commerce. En s'imposant aux exportateurs des pays en développement qui veulent accéder aux marchés développés ou aux réseaux de la grande distribution, les normes se diffusent dans les pays producteurs. Elles permettent alors une modernisation des procédés et des infrastructures, une augmentation des capacités de production et d'exportation vers de nouveaux marchés, tout en améliorant les salaires et conditions d'emploi (Maertens *et al.* 2012).

L'impact des normes publiques et privées sur le commerce agricole et agroalimentaire est au final ambigu. D'un côté, nous avons montré qu'elles augmentent les coûts de production et de transaction et de ce fait limitent le commerce international, en particulier pour les entreprises les moins productives et pour les exportateurs des pays en développement. D'un autre côté, en réduisant les asymétries d'information pour les consommateurs, elles ont un impact positif sur la demande et donc, au final, sur les flux commerciaux et leurs prix. Elles permettent également aux exportateurs d'améliorer la qualité de leurs produits, ce qui peut avoir des répercussions positives tout au long des filières, en particulier dans les pays à bas revenus. La littérature académique sur les normes fait écho de ce débat sur les effets catalyseurs ou, au contraire, restrictifs, des normes sur le commerce agricole. Elle souligne également la forte hétérogénéité des effets selon les types de norme, les secteurs ou les pays. Si les différences de normes entre pays partenaires constituent un frein au commerce, leur harmonisation le stimule. Ceci explique pourquoi ce sujet est si important dans les relations internationales.

LES NORMES DANS LES RELATIONS INTERNATIONALES
Entre outil d'harmonisation et sources de conflits

Le principe fondamental de l'OMC sur lequel les membres se sont accordés et qui figure d'ailleurs dans l'article 1 du GATT (Accord général sur les tarifs douaniers et le commerce) est celui de la non-discrimination entre partenaires commerciaux. Dès lors, l'adoption d'une mesure par un État membre de l'OMC doit respecter certaines conditions précises. L'article XX du GATT définit ces conditions. Les mesures adoptées par un État ne doivent constituer ni un moyen de discrimination arbitraire ou injustifiable entre les pays, ni une restriction déguisée au commerce international. Une liste d'objectifs légitimes est précisée. Il est par exemple fait mention de la protection de la santé et de la vie des personnes et des animaux et de la préservation des végétaux (art. XX, b.) ou de la conservation des ressources naturelles épuisables (art. XX, g.). Les conditions sont plus précisément définies dans les accords Sanitaires et Phytosanitaires (SPS) pour l'application des dispositions de l'article XX b. et Obstacles Techniques au Commerce (OTC-TBT en anglais). L'accord SPS stipule que les gouvernements doivent notifier à l'avance les réglementations sanitaires et phytosanitaires nouvelles ou modifiées. L'accord précise que les mesures imposées par les États doivent être « nécessaires ». Elles doivent donc s'appuyer sur des normes internationales reconnues et/ou des justifications scientifiques. Des mesures dites de « précaution » peuvent être temporairement autorisées si une question nouvelle apparait, sans aucune norme internationale ni résultats scientifiques pertinents. L'accord prévoit également l'assistance aux pays en développement pour les aider à prendre en compte cette nouvelle norme. Dans la même logique, l'accord OTC vise à faire en sorte que les règlements, normes et procédures d'essai et d'homologation ne créent pas d'obstacles au commerce. Les pays peuvent adopter les normes qu'ils jugent appropriées, avec le même objectif de protéger la santé et la vie des personnes et des animaux, préserver les végétaux, protéger l'environnement ou défendre d'autres intérêts des consommateurs.

Si un État considère qu'un autre État a adopté une mesure à des fins protectionnistes (et non dans le but de protéger la santé de ses consommateurs par exemple), il peut saisir l'organe de règlement des différends de l'OMC. Dans ce cas, la référence à des justifications scientifiques ou à une norme internationale par l'État mis en cause est un élément essentiel pour éviter des sanctions ultérieures. Dans l'accord SPS, les normes internationales reconnues émanent de trois sources précises : le Codex Alimentarius (Codex), la Convention internationale pour la protection des végétaux (International Plant Protection Convention – IPPC) et l'Organisation mondiale de la santé animale (OIE). Dans l'accord OTC, il est question de faire référence aux « normes internationales pertinentes » sans spécifier précisément desquelles il s'agit, ni désigner les organismes chargés de l'élaboration de ces normes. Ainsi, les règles de l'OMC renforcent le rôle des normes internationales qui deviennent un élément stratégique de la gouvernance mondiale. Les pays développés et les grandes firmes multinationales l'ont bien compris. Cela pose en creux la question de la représentativité des différentes parties dans l'écriture de la norme et du positionnement des pays à faible pouvoir d'influence, et notamment les pays en développement. Maitriser l'écriture de la norme permet en effet de diffuser les dispositions adoptées, ses préférences et ambitions.

Il existe de nombreux cas de tels différends à l'OMC. Citons par exemple le cas emblématique de l'interdiction d'importation de bœuf aux hormones adoptée par l'UE. Cette interdiction d'importation imposée au nom du principe de précaution a été autorisée temporairement par l'OMC, en attendant une justification scientifique de cette décision. En l'absence de cette justification les États-Unis et le Canada ont porté plainte à l'OMC. L'UE a été condamnée puisqu'elle n'appliquait pas les normes internationales adoptées par le Codex autorisant les hormones de croissance dans la viande dans une certaine limite (CEP, 2023). Plus récemment, dans l'accord entre l'UE et le Canada signé en décembre 2016, l'Accord Économique et Commercial Global (AECG/CETA), un quota tarifaire a été ouvert pour de la viande bovine sans hormone. Dans le même ordre d'idée, le cas CE-sardines de 2002 a confirmé l'importance pour un État de prendre en compte les normes du Codex lors de l'élaboration de ses propres normes (Negi, 2020). À l'origine, un règlement communautaire imposait que seule une espèce capturée dans les eaux européennes pouvait être commercialisée sous le nom de « sardines ». Or, conformément à une norme internationale établie par le Codex, une espèce de sardine de l'océan Pacifique pouvait être vendue dans le monde entier sous le nom de « sardines », accompagnée d'une mention qualificative telle que « sardines du Pacifique » ou « sardines du Pérou ». Le règlement communautaire a finalement été annulé car il n'était pas fondé sur la norme du Codex et ne démontrait pas en quoi la norme du Codex était inadéquate pour répondre aux besoins de l'UE.

Les normes publiques volontaires sont également susceptibles de donner lieu à des différends à l'OMC. C'est le cas des indications géographiques. L'UE a adopté, en 1992, une réglementation concernant les mentions AOP et IGP notamment. Cette règlementation a été source de tensions puisque perçue comme une distorsion de commerce en excluant certains producteurs, allant à l'encontre d'un des principes essentiels de l'OMC, à savoir le traitement identique des producteurs domestiques et étrangers. Suite à des plaintes déposées par les États-Unis en 1999, la politique européenne a été réformée pour aboutir au règlement européen 1151/2012 définissant les systèmes de qualité des produits agricoles et agroalimentaires européens. La principale modification a été d'ouvrir la possibilité à des producteurs ou groupes de producteurs non européens de faire reconnaître par l'UE leurs indications géographiques (Duvaleix et al, 2018).

Un des objectifs de l'OMC est d'éviter les entraves au commerce. Dans ce cadre, elle promeut l'harmonisation des mesures adoptées par ses États membres. La référence aux normes internationales collectives est un des éléments clé de cette volonté d'harmonisation et de résolution des conflits entre pays membres. La reconnaissance mutuelle des normes est également encouragée. Face à l'enlisement des négociations multilatérales, de nombreux pays ont privilégié la négociation d'accords bilatéraux ou régionaux, plus ambitieux. Dans ce cadre, l'harmonisation constitue un objectif important. Rappelons par exemple que l'objectif de libre circulation des biens et des personnes, essentiel dans la construction européenne s'est accompagné d'une volonté d'harmoniser les normes, notamment dans le domaine de la sécurité sanitaire. Plusieurs outils ont ainsi été mobilisés, comme la reconnaissance mutuelle ou le recours à des règlements européens plutôt qu'à des directives. Ces dernières sont en effet transposées par les États membres dans le droit national alors que les règlements sont applicables directement par les États membres. Ainsi, jusqu'en 2006, les limites maximales de résidus (LMR) faisaient l'objet de directives, laissant la latitude aux États membres d'adopter une valeur de LMR plus ou moins sévère.

Depuis 2006, les LMR des pesticides autorisés dans les produits d'origine animale ou végétale destinés à la consommation humaine ou animale sont fixés par règlements, imposant ainsi à tous les États membres les mêmes valeurs (Chevassus-Lozza *et al.* 2008). La question de l'harmonisation des normes, tout en reconnaissant le droit à des préférences différentes reste une question importante dans les accords récents, dits « profonds ». Dans le cas du CETA par exemple, les objectifs de coopération réglementaire (avec obligation de publication, échanges d'information, échanges d'expérience), de reconnaissance mutuelle (possibilité de demander l'équivalence d'une norme, mais obtention non inconditionnelle) et d'équivalence des réglementations sont abordés, mais la question de la reconnaissance du principe de précaution reste une question sensible (Commission indépendante, 2017).

Dans le cas des indications géographiques, si la réglementation européenne implique leur protection sur le marché européen, ce n'est pas le cas sur les marchés tiers. Ainsi, hors de son pays de production, la protection d'une indication géographique peut être garantie en s'inscrivant dans trois cadres : l'accord sur les aspects des droits de propriété intellectuelle qui touchent au commerce (ADPIC-« *TRIPS Agreement* » en anglais), l'enregistrement du produit dans les pays de destination, ou les accords bilatéraux (Duvaleix et al, 2018). C'est cette dernière voie qui est privilégiée par la Commission européenne ces dernières années. Ainsi, l'AECG/CETA, prévoit la reconnaissance de 145 indications géographiques européennes. Cette présence explicite dans l'accord permet une protection juridique des appellations dans le sens où les produits canadiens ne peuvent plus porter le même nom que ces appellations. Dans le cas où la marque canadienne existait avant la signature de l'accord, la coexistence des deux produits sur le marché est possible. Depuis 2012, la totalité des accords commerciaux signés par l'UE incluent des listes d'indications géographiques. Ainsi, l'Accord de Partenariat économique (APE / EPA *Economic Partnership Agreement*) entre l'UE et le Japon, signé le 17 juillet 2018, prévoit la protection de plus de 200 indications géographiques alimentaires, sur le marché japonais. Emlinger et Latouche (2024) montrent l'intérêt de cette inclusion pour les opérateurs concernés : cette protection leur permet d'accéder à de nouveaux marchés et de vendre plus cher leurs produits.

Contrairement aux normes internationales élaborées par les organismes désignés dans l'accord SPS ou l'ISO et comme évoqué dans la première partie de ce chapitre, les normes privées n'ont pas pour objectif premier une harmonisation internationale (Du, 2018). C'est en 2005 que les normes privées ou plutôt les référentiels privés imposés par les enseignes de la grande distribution sont mentionnés à l'OMC pour la première fois. St. Vincent et les Grenadines évoque lors d'une réunion du comité SPS le cas de la certification EuropGap (devenue GlobalGap) exigée pour les bananes destinées à la vente dans les supermarchés britanniques. Depuis, le sujet de la certification privée a fait l'objet de nombreuses discussions au sein des comités SPS et OTC. Plusieurs groupes de travail ont été lancés dans le but de parvenir à une définition commune, mais sans y parvenir à ce jour.

L'enjeu est important et la question sous-jacente est la suivante : est-ce que les normes privées sont du ressort de l'OMC ? Autrement dit est-ce que les États ont une responsabilité dans la prolifération de ces normes et référentiels privés ? Cette question est essentielle puisque dans les accords SPS et TBT, il est stipulé que les États doivent s'assurer que les « entités non gouvernementales » et « les organismes de normalisation non gouvernementaux » n'imposent pas de mesures ne respectant pas les règles édictées par l'OMC. Est-ce que les entreprises privées (grande distribution, multinationales…) et ONG qui élaborent leurs propres référentiels et normes privés sont concernées ? Du (2018) et Negi (2020) proposent des analyses juridiques détaillées de la question. Du (2018) s'intéresse en particulier aux normes privées qui ont pour objectif de protéger les consommateurs et qui sont donc susceptibles de rentrer dans le champ de l'accord SPS. Il ressort de l'analyse que la question est complexe et sujette à de nombreuses interprétations qui n'ont pas été tranchées pour l'instant. Les interactions sont nombreuses entre normes publiques, normes internationales et normes privées et rendent difficile, si ce n'est impossible, de définir une responsabilité des États dans la prolifération des normes privées volontaires.

CONCLUSION AU CHAPITRE

Nous avons vu que les termes de norme et de signe de qualité regroupent des réalités très différentes, que cela soit en terme d'objectifs, de mises en œuvre ou de caractéristiques. Les différentes catégories de normes sont fluctuantes et des normes privées peuvent par exemple être ensuite adoptées par des règlementations publiques. Les effets de ces normes sur le commerce international de produits agricoles et agroalimentaires font l'objet de débat. D'une part elles induisent des coûts pour les producteurs, d'un autre côté elles favorisent le commerce en augmentant la confiance des consommateurs. Ceci explique qu'elles soient sources de tensions dans les relations internationales, et aussi que les partenaires commerciaux cherchent à les harmoniser.

Alors que les normes ont longtemps uniquement cherché à protéger la santé des consommateurs, leur champ d'application s'est élargi récemment. La préservation de l'environnement, la défense des travailleurs ou l'impact sociétal des activités font désormais l'objet de normes, publiques comme privées. Certaines, comme celles relatives à la responsabilité sociétale des entreprises (RSE) intègrent tous ces sujets en définissant des critères de développement durable pour l'ensemble des activités de l'entreprise.

Les normes portant sur les procédés ou l'organisation des entreprises sont plus difficiles à contrôler que celles qui se concentrent uniquement sur les caractéristiques intrinsèques des produits. Alors que ces dernières peuvent être observées lors du passage à la frontière des produits, connaître les conditions de production d'un bien dans son pays d'origine ou le fonctionnement de l'entreprise exportatrice nécessite des systèmes de surveillance beaucoup plus complexes, en particulier dans les pays en développement où les systèmes publics de contrôles ou de traçabilité ne sont pas très développés.

La nouvelle initiative européenne contre la déforestation importée est un bon exemple de la difficulté de contrôler les modes de production dans les pays tiers. Adoptée en avril 2023, cette mesure cherche à diminuer l'impact du commerce sur l'environnement en interdisant les importations de sept produits (café, cacao, caoutchouc, huile de palme, soja, bœuf et bois) et de leurs dérivés si leur production contribue à déforester dans leur pays d'origine. Si ces normes sont essentielles dans la protection du rôle écosystémique des forêts, leur mode d'application et de contrôle est encore flou. Le nouveau règlement établit des règles en matière de devoir de diligence pour les entreprises qui souhaitent importer les produits concernés sur le marché de l'UE. Les exportateurs et les négociants devront prouver que les produits proviennent de terres qui n'ont pas fait l'objet de déforestation après le 31 décembre 2020, en fonction du classement du pays exportateur en termes de risques. Les entreprises devront ainsi collecter des informations géographiques précises sur les terres agricoles où les produits qu'elles fournissent ont été cultivés, de manière à pouvoir vérifier la conformité de ces produits. Ce type de norme est coûteux et nécessite beaucoup d'informations.

Le recours à des auditeurs privés pour certifier l'origine ou le mode de production des produits est fréquent. Il a l'avantage d'être plus efficace et de déléguer les inspections et les responsabilités à des entreprises spécialisées dans la certification ou le contrôle de qualité. Le développement des normes relatives aux procédés de fabrication et incluant des aspects environnementaux font de ces auditeurs des acteurs essentiels de la régulation du commerce agricole et agroalimentaire. Longtemps essentiellement utilisées pour la certification privée, ces entreprises d'audit et de contrôles sont à présent centrales pour faire face aux normes publiques. Leur rôle est d'autant plus central que le secteur de la certification est relativement concentré au niveau mondial.

Les normes relatives aux procédés de production dans les pays d'origine plutôt qu'à la qualité des biens échangés sont souvent critiquées. Elles sont ressenties comme une sorte d'ingérence des pays importateurs, en imposant des normes étrangères aux agriculteurs et entreprises agroalimentaires des pays producteurs. Ceci est d'autant plus vrai que les divergences de préférences collectives font que les normes des pays du nord sont parfois perçues comme illégitimes ou injustes par les pays producteurs, en particulier du sud. Les normes environnementales sont cependant essentielles dans la lutte du changement climatique.

Dans ce cadre, il est important pour les pays aux normes les plus strictes de chercher à diffuser leurs valeurs et leurs préférences dans les autres pays du monde. La présence dans les instances de normalisation ou l'inclusion du sujet normatif à l'OMC ou dans les accords bilatéraux sont autant de moyens pour l'UE d'amener les autres pays à adopter leur manière de voir et leurs normes.

Les grands acteurs mondiaux de l'agroalimentaire ou de la grande distribution ont également un rôle à jouer en imposant des normes environnementales strictes à leurs fournisseurs. Les référentiels privés sont des outils prometteurs pour permettre l'accompagnement d'une transition agro-écologique et de durabilité avec l'intégration de plus en plus de critères liés aux méthodes de production (respect de l'environnement et durabilité notamment). La diffusion de ces normes dans différents pays permettra non seulement d'atteindre la sécurité sanitaire (à l'origine du développement de ces standards), mais également les objectifs de développement durable (ODGs) (Negi, 2020) (FAO et OMC, 2017).

Charlotte EMLINGER
CEPII (Centre d'études prospectives d'informations internationales)

Karine LATOUCHE
INRAE

TURBULENCES GÉOÉCONOMIQUES ET CRISES SUR LE MARCHÉ MONDIAL

Un éclairage par les grandes cultures

Depuis l'annexion de la Crimée par la Russie en 2014, le marché mondial des grandes cultures est entré dans une ère de grandes turbulences. Certes, il en a connu d'autres, notamment au gré des chocs climatiques, lesquels sont de plus en plus nombreux et rapprochés dans le temps, et qui, souvent, endommagent les surfaces cultivées et les récoltes, faisant craindre la formation de déséquilibres entre l'offre et la demande. La crise économique et financière de 2008-2012 s'est également manifestée par des soubresauts significatifs des marchés, en particulier par la flambée des prix qu'elle a occasionnée. Depuis le mois de février 2022, la guerre en Ukraine a confirmé que ces marchés agricoles sont entrés dans une phase incertaine, c'est une banalité que de le dire, mais surtout dans une période annonciatrice de grandes recompositions des hiérarchies des producteurs, des exportateurs et des importateurs. Quelles sont les principales manifestations de ces soubresauts et en quoi concernent-elles, et à quel degré, les producteurs français ?

On pourra légitimement s'étonner de proposer une analyse des marchés des produits de grandes cultures selon une perspective mondiale, dans la mesure où leur évolution et leur fonctionnement sont depuis longtemps bien connus des observateurs. S'ils font l'objet d'une attention particulière à intervalles réguliers, c'est en raison à la fois des chocs climatiques, des hausses de leurs prix et des répercussions sur les importateurs et sur les consommateurs. Il est vrai que depuis la crise économique et financière de 2008, plusieurs épisodes de flambée des prix ont ponctué l'actualité internationale agricole, au point d'être à l'origine des célèbres « émeutes de la faim » dans une cinquantaine de pays en 2008-2009. Dans un contexte de guerre en Ukraine, la nouvelle phase de flambée des prix agricoles avait fait craindre la résurgence de telles émeutes, à en juger par les déclarations, en 2022, du Secrétaire général de l'ONU, Antonio Guterres. Il relève par ailleurs de l'évidence que, dans le fonctionnement actuel des marchés et dans le mode de formation des prix, la variable climatique occupe une place de plus en plus importante.

Si l'on propose de traiter des marchés des produits des grandes cultures, c'est bien entendu pour dresser un bilan de ces deux dernières années, tant sur les productions, les échanges que sur les prix. C'est surtout pour mettre en relief les enjeux fondamentaux qui caractérisent désormais ces marchés. Ils ont trait à une puissante recomposition de la hiérarchie des nations qui produisent, qui exportent et qui importent, occasionnant un nouveau paysage des flux commerciaux de produits de grandes cultures.

Que recouvre le marché mondial des grandes cultures ? De façon assez classique, il s'agit des céréales (blé, maïs, orge, riz), des oléagineux (soja, colza et tournesol), et de la betterave dont on tire du sucre alimentaire mais aussi des produits non destinés à l'alimentation comme l'alcool, l'énergie (éthanol) ou de la pulpe entrant dans la composition des rations alimentaires du bétail. Dans ce qui suit, on traitera essentiellement du *blé tendre, du maïs, de l'orge, du soja et du sucre*. D'une certaine manière, des produits composant ce que l'on appelle des produits de base, qui entrent dans les biens alimentaires consommés au quotidien par des millions de consommateurs, sous forme de farine, de pain, d'huile, ou dans celle des rations données au bétail. Parfois, comme dans les cas du maïs et du sucre, mais aussi pour le cas du soja, et sans doute pour l'ensemble des oléagineux, la destination énergétique de ces productions se développe.

Le choix qui a été retenu ici repose sur deux ambitions. La première a trait, pour l'essentiel, à l'actualisation des calculs des parts respectives des principaux pays dans ces productions, et dans ces exportations mondiales. L'objectif de ce panorama est précisément de montrer en quoi ce qui a surgi depuis la guerre en Ukraine était en réalité en préparation depuis plusieurs années. La seconde ambition a une portée plus globale, en ce sens qu'elle est tournée vers une analyse économique de ces évolutions, afin de montrer en quoi elles sont annonciatrices de la fin d'un cycle hégémonique hier structuré autour des pays occidentaux, et de l'émergence d'un nouveau, centré sur des puissances en devenir comme la Russie ou le Brésil.

L'agriculture n'échappe pas en effet à ce processus « d'accélération de l'histoire » qui peut, comme on se propose de le voir, s'interpréter comme un basculement du centre de gravité de l'agriculture mondiale vers des pays non occidentaux[1]. En ce sens, la guerre en Ukraine peut être appréhendée comme un révélateur de la grande transformation de l'échiquier agricole mondial, qui, dans une certaine mesure, était en préparation depuis quelques années. Dans ce chapitre, nous nous sommes limités aux produits de grandes cultures. Seront abordés successivement le blé tendre, le maïs, l'orge, le soja et le sucre.

LA GÉOÉCONOMIE
Nouvelle grammaire de l'agriculture mondiale

L'agriculture est devenue un levier de la puissance des États. Bien que les logiques d'affrontements classiques, c'est-à-dire militaires, n'aient pas disparu, comme le montre l'état présent des relations internationales, les rapports de force ont pris des formes plus économiques, et, en ce domaine, l'agriculture semble à l'évidence, être incorporée dans le jeu des stratégies géoéconomiques. Dès la fin des années 1980, Edward Luttwak énonçait l'avènement d'un nouvel agenda dans les relations internationales, beaucoup plus centré sur l'arme économique, centrage auquel il est suggéré selon nous d'ajouter le secteur agricole (Luttwak, 1990). Si la dynamique du commerce international, faite de nombreux conflits entre les nations, semblait en quelque sorte donner raison à cet auteur dans la mesure où la dimension économique des différends internationaux prenait progressivement le pas sur la stricte logique militaire, la guerre en Ukraine a malgré cela restauré l'importance du gain territorial et redonné en quelque sorte une légitimité à la force armée.

Il n'en reste pas moins que l'agriculture constitue un objet de convoitise important. C'est dans une large partie Est de l'Ukraine que se situe l'essentiel des productions agricoles (le Donbass, annexé par la Russie, représente à lui seul plus de 10 % des productions céréalières de l'Ukraine). La Russie a mis en application une stratégie de conquête

1 Sur ce processus, pris au sens général, se reporter à Thomas Gomart (2024).

territoriale pour mieux s'emparer de l'agriculture ukrainienne, ouvrant ainsi la voie à une accession au rang de superpuissance agricole mondiale. La guerre en Ukraine a manifestement pour réalité d'inscrire le secteur agricole dans le champ de la géoéconomie, notion qui peut se définir de la manière suivante :

« La géoéconomie est l'analyse des stratégies d'ordre économique, décidées par les États, dans le cadre de politiques visant à protéger leur économie nationale ou certains pans bien identifiés de celle-ci, à aider leurs "entreprise nationales" à acquérir ou à préserver certains segments du marché mondial, conférant à son détenteur un élément de puissance et de rayonnement international » (Lorot, 2009).

La géoconomie est ainsi une méthode d'analyse et de représentation des rapports de force entre États, et l'agriculture a prouvé, depuis le début des années 2000 – voire avant – qu'elle en constituait un vecteur (Pouch, 2010) (Wigell, Scholvin, Alatola, 2019). Si cette notion a trouvé une légitimité scientifique au cours des trente dernières années, qu'elle a servi de support méthodologique pour comprendre les conflictualités autour de l'agriculture, elle n'a pas totalement supplanté, la guerre en Ukraine le prouve, la géopolitique et ses logiques d'acquisitions territoirales. Avec la guerre en Ukraine, mais tout autant avec les évolutions d'autres nations productrices et exportatrices de biens agricoles et alimentaires, la géopolitique et la géoconomie apparaissent alors comme deux instruments complémentaires, comme s'ils se renforçaient l'un l'autre. C'est pourquoi il est important de dresser un panorama des grandes cultures sous cet angle de la géoconomie, et à la lumière du conflit opposant l'Ukraine à la Russie.

Au préalable, insistons encore sur ce qui caractérise le capitalisme mondial. En indiquant ce que le concept de géoéconomie apporte à la compréhension des rivalités qui structurent cet ensemble que l'on appelle le capitalisme mondialisé, on veut dire par là que, en réalité et par approfondissement, les États et les firmes forment des entités qui sont l'expression du, qui réalisent en quelque sorte, le capital, lequel s'exprime et se déploie sur un seul marché, le monde. Cela ne signifie pas pour autant qu'il y a une homogénéisation des États. S'ils ont des structures similaires, ou du moins isomorphes, de production et d'échanges, ils n'en sont pas pour autant en situation d'unité. La preuve, l'échange international de produits agricoles et alimentaires traduit des convoitises pour accaparer un marché, l'extension géographique déploie une stratégie de conquête des ressources. Dit autrement, l'agriculture, si elle est conflictuelle, c'est parce qu'elle est la manifestation de plusieurs agricultures, de plusieurs domaines agricoles qui s'affrontent sur un marché mondialisé, et qui sont sous-tendus par une ambition de puissance, celle de nourrir des peuples ou de leur ôter la perspective de l'être. Lorsque l'affrontement dépasse le seul champ commercial, il se déplace vers le militaire, comme on le voit avec le cas de la guerre en Ukraine aujourd'hui. C'est pourquoi le capitalisme peut, à certains moments, déployer une machine de guerre commerciale, pour parfois aboutir à un conflit direct (Deleuze, Guattari, 1980).

LE BOULEVERSEMENT DU MARCHÉ MONDIAL DU BLÉ TENDRE

Tant sur la production que sur les flux commerciaux, l'échiquier mondial du blé a connu ces dernières années des bouleversements significatifs, induisant une modification de la hiérarchie des exportateurs de cette céréale. Il est important de s'y arrêter, dans la mesure où, fait alimentaire bien connu, le blé est la denrée la plus consommée au monde par les humains, à l'inverse, comme on va le voir, du maïs, où l'usage est majoritairement dédié à l'alimentation animale, voire, depuis plusieurs années, à la production de biocarburants. En effet, en 2022, pour une production de blé de 780 millions de tonnes (Mt), la consommation mondiale a atteint 784 Mt, dont 586 pour la seule consommation humaine. L'Organisation des Nations-Unies pour l'Alimentation, la FAO, le rappelle, le blé apporte une contribution décisive à l'alimentation humaine, puisqu'il représente 18 % des apports caloriques et près de 25 % des apports en protéines. Un quart de la production mondiale a fait l'objet, la même année, d'exportations, ce qui en fait la denrée la plus internationalisée (figure 1).

L'évocation de l'importance du blé dans le monde passe par une approche de la consommation mondiale, laquelle s'exprime principalement par le nombre de bouches à nourrir. On peut considérer que le vieillissement et le ralentissement de la croissance de la population mondiale vont affecter à terme la physionomie de la demande mondiale de blé, il n'en demeure pas moins qu'avec plus de 8 milliards d'habitants en 2024 – contre 2,5 en 1950 et 6 en 2000 –, et un seuil de 10 milliards qui devrait être franchi en 2050, les besoins alimentaires à satisfaire seront colossaux, nécessitant des réponses productives, ce qui ne signifie pas un maintien des modèles agricoles qualifiés d'intensifs. De plus, il s'agit d'une population qui est de plus en plus urbaine, appelant à une gouvernance adaptée des circuits logistiques et de commercialisation des denrées alimentaires.

	Consommation humaine de blé en millions de tonnes		Consommation de blé en kg/habitant et par an	
	2022	2032	2022	2032
Monde	771	853.7	64.7	65.6
Amérique Nord	39	39	73.6	71.8
Amérique Sud	40	44	50.7	51.5
Europe	181	188	100.7	106.8
Afrique	78	95	49.7	47.4
Asie	422	476	64.4	67.4
Océanie	10	10.7	64.4	65.5

Source : OCDE-FAO, Projections agricoles 2022-2032.

FIG. 1 – Consommation mondiale de blé en 2022 et projections 2032.

C'est pourquoi il apparaît essentiel de montrer quelles sont les nations qui sont aujourd'hui en mesure de répondre à cette demande. Mais le plus essentiel encore dans ce panorama de l'offre mondiale de blé, réside dans la modification de la hiérarchie de ces nations. Cela en raison des tensions concurrentielles qu'elles se livrent pour s'approprier des parts de marché. Au préalable, rappelons que, entre 2000 et 2020, le commerce mondial de blé a doublé, passant de 105 Mt à près de 200 Mt. On peut même remonter aux années des chocs pétroliers pour mieux mettre en relief la croissance des échanges mondiaux de blé (figure 2).

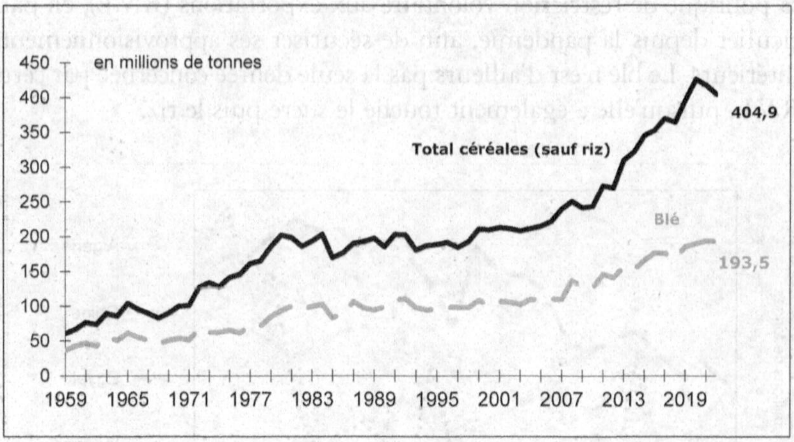

Source : Conseil international des céréales.

FIG. 2 – Exportations mondiales de céréales.

Ce qui s'impose en matière de production et d'exportation de blé, c'est le constat suivant. Peu nombreuses sont en effet les nations qui peuvent prétendre être à la fois productrices et exportatrices de cette denrée agricole. La Chine en produit, mais n'en exporte pas, au contraire, elle en importe de plus en plus (figure 3). Il faut par conséquent regarder sur d'autres zones géographiques pour évaluer l'état réel des offres. Si l'on a indiqué précédemment que les échanges de blé avaient été multipliés par deux en vingt ans, on le doit essentiellement aux pays de la mer Noire (Russie, Kazakhstan, Ukraine), qui ont accompli, depuis la dislocation du bloc soviétique, leur grand retour sur le marché mondial (Abis, 2023). On se concentrera ici sur le cas de la Russie, qui a lourdement contribué au changement structurel de la hiérarchie des acteurs nationaux sur le marché du blé.

Représentant 5 % de la production mondiale de blé en 2000, la Russie devrait se situer à 12 % en 2024. Sur le graphique 3, on observe une régression de la part de l'UE et un déclin de la position des États-Unis. Quant à l'Inde, en dépit de son poids marginal dans les exportations mondiales de blé, sa part dans la production augmente depuis 2016. La particularité de l'Inde réside aussi dans la mise en application de sa politique de restriction volontaire aux exportations (R.V.E), en particulier depuis la pandémie, afin de sécuriser ses approvisionnements intérieurs. Le blé n'est d'ailleurs pas la seule denrée concernée par cette R.V.E, puisqu'elle a également touché le sucre puis le riz.

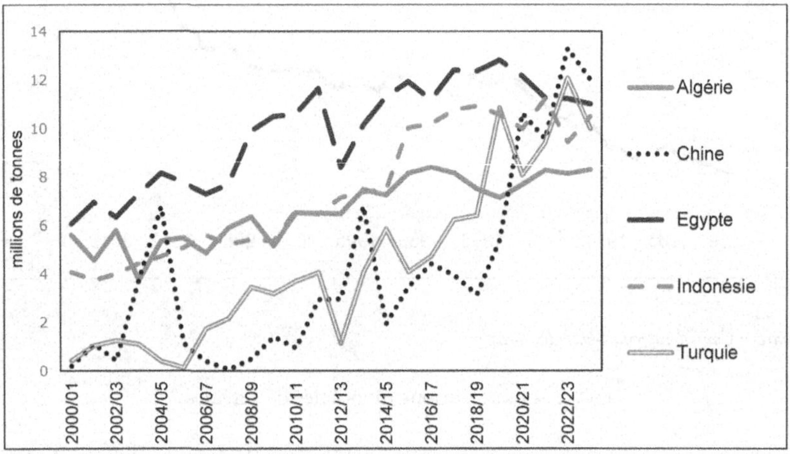

FIG. 3 – Évolution des importations de blé.

En revanche, la Russie a conquis des parts de marché à l'exportation, comme le montre la position de première puissance exportatrice mondiale qu'elle occupe depuis 2016, supplantant successivement l'Australie, le Canada, les États-Unis et l'UE (figure 5). Elle est donc désormais en position de force pour approvisionner des pays importateurs dont les besoins en blé sont croissants, à l'image de la Chine, devenue la première puissance importatrice mondiale de blé, devant l'Égypte, qui occupait antérieurement ce rang, et l'Indonésie, qui figure désormais comme la troisième zone la plus importatrice de blé au monde, talonnant l'Égypte. Avoisinant les 100 Mt produites, la Russie affiche des records en matière d'exportations, avec environ 50 millions de tonnes en 2024, un chiffre qui pourrait toutefois être inférieur, en raison des épisodes de gel et de sécheresse qui ont ponctué la fin de l'hiver et le début du printemps 2024.

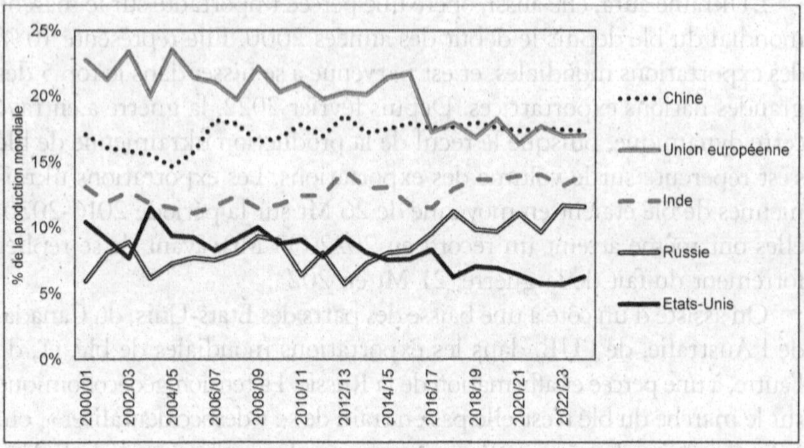

FIG. 4 – Évolution de la répartition de la production de blé.

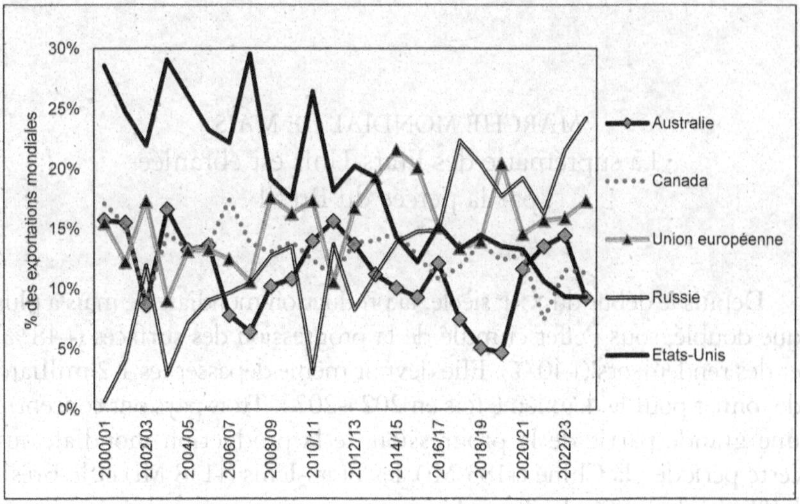

Source : USDA.

FIG. 5 – Évolution de la répartition des exportations de blé.

L'Ukraine aura, elle aussi, opéré une percée importante sur le marché mondial du blé depuis le début des années 2000. Elle représente 10 % des exportations mondiales, et est parvenue à se hisser dans le top 5 des grandes nations exportatrices. Depuis février 2022, la guerre a entravé cette dynamique, puisque le recul de la production ukrainienne de blé s'est répercuté sur le volume des exportations. Les exportations ukrainiennes de blé étaient en moyenne de 26 Mt sur la période 2016-2020, elles ont même atteint un record en 2022 (33 Mt), avant de se replier fortement du fait de la guerre, 21 Mt en 2023.

On assiste d'un côté à une baisse des parts des États-Unis, du Canada, de l'Australie, de l'UE, dans les exportations mondiales de blé, et, de l'autre, à une percée et affirmation de la Russie. La tension géoéconomique sur le marché du blé n'est-elle pas en train de se « désoccidentaliser », ou, si l'on préfère, de se « russifier », inscrivant les ambitions de la Russie dans une logique de puissance[2] ? Manifestement, la guerre a accéléré un processus déjà engagé il y a déjà plusieurs années. Qu'en est-il des autres productions de grandes cultures ?

MARCHÉ MONDIAL DE MAÏS
La suprématie des États-Unis est ébranlée par la percée du Brésil

Depuis le début du XXIe siècle, la production mondiale de maïs a plus que doublé, sous l'effet cumulé de la progression des surfaces (+48 %) et des rendements (+40 %). Elle devrait même dépasser les 1,2 milliard de tonnes pour la deuxième fois en 2023-2024. Trois pays ont concentré une grande partie de la progression de la production mondiale sur cette période : la Chine (+183 Mt), les États-Unis (+138 Mt) et le Brésil (+82 Mt). En 2000, les États-Unis avaient une position dominante sur le marché mondial du maïs et représentaient à eux seuls 42 % de la production mondiale et 64 % des exportations. Aujourd'hui, les États-Unis restent les premiers producteurs avec 30 % de la production mondiale, mais leur position de premier exportateur mondial est remise en

2 Voir le chapitre de Pierre Blanc dans cet ouvrage.

cause par le Brésil. La proportion de maïs échangée dans le monde est restée relativement stable à 12 % de la production jusqu'en 2015-2016. Elle a ensuite progressivement augmenté pour atteindre jusqu'à 17 % en 2021-2022. En un quart de siècle, ce sont 124 millions de tonnes de maïs supplémentaires qui circulent dans le monde chaque année. Cette croissance des échanges a profité à trois exportateurs : le Brésil (+46 Mt), l'Argentine (+31 Mt) et l'Ukraine (+23 Mt). Les exportations américaines n'ont progressé que de 4 Mt sur cette période, avec une part toujours croissante de la production utilisée pour la production d'éthanol (+116 Mt entre 2002-2003 et 2023-2024) (figure 6).

En 2012-2013, la production américaine a fortement diminué (-40 Mt), en raison de mauvaises conditions climatiques, et les exportations ont chuté. Le Brésil a pris le relais, prenant la place de premier exportateur mondial durant cette campagne particulière, une gageure pour ce pays qui n'avait exporté que 4,6 Mt de maïs dix ans plus tôt. Depuis cette date, les États-Unis n'ont pas récupéré leurs parts de marché et en 2023-2024, les exportations brésiliennes ont de nouveau devancé les exportations américaines, dans un contexte, il est vrai, de baisse de production américaine (-35 Mt), mais surtout de hausse de la production brésilienne (+21 Mt).

Depuis la campagne 2000-2001, les Argentins ont quant à eux gagné 8 points de parts de marché sur les exportations ; leur place sur le marché mondial est assez variable, subissant le contrecoup des aléas de production. L'Ukraine, qui n'exportait quasiment pas de maïs au début de siècle, en a exporté jusqu'à 17 % des volumes mondiaux (campagne 2019-2020). Les Ukrainiens ont fortement augmenté leur production de maïs à partir de 2011-2012. La production a en effet quasiment doublé sur cette campagne, ce qui a alimenté la hausse des exportations. La guerre a ensuite entravé cette dynamique et limité la place de l'Ukraine sur ce marché. Il convient de déduire de ce panorama que la production et les exportations de maïs sont concentrées autour de quelques bassins géographiques.

Du côté des acheteurs, les évolutions sont également importantes. Le Japon était le premier importateur mondial de maïs en 2000-2001. Si le volume de ses importations est resté stable depuis près d'un quart de siècle, le Japon est devenu le quatrième acheteur mondial, derrière l'UE et la Chine qui se disputent la première place, et le Mexique. Les importations européennes ont augmenté tendanciellement, par à-coups, sous l'influence d'une progression régulière de la consommation, pas seulement humaine, mais de plus en plus dans l'amidonnerie ou l'éthanol. Depuis le début des années 2000, la Chine a en revanche bouleversé le marché du maïs : elle était exportatrice nette de maïs jusqu'en 2006-2007, représentant jusqu'à 20 % des exportations mondiales, et elle est progressivement devenue importatrice à partir de 2011-2013. Ses achats ont explosé en 2020-2021, passant en une campagne de 7,6 Mt à 29,5 Mt.

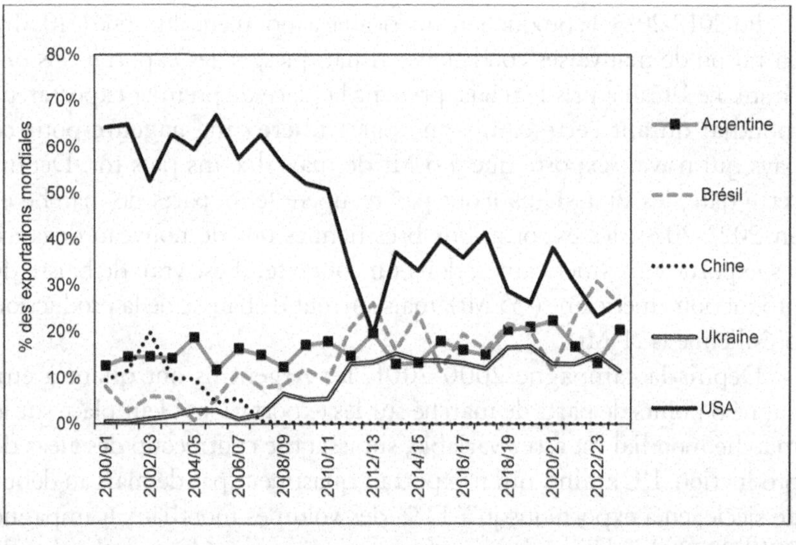

Source : USDA.

FIG. 6 – Évolution de la répartition des exportations mondiales de maïs.

On peut s'arrêter un instant sur le cas du Mexique. Signataire de l'Accord de libre-échange nord-américain (ALENA), ce pays a vu ses importations de maïs s'accroître à partir de 2003, soit à peine dix ans après l'entrée en vigueur de l'ALENA, passant de 5 à 20 Mt. Cette évolution confirme les craintes que plusieurs observateurs avaient émises quant à l'affaiblissement de la production intérieure, obligeant le Mexique à toujours plus importer (figure 7). En à peine un quart de siècle, le marché du maïs a ainsi vu la suprématie des États-Unis s'étioler face à l'émergence d'un nouvel exportateur, le Brésil, qui a su se placer sur les deux principaux marchés que sont la Chine et l'UE. Ainsi, en 2022-2023, 40 % des importations européennes de maïs provenaient du Brésil. La Chine a autorisé les importations brésiliennes de maïs en mai 2022, et le Brésil a représenté 28 % des importations chinoises dès la campagne 2022-2023.

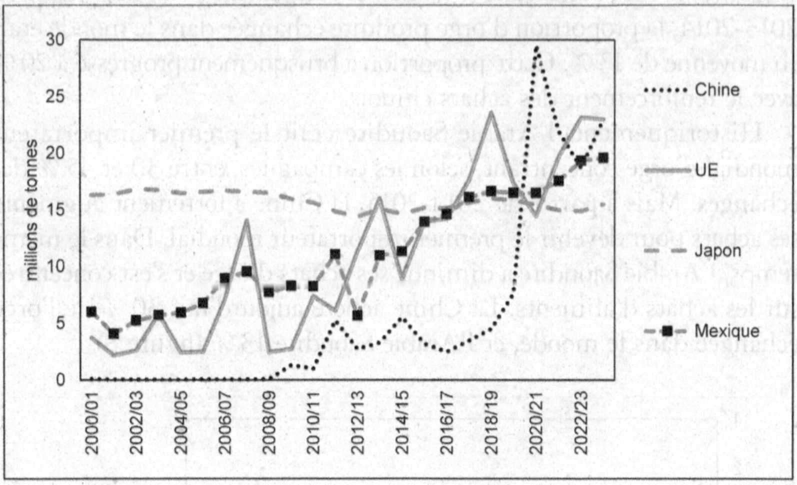

Source : USDA.

FIG. 7 – Évolution des importations de maïs.

ÉVOLUTION DU MARCHÉ MONDIAL DE L'ORGE
Une perte de l'influence européenne face aux besoins croissants de la Chine

La production mondiale d'orge a connu un pic en 2020-2021 à 161 Mt et elle est estimée pour la campagne 2023-2024 à 143 Mt. Les surfaces mondiales d'orge ont diminué de 11 % depuis le début du siècle (-5,9 Mha), mais les rendements ont quant à eux augmenté de 21 %, et ont permis à la production de progresser de 7 % (+9,8 Mt). Le premier producteur mondial est, en 2022-2023, et de loin, l'UE avec 33 % de la production mondiale. La production européenne a néanmoins diminué de 12,5 Mt depuis le début du siècle, avec une baisse accentuée par le départ du Royaume-Uni de l'UE (production de 7 à 8 Mt par an). Les principaux contributeurs à la hausse de production mondiale sont la Russie (+6,4 Mt), l'Australie (+3,3 Mt) et l'Argentine (+4,3 Mt). Jusqu'en 2013-2014, la proportion d'orge produite échangée dans le monde était en moyenne de 13 %. Cette proportion a brusquement progressé à 20 % avec le renforcement des achats chinois.

Historiquement, l'Arabie Saoudite était le premier importateur mondial d'orge concentrant, selon les campagnes, entre 30 et 45 % des échanges. Mais à partir de 2014-2015, la Chine a fortement augmenté ses achats pour devenir le premier importateur mondial. Dans le même temps, l'Arabie Saoudite a diminué ses achats d'orge et s'est concentrée sur les achats d'aliments. La Chine achète aujourd'hui 30 % de l'orge échangée dans le monde, et l'Arabie Saoudite 13 % (figure 8).

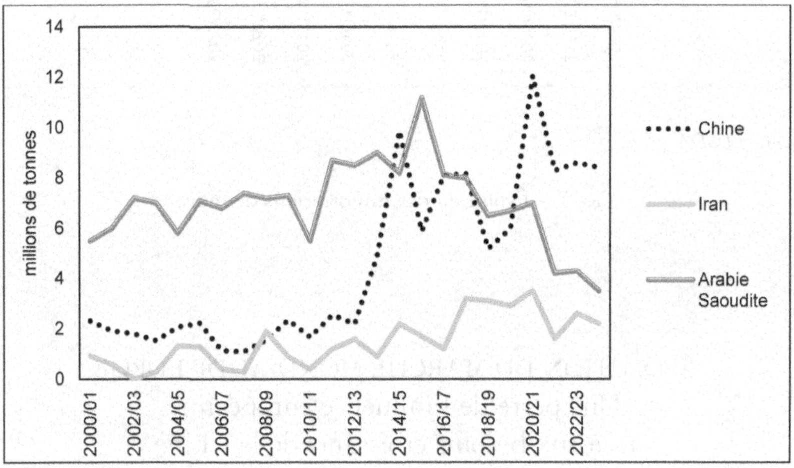

Source : USDA.

FIG. 8 – Évolution des importations d'orge.

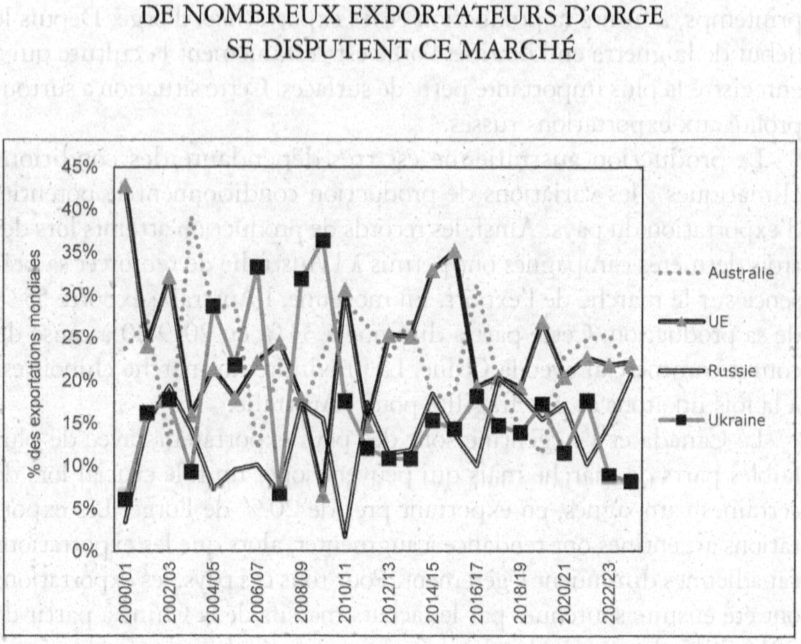

Source : USDA.

FIG. 9 – Part des pays dans les exportations mondiales d'orge.

Depuis vingt ans, le classement des exportateurs d'orge a constamment varié. L'UE a été la première exportatrice d'orge durant onze années depuis le début du siècle, cédant sa place périodiquement à l'Australie, ou à l'Ukraine. Les exportations européennes ont régulièrement diminué, en lien, dans un premier temps, avec une augmentation de la consommation intérieure. Puis, la production d'orge européenne et sa consommation ont diminué au profit du maïs notamment (figure 9). Les exportations ukrainiennes et russes ont progressé sur cette période, de manière beaucoup plus erratique. Les exportations russes ont évolué au gré de la production avec un accident de production important en 2010-2011, mais aussi en fonction de l'évolution de la consommation. Les exportations ukrainiennes ont atteint un pic en 2008-2009 et 2009-2010, correspondant au pic des surfaces. Ensuite, la compétition avec d'autres cultures, comme le maïs qui a remplacé des surfaces d'orge de printemps, a limité la production et les exportations d'orge. Depuis le début de la guerre en Ukraine, l'orge est certainement la culture qui a enregistré la plus importante perte de surfaces. Cette situation a surtout profité aux exportations russes.

La production australienne est très dépendante des conditions climatiques : les variations de production conditionnent le potentiel d'exportation du pays. Ainsi, les records de production atteints lors des trois dernières campagnes ont permis à l'Australie de renforcer sa présence sur le marché de l'export. En moyenne, l'Australie exporte 55 % de sa production. Cette part a diminué à 33 % en 2019/20 à cause du conflit commercial avec la Chine. La proximité du marché chinois est à la fois un atout et une fragilité pour l'Australie.

Le Canada et l'Argentine sont des pays exportateurs avec de plus faibles parts de marché mais qui peuvent jouer un rôle crucial lors de certaines campagnes, en exportant près de 20 % de l'orge. Les exportations argentines ont tendance à augmenter, alors que les exportations canadiennes diminuent légèrement. Pour tous ces pays, les exportations ont été ensuite soutenues par les achats massifs de la Chine à partir de 2014-2015. Les parts de marché respectives évoluent maintenant au gré des politiques d'achat chinois. L'origine européenne a notamment profité du conflit commercial entre la Chine et l'Australie, lorsque la Chine avait imposé des droits de douane de 80,5 % sur les importations australiennes d'orge (entre 2020 et 2023).

Le marché de l'orge a profondément évolué depuis que la Chine a renforcé ses importations. De par son poids sur ce marché, l'Empire du Milieu peut orienter les ventes des exportateurs comme il l'a fait récemment en restreignant ses achats d'orge australienne, ce qui se traduit par des exportations très fluctuantes pour chaque pays, selon les campagnes. La Russie, l'Ukraine et l'Argentine sont les exportateurs les plus récents de ce marché : leurs ventes ont fortement progressé, aux côtés d'exportateurs plus anciens comme l'Australie. L'UE perd progressivement de l'influence sur ce marché : la baisse de production, en lien avec les changements de consommation, limite les exportations.

MARCHÉ MONDIAL DU SOJA
L'incontestable leadership brésilien

Le marché du soja se caractérise par un degré très élevé de concentration, tant au niveau de la production que des échanges internationaux. C'est une donnée structurelle qui s'étend sur une longue période. Ce marché est d'autant plus essentiel qu'il conditionne fortement l'approvisionnement en protéines végétales du monde, un approvisionnement qui, dans le cas français, a réveillé les débats autour de la souveraineté alimentaire. Qu'en est-il de ce marché mondial du soja ?

Précisons en premier lieu que la production de soja a été multipliée par 2,3 depuis le début du siècle (+222 Mt), sous l'effet principalement d'un accroissement des surfaces (+84 %), accentué par une augmentation des rendements (+23 %). Trois pays du continent américain continuent de concentrer 80 % de la production mondiale : le Brésil, les États-Unis et l'Argentine. Mais la hiérarchie de ces pays a évolué : les États-Unis produisaient 43 % du soja mondial en 2000-2001, et ils n'en produisent que 31 % en 2022-2023. *A contrario*, la production brésilienne est montée en puissance, et a été multipliée par quatre depuis le début du siècle (+117 Mt) : depuis 2019-2020, le Brésil est devenu le premier producteur mondial de soja, et il produit actuellement 40 % du soja mondial.

EXPORTATEURS DE SOJA : DES STRATÉGIES QUI ÉVOLUENT AU COURS DU TEMPS

La graine de soja peut être exportée telle quelle ou après un premier processus industriel, celui de la trituration, puis un second, celui de la transformation, pour produire du soja sous différentes formes : d'huile, de tourteaux ou de biodiesel. Les échanges de soja sont dominés par les échanges de graines avec 170 Mt échangées dans le monde en 2022-2023, soit 45 % de la production. Ces échanges ont augmenté de 117 Mt depuis le début du siècle, avec une part croissante de la production qui circule dans le monde. Le Brésil est devenu le premier exportateur mondial, devançant désormais très largement les États-Unis depuis la campagne 2015-2016. Les exportations brésiliennes ont concentré, en moyenne, ces cinq dernières années, 54 % des exportations de graines, devant les exportations américaines

(32 %), paraguayennes et argentines. Ces quatre pays concentrent plus de 90 % des exportations de graines de soja (figure 10). Par comparaison avec le blé, pour lequel une dizaine de pays réalisent près de 90 % des exportations, le soja apparaît encore plus concentré autour de quatre pays exportateurs, tous situés sur le continent américain.

Pour ces quatre géants mondiaux du soja, on observe une sorte de division du travail. La place singulière de l'Argentine s'explique par le choix de ce pays d'exporter préférentiellement les produits transformés du soja : l'Argentine est en effet le premier exportateur mondial d'huile de soja (42 % des parts de marché) et de tourteaux de soja (37 % des parts de marché). Les États-Unis et le Brésil utilisent de plus en plus la graine de soja pour produire du biodiesel. En conséquence, ces deux pays exportent comparativement plus de tourteaux de soja que d'huile de soja. Par exemple, les États-Unis exportent très peu d'huile de soja depuis deux ans mais ils détiennent 20 % des parts de marché sur les exportations de tourteaux de soja. La moitié de l'huile de soja produite aux États-Unis est destinée à la fabrication de biocarburants. Le Brésil est le deuxième exportateur d'huile de soja (16 % des exportations mondiales) et de tourteaux de soja (28 % des exportations mondiales).

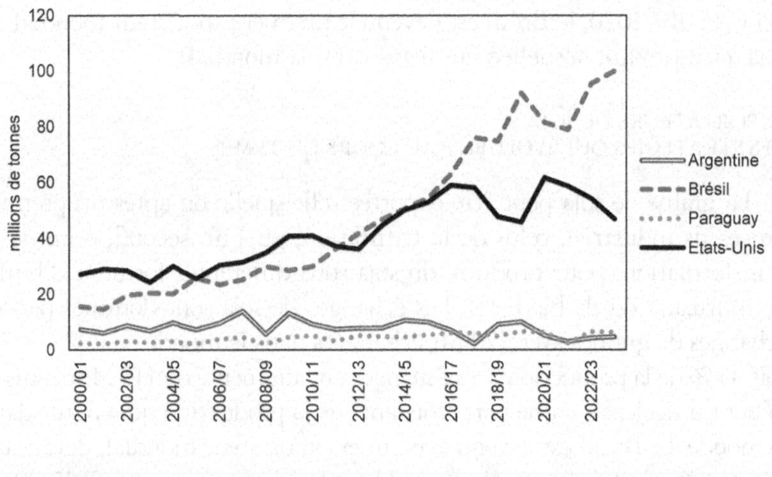

Source : USDA.

FIG. 10 – Évolution des exportations de graines de soja.

IMPORTATIONS DE SOJA : TROIS ACTEURS MAJEURS, LA CHINE, L'INDE ET L'UE

Les achats de graines de soja se sont concentrés au fil des années vers la Chine. En 2000-2001, l'UE était le premier importateur de graines de soja (33 % des importations), devant la Chine (25 %). Aujourd'hui, les proportions sont bien différentes avec des importations chinoises qui ont augmenté de 90 Mt depuis 2000-2021 ! La Chine importe plus de 60 % du soja échangé dans le monde, loin devant l'UE, le deuxième importateur mondial, qui a diminué ses volumes d'importations et n'achètent plus que 8 % des graines de soja échangées dans le monde. La demande chinoise sous-tend la formidable progression de la production et des exportations brésiliennes des vingt dernières années. Les importations chinoises semblent avoir atteint un plateau depuis 2019-2020, ce qui pourrait être les prémices d'une nouvelle orientation sur ce marché (figure 11).

Le marché de l'huile de soja est un peu moins concentré que celui de la graine. La Chine était le premier importateur mondial entre 2002-2003 et 2012-2013 avec une part des importations qui a culminé à 33 % en 2003-2004. Puis l'Inde a pris le relais, avec des achats qui ont fortement progressé et qui représentent plus de la moitié de la progression des importations mondiales. L'Inde achète aujourd'hui plus de 30 % de l'huile de soja échangée dans le monde.

L'Union européenne était le premier importateur de tourteau de soja en 2000-2001, représentant la moitié des importations mondiales de tourteau de soja. L'UE reste le premier importateur de tourteau de soja en 2022-2023, avec 24 % des importations mondiales, et elle a diminué ses achats de 2 Mt depuis le début du siècle. Cette diminution s'explique en partie par l'essor de la filière colza et les importations croissantes de tourteau de tournesol. L'Indonésie est le second importateur de tourteau de soja, avec 9 % des importations mondiales.

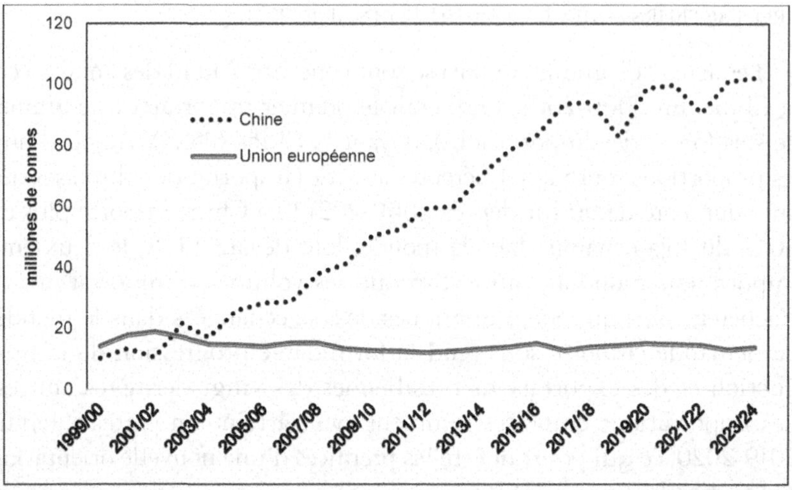

Source : USDA.

FIG. 11 – Évolution des importations de graines de soja.

La structure du marché du soja a profondément évolué ces dernières années, sous l'influence, d'une part de la demande mondiale croissante, émanant en particulier de la Chine et de l'Inde, et, d'autre part, du développement de la filière biocarburants, dans un contexte de réchauffement climatique poussant les pays à accroître la part des énergies renouvelables dans leur *mix-énergétique*. Les marges de manœuvre étant étroites sur ce marché très concentré, ces deux éléments ont impacté les échanges mondiaux et sont à l'origine de l'essor des exportations brésiliennes de soja, avec une perte de parts de marché des exportations américaines.

QU'EN EST-IL DU SUCRE ?

Comme cela a été montré précédemment pour les céréales et les oléagineux, le marché du sucre connaît lui aussi des turbulences qui se traduisent en particulier par une reconfiguration de l'offre mondiale et une recomposition de la hiérarchie des pays demandeurs. On a vu plus haut que le Brésil exerçait son *leadership* sur le marché du soja. Il apparaît que son positionnement dans le domaine du sucre est depuis plusieurs années tourné vers l'ambition d'être une superpuissance sucrière (sucre de canne à 100 %). Un premier regard sur la cartographie sucrière mondiale montre qu'une telle ambition est d'ores et déjà atteinte, puisque le Brésil est le premier producteur mondial de sucre. La récolte de canne à sucre se fixe en moyenne à 750 Mt, soit 40 % de la production mondiale, et ce depuis une quinzaine d'années. C'est à partir du début des années 1970 qu'il faut situer le démarrage de cette production, à l'époque répartie sur 2 millions d'hectares, pour aboutir progressivement aux volumes actuels, sur une dizaine de millions d'hectares selon la FAO. La production de sucre est évaluée quant à elle dans un intervalle allant de 35 à 40 Mt (en 1990, elle n'était encore que de 7 millions de tonnes). On rappellera ici que la particularité du Brésil réside dans les usages qu'il fait de ses récoltes de canne à sucre : la production de sucre proprement dite et celle de l'éthanol, incorporé depuis les années 1970 dans l'essence des automobiles (Abis, Pouch, 2023).

Avec le Brésil, l'Inde préserve sa position de second producteur mondial de sucre. L'offre mondiale de sucre, toutes origines confondues, semble manifestement se concentrer autour de ce duopole (figure 12). En revanche, l'UE a connu depuis plusieurs années une érosion de son rang, depuis 2003 (ouverture de son marché intérieur à la suite de la perte du panel à l'OMC, réforme de l'OCM sucre, puis l'abrogation des quotas sucriers en 2017). Il s'en est suivi une hausse régulière de ses importations, consécutive au recul subi à l'exportation. Il convient ici de mentionner le rôle croissant de l'Ukraine qui, bénéficiant du démantèlement des droits de douane que l'UE a adopté dans le cadre de la guerre, afin d'apporter une aide économique à Kiev, exporte de plus en plus de sucre vers l'UE, au point d'en être devenue le second fournisseur derrière le Brésil.

Cette recomposition de la hiérarchie des producteurs et des exportateurs de sucre doit être mise en regard de la dynamique de la demande mondiale. Sobriété recommandée dans les pays industrialisés, appétit de sucre ailleurs. De l'Afrique subsaharienne à l'Asie, dans sa partie Est et Sud-Est, la demande de sucre devrait s'accroître sur la décennie à venir, contrastant avec le repli de la demande dans les pays occidentaux (figure 13). Rien qu'en 2022, la Chine et l'Indonésie – plus de 5 Mt de sucre importées par an en moyenne – formaient les acheteurs les plus importants de la planète. Leur part respective dans les importations mondiales sur la période 2017-2022 était de 8 et de 7,3 %. Les États-Unis, le Bangladesh puis l'Algérie ont constitué ces dernières années des foyers de demande importants. Les dix premiers importateurs mondiaux de sucre, pour l'essentiel concentrés en Asie et en Afrique, ont représenté 40 % des volumes achetés.

Si la production mondiale doit répondre à cette demande, c'est bien entendu pour des besoins alimentaires, mais aussi pour des usages non alimentaires, la part des betteraves et du sucre dans les biens industriels, dans l'alimentation animale, et dans l'énergie, étant croissante. Sur ce dernier point, l'usage énergétique du sucre est ancien, comme le montre l'exemple du Brésil, mais qui a tendance à se développer en raison de la nécessité de produire des énergies renouvelables et moins polluantes.

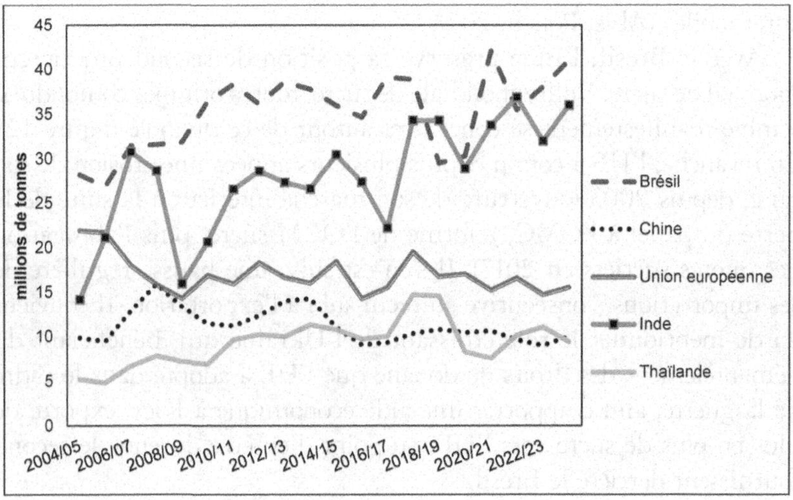

Source : USDA.

FIG. 12 – Évolution de la production de sucre.

	Moyenne 2020-2022	2032
Monde	60.7	71.6
Amérique du Nord	4.1	3.7
Amérique du Sud	2.2	2.7
Europe	3.4	3.0
Afrique	14.9	19.8
Asie	35.6	41.9
Océanie	0.3	0.3
Pays développés	12.1	11.4
Pays en développement	48.5	60.2
Pays les moins avancés	9.4	12.5

Source : OCDE-FAO.

FIG. 13 – Prévisions d'importations de sucre par grandes zones géographiques en millions de tonnes.

CONCLUSION AU CHAPITRE

En préambule de cette conclusion, il est utile de rappeler comment ont évolué les exportations des principales denrées de grandes cultures depuis le déclenchement de la guerre. Cette évolution constitue à elle seul un point de repère décisif pour se convaincre que cette guerre est en train de bouleverser la sphère agricole mondiale, et qu'elle laissera durablement des séquelles. Les exportations ukrainiennes de blé ont diminué, mais elles ne se sont pas écroulées. De plus, le rationnement des quantités de blé habituellement destinées à la zone Moyen-Orient et Afrique du Nord, a été réel, du fait du blocage de la circulation des navires en mer Noire, obligeant l'Ukraine à réorienter ses exportations vers l'UE, principalement la Roumanie, la Pologne, la Hongrie et la Bulgarie. C'est pourquoi de nouvelles tensions sont apparues au cours de l'année 2023 entre ces pays membres de l'UE vers lesquels transitaient le blé ukrainien et la Commission européenne. Ensuite, le panoraama retracé ici indique que deux zones seulement ont enregistré une hausse significative de leurs exportations de blé. Il s'agit de l'UE et de la Russie, et, dans moindre mesure, de l'Argentine. Pour les États-Unis, le blé semble ne plus être une priorité. Il en découle que, dans le contexte actuel de guerre, les échanges de blé sont de plus en plus polarisés entre d'un côté la Russie et, de l'autre, l'UE. La progression de la Russie sur le marché mondial du blé conforte son rang de premier exportateur mondial de blé.

Au travers des exemples de productions agricoles qui ont été retenus dans ce chapitre, le premier enseignement qui peut être tiré de ce panorama est que l'espace agricole mondial, à l'image de l'ensemble des autres secteurs, n'est pas un espace homogène. Depuis la fin des années 1990, c'est-à-dire depuis l'intégration de l'agriculture dans la mondialisation, la hiérarchie des nations qui produisent, qui exportent et qui importent des denrées agricoles, a connu une mutation structurelle. On a vu également que, dans la plupart des domaines, les positions occupées dans la configuration de la mondialisation ne concernent qu'un nombre restreint de pays. L'offre mondiale est souvent concentrée autour de quelques grands pôles, qui, en raison des volumes produits et exportés, sont en mesure de répondre à une demande beaucoup plus éparpillée.

Il est suggéré d'y voir des effets de rattrapage, mais des effets qui sont, en réalité, indissociables de stratégies adoptées et déployées par certains pays appartenant comme il est dit aujourd'hui au groupe du « Sud global ». Soit pour conquérir des parts de marché, soit pour occuper une position de leader, au détriment des anciennes nations agricoles qui, à l'instar des États-Unis ou de l'UE, étaient historiquement en situation de rivalité commerciale. C'est pourquoi le processus en cours, que l'on qualifie de « désoccidentalisation » des marchés agricoles, a tendance à se généraliser, allant de la Russie (blé) au Brésil (soja, sucre, maïs), en passant par l'Inde (sucre, blé). *A contrario*, l'orge demeure un secteur dans lequel l'UE semble afficher une réelle résistance. Les trajectoires nationales empruntées par les « nouveaux » pays agricoles, largement poussées par un recours à des politiques agricoles appropriées, ont largement précédé la guerre en Ukraine. Cette guerre, en réalité, ne fait que consolider ces effets de rattrapages, elle les accélère même, et a pleinement mis au jour le choc que représente cette mutation de la hiérarchie des nations. L'horizon 2050 risque de réserver encore bon nombre de surprises. Parmi ces surprises, figure l'ambition récemment avancée par Moscou, de créer, au sein des BRICS – pays émergents élargis à 11 depuis l'été 2023 – une sorte d'*Organisation des pays producteurs et exportateurs de céréales*, afin de mieux coordonner les offres et les demandes, et de peser davantage sur le marché mondial[3]. N'assisterait-on pas à l'émergence d'un nouveau cycle hégémonique dans le domaine de l'agriculture, signifiant un renversement des pouvoirs au détriment des anciennes puissances agricoles ?

La configuration actuelle de l'économie mondiale offre différentes interprétations pour ce qui est de l'agriculture. Comme cela a été indiqué dans le chapitre I de la seconde partie de ce livre, le déclin agricole des États-Unis, mesurable par l'érosion de leur commerce extérieur de produits agricoles et alimentaires, ouvre la voie à une nouvelle hiérarchie des nations. Le cas de la Russie est de ce point de vue à examiner, au regard de sa position sur les marchés agricoles. On sait en revanche que, dans la mondialisation, les États ont perdu de leur influence, ce qui conduit à penser que ce sont davantage les firmes multinationales de l'agroalimentaire qui structurent et dominent l'économie mondiale agricole, aboutissant à une sorte de *corporate food regime*, selon l'expression de McMichael (McMichael, 2013).

Si l'hypothèse d'une succession d'hégémonie demeure toutefois porteuse d'intérêt et de sens pour comprendre l'économie mondiale agricole d'aujourd'hui, c'est parce que, depuis la crise économique et financière de 2008-2012, le contexte international a changé, et que, manifestement, les nations, les États et leur pouvoir, ont restauré la notion de puissance. L'articulation entre la phase actuelle de « russification » des marchés agricoles et les intérêts des firmes multinationales constitue ainsi un programme de recherche des plus importants.

Clarisse BONHOMME
Chambres d'agriculture France

Thierry POUCH
Laboratoire Regards,
Université de Reims
Chambres d'agriculture France
Académie d'agriculture de France

3 Dépêche *Reuters News* du 19 mars 2024.

CINQUIÈME PARTIE

POLITIQUES AGRICOLES

REGARDS COMPARÉS
SUR QUELQUES EXPÉRIENCES DANS LE MONDE

Dans les parties et les chapitres précédents, il a beaucoup été question des politiques agricoles des pays industrialisés. La Politique agricole commune de l'UE a fait l'objet de plusieurs traitements, sous des angles suffisamment différents qui reflètent à la fois les nombreux changements qu'elle a connus et la complexité qui la carréctérise. De même, la place occupée par la politiquc agricole américaine a été dense. Cela s'explique par la longévité de cette politique fédérale, indissociable du poids de l'agriculture américaine dans la production et les échanges mondiaux de produits agricoles et alimentaires. Les cas du Canada et de la Nouvelle-Zélande ne pouvaient que figurer dans ce livre, à la place qui leur a été assignée, en raison d'une part de l'originalité et de la persistance de la politique agricole pratiquée par le gouvernement canadien depuis les années 1970, et, d'autre part, parce que la Wellington a, il y a longtemps, renoncé à maintenir sa politique agricole, qui, en réalité, ne fut pas aussi sturcturante comparativement à celles en vigueur dans les autres pays ou dans l'UE. D'une certaine manière, l'examen de ces cas concrets était annonciateur de cette cinquième et dernière partie de l'ouvrage.

Car l'avènement de la mondialisation et les questions soulevées par certaines situations alimentaires dans plusieurs pays nécessitaient de consacrer une partie à d'autres exemples de politiques agricoles, et à renforcer ainsi les éléments de comparaison. Les auteurs de cette partie montrent en effet que, selon les cas de figure, la formation, l'usage, l'orientation donnée aux politiques agricoles, leurs résultats, sont fortement contrastés.

Ce panorama était d'autant plus crucial à insérer dans ce livre que, parfois, à l'image de la Fédération de Russie, la restructuration du secteur agricole a occasionné un net redressement des productions, mais aussi des exportations, anéantissant en quelque sorte la dépendance aux importations. Au gré de ces évolutions et à la faveur d'évènements géopolitiques, la Russie est devenue l'un des principaux protagonistes agricoles du monde, en particulier en blé. Les analyses qui vont suivre sont alors des manifestations que, parfois voire même souvent, les politiques agricoles forment des vecteurs de ce que l'on pourrait appeler des « nationalismes économiques », eux-mêmes à l'origine de pulsions qui conduisent les nations à entrer en rivalité.

Cette ultime partie couvre un champ géographique assez large, bien que l'exhaustivité n'ait pas constitué un objectif prioritaire. Il y a assurément des manques, des pays ou des zones qui se distinguent par leur absence. Il aurait par exemple été souhaitable de voir figurer dans ce panorama un pays comme l'Afrique du Sud, dont le secteur agricole monte en puissance, ou bien encore l'Ukraine, dont on sait que l'agriculture et les orientations politiques fixées ont contribué à l'essor de ce secteur agricole et à son affirmation sur les marchés internationaux (blé, maïs, tournesol, poulet, sucre). La perspective d'une adhésion de l'Ukraine à l'UE risque même de bouleverser les équilibres jusque-là difficilement atteints par les 27 États membres. Mais cet ouvrage était déjà imposant, et les coordinateurs ont dû procéder à des choix douloureux. Ce à quoi il convient d'ajouter que la disponibilité des auteurs spécialistes de ces pays, de ces régions, n'était pas totale au moment du lancement du projet. Que dire aussi de l'absence du Vietnam, du Laos, du Kenya ou de l'Éthiopie, véritables nations agricoles montantes ? De plus, il nous fallait éviter le risque de produire un atlas des pays agricoles et des politiques du même nom, alors que l'intention centrale était bien de traiter de politiques agricoles.

Un but précis était pourtant fixé. Celui d'accorder bien entendu une place aux géants de l'agriculture mondiale pratiquant des politiques agricoles (Russie, Chine, Inde, Brésil, Argentine). Mais intercaler dans ces grands ensembles agricoles des expériences soit moins connues de politiques agricoles (à Cuba, en Haïti, en Suisse, au Japon, ou dans les pays du Maghreb) soit parce que les nations traitées ici n'ont pas encore attribué à leurs politiques agricoles un rôle suffisamment déterminant et structurant, ce qui explique sans doute la persistance de la précarité alimentaire dans certains d'entre eux.

Il en découle que les approches, décisives à plusieurs égards, développées par les auteurs, offriront aux lecteurs de quoi prendre la mesure des bouleversements en cours sur l'échiquier agricole. Ce qui, pour le dire autrement, est un moyen de s'imprégner des différents chocs de la phase historique dans laquelle nous sommes. C'était donc un enjeu fondamental que de pouvoir réunir suffisamment d'auteurs pour traiter des pays qui ont été initialement choisis et de leurs politiques agricoles.

L'ÉTAT, L'EAU ET LA TERRE

70 ans de politiques agricoles au Maghreb

L'évolution récente des politiques agricoles au Maghreb souligne la volonté des trois États qui le compose, Maroc, Algérie, Tunisie, de maintenir un fort engagement politique et financier dans leur agriculture. Elle confirme, en creux, le caractère toujours stratégique de ce secteur aux yeux des dirigeants. De fait, le triple objectif de sécurité alimentaire, de fourniture d'une matière première pour l'agro-industrie, et d'exportation des produits agricoles, a toujours occupé une place prépondérante dans l'action publique depuis les indépendances. Il demeure prégnant aujourd'hui dans les discours politiques des trois pays, et dans leurs actions : l'agriculture fait toujours l'objet de programmes ambitieux, fondés sur de grands travaux d'aménagement et un large éventail de subventions. En revanche, les instruments et les dispositifs mis en place pour atteindre ces objectifs ont connu des évolutions notables depuis les indépendances, marquant des évolutions dans les doctrines économiques et la conception du rôle de l'État. De nombreux travaux (Akesbi, 2000) (Bessaoud, 2023) (Bouderbala, 1999) (Elloumi, 2013) ont documenté ces évolutions en distinguant trois grandes phases : i) une phase de dirigisme étatique, particulièrement en Algérie et en Tunisie où des réformes d'inspiration socialiste ont été adoptées au sortir des indépendances ; ii) une phase de libéralisation et de désengagement de l'État, dans le cadre des programmes d'ajustement structurel ; et, iii) une phase de réengagement de l'État, mais sous la forme d'un État investisseur, soutenant directement la dynamique capitaliste, plutôt que d'un État régulateur des marchés.

Dans ce chapitre, nous reprenons ces trois grandes phases pour retracer l'évolution des politiques agricoles au Maghreb et leurs fondements depuis les indépendances. Nous y apportons cependant deux éléments complémentaires. Premièrement, l'analyse de l'évolution des politiques agricoles sera réalisée ici, pour l'essentiel, à travers le prisme de l'accès à la terre et à l'eau. En effet, ces deux ressources ont concentré les efforts des États en matière de développement agricole et rural depuis les indépendances (distribution des terres, investissements considérables dans les infrastructures hydrauliques pour la maitrise et la gestion de l'eau). L'accès à l'eau et à la terre possède une saillance particulière dans l'histoire des pays du Maghreb. Il constitue autant un puissant vecteur de légitimation, comme fondement majeur du contrat social rural (Houdret, Amichi, 2022) (Pérennès, 1993) qu'un instrument de contrôle des régimes sur leurs campagnes (Dahou *et al.*, 2011) (Leveau, 1976), (Mayaux 2024). Analyser l'action des États à travers la gestion de ces deux ressources s'avère donc essentiel pour comprendre les fondements des politiques agricoles et les facteurs qui ont pu susciter leur évolution.

Deuxièmement, nous insistons, pour expliquer ces trajectoires, sur la manière dont elles expriment une recherche constante de légitimité politique auprès du monde agricole. Cette recherche se manifeste à la fois dans l'entretien des bases sociales rurales des régimes, importantes dans les trois États, et dans l'adaptation dynamique aux demandes et aux évolutions en provenance de ces bases sociales, qui prennent souvent la forme, sur le terrain, de dynamiques d'abord informelles. Ce regard socio-politique national nous apparaît important pour compléter les travaux consacrés à la trajectoire des politiques agricoles au Maghreb, qui se sont souvent focalisés sur des facteurs macroéconomiques et internationaux (diffusion générale d'États développementalistes, d'orientation socialiste ou capitaliste, durant la Guerre froide ; crises de la dette et programmes d'ajustements structurels impulsés par le FMI ; mouvement général de libéralisation économique, etc.). Il faut aussi souligner que les défis actuels de durabilité de l'agriculture ne pourront être relevés, dans les trois pays, que si les États se persuadent de leur capacité à conduire une transition socio-écologique sans perte majeure de légitimité, y compris auprès des moyens et des grands agriculteurs.

Les parties qui suivent retracent ainsi les trois grandes séquences historiques des politiques agricoles dans les trois pays, notamment dans leurs relations à l'eau et au foncier. Elles s'attardent sur la manière dont chacune de ces phases fut marquée par le souci d'entretenir ou de renouveler les bases sociales rurales des régimes en place, y compris pour apprivoiser des dynamiques issues des agriculteurs eux-mêmes.

Nous concluons en nous interrogeant sur la durabilité des politiques actuelles et sur les voies possibles de leur évolution.

La première phase fut caractérisée par un dirigisme étatique fort dans la gestion des ressources foncières et hydriques, légitimé par une souveraineté politique retrouvée, parallèlement à une volonté des États de répondre au plus vite aux préoccupations de sécurité alimentaire de leurs populations. Le contrôle des États sur les ressources s'explique aussi par la volonté de préserver l'héritage et le patrimoine agricoles laissés par la colonisation, et d'assurer la continuité de la production agricole sur les terres irriguées après le départ des colons. De grandes structures étatiques, avec des gestions centralisées des terres et de l'eau, ont ainsi remplacé les grandes fermes coloniales. Ce centralisme étatique n'eut toutefois pas la même ampleur dans les trois pays : il a été particulièrement fort en Algérie, où il a pu s'appuyer sur un héritage agricole colonial beaucoup plus conséquent, la domination française ayant eu comme stratégie de s'appuyer sur une masse d'Européens venus occuper les terres agricoles algériennes.

La deuxième phase, à partir des années 1980, fut marquée par un abandon progressif de ce dirigisme étatique, dans le cadre notamment des programmes d'ajustement structurel. Des réformes libérales ont été initiées, d'abord en matière de gestion des terres, notamment celles relevant du domaine public. Les grandes fermes étatiques et les formes de production coopératives ont été les premières à subir ces réformes, qui se sont traduites par leur dissolution et leur répartition entre les anciens ouvriers, ou bien leur mise en exploitation par l'initiative privée. Malgré ces réformes de tendance libérale, cependant, l'emprise des États sur la gestion des terres est demeurée importante. La gestion de l'eau, quant à elle, a vu s'amorcer, à partir du début des années 1990, un processus de délégation de compétences des grands offices étatiques vers les associations d'irrigants, un processus particulièrement revendiqué au Maroc et en Tunisie. En parallèle, une économie agricole très dynamique est apparue dans les trois pays, basée sur un accès individuel aux eaux souterraines, sans contrôle direct de l'État, et offrant des marges de manœuvre inédites aux agriculteurs (Kuper *et al.*, 2016).

La troisième phase, celle qui est en cours, est marquée par un réengagement de l'État, mais davantage dans le cadre d'une consolidation des réformes libérales que dans une perspective de rétablissement d'une doctrine socialiste, en particulier en Algérie. Elle s'est traduite par l'achèvement du processus de dissolution des formes de production collective, et par la volonté de généraliser le droit foncier privatif et individuel (*melkisation*). Dans le même temps, les États se sont faits investisseurs, plutôt que développeurs comme après les indépendances. Ils conduisent d'importants programmes de soutien à l'agriculture, qui visent à favoriser une agriculture entrepreneuriale et de grandes exploitations, dont le fondement est la mobilisation de capitaux et la réactivité aux fluctuations des marchés, en reléguant à la marge la petite agriculture familiale et la régulation de ces marchés.

LA CONSTRUCTION DE POLITIQUES AGRICOLES DÉVELOPPEMENTALISTES APRÈS LES INDÉPENDANCES

Les premières années d'indépendance des trois pays du Maghreb ont été marquées par la conviction forte que le développement agricole, et économique en général, devait passer par un encadrement étroit des marchés, des ressources productives et des modes de production. En même temps, il fallait conserver le patrimoine agricole, en particulier celui des grandes fermes des colons (Chaulet, 1987). C'est pourquoi les jeunes États indépendants ont veillé à récupérer les terres des colons, à confisquer les terres de propriétaires compromis dans la colonisation, et à étendre l'emprise publique sur les autres types de terres, en particulier les terres *Habous* et les terres collectives (*Archs*)[1].

RÉCUPÉRER LE FONCIER DE LA COLONISATION

En Tunisie, une période de semi-libéralisme se met en place au cours des premières années de l'Indépendance, après 1956. Une réforme du foncier favorise alors la propriété privée et l'exploitation individuelle des terres. Le statut *Habous* est aboli et les terres concernées sont intégrées au domaine privé de l'État. De même, les droits de jouissance collectifs

1 Habous : il s'agit de terres non vendables, confiées en location ou en gérance à des œuvres charitables ou pieuses.

des terres tribales sont convertis en des droits de pleine jouissance. Par des ventes spontanées et anticipées au profit de propriétaires tunisiens, ou par le biais de protocoles bilatéraux au profit de l'État, une « tunisification » des terres coloniales s'opère. Ce processus s'achève par une loi de 1964, portant sur la récupération des terres coloniales privées et « officielles », qui avaient été acquises par les autorités du Protectorat. Il confère à l'État tunisien un patrimoine foncier important de quelque 800 000 hectares, soit 10 % des terres agricoles, sur lequel il entend assoir sa politique (Elloumi, 2013). Suit alors une période de socialisme « coopératif » qui bouleverse les structures agraires. Dans un contexte international de promotion du modèle coopératif pour les États du « Tiers Monde », relayé notamment par la FAO, le président tunisien Habib Bourguiba se lance dans la création de coopératives agricoles de production et de services.

En Algérie, les deux premières décennies qui suivent l'Indépendance, acquise en 1962, donnent également naissance à un double processus de nationalisation et de collectivisation des terres agricoles coloniales, qui étend la propriété publique. Les *Habous* publics font l'objet, à partir de 1964, d'une réglementation, puis en 1971 d'une domanialisation, dans le cadre de la loi sur la Réforme Agraire. Cette réforme contraint la propriété privée : elle la limite en taille et la conditionne à l'obligation de travail personnel et direct du propriétaire. Cela permet à l'État de déposséder les propriétaires absentéistes, et de nationaliser 400 000 ha sur les 5,5 millions d'ha de propriété privée (Bessaoud, 1994). Ajoutés aux 600 000 ha de terres publiques, cette réserve de terres forme alors un Fonds National de la Réforme Agraire composé d'un million d'ha (Bessaoud, 1994). Ces terres ont été réattribuées à des coopératives formées par l'État, éligibles au crédit et à la mécanisation à des conditions avantageuses : une option qualifiée d'« autogestion », dans son acception algérienne de l'époque, c'est-à-dire celle de grandes fermes étatiques exploitées par des « attributaires » dépourvus de réelle autonomie (Chaulet, 1971). Le secteur agricole représentait alors 25 % du PIB, et il n'était pas envisageable de ne pas le contrôler de près.

Si l'Algérie et la Tunisie ont conduit ce processus de restauration de la souveraineté du pays sur les terres dès leur indépendance, au Maroc, ce processus a en revanche été plus graduel (de 1956 à 1973). Indépendant depuis mars 1956, le gouvernement résilie en 1959 les « aliénations perpétuelles de jouissances », que les colons français avaient extorquées sur les terres collectives, et confisque les domaines appartenant aux personnes frappées d'indignité nationale. En 1963, l'État intègre à son domaine privé 250 000 ha d'anciennes terres de colonisation, et poursuit jusqu'en 1973 la récupération des terres encore possédées par des étrangers ou des sociétés (Bouderbala 1999). Au cours de ce long processus, la moitié des terres détenues par les étrangers rejoignent le domaine privé de l'État. L'autre moitié est achetée par les notabilités rurales qui avaient été renforcées sous le Protectorat, mais aussi par la bourgeoisie commerçante et administrative du pays. Il s'agit donc d'une nationalisation partielle, ou, plutôt d'une « marocanisation » des terres. Parmi le foncier récupéré par l'État, une petite partie est allouée aux anciens ouvriers, organisés dans des coopératives de la réforme agraire. Les autres sont affectées à des sociétés d'État (SOGETA : société de gestion des terres agricoles pour les terres non-irriguées, et SODEA : société de développement agricole pour les terres irriguées). Le code des investissements agricoles du Maroc (1969) retourne pour partie aux tribus les terres coloniales dont elles avaient été expropriées, et donne en propriété *Melk* les terres collectives situées dans les périmètres irrigués, afin que les investissements publics y soient mieux valorisés (Bouderbala, 1999).

Ainsi, pour les trois États du Maghreb, la constitution d'un important fond de terres domaniales a permis de confier une part conséquente de ce patrimoine à de grandes sociétés étatiques ou privées, sous forme de concession ou de jouissance perpétuelle, et/ou de poursuivre une politique foncière redistributive au profit des petits paysans et des anciens ouvriers des fermes coloniales.

UNE POLITIQUE DE L'EAU AU SERVICE DE L'INTENSIFICATION AGRICOLE DANS LES GRANDS PÉRIMÈTRES

Après les indépendances, une politique hydraulique ambitieuse a été conduite pour accompagner l'intensification agricole et ce, particulièrement dans les plaines fertiles des trois pays. Cette politique s'est inscrite dans la continuité de la politique coloniale qui visait à créer de grands périmètres irrigués, dans chaque plaine agricole du nord du Maghreb (Kuper, Mayaux, Benmihoub, 2023). Le modèle privilégié d'aménagement fut celui de « la grande hydraulique », caractérisé par de lourdes infrastructures de mobilisation des eaux (barrages, canaux adducteurs, réseaux), par une maîtrise étatique serrée sur l'eau, et par une gestion coordonnée des ressources sur de vastes ensembles. C'est au Maroc que la « politique des barrages » a sans doute pris la plus grande ampleur. Elle fut érigée au rang de priorité nationale par le roi Hassan II, qui afficha en 1967, dans un discours resté célèbre, l'objectif d'atteindre le million d'hectares irrigués pour l'an 2000, contre environ 50 000 à cette époque. L'État y a développé une stratégie d'intervention très poussée, réglementée par le code des investissements agricoles, tant sur le plan de l'aménagement, que de la gestion et de la mise en valeur. Un Office national des irrigations fut créé en 1960. Conçu pour mettre en place une réforme agraire, il fut rapidement dissous au profit de 9 Offices régionaux de mise en valeur agricole (ORMVA), de puissants établissements publics placés sous la tutelle du ministère de l'agriculture. Dans ces périmètres, la gestion de l'eau et du foncier est très centralisée.

En Algérie, le même modèle de gestion de l'eau a globalement été suivi, mais avec moins d'investissements dans les nouvelles structures hydrauliques en raison d'une politique orientée plutôt vers l'industrialisation du pays. L'effort a plutôt porté sur l'entretien de l'héritage hydraulique colonial (barrages et périmètres irrigués). En Tunisie, l'option hydraulique fut poursuivie après l'indépendance dans le Nord du pays, principalement dans le bassin de la Medjerda (Besbes *et al.* 2013). L'aménagement hydraulique fut complété par une politique d'interconnexion des barrages visant à « corriger les inégalités hydrauliques » territoriales, pour l'eau potable mais aussi pour des usages agricoles dans le but d'assurer la sécurité alimentaire (Besbes *et al.* 2013). Une particularité tunisienne est à relever : les périmètres publics irrigués gèrent également les eaux souterraines, notamment dans le centre et le sud du pays.

UN CONTRAT RURAL AUX BASES SOCIALES CONTRASTÉES

Historiquement, un contrat social rural a émergé au Maghreb pour garantir la légitimité des nouveaux régimes. Les groupes dirigeants des trois pays du Maghreb ont été traversés par de fortes rivalités au cours des premières années d'indépendance. Cela les a amenés à chercher une consolidation de leur légitimité auprès, notamment, des zones rurales, qui abritaient à cette période l'essentiel de la population maghrébine. Ils ont noué des alliances avec les élites rurales, et ont récompensé leur loyauté en leur accordant l'accès à la terre et à l'eau (Dahou *et al.*, 2011)

(Pérennès, 1993). S'est ainsi structuré, progressivement, un contrat social rural (Houdret, Amichi 2022).

Alors que le régime marocain faisait le choix de s'appuyer sur les notabilités anciennes, tout en veillant à s'assurer de la satisfaction minimale des petits et des moyens agriculteurs, les régimes algérien et tunisien soutenaient plutôt la masse de paysans sans terre, ou dotés de très petites surfaces, pour obtenir leur soutien et/ou dans l'optique de se prémunir d'une crise sociale qui aurait pu émaner d'un chômage rural massif. Afin de garantir le contrôle des régimes sur la terre et sur l'eau, des offices étatiques ont été chargées de les gérer, en même temps que l'essentiel des activités de commercialisation, de transformation, de transport des produits agricoles, de crédits et de subventions. Il n'y avait donc pas la volonté politique de faire émerger des organisations rurales autonomes, mais une volonté de maintenir le monde rural sous un contrôle étroit.

En Algérie, la guerre de libération (1954-1962) a été principalement soutenue par la masse des paysans dans les campagnes. L'accès à l'indépendance a donc été marqué par un discours nationaliste très favorable à ces paysans. Les différents programmes et textes officiels adoptés avant et après l'indépendance reflètent une même doctrine : l'État algérien, socialiste et révolutionnaire, doit promouvoir le développement de la population rurale, et en particulier celui des masses paysannes opprimées. Une fois l'indépendance acquise, le gouvernement a effectivement indemnisé ce segment de la population en adoptant des réformes économiques qui lui étaient favorables (subventions, assistance technique) et a promis aux paysans sans terre une réforme agraire pour redistribuer les terres récupérées de la colonisation. À l'indépendance, le régime a rompu avec l'ancienne élite rurale des grands propriétaires terriens, trop compromise avec le pouvoir colonial. Durant les années 1970, les propriétés foncières non cultivées par les propriétaires ont été nationalisées, et la taille des grandes strictement limitée. La légitimité du régime algérien s'est donc nourrie de références incessantes faites à la souffrance des masses, et en particulier des masses paysannes.

Pour sécuriser le contrôle sur la production agricole, l'Algérie a adopté le modèle socialiste, s'inspirant fortement de l'exemple soviétique, dans lequel le régime contrôlait les ressources productives (eau, terre) et le processus de production. L'État algérien a remplacé les fermes coloniales françaises (2 à 3 000 hectares) par des fermes d'État. Celles-ci n'accordaient aucune autonomie aux travailleurs dans leurs choix de productions et leurs circuits de commercialisation. La majeure partie des terres productives dans le nord du pays (2,8 millions d'hectares) était cultivée selon ce système. Les terres arables restantes, exploitées par de petites exploitations privées, étaient de moindre qualité.

En Tunisie, l'option socialiste a été également privilégiée. Elle s'est matérialisée par la mise en place d'un Office des Terres Domaniales (OTD) afin de gérer les terres récupérées da la colonisation. Il s'en est suivi l'établissement d'Unités Coopératives de Production, structures devant valoriser et moderniser l'exploitation de ces terres. Un certain nombre de petits propriétaires ont été intégrés à ces coopératives afin de leur permettre de s'équiper et d'améliorer leur productivité. Les parts sociales concédées ont été accompagnées de la promesse d'une vente aux coopérateurs après une période probatoire de cinq ans (Elloumi 2013). On retrouve ici la même logique qu'en Algérie, qui poursuivait un objectif d'absorption d'une main d'œuvre rurale nombreuse constituée de paysans sans terres, ou dotés de très peu de terres. L'objectif consistait aussi à éviter le démembrement des terres domaniales, si celles-ci venaient à être distribuées de manière individuelle aux paysans dans le cadre d'une réforme agraire. La légitimité du gouvernement tunisien dans les zones rurales se manifestait aussi dans la volonté de remettre en cause le poids économique de la bourgeoisie agraire tunisienne, qui détenait la plus grande part du foncier agricole (700 000 ha). Une réforme agraire fut envisagée en 1969 par le ministre Ben Saleh, soutenu par Bourguiba, visant à exproprier les grands et moyens propriétaires et à généraliser l'expérience coopérative en Tunisie. Cette réforme, qui aurait pu consolider l'alliance souhaitée entre la nouvelle classe dirigeante et la masse des petits paysans et ouvriers agricoles, a fini par ne pas avoir le jour en raison de la contestation grandissante de l'expérience coopérative, critiquée par son caractère technocratique et précipité (Gagnon, 1974). Le président Bourguiba a fini par faire marche arrière, en réaffirmant la place importante du secteur privé au sein de l'agriculture tunisienne.

Au Maroc, la monarchie a utilisé la redistribution des terres coloniales à des élites rurales pour sécuriser son pouvoir, alors contesté par le « mouvement national », et asseoir sa légitimité dans les zones rurales. Le régime s'est attaché cette base sociale par des dépenses publiques importantes dans l'agriculture et un large éventail d'instruments financiers, économiques et sociaux. Les élites traditionnelles rurales (les « notables ») voyaient les avantages de la stabilité monarchique, à l'heure où de nombreux États s'engageaient dans des réformes agraires de grande envergure (Chiadmi, 1974). En conséquence, les inégalités dans la distribution des terres se sont aggravées (Dahou *et al.*, 2011). Cela a marqué le début de ce qui est devenu une différenciation politique, sociale et économique entre l'agriculture « traditionnelle » et « moderne », qui perdure jusqu'à aujourd'hui. Le régime s'est cependant attaché à obtenir une légitimité *a minima* parmi les petits *fellahs*, par de l'assistance technique notamment, ce qui a contribué à atténuer la migration rurale vers les centres urbains.

Dans les trois pays, un modèle de production agricole fortement centralisé, avec un objectif principal d'autosuffisance pour les denrées alimentaires de base, a ainsi prévalu, avec des variations, durant les trois décennies postérieures aux indépendances. En parallèle, des politiques encourageant la production de matière première pour l'agro-industrie (sucre, lait, etc.), et le développement d'une agriculture d'exportation (fruits et légumes, notamment) ont été promues, particulièrement au Maroc et en Tunisie.

UNE LIBÉRALISATION ÉCONOMIQUE PLUS OU MOINS TÂTONNANTE

La transition vers une économie de marché a été impulsée, dans les trois pays du Maghreb, dans un nouveau contexte mondial favorable à la doctrine libérale. Selon ses principes, l'organisation de la vie économique (les choix d'investissements et de production, les modes de détermination des revenus) doit reposer principalement sur l'initiative privée (celle des détenteurs privés de capitaux) et sur les mécanismes de marché, avec des interférences minimales de la part de l'État. Cette nouvelle orientation s'est manifestée dans la gestion du foncier aussi bien que dans celle de la ressource en eau.

LIBÉRER LE FONCIER POUR UNE MEILLEURE EFFICACITÉ ÉCONOMIQUE

La phase de libéralisation s'est concrétisée, dans des pays alors touchés par de graves difficultés économiques, par l'instauration des programmes d'ajustement structurel. Le processus de libéralisation dans le secteur agricole a engagé les États à abandonner les formes de production collective, et à mener un processus d'individualisation des droits d'usage des terres domaniales. La justification de cette transformation s'est appuyée sur un prétendu déficit d'implication des agriculteurs dans les structures collectivisées, et sur une critique de leur inefficacité économique. Cependant, la redéfinition des rôles de l'État a été négociée différemment dans les trois pays.

Elle est intervenue plus précocement en Tunisie. Dès la fin des années 1960, le projet politique d'extension des exploitations coopératives, déjà en place pour la production végétale, à l'élevage et aux terres des grands propriétaires terriens, provoque le fort mécontentement de ces derniers. Le gouvernement décide alors de tenir des assemblées générales pour que les coopérants se prononcent sur leur avenir : rester au sein des coopératives ou s'en retirer. Les coopérants décident très majoritairement de quitter les coopératives, suite à quoi celles-ci sont liquidées, marquant la fin de la période collectiviste. Par la suite, avec la loi de 1969 qui reconnait trois formes d'exploitations (étatique, coopérative et privée) le pays expérimente un libéralisme partiel. La privatisation progressive des terres domaniales, qui débute avec la loi de 1970 de cession des terres domaniales à vocation agricole, et la loi de 1971 d'attribution privative des terres collectives et de délivrance de titre de propriété, en sont des jalons importants.

La préparation du VIe plan quinquennal (1982-1986) a accéléré la privatisation, par la constitution de lots destinés à des techniciens démissionnaires de l'administration et la création de sociétés sur les terres des coopératives. À partir de 1986, le pays, très endetté et en situation de crise financière, a accepté, pour accéder aux emprunts des institutions monétaires internationales, un programme d'ajustement structurel, marquant l'entrée dans une phase de libéralisme plus poussé. L'État producteur fut peu à peu démantelé. Les terres domaniales, jusqu'alors gérées par des Offices, passèrent à des Sociétés de mise en valeur et de développement agricole (SMVDA), de droit privé, ou furent confiées à des techniciens sous forme de lots. La consultation nationale de 1990, sur la gestion des terres domaniales, a débouché sur une généralisation des attributions aux deux catégories précédentes, et renforcé l'option de l'attribution des lots destinés à de jeunes agriculteurs. Dans les trois cas, ces attributions se sont faites en échange du paiement d'un loyer. Elles n'ont donc pas transféré la propriété à l'attributaire, qui ne peut alors ni louer ni vendre son lot.

Au Maroc, une multiplicité de décisions, intervenues à partir du milieu des années 1980, témoignent également de ce processus de libéralisation : suppression, en 1984, de toute fiscalité sur les revenus agricoles ; démantèlement des garanties des prix ; réduction des effectifs dans l'administration, qui culminera en 2004 avec le grand « plan de départ volontaire » de la fonction publique (*intilaka*) ; recours corrélatif accru aux bureaux d'études privés ; signature de traités de libre-échange avec l'Union européenne et les États-Unis. Dans le domaine foncier plus spécifiquement, les coopératives de la réforme agraire connaissent des transformations qui laissent plus de place à la liberté de production des attributaires, avec l'abandon des assolements obligatoires. Face à des difficultés de financement de leurs activités agricoles, ces attributaires ont recours au faire-valoir indirect. Une partie des terres domaniales demeure en revanche détenue par les Sociétés de mise en valeur, fortement contrôlées par l'État, ce qui donne à voir une certaine prudence dans la marche vers la privatisation.

En Algérie, les prémices du retrait de l'État et de la privatisation des terres apparaissent au début des années 1980. Une première période (1981-1987) se consacre à la restructuration foncière, avec la dissolution des coopératives agricoles de la réforme agraire : les grands domaines d'État en « autogestion » deviennent des domaines agricoles « socialistes », de plus petite taille afin de mieux assurer leur gestion. Durant cette période, un relâchement s'opère en termes de fixation des prix des produits agricoles, devenus plus libres, afin d'inciter les domaines étatiques à devenir rentables. Mais l'emprise de l'État sur l'essentiel du processus productif reste encore quasi-totale. Durant cette période, les terres agropastorales du sud de l'Algérie ont connu une réforme foncière en 1983 (loi dite APFA portant accession à la propriété foncière agricole par la mise en valeur). Cette réforme a permis de libérer les terres domaniales et les terres *Archs* (terres collectives des tribus) pour un usage privé et de plus en plus individuel. Cette réforme a constitué le début d'une série de mesures incitatives à l'investissement agricole privé. Elle a permis la colonisation de nouveaux espaces, repoussant les frontières de la production agricole qui se cantonnaient depuis des siècles dans les oasis traditionnelles. La vision habituelle de l'agriculture oasienne, et de l'élevage extensif qui y est associé, se trouve ainsi renversée et de plus en plus remplacée par une vision « d'Eldorado » et d'agriculture intensive (Cote, 2002).

La seconde période de libéralisation, qui dure jusqu'à aujourd'hui, suit la crise pétrolière de 1986, qui entraîne l'effondrement de la rente pétrolière et engage résolument l'Algérie dans un tournant libéral qui accélère le train des réformes (Bedrani, 1987). La réforme du secteur agricole, mise en œuvre en 1987, se consacre d'abord à la réorganisation foncière : les domaines agricoles de l'État sont démembrés en exploitations agricoles collectives, regroupant 3 à 11 attributaires, et pour certains, en exploitations individuelles, au profit de membres proches de la classe dirigeante. Dans les deux cas, les bénéficiaires ont un droit de jouissance perpétuelle et la liberté totale de production, à condition de travailler les terres en faire-valoir direct. Mais face aux difficultés de gestion collective s'amorce déjà un partage des terres, des locations et des ventes anticipées (Amichi *et al.*, 2011). La Constitution du 23 février 1989 introduit le droit de propriété privée pour la première fois. L'année qui suit, la loi portant orientation foncière détermine trois catégories juridiques de propriété des terres : domaniales, *Habous* et *Melk* (privé), et lance le processus de restitution des terres qui avaient été nationalisées lors de la réforme agraire de 1971.

UN DÉSENGAGEMENT PARTIEL DE L'ÉTAT DE LA GESTION DES EAUX DE SURFACE

En matière de gestion de l'eau, des changements ont vu le jour dans les trois pays, également marquées par un retrait progressif de l'État. Au début des années 1980, l'option des grands barrages commence à céder du terrain devant la moyenne et la petite hydraulique, dans un souci de réduction des dépenses publiques et de recherche d'une meilleure efficacité des investissements, tous préconisés par les institutions économiques internationales. À partir des années 1990, toujours dans le sillage de l'application des programmes d'ajustement structurel, les bailleurs de fond internationaux qui finançaient une partie des aménagements hydro-agricoles sont parvenus à introduire la nécessité d'impliquer les usagers dans la gestion de l'eau, dans le cadre du « paradigme participatif » qui émerge à cette période (Joshi, Hooja, 2000). En Tunisie, des groupements d'agriculteurs ont été créés afin de gérer l'eau agricole et de prendre en charge l'entretien d'une partie des réseaux hydrauliques. Ces Groupements de développement agricoles (GDA), appellation stabilisée après plusieurs changements de nom, se voient confier des prérogatives pour développer toute activité pouvant contribuer à améliorer la productivité des agriculteurs adhérents (Mustapha *et al.*, 2015).

Au Maroc, des Associations d'usagers de l'eau agricoles (AUEA) ont également vu le jour en 1990, avec pour principales prérogatives la gestion de l'eau et l'entretien des réseaux secondaires et tertiaires (Bekkari *et al.*, 2008). Les associations connaissent ainsi, sur le papier du moins, un développement rapide. En 2004, 490 associations avaient été créées dans les périmètres de grand hydraulique, qui regroupaient 160 000 agriculteurs sur plus de 384 000 hectares ; et 1032 en zone de PMH, qui rassemblaient 120 000 membres sur une surface de 218 000 hectares (Gana, El Amrani, 2006). Aussi, toute nouvelle création de périmètre irrigué est conditionnée à l'installation d'une ou de plusieurs AUEA (Bekkari *et al.*, 2008).

Les responsabilités formelles transférées aux AUEA demeurent cependant limitées, ce qui illustre le caractère partiel et finalement très contrôlé du désengagement de l'État. Contrairement à l'Italie ou à l'Espagne par exemple, les infrastructures principales (barrages, canaux d'adduction, grandes stations de pompage) échappent aux associations et continuent d'être gérées par l'administration. De même, la tutelle de l'État demeure étroite : l'administration agricole peut décider d'elle-même de créer une AUEA, tandis que l'un des sept sièges de son conseil d'administration est réservé à un agent de l'administration locale de l'agriculture (Bekkari *et al.* 2008).

En Algérie, la gestion participative de l'eau agricole n'a été reconnue officiellement que beaucoup plus tard, en 2005. L'implication réelle des usagers dans la gestion et l'entretien s'y effectue donc avec un retard important par rapport aux deux pays voisins. Si les eaux de surface continuent en réalité d'être gérées par l'État, on observe cependant les prémisses de ce qui allait devenir, un peu plus tard, la « groundwater economy » (Shah, 2010), c'est-à-dire une économie agricole principalement basée sur l'accès individuel à l'eau souterraine. De fait, dans les trois pays, à partir des années 1980, d'abord timidement puis après plus massivement, des milliers d'agriculteurs mettent en place des puits et des forages face à une pénurie d'eau de surface (Dugué *et al.*, 2014) (Kuper *et al.*, 2017).

UNE TENDANCE AU LAISSER-FAIRE PERMETTANT DE RENOUVELER PROGRESSIVEMENT LES BASES SOCIALES DES RÉGIMES

La libéralisation économique et les programmes d'ajustement structurel dans le secteur agricole, et au-delà, ont marqué un tournant dans les relations entre les États et les populations rurales. Les contours de la légitimité des gouvernements ont évolué, passant d'un État garant des moyens de subsistances des agriculteurs à une configuration de *modus vivendi*, dans laquelle les agriculteurs individuels disposent de davantage d'opportunités pour leur production agricole et leur accès à l'eau et à la terre.

Dans ce contexte de laisser-faire, les agriculteurs développent des stratégies d'adaptation afin de se maintenir face aux fortes incertitudes engendrées par le retrait des États. Dans le même temps, profitant de ce retrait, une diversité d'acteurs est attirée par l'agriculture irriguée (jeunes ruraux sans emploi, investisseurs nationaux, commerçants, etc.). Ils voient dans celle-ci une opportunité d'emploi et d'ascension professionnelle. Les cadres légaux en vigueur sont souvent transgressés par le développement d'arrangements institutionnels qui permettent d'organiser les d'échanges autour des ressources productives (terres, eau, capital, main d'œuvre), d'accéder à l'information et à l'innovation technique, de s'approvisionner en intrants (engrais, semences et produits phytosanitaires) et d'acheminer les produits agricoles vers les marchés. Ces arrangements deviennent ainsi les moteurs d'une évolution graduelle des bases sociales des régimes en place.

En matière d'accès au foncier, les arrangements ont pris la forme d'une diversité de pratiques de métayage et de location, particulièrement sur les terres domaniales. En Algérie et en Tunisie, ces arrangements fonciers ont rendu possible plusieurs stratégies d'adaptation des attributaires de ces terres en leur permettant de constituer des voies de sortie de l'agriculture (en cédant leurs terres entièrement en location), d'offrir des possibilités de maintien (recours à la location partielle des terres ou temporaire), ou permettant enfin des opportunités de développement (en prenant en location des terres de leurs voisins attributaires). Ces arrangements permettent dans le même temps à de nouveaux acteurs d'installer leur propre exploitation et, pour ceux qui disposent par ailleurs de terres, de les agrandir par la location ou le métayage. Sans ces arrangements, ces acteurs n'auraient pas pu accéder aux terres domaniales car les cadres légaux en vigueur ne le permettaient pas. Ces processus ont particulièrement été observés dans le cas des terres publiques du nord de l'Algérie (Amichi, al., 2015) et des terres domaniales concédées en lots pour des « Jeunes Agriculteurs (JA) » en Tunisie (Amichi *et al.*, 2016) (Gharbi, Elloumi, 2023). Au Maroc, les coopératives de réforme agraire ont traversé le même processus de recherche d'autonomie vis-à-vis de leur gestion collective et de l'État. Les attributaires de la réforme agraire ont progressivement abandonné les pratiques collectives imposées par l'État, telles que la culture ou la commercialisation commune de certaines cultures et l'achat collectif d'engrais. Comme en Algérie, l'abandon de ces pratiques n'a pas commencé dans les premières années de la constitution des coopératives, mais s'est matérialisé progressivement. De la même manière, l'émergence des locataires a également été observée sur les terres des coopératives, intéressés par des opportunités d'installation et d'investissement.

Le développement d'arrangements fonciers n'a pas été observé uniquement dans le cas des terres domaniales, bien que son ampleur ait été plus forte dans ce type de configuration foncière. Dans les terres agropastorales du Sahara algérien, des contrats de location et de métayage permettent la mise en commun de facteurs de production entre une diversité d'acteurs qui en sont différemment lotis, dans une logique de *resource pooling* (Wischik, Handley, Braun, 2008) : l'ouvrier agricole et le métayer disposant seulement de leur force de travail et de leur savoir-faire agricole, le locataire disposant d'un petit capital permettant les premiers investissements agricoles et, enfin, le propriétaire qui dispose de la terre et de l'eau (Amichi *et al.*, 2015). On assiste également à l'émergence de nouveaux acteurs, jeunes pour l'essentiel et provenant du nord du pays, ayant pour objectif de développer un petit entreprenariat agricole (ne correspondant ni à l'agriculture de subsistance ni à la grande entreprise) avec une forte tendance à l'individualisation des stratégies, à la recherche d'une ascension sociale, et à l'ambition de pratiquer une agriculture irriguée génératrice de revenus suffisants, voire confortables.

Concernant l'accès à l'eau, la libéralisation favorise des modes d'accès individuels à l'eau d'irrigation, fondés sur des investissements et une prise de risque personnels. C'est particulièrement le cas en ce qui concerne les eaux souterraines. Les autorités marocaines, notamment, ont encouragé à partir de la grande sécheresse du début des années 1980 une prolifération des puits motorisés et des forages. Ils sont évalués, aujourd'hui, à 259.500 sur l'ensemble du pays, dont 236.500, soit 91 %, seraient non autorisés d'après le Département de l'Eau lui-même[2]. Le laisser-faire concerne tous les maillons de la chaîne d'exploitation des eaux souterraines, en dépit des intentions affichées par certains secteurs de l'État : absence de campagnes d'inventaires des puits et forages existants ; absence de poses de compteurs qui permettraient de mesurer et de maîtriser les prélèvements ; déficit d'enquête sur les prélèvements réels ; absence de contrôle et de sanction des agriculteurs et des entreprises de forage (Conseil économique social et environnemental 2019).

Ce laisser-faire permet aux agriculteurs de faire face à la diminution des eaux de surface, d'augmenter les rendements de leurs arbres, de diversifier leurs cultures et d'étendre leur surface cultivée (Kuper *et al.*, 2012). Il encourage, ce faisant, la subjectivation de l'irrigant en un « entrepreneur audacieux porteur de modernisation, succès et dynamisme » (Cohen, 2004). Le forage, à l'opposé du canal d'irrigation, constitue en effet un moyen d'émancipation à l'égard des pesanteurs du groupe, et une source de dignité pour les irrigants et leurs familles (Quarouch *et al.*, 2014).

Cela peut être interprété comme une modification du contrat social rural : face à son incapacité à maintenir le contrat existant (contrôle centralisé mais moyens de subsistance individuels garantis dans le cadre des modes de production dirigés par l'État, en échange de la loyauté politique), les régimes procurent désormais davantage d'opportunités de développement individualisées, et un accès à l'eau et à la terre, en espérant que cela compensera les agriculteurs pour le manque soudain

2 Chiffres communiqués par le Ministre chargé de l'Eau lors de sa présentation au parlement le 6 juillet 2022, devant la Commission des Infrastructures de base, de l'Énergie, des Mines et de l'Environnement.

de soutien politique, financier et technique auquel ils étaient habitués. Évidemment, cela ne conduit pas seulement à davantage d'opportunités, mais aussi à davantage de risques pour les agriculteurs. En même temps, les autorités et les institutions étatiques permettent des pratiques qui transgressent clairement les réglementations officielles – cela montre que ces nouvelles règles et pratiques sont dans l'intérêt de toutes les parties et aident à assurer l'adhésion des agriculteurs marginalisés au contrat social modifié, et à sécuriser la stabilité socio-politique et la légitimité du régime.

Enfin, l'« injonction participative » (Allal, 2010) a ouvert de nouveaux espaces de pouvoir et d'acquisition de statut social. Au Maroc, les présidents des AUEA ont pu investir un nouveau rôle d'intermédiation entre les irrigants « de base » et l'État, un rôle explicitement codifié par la loi[3]. La constitution des bureaux (vice-président, trésorier, assesseurs) a offert des voies d'affirmation sociale à de jeunes agriculteurs, mieux instruits que leurs aînés et bien au fait des circuits de financement proposés par l'État, à destination de l'agriculture spécifiquement, mais aussi du développement local plus généralement (Kadiri, Tozy, Mahdi, 2015). Ces profils d'agriculteurs ont gagné en légitimité du fait de leur maîtrise de l'écrit, indispensable à la formalisation administrative, et de leur compréhension des procédures bureaucratiques. De la même manière que d'autres espaces associatifs, par exemple celui des femmes militantes, l'activisme associatif peut ainsi contribuer à renouveler les élites intermédiaires, à redéfinir les relations de pouvoir et à faire évoluer les rapports de genre (Berriane, 2013).

3 La loi dispose en effet que « le président représente l'association vis-à-vis de l'État, de tout organisme public ou privé et de tout tiers » (souligné par nous). Il se voit en outre conféré certains pouvoirs de police, en ayant la « qualité pour prendre les mesures d'urgence en vue de faire cesser à l'intérieur du périmètre tout abus troublant le fonctionnement de l'association » (art. 28).

L'ÉTAT INVESTISSEUR

Cette période, qui commence au début des années 2000, entérine les réformes à tendance libérale adoptées durant les années 1980, et les renforce par des programmes ambitieux de soutien à l'agriculture, particulièrement au Maroc et en Algérie. Les changements en matière de gestion du foncier agricole et de l'eau s'opèrent essentiellement sous l'impulsion indirecte de ces programmes, et plus rarement par la modification des cadres légaux.

Au Maroc, le tournant libéral de l'agriculture se confirme avec l'adoption, en 2008, d'un plan ambitieux de soutien à l'agriculture : le Plan Maroc Vert (PMV). Ce plan, en vigueur de 2008 à 2020, puis le plan « Génération Verte 2030 » qui en a pris le relais, est structuré autour de subventions massives accordées aux irrigants pour les semences, les forages ou le matériel d'irrigation. Ces subventions peuvent, pour la plupart, être renouvelées tous les huit ans. Depuis le PMV, une distinction forte est effectuée entre un secteur agricole jugé productif, qu'il convient de consolider, à travers le « pilier 1 » du programme, et un secteur agricole jugé peu productif, dit solidaire, qu'il convient « de garder en vie », à travers le pilier 2. L'interventionnisme étatique s'est donc fortement réactivé au Maroc dans le domaine agricole, tout en se faisant plus libéral dans ses modalités : les subventions au capital prennent désormais le pas sur l'encadrement des marchés et des prix, et sur la planification de la production.

En Algérie, la confirmation des options libérales de l'agriculture s'est effectuée dans le cadre du Plan national de développement agricole (PNDA), adopté en 2001. Avant cette adoption, aucun changement majeur n'avait été enregistré au niveau règlementaire concernant la gestion du foncier et de l'eau, ou de l'encadrement des marchés. En Tunisie, la confirmation des options libérales est intervenue avec le Xe plan quinquennal (2000-2005), qui a mis l'accent sur l'investissement privé (Richard, 2006). Ce plan a renforcé le retrait de l'État du secteur productif et a laissé davantage de place aux acteurs privés dans la mise en valeur des terres domaniales dans le cadre de beaux à long terme par exemple, ou encore par la mobilisation de ressources en eau souterraine permettant d'étendre les superficies irriguées. Pour accompagner cette dynamique d'extension, une généralisation des subventions pour les équipements économes en eau a été mise en place dans le cadre de ce plan.

DONNER LA TERRE AUX ENTREPRENEURS

Pour accélérer l'intensification agricole voulue par les États du Maghreb, permettre un accès plus facile au foncier agricole pour les investisseurs notamment est devenu central. En Algérie et en Tunisie, cet accès n'a pas été facilité par l'adoption d'une réforme foncière. Il est plutôt intervenu dans la continuité des cadres existants, ou par des transferts de droits d'usage via un marché de faire-valoir indirect (métayage, location) pour l'essentiel informel.

En Tunisie, la mise en location par l'État des terres domaniales a continué à constituer le fer de lance de la politique agricole. Ces terres ont été octroyées à des sociétés de mise en valeur, de droit privé, à des techniciens de la fonction publique et, dans une moindre mesure, à de jeunes agriculteurs. Sous couvert d'une meilleure valorisation des terres domaniales, le processus de transfert de ce capital foncier à des acteurs privés a connu des dérives en matière d'attribution, puisque de nombreuses concessions ont été octroyées selon des critères de proximité familiale ou politique avec le régime du président Ben Ali (Elloumi, 2014). Au sein même des concessions foncières accordées aux techniciens et aux jeunes agriculteurs, qui restent marginales en termes de superficie comparativement à la part octroyée aux sociétés de mise en valeur, les mêmes dérives ont été constatées. En effet, les critères d'attribution des terres, qui devaient comprendre des critères économiques (compétences en agriculture de l'attributaire, pertinence du projet agricole, etc.) et des critères sociaux (âge, habitat rural, etc.), ont été supplantés par des considérations de proximité politique avec le régime. De nombreux bénéficiaires de lots de jeunes agriculteurs, par exemple, sont complètement extérieurs au monde agricole, ce qui s'est traduit par l'abandon ou la sous-location de ces lots (Gharbi, Elloumi, Jamin, Maayoufi, 2018). La dynamique de transfert informel des droits d'usages via le marché de faire-valoir indirect s'est accélérée sur ces terres, laissant davantage de place à de jeunes entrepreneurs en capacité d'apporter des capitaux (Amichi *et al.*, 2016).

En Algérie, l'adoption du PNDA a eu un effet accélérateur des dynamiques foncières à l'œuvre avant 2001, en particulier sur les terres publiques du Nord et sur les terres agropastorales du Sahara. En effet, partout sur le foncier public, les locations (pourtant illégales) sont devenues si courantes que personne ne se pose la question de savoir si elles sont autorisées ou non. Dans le Sahara, le marché de faire-valoir indirect a permis le développement d'une impressionnante production maraichère irriguée, surpassant même certaines plaines fertiles du nord de l'Algérie (Amichi *et al.*, 2015). L'accélération de ces dynamiques a été permise par le système de subvention étatique qui a été conçu de manière à ce que les agriculteurs ayant le plus de garanties (titre foncier, superficie agricole nécessaire, réseau social, etc.) bénéficient des subventions les plus conséquentes, à des fins de réalisation de forages profonds, d'achats d'équipements agricoles, ou de construction de chambres froides. Les petits agriculteurs ont aussi bénéficié de subventions, mais de manière marginale. Les attributaires du secteur public, par exemple, sont restés majoritairement sans accès aux subventions, en raison de l'individualisation informelle qu'ont connue la plupart des exploitations agricoles collectives. L'ampleur de ces dynamiques a poussé l'État algérien à réfléchir sérieusement à une réforme foncière. Celle-ci a été activement débattue entre différents groupes d'intérêt au sein du gouvernement ; entre les partisans de la vente de la terre à des acteurs privés et ceux qui voulaient maintenir la terre sous le contrôle de l'État. En préparation depuis 2000, la loi a finalement été adoptée en 2010, maintenant les terres propriété de l'État mais ouvrant la possibilité aux investisseurs extérieurs de s'engager dans des partenariats avec les attributaires. Cette disposition intègre clairement la présence des locataires sur le domaine public et ouvre ainsi la porte à leur régularisation. Les pratiques informelles ont donc fini par avoir un impact sur la modification du cadre formel.

Au Maroc, contrairement à l'Algérie et à la Tunisie, la modification du cadre légal régissant les terres relevant du domaine privé de l'État a précédé le lancement d'un programme de soutien à l'agriculture. Le 25 octobre 2004 une réforme du domaine privé de l'État est lancée. Elle commence par la mise sur le marché de 90 000 hectares jusque-là gérés par la Sodea (Société de développement agricole) et la Sogeta (Société de gestion des terres agricoles)[4]. Ces terres sont attribuées par

4 Créées au début des années 1970 pour gérer une partie des terres récupérées aux colons français, il s'agissait de deux sociétés anonymes de droit privé dont l'état marocain était

appel d'offre, sous forme de contrats de partenariat public-privé (PPP), par la Direction des Domaines de l'État du ministère de l'Économie et des Finances. Au cours de la première vague de mise sur le marché, 54 791 hectares sont officiellement attribués, répartis en 205 lots dont 84 % des bénéficiaires sont des Marocains[5]. Les bénéficiaires, en plus de solides appuis politiques, doivent détenir des capitaux importants car les exigences des cahiers des charges combinent investissements lourds, création d'emplois, et nécessité de développer une agriculture moderne, à forte valeur ajoutée.

En 2005 la loi dite de la « main levée » a été adoptée et accorde aux attributaires de la réforme agraire la possibilité de devenir propriétaires, par l'achat de leur quote-part. Ces 300 000 ha de terres sont très attractifs car largement préservés du morcellement. Leur mise sur le marché suscite donc un grand nombre de transactions, qui concernent des surfaces de l'ordre de plusieurs dizaines d'hectares.

Les dernières limites à l'extension et au développement de ces investisseurs sont les terres collectives, non encore complètement individualisées ni privatisées (Mahdi, 2014). Elles sont toutefois de plus en plus cédées en location à des investisseurs par le ministère de l'Intérieur[6] sous forme de baux emphytéotiques, notamment pour y développer des plantations d'arbres fruitiers, comme dans le Haouz ou le Souss, ou encore à Boudnib (Aloui, Chohin-Kuper 2023).

Au bout du compte, si le PMV mobilise d'importants investissements publics (en 2008, le budget d'investissement du ministère a soudainement triplé), il bénéficie surtout à des entrepreneurs dotés de fortes capacités d'investissement, aux dépens de la majorité des petits et moyens agriculteurs (Akesbi, 2011) (Akesbi, 2014) (Faysse, 2015). Loin d'atteindre ses objectifs en termes d'augmentation des taux d'exportation ou de contribution à la création d'emplois, le plan a plutôt engendré une concentration accrue de la propriété foncière, et une augmentation des prix du foncier (Bessaoud, 2013) (Van Cauwenbergh, Idllalene, 2012) (Mahdi 2014).

---

l'actionnaire unique. La SODEA gérait les plantations, quand la SOGETA reçut les terrains dédiés aux grandes cultures annuelles : céréales, betteraves sucrières, oléagineux. La majeure partie du foncier géré par la SODEA était irrigué, principalement dans le Gharb, le Saïss, le Souss et les Triffas.

5 Aujourd'hui le Maroc, « Sodea-Sogeta : Très chères terres… », 5 mai 2005.

6 Les terres collectives sont placées sous la tutelle du ministère de l'Intérieur, et non celle du ministère de l'agriculture.

L'ACCÈS À L'EAU SOUTERRAINE POUR ACCÉLÉRER L'INTENSIFICATION DE L'AGRICULTURE

L'accès à l'eau souterraine est devenu, aujourd'hui, essentiel pour l'irrigation au Maghreb, y compris au sein des grands périmètres irrigués, conçus pourtant, à l'origine, pour l'irrigation à partir des eaux de surface. Avoir un accès à un forage n'exclut cependant pas le recours des agriculteurs aux eaux d'un barrage. Ceux-ci préfèrent en effet avoir accès à deux ressources différentes afin de pouvoir arbitrer et/ou combiner les deux, en fonction généralement du coût et de la qualité de l'eau (degré de salinité par exemple).

La possibilité d'accéder à l'eau de manière individuelle a été libérateur pour de nombreux agriculteurs au Maghreb, en leur permettant d'augmenter leurs superficies irriguées, d'intensifier leurs systèmes de production, et pour certains de réaliser des plantations pérennes (Kuper *et al.*, 2016). L'accès au forage a modifié les frontières du périmètre irrigué classique, auparavant délimité par un réseau physique composé de canaux à ciel ouvert ou sous pression. La mobilité qu'offre cette ressource permet d'aller chercher des terres plus lointaines, et souvent plus fertiles. Le développement de l'agriculture saharienne en Algérie en est un exemple particulièrement illustratif, mais le phénomène est très répandu dans les trois pays du Maghreb (Kuper *et al.*, 2016).

Suivant une trajectoire assez classique quand il s'agit du développement d'une agriculture intensive basée sur l'exploitation individuelle de l'eau souterraine, l'économie agricole du Maghreb fait face, aujourd'hui, au double problème d'une surexploitation des ressources en eau et d'une inégalité croissante dans l'accès à l'eau (Ameur *et al.*, 2017). En effet, comme le montrent de nombreuses études à travers le monde, lorsque les ressources sont très productives, l'incitation à leur utilisation accrue est pratiquement irrésistible, ce qui conduit *in fine* à leur surexploitation (Batchelor *et al.*, 2014). Aussi, cette concurrence pour l'eau due à la baisse des nappes a conduit à l'exclusion et à la marginalisation d'un nombre important d'agriculteurs, qui n'ont pas l'argent pour approfondir leurs forages ou qui se trouvent en difficulté dans une agriculture de marché très compétitive (Reddy, 2005) (Sarkar, 2011). Dans ces contextes, les États se retrouvent souvent devant la difficulté de réguler l'accès à l'eau, car ils risquent de freiner des dynamiques agricoles qui deviennent vitales socialement et économiquement pour les territoires.

Ils continuent alors à soutenir ces systèmes agricoles très intensifs, et participent ainsi à subventionner la surexploitation des nappes, tout en proclamant en même temps la nécessité d'un développement durable des eaux souterraines (De Stefano and Lopez-Gunn 2012). En présence de telles inégalités, il est très difficile, voire impossible, de trouver des solutions pour répondre à l'épuisement des eaux souterraines. Toute réglementation, basée sur les rapports de pouvoir existants, risque de les consolider et aggravera probablement le phénomène (Cullet, 2012).

La difficile conciliation entre efficacité économique et les enjeux environnementaux socioéconomiques de l'agriculture irriguée est exacerbée par un affaiblissement des structures collectives de gestion de l'eau, de type associations d'irrigants. Celles-ci, qui ont été confortées dans le principe, aurait pu atténuer ces enjeux. Mais dans les faits, elles ont connu, et connaissent encore, d'importantes difficultés relatives à leurs faibles capacités techniques et financières, ne leur permettant d'assurer que partiellement leurs fonctions. À ces difficultés s'ajoute, en Tunisie, celle du flou du statut de GDA, qui entretient une ambiguïté entre l'implication de l'État et le rôle des associations. La dépendance vis-à-vis de l'État reste forte, bien que l'objectif annoncé avec la création de ces groupements soit d'aboutir, à terme, à leur autonomisation (Marlet, Mnajja, 2017). L'usage de ces associations comme relais locaux du pouvoir central, relevé sur le terrain (Canesse, 2010), questionne d'ailleurs la volonté des responsables politiques d'évoluer vers la création de structures locales réellement autonomes. Ainsi, ces associations font localement face à une faible légitimité et à une représentativité limitée des irrigants, une situation qui a perduré jusqu'à la révolution tunisienne en 2011. À partir de cette date, nombreuses sont les directions de GDA qui ont été contestées et remplacées dans la foulée par d'autres acteurs jugés plus représentatifs, et surtout non affiliés à l'ancien régime (Gana, 2013). Cependant, les changements de direction n'ont pas fondamentalement amélioré la gouvernance de l'eau au sein des GDA, toujours confrontés à des difficultés techniques et financières. Au contraire, dans certains cas, la situation des GDA s'est nettement dégradée, suite notamment au refus d'une partie des adhérents de payer leurs redevances. Le fort endettement d'une partie des GDA a conduit à leur arrêt total, laissant les irrigants sans accès à l'eau. Dans ce contexte, les forages individuels et illicites commencent à se développer, et une similitude des dynamiques d'accès à l'eau et des questions qu'elles soulèvent (inégalité d'accès aux ressources naturelles et leur surexploitation) apparaît avec ce qui est observé au sein des périmètres irrigués du Maroc et d'Algérie.

L'AGRICULTEUR-ENTREPRENEUR AU CŒUR DU NOUVEAU CONTRAT SOCIAL RURAL

Les effets des politiques de libéralisation impactent le contrat social rural de deux manières : i) les élites, en tant que piliers ruraux clés des régimes, évoluent ; ii) la terre et l'eau restent des éléments essentiels du contrat social rural, mais les règles formelles et informelles de leur utilisation se transforment. Ces deux évolutions favorisent une « élitisation » des bases sociales.

La première modification du contrat social rural consiste dans un renouvellement des élites qui soutiennent l'autorité du régime dans les campagnes. Alors que les autorités locales ont toujours leur rôle à jouer dans l'administration et la surveillance locales, les entrepreneurs agricoles – avec ou sans enracinement personnel dans les zones rurales ou affiliation politique – deviennent beaucoup plus influents tant sur le plan économique que politique.

Au Maroc, une transformation significative s'amorce ainsi dans les années 2000. Les notables ruraux doivent alors accorder une certaine place, dans leur position de base sociale privilégiée du régime, à de nouveaux acteurs que l'anthropologue Abdellah Hammoudi qualifie d'« entrepreneurs de l'agriculture » (Hammoudi, 2001). Même si des chevauchements existent entre les deux groupes, des différences significatives les distinguent. Les premiers sont issus des campagnes, et descendent souvent de familles ayant exercé un pouvoir local sous le Protectorat. Ils vivent sur leurs terres, même s'ils entretiennent une résidence urbaine. Ils sont partie prenante de la vie politique locale à tous les niveaux. La gestion de leur propriété n'est pas strictement capitaliste, ne serait-ce que parce que les profits réalisés sont largement dépensés à entretenir une clientèle locale, en vertu d'une générosité quasi-obligatoire. Par contraste, les « entrepreneurs » investissent des profits d'origine commerciale ou industrielle dans l'activité agricole. Ils ont moins d'ancrage dans le territoire où ils ne résident que rarement, et sont aussi fréquemment des locataires que des propriétaires. La gestion de leur exploitation est plus systématiquement capitaliste. Elle n'implique pas toujours l'entretien d'un réseau de clientèle parmi les ouvriers salariés ou les saisonniers, ou parmi le voisinage élargi. Une nouvelle catégorie d'entrepreneurs agricoles aisés a ainsi émergé, monopolisant les ressources productives, en particulier les terres publiques. En Algérie et en Tunisie, ils le font en louant, tandis qu'au Maroc, ils achètent des terres.

Ces entrepreneurs agricoles mobilisent des connexions personnelles dans les administrations. Ils investissent aussi dans des institutions locales de conseil agricole, telles que les chambres d'agriculture, et les associations d'usagers de l'eau ou leurs fédérations. Il est frappant de constater qu'en Algérie et en Tunisie, peu de paysans bénéficiaires de petites parcelles de terres publiques sont membres du bureau administratif d'organisations professionnelles au niveau régional et encore moins au niveau national.

En revanche, les petits et moyens agriculteurs sont confrontés à de lourds défis : le soutien de l'État a diminué et ils font face à la concurrence d'exploitants plus riches ayant un meilleur accès aux subventions et aux aides. L'accès à l'eau, en particulier, aggrave la différenciation socio-économique, les petits agriculteurs manquant de moyens pour les forages profonds et faisant face à des difficultés d'accès au capital et aux réseaux politiques.

Le deuxième changement majeur du contrat social rural est que, bien que la terre et l'eau restent ses principales monnaies d'échange, les règles d'utilisation de ces ressources se modifient, à la fois formellement et informellement. Cela contribue, au final, à une appropriation accrue des ressources. Cela est dû, en partie, au plus grand contrôle direct exercé par certains acteurs sur les ressources. Mais ce processus est également induit, indirectement, par la dégradation environnementale et la surexploitation, qui réduisent la disponibilité globale des ressources. En général, on observe ainsi que les ressources productives et les subventions publiques sont redistribuées à un groupe de plus en plus restreint de proches des pouvoirs. Plusieurs politiques publiques et pratiques soutiennent cette tendance. Les institutions ou projets étatiques nouvellement créés et opaques, tels que les partenariats public-privé dans la gestion de l'irrigation, qui sont souvent très éloignés du contrôle démocratique, soutiennent cet argument (Houdret, 2012).

Dans l'ensemble, on observe ainsi une privatisation des bénéfices, couplée à une socialisation des pertes, qui se fait aux dépens des biens communs tels que l'eau, la terre, la sécurité alimentaire, la durabilité écologique et l'argent des contribuables. Ainsi, le fondement du contrat social entre l'État et la population rurale n'a pas fondamentalement changé en Algérie, au Maroc ou en Tunisie : l'eau, la terre et l'accès aux chaînes de valeur agricole restent les principaux éléments de transaction. Cependant, le contrat en tant que tel a évolué, car l'élite bénéficiaire est beaucoup plus petite et moins enracinée dans les affiliations ethniques ou géographiques traditionnelles locales, et le nombre de personnes marginalisées a augmenté et continue d'augmenter. La libéralisation économique peut suggérer que le contrôle de l'État est maintenant beaucoup plus faible, mais l'analyse des nouvelles règles, pratiques et politiques montre que les régimes maintiennent en réalité leur contrôle sur les zones rurales par différents moyens.

Dans ce contexte, il semble peu probable que le récent remodelage du contrat social rural conduira à un contrat plus égalitaire (de type « Lockéen ») dans les trois pays. Le remodelage du contrat social semble plutôt être un changement cosmétique, tandis que les caractéristiques fondamentales – des déséquilibres de pouvoir forts et un contrôle centralisé des principales ressources de production et des pratiques associées – restent les mêmes. Cependant, cela conduit à un développement inégal qui a déjà provoqué des soulèvements sociaux dans les régions marocaines du Rif, de Jerada et de Zagora, ou encore dans la région Sidi Bouzid en Tunisie (Fautras, 2021), et qui affectera probablement encore plus négativement non seulement les moyens de subsistance et la durabilité écologique, mais aussi la cohésion sociale.

CONCLUSION AU CHAPITRE

L'analyse de 70 ans de politiques agricoles au Maghreb révèle le rôle central de l'État dans les zones rurales qui demeure prégnant malgré le « désengagement » annoncé. Ce rôle se manifeste clairement dans la gestion qui est faite des ressources en eau et foncière qui, en dépit des changements dans leurs modalités de gouvernance, restent largement sous l'emprise de l'État, avec une importance contrastée selon les pays du Maghreb. Bien que les contours du contrat rural social soient fondamentalement inchangés, un plus grand champ d'action individuelle est offert aux acteurs, notamment à ceux qui sont proches des régimes représentés par la figure de l'agriculteurs-entrepreneur, mais aussi à ceux qui relèvent de la frange la plus fragilisée, en particulier l'essentiel des attributaires et les petits agriculteurs familiaux. Ce champ d'action est permis notamment par la tolérance des États vis-à-vis des transgressions de ses propres règles constatées sur le terrain, en matière d'accès au foncier et à l'eau, tant que celles-ci ne remettent pas en cause l'équilibre général du contrat social. Les subventions associées à cette tolérance permettent d'une part de consolider l'ascension des agriculteurs-entrepreneurs, qui constituent le cœur de la nouvelle base sociale des régimes, et de maintenir d'autre part, une grande partie d'agriculteurs « sous perfusion » en leur permettant d'accéder à la marge aux aides, et garantir ainsi une paix sociale dans les zones rurales. La vigilance des États du Maghreb portée au maintien d'un équilibre social dans ces zones a particulièrement été renforcée depuis les événements du « printemps arabe ».

Cependant, la durabilité socio-économique et environnementale de l'agriculture irriguée soutenue dans le cadre du contrat rural social actuel est clairement posée. Elle questionne par conséquent la pérennité de celui-ci à court et à moyen terme. Les inégalités croissantes en matière d'accès à l'eau et au foncier, soulevées dans différentes régions du Maghreb, alimentent les protestations et les conflits. Le changement climatique (sécheresses de plus en plus rudes et fréquentes, faibles précipitations induisant un renouvellement partiel des nappes, etc.) en présence, notamment dans les zones arides et semi-arides, complexifie le processus de production agricole et impacte fortement le revenu des agriculteurs. Dans le même temps, les politiques environnementales adoptées pour protéger les ressources naturelles, en particulier en ce qui concerne la surexploitation des nappes phréatiques, restent très peu suivies d'effets. Elles ne permettent pas par conséquent d'atténuer les effets du changement climatique. Pour le moment et tant que les États, marocain et algérien en particulier, ont les moyens financiers permettant de soutenir l'agriculture irriguée dans son fonctionnement actuel, et par extension la paix sociale qu'elle engendre dans les zones rurales, le contrat social rural actuel est susceptible de persister à moyen terme.

Se pose alors la question des autres leviers à mobiliser en faveur d'une agriculture plus soutenable, et un contrat social rural plus équitable. Une alliance urbaine trans-classiste, serait-elle envisageable au Maghreb autour de la vision d'une alimentation saine et raisonnée, ainsi que d'un projet de diversification des économies ? Cette dernière a connu d'indéniables succès dans d'autres secteurs, au Maroc par exemple, tels que l'automobile, la logistique, ou la construction navale ou aéronautique. L'agriculture, elle, ne serait plus considérée comme une grande pourvoyeuse de devises, et pourrait se recentrer sur la tâche de nourrir les populations maghrébines du mieux possible. Un imaginaire « oasien », mêlant des notions d'adaptabilité, de santé et de relative égalité, pourrait alors supplanter pour partie l'imaginaire « californien » resté aujourd'hui dominant, au Maghreb comme ailleurs (Kuper *et al.*, 2023).

Hichem AMICHI
École d'Ingénieurs de Purpan,
UMR LISST – Dynamiques Rurales

Marcel KUPER
Pierre-Louis MAYAUX
CIRAD (UMR G-Eau)

LA POLITIQUE AGRICOLE EN SUISSE

Pour une île montagneuse au centre de l'Europe

Au-delà du cas particulier, l'expérience de la Suisse apporte un éclairage intéressant sur les enjeux liés à l'agriculture et l'alimentation pour un petit pays importateur-net de denrées alimentaires. Comme pour de nombreux autres pays, l'agriculture Suisse ne couvre pas les besoins alimentaires de sa population qui dépendent à plus de 40 % des importations (Conseil fédéral, 2022). Ces dernières sont indispensables au bon fonctionnement des filières agroalimentaires et déterminantes pour garantir l'approvisionnement des Suissesses et des Suisses. Cette situation place régulièrement la Suisse face à des dilemmes politiques et exacerbe le conflit d'objectifs central inhérent au secteur agroalimentaire. Comment encourager la production sans dégrader l'environnement ? En effet, toute réduction de la production agricole pour satisfaire à des exigences environnementales, climatiques ou sociétales conduit inévitablement à une augmentation des importations – une délocalisation de la production ailleurs, en Europe ou dans le monde.

La sécurité de l'approvisionnement a ainsi été choisie comme fil rouge pour brosser le portrait de la politique agricole suisse et son évolution. Cette approche permet de souligner l'importance de l'arbitrage des conflits d'objectifs qui touchent à l'agriculture et l'alimentation. Cela met également en évidence la nécessité de disposer d'instruments de politique agricole flexibles pour atteindre des points d'équilibre dans un système en perpétuelle évolution.

La première partie de l'article présente le contexte de la Suisse et son agriculture. Dans la seconde partie, la question de la sécurité de l'approvisionnement et son évolution depuis le XIXe siècle est illustrée à travers quelques éléments marquants. Dans la troisième partie, les auteurs reviendront sur les réponses que la politique agricole suisse apporte aux défis posés par la sécurité de l'approvisionnement. Dans une dernière partie, les enjeux actuels et les perspectives pour une alimentation durable en Suisse seront discutés à la lumière de deux crises qui ont replacé la sécurité de l'approvisionnement au centre des débats : la crise de la COVID-19 et la guerre en Ukraine. Dans la conclusion, les auteurs proposent quelques pistes pour le développement futur de la politique agricole suisse.

PORTRAIT DU SECTEUR AGROALIMENTAIRE SUISSE

L'objectif de ce chapitre est de donner un bref aperçu de l'agriculture suisse en présentant quelques données statistiques utiles pour appréhender la question de la sécurité de l'approvisionnement.

La Suisse est un petit pays. Avec une superficie totale de 41 285 km^2, la Suisse est définitivement une île au centre du continent européen qui totalise plus de 10 millions de km^2. En Suisse, approximativement un quart de la superficie est utilisée à des fins agricoles avec une surface agricole utile (SAU) de 1,04 million d'hectares (ha) en 2020, soit 0,12 ha par habitant (OFAG – Office fédéral de l'agriculture, 2022). À titre de comparaison, la France dispose de 0,42 ha de SAU par habitant. La surface agricole disponible par habitant y est ainsi presque quatre fois supérieure à celle de la Suisse. Cela entraîne des conséquences logiques pour la balance commerciale et la sécurité de l'approvisionnement, comme nous le verrons plus tard. Les Alpes recouvrent une grande partie du territoire (figure 1). La répartition des surfaces y est très spécifique. 70 % de la SAU (auquel il faut encore ajouter près de 500 000 ha d'alpages) est ainsi directement consacrée aux herbages. Cette part n'est, par exemple, que de 50 % en France, qui consacre une plus grande partie de son territoire aux grandes cultures et aux cultures pérennes. La part de la surface exploitée en agriculture biologique était de 16 % en Suisse en 2020 (OFAG, 2022) contre 8,5 % en France.

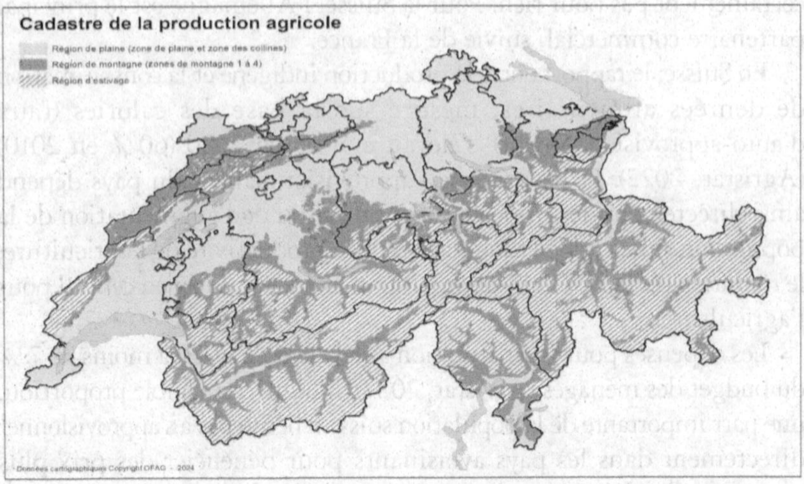

FIG. 1 – Les zones agricoles de la Suisse.

Les exploitations agricoles suisses sont relativement petites. En 2020, l'exploitation moyenne en Suisse disposait de 21,2 ha contre 69 ha en France. Le nombre d'exploitations agricoles diminue à un rythme de près de 2 % chaque par année (OFAG, 2022). Il faut encore relever que l'orientation technico-économique dominante des exploitations en Suisse est, de loin, les bovins-lait. Cela découle logiquement de la prépondérance des herbages sur le territoire.

En Suisse, la valeur de la production agricole s'élevait en 2020 à 11,4 milliards de Francs suisses (soit environ 10,5 milliards d'euros). Elle se situe ainsi, selon les années et à titre indicatif, entre le 12e et le 15e producteur agricole en valeur du continent européen. En 2020, la valeur ajoutée dégagée par l'ensemble des activités agricoles ne représentait que 0,68 % du Produit intérieur brut Suisse (OFS, 2022).

La balance commerciale de la Suisse est déficitaire. En 2020, la valeur des importations dépassait celle des exportations de près de 2,3 milliards d'euros (Agristat, 2022). Les exportations suisses dans le domaine agroalimentaire concernent notamment le café en capsule et les boissons sucrées. Le fromage est le produit agricole suisse qui rencontre le plus de succès à l'exportation. L'accord de libre-échange pour le fromage entre la Suisse et l'Union européenne (UE) entré en vigueur en 2008 n'y est certainement pas pour rien. Pour la Suisse, l'Allemagne est le principal partenaire commercial, suivie de la France.

En Suisse, le rapport entre la production indigène et la consommation de denrées alimentaires, mesuré sur la base des calories (taux d'auto-approvisionnement), s'élevait à 56 % en 2020 (60 % en 2010) (Agristat, 2022). La sécurité de l'approvisionnement du pays dépend ainsi directement des importations. En raison de l'augmentation de la population suisse et de la stagnation de la productivité de l'agriculture, le maintien du taux d'auto-approvisionnement est un enjeu central pour l'agriculture.

Les dépenses pour l'alimentation s'élevaient en 2020 à moins de 7 % du budget des ménages (Agristat, 2022). Malgré cette faible proportion, une part importante de la population suisse n'hésite pas à s'approvisionner directement dans les pays avoisinants pour bénéficier des prix plus attractifs. Ce phénomène, particulièrement problématique pour toute la filière agroalimentaire suisse, porte le nom de « tourisme d'achat ». L'ampleur de ce phénomène est difficile à estimer. Il s'élèverait à plus de 5 milliards de francs (Moser, 2013) (HSG, 2024). Il faut rappeler que c'est l'ensemble du niveau des prix qui est élevé en Suisse, à commencer par le niveau des salaires. Aussi, certains parlent de la Suisse comme étant un « îlot de cherté » au centre de l'Europe.

En résumé, le secteur agroalimentaire suisse doit composer avec des coûts de production élevés. Sa compétitivité, en comparaison internationale, est faible. Sans un soutien conséquent de l'État, la production agricole suisse diminuerait significativement avec des conséquences pour la sécurité de l'approvisionnement du pays, pour l'environnement et pour le paysage cultivé. Ce chapitre revient sur quelques événements historiques marquants qui illustrent cette problématique et les réponses politiques qui ont alors été mobilisées. Les statistiques mettent également en évidence la place marginale de l'agriculture dans le tissu économique de la Suisse qui reste une économie très libérale et ouverte au marché mondial. Cet état de fait place régulièrement l'agriculture suisse en porte-à-faux avec les autres milieux économiques sur les questions qui touchent à la politique commerciale internationale.

RETOUR SUR LES ÉVÉNEMENTS MARQUANTS POUR LA SÉCURITÉ DE L'APPROVISIONNEMENT DE LA SUISSE

L'ANCIEN RÉGIME ET LA DERNIÈRE FAMINE DE SUISSE

La première partie du XIXe siècle (entre 1798 et 1848) est une période de transition entre l'ancien régime et la fondation de la Confédération moderne en 1848. L'agriculture, elle aussi, est en route vers un nouvel ordre et au-devant d'une modernisation importante. Autour de l'an 1800, la Suisse est peuplée d'environ 1,7 million d'habitants, majoritairement des paysans (Brugger, 1956). Les familles paysannes sont en grande partie autosuffisantes. Cette population rurale se nourrit principalement de céréales et de fèves, qui sont aussi les productions principales de l'agriculture suisse de l'époque. Les produits laitiers et la viande sont réservés aux classes privilégiées ou pour les grandes occasions. Ainsi, les grandes cultures se cultivent jusque dans les montagnes pour assurer la subsistance de cette population rurale extrêmement pauvre. Des traces toujours bien visibles de cette époque sur le paysage suisse s'observent encore aujourd'hui, comme les traditionnelles cultures en terrasse des Grisons. La Suisse n'était pas encore le pays d'herbages que nous connaissons de nos jours.

À cette époque, le transport s'effectue à dos d'animaux et par les rivières. Le passage des Alpes reste très difficile et la première route carrossable qui les franchit, le Simplon, est construite entre 1800 et 1805 pour des raisons militaires. Les péages et les droits de passage locaux sont fréquents. En Suisse, en 1823, on en compte encore plus de 400 (Brugger, 1956). De ce fait, les transports coutent très chers et sont inenvisageables pour les denrées alimentaires de base. Dans ces conditions, la population ne peut compter que sur sa propre production pour garantir son approvisionnement. Elle est extrêmement vulnérable en situation de crise. Les mauvaises récoltes ne peuvent que difficilement être compensées par des importations. En conséquence, des pénuries et des hausses de prix considérables sont monnaie courante. Aussi, la dernière grande famine dans l'histoire suisse date de cette époque, de 1816, qui reste dans les mémoires comme « l'année sans été » (Brugger, 1956). On découvrira plus tard que la cause de ce phénomène extraordinaire fut l'éruption du volcan Tambora en Indonésie en avril 1815. Ces cendres ont troublé l'atmosphère d'une telle intensité que le climat mondial refroidit significativement pour plusieurs années. La crise du mildiou de la pomme de terre qui a sévi en Europe à partir de 1843 a également dégradé la sécurité de l'approvisionnement de la Suisse mais dans des proportions moindres (Haller, 2011). À cette époque, il n'y a pas encore véritablement de politique agricole. En cas de pénurie, la population est laissée à elle-même. La famine de 1816 a d'ailleurs déclenché une vague d'émigration sans précédent. De nombreux Suisses ont fui le pays et l'Europe pour l'Amérique où ils espéraient trouver une vie meilleure et gagner de quoi « nourrir son homme ».

LA FONDATION DE LA SUISSE MODERNE ET LA PREMIÈRE CRISE AGRICOLE MONDIALE

Lors de la fondation de la Confédération en 1848, près de la moitié de la population est encore paysanne et la plupart de ses besoins sont couverts par la production indigène. La production de céréales panifiables permet par exemple de couvrir plus de 80 % de la consommation suisse (Brugger, 1978). Cette situation va pourtant considérablement changer avec le développement des transports, notamment grâce à l'invention de la machine à vapeur, qui permet une plus grande ouverture au marché mondial. Les coûts de production étant inférieurs en Europe et aux États-Unis, la Suisse se met à importer de plus en plus de céréales de ces régions dès la seconde moitié du XIXe siècle. Les prix indigènes chutent et les producteurs demandent, pour la première fois, la mise en place d'une protection douanière, qui leur est refusée. En conséquence, les surfaces céréalières vont diminuer drastiquement entre 1850 et 1914. En 1910, la production céréalière suisse ne couvre plus qu'à peine 16 % de la consommation. Une partie des producteurs se convertissent progressivement à la production laitière qui bénéficie alors de bonnes possibilités d'exportation et pour laquelle la Suisse dispose de coûts de production relatifs avantageux. La production de viande connait également une forte croissance (+57 % de 1886 à 1911) grâce à l'importation de fourrages bon marché et à une augmentation de la demande indigène (Popp, 2000). L'agriculture suisse expérimente ainsi, dans la douleur, la théorie de l'avantage comparatif développée un siècle plus tôt par le célèbre économiste David Ricardo.

Ainsi, le secteur agricole suisse est en pleine crise. L'économie est dominée par le libre-échange et il y a très peu de volonté politique pour limiter ses effets néfastes. Pourquoi s'inquiéter ? La dernière famine date de 1816. Elle est le résultat de mauvaises récoltes qui ne pouvaient alors pas être compensées par des importations. Avec le développement des transports et la mondialisation des échanges commerciaux, tout a changé. La sécurité de l'approvisionnement est garantie. Il n'y a pas de raison d'intervenir sur les marchés mondialisés qui offrent de la nourriture à bas coût et en abondance. Dans ces conditions, l'agriculture n'est pas considérée comme un secteur économique clé et personne ne s'inquiète du taux d'auto-approvisionnement. Il n'y a pas de volonté politique pour encourager la production alimentaire ou pour mettre en place une politique économique sectorielle spécifique à l'agriculture, malgré les demandes des organisations agricoles qui commencent alors à se constituer.

Il faut attendre 1881 pour qu'une Section de l'agriculture soit créée dans le Département du commerce et de l'agriculture de la Confédération (OFAG, 2006). Celle-ci dispose alors de peu de moyens et ses ressources sont très limitées. Toutefois, un premier « Arrêté fédéral pour l'encouragement de l'agriculture » est accepté en 1884. Des contributions fédérales sont versées pour encourager l'enseignement agricole, soutenir la lutte antiparasitaire ou moderniser l'élevage bovin. Il s'agit de l'ancêtre de la première loi sur l'agriculture qui date de 1893. La Confédération peut alors verser des contributions en faveur d'une assurance contre la grêle et les épizooties, pour le développement des techniques de production et pour la création de stations fédérales d'essai. Ces mesures sont certes significatives, mais elles restent marginales au regard des instruments de politique agricole utilisés actuellement par la Suisse. On estime en effet que l'État ne doit pas ou peu intervenir sur les marchés qui sont capables de se réguler seuls et de manière efficiente. Ce sont les paysans qui, sur une base privée, doivent mettre en place les mesures de soutien dont ils ont besoin (mesures d'entraide). Ainsi, les organisations agricoles se développent, progressivement. En 1913, chaque canton a sa propre organisation agricole. La plupart de ces organisations s'organisent sous forme de sociétés coopératives (Popp, 2000). Elles s'engagent dans la transformation du lait, dans l'achat et la vente de moyens de production et de produits agricoles, dans la sélection animale, dans les assurances pour le bétail et comme agence de crédit. La plupart de ces organisations existent encore aujourd'hui. Elles jouent encore un rôle prépondérant dans l'organisation du secteur agroalimentaire suisse (Janin, Gay, 2020).

Pour la fondation d'une organisation faitière au niveau suisse, plusieurs tentatives sont nécessaires. L'Union suisse des paysans est finalement fondée en 1897. Son premier directeur, Ernest Laur, reste un personnage emblématique de l'agriculture suisse.

LA PREMIÈRE GUERRE MONDIALE ET LE CHANGEMENT DE PARADIGME

Lorsque la Première Guerre mondiale éclate, le marché agricole suisse est ainsi très peu protégé, selon les principes du libre-échange, bénéfiques à une économie libérale et moderne. Aussi, la Suisse est largement dépendante des importations pour subvenir au besoin de sa population. Elle dépend, par exemple, à hauteur de 85 % de céréales étrangères, majoritairement d'origine d'outre-mer (Popp, 2000). Ainsi, elle n'est, en matière d'approvisionnement de la population, pas du tout prête à affronter une guerre de grande envergure et sur la durée. Cette situation de crise marque fortement les esprits et conduit à un changement total de paradigme en matière de sécurité de l'approvisionnement. Après la guerre, le rôle de l'État dans ce domaine est perçu complétement différemment.

En effet, même si la Suisse n'est pas partie prenante au conflit mondial, la guerre entraîne des conséquences importantes pour le secteur agricole et alimentaire. La mobilisation de main d'œuvre et de chevaux, notamment pour protéger les frontières, conduit à une pénurie dans le secteur agricole qui peine à assurer la production. Les marchés mondiaux sont en crise et les exportations, notamment de fromage, dégringolent. Les prix sont extrêmement volatils et les marchés instables. On observe également une pénurie de lait sur le territoire helvétique. Son prix quadruple entre 1914 et 1920. Le Conseil fédéral doit intervenir et imposer des prix maximaux car l'inflation devient trop importante pour de nombreux consommateurs qui ne parviennent plus à se nourrir (Janin & Gay, 2020). D'autres mesures sont alors prises par l'État pour encadrer l'économie agricole : des restrictions sur l'exportation, des monopoles d'importation, une obligation d'emblaver, etc. Ces efforts importants sont mis en place dans un but bien précis : garantir la sécurité de l'approvisionnement, devenue désormais une mission prioritaire pour la Confédération. Durant cette période, l'État peut également compter sur le soutien de nombreuses organisations paraétatiques qui voient progressivement le jour dans le but d'organiser, voire de planifier, certains marchés agricoles (par exemple : l'union suisse du commerce de fromage et la centrale suisse du ravitaillement en beurre – BUTYRA). Ces organisations « de branche » joueront ensuite un rôle incontournable dans tout le développement de la politique agricole, notamment durant la Deuxième Guerre mondiale et la mise en place du plan Wahlen, comme nous le verrons au chapitre suivant. Elles perdureront jusqu'à la réforme de la politique agricole et leur dissolution dans les années 2000.

Après la Première Guerre mondiale, la plupart des mesures alors mises en place sont certes abandonnées. Mais le conflit a marqué les esprits et fait prendre conscience à l'opinion publique de l'importance de maintenir une production indigène variée et suffisante. Ainsi, les mesures interventionnistes pour encourager la production de céréales suisses sont maintenues, voire renforcées. En 1929, la Confédération décrète la création de stocks obligatoires pour les céréales en vue d'assurer l'approvisionnement de la population à court terme. Cette mesure existe encore aujourd'hui. Le prix du lait, qui a brutalement chuté après la guerre, remonte en 1925 puis rechute avec la crise économique mondiale de 1930. De manière générale, les prix suisses suivent ceux du marché mondial. Ainsi, le secteur agricole suisse dans son entier subit les conséquences des fluctuations de prix durant cette période instable d'un point de vue économique. Les productions animales sont particulièrement touchées. Des mesures sont alors ponctuellement mises en place pour soutenir différentes branches agricoles, avec des contingentements de l'importation (beurre, denrées fourragères, lait), des soutiens des prix (lait), l'augmentation des droits de douane (fromage), des suppléments de prix (denrées fourragères), l'augmentation des prix et aide fédérale aux producteurs (lait), etc. La Suisse doit également faire face à une surproduction dans certains secteurs. Elle décide alors d'instaurer des contingentements de production sur le lait et le porc, et sur certaines importations (Popp, 2000).

Pour les familles paysannes, l'entre-deux-guerres est une période délicate. La volatilité des prix les touche directement et elles rencontrent des difficultés pour payer les intérêts des dettes. Certaines font faillite et voient leur ferme saisie. Pour lutter contre cela, des caisses cantonales de cautionnement sont créées et des prêts sans intérêts sont accordés. Contrairement à la période d'avant-guerre, les interventions de l'État sur les marchés agricoles sont désormais nombreuses et intrusives. Elles manquent cependant de coordination et d'anticipation. Il s'agit d'interventions ponctuelles en fonction de l'évolution du marché. Il n'existe pas une « stratégie » agricole qui définit clairement les objectifs poursuivis. De nombreux outils de politique agricole sont alors expérimentés pour la première fois. Certains existent encore aujourd'hui. D'autres ont été définitivement abandonnés.

LA DEUXIÈME GUERRE MONDIALE ET L'ÉMERGENCE D'UNE ÉCONOMIE AGRICOLE PLANIFIÉE

Lorsque la Seconde Guerre mondiale survient, des discussions ont très vite lieu sur la nécessité de mettre en place une loi sur l'agriculture, et sur la définition d'un plan de défense économique en cas de guerre, ce qui devient plus tard le Plan Wahlen. Contrairement à la Première Guerre mondiale, l'intervention de l'État est beaucoup plus rapide et planifiée (Popp, 2000).

Le Plan Wahlen, du nom du Conseiller fédéral (équivalent d'un ministre membre du gouvernement) en charge de l'agriculture durant la Seconde Guerre mondiale, désigne la stratégie mise en place par la Confédération pour assurer l'approvisionnement de la population durant cette période troublée. Le but est de garantir l'approvisionnement du pays lorsqu'une crise limite les possibilités d'importation. Ce plan se compose de deux piliers. Premièrement, des mesures visent à favoriser la production végétale au détriment de l'élevage, ce qui permet de produire plus de calories assimilables par personne et par unité de surface (primes pour les céréales, garantie des prix et d'écoulement, soutien pour l'approvisionnement en semences et machines). Deuxièmement, le plan encourage l'emblavement de toutes les surfaces disponibles, y compris les moins accessibles (Ordonnance sur l'extension des cultures des champs). Des parcelles agricoles même de très petite taille et difficiles à travailler sont ainsi cultivées afin d'utiliser toute la surface disponible. Le plan s'accompagne aussi d'obligations de livraison, d'un système de contrôle des prix, d'une garantie de prise en charge de la production et d'autres mesures inspirées d'une économie de guerre. Ces mesures fonctionnent plutôt bien et permettent de doubler la production de céréales panifiables, de tripler la production de pommes de terre et de quadrupler la production de légumes. Le taux d'auto-approvisionnement de la Suisse passe ainsi de 52 % en 1939 à 72 % en 1945 (Chappuis, Barjolle, Eggenschwiller, 2008). Étonnement, la mise en place du plan Wahlen est confrontée à une certaine méfiance des milieux agricoles qui craignent une mainmise de l'État sur l'agriculture (voir Ernst Wüthrich dans *Neue Zürrcher Zeitung* du 17 décembre 2022). En définitive, cette politique est très bien accueillie par la population de l'époque qui se montre reconnaissante vis-à-vis de l'agriculture. Grâce à elle, la Suisse évite la famine durant la Deuxième Guerre mondiale. Cela va durablement influencer la politique agricole qui s'inspirera largement de cette expérience « *d'agriculture planifiée* » durant de nombreuses années. Il faut toutefois relever que, même dans le contexte du Plan Wahlen et avec tous les efforts alors déployés par le pays pour garantir l'approvisionnement de la population, les importations restent indispensables. La Suisse a bel et bien besoin du reste du monde pour se nourrir.

Peu de temps après la guerre, en 1947, la Suisse se dote d'un nouvel article constitutionnel intitulé « article économique » qui prévoit une exception pour l'agriculture. Celle-ci n'est désormais plus considérée comme un secteur économique classique. Cet article stipule que la Confédération peut édicter des prescriptions sur l'exercice du commerce et de l'industrie et prendre des mesures en faveur de certaines branches économiques ou professions lorsque l'intérêt général le justifie. La Confédération a ainsi la possibilité de déroger au principe de la liberté du commerce et de l'industrie en intervenant directement sur les marchés, notamment agricoles. Aussi, en s'appuyant sur cet article constitutionnel, une nouvelle loi sur l'agriculture est votée en 1951 (Popp, 2000). Elle prévoit des mesures pour répondre aux enjeux apparus avec les années de crise et poursuit plusieurs objectifs :

- Mieux adapter l'offre à la demande notamment en favorisant les cultures et l'élevage.
- Atteindre des prix suffisants et aussi stables que possible en garantissant des prix de vente qui couvrent les coûts de production.
- Limiter le prix des terres et l'endettement des agriculteurs.
- Maintenir une paysannerie saine et encourager une agriculture efficiente pour assurer l'alimentation des Suisses.

Pour atteindre ces objectifs, la Confédération intervient directement dans de nombreux domaines. Elle protège les producteurs suisses de la concurrence internationale en mettant en place des mesures de protection contre les importations et en subventionnant les exportations. Sur le marché indigène, la Confédération fixe les prix et organise la commercialisation des produits suisses. En plus, elle encourage la recherche agronomique, la formation et la vulgarisation, et soutient la modernisation des infrastructures tout en encourageant l'accès à la propriété foncière rurale.

Durant cette période, le mécanisme de formation des prix ne découle plus d'une logique de marché. Il est le résultat d'une planification de l'économie. La Confédération fixe ainsi un revenu de référence pour les producteurs intitulé « salaire paritaire ». Pour cela, elle décide le prix d'achat des produits agricoles en fonction d'une estimation des coûts de production, calcule les marges perçues par les transformateurs et fixe le prix de vente du produit final. Elle garantit également la prise en charge de nombreux produits agricoles comme les céréales panifiables, les betteraves à sucre ou les produits laitiers. D'autres aides, comme des contributions ou des primes, sont mises en place pour aider les exploitations en zone de montagne à générer un revenu satisfaisant. En effet, la production agricole en montagne est particulièrement difficile, et les prix administrés restent insuffisants pour couvrir les coûts de production dans ces régions où la politique agricole « productiviste » d'après-guerre ne permet pas d'atteindre les objectifs visés (Chappuis, Barjolle, Eggenschwiller, 2008).

Toutes ces mesures, inspirées d'une économie de guerre, favorisent la production agricole, le développement technique et la mécanisation. L'agriculture se modernise rapidement et sa productivité augmente. Dès les années 1970, cette économie planifiée, très éloignée d'une économie de marché, commence pourtant à montrer progressivement ses limites. À partir des années 1980, il devient de plus en plus évident qu'une réforme est inévitable. Le système est dans une impasse. La sécurité de l'approvisionnement de la population n'est plus la préoccupation principale, au contraire ce sont les surplus de production dans certains secteurs qui inquiètent désormais.

LES LIMITES DU SYSTÈME ET LA RÉFORME DE LA POLITIQUE AGRICOLE

Le fait que le secteur agricole soit largement déconnecté des réalités du marché engendre un certain nombre de problèmes pour les producteurs, pour les consommateurs, pour l'État et d'un point de vue international (Burger, 2018). Dès les années 1960-1970, une surproduction s'observe dans certains secteurs, notamment le lait et la viande. L'État doit alors intervenir pour limiter la surproduction. Il décide par exemple d'introduire un contingentement de la production du lait dès 1977. Malgré cela, l'État ne parvient pas à équilibrer l'offre avec la demande et se trouve face à des surplus de production qui posent de plus en plus de problèmes, notamment pour le budget de la Confédération.

En effet, le salaire paritaire et la prise en charge de la production garantie par la Confédération coûtent de plus en plus cher et grèvent fortement le budget agricole qui est hors de contrôle. Les excédents doivent être pris en charge par le gouvernement aux prix suisses pour ensuite être bradés sur le marché mondial. Il faut, en plus, continuellement augmenter les prix des produits pour assurer un revenu agricole qui soit comparable au « salaire paritaire ». Dans les faits, la Confédération est contrainte de corriger chaque année les prix payés aux producteurs vers le haut. Cela a pour effet d'accroitre la différence de prix par rapport aux autres pays, entraine le besoin de renforcer les protections aux frontières et alourdit, encore une fois, le budget agricole. Certaines subventions à l'exportation deviennent par exemple supérieures à la valeur du produit exporté. La charge économique pour l'État est importante et croissante, et suscite, à juste titre, de plus en plus de critiques des consommateurs et des citoyens.

En même temps, la Suisse commence à prendre conscience des différents problèmes environnementaux causés par des modes de production intensifs : l'érosion et le tassement des sols, la pollution des eaux par les phosphates et les nitrates de même que leur accumulation dans les sols, les résidus de produits phytosanitaires dans les aliments et dans les sols, la pollution atmosphérique à cause des émissions azotées, la diminution de la biodiversité, la destruction des paysages et les pratiques d'élevage cruelles (élevage en batterie) (OFAG, 2006). Paradoxalement, ces pratiques sont indirectement encouragées par la politique agricole qui favorise une production intensive. Il devient de plus en plus difficile de justifier une politique qui conduit simultanément à la production de surplus et à la dégradation de l'environnement.

Le système entrave aussi les agriculteurs les plus dynamiques. Il inhibe fortement l'innovation et empêche la liberté entrepreneuriale. Uniquement quatre races de vaches sont autorisées en Suisse, la commercialisation et la valorisation des produits par les agriculteurs sont extrêmement difficiles. Le développement des exploitations agricoles fait également l'objet d'une planification par la Confédération sans laisser de place à l'initiative individuelle (Burger, 2018). Dans le pays, le cumul des différentes problématiques énumérées ci-dessus met progressivement l'agriculture et la politique agricole sous pression. Plusieurs initiatives populaires demandent des changements importants et traduisent un mécontentement général de la population concernant l'environnement, les aspects sociaux et les dépenses de la Confédération pour l'agriculture. Parallèlement, plusieurs projets issus du monde agricole sont rejetés par les citoyens (exemple : Arrêté fédéral sur l'économie sucrière ou l'initiative des petits paysans).

La pression internationale sur la politique agricole suisse augmente également dans le cadre des négociations du cycle de l'Uruguay (1986-1994) du GATT auquel la Suisse a adhéré en 1966 déjà. Le système de protection à la frontière et les subventions à l'exportation sont la cible de critiques pour leurs effets distorsifs sur le marché mondial.

À la fin des années 1980, la tension est à son comble. L'agriculture est désormais perçue comme une source de problèmes. Depuis la fin de la Deuxième Guerre mondiale, le monde a changé. La sécurité de l'approvisionnement n'est plus la préoccupation principale de la population. La politique en place ne permet pas de répondre à ses attentes (Pidoux, 2020). Le Conseiller fédéral en charge de l'agriculture de l'époque, Jean-Pascal Delamuraz, exprimera dans un célèbre discours cette volonté de changement (Conseil fédéral, 1992) : « Il est nécessaire de mettre fin à une politique inspirée d'une économie de guerre. Que nous le voulions ou non, l'agriculture suisse sera touchée par les mouvements internationaux. Nous ne pouvons pas la maintenir indéfiniment sous une cloche à fromage ».

LA RÉFORME DE LA POLITIQUE AGRICOLE ET L'ÉMERGENCE DE LA MULTIFONCTIONNALITÉ DE L'AGRICULTURE

LA NÉCESSAIRE MAIS DIFFICILE RÉFORME DE LA POLITIQUE AGRICOLE

Le bilan de la politique agricole d'après-guerre est mitigé et laisse l'agriculture suisse face à des défis contradictoires. Comment stabiliser la production et limiter la surproduction tout en encourageant le progrès technique ? Comment améliorer la compétitivité de l'agriculture suisse sans augmenter la production ? Comment améliorer la compétitivité et produire de manière plus respectueuse de l'environnement ? Comment exiger de l'agriculture qu'elle offre des prestations d'intérêt général tout en réduisant les prix et donc le revenu agricole ? Une piste a déjà été avancée en 1973 par la commission Popp qui publie un rapport proposant de séparer la politique des prix de celle des revenus des producteurs en introduisant des paiements directs qui seraient versés indifféremment de la production (Popp, 2000). Ce travail servira de base, 19 ans plus tard, pour la concrétisation de la réforme de la politique agricole.

La réforme de la politique agricole suisse se traduit par une réduction massive du niveau des prix, une ouverture progressive des frontières et l'introduction des paiements directs découplés. Ces derniers ne visent pas à encourager la production agricole. Ils ont pour vocation de rémunérer les autres prestations fournies par l'agriculture et pour lesquelles il n'existe pas de marché, comme le maintien de la biodiversité, l'entretien des paysages cultivés ou encore l'occupation décentralisée du territoire. Ces prestations sont la résultante du caractère multifonctionnel de l'agriculture qui produit des biens publics conjointement aux biens agricoles ; on parle de *jointness* (OCDE, 2007). La multifonctionnalité de l'agriculture se réfère aussi à la dimension sociale de l'agriculture ne pouvant être soumise aux lois du marché (Chappuis *et al.*, 2008). La délégation suisse participant aux négociations de l'Organisation Mondiale du Commerce (OMC) en 1995 se base d'ailleurs sur cette argumentation de la multifonctionnalité de l'agriculture pour justifier la sauvegarde d'une partie des droits de douane et l'introduction des paiements directs découplés.

Au niveau international ce concept crée de grands débats. Il est défendu par un groupe de pays (UE, Norvège, Suisse, Japon et Corée du Sud) qui attache une valeur importante à la préservation du paysage, la protection de l'environnement et la qualité des aliments. D'un autre côté, d'autres pays (groupe de Cairns) trouvent que quels que soient les motifs, les subventions et les interventions publiques biaisent les marchés agricoles et renforcent les externalités négatives (dégradation des ressources, surproduction, allocation inefficiente des ressources, etc.). En définitive, des solutions sont trouvées, qui permettent de débloquer la situation au niveau de l'OMC et de réformer la politique agricole en Suisse.

Au cœur de la réforme, il y a donc le principe d'une agriculture multifonctionnelle. Cette approche est largement plébiscitée par le peuple suisse qui accepte en 1996 le nouvel article constitutionnel sur l'agriculture par 77,6 % des voix. L'article 104 définit le rôle de la Confédération « qui doit désormais veiller à ce que l'agriculture, par une production répondant à la fois aux exigences du développement durable et à celles du marché, contribue substantiellement à la sécurité de l'approvisionnement de la population, à la conservation des ressources naturelles et à l'entretien du paysage rural ainsi qu'à l'occupation décentralisée du territoire. La Confédération peut, en complément des mesures d'entraide que l'on peut raisonnablement exiger de l'agriculture et en dérogeant au principe de la liberté économique, encourager les exploitations paysannes cultivant le sol et compléter le revenu paysan par des paiements directs ».

Depuis cette date, la politique agricole suisse n'a pas fondamentalement changé. Le système a été progressivement développé. Les mesures de soutien ont été précisées et affinées. Les reliques de l'ancien système sont supprimées afin de mieux orienter la production agricole vers le marché. La sécurité de l'approvisionnement figure toujours parmi les objectifs centraux attribués à l'agriculture.

LES ÉTAPES PROGRESSIVES DE LA RÉFORME DE LA POLITIQUE AGRICOLE

Le passage de la politique agricole basée sur des prix administrés aux paiements directs découplés ne s'est pas fait en un jour. Plusieurs étapes ont marqué la réforme durant les 30 dernières années visant en premier lieu à mieux orienter l'agriculture vers le marché et à encourager de façon plus ciblée les prestations d'intérêt public (Conseil fédéral, 2017).

Les principaux jalons de ce développement ont été les suivants. Dès 1992, le principe du découplage de la politique des prix de celle des revenus par l'introduction de paiements directs non liés à la production est mis en place. La réforme passe par l'établissement de nouveaux objectifs de politique agricole mettant l'accent sur la protection de l'environnement avec des subventions et l'interdiction de certaines pratiques (exemple : épandage de lisier sur la neige puisque les risques de ruissellement sont évidents). La politique des prix n'est plus l'instrument pour garantir le revenu des agriculteurs. Ces derniers sont soutenus grâce aux paiements directs. La Confédération annonce aussi la révision des dispositions légales concernant le salaire paritaire. On parle ainsi de « découplage » de la politique de prix et de la politique des revenus. Le 9 octobre 1992, le Parlement adopte la modification de la loi fédérale sur l'agriculture, fixant ainsi la base légale permettant les paiements directs non liés à la production. Cette modification marque l'orientation de la première étape de la réforme avant même que l'article 104 de la Constitution soit accepté quatre ans plus tard en 1996.

En 1999, les garanties étatiques des prix et de l'écoulement des produits sont abandonnées. Désormais, ce sont les acteurs du marché qui assument ces tâches. L'introduction des prestations écologiques requises (PER) comme condition au versement de paiements directs date également de 1999. Cette évolution correspond à ce qu'on appellera plus tard dans l'UE « l'éco-conditionnalité ». La Suisse fait figure de pionnière dans ce domaine. Aussi, dès 1999, toute exploitation qui souhaite toucher des paiements directs doit impérativement (liste non-exhaustive) :

- Compter au moins 7 % de surfaces de compensation écologique gérées de façon non intensive (haies, prairies sauvages, jachères, etc.)[1]. Les agriculteurs favorisent ainsi la biodiversité et l'entretien de paysage.
- Offrir des conditions d'élevage respectueuses de l'espèce.
- Avoir un bilan de fumure équilibré (fertilisants), ce qui signifie qu'elles n'épandent pas de phosphore ou d'azote en excès.
- Appliquer une rotation des cultures bien définie avec au minimum 4 cultures et des techniques culturales préservant le sol.

1 Appelée actuellement « Surfaces de promotion de la biodiversité ».

Depuis cette date, les prestations écologiques requises ont évolué et d'autres exigences sont venues s'ajouter à la liste (dans le domaine de la protection des eaux et la limitation des pollutions atmosphériques par exemple). En 2022, plus de 98 % des exploitations agricoles suisses remplissent les exigences de base des PER (OFAG, 2022).

En 2004, les quotas laitiers (qui avaient été introduits en 1977 pour limiter la surproduction) sont progressivement supprimés. Cette suppression marque un tournant historique pour le marché du lait suisse qui entre dans une logique de libre marché, avec les avantages et les inconvénients que cela comporte. En 2004, les règles pour l'importation de viande sont également adaptées. Désormais, les contingents d'importation de viande sont mis en adjudication.

L'année 2007 marque la suppression complète des subventions à l'exportation de produits agricoles primaires. Les moyens financiers destinés à soutenir le marché sont également réalloués sous forme de paiements directs. Ceux-ci constituent près de 80 % des dépenses de la Confédération pour l'agriculture et l'alimentation. À cela s'ajoutent les mesures pour la production et la vente ainsi que les crédits pour améliorer les bases de production et les mesures sociales. Il faut rappeler que les mesures de protection à la frontière restent importantes et demeurent un instrument central de la politique agricole suisse.

En 2014, dans le cadre de la politique agricole 2014-2017, le système des paiements directs est entièrement remodelé. Il est toujours basé sur l'article 104 de la Constitution, mais des mesures spécifiques en fonction des objectifs poursuivis sont mises en place. Avec un cadre de référence inspiré des recommandations de l'Organisation de coopération et de développement économiques (OCDE), le système des paiements directs est taillé sur mesure selon le principe « un objectif – une mesure » (OCDE, 2007). Ainsi, les paiements directs se déclinent désormais sous cinq formes de contributions qui visent chacune des objectifs spécifiques et sont liées à des exigences précises : les contributions à la sécurité de l'approvisionnement, les contributions au paysage cultivé, les contributions à la biodiversité, les contributions à la qualité du paysage et les contributions aux systèmes de production. Le Conseil fédéral peut désormais piloter la politique agricole de manière plus factuelle en apportant les corrections nécessaires en fonction de l'atteinte ou non des différents objectifs. Nous verrons cependant plus tard que ce système accuse également des faiblesses. Le cumul des mesures a notamment rendu la politique agricole extrêmement complexe et génère une charge administrative substantielle pour les agriculteurs, l'administration cantonale et fédérale. Depuis cette date, la loi sur l'agriculture suisse n'a cependant pas connu de modifications substantielles.

BILAN DE LA RÉFORME DE LA POLITIQUE AGRICOLE

Dans le cadre du message relatif à l'évolution future de la politique agricole à partir de 2022 (Conseil fédéral, 2022), le Conseil fédéral dresse un bilan de la politique agricole sur la base d'indicateurs visant à mesurer l'atteinte des objectifs constitutionnels. Il constate que des progrès importants sont réalisés dans les trois dimensions de la durabilité. Sur le plan environnemental, les surfaces de promotion de la biodiversité ont augmenté et dépassent largement les exigences minimales de 7 % des surfaces. Le bien-être des animaux a pu être renforcé et la participation aux différents programmes dans ce domaine (sorties régulières en plein air et autres) est bonne. Au niveau économique, l'évolution de la productivité du travail est positive, le nombre d'exploitations agricoles diminue mais pas le volume de production. En effet, la production de calories a pu être maintenue malgré la perte des terres cultivées, qui se poursuit mais à un rythme moins soutenu que par le passé. Ainsi, le fameux taux d'auto-approvisionnement de la Suisse est resté relativement stable, à un niveau proche de 60 %. On constate toutefois que, depuis 2015, ce taux a tendance à s'éroder. Cette érosion est particulièrement préoccupante si l'on considère les taux d'auto-approvisionnement net lorsque les importations de fourrages ont été déduites. En d'autres termes, les animaux de rente élevés en Suisse mangent de plus en plus de fourrages importés.

Au niveau des aspects sociaux, le revenu agricole par exploitation et le revenu du travail par unité de main d'œuvre familiale ont constamment augmenté depuis le milieu des années 90. Cette tendance est à mettre en relation avec l'évolution structurelle qui se poursuit avec 2 à 3 % des exploitations qui cessent leur activité chaque année. En comparaison avec les pays avoisinants, cette évolution est plutôt lente. Il faut également souligner que, malgré la tendance positive, les revenus dans l'agriculture restent très largement inférieurs aux revenus dans les autres branches de l'économie.

Toutefois, des lacunes importantes demeurent. En comparaison internationale, la compétitivité de l'agriculture suisse reste très faible. L'estimation du soutien aux producteurs de l'OCDE indique que l'agriculture suisse demeure parmi les plus soutenues au monde (OCDE, 2023). Si l'adaptation aux besoins du marché et la compétitivité ont été améliorées, force est de constater que les développements sont souvent plus rapides dans les autres pays de l'OCDE. Les objectifs de la politique agricole dans le domaine de l'écologie ne sont également que partiellement atteints. En effet, trop d'azote et de phosphore sont encore utilisés par l'agriculture et peu de progrès ont été accomplis depuis le tournant du millénaire. Dans le contexte du changement climatique, des progrès importants sont encore nécessaires notamment concernant la réduction des émissions. Dans le domaine de la biodiversité, malgré une augmentation de la participation aux programmes de promotion, le recul n'a pas pu être enrayé.

Depuis la réforme de la politique agricole des années 1990, le monde est devenu plus complexe et les objectifs en matière de politique agricole se sont multipliés. La sécurité de l'approvisionnement reste une préoccupation centrale mais ce n'est de loin plus la seule. Principalement dans le domaine environnemental, la population ne se satisfait pas des progrès réalisés et demande à l'agriculture de fournir des efforts supplémentaires. L'utilisation des produits phytosanitaires et le changement climatique sont au cœur des préoccupations. En Suisse, cela se traduit par l'émergence d'initiatives populaires directement en lien avec l'agriculture et l'alimentation. Pour déposer une initiative populaire 100 000 signatures doivent être recueillies dans un délai de dix-huit mois. Si cet objectif est atteint, l'initiative est alors soumise au vote et c'est le peuple suisse qui décide. En 2021, deux initiatives populaires qui demandaient une réduction massive de l'utilisation des produits phytosanitaires dans l'agriculture ont ainsi été refusées par le peuple suisse.

LA SÉCURITÉ DE L'APPROVISIONNEMENT À NOUVEAU À L'AGENDA POLITIQUE

La perception de la sécurité de l'approvisionnement en Suisse a évolué considérablement durant les deux derniers siècles. Dans les années 1990-2000, sa pondération a été dévaluée au profit d'autres objectifs, notamment environnementaux. La politique agricole a été, dans cette logique, recalibrée afin d'encourager l'agriculture à devenir plus durable et à fournir différentes prestations de manière plus efficiente. Cette évolution ne fait pas l'unanimité, notamment dans le monde agricole. Il estime en effet que la production de denrées alimentaires doit redevenir la « principale mission » de l'agriculture et plaide pour un rééquilibrage de la politique agricole dans ce sens. Celui-ci rencontre d'ailleurs un certain succès. À la suite d'une initiative déposée par l'Union suisse des paysans, un nouvel article constitutionnel sous forme de contre-projet élaboré par le Parlement, l'article 104a – sécurité alimentaire, a été accepté par le peuple suisse avec 78,7 % des voix en 2017. Cet article demande un renforcement de la sécurité alimentaire et exige de la Confédération de « créer des conditions favorables à la préservation des bases de la production agricole, notamment des terres agricoles ; une production de denrées alimentaires adaptée aux conditions locales et utilisant les ressources de manière efficiente ; une agriculture et un secteur agroalimentaire répondant aux exigences du marché ; des relations commerciales transfrontalières qui contribuent au développement durable de l'agriculture et du secteur agroalimentaire ; une utilisation des denrées alimentaires qui préserve les ressources ».

Cet article pose les jalons pour la sécurité de l'approvisionnement de la Suisse de demain qui devra être durable et ne pas dépasser la capacité de charges des écosystèmes ; le résultat d'un équilibre entre la production indigène et les importations. Ce nouvel article constitutionnel offre une base solide pour affronter les défis futurs en matière de sécurité de l'approvisionnement qui sont nombreux et qui se sont considérablement renforcés durant les cinq dernières années avec la crise de la Covid-19, puis la guerre en Ukraine.

LA SÉCURITÉ DE L'APPROVISIONNEMENT DE LA SUISSE AUJOURD'HUI
Enjeux et défis

Nous avons vu plus haut l'importance d'une initiative populaire, celle déposée par l'Union suisse des paysans sous le titre « Pour la sécurité alimentaire », dans l'élaboration puis l'adoption par le peuple suisse du nouvel article constitutionnel 104a sur la sécurité alimentaire. Les initiatives populaires ont toujours joué un rôle clé dans le développement de la politique agricole en Suisse, obligeant le secteur agricole, le Conseil fédéral et le Parlement à tenir compte des préoccupations exprimées par une partie de la population. Un effet positif des initiatives populaires relatives à l'agriculture est donc d'avoir entraîné un développement de la politique agricole en phase avec les besoins et les attentes de la société tels qu'ils évoluent avec le temps. Les adaptations se font de manière continue et sans à-coups avec une population qui soutient largement son agriculture. Ces dernières années, la multiplication du recours au droit d'initiative a mis néanmoins la politique et le monde agricoles sous une pression pratiquement continue.

En février 2020, le Conseil fédéral a adressé au Parlement un « message » sur l'évolution future de la politique agricole à partir de 2022 (PA22+) avec un certain nombre d'adaptations de la loi sur l'agriculture. Lors de la session d'hiver 2020 et de celle du printemps 2021, le Parlement a manifesté son mécontentement face à ce projet et décidé de suspendre les délibérations jusqu'à ce que le Conseil fédéral lui ait présenté un rapport sur l'orientation future de la politique agricole. Il s'agissait notamment de traiter des sujets spécifiques qui ne se limitaient pas à l'agriculture, mais concernaient tout le système alimentaire. Le rapport devait de plus ouvrir des perspectives à long terme pour le secteur agricole. Le Conseil fédéral était donc chargé de proposer une stratégie globale allant au-delà de la période prévue pour la PA22+ (2022-2025).

À la même période, en réponse à deux initiatives populaires sur la thématique de l'utilisation des produits phytosanitaires et de la qualité de l'eau, le Parlement a légiféré sur des dispositions contraignant l'agriculture à réduire les risques liés à l'utilisation des produits phytosanitaires et à limiter les pertes d'azote et de phosphore. Des cibles de réduction ont été fixées à l'horizon 2027-2030 : moins 50 % pour les risques liés à l'utilisation des produits phytosanitaires, moins 15 % pour les pertes d'azote et moins 20 % pour les pertes de phosphore. Sur cette base, le Conseil fédéral a proposé de nouveaux programmes dans le domaine des paiements directs afin de soutenir les agriculteurs dans l'atteinte de ces objectifs.

Pour revenir au mandat donné au Conseil fédéral, le rapport commandé par le Parlement devait aborder un certain nombre de sujets spécifiques.

Leur énumération permet de se faire une idée des thématiques préoccupant le pouvoir législatif : (1) taux d'autosuffisance de la Suisse ; (2) développement d'une politique globale pour une production durable et une alimentation saine ; (3) fermeture des cycles d'éléments fertilisants ; (4) réduction de la complexité ; (5) perspectives économiques pour les exploitations agricoles ; (6) distorsions de concurrence des produits importés ; (7) vente directe et circuits courts ; (8) réduction du gaspillage alimentaire.

Pour définir la stratégie à long terme du secteur agricole et alimentaire, l'Office fédéral de l'agriculture a mis sur pied un groupe d'accompagnement réunissant l'ensemble des parties prenantes, notamment les organisations agricoles, les entreprises de la transformation et les milieux de protection de l'environnement. Dans un premier temps, ce groupe a élaboré une projection de l'agriculture et du secteur agroalimentaire suisses à l'horizon 2050. Celle-ci-consiste en une représentation de la situation de l'agriculture et plus largement des systèmes alimentaires en Suisse, dans un temps qui correspond à celui d'une génération. Le but de cet exercice était d'éviter d'aborder directement la question des mesures de politique agricole. Il fallait d'abord se mettre d'accord sur une image future du secteur avant d'aborder la partie peut-être plus conflictuelle de la définition d'une nouvelle politique agricole et de l'adaptation des instruments en vue de sa concrétisation. Il s'agissait aussi de répondre à la demande du Parlement d'offrir des perspectives sur le long terme.

Les principaux éléments de cette projection 2050 sont les suivants :

- La production agricole intérieure est fonction de la demande. Elle contribue, grâce à un portefeuille de productions diversifié, à l'approvisionnement de la Suisse, pour plus de 50 % en chiffres nets (une fois soustraits notamment les importations de fourrage pour la production animale).
- L'agriculture se distingue par sa forte valeur ajoutée par unité de main-d'œuvre. La productivité du travail a augmenté de 50 % par rapport à 2020.
- Les émissions de gaz à effets de serre générées par la production ont diminué d'au moins 40 % par rapport au niveau de 1990 et celles de la consommation ont été réduites, par personne, d'au moins deux tiers.

- Les flux d'éléments fertilisants ont été largement optimisés. Les pertes dans l'air et l'eau n'excèdent pas la résilience écologique.
- Les pertes alimentaires, de la production à la consommation finale, ont diminué de trois quarts par rapport à 2020.
- La population a une alimentation saine, équilibrée et durable. Les recommandations de la pyramide alimentaire suisse servent de référence.
- L'agriculture et le secteur agroalimentaire suisses sont ouverts aux nouvelles technologies et sont leaders à l'échelle internationale dans l'utilisation des technologies respectueuses de l'environnement et des ressources naturelles.

UNE FUTURE POLITIQUE AGRICOLE QUI S'INSCRIT DANS UNE LOGIQUE DE SYSTÈMES ALIMENTAIRES

La projection 2050 esquisse donc une vision globale du système alimentaire. On parle d'une approche systémique ou holistique de la sécurité alimentaire, que l'on retrouve par ailleurs déjà dans la construction de l'article 104a de la Constitution fédérale, avec une responsabilité partagée de l'ensemble de la société, allant de la préservation des bases de la production agricole à la consommation finale. La projection 2050 concrétise le contrat de société fixé aux articles 104 et 104a de la Constitution fédérale et y associe l'ensemble des acteurs du système alimentaire.

L'écart entre la réalité d'aujourd'hui et le but visé est important dans de nombreux domaines. C'est le cas en particulier pour les objectifs économiques et les objectifs environnementaux relevant de l'agriculture et de la consommation. À cela s'ajoute que la croissance démographique et la croissance économique attendues en Suisse ces prochaines décennies auront des répercussions défavorables sur les bases de la production agricole, telles que les terres cultivables et la biodiversité. Le changement climatique et la hausse de la demande de denrées alimentaires auront également un impact sur la contribution de la production intérieure à l'approvisionnement national. Dans l'ensemble, le rapport du Conseil fédéral fait le constat qu'il est urgent d'agir pour changer le système alimentaire d'ici à 2050, surtout dans les domaines de l'approvisionnement en produits alimentaires, de l'environnement, de la création de valeur dans l'agriculture et de la consommation.

Ce constat conduit le Conseil fédéral à proposer au Parlement une vision à l'horizon 2050 : « La sécurité alimentaire grâce à la durabilité, de la production à la consommation ». Cette vision postule que la sécurité alimentaire ne se résume pas à une augmentation de la production à court terme, mais implique un effort constant où les questions de durabilité sont au centre de l'attention. D'autre part, la responsabilité de la tâche ne peut être déléguée au seul secteur agricole, c'est une mission qui incombe à l'ensemble de la société (Conseil fédéral, 2022).

Pour concrétiser cette vision, le Conseil fédéral a défini quatre lignes stratégiques :

1. *Garantir un approvisionnement en denrées alimentaires résilient* : il s'agit de préserver les bases de la production agricole (comme l'eau, le sol et la biodiversité), d'anticiper les effets du changement climatique et d'assurer la stabilité des chaînes d'approvisionnement.
2. *Encourager une production de denrées alimentaires respectueuses du climat, de l'environnement et des animaux* : cette ligne stratégique vise à affronter le changement climatique et encourager les énergies renouvelables, réduire les pertes d'éléments fertilisants et les risques liés aux produits phytosanitaires, promouvoir la biodiversité et améliorer le bien-être et la santé des animaux.
3. *Renforcer la création de valeur durable* : cette ligne stratégique a pour objectif d'améliorer la compétitivité de l'agriculture, d'anticiper les changements du côté de la demande, de viser une répartition équitable de la valeur ajoutée réalisée au sein des filières et de réduire la complexité de la politique agricole.
4. *Favoriser une consommation durable et saine* : il s'agit dans cette ligne stratégique de faciliter le choix de produits durables par les consommateurs, soutenir des modèles alimentaires sains et de réduire le gaspillage alimentaire.

La question des conflits d'objectifs anime régulièrement le débat sur la politique agricole suisse. Il faudrait donc choisir entre la production alimentaire (le maintien du taux d'autosuffisance de la Suisse) et la protection de l'environnement ou encore entre le bien-être animal et la réduction des émissions de gaz à effets de serre. La projection 2050, et les quatre lignes stratégiques définies par le Conseil fédéral, ont pour ambition de traiter ces conflits d'objectifs. Il est possible, avec une politique cohérente et sur un temps suffisamment long, d'atténuer sensiblement ces conflits d'objectifs voire dans l'idéal de les éliminer. On peut argumenter ici qu'une alimentation basée sur les recommandations alimentaires suisses (moins de calories, plus de fruits et légumes, plus de protéines d'origine végétale) et une réduction sensible du gaspillage alimentaire, en particulier au niveau des ménages privés, sont à même de pousser le taux d'autosuffisance vers le haut.

Les lignes stratégiques définies par le Conseil fédéral indiquent quels sont les différents domaines dans lesquels il sera nécessaire de redoubler d'efforts pour atteindre les objectifs à long terme. Le Conseil fédéral propose, sur cette base, des champs d'action qui montrent où agir concrètement :

- *Renforcer la capacité d'innover et le savoir-faire* : accroître la capacité d'innover du secteur doit permettre de faire face en particulier à une ouverture plus importante des marchés agricoles dans le cadre d'accords commerciaux, aux effets du changement climatique ou encore à l'évolution des habitudes de consommation. Cette démarche permet d'améliorer les perspectives économiques des exploitations agricoles et des entreprises en aval tout en accroissant leur compétitivité.
- *Améliorer l'utilisation efficiente des ressources et l'adaptation aux conditions locales* : l'utilisation efficiente des ressources, tout au long de la chaîne de valeur et jusqu'à la gestion des déchets, peut sensiblement contribuer à la réalisation des objectifs relevant de l'environnement. Il faut aussi que la production tienne davantage compte des conditions locales. Les changements apportés au stade de la production doivent être synchronisés avec l'adaptation des modes de consommation pour éviter une substitution de la production suisse par des importations et un déplacement des problèmes environnementaux à l'étranger.
- *Augmenter la transparence et la vérité des coûts* : la transparence limitée des marchés et la prise en considération insuffisante des effets externes dans les prix à la consommation sont des facteurs qui n'incitent pas à avoir un comportement d'achat durable, bénéfique pour la santé et favorable au bien-être des animaux. Les consommateurs devraient avoir accès à de meilleures informations. Des mécanismes incitant à mieux tenir compte des coûts externes au moment de l'achat sont également nécessaires.

– *Simplifier les instruments de la politique agricole* : la réduction de la charge administrative à tous les niveaux est demandée par l'ensemble des acteurs du secteur agricole. Cette approche doit rendre l'agriculture suisse plus performante et la politique agricole plus compréhensible pour les agriculteurs et le public. L'arrivée du numérique dans toute la chaîne de valeur offre en particulier des opportunités de simplifier l'exécution et les contrôles.

Pour le Conseil fédéral, la stratégie esquissée définit ainsi le cadre de l'action future des filières et de l'évolution de la politique agricole.

UNE APPROCHE SYSTÉMIQUE SOUTENUE PAR LE PARLEMENT

Sur la base du rapport sur l'évolution future de la politique agricole, le Parlement a décidé de reprendre le projet de la politique agricole 2022 (PA22+) laissé en suspens en 2021 et d'en accepter les principales propositions. Il s'agit en particulier de l'introduction d'assurances sociales obligatoires pour le conjoint, de faciliter le développement des assurances récoltes par une aide au démarrage et de divers aménagements favorables à l'innovation et à la recherche. Cette étape est aujourd'hui terminée. Dans le même temps, le Parlement a adopté une motion (numéro 22.4252) qui donne le mandat au Conseil fédéral de mettre en œuvre la stratégie proposée dans son rapport. Cette motion doit servir de feuille de route à toutes les parties prenantes pour les prochaines années et définir le cadre de la future politique agricole à l'horizon 2030. Elle demande en particulier d'adopter « une approche globale des systèmes alimentaires, depuis la production jusqu'aux consommatrices et consommateurs en passant par la transformation, le commerce et l'importation ». D'autre part, « la politique agricole et la Stratégie suisse de nutrition doivent se développer de manière cohérente, et les relations commerciales, et contribuer au développement durable ». Les aspects suivants devront notamment être pris en compte pour l'élaboration du projet : « garantie de la sécurité alimentaire sur la base d'une production nationale diversifiée correspondant au niveau d'autosuffisance actuel » ; « réduction de l'empreinte écologique, de la production agricole à la consommation des denrées alimentaires, en tenant compte des importations » ; « amélioration des perspectives économiques et sociales pour l'agriculture et le secteur agroalimentaire » ; « simplification des instruments et réduction de la charge administrative ».

ENGAGEMENT DE LA SUISSE
POUR UNE APPROCHE SYSTÉMIQUE AU NIVEAU INTERNATIONAL

Les réflexions au niveau national ont leur pendant au niveau international. Dans la mesure où le pays importe en moyenne 50 % des aliments consommés par la population, la question des importations est un élément central du débat public sur l'agriculture et l'alimentation en Suisse. Celui-ci porte en particulier sur les conditions de production dans les pays exportateurs. La Suisse dispose d'un réseau d'accords de libre-échange incluant des produits agricoles avec plus de trente pays. Dans le cadre des négociations, la Suisse s'efforce d'inclure dans les dispositions des éléments portant sur la durabilité des produits échangés. Elle est prête en particulier à accorder des concessions tarifaires pour des produits issus de modes de production plus respectueux de l'environnement. C'est le cas par exemple pour l'huile de palme en provenance d'Indonésie (accord accepté par le peuple suisse en mars 2021). Au niveau multilatéral, la Suisse cherche également à promouvoir l'élaboration de standards internationaux et une approche holistique des systèmes alimentaires, soutenant différentes initiatives, notamment dans le cadre de la FAO, de l'OCDE ou encore de l'OMC. On peut noter par exemple le fort engagement de la Suisse dans l'élaboration de la « *Déclaration sur des solutions transformatrices pour des systèmes agricoles et alimentaires durables* » (Conférence ministérielle, OCDE, 2022). Si la question des subventions agricoles reste un thème central sur la scène internationale, plutôt que leur suppression, la Suisse soutient la position d'une réorientation des soutiens vers des mesures favorisant la biodiversité, l'adaptation au changement climatique ou encore le bien-être animal. La Suisse fait également de l'agroécologie et de ses principes un cadre permettant d'élaborer des solutions répondant aux problèmes spécifiques des acteurs locaux (Conseil fédéral, 2022).

ÉMERGENCE DE NOUVEAUX ACTEURS
POUR DES SYSTÈMES ALIMENTAIRES PLUS DURABLES

Si la politique agricole reste une prérogative essentiellement fédérale, les villes et les cantons s'intéressent également à la thématique de l'agriculture et de l'alimentation. En particulier les villes sont devenues des acteurs importants dans la transformation des systèmes alimentaires. La ville de Lausanne possède par exemple 900 hectares de terres agricoles. Ferme pédagogique, plantages urbains, magasins, jardins familiaux, pressoir public, installation de poulaillers, etc. contribuent à sensibiliser la population aux questions de production durable et de consommation. La restauration collective constitue un levier important de transformation en relation avec les modes de consommation et la lutte contre le gaspillage alimentaire. Autres exemples, le canton de Lucerne ou encore la ville de Genève sont actifs dans la réduction du gaspillage alimentaire. Pour finir, la ville de Zurich possède une stratégie « alimentation durable » qui va de la sensibilisation des citoyens à la gestion des déchets alimentaires en passant par la production agricole locale, la distribution, les achats et la restauration collective. Ces quelques exemples témoignent de l'intérêt de nouveaux acteurs institutionnels pour les questions de production agricole et d'alimentation. La restauration collective semble être un axe de la transformation des systèmes alimentaires qui combine efficacement gestion par les acteurs locaux selon leurs aspirations et impact non négligeable en termes de volumes. L'avenir dira dans quelle mesure ces nouveaux acteurs pèseront sur le développement de la politique agricole fédérale.

CONCLUSION AU CHAPITRE

L'agriculture et le secteur agroalimentaire devront faire face, d'ici à 2050, à des défis considérables. La stratégie du Conseil fédéral entend y apporter à moyen terme et progressivement des réponses concrètes. Certains points seront pour lui d'une importance déterminante : 1) l'accent devra être mis sur tout le système alimentaire, avec au centre une consommation saine et durable, et une meilleure cohérence entre les différentes politiques publiques ; 2) les instruments devront être simplifiés, la responsabilité des acteurs de la filière renforcée et les objectifs à atteindre mieux définis ; 3) les relations commerciales seront appelées à jouer un rôle déterminant en termes de développement durable, en offrant des perspectives sous la forme de débouchés pour l'agriculture suisse et en facilitant les échanges de produits répondant à des normes environnementales et sociales sérieuses. Pour répondre à ces objectifs ambitieux et ces défis nombreux, la question se pose également du type d'instruments à mobiliser, au niveau des exploitations agricoles, mais également au niveau des autres acteurs des systèmes alimentaires.

Depuis 30 ans, les paiements directs découplés de la production sont au centre de la politique agricole suisse mais montrent aujourd'hui certaines limites. Ils sont critiqués par les agriculteurs pour leur complexité et tendent notamment à une extensification de l'agriculture dans un contexte où la sécurité alimentaire revient au centre des préoccupations. Un certain consensus se développe entre la Confédération et les organisations agricoles pour encourager davantage les producteurs performants, capables de produire de manière efficiente et respectueuse de l'environnement. Une solution serait de transférer une partie des paiements directs annuels vers des instruments plus directement liés à la production comme les améliorations structurelles ou la sélection végétale. Des paiements plus axés en fonction des objectifs à atteindre et moins sur le respect d'un catalogue de mesures pourraient également leur redonner la liberté entrepreneuriale à laquelle ils aspirent.

Nous avons essayé de montrer dans ce chapitre sur la politique agricole suisse comment la sécurité alimentaire avait été parfois prioritaire et parfois plus négligée au profit d'autres composantes de la multifonctionnalité de l'agriculture, notamment environnementales ou commerciales. Il est indéniable que la sécurité alimentaire est revenue fortement au centre des préoccupations. La sécurité alimentaire de la Suisse ne pourra toutefois reposer sur une maximisation à court terme de la production agricole. Les défis en termes de raréfaction des terres cultivables, d'augmentation de la population, ou encore de réchauffement climatique appellent un engagement à long terme de l'ensemble des acteurs. Finalement, les importations restent indispensables à la sécurité alimentaire de la Suisse. Seule une approche en termes de systèmes alimentaires offre des perspectives d'affronter avec succès les problèmes actuels et futurs.

Malgré la claire volonté de simplifier la politique agricole, la complexité de prendre en compte l'ensemble des systèmes alimentaires est une gageure. Cela implique de faire évoluer des modes de production et des habitudes de consommation de manière synchronisée. Il est nécessaire de sortir du domaine des critiques adressées aux uns et aux autres pour aboutir à une véritable collaboration des acteurs privés et publics, des acteurs privés entre eux et des acteurs publics entre eux. Le rôle de l'État devra aussi être clarifié, en particulier sur les questions de consommation. Début 2024, les autorités publiques, les organisations et les entreprises du secteur agricole et alimentaire en Suisse ont la volonté de s'engager dans cette voie, pour une agriculture durable et une véritable transformation des systèmes alimentaires.

Jean-Marc CHAPPUIS
Office fédéral suisse de l'agriculture

Martin PIDOUX
Directeur de Prométerre

LA POLITIQUE AGRICOLE ET RURALE DU JAPON

Du néolibéralisme à la transition verte[1] ?

Le Japon, membre du G7 et quatrième économie mondiale en 2024 derrière la Chine, les États-Unis et l'Allemagne (selon le produit intérieur brut), est reconnu pour la puissance de ses secteurs industriels et financiers. Il l'est aussi pour sa culture alimentaire traditionnelle, connue sous le nom de *Washoku*, inscrite au patrimoine culturel immatériel mondial de l'UNESCO depuis 2013. Toutefois, l'évolution de sa politique agricole et rurale et ses implications, en particulier ces dernières années, restent moins connues des lecteurs internationaux. Bien que le Japon ait été critiqué pour sa politique agricole protectionniste par d'autres pays (Hayami, 1988) (Mulgan, 2006), son secteur agroalimentaire et ses zones rurales ont souffert de la libéralisation des marchés et, plus généralement, de la néolibéralisation des politiques publiques (Sekine, Bonanno, 2016). Ces dernières années, le Covid-19, la guerre en Ukraine, le changement climatique et les réglementations environnementales internationales ont poussé le gouvernement japonais à réformer ses politiques afin de garantir la sécurité alimentaire et d'atteindre les objectifs de durabilité. L'administration Kishida, en place entre 2021 et 2024, a manifesté sa volonté de se débarrasser des politiques néolibérales mises en œuvre de manière drastique sous l'administration Abe (2012-2020) et a appelé à adopter les réglementations internationales en matière de lutte contre le changement climatique et la perte de biodiversité.

Dans ce contexte, ce chapitre a pour but d'analyser : l'évolution de la politique agricole et rurale et ses implications après la Seconde Guerre mondiale ; les mécanismes socio-économiques et politiques à l'origine de cette évolution ; les contradictions entre les discours et la réalité dans la réforme de la politique agricole et rurale et le passage d'une politique néolibérale à une politique verte. S'appuyant sur les approches de l'économie

1 Ce chapitre a été traduit de l'anglais vers le français par Marine Raffray.

politique et de la sociologie de l'agriculture et de l'alimentation, la méthodologie de ce chapitre est fondée sur l'examen de la littérature, les analyses statistiques et les observations participatives menées par l'auteur en tant que chercheuse et membre d'une organisation de la société civile, à savoir la *Family Farming Platform Japan* (FFPJ) créée en 2019.

La structure du chapitre est la suivante : la première partie est consacrée à l'étude de la situation actuelle du secteur agroalimentaire et des zones rurales du Japon. La deuxième partie synthétise l'évolution historique de la politique agricole et rurale du pays. La troisième partie met en évidence les impacts du Covid-19, de la guerre en Ukraine et des réglementations environnementales internationales sur la transition de la politique agricole et rurale japonaise. La quatrième et dernière partie traite des contradictions révélées entre discours et réalité dans la réforme de cette politique.

APERÇU DU SECTEUR AGROALIMENTAIRE ET DES ZONES RURALES AU JAPON

Situé en Extrême-Orient, le territoire du Japon est principalement constitué de quatre îles : Hokkaido, Honshu, Shikoku et Kyushu. Avec 125 millions d'habitants pour une surface totale de 377 900 Km^2, la Japon a une densité de population de 337 habitants au Km^2, soit plus du triple que celle de la France. Le Japon, qui regroupe une grande variété de climats, est un archipel qui s'étend sur près 3 000 km du Nord au Sud. Ce territoire, soumis à une menace sismique permanente, est composé à 67 % de forêts, lesquelles jouent un rôle déterminant dans la protection des sols et la prévention des glissements de terrain. Les terres agricoles ne représentent, quant à elles, que 12 % du territoire, dans un pays où l'artificialisation des terres est en rapport avec l'importance de ses grandes villes (dans un ordre décroissant de population : Tokyo, Yokohama, Osaka, Nagoya, Sapporo, Fukuoka, Kawasaki, etc.).

Au Japon, près de 40 % des terres agricoles et des exploitations agricoles (975 100 au total en 2022 contre 2 millions en 2005) se trouvent dans les zones montagneuses. En 2022, la taille des exploitations agricoles nipponnes est, en moyenne, très faible (3,3 hectares par exploitation), du moins comparativement à la situation observée aux États-Unis ou dans l'Union européene (UE). Un peu plus de la moitié (53 %) des exploitations agricoles japonaises cultivent du riz, cette culture majeure pour l'alimentation humaine occupant 4,3 millions d'hectares, soit 54 % des terres agricoles nationales (MAFF 2022a ; 2022b).

En 2022, les productions animales représentent 38 % de la production agricole finale, pour un montant de 21,6 milliards d'euros (en prenant pour base une parité monétaire de 160 yens/euro), devant les légumes (25 %), le riz (15 %), les fruits (10 %) et les autres produits agricoles (11,0 %) (MAFF 2023a). La production agricole domestique est consommée, pour l'essentiel (98 %, sur place, tandis que 2 % seulement sont exportés, principalement vers les États-Unis, l'UE et les pays asiatiques (MAFF 2022c).

Au cours de la seconde moitié du XXe siècle, le Japon a connu une croissance économique rapide dans le cadre de politiques interventionnistes, mais aussi des crises économiques, et un changement radical vers le néolibéralisme avec des politiques de libéralisation et de dérégulation du marché (figure 1) (Sekine, Bonanno, 2016) (Teruoka, 2008). L'afflux croissant de produits agroalimentaires importés a rapidement remplacé les produits nationaux, entraînant une forte baisse du taux d'autosuffisance alimentaire, qui s'élevait en 2022 à 38 % en équivalent calories (figure 2) (MAFF 2023b).

Le gouvernement a justifié sa politique en faveur des grandes exploitations sous forme sociétaire, y compris les sociétés transnationales, à partir des années 2000 (Sekine 2021a) (Sekine, Bonanno 2016). Dans ce contexte, le nombre d'exploitations agricoles a été divisé par deux au cours des quinze dernières années. Les exploitations individuelles (exploitations familiales et exploitations individuelles non constituées en société) sont cependant restées largement dominantes (96 % en 2020). Les exploitations de moins de deux hectares représentent les trois quarts des effectifs pour 20 % des terres agricoles cultivées en 2020 (figure 3). À l'autre extrêmité, les exploitations de plus de 100 hectares (0,2 % du total) exploitaient 11 % des terres agricoles cultivées. Les exploitations agricoles sous forme de sociétés, dont le nombre a triplé au cours des quinze dernières années, n'ont pas absorbé la totalité des terres agricoles abandonnées, en particulier dans les zones défavorisées des régions montagneuses et vallonnées, qui représentent environ 10 % du total des terres agricoles (Sekine, Bonanno 2016). La question de la démographie agricole est encore plus préoccupante au Japon que dans l'UE, car la moyenne d'âge des agriculteurs est de 67 ans et un peu plus de 70 % des agriculteurs sont âgés de plus de 65 ans (Sekine 2022).

Périodisation	**Années**	**Caractéristiques**	**Sous-périodes**	**Années**	**Caractéristiques**
Début du haut fordisme	1945-1951	Occupation militaire par les Alliés. Réformes économiques et sociales	Démilitarisation et démocratisation	1945-1948	Réformes en faveur de la démilitarisation et la démocratisation
			Fondements de l'expansion économique	1948-1951	Réformes en faveur de l'expansion économique
Haut fordisme et croissance économique rapide	1951-1973	Signature du traité de paix et de l'accord de sécurité mutuelle entre les États-Unis et le Japon. Fin avec le choc pétrolier et la suspension des accords de Bretton Woods	Décollage économique	1951-1955	Fortes politiques interventionnistes (capitalisme monopoliste d'État)
			Première phase de croissance économique	1955-1965	Croissance économique rapide grâce à l'essor de l'industrie. Libéralisation commerciale et monétaire dans les années 1960, adhésion à l'OCDE (1964).
			Deuxième phase de croissance économique	1965-1973	Récession de 1965 et reprise économique par le déficit public et les retombées économiques de la Guerre du Vietnam. Le Japon devient la deuxième puissance économique mondiale.
Transition et contradictions de la mondialisation néolibérale	1973-2020	Poursuite de la libéralisation des marchés et réformes économiques néolibérales. Remise en question de la durabilité des politiques néolibérales	Fin du fordisme et faible croissance économique	1973-1985	Les accords du Plaza mettent fin aux négociations commerciales et résolvent les tensions entre les États-Unis et les autres pays.
			Démarrage et mise en place de la mondialisation néolibérale	1985-2011	Importantes libéralisation et dérégulation des marchés
			Contradictions de la mondialisation néolibérale	2011-2020	Catastrophes naturelles et réglementations environnementales internationales
Transition vers l'économie verte	2020-	Objectif de neutralité carbone en 2050, COVID-19, guerre en Ukraine	Fin déclarée du néolibéralisme et transition vers une société durable	2020–	Réforme de la loi fondamentale et mise en œuvre d'une politique environnementale

Source : Élaboration de l'auteur, d'après Sekine et Bonanno (2016), p. 40, table 2.1.

FIG. 1 – Transition socio-économique et politique du Japon de 1945 à nos jours.

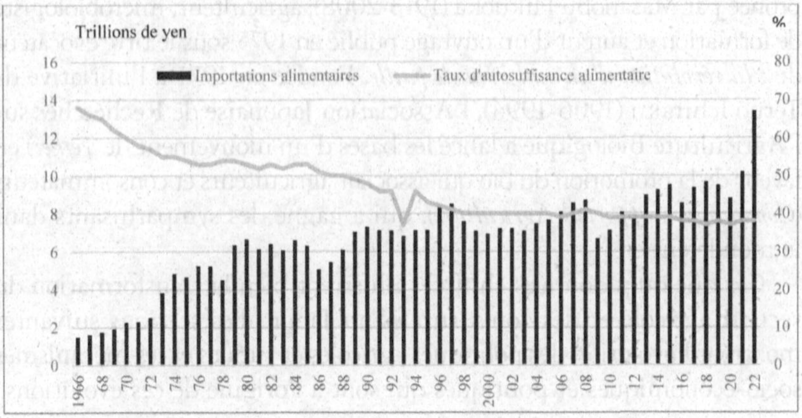

Source : Ministère de l'Agriculture, des Forêts et de la Pêche du Japon.

FIG. 2 – Évolution des importations alimentaires et du taux d'autosuffisance (en équivalent calories) au Japon entre 1966 et 2022.

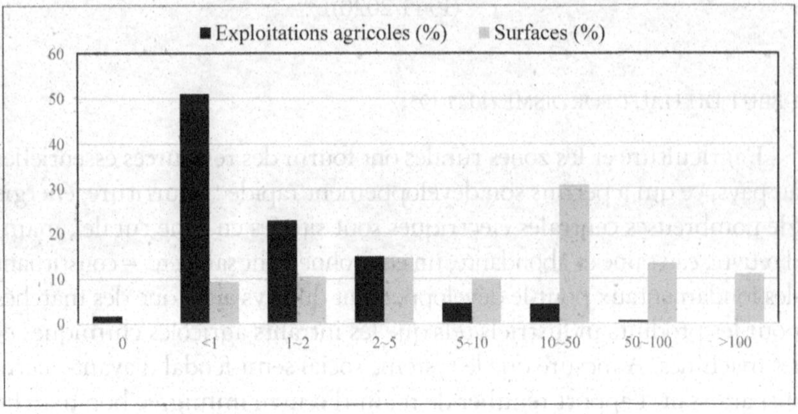

Source : Recensement agricole 2020.

FIG. 3 – Structure de l'agriculture japonaise en 2020.

Malgré la promulgation d'une loi sur la promotion de l'agriculture biologique en 2006, seulement 0,3 % des terres agricoles était consacré à l'agriculture biologique certifiée en 2020 (MAFF 2022d). Le Japon est bien connu pour la méthode dite de l'agriculture naturelle, longtemps prônée par Masanobu Fukuoka (1913-2008), agriculteur, microbiologiste de formation et auteur d'un ouvrage publié en 1975 sous le titre évocateur de : *la révolution d'un seul brin de paille*. Fondée en 1971 à l'initiative de Teruo Ichiraku (1906-1994), l'Association Japonaise de Recherches sur l'Agriculture Biologique a lancé les bases d'un mouvement (le *Teikei*) en faveur de la promotion du bio qui associait agriculteurs et consommateurs (*Community Supported Agriculture*), qui a gagné des sympathisants dans le monde entier.

Ces quelques données chiffrées illustrent bien la transformation du secteur agricole et des zones rurales au Japon. Les sections suivantes montrent l'évolution des politiques agricoles et rurales et les mécanismes socio-économiques et politiques qui sont à l'origine de ces évolutions.

ÉVOLUTION DES POLITIQUES AGRICOLES ET RURALES DE L'APRÈS-GUERRE À L'ÈRE NÉOLIBÉRALE AU JAPON (1945-2020)

DÉBUT DU HAUT FORDISME (1945-1951)

L'agriculture et les zones rurales ont fourni des ressources essentielles au pays, ce qui a permis son développement rapide : nourriture, énergie (de nombreuses centrales électriques sont situées en zone rurale), main-d'œuvre, eau saine et abondante, un environnement sain, etc. – constituant des fondamentaux pour le développement du pays ainsi que des marchés pour les produits industriels tels que les intrants agricoles chimiques et les machines. À mesure que le système social semi-féodal d'avant-guerre disparaissait, l'apport régulier de main-d'œuvre immigrée bon marché dans les zones urbaines en expansion et dans le secteur manufacturier, conjugué à l'amélioration de la production alimentaire nationale, a donné un élan considérable au redressement socio-économique spectaculaire de l'après-guerre, après les ravages de la Seconde Guerre mondiale.

Pendant l'occupation militaire d'après-guerre par les Alliés (1945-1951), le Japon a été le théâtre d'un certain nombre de réformes qui ont modifié sa structure sociale et économique militariste et semi-féodale (Allison, 2004) (Teruoka, 2008). Alors que les politiques visant à la démilitarisation et à la démocratisation du pays ont caractérisé la première partie de cette période, les années 1948 à 1951 ont été marquées par des efforts visant à développer l'économie. Dans le contexte de guerre froide naissante, la croissance économique du Japon n'était pas seulement importante pour la stabilité intérieure du pays, mais elle figurait également au cœur de la campagne anticommuniste des États-Unis. Dans ce contexte, les réformes menées par les Américains se sont concentrées sur le programme de réforme agraire, qui a permis d'éliminer le système semi-féodal des propriétaires absentéistes et des métayers (Allison, 2004) (Teruoka, 2008).

Alors que les métayers représentaient 70 % des ménages agricoles, qu'ils travaillaient dans des conditions difficiles, qu'ils payaient des loyers élevés aux propriétaires, que leur production et leur productivité étaient faibles et qu'ils demeuraient pauvres avec de minces espoirs de posséder une ferme, le programme de réforme agraire a joué un rôle essentiel dans l'amélioration de leurs conditions et de celles de l'agriculture dans son ensemble (Teruoka, 2008). Il a permis d'améliorer la production alimentaire, de faire émerger des exploitations familiales plus productives et de libérer l'abondante main-d'œuvre agricole excédentaire pour l'emploi urbain dans le secteur industriel en expansion.

Après la réforme, la part des terres occupées par des locataires est tombée de 46 % de l'ensemble des terres cultivées au tout début de la guerre en 1941 à seulement 13 % 1949 (Teruoka, 2008). Simultanément, plus de six millions de travailleurs agricoles sans terre ont obtenu des terres en propriété. Les conditions économiques des agriculteurs, des locataires et des ouvriers agricoles se sont considérablement améliorées, de même que leur niveau social et leur niveau d'éducation. Ces améliorations sont le résultat direct de l'affranchissement du paiement d'un loyer pour l'utilisation de la terre, des programmes nouvellement créés qui ont permis de réduire le coût de l'enseignement supérieur et d'améliorer l'accès à de meilleures conditions de travail. Ces améliorations ont stabilisé les relations sociales et transformé les zones rurales en réservoirs d'électeurs conservateurs modérés qui, pendant des décennies, ont soutenu le Parti libéral démocrate (PLD). *In fine*, l'exode rural a joué un rôle fondamental dans l'expansion économique au cours de la période de croissance économique rapide des années 1950 et 1960.

LE FORDISME ET LA CROISSANCE ÉCONOMIQUE RAPIDE (1951-1973)

Les années 1950-1960 ont constitué deux décennies d'expansion économique significative et de stabilité sociale au Japon, ainsi qu'en Europe et en Amérique du Nord. La signature en 1951 du traité de paix et de l'accord de sécurité mutuelle avec les États-Unis a marqué le début de l'ère du haut fordisme pour le Japon. La crise pétrolière de 1973 et l'effondrement entre 1971 (inconvertibilité du dollar en or) et 1976 (Accords de la Jamaïque) des accords de Bretton Woods ont mis fin à la période de croissance économique rapide du pays. Ces années peuvent être divisées en trois sous-périodes : la période du décollage (1951-1955), la première période de croissance économique rapide (1955-1965) et, enfin, la deuxième période de croissance économique rapide (1965-1973) (figure 1).

Décollage économique (1951-1955)

La première période (1951-1955) se caractérise par un fort interventionnisme de l'État. Suivant les modèles déjà adoptés dans l'Europe fordiste, l'État japonais a stimulé les activités économiques privées, mais est également intervenu par le biais d'investissements directs et de parts dans les entreprises. Cette politique de capitalisme monopoliste d'État visait à propulser le Japon vers une position d'autonomie économique et à garantir la stabilité sociale (Mishima, 2001). L'adhésion du Japon au Fonds monétaire international (FMI) en 1952 et à l'Accord général sur les tarifs douaniers et le commerce (GATT) en 1955, a donné un nouvel élan au processus d'industrialisation rapide du pays. Au cours de cette sous-période, la politique agricole du pays était axée sur le double objectif d'accroître la production et d'améliorer le faible taux d'autosuffisance alimentaire (Ino, 1971). L'augmentation de l'efficacité et de la production des exploitations se concentrait principalement sur la production de riz, l'aliment de base du pays, mais aussi de blé et sur l'élevage (Teruoka, 2008). Ces productions agricoles – et le riz tout particulièrement –, furent encadrées par des programmes de soutien des prix. L'amélioration des infrastructures, notamment la remise en état des terres agricoles, l'irrigation et le drainage, ainsi que le remembrement, ont permis d'accroître l'utilisation des équipements agricoles, machines, et intrants chimiques, dont la disponibilité fut améliorée avec l'essor des coopératives agricoles.

Les efforts visant à accroître la production agricole et le taux d'autosuffisance alimentaire ont toutefois été entravés par la participation du Japon au programme d'aide alimentaire des États-Unis en 1954. Ce programme a entraîné une augmentation des importations de céréales en provenance des États-Unis et une réduction de la production locale (Ino, 1971). En outre, les importations américaines ont affecté le régime alimentaire local qui s'est progressivement occidentalisé, passant d'une alimentation centrée sur le riz et le poisson à une consommation accrue de pain, de viande et de produits laitiers. Ce changement de régime alimentaire a été favorisé notamment par les programmes de repas dans les écoles publiques.

Première croissance économique rapide (1955-1965)

Au cours de la deuxième sous-période (1955-1965), la première croissance économique rapide du pays a propulsé le Japon parmi les principales économies industrialisées et développées du monde (Allinson, 2004) (Teruoka, 2008). La croissance des secteurs de l'automobile, de l'électroménager, de l'électronique et de la pétrochimie s'est accompagnée d'un développement précoce des secteurs de l'acier, de l'électricité et de la construction navale. L'adhésion du Japon à l'Organisation de coopération et de développement économiques (OCDE) en 1964 a cimenté l'intégration du pays dans l'économie mondiale en pleine croissance. Les exportations de biens industriels ont été accompagnées d'importations significatives de produits agro-alimentaires tels que les céréales, conjuguant une balance commerciale positive avec un affaiblissement de l'autosuffisance alimentaire.

L'élimination du fossé socio-économique entre les travailleurs agricoles des zones rurales et leurs homologues urbains et industriels était l'objectif de la loi fondamentale sur l'agriculture (Ino, 1971) (Mulgan, 2006). Promulguée en 1961, cette loi déterminante a guidé l'évolution de l'agriculture jusqu'en 1999, date à laquelle la nouvelle loi fondamentale sur l'alimentation, l'agriculture et les zones rurales a été introduite, accompagnant l'adhésion du Japon à l'Organisation mondiale du commerce (OMC). La politique agricole de l'époque était productiviste et interventionniste. Tout en adoptant les directives du GATT qui suggéraient une approche plus orientée vers le marché, les autorités japonaises sont restées attachées à l'importance du contrôle des prix intérieurs et des droits de douane à l'importation que les exceptions aux règles du GATT autorisaient. Cette ouverture encadrée aux forces du marché comprenait également une intervention sélective de l'État visant à soutenir les prix de certains produits de base, notamment les produits laitiers, la viande, les fruits et légumes frais.

Deuxième croissance économique rapide (1965-1973)

La troisième sous-période (1965-1973) débute en 1965 avec la plus grave récession au Japon de l'après-guerre (Teruoka, 2008). Le déficit budgétaire et la disponibilité du crédit encouragés par le gouvernement, ainsi que les avantages économiques résultant de l'engagement des États-Unis dans la guerre du Vietnam, ont engendré une reprise rapide. La croissance qui s'en est suivie, connue sous le nom de deuxième croissance économique rapide, a été soutenue et a propulsé le Japon au rang de deuxième économie mondiale après les États-Unis. L'orientation de l'économie japonaise vers l'exportation et sa politique restrictive en matière d'importations agroalimentaires ont fait l'objet de négociations et de représailles commerciales (Hayami, 1988). Les demandes formulées par les États-Unis d'ouvrir le marché japonais aux exportations agroalimentaires américaines et les ambitions des entreprises nationales de fournir des denrées alimentaires bon marché aux travailleurs industriels ont finalement conduit le gouvernement japonais à réduire l'intervention de l'État (Sekishita, 1987). La croissance industrielle du Japon s'est poursuivie, mais son taux d'autosuffisance alimentaire a diminué (voir figure 1).

Face à la surpopulation et à la pollution des villes, les entreprises ont commencé à déplacer leurs activités vers les zones rurales. Un moindre coût du travail, des terres plus abordables et des ressources naturelles propres et abondantes ont incité les dirigeants d'entreprise à délocaliser leurs usines. Le changement qui s'en est suivi dans l'utilisation des terres et des ressources naturelles a encore accru l'agriculture à temps partiel et transformé de nombreux membres des ménages agricoles en travailleurs salariés. Si certains agriculteurs ont pu étendre leurs activités, les petites exploitations et l'agriculture à temps partiel sont restées la norme (Teruoka, 2008). À partir de 1968, l'augmentation de la productivité du riz et la baisse de la consommation ont généré des excédents qui ont encouragé le gouvernement à modifier les programmes de soutien des prix et à introduire des mesures d'ajustement de la production. Ces changements de politique ont entraîné une baisse des revenus agricoles, compensée une fois de plus par l'emploi non agricole.

TRANSITION ET CONTRADICTIONS DE LA MONDIALISATION NÉOLIBÉRALE (1973-2020)

La fin de la période de croissance économique rapide a coïncidé avec une crise économique prolongée. Suivant les tendances au niveau mondial, les tentatives pour y remédier se sont concentrées sur le passage de politiques fordistes interventionnistes à des politiques néolibérales orientées vers le marché. Les tensions commerciales persistantes avec les partenaires commerciaux et l'appréciation du yen ont caractérisé la libéralisation des marchés agricoles et la période dite de faible croissance économique. Les préoccupations liées à la sécurité alimentaire, à la protection de l'environnement et à la gestion des terres sont rapidement devenues de nouveaux défis, non seulement pour le secteur agroalimentaire et les zones rurales, mais aussi pour tous les citoyens japonais. Le Parti libéral-démocrate (PLD) au pouvoir a perdu de sa crédibilité et de sa force ; ses politiques néolibérales et sa position favorable aux entreprises ont stimulé la résistance populaire et les efforts visant à promouvoir le bien-être social et l'environnement (Allinson, 2004) (Teruoka, 2008). À des fins heuristiques, ces années sont divisées en trois périodes (se reporter à la figure 1). La première correspond à la transition entre la période de croissance économique rapide et l'ère de la mondialisation. Elle commence avec l'effondrement du système de Breton Woods entre 1971et 1976. La deuxième période s'ouvre après la signature de l'accord du Plaza en 1985, qui symbolise le début de l'ère de la mondialisation néolibérale au Japon. La troisième période commence avec la triple catastrophe des tremblements de terre, du tsunami et de la fusion de la centrale nucléaire de Fukushima en 2011 et se termine avec la démission de l'administration Abe qui a promu de manière drastique les politiques néolibérales.

Fin du fordisme et faible croissance économique (1973-1985)

La première sous-période est caractérisée par la fin du fordisme et la période de faible croissance économique (1973-1985). Les conditions ayant permis l'existence du régime fordiste ont pris fin au début des années 1970. L'idéologie de la modernisation et ses promesses de croissance économique constante, d'émancipation des groupes subalternes et de réduction des inégalités mondiales furent délégitimées. Les crises pétrolières mondiales de 1973 et 1979, la stagflation, la montée du chômage et l'instabilité sociale conduisirent à la fin des taux de change fixes et des politiques économiques keynésiennes (Harvey, 1989). Au début des années 1980, le néolibéralisme s'imposait comme la nouvelle idéologie politique dominante. L'arrivée au pouvoir de Margaret Thatcher en Grande-Bretagne, de Ronald Reagan aux États-Unis et de Yasuhito Nakasone au Japon a marqué cette transition. Alors que l'incertitude et la crainte d'une récession économique préjudiciable caractérisaient l'humeur du pays durant ces années, le Japon fut en mesure d'accroître son excédent commercial.

Un résultat qui s'explique par les innovations technologiques, les mesures de restructuration du marché de l'emploi et de réduction des coûts qui ont permis de compenser l'appréciation du yen. Cependant, derrière la réussite des entreprises et les gains économiques, les conditions des travailleurs se sont détériorées à mesure que le coût de la vie augmentait, que les salaires stagnaient et que les emplois stables étaient éliminés et/ou remplacés par des emplois précaires, à temps partiel et mal rémunérés (Teruoka, 2008). En outre, durant cette période, ceux qui travaillaient plus dur pour conserver leur « bon emploi » craignaient souvent le *Karoshi*, la mort par surmenage au travail (Allinson 2004).

Malgré la détérioration des conditions d'emploi en milieu urbain, les travailleurs agricoles ont continué à se détourner de l'agriculture. La mécanisation et les changements structurels ont généré un surplus de main-d'œuvre agricole et le nombre total d'exploitations a diminué. L'agriculture à temps partiel a continué à se développer (Teruoka, 2008). Les niveaux de soutien des prix du riz ont été augmentés au début des années 1970 pour répondre à la crise alimentaire mondiale. Toutefois, ils ont été réduits en 1978 et des programmes de mise en jachère et de diversification des cultures ont été introduits. Les agriculteurs ont été encouragés à convertir les surfaces dédiées à la production de riz en soja, en blé et en cultures fourragères (Yokoyama, 2000). Toutefois, la diffusion du régime alimentaire occidental a rendu ces mesures moins efficaces et la surproduction de riz est devenue la norme. Les politiques de développement économique du Japon exigeant que l'accent soit mis sur les exportations de biens industriels, l'adoption de mesures de soutien des prix pour l'agriculture est devenue moins envisageable. En conséquence, les politiques agricoles se sont concentrées sur les améliorations structurelles et la dérégulation du foncier agricole. L'augmentation de l'utilisation des terres à des fins urbaines et industrielles va alors entraîner une hausse des prix et de la pression pour accroître les surfaces disponibles. Au cours des années 1980, il apparaît clairement que les objectifs proclamés de la loi fondamentale sur l'agriculture sont loin d'être atteints (Teruoka, 2008).

La mondialisation néolibérale (1985-2011)

La deuxième sous-période est caractérisée par le début et la mise en place de la mondialisation néolibérale (1985-2011). Les réformes néolibérales introduites depuis la fin des années 1970 ont donné une impulsion à la mondialisation, y compris dans le secteur agricole (Bonanno, Busch, Friedland, Gouveia, Mingione, 1994) (Bonanno, Constance, 2008). L'accord du Plaza en 1985 et le cycle d'Uruguay du GATT (1986-1994), ainsi que sa transformation ultérieure en OMC, représentent quelques-unes des principales étapes politiques de ce nouveau régime.

À la suite de ces accords politiques, le Japon a été invité à procéder à une appréciation significative de sa monnaie et à une libéralisation plus poussée des marchés agricoles. Encouragées par la volonté des États-Unis de contenir la concurrence internationale, de restaurer les parts de marché des entreprises américaines et d'écouler les excédents agricoles américains, ces demandes ont conduit à l'abrogation de la loi fondamentale sur l'agriculture de 1961, remplacée par la nouvelle loi fondamentale sur l'alimentation, l'agriculture et les zones rurales en 1999. Cette nouvelle politique agricole a pleinement adopté l'idéologie et les pratiques néolibérales qui ont inspiré les réformes axées sur la mondialisation dans le monde entier. Ces conditions ont également favorisé la formation d'une bulle spéculative au Japon à la fin des années 1980 et à son éclatement au début des années 1990.

En réponse à ces nouvelles conditions, les entreprises japonaises ont introduit des innovations techniques et, plus important encore, ont commencé à délocaliser leurs unités de production vers d'autres pays, ce qui a entraîné une baisse des revenus pour les agriculteurs à temps partiel. L'appréciation du yen a également favorisé la croissance des importations agroalimentaires et a rendu la concurrence sur le marché alimentaire de plus en plus difficile pour les producteurs japonais. Elle a également fait baisser les prix des denrées alimentaires sur le marché intérieur, ce qui a favorisé les plans de réduction des coûts de main-d'œuvre des entreprises industrielles.

Les réformes économiques qui ont contribué à la formation de la bulle financière de la seconde moitié des années 1980 ont également été à l'origine de la longue période de récession des années 1990 (Teruoka, 2008). Les faibles taux d'intérêt, les investissements publics et la spéculation ont entraîné une forte hausse des prix des actions, des terrains et des logements, qui ont entretenu et participé à cette bulle. À la fin des années 1980, la fin de la guerre froide a marqué le début d'une progression rapide de la mondialisation qui s'est traduite par des réformes néolibérales, le renforcement des sociétés transnationales et la mise en place du système de l'OMC. Ces années ont également mis en évidence les disparités croissantes entre les classes, l'instabilité économique, les pénuries alimentaires et les problèmes environnementaux croissants dans le monde. Au Japon, comme dans d'autres parties du monde, des mouvements antimondialisation sont apparus, réclamant plus de justice sociale, de protection de l'environnement, de croissance économique durable et de bien-être social.

À partir des années 1990, le Japon a entamé une longue période de stagnation, rythmée par des recessions économiques, qui ont révélé les conséquences désastreuses de l'éclatement de la bulle financière induite par le processus de financiarisation de l'économie (Ikeda, 2004). Les prix des actions, des terrains et des logements sont entrés dans une spirale descendante et l'insolvabilité, les faillites et l'instabilité financière sont devenues des caractéristiques constantes de l'économie japonaise. Les mesures traditionnelles de politique économique ont été inefficaces. L'introduction de taux d'intérêt très bas ne s'est pas traduite par une croissance et les gouvernements nationaux et locaux ont augmenté leurs déficits. La valeur du yen a fortement augmenté ce qui a rendu les exportations difficiles, freiné la production intérieure et l'emploi et incité les élites économiques locales à introduire des mesures de restructuration drastiques. La main-d'œuvre a été la principale cible de ce processus.

Les emplois stables et relativement bien rémunérés des ouvriers et des employés ont été pour partie supprimés. Ceux à temps partiel, très instables et assortis d'avantages limités, sont devenus, en revanche, une caractéristique du marché du travail japonais. Les membres de la classe ouvrière et de la classe moyenne inférieure se sont habitués aux contrats de travail à court terme. Dans ce contexte, le taux de chômage a plus que doublé au cours de la décennie. Le mécontentement a été contré par des arguments soulignant que les mesures de restructuration étaient nécessaires pour maintenir la compétitivité mondiale du Japon. Dans ces conditions, le parti au pouvoir, le Parti libéral-démocrate, de moins en moins populaire, a poursuivi son programme néolibéral pro-mondialisation et a gouverné le pays, avec seulement une brève interruption de 2009 à 2012 par le parti démocratique de l'époque.

Tout au long des années 1990 et 2000, le gouvernement japonais a fortement dérégulé l'économie et les politiques agricoles fordistes d'après-guerre ont été révisées, voire éliminées (Mishima, 2001) (Teruoka, 2008). Les mesures qui les ont remplacées (telles que la nouvelle loi fondamentale de 1999) ont amené le secteur agroalimentaire à suivre des politiques inspirées de l'idéologie du marché libre. Il en a résulté une nouvelle baisse de la production, du nombre d'exploitations agricoles, des agriculteurs à temps plein et des terres cultivées. En outre, le vieillissement de la population et la détérioration de la situation socio-économique des agriculteurs et des communautés rurales ont complété l'image d'un secteur en crise. Certes, l'introduction d'innovations mécaniques et chimiques a entraîné une forte augmentation de la productivité. Mais, cette croissance n'a pas suffi à rendre l'agriculture japonaise compétitive sur le marché mondial, tout en suscitant de nouvelles inquiétudes quant à la pollution de l'environnement et à la qualité des aliments. La baisse de la valeur de la production a touché des produits essentiels, tels que le riz, le bétail, les fruits et les légumes, autrefois protégés par l'intervention de l'État.

La mondialisation néolibérale a été combattue et des mouvements d'opposition ont vu le jour. Dans le domaine agroalimentaire, des initiatives ont cherché à créer des systèmes alternatifs de production et de consommation alimentaires et à promouvoir une croissance équilibrée des zones rurales. Des programmes en faveur du tourisme vert, de l'agroécologie, de l'agriculture biologique, de la sécurité sanitaire des aliments, et de la coopération entre agriculteurs et consommateurs, ont été mis en œuvre. Les coopératives de consommateurs ont continué à poursuivre leur objectif d'amélioration de la sécurité sanitaire des aliments en créant des liens directs avec les groupes d'agriculteurs et les coopératives de production. Cependant, elles ont également rencontré des difficultés, car elles ont dû faire face à une forte concurrence de la part des supermarchés.

Malgré l'opposition, l'administration japonaise a maintenu sa politique néolibérale et a poursuivi la libéralisation des marchés agroalimentaires en concluant des accords bilatéraux et multilatéraux tels que des accords de libre-échange (ALE) et des accords de partenariat économique (APE), comme l'Accord global et progressif pour le partenariat transpacifique (CPTPP) depuis 2018, l'Accord de partenariat économique Japon-UE depuis 2019, l'Accord commercial Japon-États-Unis depuis 2020 et le Partenariat économique régional global (RCEP) depuis 2022.

Contradictions de la mondialisation néolibérale (2011-2020)

La troisième période commence avec la triple catastrophe des tremblements de terre, du tsunami et de la fusion des réacteurs de la centrale nucléaire de Fukushima Daiichi en mars 2011 et met en évidence les contradictions de la mondialisation néolibérale (2011-2020). Au cours de cette période, et malgré les changements au sein de l'organe directeur du pays, le développement de l'agroalimentaire japonais se caractérise par l'adoption continue de politiques néolibérales. Rejetant les critiques académiques et politiques des approches orientées vers le libre marché (Brown, 2015) (Helleiner, 2010) (Krugman, 2012, Lupel, 2005) (Mirowski, 2014), le Japon a poursuivi son chemin vers la libéralisation des marchés des intrants, des ressources et des processus de production. Aussi, et contrairement aux situations qui ont récemment caractérisé d'autres pays avancés (Eargle et Esmail, 2012) (Rodriguez, Quarantelli, Dynes, 2007), le Japon a maintenu sa posture néolibérale alors qu'il entamait des tentatives pour faire face aux conséquences du grand tremblement de terre qui a frappé l'est du Japon le 11 mars

2011 et a provoqué un tsunami dévastateur et l'explosion de la centrale nucléaire de Fukushima Daiichi.

Souvent, les grandes catastrophes révèlent des problèmes socio-économiques et structurels existants. En Amérique du Nord et en Europe, ainsi que dans d'autres parties du monde, les récentes catastrophes naturelles ou causées par l'homme ont incité les universitaires et les dirigeants politiques à demander une intervention accrue de l'État. L'aide de l'État a été sollicitée dans les suites immédiates de ces calamités, mais aussi dans les phases de reconstruction qui ont suivi (Button, 2010) (Hannigan, 2012) (Safina, 2011). S'inscrivant dans un processus de reconsidération du pouvoir des mesures axées sur le marché, l'intervention de l'État – la proposition dite néo-fordiste (Bonanno, 2014) – a récemment été considérée comme une solution souhaitable pour les crises provenant des sphères financière, économique et environnementale (Krugman, 2012) (Krugman, 2013) (Raulet, 2011) (Underhill, Zhang, 2008).

On ne peut pas en dire autant du Japon. L'insistance du gouvernement japonais sur l'utilisation continue de mesures néolibérales dans le secteur agroalimentaire en a fait un cas unique. La décision de promouvoir des programmes de reconstruction pour les régions agricoles et de pêche en renforçant la dérégulation du marché, l'implication centrale des grandes entreprises privées et la réduction des mesures de redistribution des richesses encadrées par l'État ont fait de la situation japonaise un cas à part dans le panorama mondial (Sekine, Bonanno, 2016). En conséquence, le cas du Japon peut être caractérisé par la subordination de l'intervention de l'État aux attentes des entreprises. Lorsque des fonds publics ont été mobilisés pour la reconstruction des zones endommagées, leur utilisation a suivi des modèles néolibéraux donnant la priorité aux conceptions et aux visions des entreprises plutôt qu'à d'autres.

Sous la seconde administration Abe (2012-2020), le Premier ministre Shinzo a fait connaître ses politiques économiques au niveau international, dites « Abenomics », reposant sur trois piliers : une politique monétaire audacieuse, une politique financière flexible, une stratégie de croissance pour stimuler l'investissement privé (Bureau du Premier ministre du Japon, 2014). La politique d'offre monétaire abondante conduite par la Banque du Japon, la Banque centrale du pays, a entraîné l'appréciation des prix des actions et la dépréciation du yen. Malgré la reconnaissance par l'administration de l'essor économique qui a duré de 2012 à 2018, l'une des plus longues périodes d'essor économique depuis la fin de la Seconde Guerre mondiale, la majorité de la population des classes populaires et des classes moyennes inférieures n'a pas pu en profiter. L'inégalité croissante entre les classes sociales (le coefficient de Gini après redistribution des revenus est resté à environ 0,37 pendant la période) (MHLW, 2020), la précarité des ménages, l'emploi instable (le taux d'emploi non permanent était de 37,5 % en 2015) (MHLW, 2018), le taux élevé de pauvreté chez les enfants (16,3 % en 2012) (Nikkei, 2014), le taux de suicide le plus élevé des pays du G7 (plus de 20 000 par an) (MHLW, 2022) sont autant d'indicateurs des contradictions de la mondialisation néolibérale.

Dans la communauté internationale, les contradictions de la mondialisation néolibérale ont conduit à l'émergence d'initiatives pour les dépasser, telles que les objectifs de développement durable (ODD) de l'ONU et l'Accord de Paris en 2015 et les conférences des parties (COP) qui ont suivi, les sommets de l'action climatique de l'ONU depuis 2019 et la promesse de réduire les émissions de gaz à effet de serre (GES) à zéro d'ici 2050. Le Japon, un pays qui a reçu un *Fossil Award* déshonorant de la part d'une organisation non gouvernementale (ONG) internationale, *Climate Action Network* (CAN), lors de la COP 25 en 2019, pour ses politiques climatiques rétrogrades, a finalement été encerclé par les réglementations environnementales internationales.

TRANSITION DES POLITIQUES NÉOLIBÉRALES VERS DES POLITIQUES AGRICOLES VERTES 2020 et après

IMPACTS DU COVID-19 ET DE LA GUERRE EN UKRAINE

La pandémie du Covid-19 a eu des conséquences importantes au Japon. En mai 2023, plus de 74 000 décès ont été recensés parmi les 33,8 millions de cas répertoriés, soit 0,22 % de la population totale (MHLW, 2023). Dans le secteur agroalimentaire, la stratégie d'approvisionnement du Japon a été profondément bousculée par les perturbations des flux de produits agroalimentaires, d'intrants (dont les semences) et de main-d'œuvre étrangère (provenant principalement des pays d'Asie du Sud-Est et de l'Est). Les agriculteurs ont perdu les recettes qu'ils tiraient de la vente de leurs produits aux hôtels, aux restaurants (en particulier ceux destinés aux touristes étrangers) et aux écoles (fermées pendant plusieurs mois). Ils ont par ailleurs enregistré une baisse des prix et de la consommation, notamment de riz. Dans ce contexte, le gouvernement a encouragé les industries agroalimentaires nationales à substituer les matières premières importées par des produits nationaux avec des soutiens publics. En outre, il a mis gratuitement les stocks de riz à la disposition de cantines pour enfants, afin de venir en aide aux ménages précaires. En revanche, le budget de l'État n'a pas été mobilisé pour acheter des produits agricoles afin de soutenir les agriculteurs, contrairement à ce qui a été observé en Amérique du Nord.

Au cours de cette période, les consommateurs japonais ont pris conscience des risques liés au faible taux d'autosuffisance alimentaire du pays, estimé à 37 % en équivalent calories en 2020. Certains consommateurs ont manifesté leur volonté de soutenir les agriculteurs en difficulté par le biais de la *Community Supported Agriculture* ou de plateformes d'achat en ligne qui mettent en relation les agriculteurs et les consommateurs (NHK, 2020). Pour compenser l'absence de travailleurs agricoles étrangers, éléments incontournables dans certaines régions agricoles, les travailleurs domestiques dont les professions ont été fortement affectées par le Covid-19, comme les services de restauration, les hôtels et les compagnies aériennes, ont été temporairement convertis en travailleurs agricoles (The Tokyo Shimbun, 2020). Une partie des télétravailleurs, dont le nombre a augmenté en raison du Covid-19, a migré des zones urbaines surpeuplées vers les zones rurales. Certains d'entre eux se sont engagés dans l'agriculture comme moyen subsistance, travail d'appoint ou bien loisir, un phénomène connu sous le nom de *Denen-Kaiki* en japonais, « retour à la terre » (MAFF, 2022e). Le Covid-19 a également ébranlé la confiance dans la capacité de l'humanité à contrôler la nature, y compris les virus, et a amené la population à reconsidérer la pertinence de l'approche « *One Health* » (OMS, 2024).

L'invasion russe de l'Ukraine enclenchée le 24 février 2022 a également porté un coup dur au secteur agroalimentaire nippon. La flambée des prix internationaux des matières premières alimentaires, de l'alimentation du bétail, des engrais et des combustibles fossiles a impacté négativement les agriculteurs japonais qui souffraient déjà de la concurrence internationale. Selon l'enquête menée par l'Association japonaise des sociétés agricoles en décembre 2022, près de 89 % des sociétés agricoles, qui sont des exploitations intégrées de relativement grande dimension, n'ont pas pu répercuter pleinement la hausse des coûts de production sur leurs prix de vente (HAG, 2022). Les exploitations de bovins, en particulier, qui dépendent fortement des intrants importés, ont souffert de la hausse des prix (Suzuki, 2024). La dépréciation de la monnaie japonaise, le yen, pour la première fois depuis plus de trente ans, a accenté la hausse des prix intérieurs des produits importés et détérioré l'accès à l'alimentation des populations à faible revenu.

La poursuite de la politique d'assouplissement monétaire de la Banque du Japon et la politique de resserrement monétaire en Amérique du Nord et en Europe ont accéléré cette situation. Selon la Teikoku Databank, une société d'enquête privée, les prix de détail de milliers de produits alimentaires ont augmenté durant la période alors même que les agriculteurs japonais ont exprimé leur incapacité à couvrir l'augmentation des coûts de production. La stagnation des salaires réels dans le pays depuis plus de trente ans n'a pas permis aux groupes sociaux les plus défavorisés de garantir leur droit à l'alimentation. Immédiatement après le déclenchement de la guerre en Ukraine, le ministère de l'Agriculture, des Forêts et de la Pêche du Japon (MAFF) et le parti au pouvoir (le Parti libéral démocrate) ont examiné les conséquences potentielles de cette crise sur la sécurité alimentaire nationale. Il en a découlé la mise en œuvre, via le Parlement japonnais (*la Diète*) pour les années 2023 et 2024, d'une politique de renforcement de la sécurité alimentaire (à partir de décembre 2022) par une révision de la loi fondamentale sur l'alimentation, l'agriculture et les zones rurales.

IMPACT DES POLITIQUES ENVIRONNEMENTALES INTERNATIONALES

À la suite du premier sommet sur l'action climatique qui s'est tenu en septembre 2019, le Premier ministre de l'époque, Yoshihide Suga (septembre 2020-octobre 2021), qui a succédé à Shinzo Abe à la tête du Parti libéral démocrate, a annoncé lors de son premier discours de politique générale devant la Diète (en octobre 2020), l'ambition de parvenir à la neutralité carbone d'ici à 2050. À partir de mars 2024, cet objectif est poursuivi par l'administration suivante, dirigée par le

Premier ministre Fumio Kishida (octobre 2021-aujourd'hui). Cependant, l'intégrité de la déclaration et les pratiques du gouvernement japonais ont été très critiquées lors de la COP28 qui s'est tenue à Dubaï en décembre 2023. En effet, le Japon a reçu le *Fossil Award* du CAN (*Climate Action Network-International*) pour la quatrième fois consécutive depuis 2019, en raison de la persistance du pays à produire d'électricité à partir de charbon bénéficiant de fonds publics.

Face aux préoccupations internationales liées au changement climatique et à la dégradation de l'environnement, force est de constater que les politiques agricoles se renouvellent, tant dans l'UE (*Green Deal* en décembre 2019, puis stratégie « de la ferme à la fourchette » en mai 2020) qu'aux États-Unis (*Agriculture Innovation Agenda* en février 2020). Ces évolutions ont incité le gouvernement japonais et le MAFF à proposer en mai 2021 une stratégie (MIDORI) visant à promouvoir les systèmes alimentaires durables (avec une loi correspondante en mars 2022). Les objectifs de cette dernière sont proches de celle adoptée dans l'UE : 25 % des terres agricoles doivent être consacrées à l'agriculture biologique ; 50 % des pesticides chimiques doivent être réduits ; 30 % des engrais chimiques doivent être réduits (Commission européenne 2020 ; MAFF, 2022f). Ces stratégies se distinguent toutefois par le fait que le Japon prévoit d'atteindre ces objectifs en 2050, tandis que l'UE table sur 2030. Le programme d'innovation agricole des États-Unis et le programme MIDORI du Japon se rejoignent également sur le fait que tous deux s'appuient sur les innovations technologiques pour atteindre l'objectif d'augmentation de la production agricole et de réduction de l'empreinte environnementale (MAFF, 2022f) (USDA, 2020).

Le MAFF encourage clairement l'usage des technologies de pointe dans le secteur agricole telles que l'édition du génome, les pesticides à ARNm, l'intelligence artificielle (IA), la robotique, les *cybernectic organism*, les tracteurs autonomes, la technologie alimentaire, etc. Cette orientation a suscité de larges débats contradictoires au sein des organisations de la société civile et du monde universitaire (Sekine, 2021b). La stratégie MIDORI a également été critiqué par de nombreux citoyens et scientifiques en raison de son caractère descendant et, très souvent, de l'absence de dialogue avec les parties prenantes. En d'autres termes, une brèche est apparue entre le gouvernement japonais et les organisations de la société civile. Alors que le premier promeut l'intensification durable et l'agriculture productive, les seconds cherchent à rendre le système agroalimentaire plus durable, plus juste et plus orienté vers les populations défavorisées. Ce positionnement est en phase avec celui observé lors du Sommet sur le système alimentaire de septembre 2021. Le gouvernement japonais s'était plaint de la difficulté d'étendre l'agriculture biologique dans le climat humide de l'Asie-Mousson et avait tenté de saper les politiques réglementaires de l'UE, tout en persuadant les pays de l'Association des nations de l'Asie du Sud-Est (ASEAN) de suivre la stratégie MIDORI.

L'objectif fixé dans la stratégie MIDORI d'étendre l'agriculture biologique à 25 % de la surface agricole totale d'ici 2050 (contre 0,6 % en 2021) fait l'objet de débats internes (MAFF, 2024a). En mars 2024, le gouvernement a inscrit 93 municipalités en tant que « villages biologiques » subventionnés par le gouvernement pour promouvoir l'agriculture biologique. En outre, depuis 2020, le MAFF subventionne les municipalités pour l'achat de produits agroalimentaires biologiques destinés aux programmes de repas à l'école, ce qui contribue à encourager les nouveaux agriculteurs à s'installer en agriculture biologique et les agriculteurs conventionnels à convertir leur exploitation à l'agriculture biologique. En décembre 2022, 193 municipalités (11,2 % du total des 1 718 municipalités) participaient à des programmes de restauration scolaire biologique.

RÉVISIONS DE LA LOI FONDAMENTALE

En 2022, le parti au pouvoir et le gouvernement ont officiellement entrepris de réviser la loi fondamentale sur l'alimentation, l'agriculture et les zones rurales. L'administration Kishida a ainsi privilégié de renforcer quatre axes : (a) la sécurité alimentaire, (b) les exportations alimentaires, (c) l'écologisation des systèmes alimentaires et (d) l'agriculture intelligente (Bureau du Premier ministre, 2022). Le projet a été publié à l'issue d'intenses discussions entre les experts du MAFF qui se sont déroulées entre octobre 2022 et mai 2023. Dans le cadre de ce processus très descendant, les citoyens nont eu accès qu'à une consultation publique d'un mois, entre juin et juillet 2023 (MAFF, 2023c). Le projet de loi a été proposé à la Diète en février 2024 (MAFF, 2024b).

Au cours de ces dernières années, l'administration avait reconnu certaines limites de la loi fondamentale qui compromettait la sécurité alimentaire (Sekine, 2021b). Lorsque Kishida est devenu Premier ministre en octobre 2021, il s'était engagé à établir une nouvelle forme de capitalisme (Whittaker, Nakata, 2024), en rompant avec les politiques néolibérales poursuivies pendant plus de trois décennies. Pour de nombreux observateurs, cependant, le projet de loi proposé pour l'agriculture, dans un contexte marqué il est vrai par la guerre en Ukraine, ne marque pas une rupture franche avec les politiques néolibérales. Cela tient probablement aux conflits existants entre, d'un côté, la coalition des cercles politiques, bureaucratiques et commerciaux, et, de l'autre, la coalition de la société civile et des organisations d'agriculteurs. Ainsi, ce projet de loi reprend certains des principes initiés lors de la loi fondamentale mise en œuvre en 1999, tels que la promotion des grandes exploitations agricoles, l'accumulation et le remembrement des terres agricoles, l'adoption des technologies de pointe et l'exportation de denrées alimentaires (MAFF, 2024c). Bien que la durabilité des systèmes alimentaires et l'importance d'une agriculture respectueuse de l'environnement aient été soulignées dans le projet de loi, les mesures prises restent parfois en contradiction avec les mesures environnementales. Ainsi, par exemple, les grandes exploitations agricoles, en particulier les élevages industriels, ont tendance à aggraver l'empreinte environnementale et à détériorer les conditions de bien-être des animaux ; le renforcement des exportations de denrées alimentaires entraînerait de nouvelles émissions de gaz à effet de serre ; et certaines technologies subventionnées au titre de l'agriculture intelligente sont discutables du point de vue de la durabilité.

Le projet de loi affirme l'importance de continuer à importer des produits alimentaires mais en diversifiant les risques plutôt qu'en les réduisant, ou qu'en soutenant la constitution de stocks et l'agriculture nationale. Contrairement aux évolutions à l'œuvre dans de nombreux pays, le droit à l'alimentation et la souveraineté alimentaire n'ont pas été clairement mentionnés dans ce projet de loi. En cas de difficultés d'approvisionnement alimentaire (baisse de 20 % par rapport à la situation actuelle) ce dernier donne cependant la possibilité au gouvernement d'ordonner aux acteurs concernés, moyernnant le cas échéant l'application de sanctions, d'augmenter leur offre ou de fournir des aliments plus caloriques (Nikkei, 2024).

CONCLUSION AU CHAPITRE

Ce chapitre a mis en évidence les principales étapes de l'évolution des politiques agricoles et rurales au Japon et leurs implications après la Seconde Guerre mondiale, tout en soulignant les mécanismes socio-économiques et politiques à l'œuvre. Le Japon a traversé les époques du fordisme et du néolibéralisme, en soulevant parfois des contestations au sein de la société. Depuis 2020, le gouvernement souhaite procéder à certaines révisions de ses politiques, y compris celles relatives au secteur agricole et aux zones rurales. Tout en de débarrassant pour partie du néolibéralisme, cela doit permettre d'être plus cohérent avec le cadre réglementaire international qui intègre désormais davantage la notion de durabilité. Toutefois, et comme nous l'avons vu plus précédemment, la « nouvelle forme de capitalisme » ou « capitalisme durable » mise en avant par l'administration Kishida reste souvent obscure, avec une combinaison étrange entre des mesures relevant du néolibéralisme et d'autres mesures issues de compromis partiels. Dans un contexte de tensions militaires accrues entre les États-nations depuis 2022, avec la guerre en Ukraine et la confrontation militaire continue en Asie de l'Est, les récentes administrations japonaises ont progressivement révisé les politiques et réglementations pacifistes et ont fortement augmenté le budget alloué aux forces de défense. Cette orientation vers un nouveau régime qui rappelle les temps de guerre serait-il en contradiction avec les objectifs ultimes du développement durable ?

Kae SEKINE[2]
Université de Aichi Gakuin (Japon)

2 Ce travail a été soutenu par les deux budgets de la recherche, pour la recherche scientifique (24K09116) et de la Fondation Daiko. Il a été rédigé sur la base des chapitres deux et trois de Sekine et Bonanno (2016), avec des mises à jour significatives pour couvrir les évolutions entre 2016 et début 2024.

LA POLITIQUE AGRICOLE CHINOISE

Outil de stabilisation sociale et d'indépendance géopolitique

Le reste du monde devra s'en accommoder. La Chine, qu'elle fut impériale ou devenue République, a toujours eu à relever le défi de nourrir sa population. Les famines furent nombreuses et influèrent sur sa stabilité politique.

Malgré ses succès économiques depuis la fin du XXe siècle, la Chine reste confrontée à la contrainte de l'alimentation. Elle doit approvisionner en biens alimentaires un nombre d'habitants représentant près de 18 % de la population mondiale, tout en étant dotée de moins de 8 % des terres cultivables et de ressources en eau insuffisantes. La Chine est donc un pays aux ressources limitées, ce qui entraîne une concurrence sévère entre l'agriculture et les autres utilisateurs des ressources en terres et en eau. Le choix de l'industrialisation s'est de plus traduit par une urbanisation importante et une élévation des niveaux de vie occasionnant une relative occidentalisation des modes de consommation. En seulement trois décennies, entre la fin des années 1970 et les années 2010, le système alimentaire chinois est passé d'un système basé sur le rationnement et les coupons de céréales à un système caractérisé par un choix important, des prix en hausse et des préoccupations croissantes concernant la qualité et la sécurité sanitaire. L'agriculture demeure en outre une partie importante de l'économie chinoise avec en 2022, près de 25 % de l'emploi et 7,6 % du PIB, ce qui nécessite une attention accrue des dirigeants du pays.

À cette contrainte intérieure est venu s'ajouter la pression internationale, de l'embargo décrété par les États-Unis dans les années 1950, à l'image diffusée par des publications d'une Chine incapable de se nourrir et achetant sur le marché international aux dépens d'autres pays.

Depuis plusieurs années, la Chine éprouve ainsi de réelles difficultés à atteindre ses objectifs d'autosuffisance alimentaire, notamment en grains, qui sont cœur de sa politique agricole. En devenant fortement importatrice de produits agricoles depuis une vingtaine d'années, et s'exposant ainsi au risque de la dépendance alimentaire, le pays est pris en contradiction avec sa volonté de contrôle de son approvisionnement alimentaire. Cette dépendance à l'importation pèse sur les relations internationales chinoises et pourrait constituer une vulnérabilité vers l'objectif politique des dirigeants chinois de faire de leur nation la première puissance mondiale en 2049.

Ce chapitre se propose de faire le point sur les concepts et les stratégies mis en œuvre par la Chine depuis le milieu du XXe siècle pour tenter de développer son agriculture et garder une autosuffisance la plus importante possible.

LE DÉVELOPPEMENT DE LA NOTION DE SÉCURITÉ ALIMENTAIRE EN CHINE

UNE IDÉE TRÈS ANCIENNE ET TOUJOURS ACTUELLE

La place de l'agriculture et de l'alimentation au centre de la gestion des Royaumes par les intellectuels et dirigeants chinois s'inscrit dans l'histoire longue, et se retrouve dans les textes bien avant l'unification de la Chine ancienne en -221 av. J.-C. Maintenir l'agriculture et assurer l'alimentation de la population étaient les principales préoccupations des souverains, et les troubles liés à l'alimentation pouvaient entraîner le renversement des dynasties. La négligence de l'agriculture, notamment la gestion des stocks de céréales pour prévenir les famines ainsi que les systèmes d'irrigation, a conduit à la chute de plusieurs Empereurs, qui perdaient ainsi le « mandat du ciel » qui leur conférait leur légitimité (Crook, 1999).

La conscience de la nécessité d'éviter les famines a joué un rôle crucial dans l'élaboration des politiques publiques et dans la définition des objectifs de l'État. Entre 1765 av. J.-C. et 1911, la Chine aurait connu plus de 2 500 sécheresses et plus de 3 000 famines, soit presque une par an (Bu et Bruins, 2004). Cette constante menace de famine a influencé la nation, lui valant le surnom de *Land of Famine* (Mallory, 1926). Les penseurs confucianistes et légistes ont tous souligné l'importance de l'agriculture en tant que source de richesse, de stabilité et de puissance permettant de résister à des menaces extérieures ou de les surmonter (Wu, 2007) (Yu et Wang, 2014). La maîtrise de l'approvisionnement agricole était une condition de la puissance pour un État et donc de sa survie. Même aujourd'hui, alors que la souveraineté alimentaire fait l'objet de débats en France et en Europe, l'idée que la puissance d'un État est liée à la santé de son agriculture persiste en Chine, comme en témoigne la mention dans le document d'orientation politique de 2015 : « Pour que la Chine soit forte, son agriculture doit être forte » (Comité central du Parti Communiste et le Conseil de l'État, 2015).

Pour atteindre ces objectifs, des politiques agricoles ambitieuses ont été mises en œuvre très tôt, comprenant le stockage public avec la construction de greniers, des travaux d'irrigation, et des mesures de prévention et de secours en cas de catastrophes naturelles. Cette autosuffisance maintenue jusqu'au XXe siècle, même souvent mise à mal par des famines, était possible en raison de la diversité climatique, de la taille des différents empires chinois qui se sont succédé et de l'augmentation des superficies cultivées, d'un accroissement de la population nul jusqu'à la fin du premier millénaire après J.-C. puis limité jusqu'au XIXe siècle (Madison, 2007). En revanche, le commerce alimentaire avec d'autres pays est resté relativement limité jusqu'au début du XXe siècle. La Chine comptait principalement sur ses propres ressources, approvisionnant les régions déficitaires grâce aux excédents des régions productrices.

Ce n'est que dans la première moitié du XXe siècle que les importations agricoles ont commencé à jouer un rôle plus significatif dans l'approvisionnement des villes côtières. Ainsi, la Chine a réussi à nourrir sa population en croissance sans exercer de pression significative sur les grands équilibres agricoles mondiaux.

UNE VOLONTÉ DE MAÎTRISER SON APPROVISIONNEMENT ALIMENTAIRE

Cette problématique alimentaire a conservé son importance jusqu'au XXe siècle. La Chine, au cours de la première moitié du siècle dernier, a également été marquée par des famines, notamment celles de 1920-1922, 1928-1930, et 1943, cette dernière causant près de 3 millions de décès dans le Henan. La dernière grande catastrophe fut incontestablement le désastre du Grand Bond en avant, entre 1959 et 1961, entraînant la mort de 30 à 45 millions de chinois et de chinoises. Le lien entre la politique agricole et l'agitation sociale, susceptible de conduire à un renversement du pouvoir, demeure aujourd'hui encore d'une pertinence cruciale et oriente fondamentalement l'action publique.

Le contexte international a également joué un rôle majeur dans l'orientation de la politique agricole chinoise et la détermination des dirigeants du pays à renforcer l'autosuffisance. Le déclenchement de la guerre de Corée a fourni un prétexte au gouvernement américain pour imposer un embargo total contre la Chine, pour limiter la puissance chinoise et restreindre ses capacités militaires. L'embargo empêchait la Chine d'accéder au système d'aide alimentaire américain, la contraignant à compter sur la production alimentaire intérieure. Bien que les États-Unis aient finalement levé leur embargo, permettant d'importantes importations chinoises de blé à partir des années 1970, cet épisode a renforcé la méfiance des dirigeants chinois à l'égard du commerce international et a renforcé l'idée de la vulnérabilité de leur pays face à l'arme alimentaire.

Cette pression internationale découle également de l'image menaçante sur le plan alimentaire à l'échelle mondiale que certains ont pu attribuer à la Chine. En 1995, Lester Brown publie son célèbre ouvrage *Who Will Feed China?* argumentant que, compte tenu de sa superficie agricole limitée, la Chine ne pourra pas produire suffisamment de céréales pour nourrir une population en croissance et de plus en plus prospère, et devrait donc s'approvisionner sur le marché international au détriment d'autres pays. Le gouvernement chinois a interprété ce livre comme une attaque contre son *leadership* et sa capacité à nourrir sa population, et a dû réfuter l'idée d'une Chine représentant une menace pour la sécurité alimentaire mondiale. Par le biais d'un livre blanc sur la sécurité alimentaire, les autorités chinoises ont répondu en affirmant que « la Chine nourrira la Chine ». En conséquence, la politique agricole nationale s'est en partie développée en réponse à cette pression extérieure.

C'est au cours des années 1990 que la définition officielle chinoise de la sécurité alimentaire a été établie. Le terme chinois, généralement traduit par sécurité alimentaire, signifie en réalité, pris mot à mot, « sécurité des grains » (粮食安全, liangshi anquan), se distinguant ainsi de la définition de la sécurité alimentaire de la FAO qui se traduit différemment en chinois. Cette distinction n'est pas seulement sémantique. Alors que la définition de la FAO aborde les questions de disponibilités physiques, d'accès économique et physique, d'utilisation (hygiène, régime alimentaire…), ainsi que de stabilité dans le temps, impliquant une analyse microéconomique au niveau de l'individu, la notion chinoise se situe au niveau macroéconomique, national, en se concentrant sur les grains[1].

Bien que la Chine ne redoute plus l'émergence de famines sur son territoire, les efforts dans le cadre de sa politique de sécurité alimentaire se concentrent désormais d'abord sur la sécurité sanitaire des aliments, à l'origine de nombreux scandales, et ensuite sur la lutte contre l'inflation, visant à assurer la stabilité sociale dans un pays où les contestations sont rarement tolérées[2]. Il persiste également une volonté de maintenir le contrôle sur son approvisionnement. Cette intention se manifeste dans les discours officiels par des slogans tels que « à tout moment, le bol des Chinois doit être fermement tenu entre leurs mains » et que « ce bol doit être rempli de grains chinois ». Le principe d'autosuffisance dans la production agricole sous-tend donc la stratégie globale de sécurité alimentaire de la Chine et la dépendance alimentaire du pays doit être envisagée non seulement d'un point de vue économique et social, mais également géopolitique.

L'histoire agricole de la Chine depuis le milieu du XXe siècle montre des évolutions marquées et des allers-retours entre soutien à l'agriculture et appui à l'industrie.

1 Pour la FAO, « la sécurité alimentaire existe lorsque tous les êtres humains ont, à tout moment, un accès physique et économique à une nourriture suffisante, saine et nutritive leur permettant de satisfaire leurs besoins énergétiques et leurs préférences alimentaires pour mener une vie saine et active ». *Plan d'action du Sommet mondial de l'alimentation*, point 1, Rome, 13 novembre 1996.

2 Les manifestations sur la place Tiananmen en 1989 ont été initialement motivées par le décès du réformateur Hu Yaobang et étaient centrées sur des demandes politiques, mais elles ont également été renforcées par des préoccupations économiques. L'augmentation de l'inflation à hauteur de 25 % au début de 1989 a contribué à nourrir le mécontentement populaire.

LE DÉVELOPPEMENT RURAL COMME PRIORITÉ DU TOURNANT DES ANNÉES 80

La période Maoïste, qui s'étend de 1949 à 1978, fut marquée par la collectivisation de l'agriculture à travers des « communes populaires », à des degrés variables selon les périodes, par une planification plus ou moins directe avec des quotas de livraison obligatoires et une croissance démographique considérée comme une source de prospérité et de puissance. Cette politique mise également sur l'autosuffisance, non seulement au niveau national mais également au niveau local, chaque « commune » devant produire les biens nécessaires à son fonctionnement, y compris les machines-outils et l'alimentation.

Au cours de ces trois décennies, l'agriculture en Chine a eu des difficultés à remplir ses rôles traditionnelement joués dans le processus de développement (Johnston, Mellor, 1961). Entre 1948 et 1976, bien que la production céréalière ait triplé pour atteindre 286 millions de tonnes, la superficie cultivable a diminué de 108 millions d'hectares en 1952, à 99 millions en 1976. Cette augmentation de la production était attribuable au développement de cultures multiples, à une augmentation significative des rendements grâce à l'extension des surfaces irriguées (passant de 20 à 45 % entre 1952 et 1976) et à une utilisation accrue d'engrais organiques. Bien que cette croissance de la production agricole ait suivi la hausse démographique, avec une augmentation de 70 % de la population entre 1948 et 1976, atteignant 940 millions d'habitants, elle a légèrement augmenté la disponibilité alimentaire totale par habitant. Malgré cela, la disponibilité moyenne de céréales par habitant dépassait à peine les 300 kg à la fin des années 1970, restant pratiquement au même niveau quinze ans auparavant et demeurant très faible par rapport à d'autres pays comme l'URSS ou les nations occidentales. Par ailleurs, le régime alimentaire n'a que peu évolué, restant largement axé sur les céréales, qui représentaient encore 94 % des calories disponibles en 1978.

L'approvisionnement en matériaux pour l'industrie a connu une légère augmentation, bien que l'industrialisation n'ait initialement pas bénéficié d'une main-d'œuvre provenant du secteur agricole, en raison du Hukou, une sorte de passeport intérieur limitant la mobilité entre les zones rurales et urbaines. Enfin, bien que le commerce agricole dans son ensemble ait été excédentaire dans les années 1960 et 1970, grâce aux produits animaux et transformés, les recettes en devises issues de l'exportation de produits agricoles n'ont jamais atteint les niveaux fixés.

Bien que la production céréalière ait doublé des années 1950 aux années 1970, une proportion significative de la population vivait dans la pauvreté et était exposée au risque de famine et de malnutrition.

L'AGRICULTURE, PREMIÈRE BÉNÉFICIAIRE DES RÉFORMES

Deux ans après la mort de Mao Zedong, Deng Xiaoping a lancé le mouvement de réforme et d'ouverture, plaçant le monde rural au centre des changements. Dans un pays où le monde rural représentait près de 90 % de la population, l'agriculture a été le premier secteur à bénéficier de la politique de réforme et d'ouverture, à travers la décollectivisation, l'augmentation des prix et la libéralisation progressive du commerce. En outre, alors que Mao Zedong considérait une population nombreuse comme un vecteur de puissance, en 1979, le parti communiste craignant les conséquences alimentaires d'une surpopulation instaura la fameuse politique de l'enfant unique.

La décollectivisation de l'agriculture s'est traduite par la mise en place du Système de responsabilité des ménages, permettant de distribuer le droit d'utilisation de la terre aux ménages ruraux pour une durée initiale de quinze ans, étendue plus tard à trente ans. Les ménages ruraux ont gagné en autonomie dans les décisions relatives à la production et à la vente de leurs produits. Bien que la décollectivisation ait conduit à une repaysannisation de l'agriculture, contrairement à l'ex-URSS, elle a également engendré la création de très petites exploitations agricoles, avec des surfaces en moyenne de 0,7 hectare, constituant une agriculture de *minifundia*, et une dispersion des surfaces pour garantir une qualité équitable des terres pour chaque famille. Les conséquences de cette réforme continuent d'alimenter la problématique actuelle de la politique agricole chinoise. Parallèlement, les autorités ont relevé les prix payés aux producteurs pour les inciter à développer leurs productions et à bénéficier de revenus suffisants. Enfin, les mécanismes de marché ont été progressivement réintroduits avec la libéralisation du commerce des produits agricoles, initialement pour des productions de seconde catégorie telles que les fruits, les légumes et les produits animaux, qui pouvaient désormais être vendus librement sur les marchés. Les terres allouées à la culture des céréales ont diminué au profit des cultures maraîchères. La culture du soja, des fruits, l'élevage et la pêche ont rapidement pris de l'ampleur. La réforme rurale a ainsi libéré les forces productives des petits ménages agricoles et a considérablement augmenté la production agricole. L'approvisionnement alimentaire en Chine est devenu autosuffisant par la suite jusqu'à l'augmentation des importations alimentaires dans les années 2000.

UN DÉVELOPPEMENT RAPIDE DE L'ÉCONOMIE RURALE

Le développement le plus notable de cette période dans les campagnes, a été l'industrialisation rurale dirigée par les entreprises des bourgs et villages (EBV), notamment parce qu'elle était rarement accomplie dans d'autres pays en développement. La hausse des revenus et la main-d'œuvre agricole excédentaire libérée de l'agriculture ont créé les conditions nécessaires à la croissance rapide des industries rurales, des entreprises collectivement détenues par les communes et les brigades et rejointes par un grand nombre de petites entreprises familiales. La détention de plusieurs emplois dans différents secteurs économiques est progressivement devenue une stratégie de subsistance courante pour de nombreux ménages ruraux. L'industrialisation rurale en Chine a également suivi une voie appelée « accumulation sans dépossession » (Arrighi 2007), où la propriété collective protégeait les paysans contre la dépossession foncière par les industries en expansion tout en offrant des opportunités d'emploi industriel pour beaucoup, créant ainsi un résultat plus équitable.

Pendant toute la décennie des années 1980, tandis que les réformes urbaines marquaient le pas, la Chine rurale a connu une croissance sans précédent, une réduction massive de la pauvreté et une stabilité politique. La hausse combinée de la productivité, des prix agricoles et du développement de l'économie rurale ont permis de sortir plus de 400 millions de personnes de la grande pauvreté. Si les quinze premières années de la réforme rurale peuvent être caractérisées par le succès triomphant de l'industrialisation rurale, la décennie suivante, à partir du milieu des années 1990, a marqué un contraste net. La fin des années 1980 a vu une réorientation des priorités économiques profit des secteurs industriels et des provinces côtières. Ce délaissement des campagnes a eu plusieurs conséquences : l'écart de revenus entre ruraux et urbains s'est accru ; les écoles rurales et les systèmes de pension ruraux ont souffert du manque de financement ; et, enfin, le développement des villes s'est effectué au détriment des ressources en eau et en terres des campagnes.

UN MILIEU RURAL EN CRISE

La période de « l'industrialisation triomphante » a pris fin au milieu des années 1990, marquée par des défis économiques et politiques qui ont commencé à s'accumuler dans la Chine rurale. Les entreprises à capitaux étrangers (EBV) dans les zones côtières, autrefois dynamiques, ont perdu de leur éclat face à la concurrence croissante des entreprises urbaines et aux contraintes institutionnelles qui leur étaient imposées. Cette dégradation a conduit à des faillites massives et à une privatisation rapide, affaiblissant ainsi une source clé de revenus pour les gouvernements locaux ruraux et réduisant la demande de main-d'œuvre excédentaire rurale. En 1994, la réforme de la recentralisation fiscale a concentré davantage les revenus au niveau central tout en transférant plus de dépenses aux gouvernements locaux, incitant ces derniers, en particulier dans les provinces intérieures, à imposer des taxes excessives à la population rurale, créant ainsi le « fardeau paysan » et suscitant un mécontentement généralisé et des manifestations politiques croissantes.

La stagnation de l'emploi dans les zones rurales et les disparités de revenus entre zones rurales et urbaines, de 1 à 2 au milieu des années 1980, à 1 à 3 au début des années 2000, ont poussé de plus en plus de résidents ruraux à chercher des emplois salariés migrants dans les villes, où les réformes du marché et l'urbanisation s'intensifiaient. Alors que l'industrialisation rurale dirigée par les EBV avait permis aux ménages ruraux de diversifier leurs sources de revenus, la migration intérieure est devenue courante, avec environ 15 millions de migrants (nongmingong) quittant la campagne chaque année à l'aube du XXIe siècle. Cela a alimenté une urbanisation rapide, passant de 25 % en 1990 à 54 % en 2015 et à 65 % en 2022 selon les statistiques officielles.

L'écart croissant de revenus entre les populations urbaines et rurales, ainsi qu'entre les zones rurales développées et sous-développées, est devenu un problème politique majeur. L'exode de la partie la partie la plus capable et la plus éduquée de la main d'œuvre a vidant ces régions de leur vitalité. Il est resté une population de laissés pour compte, qui était disproportionnellement composée d'enfants, de femmes et de personnes âgées (Ye et al, 2013), entraînant l'abandon des terres agricoles et une stagnation de la production agricole.

L'ensemble de ces problèmes, qu'il s'agisse des tensions politiques entre les gouvernements locaux et les résidents ruraux, de la situation des travailleurs migrants ruraux dans les villes, ou des difficultés rencontrées par les populations « laissées pour compte », a contribué en Chine à l'émergence du concept des « trois problèmes ruraux » (三农问题 sannong wenti) : l'agriculture (农业 nongye) avec l'objectif d'augmenter la production, les agriculteurs (农民 nongmin) avec le programme d'augmenter leurs revenus et le milieu rural (农村 nongcun) dont la modernisation des infrastructures demeure une priorité (Chaumet, Pouch 2017).

UNE RÉORIENTATION DURABLE EN FAVEUR DE L'AGRICULTURE ET DU MILIEU RURAL

Dans les années 1990, les frustrations ainsi créées se sont muées en colère, parfois en émeutes, notamment dans les zones périurbaines et ont fait craindre la menace de forces de contestations, alors même que l'adhésion de la Chine à l'*Organisation mondiale du commerce* (OMC) en décembre 2001 ouvrait les frontières du pays et mettait encore plus en concurrence produits locaux et importés, notamment agricoles. Cette aggravation des problèmes ruraux, la baisse de la production céréalière entre 1999 et 2003 ainsi que la publication du libre de Lester Brown en 1995 ont créé une énorme pression sur le gouvernement chinois qui a décidé dans les années 2000, d'introduire une nouvelle réorientation de la politique agricole chinoise.

DES SOUTIENS CROISSANTS À L'AGRICULTURE ET AU MONDE RURAL

Celle-ci, à travers une série de réformes politiques, visait à revitaliser la campagne et à accroître toujours plus les volumes de production, pour atteindre les niveaux d'autosuffisance fixés. L'augmentation du revenu des agriculteurs a été érigée en objectif politique clé avec l'autosuffisance alimentaire. Le programme « Construction d'une nouvelle campagne socialiste » lancé en 2006 comporte de nombreuses mesures pour le milieu rural telles que la construction d'un système de protection sociale rural, la suppression des frais de scolarité en zone rurale, la restauration des routes rurales, la reconstruction de villages mais également un volet agricole très développé.

Sur le plan de la production agricole, le livre blanc sur la sécurité alimentaire publié en 1996 en réponse à l'ouvrage de Lester Brown fixe un taux d'autosuffisance en grains au-dessus de 95 %, dans des conditions normales comme seuil pour atteindre la « sécurité alimentaire » du pays[3]. En outre, le XIe plan fixe le seuil minimum de surfaces cultivées pour assurer un niveau d'autosuffisance alimentaire à 120 millions d'hectares. Ces nouvelles réformes agricoles ont commencé par celle de la fiscalité rurale dont le mot d'ordre à partir de 2003 était de « donner plus, prendre moins et libéraliser » (Lin, Wong, 2012). Les budgets consacrés aux san nong ont décuplé à partir de 2005, dépassant les 1 700 milliards de RMB en 2015, soit environ 280 milliards d'euros.

Dans le même temps, la politique agricole chinoise a reposé à partir de 2004 sur des incitations économiques à l'intensification pour les seules productions des grains : la subvention directe aux céréales (粮食直接补贴 liangshi zhijie butie), la subvention aux intrants (农资综合补贴 nongzi zonghe butie), la subvention aux semences de qualité (粮种补贴 liangzhong butie) et la subvention aux machines agricoles (农机补贴 nongji butie). En 2015, le montant total des subventions s'élevait à 165,2 milliards de yuans (25,8 milliards de dollars américains). Le Gouvernement chinois a également mis en place un système de prix minimums garantis et de stockage public permettant de stabiliser le prix intérieur dans les principales provinces productrices de riz, de blé, de maïs, de soja et de colza. En intervenant directement sur le marché intérieur à travers l'achat de l'excédent d'offre par des organismes de stockage public dès que le prix de marché descendait sous le prix garanti, les autorités chinoises ont pu assurer un prix relativement stable aux producteurs et encourager la production.

3 La définition officielle chinoise des grains diffère de celle de la FAO, en englobant le riz, le blé, le maïs, l'orge, le sorgho, le millet, le soja et les tubercules, ces derniers comptant pour 1/5 de leur poids.

Ces prix minimums ainsi que les subventions et aides directes ont connu des hausses régulières pour tenter de compenser l'augmentation des coûts de production, et pour inciter les producteurs à persister dans les productions de grains. Les consommateurs comme les contribuables furent donc mis à contribution pour renforcer la sécurité alimentaire. L'OCDE estime que les paiements fondés sur la superficie cultivée ont constamment augmenté depuis 2014 mais que le soutien des prix du marché reste la principale forme de soutien, générée à la fois par des politiques de soutien des prix intérieurs et diverses mesures aux frontières sur les importations (contingents tarifaires et commerce d'État). Pour concrétiser le « prendre moins », les autorités ont initié en 2000, puis généralisé en 2006 l'unification et la suppression des taxes rurales formant le « fardeau paysan », allégeant d'autant la pression fiscale sur les agriculteurs.

UNE RESTRUCTURATION DU SECTEUR AGRICOLE CENSÉE GARANTIR LA SÉCURITÉ ALIMENTAIRE

Dans le même temps, les autorités chinoises accélèrent la restructuration du secteur agricole. Jusqu'au milieu des années 1990, la production agricole en Chine reposait sur des centaines de millions de petites exploitations, et la présence du capital agraire était minime. Afin d'augmenter les revenus et la productivité, le programme central du gouvernement s'articule autour d'un axe central – la modernisation de l'agriculture avec l'argument que les 200 millions de petites exploitations familiales de moins d'un hectare sont inefficaces et peu productives et ne peuvent relever le défi de garantir la sécurité alimentaire nationale. La restructuration de l'agriculture familiale est censée mener à la concentration et à l'apparition d'exploitations plus performantes.

Les conditions sont désormais propices à la « modernisation de l'agriculture » en Chine rurale. L'émigration de la main-d'œuvre rurale vers des emplois salariés en milieu urbain et la baisse du taux de fécondité dans les zones rurales ont libéré davantage de terres agricoles à la campagne. Parallèlement, la demande croissante en milieu urbain pour des produits tels que les fruits, les légumes, les produits laitiers, la viande, la volaille et les produits transformés crée de nouvelles opportunités pour l'accumulation de capital excédentaire, qui commence à exercer une pression sur le secteur urbain chinois au cours des dernières années (Zhang, 2021).

Le gouvernement central mise donc sur une agriculture modernisée, plus grande en taille, utilisant davantage de technologie et bénéficiant d'investissements en capital plus importants, et s'intégrant davantage dans les marchés, pour permettre aux producteurs agricoles qui sont soit « laissés pour compte » dans les zones rurales, soit revenus de leur séjour urbain précaire, d'atteindre des revenus et une productivité dutravail plus élevés. Les subventions sont ainsi parfois réservées à une taille minimale d'exploitations (300 vaches laitières par exemple). Pour soutenir ce développement, les budgets consacrés à la recherche agricole ont également fortement progressés à partir des années 2000.

En outre, inquiète de sa capacité à produire suffisamment de céréales, le gouvernement chinois a décidé, à la fin des années 1990, d'impliquer le capital agraire dans la production céréalière à un degré beaucoup plus élevé qu'auparavant, convaincu que les entreprises agroalimentaires pourraient produire des céréales de manière plus efficace et utiliser les terres agricoles de manière plus productive que les petits ménages agricoles. Le gouvernement a promu l'intégration du capital agraire dans le processus de production et le renforcement des liens entre entreprises agroalimentaires et producteurs ruraux. Dans le cadre de la politique d'autosuffisance céréalière, les entreprises agroalimentaires, appelées « entreprises dragon » doivent guider les masses de paysans vers l'industrialisation et conduire la nation sur la voie de la modernisation. Les têtes de dragon doivent ainsi être les principaux acteurs de la construction d'un système agricole moderne et la clé de l'avancement de l'industrialisation agricole en intégrant les ménages agricoles dans leurs opérations et marchés à travers des mécanismes comprennent des contrats, des prises de participation ou une coopération (Schneider, 2017). Soutenues par des paiements directs, des exonérations et des réductions d'impôts, l'accès à des prêts spéciaux avec peu ou pas d'intérêt, elles se sont rapidement développées, leur nombre atteignant 129 000 en 2015.

Le gouvernement a également accordé l'autorisation à des entreprises agroalimentaires étrangères de faire des affaires en Chine, et par conséquent, outre Cargill, de grandes entreprises agroalimentaires mondiales telles que Bunge et Monsanto ont commencé à investir dans le pays. La convergence de ces nouveaux développements a inauguré une nouvelle phase dans la transition agraire de la Chine. Alors que le modèle soviétique suivi pendant l'ère collectiviste et de l'industrialisation rurale par le bas des années 1980 et 1990 transféraient l'excédent agricole pour alimenter la croissance industrielle, dans cette nouvelle phase, le capital – qu'il provienne de l'État, des industries urbaines ou des ménages ruraux – se dirige dans l'agriculture.

Pour mener à bien cette restructuration, le gouvernement chinois a décidé de réformer les droits foncier et encouragé le transfert de droits d'utilisation des terres entre les ménages ruraux et entre ménages ruraux et entreprises. Tout en gardant le cadre d'une propriété collective, le pouvoir politique a renforcé les droits réels des ruraux sur les terres et assoupli les conditions de transfert de droit d'usage des terres. Cependant, les dirigeants ont été très prudents à l'idée de retirer les droits fonciers aux petits agriculteurs par peur de perturbations sociales. À la fin des années 1990 et au début des années 2000, il n'a d'abord autorisé que le transfert de terres entre ménages agricoles avant de permettre aux entreprises d'entrer sur le marché. Les autorités ont résisté aux appels en faveur de la privatisation des terres agricoles, considérée comme un risque d'accroitre l'exode rural et une perte de sécurité que représente la possession d'une terre dans un pays où la protection sociale est encore faible. Mais la marchandisation des droits d'utilisation de la terre est montée en puissance année après année.

Ces politiques volontaristes ont mené à une agriculture chinoise duale, avec la coexistence entre très petites exploitations et mégafermes, notamment dans les productions animales, et fortement consommatrice d'intrants.

UNE POLITIQUE PRODUCTIVISTE QUI A PRODUIT SES EFFETS

Les effets de ces politiques sur la production agricole ont été rapidement visibles. La production chinoise de grains (céréales, soja et tubercules) a ainsi progressé sans discontinuer de 2003 à 2015, passant de 430 à 621 millions de tonnes, d'après les données officielles, soit une hausse de 44 %. L'analyse de la sécurité alimentaire chinoise se mesure encore très souvent par la disponibilité en grains par habitant. Celle-ci a évolué à la hausse, malgré certains « accidents », depuis les années 1950 et a donc dépassé la croissance de la population. La disponibilité affichait près de 450 kg par habitant, soit 40 % de plus qu'en 1978, à la veille des réformes.

Une grande partie de cette hausse est à mettre au crédit de la production de maïs qui a presque été multipliée par deux, tandis que les volumes de blé et de riz progressaient respectivement de 50 % et de 30 %. La hausse de la production proviendrait d'un accroissement de près de 13 % des surfaces ensemencées en céréales entre 2003 et 2014, mais surtout d'une intensification de la production. La hausse des rendements a été rendue possible par l'utilisation de nouvelles variétés mais également par l'application d'intrants (engrais, phytosanitaires) en très grandes quantités. Certains chercheurs doutent cependant de la fiabilité des statistiques chinoises et remettent en cause cette croissance impressionnante (Xu et al., 2014).

Bien que très peu soutenues par la politique agricole, les autres productions ont également connu de fortes progressions, permettant une diversification de l'alimentation. Quasi sans subventions et protection aux frontières, les volumes des fruits des légumes auraient été multipliés respectivement par 10 et par 7 entre 1985 et 2015. Ceux des productions animales également d'après les données officielles : multiplication par 3 entre 1985 et 2015 de la production de viande porcine, par 15 pour la viande bovine et par 13 pour le lait. La Chine est ainsi devenue le premier producteur mondial de blé, de riz, de porc, de volaille, de pomme de terre, 2e producteur mondial de maïs, 3e de viande bovine… Au total, les disponibilités par habitant ont progressé de 2 000 kcals en 1978 à plus de 3 000 en 2013. La part des calories animales a été multipliée par 4 pour atteindre 23 % en 2013.

DES CONTRAINTES CROISSANTES DANS LES ANNÉES 2000

Ces succès quantitatifs se sont néanmoins accompagnés de contraintes importantes, aussi bien au plan environnemental, commercial qu'économique, suffisamment lourdes, pour assombrir le futur agricole de la Chine.

UN DÉFICIT COMMERCIAL AGRICOLE ET AGROALIMENTAIRE CROISSANT

Jusqu'au milieu des années 2000, la Chine a réussi à nourrir la population la plus importante au monde tout en réduisant la proportion vivant en-dessous du seuil de pauvreté et sans perturber significativement les équilibres agricoles mondiaux. Cependant, l'augmentation de la production s'est avérée insuffisante pour répondre à la demande croissante. Des facteurs tels que la croissance démographique (+6 % entre 2003 et 2015) et les évolutions du régime alimentaire liées à l'élévation du pouvoir d'achat des ménages et à l'urbanisation (la Chine est officiellement devenue majoritairement urbaine en 2011) ont fortement stimulé la demande en produits alimentaires, notamment en produits d'origine animale (viande, lait, œufs). À partir de 2003, soit deux ans après son adhésion à l'Organisation mondiale du commerce (OMC), la Chine a connu un déficit commercial agricole croissant et est devenue, au tournant des années 2000, le premier importateur mondial de produits agricoles (figure 1).

Il faut savoir que la Chine adopte une position relativement peu protectionniste sur le plan tarifaire. La réduction des tarifs douaniers moyens appliqués aux produits agricoles a débuté dès le début des années 90, passant de 42 % en 1992 à 24 % en 1998 (Huang *et al.*, 2007). L'adhésion à l'OMC n'a donc pas constitué une rupture, mais plutôt une accélération du processus d'internationalisation du secteur agricole chinois. Selon l'OMC, les tarifs douaniers moyens étaient de 23,2 % en moyenne juste avant l'adhésion de Pékin à l'OMC en 2001. Ils ont ensuite diminué pour atteindre 15,3 % en 2006, puis moins de 11 % en 2007, plaçant ainsi la Chine parmi les pays pratiquant les tarifs douaniers les plus bas au monde pour les produits agricoles et alimentaires. Toutefois, les produits jugés stratégiques par Pékin (blé, riz, maïs, coton et huiles alimentaires) ont été protégés par des contingents tarifaires avec des droits de douanes d'1 % et qui passent à 65 % au-delà des volumes des contingents. La Chine demeure cependant relativement protectionniste utilisant les mesures sanitaires et phytosanitaires de l'OMC, parfois comme mesure de rétorsions politiques.

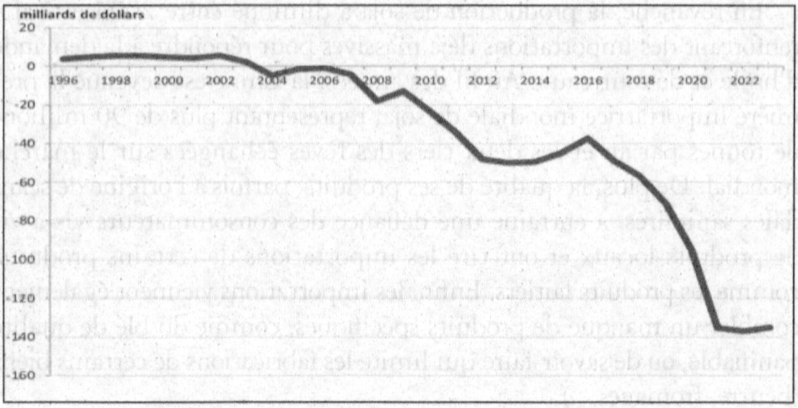

FIG. 1 – Solde commercial agricole et agro-alimentaire chinois.
Source : Trade Data Monitor.

Sur le plan commercial, la Chine a signé et mis en œuvre 20 accords de libre-échange (ALE) avec des pays aussi divers que la Nouvelle-Zélande, l'Australie, gros fournisseurs de produits agricoles, que le Pakistan, les Maldives ou Maurice. Les raisons menant à l'importation de produits agricoles sont diverses. Le manque de terres et d'eau limite la production et oblige le pays à réaliser des choix, comme privilégier le maïs aux dépens du soja. La consommation croissante de produits animaux pèse sur l'agriculture chinoise à travers la demande toujours plus importante d'alimentation animale.

Le décalage entre les prix intérieurs, souvent plus élevés que les prix internationaux, explique une partie des importations, Après 2009, la hausse des prix de soutien minimum a notamment entraîné des écarts de prix significatifs entre les marchés nationaux et internationaux. Bien que la production céréalière ait continué de croître depuis 2004, les importations et le stockage liés aux prix minimums de ces produits ont également augmenté de manière substantielle. L'écart entre le prix garanti et les prix mondiaux s'est creusé, limitant les achats des entreprises chinoises et contribuant à l'accumulation d'énormes réserves de céréales, dépassant les 200 millions de tonnes pour le maïs. La hausse de la production chinoise de céréales a principalement alimenté la constitution de stocks devenus excessifs, tandis que la demande était de plus en plus satisfaite par les importations.

En revanche, la production de soja a diminué entre 2004 et 2015, renforçant des importations déjà massives pour répondre à la demande d'huile et de tourteaux. Au fil des années, la Chine est devenue la première importatrice mondiale de soja, représentant plus de 90 millions de tonnes par an et les deux tiers des fèves échangées sur le marché mondial. De plus, la qualité de ses produits, parfois à l'origine de scandales sanitaires, a entrainé une défiance des consommateurs vis-à-vis de produits locaux et ont tiré les importations de certains produits, comme les produits laitiers. Enfin, les importations viennent également combler un manque de produits spécifiques, comme du blé de qualité panifiable, ou de savoir-faire qui limite les fabrications de certains biens (beurre, fromages…).

La Chine est donc devenue première importatrice mondiale de riz, de produits laitiers, de viande bovine, de viande ovine… et le déficit commercial a atteint 50 milliards de dollars en 2013 puis 135 milliards en 2023. Les produits primaires utilisés comme intrants dans l'industrie alimentaire intérieure dominent les importations agroalimentaires de la Chine. En revanche, les produits clés pour la consommation finale, qu'ils soient primaires ou transformés, représentent 70 % du total des exportations agroalimentaires. Car la Chine est également devenue un grand exportateur mondial, se classant au 4e rang, derrière l'Union Européenne, les États-Unis et le Brésil, grâce à ses envois de légumes et de préparations de viandes, de poissons…

Cette dépendance aux importations exerce une pression sur les relations internationales de la Chine, représentant une vulnérabilité par rapport à l'objectif politique des dirigeants chinois de positionner leur nation comme la première puissance mondiale d'ici 2049. La République populaire se montre réticente à dépendre des importations pour assurer la sécurité alimentaire de sa population en raison des risques liés au marché international.

Selon les experts chinois, le marché mondial des produits agricoles est jugé insuffisant pour répondre à la demande croissante du pays (Ni, 2013). Étant donné la taille de sa population, la Chine ne peut pas suivre l'exemple du Japon, qui importe 60 % de sa consommation alimentaire, sans perturber le marché et provoquer une forte augmentation des prix (Gao, 2010). En outre, la fluctuation des prix constitue une autre raison de ne pas s'appuyer excessivement sur ce marché, de crainte de menacer les entreprises et la population chinoise. Enfin, le gouvernement exprime des inquiétudes quant à la croissance de la part des grands négociants internationaux (les « ABCD » : ADM, Bunge, Cargill, Louis Dreyfus) dans le commerce mondial, soulignant le risque de dépendance excessive à leur égard pour l'approvisionnement national.

Les dirigeants chinois insistent sur l'engagement à atteindre l'autosuffisance ou à contrôler son approvisionnement alimentaire afin de ne pas être tributaire de sources extérieures, d'autant plus qu'une part importante de ses importations provient de pays avec lesquels Pékin entretient des relations politiques délicates, tels que les États-Unis, l'Australie ou le Canada.

DES PROBLÈMES ENVIRONNEMENTAUX

Le développement de l'agriculture chinoise s'est, en outre, trouvé confronté à des contraintes hydriques de plus en plus prégnantes. Malgré sa place parmi les cinq premiers pays en termes de ressources en eau douce, le pays fait face à des problèmes sérieux de qualité et de quantité d'eau en raison d'une distribution spatiale très inégale entre le Nord et le Sud du pays, de surexploitation et de pollution. La proportion d'eaux souterraines dont l'utilisation pour les activités humaines est limitée par le niveau de pollution a été évaluée à plus de 60 % en 2014 par les autorités chinoises. Plus de 4 millions d'hectares, soit 6 % des surfaces irriguées, dont les deux tiers dans le nord du pays, étaient irrigués avec de l'eau polluée.

La Chine fait également face à des problèmes de sols agricoles. Une partie importante des sols est en effet dégradée par l'usage excessif des engrais minéraux et par les pollutions d'origine industrielle et urbaine. En 2013, les autorités avaient annoncé que 3,3 millions d'hectares, près de 3 % de la surface agricole, étaient trop pollués pour être cultivés. L'année suivante, un rapport officiel a révisé ces chiffres, estimant que 16 % du territoire et 19 % des terres cultivées dépassaient les seuils de pollution admis en Chine, notamment pour le cadmium, le nickel et l'arsenic. En 2013, un rapport officiel identifie une nouvelle origine de pollution qui a pris de l'importance : les déjections animales. Ces dernières sont estimés être responsables de près de 60 % des émissions agricoles de phosphore et de près de 40 % de celles d'azote. Les grandes exploitations sont critiquées pour leur contribution significative à ce problème (Chaumet, 2021).

QUI VA CULTIVER LA TERRE ?

L'exode rural, stimulé par l'écart de revenus, qui est passé d'un ratio de 1 à près de 3 entre les zones rurales et urbaines constitue également une menace pour la production agricole en Chine. Les agriculteurs, en particulier les producteurs de céréales, de soja et de tubercules, sont attirés par les opportunités urbaines où les revenus et les salaires augmentent plus rapidement, malgré les politiques de prix minimums et de subventions agricoles. Bien que cet exode rural, encouragé par les autorités, contribue au développement économique du pays en renforçant les secteurs de l'industrie et des services, à plus forte productivité, il ne doit pas se traduire par l'abandon des terres cultivées.

L'exode rural, qui attire chaque année 15 millions de ruraux vers les zones urbaines, et le vieillissement de la main-d'œuvre agricole posent un défi en termes de disponibilité de la main-d'œuvre. Dans de nombreuses régions, les agriculteurs de plus de 50 ans représentent les deux tiers voire les trois quarts des membres de la famille travaillant dans les exploitations. Les jeunes qui restent ont souvent peu d'expérience agricole et préfèrent adopter un mode de vie citadin. Selon un rapport officiel chinois intitulé « Développement des Zones rurales en Chine. Villages vides et Stratégie adoptée », plus de 7,5 millions d'hectares de terres cultivées étaient laissés à l'abandon en 2012 faute de main-d'œuvre.

LE CHANGEMENT CLIMATIQUE

L'un des plus grands défis pour la sécurité alimentaire de la Chine et ses ambitions en matière de production agricole est le changement climatique. Ces dernières années, les chocs climatiques tels que les inondations graves et les sécheresses ont augmenté en intensité et en fréquence, affectant la production agricole intérieure par des dommages aux cultures, ainsi que par l'augmentation des ravageurs et des maladies des cultures.

Au cours des 70 dernières années, la température moyenne de la Chine a augmenté beaucoup plus rapidement que la moyenne mondiale. On s'attend à ce qu'elle reste élevée, rendant le pays de plus en plus vulnérable aux inondations, aux sécheresses et aux typhons, comme cela a été observé en 2021 dans la province du Henan, qui produit environ 10 % du porc chinois, 10 % de son maïs et 25 % de son blé, et qui a reçu l'équivalent d'une année de pluie en seulement trois jours. L'année suivante, une sévère sécheresse dans le bassin du fleuve Yangtsé, où se situe la production de riz de la Chine, a mis à nu 2,2 millions d'hectares de terres arables. Les précipitations extrêmes et la pollution par l'ozone auraient contribué à réduire les rendements des cultures en Chine au cours des dernières décennies. Les événements météorologiques extrêmes en Chine devraient se produire de plus en plus fréquemment, mettant à l'épreuve les plans pour la sécurité alimentaire du pays et exerçant une pression supplémentaire sur les décideurs.

En 2022, la Chine a publié la *Stratégie nationale d'adaptation au changement climatique 2035*. Elle met l'accent sur quatre domaines comme les systèmes d'alerte précoce et la gestion des risques ; des tâches d'adaptation sectorielles pour l'agriculture et la sécurité alimentaire, une plus grande intégration des stratégies d'adaptation nationales et régionales ainsi que le renforcement du soutien financier, du soutien scientifique et technologique, et de la coopération internationale pour l'adaptation au changement climatique. La Chine reconnaît l'importance de l'agriculture pour son objectif de réduction des émissions à l'échelle de l'économie (pic des émissions de CO2 d'ici 2030) et celui d'atteindre la neutralité carbone d'ici 2060, mais aucun objectif n'a cependant encore été fixé pour l'agriculture.

POUR CONSERVER CETTE AUTOSUFFISANCE À LONG TERME, LA POLITIQUE AGRICOLE CHINOISE A DÛ S'ADAPTER

Après avoir préconisé l'intensification de l'agriculture et l'augmentation excessive des volumes à des fins géopolitiques et géoéconomiques visant à contrôler l'approvisionnement alimentaire, les autorités chinoises ont réalisé les impasses environnementales et commerciales de cette approche. Le XIIIe plan quinquennal (2016-2020) a marqué un changement de cap vers une nouvelle stratégie reposant sur deux piliers pour garantir la maîtrise alimentaire : la production locale et des importations modérées, de plus en plus contrôlées par des capitaux chinois.

Bien que l'autosuffisance en produits stratégiques reste la priorité de la politique agricole chinoise, l'explosion des importations de soja et l'augmentation des achats de maïs, d'orge et de sorgho ont compromis l'objectif de 95 % d'autosuffisance en grains établi en 1996. Cela a conduit les autorités chinoises à modifier en 2014 la liste des produits concernés. Cette vision devait de toute façon être révisée car elle regroupait des produits destinés à la consommation humaine et d'autres utilisés principalement dans l'alimentation animale. Ainsi, l'autosuffisance est désormais basique pour les céréales, tandis que l'auto-approvisionnement en blé et en riz, regroupés sous l'appellation « 口粮 » (kou liang), doit être absolu, bien que ces termes n'aient pas été explicités. La Chine recentre ainsi sa sécurité alimentaire sur les deux principales céréales destinées à l'alimentation humaine.

STABILISER LA PRODUCTION DE GRAINS ET PRÉSERVER LES CAPACITÉS DE PRODUCTION

A contrario de la seule question des quantités produites traitée par la politique agricole telle qu'appliquée au cours des dernières décennies, les thèmes abordés par la nouvelle réforme sont multiples et concernent la qualité, l'efficacité comme la durabilité de la production agricole.

Le premier pilier de cette nouvelle stratégie visait ainsi à maintenir des niveaux de production élevés, surtout en grains, tout en limitant les impacts sur les ressources foncières et hydriques, dans le but de restaurer les capacités de production nationales et d'assurer la sécurité alimentaire à long terme. La Chine a ainsi adopté une politique visant à ralentir, voire à stabiliser la production, afin de réduire la pression sur les ressources naturelles, abandonnant l'appel à des récoltes record qui était autrefois présent dans les discours officiels.

Le plan quinquennal a ainsi placé au premier plan la préservation des capacités de production, la protection des sols, et l'adoption d'une « gouvernance écologique » basée sur l'utilisation de technologies propres. Les ressources naturelles sont désormais considérées dans la politique chinoise comme une « réserve » de production nécessitant un entretien constant. Les mesures visant à restreindre les pollutions environnementales sont devenues plus strictes, entraînant parfois une stagnation, voire une diminution de certaines productions agricoles.

Le plan de développement durable de l'agriculture avait pour ambition d'étendre les techniques d'irrigation plus économes en eau, telles que l'aspersion ou le goutte-à-goutte, à 75 % des surfaces irriguées d'ici 2030, comparé à moins de 50 % actuellement. Les autorités ont annoncé que le volume d'eau dédié à l'irrigation devrait se stabiliser à partir de 2030, à un niveau supérieur de 10 % à celui de 2013. De plus, la croissance de l'épandage d'engrais et de pesticides, qui était de +1,3 % par an en 2013, devait être ramenée à 1 % avant d'être complètement stoppée à partir de 2020. Enfin, il est recommandé de mieux valoriser les résidus de culture et les déjections animales, les substituant autant que possible aux engrais artificiels. Deux autres initiatives ont été instaurées pour lutter contre la pollution de l'eau et des sols. Leurs objectifs incluaient l'amélioration de la qualité des sept principaux fleuves du pays d'ici 2020 et la restauration de la qualité des eaux urbaines en dix ans. De plus, l'objectif était de rendre utilisables 90 % des terres agricoles polluées d'ici 2020 et 95 % d'ici 2030.

Une mesure phare dans la lutte contre les pollutions d'origine animale a consisté à délimiter des zones sans élevage englobant des périmètres habités, des sources d'eau potable, des zones environnementalement fragiles ou des zones touristiques. En décembre 2017, ces zones interdites totalisaient au niveau national une superficie de 630 000 km^2, dépassant celle de la France continentale, et plus de 200 000 élevages avaient été fermés ou déplacés. Cette mesure a été complétée par une taxe sur les pollutions environnementales, ciblant les pollutions de l'air, de l'eau et du sol.

En parallèle, cette réorientation vers la durabilité comprend un deuxième axe visant à adapter l'offre locale à la demande sur le long terme, aussi bien en termes qualitatif que quantitatif. Sur ce dernier aspect, il s'agit de résoudre la problématique des surplus dans certaines productions (comme le maïs) et des déficits dans d'autres (telles que le soja, les fourrages, et le lait). L'objectif est d'adapter, pour chaque type de production, l'offre à la demande, en modifiant les structures de production pour permettre une meilleure allocation des ressources en réponse aux besoins en produits agricoles et de permettre de réduire les importations. Cela implique une utilisation des avantages comparatifs des différentes zones de production agricole, tout en réduisant les productions excédentaires et en développant celles en déficit, comme c'est le cas pour les fourrages ou les productions animales.

Le maïs occupe une place centrale dans ce changement de politique. La politique gouvernementale de prix minimums et de stockage pour le coton, le soja et le colza à des prix prédéterminés a été réformée en 2014 et 2016. Pour le soja et le maïs, elle a été remplacée par des paiements directs basés sur la superficie plantée. En 2016, toutes les subventions aux céréales, aux semences et aux intrants agrégés ont fusionné en un seul paiement général de soutien aux revenus. Bien que le blé et le riz soient restés soumis au programme d'achat au prix minimum, les prix de soutien ont été progressivement réduits entre 2015 et 2019.

Dans les zones où la culture du maïs présente peu d'avantages comparatifs, des subventions sont accordées aux agriculteurs pour les encourager à cesser cette production ou à privilégier la rotation avec le soja, comme dans la province du Heilongjiang. Parallèlement, la consommation industrielle est stimulée par des subventions, tandis que les stocks excédentaires sont éliminés. En conséquence, la production chinoise de maïs, ayant atteint son pic en 2015, a diminué en 2016 et 2017 en raison d'une réduction des surfaces cultivées. Dans le même temps, la production de soja a augmenté de 23 % en deux ans, bien que cette progression ne soit pas suffisante pour freiner les importations. Après une croissance entre 2003 et 2015, la production totale de grains en Chine s'est stabilisée autour de 650 millions de tonnes entre 2015 et 2018, selon les statistiques officielles chinoises.

DES IMPORTATIONS MODÉRÉES ET CONTRÔLÉES

Pour concrétiser le deuxième pilier, les autorités chinoises ont, en 2015, approuvé un niveau d'importations jugé « approprié » pour répondre à la demande alimentaire nationale tout en minimisant les impacts environnementaux, officialisant ainsi une tendance déjà en cours depuis une décennie dans le commerce chinois. Bien que la position officielle reconnaisse la nécessité d'un certain niveau d'importations, certains universitaires estiment que la Chine pourrait importer davantage de denrées alimentaires sans compromettre son indépendance, argumentant que ses ressources financières sont suffisamment importantes pour minimiser le risque d'embargo (Mao *et al.*, 2013).

Cette stratégie d'importation, destinée à sécuriser l'approvisionnement tout en évitant les conflits avec le contrôle de la sécurité alimentaire, s'appuie de plus en plus sur des investissements chinois à l'étranger. Cette internationalisation des capitaux chinois, lancée au milieu des années 2000 (走出去 zouchuqu) et revitalisée par le projet des nouvelles routes de la soie en 2013, vise initialement à garantir un approvisionnement domestique suffisant en produits agricoles en utilisant des ressources étrangères, tout en diversifiant les sources d'approvisionnement et en évitant une dépendance excessive envers les marchés internationaux et certains pays considérés comme adversaires. Outre ces objectifs, les investissements chinois visent également à accroître les productions agricoles dans des pays étrangers, notamment en Afrique, contribuant ainsi à la sécurité alimentaire mondiale et chinoise. Enfin, cette stratégie cherche à renforcer l'influence mondiale de la Chine et son *soft power*, bien que celui-ci soit encore limité par rapport aux autres grandes puissances.

Afin de maintenir partiellement le contrôle sur l'approvisionnement alimentaire et la souveraineté alimentaire du pays, la Chine encourage les investissements étrangers dans tous les maillons de la chaîne alimentaire. Initialement dominés par de grandes entreprises d'État ou sous le contrôle des gouvernements locaux, ces investissements s'étendent désormais aux entreprises privées et aux institutions financières. Bien que l'Afrique, les pays asiatiques voisins et la Russie aient été parmi les premières destinations, l'Océanie, l'Amérique du Sud, l'Europe et l'Amérique du Nord ont progressivement été ajoutées à la liste, couvrant ainsi pratiquement toute la planète. Les investissements chinois ne se limitent plus aux productions végétales, mais englobent également le porc, le lait et la viande bovine. Le secteur de la transformation a également été ciblé avec des acquisitions notables telles que l'achat de Smithfield par Shuanghui aux États-Unis, de Tilly Sugar en Australie, et les investissements de Synutra et Biostime en France. Les intrants agricoles ont également été inclus avec l'acquisition de Syngenta par ChemChina.

Enfin, les dirigeants chinois ont opté pour le développement d'une puissante maison de négoce agroalimentaire internationale en acquérant en 2014 deux acteurs de taille moyenne, Nidera, un trader néerlandais de céréales, et Noble Agri, la filiale agricole de Noble Group, par le biais de COFCO International, la branche import-export de Cofco. L'objectif est de réduire la dépendance vis-à-vis des « ABCD » (sociétés à capitaux états-uniens et européens) en garantissant une partie des approvisionnements du pays par des achats directs aux producteurs plutôt qu'à d'autres négociants[4].

4 ADM, Bunge, Cargill, Louis Dreyfus.

UN RETOUR VERS LES POLITIQUES PRODUCTIVISTES VISANT À ACCROÎTRE L'AUTOSUFFISANCE

Cette nouvelle politique demeure cependant à la merci des évolutions internes et internationales. Ainsi, au cours des quatre dernières années, plusieurs événements ont mis remis en cause cette orientation vers une amélioration de la durabilité de la production agricole à long terme. La Chine a dû faire face à des crises internes et à un contexte commercial et diplomatique défavorable, avec des répercussions significatives sur l'approvisionnement alimentaire du pays. La question de l'alimentation redevient un problème majeur pour un pays aspirant à devenir la première puissance mondiale.

DES CRISES SUCCESSIVES QUI METTENT EN LUMIÈRE LA FRAGILITÉ D'APPROVISIONNEMENT

L'apparition de la Peste porcine africaine en Chine au deuxième semestre de 2018 a a provoqué une chute significative de près de 40 % du cheptel de porcs en un peu plus d'un an, ainsi qu'une diminution de plus de 21 % de la production nationale, selon les données officielles (China Statistical Yearbook, 2020). Cette baisse drastique de l'offre intérieure a entraîné une multiplication par plus de trois des prix de la viande porcine sur les marchés à travers la Chine entre février 2019 et février 2020. La viande porcine, emblématique de la cuisine chinoise, représentait près des deux tiers de la consommation de viande en Chine en 2018. Pour atténuer l'inflation et répondre à la demande des consommateurs, la Chine a opté pour des importations massives de viandes et de produits porcins, atteignant des niveaux records. En 2020, les volumes importés ont atteint 5,7 millions de tonnes, soit une multiplication par 2,7 entre 2018 et 2020. La PPA a également induit une augmentation de la consommation et des importations d'autres viandes (volaille, bœuf), exacerbant le déficit commercial agro-alimentaire chinois. Ces importations massives de viande porcine ont remis en question la relative autosuffisance en la matière. Cette maladie virale a confronté les autorités à un dilemme, les obligeant à choisir entre la limitation de l'inflation, le maintien d'un niveau élevé d'autosuffisance en viande porcine, et la poursuite de la nouvelle politique environnementale mise en place entre 2015 et 2017. Pour contrer l'inflation résultant de la forte diminution de l'offre locale de viande porcine, les autorités chinoises ont accepté des importations massives de viande porcine, ainsi que de viande bovine, accentuant considérablement le déficit commercial agricole du pays.

Par la suite, la guerre commerciale avec les États-Unis, enclenchée en 2018 par Donald Trump, droits de douane américains sur l'acier et l'aluminium chinois contre droits de douane chinois notamment sur les produits agricoles, a modifié les sources d'approvisionnement chinoises, en particulier pour le soja, accentuant le sentiment de dépendance alimentaire de la Chine, surtout vis-à-vis des pays avec lesquels les relations sont tendues. Bien que la Chine ait diversifié ses sources d'approvisionnement en soja en se tournant vers le Brésil, elle restait tributaire des États-Unis pour d'autres produits, tels que le lactosérum et certains produits animaux. Le conflit a conduit à un accord commercial signé en janvier 2020, obligeant les autorités chinoises à importer d'importantes quantités de produits, notamment agricoles, des États-Unis. Cet accord, contraire à la stratégie chinoise de diversification des importations agricoles, renforce également les liens commerciaux agricoles avec son principal adversaire sur le plan géopolitique. Conclu pour deux ans, l'accord prévoyait une augmentation significative des achats de produits agricoles étatsuniens (+19,5 milliards de dollars en 2021 par rapport au niveau de 2017, qui était de 24 milliards de dollars), entraînant logiquement une réduction des importations en provenance d'autres pays.

La crise de la Covid-19 et les perturbations des chaînes d'approvisionnement, tant à l'intérieur du pays qu'au niveau du commerce international, ont mis en évidence la vulnérabilité de la nation chinoise en cas de défaillance d'approvisionnement de certains de ses fournisseurs. Enfin la guerre en Ukraine et les sanctions occidentales contre Moscou, bien que n'ayant pas suscité de craintes immédiates en matière de pénuries alimentaires en Chine, ont incontestablement accéléré les préoccupations concernant les impacts potentiels de ces événements sur la sécurité alimentaire du pays.

UNE RÉORIENTATION VERS PLUS D'AUTOSUFFISANCE

Pékin est conscient que la sauvegarde des approvisionnements alimentaires face aux incertitudes géopolitiques externes et aux chocs climatiques est essentielle pour maintenir la légitimité de la règle du Parti communiste chinois. Entre 2000 et 2020, le taux d'autosuffisance alimentaire du pays serait passé de 94 % à 66 %, selon le Council on Foreign Relations.

Pour faire comprendre toute l'urgence de la situation, Xi Jinping a multiplié les déclarations comme en 2020 : « La sécurité alimentaire est la chose la plus importante dans un pays ». En outre, depuis 2022, le concept de « sécurité nationale » a évolué au-delà des préoccupations traditionnelles liées à la défense territoriale et à la stabilité interne. Il s'étend désormais à d'autres domaines de gouvernance, englobant notamment la sécurité alimentaire, la gestion des épidémies, la cybersécurité et les finances publiques. Cette approche plus vaste est communément appelée le « concept holistique de sécurité nationale » (总体国家安全观) et inclus donc la sécurité alimentaire comme partie intrinsèque de la sécurité nationale.

Pour signifier l'importance du sujet dans la politique du gouvernement, une loi sur la sécurité alimentaire, qui doit entrer en vigueur le 1er juin 2024, a été adoptée fin décembre 2023. Elle vise à garantir que le pays atteigne une « sécurité absolue » en ce qui concerne les céréales de base destinées à l'alimentation (riz et blé) et l'autosuffisance de base dans tous les autres grains. La loi exige des responsables nationaux, régionaux et locaux de veiller à ce que la production et la transformation des denrées alimentaires soient réalisées dans la mesure du possible en Chine. Elle impose ainsi aux gouvernements locaux de protéger les terres agricoles, de garantir l'approvisionnement en céréales, de réduire le gaspillage et mentionne des mesures visant à augmenter les revenus des agriculteurs.

Plusieurs axes sous-tendent cette réorientation de la politique agricole : limitation de la consommation de produits agricoles et alimentaires, l'augmentation de la production et l'accélération de la diversification des approvisionnements.

LA CHINE CHERCHE À RÉDUIRE SA CONSOMMATION

Une des premières mesures prises concernant la consommation fut, lors de la guerre commerciale avec les États-Unis, d'inciter à limiter l'utilisation de tourteaux de soja dans les rations animales. Puis en 2023, le ministère de l'Agriculture et des Affaires rurales a annoncé un plan triennal visant à réduire la quantité de tourteau de soja dans l'alimentation d'ici 2025, pour aider à diminuer la dépendance aux importations.

Parallèlement, dans le cadre d'efforts plus vastes visant à accroître l'autosuffisance, Pékin a initié des campagnes nationales pour réduire le gaspillage alimentaire, mettant en avant un volet alimentaire de la politique. Si les premières campagnes ont été lancées par Xi Jinping 2013, elles ont été renforcées à partir de 2020, Xi Jinping qualifiant le gaspillage d'« alarmant » pour le pays et sa sécurité alimentaire. En 2015, l'Académie des sciences agricoles évaluait à 35 millions de tonnes la quantité de nourriture gaspillée chaque année dans le pays. En 2021, la « Loi nationale contre le gaspillage alimentaire » a été adoptée par le Comité permanent du Congrès national du peuple et est entrée en vigueur immédiatement. Le texte interdit aux clients des restaurants de commander plus de nourriture que nécessaire et une campagne de prévention utilisait le slogan : « Finissez vos assiettes, respectez la nourriture ».

LA CHINE CHERCHE À AUGMENTER SA PRODUCTION

Rompant avec la stabilisation de la production entre 2015 et 2018, les autorités ont appelé à augmenter de nouveau les récoltes de grains. Dans le cadre du *Plan agricole quinquennal* actuel (2021-2025) sur les cultures, le ministère de l'Agriculture et des Affaires rurales annonce vouloir dépasser les 700 millions de tonnes de grains produits, contre 650 millions en 2017, afin de garantir la sécurité alimentaire, et également à augmenter la production nationale de soja à 23 millions de tonnes d'ici 2025.

Le plan énonce des priorités clés spécifiques pour la modernisation de l'agriculture :

- renforcer la sécurité alimentaire, notamment en préservant une superficie minimale de terres arables de 120 millions d'hectares ;
- maintenir les subventions pour les producteurs de céréales et augmenter les prix d'achat minimum pour le blé et le riz si nécessaire ;

- mettre en œuvre des projets d'infrastructure et de conservation de haute qualité, qui pourraient aussi favoriser le développement de l'agriculture verte ;
- investir dans des technologies agricoles innovantes et des systèmes agricoles intelligents, y compris en ce qui concerne les semences et l'élevage ;
- et améliorer les systèmes de lutte antiparasitaire et contre les maladies.

Le plan met également l'accent sur la consolidation des réalisations de la réduction de la pauvreté dans les zones rurales, le soutien à l'innovation agricole et au développement des semences, et la réalisation de nouvelles enquêtes sur les coûts de production agricole pour ajuster les programmes d'assurance agricole et les subventions. Les paiements à la surface pour le maïs et le soja ont par exemple augmenté depuis 2020 pour stimuler la production dans ces secteurs et répondre à une demande accrue d'aliments pour animaux. De plus, Pékin a établi un *Plan national de construction de terres agricoles de haute qualité* (2021-2030) visant à augmenter la quantité de terres arables pour l'agriculture et à accroître les rendements. Le plan vise à atteindre un objectif national de 71,75 millions d'hectares de « terres agricoles de haute qualité » d'ici 2025, avant d'atteindre 80 millions d'hectares d'ici 2030.

Un effort particulier sera mis en œuvre pour renforcer et siniser le secteur des semences. Les dirigeants chinois, qui reconnaissent un retard en recherche sur les entreprises étrangères, notamment dans l'édition génomique, craignent en effet une dépendance accrue en semences végétales (légumes, maïs). Le contrôle les technologies semencières est ainsi devenu un nouvel objectif politique. Au cours des dernières années, les décideurs chinois ont accordé une attention de plus en plus grande à l'importance des semences, clés de la sécurité alimentaire et de la productivité agricole. Les semences ont été appelées « les "puces informatiques" de l'agriculture » par Tang Renjian, le ministre de l'agriculture et des affaires rurales (Carrier, 2022). En juillet 2021, Xi Jinping a renforcé cette importance en soulignant que l'industrie des semences constitue le fondement de la sécurité alimentaire et de la modernisation agricole de la Chine (Li, 2021). Le secteur semencier est considéré comme un maillon faible par le gouvernement central chinois, pour la sécurité alimentaire de la Chine, donc pour sa sécurité nationale, en raison de la dépendance aux entreprises semencières internationales. Le gouvernement central chinois cherche à améliorer la qualité et l'efficacité des lignées produites localement par le biais de plans nationaux pour garantir que ses ressources biotechnologiques et génétiques liées aux semences restent indépendantes et sous contrôle.

Cette volonté s'est manifestée à travers la publication d'un plan axé sur la création de banques de semences, des investissements dans la recherche pour l'innovation de nouvelles techniques, la formation d'entreprises de recherche de grande envergure, et l'adoption d'organismes génétiquement modifiés (OGM) tels que le soja et le maïs. Compte tenu des contraintes majeures de la Chine en matière d'eau, de sol et de terres arables, il est jugé important de s'attaquer aux écarts de rendement, parfois importants entre les cultures chinoises et américaines (du simple au double pour le maïs). L'élite politique chinoise a depuis longtemps misé sur les OGM en les considérant comme essentiels pour assurer la sécurité alimentaire du pays mais la mise en production de ces semences a nécessité des campagnes de sensibilisation auprès de la population chinoise pour les convaincre de leurs bienfaits, une démarche qui a été entreprise pendant plusieurs années.

En octobre 2023, les autorités chinoises ont annoncé l'approbation de trente-sept variétés de semences de maïs génétiquement modifiées et quatorze variétés de semences de soja. Bien que la superficie allouée à la plantation de cultures génétiquement modifiées reste limitée, atteignant seulement 267 000 hectares en 2023 selon les médias d'État, cela représente à peine plus de 0,5 % des 44 millions d'hectares plantés en maïs. Ces semences modifiées génétiquement ont le potentiel d'accroître les rendements jusqu'à 12 %. Outre la surface limitée, l'intention déclarée d'élargir de manière ordonnée la zone d'essai et de réglementer la gestion des cultures semble indiquer une approche prudente des autorités, suggérant que des résultats significatifs pourraient ne pas se manifester avant plusieurs années. Entre 2018 et 2023, la production de grains a repris sa progression en augmentant de près de 6 %, frôlant déjà les 700 millions de tonnes, d'après les statistiques officielles (figure 2).

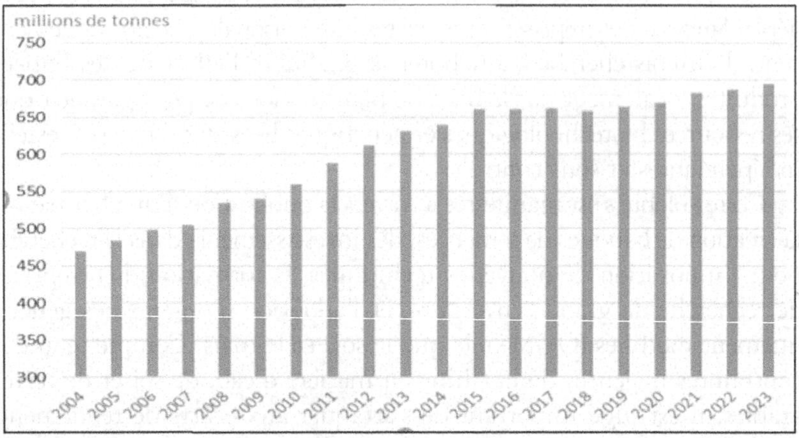

Source : BNS.

FIG. 2 – Évolution de la production de grains en Chine.

Enfin, il est à noter que la Chine semble élargir son spectre de production pour nourrir sa population. Le plan agricole quinquennal (2021-2025) incluait en effet pour la première fois une section sur la « création d'aliments futurs » (未来食品制造). Cette section évoquait la viande cultivée en laboratoire et les œufs à base de plantes comme exemples d'aliments futurs, qui feront partie de la feuille de route de la Chine en matière de sécurité alimentaire à l'avenir.

UNE REMISE EN CAUSE DES POLITIQUES ENVIRONNEMENTALES ?

Afin de consolider au plus vite l'autosuffisance nationale, les autorités chinoises ont été contraintes de revenir, partiellement, sur leurs objectifs environnementaux décidés quelques années auparavant.

À la suite des ravages de la fièvre porcine africaine, les dirigeants chinois ont été contraints de prendre des décisions, devant jongler entre différentes politiques visant à atteindre l'autosuffisance porcine, à maintenir des prix modérés pour le porc et à assurer une protection géographique étendue contre les pollutions animales. En réponse, les autorités ont accordé la priorité à la maîtrise de l'inflation à court terme et à la restauration de l'autosuffisance à moyen terme présentée comme l'un des piliers de la souveraineté alimentaire chinoise. Après avoir restreint l'élevage dans des zones jugées vulnérables et déplacé une partie de la production porcine, les directives de Pékin ont évolué vers la facilitation de la création d'exploitations là où cela était nécessaire, négligeant parfois les nouvelles règles environnementales. Le ministère de l'Environnement a annoncé, début 2020, une simplification des exigences d'enregistrement environnemental pour l'élevage porcin ainsi qu'un assouplissement des restrictions concernant l'élevage porcin dans 14 000 zones. Le porte-parole du ministère a souligné que la protection de l'environnement ne devrait pas être utilisée comme prétexte pour freiner l'élevage porcin, confirmant ainsi que l'autosuffisance alimentaire prime sur les préoccupations environnementales.

LA CHINE INTENSIFIE LA DIVERSIFICATION DE SES FOURNISSEURS SUR LE MARCHÉ MONDIAL

Bien que l'autosuffisance ait toujours été un principe directeur de la politique commerciale chinoise, elle a pris une importance accrue récemment, influencée par des événements tels que la guerre commerciale avec les États-Unis, les perturbations logistiques dues à la COVID-19, la guerre en Ukraine, et les sanctions occidentales contre Moscou. Ces facteurs, suscitant des préoccupations quant à l'impact sur la sécurité alimentaire de la Chine, ont incité les dirigeants chinois à chercher à réduire leur dépendance, notamment envers les États-Unis et leurs alliés. Le Document central n° 1 de 2023 souligne donc la nécessité de diversifier les partenaires commerciaux internationaux.

L'objectif implicite est de construire une « Chine forteresse », restructurant ainsi la deuxième économie mondiale pour fonctionner de manière autonome et résister à d'éventuels conflits militaires. Alors que de nombreux responsables occidentaux cherchent à « dissocier » leurs économies de la Chine, Pékin aspire à devenir moins dépendant de l'Occident, en particulier sur le plan technologique. Si les tensions sino-américaines se manifestent principalement dans le domaine technologique, la sphère agricole, où l'interdépendance persiste, est également touchée. Ces dernières années, l'agriculture est devenue un élément central des tensions politiques et économiques entre la Chine et ses adversaires, suggérant que ce secteur pourrait jouer un rôle crucial aux côtés des nouvelles technologies et de l'énergie dans la compétition pour la première place mondiale.

La montée en puissance de la Chine a suscité des réactions, notamment de la part des États-Unis, cherchant à freiner cette progression. La Chine, quant à elle, vise à réduire sa dépendance étrangère et, sous la direction de Xi, aspire à devenir une superpuissance technologique autonome, réduisant ainsi sa dépendance à l'Occident. Au milieu de relations qui se détériorent avec l'Occident, la Chine a régulièrement importé une quantité croissante de produits agricoles en provenance de pays plus amicaux (comme la Russie), tout en étendant également ses investissements agricoles dans ces régions. Cette stratégie globale de diversification agricole permettrait à Pékin non seulement d'éviter un « Dilemme de Malacca » lié aux passages maritimes mondiaux, mais aussi de renforcer son contrôle sur toutes les étapes de ses chaînes d'approvisionnement alimentaire à l'échelle mondiale.

Il existe en effet un risque notable que les États-Unis et d'autres pays occidentaux comme le Canada ou l'Australie, limitent leurs exportations en raison d'aggravation des tensions politiques. En prévision, la Chine cherche à diversifier ses partenaires commerciaux, à substituer le soja par d'autres sources riches en protéines, et à renforcer sa production nationale. Car si la Chine mise sur l'augmentation de sa production, elle ne délaisse pas pour autant le marché international. Depuis 2020, la Chine a en effet fortement accru ses importations de céréales, au point que l'USDA estime en 2022) les stocks chinois à 50 % des stocks mondiaux pour le blé, 60 % pour le riz, 70 % pour le maïs.

Dans sa quête de diversification, il est probable que Pékin accorde une priorité aux considérations politiques et stratégiques par rapport aux enjeux économiques. Les récents accords sur l'alimentation conclus entre la Chine et l'Association des nations de l'Asie du Sud-Est (ASEAN), où la Chine est le principal partenaire commercial, ainsi que les accords de coopération agricole avec le Brésil, première économie d'Amérique du Sud et premier exportateur mondial de soja, indiquent que la Chine continuera à favoriser les relations avec les nations considérées comme « amies de la Chine » et les signataires des nouvelles routes de la Soie.

Cependant, pour diversifier ses approvisionnements, la Chine ne s'est pas tournée vers tous ses partenaires au sein des BRICS. Elle n'a aucun accord de libre-échange avec eux et le Brésil représente plus de 80 %

des importations chinoises provenant des BRICS. La place croissante du Brésil dans les importations chinoises, notamment à travers la signature d'accords, comme en 2023 celui autorisant l'envoi de maïs brésilien, et la réduction parallèle de celles des États-Unis a pour conséquence un déplacement de la dépendance chinoise envers des États-Unis vers le géant sud-américain (figure 3).

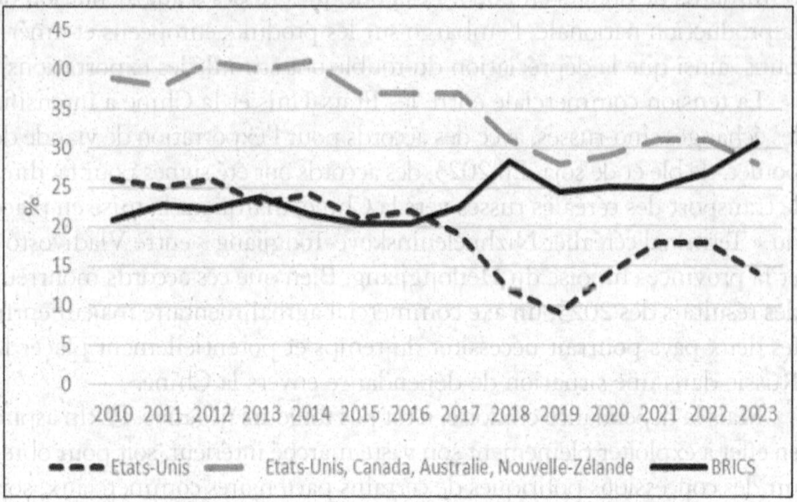

FIG. 3 – Évolution de la part des pays dans les importations agroalimentaires chinoises en valeur. Source : Trade Data Monitor.

La diversification présente certaines limites, notamment pour des produits agroalimentaires clés, où quelques fournisseurs principaux de la Chine continuent de dominer le marché. Le Brésil est le principal fournisseur de viande de poulet et de viande bovine, les États-Unis pour le maïs et le foin, et l'Australie, le Canada et la France pour le blé. En 2023, en raison des mauvaises récoltes en Chine, le pays a été contraint de se tourner vers l'Australie et la France pour assurer des importations en quantités suffisantes (Chaumet, Schwoob, 2024).

Enfin, on peut s'attendre à un renforcement des relations agricoles sino-russes, notamment depuis le déclenchement de la guerre en Ukraine. Bien que la Chine soit un partenaire commercial secondaire pour la Russie, les liens agricoles entre les deux nations remontent aux années 1990. Les flux migratoires chinois ont initialement contribué à exploiter des terres abandonnées en Russie, suivis par des entreprises chinoises dans les années 2000, investissant dans les secteurs des grains, des légumes et de l'élevage. Les importations agricoles de la Chine en provenance de Russie ont triplé entre 2014 et 2022. Positif jusqu'en 2015, le solde commercial agricole chinois avec la Russie affiche désormais un déficit un record de 6 milliards de dollars en 2023. Les politiques russes d'augmentation de la production nationale, l'embargo sur les produits européens et américains, ainsi que la dépréciation du rouble ont stimulé les exportations.

La tension commerciale entre les États-Unis et la Chine a intensifié les échanges sino-russes, avec des accords pour l'exportation de viande de poulet, de blé et de soja. En 2023, des accords ont été signés pour faciliter le transport des céréales russes vers la Chine, marquant la mise en place du « Terminal céréalier Nizhneleninskoye-Tongjiang » entre Vladivostok et la province chinoise du Heilongjiang. Bien que ces accords montrent des résultats dès 2023, un axe commercial agroalimentaire majeur entre les deux pays pourrait nécessiter du temps et potentiellement placer la Russie dans une situation de dépendance envers la Chine.

Mais la dépendance chinoise, n'est pas toujours négative. Pékin aspire en effet à exploiter pleinement son vaste marché intérieur, soit pour obtenir des concessions politiques de certains partenaires commerciaux, soit pour les dissuader de faire pression. Cette situation place de nombreux pays dans une position délicate, les obligeant à trouver un équilibre entre s'opposer à l'influence croissante de la Chine tout en préservant des relations économiques avec l'un de leurs principaux partenaires commerciaux. La Chine utilise de plus en plus son pouvoir alimentaire, c'est-à-dire la capacité de manipuler le commerce alimentaire pour atteindre des objectifs diplomatiques.

CONCLUSION AU CHAPITRE

Dépendante de l'extérieur pour son alimentation, la Chine a choisi d'essayer de maintenir un taux d'autosuffisance élevé et de sécuriser et diversifier son approvisionnement au travers d'une politique très interventionniste. Elle n'a pas choisi la voie suivie par l'Angleterre, d'ouvrir ses frontières et d'importer massivement pour favoriser la compétitivité de son industrie. Elle n'a pas non plus emprunté la voie de la conquête territoriale, au contraire du Japon et de l'Allemagne nazie dans les années 1930 et 1940.

Mais la stratégie chinoise de maximisation de l'autosuffisance et de sécurisation de ses approvisionnements structure de manière croissante les flux agricoles internationaux et accroît les tensions entre les grands acteurs sur le marché international. La question de la bonne entente et d'une réduction du risque d'affrontement à travers les relations commerciales agricoles mérite d'être regardée sous un œil nouveau depuis que la Chine s'est réveillée au plan alimentaire.

Au milieu d'un environnement géopolitique de plus en plus complexe et de défis intérieurs multifacettes, la Chine demeure déterminée à maintenir ses efforts pour sauvegarder la sécurité alimentaire. Étant donné le conflit entre la Russie et l'Ukraine, les événements climatiques de plus en plus erratiques, les perturbations des chaînes d'approvisionnement, les incertitudes concernant les marchés mondiaux d'approvisionnement alimentaire et la rivalité croissante avec les États-Unis, l'importance de la sécurité alimentaire, à la fois actuelle et future, ne fera que croître. La place de l'État dans la gestion de l'agriculture devrait donc rester forte pour orienter le secteur en fonction des objectifs sécuritaires. Pour Pékin, la sécurité alimentaire, objectif premier de la politique agricole, est et restera probablement une priorité nationale majeure, nécessaire pour répondre aux demandes de sa population, car elle est essentielle à la stabilité socio-économique et fait également partie de la sécurité nationale.

Jean-Marc CHAUMET
Département économie
au Centre national
de l'interprofession laitière[5]

5 Ce chapitre n'engage que son auteur et non l'institution pour laquelle il travaille.

LA POLITIQUE AGRICOLE DE L'INDE

Des succès aux impasses de la révolution verte

En 2023 mourait à 98 ans M.S. Swaminathan, l'un des pères de la révolution verte en Inde. Prix mondial de l'Alimentation en 1987, ancien directeur de l'*International Rice Research Institute* (IRRI), il avait notamment présidé à la diffusion des variétés améliorées de blé et de riz qui sera un des moteurs de cette politique de modernisation agricole à partir des années 1960. Il allait devenir de plus en plus critique par la suite, jusqu'à presque renier ses valeurs de jadis, pour prôner une « révolution doublement verte » plus respectueuse de l'environnement, mais aussi du revenu des petits agriculteurs suite à des vagues de suicides. En 2005-2006, la Commission Nationale pour les Agriculteurs qu'il présidait allait aussi livrer au gouvernement indien ce qui fut appelé le « rapport Swaminathan », qui stipulait entre autres : « une réforme de politique agricole est depuis longtemps attendue, une réforme qui soit en faveur des petits agriculteurs, des femmes, des ouvriers agricoles sans terre, de l'agriculture de conservation » et où « le succès est mesuré par la croissance du revenu des agriculteurs et non uniquement par celle des volumes de production » (Swaminathan *et al.*, 2006).

Cette évolution de la pensée de Swaminathan est révélatrice de la remise en cause actuelle de la révolution verte et de ses avatars, tandis que la mise sous le boisseau des recommandations de son rapport témoigne du désengagement de l'État au nom d'une certaine libéralisation de l'agriculture. Celle-ci est loin cependant d'être achevée. Et bien d'autres initiatives ont fleuri, fondées sur des paradigmes n'ayant plus rien à voir avec ceux du passé.

D'une manière générale, on peut définir quatre grands dilemmes dans lesquels doivent trancher les décideurs politiques en matière agri-alimentaire, en Inde comme dans d'autres pays du Sud (Landy, 2023) :

- *Le dilemme interventionniste*, qui s'interroge sur les places respectives de l'État et du libre marché dans les politiques agri-alimentaires (Timmer, 1989). Le déclin actuel de l'Organisation Mondiale du Commerce (OMC) permet-il le retour du protectionnisme et d'importantes subventions aux producteurs ?
- *Le dilemme alimentaire* : doit-on favoriser les consommateurs avec des prix alimentaires bas, quitte à faire dépendre le pays d'importations bon marché, ou bien favoriser les producteurs en fermant les frontières pour leur garantir des prix agricoles élevés ? Dans un cas, on s'assure la paix sociale à court terme, au moins dans les villes. Dans l'autre, on joue le long terme en privilégiant la souveraineté alimentaire (Padilla, 1996) (Landy, 2006).
- *Le dilemme environnemental* : doit-on encourager l'agroécologie avec des systèmes de production localisés très diversifiés utilisant les fonctionnalités et synergies écosystémiques, ou bien intensifier une agriculture industrielle devenue « conventionnelle » en spécialisant et artificialisant toujours plus les milieux avec des intrants chimiques, génétiques et numériques (Griffon, 2006) (Dorin, 2022) ?
- *Le dilemme égalitariste* entre concentration et diffusion, tant spatiales que sociales : le choix de la diffusion est souvent présenté comme celui de la justice et de l'équité, notamment entre petits et gros agriculteurs, tandis que celui de la concentration est défendu au nom de « l'efficacité » productive et les processus attendus d'économie d'échelle, de « transformation structurelle » et de *trickle down* (« percolation ») (Landy, 2006) (Dorin, 2022).

Nous verrons dans la première partie de ce chapitre qu'après l'Indépendance en 1947, l'Inde choisit assez rapidement de favoriser les consommateurs en laissant entrer des importations de blé américain. La révolution verte, qu'on peut faire débuter en 1965, est ensuite un virage à plusieurs titres : elle refuse de choisir entre producteurs et consommateurs dans le dilemme alimentaire, tandis qu'à l'origine elle fait clairement le choix d'une certaine concentration spatiale et sociale en faveur des agriculteurs et des régions déjà favorisées, et met en place des systèmes de culture artificialisant les agrosystèmes (figures 1 et 2). La seconde partie du chapitre démontrera que la libéralisation économique, officialisée en 1991, n'a toutefois jamais supprimé totalement la place de l'État dans le dilemme interventionniste. La troisième partie recensera les critiques apportées à la révolution verte et à ses avatars. On évoquera pour finir les changements à venir dans le dilemme environnemental : le temps est-il venu d'un virage agroécologique porté par la puissance publique ?

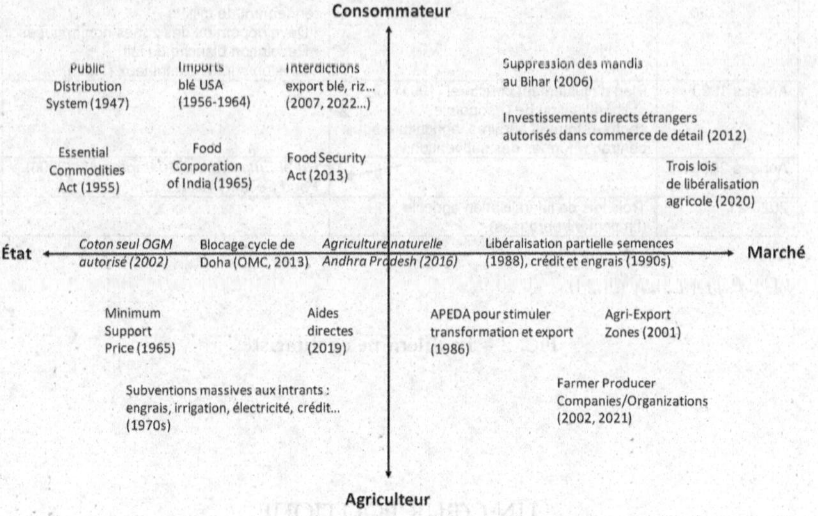

Note : d'après Landy (2023). Cette figure sélectionne des évènements qui illustrent le dilemme interventionniste (abscisses), alimentaire (ordonnées) et environnemental (italiques). APEDA : *Agricultural and Processed Food Products Export Development Authority* ; *mandi* (Inde du nord) : marché de gros contrôlé par l'État.

FIG. 1 – Les dilemmes interventionniste, alimentaire et environnemental.

	Concentration	Diffusion
Années 1940-50		Réformes agraires. Réquisition et distribution de grains
	Campagne « *Grow more food* » (1942-1951)	
Années 1960	Révolution verte : • Concentration culturale (blé, riz) • Concentration régionale (Punjab) • Concentration sociale (paysans aisés)	
Années 1970-80	Système public de distribution alimentaire (PDS)	
		Essais de diffusion : • Introduction de variétés à haut rendement de millets • Développement des zones non irriguées • Révolution blanche du lait • Mission sur les oléagineux (TMO)...
Années 1990	Plan d'ajustement structurel (1991) et libéralisation de l'économie : contre-réformes agraires, agriculture sous contrat, réformes des subventions...	
Années 2000-10		*Rural Employment Guarantee Act* (2006) *Food Security Act* (2013)
2020-21	Trois lois de libéralisation agricole (finalement abrogées)	

Note : d'après Landy (2023).

FIG. 2 – Le dilemme égalitariste.

UN CŒUR POLITIQUE
La révolution verte

UNE RÉVOLUTION SALVATRICE OU INUTILE ?

Deux récits s'affrontent aujourd'hui sur la révolution verte. Le plus ancien, encore largement dominant, est celui d'une dramatique pénurie alimentaire vaincue par la révolution verte, cette ambitieuse politique de modernisation agricole entreprise au milieu des années 1960 (Étienne, 1982) (Dorin, Landy, 2002). L'Inde avait obtenu son indépendance en 1947 alors que la famine de 1943 était dans toutes les mémoires (plus de 3 millions de morts) de même que les grandes crises alimentaires de la colonisation britannique au XIXe siècle. Le pays continue le programme *Grow More Food* lancé en 1942 avec des engrais chimiques et de l'irrigation, mais l'objectif d'autosuffisance alimentaire est loin d'être atteint en 1952. En 1954, l'Inde signe alors avec les États-Unis un accord dans le cadre de la toute jeune loi PL 480 d'aide alimentaire qui facilitera les importations de surplus de blé américain. Le premier ministre Nehru espère ainsi une alimentation bon marché qui accélérerait l'industrialisation de la jeune nation. Dans le dilemme alimentaire, on fait clairement le choix du court terme et du consommateur aux dépens du producteur et du long terme. Les importations font stagner les superficies cultivées en blé et, deux années de suite, l'Inde en importe 10 millions de tonnes suite aux mauvaises moussons de 1965 et 1966.

Ces sècheresses vont précipiter un changement de politique, favorisé aussi par la mort de Nehru en 1964 et les réticences de l'Inde à soutenir l'engagement étasunien dans la guerre du Vietnam. Le pays prend conscience que l'autonomie politique ne peut aller sans autonomie alimentaire. Les États-Unis y aideront, non seulement parce que leurs excédents de blé se sont réduits, mais aussi parce qu'ils craignent une contagion communiste : les réformes agraires postindépendance n'ont pas fortement réduit le prolétariat agricole ni la faim de terre. En 1966, 18 000 tonnes de semences de blé sont ainsi importées du Mexique avec le soutien de la Fondation Rockefeller – la plus grosse importation semencière de l'histoire mondiale. Ces semences à haut rendement, avec abondance d'eau et d'engrais subventionnés, de soutien aux prix aussi comme on le verra, vont permettre de tripler les rendements du blé en vingt ans. Ceux du riz, dont les semences arrivent un an plus tard de l'IRRI (*International Rice Research Institute*) aux Philippines, doubleront sous les mêmes conditions de subventions. Ce que le directeur d'USAID (*U.S. Agency for International Development*) surnommera en 1968 la « révolution verte » aurait ainsi sauvé l'Inde de la famine tout comme de la « révolution rouge ».

Un autre récit émerge cependant, notamment depuis les années 2010 (Cullather, 2010) (Patel, 2013) (Kumar, 2019) (Jakobsen, 2018). La diffusion de semences gourmandes en irrigation et en engrais chimiques aurait été un moyen de redynamiser certaines industries occidentales en crise depuis la fin de la seconde guerre mondiale. Car non, l'Inde n'était pas menacée par une famine structurelle. Les tragédies du XIXe siècle tout comme celle de 1943 étaient liées à une politique de libre-échange éhontée des Britanniques plus qu'à des crises de sous-production. Et la disponibilité annuelle en grains avait augmenté de 144 kg par personne en 1951 à 171 kg en 1961. Pourquoi avoir centré les premiers efforts sur le blé, culture alors relativement marginale même dans le nord de l'Inde où il demeure encore cantonné aujourd'hui ? Sa production était alors trois fois inférieure à celle des céréales à petits grains (*millets*) de type sorgho ou mil perlé. Mais les États-Unis avaient déjà établi toute une infrastructure de recherche fondée sur cette céréale dans le centre international créé en 1943 au Mexique (CYMMIT), et le blé demeura leur fer de lance, tant pour l'Inde (pourtant consommatrice de riz ou de millets avant tout) que pour le Mexique (consommateur de maïs). Il leur fallait aussi écouler d'énormes surplus de blé pour continuer de soutenir leurs propres producteurs agricoles.

Quel que soit le récit, il souligne un clair virage politique de l'Inde. À partir de 1965, le gouvernement choisit de soutenir plutôt le producteur dans le dilemme alimentaire, d'artificialiser les systèmes de culture dans le dilemme environnemental, de renforcer l'action de l'État dans le dilemme interventionniste, et de s'appuyer sur certaines cultures (blé et riz), certains groupes sociaux (les plus gros agriculteurs) et certaines régions (pourvues d'irrigation) dans le dilemme égalitariste (Dorin, Landy, 2002).

LA SOLUTION TECHNIQUE : UN PAQUET À TROIS INGRÉDIENTS

Les semences à haut rendement de blé et de riz sont semi-naines, non photopériodiques, peuvent pousser en trois mois au lieu de six, et être multipliées et réutilisées car non hybrides. Elles ont été dès lors très vite adoptées, en raison également d'un énorme effort de recherche et développement fortement soutenu par l'État, via l'ICAR (*Indian Council of Agricultural Research*) en particulier. Leur productivité est cependant conditionnée à une abondance de fertilisants et d'eau. Aussi rend-on disponibles pour les agriculteurs deux autres ingrédients essentiels à l'augmentation des productions de blé et de riz : les engrais chimiques et l'irrigation, qui permettront aussi de multiplier « l'intensité culturale » (nombre de cultures par an), véritable moteur de productivité de la révolution verte.

Particulièrement depuis le second choc pétrolier de 1979, les engrais chimiques sont doublement subventionnés, à la production (industrie indienne de l'urée) et à la consommation (agriculteurs). La facture n'a cessé d'augmenter pour atteindre 10 milliards d'euros environ en

2019-2020 (avant la crise de la Covid), avec des bonds souvent liés aux renchérissements du coût des importations en énergie fossile, en phosphate et en potasse, comme après le premier choc pétrolier (1973) ou encore la guerre en Ukraine (2022). Quant à l'irrigation, la colonisation britannique avait commencé à construire des barrages et des canaux que l'Inde indépendante multipliera. Ces vastes périmètres irrigués ont détrôné les réservoirs villageois traditionnels, mais furent eux-mêmes supplantés à partir des années 1970 par la prolifération des forages dans les aquifères (*borewells*), avant tout privés, qui abreuvent aujourd'hui près des deux tiers des surfaces irriguées indiennes. Les progrès techniques et surtout les subventions à l'électricité, au moins aussi volumineuses que pour les engrais mais plus variables selon les États, vont ensuite multiplier les pompes submersibles dans presque toute l'Inde, à des profondeurs toujours plus importantes en raison de la baisse du niveau des nappes. Notons l'absence, les premières décennies du moins, des herbicides et d'une mécanisation lourde : la main-d'œuvre agricole était si abondante et bon marché qu'elle n'y incitait pas. Ces moyens de production furent tardivement diffusés par d'efficaces services de vulgarisation agricole et par le renforcement du crédit rural. Celui-ci devint plus accessible grâce à des coopératives villageoises de crédit (en fait financées par l'État) et par les banques qui furent nationalisées en 1969 pour drainer l'épargne et financer la révolution verte. Plus tard, le subventionnement du crédit prit aussi la forme de remises de dettes, elles aussi très conséquentes mais plus difficiles à évaluer car au gré des campagnes électorales.

LA SOLUTION ÉCONOMIQUE : PRÉLEVER ET REDISTRIBUER

Aux trois mousquetaires de la révolution verte (irrigation, engrais, semences) il faut en ajouter un quatrième, d'ordre économique : des prix de vente garantis par l'État pour le blé et le riz. Les agriculteurs n'auraient pu investir dans leur nouveau mode de production sans assurance de profit : l'État s'engage donc à acheter leurs grains à des prix fixés en début de campagne (*procurement prices*) qui fonctionneront plus ou moins comme des prix planchers (prix de soutien, *Minimum Support Prices*). Des stocks publics sont ainsi constitués : ils sont ensuite redistribués, à prix subventionnés, aux consommateurs via le PDS (*Public*

Distribution System) et ses boutiques FPS (*Fair Price Shops*). Nait ainsi un système ambitieux et complexe, correspondant au refus de choisir dans le dilemme alimentaire entre agriculteur et consommateur, entre politique productiviste et politique sociale. L'État agit avec une relative efficacité sur les deux tableaux (Dorin *et al.*, 2001). Avant 1965, des distributions alimentaires subventionnées pouvaient exister dans les plus grandes villes, mais elles étaient fondées sur des importations, non sur la production nationale. En 1965 est doublement signé le début de la révolution verte : c'est l'année des premières importations majeures de semences de blé, on l'a dit, mais aussi celle du lancement de la *Food Corporation of India* (FCI) qui va être chargée d'acheter puis de redistribuer les grains sur tout le territoire.

Cette complexe machinerie (Landy, 2006) fonctionne dans un cadre fédéral. L'Inde est en effet une « union d'États » (28 aujourd'hui) qui selon la Constitution ont des compétences partagées avec New Delhi en ce qui concerne les questions agricoles et alimentaires. La plupart d'entre eux mettent en place un modèle réduit de la FCI chargée de la réalité concrète des achats de grains pour constituer les stocks (fédéraux et, depuis 1997, régionaux). Ces États gèrent aussi la redistribution dans les boutiques spécialisées : la norme est de 2000 habitants pour une FPS, et, depuis le *Food Security Act* de 2013, deux tiers des ménages indiens sont officiellement couverts par ces subventions alimentaires. Chaque État est libre d'ajouter ses propres aides, ce qui fait qu'au Tamil Nadu par exemple, depuis 2011, cinq kilos de riz gratuit sont donnés par personne et par mois. Centré sur le riz et le blé, le PDS peut aussi distribuer à prix réduit d'autres produits, notamment du sucre, de l'huile de palme (celle-ci est importée) et du kérosène, plus rarement des lentilles et encore moins des fruits et légumes dont les prix ont pourtant flambé : le PDS est avant tout là pour éviter de mourir de faim, non pour assurer une alimentation saine et équilibrée.

LA RÉVOLUTION BLANCHE, COMPLÉMENTAIRE DE LA VERTE

C'est en 1970 que l'Inde décide de ne plus distribuer gratuitement la poudre de lait reçue d'Europe par le Programme alimentaire mondial (PAM), mais de la vendre pour financer l'élargissement d'un réseau de coopératives laitières villageoises, sur le modèle de ce qu'avait créé à partir de 1946 l'*Anand Milk Union Limited* (Amul) au Gujarat. Le *National Dairy Development Board* (NDDB), formé en 1965, parvint à remplir sa double mission : assurer un approvisionnement en lait des villes et fournir un revenu décent à de petits agriculteurs qui très souvent ne possèdent qu'une ou deux vaches ou bufflesses. Même si 60 % du lait en Inde provient de bufflesses, l'apport de vaches croisées avec des Holstein et des Jersey permit l'accroissement des rendements en lait. Mais c'est avant tout la bonne rémunération du litre à des dizaines de millions de micro-producteurs qui consacra l'Inde premier producteur mondial de lait en 1998 (Dorin, Landy, 2002). Cette révolution blanche n'intéressa guère en effet les plus gros agriculteurs, étant donné que l'agriculture irriguée rapporte plus que l'élevage, et que la tractorisation, tardive mais réelle, poussa bien des cultivateurs à se débarrasser des animaux qui servaient pour le trait. À l'inverse, pour les petits agriculteurs sans forage pour irriguer, ou sans terre pour les ouvriers agricoles, un petit cheptel laitier – nourri avec les résidus de grandes cultures, de fourrages aux bords des chemins et parfois de concentrés fournis par la coopérative – se révéla déterminant pour maintenir ces ménages à flot et limiter les mouvements sociaux. L'Inde centrale demeure certes encore secouée par des révoltes d'inspiration maoïste avec les naxalites qui apparaissent en 1967, et le parti communiste est très puissant au Bengale occidental et au Kerala. Mais, si la démocratie libérale a pu sauvegarder ses institutions, c'est notamment du fait de cette complémentarité entre révolution verte et révolution blanche, cette dernière colmatant tant bien que mal les inégalités engendrées par la première, et limitant l'exode rural vers les bidonvilles urbains (Aubron *et al.*, 2023).

LES SUCCÈS : AUTOSUFFISANCE CÉRÉALIÈRE ET EXPORTATIONS

À partir de 1977, l'Inde est structurellement autosuffisante en blé et en riz. Les importations en céréales ne sont plus qu'occasionnelles et limitées même si, nous y reviendrons, l'importation d'autres denrées se creusent massivement. Les exportations céréalières dominent même, avec un emballement pour le riz : au début du XXIe siècle, l'Inde en devient le premier exportateur mondial, notamment vers l'Afrique. À cela s'ajoutent les succès de la canne à sucre ou du lait, ainsi que les positions traditionnellement dominantes, au moins depuis la colonisation, dans les productions de plantations d'épices, de thé, de café, etc. Plus originale : la place de premier exportateur de viande rouge à partir des années 2000, paradoxale en raison du caractère « sacré » de la vache pour les hindous qui se traduit par des restrictions sur l'abattage ainsi que l'interdiction d'exporter de la viande bovine. Mais la viande exportée est officiellement celle de buffle. Cette première place a cependant été remise en question par l'arrivée au pouvoir des nationalistes hindous à New Delhi en 2014 et dans plusieurs États, ce qui a mené à l'interdiction de l'abattage des buffles comme des bovins dans la plupart des régions, ainsi qu'une déstructuration de l'industrie du cuir traditionnellement tenue par les musulmans. Les agriculteurs en sont souvent réduits à enterrer discrètement leurs veaux mâles et à lâcher dans la nature leurs vaches de réforme au lieu de les vendre pour l'abattoir, ce qui a des impacts négatifs sur leurs revenus comme sur l'environnement (les animaux ensauvagés détruisent les récoltes).

UNE LIBÉRALISATION CONTRAINTE ET EN DEMI-TEINTE

L'AFFIRMATION DE L'INTERNATIONALE NÉOLIBÉRALE

En 1991 est signé un plan d'ajustement structurel avec le FMI suite à la faillite financière du pays. Cette année-là est souvent considérée comme le début de la libéralisation économique en Inde, menée par le Premier ministre Narasimha Rao et son ministre des Finances Manmohan Singh, tous deux du parti du Congrès comme l'étaient Nehru et sa fille Indira Gandhi pourtant grands artisans de l'étatisme économique. Mais le mouvement avait déjà été bien amorcé après 1984 par Rajiv Gandhi, le fils d'Indira. Pour ce qui concerne l'agriculture, sortir du tout-État, c'était sortir du tout-blé/riz : on cherche à diversifier l'agriculture avec l'horticulture et la création dès 1984 du NHB (*National Horticulture Board*), tandis que transformations et exportations sont encouragées avec la création en 1986 de l'APEDA (*Agriculture and Processed Food Products Export Development Authority*). Les transformations les plus fortes émaneront cependant du développement du secteur privé, dopé par la fin de réglementations restrictives et, pour ce qui concerne l'essor de la viande blanche (aviculture), par des changements de régime alimentaire avec l'essor de la consommation de poulet de batterie. L'aquaculture (« révolution bleue ») repose, elle, plutôt sur les exportations, notamment de crevettes (Dorin, Landy, 2002).

Les quotas obligeant les banques publiques à fournir du crédit aux campagnes et à conserver des succursales dans les villages reculés sont progressivement supprimés. En contrepartie, le microcrédit se développe rapidement via les « groupes d'entraide » de type tontines (SHG : *Self-Help Groups*). L'Inde étant par ailleurs membre fondateur de l'OMC en 1995, cela va l'obliger à contenir ses subventions agricoles tout en limitant les tarifs douaniers ainsi que les protections non tarifaires. Le *National Commodity and Derivatives Exchange* (NCDEX) est quant à lui créé à Bombay en 2003, notamment pour développer les marchés à terme ; les *Boards* qui limitaient les fluctuations de prix pour les planteurs (café) perdent leur pouvoir ; l'État n'achète quasiment plus de coton aux producteurs pour soutenir les prix ; des *Agri-Export Zones* cherchent à favoriser les exportations agroalimentaires grâce à des exemptions fiscales, tandis qu'est multiplié le nombre des produits importables ou exportables sous *Open General Licence*, sans restriction. La concurrence privée est aussi facilitée pour les raffineries sucrières mais également pour les entreprises de produits lactés, au risque de mettre en danger la révolution blanche et de donner trop de puissance aux multinationales Nestlé ou Lactalis. L'autorisation de semenciers privés se traduit quant à elle par la domination de Monsanto sur le coton, désormais cultivé totalement en OGM. La fin du protectionnisme entraine aussi une sensibilisation accrue aux fluctuations des prix mondiaux : si le taux de suicide des agriculteurs cotonniers fait la une de bien des médias, c'est moins en raison du problème des OGM que de la concurrence du coton états-unien qui peut désormais entrer en Inde avec seulement 5 % de droits.

LA DÉFENSE DES SUBVENTIONS AU SEIN DE L'OMC

La libéralisation de l'économie indienne ne fut cependant que partielle, se traduisant par l'entrée de nouveaux acteurs privés plutôt que par un véritable retrait de l'État ; elle fut encore plus limitée pour ce qui concerne l'agriculture. La part de l'État dans la formation brute de capital dans l'agriculture illustre le phénomène : elle était de 34 % sur 1960-1970, est descendue à 15 % sur 2010-2018, mais à prix constants, les investissements publics ont tout de même quadruplé (Bathla, Hussein, 2022). Plus généralement, il n'est guère étonnant que l'instabilité structurelle des marchés continue d'être bridée, et le secteur régulé : avec 146 millions d'exploitations agricoles (d'après le recensement agricole de 2015)[1] et 1,4 milliard de consommateurs (en 2024) souvent très pauvres, c'est autant d'électeurs à satisfaire !

À ces facteurs politiques expliquant un certain maintien de l'encadrement public s'ajoute la relative souplesse des clauses de l'OMC. Les défenseurs de la stratégie indienne dans les arènes internationales ont beau jeu de souligner que, comme dans beaucoup d'autres pays du Sud, l'agriculture est taxée par l'État plus que subventionnée. Les prix d'intervention se trouvent en effet souvent inférieurs aux prix mondiaux et sont de toute façon rarement respectés sur le terrain du fait de la bureaucratie, de la corruption ou des infrastructures déficientes (Chatterjee *et al.*, 2020). Ainsi, pour 2014-2016, l'Estimation du soutien au producteur (ESP) s'avérait négative (-6 %)[2] contrairement aux pays de l'OCDE (+16 % en moyenne) (OCDE-ICRIER, 2018). Elle l'était encore en 2019-2021 (-7 %) malgré les soutiens spécifiques alloués lors de la pandémie de Covid.

Dans le dilemme alimentaire, l'Inde apparait donc désormais plutôt positionnée sur le choix du consommateur. Les restrictions aux exportations empêchent les producteurs de bénéficier de prix mondiaux élevés. Ainsi, en novembre 2023 la situation était la suivante : les exportations de blé, de riz (hors basmati et riz étuvé *parboiled*) et de sucre se trouvaient complètement interdites pour lutter contre l'inflation des prix intérieurs. Étaient également imposées des taxes de 40 % sur les exportations d'oignons, de 20 % pour le riz étuvé, ainsi que des plafonds de stockage pour le blé, le pois d'angole et le haricot mungo. Autant de mesures qui illustraient la priorité donnée au marché intérieur, au grand dam des exportateurs potentiels et des plus gros agriculteurs. Un train de mesures comparable avait été édicté pendant la crise mondiale de 2007, en dépit des protestations des acteurs internationaux qui dénonçaient, tout comme en 2023, une inflation des prix mondiaux renforcée par les restrictions

---

1 D'après nos estimations basées sur les *Periodic Labour Force Surveys* de l'Office National des Statistiques (NSO), cela représenterait 188 millions d'actifs agricoles en 2019-2020.

2 -14 % sur la période 2000-2016.

indiennes. Or, l'OMC permet de maintenir des aides dérogatoires au libre jeu du marché lorsque la sécurité alimentaire est en jeu. L'Inde a évidemment plaidé que c'était le cas avec le Système de distribution publique (PDS) et ses stocks de grains ou de sucre achetés en amont. L'argument est cependant contestable quand une partie de ces stocks est finalement exportée, ce que ne manquent pas de souligner les pays du groupe de Cairns. Mais l'Inde n'hésite pas à frapper du poing sur la table dans certains cas, comme en témoigna le blocage des discussions lors de la conférence de l'OMC à Bali en 2013.

Côté intrants, l'électricité pour les pompes et l'irrigation demeure très subventionnée (voire gratuite au Punjab ou au Tamil Nadu) tout comme le crédit ou encore les engrais. En 2021, l'urée était par exemple subventionnée à 75 % de son coût de production[3] (Bathla, Hussein, 2022) et la facture a nettement enflé depuis la guerre en Ukraine et le renchérissement des coûts en énergie. Quant aux lois de libéralisation agricole de 2020, elles ont finalement été abrogées (Landy, Dorin, 2022). L'une d'elle avait notamment autorisé les céréaliers à vendre directement à des négociants privés, supprimant ainsi le monopole des marchés publics (*mandis*) encore installé dans les bassins de la révolution verte. Le retrait de la loi fit le bonheur des budgets des États concernés, qui dépendent largement des taxes sur ces ventes de grains, mais ravit aussi des intermédiaires plus ou moins légaux. La suppression du monopole des *mandis* aurait par ailleurs rendu plus difficiles les achats publics de grains, la constitution des stocks publics et les redistributions subventionnées du PDS. De fait, un objectif de ces lois était sans doute de remplacer à terme les aides en nature du PDS par des aides sociales versées directement sur le compte en banque des ménages (*Direct Benefit Transfers*). Une telle expérience a été menée sur le Territoire fédéral de Pondichéry. Mais elle ne s'avère pas convaincante puisque bien des familles n'ont pas de compte bancaire ou ne savent pas s'en servir, tandis que bien des épouses craignent que leur mari ne capte cet argent pour acheter de l'alcool plutôt que des grains.

Finalement, les soutiens publics à l'agriculture indienne demeurent beaucoup plus ciblés sur les intrants de l'agriculture industrielle (engrais, électricité, crédit...) et les prix de certaines denrées (riz, blé, canne à sucre...) que sur les infrastructures productives et commerciales. Selon

3 La subvention n'était que de 25 à 30 % pour les autres engrais, potassiques ou phosphatés, qui sont pour l'essentiel importés.

certaines estimations (ICRIER-OCDE, 2018), la somme des aides publiques à l'agriculture et à l'alimentation n'aurait pas diminué en termes relatifs, et s'élevait à 1,9 % du PIB indien en 2014-2016. Ce chiffre est décrié par les observateurs les plus libéraux, inquiets de la dette publique. Il apparait pourtant fort raisonnable si l'on considère qu'il s'agit de soutenir une agriculture dont dépend encore 40 % de la population active indienne, et de subventionner l'alimentation d'environ deux tiers des Indiens. Ce qui est critiquable est moins le montant de ces mesures que leur efficacité à développer une agriculture saine et durable pour la santé des hommes et des écosystèmes.

LE TALON D'ACHILLE DES MICROSTRUCTURES

La libéralisation du système agri-alimentaire indien est influencée par le modèle des pays développés où l'emploi en agriculture n'a cessé de fondre, permettant aux actifs agricoles restants d'agrandir leurs surfaces et de robotiser à grande échelle leur travail afin d'augmenter leur production et revenu individuels, de même que leur pouvoir de marché. Mais une telle équation est beaucoup plus compliquée à mettre en œuvre quand la densité de population rurale et agricole demeure élevée et a même augmenté comme en Asie, aujourd'hui couverte d'une multitude de microstructures agricoles : en 2015 en Inde, la taille moyenne des fermes (avec un actif ou plus) n'est plus que de 1 ha[4] ! Cette question de la petitesse des exploitations et de leur vulnérabilité resurgit régulièrement, et embrase alors l'espace social indien.

Revenons par exemple sur les trois lois promulguées en septembre 2020 par le gouvernement Modi, qui seront abrogées en novembre 2021 après de longues et violentes confrontations. Elles visaient à (1) dynamiser le négoce agricole en contournant les marchés de gros publics (*mandis*), et (2) déréguler les achats et stocks du PDS pour (3) faciliter l'agriculture sous contrat entre agriculteurs et industries agroalimentaires (Landy, Dorin, 2022). Mais ce *contract farming* est socialement et spatialement exclusif : l'agrobusiness préfère traiter avec quelques gros producteurs plutôt qu'avec une myriade de petits, et opérer dans des zones bien desservies par les routes et les infrastructures de commercialisation

---

4 Selon le recensement agricole indien : 2,3 ha en 1970-1971, 1,15 ha en 2010-2011, 1,08 ha en 2015-2016.

plutôt que dans les régions reculées (Singh, 2022). En termes de justices sociale et spatiale, l'agriculture sous contrat ne serait pas plus efficace que l'actuel dispositif du *procurement* qui sécurise les gros producteurs de riz, blé et canne dans les bassins fortement irrigués de la révolution verte (Punjab, Haryana, ouest de l'Uttar Pradesh, zones de delta au Sud…). On pourrait certes espérer que si les achats publics disparaissaient, non seulement le producteur de riz ou de blé se consacrerait à d'autres cultures, mais aussi qu'avec une agriculture moins soutenue les campagnes diversifieraient leur économie et attireraient dans des activités non agricoles une multitude de petits paysans : cela permettrait à ceux restants de s'agrandir, de se motomécaniser et de profiter des économies d'échelles, moteur de rentabilité de l'agriculture industrielle. Ce processus (et modèle) bien connu de « transformation structurelle » ou de « croissance économique moderne » serait bienvenu étant donné la grande petitesse des exploitations indiennes. Mais pour permettre des agrandissements et motomécanisations significatifs des exploitations, un exode agricole massif serait nécessaire, bien supérieur en termes absolus à ce qu'a par exemple vécu l'Europe durant le dernier siècle dans un contexte historico-économique aujourd'hui révolu (Dorin, 2022). Et si d'aventure s'effectuait cet exode, cela entrainerait aussi une méga-urbanisation et probable bidonvilisation sans précédent dans l'histoire de l'humanité, cauchemar des gouvernants indiens.

À contrecourant du modèle canonique (occidental et énergivore) d'augmentation des revenus agricoles, la réalité asiatique fut tout autre, avec au mieux une stabilisation de la disponibilité de terre par actif agricole depuis les années 1960. En revanche, la productivité de la terre y a augmenté plus fortement qu'ailleurs, grâce en particulier aux semences à maturité rapide et à l'irrigation de la révolution verte qui ont permis au moins deux monocultures par an. Ainsi, au Punjab, on atteint en moyenne annuelle plus de 90 quintaux de riz et blé par hectare, soit davantage que les rendements de blé en France pourtant parmi les plus élevés au monde. Mais c'est loin de suffire pour augmenter significativement les revenus individuels : avec une surface cultivée par actif inférieure à l'hectare[5], la productivité physique du travail

5 En moyenne indienne : 0,75 ha/actif à la fin des années 2010 selon nos estimations, soit le niveau du milieu des années 1970. L'évolution entre les deux dates forme une courbe en U, dont la base atteint moins de 0,6 ha durant les années 2000.

(quantités produites par actif) demeure faible (Dorin et Aubron, 2016 ; Dorin, 2022), et plus encore en termes monétaires en raison du coût des intrants pour augmenter les rendements. Afin de conjurer (un peu) cette question d'échelle, les premières années de l'Inde indépendante ont vu fleurir des coopératives comme en France après-guerre. Mais elles ont depuis soit disparu, soit donné lieu à des structures au fonctionnement opaque voire mafieux comme les coopératives sucrières du Maharashtra. Les coopératives laitières de la révolution blanche représentent en cela des exceptions notables.

En 2020 néanmoins, le gouvernement lance un programme de multiplication des *Farmers Producers Organizations* (FPO) dont l'existence juridique remontait à 2002 (Singh, 2022). Celles-ci sont des sociétés à responsabilité limitée, enregistrées comme entreprises et non comme coopératives, avec pour vocation de mieux intégrer les petits producteurs dans les marchés et engendrer des économies d'échelles permettant à ces derniers de vendre à meilleur prix, tout comme de stocker ou d'obtenir des intrants et du crédit plus facilement. Point de bureaucratie comme dans les coopératives, mais le même principe « un membre-une voix » quelle que soit la richesse et le pouvoir des sociétaires. On comptait officiellement près de 7 600 FPOs fin novembre 2023. Une fois de plus, l'État est très présent pour soutenir leur création : New Delhi et l'État provincial offrent des dotations financières à cette occasion, et le crédit agricole NABARD peut offrir la location d'un bâtiment et l'électricité pendant trois ans. Un nombre minimum de membres est en revanche imposé (en général 300), ce qui peut être problématique. Et leur création peut être le fait de consultants engagés par l'État plutôt que d'agriculteurs, encore moins de petits producteurs ou de femmes qui sont pourtant les cibles annoncées dans les discours officiels. Certaines FPOs remportent néanmoins des succès, et leur fédération à l'échelle des États peut désormais représenter d'importantes entités économiques : GujPro au Gujarat est très active dans les filières mangue et arachide, tandis que Maha FPC au Maharashtra, qui se targue de plus de 200 000 membres, a investi les lentilles et les oléagineux.

L'EXPÉRIMENTATION DES PAIEMENTS COMPENSATOIRES ET DES AIDES DIRECTES

Enfin, malgré l'inadéquation en termes de structures et de coûts de transaction, l'Inde expérimente aussi des politiques qui caractérisent les trajectoires états-uniennes et européennes. Depuis quelques années commencent en effet à fleurir deux nouveaux types de programmes. Le premier est celui des paiements compensatoires. En 2017, le Madhya Pradesh a lancé le *Bhavantar Bhugtan Yojana* : cet État verse aux agriculteurs la différence entre le prix minimum de soutien et le prix auquel ils vendent leurs récoltes (Haque et Joshi, 2018) (Gummula, 2019). En 2019, ce programme a été repris au niveau fédéral avec le PM-AASHA, qui entre autres promet d'indemniser les producteurs d'oléagineux pour les ventes à des prix inférieurs aux prix de soutien garantis (MSP). L'autre nouvel outil est celui des aides directes. En décembre 2018, quelques mois avant de nouvelles élections générales, le gouvernement Modi lance le programme PM-KISAN pour attribuer annuellement – en trois versements et par voie bancaire uniquement (il faut donc disposer d'un compte) – 6 000 roupies (environ 75 euros) à 140 millions de familles agricoles. En juillet 2023, 105 millions d'exploitations se trouvaient officiellement inscrites. Plus ou moins en parallèle ont été lancés dans quelques États les programmes *Rythu Bandhu* du Telangana, *Rythu Bharosa* de l'Andhra Pradesh, *Krishak Bandhu* du Bengale occidental, *Rajiv Gandhi Kisan Nyay Yojana* du Chhattisgarh, ainsi que *Krushak Assistance for Livelihood and Income Augmentation* de l'Odisha : eux aussi versent des aides fixes indépendamment de l'évolution des prix (Kavitha *et al.* 2021). Les sommes peuvent paraître dérisoires, mais le virage est emblématique sur plusieurs points.

D'une part, il tend à réduire la menace de l'OMC. En 2021, suite à une plainte du Brésil, l'OMC avait encore condamné la politique sucrière de l'Inde, tant pour son prix d'intervention en faveur des producteurs que pour ses subventions[6]. Les aides du PM-KISAN entrent au contraire dans la « boite verte » des actions autorisées par l'organisation internationale. D'autre part, puisque ces aides sont découplées, elles ne représentent a priori pas d'incitation à produire, contrairement aux prix de soutien. Il s'agit d'une politique typique de pays comme les États-Unis ou

6 https://www.wto.org/english/tratop_e/dispu_e/cases_e/ds579_e.htm#bkmk579r.

l'Union européenne, souvent en situation de surproduction. Cependant, tout comme les aides de la Politique Agricole Commune européenne (PAC), ces soutiens peuvent être socialement injustes : ils sont versés au prorata de la taille de l'exploitation aux Telangana, Chhattisgarh et Jharkhand, et souvent seuls les propriétaires sont éligibles, ce qui exclut les exploitations en faire-valoir indirect et bien sûr le très vaste contingent des ouvriers agricoles.

UN XXIe SIÈCLE BIEN MAL ENGAGÉ

La révolution verte indienne a mobilisé des outils de modernisation agricole très comparables avec ceux des premières décennies de la PAC européenne : ciblage sur quelques grandes cultures, protectionnisme aux frontières, subventions au crédit, aux prix et à l'usage de certains facteurs de production. Et cette révolution verte connait aujourd'hui des limites semblables à la politique européenne – mais encore plus marquées –, qu'elles soient d'ordre alimentaire, social ou environnemental.

LE MAINTIEN DE L'INSÉCURITÉ ALIMENTAIRE

La révolution verte a permis de se libérer des importations de céréales, et même d'en exporter (blé et riz). Mais ce fut au prix de lourdes importations en huiles végétales ainsi qu'en pois et lentilles (légumineuses sèches), sans parler des engrais chimiques et des hydrocarbures, ni de l'inflation domestique de certains prix (fruits et légumes en particulier, dont la croissance de production ne suffit toujours pas à satisfaire les besoins). Les efforts pour lancer une « révolution jaune » des oléagineux, à partir de 1988, n'eurent qu'un temps (Dorin et Landy, 2002), puisque le lobby céréalier et le vent de libéralisme poussa rapidement à rouvrir les frontières aux importations d'huile de palme du sud-est asiatique. Seule la culture de soja s'est fortement développée, avant tout pour ses tourteaux qui alimentent les élevages industriels, notamment ceux de volailles en très forte croissance depuis les années 1980. Les succès du blé et du riz masquent aussi le déclin des *millets* (céréales rustiques dites « secondaires » ou « *coarse* », frustes, malgré leur grande qualité nutritionnelle) et des pois et lentilles riches en protéines (*gram*), qui ne bénéficiaient pas d'achats par l'État. De fait, les disponibilités en grains dits « alimentaires » en Inde (*foodgrains* : céréales et légumineuses sèches) étaient de 183 kg par personne en 2020-2021 (GOI, 2023), soit seulement 7 % de plus qu'en 1961, avec une détérioration certaine de la qualité nutritionnelle et sanitaire des variétés modernes qui se sont imposées (Debnath, 2023).

Comme le montre la figure 3a, ces légumineuses sèches – sources essentielles de protéines dans des régimes à dominante végétarienne comme en Inde – ont même vu diminuer leur production par personne entre 1961 et 2020 (-41 %) et, plus gravement, leur disponibilité moyenne dans les assiettes (-37 %) malgré de volumineuses importations. La forte augmentation des productions et disponibilités en produits animaux, avant tout en lait et volailles, a pu quelque peu compenser ce déficit en protéines, du moins pour les personnes pouvant les acheter. Très généralement, les progrès sont indéniables : la disponibilité en calories alimentaires a augmenté de 520 kcal/jour/personne entre 1961 et 2020 alors que la population a triplé (figure 3b). Pourtant, la sécurité alimentaire n'est toujours pas assurée. En 2023, l'Inde demeurait classée 111e sur 125 pays dans l'Indice mondial de la faim (*www.globalhungerindex.org*), derrière le Soudan. La sous-alimentation, selon cet indice, concernait 17 % de la population, le taux de mortalité des enfants de moins de cinq ans s'élevait à 3 %, et la prévalence de l'anémie chez les femmes âgées de 15 à 24 ans dépassait 58 %. La situation du PDS demeure désastreuse dans bien des régions, malgré de récents progrès (Drèze *et al.* 2019) (Ghosh, Qadeer 2021). Au total, même si la politique indienne est jugée favorable aux consommateurs, on peut affirmer qu'elle demeure très insuffisante aux regards des besoins. En 2023, le gouvernement Modi a dû annoncer qu'il maintiendrait pour cinq ans l'allocation mensuelle qui avait été introduite lors de la pandémie de Covid : 5 kg de blé ou de riz gratuit « pour 800 millions de personnes », en plus des quotas habituels du PDS (5 kg encore). Mais toujours cette focale sur le riz et le blé et un silence pesant sur l'accès aux millets, aux pois et lentilles, ou encore aux fruits et légumes pourtant essentiels à la sécurité alimentaire. Et plutôt qu'une politique de diversification de l'alimentation (Malézieux *et al.*, 2023), c'est la biofortification du riz (en fer, vitamine B12 et acide folique) que le gouvernement central veut maintenant financer sur toute l'Inde avec, comme aux débuts de la révolution verte du blé et du riz il y a 60 ans, le lobby d'une fondation américaine, aujourd'hui celle de Bill et Melinda Gates. La malnutrition est d'autant plus un fardeau qu'elle a désormais deux visages : à la sous-nutrition s'ajoute la malnutrition par excès. Selon la dernière enquête du *National Family Health Survey* (2019-2021), 23 % des 15-49 ans sont désormais en surpoids ou obèses. Diabète et maladies cardio-vasculaires se développent même si les plus pauvres sont encore relativement épargnés. Or, la révolution verte explique une partie de ces maux. Dans le sud de l'Inde par exemple[7], le développement de l'irrigation (pour la production) et du PDS (pour la consommation) a imposé le riz blanc, à fort indice glycémique et moins riche en minéraux. Les résidus d'intrants chimiques dans les aliments et l'eau font que nombre de consommateurs se plaignent également d'une nourriture « empoisonnée » – sans pour autant qu'ils puissent passer à une alimentation de meilleure qualité, faute de pouvoir d'achat et de filières spécifiques. En 2021, la FAO estimait que 74 % des Indiens n'avaient pas les moyens de s'offrir une alimentation saine et équilibrée (FAO, 2023).

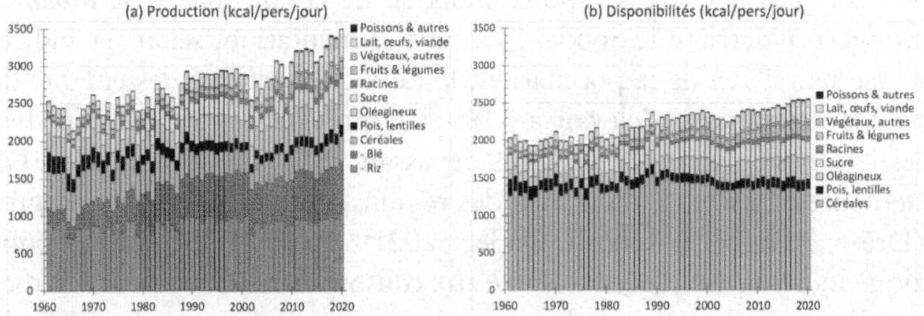

Note : Les deux graphiques représentent des quantités par personne alors que la population indienne a été multipliée par près de trois entre 1961 et 2020, passant de 456 millions d'habitants à 1,396 milliard selon les données démographiques des Nations Unis : à l'échelle de l'Union Indienne, les quantités brutes et leur augmentation sont donc beaucoup plus importantes que celles présentées ici. Ces quantités sont exprimées en kilocalories alimentaires (kcal) qui n'indiquent que l'énergie fournie par les macronutriments (glucides, protéines et lipides) des divers produits avec lesquels s'alimente l'être humain. Ces produits sont ici regroupés en catégories dites « agronutritionnelles », à partir de 55 lignes de produits (ou sous-ensemble de produits) pour lesquels la FAO fournit des statistiques annuelles entre 1961

7 Nos enquêtes de terrain au Tamil Nadu-Pondichéry en 2021-2023 (projet PATAMIL).

et 2020 selon différentes séries que nous nous sommes ici efforcés de coupler. La figure (a) utilise des volumes de production en tonnes multipliés chacun par un coefficient nutritionnel identique pour tous les pays (FAO, 2001 : *Food Balance Sheets. A Handbook*), que le produit primaire comestible soit ensuite utilisé dans l'alimentation humaine (ex. huile végétale) ou non (ex. tourteau d'oléagineux pour les animaux). La figure (b) utilise des coefficients nutritionnels sensiblement différents : ceux a priori utilisés par la FAO depuis 2013 pour publier ses fameuses disponibilités alimentaires moyennes en kilocalories par habitant. Ces disponibilités pour l'alimentation humaine correspondent à la variable *Food* de l'équation suivante, plus ou moins bien équilibrée en tonnes par la FAO, par année et pour chacun des pays et lignes de produits considérés : Production + Import – Export +/– Stock = *Food* (alimentation humaine) + *Feed* (alimentation animale) + *Seed* (semences) + *Other* (agrocarburants par exemple) + *Waste* (pertes, gaspillages). Ces graphiques ne fournissent donc que des ordres de grandeur, qui demeurent cependant relativement fiables sur les évolutions qu'ils décrivent par catégorie, ici sur six décennies.

FIG. 3a et 3b – Productions et disponibilités alimentaires
en kilocalories par personne (1961-2020).

DES MANIFESTATIONS AGRICOLES SPORADIQUES, MAIS UNE CRISE AGRAIRE STRUCTURELLE

La révolution verte a augmenté la valeur du foncier plus que le montant des salaires agricoles. Elle a rendu les riches beaucoup plus riches et les pauvres un peu moins pauvres – même si de fortes variations régionales rendent difficile toute généralisation. La multiplication des forages dans les zones jusque-là éloignées des grands périmètres irrigués par barrage a engendré une certaine homogénéisation spatiale, mais non une homogénéisation sociale puisque seuls les agriculteurs qui en ont les moyens peuvent aller chercher l'eau profondément dans des nappes qui s'épuisent. Pour peu que les cultures de coton OGM soient détruites par le ver rose, un ravageur devenu résistant à *Bacillus thuringiensis*, ou que les cours de cette production s'effondrent face à la concurrence internationale, le remboursement des emprunts devient impossible. Il en est de même avec d'autres monocultures industrielles dont les coûts de production (semences, irrigation, engrais, pesticides, crédit, assurances, etc.) sont élevés et généralement amortis par économie d'échelle, autrement dit sur d'importantes surfaces comme chez les agriculteurs occidentaux. Dans ce régime industriel, les plus petits sont donc nettement désavantagés. Ils perdent aussi plus que les autres le sens d'un métier où les savoirs paysans déclinent face aux laboratoires de recherche et aux grands groupes agroindustriels. Confiants néanmoins dans la science agricole moderne et les publicités promettant rendements et profits mirobolants, ils investissent avec l'aide des subventions de l'État dans ces technologies de monoculture intensive, au risque du surendettement. Mais quand arrive l'accident de culture ou de prix, tout est perdu, et les vagues de suicides se multiplient, notamment depuis les années 2000 (Mishra, 2015) (Dandekar, Bhattacharya, 2017). Ces suicides caractérisent un malaise structurel, dénommé « crise agraire » en Inde.

L'intégration dans l'*agribusiness* des plus gros agriculteurs s'est parallèlement développée, même s'il reste le fait de petites exploitations comparé à d'autres continents, souvent moins de 5 hectares : bien intégrées dans les filières agroalimentaires publiques ou privées, bénéficiant de soutiens publics profitant avant tout aux plus grandes surfaces en faire-valoir direct, elles parviennent ainsi et aussi à diversifier leurs activités en sortant de l'agriculture et en investissant en ville (Harriss-White, 2002). Ceci explique que les *farmers' movements*, très présents dans les années 1970-1980 pour revendiquer une amélioration des aides publiques à l'agriculture, et notamment la hausse des prix de soutien (Brass, 1995), avaient ensuite décliné en raison de ces revenus hors agriculture. Les revendications ont cependant réémergé lors de l'extraordinaire mobilisation paysanne de 2020-2021 (Landy, Dorin, 2022), qui fut avant tout celle des leaders et rentiers de la révolution verte, aux portes de New Delhi et du pouvoir fédéral (Punjab, Haryana, ouest de l'Uttar Pradesh). Ces régions avaient pourtant connu un déclin significatif des actifs agricoles depuis le milieu des années 2000, avec un petit début d'agrandissement des surfaces cultivées pour ceux restant[8]. Il reste que la croissance du secteur non agricole, pourtant très forte depuis vingt ans[9] notamment dans le secteur tertiaire, est loin d'être partagée et de générer suffisamment d'emplois et de revenus décents hors agriculture : d'où l'apparition en Inde, depuis la fin des années 2000, du terme « *jobless growth* ». Ceci laisse beaucoup trop de ménages dépendre encore de l'agriculture, et manifester dans les rues d'autant plus efficacement qu'ils remplissent les greniers à blé et riz du pays.

---

8 Près de 1,80 ha par actif en 2020 au Punjab (après une stabilisation autour de 0,8 ha du début des années 1970 au milieu des années 2000), contre moins de 0,8 ha à l'échelle de toute l'Inde.

9 À l'échelle de l'Union Indienne : 6,5 % de croissance annuelle moyenne entre 2000 et 2020 (valeur ajoutée brute aux prix constants de 2011-2012).

Cette difficile voire impossible « croissance économique moderne[10] » est bornée par deux grands facteurs. Le premier est une poussée démographique sur des espaces en terres limités. Le second, ce sont les obstacles grandissants depuis la fin du XXe siècle pour trouver un emploi et migrer dans d'autres secteurs (eux aussi de plus en plus automatisés), ou bien à l'étranger vers des territoires peu peuplés (comme l'ont fait massivement les Européens vers les Amériques entre 1850 et 1914, avant deux guerres mondiales qui décimeront également leur population paysanne). La pauvreté demeure donc avant tout agricole, faute de mieux ailleurs. Cette transformation structurelle bien peu canonique est absente des manuels de sciences économiques ou politiques. Elle caractérise pourtant l'Inde et la plupart des pays d'Asie depuis plusieurs décennies, et probablement demain l'Afrique (Dorin, Aubron 2016) (Dorin 2017, 2022).

Aux inégalités croissantes de revenu du travail s'ajoutent en Inde des inégalités criantes de genre (Guérin *et al.*, 2023), de caste (Jodhka, 2023) et d'accès à la terre. Au sein d'un complexe système de petites fermes « patronales » (Aubron *et al.*, 2022), femmes et basses castes constituent ainsi une bonne part des ouvriers agricoles sans terre, en nombre considérable[11]. Ce sont aussi des acheteurs nets de produits alimentaires, tout comme le sont devenus les petits exploitants qu'on a encouragés à se spécialiser sur une ou deux cultures, qu'elles soient dites « alimentaires » (riz et blé dans les bassins de la révolution verte) ou « commerciales » (*cash crops* : canne à sucre, arachide, coton, thé, épices, etc.). Or, la politique de soutien des prix agricoles entraine une hausse des prix alimentaires : elle fonctionne donc aujourd'hui aux dépens de très nombreux ménages, agricoles ou non. Dans l'Inde actuelle cependant, les prolétaires ne se font vraiment entendre que dans la guérilla « naxalite » maoïste au centre du pays, ou encore dans les luttes pour l'accès aux forêts protégées. Pour le reste, l'État pourvoie des bouées de sauvetage, passablement dégonflées mais qui permettent à bien des ménages de survivre : le PDS bien sûr, mais aussi le NREGA, un

10 Titre d'un article de 1966 de Simon Kuznets, lauréat du Prix de la Banque de Suède en 1971.

11 Selon le dernier recensement général, en 2011, pour la première fois depuis l'indépendance de l'Inde le nombre d'ouvriers agricoles (144 millions) aurait dépassé celui des exploitants (*cultivators*, 119 millions) (Dorin et Aubron 2016). Les « ouvriers agricoles » sont définis comme les actifs agricoles travaillant comme salariés plus de la moitié de l'année.

programme de chantiers publics qui garantit en théorie depuis 2005 cent jours de travail par ménage rural et par an, payés au salaire minimum.

UN DÉSASTRE ÉCOLOGIQUE

La hausse de la productivité de la terre permise par la révolution verte, disent ses défenseurs, a permis d'éviter des défrichements pour produire davantage. Elle aurait donc de grandes vertus écologiques en sauvegardant de vastes espaces de « nature sauvage » (*wild nature* : savanes, forêts, etc.) riches en biodiversité et carbone, et qui sinon auraient été mis en culture avec une agriculture moins intensive. Mais ceci est à contrebalancer avec bien des impacts négatifs, puisque le modèle de la révolution verte – et plus généralement celui d'agriculture industrielle – dégrade parallèlement de nombreuses ressources essentielles : sol, eau, air, agrobiodiversité et qualité de l'alimentation.

Avec la chimisation de l'agriculture – ce que Walker a appelé le *petrofarming* à propos de la Californie – « la fin (il)logique est d'éliminer la terre comme base de production » (Walker, 2004) (Azan, de l'Estoile, 2023). De complexes fonctions et facteurs naturels de production (sol, micro-organismes, agrodiversité, synergies biologiques…) sont remplacés par des intrants industriels pour la production massive de quelques denrées (Jakobsen, 2018) (Dorin 2022). Ainsi, en Inde comme en Europe ou ailleurs, le développement de monocultures à grande échelle a réduit la présence de micro-organismes dans les sols, de légumineuses ou de bétail (dont on concentre du coup la présence ailleurs). Elle oblige en contrepartie à recourir aux pesticides pour lutter contre les ravageurs, les fonctions régulatrices des systèmes diversifiés ne pouvant s'exprimer. Elle impose aussi la fertilisation synthétique, particulièrement énergivore dans le cas des engrais azotés. Cette pétroagriculture s'aggrave en Inde non pas tant avec la motomécanisation à grande échelle comme en Occident, mais avec le développement de l'irrigation et la multiplication annuelle des cultures qu'elle permet. Cette multiplication conduit à augmenter les doses annuelles d'intrants synthétiques, ainsi qu'à puiser abondamment l'eau des nappes avec des pompes diesel, ou avec des pompes à électricité produite par des centrales à charbon fortement émettrices de gaz à effet de serre. Courant alors après un calendrier très serré, les agriculteurs doivent aussi s'endetter en équipements (ex. repiqueuses de riz au Tamil Nadu) ou recourir à des pratiques aux multiples nuisances : ainsi brûle-t-on en octobre les chaumes de riz au Punjab, pour permettre le plus tôt possible les semailles du blé qui suivront, ce qui aggrave la pollution de l'air dans l'agglomération voisine de Delhi. La Cour suprême en est même venue à conseiller l'interdiction de la culture du riz au Punjab, plante « non native » de la région et fortement consommatrice d'eau.

Le bilan de l'agriculture intensive léguée par la révolution verte est donc très préoccupant à de multiples égards : fertilité des sols (appauvris en micro-organismes et carbone organique, salinisés dans bien des zones irriguées sans drainage adapté comme au Punjab, pollués en plomb et autres, etc.), déclin des nappes d'eau souterraine (245 milliards de m^3 extraits en 2020 tous usages confondus) et qualité des eaux (polluées par les nitrates et pesticides), biodiversité (semences traditionnelles remplacées par des semences produites par la recherche agronomique, déclin des pollinisateurs, perte de haies du fait de la mécanisation, etc.). Non seulement les pesticides représentent un danger, mais les « pestes » elles-mêmes (les ravageurs) sont devenues plus dangereuses en raison des monocultures (concentration des risques et des pertes) et de la disparition de leurs prédateurs victimes des produits chimiques (Patel, 2013). À ces dangers s'ajoutent ceux du changement climatique, qui se traduit en Inde par une hausse des températures et des événements extrêmes (sécheresses, cyclones, etc.). Une agriculture victime du changement climatique, mais aussi responsable de ce dernier : à l'échelle mondiale en 2020, les systèmes agri-alimentaires fortement industrialisés ont émis 16 milliards de tonnes d'équivalents CO_2 (16 Gt CO_2eq), soit 31 % des émissions mondiales tous secteurs confondus (FAO, 2022). L'Inde en était le second émetteur mondial après la Chine, avec 1,4 Gt CO_2eq (38 % des émissions du sous-continent) et trois postes problématiques : *i)* le méthane des rizières et les fermentations entériques du premier cheptel de bovidés du monde, *ii)* le protoxyde d'azote issu des épandages d'engrais, iii) le dioxyde de carbone émis par l'électricité et autres énergies utilisées pour l'irrigation et la fabrication d'engrais.

LES PROMESSES DE L'AGROÉCOLOGIE

VERS UN NOUVEAU RÉGIME SOCIOTECHNIQUE ?

La sévérité des crises environnementales, agraires et alimentaires de l'Union Indienne, pays le plus peuplé du monde depuis 2023, illustre toutes les limites voire impasses du modèle d'agriculture et d'alimentation industrielles quand celui-ci est confronté aux réalités des finitudes spatiales, technologiques et migratoires de l'Inde et du monde au début du XXIe siècle. C'est donc ici plus qu'ailleurs que pourrait s'inventer et s'imposer un autre régime sociotechnique[12] que celui de la spécialisation et de l'homogénéisation de quelques productions de masse, de la concentration des capitaux, des revenus et des savoirs, des économies d'échelle lucratives mais énergivores et déjà très contraintes comme en Inde. L'advenue de ce régime alternatif pourrait apparaître naturelle en Inde en raison du nombre de personnes affectées par les crises du régime dominant, et d'une démocratie qui promeut a priori la représentation du plus grand nombre, l'innovation décentralisée et la liberté d'entreprendre.

De fait, les critiques de l'industrialisation de l'agriculture et de l'alimentation fleurissent depuis longtemps sur le sous-continent, et sous de très multiples formes. Vandana Shiva (1991) en fut une figure de proue, malencontreusement plus séduisante et influente à l'étranger que dans son propre pays. Elle aura néanmoins contribué, indirectement et avec d'autres, à la réhabilitation de cultures délaissées par la révolution verte. Depuis 2018 par exemple, les *millets* (sorgho, éleusine, etc.) ne sont plus appelés « céréales secondaires » mais « *nutri-cereals* », et même si les semences paysannes ont souvent disparu, des programmes officiels en encouragent maintenant la culture parce qu'elles consomment aussi moins d'eau et d'intrants que le riz ou le blé. Plus récemment encore, quelques États ont commencé à instaurer de timides aides directes agri-environnementales, ciblées sur des millets, des légumineuses, ou encore le riz biologique. À ce dernier titre, en 2021, l'Inde comptait 1,6 million

12 Schot and Geels (2007) définissent le « régime sociotechnique » comme un ensemble de règles alignées et portées par une variété d'acteurs (entreprises, consommateurs, gouvernements, scientifiques, etc.) qui forment une communauté d'entente sur la façon de produire, utiliser et réglementer une diversité de processus et de produits.

d'agriculteurs engagés dans le mode de production « bio », soit 43 % du total mondial selon le FiBL (Willer *et al.*, 2023). Mais rapportés au nombre total d'actifs agricoles, cela représente moins de 1 % des agriculteurs indiens. Certes, ne sont ici comptabilisés que les producteurs certifiés bio par des tiers ou via un système participatif de garantie, et non ces « bio par défaut » si courants dans les campagnes pauvres des pays du Sud où les intrants chimiques sont inaccessibles. En termes de surfaces concernées, les plantations (thé, etc.) destinées à l'exportation se taillent la part du lion face aux cultures vivrières. Il en va ainsi du petit État himalayen du Sikkim, qui s'est déclaré en 2016 « *100 % organic* », mais qui exporte épices ou légumes bio tout en devant importer du riz conventionnel pour alimenter sa population.

Doit-on voir dans de tels développements l'établissement d'un régime sociotechnique susceptible de remplacer à terme le régime agro-industriel qui s'est imposé en Inde et ailleurs durant le dernier demi-siècle ? Pas pour l'heure, compte tenu de leur faible ampleur mais aussi et peut-être surtout, de leur incomplétude systémique. En effet, rien, ou peu à voir ici avec le changement de paradigme sociotechnique qu'incarne « la science, le mouvement et la pratique de l'agroécologie » (Wezel *et al.*, 2009), encore très balbutiants de par le monde mais désormais caractérisée par 10 éléments (FAO, 2018)[13] et 13 principes (HLPE, 2019) qui concernent bien plus que la seule absence d'intrants chimiques. C'est pourtant dans un État de 53 millions d'habitants au sud de l'Inde que ces éléments et principes sont, depuis 2016, les plus systémiquement et largement mis en œuvre, avec « l'agriculture naturelle gérée par les communautés d'Andhra Pradesh », ou « APCNF » (*Andhra Pradesh Community-managed Natural Farming*).

---

13 Dix principes que nous interrelions et résumons ainsi : diversifier les productions et les systèmes pour dynamiser les synergies entre ressources (cultures, sol, eau, arbres, animaux, humains…) et la production de services écosystémiques, améliorer l'efficacité des intrants externes et fortement limiter (voire bannir) leur usage, accroitre le recyclage tout comme la résilience des communautés et de leur environnement, soutenir les traditions culturelles et alimentaires, respecter et améliorer les valeurs humaines et sociales, tout ceci grâce au partage et à la cocréation de savoirs, une gouvernance responsable et une économie circulaire et solidaire.

LE MOUVEMENT D'AGRICULTURE NATURELLE EN ANDHRA PRADESH

L'APCNF représente probablement et pour l'heure la plus grande et véritable politique de transition agroécologique au monde (Dorin, 2022) : en 2023, près d'un million de très petits agriculteurs, soit 10 % des actifs agricoles de l'État, pratiquent déjà à des degrés divers cette agriculture naturelle. Ceci stimule son développement dans d'autres États indiens, ainsi que l'attention du gouvernement fédéral (Landy, Dorin, 2022) : ainsi, le *National Centre for Organic Farming*, créé en 2004, fut renommé en 2022 *National Centre for Organic and Natural Farming* (NCONF), et les centres de l'ICAR comme les universités agricoles sont sommés de développer des recherches et des enseignements sur cette « agriculture naturelle ».

Le cœur de l'APCNF ne repose pourtant pas sur une science, des innovations ou des technologies qu'il s'agirait de diffuser du haut vers le bas comme avec l'agriculture industrielle, mais plutôt sur une cocréation et un codéveloppement entre pairs (agriculteurs) de modes de production sans pesticides ni engrais, qu'ils soient synthétiques ou organiques. Il s'agit de tirer partie au mieux des ressources locales et des synergies entre multiples espèces végétales et animales, grâce à un vaste réseau de petits groupes de microcrédit féminins préalablement organisés (Dorin, 2022). Au plan technique, huit principes doivent être suivis d'une manière ou d'une autre : (1) une perturbation minimale des sols (pas ou peu de labour) ; (2) des semences locales ; (3) des biostimulants pour activer la vie des sols (tel le *jeevamrutham*, ferment à base d'urine et bouse de vaches locales, de sucre non raffiné, de farine de légumineuses, et de sol de forêt si possible) ; (4) une grande diversité de cultures (15 à 20 sur une année) avec des arbres ; (5) une intégration de l'élevage aux cultures ; (6) des cultures et une vie racinaire toute l'année y compris en zone semi-aride grâce au *Pre-Monsoon Dry Sowing* et ses enrobages de semences ; (7) des sols toujours couverts par les plantes ou résidus de culture ; (8) une lutte antiparasitaire par de meilleures pratiques agronomiques et des extraits botaniques.

« Toutes ces pratiques réunies augmentent la teneur en humus du sol et alimentent un grand nombre d'organismes au-dessus et en dessous de sa surface. L'ensemble de ce réseau trophique améliore la productivité agricole, la biodiversité, la séquestration du carbone et la disponibilité en eau » (RySS, 2019). Sur ce dernier point, la moisson des vapeurs d'eau, véritables « rivières aériennes », atteindrait des volumes stupéfiants et invite à repenser de fond en comble l'irrigation conventionnelle par eaux de surface ou souterraines ; il en est de même pour la fertilisation qui deviendrait finalement endogène (comme pour la croissance des arbres en forêt), et non plus exogène sous forme synthétique ou organique (Dorin, 2022).

À en croire les premières études d'impact, les résultats sont plus que satisfaisants, y compris en les ramenant au classique indicateur de rendement monocultural. Même s'il serait encore plus probant d'évaluer celui de polycultures avec plusieurs cycles par an, ou la productivité de l'ensemble de l'écosystème, on observe des gains de rendement significatifs, comparé aux cultures biologiques bien sûr, mais aussi à celles intensives en intrants de synthèse (Duddigan *et al.*, 2023). Et comme les coûts de production diminuent fortement (excepté en temps de travail physique et intellectuel), le revenu net du producteur est en hausse : un objectif clé pour l'entreprise publique RySS (« Organisation d'autonomisation des agriculteurs » : https://apcnf.in/ryss) qui a institutionnalisé et développé le mouvement. Ceci sans compter une résistance supérieure aux aléas climatiques (cyclones, sécheresses), des produits de bien meilleure qualité sur le plan nutritionnel et sanitaire, ou encore des dépenses de santé en baisse : au final, l'APCNF contribuerait à 10 des 17 Objectifs de Développement Durable de l'ONU.

LA PROSPECTIVE AGROECO2050

À quoi pourrait ressembler l'économie d'Andhra Pradesh en 2050 si l'agroécologie de l'APCNF régnait dans tout l'État, et qu'en serait-il par rapport à un scénario très contrasté d'affermissement du régime sociotechnique industriel ? C'est pour répondre à cette question qu'a été mis en œuvre entre 2019 et 2022 la prospective collective et participative AgroEco2050 (Dorin *et al.* 2024), avec un groupe d'experts d'horizons très variés (scientifiques de diverses disciplines, responsables politiques, représentants d'agriculteurs ou d'associations, etc.) qui ont utilisé et ont alimenté interactivement le modèle rétroprospectif Agribiom (Dorin, Joly, 2020)[14].

14 Adapté pour l'occasion aux données et problématiques de l'Union indienne, ce qui a donné « Agribiom-India » et le nouveau module ALM (*Agribiom Lewisian Model*).

Les principaux résultats quantifiés issus de cette prospective sont présentés dans la figure 4. Ils confèrent de nets avantages au scénario agroécologique puisque ce dernier permettrait de : (1) régénérer et cultiver toute l'année 2,8 millions d'hectares supplémentaires qui seraient sinon laissés en jachère par l'agriculture industrielle ; (2) produire près de 5000 kcal par jour et par habitant, soit 1000 kcal de plus et de bien meilleures qualités nutritionnelle et sanitaire que dans le scénario industriel ; (3) assurer un même niveau de revenu agricole, avec une disponibilité moyenne en terre cultivée par actif pourtant plus petite mais compensée par d'importantes économies en semences, engrais, pesticides, irrigation, énergie fossile, assurances, etc. ; (4) employer 10 millions d'agriculteurs (30 % des actifs de 2050 contre 42 % en 2020), soit 5 millions de plus qu'en régime industriel, ce qui ferait baisser l'indicateur général de chômage de 30 % à 7 % ; (5) réduire de 47 % à 22 % l'écart de revenu moyen entre actifs agricoles et non agricoles ; (6) et augmenter le taux annuel de croissance de l'économie de 6 % à 6,5 %, compte tenu de la vigueur de la croissance agricole, d'une plus grande demande solvable, de la baisse aussi des inégalités et d'un plus grand bonheur à vivre et travailler. L'exercice prospectif montre également que le coût des politiques publiques pour réduire les inégalités (entre chômeurs et actifs, entre actifs agricoles et non agricoles) serait élevé mais bien moindre dans le scénario agroécologique : 7,6 % du PIB de 2050 contre au moins 18 % dans le scénario industriel. L'exercice appelle également une profonde réforme des politiques agricoles pour réduire les écarts de revenu entre actifs agricoles et non agricoles : non plus des subventions directes ou indirectes aux intrants et aux prix comme depuis plusieurs décennies, mais des paiements pour services environnementaux (PSE). Ces derniers seraient versés non pas à la surface mais à la personne, et seraient liés non pas à une mesure spécifique, comme le taux de carbone du sol, mais à la pratique agronomique (type APCNF). Ceci permettrait d'une part d'assurer une pluralité de résultats (carbone du sol, agrobiodiversité et résilience aux chocs, économie et filtrage de l'eau, etc.), d'autre part de limiter les coûts de contrôles et de certifications qui sinon attendraient des sommets en Inde avec ses dizaines de millions de petites structures productives. La prospective AgroEco2050 montre plus généralement que, sous réserve de politiques agricoles adéquates, le fardeau de la petite taille des exploitations en régime industriel peut être converti en avantage comparatif avec la « micro-agroécologie » de type APCNF, ceci pour peut-être propulser à terme l'Inde comme « jardin du monde » répondant plus que d'autres pays à la demande croissante de produits alimentaires diversifiés, sains, gouteux, nutritifs et équitables.

	2019		Scenario 2050 100 % industriel (AI)		Scenario 2050 100 % naturel (AE)	
Population (million de personnes)	52,6	(+1,2%)*	59,5	(+0,4%)**	59,5	(+0,4%)**
Force de travail (20-64 ans)	32,5		35,4	(+0,3%)**	35,4	(+0,3%)**
Non-actifs (20-64 ans)	10,1	(31%)^	10,6	(30%)^	2,4	(7%)^
Actifs (20-64 ans)	22,4	(69%)^	24,8	(70%)^	33,0	(93%)^
- Agriculteurs	9,3	(42%)^	5,0	(20%)^	10,0	(30%)^
- Non-agriculteurs	13,1	(58%)^	19,8	(80%)^	23,0	(70%)^
Surface cultivée (million ha)	6,2	(–0,0%)*	5,5	(–0,4%)**	8,3	(+0,9%)**
Hectare par agriculteur	0,67	(+0,9%)*	1,11	(+1,7%)**	0,83	(+0,7%)**
Valeur Ajoutée Brute (10^{12} INR)***	6,1	(+5,8%)*	36,9	(+6,0%)**	42,7	(+6,5%)**
- Secteur agricole	1,9	(+4,0%)*	5,4	(+3,5%)**	11,2	(+6,0%)**
- Secteur non-agricole	4,2	(+7,3%)*	31,5	(+6,7%)**	31,4	(+6,7%)**
Productivité (INR/jour)***	741	(+5,3%)*	4 080	(+5,7%)**	3 545	(+5,2%)**
- Cultures (par ha)	815	(+4,0%)*	2 670	(+3,9%)**	3 719	(+5,0%)**
- Agriculteurs (par actif)	544	(+5,0%)*	2 967	(+5,6%)**	3 080	(+5,8%)**
- Non-agriculteurs (par actif)	880	(+4,8%)*	4 359	(+5,3%)**	3 748	(+4,8%)**
Production alimentaire vég. (Gkcal/jour)	193	(+2,4%)*	241	(+0,7%)**	298	(+1,4%)**
- Par hectare (kcal/jour)	31 095	(+2,4%)*	43 854	(+1,1%)**	36 000	(+0,5%)**
- Par agriculteur (kcal/jour)	20 740	(+3,3%)*	48 729	(+2,8%)**	29 808	(+1,2%)**
- Per habitant (kcal/jour)	3669	(+1,1%)*	4054	(+0,3%)**	5 008	(+1,0%)**
Chemin structurel@	Agri excluant		Agri excluant		Agri développant	
Ecart revenu agri-nonagri (INR/jour)***	336	(62%)µ	1392	(47%)µ	668	(22%)µ

Note : AI : agriculture industrielle ; AE : agroécologie ; ha : hectare ; INR : *Indian National Rupee* ; Gkcal : giga kilocalories ; @ Chemin de transformation structurelle tel que défini dans Dorin *et al.* (2013) ; * Taux de croissance annuel de 1980 à 2019 (39 années) ; ** Taux de croissance annuel de 2019 à 2050 (31 années) ; *** Roupie constante de 2011-2012 ; ^ Part catégorielle pour l'année concernée ; µ Part de la différence de revenu entre non-agriculteurs et agriculteurs dans le revenu agricole moyen.
Source : Dorin *et al.*, 2024.

FIG. 4 – Chiffres clés des scénarios AgroEco2050 pour l'Andhra Pradesh.

CONCLUSION AU CHAPITRE

La révolution verte des années 1960 fut similaire à la politique de modernisation et d'industrialisation de l'agriculture menée en France au même moment, en termes de spécialisation productive comme de techniques, avec néanmoins trois différences majeures : (1) un très fort soutien public à l'irrigation pour permettre plusieurs cultures par an, (2) une forte intervention de l'État pour constituer des stocks publics de céréales et les redistribuer au titre de l'aide alimentaire, (3) un encouragement et un développement quasi inexistant de la motomécanisation du fait de l'abondance de main-d'œuvre et de la petitesse croissante des exploitations. Cette révolution permit d'augmenter fortement les productions de blé et de riz, d'en exporter même quelques décennies plus tard, mais au détriment d'autres cultures alimentaires, d'importations massives en huiles, légumineuses et hydrocarbures, d'importants coûts pour la santé des hommes et des écosystèmes, de l'endettement aussi des agriculteurs pour financer des intrants onéreux malgré les subventions (irrigation, engrais synthétiques, semences, pesticides, etc.). Elle n'a guère permis non plus d'augmenter la productivité par actif agricole faute de pouvoir agrandir et robotiser les surfaces individuelles comme en Occident, et la malnutrition demeure un problème majeur. Le vent de libéralisation de l'économie après 1991 n'a touché que partiellement les structures mises en place par la révolution verte, et les aides directes aux agriculteurs sont récentes et marginales. Face à l'aggravation d'une crise agraire mais aussi écologique et nutritionnelle, des programmes se développent mais difficilement, marqués par leur incomplétude face aux transformations systémiques qu'appellent la science, le mouvement et la pratique de l'agroécologie.

L'ambitieuse politique de développement de « l'agriculture naturelle gérée par les communautés » menée depuis 2016 dans l'État d'Andhra Pradesh ouvre cependant la voie dans une telle direction. Et si les agriculteurs indiens sont encore très loin de tous s'approprier les innovations systémiques de cette agriculture naturelle, notamment en termes organisationnels, cela contribue à diffuser des approches et des techniques plus agroécologiques, fondées sur les aspirations de la paysannerie, sur sa capacité d'innovation, son empirisme et son opportunisme, par des réseaux de pairs, par WhatsApp et par YouTube, « par le bas » et non seulement « par le haut ». Une « révolution silencieuse » d'un nouveau genre est donc peut-être en train de naître en Inde, poussée par la prise de conscience générale que le régime sociotechnique d'agriculture et d'alimentation industrielles empoisonne autant les humains que leur « mère nature ». Révolution ou évolution ? Pour l'heure s'hybrident des pratiques et des logiques de production, à travers des changements « à bas bruit » (Joly *et al.*, 2023) (Gasselin *et al.*, 2021). Déterminant sera le rapport de forces entre le régime sociotechnique dominant et celui promu par les tenants de systèmes complètement agroécologiques. Il ne s'agit pas que du lobby des industriels ou de la recherche agronomique conventionnelle. Bien des agriculteurs appellent au maintien des subventions aux engrais chimiques, à l'irrigation ou à la génétique, parce qu'ils y gagnent encore, parce que cela apparaît plus simple et moins risqué, parce qu'ils ne savent plus produire autrement. Ils soutiennent donc, directement ou implicitement, le maintien du statu quo. On sait quand a commencé la révolution verte, on ignore quand elle se terminera.

Bruno DORIN
CIRAD

Frédéric LANDY
Université de Paris-Ouest Nanterre

POLITIQUE AGRICOLE EN RUSSIE

De la sécurité à la souveraineté alimentaire

> *Our country is, as they say, destined by the heavens to feed the whole planet. And we'll try and do that.*
> Dimitri MEDVEDEV[1]

Complétant la notion de sécurité alimentaire, fondée initialement sur l'accessibilité physique et économique de la nourriture, le concept de souveraineté alimentaire, formulé par *Via Campesina* en 1996, avait ajouté le droit des peuples à définir leurs propres systèmes alimentaires[2]. Un attribut rapidement intégré par les États aux composantes de leur souveraineté[3], que l'on définira pour les besoins de ce chapitre, en l'absence de référentiel partagé, comme la « capacité d'autodétermination d'un État sur les systèmes alimentaires qui se déplient sur son territoire[4] ». Pression démographique, effets du changement climatique sur la spatialisation de la production agricole, politisation des échanges, rivalités pour l'accès aux ressources, et résurgence des intérêts nationaux dans les relations internationales, sont autant de défis qui se posent aux États, liant plus étroitement souveraineté alimentaire et autonomie stratégique. Se doter d'une capacité à agir de manière autonome suppose de définir l'équilibre entre autosuffisance et « dépendances externes jugées pertinentes, nécessaires ou indispensables » et « maîtrisées de manière

1 « Russia seeks to feed he whole planet », www.rt.com consulté le 6 décembre 2018.

2 « Droit des peuples à une alimentation saine et culturellement appropriée produite avec des méthodes durables et droit des peuples à définir leurs propres systèmes agricoles alimentaires ».

3 Affirmation d'une stricte autodétermination – détention de l'autorité suprême, subordonnée à aucune autre – dans la conduite des affaires d'un territoire.

4 (Franceagrimer, 2023).

suffisante[5] ». On prendra dans ce chapitre l'exemple de la Fédération de Russie.

Pour la Fédération de Russie (notée « FR » dans le reste du chapitre), la souveraineté alimentaire rime dans une large mesure avec l'autosuffisance en denrées essentielles. La souveraineté prise au sens général, se conjugue avec la maîtrise de dépendances – qualifiées politiquement et stratégiquement – à l'exportation comme à l'importation. Elle se projette également dans l'instrumentalisation d'une capacité d'exportation des ressources agricoles, que le changement climatique devrait faire progresser, renforçant son assertivité stratégique notamment auprès des États de ce qu'il convient désormais d'appeler le Sud global. Un processus qui inscrit dans l'histoire les caractéristiques physiques et culturelles particulières de ce vaste territoire, ainsi que dans les évolutions des rapports de force avec l'Occident de ces trois dernières décennies.

Le retour de la FR sur l'échiquier mondial des puissances agricoles s'est appuyé tant sur l'usage opportun des événements internationaux que sur une politique volontariste de soutien au développement des filières agricoles et alimentaires nationales. Indéniables, les succès rencontrés à ce jour suscitent de nombreuses questions relatives à la pérennité de cet avantage stratégique. En quoi a consisté le soutien, comment a-t-il contribué à forger les structures productives actuelles de l'agriculture, et quels en sont à ce jour les acquis mais aussi les forces et les vulnérabilités au regard de l'évolution des besoins et du contexte international ?

Nous aborderons ainsi dans un premier temps les politiques et moyens mis en œuvre depuis 2000 ainsi que leurs conséquences, puis partagerons dans un second temps des éléments de diagnostic du secteur agricole et alimentaire. Dans un dernier temps, seront analysées les stratégies mises en œuvre par Moscou pour développer et asseoir sa nouvelle stratégie commerciale et conforter sa puissance agricole retrouvée.

5 *Ibid.*

LA LONGUE MARCHE DE L'INSÉCURITÉ ALIMENTAIRE À L'AUTOSUFFISANCE

À la fin des années 1980, la FR semblait devoir suivre le chemin de la démocratie et de l'économie de marché dans la ligne des réformes initiées par Mikhaïl Gorbatchev et de l'échec du coup d'État d'août 1991 qui devait ouvrir le chemin du pouvoir à Boris Eltsine. Immergeant soudainement les citoyens et les entreprises dans le bain libéral, la « thérapie de choc » lancée en 1992 par Egor Gaïdar – son jeune premier ministre séduit par les thèses de l'École de Chicago dont le chef de file fut durant longtemps l'économiste Milton Friedman – a laissé à bon nombre de russes le souvenir d'une décennie noire. Effondrement économique, désindustrialisation aggravée par un libre-échange confrontant l'industrie nationale à la compétitivité de ses homologues occidentales, privatisations d'entreprises d'État menant à l'appropriation de pans entiers de l'économie par d'anciens *apparatchiks* et concentration de la richesse dans les mains de la nouvelle classe oligarchique, se sont accompagnés de la disparition de la quasi-totalité de l'épargne de citoyens confrontés à une chute de niveau de vie et à la dégradation des services publics. Ce panorama noir de la transition vers l'économie de marché, n'a pas épargné le secteur agricole russe.

LE SECTEUR AGRICOLE : DU CHAOS POST-SOVIÉTIQUE À LA RENAISSANCE

Les effets de cette transition forcée d'une économie soviétique planifiée, administrée et très subventionnée, n'ont épargné ni le secteur agricole, ni le monde rural dans son ensemble. Dégringolade des recettes fiscales de l'État et baisse des subventions publiques, resserrement du crédit, confrontation aux marchés internationaux et dégradation du pouvoir d'achat devaient faire chuter la production agricole de 40 % à la fin de la décennie 1990 – 50 % pour l'élevage accentuant ainsi la dépendance de la Russie aux importations –, et plus de 30 % des besoins alimentaires en 2005 (Rada, 2017). Pour les produits carnés, l'offre dépendait des importations en provenance de l'Union européenne (UE), des États-Unis, pour partie sous forme d'aide alimentaire, ou encore du Brésil.

L'apparition des « pilons de Bush » sur les étals soviétiques dès 1990, issus de l'accord passé entre M. Gorbatchev et George Bush père, est restée dans de nombreux esprits le « symbole de l'humiliation » de l'ex-grande puissance[6]. Le marché russe devait représenter entre 1995 et 2008, près du quart des exportations étatsuniennes, dépendance parmi d'autres que l'État russe et les évènements de la décennie suivante se chargeraient de remettre en question.

L'État, désireux dans un premier temps de protéger des importations un secteur agricole renaissant, a fait feu de tout bois, usant de mesures tarifaires (droits de douane, contingents à l'instar de ceux sur les viandes de bœuf et de porc dès 2003, de volaille dès 2006, etc.) et non tarifaires – procédures d'enregistrement, licences d'importation, mesures SPS[7]. L'usage de ces dernières, qui a perduré depuis l'accession en 2012 de la FR à l'Organisation mondiale du commerce (OMC), a été marqué de pics en 2013-2016 puis 2021-2022[8]. Le premier, concomitant au coup d'État à Kiev en février 2014, devançait de peu la mise en place par Moscou, le 7 août 2014, de contre-sanctions en riposte à l'embargo prononcé par l'UE sur nombre de produits agricoles à la suite de son coup de force en Crimée[9]. L'année 2014 devait marquer en effet le basculement de sa politique d'autosuffisance vers celle d'une substitution des importations. La maîtrise des sources d'inflation et de vulnérabilité sur son marché domestique, la résorption de son déficit commercial agroalimentaire et la diversification ciblée de ses flux d'importations et d'exportations, devaient doter progressivement la FR d'une certaine autonomie et améliorer ainsi sa résilience. Dès 2017, elle érigeait sa capacité d'exportation agricole en instrument de projection de sa puissance. Après ce bref survol, revenons deux décennies en arrière.

---

6 Schwirtz Michael, « Russia Seeks to Cleanse Its Palate of U.S. Chicken », https://www.nytimes.com du 19 janvier 2010.

7 Entre 2009 et 2023, les mesures implémentées par la Russie concernaient un quart des produits agricoles selon *www.globaltradealert.org* consulté le 23 nov. 2023.

8 Mesures décidées par les États membres de l'OMC en matière de protection de la santé et de la vie des personnes et des animaux, à la préservation des végétaux qui ne doivent pas être appliquées de manière arbitraire ou injustifiable.

9 L'embargo (bœuf, porc, volaille, poisson, fromage, lait et produits laitiers, légumes, fruits) initialement prévu a été régulièrement prorogé, actuellement jusqu'en janvier 2024. En octobre 2022, *Rosselkhoznadzor* – Office Fédéral pour la Surveillance vétérinaire et sanitaire – a identifié et détruit 36,17 milliers de tonnes de produits interdits à l'importation.

L'AGRICULTURE AU CENTRE DES PRIORITÉS STRATÉGIQUES DÈS 2000

Analyser la dynamique de l'agriculture russe revient à mettre en avant la doctrine de la sécurité alimentaire, véritable pilier fondateur de la transition. La crise financière de 1998, en aggravant le déclin des productions agricoles, avait déjà révélé la nécessité de reforger ce secteur stratégique. Si la prise de conscience s'était initialement opérée au niveau des sujets de la Fédération, les décisions prises par le nouveau pouvoir central – premier mandat de Vladimir Poutine entre 2002 et 2006 – dont l'adoption d'un Code foncier, devaient marquer un tournant[10]. Érigé en priorité nationale en 2005, le secteur agricole se voyait doté l'année suivante d'une Loi d'orientation de la Politique agricole, et, en 2008, d'un premier budget quadriennal d'un montant de 26 milliards de dollars visant, sur fond de crise alimentaire mondiale, à renforcer la production primaire et la sécurité alimentaire[11]. Débutant un an avant les contre-sanctions décrétées par Moscou et un an après l'accession à l'OMC, le Plan programmatique national 2013-2020[12], doublant le budget précédent, fondait le premier pilier d'une politique agricole visant l'autosuffisance alimentaire. Il devait se compléter en 2017 d'un volet consacré au développement du potentiel d'exportation des produits agricoles (amélioration, normes phytosanitaires, promotion commerciale).

Entre 2014 et 2019, le Kremlin a consacré 0,8 % du PIB russe[13] au soutien au secteur agricole dont 54,2 milliards de dollars[14] en aides directes aux producteurs – soit 9 à 12,7 % des recettes agricoles brutes. Aux aides allouées à titre individuel – à l'hectare ou couplées pour

10 Les sujets sont des subdivisions territoriales de l'État fédéral de Russie. 89 sujets regroupés en 8 districts : républiques, oblasts, kraï, villes, régions, républiques autonomes, certains bénéficiant d'une relative autonomie en matière de subventions à la production.

11 Décret du ministère de l'Agriculture fondé sur deux principes : développement durable des territoires ruraux et approvisionnement en produits agricoles russes de la population.

12 Relatif au « développement de l'agriculture et de réglementation des marchés des matières premières, produits agricoles et produits agroalimentaires ».

13 Valeur est un peu supérieure à la moyenne de l'OCDE sur la même période : 0,59 – 0,65 % du PIB.

14 Budget cofinancé entre la Fédération (2/3) et les régions. Sa répartition est fonction de celles-ci, des productions et de la nature des aides. Les régions peuvent financer des mesures de soutien régionales. Source : OCDE Données – Soutien à l'agriculture, *https://data.oecd.org*, consulté le 22 novembre 2023. Soutien à l'agriculture : valeur monétaire annuelle des transferts bruts à l'agriculture des consommateurs et des contribuables découlant des mesures d'aide à l'agriculture.

l'élevage, subventions aux intrants, primes à la qualité, soutiens aux prix (qui se sont situés selon l'OCDE, 10 % en moyenne au-dessus des prix mondiaux entre 2015 et 2017 – sont venus s'ajouter 10,6 milliards pour les services (connaissance, inspection et contrôle) et infrastructures de distribution (OCDE, 2020)[15]. Si l'efficience de l'utilisation de tels budgets a pu être questionnée, les résultats sont probants puisqu'ils ont favorisé l'accession de la FR au rang de grande puissance agricole productrice et exportatrice. Le doublement de la production de grains (céréales, oléagineux et protéagineux) depuis 2000 permettait à la FR de remplir dès 2018 les objectifs d'autosuffisance qu'elle s'était fixés pour 2020, de dégager certains surplus pour l'exportation et de résorber son déficit commercial agricole et alimentaire durablement dès 2020[16].

Le plan 2013-2020 s'appuyait sur le pilier coulé par la Doctrine de Sécurité alimentaire, fondement des objectifs de production. La première version du 30 janvier 2010, signée par Dimitri Medvedev, qui accordait la priorité aux grandes cultures, aux produits carnés, aux ressources halieutiques et aux produits laitiers, en leur fixant un objectif minimum d'autosuffisance entre 80 % et 95 %, s'est vue modifiée à diverses reprises. Une nouvelle révision devait voir le jour le 21 janvier 2020[17], version « rendue nécessaire par les menaces de sanctions économiques, par les nécessités liées à l'intégration à l'Union Économique Eurasiatique [UEEA] [2015] et à l'accession à l'OMC » (USDA, 2020). Cette nouvelle mouture précisait la philosophie en matière de sécurité alimentaire et sanitaire – à l'instar d'une interdiction de dissémination d'Organismes Génétiquement Modifiés –, révisait certains objectifs de 2010 à la hausse, en fixait à de nouvelles productions à valeur ajoutée – fruits et baies, légumes, courges, semences – et mettait l'accent sur le développement de la génétique animale.

Puisque l'agriculture constitue un maillon de la sécurité nationale, il est nécessaire d'identifier les mesures de soutien au secteur agricole. Si l'embargo alimentaire européen en 2014 et les contre-sanctions décrétées par Moscou ainsi que la dévaluation concomitante du rouble ont été de puissants leviers pour la substitution des importations en éclaircissant

15 Transferts liés aux mesures créant des conditions propices au secteur agricole par le développement d'institutions, d'infrastructures et de services publics ou privés.

16 Du fait de la réduction des importations dès 2014 de près de 40 % – données miroirs issus de Trade Map.

17 Décret présidentiel n° 20 du 21 janvier 2020.

le paysage concurrentiel au plus grand bénéfice des grands acteurs nationaux, une large palette de mesures a épaulé le développement des filières domestiques, sources d'une sécurité alimentaire considérée depuis 2018 comme maillon de la sécurité nationale. Les mesures d'accompagnement au développement de ce secteur se sont portées sur le terrain domestique en soutenant les prix intérieurs – achats d'intervention (produits laitiers dès 2017), fixation de prix plancher, baisse du tarif de transport intérieur (dès 2017 pour les céréales) – mais aussi sur celui des équilibres commerciaux.

Aux embargos sont venus s'ajouter contingents tarifaires et droits de douane à l'importation, prix minimum ou encore taxes à l'exportation sur les grains. Le recours à ces mesures permet à l'État de contrôler l'inflation et fiabiliser les approvisionnements sur le marché domestique. Quant à la constitution plus récente de stocks stratégiques (blé), l'objectif ne semble pas tant de réguler les prix à la production que de monitorer les interventions sur les marchés internationaux et peser sur les cours.

Les autres mesures de soutien comprennent les aides à l'acquisition et au financement de matériel via l'octroi de prêts à taux bonifié pour les emprunts à court-terme et les crédits d'équipement de même que des possibilités de crédit-bail. La fiscalité est incitative pour les entreprises engagées dans la production agricole dont la taxation unique à 6 % remplace impôt sur le revenu, impôts fonciers et taxe sur la valeur ajoutée, cette dernière prévoyant un taux réduit à 10 % pour des produits alimentaires tels que viande, pain, œufs – pour un standard fédéral à 20 %. Plus récentes encore, puisqu'elles ont été édictées en 2015, les aides à l'investissement ont permis de subventionner certains investissements à hauteur de 30 à 50 %, dans des domaines comme la production laitière, les serres, le stockage de produits horticoles, la modernisation des centres de sélection animale et végétale.

La contribution des investissements étrangers à l'écosystème agricole a par ailleurs joué un grand rôle. L'État n'a pas manqué de faciliter l'accueil d'investissements étrangers (IDE) pour bénéficier des intrants, technologies et savoir-faire qui faisaient défaut à l'amélioration de la productivité et de la qualité. Si les flux entrants qui ont cru de manière exponentielle depuis 1999 pour atteindre une moyenne de 42,6 milliards de dollars par an entre 2008 et 2013 se sont surtout orientés vers l'énergie, l'automobile, les biens de consommations, le secteur agricole et alimentaire – pour environ un sixième du total, soit 5,7 milliards annuels entre 2010 et 2013 – n'a pas été négligé (UNCTAD, 2022). En dépit d'une fin de décennie agitée qui a vu chuter entre 2014 et 2021 la moyenne annuelle des investissements directs à l'étranger (IDE) entrants de plus de 40 %, le secteur a continué à afficher une hausse à 7 à 7,4 milliards annuels (Mathieu, Pouch, 2018) (UNCTAD, 2022). L'analyse des IDE reste délicate en raison de l'origine partiellement russe des flux transitant par Chypre (mais aussi par les Bermudes et les Bahamas), où sont localisés nombre de sièges de sociétés nationales. Leur mobilité entrante et sortante peut être conditionnée par les évolutions du rouble – sorties massives de capitaux en 1998 – ou encore par les sanctions touchant des personnes physiques et morales russes – source de rentrées récentes. Des incertitudes qui ne doivent pas conduire à sous-estimer l'ampleur de la présence étrangère et de sa contribution à l'écosystème alimentaire national, notamment dans les secteurs laitiers, légumiers ou encore des semences et équipements agricoles. Une situation qui revêt une importance particulière dans le contexte conflictuel avec l'Occident ainsi que nous le verrons plus tard.

LE SECTEUR PRIVÉ, FER DE LANCE DU DÉVELOPPEMENT : LES *AGRO-HOLDINGS*

Focalisé dès les années 1990 sur les spéculations les plus profitables (blé, betterave, légumes, tournesol, maïs, monogastriques), le secteur privé – 99 % de la production – voit coexister divers types d'entreprises agricoles : les *agroholdings* (AGH), les entreprises indépendantes, les fermes familiales et les lopins de subsistance. L'essor des AGH, fers de lance du développement agricole, s'est appuyé sur les opportunités créées dans l'espace rural par l'implosion de l'URSS. Entre réformes agraires (1991), nouveau Code foncier et lois sur les terres agricoles (2001-2002), la crise financière de 1998 et la faiblesse du rouble combinées à la dépendance aux importations, ont suscité l'intérêt des grands capitalistes russes issus des mondes industriel et financier, en les conduisant ainsi à investir massivement leurs revenus, issus en particulier du secteur notamment pétrolier, dans l'agriculture. En acquérant les actifs et les parts distribuées aux salariés des anciennes structures collectives, ces nouveaux venus dans un secteur à la rentabilité prometteuse ont organisé les actifs au sein d'*agrobusiness-holdings* pour la plupart intégrées verticalement, remplissant les objectifs fixés par l'État fédéral et des administrations régionales sous contrôle central.

Les configurations qui ont marqué ces dernières années les périmètres et les actions des AGH, en témoignant des difficultés rencontrées – inefficiences, déficit de main d'œuvre et d'investissements, manque de motivation des salariés –, n'ont pas manqué de poser la question de la vulnérabilité du système alimentaire de la FR. La sécurité alimentaire, pour une part variable selon les productions, s'avère dépendante d'un nombre restreint d'AGH monopolisant la majeure partie des subsides fédéraux et régionaux. 41 % des aides fédérales étaient fléchées sur 1,2 % des entreprises agricoles en 2015. Source d'effets pervers pour certains qui invoquent la limitation des perspectives de développement des autres entreprises agricoles, de l'emploi rural sur leur territoire d'implantation ou encore les difficultés à mutualiser et diffuser plus largement l'innovation. Pour d'autres, leur intimité avec les administrations régionales permet un retour des subventions sous forme de contribution aux biens communs (services, infrastructures). Pour les derniers, leur intégration de la production à la distribution en passant par l'alimentation animale, l'abattage et la transformation est un facteur de résilience face aux retournements de conjoncture et une source d'avantages concurrentiels sur les marchés internationaux.

Les AGH, concentrant capitaux et technologies, se taillent une part croissante du foncier agricole. En 2022, 71 entreprises détenaient des surfaces de 100 000 hectares minimum pour un total de 6,7 millions d'hectares, sur 123 millions à l'échelle nationale (1,3 de plus qu'en 2021). Si le *Top 5* demeure inchangé, s'accroissant néanmoins de près de 260 000 hectares, le *Top 10* est influencé par les incitations de l'État et par la pression des investissements liés au rapatriement de capitaux, qui poussent aux opérations de fusion-acquisition, tirant les prix du foncier vers le haut, de 50 % (districts Sud et Central) à 100 % pour d'autres régions.

Le développement rural et la modernisation demeurent toutefois des enjeux importants. Les fermes familiales et les lopins de subsistance contribuent en effet largement à la sécurité alimentaire. Que 50 % des ventes et des profits du secteur agricole soient réalisés par les AGH ne doit pas occulter l'ampleur de la contribution des plus petites structures à la sécurité alimentaire du pays. Si les AGH assuraient en 2017 entre 20 % et 40 % de la production de céréales, de tournesol et d'œufs, 60 %

et plus de celle de betteraves sucrières, de viande de porc et de volaille, les lopins – cultivant 4 % des surfaces sur des parcelles de 1 hectare en moyenne –, revêtent une importance critique pour la fourniture de produits à forte valeur : viande bovine et légumes (60 %), pommes de terre (80 %), lait (40 %) et œufs. Les entreprises indépendantes, pour leur part, fournissaient environ 40 à 50 % de la production de lait, d'œufs et de céréales.

L'agriculture russe est toutefois confrontée au déclin rural et à la perte des emplois agricoles, au manque de main d'œuvre qualifiée couplé à l'insuffisance de l'éducation et de la recherche. La faible productivité du travail est une autre faiblesse dont le pouvoir central a voulu se saisir. Si l'implémentation de la deuxième phase (2018-2025) du Programme pluriannuel pour le développement agricole – 51 milliards de dollars – met toujours l'accent sur le développement des exportations – infrastructures, promotion, conformité sanitaire –, l'objectif de développement du monde rural s'est vu remonter en haut de l'agenda à la faveur du Plan de Développement Intégré des Territoires Ruraux de 2020, axé sur l'investissement dans le capital humain, les infrastructures et les services.

À ce stade de l'analyse, il est essentiel de mentionner le fait que ces développements agricoles, depuis les années 2000, ont profondément modifié les dynamiques spatiales de la production, suscitant une spécialisation des districts contrastant avec la période soviétique. Ces modifications sont variées. Elles concernent la concentration et la spécialisation des structures productives, le retour ou l'affirmation de certaines productions, la politique de substitution aux importations et la promotion des exportations. Voyons successivement ces aspects.

Concentration et spécialisation : trois districts (Sud, Central, Volga) assurent plus de 70 % de la production de blé, d'orge, et plus de 85 % du seigle et du tournesol. Le Nord-Caucase vient rejoindre les trois précédents pour produire la quasi-totalité du maïs. Quant aux oléagineux, le soja est produit à plus de 80 % par les districts Central et de l'Extrême-Orient russe (EOR), le colza pour les deux-tiers par les districts Central et de Sibérie. Le Sud a pu compter sur la qualité de ses terres, sur la douceur du climat et la longueur des étés, ainsi que sur la proximité des capacités portuaires pour attirer les investisseurs et s'affirmer comme l'un des moteurs de la croissance du secteur avec une forte progression des volumes de maïs, blé, tournesol sans oublier les productions de légumes. Le Centre, initialement premier producteur de pommes de terre, a vu une reprise de la culture de betterave sucrière, voisinant avec les cultures de céréales (blé, orge, maïs) et d'oléagineux. Le district de la Volga reste le plus important producteur de lait et d'œufs, en dépit d'une diversification vers les cultures de tournesol, de betterave, de seigle et d'avoine (70 % de la production nationale).

Quant au Nord-Caucase, il livre environ le tiers des betteraves sucrières et assure la production d'orge et de colza d'hiver et de maïs. La FR est ainsi devenue le premier producteur mondial de betteraves à sucre. Dans les autres districts, les évolutions concernent essentiellement les productions animales (viande, œufs), objets d'une spécialisation accrue, en particulier pour le Nord-Ouest et l'Extrême-Orient russe qui complètent leur palette par les productions laitières. La Sibérie, région d'élevage, clôt cette liste, dont la région sud figure en bonne place pour la production de colza, d'avoine et, dans une bien moindre mesure, de blé et d'orge. L'EOR se distingue par sa production de soja (38 % du total) répondant tant à la demande de proximité du marché chinois qu'à la demande croissante domestique.

(Ré)émergence de nouvelles productions. Nouvelle culture, le pois (protéagineux) voit ses superficies progresser rapidement dans le Caucase, la Volga et les territoires de l'Est de l'Ukraine, plaçant la FR parmi les cinq premiers producteurs et exportateurs mondiaux, quand la framboise la hisse au premier rang avec plus de 20 % de la production mondiale. De son côté la viticulture renoue avec son héritage passé de l'empire des tsars.

La politique de substitution des importations lancée en 2010 a atteint en 2019 quasiment tous les objectifs fixés et a engendré des surplus à l'exportation pour les céréales et les oléagineux, la viande de porc et de volaille, les corps gras et les produits halieutiques (pêche). Le secteur bovin (viande et lait) restait en deçà des objectifs, de même que certaines productions végétales à valeur ajoutée (fruits et baies). Les exportations expliquent pour une bonne partie la résorption du déficit commercial dès 2018. Leurs flux, multipliés par 6 entre 2003 et 2022 – par 2 depuis 2013 –, ont majoritairement concerné des produits peu ou pas transformés : céréales, produits halieutiques, corps gras (végétaux), coproduits pour l'alimentation animale, oléagineux (lin, soja) pour 70 %, mais plus récemment viandes de porc et de volaille. Les importations sur la même période ont doublé, tirées par les fruits et légumes frais, oléagineux (soja), boissons et spiritueux, huile de palme ainsi que les préparations alimentaires. Un profil des échanges qui laisse transparaitre les difficultés liées à la progression sur l'échelle de la valeur.

Second poste après les hydrocarbures, les exportations de produits agricoles primaires montrent la place privilégiée des céréales et notamment du blé, avec respectivement 30 % et 22 % des recettes agricoles et alimentaires en 2021. Ce dernier, pris sous les feux de l'actualité du conflit en Ukraine, a mis en évidence son importance en tant que levier de la puissance géopolitique de la FR. Car la diplomatie russe s'est inlassablement mobilisée, à tous ses niveaux, pour pousser l'argument de la sécurité alimentaire auprès des États du continent africain, qui représentent 45 % des recettes tirées des exportations, dont près de la moitié à destination de l'Égypte, du Moyen-Orient (8 %) et, possiblement, permet de négocier avec la Turquie (25 %) sa très relative neutralité en échange du maintien de sa capacité de premier exportateur de farine[18].

Les flux d'exportations se sont progressivement réorientés depuis la guerre vers des partenaires jugés « amicaux ». La résilience économique de la Russie, face aux 12 paquets de sanctions subis dès 2022, succédant à ceux de la décennie précédente, a étonné. Le succès indéniable de la politique de substitution aux importations, ainsi que des fondamentaux économiques sains – amplitude des réserves de change, en Yuan notamment, réserves en or, faible taux de dette publique –, une politique monétaire prudente ainsi que la capacité manifeste à gérer la crise des équipes en place ne sont pas les seules explications. La perspective, vraisemblablement anticipée, du gel des avoirs russes à l'étranger et l'exclusion du système SWIFT (*Society for Worldwide Interbank Financial Telecommunication*, réseau interbancaire mondial), ont largement participé de la décision de Moscou de réorienter ses flux commerciaux. Locomotives de la croissance mondiale, les marchés de la Chine, des États de l'Asie du Sud-Est et surtout de l'Inde, présentaient autant d'opportunités que la FR a cherché à développer, usant de sa diplomatie, mettant en place des transactions en devises nationales (Rouble, Yuan, Dirham, etc.), usant de systèmes de paiement alternatifs, etc., tout en réorganisant rapidement les circuits de contournement des sanctions avec les pays limitrophes.

---

18 Une production de 20 MT pour une consommation domestique de 24 MT. Les importations oscillent autour de 9 MT pour une large part de Russie.

Les destinations asiatiques se taillent ainsi la part du lion avec des flux multipliés par 20 en deux décennies : la période 2013-2021 a ainsi vu accroitre de 10 milliards de dollars leurs importations en provenance de FR – 60 % des exportations. La part de la Turquie a progressé à 13 % (céréales, corps gras), celle de la Chine à 10 % (produits halieutiques, corps gras, soja), celle de l'UEEA s'est maintenue à 16 % quand, sur les autres territoires, l'UE stagnait à 14 % et l'Afrique progressait à 13 %.

Les engrais (azotés et potassiques), dont la FR est l'un des producteurs décisifs et le premier exportateur, sont un autre exemple de cette réorientation des flux, en fonction des besoins mais aussi de la proximité géopolitique sur fond d'instrumentalisation croissante des relations commerciales. Avec une part de 2,5 % des recettes tirées des exportations, ils dégageaient un surplus commercial de 12,3 milliards de dollars en 2021. Entre 2013 et 2021, si l'UE a vu sa part progresser de 16 % à 23 % – trois-quarts vers les Pays Baltes et d'Europe de l'Est limitrophes – suivie des États-Unis avec une moyenne stable à 10 %, celle des BRICS, au nombre de 10 depuis janvier 2024, montait en 2021 à 40 % après une belle progression de 65 % qui voyait doubler les volumes à destination du Brésil (25 %).

Quant aux importations, elles ont chuté d'un quart entre 2013 et 2021, essentiellement au détriment de l'UE 28 – donc avant la sortie du Royaume-Uni – dont la part a décru de 35 % à 24 %, soit une perte de 40 % correspondant à 7 milliards de dollars de recettes. L'UE demeure néanmoins le premier fournisseur de la FR, devançant les BRICS (stables à 17 %) et l'UEEA dont la part a doublé pour atteindre 17 % grâce au Bélarus (produits laitiers)[19]. Ce dernier, ainsi que la Turquie (fruits), l'Indonésie (huile de palme), le Brésil (soja) et la Chine (fruits, légumes) représentaient en 2021 un tiers des importations russes.

Toutefois, la restructuration et les performances affichées par l'agriculture russe n'ont pas empêché la persistance d'une certaine dépendance envers l'Occident pour certains équipements et intrants critiques. En dépit d'une forte croissance de la production d'équipement agricoles en Russie – elle a été multipliée par 3,4 entre 2013 et 2019 –, la production locale ne représentait en 2019 que 58 % de ses besoins, reposant pour près de la moitié sur l'assemblage par des opérateurs russes et étrangers de pièces importées. Les équipements de transformation et

19 Données UN Comtrade (codes HS1-24).

d'emballage alimentaire ne sont pas en reste. Secteurs pour lesquels la FR a longtemps figuré au troisième rang mondial, mais se situant au cinquième rang en 2021. Complétant cette liste des vulnérabilités, la génétique animale à haut potentiel, les semences, les produits vétérinaires, et les additifs pour l'alimentation animale et humaine – dont le degré de dépendance aux importations est estimé entre 80 et 95 % – sont à l'origine de nouveaux objectifs fixés par le pouvoir central (Orlova, 2022). Des priorités qui se déclinent sur le terrain du développement des filières nationales, et à plus court terme, de la recherche d'alternatives, à l'instar des produits vétérinaires et immunobiologiques européens, auprès de partenaires jugés plus sûrs (démarches de *Rosselkhoznadzor* vers le Paraguay et l'Inde)[20].

DE LA SÉCURITÉ À LA SOUVERAINETÉ ALIMENTAIRE
Des défis importants

Souvent méconnu du grand public, le marché russe, y compris alimentaire, a suscité depuis plus de deux décennies un vif intérêt de la part des entreprises occidentales. S'appuyant sur 144 millions d'habitants, première population en Europe loin devant l'Allemagne, dotée d'un pouvoir d'achat moyen, ce marché à (re)construire ne pouvait que susciter l'engouement, à la fois source d'opportunités et de vulnérabilités pour la FR.

UN LARGE MARCHÉ CONSOMMATEUR, ATTRACTIF ET DYNAMIQUE

Cinquième marché mondial derrière la Chine, les USA, l'Inde et le Japon, le marché alimentaire russe, d'une valeur estimée en 2021 de 250 à 280 milliards $ (un quart du marché chinois)[21], se caractérisait avant-guerre par une croissance des plus soutenues (+ 6 % par an en moyenne les cinq années précédentes, 8,4 % en 2020) et l'une des distributions alimentaires les plus dynamiques au monde.

20 Horizon Vostok, Veille agro Russie/CEI, Novembre 2022, Service économique de l'Ambassade de France.

21 Source : Statista.

L'émergence d'une distribution alimentaire estimée à 227 milliards $ en 2020 et figurant au 8e rang mondial a été facilitée par les 56 millions de consommateurs issus de la classe moyenne qui privilégient encore la consommation à domicile et que le mode de vie urbain a porté vers les produits élaborés, préemballés, prêts-à-cuire ou à consommer achetés pour les trois quarts en grande distribution (GMS). Avec 50 % des ventes nationales, la GMS – 28 chaînes fédérales et régionales dont le *Top 10* représente 37 % des ventes – n'échappe pas à la course à la consolidation qui a vu une belle remontée des enseignes russes dans le peloton des *Top 10* (8) où subsistent encore deux enseignes étrangères (Auchan, Metro). Elle n'est pas non plus épargnée par la montée du *e-commerce* (Yandex, Ozon) adossée à une rapide expansion géographique et à la modernisation de sa *supply-chain*, ni par celle du *hard-discount* qui devrait voir sa part tripler d'ici 2026 (10 %). Le segment de la restauration hors foyer qui pesait 23 milliards $ en 2019 avant la pandémie de Covid 19, voyait sa progression tirée par les *coffee houses* et l'attrait des clients jeunes (24-39 ans) pour des chaînes de *fast-food* telles que McDonalds (maintenant Vkusno i tochka), KFC (Izhevsk smart service / Rostics) ou Burger King, au détriment des restaurants traditionnels.

Le consommateur russe est fidèle à la marque, en recherche de longévité et de praticité et sensible au prix. Une sensibilité exacerbée par l'inflation accélérée de 2019, et sa reprise en 2021, qui avait fait exploser le prix des denrées de base, augmentant les dépenses du foyer (28 % hors alcool) sur fond de baisse du revenu réel de plus de 10 % depuis 2014. L'émergence d'une classe moyenne et un chômage faible (4,6 %, en 2019) peinent à masquer le niveau de salaire moyen (470 €/mois) et l'ampleur des inégalités sociales et économiques : 14 % des citoyens sous le seuil de subsistance, 65 % bénéficiaires d'une assistance (associations caritatives, entreprises, etc.) et 40 % sans épargne – quand 1 % de la population détient plus de 70 % des actifs privés.

Le dynamisme de la demande et l'accentuation des convergences entre les attentes des consommateurs russes et « occidentaux » ont rendu cet énorme marché attractif pour les opérateurs étrangers. Le régime alimentaire a vécu dès 2010 la transition vers un modèle occidental riche en graisses saturées, sucres, produits transformés et pauvre en fibres, se traduisant par une montée de l'obésité, fléau qui atteignait 23 % des adultes en 2016[22]. Autant

22 22 % en France, 36 % aux USA.

de raisons qui ont fait émerger des préoccupations santé, bien-être et suscité un vif intérêt pour les produits fonctionnels, en particulier au sein de la génération Z et plus généralement chez les consommateurs des grandes villes. Le fort taux d'urbanisation (74 % en 2018) et le niveau d'éducation élevé (plus de 60 % des Russes ont un diplôme universitaire) sont considérés être des facteurs favorables au développement du marché des produits fonctionnels et de qualité. Une aubaine pour les produits étrangers, jugés de qualité supérieure et préférés par 50 % des consommateurs. Pour autant cette préférence n'a pas fait obstacle à la progression des productions russes portées par les sanctions et la faiblesse du rouble, ni à celle des produits en provenance d'Inde, de Corée, de Chine, etc. qui ont rapidement garni les linéaires dès 2022, au soulagement de citoyens profondément marqués par le syndrome des rayons vides de la fin des années 80.

DES FILIÈRES ALIMENTAIRES AUX DYNAMIQUES CONTRASTÉES

L'industrie alimentaire occupe 22 000 entreprises, 2 millions de salariés pour un chiffre d'affaires de 102 Milliards de dollars en 2019[23]. Si les performances d'évolution entre secteurs sont hétérogènes, ces derniers partagent une productivité faible et pour certains une dépendance aux technologies, savoir-faire et importations de l'étranger. Un facteur de vulnérabilité qui en dépit d'indéniables succès en matière d'autosuffisance pose dans le contexte de la dégradation des relations avec l'Occident une hypothèque sur la capacité des opérateurs russes à innover, répondre aux nouvelles attentes des consommateurs ainsi que la question de l'adéquation des politiques de soutien conventionnelles des pouvoirs publics face aux enjeux de l'agriculture et de l'alimentation « 4.0 ». Une approche par secteur permettra de mieux appréhender les dynamiques en cours ainsi que les enjeux et défis des années à venir.

Les filières monogastriques se sont développées à l'exportation. Les secteurs prioritaires – porc, volaille – dominés par des acteurs russes fortement subventionnés ont vu depuis 2000 leur production multipliée par 6 pour le poulet – viande la plus consommée –, 3 pour le porc. Une belle progression qui n'est pas sans présenter des vulnérabilités, la

23 Pour comparaison en 2019, 15 500 entreprises françaises occupaient 450 000 personnes pour un CA de 198 milliards de dollars.

génétique animale étant d'origine étrangère à l'instar des reproducteurs porcins pure race, importés du Danemark et du Canada. Assurée aux 3/4 par 20 acteurs, la production porcine est dominée en 2022 par trois groupes (26,4 % des abattages[24]) : APH Miratorg (n° 1 porc, bovins), Sibagro JSC et Rusagro, et 2 groupes[25] pour la volaille – Cherkizovo et Gap Resurs – qui laissent plus loin derrière leur proche concurrence.

Aux deux décennies de dépendance aux importations (50 %) sur fond de croissance rapide de la demande domestique en viande de porc, ont succédé en 2018 l'autosuffisance puis les surplus faisant baisser les prix et durcissant la concurrence entre des opérateurs. L'ère de consolidation et d'intégration qui s'est ouverte – amont vers l'aliment dont la FR est le sixième producteur[26], aval vers les produits à valeur ajoutée et la distribution au détail – devrait bénéficier aux opérateurs les plus résilients et imposer un renforcement de leur compétitivité. D'autant que la guerre en Ukraine, tirant vers le haut les coûts alimentaires et énergétiques, a renchéri les coûts de production des exportateurs occidentaux – UE, Canada, États-Unis – rendant, à la faveur d'un rouble faible, la production nationale plus compétitive sur les grands marchés asiatiques. Les producteurs tablent à l'horizon 10 ans sur une cinquième place à l'exportation pour 10 % de leur production. La Fédération de Russie exporte au Vietnam depuis 2019, à Hong-Kong, et vise les marchés de l'Asie du Sud-Est (Philippines, Thaïlande), de l'Afrique et de la Chine, dont la levée en septembre 2023 de l'embargo – Peste Porcine Africaine – sur l'origine russe laisse présager de premières livraisons pour mi-2024. Les deux grands acteurs du secteur volaille sont présents au Vietnam, au Moyen-Orient et devraient se développer sur le marché chinois ouvert en mai 2019. Leur stratégie se porte aussi vers la diversification – viandes alternatives – et la montée en gamme. Quant au *secteur bovin*, il reste peu industrialisé et se distingue par une certaine fragmentation.

Le secteur lait est peu consolidé, avec 41 % du cheptel détenu par des structures industrielles, et hétérogène par sa distribution spatiale et ses performances. Lourdement subventionné et tributaire des importations, la production laitière – qui place la FR au 5e rang mondial – a continué

24 Source : Statista.

25 *Ibid.*

26 60 % des acteurs du secteur porc sont pour 50 % autosuffisants en aliments.

sa progression ces dernières années jusqu'à 2022. La production de lait soutenue par les subventions et les améliorations de productivité (races mixtes remplacées par des génisses laitières à haut potentiel importées) ainsi que par des prix élevés a fait face à une demande en baisse (produits frais) et des ruptures d'approvisionnement (équipements, emballages). En mettant sous pression les acteurs les moins résilients, le secteur s'est consolidé avec une part des *Top 100* passée de 68 % à 71 % et a orienté la transformation vers le fromage et les ingrédients laitiers. La production du lait et du traditionnel Kéfir est éclatée entre des acteurs en majorité régionaux. Le premier producteur, l'allemand EkoNiva, détient une part de 3,8 %, suivi d'acteurs étatiques (2,2 %) et d'Agrokomplex Tkachev (1,3 %). Aucun des autres acteurs ne détient plus de 0,8 %. Par contraste, la transformation fait la part belle à l'État depuis 2023 (actifs Danone) et à Wimm Bill Dann (Pepsico) devant les autres acteurs dont aucun ne pèse plus de 3 % (Perm SKMP, Molvest, Komos group, etc.)[27].

La viande bovine pour sa part a vu sa consommation régresser au profit des viandes de porc et de volaille. La demande est couverte pour bonne partie par des importations du Brésil, du Paraguay et de Bélarus. La production nationale issue à 85 % de l'élevage laitier s'ouvre à la création de filières bœuf visant à approvisionner les marchés domestique et limitrophes grâce à une offre en viande de bœuf à un prix plus abordable, voisinant avec l'offre *premium – Black angus* – proposée par les deux grands acteurs du secteur, Miratorg et Zarechnoye.

La pêche se hisse au sixième rang mondial, tablant sur un doublement des exports entre 2018 et 2024. Le plan de développement du *leader* NOREBO s'accompagnait d'un soutien promotionnel et d'objectifs de renouvellement de la flotte d'ici 2030 à 80 % par chantiers locaux, des unités de production ainsi que de nouveaux investissements notamment dans l'EOR. L'aquaculture, parent pauvre – 3 % des ressources halieutique russes, plaçant la FR au 17e rang mondial en 2017 – ambitionne un triplement de sa production d'ici 2030, misant sur la diversité des climats et modes de production ainsi que l'abondance des ressources hydriques.

Sur les dernières années, on constate aussi que les filières viticoles, potagères et horticoles ont pris leur essor. *Le secteur viticole est en pleine renaissance,*

27 Pepsico a cédé ses actifs en 2022 à l'industriel au russe Multipro.

qui renoue depuis 2000 avec son passé, tiré par la consommation, notamment féminine, de blancs et rosés, et l'intérêt à investir des oligarques (Crimée, Nord Caucase). Le treizième acteur mondial révèle ses ambitions : cadre législatif en 2020 (production locale de grappes, qualité, appellations géographiques), demande d'introduction de la langue russe comme sixième langue officielle de l'Organisation internationale de la vigne et du vin. La bataille pour s'imposer sur le marché domestique ne fait que débuter : lutte sur les appellations (*Champanskoye*), imposition de droits de douane sur les vins importés de France, d'Italie, etc. favorisant la pénétration des vins géorgiens, argentins et sud-africains au détriment des vins du vieux monde.

L'engouement va croissant pour les fruits et légumes frais Avec plus de 80 % des légumes verts et fruits importés, le secteur n'a pas laissé insensibles les investisseurs, jusqu'aux héritiers des élites oligarchiques. Rouble faible renchérissant les prix à l'importation, priorité à l'autosuffisance, ont aiguisé leur appétit, faisant bondir la production domestique de légumes sous serre (+80 % en cinq ans). Complétant les cultures sous serre, les fermes verticales se développent autour des grandes villes avec une promesse de livraison dans l'heure suivant le conditionnement. Elles approvisionnent déjà les grandes chaînes et ouvrent des perspectives de développement en Sibérie et dans l'Arctique.

LA SOUVERAINETÉ ALIMENTAIRE FACE À SES VULNÉRABILITÉS

La capacité d'innovation dans le domaine des sciences agricoles reste significativement en-deçà des autres pays développés et des *leaders* agricoles mondiaux sur un certain nombre de critères tels que la contribution aux publications, aux dépôts de brevet (1 % du total mondial en 2019) ou en encore le classement universitaire qui révèle un déficit de qualification. L'innovation reste entravée par un faible niveau de dépenses, concentrées essentiellement sur le secteur public pour 1,4 % des dépenses totales en recherche en 2018, et surtout par le caractère fondamental de la recherche qui est menée et les difficultés liées à la valorisation. Bien que la part du privé tende à progresser ces dernières années pour représenter un tiers des dépenses, la FR continue à se positionner en bas du classement innovation des pays européens. Constat préoccupant qui révèle le besoin crucial de mise en place d'un écosystème d'innovation et de transfert de technologie ainsi que l'établissement de priorités partagées entre recherche, acteurs économiques et pouvoirs publics, pour mieux maîtriser à terme son risque de dépendance vis-à-vis de l'étranger. Les domaines sont variés allant du matériel génétique animal – transfert d'embryons –, végétal – génomique –, santé animale et végétale, technologies et équipements – agriculture verticale, transformation – ou encore nouveaux ingrédients et aliments nutritionnels et santé.

Il n'est pas jusqu'à son potentiel productif qui ne soit atteint. Car si le changement climatique lui est *a priori* globalement favorable, l'impact attendu sur la volatilité des rendements et de la productivité invite la FR à améliorer, pour accroitre sa résilience et son adaptation, à accélérer en particulier sa transition vers l'agriculture « 4.0 ».

Il reste à examiner un domaine qui a son importance en agriculture, le secteur des semences. La Russie est manifestement sous une dépendance en génétique végétale, mais elle semble maîtrisée. En 2022, la part des semences locales sur le marché se montait à 60 % – 74 % pour les plants d'arbres fruitiers – pour un minimum fixé à 75 % par la Doctrine de la sécurité alimentaire. Le taux de dépendance aux importations reste variable. Il reste élevé pour les oléagineux, pommes de terre et la betterave sucrière dont la FR, utilisant pour plus de 95 % de semences importées en 2019, est le premier producteur mondial, devançant ses principaux fournisseurs, France (2) et Allemagne (3). Une génétique étrangère dont les performances – résistance aux maladies, rendement – motivent la préférence des agriculteurs nationaux. Force est de reconnaitre que la sélection semencière russe revient de loin, elle qui n'a pas été épargnée lors de la période Eltsine. Effondrement de la recherche, fermeture des stations de sélection domestiques, destruction des banques de semences (épargnant la célèbre collection Vavilov à Saint-Pétersbourg), ont ouvert la voie dès 1994 aux semences hybrides occidentales, dans un premier temps états-uniennes, puis allemandes, françaises et néerlandaises. L'élévation rapide du niveau de dépendance à l'égard de l'Occident a été à l'origine le 21 janvier 2020 de la révision de la Doctrine, étendant les objectifs de substitution des importations aux semences et prohibant l'importation et la distribution (hors finalités de recherche) d'organismes génétiquement modifiés. La crainte qu'un retrait brutal – à l'instar de celui l'américain Corteva Agriscience en avril 2022 – ne vienne compromettre la sécurité alimentaire de la FR, voire limiter sa capacité d'exportation, n'a pas été étrangère à la volonté de restauration d'une filière nationale. La proposition du ministère de l'Agriculture de fixer dès 2024 des quotas d'importation sur les semences des neuf principales espèces s'est traduite par une loi entrée en vigueur le 1er octobre 2023 : restrictions établies annuellement selon les besoins domestiques et avancées nationales en matière de sélection, liste de fournisseurs agréés. Elle s'appuie pour la période 2017-2025 sur le Programme Fédéral Scientifique et Technique d'août 2017 pour le Développement Agricole.

Le chemin vers l'autonomie risque d'être long et ardu. Le consensus se fait autour des lourds investissements et du fort soutien étatique requis pour le développement du secteur, mais il est loin d'être acquis sur la nature des destinataires de l'aide (privé ou public) et l'ampleur du fossé à combler. La crainte de baisses de rendement, de qualité et du renchérissement des coûts par l'imposition d'une solution locale a stimulé les efforts de maintien d'activité des acteurs étrangers. Entre attractivité du marché et pression au départ pour ces derniers d'une part et volonté de développer un savoir-faire national (transfert de technologie, accès aux germoplasmes) d'autre part, les lois en vigueur à l'automne 2023 donnent le ton. Les acteurs étrangers désireux de maintenir leur accès au marché russe devront d'ici le 1er mars 2024 soumettre un plan de localisation de leur production (exclue des quotas d'importations), coopérer au travers de joint-ventures avec des acteurs russes – 51 % des parts – et mener l'intégralité du cycle, de la sélection à la production avec des instituts locaux.

Le retard est manifeste en matière de transition numérique. Le niveau d'investissement en 2015 – 0,5 % PIB pour les investissements étatiques[28] et 2,2 % pour le privé en 2015 – la situait en bas de la liste des pays industrialisés (EU, zone Euro) et des BRICS. Un handicap que s'efforce de pallier le Programme National de Digitalisation de l'économie[29] depuis 2018 (Itchenko, 2019). Le ministère de l'Agriculture s'est emparé du sujet dans son Projet pour l'Agriculture Digitale 2019-2024 issu d'une consultation en février 2019 avec les représentants du complexe agro-industriel, prévoyant une utilisation accrue des nouvelles technologies. *Blockchains, big data*, neurosciences, *IOT*, robotisation, réalité virtuelle et augmentée, etc. contribueront à l'amélioration sur cinq axes parmi lesquels la productivité et la sécurité sanitaire, ainsi qu'un accroissement des exportations. Avec 0,2 % des investissements

28 277 M$ en 2017 investissement IT russe, 25e pour l'innovation selon Bloomberg.
29 L'économie digitale représentait 5,1 % du PIB en 2018 vs 11 % pour les EU.

agricoles et 10 % des surfaces cultivées, la pénétration de l'agriculture 4.0 était encore faible en 2018, positionnant la FR au quinzième rang mondial pour la digitalisation agricole[30]. Sans présumer de la capacité d'investir des AGH, leurs organisation et moyens pourraient faciliter la pénétration du digital. Les besoins de leurs départements agronomiques et météorologiques en matière de pilotage à distance de vastes surfaces et de prévisions de rendement devraient faire bon usage de services – monitoring de parcelles, prévisions de rendement via l'usage de drones et de technologies satellitaires – et de matériel agricole de précision. Les obstacles au développement sont multiples : insuffisance de l'expertise IT (solutions intégrées, etc.), propriété des données, déficit de production (capteurs, etc.) ainsi que déficit de main d'œuvre qualifiée pour accompagner la transition vers de nouveaux modes organisationnels. Des obstacles dont la levée est indispensable au maintien de sa présence, de sa compétitivité à l'exportation.

L'ambition de la Russie se manifeste également dans une stratégie de maintien d'un écosystème performant sans les opérateurs étrangers. Les acteurs étrangers sont donc confrontés à la question du départ. Le dernier classement *Forbes* fournit un aperçu des principaux acteurs étrangers présents sur le marché agroalimentaire en 2023 et leur rang : de l'amont avec Syngenta – semences et phytosanitaires (46), les *traders* Viterra (30) et Cargill (11), à la transformation alimentaire – PepsiCo Holdings (4), Mars (8), Nestlé (9), Danone Trade (16), Baltika Breweries (20), AB InBev Efes (23) – à l'aval avec la distribution Auchan (5). Tous marchés confondus, plus de 3 600 entreprises de 85 pays étaient présentes lors du déclenchement de la guerre en Ukraine, représentant 137 milliards de dollars investis pour un chiffre d'affaires de 290 milliards de dollars et 1,3 million d'emplois – 2 % de la population active[31]. En date du 27 novembre 2023[32], 42 % des entreprises auraient prévu de partir (8,2 % l'ayant fait), 30 % auraient suspendu ou ralenti leurs opérations, 48 % les continueraient, avec d'éventuelles annulation ou suspension de leurs investissements[33].

30 (Ilchenko, 2019), *Ibid.*

31 Aït-Kacimi Nacid, « Quitter ou non la Russie, un enjeu à 290 milliards de dollars pour les entreprises », *www.lesechos.fr*, 14 octobre 2022.

32 KSE Institute, « #LeaveRussia : The List of Companies that Stopped or Still Working in Russia », *https://leave-russia.org*, exploité le 27 novembre 2023.

33 Dans la réalité, le « départ » peut se traduire par une vente symbolique – changement de raison sociale, vente aux distributeurs, aux franchisés nationaux ou encore aux équipes

Pour les filières alimentaires, agriculture, aliments et boissons hors alcools, industrie chimique incluant les industries des additifs, le taux de départ est annoncé en-deçà de 25 %, pour le secteur alcools et tabacs, la distribution (tous produits) et la RHF en moyenne entre 40 et 50 %. Si le risque réputationnel et financier lié à un maintien d'activité pèse dans le processus décisionnel, celui-ci intègre les enjeux liés à un potentiel de marché dont l'ampleur ne laisse indifférents, ni les acteurs – moins visibles – de l'amont productif – semenciers, fabricants d'additifs-, ni les acteurs de la transformation alimentaire qui, à l'instar de leurs homologues de la santé et de la pharmacie, peuvent argumenter de leur présence par la fourniture de biens et services de première nécessité à la population. Quant à la distribution et à la RHF, que leur proximité au consommateur rend plus vulnérable aux dommages à leur image, leur décision ne manquera pas de tenir compte de la structure et des dynamiques de leur marché (russification de la distribution physique et numérique, pénétration rapide du *hard discount*).

Pour Moscou : dissuader du départ sinon nationaliser des actifs stratégiques ? Confrontée au gel puis à la menace de saisie des 300 milliards de dollars de réserves de devises de la Banque centrale à l'étranger et de 21,5 milliards de dollars d'avoirs oligarchiques sous sanction, Moscou dispose d'une capacité de riposte au potentiel au moins équivalent[34] : nationaliser des actifs occidentaux, au risque de renforcer une insécurité juridique préjudiciable aux relations qu'elle s'efforce de développer notamment avec ses partenaires BRICS. Entre confiscation des actifs, sans cesse repoussée par l'UE[35] arguant de difficultés opérationnelles et juridiques, craignant manifestement de voir s'amenuiser son crédit à l'international et progressivité des mesures adoptées par la FR ciblant les entreprises ayant décidé du départ, l'attentisme semble de mise. Ce prudent pas de deux ne peut exclure, sur fond de polarisation géostratégique accrue et de découplage, une « compensation » de fait entre les protagonistes. C'est ce que semble anticiper le décret présidentiel russe du 8 novembre 2023 visant à permettre aux investisseurs étrangers

managériales locales (*Management Buy Out*) – ou par une vente effective, avec option de rachat dans un délai déterminé.

34 Les actifs étrangers bloqués sur les Comptes C seraient du même ordre de grandeur.

35 L'UE est en première ligne en matière de risque, détenant 210 milliards d'euros sur 260 – Source : Dubois Laura, Fleming Sam, « The legal case for seizing Russia's assets », *www.ft.com*, 20 décembre 2023.

ayant des fonds gelés en FR de les utiliser pour l'achat d'actifs bloqués de Russes à l'étranger.

Si en 2022 des acteurs occidentaux ont eu la maîtrise des conditions de leur départ, 2023 a vu celles-ci se durcir, rendant le processus plus complexe et coûteux et restreignant la latitude relative au choix des repreneurs. Selon un décret de juin 2023, les opérateurs occidentaux provenant de pays considérés inamicaux[36] par le Kremlin et désireux de partir doivent céder leurs actifs à des propriétaires russes, à 50 % de leur valeur et acquitter 1/10e des recettes de la vente à l'État. Pour autant Heineken les a cédés pour 1 euro au groupe Arnest. Baltika Brewing Company LLC (Carlsberg) a vu les siens transférés sous le contrôle de l'Agence Fédérale des Participations de l'État – *Rosimuschestvo* – pour être gérés par T. Bolloyev[37] son président pendant treize ans, tout comme les treize usines de produits laitiers et végétaux de Danone l'ont été à l'été 2023 sous la direction de Y. Zakriev, ministre de l'Agriculture de Tchétchénie et neveu de son Président R. Kadyrov. Attractivité du secteur – profitabilité et stabilité des volumes –, caractère stratégique des productions au regard de la consommation et des technologies, se conjuguent avec la volonté du Kremlin de s'attacher et de renouveler les loyautés *via* la création d'une nouvelle élite économique (*stoligarchs*[38]). Les actionnaires russes ne sont pas laissés en marge d'un processus renforcé par l'arrêt des sorties de capitaux et le retour depuis le début de la guerre d'environ 50 milliards de dollars sous la pression des sanctions occidentales et de l'État.

LA CAPACITÉ D'EXPORTATION
Un levier de puissance

2016 a vu la FR se positionner sur les marchés internationaux du blé avec 20-25 % des volumes et affirmer sa place comme acteur majeur des marchés agricoles. Les grains visent désormais le deuxième poste de recettes

36 2/3 des stocks d'IDE sont détenus par des entreprises de pays ayant sanctionné la Russie, (UNCTAD, 2022).

37 Également proche des frères Kovaltchuk, confidents de V. Poutine.

38 *State-Sponsored oligarchs.*

à l'exportation derrière les hydrocarbures – aux revenus plus volatils – et devant l'armement, dont les ventes varient au gré des allégeances géopolitiques et de la concurrence. Pour A. Kostin, CEO de VTB[39], « *oil is going to run out one day but not the grain*[40] », illustrant la priorité donnée à l'exportation de grains qui avec le reste des produits agricoles sont la troisième source de revenu du budget fédéral ainsi que l'importance accordée au contrôle de leurs flux. Un levier d'action géopolitique que conforte le volet du Plan fédéral annoncé en 2018 de 51 milliards de dollars fixant l'objectif d'accroître la production et l'exportation de céréales à l'horizon 2024. Il s'est complété d'un objectif pour 2035 visant une production de 150 millions de tonnes de grains et une capacité d'exportation de 64 millions de tonnes (1,5 fois le record). Pour la saison 2022-2023, la production de grains s'élevait à 154 millions de tonnes dont 59 exportées.

LA MAINMISE DE L'ÉTAT SUR L'EXPORTATION

Pour le *trader* russe *Union Grain Company* cité par Reuters « l'exportation du grain n'est pas tant une affaire commerciale qu'une mission d'importance nationale », expliquant la mainmise croissante des acteurs nationaux sur les opérations d'exportations. Au cours de la dernière décennie les opérateurs occidentaux (Cargill, Glencore, Louis Dreyfus, etc.), implantés de longue date en FR, n'ont pu que constater leur chute dans le classement des exportateurs sous l'effet du contrôle exercé par le ministère de l'Agriculture *via* l'octroi des licences d'exportation. Déjà sous pression depuis décembre 2022 pour la cession de leurs actifs[41], Cargill et Viterra[42], puis Louis Dreyfus, ont annoncé en mars 2023 l'arrêt de leurs activités d'exportation[43] en direct dès la saison suivante[44].

39 VneshTorgBank est la deuxième banque russe.

40 Golublova Katia, « Exclusive : Russia's VTB plans to expand grain business and then exit », *www.reuters.com*, *Commodity news*, 19 novembre 2019.

41 Devitt Polina, « Uralchem wants to buy grain assets from Viterra, Cargill if they ever leave Russia », *www.reuters.com*, 8 décembre 2022.

42 Almeida Isis, « Cargill and Viterra Are Exiting Russian Grain Export Market », *www.bloomberg.com*, 29 mars 2023.

43 Viterra (terminal de Rostov sur-le-Don). Louis Dreyfus (activités locales et terminal d'Azov). Cargill (participation dans le terminal KSK de Novorossiysk principalement détenu par le groupe Delo).

44 Cargill continuera à acheter (FOB) du grain russe auprès d'autres opérateurs. Les opérations de Viterra seront traitées par son équipe russe via la nouvelle structure MZK Export.

La seconde banque russe, nouvel opérateur pour l'exportation. Année des grandes manœuvres, 2019 voyait l'émergence, à titre provisoire, de VTB[45] comme nouvel opérateur russe d'infrastructures, contrôlant entre 1/4 et 1/5 des infrastructures de transbordement Mer d'Azov-Mer Noire, 50 % des capacités portuaires en eau profonde et 80 % du parc de wagons céréaliers. En 2020, VTB, gardant le contrôle avec 50 % du capital + 1 part, créait, avec les russes Agronova et le Groupe Marathon, la *holding* Demetra[46] intégrée verticalement de la logistique au *trading*, avec pour projet un *cluster* logistique – Novorossyirsk/Taman – qui pèserait 70 % des capacités portuaires en Mer Noire. En 2022, VTB sous l'effet des sanctions US devait progressivement se retirer, ouvrant en juillet 2023 le capital à l'entrée, aux côtés des russes Granum JSc (24,99 %) et Marathon (27,5 %), de nouveaux actionnaires difficiles à identifier dont le fonds omanais *Oman Southern Sea Investment LLC*.

Le port de Novorossyisk a fait l'objet de toutes les attentions – augmentation des capacités de stockage et de transbordement – jusqu'à attirer en 2019 une offre, déclinée, de prise de participation par Pékin[47]. Un intérêt qui illustre le caractère stratégique de ce port en Mer noire, seule voie d'accès russe garantissant l'accès aux mers chaudes qui voyait transiter avant la guerre en Ukraine un tiers du blé exporté dans le monde et permettait à la FR d'écouler 90 % de son offre export de grain et 60 % du blé le long du « Méridien » éponyme (destinations : Turquie, Moyen-Orient, Afrique). Une ligne Nord-Sud que viennent également sécuriser les bases maritimes de Moscou en Méditerranée –Tartus en Syrie – et peut-être à l'avenir Tobrouk en Lybie et éventuellement Port-Soudan, porte vers l'Afrique et l'océan Indien.

RÉORIENTATION ET DIVERSIFICATION DES FLUX COMMERCIAUX

Le contrôle désormais opéré par Moscou sur les flux lui permet de peser sur la configuration des approvisionnements, des marchés et les cours. Moscou use de la compétitivité des céréales nationales pour capter des marchés.

45 Banque à capitaux étatiques : 12 % par le ministère du Développement économique ; 33 %, ministère des Finances, 47 %, *State Corporation Deposit Insurance Agency*.

46 « VTB va vendre l'un des plus grands négociants en céréales de Russie, Demetra-Holding, selon le PDG Kostin », *www.zone bourse.com*, 9 juin 2023.

47 « COFCO in talks to buy stake in Russia's third largest grain terminal », *https://millermagazine.com*, 20 juil. 2019.

Il crée ses propres règles et son propre terrain de jeu : dons de céréales et d'engrais aux pays africains[48], prix préférentiels ou prêts en roubles aux pays « amicaux » pour l'achat de produits, facilités de règlement en roubles ou encore accords d'approvisionnements à long-terme à l'instar de l'accord de 12 ans conclu avec la Chine sur lequel nous reviendrons.

Moscou bénéficie de son appartenance à nombre de structures régionales et accords de libre-échange. Les BRICS dont l'élargissement en 2024 accroit les besoins alimentaires (EAU, Égypte, Arabie Saoudite, Iran, Éthiopie) : opportunité dont l'Union russe des exportateurs de grain s'est emparée en proposant le 29 décembre 2023[49] au Ministère de l'Agriculture l'ouverture d'une plate-forme commerciale pour les grains échangés entre les BRICS. Un *timing* approprié pour une proposition à laquelle la présidence russe de 2024 devrait pouvoir maximiser les chances de succès. La FR peut compter sur sa position centrale dans une zone eurasiatique où s'entrecroisent les périmètres de l'Organisation de Coopération de Shanghaï[50] (OCS), de l'UEEA[51] qui se prolonge dans des accords de libre-échange entre ses États membres et l'Iran depuis fin 2023, bientôt l'Égypte ?

Nouveaux partenaires, nouvelles routes commerciales

L'accord sino-russe, prolongeable, passé entre la société russe EPT et la *China Chengtong state corporation*[52] permettra de livrer à la Chine pour 26 milliards de dollars – 70 MT dont 30 MT d'ici 2035 – de grains et légumes sur douze ans. Inscrit dans le cadre de la *New Land Grain Corridor Initiative* (NLGC), *holding* issue de l'accord interétatique, il s'oriente vers l'exportation de productions agricoles de l'Oural, de la Sibérie et de l'EOR vers la Chine, mais aussi vers l'Asie centrale et le Moyen-Orient. NLGC se projette dans l'avenir avec la signature de contrats de partenariats bilatéraux à chaque stade de la chaîne d'approvisionnement[53], de la production et stockage, à la logistique ferroviaire et à mise en place d'un *hub* logistique – Zabaïkalsk – à proximité de la frontière chinoise.

48 « Sommet Russie-Afrique : Vladimir Poutine promet de livrer gratuitement des céréales à six pays africains », *www.la tribune.fr*, 27 juil. 2023.

49 https://twitter.com/rusgrain/status/1740689324566565048.

50 Chine, Russie, Kazakhstan, Kirghizstan, Ouzbékistan, Tadjikistan, Inde, Pakistan Iran.

51 Russie, Bélarus, Kazakhstan, Arménie, Kirghizstan.

52 « Russia and China Sign Largest Grain Supply Contract », *www.nlgc.ru*, 6 oct. 2023.

53 Selon la source précédente, une flotte de 22,000 containers à grain conçus spécifiquement pour NLGC Group permettra un transport bidirectionnel pour diverses commodités.

Le projet est d'envergure et remplit le double objectif d'assurer le développement de l'EOR, ambition qui en dépit des efforts promotionnels auprès des investisseurs peine encore à porter les fruits escomptés hors des champs forestier et énergétique, et de lever la barrière coût et logistique des flux vers la Chine. Il s'intègre au logiciel de diversification et de reconfiguration des routes commerciales visant à faciliter la libre-circulation des biens, optimiser la logistique et, dans un contexte de tensions allant *crescendo*, se doter d'une alternative en cas de déni d'accès à la mer Baltique, à la mer Noire ou à la mer d'Azov. Il consolide la dynamique d'intégration et de développement économique d'une large région de l'Eurasie regroupant les signataires des accords de la *Belt and Road Initiative* (BRI) chinoise ainsi que les membres de l'OCS et de l'UEEA. Il étoffe un maillage logistique qui voit émerger et se connecter nombre de nouveaux corridors. En Asie, de l'Ouest à l'Est, en passant par une partie du Caucase et de l'Asie centrale, ainsi que de la FR à l'Océan Indien *via* les pays riverains de la mer Caspienne, le réseau s'étend vers l'Afrique de l'Est – et l'Amérique du Sud –. Il a notamment ajouté aux trois corridors existants Est-Ouest de la BRI de nombreux autres dont le corridor multimodal Nord-Sud (*International North South Transport Corridor*) prudemment formé de 3 routes reliant la FR à l'Inde *via* le *nexus* iranien. La connexion Chine-Russie sera renforcée par la Route maritime du Nord et le corridor central passant par la Mongolie.

Les nouvelles routes sont indispensables au développement de ses nouveaux marchés et pour permettre à cette « arme silencieuse mais formidable[54] » qu'est sa capacité d'exportation de peser sur l'évolution des équilibres internationaux. L'Occident ne s'y trompe pas qui, en présence d'un réseau logistique que ne cessent d'étoffer de nouveaux projets, tente de susciter des alternatives dans ce qui apparait une guerre désormais sans merci des corridors et n'hésite désormais pas à s'attaquer aux débouchés grains et engrais, ainsi qu'en témoigne le récent projet étatsunien de « No Russian Agriculture » Act[55].

---

54 D. Medvedev, avril 2022, compte Twitter.

55 Projet du Congrès des EU – Sce : « No Russian Agriculture Act – Ref H.R.4768 », *https://www.congress.gov*, consulté le 22 janvier 2024.

Développer la capacité d'exportation : entre potentiel et hypothèques

Les ambitions russes peuvent compter sur un potentiel productif que vient renforcer le réchauffement climatique : sur le plan spatial – remontée de la ligne de production vers le Nord et stimulation de la production sibérienne – et agronomique – choix d'espèces, de variétés, hausse des rendements (Hervé, 2021). Cet accroissement de la production est-il réalisable, et dans quelle mesure peut-elle se traduire par une augmentation effective du potentiel export ?

Entre reconquête des terres arables et intensification des productions ? Les rendements, céréaliers sont faibles (moitié moindre que l'UE, selon la FAO) et se caractérisent tant par une forte variabilité interannuelle – destinée à s'amplifier sous la pression du changement climatique – que par une hétérogénéité inter et intra-régions. La production russe repose sur la disponibilité en terres arables, l'exploitation de vastes surfaces[56] et une utilisation en moyenne faible en intrants (1/6 des niveaux de l'UE en azote, source FAO). Les faibles prix de revient sortie de champ permettent aux produits agricoles de porter les coûts logistiques parfois conséquents de l'acheminement des grandes zones de production céréalières vers les ports d'exportation.

Pour la partie européenne, la production concentrée dans les régions Sud – Central – Volga, et Nord Caucase dessert essentiellement les marchés export à partir des terminaux de la mer Noire. Une situation logistique privilégiée…pour des régions qui seront affectées négativement par les conséquences du changement climatique – pénuries d'eau d'ici 2035 ? – diminuant dans le futur leur part dans le potentiel productif (blé) (Svanidze, 2019). Quant à la région de l'Oural à la Sibérie orientale, les productions se situent à près de 4 000 km de la mer Noire et loin des grands centres de consommation (villes, zones d'élevage). « Seul le cordon qui entoure le tracé du Transsibérien au Sud de la Sibérie est cultivé » : l'histoire explique la répartition actuelle de la production en deux zones sur un territoire qui s'étend sur 6 000 km entre l'Oural et l'Océan Pacifique, détient 28 % des terres cultivées, 80 % des ressources hydriques, et dont le changement climatique permet d'envisager l'extension de la production, en particulier dans région centrale du Sud sibérien (Hervé, 2021).

56 De plusieurs dizaines de milliers à près de 1 Mha (Miratorg).

Si l'espace sibérien est prometteur de (re)conquêtes, se pose la question de la faisabilité de la remise en culture des terres abandonnées entre 1990 et 2007 à la suite de l'implosion de l'URSS. Sur les 13,7 millions d'hectares[57] concernés, seuls 1,1 était à nouveau exploité en 2019[58], avec de piètres performances en matière de rendement – niveaux d'intrants, insuffisance qualitative des semences et déficit d'équipements agricoles – et des risques que ne vient couvrir aucun dispositif d'assurance-récolte. Pour l'EOR, s'ajoute le handicap, non spécifique mais majeur des carences en main d'œuvre qualifiée. Si cette région faisait déjà l'objet de mesures incitatives pour les investisseurs institutionnels, fonds de pension occidentaux, *traders* et entreprises de transformation, l'annonce en mai 2023 par Moscou de la possibilité désormais donnée à la Chine d'utiliser le port de Vladivostok pour son commerce intérieur Nord-Sud – et le développement de sa région Nord-Est –, pourrait catalyser l'essor de l'EOR à la faveur d'une collaboration sino-russe.

Transformer ces éventuels volumes additionnels en potentiel export n'est pas le moindre des défis. L'intensification de la production sur l'ensemble du territoire, et en Sibérie l'exploitation de nouvelles surfaces et la remise en culture de terres abandonnées, pourraient générer un supplément de production de grains de 25 à 65 millions de tonnes, voire 86 selon les analystes (Swinnen, 2017) (Depperman, 2018). Une augmentation dont l'une des conditions nécessaires est d'assurer aux producteurs un revenu suffisant. Or, ceux-ci sont particulièrement vulnérables à des décisions du pouvoir central au caractère plus ou moins anticipable tels que la mise en place de quotas ajustés annuellement en fonction du niveau des récoltes, voire parfois imprévisible – prix plancher à l'export, prix plafond, taxes à l'export calculées sur une base hebdomadaire – qui sont autant de facteurs d'incertitude sur le revenu (Trego, 2023). Si les décisions du pouvoir peuvent être un palliatif partiel – subventions transport sur certaines campagnes, possibilités de cession au Fonds Public d'Intervention –, le renchérissement du coût des intrants, des équipements agricoles et pièces de rechange occidentaux résultant de la guerre en Ukraine venant renforcer l'effet structurel des taxes, difficultés et coûts logistiques ont déjà poussé certains producteurs vers des

57 Comparable aux surfaces arables en Allemagne.

58 Elferink Maarten, Schierhorn Florian, « The dormant breadbasket of Asia Pacific, ***https://thediplomat.com***, 12 février 2019.

cultures non exportatrices. L'interventionnisme de l'État a également pour résultat de limiter la possibilité de la gestion du risque prix. Ainsi, la bourse des grains de Moscou « sert davantage de plate-forme centralisée pour des transactions *spot* » et le point de référence des cotations mer Noire, s'il est lié au taux de change rouble/US$, l'est davantage à des déterminants domestiques (et qu'aux cotations sur le *Chicago Board of Trade*) (Svanidze, 2019).

Le développement des infrastructures logistiques reste un objectif prioritaire. L'Oural et l'Ouest sibérien, représentant environ la moitié du potentiel de production supplémentaire de grains, restent faiblement intégrés aux marchés exports en raison du déficit d'infrastructures et du coût élevé de commercialisation, ce en dépit des progrès du ferroviaire cette dernière décennie. Quant à la Sibérie et l'EOR, les contraintes et coûts logistiques sont autant d'hypothèques que Moscou s'efforce de lever.

CONCLUSION AU CHAPITRE

En deux décennies, la Fédération de Russie est ainsi parvenue à l'autosuffisance en denrées de base, réhaussant son autonomie stratégique, construisant et renforçant un maillage diplomatique, logistique et commercial avec les pays du Sud global sur fond de contestation de l'*hegemon* occidental. Une capacité agricole restaurée dans un contexte de tension croissante sur les ressources lui a procuré ce levier d'assertivité dont elle avait besoin pour affirmer sa puissance dans l'arène internationale. Les acquis indéniables des deux dernières décennies n'occultent cependant pas les défis auxquels la confronte la nécessaire transition vers une meilleure maîtrise des intrants, technologies et savoir-faire critiques au maintien et au développement de sa compétitivité. Si 2022 a montré une récession modérée (2 % maximum), 2023 a révélé la surprenante résilience de son économie (minimum 3 %) en dépit de l'ampleur des mesures coercitives à son encontre. Sa croissance spectaculaire a délogé l'Allemagne de sa cinquième place (PIB à Parité de Pouvoir d'Achat) révélant une augmentation de son activité manufacturière (+9,4 %) : armement mais aussi construction et biens de consommation dont la demande a été tirée par l'amélioration des revenus de millions de ses citoyens et un niveau d'emploi au plus haut.

Si le modèle économique de la FR semble vouloir évoluer vers une moindre primarisation, la perspective d'un étirement du conflit en Ukraine interroge le futur. Dans quelle mesure une réorientation durable des ressources vers la Défense (6 % du PIB en 2024), sur fond de ressources humaines très contraintes, pourrait-elle obérer cette dynamique ? Pour les filières agricoles et alimentaires, quel est le risque de voir son développement – mise à niveau, autonomisation – limité par un déficit de moyens, notamment en main d'œuvre et spécialistes qualifiés ? Multiples sont les défis et immenses sont les opportunités qu'ouvrent son appartenance aux BRICS et à de nombreuses zones de libre-échange, ou encore son intégration croissante aux corridors eurasiatiques et au-delà. La Russie saura-t-elle à nouveau démontrer sa résilience et exprimer tout son potentiel de puissance agricole ?

Marina POURRIAS
Consultante associée au Déméter
Comité de rédaction du Déméter
Académie d'Agriculture

TRAJECTOIRE DE LA POLITIQUE AGRICOLE AU BRÉSIL

Une analyse à partir du crédit rural

Bien que le ministère de l'Agriculture ait été créé en 1860, c'est-à-dire à l'époque de l'Empire brésilien sous Dom Pedro II, il est communément admis dans la littérature que la politique agricole brésilienne est apparue dans les années 1930 et a été consolidée dans les années 1960, lorsque la stratégie de « modernisation conservatrice[1] » de l'agriculture nationale a été mise en œuvre (Coelho, 2001) (Massuquetti, 1998) (Gonçalves Neto, 1997) (Delgado, 1985). Créé en 1965 pour soutenir cette stratégie, le Système National de Crédit Rural (SNCR) est devenu l'instrument le plus important de la politique agricole, à la fois en termes de ressources mobilisées et de public desservi (Ramos et Junior, 2010). Les autres instruments (garantie des prix, assurances agricoles, vulgarisation et recherche agronomique) ont été organisés autour de ce système.

Le crédit rural a contribué de manière décisive à l'avancée de la frontière agricole, à la transformation des paysages ruraux, à l'expansion des surfaces cultivées en céréales et à la modernisation technologique associée à l'utilisation intensive d'intrants. Il a donc soutenu l'augmentation du Produit Intérieur Brut (PIB) de l'agriculture et de la balance commerciale de l'agrobusiness qui a atteint un niveau record en 2023 avec un solde de 99 milliards de dollars (Borges, Parré, 2022) (Gasques, Bacchi, Bastos, 2017). Pour promouvoir ces changements, les programmes de crédit rural ont dû s'adapter aux reconfigurations des contextes politiques et macroéconomiques et répondre aux pressions exercées pour intégrer de nouveaux systèmes de production, de nouvelles technologies et de nouveaux groupes sociaux, en particulier ceux de l'agriculture familiale à partir des années 1990.

1 Conservatrice parce qu'elle correspond à des changements « venant d'en haut » (Moore Junior, 1975) des élites agraires qui ont conçu une stratégie pour stimuler la croissance de la production agricole par une révolution technologique, sans changer la structure agraire très inégale et concentrée (Guimarães, 1977).

Ce chapitre analyse la trajectoire du crédit rural brésilien, en soulignant ses principales transformations face aux problèmes économiques, sociaux et environnementaux qui ont marqué la période. À partir des données de la Banque Centrale du Brésil et du recensement agricole, notre analyse pose un double constat : (i) les instruments de crédit ont été adaptés pour répondre principalement aux crises économiques, aux changements de paradigmes politiques (Surel, 1995) et, dans une moindre mesure, aux critiques des mouvements sociaux ruraux quant aux difficultés d'accès aux ressources publiques ; (ii) mais ces adaptations n'ont pas remis en cause un modèle de crédit dont le « référentiel » (au sens de Jobert et Muller, 1987) reste celui proposé il y a plus d'un demi-siècle pour les politiques de la « modernisation conservatrice » de l'agriculture. Selon cette perspective, nous évoquerons également les difficultés que le pays a rencontrées, à cause de ces politiques, pour développer des systèmes agroalimentaires en phase avec les demandes sociales de durabilité et d'équité.

Outre cette introduction, le chapitre est organisé en cinq sections. Les quatre premières reprennent la trajectoire du crédit rural autour de quatre étapes : i) l'émergence du SNCR et sa consolidation dans les années 1970 ; ii) les changements à la suite de la crise des années 1980 et l'ajustement structurel ; iii) les innovations en réponse aux préoccupations sociales et environnementales et la reprise du rôle de l'État dans les années 2000 ; iv) les changements liés à la crise institutionnelle du Brésil depuis 2016.

Une section spécifique est consacrée au Programme National de Renforcement de l'Agriculture Familiale (Pronaf). Nous y analysons les limites des adaptations proposées pour les agriculteurs familiaux en comparant les résultats du crédit du Pronaf à ceux du système de crédit, hors Pronaf, qui est essentiellement dédié à l'agrobusiness. La conclusion revient sur les principaux résultats de l'étude et propose des perspectives d'analyse pour la période qui s'ouvre depuis 2023 avec les changements institutionnels liés au troisième mandat du président Lula da Silva (2023-2026).

ÉMERGENCE ET CONSOLIDATION DU CRÉDIT RURAL (1930-1970)

Au début du XXe siècle, les idées libérales prévalaient au Brésil, reprochant à l'intervention de l'État de désorganiser le fonctionnement des marchés (Linhares, 1979). Ainsi, selon Coelho (2001), ajoutées à la « fragilité du système financier national et à l'extrême dépendance de l'économie vis-à-vis des mécanismes de financement externes (centrés sur le café et les mines) », ces idées ont bloqué la création d'une politique proactive de crédit agricole et, plus largement, « l'institutionnalisation d'un système plus large de soutien à l'agriculture » (Coelho, 2001, p. 4). Cependant, la crise mondiale de 1929 a donné lieu non seulement à de nouvelles coalitions politiques, qui ont conduit à la révolution de 1930 et ont amorcé les quinze années de gouvernement de Getúlio Vargas, mais aussi à de nouveaux référentiels développementalistes qui ont légitimé l'intervention de l'État dans la promotion d'une stratégie d'industrialisation par la substitution des importations (Brum, 2011).

Ce changement de référentiel a entrainé de nouvelles fonctions pour la production agricole, dont les objectifs ont alors été de répondre à la demande intérieure d'aliments, garantir l'approvisionnement en matières premières et engendrer des devises pour financer l'industrie naissante. Ainsi, en 1931, le président Getúlio Vargas a pris « l'engagement d'augmenter nos surfaces cultivées et de perfectionner nos industries, de telle sorte qu'il serait considéré comme un manque de patriotisme de nous nourrir ou de nous vêtir avec des tissus ou des biens importés » (Brum, 2011, p. 188). En 1934, Vargas a décrété la création de la Banque nationale de crédit rural (décret 24.641/1934) qui, bien qu'elle n'ait jamais été opérationnelle en raison de désaccords sur sa capacité institutionnelle, a contribué aux discussions qui, en 1937, ont donné lieu à la création du Portefeuille de crédit agricole et industriel de la Banque du Brésil (CREAI), qui est resté le principal instrument de politique publique pour le secteur jusqu'à la fin des années 1960 (Redivo, Fonseca, 2022).

Avec d'autres instruments créés par Vargas, comme la Commission de financement de la production (CFP), la Politique de garantie des prix minimums (PGPM) et un large éventail d'organes de réglementation pour les secteurs du café, de l'alcool de canne, du cacao et du blé (Gonçalves Neto, 1997), le CREAI a joué un rôle important dans le financement annuel des activités agricoles et d'élevage. Cependant, il n'a pas été en mesure d'influencer la modernisation des structures de production à tel point qu'en 1951, un rapport de la Banque du Brésil cité par Redivo et Fonseca (2022) soulignait le fait que « le pays pratique encore largement l'agriculture en utilisant des techniques rudimentaires et ne dispose pas d'installations de transport et de stockage adéquates. »

Dans la période post-1945, les activités du CREAI ont été de plus en plus limitées par les politiques de restriction budgétaire adoptées dans le but de contenir l'inflation. Ce scénario ne s'est inversé qu'à partir des années 1960, notamment avec le coup d'État militaire de 1964 et la création du Système national de crédit rural (SNCR) en 1965, dont le CREAI a été l'un des instruments jusqu'en 1969, date à laquelle il a été supprimé et remplacé. À titre d'exemple, alors qu'en 1961, le pays produisait 1 689 tracteurs, en 1965 ce nombre est passé à 11 537 unités. Selon Redivo et Fonseca, entre 1963 et 1965, le portefeuille a financé la vente de 23 922 des 29 684 tracteurs commercialisés dans le pays (soit 75 %) (Redivo, Fonseca, 2022). Ces chiffres illustrent le début d'une période de modernisation obligatoire soutenue par la mécanisation, qui a atteint son apogée au milieu des années 1970, lorsque la production nationale de tracteurs a atteint 57 000 unités par an (Amato Neto, 1985).

Divers instruments et institutions de politique publique ont été créés conjointement au SNCR, notamment la reformulation de la politique de garantie des prix minimums (PGPM) puis la réglementation de l'assurance agricole en 1966, la création de l'Entreprise brésilienne de recherche agronomique (EMBRAPA) en 1972 et celle de l'Entreprise brésilienne d'assistance technique et de vulgarisation rurale (EMBRATER) en 1975. Ces instruments ont institué les conditions pour que le crédit rural devienne le « fleuron » d'une stratégie articulée visant à modifier la matrice technologique de l'agriculture, à accroître la productivité du secteur et à consolider les complexes agro-industriels (Búrigo *et al.*, 2021) (Delgado, 2010) (Delgado, 1985) (Castro, 1984) (Guedes Pinto, 1978).

La figure 1 montre l'évolution des ressources du SNCR mises en œuvre par type d'objectif (campagne, investissement et commercialisation) et le nombre de contrats entre 1969 et 2022. Jusqu'en 1979, on observe une première phase de croissance rapide des contrats et des ressources mises à disposition, qui atteignent 379 milliards de Reais (chiffres actualisés pour 2022). Durant cette période, les agriculteurs ont bénéficié de nombreux crédits subventionnés. Grâce à un mécanisme appelé « *conta movimento* » (compte de mouvement), toutes les demandes de crédit rural du Banco do Brasil étaient automatiquement satisfaites et soutenues par la Banque Centrale du Brésil, et les intérêts payés par les agriculteurs impliquaient des taux réels négatifs si l'on considère les indices constants non corrigés de l'inflation (Bacha, Danelon, Bel Filho, 2006) (Leite, 2001). En termes d'objectifs, le crédit de campagne (financement pour couvrir les dépenses d'un cycle de production) a toujours été prédominant (Búrigo *et al.*, 2021). Cependant, c'est dans les années 1970 que le crédit d'investissement (financement de biens ou de services dont le bénéfice s'étend sur plusieurs cycles de production) et le crédit de commercialisation (stockage, garantie de prix, primes de risque, etc.) ont pris de l'importance. Répétée dans les années 2000 (mais avec une part plus importante pour la commercialisation), cette situation révèle une différence du modèle brésilien de modernisation agricole avec celui d'autres pays comme les États-Unis. La concentration des ressources sur le crédit de campagne est considérée comme l'une des causes historiques du retard relatif du pays dans la construction d'infrastructures logistiques (entrepôts, routes, ports) et agroalimentaires (industrie de transformation), ce qui contribue à expliquer les fortes inégalités régionales et la dépendance à l'égard de l'exportation de matières premières.

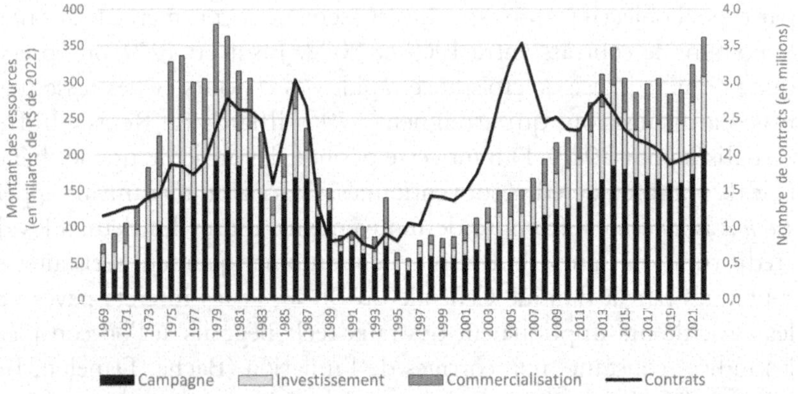

Source : Banque Centrale du Brésil (2023).

FIG. 1 – Ressources du SNCR par objet (campagne, investissement, commercialisation) et nombre de contrats entre 1969 et 2022 (valeurs constantes en Reais de 2022).

Le développement du crédit rural au cours de cette période tient à plusieurs facteurs favorables : l'extraordinaire dynamisme de l'économie mondiale et l'offre de ressources dans le système financier international ; les dispositifs de mini-dévaluation des taux de change qui ont contribué aux exportations et à la création de devises étrangères ; la capacité inutilisée de l'économie, qui a rendu l'offre globale plus élastique par rapport au système des prix ; l'orientation politique en faveur de l'expansion de la production agricole, l'occupation des régions du centre-ouest et de l'Amazonie avec le soutien de l'État (Coelho, 2001). Associés au dynamisme d'autres secteurs, ces facteurs ont contribué à ce que l'on a appelé le « miracle économique brésilien » de la période 1966-1973, lorsque les taux de croissance du PIB ont atteint des niveaux élevés (une moyenne de 11 % par an) avec une inflation en baisse (Coelho, 2001). Toutefois, le miracle n'a pas tardé à s'effondrer et le pays est entré dans l'une des pires crises économiques de son histoire dans les années 1980.

CRISE DE L'INTERVENTION DE L'ÉTAT, AJUSTEMENT STRUCTUREL ET EFFETS SUR LE CRÉDIT (1980-1994)

Le miracle économique s'était adossé aux conditions favorables à l'obtention de prêts bon marché auprès du système financier international et, parallèlement, aux prix relativement bas des intrants financés. Ces conditions se sont rapidement détériorées à la suite des « chocs pétroliers » (1973 et 1979) – qui ont eu un impact important sur les coûts de l'agriculture industrielle – et de la crise de la dette extérieure latino-américaine, qui a conduit les créanciers internationaux, en particulier les banques américaines, à augmenter drastiquement les taux d'intérêt. Comme le mentionne Leite (2001, p. 141), « l'environnement macroéconomique des années 1980 a inversé les conditions qui avaient permis de maintenir le système précédent ».

Sous la pression politique de groupes exigeant le retour du pays à la démocratie, le gouvernement militaire a tenté de maintenir la concession de crédits, entrainant une escalade rapide de la dette extérieure du Brésil et la détérioration de ses propres conditions de maintien au pouvoir. Par le biais du plan Cruzado, le premier gouvernement de la Nouvelle République (José Sarney, 1985-1990) a également tenté d'adopter des mesures anticycliques et de développer le crédit (Bacha, Danelon, Bel Filho, 2006). Cependant, la crise s'est aggravée et les différents plans d'ajustement économique qui ont suivi ont entrainé la réduction du volume de crédit rural attribué, l'introduction d'une correction monétaire des prêts et l'augmentation des taux d'intérêt. La fermeture du « compte de mouvement » en 1986 et la réduction de la participation du Trésor National au financement du crédit ont conduit les agriculteurs à dépendre beaucoup plus de leurs ressources propres (Bacha, Danelon, Bel Filho, 2006) (Leite, 2001).

À la fin des années 1980, le changement du référentiel qui sous-tendait le processus de libéralisation économique a imposé de nouvelles stratégies et de nouveaux instruments à l'action gouvernementale : réduction de l'intervention de l'État, déréglementation des activités économiques, « démantèlement » des instruments politiques des décennies précédentes et privatisation des entreprises publiques (Santos, 2011 ; Sallum Jr, 2003). En matière de crédit rural, la consolidation de ce référentiel a entrainé une réduction des ressources mobilisables, des taux d'intérêt réels élevés, une diminution des sources de financement à taux favorables (ressources du Trésor National et ressources dites « obligatoires[2] »), l'adoption de limites au crédit de campagne et l'endettement des agriculteurs (Leite, Wesz Jr., 2014) (Bacha, Danelon) (Bel Filho, 2006) (Coelho, 2001).

À cette époque, les gouvernements néolibéraux de Fernando Collor de Mello (1990-1992), Itamar Franco (1992-1995) et Fernando Henrique Cardoso (1996-2022) se sont engagés dans la réglementation des titres privés négociés en bourse. Ces titres ont permis aux entreprises agricoles et aux coopératives de financer leurs activités par des contrats de vente anticipée. Selon Buainaim et Souza Filho (2001, p. 373), « la proposition consiste précisément à réduire le rôle de l'État et à donner au marché, dans toute la mesure du possible, un rôle plus pertinent dans l'orientation des mouvements de l'économie. Les interventions, lorsqu'elles sont nécessaires, ne doivent pas se faire contre ou à la place du marché ; au contraire, elles doivent chercher à réduire les soi-disant défaillances du marché et à développer et étendre la portée des mécanismes du marché ». Le problème, comme nous le verrons plus loin, est que les options du « marché » ont été limitées à un petit groupe d'agriculteurs et aux produits d'exportation, ce qui a entraîné une augmentation des inégalités, de la pauvreté et des conflits sociaux dans les zones rurales.

STABILITÉ ÉCONOMIQUE, REPRISE DU CRÉDIT ET RÉPONSES AUX NOUVEAUX PROBLÈMES ET ACTEURS (1995-2014)

La stabilisation macroéconomique avec la mise en place du Plan Real en 1994 a permis la reprise progressive du crédit rural, mais plus dans les mêmes conditions. Outre l'évolution du nombre de contrats et du volume des ressources, on note deux changements qualitatifs

2 Les ressources obligatoires proviennent de dépôts à vue préétablis que les banques commerciales publiques et privées doivent réserver pour les lignes de crédit rural.

importants qui reflètent le paradigme politique qui a prévalu dans les années 1990 : d'une part, l'introduction de mécanismes de financement privés pour aider les acteurs des chaînes de valeur mondiales ; de l'autre, la création de programmes permettant à l'État de corriger le principal « défaut » (*sic*) de ces mécanismes, à savoir l'exclusion de l'énorme contingent d'agriculteurs qui, à partir du milieu des années 1990, ont commencé à se reconnaître comme sujets de droits à travers la catégorie de l'agriculture familiale.

Historiquement, les politiques de crédit rural ont principalement bénéficié aux grands et moyens producteurs de *commodities* destinées à l'exportation ou intéressant la grande agro-industrie (Bacha, Danelon, Bel Filho, 2001) (Graziano da Silva, 1999) (Gonçalves Neto, 1997). L'agriculture familiale a été marginalisée par ces politiques et est devenue le secteur le plus touché par les conséquences négatives de la modernisation de l'agriculture : appauvrissement, perte de terres et de territoires, exode rural (Grisa, Schneider, 2015) (Schneider, Cazella, Mattei, 2004). Ainsi, au cœur des luttes politiques pour la re-démocratisation du pays liées à l'émergence de nouvelles organisations syndicales et de mouvements sociaux, les organisations de petits producteurs ont commencé, à la fin des années 1980 (et durant la préparation de la nouvelle constitution approuvée en 1988), à revendiquer une politique de crédit spécifique à l'agriculture familiale (Picolotto, 2014), comme le rapporte Bittencourt : « Entre 1992 et 1996, bien que les revendications portent sur l'assistance technique, les infrastructures, l'environnement et la technologie, ces questions ont fini par être reléguées au second plan lors des négociations. Le point central était la demande de crédit rural différencié et les arguments utilisés par les dirigeants syndicaux à l'époque étaient les suivants : "nous ne pouvons pas discuter d'assistance technique si nous n'avons pas de crédit pour produire" ; "nous ne pouvons pas discuter d'alternatives de diversification si nous n'avons pas de crédit" [...] Le crédit était l'objectif principal de la plupart des mobilisations des agriculteurs familiaux », (Bittencourt, 2003, p. 101).

Dans un contexte d'insatisfaction croissante de la société brésilienne face aux prix des denrées alimentaires, au chômage et à l'augmentation de la violence dans les zones rurales, les grandes manifestations publiques (*Gritos da terra*, Cris de la terre) organisées en 1994 et 1995 par les mouvements syndicaux de l'agriculture familiale (et qui se sont poursuivies chaque année depuis lors) ont finalement contraint le gouvernement à créer le Programme national de renforcement de l'agriculture familiale (Pronaf) en 1996. Selon Schneider, Cazella et Mattei (2004, p. 23), « le programme est né dans le but de fournir du crédit agricole et un soutien institutionnel aux petits producteurs ruraux qui avaient été exclus jusqu'alors des politiques publiques et qui éprouvaient de sérieuses difficultés à maintenir leur activité ».

Afin d'éviter la concentration historique des ressources de crédit sur les agriculteurs les plus capitalisés, le Pronaf a rapidement intégré le souci de bénéficier à la diversité des groupes au sein de l'agriculture familiale. Des lignes spécifiques de crédit et d'accès différenciés ont été créées pour les agriculteurs familiaux selon leurs différentes tranches de revenus. D'autres lignes concernaient les bénéficiaires de la réforme agraire, les femmes et les jeunes ruraux, les pêcheurs artisanaux, les peuples et communautés traditionnels, ce qui a fait du Pronaf la politique publique la plus adaptée aux spécificités de ces groupes sociaux (Grisa, 2012) (Delgado, Leite, Wesz Junior, 2010). En outre, à l'instar de ce qui existait déjà pour le crédit hors Pronaf et compte tenu de la nécessité d'apporter un soutien différencié aux nouvelles pratiques et activités de production, des lignes de crédit thématiques ont vu le jour en 1998, telles que Pronaf Agro-industrie, Pronaf Forêt (initialement pour soutenir les plantations forestières commerciales et plus tard uniquement pour soutenir les systèmes agroforestiers), Pronaf Agroécologie, Pronaf Semi-aride (financement de projets adaptés aux caractéristiques spécifiques de cet écosystème) et Pronaf « Plus d'Aliments » pour le financement de machines et d'équipements destinés à moderniser les exploitations agricoles familiales (Grisa, 2012).

Bien qu'au départ les conditions de ce crédit n'aient pas été très favorables à l'agriculture familiale (taux d'intérêt effectif de 16 % par an en 1996), on observe au fil des années (Figure 2) une augmentation des ressources totales investies dans le Pronaf (de 4,1 milliards de reais en 1996 à 49,7 milliards de reais en 2022 en valeurs constantes), ainsi qu'une augmentation du nombre de contrats (jusqu'en 2006, où l'on a atteint 2,5 millions de contrats). Plusieurs facteurs ont contribué à l'expansion du Pronaf : i) l'assouplissement des règles financières et des conditions d'accès (réduction des taux d'intérêt, extension de la période de remboursement, augmentation de la limite de financement, etc.) ; ii) des changements institutionnels visant à prendre en compte la diversité socio-économique et sociale de l'agriculture familiale ; iii) la diversification des activités économiques soutenues (petite agro-industrie, tourisme rural, pêche et aquaculture, agroécologie, etc.) ; iv) le renforcement social et économique de l'agriculture familiale qui s'est organisée et mobilisée pour exiger un meilleur accès aux politiques publiques et au système bancaire (Grisa, Wesz Junior, Buchweitz, 2014).

Comme le montre la figure 2, l'augmentation des ressources du Pronaf s'est accompagnée, à la fin des années 1990 et tout au long des années 2000, d'une relance du crédit rural sans Pronaf. Après les résultats négatifs de la balance commerciale au cours de la période 1995-1998, le gouvernement a modifié le régime de change dans une « tentative de rééditer le modèle d'ajustement externe par le secteur primaire », basée sur « l'expansion des exportations de produits agricoles et agro-alimentaires afin d'engendrer une balance commerciale positive » (Delgado, 2012, p. 88). Profitant de la croissance de la demande internationale de produits agricoles au début des années 2000, l'appui à l'agriculture, à ses exportations et à la croissance de sa participation au marché international sont devenus des axes fondamentaux du soutien à l'économie nationale. Pour renforcer cette stratégie, « l'offre de crédit rural dans les plans de campagnes agricoles, initiée avec le programme Moderfrota (modernisation des machines agricoles) a repris avec vigueur au cours de la période 2003/2010 ». Parallèlement, « le crédit bancaire public a été reconstitué, sous l'égide du Système national de crédit rural, devenant l'instrument principal de la politique agricole, associé à des mécanismes de soutien et de garantie de la commercialisation » (Delgado, 2012, p. 94 et 109).

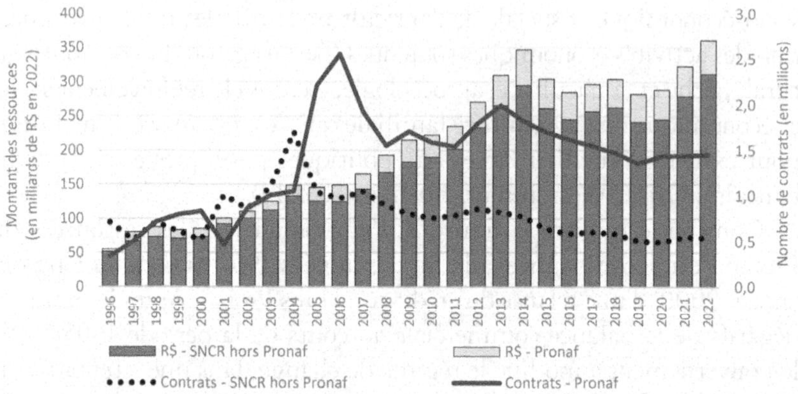

Source : Banque Centrale du Brésil (2023).

FIG. 2 – Ressources appliquées et nombre de contrats de crédit rural (SNCR hors Pronaf et Pronaf) entre 1996 et 2022 – valeurs constantes en reais de 2022.

Malgré la croissance du Pronaf, il est important de noter, comme le montre la figure 2, que ce programme est resté marginal en termes de ressources financières reçues du SNCR. En général, le Pronaf n'a représenté que 13 % des ressources totales mises à la disposition de l'ensemble du crédit rural, ce qui illustre la continuité de l'inégalité socio-économique, politique et institutionnelle présente dans les zones rurales du Brésil. Depuis 2005, le nombre des contrats Pronaf est supérieur à celui des contrats pour l'agriculture d'entreprise. Au cours de la période analysée, le Pronaf a représenté en moyenne 62 % du total des contrats. Cependant, alors que le montant moyen des contrats Pronaf est de 20 000 reais, celui des contrats pour l'agrobusiness est de 260 000 reais, ce qui illustre à nouveau l'inégalité dans l'agriculture brésilienne.

Suivant l'exemple du Pronaf, le gouvernement fédéral a créé en 1995 un sous-programme – le Programme de Création d'Emploi et Revenu en Milieu Rural (Proger Rural) – dédié aux agriculteurs familiaux ne pouvant plus avoir accès au Pronaf à cause du niveau de leur chiffre d'affaires annuel. Dans un premier temps, cet instrument n'a pas eu de répercussions, mais au milieu des années 2000, le gouvernement fédéral a décidé d'étendre son appui à la « classe moyenne rurale », un segment en expansion en train de constituer une force politique notoire (Niederle *et al.*, 2029). En 2010, le Proger a été transformé en Programme national d'appui au producteur rural de catégorie moyenne (Pronamp). Un document gouvernemental de l'époque indique que « ce producteur de taille moyenne est un entrepreneur mobilisant les technologies modernes, mais qui ne trouvait pas d'espace défini entre le petit et le grand agriculteur et ne bénéficiait pas de politique spécifique. Le ministre (de l'agriculture) a donc créé cet instrument qui a tout à voir avec ce que nous sommes… nous sommes en train de devenir un pays de classe moyenne. Il doit y avoir une politique pour les classes moyennes dans ce pays, il faut s'occuper d'elles » (Brésil, MAPA, 2011).

Une autre innovation des années 2000 a consisté à essayer d'encourager des pratiques agricoles plus durables de l'agrobusiness. De nouvelles lignes de crédit ont été créées à cet égard : le Programme de plantation de forêts commerciales (pour la plantation et l'entretien de forêts à usage industriel) et le Programme d'intégration culture-élevage (Polapec), transformé plus tard en Programme de production durable de l'agrobusiness (Produsa). L'objectif du Produsa était de récupérer les zones dégradées, d'améliorer l'utilisation des terres, de produire de l'énergie propre et renouvelable, d'encourager les producteurs ruraux à se conformer à la législation environnementale, de mettre en place des systèmes de production biologique et d'intégration culture-élevage-sylviculture.

En 2010, les actions de ces programmes ont été intégrées au Programme d'agriculture à faible émission de carbone (Programme ABC, actuellement ABC+) pour « financer des pratiques appropriées, des technologies adaptées et des systèmes de production efficaces qui contribuent à l'atténuation des émissions de gaz à effet de serre » (Brésil, MAPA, 2010) (Chechi, Grisa, 2021). Il s'agissait de répondre aux critiques des mouvements sociaux selon lesquelles le crédit agricole public continuait à encourager des processus de modernisation non durables et porteurs d'exclusion, en particulier l'expansion du soja (Leite et Wesz Jr., 2014). Mais cette création du programme ABC témoignait déjà d'une préoccupation pour l'image environnementale du Brésil à l'étranger, laquelle allait se détériorer fortement à la suite des changements politiques qui sont intervenus entre 2015 et 2022.

CRISE ÉCONOMIQUE, EFFONDREMENT DES INSTITUTIONS ET EFFETS SUR LE CRÉDIT (2015-2022)

À partir de 2013, divers facteurs nationaux et internationaux ont conduit à l'une des plus grandes crises politiques et économiques du pays : la chute du prix international des matières premières ; la diminution des investissements étrangers ; la réduction des interventions de l'État en fonction d'une politique macroéconomique plus orthodoxe ; la réorganisation et le renforcement des secteurs conservateurs au niveaux politique, judiciaire, parlementaire et dans les médias ; des scandales de corruption et des mobilisations massives contre le gouvernement en 2013 ; la destitution de la présidente Dilma Roussef en 2016 ; l'intensification des conflits politiques et l'élection de Jair Bolsonaro en 2018 ; et, enfin, la pandémie de covid-19 avec des centaines de milliers de morts en raison de la politique négationniste du gouvernement. L'ensemble de ces facteurs a eu un impact sur diverses politiques publiques, dont le crédit rural.

Initialement, sous le gouvernement de Dilma Roussef (2011-2016), pour répondre aux demandes des secteurs ruraux les plus capitalisés (y compris d'une partie de l'agriculture familiale) qui allaient par la suite s'associer au tournant conservateur, l'un des premiers changements a été d'augmenter les plafonds de financement et ceux du revenu brut maximum permettant l'accès aux différents crédits agricoles.

Parallèlement, dans le cadre d'un programme d'ajustement fiscal et budgétaire, le gouvernement a augmenté les taux d'intérêt du crédit (Tableau 1), en particulier entre les campagnes agricoles 2013-2014 et 2016-2017, lorsque certaines lignes du SNCR affichaient des taux d'intérêt de plus de 10 % par an. Conformément à ce qui a été annoncé dans le plan de campagne 2016-2017 : « Les taux d'intérêt du crédit rural ont été à nouveau révisés, ajustant leurs niveaux à des amplitudes compatibles avec la variation du taux Selic [le taux d'intérêt de base de l'économie brésilienne] et les indices d'inflation observés tout au long de la campagne 2015/2016. Cette mesure était nécessaire dans le cadre de l'effort d'ajustement de l'économie pour établir l'équilibre fiscal et monétaire, sans toutefois mettre en péril la capacité de paiement des producteurs ruraux et afin de préserver le niveau de soutien qui leur est accordé (Brésil, MAPA, 2016) ».

La figure 3 montre également un changement significatif de la part de subvention qui se manifeste par la différence entre le taux d'intérêt de base du pays (taux Selic) et le taux d'intérêt sur les lignes de crédit. Cette différence, appelée péréquation, est payée par le Trésor national et couvre une grande partie des ressources du crédit rural[3]. Comme on peut le constater, la subvention est plus importante dans le cas du Pronaf que pour les autres lignes du SNCR, justement pour tenir compte des particularités de l'agriculture familiale et favoriser l'accès au financement. Malgré cela, le programme n'a pas échappé à la politique de réduction de la subvention, et en 2020-2021, le crédit Pronaf a connu des taux d'intérêt supérieurs au taux de base tombé à 1,9 % au second semestre 2020. Mais cette situation a été de courte durée. La crise politique et économique, aggravée par la pandémie, a conduit la Banque centrale à relever progressivement le taux Selic jusqu'à atteindre 13,6 % fin 2022, ce qui a considérablement augmenté le coût de la péréquation pour l'État[4].

La figure 2, dans la section précédente, montre la réduction des ressources appliquées au crédit rural entre 2014 et 2022, le montant (en valeurs constantes) passant de 346 milliards de reais en 2014 à 281 milliards de reais en 2019, lorsqu'un mouvement de reprise s'amorcera à nouveau. Le crédit rural, hors Pronaf, et le Pronaf ont tous deux connu une réduction du montant des fonds investis. Elle a été un peu plus forte pour le Pronaf (baisse de 24 % des fonds entre 2014 et 2016) que pour le SNCR hors Pronaf (moins 18 % entre 2014 et 2019). Cette même tendance à la baisse se retrouve dans le nombre de contrats. En 2013, les contrats Pronaf s'élevaient à 1,9 million, ils ne seront plus que 1,3 million en 2019 (baisse de 31 %). Pour le crédit hors Pronaf, les contrats sont passés de 852 000 en 2011 à 489 000 en 2020 (baisse de 42 %). En revanche, on observe une tendance à la hausse des valeurs moyennes par

3 Le crédit rural est divisé en ressources contrôlées et non contrôlées. Les ressources contrôlées proviennent de diverses sources publiques et privées et sont assorties de taux d'intérêt subventionnés.

4 Il convient de noter que, parmi les récents changements politiques, le gouvernement Bolsonaro a mis en œuvre l'autonomie de la Banque centrale, de telle sorte que le mandat de son président, qui est nommé par le président de la République, devient indépendant et se superpose au mandat du nouveau président élu. Cette situation a été l'un des principaux objets de conflit dans la conduite de la politique économique, avec des répercussions directes sur les instruments de crédit.

contrat. Dans le cas du Pronaf, elles sont passées de 22 200 reais en 2013 à 34 200 reais en 2022 (plus 54 %). Dans le cas du crédit hors Pronaf, la valeur moyenne de 324 700 reais en 2013 est passée à 581 600 reais en 2022 (plus 79 %). Comme observé dans d'autres études (Wesz Junior, 2021), ces données indiquent une concentration du crédit parmi les agriculteurs les plus capitalisés.

Plans de campagne	**Taux Selic (juin)**	**Crédit général (financ.)**	**Pronamp (financ. et invest.)**	**Funcafé**	**Moderfrota (machines agricoles)**	**ABC**	**Pronaf (financ.)**	**Pronaf (invest.)**
2013/2014	7,90%	5,50%	4,50%	5,50%	5,5% et 4,5%	4,5% et 5%	1% et 3,5%	1% et 3,5%
2014/2015	10,90%	6,50%	5,50%	6,50%	4,5% et 6%	4,5% et 5%	1% et 3,5%	1% et 2%
2015/2016	13,65%	8,75%	7,75% et 7,5%	-	7,5% et 9%	8% et 7,5%	2,5% à 5,5%	2,5% à 5,5%
2016/2017	14,15%	9,50%	8,50%	9,5% et 11,5%	8,5% à 10,5%	8,5% et 8%	2,5% à 5,5%	2,5% à 5,5%
2017/2018	10,15%	8,50%	7,50%	8,50%	7,5% et 10,5%	7,50%	2,5% à 5,5%	2,5% à 5,5%
2018/2019	6,40%	7,00%	6%	7% et 9,5%	7,5% et 9,5%	6% et 5,25%	2,5% à 4,6%	2,5% à 4,6%
2019/2020	6,40%	8%	6% et 7%	7%	8,55 et 9,5%	5,25% à 7%	0,5% et 4,6%	3,0% et 4,6%
2020/2021	2,90%	6%	5% et 6%	-	7,50%	4,5% et 6%	2,75% et 4%	2,75% et 4%
2021/2022	3,40%	7,50%	5,5% et 6,5%	-	8,50%	5,5% et 7%	3% et 4,5%	3,0 et 4,5%

Source : par les auteurs sur la base des plans de campagne de l'agrobusiness et de l'agriculture familiale.

FIG. 3 – Taux d'intérêt de base (Selic) et taux d'intérêt proposés pour différentes lignes de crédit pour les campagnes agricoles entre 2013/2014 et 2021/2022.

LA SÉLECTIVITÉ PERSISTANTE DU CRÉDIT RURAL AU BRÉSIL

Au plus fort de la politique de crédit rural, dans les années 1970 et 1980, plusieurs études ont critiqué son caractère triplement sélectif, favorisant certains types d'agriculteurs, certaines productions et régions (Delgado, 2010) (Graziano da Silva, 1996, 1999) (Kageyama *et al.*, 1990) (Kageyama, Graziano da Silva, 1983). Les principales productions favorisées sont celles associées aux intérêts de l'agro-industrie et destinées à l'exportation : soja, blé, maïs, canne à sucre, café et oranges. Les moyens et grands producteurs qui ont adhéré au projet de modernisation ont été les grands bénéficiaires du crédit. Via leurs entreprises et coopératives, ils se sont intégrés aux marchés d'amont (intrants) et d'aval (vente de produits). Jusqu'aux années 1990, ces cultures et ces producteurs se trouvaient principalement dans le sud et le sud-est du pays, les deux régions qui ont bénéficié le plus des ressources de crédit.

La figure 4 montre les principales productions financées par le crédit de campagne. Malgré la diversité des publics et des programmes, en 2022, environ 85 % des ressources du SNCR hors Pronaf et du Pronaf étaient destinées au soja, au maïs, au café et au blé. La place de ces cultures est récurrente depuis le début des années 2000, mais la part du soja est particulièrement remarquable, car elle a augmenté de manière significative (Wesz Junior, 2021 ; Conterato *et al.*, 2021 ; Grisa, Wesz Junior et Buchweitz, 2014 ; Delgado, Leite et Wesz Junior, 2011). Entre 1999 et 2010, le soja a représenté environ 30 % des fonds du crédit hors Pronaf (Delgado, Leite et Wesz Junior, 2011). Il occupait en moyenne 20 % des ressources du Pronaf, parfois derrière le maïs (Grisa, Wesz Junior et Buchweitz, 2014). Mais, en 2022, le soja représentait 53 % des ressources du crédit hors Pronaf et 40 % des ressources spécifiques du Pronaf.

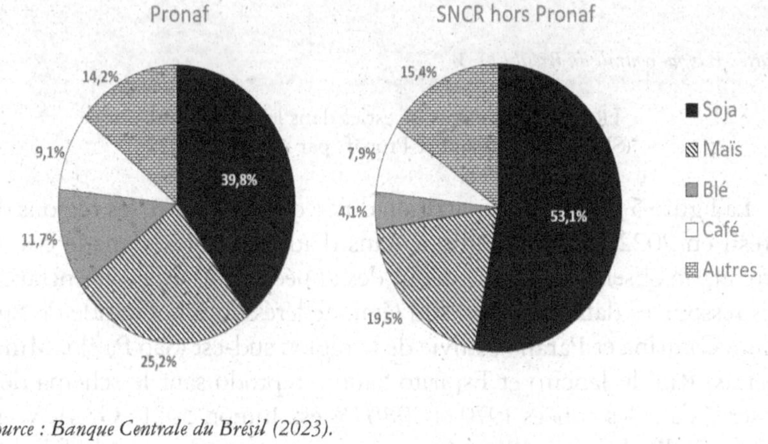

Source : Banque Centrale du Brésil (2023).

FIG. 4 – Ressources de crédit rural (SNCR hors Pronaf et Pronaf) utilisées pour le financement des cultures en 2022.

La figure 5 montre que, même dans le cas de l'agriculture familiale, le crédit rural s'est principalement concentré sur le financement de la production de matières premières, dont les caractéristiques sont en contradiction avec la construction de systèmes alimentaires durables, sains et inclusifs (Aquino, Gazolla, Schneider, 2018). Dans le cas du Pronaf, « d'autres cultures, comme le riz, les haricots et le manioc, qui sont très importantes pour l'approvisionnement alimentaire domestique, avaient autrefois reçu une part plus notable des crédits de campagne (20 % des ressources en 2003), mais depuis 2015, elles n'ont pas reçu plus de 5 % ». Si l'on considère le financement des quatre principales cultures (soja, maïs, blé et café), « la concentration du financement du Pronaf atteint 85 % » (Wesz Junior, 2021, p. 99).

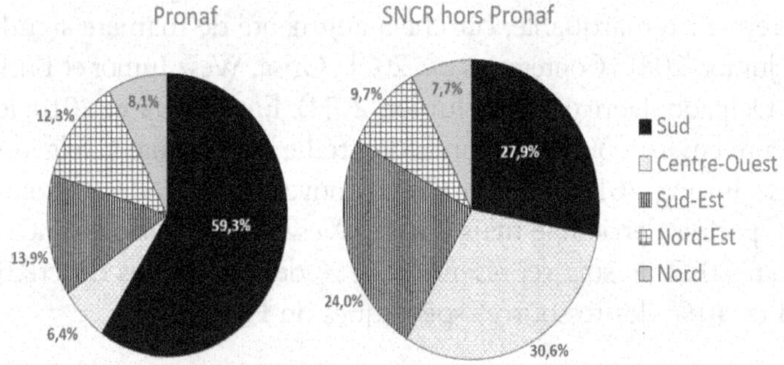

Source : Banque centrale du Brésil (2023).

FIG. 5 – Ressources investies dans le crédit rural (SNCR hors Pronaf et Pronaf) par région en 2022.

La figure 5 montre la répartition du crédit rural entre les régions du Brésil en 2022. Comme indiqué dans d'autres études, dans le cas du Pronaf, on observe depuis le début des années 2000 une concentration des ressources dans la région sud (états fédérés du Rio Grande do Sul, Santa Catarina et Paraná), suivie de la région sud-est (São Paulo, Minas Gerais, Rio de Janeiro et Espírito Santo), reproduisant le schéma déjà observé dans les années 1970 et 1980 (Wesz Junior, 2021 ; Grisa, Wesz Junior et Buchweitz, 2014). Cette situation s'explique par le fait que l'agriculture familiale du sud est fortement intégrée aux filières et marchés de produits agricoles, qu'elle est liée à des coopératives et qu'elle est familiarisée avec le système bancaire (Búrigo et al, 2021). Cependant, en 2017, la région ne comptait que 17 % des 3,89 millions d'exploitations d'agriculture familiale recensées par le dernier recensement agricole en 2017, tandis que la région du nord-est du Brésil, avec 47,2 % des exploitations, ne recevait que 12,3 % des financements du Pronaf.

En ce qui concerne le crédit rural, hors Pronaf, nous constatons une évolution vers une plus grande concentration dans la région du centre-ouest (Mato Grosso, Mato Grosso do Sul, Goiânia et District fédéral) avec 30,6 % des ressources en 2022, suivie par les régions du sud et du sud-est. Les données de Delgado, Leite et Wesz Jr. (2011) pour la période 1999-2010 soulignent la prédominance des régions du sud et du sud-est et montrent que la participation de la région du centre-ouest est en augmentation. D'autres études indiquent que la région du centre-ouest bénéficie aujourd'hui des montants moyens de crédit rural les plus élevés du pays (Leite et Wesz Jr., 2014). « Cette croissance est alimentée par la dynamique productive propre à la région, qui a subi de profonds changements au cours des quatre dernières décennies, marqués principalement par l'incorporation de nouvelles zones d'activité agricole (savanes des *Cerrados*), la modernisation des processus de production, l'augmentation de la productivité, une plus grande insertion dans le marché international » (Leite et Wesz Jr., 2014). Ainsi, malgré ces changements, les inégalités régionales demeurent encore et la logique productiviste et modernisatrice présente au début du crédit rural persiste également.

En ce qui concerne le profil des agriculteurs, l'accès au crédit rural est plus important parmi les exploitations les plus capitalisées et de plus grande taille. Les exploitations de plus de 1 000 hectares ont toujours concentré les prêts les plus élevés. En revanche, les exploitations de moins de 100 ha, en particulier celles dont la superficie est inférieure à 10 ha, ont connu les niveaux d'accès les plus faibles entre 1975 et 2017 (figure 6). Cependant, les données de 2006 et 2017 indiquent une augmentation de cet accès, le Pronaf jouant un rôle essentiel, car son public principal est concentré sur l'agriculture familiale[5]. Notons que dans le dernier recensement, plus la superficie de l'exploitation est importante,

5 Cependant, au sein même du Pronaf, il existe une grande inégalité d'accès en fonction du profil des producteurs. Bien que le Pronaf B, une ligne de microcrédit productif destinée aux agriculteurs familiaux à faible revenu, constitue le groupe le plus important (70 % des agriculteurs familiaux, selon le recensement agricole de 2017), ils n'ont reçu que 6 % des ressources du Pronaf en 2018 (Wesz Junior, 2021).

plus l'incidence du financement est élevée. Alors qu'un producteur sur dix accède au crédit dans les unités de moins de 10 ha, ce chiffre passe à un sur trois dans les grandes exploitations de plus de 1 000 ha.

Classes de surface totale	1960	1970	1975	1980	1985	1996	2006	2017
< 10 ha	6,3 %	5,0 %	9,4 %	9,7 %	5,8 %	1,9 %	14,3 %	9,7 %
> 10 < 100 ha	8,8 %	17,2 %	23,2 %	31,9 %	20,2 %	8,7 %	23,2 %	19,7 %
> 100 < 1 000 ha	14,0 %	23,2 %	31,1 %	35,7 %	21,3 %	8,8 %	16,7 %	21,9 %
> 1 000 < 10 000 ha	17,1 %	25,3 %	36,5 %	34,7 %	24,6 %	10,1 %	17,8 %	28,7 %
> 10 000 ha	21,4 %	23,1 %	33,9 %	26,3 %	18,6 %	9,0 %	15,3 %	32,6 %
Total	8,3 %	11,5 %	16,8 %	21,1 %	12,7 %	5,3 %	18,1 %	15,5 %

Source : Préparé par les auteurs sur la base du recensement agricole et de Leite et Wesz Junior (2014).

FIG. 6 – Incidence du financement dans les exploitations agricoles par classes de superficie au Brésil, selon les recensements agricoles.

Bien que le crédit rural ait été l'instrument le plus important de la politique agricole brésilienne tout au long de son histoire, la proportion d'agriculteurs accédant aux ressources a été relativement faible. Comme le montre le tableau 2, le pourcentage d'accès le plus élevé a été enregistré en 1980, lorsqu'il a atteint 20 % des exploitations. D'autre part, le recensement de 1996, réalisé au plus fort des réformes néolibérales, a révélé que seulement 5,3 % des agriculteurs avaient accès au crédit, ce qui contribue à expliquer le fort mécontentement social qui a conduit aux mobilisations du « *Grito da Terra* » au début des années 1990 (voir ci-dessus section 4). Selon les données du dernier recensement agricole, environ 15 % des exploitations agricoles ont accédé au crédit en 2017, sans différence significative entre l'agriculture familiale et les entreprises non familiales. Pour les deux groupes, près de la moitié des fonds proviennent de programmes publics, l'autre moitié venant d'autres sources (coopératives, commerces, crédit privé).

Pour le Pronaf, seuls 6,9 % des exploitations d'agriculture familiale ont accédé au programme selon les données du recensement agricole de 2017. Pour certains mouvements sociaux ruraux, notamment ceux qui défendent l'agroécologie comme référence pour la transformation des systèmes alimentaires et des politiques publiques, ce pourcentage corrobore les informations précédentes sur la concentration des ressources dans le sens où il met en évidence l'incapacité du Pronaf à devenir un instrument de transition vers des modèles d'agriculture plus durables (Von der Weid, 2023). De fait, même le souci initial du programme de servir la diversité des segments de l'agriculture familiale n'a pas été maintenu. Les données du recensement agricole de 2017 montrent une concentration croissante du crédit Pronaf en faveur d'agriculteurs familiaux plus capitalisés, articulés aux grandes filières et qui se sont généralement alignés sur des mouvements politiques conservateurs.

Cette situation crée un dilemme difficile à résoudre non seulement pour les mouvements de l'agriculture familiale, mais aussi pour le nouveau gouvernement. Bien que conscients des limites du Pronaf, les dirigeants des organisations historiques de l'agriculture familiale ont résisté à l'idée d'exiger des changements significatifs dans le crédit rural en raison du coût politique que cela représenterait pour une partie de leur base sociale, notamment une « classe moyenne rurale » qui, bien que numériquement moins importante, garde une pertinence économique et politique. Le problème est qu'au fil du temps, ce segment d'agriculteurs familiaux capitalisés s'est de plus en plus aligné sur le discours des organisations représentant l'agrobusiness. Cela contribue encore à ressusciter l'ancien récit sur l'existence d'une agriculture brésilienne unique de grands, moyens et petits producteurs, qui pourrait être soutenue par des mécanismes de crédit similaires, mais avec des taux d'intérêt différenciés. Or, dans la pratique, malgré l'existence du Pronaf, c'est ce qui semble déjà se produire, étant donné le type de production majoritairement financé par ce programme (Figure 3, ci-dessus).

Cette situation est également corroborée par le fait que lorsque le président Michel Temer a décidé en 2016 d'abolir le Ministère du Développement Agraire, l'une des premières mesures prises immédiatement après la destitution de la présidente Dilma Roussef, et, par conséquent, de confier la gestion du Pronaf au ministère de l'Agriculture, aucun impact significatif n'a été observé sur son fonctionnement et sa dynamique de financement. La recréation, en 2023, de l'actuel ministère du Développement Agraire et de l'Agriculture Familiale a impliqué la réincorporation du Pronaf, mais il est encore trop tôt pour savoir si des changements qualitatifs plus substantiels seront apportés.

Au cours de la première année du nouveau gouvernement, les principales annonces concernent la réduction de 5 % à 4 % du taux d'intérêt pour le financement de la production d'aliments de base comme le riz, les haricots, le manioc, les tomates et le lait. Cela va dans le sens de la reprise des politiques de sécurité alimentaire et nutritionnelle qui avaient été fortement démantelées par le gouvernement précédent (Sabourin *et al.*, 2000). D'autres mesures vont dans le même sens, comme la réduction des taux d'intérêt pour le financement de l'agriculture biologique, de l'agroécologie, des produits issus de la socio-biodiversité ou de la bioéconomie (3 % par an pour le crédit de campagne et 4 % pour l'investissement).

Cependant, des études antérieures ont déjà montré que, dans le passé, ces mesures ont eu peu d'impact et que la plupart des lignes créées dans le but de diversifier les utilisations du crédit rural et de promouvoir des systèmes plus durables – y compris les programmes gérés par le ministère de l'Agriculture tels que l'agriculture à faible émission de carbone – ont été peu utilisées ou ont été réinterprétées, voire détournées, afin de financer plus de production des grandes filières agricoles. Cela n'est pas dû, comme l'ont montré ces études, aux conditions spécifiques des taux d'intérêt, qui ont généralement été très favorables, mais à la perpétuation du référentiel de l'agriculture hérité du projet de modernisation conservatrice. Ce référentiel trouve actuellement de nouveaux arguments dans les discours de l'agrobusiness qui assure maintenir la balance commerciale du Brésil grâce aux exportations de soja (Chech, Grisa, 2022) (Aquino, Gazolla, Schneider, 2021) (Gazolla, Schneider, 2013).

CONCLUSION AU CHAPITRE

Ce chapitre décrit et analyse les principales étapes de la trajectoire des politiques de crédit rural au Brésil. Malgré l'absence de certains éléments de contexte qui n'ont pas pu être inclus, le texte montre que les adaptations de ces politiques en réponse aux pressions économiques et politiques externes (chocs pétroliers, crise de la dette, boom des matières premières, etc.) et internes (mouvements sociaux, ruptures institutionnelles, coups d'État) n'ont pas été suffisantes pour produire des changements significatifs du référentiel sectoriel de l'agriculture qui guide l'intervention de l'État. Même l'alternance de gouvernements composés de différentes coalitions et guidés par différents paradigmes politiques n'a pas été en mesure de produire un changement de ce référentiel. L'une des hypothèses à approfondir pour expliquer cette forte dépendance au sentier concerne la reproduction de la domination directe ou indirecte de certains secteurs des élites agraires dans les espaces stratégiques du pouvoir, tels que le ministère de l'Agriculture, le ministère de l'Économie ou la Banque Centrale.

Les concessions que ces élites ont dû faire à l'agriculture familiale afin de contrôler les tensions croissantes à la fin des années 1980 et au début des années 1990, en plein processus de retour à la démocratie, ont donné sens à un « pacte social » qui a duré jusqu'en 2013. À partir de 2013, la montée des mouvements conservateurs a non seulement renversé la première femme présidente du pays, mais a également initié un nouveau pacte, que Delgado et Leite (2022) appellent le « pacte de l'agrobusiness ». Ce nouvel accord entre les élites est à l'origine de l'expansion violente de la frontière agricole ces dernières années, en particulier en Amazonie et dans les *Cerrados*. La défaite de Jair Bolsonaro aux élections de 2022 a freiné ce processus, mais un nouveau pacte reste à construire. Si, par exemple, la déforestation a chuté de 50 % en Amazonie au cours de la première année du nouveau gouvernement, elle a augmenté de 43 % dans les *Cerrados*. Les leçons de l'histoire laissent supposer que la plupart de ces nouvelles zones seront destinées à la production de soja et, tôt ou tard, bénéficieront du crédit rural public.

Valdemar João WESZ Junior
Université fédérale
de l'intégration Latino-Américaine
à Foz de Iguaçu

Catia GRISA
Université fédérale
Rio Grande do Sul à Porto Algre

Paulo André NIEDERLE
Université fédérale
Rio Grande do Sul à Porto Alegre

Éric SABOURIN
Sociologue, chercheur au CIRAD

MODÈLE AGRO-EXPORTATEUR ET POLITIQUES PUBLIQUES EN ARGENTINE

Le secteur agricole tient une place singulière en Argentine. Ayant un poids économique considérable et pleinement inséré dans le commerce international depuis l'indépendance du pays en 1816, il a participé à façonner une identité nationale et un imaginaire collectif qui a traversé le temps et imprégné les sphères politiques, économiques et sociales. L'Argentine représente aujourd'hui près de 4 % de la production mondiale de grains tandis que sa part dans le volume des échanges internationaux de céréales et d'oléoprotéagineux s'élève à 11,5 %. Cette place parmi les nations leaders de la production et du commerce international de matières premières agricoles n'est pas nouvelle et remonte à la fin du XIXe et début du XXe siècle quand le pays a érigé un modèle agro-exportateur et qu'il se définissait comme « le grenier du monde ».

Pourtant, un paradoxe illustre aujourd'hui la place de l'agriculture dans la vie politique et économique argentine. Bien que le secteur représente une part importante du Produit intérieur brut (PIB) national et une portion encore plus importante des exportations du pays, rapportant ainsi des devises étrangères indispensables à la survie financière de l'Argentine, l'agriculture ne bénéficie pas du rang de ministère et se trouve réduite au rang de simple secrétariat dépendant du ministère de l'économie et des finances. Ce choix exprime une histoire de rapports de force complexes entre des projets politiques nationaux autour d'un modèle devenu incontournable au développement du pays. Le modèle agro-exportateur argentin est caractérisé par une série de grandes périodes économiques tout au long de l'histoire du pays. Ces périodes reflètent des changements dans la structure économique, dans la dépendance des exportations agricoles et dans les politiques mises en œuvre.

L'objectif de ce chapitre est d'identifier les instruments de politique publique, voire de politique d'État, qui sont devenus essentiels à la construction, à la défense des intérêts ou à l'utilisation de ce modèle agro-exportateur. Pour cette raison, l'analyse se centrera sur le développement des productions et des territoires liés à ce modèle. Nous nous bornerons donc aux principales productions des plaines pampéennes (céréales, viande, oléoprotéagineux) et, lorsque nous parlons d'agriculture, nous nous référons à l'agriculture en général, à moins que nous ne souhaitions être plus précis dans notre terminologie. Si on peut considérer que les premières politiques agricoles en Argentine sont véritablement apparues à partir des années 1930, en réponse aux effets de la crise économique de 1929 sur l'économie et les exportations du pays, avant cette période, le rôle de l'État est intéressant à étudier. Il est intervenu de manière décisive pour assurer les conditions d'un système agraire tourné vers l'expansion des surfaces de production et l'exportation vers les marchés européens.

Ce modèle agro-exportateur, objet de nombreuses politiques publiques depuis sa création au XIXe siècle, continue à se caractériser aujourd'hui par son niveau d'insertion dans le commerce international, sa forte participation dans les exportations du pays, son poids dans l'économie et le niveau de concentration de ses facteurs de production. L'un des points centraux de toutes les politiques agricoles menées depuis maintenant une centaine d'année tourne autour de l'interventionnisme de l'État et, plus récemment, sur le niveau de fiscalité appliquée aux principales exportations de matières premières agricoles. Selon les époques, les niveaux de conflictualité ont varié entre les producteurs et les gouvernements mais les bases du modèle n'ont jamais été remises en question. Nous nous proposons donc de présenter les grandes périodes de l'évolution des politiques publiques autour de ce modèle agro-exportateur afin de cerner les raisons d'une telle place dans la vie politique, économique et sociale argentine.

L'ÉTAT AU SERVICE DE LA CONSTRUCTION D'UN MODÈLE AGRO-EXPORTATEUR

À la fin du XIXe siècle et au début du XXe siècle, l'économie argentine a été dominée par un modèle basé sur l'exploitation de grandes propriétés agricoles et l'exportation massive des productions agricoles et pastorales à destination des marchés européens. Ce modèle agro-exportateur, toujours en vigueur aujourd'hui, a été bâti grâce à l'action de politiques nationales tout au long du XIXe siècle. L'insertion internationale du pays a servi de boussole à un projet économique, politique et social dont les principales caractéristiques n'ont pas changé jusqu'à aujourd'hui : forte concentration foncière, exploitation agricole des terres, centralité économique des exportations agricoles et dépendance aux marchés internationaux.

Au XIXe siècle, le jeune appareil d'État de la province de Buenos Aires, puis du pays entier, sous l'influence de groupes économiques et politiques liés à la production de viande d'abord, de céréales ensuite, a donc œuvré pour le développement d'un modèle qui a façonné le territoire, donné une identité à la nation, consolidé le pouvoir d'une élite et conféré des instruments de puissance au pays.

En lien avec les besoins alimentaires grandissants des puissances de l'époque, l'Angleterre d'abord et avant tout, la politique argentine s'est traduite par un processus d'expansion territoriale, de mise en production des espaces conquis, d'aménagement du territoire, d'immigration et de concentration foncière. Les déséquilibres qui ont résulté de cette construction historique persiste à ce jour et la centralité du modèle fondé au cours de cette époque est plus que jamais d'actualité. Tandis que depuis la fin du XXe siècle on assiste au retour de la puissance argentine au premier plan du commerce des matières premières agricoles, de nouvelles dynamiques d'expansion des surfaces agricoles, au travers de la culture du soja, et de concentration des ressources foncières sont réapparues. L'ensemble des politiques mises en œuvre par les gouvernements argentins successifs au cours du XIXe siècle, qu'elles soient économiques, migratoires, de développement territorial ou bien encore sociales, avait un double objectif : favoriser le développement d'un modèle agro-exportateur et servir les intérêts d'une classe minoritaire tout en renforçant leur pouvoir.

EXPANSION TERRITORIALE ET CONCENTRATION FONCIÈRE

Les premières politiques liées au développement de l'agriculture et de l'élevage en Argentine ont revêtu un caractère éminemment géopolitique. Elles se confondent avec les besoins d'expansion territoriale et le contrôle des territoires conquis. Ce processus de couverture de l'espace et de délimitation frontalière s'est fait tout au long du XIXe siècle au moyen de l'implantation de grands élevages.

Le territoire argentin tel que nous le connaissons aujourd'hui s'est construit grâce à cette dynamique de fronts agraires durant presque un siècle, depuis l'indépendance en 1816 jusqu'aux années 1880. C'est durant cette période que les questions agraires vont se confondre avec celles de la naissance et la construction d'un État argentin. Les grands propriétaires des terres pampéennes se sont positionnés au centre de l'élite économique et ont exercé un véritable pouvoir sur le devenir politique du pays. À chaque phase de conquête, des lois ont été éditées pour leur permettre de distribuer, légaliser et concentrer le foncier acquis. À chaque étape du processus d'expansion de la frontière terrestre, d'appropriation foncière et de développement pastoral, des expéditions militaires ont été menées au préalable : expédition de Martín Rodriguez en 1823, de Manuel de Rosas en 1832 et 1840 ou encore de Julio Argentino Roca en 1880. Au total, ces différentes campagnes ont permis d'incorporer au territoire national plus de 50 millions d'hectares, soit presque l'équivalent de la France hexagonale.

L'avancée de la frontière, dans le courant du XIXe siècle, s'accompagnait immanquablement d'un mouvement d'appropriation foncière par les classes dominantes, qu'il s'agisse de grands propriétaires terriens ou bien de la bourgeoisie commerciale de Buenos Aires. L'expansion territoriale a permis non seulement de renforcer la puissance économique d'un groupe minoritaire mais aussi de consolider son influence sur le pouvoir politique, quand elle ne l'exerçait pas directement.

Ainsi, les lois et décrets relatifs à la répartition des terres incorporées par les expéditions militaires servaient directement les intérêts de cette minorité. Alors que l'Argentine entrait dans une phase d'intense construction d'un État-nation, la consolidation d'une oligarchie allait constituer un aspect central de ce processus. Ce groupe a pris un ascendant majeur sur le pouvoir, lui permettant de construire un modèle économique basé sur la rente foncière, l'exploitation agricole et les exportations, et dont le pays est toujours dépendant aujourd'hui. Parmi les différentes étapes de cession du foncier public aux mains d'acteurs privés, un exemple est plutôt marquant car il résume assez bien les choix politiques qui ont permis le renforcement des structures économiques basées sur la grande propriété foncière et l'exploitation à grande échelle des ressources agro-pastorales. En 1871, le président de l'époque, Domingo Sarmiento, aspirait à rééquilibrer la répartition du foncier et à promouvoir la colonisation agricole du territoire à l'image du *Homestead Act* aux États-Unis. Cette loi de propriété fermière, signée en 1862, avait permis à toute famille qui occupait un terrain d'en revendiquer la propriété ou bien d'acquérir à moindre prix des terrains occupés depuis peu. Limitée à une soixantaine d'hectares par famille, cette loi avait attiré une forte immigration européenne pour constituer une classe de *Farmers* et consolider l'occupation des territoires conquis durant les avancées de la ruée vers l'ouest aux États-Unis. Pour sa part, le gouvernement argentin a proposé un projet de loi similaire qui aboutit à l'autorisation de la vente de 4 millions d'hectares de terres publiques. Cependant, la superficie des parcelles a été limitée à 16 200 hectares. Compte tenu de cette surface particulièrement élevée, peu de personne pouvait acheter les terrains mis en vente. Le résultat de cette loi n'a donc fait que renforcer la concentration du foncier illustrant l'instrumentalisation du pouvoir pour servir les intérêts d'une poignée de propriétaires et de producteurs.

En l'espace de quelques décennies, les politiques publiques ont permis une concentration foncière aux proportions édifiantes : les exploitations d'une superficie de plus de 5 000 hectares ne représentaient que 1,7 % des exploitations mais elles couvraient la moitié du territoire. Ce déséquilibre notoire n'a jamais été corrigé depuis et il constitue encore un indice clair du pouvoir de certains acteurs dans un modèle économique toujours dépendant des exportations agricoles. En effet, aujourd'hui, ce type d'exploitations ne représente que 2,5 % du total des exploitations du pays et occupent 50 % de la superficie agricole, soit quelque 78 millions d'hectares. Si on élargit ces chiffres aux exploitations couvrant de 2 500 à 5 000 hectares, 5 % des exploitations couvre 64 % de la superficie agricole, soit près de 100 millions d'hectares.

AMÉNAGEMENT TERRITORIAL ET IMMIGRATION

À mesure que le territoire argentin s'étendait et que les possibilités productives augmentaient, un défi de taille s'est présenté aux autorités argentines, celui de relier des zones de production éloignées aux infrastructures portuaires pour exporter les matières premières à destination des marchés européens. Avant le développement du rail, au milieu du XIXe siècle, les coûts logistiques grevaient la compétitivité des productions céréalières argentines. Il était alors plus rentable d'importer du blé d'Europe que de le faire venir des régions intérieures du pays. La clé de voûte du modèle agro-exportateur a reposé sur le déploiement d'un réseau de transport ferroviaire capable d'acheminer les productions au port de Buenos Aires. L'État argentin a déployé une politique d'aménagement du territoire pour répondre à ce besoin stratégique, notamment au travers d'incitations fiscales et financières en faveur des investisseurs étrangers intéressés par le développement du rail.

La politique de développement du rail et l'aménagement du territoire de l'Argentine ont clairement favorisé les exportations de matières premières agricoles, laines, viandes, céréales. De fait, l'agriculture a connu une forte expansion dès que ses productions ont pu être transportées jusqu'aux ports d'exportation. Cette croissance des surfaces cultivées s'est surtout manifestée à la fin du XIXe et au début du XXe siècle. Ce fut d'abord la « fièvre lainière » qui alimenta l'essor du train, puis les surfaces cultivées se sont accrues à mesure que l'extension des lignes ferroviaires grandissait. Tandis qu'entre 1870 et 1914, le tracé des chemins de fer argentins est passé de 732 kilomètres à plus de 33 700 kilomètres, les surfaces cultivées ont bondi de 500 000 à 22 millions d'hectares. De même, le volume de marchandises transportées par voies ferrées a littéralement explosé. Alors qu'en 1880, 850 000 tonnes de marchandises transitaient par rail, en 1915, plus 35 millions de tonnes empruntaient le réseau ferré argentin, dont 20 % seulement pour le blé et le maïs.

Cette politique territoriale a non seulement incorporé de manière croissante les productions agro-pastorales, accéléré les transferts de richesse, renforcé le modèle agro-exportateur, mais elle a aussi accentué l'insertion de l'Argentine dans le commerce international ainsi que sa dépendance vis-à-vis des puissances extérieures, qu'il s'agisse de leur marché de consommation comme de leurs capitaux. Cette caractéristique des politiques de développement du secteur agricole est encore visible aujourd'hui, la Chine ayant remplacé la Grande-Bretagne comme premier marché des exportations argentines et premier investisseur étranger dans le pays.

Une dernière politique d'État a marqué la construction de ce modèle économique basé sur les exportations agricoles. Il s'agit de la politique migratoire. Ses effets furent intenses. Outre l'apport indispensable d'une main d'œuvre agricole, l'immigration a changé en profondeur le visage du pays.

La société argentine a été profondément remodelée durant les dernières décennies du XIXe siècle et le début du XXe siècle, donnant lieu à une nouvelle structure économique et sociale. En 1869, après le premier recensement national, l'Argentine comptait 1,73 million d'habitants, pour une densité d'à peine 0,62 habitant/km^2. En 1896, la population dépassait les 4 millions d'habitants et, en 1914, elle atteignait presque 7 millions d'habitants.

L'immigration a joué un rôle majeur pour répondre aux besoins de main-d'œuvre afin de mettre en exploitation les grandes plaines du vaste hinterland pampéen. La nécessité impérieuse de peupler le pays remonte aux lendemains de l'indépendance, quand elle était alors théorisée par les différents hommes politiques argentins et symbolisée par la maxime « gouverner c'est peupler ». La mise en place d'une stratégie migratoire pour répondre aux besoins de main-d'œuvre d'un modèle économique en pleine croissance a véritablement démarré sous le gouvernement du président Nicolas Avellaneda en 1876. En promulguant une loi d'immigration et de colonisation agricole, dite « Loi Avellaneda », il a ouvert la porte à une immigration massive. Cette loi considérait comme migrant toute personne qui arrivait à bord d'un bateau à voile ou à vapeur, en seconde ou troisième classe, âgée de moins de soixante ans, sans problèmes physiques ni maladies, utile pour le travail et qui déclarait notamment être saisonnier ou agriculteur. Cette loi prévoyait l'accès des immigrés aux offres de travail publiées à l'office de placement et permettait l'octroi d'un billet de train gratuit pour se rendre dans sa région de travail. Cette loi a aussi permis l'ouverture de bureaux dans les grandes villes européennes pour faire la promotion des possibilités qu'offrait l'Argentine aux futurs migrants. Si cette immigration a apporté la force de travail nécessaire à la mise en production des terres agricoles, la concentration du foncier n'a pas permis l'émergence d'une classe de petits et moyens propriétaires capable d'infléchir ou de peser sur la structure sociale et économique établie. Cependant, dans les campagnes, la structure sociale agraire, marquée par le recours quasi systématique à l'affermage ou au métayage, allait provoquer de fortes tensions sociales qui remettraient en cause, du moins partiellement, l'hégémonie du latifundio dans les zones de production agricole.

Entre la fin du XIXe et le début du XXe siècle, ce vaste mouvement migratoire a comptabilisé l'entrée de quelque 7 millions d'immigrés sur le sol argentin. La majorité des populations venaient du sud de l'Europe. Ainsi, 2,5 millions arrivaient d'Italie et près de 2 millions d'Espagne. Le pays n'a pas absorbé toute cette masse de migrants. Beaucoup sont repartis, s'inscrivant ainsi dans un phénomène de migration saisonnière occasionnée par les opportunités de travail à contresaison entre les deux continents. Toutefois, les besoins de main-d'œuvre étaient suffisamment élevés pour que l'Argentine finisse par incorporer presque 3 millions de personnes sur cette période. Plus qu'un phénomène migratoire, il s'agissait d'une véritable transformation démographique, tant les conséquences sur la composition sociale de la population et sur la culture du pays furent majeures.

Tandis que durant les premières années de la vague migratoire européenne, les espaces agricoles purent absorber une partie des immigrés, très rapidement, les conditions de répartition du foncier dans les plaines de la Pampa empêchèrent l'implantation d'un nombre chaque fois plus grand de personnes. L'Argentine commença alors à adopter le visage d'une nation socialement, politiquement et culturellement urbaine dont la base économique reposait sur sa puissance agricole. D'un peu moins de 30 % d'urbains en 1867, en l'espace d'un demi-siècle, plus de la moitié de la population vivait désormais dans les villes. Cette transition urbaine fut particulièrement précoce. Si elle correspondait à une transition typique des pays en voie d'industrialisation, l'Argentine restait pourtant, à l'époque, une nation agraire.

Les difficultés rencontrées par les immigrés pour accéder à la propriété, qu'il s'agisse de la répartition foncière entre quelques mains ou bien de la spéculation sur les terres disponibles, les ont poussés à s'installer dans les villes où les besoins de main d'œuvre étaient aussi importants, notamment grâce au développement du secteur de la construction ainsi que des pôles industriels liés à l'exportation de viande et de céréales. Une ville comme Buenos Aires, qui ne comptait encore que 178 000 habitants en 1869, atteignit 678 000 habitants en 1895, et 1,6 million en 1914.

L'une des étapes fondamentales de l'économie argentine a bien été la construction d'un modèle agro-exportateur puissant soutenu par l'État et les élites au pouvoir. Un fait marquant de ce processus fut l'omniprésence du pouvoir national pour poser les conditions du déploiement de cette stratégie agro-exportatrice. Cependant, si l'État a rendu propice le développement du commerce international et de la matrice agro-exportatrice de son économie, il s'est en revanche gardé de les réguler. Cet accaparement du pouvoir par une élite oligarchique a poussé une logique libérale à l'extrême, laissant le secteur agro-exportateur proliférer tandis que le pays prenait un sérieux retard sur le processus d'industrialisation que de nombreux pays avaient démarré dès l'entame du XXe siècle. C'est ainsi qu'à partir des premières crises qui ont ébranlé le commerce international, guerre 14-18 et crise de 1929, une remise en question du modèle a émergé. Une nouvelle ère allait démarrer, celle de la régulation et de l'interventionnisme de l'État. Désormais, il ne serait pas tant question de remettre le modèle agro-exportateur en question, mais d'en capter une partie des bénéfices au profit du développement national ou bien des finances publiques.

DE 1930 À 1955 : DES POLITIQUES PUBLIQUES INTERVENTIONNISTES

Le modèle agro-exportateur argentin a permis une insertion très active de l'économie argentine dans le commerce international. Ce positionnement, encouragé par une politique de libéralisation de l'économie et des échanges, a néanmoins soumis l'Argentine à une très forte dépendance aux marchés extérieurs, aux vicissitudes des économies des principaux pays industrialisés ainsi qu'à leurs confrontations géopolitiques. C'est pourquoi, à partir de la première guerre mondiale et plus encore à compter de la crise économique mondiale de 1929, le modèle agro-exportateur argentin va connaître de sérieuses difficultés. La diminution abrupte des transactions internationales et le protectionnisme des pays occidentaux ont provoqué la chute des prix des matières premières et réduit drastiquement la possibilité par les pays exportateurs d'écouler leurs excédents de matières premières. L'Argentine n'a évidemment pas échappé à ce contexte général. À ces deux facteurs s'est aussi ajouté celui de l'effondrement des investissements directs, liés à la chute des bourses et des marchés financiers, dont l'Argentine était tant dépendante et sur lesquels elle avait construit les bases financières de son modèle (infrastructure de transport et de logistique, banques, industries frigorifiques, etc.).

Les effets de la crise de 1929 ont donc considérablement contribué à changer le modèle économique argentin passant d'un modèle totalement ouvert, basé sur les exportations agricoles, à une économie beaucoup plus protectionniste et à la recherche d'une autonomie industrielle et économique. Cette réorientation des politiques économiques a duré plusieurs décennies et a connu des phases plus ou moins interventionnistes selon les gouvernements. Si durant cette période, les fondements du modèle agro-exportateur n'ont pas été remis en question, notamment la répartition foncière et la vocation exportatrice du secteur, la question de la régulation des prix, du contrôle des exportations et d'une protection du marché intérieur ont été au cœur des politiques agricoles du pays.

LES ANNÉES 1930 ET LE DÉBUT DE LA RÉGULATION DU SECTEUR AGRICOLE

Les années 1930 ont été marquées par le premier coup d'État militaire du XXe siècle. Il a ouvert un long processus où les périodes dictatoriales et les périodes démocratiques se sont succédé jusqu'aux années 1980. Malgré leur proximité avec les familles de grands propriétaires terriens et leurs intérêts agro-exportateurs, les programmes économiques des différentes dictatures ont varié entre une volonté protectionniste, voire développementaliste, de l'économie et une vision purement libérale. Dans les années 1930, c'est un processus de régulation, de protection et d'industrialisation de l'économie qui a été mis en place. Pour parer aux effets de la propagation de la crise économique mondiale, le gouvernement de José Felix Uriburu, d'abord, puis celui d'Agustín Pedro Justo ont mis en place des politiques interventionnistes fortes pour tenter de stabiliser une économie lourdement impactée par la chute des exportations de matières premières agricoles. Un « Plan d'action économique national » a été mis en œuvre en 1933 en réponse à la crise économique. D'inspiration keynésienne, ce plan a marqué un changement important dans la politique économique argentine de l'époque et a eu un impact durable sur le développement économique du pays, notamment en étant le premier plan d'industrialisation du pays et de substitution des importations.

Guidés par cette nouvelle idéologie, le secteur agricole et celui des exportations ont été affectés par des mesures emblématiques comme la mise en place d'un contrôle des changes (1931), d'un prix de base pour les céréales, de la création d'un organisme de régulation des grains (*Junta reguladora de granos* – 1933), d'un office national de la viande (*Junta nacional de carne* – 1933), d'une Direction nationale des silos (1933), et aussi d'une banque centrale (1935). Les premières mesures phares ont touché la politique monétaire nationale. Indispensable pour débloquer des exportations paralysées par l'abandon de l'étalon-or par l'Angleterre et la raréfaction des transferts internationaux, l'introduction d'un contrôle des changes a permis à l'État d'imposer aux exportateurs et aux représentants de maisons étrangères de négoce des taux régulés et de garantir des paiements.

L'interventionnisme de l'État a donc cherché à préserver le secteur agro-exportateur dès les premières heures de la crise internationale tout en le repositionnant dans un plan national de développement industriel afin de créer et soutenir un marché intérieur. Cet ensemble de mesures, contenues dans le Plan d'action économique national, est considéré comme l'avènement d'une véritable politique nationale de soutien à ses filières agricoles. Si l'implication de l'État durant la création et la consolidation du modèle agro-exportateur s'était illustrée par un laisser-faire économique et une pénétration totale des intérêts étrangers dans le développement du secteur agricole, en revanche, à partir des années 1930, le gouvernement militaire a cherché à faire valoir l'intérêt national et viser une certaine autonomie stratégique tout en préservant ses capacités exportatrices.

Les mesures spécifiques mises en œuvre pour réguler les prix des principaux produits de base, principalement le blé, le maïs et le lin, ont garanti aux agriculteurs un revenu minimum pour leur production, assurant ainsi la stabilité économique du secteur agricole et en les préservant des baisses significatives de revenus liées aux fluctuations du marché. Outre le cadre plus prévisible pour les agriculteurs, l'adoption de mesures de dévaluation de la monnaie, le peso, a permis de stimuler les exportations du secteur.

Ce changement de paradigme s'est aussi traduit au travers des politiques de commercialisation des céréales, dont 80 % des volumes étaient concentrés entre quatre acteurs privés au moment de la crise de 1929. À cette époque, l'Argentine ne disposait pas d'infrastructures publiques de stockage. À titre d'exemple et de comparaison, le pays comptait sur une capacité de stockage de 429 000 tonnes pour un volume exporté de 14,3 millions de tonnes, tandis que le Canada possédait 8,8 millions de tonnes de stockage pour un volume exporté de 10,9 millions de tonnes. Autrement dit, les exportations argentines étaient 30 % supérieures à celles du Canada alors que ses capacités de stockage étaient 20 fois inférieures. En 1932, le gouvernement prit plusieurs décrets afin de résoudre ce problème de souveraineté sur ses exportations en dictant plusieurs lois et décrets pour exproprier des silos privés, assigner un budget à la construction de nouvelles capacités de stockage et enfin la mise en place d'un système de contrôle géré par l'État du marché à terme des céréales.

En obligeant les grandes exploitations et entreprises céréalières à remettre leurs devises issues des exportations et en instaurant un système de taux de change différencié à l'achat et à la vente de devises, l'État a pu empêcher les phénomènes de spéculation sur les prix des céréales, d'une part, et il a pu fixer un prix minimum pour ces mêmes céréales 20 % supérieur au cours du marché, d'autre part. En créant cet organisme de régulation des grains, le gouvernement a non seulement maitrisé ses exportations de céréales, mais il a pu soutenir ses filières lorsque les prix de marché se sont effondrés. Les premières années, ce système était déficitaire mais dès la reprise de l'activité internationale, à partir de 1934, il a pu compter sur des excédents considérables. De nombreux auteurs y ont vu là les débuts d'une forme de fiscalité déguisée et un processus de discrimination contre la production agricole. Si les processus ont évolué dans le temps, cette rhétorique n'a pas changé et elle est au cœur des enjeux de politique agricole des gouvernements contemporains.

Il s'agit là un tournant majeur dans les politiques agricoles argentines car l'État n'est plus uniquement un facilitateur des intérêts privés, voire étrangers, mais il devient à force de lois régulatrices partie prenante du développement des filières agricoles et du modèle agro-exportateur. À partir de 1930, les gouvernements chercheront à encadrer ou à libéraliser le secteur notamment sur la base de ses performances internationales, l'État trouvant désormais un intérêt fiscal et financier dans le positionnement de ses exportations. Permettre l'ouverture de marchés ou maintenir des zones ouvertes au commerce des produits nationaux devient un impératif clair pour le gouvernement.

Les politiques économiques de cette époque sont intéressantes à analyser car elles ont trouvé un écho important au cours des décennies suivantes, qu'il s'agisse de les prolonger et/ou approfondir ou bien de les supprimer. Elles ont marqué clairement le début d'une relation contrastée entre les intérêts de l'État et ceux des représentants et bénéficiaires privés du modèle agro-exportateur. À titre d'exemple, l'organisme de régulation des céréales n'a été supprimé qu'en 1991 alors que les mesures de contrôle des changes et de captation des devises étrangères par la Banque centrale sont encore effectives à ce jour. Quant à la politique monétaire et les stratégies de dépréciation de la monnaie, elles sont presque devenues un rituel à chaque période de liquidation de la récolte de soja.

POLITIQUE AGRICOLE ET PÉRONISME (1943-1955)

Si la politique de planification et d'industrialisation des années 1930 a donné lieu à quelques tensions avec les secteurs agricoles, il n'en reste pas moins évident que le pouvoir économique est resté sous le contrôle des principaux acteurs de l'oligarchie agro-foncière du pays. Le modèle agro-exportateur restait la clé de voûte de l'économie argentine et ses intérêts primaient sur le reste de la société. Pourtant, le développement d'une industrie et, avec elle, celle d'une importante classe ouvrière urbanisée vont constituer les bases d'un changement en profondeur de la société. Les intérêts politiques, économiques et sociaux de la nation commençaient à diverger de ceux issus du modèle agro-exportateur hérité du siècle précédent. C'est ainsi qu'à partir des années 1940, une véritable rupture politique a bousculé l'ordre économique et politique établi. À partir de 1943, un coup d'État va mener au pouvoir un secteur des forces armées argentines dont l'objectif affiché était d'approfondir le modèle économique basé sur l'industrialisation et les substitutions d'importations et le développement d'une politique nationaliste. Parmi ce groupe de militaires, un homme a incarné ce projet, d'abord comme Secrétaire au travail puis en prenant la tête du pays lors des élections de 1946, Juan Domingo Perón. Son arrivée au pouvoir s'est faite dans un contexte international marqué par la fin de la Seconde Guerre mondiale, la consolidation de la puissance américaine, les débuts de la Guerre froide et un continent européen dévasté par la guerre. Convaincu que l'Argentine devait se défaire de sa dépendance aux exportations agricoles à destination de l'Angleterre et aux importations de matériel agricole des États-Unis, Perón a donné la priorité à l'industrialisation de son pays, au développement d'un marché intérieur et à l'affirmation de la souveraineté argentine.

Son arrivée au pouvoir a aussi marqué une rupture dans les politiques agricoles en Argentine. S'il n'a pas remis en cause les bases du modèle agro-exportateur (répartition et concentration foncière) il a en revanche largement porté atteinte à ses intérêts. Animé par une idéologie anti-oligarchique et portant un discours sur la justice sociale, Perón a multiplié les mesures politiques visant à rééquilibrer le rapport de force entre les intérêts des bénéficiaires des exportations et l'intérêt général. Celui-ci pensait pouvoir compter sur la capacité agricole du pays pour répondre à la demande extraordinaire de blé et de viande des pays européens d'après-guerre et ainsi bénéficier des retombées économiques de telles exportations pour concrétiser ses réformes productives et structurelles de l'économie.

Pour mener à bien ses projets de développement, Perón entreprit de contrôler totalement les exportations de matières premières en monopolisant leur commercialisation afin d'en utiliser les ressources. Avant de prendre la présidence du pays, il a mis en place un système de fixation des prix d'achats des matières premières et d'indexation sur leur prix de vente à l'exportation. À titre d'exemple, des décrets ont fixé le prix d'achat des récoltes de blé, de lin et de maïs ou encore le taux de prélèvement sur la valeur des exportations à destination du budget de l'État. À partir de 1946, il franchit une nouvelle étape en créant l'Institut Argentine de Promotion des Échanges (IAPI) pour s'assurer le contrôle des exportations et la maîtrise des prix sur le marché interne. L'IAPI a mis fin à l'oligopole qui dominait à nouveau les exportations des céréales argentines. Avant sa mise en place, quatre entreprises se partageaient encore plus de 80 % du total des exportations (Bunge y Born, 31 % ; Luis Dreyfus, 24 % ; La Plata Cereal, 15 % et Louis De Ridder, 12,5 %). Grâce à sa faculté d'acheter la totalité des récoltes de blé, pour l'export et pour le marché intérieur, d'acheter les semences et les huiles, et de gérer les droits d'exportation de toutes les autres céréales ainsi que la viande, l'IAPI a clairement amélioré le pouvoir de négociation à l'étranger de l'État. Le commerce intérieur était laissé aux entreprises du secteur privé.

Au moyen de taux de change préférentiels fixés par la Banque centrale, les revenus dégagés à l'export ont permis de transférer et réinvestir via la Banque centrale, sous forme de crédits, dans la promotion et le développement de l'industrie nationale.

D'autres politiques publiques ont fortement marqué cette période et porté atteinte aux intérêts du modèle agro-exportateur. Parmi les mesures les plus emblématiques, la nationalisation des silos (1945-1948), des entreprises de chemin de fer (1948) et la création d'une industrie navale (1952) pour se doter d'une flotte marchande nationale ont souligné à quel point le projet politique de Perón visait une indépendance stratégique et cherchait à rompre le schéma de dépendance subie vis-à-vis des puissances étrangères.

La nationalisation du commerce extérieur et des infrastructures logistiques, le contrôle de prix aux producteurs ainsi que des lois en faveur des travailleurs agricoles (*Estatuto del peón*, 1940 ; *Ley de arrendamientos rurales*, 1948) ont non seulement provoqué une vive opposition parmi les secteurs agro-exportateurs et l'oligarchie foncière durant les années de gouvernement de Perón, mais elles ont aussi fini par participer à la chute de l'une des principales figures de la politique argentine. En juin 1955, Perón est renversé par un coup d'État militaire. La période qui a couru du début des années 1930 à la chute du gouvernement péroniste en 1955 a signifié un important changement de paradigme économique où le modèle agro-exportateur a cédé sa place de principal moteur de l'économie pour la partager avec un modèle de *développement* industriel et autocentré. Les différentes politiques publiques expérimentées à cette époque, notamment durant la décennie péroniste, ont reflété les évolutions socio-économiques de l'Argentine et elles ont jeté les bases d'un nouveau rapport au modèle agro-exportateur. Désormais, il était potentiellement mobilisable comme une ressource au service des intérêts de l'État ou plutôt des besoins d'un gouvernement. Les décennies qui vont suivre le coup d'État de 1955 vont voir s'affronter ces nouvelles visions économiques et politiques au rythme de courtes périodes démocratiques entrecoupées d'épisodes dictatoriaux, et les politiques agricoles en refléteront les rivalités.

DE 1955 À 1990
Révolution agricole et repositionnement du modèle agro-exportateur

Après la chute du péronisme, l'Argentine est entrée dans une longue période d'instabilité politique et économique durant laquelle se sont succédé des phases autoritaires et des phases semi-démocratiques, à savoir des élections se tenaient mais le péronisme était proscrit. Avant le retour à la démocratie, en 1983, le pays a vécu une accélération et une intensification de la violence politique dont le climax fut celui de la dictature de 1976. D'un point de vue économique, l'absence de consensus sur le modèle à suivre a régné, oscillant entre des phases expansionnistes (consommation intérieure, industrialisation par substitution des importations) et des phases orthodoxes (ordre fiscal et exportations).

1955-1976 : LES POLITIQUES AGRICOLES À L'HEURE DE DÉVELOPPEMENTALISME

À partir de 1955, les politiques agricoles héritées du péronisme ainsi que le dirigisme étatique ont été abandonnés. Sous l'impulsion d'un célèbre économiste, Raúl Prebisch, un nouveau plan économique national a vu le jour, le Plan de restauration économique, et ses objectifs visaient à corriger les déséquilibres issus de la gestion du gouvernement antérieur et à repositionner le pays dans le commerce international. Au sortir de la période péroniste, un constat s'est rapidement imposé pour le secteur agricole. Le manque de politique publique de développement et de soutien des grandes filières a fini par entrainer une stagnation de la production nationale mais aussi une baisse des exportations. De plus, à partir des années 1930, l'agriculture et l'élevage avaient atteint leurs limites géographiques, l'expansion des surfaces productives devant désormais laisser la place à l'amélioration de la productivité pour répondre à la demande internationale. Or, la période 1930-1955 s'est distinguée par un décrochage de l'Argentine dans l'incorporation de nouvelles technologies (machines, intrants, infrastructures, semences).

Les politiques agricoles adoptées à partir de la fin des années 1950 ont donc cherché à redonner une certaine vigueur à la production nationale, à favoriser son développement et sa productivité mais aussi à recoller aux avancées des agricultures des pays modernisés qui, à partir des années 1960, avaient basculé dans la Révolution agricole. C'est ainsi que dès 1956, le gouvernement argentin a créé le premier institut national de recherche agronomique, l'INTA. Cet institut a joué un rôle majeur dans l'adoption, l'adaptation et la création de techniques et technologies agronomiques depuis sa création jusqu'à nos jours (semis-direct, silo sac, semences, etc.). En parallèle, le gouvernement a adopté des mesures fiscales et mis en place des lignes de crédits pour favoriser la mécanisation et le développement des équipements agricoles dans les fermes. Sur le plan macro-économique, les premières mesures prises ont clairement cherché à libérer les exportations et à redonner leur autonomie aux différentes filières en déréglementant le commerce extérieur et intérieur des produits agricoles. L'IAPI a été dissout, le marché des changes a été libéralisé, les taux de change différentiels unifiés et la monnaie dévaluée.

C'est aussi au gouvernement militaire de 1955 que l'on doit les premières mesures fiscales sur les exportations des principales matières premières agricoles. Considérées aujourd'hui comme une sorte de taxe péroniste – tant son instrumentalisation par les récents gouvernements, notamment celui de Cristina Fernandez de Kirchner, ont entrainé des tensions avec les principaux syndicats agricoles du pays – elles trouvent pourtant leurs origines dans des gouvernements antipéronistes. Appelées « *retenciones* », ces taxes sur les exportations sont désormais indispensables à l'économie argentine et représentent un pilier de la politique financière du pays. Instrument qualifié de politique de commerce extérieur, il s'agit encore aujourd'hui du plus important mécanisme de soustraction de revenus au secteur agricole. En outre, il a été utilisé de manière quasi permanente depuis sa création, en même temps que chaque dévaluation significative de la monnaie.

En 1955, la décision qui a conduit l'économiste Raúl Prebisch à proposer l'instauration de ces taxes reposait sur un double constat. D'une part, l'État avait besoin de trouver des ressources pour financer en partie les coûts liés aux programmes de redressement et de développement économique du pays et, d'autre part, l'évasion de devises à l'exportation des matières premières avait pris des proportions considérables et devait être contenue. Il est intéressant de constater que près de 70 ans plus tard, ces constats sont toujours d'actualité et la légitimité de telles mesures animent encore les débats économiques argentins. Le gouvernement de l'époque a donc choisi d'adopter une taxe allant jusqu'à 25 % de la valeur des exportations des principaux produits agricoles. L'une des caractéristiques de cette mesure était sa mobilité afin de permettre son ajustement face à l'évolution des prix sur les marchés intérieurs et internationaux. Là encore, il est intéressant de constater que le caractère évolutif et mobile de la taxe sur les exportations allait constituer quelque cinquante ans plus tard, en 2008, le point de discorde d'un projet de loi entrainant le plus important conflit social contemporain entre le gouvernement péroniste de Cristina Fernandez et les mouvements de syndicats agricoles.

L'impact de la réorientation des politiques publiques menées à partir de la fin des années 1950 s'est traduit par une évolution significative la productivité des filières céréalières au point de retrouver des niveaux de production historiques du début des années 1930 puis de les dépasser largement. Les politiques de développement technologique (motorisation et mécanisation des fermes) et agronomique (diffusion et adoption de nouvelles semences dont le soja) ont bouleversé le paysage agricole argentin. Au début des années 1980, la production agricole était quatre fois supérieure à celle de 1954 et atteignait 44 millions de tonnes. Ces améliorations se sont aussi manifestées par une nouvelle phase expansionniste des surfaces agricoles. De fait, jusqu'aux années 1970, le secteur agricole argentin se caractérisait par la place centrale occupée par les activités d'élevage. Désormais, ces dernières allaient céder la place aux principales cultures céréalières. Ce phénomène d'agriculturisation des espaces agricoles argentins s'est caractérisé par le passage à l'agriculture permanente des espaces auparavant dédiés à l'élevage ou bien à l'agro-pastoralisme (alternance de cultures et d'élevages) mais aussi par l'expansion agricole hors de ses zones de production traditionnelle. À partir des années 1970, la production agricole s'est concentrée autour des quelques cultures d'exportation comme le blé, le maïs, le tournesol et le soja, dont l'augmentation des surfaces a été de 375 % entre 1970 et 1985.

1976-1990 : LE RETOUR VERS UNE CENTRALITÉ DU MODÈLE AGRO-EXPORTATEUR

Les années 1970 ont marqué un tournant politique et économique majeur. Le coup d'État militaire de 1976 a porté au pouvoir une junte qui a organisé une répression sanglante de l'opposition politique et de la société civile. Sur le plan économique, les militaires ont amorcé une révolution néo-libérale avant l'heure, adoptant des mesures radicales en matière de politiques économiques, monétaires et fiscales, et mettant fin de manière brutale au modèle autocentré d'industrialisation et de substitution des importations. L'ouverture commerciale, la libéralisation financière, la dérégulation du marché financier local et l'ouverture aux mouvements de capitaux ne reflétaient pas seulement la volonté de se tourner vers les marchés extérieurs, elles trahissaient aussi un retour à la théorie des avantages comparatifs et à l'idéologie héritée du temps de l'avènement du modèle agro-exportateur. Le désengagement de l'État et ce retour à une plus grande insertion économique internationale se sont immédiatement traduits par une exemption des taxes sur les exportations, une dévaluation de la monnaie et un retrait des subsides et des soutiens à la production agricole comme les crédits à taux préférentiels.

Pour le secteur agricole, alors en pleine expansion productive, cette politique d'ouverture et de libéralisation à marche forcée a provoqué un processus de concentration des moyens de production et a posé les jalons de la future révolution technique et organisationnelle de la production de grains, notamment de soja, qui a bouleversé l'agriculture argentine dans les années 1990. À la fin de la dictature, en 1983, les choix économiques et financiers de la junte se sont révélés inopérants pour le pays qui a sombré dans une crise que le secteur agro-exportateur a fini par subir à son tour. Le retour de la démocratie a signifié le retour de politiques publiques pour tenter d'enrayer la spirale inflationniste et la crise de la dette au moyen d'un grand plan macro-économique, le *Plan austral*, avec lui les taxes sur les exportations ont fait leur réapparition. Cependant, alors que les prix internationaux des céréales étaient avantageux jusqu'au début des années 1980, à partir du mitan de cette décennie, ils se sont écrasés opérant un effet délétère sur le secteur agricole argentin pris entre l'inflation incontrôlée, une monnaie en déroute, un accès au crédit limité, des taxes inadaptées et un marché international inondé par les productions subventionnées des États-Unis et de l'Europe.

LES ANNÉES 1990 ET LE NÉO-LIBÉRALISME ÉCONOMIQUE ET AGRICOLE EN ARGENTINE

Le contexte international des années 1990 a fortement influencé le destin politique et économique de l'Argentine. Inspiré par le triomphe du capitalisme sur le communisme, le président de l'époque, Carlos Menem, a embrassé sans retenue l'idéologie désormais dominante du libéralisme et la nouvelle doctrine de développement économique connue sous le nom de consensus de Washington. Corpus de mesures standard appliquées aux économies en difficulté face à leur dette par les institutions financières internationales (Banque mondiale et Fonds monétaire international), ce modèle de développement prônait la libéralisation du commerce extérieur et la déréglementation des marchés.

Porté par un enthousiasme de converti au libéralisme, le président argentin a lancé un important train de réformes macroéconomiques qui a provoqué des changements importants des politiques pour le secteur agricole. L'une des mesures phares fut le décret de déréglementation économique promulgué en 1991. Pour l'agriculture, la libéralisation du marché fut brutale et se traduisit par l'élimination pure et simple des différents organismes régulateurs, tels que le Conseil National de la Viande, le Conseil National des Céréales, les mécanismes de soutien à la production des petits céréaliculteurs et toutes les barrières et taxes à l'exportation ainsi qu'une baisse significative des droits de douane à l'importation. L'objectif affiché était de redonner au secteur agricole son importance et sa place en s'inspirant de son rôle durant la grande époque du modèle agro-exportateur du début de siècle.

Par ailleurs, le gouvernement a adopté un régime monétaire le liant au dollar, au moyen d'un taux de change fixe, permettant de juguler l'inflation, et il a mis en place des mesures fiscales pour favoriser les investissements étrangers dans le pays. Dans le secteur agricole, à la faveur de nouvelles perspectives économiques, les importations d'intrants et d'équipements ont augmenté pour répondre à la reprise de la demande internationale, notamment émanant des pays européens en quête d'importations de soja. Dans ce contexte de dérégulation de l'activité économique et agricole, une autre mesure emblématique du gouvernement a été l'autorisation des semences de soja transgénique résistante au glyphosate, le soja *RoundUp Ready* (RR).

Déjà solidement implanté à partir des années 1970, le soja est devenu, à partir des années 1990, la culture reine des espaces productifs argentins.

Après l'expansion agro-pastorale de la fin du XIXe et début du XXe siècle, la construction de voies ferrées, le peuplement des espaces pampéens grâce à l'immigration, le soja a imposé une nouvelle mutation des espaces agricoles. Sous la pression de la croissance rapide de la demande mondiale de protéines végétales, l'appareil productif argentin s'est adapté au détriment de ses activités pastorales traditionnelles mais aussi de certaines autres cultures, comme le tournesol par exemple. Celles-ci se sont trouvées en concurrence directe avec des cultures plus rentables, comme le soja, dont les exportations ont servi à alimenter les filières d'élevage d'autres pays. D'à peine 2 millions d'hectares dans les années 1970, les surfaces de soja ont atteint jusqu'à 20 millions d'hectares dans les années 2010.

Autre mesure de taille pour accompagner cette révolution du secteur agricole, le gouvernement a opéré la privatisation de ses infrastructures portuaires. Historiquement, l'axe fluviomaritime formé par les fleuves Paraguay et Paraná a constitué une artère essentielle pour le développement de la région car il s'agit d'une voie navigable ne nécessitant aucun aménagement particulier pour le transport des hommes et des marchandises, comme des systèmes d'écluse par exemple. Cette privatisation des infrastructures portuaires et de stockage a généré un afflux important d'investissements étrangers dans le secteur agro-industriel.

Depuis les débuts de l'agriculturisation des espaces productifs argentins, leur amélioration productive et la croissance de la demande internationale, la région pampéenne faisait face à au besoin impérieux de renforcer son offre logistique et agro-industriel afin de s'assurer une position dominante dans les rapports de force mondiaux autour des matières premières agricoles. Le résultat de cette privatisation a permis l'installation de complexes agro-industriels capables de transformer près de 125 000 tonnes de grains par jour, créant ainsi le plus important pôle de transformation agro-industrielle au monde.

Les différentes décisions politiques et économiques de cette époque ont donc cherché à soutenir l'ouverture du marché agricole argentin, à renforcer le secteur privé, à développer une plus grande offre de crédit pour soutenir le modèle productiviste et enfin renforcer le modèle agro-exportateur, notamment la production et les exportations de soja. Entre 1990 et 2001, le secteur agricole a nettement augmenté sa superficie cultivée et a accru son efficacité grâce à l'incorporation de capital, d'intrants modernes (engrais, produits agrochimiques, semences OGM), de nouvelles technologies (semis direct) et de changements organisationnels (services d'entrepreneurs, pools de semis). Durant cette décennie, la production agricole a augmenté à un rythme supérieur à celui enregistré au cours des années précédant la première guerre mondiale, lorsque le modèle agro-exportateur atteignait son apogée et que l'Argentine se voyait comme le « grenier du monde ». Tandis que les prix internationaux ont entamé un premier cycle haussier à la fin des années 1990, cette révolution productive allait précéder deux évènements décisifs pour le pays : la plus grande crise financière de son histoire et l'ouverture d'un super cycle des matières premières alimenté par la croissante fulgurante de la Chine.

LES ANNÉES 2000
Un modèle agro-exportateur au cœur des enjeux de politique économique

L'Argentine a ouvert son XXIe siècle par la plus importante crise économique et financière de son histoire. Incapable d'honorer ses dettes, le pays est entré en défaut de paiement ouvrant une période de très grande instabilité économique et politique. Cependant, malgré les turbulences, la démocratie argentine a tenu bon et dès 2003, le gouvernement du président Nestor Kirchner a pu compter sur un contexte international exceptionnellement favorable pour entamer le redressement économique de son pays. L'émergence d'un cycle de prix élevés à partir de 2002 a permis au gouvernement d'imposer de nouvelles politiques fiscales sur les exportations de produits agricoles, notamment le soja dont la demande internationale explosait littéralement à cette période.

Désormais, le repositionnement des exportations agricoles au cœur de l'économie argentine et son influence dans les choix de politiques publiques vont faire l'objet d'une centralité obsessionnelle entre les partisans d'un modèle libérale et ceux d'un modèle interventionniste. De 2003 à 2015, les gouvernements péronistes, sous la présidence de Nestor Kirchner puis de Cristina Fernandez de Kirchner, ont construit leur politique macroéconomique sur la base de cette fiscalité sur des exportations agricoles et agroalimentaires dont les taxes constituaient la troisième recette budgétaire de l'État et le premier pourvoyeur de devises étrangères du pays. En outre, à l'instar des gouvernements de la seconde moitié du XXe siècle, à l'exception de la période militaire de 1976 à 1983, ces gouvernements ont remis en place des systèmes de contrôle des changes ainsi qu'une politique de quotas d'exportation sur des produits stratégiques pour la sécurité alimentaire nationale (blé, viande).

Au cours de la période 2003-2015, les mesures fiscales et de restrictions sur les exportations ont rapporté quelque 150 milliards de dollars. Une partie a été réinvestie par l'État dans des politiques publiques à destination du secteur agricole au moyen de subventions et de compensations notamment pour des programmes spécifiques de recherche et développement. Cependant, les politiques publiques menées par les gouvernements péronistes ont provoqué un niveau de conflictualité inédit avec le secteur agricole dont le climax a été atteint en 2008 lorsque le pouvoir exécutif a cherché à adopter une résolution visant à augmenter les taxes à l'exportation et à lier les augmentations futures des prix du marché à des taxes plus élevées. Bien que cette mesure ait été inspirée du plan de restauration économique de la dictature de 1955, la décision de son application a déclenché un vaste mouvement de protestation dans le secteur agricole, dont l'ampleur n'avait pas été anticipée. Portée devant le Congrès sous la forme d'un projet de loi, cette résolution n'a finalement pas été adoptée. Ce conflit a relancé l'opposition idéologique entre des modèles de développement et les politiques à appliquer à un secteur redevenu hautement stratégique pour l'État.

À partir de 2015, l'Argentine va expérimenter un nouvel épisode de politique libérale avec Mauricio Macri, premier président de droite élu démocratiquement (sans recours à un coup d'État). Mettant un terme à la politique interventionniste de ses prédécesseurs, le nouveau gouvernement a introduit des changements significatifs dans la politique agricole en mettant en œuvre un certain nombre de mesures réclamées par les filières depuis plusieurs années : levée des restrictions aux exportations (taxes et quotas), dévaluation du peso (regain de compétitivité à l'export), création d'un ministère de l'agro-industrie faisant davantage le pont entre secteur agricole et transformation alimentaire. Concernant les droits de douane, la plupart des produits exportables – à l'exception du soja et de ses dérivés, restés à 30 % et 27 % respectivement – devait suivre un calendrier de réduction jusqu'à leur élimination totale en 2020.

Cependant, le gouvernement de Mauricio Macri finançant son budget au moyen de l'endettement sur les marchés financiers, il s'est vite retrouvé dans l'obligation de revenir sur l'élimination progressive des taxes à l'exportation en appliquant, dès 2018, des droits à toutes les exportations à un taux moyen de 12 %, à l'exception du soja taxé à 27 %. Cette séquence vécue par un gouvernement libéral est riche d'enseignements pour appréhender la dynamique entre politique commerciale et politique fiscale à l'égard du secteur agricole en Argentine. La politique agricole et le niveau de taxation de l'agriculture sont le résultat d'un équilibre économique et politique complexe qui démontre la place singulière du secteur et celle de ses exportations.

Le changement de gouvernement en 2019 a impliqué un nouveau revirement dans la politique agricole qui s'est traduit par une nouvelle augmentation des droits à l'exportation avec des taux différenciés par produit et un contrôle accru du marché des changes. De même, de nouvelles restrictions à l'importation d'intrants et de biens d'équipement ont été décidées. La ligne générale de la politique agricole a opéré un retour à des politiques de forte taxation de l'agriculture pour des raisons fiscales, de différenciation des prix entre les marchés internationaux et intérieurs ainsi qu'un protectionnisme croissant et l'utilisation de taux de change différentiels et de droits à l'exportation pour soutenir une stratégie d'industrialisation et de promotion de la transformation locale des matières premières. Dans un contexte international particulièrement complexe à partir de 2020, la relation entre le secteur agricole et le gouvernement s'est encore une fois détériorée laissant le champ libre à un renversement des politiques agricoles.

En 2023, la dernière élection a porté au pouvoir un président ultralibéral dont le discours de campagne mettait en exergue les années fastueuses du modèle agro-exportateur et dont l'ambition assumée était d'y revenir. Parmi les mesures proposées par le nouveau gouvernement, celles d'un retour à la dollarisation de l'économie nationale et la levée immédiate de toutes les restrictions aux exportations et aux importations reflétaient avant toute chose le retour du pendule économique argentin et ses effets sur les orientations de politique agricole. Pourtant, à peine après un mois au pouvoir, il n'était déjà plus question d'éliminer les taxes sur les exportations mais au contraire de les alourdir de deux points afin de permettre une rentrée de devises indispensables au paiement des services de la dette, d'une part, et de doter la Banque centrale des fonds nécessaires en vue d'un ancrage monétaire sur le dollar. En tout état de cause, ce revirement encore plus rapide que celui de Mauricio Macri entre 2015 et 2018 illustre à quel point le modèle agro-exportateur est redevenu le cœur économique et politique de la nation.

CONCLUSION AU CHAPITRE

Depuis sa création, le modèle agro-exportateur argentin impose une forme de centralité à la vie politique et économique du pays. Cette permanence historique constitue l'une des singularités de l'Argentine. L'analyse des politiques publiques qui ont accompagné le développement et la continuité de ce modèle permet de comprendre les rapports de force et les enjeux de politique nationale qui traversent l'histoire du pays.

Olivier ANTOINE
Directeur d'ORAE Géopolitique

FAIBLESSES DE LA POLITIQUE AGRICOLE HAÏTIENNE DANS UN CONTEXTE D'AGRICULTURE LIBÉRALISÉE

La République d'Haïti, désignée comme la « perle des Antilles » sous la Colonie française, figure aujourd'hui parmi les pays les plus pauvres des Amériques, avec un des indices de développement parmi les plus faibles au monde (PNUD, 2020). Dans ce pays très montagneux, le secteur agricole a longtemps constitué un pilier de l'économie. Jusqu'à la fin des années 1970, il contribuait pour environ 45 % à la création de richesse du pays (MARNDR, 2011). Aujourd'hui, ce secteur emploie toujours près de la moitié de la population active mais son poids dans la constitution du Produit Intérieur Brut est en fort recul : 20 % en 2022 (Banque Mondiale, 2024). Cette paysannerie, nombreuse, est de plus particulièrement exposée à la misère : elle regroupe les deux tiers des ménages qui vivent sous le seuil de pauvreté (MARNDR, 2012). Cette grande précarité des conditions de vie est à l'origine d'un exode rural massif depuis plusieurs décennies vers des chemins d'immigration clandestine ou vers les bidonvilles de la capitale, où se côtoient détresse et violences extrêmes.

Le cas de ce petit pays insulaire, dont la population a doublé en 40 ans, apparait particulièrement intéressant lorsqu'on s'attache à comprendre les conditions d'activité de sa paysannerie durant les dernières décennies. Depuis l'indépendance politique du pays, en 1804, cette dernière a en effet évolué dans des conditions socio-économiques particulièrement difficiles (lourdes taxes, dépendance à l'égard de commerçants usuriers, précarité des modes de tenure foncière). Celles-ci se sont encore détériorées depuis la fin de la dictature duvaliériste, en 1986, avec la mise en œuvre de politiques d'ajustement structurel et de libéralisation commerciale. Ces mesures se sont traduites par un désengagement de l'État des marchés agricoles et des services et par le démantèlement rapide et spectaculaire de la protection douanière, en particulier pour les produits agricoles (Freguin et Devienne, 2006). L'ouverture des frontières a exposé l'agriculture haïtienne sans aucune protection à la concurrence d'agricultures à la productivité du travail supérieure et subventionnées : les importations agricoles ont augmenté et les prix agricoles ont baissé, avec comme conséquence une paupérisation croissante de la paysannerie (Dufumier, 2004). Faute de pouvoir dégager des revenus monétaires suffisants pour s'équiper correctement, les agriculteurs haïtiens pratiquent une agriculture manuelle avec un outillage rudimentaire et peu différencié. Dans un contexte de fort accroissement démographique, ils travaillent de très petites surfaces, moins de 1 ha par exploitation en moyenne (MARNDR, 2012), avec des modes de tenure souvent précaires, les conduisant à mettre en œuvre des systèmes de production qui ne permettent pas toujours d'assurer la reproduction de la fertilité des écosystèmes cultivés (Bouvard et Devienne, 2019 ; SACAD et FAMV, 1993a). Cette situation de crise agraire se traduit par une très grande pauvreté des agriculteurs et est à l'origine d'une fragilisation des écosystèmes cultivés, en particulier dans les régions de montagne, participant à entretenir un discours ancien sur le manque de rationalité des systèmes paysans. Celui-ci trouve écho dans la faiblesse du soutien apporté par l'État aux exploitations familiales du pays.

Pour comprendre les conditions d'évolution du secteur agricole haïtien, il apparait nécessaire en premier lieu d'appréhender la singularité de la géographie et de l'histoire chahutée du pays ; nous y consacrons la première partie de ce chapitre. Parler des politiques publiques haïtiennes en lien avec l'agriculture amène à s'intéresser en détail aux politiques économiques et commerciales, dont les évolutions ont fortement déstabilisé le secteur agricole. Les parties suivantes détaillent la transition d'une politique protectionniste, dans un contexte de dictature, à des réformes économiques et commerciales néolibérales mises en œuvre à partir des années 1980. L'analyse des impacts de ces réformes sur l'agriculture amène également à discuter des freins à l'émergence d'une politique agricole adaptée aux besoins de la paysannerie, qui formerait un cadre pour l'action publique et pour celle des acteurs de la coopération internationale devenus, depuis plusieurs décennies incontournables dans le pays.

UNE ÎLE PARTAGÉE, AUX RÉALITÉS AGRAIRES CONTRASTÉES ENTRE LES MORNES ET LES PLAINES

Plusieurs éléments apparaissent intéressants à présenter pour appréhender la singularité du contexte haïtien. En premier lieu sur le plan géographique, le caractère insulaire du pays, au sein de l'archipel des Grandes Antilles, insularité partagée puisque la République Dominicaine occupe les deux tiers de la superficie de l'île. Malgré cette grande proximité géographique, ces deux pays ont connu des trajectoires historiques différentes conduisant à des voies de développement distinctes (Théodat, 2003). En 2023, la population haïtienne avoisine 11,5 millions d'habitants, équivalente à celle de la République Dominicaine, révélant une densité de population deux fois supérieure. Alors qu'Haïti enregistre un revenu par habitant parmi les plus faibles du continent, celui de la République Dominicaine est près de 10 fois supérieur et son économie est considérée comme l'une des plus performantes de la Caraïbe en termes de croissance (Dupont, 2022). Si aujourd'hui la République Dominicaine constitue un partenaire commercial incontournable, avec de très nombreux flux de marchandises à la frontière, tant formels qu'informels, cette proximité géographique fait également de ce pays un terrain privilégié d'émigration haïtienne. Autre proximité géographique, deux heures de vol séparent la capitale haïtienne de Miami, aux États-Unis, ce qui participe à expliquer les liens privilégiés entre ces deux pays, en particulier sur le plan commercial et de l'aide au développement.

En dépit de sa faible superficie, Haïti est caractérisé par une grande diversité de reliefs et de conditions pédoclimatiques, qui se traduit par une forte hétérogénéité des contextes de production agricole. Dans ce pays très montagneux, dans lequel près de la moitié de la superficie présente des pentes supérieures à 40 % (MDE, 2015), se distinguent de prime abord les *mornes*. Ces régions de montagne sont caractérisées par des versants de pente forte découpés par des cours d'eau, affluents des principaux fleuves du pays. Ces derniers s'écoulent dans les plaines alluviales, à haut potentiel de production, dont certaines irrigables, aux potentialités contrastées avec les *mornes*. Cette dualité est toutefois complexifiée par une hétérogénéité de reliefs, substrats et types de sols au sein de chacun de ces grands ensembles. S'ajoute à cela une diversité de climats, en particulier due à l'influence du relief sur la pluviosité. Alors que le contexte climatique qui prévaut à l'échelle du pays est marqué par l'alternance entre saisons pluvieuses et saisons sèches, les nuances saisonnières sont très vives selon les régions. L'orientation des reliefs par rapport à la direction des principaux régimes de vent conditionne fortement la répartition d'ensemble des pluies, selon que les versants sont exposés « au vent » ou « sous le vent » (Moral, 1961). Les importantes différences d'altitude entre les sommets et les plaines engendrent également de vigoureux contrastes régionaux et locaux de températures. Enfin, ces contrastes sont accentués par l'exposition de certaines régions au passage occasionnel des cyclones durant la saison estivale, apportant vents violents et précipitations abondantes en provenance du sud. Le pays forme ainsi une mosaïque de microrégions aux conditions pédoclimatiques et agroécologiques différentes. Les réalités agraires y varient profondément, complexifiant l'exercice d'émergence d'une politique agricole adaptée, qui prenne en compte ces diversités régionales.

DUALITÉ ENTRE UNE AGRICULTURE FAMILIALE VIVRIÈRE ET MARCHANDE ET L'AMBITION POLITIQUE D'UNE AGRICULTURE DAVANTAGE TOURNÉE VERS L'EXPORT

UNE PAYSANNERIE TRÈS TÔT INTÉGRÉE AUX ÉCHANGES MARCHANDS QUI PEINE À SE DÉVELOPPER

Cette diversité des réalités agraires au sein même du pays est également le fruit d'un héritage historique dessiné dès la colonie. La période coloniale française à Saint Domingue (XVIIe et XVIIIe siècles) est marquée par le développement d'une activité productrice intense tournée vers les cultures d'exportation. La culture du tabac puis celle de l'indigo et enfin de la canne à sucre sont développées au sein de grandes plantations dans les plaines, moyennant l'arrivée de plusieurs milliers d'esclaves sur l'île tout au long du XVIIIe siècle. La « moins grande propriété » connait un essor en se consacrant au développement de cultures spéculatives moins exigeantes en capital et produisant des bénéfices plus rapidement après plantation sur les piémonts : le coton et le café (D'Ans, 1987) (Moral, 1961). Le développement du café est particulièrement rapide, dans un contexte de forte hausse de la demande européenne : la production est multipliée par plus de 10 entre 1755 et 1789 (Moral, 1961), moyennant l'installation de caféteries dans des zones de plus en plus hautes en altitude et avec des techniques de production sans couvert qui se traduisent par une première ouverture des espaces cultivés sur les pentes dans les *mornes*.

Consécutivement à la Révolution française, le soulèvement des esclaves, suivi de l'abolition de l'esclavage dans la partie orientale de l'île, ouvre la voie à la conquête de l'indépendance, proclamée en 1804. L'alliance des différents groupes de la société haïtienne qui ont permis d'accéder à l'indépendance ne perdure pas et une compétition s'instaure rapidement entre anciens esclaves, population noire affranchie, métisses et officiers pour la maitrise du pouvoir politique dans les premières décennies du XIXe siècle (Moral, 1961). Ces tensions sont à l'origine de la scission du pays en deux États, qui ont en commun une ambition économique de relance des plantations agricoles commerciales. Dans le Nord et l'Artibonite, un régime féodal est instauré par le roi Christophe, autoproclamé. Les habitations coloniales sont reconstituées et confiées à des alliés du royaume, moyennant des distributions de grands lots fonciers à ces « *grandons* » faisant appel à une main d'œuvre corvéable (D'Ans, 1987) (Moral, 1961). À la suite des désertions massives des cultivateurs vers le sud, Christophe accorde des mesures favorables à la moins grande propriété, mais perd la fidélité des piliers du système : il se suicide en 1820 (D'Ans, 1987). Le régime du mulâtre Pétion dans le Sud et l'Ouest apparait par contraste très libéral. Afin de s'assurer la fidélité de l'armée et des cultivateurs et maintenir les positions de l'aristocratie sudiste, il effectue des redistributions de terres plus nombreuses, conduisant à une répartition foncière plus harmonieuse avec une paysannerie dotée d'une petite propriété. Bien que la majorité du foncier appartienne à la paysannerie, cet héritage historique continue d'expliquer les différences de répartition du foncier entre la partie nord, où des descendants de *grandons* conservent des propriétés importantes, et la partie sud du pays.

Le décès de Christophe aboutit à la réunification de l'île, sous le gouvernement de Boyer : le nord et le sud d'Haïti sont réunifiés mais aussi la partie orientale espagnole de l'île et la partie occidentale française. L'objectif de Boyer est de faire reconnaître l'indépendance du pays afin de mettre fin aux hostilités entre Haïti et la France et de ne plus devoir maintenir des forces militaires coûteuses (D'Ans, 1987). Charles X reconnait finalement cette indépendance en 1825 contre le paiement de 150 millions de francs pour le dédommagement des Français considérés comme dépossédés (D'Ans 1987) (Dufumier 2004). Des négociations permettent de réduire le montant et allonger les délais de paiement ; Haïti s'acquitte du dernier versement en 1883. Cette dette entraîne plusieurs conséquences. En premier lieu, dans le contexte où l'État haïtien souffre d'un manque d'unité et d'une difficulté à assurer une gestion intégrée de l'ensemble de l'île, le remboursement de la dette contribue à alimenter le conflit qui aboutit à la nouvelle séparation de l'île en deux parties : Haïti et la République Dominicaine (Théodat, 2003). De plus, même si la reconnaissance de l'indépendance apporte un premier sentiment de soulagement, elle s'avère en réalité désastreuse pour l'économie du pays qui doit disposer de devises en quantités importantes pour rembourser l'emprunt et n'a d'autre choix que de poursuivre le projet de relance des productions commerciales : le sucre dans les plaines, qui ne cessera pourtant de décliner, les bois précieux et le café.

La paysannerie est déjà bien intégrée aux échanges marchands : les paysans combinent sur leur exploitation des productions pour l'autoconsommation et dépendent de la vente de productions commercialisables – le café en premier lieu, complété par d'éventuels surplus vivriers et des porcs engraissés en cas de nécessité – pour l'achat de biens de première nécessité. Cette intégration aux échanges marchands a cependant lieu sous l'emprise des commerçants usuriers, installés dans les bourgs du littoral, connus sous le nom de « bourgeoisie du bord-de-mer », qui jouent le rôle de relais commercial entre l'ancienne métropole et le marché intérieur (Honorat, 1979). Ces riches commerçants, spéculateurs de denrées, contrôlent l'export, vendent des produits alimentaires importés (hareng saur, morue, bœuf salé, maquereau, farine de blé) et créent une relation de dépendance forte avec les paysans en leur offrant des crédits usuraires (D'Ans, 1987) (Dufumier, 2004). Ceux-ci ne parviennent pas à négocier les prix de vente de leurs marchandises ni le taux des emprunts : les revenus qu'ils dégagent de la vente de leurs produits sont insuffisants pour équiper leur exploitation. L'activité d'export de bois précieux, qui se développe de manière très rapide sous impulsion de l'État pour répondre à une demande européenne et américaine en augmentation, génère un revenu majoritairement capté par les exportateurs et se traduit par une diminution de la couverture arborée sur les pentes (Bellande, 2015). Dans le même temps, afin de générer davantage de devises, l'État réhausse les taxes fiscales et commerciales sur les exportations de café, au détriment de la paysannerie, déjà en difficulté.

À la même période, le pays se dote d'un code très largement inspiré du modèle français de 1804. Cette nouvelle réglementation vise à mettre fin aux nombreux détournements de biens et falsification de titres, à l'origine d'une confusion sur la propriété foncière et entrainant de nombreux conflits terriens. Ce code se révèle cependant inadapté aux conditions du pays, en particulier en milieu rural. Dans la pratique, il sera complété par des usages relevant du droit coutumier, à l'origine d'une situation foncière encore aujourd'hui illisible et conduisant de nombreux auteurs à distinguer le « pays légal » du « pays réel et profond » ou encore du « pays en dehors » (Barthélemy, 1989) (Théodat, 2001).

L'OCCUPATION NORD-AMÉRICAINE ET LA RELANCE DES GRANDS PROJETS DE PLANTATION DANS LES PLAINES

La pauvreté dans les campagnes donne lieu à des rébellions paysannes au début du XXe siècle, qui s'embrasent à la suite d'expropriations massives pour tenter de réhabiliter de grandes plantations. Sous prétexte de rétablir l'ordre, les États-Unis occupent le pays de 1915 à 1934. L'intervention américaine, un an après le début de la Première Guerre mondiale, vise surtout à limiter la montée en puissance de l'Allemagne qui n'a pas de passé colonial dans la région et représente une menace de concurrence potentielle pour les États-Unis (D'Ans, 1987) (Théodat, 2003). Compte tenu de l'ouverture du canal de Panama en 1914, l'intérêt stratégique de la région se renforce et les États-Unis deviennent particulièrement vigilants aux îles et aux détroits situés sur les nouvelles routes maritimes qui relient l'Atlantique au Pacifique (D'Ans, 1987).

Après Cuba et la République Dominicaine, les États-Unis prennent également le contrôle de la gestion administrative et financière de l'État d'Haïti, leur permettant de faciliter les conditions d'expansion du capital américain en particulier en éliminant la clause constitutionnelle qui interdit la propriété immobilière aux étrangers et en autorisant la location des terres de l'État avec des baux emphytéotiques à des entreprises agro-industrielles étrangères (Dufumier, 2004) (SACAD et FAMV, 1993b). Entre 1915 et 1927, une dizaine de compagnies américaines s'emparent de grands domaines dans les plaines les plus fertiles du pays pour la production de cultures d'exportation destinées notamment au marché nord-américain (*ibid.*). Cependant, malgré le déploiement d'importants moyens techniques sans retombées bénéfiques à la paysannerie, les États-Unis ne parviennent pas à vaincre la résistance des agriculteurs et n'arrivent pas à réimplanter et moderniser les grandes plantations. De plus, alors que ces derniers investissent également dans les pays voisins (République Dominicaine, Cuba), en particulier dans les plantations sucrières dans un contexte favorable sur le marché du sucre, la rémunération offerte pour répondre aux forts besoins de main d'œuvre entraine d'importantes migrations haïtiennes vers ces pays en dépit des conditions de travail très difficiles. Au départ des Marines en 1934, les États-Unis laissent en Haïti une armée nouvelle qui leur demeurera fidèle pendant tout le XXe siècle et leur permettra d'avoir une emprise sur le système politique haïtien.

D'UNE POLITIQUE PROTECTIONNISTE À UNE LIBÉRALISATION DE L'AGRICULTURE HAÏTIENNE

SOUS FRANÇOIS DUVALIER, UNE POLITIQUE PROTECTIONNISTE QUI BÉNÉFICIE PEU À LA PAYSANNERIE HAÏTIENNE

En 1957, François Duvalier, ancien médecin rural qui s'élève contre la mainmise des États-Unis ainsi que la toute-puissance de la bourgeoisie marchande, est élu président avec les voix, entre autres, de la paysannerie pauvre (Dufumier, 2004). Il instaure progressivement une dictature grâce au fonctionnement d'une milice chargée de terroriser les opposants et d'assurer la sécurité du régime ainsi que le respect des lois. Dans un premier temps, les exactions sont dirigées contre les commerçants du bord de mer, et s'étendent rapidement aux campagnes, soumises à de nombreux prélèvements par des élites nouvelles : juges de paix, arpenteurs, notaires, etc.

La dictature imposée au pays par François Duvalier s'accompagne rapidement d'une politique de protection commerciale et de contrôle des ports. Les ports de province sont fermés et tout le commerce d'import et d'export s'effectue désormais via la capitale. De plus, motivés par la dépense parcimonieuse des devises, François Duvalier a recours au contingentement et à la taxation des importations alimentaires. Cette politique protectionniste présente des intérêts financiers pour le gouvernement. Elle permet l'établissement de précieuses alliances avec des familles commerçantes, via l'attribution de licences à l'importation et à la distribution, et avec des familles industrielles, auxquelles sont accordés des monopoles de substitution aux importations (Kermel-Torres et Roca, 1991). Pour importer des céréales, un agent doit être enregistré auprès du ministère du Commerce et disposer d'une licence d'importation qui n'est délivrée que lorsque le ministère de l'Agriculture statue que la production nationale ne peut suffire aux besoins de la population (Jensen *et al.*, 1991).

Le contrôle strict des volumes importés permet aux importateurs de générer d'importantes marges en pratiquant un prix de vente des denrées importées sur le marché intérieur significativement plus élevé que le prix à l'importation (Freguin, 2005). L'État quant à lui s'attribue de nombreuses ressources budgétaires au travers de différents monopoles : importations de farine et de blé ou encore distribution de sucre. Aux recettes provenant des taxes sur les importations et des transferts financiers des industries de transformation au Trésor viennent s'ajouter les recettes douanières des exportations de café, l'ensemble représentant une ressource budgétaire importante pour l'État, jusqu'au tiers de ses recettes en 1984 (Kermel-Torres, Roca, 1991).

Cette politique de protection commerciale contribue dans une certaine mesure à protéger les paysans haïtiens de l'entrée d'importations provenant de pays où la productivité agricole est plus élevée (Dufumier, 2004). Elle ne leur bénéficie cependant que peu dans la mesure où l'essentiel des bénéfices de la taxation des produits agricoles est récupéré par le gouvernement et ses « alliés » (Dufumier, 2004) (Freguin, 2005). Cette protection relative reste insuffisante pour leur permettre une réelle hausse de leur niveau de vie et de leurs revenus.

Une faible part du bénéfice généré est utilisée au service du développement de l'agriculture. Les interventions de l'État dans ce secteur sont effectuées à travers des plans quinquennaux qui définissent le cadre d'intervention. Les investissements publics sont à nouveau concentrés vers les filières agricoles d'exportation (café, cacao, coton, canne à sucre, sisal), considérées comme des « rampes de lancement » pour le développement agro-industriel (AgroConsult SA, 2017). Plusieurs organismes pour le financement du développement rural sont créés, dont les activités cesseront cependant avant la fin des années 1980 faute d'ancrage local. Les actions conduites ne donneront pas lieu au développement escompté, sans réelle prise en compte des préoccupations rencontrées par la paysannerie. Les agriculteurs ne parviennent toujours pas à dégager un revenu suffisant pour investir, faire évoluer leur équipement et accroître la productivité de leur travail. Les faibles revenus générés sont prioritairement investis dans la scolarisation des enfants, dans l'espoir de leur offrir un avenir meilleur. Les paysans n'ont d'autre choix, pour leur survie, que la mise en œuvre de systèmes de production basés sur une utilisation intensive des ressources et de la force de travail. Bien souvent, le mode d'exploitation de l'écosystème cultivé mis en œuvre entraine sa dégradation, en particulier dans les régions de montagne. Les sols, pauvres en matières organiques et peu structurés, situés sur les pentes sont davantage exposés à l'érosion par les eaux de ruissellement lors des épisodes pluvieux de forte intensité. Dans ces espaces, le potentiel de fertilité et les rendements diminuent rapidement, contraignant les agriculteurs les plus pauvres à l'émigration temporaire d'abord, puis définitive ensuite (États-Unis, Europe, Guyane, Antilles).

DÈS LES ANNÉES 1970, UNE PLACE CROISSANTE DE L'AIDE INTERNATIONALE

La politique protectionniste conduite par François Duvalier s'affaiblit à sa mort et avec la prise de pouvoir de son fils Jean-Claude Duvalier en 1971. Relativement réduite jusque-là, l'aide internationale prend alors une plus grande ampleur. Une part importante de cette aide est dédiée au développement rural via de grands projets hydro-agricoles qui visent à accroître le potentiel productif des régions de plaine. Ces interventions sont structurées autour de la création d'« offices » de développement intégré pour gérer les aménagements, organiser la distribution de l'eau et encadrer les producteurs (Dufumier, 2004). Cependant, peu au fait des réalités locales, ces projets s'avèrent souvent très coûteux et inadaptés aux conditions paysannes (SACAD et FAMV, 1993b). Si les aménagements permettent parfois d'intensifier la production – rizicole notamment – la majeure partie de l'accroissement de productivité échappe aux paysans qui dans le même temps font souvent face à une forte augmentation de la rente foncière. Dans les *mornes*, les quelques interventions sont tournées vers la lutte contre l'érosion dans une visée de préserver le potentiel productif des plaines en aval. La priorité est donnée à l'établissement de structures mécaniques de contrôle des eaux de ruissellement combiné à de vastes campagnes de reboisement des pentes. Ces modalités d'intervention se heurtent cependant à la faible prise en compte des logiques de fonctionnement des systèmes de production et ne participent que très marginalement au développement rural de ces régions (Brochet, 1994) (Dufumier, 2004).

Dans le même temps, le gouvernement concède de faire davantage appel aux importations et à l'aide alimentaire pour alimenter la population grandissante et mal nourrie. Un nombre croissant d'ONG (Organisations non gouvernementales) prennent place dans la sphère agricole et ont recours à la distribution de l'aide alimentaire, d'abord sans contrepartie, puis au travers d'opérations de « food for work » comme moyen de rémunérer les agriculteurs pour réaliser les travaux sus-cités d'aménagement dans les périmètres irrigués ainsi que de conservation des sols et des eaux dans les régions de montagne (Smucker *et al.*, 2005) (Bellande, 2015). Ces initiatives, davantage centrées sur le moyen – la distribution d'aide alimentaire – que sur le résultat, souffrent d'un manque de continuité et rencontrent au mieux des succès locaux de courte durée (MARNDR 1999) (Smucker *et al.* 2005).

LES SOULÈVEMENTS POPULAIRES À L'ORIGINE DE LA FIN DE LA DICTATURE DUVALIÉRISTE

Au début des années 1980, la décision d'éradiquer le cheptel porcin haïtien touche la paysannerie en son cœur. Sur décision du gouvernement, l'ensemble du cheptel est éradiqué entre 1981 et 1983 sous pression des

États-Unis, du Canada et du Mexique afin d'éviter la propagation de la peste porcine décelée en République Dominicaine en 1978 : en moins de deux ans, l'intégralité des porcs créoles est abattue (SACAD et FAMV, 1994). La disparition des cochons prive les paysans de leur principal moyen d'épargne – les cochons étaient engraissés et vendus en cas de nécessité financière – mais aussi d'un élevage qui valorisait à coût nul et avec peu de travail les sous-produits de cultures annuelles et pérennes des exploitations tout en recyclant cette biomasse. Lorsqu'en 1984, Haïti est déclaré indemne de toute peste porcine, la Banque Interaméricaine de Développement (BID) octroie un crédit pour permettre le repeuplement porcin sur le modèle d'élevages existant dans les pays industriels : importation de races sélectionnées pour la viande devant être élevées en porcherie et nourries avec des aliments concentrés à base de maïs et soja, races inadaptées aux conditions d'exploitation du pays (Dufumier, 1988) (Gustave, 1991). Sur pression des ONG haïtiennes, le gouvernement accepte l'importation de porcs rustiques, issus de croisements entre des porcs créoles guadeloupéens et des porcs rustiques chinois et gascons, afin de disposer d'une race dont les conditions d'élevage se rapprochent davantage de celles des anciens cochons créoles haïtiens. Bien que les porcs créoles-chinois-gascons soient mieux adaptés au milieu rural haïtien, ils représentent une forme d'épargne plus risquée que les races d'origine. En effet, les paysans ne retrouvent pas un animal capable de valoriser de la même manière une alimentation constituée de sous-produits au coût d'opportunité nul et aussi résistant aux maladies.

L'éradication du cheptel porcin puis les freins politiques à repeupler en porcs rustiques les exploitations agricoles, très impactées par ces décisions radicales, ont contribué à faire monter la colère en milieu rural ; les paysans rejoignent le mouvement de soulèvement populaire généralisé à l'échelle nationale (Théodat, 2009). Conduite par l'association de groupes politiques de gauche, de journalistes indépendants, de l'église catholique et des catégories sociales pauvres, cette insurrection mène à la chute de Jean-Claude Duvalier en février 1986. Pendant les cinq années qui suivent la chute de la dictature, le pays est plongé dans l'instabilité politique entretenue par l'opposition entre les anciens tenants du régime Duvaliériste, affaiblis mais appuyés par l'armée, l'oligarchie et le reste de la société. L'armée, qui a maintenu le dictateur en place, détient le pouvoir et installe en juin 1988 le général Namphy à la tête de l'État.

Les soulèvements populaires à Port-au-Prince s'expliquent également par la faim urbaine croissante dans un contexte où la population de la capitale a été multipliée par cinq entre 1960 et 1985, et le coût de l'alimentation élevé. Le manque d'investissements et de soutien à la production agricole n'a en effet pas permis d'augmenter les niveaux de production nationale tandis que les bénéfices de la politique protectionniste ont surtout servi au clientélisme politique. Amorcée pendant les dernières années de Jean-Claude Duvalier, le gouvernement du Général Namphy laisse libre cours à la contrebande, entrainant la pénétration de produits agricoles importés sur le marché national (céréales, huile, sucre). Bien que théoriquement illégale, celle-ci est le résultat d'une politique délibérée visant à apaiser les tensions sociales des quartiers urbains pauvres en facilitant l'accès à une alimentation moins onéreuse (Dufumier, 1988).

LE PREMIER PLAN D'AJUSTEMENT STRUCTUREL COMME RÉPONSE À LA CRISE ÉCONOMIQUE HAITIENNE DES ANNÉES 1980

Face à la crise économique que connait Haïti, les institutions financières internationales recommandent un ensemble de mesures de stabilisation et d'ajustement visant à lutter contre la corruption, favoriser les investissements étrangers et relancer la croissance du pays – comme dans beaucoup d'autres pays en développement depuis les années 1970. Imposées par le Fonds monétaire international dans un premier temps puis la Banque mondiale, ces réformes de politiques économiques sont une condition à l'octroi de nouveaux crédits et de l'aide étrangère américaine.

La nouvelle politique économique mise sur les avantages comparatifs que les institutions internationales attribuent à Haïti : une main-d'œuvre abondante et bon marché pour le développement du secteur d'assemblage et de sous-traitance pour lesquels le marché américain offre des débouchés, ainsi qu'une capacité à produire des denrées destinées à l'exportation telles que le café et les huiles essentielles, moins concurrencées que les produits vivriers (Berg, 1984). Elle vise donc d'une part à diminuer le coût de l'alimentation d'une population urbaine croissante au faible pouvoir d'achat, afin d'éviter aux industries d'assemblage de relever les salaires. Pour cela, les quotas d'importations doivent disparaître et les tarifs douaniers sur les produits alimentaires diminuer. D'autre part, il s'agit d'encourager les cultures d'exportation en éliminant les taxes à l'exportation (Kermel-Torres, Roca, 1991). Dans cette logique, il est attendu que les zones de montagne se spécialisent vers des cultures d'exportation (café, arboriculture, vétiver), jugées moins érosives que les cultures vivrières, tandis que les plaines sont aménagées pour d'autres cultures d'exportation et de vivres compétitives vis-à-vis des importations alimentaires (IRAM, 1990).

Le premier plan d'ajustement structurel signé en 1986-1987 comporte des mesures de restrictions budgétaires, de désengagement de l'État mais surtout une politique de libéralisation des échanges par une réforme de la fiscalité douanière (Gaspard, 2008), qui affecte considérablement le secteur alimentaire et agricole. La protection douanière aux frontières est progressivement démantelée : les barrières non tarifaires sont supprimées (licences, quotas d'importation) au profit de la mise en place d'une tarification *ad valorem* pour sept produits (riz, maïs, haricot, sucre, poulet, porc et sorgho). L'importation de ces sept produits reste sujette à l'obtention de licences d'importations, sans quotas, et à des tarifs douaniers de 50 % (Jensen *et al.*, 1991). Ce passage à la tarification vise également à limiter les monopoles permis par l'attribution de licences qui ont tant profité à l'oligarchie duvaliériste.

Cette nouvelle politique économique ouvre le marché haïtien aux importations qui connaissent alors une augmentation rapide, d'autant plus que les ports de province sont rouverts et que la contrebande s'était développée depuis 1986. Cette augmentation massive des importations alimentaires a pour conséquence de déverser sur le marché intérieur une large gamme de produits de consommation vendus à un prix nettement inférieur à celui des produits nationaux. Ces derniers sont brutalement exposés à la concurrence de produits provenant de pays où les gains de productivité dans l'agriculture sont considérables, notamment grâce au soutien des politiques agricoles de ces pays (États Unis, Europe, Asie du Sud-Est) (Dufumier, 2004) (Mazoyer, 1984). L'alignement du cours des céréales et des denrées vivrières substituables sur les prix mondiaux, dans une période de forte baisse des prix des céréales sur le marché mondial, provoque une chute drastique des prix de ces productions à la fin des années 1980 et au cours des années 1990 (Dufumier 1988) (Kermel-Torres et Roca 1991) (Freguin et Devienne 2006).

L'impact sur les exploitations paysannes du déferlement de produits alimentaires à bas prix est d'autant plus important qu'elles sont fortement intégrées à l'économie marchande. La vente de maïs, et dans une moindre mesure de haricot[1], n'est plus rémunératrice pour les agriculteurs. Les seules denrées qui échappent, dans une certaine mesure, à la concurrence des produits importés sont les productions destinées au marché intérieur et rapidement périssables, comme les légumes et les tubercules. Ces produits voient leur prix évoluer favorablement par rapport aux céréales.

Dans le même temps, conformément au projet économique poursuivi, la taxe à l'exportation du café est démantelée, passant de 22 % à 10 % puis à 0 %. Cependant, la spécialisation caféière espérée dans les régions de montagne ne voit pas le jour malgré l'effondrement du prix des produits vivriers et la suppression de cette taxe. Dans les faits, cette dernière n'est pas toujours répercutée dans son intégralité aux producteurs puisque la commercialisation du café reste entre les mains de quasi-monopoles (Dufumier, 2004). De plus, rares sont les agriculteurs qui ont la capacité financière d'étendre cette culture alors même que la majorité des sources de revenu familial a disparu, dans un contexte risqué de forte variabilité du prix du café sur le marché international et de rareté du foncier disponible. Ceux qui y parviennent se heurtent rapidement à des propagations de maladies dans leurs caféiers, cultivés sur des sols moins riches en matière organique en l'absence du cheptel porcin.

La forte dégradation des conditions économiques de production se traduit par la recherche de nouvelles sources de revenu par les agriculteurs pour leur permettre l'achat de denrées alimentaires pour la survie de leur famille. Dans les *mornes*, l'activité charbonnière connait une expansion rapide face à la demande croissante en charbon de bois de la capitale, dont la population ne cesse de croître (Smucker, 1981). Dans des régions progressivement de plus en plus éloignées de la capitale, les agriculteurs les plus pauvres n'ont d'autre choix que de recourir à l'abattage de l'ensemble des arbres sur leur exploitation y compris les arbres de couverture du café dans leurs jardins-vergers, portant un dernier coup à cette production, ainsi que les arbres fruitiers maintenus dans leurs parcelles cultivées (Bouvard *et al.*, 2014). Cette disparition

1 Le haricot fait l'objet d'une forte demande en ville comme à la campagne puisqu'il représente l'unique source de protéines encore abordable par les populations pauvres. Malgré une certaine concurrence, il continue de bénéficier de prix relativement intéressants en particulier dans les années 1990 avec l'urbanisation croissante et la paupérisation massive de la population.

de l'étage arboré au sein des parcelles cultivées contribue à réduire la capacité des paysans à reproduire la fertilité de ces espaces, entrainant une nouvelle chute des rendements et accentuant l'exposition des sols moins bien structurés des versants à l'érosion (Bouvard et Devienne, 2019).

L'ESQUISSE D'UNE MEILLEURE PRISE EN COMPTE DE L'AGRICULTURE FAMILIALE

La compréhension du milieu paysan haïtien et de sa diversité socio-économique fait l'objet depuis la fin des années 1970 de travaux de recherche-formation qui s'inscrivent à rebours de la logique d'intervention classique. Le projet de Madian-Salagnac, mis en œuvre dans la presqu'île Sud du pays, bouleverse le champ des connaissances sur les systèmes agraires haïtiens et démontre la rationalité des pratiques des paysans qui, selon les conditions pédoclimatiques et socioéconomiques dans lesquelles ils s'inscrivent, répondent à des stratégies complexes d'optimisation de la mise en valeur des ressources naturelles, d'organisation du travail familial et de gestion du risque (Degroote, 2019) (Brochet, 2014) (SACAD et FAMV, 1993b, 1993a, 1994). Les systèmes de production haïtiens reposent en effet sur une valorisation fine et méticuleuse des différents étages agroécologiques avec des associations complexes de cultures, exploitant des horizons de sol différents et complémentaires du point de vue de leurs besoins en eau et en minéraux. Ils reposent également sur une articulation étroite avec la conduite de l'élevage pour concentrer la matière organique dans les espaces cultivés et diversifier les sources de revenu (SACAD et FAMV, 1994, 1993a). En opposition avec le discours courant condamnant l'agriculture familiale, peu productive, très érosive dans les *mornes*, avec des paysans « culturellement » réfractaires au changement, le projet de Salagnac met en lumière le contexte politico-économique extrêmement défavorable dans lequel les agriculteurs cherchent tant bien que mal à maintenir une activité rémunératrice (Dufumier, 1988) (Mazoyer, 1984).

Les agronomes français et haïtiens de Salagnac, très impliqués dans la formation universitaire, tant à la Faculté d'Agronomie et de Médecine Vétérinaire (FAMV) que sur le terrain, forment une dizaine de promotions d'agronomes qui, au contact des paysans, s'imprègnent de ces réalités. Nombreux sont ces agronomes formés à Salagnac qui portent, à cette époque et aujourd'hui encore, un discours en faveur d'une agriculture familiale qui, dans des conditions de production et d'échanges favorables, constitue un potentiel économique et environnemental prometteur pour le pays.

La fin des années 1980 est propice aux débats sur la question agraire avec le vote de la nouvelle constitution de 1987 qui définit certaines orientations spécifiques de l'agriculture, y compris celle d'être « source de richesse de la nation, garante du bien-être des populations et du progrès socioéconomique de la nation ». Elle établit également la création de l'Institut national de la réforme agraire, qui intente des démarches de réforme agraire dans la plus grande plaine alluviale du pays – l'Artibonite – où de vifs conflits fonciers persistent. Dans la continuité de ces réflexions, l'Association nationale des agro-professionnels haïtiens (ANDAH) engage un plaidoyer pour une politique agricole nationale en soutien de l'agriculture familiale. Les travaux menés en association avec des consultants de l'Institut de recherche et d'application de méthodes de développement (IRAM) et des chercheurs français conduisent à la publication d'un ensemble de propositions *Pour une politique agricole nationale* (ANDAH et IRAM 1990).

Ces propositions sont en rupture avec l'approche adoptée jusqu'alors et visent à maintenir et développer un secteur agricole qui s'appuie sur une agriculture acceptable pour l'environnement et viable pour les agriculteurs, de manière à réduire les externalités négatives du déclin du secteur agricole, notamment sur l'urbanisation croissante. Les grandes orientations de cette politique agricole concernent à la fois la production, en plaçant l'agriculture familiale dans des conditions favorables de prix et d'accès aux facteurs de production (foncier, outillage, épargne paysanne, crédit…), mais aussi les échanges, en assurant une protection contre les importations et un contrôle de l'aide alimentaire tout en garantissant la liberté du marché intérieur : introduction progressive de « taxes planchers » sur les produits agricoles de base, taxes élevées sur les produits alimentaires de luxe pour relancer des unités locales de transformation agricole, contrôle des volumes de l'aide alimentaire concentrée en période de soudure (*ibid.*). Alors que cette proposition connait un certain engouement au niveau du ministère de l'Agriculture, des ressources naturelles et du développement rural (MARNDR), l'instabilité politique du début des années 1990 endigue la diffusion concrète de ces propositions à l'échelle gouvernementale.

L'AGRICULTURE HAÏTIENNE PARMI LES PLUS LIBÉRALISÉES AU MONDE

AU DÉBUT DES ANNÉES 1990, UNE NOUVELLE OUVERTURE DE L'AGRICULTURE HAÏTIENNE À LA CONCURRENCE INTERNATIONALE

Avec la fin de la guerre froide, les institutions internationales promeuvent la mise en place de systèmes politiques plus démocratiques, au moment même où Haïti fait face en 1991 à un coup d'État militaire. Depuis la fin de la dictature des Duvalier, la transition démocratique est bloquée par l'absence d'un consensus politique. L'armée détient le pouvoir et l'exprime à travers de violentes répressions. Les quartiers populaires de la capitale, qui se sont rapidement développés depuis la fin des années 1950, soutiennent lors de la campagne présidentielle de 1990, la candidature de Jean-Bertrand Aristide, en raison de ses origines modestes et de son engagement social. Ce dernier remporte les élections de décembre 1990.

Lorsque l'armée haïtienne met fin au gouvernement d'Aristide par un coup d'état le 30 septembre 1991, voyant d'un mauvais œil sa dérive populiste, la condamnation par la communauté internationale est unanime. L'Organisation des États américains impose un embargo économique au pays dans l'objectif de mettre fin au gouvernement militaire. Les répercussions de cet embargo économique sont considérables sur la régularité des approvisionnements en produits importés (carburant, semences, pesticides, engrais) et provoquent une flambée de leur prix, mettant en grande difficulté le secteur agricole entre autres.

Les sanctions incluent pour la première fois l'aide au développement : la coopération internationale suspend à partir de 1991 l'ensemble des financements alloués à Haïti hormis l'aide alimentaire. Or, au sein du paysage institutionnel haïtien, les bailleurs de fonds internationaux occupent, depuis la fin de la dictature, une place d'influence croissante avec un rapport de force qui leur est favorable, compte tenu de la dépendance budgétaire du gouvernement vis-à-vis de l'aide internationale (Gaspard, 2008). Le démantèlement des structures publiques et les restrictions budgétaires, amorcés avec le premier plan d'ajustement structurel, entraînent de fait un moindre contrôle politique par l'État au profit d'une plus grande place des bailleurs. Le retrait d'un grand nombre d'acteurs de la coopération internationale vient ainsi fortement déstabiliser les institutions et leur fonctionnement.

Les ONG installées dans le pays élargissent quant à elles leurs actions à l'aide alimentaire. Cela se traduit par une multiplication des actions de « food for work » et l'augmentation des volumes distribués. Les échanges informels à la frontière avec la République Dominicaine se densifient, permettant l'entrée sur le territoire de produits agricoles dominicains alors même que la productivité agricole y est en plein accroissement. L'augmentation de la demande haïtienne durant l'embargo permet d'accélérer la structuration agroindustrielle dominicaine et crée une dépendance commerciale qui perdure jusqu'à aujourd'hui pour certaines filières agricoles (Damais, Bellande, 2002).

L'embargo économique ne suffisant pas à mettre fin au gouvernement militaire, une intervention internationale armée provoque la dissolution des forces haïtiennes, le départ de Raoul Cédras et le retour d'Aristide en septembre 1994. Malgré la persistance de nombreuses dissensions politiques, la situation du commerce extérieur se rétablit et le pays est à nouveau approvisionné relativement régulièrement en produits importés. Le retour d'Aristide au pouvoir s'accompagne de la signature en 1995 d'un deuxième plan d'ajustement structurel, négocié à Paris lors de réunions informelles entre les bailleurs de fonds, les gouvernements occidentaux et le gouvernement d'Aristide en exil. Sa mise en place conditionne le décaissement d'une importante aide internationale (Gaspard, 2008). Le volet économique de cette réforme repose sur le renoncement au contrôle des devises étrangères et des prix par l'État et se traduit par la poursuite des restrictions budgétaires, avec l'objectif de diminuer de moitié l'effectif des fonctionnaires publics, par la privatisation d'un ensemble d'entreprises publiques et un renforcement de la politique de libéralisation amorcée en 1986. Cette libéralisation accrue s'inscrit dans les engagements pris par le pays auprès du nouvel organisme multilatéral de régulation du commerce mondial, l'Organisation Mondiale du Commerce (OMC) et répond dans le même temps à l'objectif politique d'Aristide d'asseoir sa base électorale constituée par les consommateurs urbains.

La plus grande ouverture des frontières entraine une baisse rapide et importante des tarifs douaniers : ceux-ci passent de 50 % à 3 % pour le riz et le sucre, de 50 % à 0 % pour le haricot, de 50 % à 15 % pour le maïs ou encore de 40 à 0 % pour les œufs, le lait et l'huile (IRAM, 1998). Malgré l'instauration de quelques mesures fiscales, en particulier une taxe sur le chiffre d'affaires appliquée aux importateurs, pour maintenir une protection relative aux frontières, celle-ci reste partielle. Conséquence de la mise en place de cette nouvelle réforme tarifaire, les céréales importées sont disponibles à bas prix, entrainant une nouvelle chute du prix des productions nationales particulièrement significative à partir de 1995 (figure 1). Cela est d'autant plus accentué par la politique de surévaluation de la gourde visant à baisser le coût des importations (Freguin, 2005). De plus, l'effet de la concurrence par les produits importés est accentué par l'augmentation de l'aide alimentaire qui n'a pas été affectée par l'interruption du soutien financier de la communauté internationale entre 1991 et 1994. Au début des années 2000, les importations de riz couvrent plus des deux tiers de la consommation totale du pays (CNSA et FAO 2003), avec une place prépondérante prise par cette denrée dans l'alimentation quotidienne de la population.

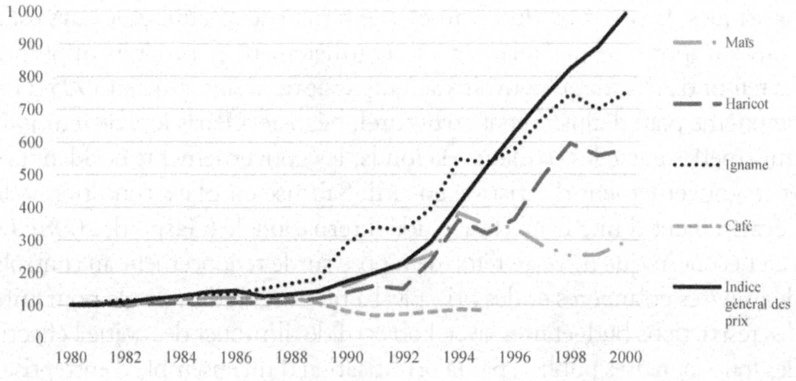

Source : auteurs à partir de FAOSTAT 2018 ; IHSI 2018.

FIG. 1 – Évolution comparée de l'indice général des prix et des prix à la production du maïs, du haricot, de l'igname et du café (base 100=1980).

Dans les campagnes, cette nouvelle baisse des prix des céréales, et dans une moindre mesure des tubercules et légumineuses, exacerbe la diminution du revenu monétaire des exploitations qui vendaient des surplus vivriers. La paysannerie limite désormais la production vivrière à l'autoconsommation pour se concentrer sur la vente des quelques produits plus rémunérateurs : haricots, tubercules, charbon de bois. Les paysans les plus pauvres cherchent temporairement un travail salarié mieux rémunéré en ville ou à l'étranger. Lorsque cette ultime tentative devient insuffisante pour maintenir l'exploitation, la migration saisonnière laisse la place à une émigration définitive. Cette main d'œuvre paysanne en quête de survie rejoint le flux de paysans haïtiens ruinés, venant alimenter le marché du travail de Port-au-Prince, mais aussi celui de la République Dominicaine, des Caraïbes et de l'Amérique du Nord. Le nombre de migrants atteint des niveaux sans précédent en France, malgré le durcissement de la politique migratoire introduit par la loi Pasqua de 1986, tandis que les arrivées clandestines des *boat people* aux États-Unis se multiplient, en dépit du renvoi systématique des embarcations interceptées avant leur arrivée et de la volonté américaine de limiter l'immigration au regroupement familial (Audebert, 2012).

Malgré le non-renouvellement par le gouvernement haïtien des accords bilatéraux de migration saisonnière de la main d'œuvre haïtienne avec la République Dominicaine en 1986, pour non-respect des droits humains vis-vis des migrants, les réseaux de traite transfrontaliers prennent le relais et alimentent l'immigration clandestine, jusqu'à environ 30 000 haïtiens par an (*idib.*). Ces flux migratoires, qui concernent notamment les jeunes actifs, se traduisent par une diminution de la disponibilité de la main d'œuvre agricole et une hausse de son coût, constituant un frein au développement des systèmes de production. Ces flux mettent de plus en évidence l'une des contradictions désormais incontournables du paysage politique haïtien : abaisser le coût de l'alimentation pour les populations urbaines des quartiers pauvres sans aggraver la ruine des paysans haïtiens et exacerber encore l'exode rural.

L'État, empêtré dans ses problèmes institutionnels, ne parvient pas à engager des investissements productifs dans le secteur agricole durant cette période de forte dégradation du contexte économique de production. La plus visible des actions du gouvernement dans le secteur agricole est certainement la politique de subvention des engrais, mise en place dès 1983 suite à une dotation en engrais chimiques de la part du gouvernement japonais. Associée au prix mondial relativement bas des engrais pendant la décennie de 1990, cette politique rend la pratique de la fertilisation chimique plus abordable pour les agriculteurs (Bellande et Damais, 2004). Initialement associée dans la préparation et la vente en gros de ces engrais, une partie du secteur privé haïtien se retire cependant partiellement de la filière dans les années 2000, se considérant victime d'une concurrence déloyale du fait de cette politique. Le ministère de l'Agriculture devient alors le principal importateur et distributeur d'engrais chimiques sur le marché national auprès d'organisations paysannes ou des commerçants distributeurs. Le système mis en place dérive alors rapidement vers un clientélisme croissant dans l'attribution des engrais, dans un contexte de réduction des fonds disponibles pour l'achat des engrais, accentué du fait de la dévaluation de la gourde (*ibid.*).

Au sein de la coopération internationale, les plaines alluviales continuent d'être la cible prioritaire des actions de développement agricole et les *mornes* celle des actions de reboisement pour y limiter l'érosion. Des efforts sont cependant faits pour mieux prendre en compte la logique de fonctionnement des systèmes de production dans ces régions, qui mettent en évidence l'importance d'une activité de reboisement génératrice de revenus pour les paysans. Ces actions privilégient les distributions d'espèces fruitières et d'essences végétales à croissance rapide pour alimenter la filière bois-énergie. Cependant, les terrains ciblés sont souvent ceux les plus exposés aux phénomènes érosifs, à faible potentiel de fertilité et dotés d'une tenure foncière très peu sécurisée. Cela n'incite pas les paysans à investir du travail pour des plantations risquées et à rendement différé dans le temps, sans avoir la garantie de bénéficier du fruit de leurs efforts à moyen terme (Bellande, 2015) (Bouvard et Devienne, 2019). Sans autres modalités complémentaires, ces interventions ne permettent pas d'amorcer une sortie de crise de ces régions, très enclavées et aux conditions de vie rudimentaires.

UNE DÉPENDANCE STRUCTURELLE AUX IMPORTATIONS ALIMENTAIRES

À la suite des dissensions politiques entre Aristide et son premier ministre, Préval, le parti présidentiel se déchire en 1997. La mise en œuvre des réformes économiques devient un sujet d'opposition, prétexte à la compétition pour diriger l'appareil gouvernemental, susceptible de procurer des richesses (Gaspard, 2008).

Face aux difficultés sociales et politiques de la mise en place des mesures du deuxième plan d'ajustement structurel, en particulier le désengagement de l'État qui remet en question la base politique et électorale d'Aristide, celui-ci revoit à la baisse ses engagements de l'accord de Paris. Cette décision est condamnée par la communauté internationale qui gèle l'aide promise (figure 2). Le fonctionnement de l'exécutif est paralysé et l'aggravation des perturbations socio-politiques contraint Aristide et son gouvernement à démissionner. René Préval, élu président en 1996, manifeste son souhait de poursuivre dans la voie du néolibéralisme mais peine à constituer un gouvernement capable de concilier les revendications sociales et les attentes de la communauté internationale.

Haïti est à nouveau plongé dans une grave crise institutionnelle avec un Parlement bloqué (1997-1998) puis caduc (1999-2000). Les élections de 2000 qui mènent à nouveau Aristide au pouvoir sont largement contestées par l'opposition et la communauté internationale et provoquent de violentes agitations de toutes parts (oppositions, société civile, étudiants, rebelles, militaires démobilisés). La crise politique consécutive à ces élections entraîne de nouvelles sanctions de la part de la communauté internationale qui suspend à nouveau son aide financière au pays. Pour toute une génération d'agronomes engagés pour restructurer l'administration et bâtir une politique agricole en soutien à l'agriculture familiale, cette réélection constitue un élément décourageant supplémentaire.

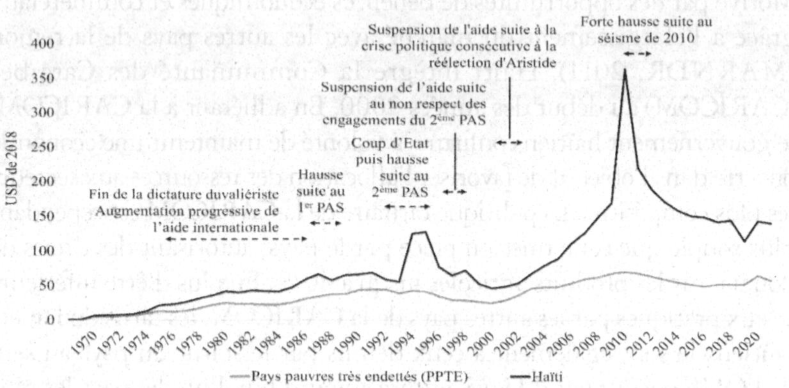

Source : auteurs d'après Banque Mondiale 2024.

FIG. 2 – Évolution de l'aide publique au développement par habitant reçue par Haïti entre 1960 et 2021 en dollars constants de 2018.

La crise économique se poursuit avec une forte érosion des réserves en devises et une dépréciation accélérée de la gourde (figure 3). Les contestations s'intensifient en 2004 dans l'ensemble du pays et entraînent la démission forcée d'Aristide et Préval est réélu président en 2006.

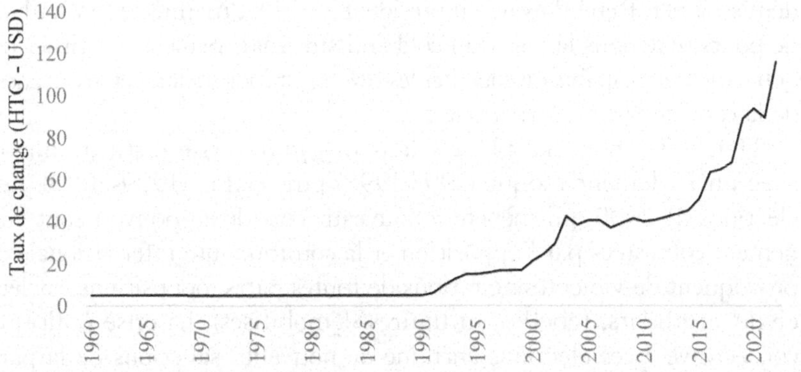

Source : auteurs à partir de Banque Mondiale, 2024.

FIG. 3 – Évolution du taux de parité de la gourde haïtienne par rapport au dollar américain entre 1960 et 2021.

Motivé par des opportunités de bénéfices économiques et commerciaux grâce à l'élargissement du marché avec les autres pays de la région (MARNDR, 2011), Haïti intègre la Communauté des Caraïbes (CARICOM) au début des années 2000. En adhérant à la CARICOM, le gouvernement haïtien confirme la volonté de maintenir une économie ouverte dans l'objectif de favoriser l'allocation des ressources aux secteurs les plus compétitifs. La politique tarifaire de la CARICOM est cependant plus souple que celle mise en place par le pays, autorisant des droits de douane sur les produits agricoles jusqu'à 40 %. En plus d'être inférieurs à ceux pratiqués par les autres pays de la CARICOM, les tarifs douaniers haïtiens le sont également à ceux définis par le statut du pays au sein de l'OMC, ce qui fait d'Haïti, encore aujourd'hui, l'un des pays les plus ouverts de la région (Van Vliet *et al.*, 2016)[2]. Malgré la reconnaissance

2 Les tarifs douaniers de l'ensemble des pays-membres de la CARICOM sont à des niveaux beaucoup plus proches de ceux en Haïti avant le plan d'ajustement structurel de 1995 (AgroConsult SA, 2017).

par le ministère de l'Agriculture des effets désastreux des mesures de libéralisation imposées par les plan d'ajustements structurels (MARNDR, 2013), Haïti signe de nouveaux accords en 2006 avec les institutions de Bretton Woods visant à l'annulation de sa dette, conformément à l'initiative des Pays Pauvres Très Endettés (PPTE), accords qui prévoient le maintien des politiques de libéralisation économique. Si, du fait de l'aide internationale et des apports de la diaspora, la part des personnes sous-alimentées a reculé de presque 20 % entre les années 1990 et 2000 (Théodat, 2009), le pays est devenu structurellement dépendant des importations de denrées alimentaires, en particulier de riz pour assurer sa sécurité alimentaire (figure 4).

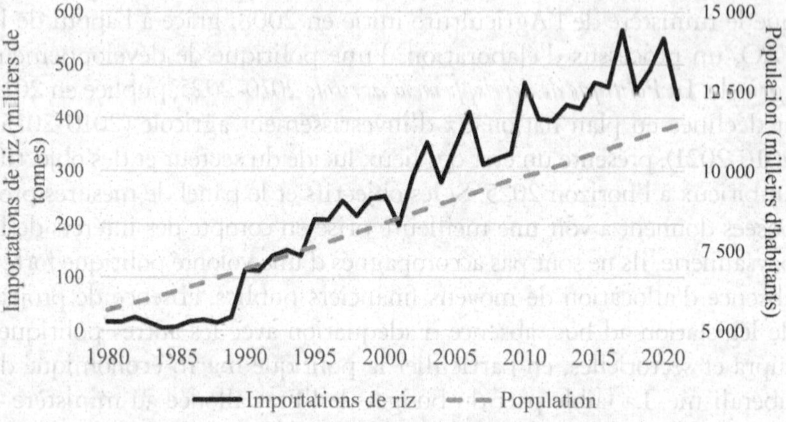

Source : auteurs à partir de FAOSTAT 2024.

FIG. 4 – Comparaison de l'évolution des importations de riz usiné en Haïti et de l'évolution démographique.

Cette forte dépendance aux importations de produits alimentaires, en l'absence de système de protection du marché, rend la population extrêmement vulnérable aux variations du prix des denrées alimentaires sur le marché mondial. En témoignent les impacts très négatifs sur la sécurité alimentaire du pays de la hausse du prix des matières premières agricoles à la suite de la crise mondiale de 2008. Alors que le prix du riz passe de 200 à 500 USD/tonne entre 2002 et 2008 (Théodat, 2009), la mobilisation des populations des bidonvilles du pays, les plus exposées, entraine des scènes de pillage et de violence dans la plupart des grandes villes du pays conduisant au renversement du gouvernement en place. Ces événements conduisent au vote de nouveaux tarifs douaniers par le Parlement en 2009, qui, malgré une augmentation de la moyenne des tarifs appliqués[3], réaffirme la politique libérale envers le secteur agricole : le tarif du riz est maintenu à 3 % et celui du haricot est encore abaissé de 5 % à 3,5 %, ces deux produits étant considérés comme stratégiques pour l'alimentation de la population urbaine.

UNE POLITIQUE AGRICOLE DÉNUÉE DE MOYENS POUR RÉPONDRE À LA CRISE AGRAIRE

C'est dans ce contexte socio-économique très défavorable à l'agriculture que le ministère de l'Agriculture initie en 2008, grâce à l'appui de la FAO, un processus d'élaboration d'une politique de développement agricole. La *Politique de développement agricole 2010-2025*, publiée en 2011 et déclinée en plan nationaux d'investissement agricole (2010-2015 ; 2016-2021), présente un état des lieux lucide du secteur et des objectifs ambitieux à l'horizon 2025. Si les objectifs et le panel de mesures proposées donnent à voir une meilleure prise en compte des intérêts de la paysannerie, ils ne sont pas accompagnés d'une volonté politique forte : absence d'allocation de moyens financiers publics, absence de projets de législation ad hoc, absence d'adéquation avec les autres politiques supra et sectorielles, en particulier la politique macro-économique de libéralisme. La faible part du budget de l'État allouée au ministère – inférieure à 5 % entre 2005 et 2014 – illustre cette absence de priorité pour le secteur agricole alors même qu'il contribue à hauteur de 20 % à la formation du PIB (AgroConsult SA, 2017).

Faute de moyens financiers, la mise en œuvre de la politique agricole est assujettie depuis plusieurs décennies à l'octroi des financements de la communauté internationale : plus de 80 % des fonds alloués au secteur agricole haïtien proviennent des bailleurs de fonds bilatéraux et multinationaux (AgroConsult SA, 2017), avec quelques acteurs incontournables. Dans le secteur agricole, le trio de tête est constitué de la BID, qui fournit à elle seule 15 % de l'ensemble de l'aide publique au développement (APD) reçue en Haïti, de la Banque Mondiale et des

3 La moyenne des tarifs appliqués augmente pour atteindre 4,9 % : quelques produits – sorgho, blé, lait, jus de fruit entre autres – ont vu leur taux réhaussés (AgroConsult SA, 2017).

États-Unis (35 % de l'APD) (OCDE), 2024). Ces quelques institutions, et en particulier les États-Unis très présents, jouent un rôle prépondérant dans les négociations et l'élaboration des politiques publiques du pays qui constituent le cadre de leurs propres actions. Les objectifs et mesures prioritaires y restent suffisamment englobants, ne contraignant pas les acteurs à une réelle coordination de leurs actions respectives. De plus, dans le contexte d'une grande instabilité politique qui paralyse de façon régulière le fonctionnement des ministères, les bailleurs de fonds n'ont parfois d'autres choix que de contourner l'administration – faiblement dotée, souvent absente – contribuant encore davantage à son affaiblissement (Lombard, 2019). Celle-ci est de moins en moins en capacité de définir et d'imposer la mise en application de la politique agricole, d'assurer son suivi et d'atteindre les objectifs fixés.

Depuis les années 2000, plusieurs initiatives internationales pointent du doigt le manque d'efficience de l'aide et les difficultés de concertation et coordination entre acteurs incitant à des efforts de gouvernance au sein de la communauté internationale (PTTE en 1999, Déclaration de Paris en 2005, etc.). Ces difficultés sont exacerbées dans un contexte où l'augmentation de l'aide reçue en Haïti, multipliée par plus de 5 entre 1980 et 2020 (se reporter à la figure 2), s'accompagne d'un foisonnement d'acteurs de développement mais aussi de l'urgence humanitaire – qui s'installent durablement dans le pays au vu de la fréquence importante des catastrophes naturelles affectant les populations rurales et urbaines. Le séisme de 2010 en particulier, à l'origine de plusieurs centaines de milliers de morts, a entrainé un afflux d'aide et la mobilisation d'un nombre inédit d'acteurs du secteur de l'urgence humanitaire dans le pays.

Sur la période 2010-2025, grâce à l'appui des programmes internationaux, l'expérimentation de programmes d'achats de produits locaux pour fournir l'aide alimentaire et approvisionner les cantines scolaires du pays permet de mieux faire converger aide humanitaire, aide alimentaire et aide au développement. Ces initiatives sont dans l'ensemble des réussites au niveau local. Toutefois, le ministère de l'Agriculture n'est pas en mesure d'initier les changements structurels nécessaires à l'objectif global visé par la politique agricole, à savoir « contribuer de manière durable à la satisfaction des besoins alimentaires de la population haïtienne et au développement social et économique du pays ».

LA PAYSANNERIE HAÏTIENNE, GRANDE PERDANTE DES RÉFORMES NÉOLIBÉRALES

Ces dernières décennies donnent à voir l'étendue des conséquences des réformes libérales sur le secteur agricole du pays. La paysannerie connait une paupérisation rapide dans un contexte où les petites exploitations familiales non autosuffisantes font face à des besoins monétaires croissants pour pourvoir à l'alimentation de leur famille. À chaque génération, les unités de production sont divisées entre de nombreux descendants. Chacun d'eux accède à des surfaces de plus en plus réduites, mises en culture de plus en plus fréquemment afin de dégager un revenu suffisant pour survivre. Dans les régions de montagne, les paysans ne parviennent plus à maintenir de friches en intercultures, avec pour conséquence une forte réduction de la quantité de biomasse accumulée, alors même que celle-ci joue un rôle capital dans la reproduction de la fertilité de l'écosystème cultivé. Les conséquences de cette crise de la fertilité se multiplient dans de nombreuses régions du pays, avec une chute des rendements, aggravant encore la misère rurale, et une exposition croissante des sols, pauvres en matière organique et peu structurés, à l'érosion lors des épisodes cycloniques. Cette forte paupérisation de la paysannerie conduit de plus à une réduction drastique des dépenses monétaires des ménages qui va de pair avec un appauvrissement de l'ensemble des activités extra-agricoles au sein des campagnes (commerce, artisanat, santé, éducation). Ce sont non seulement des opportunités en moins de diversification économique pour les familles mais également un amenuisement des services disponibles en milieu rural, renchérissant la nécessité d'une réelle politique de développement rural pour maintenir un tissu social et économique dans ces espaces.

L'équation visant à garantir une alimentation peu onéreuse à une population urbaine à faible pouvoir d'achat, tout en maintenant un secteur agricole économique viable, est loin d'être résolue. L'exode rural n'a cessé de s'accroître durant les dernières décennies avec pour conséquence une population urbaine en constante augmentation : celle-ci est passée de 20 % au début des années 1980 à 59 % de la population haïtienne en 2023 (Banque Mondiale, 2024). Pour nourrir cette population, les importations alimentaires représentent aujourd'hui plus de 30 % de la valeur des importations haïtiennes, dont 8 % pour les seules importations de riz (Pressoir *et al.*, 2016). En considérant tous les produits agricoles et dérivés, Haïti importe de 17 à 20 fois plus de produits agricoles et dérivés qu'elle n'en exporte (Van Vliet *et al.*, 2016), bien loin de l'objectif fixé au sein de la *Politique de développement agricole 2010-2025*, à savoir que les exportations couvrent d'ici à 2025 50 % des importations. Haïti s'illustre comme une situation unique au monde dans la croissance exponentielle et non soutenable de ce différentiel. Ce déficit commercial sur les produits agricoles contribue à l'effondrement de la balance commerciale en biens du pays, qui atteint -4,5 milliards USD en 2022, soit près d'un quart du PIB du pays (Banque Mondiale, 2024).

Exposée à la concurrence mondiale sans aucune protection, la paysannerie subit la volatilité du cours des matières premières, en particulier du riz, qui dans un contexte haussier se répercute sur le coût de l'alimentation et en moindre mesure sur le prix de vente des productions locales et de la force de travail agricole. Entre janvier 2018 et 2024, le prix du sac de riz importé a été multiplié par plus de 5 (figure 5). La vente de 11 marmites de maïs moulu[4] ou de 4 journées de travail permettait en 2018 l'achat d'un sac de 25 kg de riz importé. En 2024, les paysans doivent vendre respectivement 1,5 fois plus de maïs ou travailler une journée de plus comme journalier agricole pour acheter le même sac de riz.

	Janvier 2018		Janvier 2022		Janvier 2024	
	Valeur unitaire (HTG)	Indice	Valeur unitaire (HTG)	Indice	Valeur unitaire (HTG)	Indice
Riz Bongu USA (sac de 25 kg)	1 125	100	3 600	320	6 250	556
Maïs moulu (marmite de 2,7 kg)	100	100	250	250	350	350
Haricots noirs en grain (marmite de 2,7 kg)	280	100	600	214	1 000	357
Journée de travail comme journalier agricole	300	100			1 350	450

Source : auteurs d'après données MARNDR et entretiens.

FIG. 5 – Évolution des termes de l'échange entre riz importé, produits vivriers et vente de la force de travail, entre 2018 et 2024.

4 Le « maïs moulu », expression typiquement haïtienne, désigne la farine de maïs moulue artisanalement.

Comme anticipé dans le travail de prospective mené des agronomes français et haïtiens en 1990 (IRAM, 1990), la crise alimentaire que connait le pays ne cesse de s'accroître : Haïti a aujourd'hui l'un des plus hauts niveaux d'insécurité alimentaire au monde, qui concerne 4,5 millions d'Haïtiens, soit près de la moitié de la population. Le niveau de la faim augmente au gré des chocs sur les marchés mondiaux de produits agricoles et des carburants, tels que ceux provoqués par la guerre en Ukraine en 2022 (CNSA *et al.*, 2023). La grande pauvreté d'une partie croissante de la population du pays constitue un terrain propice aux crises socio-politiques qui se répètent et ne cessent de s'aggraver. Celles-ci accentuent encore davantage la crise économique en réduisant la confiance des investisseurs étrangers, participant d'une forte dévaluation de la monnaie locale, qui renchérit d'autant le coût des biens de première nécessité importés. Depuis plusieurs mois, le pays est en proie à des violences extrêmes avec la montée en puissance des gangs urbains qui contrôlent et restreignent les mouvements de marchandises dans le pays, participant à accroître encore davantage la part de la population prisonnière des logiques de survie alimentaire.

CONCLUSION AU CHAPITRE

À l'heure où le gouvernement ambitionne de faire à nouveau du secteur agricole « la locomotive de la croissance économique du pays » (Le Nouvelliste, 2015), la faiblesse des soutiens publics et des capacités institutionnelles questionne cette ambition. Le développement du secteur repose sur les flux financiers issus des nombreux acteurs du développement et de l'humanitaire qui font face à une administration déstructurée, dans l'incapacité d'assurer l'inscription de leurs interventions au service d'une politique générale avec des objectifs clairement établis. La multitude des actions internationales, souvent défaillantes concernant leurs synergies respectives, permet peu de recréer ces capacités institutionnelles démantelées.

À l'échelle locale, nombre sont celles qui prennent peu en compte, aujourd'hui encore, les réalités agraires et les contextes locaux d'une agriculture familiale pourtant riche d'enseignements. Depuis plusieurs décennies, les efforts vis-à-vis du secteur agricole sont concentrés dans des investissements visant à accroître le potentiel productif des régions de plaine au détriment des *mornes*, dans lesquels sont priorisés des programmes de restauration de l'environnement. Dans le contexte d'une très forte libéralisation de l'agriculture, qui expose les producteurs à la concurrence d'agricultures à plus forte productivité du travail et subventionnées, ces modalités d'interventions n'apportent pas à elles seules de voie de sortie de crise. Alors que 62 % de la population haïtienne est âgée de moins de 18 ans (IHSI, 2021) et lorsque l'on sait que l'agriculture emploie près de la moitié des actifs du pays, cette situation de crises agraires et alimentaires généralisées invite à une réflexion sur les conditions et moyens de restaurer la situation économique des paysans et la fertilité des écosystèmes cultivés tout en assurant une alimentation équilibrée et qualitative pour la population. Celle-ci est aujourd'hui majoritairement nourrie avec des produits issus d'une agriculture chimique alors même que, paradoxalement, la paysannerie haïtienne n'accède que peu aux intrants agricoles.

Malgré un contexte socio-économique si défavorable, certains travaux de recherche récemment conduits dans les *mornes* haïtiens mettent en lumière des paysans qui, y compris parmi ceux les plus affectés par la crise, redoublent d'efforts pour renouveler leurs pratiques et faire évoluer les systèmes de production (Bouvard, 2019) (Degroote, 2019). Les travaux conduits sur le plateau des Rochelois, dans la presqu'île Sud du pays, montrent que lorsque la complexité des systèmes agraires est finement appréhendée et que les interventions de développement, élaborées avec les paysans, répondent à leurs besoins – comme cela a été le cas pendant une quinzaine d'année dans la région de Salagnac – le processus de développement agricole amorcé, grâce à une intensification en travail et en capital au sein des unités de production, permet non seulement d'améliorer les revenus agricoles, de réduire les inégalités sociales mais aussi d'impulser de manière plus large un développement local (Degroote et Devienne, 2019). Dans des zones plus enclavées restées à l'écart des interventions de développement, comme c'est le cas de la Chaîne des Matheux, les travaux conduits mettent en lumière les pratiques mises en œuvre par certains paysans qui combinent différentes techniques acquises dans le cadre de programmes de développement, qu'ils adaptent au sein de nouveaux systèmes de culture et d'élevage afin de recréer les conditions propices au développement d'une biomasse importante sur les versants (Bouvard et Devienne, 2019).

Ces transformations s'inscrivent dans une démarche d'agroécologie, au sein de laquelle les processus agronomiques s'appuient sur les régulations biologiques et sont combinés de façon optimale pour permettre le maintien de la productivité de l'agroécosystème tout en assurant son renouvellement (Altieri *et al.*, 2017). L'émergence de ces systèmes repose sur une très forte intensification en travail et permet un accroissement progressif de leurs performances économiques, lequel, en retour, rend possible un investissement en capital permettant de prolonger ces transformations, participant ainsi d'un cercle vertueux. Mis au point localement par les agriculteurs pour sortir de la crise, ces systèmes témoignent de toute la richesse de l'ingénierie paysanne. Bien que placés dans des conditions économiques peu propices, ces paysans parviennent à construire des systèmes de production économiquement performants et pertinents sur le plan écologique, qui ouvrent la voie à un nouveau système agraire.

Ces résultats mettent en évidence la nécessité de placer les agriculteurs haïtiens au cœur d'un processus ascendant de conception de nouveaux systèmes de production (Altieri et Nicholls, 2014) (Gliessman, 2020), appropriés aux écosystèmes dans lesquels ils travaillent, préservant l'environnement et également créateurs de valeur ajoutée. Une meilleure protection aux frontières sur les produits agricoles, l'appui à l'accès à un équipement adapté (matériel, capital biologique), au crédit et à des voies d'épargne paysanne ainsi qu'un soutien financier fourni aux catégories d'agriculteurs les plus pauvres pour leur permettre de s'affranchir d'une logique de survie, comptent parmi les conditions nécessaires à la poursuite de ce développement.

La mise en œuvre d'une réelle politique agricole, valorisant l'ingénierie paysanne et le potentiel de l'agriculture familiale comme moteur économique, se traduit par des engagements forts d'un point de vue macroéconomique mais aussi par des compétences à consolider au sein des institutions centralisées et décentralisées. Les cursus de formation des cadres, dans les facultés d'agronomie haïtiennes, et des conseillers agricoles, dans les écoles moyennes d'agriculture, doivent permettre aux étudiants d'être en proximité avec le terrain afin d'apprendre à observer et à comprendre la diversité et la complexité des systèmes de production mis en œuvre par les agriculteurs mais aussi à écouter les paysans et étudier leur savoir-faire. Cette démarche, mise en œuvre dans le cadre du projet de Salagnac au cours des années 1980 (Degroote, 2019), nécessite d'être relancée et institutionnalisée pour assurer la continuité des travaux initiés par une génération d'agronomes, aujourd'hui proches de la retraite.

Adeline Bouvard[5]
École d'Ingénieurs de Purpan,
Laboratoire Interdisciplinaire
Solidarités, Sociétés, Territoires
(UMR LISST)

Ariane Degroote
Laboratoire Interdisciplinaire
Solidarités, Sociétés, Territoires
(UMR LISST)
Chambre régionale d'agriculture
Occitanie

5 Les auteures remercient Alex Bellande, Gilles Damais et Philippe Mathieu pour leur implication dans la relecture de ce chapitre.

AGRICULTURE ET POLITIQUE AGRICOLE À CUBA

Une mise en perspective historique[1]

L'état actuel de l'agriculture cubaine, comme ses perspectives de développement, restent fortement contraints par le poids du passé, et tout particulièrement par les traces laissées par la spécialisation sucrière (Dockès, 2009). Sur le temps long, l'histoire de la Cuba prérévolutionnaire fut celle d'une disparition des savoirs et cultures amérindiens au XVIe siècle, celles aussi du *latifundio*[2] d'élevage au XVIIe siècle, puis des plantations esclavagistes sucrières des XVIIIe et XIXe siècles, et enfin des cannaies et sucreries dans lesquelles travaillait un prolétariat de coupeurs de cannes et d'ouvriers de *centrales* (1886-1958). Elle fut également celle d'une petite paysannerie combattue sans répit par les grands propriétaires fonciers, rejetée sans cesse aux marges de leurs domaines, obligée pour survivre d'approvisionner la main-d'œuvre des sucriers. Dans de telles conditions, malgré les avancées permises par la réforme agraire de 1959-1963 – et en dépit du maintien d'acteurs privés dans le secteur agricole –, soixante années de révolution n'ont pu reconstituer un tissu paysan suffisant, séculaire et vivifiant comme il peut fréquemment l'être ailleurs. En conséquence, les résultats du secteur agricole demeurent aujourd'hui relativement décevants, inférieurs aux potentialités du territoire, même si d'importantes et positives mutations, notamment liées à la sortie du sucre et aux progrès de l'agroécologie, de l'agriculture urbaine et de la recherche, ont été observées ces dernières années.

---

1 Ce chapitre s'inspire de, approfondi et actualise l'article rédigé pour l'édition 2020 du *Déméter* (Herrera, 2020).

2 Le *latifundio* (espagnol de *latifundium/latifundia*) est une exploitation agricole de grande taille, caractérisant des formations sociales peu développées et aux structures de propriété foncière hyper-concentrées. S'y pratique en général une agriculture extensive, recourant à peu de travailleurs et mettant faiblement les terres en valeur.

LE POIDS D'UNE HISTOIRE LONGUE
La question complexe de la spécialisation sucrière

SUCRE ET LE CONTEXTE DE L'ESCLAVAGE

De l'histoire post-colombienne de Cuba, retenons quelques faits importants pour traiter de l'agriculture de cette île. Sous le choc démographique extrêmement violent qui suivit la *conquista*, furent presque totalement anéantis, en à peine un demi-siècle, les peuples amérindo-cubains, et avec eux les savoirs agricoles indigènes. Les premiers colons espagnols ne survécurent pourtant aux intempéries climatiques qu'en adoptant les modes alimentaires des autochtones – comme les tubercules, qui affichaient une certaine résistance aux passages des cyclones. Au cours du XVIe siècle, après les premiers cycles de l'or et du cuivre, vinrent ceux du bois et du cuir, accompagnés parallèlement d'un gaspillage de ressources animales et forestières (Le Riverend, 1967). Aucune des productions concernant l'agriculture n'amorça d'industrialisation locale, systématiquement bloquée par le colonisateur espagnol.

À la toute fin du XVIIIe siècle, l'île fut décisivement spécialisée dans le sucre par une alliance entre les classes dominantes locales – *latifundistas* créoles – et les sous-dominantes –espagnoles puis par la suite essentiellement anglo-étasuniennes. Cette spécialisation s'opéra sous les effets combinés de facteurs internes – à la fois topographiques, climatiques, techniques, économiques –, mais aussi externes : l'occupation anglaise de La Havane (1762) brisant le monopole colonial hispanique, la révolution haïtienne (1791) qui évinça le principal concurrent mondial, et surtout, à partir de 1776, la connexion au marché étasunien géographiquement proche, affichant un dynamisme économique indissociable de son étendue. Dès le milieu du XIXe siècle, Cuba devient le premier exportateur de sucre brut au monde sur la base du système esclavagiste (figures 1 et 2). De tous les territoires de la planète, c'est celui où l'esclavage a duré le plus longtemps (de 1511 à 1886, soit près de quatre siècles). C'est aussi la colonie hispano-américaine où les déportations forcées de travailleurs africains ont été les plus massives, ayant très probablement dépassé le million de personnes (Ortiz

Fernandez, 1996) (Ortiz Fernandez, 1997) (Herrera, 2003, 2006, 2021). On ne peut donc traiter du thème de Cuba et de son sucre sans avoir à l'esprit l'empreinte de l'esclavage.

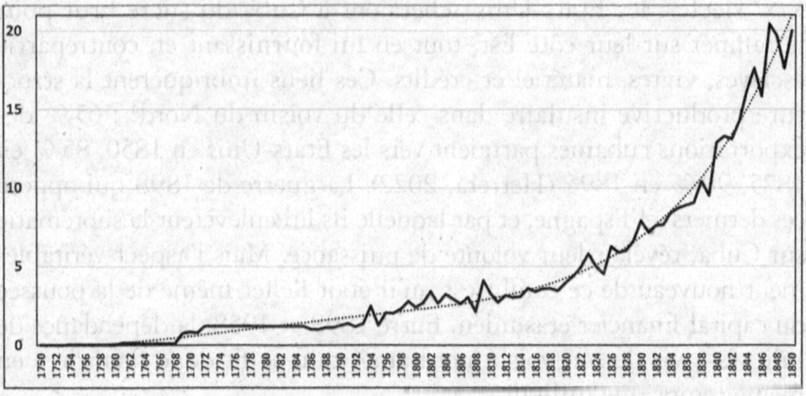

Source : Calculs de l'auteur (voir Herrera, 2023), d'après les données de De la Pezuela y Lobo (1863) et Guerra Sánchez (1942).

FIG. 1 – Exportations de sucre cubain : 1750-1850 (en milliers d'*arrobas* [soit 12 kilogrammes environ] par an).

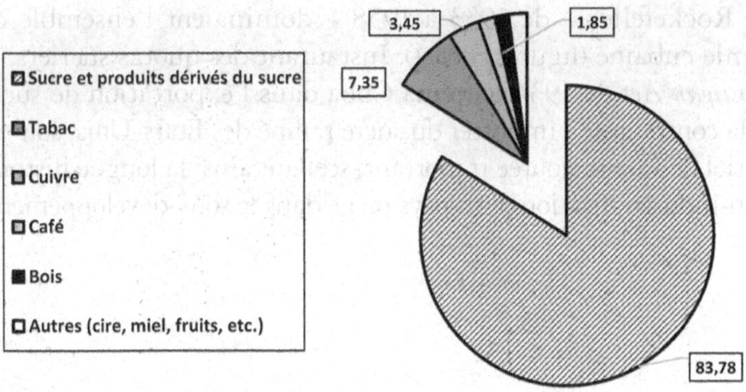

Source : calculs de l'auteur (voir Herrera, 2023), d'après des données fournies par Charadán López (1982).

FIG. 2 – Structure des exportations totales cubaines en 1855 (en %).

IMPÉRIALISME ET SOUS-DÉVELOPPEMENT : QUELQUES POINTS DE REPÈRES HISTORIQUES

La dépendance économique de l'île se consolide tout au long du XIXe siècle : les États-Unis achetaient à Cuba du sucre brut pour le raffiner sur leur côte Est, tout en lui fournissant en contrepartie esclaves, vivres, matériel et crédits. Ces liens imbriquèrent la structure productive insulaire dans celle du voisin du Nord[3] : 65 % des exportations cubaines partaient vers les États-Unis en 1850, 85 % en 1875, 90 % en 1895 (Herrera, 2022). La guerre de 1898 qui opposa ces derniers à l'Espagne, et par laquelle ils lui enlevèrent la suprématie sur Cuba, révélait leur volonté de puissance. Mais l'aspect véritablement nouveau de ce conflit est qu'il était l'effet même de la poussée du capital financier étasunien. Entre 1898 et 1958, la dépendance de l'île vis-à-vis de son voisin nord-américain se fit donc financière en même temps que militaire.

L'un des articles annexes à la Constitution cubaine de l'époque, autorisait de droit l'armée des États-Unis à intervenir sur l'île de Cuba quand leurs intérêts étaient menacés (par l'amendement Platt, 1901). Propriétaires fonciers et des sucreries (mais aussi des secteurs du tabac et des fruits tropicaux), les oligopoles financiers des grands établissements financiers comme J.P. Morgan – de 1914 à 1929 – et comme Rockefeller – de 1933 à 1958 – dominaient l'ensemble de l'économie cubaine (figures 3 et 4). Instaurant des quotas sucriers, le *Jones-Costigan Act* de 1934 enferma Cuba dans l'exportation de sucre brut et la contraignit à importer du sucre raffiné des États-Unis, soit un différentiel de valeur ajoutée important, scellant ainsi la longue histoire de la non-industrialisation d'un pays piégé dans le sous-développement.

---

3 Se reporter à Commission on Cuban Affairs, 1935.

Groupe Morgan (en 1924-1925)	**Groupes Rockefeller* (en 1954-1955)**
Sucre :	**Sucre :**
Cuba Cane Corp.	*Cuban Atlantic Sugar Co.*
Rionda	*Punta Alegre Sugar Co.*
American Sugar Refining Co.	*Central Violeta Sugar Co.*
United Fruit Co.	*United Fruit Co.*
	American Sugar Refining Co.
	General Sugar
Tabac :	*West Indies Sugar Corp.*
*Cuban Tabacco Co.***	*Cuban American Sugar Co.*
	Guantánamo Sugar Co.
Alimentation :	*Cuba Co.*
*Coca Cola***	**Fruits tropicaux :**
	United Fruit Co.

Source : Élaboration de l'auteur (Herrera, 2023), d'après diverses informations fournies par Pino Santos (1973) et par Farr & Co. (années variées).

Note : (*) – Il s'agit ici des différents groupes financiers Rockefeller, au pluriel, lesquels étaient alors composés de deux branches principales : la première, celle de John D. Rockefeller, s'était construite autour de la Standard Oil Co. et de la Chase Manhattan Bank ; la seconde, liée à William Rockefeller et aux Stillman, était quant à elle structurée autour de la National City Bank.

FIG. 3 – Propriétés des empires des groupes financiers Morgan et Rockefeller dans les secteurs de l'agriculture et de l'alimentation à Cuba (liste non exhaustive des entreprises totalement ou partiellement contrôlées par ces empires).

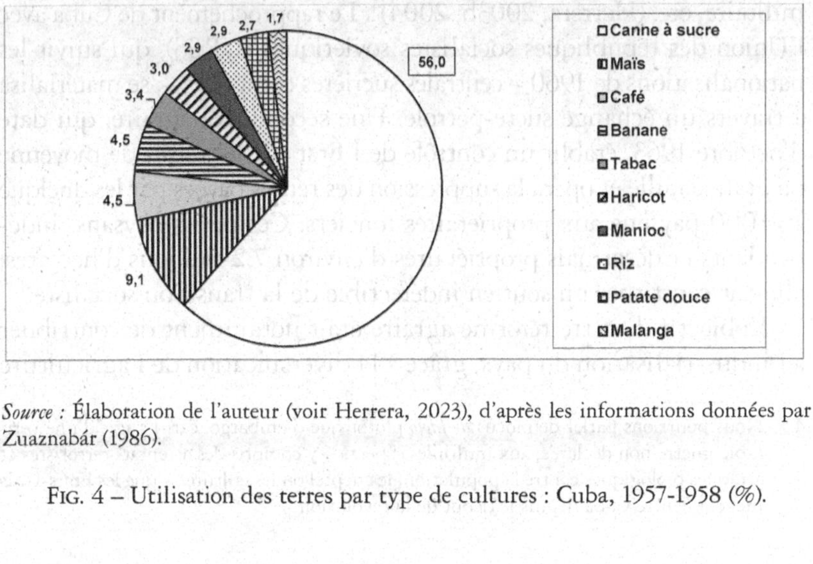

Source : Élaboration de l'auteur (voir Herrera, 2023), d'après les informations données par Zuaznabár (1986).

FIG. 4 – Utilisation des terres par type de cultures : Cuba, 1957-1958 (%).

Ces rappels historiques n'avaient d'autre finalité que de resituer le passé agricole de l'île et son insertion internationale fondée sur une spécialisation sucrière. Opérons maintenant un saut dans le temps, et abordons la période plus récente, celle du socialisme agraire, après la prise du pouvoir par Fidel Castro. Entre 1953 et 1959, Cuba est en effet entrée dans une période d'insurrection et de guérillas, qui a abouti au renversement du régime de Fulgencio Batista en janvier 1959, et qui occasionna des bouleversements importants, certes sur le plan géopolitique, mais en l'occurrence en matière d'agriculture.

DE 1959 À 1991 : RÉFORME AGRAIRE ET RETOUR AU SUCRE

La réforme agraire fut la mesure-phare de la révolution de 1959 (Valdès Garcia, 1990). Une première loi, adoptée en mai 1959, fixa la taille maximale des propriétés à 30 *caballerías* (soit 402 hectares), l'expropriation intervenant au-delà. Quand la terre était auparavant en culture, sous contrat de fermage ou métayage, elle fut distribuée en parcelles de 67 hectares à ceux qui la travaillaient. Les plus grands domaines furent transformés en coopératives ou fermes d'État. C'est à la suite de cette loi, qui s'attaquait aux *latifundios* détenus par la finance étasunienne, que Washington multiplia les rétorsions pour étrangler la révolution : suppression du quota sucrier, embargo, tentative d'invasion militaire, etc. (Herrera, 2003b, 2004)[4]. Le rapprochement de Cuba avec l'Union des républiques socialistes soviétiques (URSS), qui suivit les nationalisations de 1960 – centrales sucrières comprises –, se matérialisa à travers un échange sucre-pétrole. Une seconde loi agraire, qui date d'octobre 1963, établit un contrôle de l'État sur les terres de moyenne ou grande taille et opéra la suppression des rentes payées par les quelque 100 000 paysans aux propriétaires fonciers. Ces petits paysans, indépendants et désormais propriétaires d'environ 7,2 millions d'hectares, allaient constituer un soutien indéfectible de la transition socialiste.

L'objectif de cette réforme agraire était notamment de contribuer à l'industrialisation du pays, grâce à la diversification de l'agriculture

4 Nous pourrions parler de blocus *de facto* plutôt que d'embargo, car il s'agit d'une véritable guerre non déclarée, aux multiples aspects – y compris des attentats terroristes et attaques biologiques contre la population, le cheptel ou les cultures – que les États-Unis mènent contre Cuba depuis le début de la révolution.

et, point essentiel, à la substitution des importations. Au rejet de la mono-exportation sucrière s'ajoutait l'influence soviétique (Pino Santos, 1964). Ce but ne fut pas atteint, du fait du manque de ressources naturelles, de devises et de cadres. En outre, des contraintes empêchaient la sortie de la spécialisation sucrière : les rigidités héritées de l'histoire, les forces de rappel du marché mondial, l'embargo décrété par les États-Unis, etc. Le retour au sucre s'imposait. Dès 1964, la croissance des exportations agricoles, et de sucre en particulier, redevenait prioritaire. Les accords d'achat de sucre par l'URSS et les autres États socialistes du bloc soviétique rendaient rationnel un tel choix. Les structures économiques difformes et ossifiées du passé continuaient cependant de peser sur les prises de décisions de la révolution. Bien qu'elle ne dépassât pas la barre des 10 millions de tonnes de sucre prévus, la récolte (*zafra*) de 1970 constitua, avec 8,5 millions de tonnes, le record de production sucrière de l'histoire du pays. Comme conséquence de son intégration dans le Conseil d'aide économique mutuelle (CAEM, ou COMECON, organisation d'entraide économique entre pays du bloc soviétique) en 1972, Cuba vit s'élargir et se valoriser ses exportations, s'améliorer la satisfaction des besoins alimentaires de la population durant les années 1980-1990 (figures 5 et 6), et fut même en position de remettre partiellement en cause la logique de ses avantages comparatifs par l'accent placé sur certains segments industriels (Diaz Vazquez, 1988).

Cependant, des signes d'épuisement de facteurs propulsifs de cette croissance apparurent. On s'efforça alors de compter davantage sur ses propres ressources pour l'approvisionnement en biens alimentaires, et l'on expérimenta des méthodes d'organisation et de gestion agricoles plus performantes, de travail plus efficaces, de rémunération rapprochant revenus et résultats. Ceci était d'autant plus nécessaire que les rendements de la canne à sucre furent gênés par les dégâts causés par la rouille et le charbon, avec des pertes de récoltes de 1977 à 1980 ainsi que, à partir de 1985, par le ralentissement du processus d'accumulation extensive suivi jusque-là. La caractéristique centrale du pays restait sa forte dépendance par rapport au reste du monde, considérablement et durablement aggravée par l'embargo imposé par les États-Unis. Ainsi, en dépit de ses avantages, nombreux au demeurant, l'intensification des liens avec le bloc soviétique montrait ses limites. L'intégration proposée ne permit jamais de se déconnecter véritablement de l'emprise des mécanismes – complexes – du système mondial, ni de se dégager de la spécialisation sucrière léguée par le capitalisme colonial et néocolonial (Herrera, 2006). L'influence des facteurs externes fut toujours déterminante dans l'accélération ou le ralentissement des stratégies mises en œuvre par le gouvernement.

Malgré ces insuffisances, la stratégie poursuivie assura de réelles avancées : une meilleure utilisation du sol par l'élimination d'un régime foncier archaïque, inégalitaire et inefficace ; l'essor des infrastructures rurales (irrigation, barrages, drainage…) ; la mécanisation de cultures et récoltes ; le recours aux engrais minéraux ; les innovations technologiques permises par la recherche scientifique, notamment à destination des élevages, insémination artificielle, les croisements génétiques, la culture *in vitro*, les contrôles phytosanitaires…) ; une gestion plus rationnelle des ressources naturelles (adduction d'eau, reforestation) ; une main-d'œuvre rurale mieux formée et qualifiée ; l'humanisation des conditions de vie et de travail des paysans, etc.

Dès les années 1960, de nouvelles branches furent soutenues : l'aviculture, l'élevage porcin, la filière des agrumes. Quasi insignifiante avant 1959, la pêche fut modernisée par la création d'une flotte hauturière, de ports, de lieux de stockage frigorifique, d'usines de traitement des poissons et fruits de mer, etc. Des raffineries ultra-modernes furent construites afin de transformer le sucre sur place, et le transport de la canne et la manutention ont été mécanisés. De 1959 à 1989, le secteur sucrier enregistra ainsi une croissance de ses productions de plus d'un tiers par rapport à la période 1940-1958.

L'intégration agroindustrielle allait être favorisée par la fabrication d'équipements agricoles (comme des moissonneuses-batteuses, des charrues, des pièces de rechange, etc.), l'essor des engrais et pesticides, la maîtrise nationale partielle de l'approvisionnement en vaccins et médicaments vétérinaires, ainsi qu'en intrants industriels basiques (boîtes de conserve, fil de fer, pour ne retenir que ces deux exemples) et énergétiques (tourteaux, bagasses). Des installations furent mises en place pour utiliser les résidus et les sous-produits de la canne, et ses multiples dérivés ont généralement été exploités. La base énergétique et les infrastructures furent développées, tout comme des portions d'une gamme assez large d'industries pour l'agriculture (Gutelman, 1967).

Ce bilan post-1959 plutôt favorable ne saurait toutefois masquer les diverses déficiences qui persistaient à la fin des années 1980, en sus de la dépendance extérieure. Malgré les progrès réalisés en matière de croissance des volumes pour certaines productions comme le riz, les pommes de terre, les tubercules ou encore certains légumes, l'offre demeurait globalement insuffisante pour satisfaire toute la demande domestique. La croissance agricole se caractérisait par un usage extensif plutôt qu'intensif des ressources, c'est-à-dire toujours davantage de terres mises en culture, de machines et de produits chimiques utilisés. Les rendements tendaient en général à progresser moins vite que les investissements, même dans le secteur du sucre.

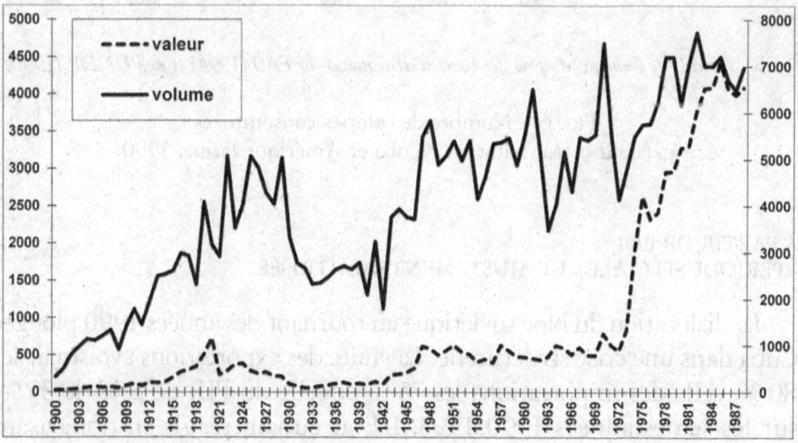

Source : calculs de l'auteur, d'après des données fournies par Mesa-Lago (1994).

FIG. 5 – Exportations de sucre en volume et en valeur :
Cuba, 1900-1989 (valeur en millions de pesos [échelle de gauche]
et volume en milliers de tonnes [échelle de droite]).

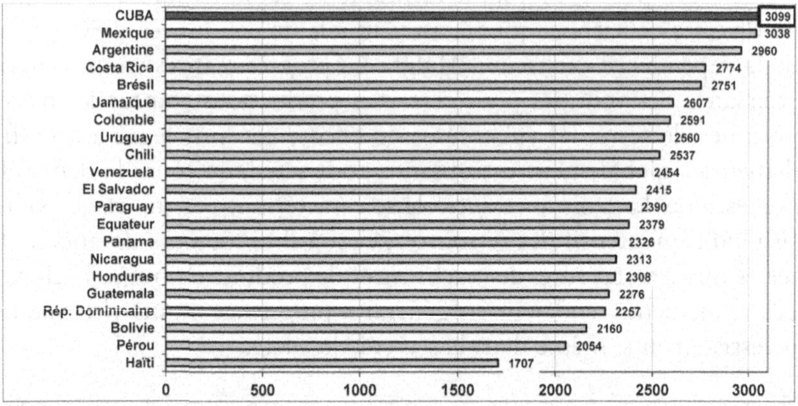

Source : Calculs de l'auteur, d'après des bases statistiques de la FAO (1994) et de l'UNDP (1996)

FIG. 6 – Nombre de calories consommées
par jour et par habitant : Cuba et Amérique latine, 1990.

À PARTIR DE 1991 : « PÉRIODE SPÉCIALE » ET AJUSTEMENTS MAÎTRISÉS

La dislocation du bloc soviétique au tournant des années 1990 plongea Cuba dans une crise structurelle. La chute des exportations avoisinait les 80 %, celle des importations les 75 % et celle du PIB de près de 35 %, sur les seules années 1990-1993. L'État cubain réagit en dollarisant l'économie afin de maximiser les entrées de devises de façon à garantir coûte que coûte, en dépit du durcissement de l'embargo, les approvisionnements alimentaires et les besoins élémentaires de la population. Après l'abondance des années 1980, tout vint à manquer matériellement sur l'île. Toutefois, les bases du modèle socialiste ont été maintenues, y compris les distributions de biens alimentaires – *via* la *libreta* ou carnet d'approvisionnement (figure 7).

Pourtant, les difficultés qui caractérisaient l'agriculture avant cette crise des années 1990, relatives à l'usage extensif de ressources, furent considérablement aggravées par la réduction des intrants importés (engrais, matériels agricoles, etc.). Il fallut ainsi adapter techniquement les unités de production aux conditions de la « période spéciale » et freiner la détérioration des gains de productivité. Le contenu en importations de la consommation alimentaire se situait à l'époque à près de 50 %, et le solde agricole des échanges extérieurs est, depuis lors, resté fortement déficitaire (Gonzalez Gutiérres et *al.*, 1993) (Gonzalez Gutiérrez, 1997). La crise affecta le secteur sucrier, qui ne recouvra pas son niveau d'avant 1990. À des degrés divers, les productions de l'agriculture et de la pêche furent toutes touchées, y compris celles destinées à l'exportation : tabac, agrumes, produits de la mer (CEPAL, 1997).

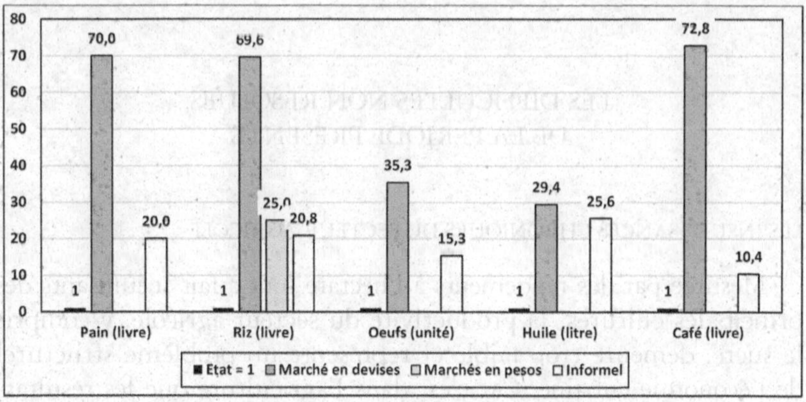

Source : calculs de l'auteur, d'après les données fournies par Piñeda Bañuelos (2001)

FIG. 7 – Prix de produits de consommation courante : Cuba, 1999 (rapport des prix de marché au prix de la libreta de l'État [base 1]).

C'est dans ce contexte que les profondes et structurelles réformes des années 1990 furent décidées et engagées. Les mesures-phares consistèrent à doter le pays de nouveaux moteurs de croissance à même de relayer un secteur sucrier en difficulté, et d'engendrer des entrées de capitaux : le tourisme principalement, mais aussi les investissements directs étrangers (IDE) et l'envoi de devises depuis l'étranger. Fin 1994, le redressement économique était perceptible et mesurable. Les exportations de sucre contribuèrent également à drainer des dollars, dont les réaffectations étaient strictement contrôlées par l'État. Le processus de dollarisation, qui intervint entre 1993 et 2004 et passa par une pluralité de monnaies (un peso cubain devant cohabiter avec un peso convertible et le dollar étasunien lui-même) et le compartimentage de l'économie en circuits de financement distincts, étanches, mais interconnectés, au sein desquels les niveaux et les structures de prix de biens similaires pouvaient être différenciés, fut bien maîtrisé. L'État atteignit en effet pour partie ses objectifs d'accroître les entrées de devises, de résorber les déséquilibres extérieurs, d'assurer la reprise et de déplacer le centre de gravité économique du pays du secteur sucrier vers celui du tourisme – tout en préservant le système social (UNDP, 1995) (Martinez Martinez, 1991) (Alvarez Gonzalez, 1998) (Ferriol Muruga, 1998).

LES DIFFICULTÉS NON RÉSOLUES DE LA PÉRIODE PRÉSENTE

LES INSUFFISANCES CHRONIQUES DU SECTEUR AGRICOLE

Mesurée par des rendements à l'hectare tout à fait insuffisants des principales cultures, la productivité du secteur agricole, y compris le sucre, demeure trop faible et représente un problème structurel de l'économie cubaine. Car c'est dans l'agriculture que les résultats enregistrés par rapport aux plans annuels et quinquennaux ont été les moins satisfaisants depuis la crise qu'a occasionné la chute de l'URSS. Les rendements actuels moyens de la canne à sucre sont ainsi moitié moindres en comparaison de ceux des années 1980. De tels problèmes se font surtout sentir pour les primeurs (tomates), le riz (dont la moitié de la consommation locale doit être importée), les œufs (du fait des difficultés à s'approvisionner pour nourrir les animaux), la viande de bœuf (nécessitant des financements importants), le lait et les produits laitiers, etc. Aussi, juste avant la survenue de la pandémie de Covid-19, les principales importations de produits alimentaires concernaient-elles les huiles et graisses, la viande de volaille, le lait concentré, le fromage, le riz, le blé, le maïs, le soja, les farines, etc.[5]

Le dilemme réside ici dans l'exigence d'adopter, dans les meilleurs délais, des mesures pour résoudre ces difficultés et accroître l'offre alimentaire, sans décider une libéralisation foncière. À Cuba, qui compte environ 11 millions d'hectares de terres disponibles (pour un peu plus de

5 Se reporter ici au profil du pays sur le site Internet de l'Observatoire de la complexité économique (OEC).

11 millions d'habitants), la superficie aujourd'hui dédiée à l'agriculture et à l'élevage est à peine supérieure à 6,2 millions d'hectares – les provinces de Camagüey, de Matanzas et d'Holguín arrivant en tête –, auxquels s'ajoutent quelque 3,5 autres millions d'hectares de forêts. L'État cubain est propriétaire de plus de 80 % des terres, le reste appartenant à de petits paysans bénéficiaires de la réforme agraire. Presque 70 % du total sont gérés par des coopératives (particulièrement les Unités basiques de production coopérative [UBPC] qui ont relayé les fermes d'État en 1993, les Coopératives de production agricole [CPA] datant de 1976, et les Coopératives de crédits et services [CCS] créées dès l'année 1963) ou encore par des paysans indépendants en usufruit.

Certains experts, surtout depuis l'adoption de la nouvelle Constitution en 2019, proposent la privatisation de cette terre comme solution pour stimuler la paysannerie. Or, une telle orientation pourrait s'avérer catastrophique. Elle se heurterait à des problèmes liés aux spécificités de la paysannerie cubaine, dont l'implantation et l'expérience sont fragilisées par les séquelles d'une histoire prérévolutionnaire du pays, coloniale et néocoloniale. Cette histoire est non seulement, nous l'avons dit plus haut, celle des grands domaines d'élevage (au XVIIe siècle), puis des plantations sucrières esclavagistes (aux XVIIIe et XIXe siècles) et finalement des *latifundios* et des *centrales* dont les structures de propriété du capital étaient pénétrées et dominées par l'impérialisme et où travaillait un prolétariat de coupeurs de cannes et d'ouvriers de sucreries, les uns et les autres salariés (1886-1958), mais aussi celle d'une petite paysannerie qui fut sans répit combattue par les grands propriétaires fonciers, rejetée aux marges des *latifundios*, contrainte d'approvisionner les travailleurs du sucre. Malgré une profonde réforme agraire – et le maintien d'un secteur privé dans l'agriculture –, six décennies de révolution n'ont pu suffire à (re)constituer ce tissu paysan, ailleurs séculaire et vivifiant.

Le choix de privatiser les terres agricoles conduirait à Cuba à la réapparition des structures de propriété foncière inégalitaires du passé prérévolutionnaire. D'aucuns tiennent l'attachement des dirigeants cubains à la propriété collective des sols (et des sous-sols) pour des « blocages », voire pour un « autoritarisme » incapable de tirer les leçons du capitalisme depuis les années 1980-1990. Il convient toutefois d'éviter l'universalisation des recettes, de tolérer des trajectoires différenciées en fonction des terrains et de bien prendre conscience que le *latifundio* reste aujourd'hui encore l'un des pires dangers pour Cuba – comme pour toute l'Amérique latine et caribéenne d'ailleurs (Furtado, 1970). Notons à ce propos que les gouvernements d'autres États socialistes ont réussi en matière agricole, au premier rang desquels la Chine et le Vietnam – celui-ci étant auto-suffisant pour un produit aussi stratégique que le riz, dont il est dorénavant l'un des premiers exportateurs au monde –, et que, dans ce pays, la collectivisation des terres a entraîné en son temps des hausses des productions agricoles. Lorsque le gouvernement engage la décollectivisation de l'agriculture, il n'a pas pour autant privatisé la terre. Il fut plutôt décidé de procéder à une distribution aux familles paysannes sur de très longues périodes, en usufruit et sans cession possible par vente, selon un schéma institutionnel qui est proche de celui mis en place à Cuba (Herrera, Lau, 2015).

Pour autant, ceci n'enlève rien à l'exigence d'engager de profondes réformes dans le secteur agricole, qu'il s'agisse de l'adaptation des institutions et méthodes de gestion aux conditions d'une agriculture plus intensive, de la dynamisation de son rôle exportateur (y compris sur des créneaux de cultures bio, par exemple) ou encore de substitutions rationnelles et efficaces aux importations (dans l'agroalimentaire pour la population ou le tourisme). Ces options pourraient passer par un transfert accru de responsabilités aux producteurs, des structures productives qui rapprochent ces derniers des terres cultivées, une gestion du travail permettant de mieux identifier les efforts, des dispositifs liant davantage les rémunérations aux résultats, mais aussi par un contrôle bien plus strict des activités d'intermédiaires entre productions et marchés, ou une lutte contre les éventuels comportements spéculatifs sur les marchés « libres » agricoles.

De tels changements s'avèrent nécessaires, car les mutations institutionnelles promues dans la décennie 1990, surtout grâce aux UBPC, n'ont pas permis d'éliminer toutes les pesanteurs, qui ralentissent trop souvent les gains de productivité. Des progrès dans le secteur agricole cubain, dont toutes les potentialités sont encore loin d'être atteintes, sont possibles, comme le montrent les bons résultats enregistrés pour certaines productions : fruits et légumes, viande porcine, tubercules ou *viandas* (comme le manioc, par exemple) (Raymond, 2002).

ORGANISER UNE SORTIE DE LA SPÉCIALISATION EN SUCRE

La preuve la plus tangible de la faisabilité des réformes à réaliser dans l'agriculture dans son ensemble est apportée par la manière dont a été menée la restructuration du secteur sucrier. En dépit de l'ampleur de la mutation – le sucre ayant façonné la formation sociale cubaine plus de deux siècles durant –, la sortie de la spécialisation sucrière s'est opérée remarquablement, et très rapidement, en quelques mois seulement, dès la fin de la décennie 1990. Elle impliqua une vaste concertation des travailleurs, lors d'une série de réunions publiques auxquelles près d'un million de Cubains et Cubaines ont participé sur tout le territoire.

Accélérées au cours de l'année 2002, ces réformes, *in fine*, ont entraîné la fermeture de plus de la moitié des sucreries, fermeture qui a été à l'origine d'une concentration de l'offre, dans des *centrales* les plus économiquement efficaces, la modernisation des techniques de gestion entrepreneuriale et une rationalisation de l'utilisation des équipements, mais également la libération de nombreuses surfaces de terres ainsi disponibles pour d'autres cultures, pour l'élevage ou même pour la reforestation, et, surtout, malgré des difficultés dont il faut savoir prendre la mesure, la reconversion professionnelle de plus de 100 000 travailleurs. À ces derniers ont été proposés des programmes diversifiés de formations et de nouveaux emplois permanents.

Comme cela a été indiqué plus haut, le sucre fut l'un des secteurs les plus affaiblis par la crise des années 1990. Le marché du bloc soviétique s'est effondré, lui qui pourtant offrait des débouchés garantis et privilégiés à des prix de surcroît supérieurs à ceux du marché mondial. Sa perte ôta soudain sa rationalité à la poursuite de cette production. Les pénuries (de combustibles, de pièces détachées, de crédits, etc.) obligèrent à se tourner vers de nouveaux investisseurs étrangers, mais, dans beaucoup de *centrales* cubaines, les coûts de production s'étaient élevés au-dessus des prix du marché – même si ce phénomène, en partie dû à des cours dépréciés du sucre, touchait parfois jusqu'aux producteurs étrangers les plus performants –, et les rendements déclinaient dans les cannaies et les sucreries. La tendance baissière du prix du sucre sur le marché mondial contrastait avec la hausse de ceux d'autres matières premières, à commencer par le pétrole. L'évolution n'était pourtant pas nouvelle : une tonne de sucre permettait à Cuba d'importer huit tonnes de pétrole en 1959, mais moins de deux en 1990, et à peine une demie au milieu de la décennie 2000. Ce sont donc les structures et les tendances du marché sucrier qui poussaient à un tel changement stratégique, si lourd et décisif pour l'économie cubaine.

Côté offre, la concurrence exacerbée de gros exportateurs traditionnels (comme le Brésil, la Thaïlande ou l'Australie, notamment), ou de plus petits, mais dont les ventes comptent sur le marché libre (tels que le Guatemala, la Colombie, l'Afrique du Sud, entre autres), devenait intenable pour les *centrales* cubaines affectées par la crise et désormais incapables d'incorporer les innovations technologiques. La substitution croissante du sucre par des édulcorants faisait de cette spécialisation une voie sans issue. Les redressements ponctuels et temporaires du prix du sucre, corrélé à celui de l'éthanol (un biocombustible alternatif obtenu à partir de la canne, en particulier), ne remettaient pas en cause cette tendance de fond. La reprise en main par les transnationales du Nord de productions localisées au Sud ne concernait évidemment pas que le sucre, nombre de plantes cultivées étant également remplacées par diverses substances de synthèse élaborées en usine.

Après le cacao, remplacé par des beurres produits (par la firme Hershey, à titre d'exemple), tel fut plus récemment le cas du café ou même du tabac… Cuba ne pouvait se permettre qu'un poids supplémentaire pèse sur le budget de l'État, ni de livrer une bataille à l'issue incertaine contre de puissants groupes capitalistes mondiaux. Elle choisit dès lors l'option la plus raisonnable : la reconversion. Le sucre devait redevenir une production « normale », ou parmi d'autres, et ce pour la première fois depuis le XVIIIe siècle. Le pays sortit ainsi de sa spécialisation historique – même si le sucre compte encore aujourd'hui pour une part non négligeable de ses exportations – pour basculer dans une activité ouverte sur le monde, à savoir le tourisme, secteur qui engendre des recettes bien plus élevées que celles retirées des exportations de sucre (figure 8).

Côté demande, les campagnes anti-sucre, plutôt efficaces dans les pays du Nord, avaient commencé à infléchir la consommation, qui s'était déjà nettement contractée aux États-Unis, puis au Japon et en Europe – les campagnes anti-tabac et de prévention de l'alcoolisme ayant relativement moins d'effets sur certaines des autres exportations de l'île, comme les cigares ou le rhum, le plus souvent positionnées sur des créneaux haut de gamme.

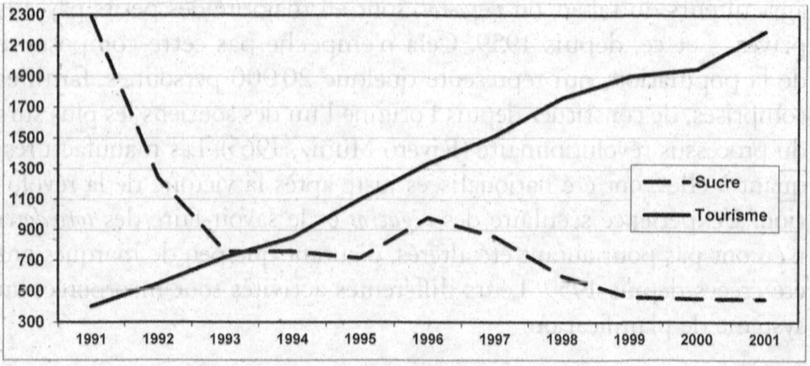

Source : Calculs de l'auteur, d'après les données de l'ONE (années variées).

FIG. 8 – Revenus des exportations de sucre et du tourisme : Cuba, 1991-2001 (en millions de dollars).

L'EXEMPLE DU SECTEUR DU TABAC

Dans le tableau d'ensemble de l'agriculture cubaine, le secteur du tabac est un cas très particulier. Ses résultats sont excellents, au point d'en faire l'un des moteurs des exportations. Pour ces biens de luxe, la qualité prime sur la quantité, car il en va de la réputation des marques. Si la production de tabac tend à baisser depuis les années 2000, le marché des cigares reste quant à lui dynamique, et ses exportations progressent, surtout sous l'impulsion des clients du Sud, Chine en tête. Les rendements du tabac cubain sont sensiblement supérieurs à la moyenne mondiale, et leur tendance est ascendante. Pourtant, les données révèlent une forte variabilité de ces rendements, comme pour la plupart des produits agricoles. Ces fluctuations s'expliquent aussi par l'évolution des quantités à produire dans le cadre de la planification – qui intègre la demande, mais aussi l'offre, cette dernière étant liée aux intrants – et les variations de terres cultivées. Pour les superficies mises en culture, on observe une tendance à leur réduction au cours des dernières années, mais cette contraction n'a que peu touché les sols des *Habanos* (encadré 1).

En outre, les combinaisons institutionnelles de ce secteur sont originales. Si les terres sont dans leur intégralité propriété de l'État, les agriculteurs du tabac, ou *vegueros*, sont en majorité des petits paysans privés – et ce, depuis 1959. Cela n'empêche pas cette composante de la population, qui représente quelque 20 000 personnes, familles comprises, de constituer depuis l'origine l'un des soutiens les plus sûrs du processus révolutionnaire (Rivero Muñiz, 1965). Les manufactures, quant à elles, ont été nationalisées juste après la victoire de la révolution. L'expérience séculaire des *vegueros* et le savoir-faire des *torcedores* n'en ont pas pour autant été altérés, d'autant que peu de marques ont été créées depuis 1959. Leurs différentes activités sont incorporées au système de planification.

Encadré 1 – Les Habanos : quelques secrets de fabrication

Produit d'origine agricole devenu haut de gamme, le cigare cubain possède une appellation d'origine contrôlée, le *Habano*, lequel est fabriqué à la main à partir de composants provenant de l'île, sans additif. La catégorie *premium* détient aujourd'hui des parts de marché mondial de l'ordre de 70 % en volume (pour les unités vendues) et de 80 % en valeur (pour les chiffres d'affaires). Ces productions demeurent attachées à des gestes ancestraux qui garantissent leur qualité supérieure. Tout au long de ce processus, le respect des méthodes traditionnelles d'élaboration issues d'un savoir-faire unique assure l'authenticité de ces cigares de luxe et contribue, avec les sols et le climat, à leur prestige inégalé. Un *Habano* se compose de trois éléments formés de feuilles de tabac noir : la partie centrale s'appelle la tripe, mélangeant des feuilles de différents types (cueillies à la base du plant [*volado*], au milieu [*seco*] ou sur le haut [*ligero*]) pour constituer la *ligada* et offrir la signature aromatique ; la sous-cape maintient la tripe et forme la « poupée » cylindrique ; et la cape enveloppe le cigare pour lui donner son aspect extérieur élégant.

Une rigueur extrême est exigée dès les étapes agricoles. Les feuilles entrant dans la confection des grands cigares, classées selon leur *vitola* (marque et module), proviennent de *vegas* localisées dans des régions bien précises : Vuelta Arriba à l'est et au centre du pays (Oriente et Remedios) ; Partido, autour de San Antonio de los Baños au sud de la capitale ; Semi Vuelta, près de Consolación del Sur, et, surtout, Vuelta Abajo, dans la province occidentale, sur des terres situées aux alentours de Pinar del Río, San Luis et San Juan y Martínez, et jusqu'à Guane y Mendoza, Mantua et Remates à l'extrême ouest. La préparation du sol des *vegas finas de primera* réclame beaucoup de soin, de juin à août. La croissance des plantes, entre septembre et novembre, varie selon l'usage : la matière première des tripes et sous-capes pousse en plein air ; celle des capes est protégée du soleil. Les calendriers, nombres et techniques de récoltes, s'étendant de décembre à mars, obéissent à des règles strictes. Une fois les feuilles cueillies une à une, celles-ci sont séchées, puis suspendues sur des perches dans des granges aux plafonds élevés.

À l'issue des étapes agricoles, les feuilles sont collectées pour les phases industrielles, commençant par leur empilement et leur couverture pour fermentation. Elles sont ensuite sélectionnées par catégories. Viennent ensuite l'écôtage, qui consiste à ôter les veines, et le vieillissement en stockage. Finalement, à la manufacture, interviennent les rouleurs de cigares (appelés *torcedores*). Pour les *Habanos* de première qualité, les outils utilisés sont tout à fait traditionnels. Le travail, exigeant des années d'apprentissage et de la dextérité, vise à trouver le dosage aromatique approprié, à plier les feuilles pour confectionner la poupée, à presser celle-ci, rouler la cape, puis poser le « drapeau » sur la tête, et à découper le cigare aux standards souhaités. Les rencontres de prestige font le reste, alliant art du *buen fumar* et dégustation, par exemple, de produits locaux d'excellence : langoustes, rhum vieux, cafés, sucres, chocolats… (Herrera, 2013)

Pour ce qui regarde la commercialisation et l'exportation des *Habanos*, aujourd'hui dirigée vers plus de 150 pays, la forme institutionnelle qui a été adoptée est celle de la *joint-venture* : les cigares sont distribués par une entité détenue à hauteur de 50 % par l'État, *via* Habanos – le pendant commercial de l'entreprise publique industrielle Cubatabaco – et 50 % par du capital étranger – cela a été le cas, pour une opération ayant approché en son temps le demi-milliard de dollars, du groupe Altadis, issue de la fusion des monopoles français (Seita) et espagnol (Tabacalera), puis passée sous contrôle de la firme britannique Imperial Tobacco. Durant la période de la dollarisation, qui s'est étendue entre les années 1993 et 2004, le tabac fut la seule activité agricole à recevoir des stimulants en devises.

UNE AGRICULTURE INTÉGRÉE DANS UNE PLANIFICATION AUX MOTEURS RENOUVELÉS

Avec la « période spéciale », des magasins ont été ouverts où les achats se faisaient en pesos convertibles, ainsi que des marchés agricoles (*agropecuarios*) sur lesquels les paysans privés, bénéficiaires de récentes distributions de terres, les coopératives et les fermes d'État pouvaient vendre une part de leurs productions[6]. Une portion significative de la consommation a continué d'être fournie à tous les citoyens, tant

6 Après l'interdiction du dollar et jusque récemment (précisément le 1er janvier 2021), le système monétaire cubain était dual, avec la circulation simultanée du peso cubain (CUP), monnaie nationale inconvertible depuis 1959, et du peso convertible (CUC) exprimant, en tant que mesure de valeur, le niveau et la dynamique de la productivité relative des

bien que mal, à prix modiques, par la carte d'alimentation (*libreta*), les cantines ouvrières ou paysannes et les restaurations collectives des écoles et des hôpitaux, ou encore par auto-approvisionnement. L'armée est régulièrement sollicitée pour approvisionner les marchés étatiques. Les ventes libres ont permis à nombre de paysans de s'enrichir, certes, mais ces liquidités ne sont pas venues incrémenter des dynamiques d'accumulation de capital privé, ni impulser une création de valeur par l'emploi de salariés. L'agriculture cubaine reste aujourd'hui insérée dans une planification socialiste et, lorsqu'ils sont tolérés, les mécanismes de marché capitaliste demeurent très contrôlés.

À l'heure présente, l'essor du tourisme – principal moteur depuis le recul du sucre – tend à stimuler l'offre locale de produits agroalimentaires, qui est dorénavant autorisée à fournir, directement, les complexes hôteliers et couvre près des deux tiers de la demande des touristes. La réactivation de programmes de substitution de productions nationales aux importations est à promouvoir partout où existent quelques marges de progression, comme c'est le cas dans l'agroalimentaire (par exemple, pour la boulangerie-viennoiserie, les conserves de fruits et de légumes, les sodas et bières, et même des produits laitiers ou carnés transformés, entre autres). La grande priorité des pouvoirs publics se concentre toutefois sur l'augmentation la plus rapide possible de l'offre destinée à la consommation domestique de base. Parmi les défis que devra affronter l'économie cubaine post-sucrière (figure 9) figurera donc l'exigence d'améliorer encore substantiellement les performances de son agriculture.

facteurs aux États-Unis. En 2019, un CUC, soit l'équivalent interne du dollar, valait environ 26 CUP.

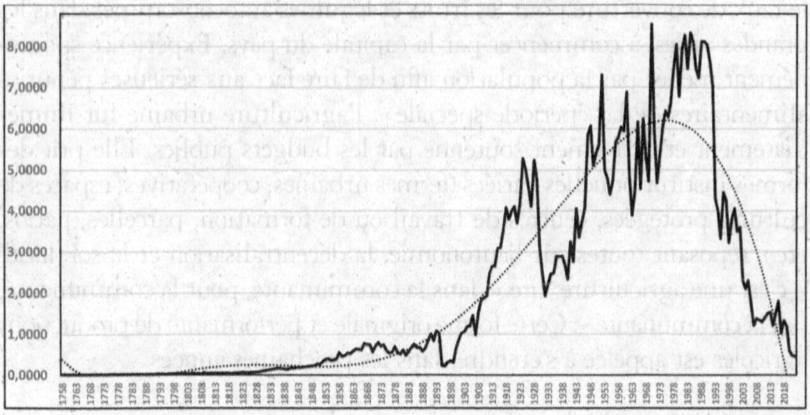

Source : Calculs de l'auteur, d'après différentes données statistiques (dont celles de l'ONEI [années variées]).

FIG. 9 – Production de sucre à Cuba entre 1758 et 2023 (millions de tonnes).

LES ATOUTS DU FUTUR
Transition écologique et nouvelles technologies

L'AGRICULTURE URBAINE

Si, à l'heure actuelle, la part du secteur agricole est inférieure à 5 % du PIB, environ 20 % de la population active – ce qui représente près de 900 000 personnes au total – sont occupés, à temps plein ou à temps partiel, dans l'une des nombreuses activités liées à l'approvisionnement alimentaire. Cette proportion comprend, en particulier, les différents travailleurs (soit plus de 400 000) qui se consacrent à l'agriculture urbaine. Le développement de ce nouveau type d'agriculture vivrière locale s'est avéré exponentiel depuis le tout début de la décennie 1990 et a très positivement contribué aux efforts visant à converger vers les objectifs d'autosuffisance alimentaire et de plein-emploi.

On estime aujourd'hui à 1,5 million de tonnes par an la production de légumes frais issue de ces exploitations urbaines, et entre 50 et 75 %

le taux de couverture pour les fruits et légumes autoconsommés dans les grandes villes, à commencer par la capitale du pays. Expérience spontanément menée par la population afin de faire face aux sérieuses pénuries alimentaires de la « période spéciale », l'agriculture urbaine fut immédiatement et activement soutenue par les budgets publics. Elle prit des formes institutionnelles variées (fermes urbaines, coopératives, espaces de cultures protégées, centres de travail ou de formation, parcelles, patios, etc.), reposant toutes sur l'autonomie, la décentralisation et la solidarité – c'est une agriculture dite « dans la communauté, pour la communauté, par la communauté ». Cette forme originale et performante de productions agricoles est appelée à s'étendre dans les prochaines années.

L'AGROÉCOLOGIE

Comme dans bon nombre de pays, l'agroécologie est également devenue une orientation empruntée à Cuba, cela en raison de la crise climatique. De manière générale, les progrès de l'agriculture biologique, qui ont connu une accélération pour faire face aux pénuries alimentaires qui se sont multipliées depuis quelques années, proviennent également du fait que les importations d'engrais et de pesticides, entre autres, ont brusquement cessé à la suite de la chute de l'URSS et du durcissement de l'embargo étasunien. Ainsi, plusieurs composantes de l'agriculture cubaine, jadis industrielles, n'utilisent plus d'intrants chimiques et sont insérées dans un schéma national stratégique d'agroécologie.

Le facteur géopolitique a donc pu influencer la trajectoire de l'agriculture cubaine. Dit autrement, une contrainte extérieure initiale et subie fut exploitée pour développer un modèle vertueux, ayant pour finalité la mise en œuvre concrète de multiples projets écologiques nouveaux (exemples : des jardins intensifs et potagers organoponiques[7], la permaculture[8], l'agroforesterie[9],

7 Inventés à Cuba, les *organopónicos* constituent un système de cultures biologiques intensives en zones urbaines où les plantes sont cultivées hors-sol sur substrats de terre et matière organique disposés dans des bacs, l'irrigation pouvant se faire goutte à goutte. Ils donnent des légumes comestibles, des condiments ou des plantes médicinales.

8 Forme d'agriculture permanente qui conçoit des écosystèmes régénératifs, harmonieux et résilients en s'inspirant du fonctionnement du vivant et en s'appuyant sur des principes éthiques de respect des humains et de la nature.

9 Mode d'exploitation des terres agricoles qui associe, de manière simultanée ou successive, les cultures avec la plantation d'arbres ou d'arbustes, pour produire. L'une de ses justifications est une meilleure protection des sols.

le sylvopastoralisme[10], etc.), aussi bien que de programmes de protection de l'environnement (avec une très large extension des zones de préservation de la biodiversité ou encore les zones maritimes protégées)[11]. Des plans massifs de reboisement ont permis aux surfaces forestières de réoccuper près d'un tiers du territoire cubain (figure 10)[12]. On peut dire en cela que Cuba a mis en œuvre une politique de développement d'une agriculture en phase avec la lutte contre le réchauffement climatique et l'érosion de la biodiversité.

En 2020, était mis en œuvre le Programme de résilience climatique des écosystèmes agricoles de Cuba par le ministère de l'Agriculture, avec l'appui de l'Organisation pour l'alimentation et l'agriculture (FAO) et du Fonds Vert pour le Climat. La transition écologique est également en cours grâce aux avancées d'énergies renouvelables (des technologies solaires, entre autres). Sans idéaliser ces expériences, ou vouloir les ériger en modèles exportables, ni non plus occulter les limites des dispositifs actuels (limites découlant de la rareté des matériels modernes, du manque d'eau, d'une fertilité des sols en baisse, d'une faible diversité des produits proposés, etc.), l'importance prise par l'agriculture biologique sur l'île est bel et bien une réalité – même si l'autosuffisance alimentaire est encore, à l'évidence, loin d'être atteinte. Des productions issues de l'agroécologie, comme les cafés ou les miels, par exemple, ont récemment connu des succès sur les marchés internationaux et pu redynamiser, dans une certaine mesure, le rôle exportateur du secteur agricole (les cafés organiques produits sur l'île commençant à être exportés à partir de 2003, tandis que le premier Forum cubain sur le miel et l'apiculture bio se tenait en 2022). Selon les publications du *World Wildlife Fund*, Cuba serait même aujourd'hui le premier (et le seul) pays au monde à avoir

10 Type d'élevage consistant à faire pâturer la forêt par le bétail et visant à instaurer une agriculture durable sur un espace par combinaison de finalités pastorales (amélioration de la ressource) et forestières (protection des bois).

11 Au tout début de la décennie 2000, le Marais de Zapata (dans les provinces de Mayabeque et de Matanzas) était déclaré réserve de biosphère, et l'archipel des *Jardines de la Reina* (provinces de Camagüey et de Ciego de Ávila), avec ses mangroves et son récif corallien, fait parc national, tandis que le Paysage archéologique des premières plantations de café (dans la Sierra Maestra) se voyait classé patrimoine mondial de l'humanité par l'UNESCO, tout comme le parc national Alejandro de Humboldt (provinces de Guantánamo et d'Holguín).

12 À noter que, même au moment le plus difficile de la « période spéciale » après la disparition de l'URSS, soit durant les années 1993-1994, Cuba se classait déjà largement en tête des pays de l'Amérique latine et caribéenne pour l'indicateur de reboisement, selon le Programme des Nations unies pour le développement (UNDP, 1996).

posé les conditions minimales d'un développement durable, et l'un de ceux à plus faible empreinte écologique (World Wildlife Fund, 2017).

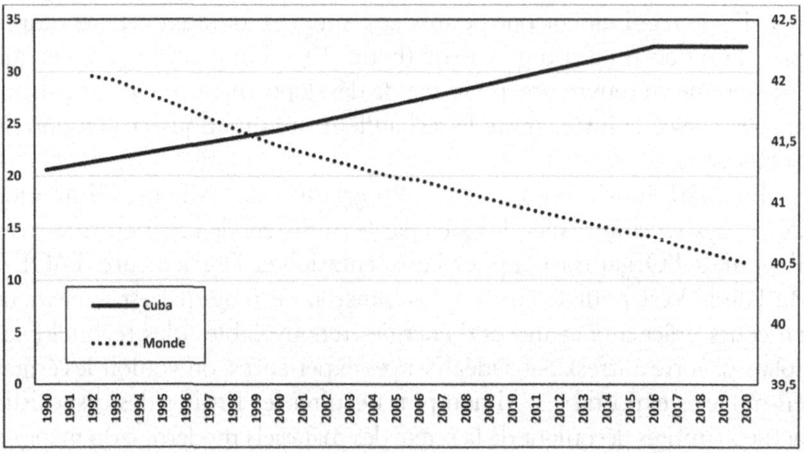

Source : calculs de l'auteur, d'après les données en ligne par la Banque mondiale (2023).

Fig. 10 – Surfaces forestières : Cuba et monde, 1990-2020 (en kilomètres carrés [1000 à Cuba (échelle de gauche), 1000000 pour le monde (échelle de droite)]).

LES NOUVELLES TECHNOLOGIES

L'une des réussites les plus marquantes de cette transition a été la création d'un système de recherche scientifique d'excellence et de renommée internationale. Les bases de ce succès furent posées dès le début des années 1960 grâce à l'édification méthodique d'un système éducatif complet, cohérent et rigoureux. Sa consolidation hissa les chercheurs cubains au plus haut niveau mondial, tout particulièrement dans les domaines médical, pharmaceutique et biotechnologique (Canton Navarro, 2000). Cuba détient à ce jour plus de 600 brevets dans les biotechnologies, dont les productions sont exportées vers une cinquantaine de pays (Lage Davila, 2009). Depuis le début des années 2000, des transferts de technologie ont fait l'objet de nouveaux accords avec la Chine pour construire des installations destinées à produire ces biens cubains à l'étranger. L'offre de services informatiques et de logiciels appliqués à l'agriculture, comme aussi celle d'autres biens à forte valeur ajoutée pour lesquels les spécialistes cubains ont acquis un savoir-faire reconnu (dans les domaines de la médecine, de la détection de cyclones ou encore des fibres optiques de télécommunication et de transmission de données), constituent un vecteur d'impulsion des exportations de haute technologie.

Parmi les atouts dont dispose Cuba figure – outre le degré d'organisation de sa société, grâce à la planification qui permet d'affronter des situations difficiles (désastres naturels, instabilité des marchés mondiaux, fréquentes interruptions d'approvisionnements dues à l'embargo...) – la formation de sa population. Le développement du potentiel humain et des infrastructures de recherche est un point d'appui solide pour consolider et étendre les bases des nouvelles industries technologiques et promouvoir les exportations à contenu scientifique, dont le poids doit s'alourdir dans la balance commerciale du pays. Aussi une bonne partie des solutions à apporter aux problèmes relatifs à la substitution aux importations agricoles, à l'efficacité et à la productivité de l'agriculture ou à l'autosuffisance alimentaire sera-t-elle à trouver dans l'utilisation de ces compétences.

Car Cuba compte nombre d'unités de recherche agronomique, dont celles, entre autres, de l'*Institut de recherche fondamentale en agriculture tropicale*, du *Centre d'ingénierie génétique et de biotechnologie*, de l'*Institut de recherches sanitaires sur les végétaux*, etc. Plus de 42 000 personnes travaillent en effet dans la recherche-et-développement, laquelle est dotée de financements publics qui dépassent 1,2 % du PIB. La poursuite de la transformation de la base productive et exportatrice du pays est une exigence afin d'adapter ses structures à l'essor des forces productives vivantes. Au-delà de la promotion d'activités agricoles, le débat devra donc porter sur les fondements du développement autocentré du pays et la dynamisation de ses avantages comparatifs non traditionnels (sciences et savoirs).

LES RÉPERCUSSIONS DE L'EMBARGO DES ÉTATS-UNIS

Ces nouvelles sources de devises ont jusqu'à présent pâti des effets de l'embargo, lequel est condamné par une écrasante majorité des pays membres de l'Assemblée générale de l'Organisation des Nations unies (ONU) et pourtant appliqué par la volonté unilatérale, isolée mais entêtée, des États-Unis. Les dommages économiques infligés à Cuba par cet embargo dépasseraient – de source officielle cubaine[13] – 154 milliards de dollars. Ce montant comprend, en particulier :

– Les manques à gagner dus aux entraves placées aux exportations agricoles (du fait d'un non-accès aux bourses mondiales de matières premières) ;
– Les pertes subies à la suite de la réorientation géographique des flux commerciaux (entraînant des surcoûts à l'achat, de stockage, de fret) ;
– Les contraintes imposées aux unités de production nationales (par limitation des économies d'échelle et des débouchés, manque de pièces détachées, renchérissement de l'approvisionnement en combustibles, accès restreint aux technologies, mise au rebut anticipée de machines, restructuration forcée d'unités, cumul de difficultés dans l'agriculture et la pêche avec celles des centres d'épuration des eaux, de l'énergie, des transports…) ;
– Des entraves d'ordre monétaire et financier (liées à des renégociations de la dette extérieure, aux obstacles imposés à l'accès au dollar, à l'impact défavorable des taux de change sur le commerce, aux pénalités de risque-pays dans l'assurance, aux complications d'obtention de financements consécutivement au veto étasunien opposé à l'intégration de Cuba dans des organisations financières internationales…) ;
– Les dommages sociaux affectant la population (pour ce qui regarde l'alimentation, entre autres) ; les effets pervers des incitations à l'émigration illégale (avec pertes de compétences et de ressources) (Herrera, 2017).

Visant explicitement à infliger au peuple cubain un maximum de souffrances – pour « causer la faim et le désespoir », comme l'affirmait l'*U.S. Department of State* qui en prépara la mise en place – l'embargo fut décrété en 1962 par le président Kennedy, qui avait précédemment rompu les relations diplomatiques avec Cuba et supprimé le quota sucrier (Campbell, 2021). Il a été durci en 1992 par la loi Torricelli, frappant les entrées de capitaux et de marchandises, puis une nouvelle fois en 1996 par la loi Helms-Burton, qui

13 Voir (MINREX, 2022).

généralisait l'interdiction d'importer des intrants en provenance de Cuba, exigeant des exportateurs de prouver que leurs marchandises n'intègrent pas de sucre cubain, et octroyait aux tribunaux des États-Unis le droit de juger la requête en dommages et intérêts d'une personne civile ou morale américaine s'estimant lésée par la perte de propriétés nationalisées à Cuba et réclamant une compensation aux utilisateurs de ces biens. L'agressivité économique, commerciale, et pour tout dire, politique, de Washington envers La Havane, monta d'un cran en 2004 dans le but de freiner l'essor des nouveaux moteurs de l'économie cubaine. En 2017, un *Mémorandum présidentiel* interdit les activités des firmes avec les entités liées aux ministères de la Défense ou de l'Intérieur sur l'île, en particulier le *Grupo de Administración Empresarial* (GAESA), dont dépendent de nombreuses entreprises, y compris dans le secteur agricole (comme *Unión Agropecuaria*), de façon à priver Cuba de revenus en devises.

Sous la présidence de Joe Biden, l'essentiel de l'embargo est resté en vigueur, même en pleine crise mondiale liée à la pandémie de Covid-19 et à la flambée des prix des biens alimentaires et des cours de l'énergie – en plus des dégâts causés par l'ouragan Ian en 2022. Sont restées lettre morte les annonces de l'administration de Washington laissant entendre qu'elle se montrerait favorable à l'assouplissement des restrictions touchant les produits alimentaires. La réduction de la disponibilité de ces biens exacerbe les privations et manques de la population, menaçant en permanence sa sécurité alimentaire, son équilibre nutritionnel et son état de santé. Un drame humanitaire – qui est l'objectif implicite de l'embargo étasunien – n'a été évité que par la ferme volonté de l'État cubain de maintenir les piliers de son modèle socialiste, qui garantit à tous une part de l'alimentation de base à prix modiques grâce à la *libreta* et aux points de restaurations collectives (dans les crèches, écoles, hôpitaux, foyers du troisième âge, entreprises, etc.).

Le contenu normatif de l'embargo et le caractère extraterritorial de ses règles qui en mondialise la portée en soumettant la communauté internationale à des sanctions décidées unilatéralement par les États-Unis, constitue une réelle violation du droit international –notamment du droit humanitaire –, ainsi que de la Charte des Nations unies. Par l'extension exorbitante de la compétence juridique des États-Unis au-delà de leur territoire, il n'est rien de moins qu'un non-droit, s'opposant aux principes de souveraineté nationale et de non-ingérence dans les affaires intérieures d'un État étranger, mais également aux droits du peuple cubain à l'auto-détermination et au développement, en le privant de ses moyens de subsistance. Il entre de surcroît en contradiction avec les libertés de commerce, de navigation et de circulation des capitaux, que Washington revendique pourtant partout dans le monde.

LA DIMENSION GÉOPOLITIQUE

Malgré tout, Cuba a su se dégager des marges de manœuvre en diversifiant ses relations de coopération internationale, notamment en renforçant ses échanges avec les pays du Sud global, que ceux-ci soient socialistes (la Chine, le Viêtnam, la Corée du Nord) ou non (le Brésil, l'Afrique du Sud, l'Inde ou la Malaisie, par exemple), en renouant avec certains de ses anciens alliés de l'Est (au premier rang desquels la Russie, qui est son cinquième partenaire en 2021) et en tirant profit des contradictions entre pays industrialisés capitalistes. La Chine est ainsi (re)devenue, depuis 2021, son premier partenaire commercial, à la fois deuxième importateur de produits cubains et deuxième exportateur vers l'île. Nombre d'accords ont été signés entre les deux pays à partir de la décennie 2000. L'éventail des échanges commerciaux s'est élargi et leur nature a commencé à changer, sensiblement, allant désormais au-delà de l'exportation de sucre (et de nickel) et de l'importation d'huiles et d'équipements agricoles (ou électro-mécaniques) pour concerner de plus en plus de biens à forte valeur ajoutée, notamment biotechnologiques. Maintes *joint-ventures* ont ainsi été engagées dans l'agriculture.

Au cours des dernières années, les choses ont aussi beaucoup changé sur le plan régional. Cuba a joué un rôle clé de rassembleur et d'organisateur au milieu d'une constellation d'efforts menés en commun pour impulser un processus d'intégration régionale. En décembre 2004, à La Havane, fut lancée par les présidents Fidel Castro Ruz et Hugo Chávez Frías une Alternative bolivarienne pour les Amériques (ALBA). Cette dernière, étendue depuis lors à plusieurs autres pays latino-américains et caribéens (Bolivie, Nicaragua…), fut conçue comme antagonique aux intégrations courroies de transmission de la mondialisation néolibérale et comme avancée vers un développement placé au service des peuples et l'édification d'un monde multipolaire. Appuyée sur des décisions d'IDE publics croisées et d'abaissements de barrières douanières, la coopération mise en place concerne notamment l'agroalimentaire – l'un des objectifs étant de formuler des politiques de lutte contre la faim pour garantir aux populations défavorisées un approvisionnement alimentaire bon marché grâce à des réseaux de magasins subventionnés et gérés par l'État, mais aussi de conquête de la souveraineté alimentaire. Une Banque du Sud (*Bancosur*) permet de soutenir financièrement l'effort de gouvernements nationaux ou locaux visant, entre autres, à favoriser l'essor d'agricultures respectueuses des familles paysannes (Molina Molina, 2017).

CONCLUSION AU CHAPITRE

Soulignons que, malgré l'affirmation de la volonté du nouveau président de la République de Cuba, Miguel Díaz-Canel Bermúdez, élu le 18 avril 2018, de consolider la révolution socialiste, l'évolution indéterminée des relations bilatérales avec les États-Unis – entre rapprochement promu sous l'administration Obama, refroidissement imposé par la mandature Trump… tergiversations de la présidence Biden et retour de Trump – ouvre sur des perspectives incertaines. Cependant, la solidité des liens récemment établis avec la Chine – et la Russie –, ainsi que le rôle de plaque tournante du commerce régional et mondial que pourrait être amenée à jouer Cuba – surtout grâce à l'essor de la zone spéciale et du port à conteneurs de Mariel, à l'Ouest de La Havane –, laissent entrevoir de réelles opportunités de développement.

Marqué par le choc de la pandémie de Covid-19 et la crise mondiale qui l'a accompagnée, le début des années 2020 se caractérise à Cuba, comme dans nombre de pays du Sud en général, et de l'Amérique latine et caribéenne en particulier, par de sérieuses difficultés économiques. Ainsi, l'inflation s'est beaucoup accélérée, à l'image de ce qui se passe ailleurs dans le monde. Les conditions matérielles de vie de maints ménages cubains, qui ne sont déjà habituellement pas faciles, s'en sont trouvées compliquées, notamment afin de se procurer ce dont on a besoin pour remplir les assiettes. Ces difficultés proviennent en partie de défauts de fonctionnement d'unités de production locales liés à des insuffisances d'organisation, d'efficacité, d'ajustement aux exigences du marché, mais elles ne peuvent être dissociées du contexte dans lequel évolue l'île.

Occulter le fait que cette dernière soit obligée de concevoir sa stratégie de développement en étant placée sous embargo empêche en effet de saisir les raisons profondes des problèmes de l'économie en général, et de l'agriculture en particulier. En outre, la situation est d'autant plus complexe que les politiques sociales mises en œuvre par l'État pour aider les familles les plus vulnérables, notamment quand il distribue des biens alimentaires à bas prix par la *libreta*, amènent à prélever plus de produits sur les marchés domestiques, ce qui accroît le différentiel entre les quantités de ces biens disponibles en ventes libres et celles de monnaie en circulation, ces dernières étant elles-mêmes accrues par les entrées de devises envoyées par la diaspora (Crahan, Sanchez, 2022).

En 2021, le gouvernement cubain autorisa la création de très petites, petites et moyennes entreprises (*micro, pequeñas y medianas empresas*), pour l'essentiel dans le secteur privé. Bien que ne concernant qu'une part infime de la main-d'œuvre, ces entités sont supervisées de près par les pouvoirs publics, dans la mesure où leurs besoins de financement sont susceptibles d'attirer des capitaux de la diaspora pour augmenter les IDE, mais aussi d'accroître la propriété privée des moyens de production, ce qui est considéré comme dangereux, car incompatible avec une structure socialiste. L'État refuse la maximisation des profits appropriés privativement, typiques du système capitaliste, d'accélérer les gains de productivité en exploitant la main-d'œuvre salariée, ou d'obtenir une plus forte croissance économique par le recours aux engrais, pesticides et/ou hydrocarbures, qui risquent d'endommager la nature et de nuire à la soutenabilité écologique. Il cherche à concilier des objectifs en apparence contradictoires – soit la prospérité économique, le bien-être social et la protection de l'environnement –, mais qu'il s'agit en réalité de s'efforcer d'atteindre simultanément afin de parvenir à édifier une stratégie de développement équilibrée. En clair, il entend approfondir la voie du socialisme. Le rapport de force avec les États-Unis demeure, structurellement pourrait-on dire, d'actualité.

Rémy HERRERA
CNRS – Centre d'économie
de la Sorbonne

CONCLUSION GÉNÉRALE

En sollicitant un aéropage d'auteurs pour réaliser un ouvrage traitant des politiques agricoles qui, on l'a indiqué dès l'introduction générale, avait pour ambition de combler une longue absence dans le paysage éditorial français de l'économie rurale, on n'imaginait assez mal que sa publication interviendrait dans un contexte international, européen et national aussi mouvementé, voire aussi anxiogène, et ce, tant sur la plan géopolitique, économique, social et politique. On savait que le lancement, la superposition et le croisement de toutes ces réflexions autour de l'agriculture et des politiques agricoles constitueraient une entreprise, certes de longue haleine, mais qui apparaissait salutaire au regard des besoins exprimés par bon nombre de nos collègues ; on a surtout été saisi par un conflit inédit, pour certains mêmes, improbable, en tout cas difficilement résolvable.

Si le projet éditorial a germé il y a déjà quelques années, dans un univers de mondialisation dont on pensait qu'il conduirait les nations sur le chemin de la paix, la guerre en Ukraine, elle, semble se prolonger, avec des répercussions bien lourdes sur la physionomie des productions et des échanges agricoles et alimentaires mondiaux. C'est pourquoi ce livre porte ce projet de faire prendre conscience aux lecteurs, quels qu'ils soient, que l'agriculture et les politiques agricoles forment en quelque sorte un fragment de l'épicentre actuel des turbulences mondiales, turbulences qui ont pu ou qui entraîneront encore des répercussions sur les échanges de produits agricoles, sur la formation des revenus, sur la PAC, sur la politique environnementale de l'UE…. D'ailleurs, au travers de la première partie, n'est-ce pas ce que les expériences historiques avaient déjà montré mais que, à sa manière, l'Union européenne a eu tendance a oublié ?

Ce que ce livre a aussi voulu montrer, c'est que les politiques agricoles, pour décisives qu'elles soient, tant pour les productions, pour les approvisionnements des populations, pour la structuration des zones rurales, pour les échanges intersectoriels, et, pour tout dire, pour les sociétés, sont le reflet des structures sociales de chacun des pays qui les pratiquent. En tant qu'elles accompagnent, encadrent et orientent les activités agricoles, les politiques agricoles se rattachent à des dimensions institutionnelles qui, comme on a pu le voir tout au long des chapitres, opèrent comme des réducteurs d'incertitudes, comme des offreurs de sécurité économique. C'est le sens qu'a pu donner aux institutions un auteur comme le sociologue Luc Boltanski au sujet de l'existence des institutions (Boltanski, 2009).

Si les politiques agricoles relèvent ainsi d'une dimension institutionnelle, au sens où l'État, en déployant des compromis entre lui et les acteurs agricoles, est en mesure de stabiliser les marchés et de construire la visibilité des acteurs, alors ces derniers sont en mesure d'agir dans un cadre normé, de produire selon ce cadre, et donc d'être en mesure de faire ou de ne pas faire, ou de faire différemment qu'à une époque antérieure. Les politiques agricoles définissent en cela un mode de raport au monde économique et social. Puisqu'il a été rappelé plus haut, et à plusieurs reprises tout au long de cet épais ouvrage, la légitimité des politiques agricoles dans un monde agité, sans boussole, menaçant, pourrait ne plus être contestée, sauf pour des économistes se réclamant d'un libéralisme absolu. La « colère paysanne » des années 2023-2024, a montré que les agriculteurs avaient exprimé ce besoin de régulation, un désir de protection.

C'est en retenant une telle conception de ce que sont les politiques agricoles qu'il faut comprendre la longévité de certaines d'entre elles, ou que d'autres aient constitué jusqu'à aujourd'hui le fondement d'une stratégie de conquête des marchés. *A contrario*, lorsque d'autres entités géographico-étatiques y renconcent, c'est parce qu'elles optent pour une logique de marché, dont on sait qu'elle plonge les producteurs dans une incertitude radicale quant à la valorisation marchande de leurs produits, et donc quant à leur revenu. Il en découle que les politiques agricoles peuvent s'inscrire dans la durée, comme elles peuvent être frappées d'illégitimité, et faire l'objet de critiques plus ou moins virulentes.

Le souhait des coordinateurs de cet ouvrage, auquel l'ensemble des auteurs ont apporté leur contribution, était de redonner du lustre à l'agriculture et aux politiques agricoles, à un moment historique que vit le monde, celui de la guerre, des chocs climatiques, d'une érosion de la démographie agricole, des inégalités territoriales, et celui des rivalités commerciales internationales. La légitimité d'une telle entreprise collective intervient également dans un moment de doute des agriculteurs sur leur devenir, sur leur identité professionnelle, parfois de discrédit jeté sur leurs activités par une population qui, si elle mesure l'importance de l'agriculture dans leurs actes quotidiens de consommation, n'en est pas moins encline à critiquer à la fois leurs pratiques d'élevage ou culturales, et les fonds publics qui leur sont alloués (Hervieu, Purseigle, 2022). L'agriculture et les politiques agricoles évoluent désormais dans des sociétés complexes, traversées par de multiples contradictions.

L'autre aspect qui devait être mis en relief, réside dans la grande variété des politiques agricoles et des systèmes productifs dans le monde. Nous nous sommes efforcés non pas d'être exhaustifs, ce qui aurait été une tâche d'une redoutable envergure, mais de couvrir un échantillon suffisamment large de pays qui ont, ou qui pratiquent encore, des politiques agricoles. Cela pour montrer l'extrême complexité de la question agricole.

Par ailleurs, si le lecteur pourra détecter quelques croisements entre les chapitres, ou plutôt quelques redondances, au point qu'il aura l'impression qu'un auteur exprime des points de vue voisins ou similaires, c'est essentiellement lié au fait que les chapitres, traitant chacun d'un thème spécifique, se répondent finalement l'un l'autre, se chevauchent par la force des choses.

En répondant à ce type d'attentes, en s'insérant dans un espace précis, celui des publications académiques, cet ouvrage aura atteint son objectif. Ajoutons qu'il l'aura d'autant mieux atteint, qu'il s'insère dans un contexte européen et mondial d'une complexité inouïe, et que, à ce titre, les auteurs qui ont bien voulu nous rejoindre auront ainsi pleinement contribué à développer des analyses qui auront procuré au lectorat des clés utiles de compréhension et d'interprétation de la sphère agricole aux lecteurs.

À toutes et tous, merci.

Vincent CHATELLIER
INRAE
Académie d'agriculture de France

Martin PIDOUX
Directeur de Prometerre
(Association vaudoise de promotion
des métiers de la terre)

Thierry POUCH
Laboratoire Regards,
Université de Reims
Chambres d'agriculture
FranceAcadémie d'agriculture
de France

Marine RAFFRAY
Chambres d'agriculture France
Doctorante à l'Université de Reims
Champagne Ardenne

POSTFACE

Alors qu'un premier quart de ce siècle vient de s'écouler, l'agriculture persiste comme secteur éminemment stratégique. Cet ouvrage en dit long à ce sujet et c'est un manuel précieux pour se repérer dans le temps, dans l'espace et dans l'éventail disciplinaire si large que propose l'univers agricole.

Entre une population record à nourrir, dont la taille va encore s'épaissir d'ici 2050, et des besoins croissants en biomasse pour décarboner économies et modes de vie, les productions agricoles sont attendues comme jamais au banquet du développement humain et durable. Garantir ou augmenter la sécurité, c'est une grande affaire alimentaire, essentielle pour tous et sans affaiblissement temporel. Tout change, mais se nourrir constitue un invariant pour la vie. Accélérer les transitions et lutter contre l'emballement climatique, c'est aussi un immense chantier agricole. Responsable, victime et solution, l'agriculture se situe au cœur des enjeux de soutenabilité. Sortir du pétrole, c'est réclamer davantage d'agricole et favoriser une écologie circulaire, dans laquelle les systèmes alimentaires sont appelés à se transformer. Avec la sécurité et la soutenabilité, la santé représente la troisième verticale incontournable pour cheminer avec clairvoyance et responsabilité dans ce siècle. L'équilibre nutritionnel et la qualité des aliments favoriseront une augmentation de l'espérance de vie en bonne santé. En somme, bien se nourrir durant les 25 000 jours qui en moyenne composent une existence devient une attente universelle.

Hélas, tous sur cette planète n'ont pas cette première préoccupation. La faim frappe encore près d'un milliard de personnes et deux autres milliards mangent peu et trop souvent la même chose, étant dans une insécurité alimentaire et nutritionnelle modérée. C'est une réalité avec laquelle composer : une partie des habitants de cette Terre souhaitent sortir de cette sobriété alimentaire forcée dans laquelle ils sont enfermés, en raison de pauvreté, de guerre ou de violence climatique, tandis que d'autres, dans des sociétés bien nourries, se rendent compte qu'il va falloir retrouver un peu de sagesse et de bon sens dans ses comportements alimentaires. Il faut avoir conscience de ces trois verticales pour saisir l'immensité du défi à relever pour les agricultures du monde : un Everest alimentaire nous attend au milieu de ce siècle.

Et dire qu'en Europe, au début de ce Millénaire, nous avons été, nombreux, à être bernés par des discours décrétant la fin de l'Histoire et du productif. L'heure allait être au tout serviciel, à ce fameux tertiaire inévitable pour entrer dans la catégorie des pays développés et des métiers contemporains. Autrement dit, sortir de l'industrie et quitter les champs agricoles étaient souvent préconisés. Vouloir y rester, c'était refuser d'épouser les voies de la modernité et de l'avenir. Pendant ce temps-là, entre des nations n'ayant pas le choix et celles pour lesquelles la (re)montée en puissance passait par davantage d'agricultures et d'alimentations, pour à la fois dynamiser leurs émergences mais aussi favoriser leurs rayonnements extérieurs, toute la planète ou presque s'est mise à accélérer sur le productif à domicile.

Après cette phase d'armement agricole, certains États ont même pris la décision d'arsenaliser leurs atouts géoéconomiques en projection géopolitique. Les matières premières demeurent centrales pour illustrer une constante dans les relations internationales : les amitiés n'existent pas ; seuls dominent la défense des intérêts nationaux. L'agriculture et l'alimentaire n'échappent pas à ces spirales qui caractérisent la marche du monde et recomposent la hiérarchie des puissances. Elles sont d'autant plus au cœur des jeux de la géopolitique que cette dernière voit ses temporalités se raccourcir et ses expressions à nouveau se durcir. La douce métaphore de l'effet papillon semble s'éloigner. Désormais, chaque événement majeur ou choc de grande ampleur résonne plus vite et plus loin sur le globe. Disons volontiers, pour poursuivre sur cette digression « zoopolitique », que l'image de l'éléphant au milieu de la pièce, de ce pachyderme gesticulant sur une planète en porcelaine, car fragile en ressources et inégale sur le plan social, s'est aussi envolée, quand bien même la Chine l'incarne encore à merveille. Désormais, nous sommes entrés dans la géopolitique de l'hippopotame : une séquence où tout est plus véloce et plus féroce. Pour l'Europe, cela sonne la fin d'une pause stratégique initiée dans la décennie 1990 et qui lui rappelle, hélas, que la loi du plus fort persiste dans les affaires du monde. Or sans production agricole et sans sécurité alimentaire, aucun pays ne résiste à des vagues de vulnérabilités progressives. C'est un facteur de puissance et donc aussi parfois d'impuissance. Outre les verticales définies plus tôt, qui définissent des voies de passage obligatoires pour avancer dans ce siècle, l'Europe va devoir attaquer le deuxième quart de ce siècle en retrouvant une lucidité stratégique en matière agricole et alimentaire, ce qui ne signifie pas de déclasser les objectifs de transition écologique, mais bien de les combiner à des déterminations géopolitiques.

Ce livre de politiques agricoles, qui conjugue l'économique et le social, révèle à quel point il serait périlleux d'oublier la centralité de cet enjeu alimentaire et de sous-estimer l'importance des autres vocations des productions primaires. La cinquantaine d'auteurs mobilisés et la trentaine de chapitres enlacés donnent à voir ce sur quoi repose l'essentiel de nos destinées collectives. Par les escales géographiques présentées et les focus thématiques choisis, nous sommes embarqués sur des routes certes accidentées mais toutes balisées. La nuance dans les analyses se marie avec une robustesse scientifique et la recherche d'un décryptage synthétique.

Nous pourrions titiller les coordonnateurs de cette brillante publication en confessant trois regrets sur des aspects trop peu traités dans les contributions, voire orphelins dans le sommaire. Le premier à propos des acteurs, car peut-on examiner les politiques, les marchés, les innovations ou les stratégies de puissance sans intégrer les composantes de la société civile, à commencer par les entreprises ? Le second regret se situe en mer, ou plutôt au niveau de ces produits halieutiques et aquacoles qui débarquent aussi sur les tables du monde entier. Il aurait été opportun de donner de l'écho à la pêche, à l'aquaculture et à ces poissons qui sont si souvent écartés dans les réflexions alimentaires, pour à la fois en montrer les spécificités vis-à-vis des mondes agricoles, mais aussi pour interpeller les lecteurs sur le fait que des pays ou des entreprises cherchent à associer l'agro-alimentaire et l'halio-alimentaire dans leur politique de développement, de sécurité, d'investissement ou d'influence. Troisième bémol, la tonalité insuffisamment prospective, sans doute liée au fait que les initiateurs de ce projet et les auteurs savent qu'il existe d'autres manuels dédiés à l'exploration des futurs possibles pour l'agriculture et l'alimentation. À moins que cela soit au programme d'un second tome, comme le seront les analyses sur les firmes privées qui façonnent aussi la grammaire des affaires agricoles et alimentaires mondiales. La perche est lancée… si vous m'accordez une dernière référence à l'économie bleue. Alors, après ce premier voyage réussi avec un tel équipage à bord, ne vous arrêtez pas en si bon chemin. L'Everest est devant nous.

Sébastien Abis
CInstitut de Recherches
et d'Informations Stratégiques
(IRIS)
Directeur du Club Déméter

RÉFÉRENCES BIBLIOGRAPHIQUES

INTRODUCTION GÉNÉRALE

ALLAIRE, Gilles, DAVIRON, Benoît (coord.), *Transformations agricoles et agroalimentaires. Entre écologie et capitalisme*, Versailles, éditions Quae, 2017.

BOURGEOIS, Lucien, *Politiques agricoles*, Paris, éditions Flammarion, coll. « Dominos », 1993.

BOUSSARD, Jean-Marc, *Économie de l'agriculture*, Paris, éditions Economica, 1987.

BOYER, Robert, *Économie politique des capitalismes*, Paris, éditions La Découverte, coll. « Repères – Grands Manuels », 2015.

BRICAS, Nicolas, DAMIEN, Conaré, WALSER, Marie, *Une écologie de l'alimentation*, Versailles, éditions Quae, 2021.

BUREAU, Jean-Christophe, *La politique agricole commune*, Paris, éditions La Découverte, coll. « Repères », 2007.

CLERC, François, « L'affrontement des courants de pensée libéral et planificateur dans l'élaboration de la politique agricole commune », *Économie rurale*, numéro 78, 1968, p. 13-24.

DELORME, Hélène (dir.), *La politique agricole commune : anatomie d'une transformation*, Paris, Presses de Sciences Po, 2004.

DÉTANG-DESSENDRE, Cécile, GUYOMARD, Hervé (dir.), *Evolving the Common Agricultural Policy for Tomorrow's Challenge*, Versailles, éditions Quae, 2022.

FOUCAULT, Michel, *Naissance de la biopolitique. Cours au Collège de France, 1978-1979*, Paris, éditions Gallimard-Seuil, 2004.

FROMONT, Pierre, *Économie rurale*, Paris, éditions Génin, Librairie de Médicis, 1957.

KROLL, Jean-Christophe, *Politique agricole et relations internationales*, Paris, éditions Syros, coll. « Alternatives économiques », 1987.

KROLL, Jean-Christophe, *Agriculture : changer de politique*, Paris, éditions Syros, coll. « Alternatives économiques », 1990.

MEYERS, William H., JOHNSON, Thomas, ROBERTS, Donna H., *Handbook of International Food and Agricultural Policies*, Volume I, II, III, World Scientific Book, 2018.

MILHAU, Jules, *Traité d'économie rurale*, Paris, Presses universitaires de France, coll. « Bibliothèque d'économie agricole », 1954.

MONOD, Jean-Claude, *L'art de ne pas être trop gouverné*, Paris, éditions du Seuil, coll. « l'ordre philosophique », 2019.

POUCH, Thierry, *Essai sur l'histoire des rapports entre l'agriculture et le capitalisme*, Paris, Classiques Garnier, coll. « Bibliothèque de l'économiste », 2023.

RASTOIN, Jean-Louis, GHERSI, Gérard, *Le système alimentaire mondial : concepts et méthodes, analyses et dynamiques*, Versailles, éditions Quae, 2010.

SÉRONIE, Jean-Marie, *PAC et mondialisation : un Politique européenne encore commune ?* Paris, éditions Quae, 2018.

SERVOLIN, Claude, *L'agriculture moderne*, Paris, Seuil, coll. « Points économie », 1989.

STEINER, Philippe, *Sociologie de la connaissance économique. Essai sur les rationalisations de la connaissance économique (1750-1850)*, Paris, Presses Universitaires de France, coll. « sociologies », 1998.

STREECK, Wolfgang, *Entre globalisme et démocratie. L'économie politique à l'âge du néolibéralisme finissant*, traduction française, Paris, éditions Gallimard, coll. Essais, 2023.

WOLFER, Bernard (dir.), *Agriculture et paysanneries du monde*, Versailles, éditions Quae, 2007.

PREMIÈRE PARTIE

ADAIR, Philippe, GISLAIN, Jean-Jacques, « L'institutionnalisme américain dans l'entre-deux-guerres : une alternative pluraliste à l'économie politique du libéralisme », *Économies et Sociétés*, série PE, numéro 45, décembre, 2011, p. 2143-2176.

AKERLOF, George, « The Market for Lemons: Quality Uncertainty and the Market Mechanism », *Quarterly Journal of Economics*, Volume 84-3, 1970, p. 488-500.

ANDERSON, James, *An Enquiry into the Nature of the Corn Laws, with a View to the New Corn Bill proposed for Scotland*, Edinburgh, Mrs Mundell, *Reprint* Augustus M. Kelley, 1977.

BACH, Reinhard, « Les physiocrates et la science politique de leur temps », *Revue Française d'Histoire des Idées Politiques*, numéro 20-2, 2004, p. 229-259.

BAGNOL, Jean-Marc, « Le Statut de la viticulture, une alternative à l'Office national du vin pour réguler le marché viticole dans les années 1930 », *in* Alain Chatriot éd., *Organiser les marchés agricoles. Le temps des fondateurs*, Armand Colin, 2012, p. 109-126.

Barber, William J., « The Divergent Fates of Two Strands of Institutionalist Doctrine during the New Deal Year », *History of Political Economy*, Volume 26-4, Duke University Press, 1994, p. 569-587.

Barber, William J., *Designs within disorder: Roosevelt, the Economists and the shaping of US economic policy, 1933-1945*, Cambridge University Press, 1996.

Barral, Pierre, *Les Agrariens français de Méline à Pisani*, Paris, éditions Armand Colin, Cahiers de la Fondation nationale des sciences politiques, 1968.

Bartlett, Roland W., « Implications of the European Common Market for the United States », *Illinois Agricultural Economics*, Volume 4-1, 1964, p. 15-24.

Bast, Johann-Henri, « Boisguilbert et le mercantilisme », in *Pierre de Boisguilbert ou la naissance de l'économie politique*, sous la direction de Jacqueline Hecht, deux volumes, Paris, Institut National d'Études Démographiques, Volume 1, 1966, p. 27-40.

Bauer, Michel, Cohen, Elie, *Qui gouverne les groupes industriels ? Essai sur l'exercice du pouvoir du et dans le groupe industriel*, Paris, éditions du Seuil, coll. « sociologie », 1981.

Benedict, Murray R., *Farm Policies of the United States, 1790-1950: A Study of Their Origins and Development*, New York, Octagon Books, 1966.

Berger, Suzanne, *Notre première mondialisation. Leçons d'un échec oublié*, Paris, éditions du Seuil, coll. « La république des idées », 2003.

Bianchi, Daniele, *La Politique agricole commune. Toute la PAC, rien d'autre que la PAC*, Paris, éditions Bruylant, 2006.

Bodin, Jean, *Les Six Livres de la République*, Paris, éditions Classiques Garnier, 3 volumes, [1576], 2013.

Boisguilbert, Pierre Le Pesant de, *Factum de la France, contre les demandeurs en délai pour l'exécution du projet traité dans le « Détail de la France », ou le Nouvel ambassadeur arrivé au pays du peuple*, 1705, repris dans Boisguilbert Pierre de, *Pierre de Boisguilbert ou la naissance de l'économie politique*, sous la direction de Jacqueline Hecht, deux volumes, Paris, Institut National d'Études Démographiques, Volume II, 1966, p. 879-956.

Boisguilbert, Pierre Le Pesant de, *Dissertation de la nature des richesses, de l'argent et des tributs, où l'on découvre la fausse idée qui règne dans le monde à l'égard de ces trois articles*, 1707, repris dans Boisguilbert Pierre de, *Pierre de Boisguilbert ou la naissance de l'économie politique*, sous la direction de Jacqueline Hecht, deux volumes, Paris, Institut National d'Études Démographiques, Volume II, 1966, p. 973-1010.

Bourgeois, Lucien, Pouch, Thierry, « La politique agricole commune une politique réduite au marché », *Revue de l'OFCE, Observations et diagnostics économiques*, numéro 43, 1993, p. 365-398.

BOUSSARD, Jean-Marc, « Pourquoi l'instabilité est-elle une caractéristique structurelle des marchés agricoles » ? Économie rurale, numéro 320, 2010, p. 69-83.

BOUSSARD, Jean-Marc, DELORME, Hélène, *La régulation des marchés agricoles internationaux*, Paris, Éditions l'Harmattan, 2007.

BOUSSARD, Jean-Marc, GÉRARD, Françoise, PIKETTY, Marie-Gabrielle, *Libéraliser l'agriculture mondiale ? Théories, modèles et réalités*, Versailles, Édition Quae, 2005.

BOYER, Jean-Daniel, « *Fermiers* et *Grains* : deux moments de confrontation de Quesnay à la science du commerce. Police contre Polices aux noms des libertés », *Cahiers d'économie politique*, numéro 73-2, 2017, p. 31-65.

BOYER, Robert, « La crise actuelle : une mise en perspective historique. Quelques réflexions à partir d'une analyse du capitalisme français en longue période », *Critiques de l'économie politique*, numéros 7-8, 1978, p. 4-113.

BOYER, Robert, « L'économiste face aux innovations qui font époque : les relations entre histoire et théorie », *Revue économique*, Volume 52-5, 2001, p. 1065-1115.

BOYER, Robert, « Variété des capitalismes et théorie de la régulation », *L'année de la régulation*, numéro 6, 2002, p. 125-194.

BOYER, Robert, *Une théorie du capitalisme est-elle possible ?* Paris, éditions Odile Jacob, 2004.

BOYER, Robert, *Économie politique des capitalismes*, Paris, éditions La Découverte, coll. « Repères – Grands Manuels », 2015.

BOYER, Robert, *Macroéconomie et histoire. Du grand écart à une nouvelle alliance*, Paris, éditions Classiques Garnier, coll. « Bibliothèque de l'économiste », 2022.

BOYER, Robert, « Une grande théorie est-elle encore possible ? », *Revue de philosophie économique*, Volume 24, numéro 2, 2023, p. 213-236.

CAIRE, Guy, « Un ou deux Malthus ? », *Revue économique*, Volume 35, numéro 4, 1984, p. 623-634.

CHANCELLIER, Éric, « Les débuts du Bureau of Agricultural Economics. La modélisation des récoltes (1922-1930) », *Histoire & Sociétés Rurales*, Volume 42, numéro 2, 2014, p. 113-147.

CHARLES, Loïc, « Théorie des prix et liberté d'exportation chez Quesnay : une interprétation », *Cahiers d'économie politique*, numéro 32, 1998, p. 41-65.

CHATRIOT, Alain, *La politique du blé : Crises et régulation d'un marché dans la France de l'entre-deux-guerres*, Paris, Institut de la gestion publique et du développement économique, 2016.

CHATRIOT, Alain, LEBLANC, Edgar, LYNCH, Édouard, *Organiser les marchés agricoles. Le temps des fondateurs*, Paris, éditions Armand Colin, 2012.

CLERC, François, « L'agriculture française et le Marché commun », *Économie rurale*, numéros 79-80, 1969, p. 81-98.

COMMISSION de la Communauté économique européenne, *Rapport de la Commission au Conseil sur l'évolution prévisible de la production et des possibilités d'écoulement de certains produits agricoles importants*, COM (66), 82 final, 4 mars, 1966.

COMMISSION des Communautés européennes, *La situation de l'agriculture dans la CEE. Rapport 1971*, COM (71), 670 final, 18 juin, 1971.

COMMISSION des Communautés européennes, *The Agricultural Situation in the Community 1975 Reports, Part. III – Annex*, COM (75), 901 provisional, 10th december, 1975.

CONDORCET (de Caritat Jean-Antoine Nicolas), *Esquisse d'un tableau historique des progrès de l'esprit humain*, Paris, éditions Flammarion, [1794], 1988.

COULOMB, Pierre, « Du secteur au territoire. La politique structurelle au centre de la régulation nouvelle de la politique Agricole Commune », *Cahiers Options Méditerranéennes* Volume 36, 1999, p. 235-242.

DEBATISSE, Michel, *La révolution silencieuse : le combat des paysans*, Paris, éditions Calmann-Lévy, 1963.

DEBREU, Gérard, *Theory of Value*, Cowles Foundation, Monograph 17, New York, Wiley & Sons, 1959.

DELBAERE, Nicolas, « La régularisation du marché du lait depuis la crise des années 1920 jusqu'à la loi sur l'organisation de la production laitière en juillet 1940 », *in* Alain Chatriot (éd.), *Organiser les marchés agricoles. Le temps des fondateurs*, Paris, éditions Armand Colin, 2012, p. 89-108.

DELCEY, Thomas, NOBLET, Guillaume, *The Eyes and Ears of the Agricultural Markets: A History of Information in Interwar Agricultural Economics*, Center for the History of Political Economy at Duke University Working Paper Series, 2021.

DELORME, Charles D., KAMERSCHEN, David R., Jr, REDMAN, David C., « The First U.S. Food Stamp Program: An Example of Rent Seeking and Avoiding », *American Journal of Economics and Sociology*, Volume 51(4), 1992, p. 421-421.

DÉTANG-DESSENDRE, Cécile, GUYOMARD, Hervé (dir.), *Evolving the common agricultural policy for tomorrow's challenge*, Versailles, éditions Quae, 2022.

DETŒUF, Auguste, « Le libéralisme est mort ! », repris *sur latribune.fr*, [1936] 23 ocotbre 2008.

DIDIER, Emmanuel, *En quoi consiste l'Amérique ? Les statistiques, le New Deal et la démocratie*, Paris, éditions La Découverte, coll. « cahiers libre », 2009.

DOCKÈS, Pierre, *La grande crise des années trente. Le Capitalisme et ses rythmes, quatre siècles en perspective. Tome 1, Sous le regard des géants*, Paris, Classiques Garnier, coll. « Bibliothèque de l'économiste », 2017.

DOCKÈS, Pierre, « Les débats sur la stagnation séculaire dans les années 1937-1950. Hansen-Terborgh et Schumpeter-Sweezy », *Revue économique*, numéro 66, 2015, p. 967-992.

DOSTALER, Gilles, « Les lois naturelles en économie. Émergence d'un débat », *L'homme et la société*, volume 170-171, 2008, p. 71-92.

DUCASTEL, Antoine, ANSEEUW, Ward, « Investissements fonciers à grande echelle et financiarisation de l'agriculture : une analyse par les filières agrofinancières », *in* Allaire G., Davion B. (coord.), *Transformations agricoles et alimentaires. Entre écologie et capitalisme*, Versailles, éditions Quae, 2017, p. 257-276.

DUMONT, Louis, *Homo Aequalis I. Genèse et épanouissement de l'idéologie économique*, Paris, éditions Gallimard, « Bibliothèque des sciences humaines », 1977.

DUPLOMB, Laurent, LOUAULT, Pierre, MÉRILLOU, Serge, *Rapport d'information fait au nom de la commission des affaires économiques sur la compétitivité de la ferme France*, numéro 905, Paris, Sénat, 2022.

ÉCHINARD, Yann, LE ROY, Anne, « Lucien Brocard : un économiste français novateur, original et… méconnu », *in* Dockès P., *et al.* (éd.), *Les traditions économiques françaises : 1848-1939*, Paris, CNRS Éditions, 2000, p. 169-182.

EZEKIEL, Mordecai, « Agriculture: Illustrating Limitations of Free Enterprise as a Remedy for Present Unemployment »,*Journal of the American Statistical Association*, Volume 28-181, 1933, Supplement: Proceedings of the American Statistical Association (Mar., 1933), p. 182-189.

EZEKIEL, Mordecai, « The Cobweb Theorem », *Quarterly Journal of Economics*, numéro 53, 1938, p. 225-280.

FACCARELLO, Gilbert, « La liberté du commerce et la naissance de l'idée de marché comme lien social », *in* Némo P., Petitot J. (dir.), *Histoire du libéralisme en Europe*, Paris, Presses universitaires de France, coll. « Quadrige – Manuels », 2006, p. 205-253.

FAKHRI, Mickael, *Le droit à l'alimentation dans le contexte du droit et de la politique du commerce international*, Rapport d'étape du Rapporteur spécial sur le droit à l'alimentation n°A/75/219, Nations Unies, Assemblée générale, 75e session, 22 juillet 2020.

FITE, Gilbert, « George N. Peek: Equality for Agriculture », *Current History*, Volume 28-166, 1955, p. 351-355.

FOUCAULT, Michel, *Les mots et les choses. Une archéologie des sciences humaines*, Paris, éditions Gallimard, « Bibliothèque des sciences humaines », 1966.

FOUCAULT, Michel, *Les mots et les choses. Une archéologie des sciences humaines*, Paris, éditions Gallimard, « Bibliothèque des sciences humaines », 1966.

GALBRAITH, John K., *The Great Crash, 1929*, Boston, Houghton Mifflin, 1954.

GALIANI, Ferdinando, *Dialogues sur le commerce des bleds*, Paris, réédition Fayard, [1770], 1984.

GALTIER, Franck, *Gérer l'instabilité des prix alimentaires dans les pays en développement : une analyse critique des stratégies et des instruments*, Paris, Agence Française pour le Développement, 2012, 312 p.

GAZIER, Bernard, *La crise de 1929*, Paris, Presses Universitaires de France, coll. « Que sais-je ? », 2016.

GIRAUD, Pierre-Noël, OLLIVIER, Thimothée, *Économie des matières premières*, Paris, éditions La Découverte, coll. « Repères », 2015.

GRUCHY, Allan G., « The Concept of National Planning in Institutional Economics », *Southern Economic Journal*, Volume 6-2, 1939, p. 121-144.

GUERRIEN, Bernard, *La théorie économique néoclassique*, Tome 1, Microéconomie, Paris, éditions La Découverte, coll. « Repères », 2004.

GUILLAUME, Marc, « L'héritage de l'histoire ambiguë », *in* Dockès P. (dir.), *Ordre et désordres dans l'économie-monde*, Paris, Presses universitaires de France, coll. « Quadrige – Essai », 2002, p. 25-54.

GUILLEMINOT, Benoît, OHANA, Jean-Jacques, OHANA, Steve, « The interaction of speculators and index investors in agricultural derivatives markets », *Agricultural Economics*, Volume 45-6, 2014, p. 767-792.

HALL, Peter A., SOSKICE, David, « Les variétés de capitalisme », *L'année de la régulation*, numéro 6, 2002, p. 47-124.

HALL, Tom G., « Wilson and the Food Crisis: Agricultural Price Control During World War I », *Agricultural History*, Volume 47, 1973, p. 25-46.

HANSEN, Alvin, *Full Recovery or Stagnation?* New-York, W. W Norton and Company, 1938.

HASSNER, Pierre, *La terreur et l'empire. La violence et la paix*, Paris, éditions du Seuil, tome 2, 2003.

HASSNER, Pierre, *La revanche des passions. Métamorphoses de la violence et crises du politique*, Paris, éditions Fayard, 2015.

HÉDOIN, Cyril, *L'institutionnalisme historique et le rapport entre théorie et histoire en économie*, Paris, Classiques Garnier, coll. « Bibliothèque de l'économiste », 2014.

HITIER, Henri, « Une expérience d'économie dirigée : le marché du blé », *Revue des Deux Mondes* (1829-1971), huitième période, Volume 21, numéro 4, 1934, p. 866-883.

HOFFMAN, Elisabeth, LIBECAP, Gary, « Institutional Choice and the Development of U.S. Agricultural Policies in the 1920s », *The Journal of Economic History*, Volume 51-2, 1991, p. 397-411.

HONNETH, Axel, « Abolir les injustices, l'emporter sur le crime : retour sur les sources de la solidarité européenne », *in La reconnaissance, histoire européenne d'une idée*, Paris, éditions Gallimard, Essais, 2020, p. 159-190.

HRABANSKI, Marie, « Souveraineté alimentaire. Mobilisations collectives agricoles et instrumentalisations multiples d'un concept transnational », *Revue Tiers-Monde*, numéro 207, 2011, p. 151-168.

JACQUOT, Michel, « La politique agricole commune a 50 ans », *Note à l'Académie de l'Agriculture de France*, 2012.

JESSENNE, Jean-Pierre, LUNA, F. Pablo, VIVIER, Nadine, « Les réformes agraires dans le monde : introduction », *Revue d'histoire moderne et contemporaine*, numéro 63-4, 2016, p. 7-26.

KAPLAN, Steven L., « La tyrannie des céréales, ou petite esquisse d'une très brève histoire de la régulation dans la filière blé-farine-pain, *circa* 1750-1960 », *in* Alain Chatriot éd., *Organiser les marchés agricoles. Le temps des fondateurs.* Paris, Armand Colin, 2012, p. 27-50.

KAUTSKY, Karl, *La question agraire. Étude sur les tendances de l'agriculture moderne*, Paris, éditions Girard et Brière, 1899, 1900 pour la traduction française.

KEELER, John T. S., « De Gaulle and Europe's Common Agricultural Policy : The Logic and Legacies of Nationalistic Integration », *French Politics ans Society*, Volume 8-4, 1990, p. 62-77.

LANG, Tim, MILLSTONE, Erik, MARSDEN, Terry, *A Food Brexit: Time to get real. A Brexit briefing*, Brighton University of Sussex Policy Research Unit, 2017.

LANGLINAY, Erik, « Consommation et ravitaillement en France durant la Première Guerre mondiale (1914-1920) », *in* Chatriot A. (éd.), *Au nom du consommateur. Consommation et politique en Europe et aux États-Unis au XXe siècle*, Paris, éditions La Découverte, 2005, p. 27-44.

LARRÈRE, Catherine, *L'invention de l'économie au XVIIIe siècle. Du droit naturel à la physiocratie*, Paris, Presses universitaires de France, coll. « Léviathan », 1992.

LE GOFF, Jacques, *La civilisation de l'Occident médiéval*, Paris, éditions Arthaud, coll. « Les grandes civilisations », 1964.

LE POPULAIRE, « Georges Monnet définit la politique agricole du gouvernement », 15 juin 1936.

LETEUX, Sylvain, « Débats et tâtonnements dans l'organisation du marché de la viande en France (1931-1953) », *in* Chatriot A. (éd.), *Organiser les marchés agricoles. Le temps des fondateurs*, Paris, éditions Armand Colin, 2012, p. 127-146.

LINDBERG, Léon, « Integration as a Source of Stress on the European Community System », *International Organization*, Volume 20(2), 1966, p. 233-265.

LYNCH, Édouard, *Moissons rouges : Les Socialistes Français et la Société Paysanne durant l'entre-deux guerres (1918-1940)*, Villeneuve d'Ascq, Presses universitaires du Septentrion, 2002.

MAIER, Charles S., « The Two Post-War Eras and the Conditions for Stability in twentyeth-century Western Europe », *American Historical Review*, Volume 86(2), 1981, p. 327-352.

MAIRET, Gérard, *Le principe souveraineté. Histoire et fondements du pouvoir moderne*, Paris, éditions Gallimard, coll. « Folio », 1997.

MALTHUS, Thomas R., *Observations on the Effects of the Corn Laws, and of a Rise or Fall in the Price of Corn on the Agriculture end General Wealth of the Country*, London, J. Johnson and Co., Augustus M. Kelley, [1814], 1970.

MALTHUS, Thomas R., *Principles of Political Economy considered with a View to their Practical Application*, London, J. Murray, Paris, éditions Calmann-Lévy, coll. « Perspectives de l'économique, les fondateurs », [1820] 1969 pour la traduction française.

MANTOUX, Paul, *La révolution industrielle au XVII*e *siècle. Essai sur le commencement de la grande industrie moderne en Angleterre*, Paris, éditions Génin, [1928] 1959 pour la traduction française.

MARGAIRAZ, Michel, *L'État, les finances et l'économie. Histoire d'une conversion 1932-1952. Volume I*, Vincennes, Institut de la gestion publique et du développement économique, 1991.

MARIONI, Gilbert, VINCENT, Jacques, *Livre blanc*, Syndicat national du personnel CGT ONIB, ONIC, Paris, Imprimerie Copedith, 1976.

MARSHALL, George, « Remarks by the Secretary of State at Harvard University on June 5 », 1947, https://www.marsahllfoundation.org/.

MARX, Karl, *Le Capital. Critique de l'économie politique*, Livre I, Tome 1, Paris, éditions Sociales, [1867], 1977.

MAURO, Azzurra, « L'abbé Galiani *alias* le chevalier Zanobi : un philosophe qui ne croit rien en rien, sur rien de rien », *Littérature classique*, numéro 93-2, 2017, p. 155-168.

MAZOYER, Marcel, ROUDART, Laurence, *La fracture agricole et alimentaire mondiale, nourrir l'humanité aujourd'hui et demain*, Paris, Éditions Universalis, 2005.

MÉNARD, Claude, *L'économie des organisations*, Paris, éditions La Découverte, coll. « Repères », 1990.

MINISTÈRE de l'Agriculture et du Ravitaillement, Avant-projet d'un programme agricole tendant à l'intensification de la production et à la réforme des méthodes administratives, 1919.

MISTRAL, Jacques, *La science de la richesse. Essai sur la construction de la pensée économique*, Paris, éditions Gallimard, coll. « Bibliothèque des sciences humaines », 2019.

MONTESQUIEU, Charles de, *De l'esprit des lois*, Paris, éditions Gallimard, [1758], 1951.

MORAN, Rachel L., « Consuming Relief: Food Stamps and the New Welfare of the New Deal », *The Journal of American History*, Volume 97(4), 2011, p. 1001-1022.

MUSGRAVE, Robert, *A theory of Public Finance*, New-York, Mc Graw Hill, 1959.

NOËL, Gilbert, « La participation de la France aux stratégies d'organisation internationale de l'agriculture », *Économie rurale*, numéro 184-186, 1988, p. 63-70.

ORY, Pascal, *Qu'est-ce qu'une nation ? Une histoire mondiale*, Paris, édition Gallimard, Bibliothèque des Histoires, 2020.

OURY, Bernard, *L'agriculture au seuil du Marché Commun*, Paris, Presses Universitaires de France, 1959.

ÖZVEREN, Eyüp, AĞIR, Seven, AKDERE, Çinla, « *Dialogues sur le commerce des bleds* de Ferdinando Galiani. Texte, Intertexte et Contexte », *in* André Tiran et Cécilia Camino (dir.), *Ferdinando Galiani, Économie et politique*, Paris, éditions Classiques Garnier, coll. « Bibliothèque de l'économiste », 2018, p. 371-399.

PAGLIN, Morton, *Malthus and Lauderdale. The Anti-Ricardian Tradition*, New-York, Augustus M. Kelley, 1961.

PÉRÉON, Yves-Marie, « Mettre en scène le cerveau du président : Roosevelt et le brain-trust, 1932-1945 » *in Dramaturgie du conseil et de la délibération*, Actes du colloque organisé à l'Université de Rouen, *Publications numériques du CÉRÉdI*, n° 16, 2016.

PEREZ, Yves André, « La crise des années trente dans le regard des économistes français : ses causes, ses conséquences et ses remèdes possibles », *Humanisme et Entreprise*, Volume 307, numéro 2, 2012, p. 1-16.

PETIT, Michel, *Determinants of Agricultural Policies in the United States and the European Community*, International Food Policy Research Institute, Research Report n° 51, 1985.

PETIT, Michel, VIALLON, Jean-Baptiste, « Réflexions sur le Plan Mansholt », *Économie rurale*, numéro 86, 1970, p. 43-50.

PIEL, Jean, « La politique américaine de soutien des prix agricoles », *Revue économique*, Volume 1, numéro 4, 1950, p. 480-493.

PIROU, Gaetan, *La crise du capitalisme*, Paris, Librairie du recueil Sirey, 1934.

PLATTEAU, Jean-Philippe, « Malthus et le sous-développement ou le problème de la cohérence d'une théorie », *Revue économique*, Volume 35, numéro 4, 1984, p. 635-666.

POLANYI, Karl, *The Great Transformation. The Political and Economic Origins of our Time*, New York, J. Farrar and S. Rinehart, 1944.

POUCH, Thierry, « L'agriculture entre théorie et histoire ou qu'est-ce qu'une politique agricole ? », *Économie appliquée*, Tome 55, numéro 1, p. 167-194, 2002.

POUCH, Thierry, « Le visiteur de Genève : Malthus, l'Organisation mondiale du commerce et l'agriculture », *Revue française de socio-économie*, numéro 3-1, 2009, p. 17-36.

POUCH, Thierry, « La macroéconomie des années 1930 aux États-Unis : l'oubli de la politique agricole », *Économie appliquée*, Tome 67, numéro 2, 2014, p. 75-97.

POUCH, Thierry, RAFFRAY, Marine, « Éclipse puis résurgence de la souveraineté alimentaire : une approche en termes d'économie politique », *Revue de l'OFCE*, numéro 183, 2024, p. 1-45.

POUCH, Thierry, « La paix par l'échange international : les économistes étaient-ils tous devenus kantiens ? », *communication au VIIe colloque international de philosophie économique, Marchés et démocratie*, Université de Reims Champagne Ardenne, 29-31 mai, 2024, p. 1-20.

QUESNAY, François, « Grains (économie politique) », Encyclopédie, VII, p. 812-831, [1757], repris *in* QUESNAY F., *Tableau économique des physiocrates*, Paris, éditions Calmann-Lévy, coll. « Les fondateurs », 1969, p. 135-229.

RAVIX, Joël Thomas, « Paul Cauwès et le concept d'économie nationale », *in* Dockès Pierre, *et al.*, *Les traditions économiques françaises : 1848-1939*, Paris : CNRS Éditions, 2000, p. 155-167.

RICARDO, David, *Principes de l'économie politique et de l'impôt*, [1817], Paris, éditions Garnier-Flammarion, pour la traduction française, 1992.

RICARDO, David, *An Essay on The Influence of a low Price of Corn on the Profits of Stock*, London, John Murray, [1815], *Essai sur l'influence d'un bas prix du blé sur les profits*, Paris, éditions Economica pour la traduction française, 1988.

RIES, Adrien, *L'ABC du marché commun agricole*, Bruxelles, Éditions Labor, 1978.

ROBBINS, Lionel, *The Great Depression*, Londres, Macmillan and Co Ltd, 1934.

ROBESPIERRE, Maximilien (de), « Sur les subsistances et le droit à l'existence. La première loi sociale est celle qui garantit à tous les membres de la société les moyens d'exister », *Discours du 2 décembre 1792 à la Convention*, *in* Yannick Bosc, *in* Gauthier F. et Wahnich S. (textes réunis par), *Pour le Bonheur et pour la liberté*, Paris, La Fabrique éditions, 2000, p. 179-190.

ROEHMER, John, *General Theory of Exploitation and Class*, Cambridge, Harvard University Press, 1982.

ROOSEVELT, Franklin D., « Message to Congress on the Agricultural Adjustment Act, 16 mars 1933 », mis en ligne par Gerhard Peters et John T. Woolley, The American Presidency Project, 1933.

ROSEN, Elliot A., *Hoover, Roosevelt, and The Brains Trust : From Depression to New Deal*, Columbia University Press, 1977.

ROSIER, Bernard, *Les théories des crises économiques*, Éditions La Découverte, coll. « Repères », 2003.

RUTHERFORD, Malcolm, « The USDA Graduate School: Government Training in Statistics and Economics, 1921-1945 », *Journal of the History of Economic Thought*, Volume 33(4), 2011, p. 419-447.

RUTHERFORD, Malcolm, *The Institutionalist Movement in American Economics, 1918-1947: Science and Social Contro*l, Cambridge University Press, 2011.

SCHONHARDT-BAILEY, Cheryl, *From the Corn Laws to Free Trade: Interests, Ideas, and Institutions in Historical Perspective*, Cambridge, MIT Press, 2006.

SCHUMPETER, Joseph A., *History of Economic Analysis*, George Allen & Unwin Ltd, 1954, *Histoire de l'analyse économique*, Tome I, *L'âge des fondateurs*, Paris, éditions Gallimard, « Bibliothèque des Sciences humaines », 1983 pour la traduction française.

SCHUMPETER, Joseph A., « The Present World Depression: A Tentative Diagnosis », *American Economic Review*, Volume 21(1), 1931, p. 179-182.

SCREPANTI, Ernesto, ZAMAGANI, Stefano, *An Outline of the History of Economic Thought*, Oxford, Oxford University Press, 1993.

SEN, Armatya, *The Idea of Justice*, London, Allen Lane, 2009.

SFIO, *Rapport*, XXXIe Congrès national, 20, 21, 22, 23 mai 1934.

SHACKLE, George L. S., *The years of high theory: invention and tradition in economic thought 1926-1939*, Cambridge, Cambridge University Press, 1967.

SPECTOR, Céline, *No Demos ? Souveraineté et démocratie à l'épreuve de l'Europe*, Paris, éditions du Seuil, coll. « L'ordre philosopique », 2021.

STEINER, Philippe, « Wealth and Power: Quesnay on the Economic Government of the Agricultural Kingdom », *Journal of the History of Economic Thought*, Volume 22(1), 2002, p. 91-110.

STREECK, Wolfgang, *Entre globalisme et démocratie. L'économie politique à l'âge du néolibéralisme finissant*, Paris, éditions Gallimard, Essais, pour la traduction française, 2023.

SWEEZY, Paul, *The Theory of Capitalist Development: Principles of Marxian Political Economy*, Oxford, Oxford University Press, 1942.

TAILLEFER, François, « Une grande usine toulousaine. L'Office National Industriel de l'Azote », *Revue géographique des Pyrénées et du Sud-Ouest*, Tome 28, fascicule 1, 1957, p. 5-34.

TEULON, Frédéric, FISCHER, Bruno, « L'analyse libérale des crises financières : un hommage à Jacques Rueff », *Vie & sciences de l'entreprise*, volume 189, numéro 3, 2011, p. 46-60.

TIRAN, André, CAMINO, Cécilia (dir.), *Ferdinando Galiani, économie et politique*, Paris, Classiques Garnier, coll. « Bibliothèque de l'économiste », 2018.

TOCQUEVILLE, Alexis (de), *L'Ancien régime et la Révolution*, Paris, éditions Flammarion, [1856], 1988.

TRAVERSO, Enzo, *À feu et à sang. De la guerre civile européenne 1914-1945*, Paris, éditions Stock, 2007.

TUGWELL, Rexford G., « The Principle of Planning and the Institution of Laissez Faire », *The American Economic Review*, Volume 22(1), 1932, p. 75-92.

TURGOT, Anne Robert J., *Lettres au Contrôleur Général (Abbé Terray), sur le commerce des grains*, [1770], *in* Turgot A. R. J., *Formation et distribution des richesses*, Textes choisis, Paris, éditions Garnier-Flammarion, coll. « Classiques de l'économie politique », Lettre 5, 1997, p. 300-318.

TWEETEN, Luther G., *Foundations of farm policy*, Lincoln, University of Nebraska Press, 1971, 537 p.

VARGA, Eugène, *La Crise économique sociale politique*, Paris, Bureau d'éditions, 1935.

VEBLEN, Thorstein, *The Engineers and the Price System*, New York, Harcourt, [1919], 1963.

VELLAS, Pierre, « La conférence de Stresa et la politique agricole européenne », *Politique étrangère*, numéro 5, 1958, p. 480-487.

VERLEY, Patrick, *L'échelle du monde. Essai sur l'industrialisation de l'Occident*, Paris, éditions Gallimard, Essais, 1997.

VIDONNE, Paul, *La formation de la pensée économique*, Paris, éditions Economica, coll. « Approfondissement de la connaissance économique », 1986.

VILLALBA, Bruno, « L'écologie politique et la notion de service public », *in* Emmanuel Cherrier et Stéphane François (éd.), *Le service public et les idéologies politiques*, Villeneuve-d'Ascq, Presses universitaires du Septentrion, 2016, p. 89-112.

VON GRAEVENITZ, Fritz Georg, « L'Europe comme modèle de l'Office du Blé ? Les origines et les conséquences nationales de l'organisation internationale des marchés agricoles (1927-1939) », *in* Chatriot A. (éd.), *Organiser les marchés agricoles. Le temps des fondateurs*, Paris, Armand Colin, 2012, p. 51-88.

WEURLESSE, Georges, *Le mouvement physiocratique en France de 1756 à 1770*, Paris, éditions F. Alcan et Guillaumin, deux tomes, 1910, réimpression 1968.

ZOBBE, Henrik, « The Economic and Historical Foundation of the Commun Agricultural Policy in Europe », *Unit of Economics Working Paper*, numéro 12, The Royal Veterinary and Agricultural University, 2001.

DEUXIÈME PARTIE

ABDELAL, Rawi, *Capital Rules. The Construction of Global Finance*, Cambridge, Harvard University Press, 2007.

AGÉCO, *Évolution de la politique agricole et de son application à la ferme depuis la conclusion du Cycle de l'Uruguay Canada, États-Unis, Union européenne.* Groupe Agéco, Québec, 239 p., 2008.

AGRICULTURAL ADJUSTMENT ACT of 1933, The National Agricultural Law Center. https://nationalaglawcenter.org.

AGRICULTURE et AGROALIMENTAIRE Canada (AAC), diverses années, *Revenu agricole, situation financière et aide gouvernementale.* Recueil de données. https://publications.gc.ca.

Agriculture et Agroalimentaire Canada, 2023, https://agriculture.canada.ca.

Allaire, Gilles, « Le modèle de développement agricole des années 1960 », *Économie rurale*, numéro 184-186, 1988, p. 171-181.

Allaire, Gilles, « Ambivalence, modèles et paradoxes de la modernisation de l'agriculture », *in* Lyautey M., Humbert L., Bonneuil C., *Histoire des modernisations agricoles au* xx*e* *siècle*, Rennes, Presses Universitaires de Rennes, 2021a, p. 121-135.

Allaire, Gilles, « Alternative Food Networks and the Socialization of Food », *in* Springer *Handbook of Economic Sociology in the 21st century – New theoretical Approaches, Empirical Studies and Developments*, edited by Andrea Maurer, Springer Nature Switzerland, 2021, p. 221-235.

Allaire, Gilles, « Régimes d'accumulation et socialisation de l'agriculture et de l'alimentation », *in* Robert Boyer (éd.), *Théorie de la régulation, un nouvel état des savoirs*, Paris, éditions Dunod, 2023, p. 471-479.

Altieri, Miguel A., *L'agro-écologie. Bases scientifiques d'une agriculture alternative*, éditions Debard, 1986.

Ansaloni, Matthieu, *Le tournant environnemental de la politique agricole commune. Débats et coalitions en France, en Hongrie et au Royaume-Uni*, Paris, éditions L'Harmattan, 2015.

Atelier Paysan, *Reprendre la terre aux machines. Manifeste pour une autonomie paysanne et alimentaire*, Paris, Le Seuil, coll. « Anthropocène », 2021.

Aubert, Didier, Léon, Yves, Wehrlin, Hélène, « Agriculteurs en difficulté : d'un phénomène marginal à un problème réel ». *Économie rurale*, numéro 172, 1986, p. 31-40.

Audier, Serge, *Devant la crise du libéralisme. Du colloque Lippmann à la société du Mont-Pèlerin. L'invention du néolibéralisme. Histoire, concepts, controverses*, volume I, Lormont, éditions Le bord de l'eau, coll. « documents », 2022.

Bazin, Gilles, Kroll, Jean-Christophe, « La multifonctionnalité dans la Politique agricole commune : projet ou alibi ? », *in La multifonctionnalité de l'activité agricole et sa reconnaissance par les politiques publiques*, Actes du colloque internationale de la Société française d'économie rurale, Paris, Educagri-éditions, CIRAD, 2002, p. 551-574.

Bekkerman, Anton, Belasco, Eric J., Smith, Vincent, « Does Farm Size Matter? Distribution of crop insurance subsidies and government program payments across U.S. farms », *Applied Economic Perspectives and Policy*, Volume 41(3), 2019, p. 498-518.

Bénassy-Queré, Agnès, Cœuré, Benoît, Jacquet, Pierre et Pisani-Ferry, Jean, *Politique économique*, Bruxelles, éditions de Boeck, coll. « ouvertures économiques », 2004.

BENEDICT, Murray R., *Farm Policies of the United States 1790-1950*, New York, Octagon Books, 1966.

BERTRAM, Geoff, « South Pacific economic relation », *Te Ara – the Encyclopedia of New Zealand*, 2010, www.TeAra.govt.nz/en/south-pacific-economic-relations/print.

BERTRAND, Hugues, « Le régime central d'accumulation d'après-guerre en France et sa crise », *Économie rurale*, numéro 138, 1980, p. 16-21.

BIGELOW, Daniel, BORCHERS, Allison, « Major Uses of Land in the United States, 2012 », *Economic Information Bulletin*, numéro178, U.S. Department of Agriculture, Economic Research Service, August, 2017, 62 p.

BODDE, Derk, « Henry A. Wallace and the Ever-Normal Granary », *The Far Eastern Quarterly*, Volume 5(4), 1946, p. 411-426.

BOWERS, Douglas, RASMUSSEN, Wayne D., BAKER, Gladys L., « History of agricultural price-support and adjustment programs 1933-84. Background for 1985 Farm Legislation », *Agriculture Information Bulletin*, 85, US Department of Agriculture, Economic Research Service, December 1984, 52 p.

BOYER, Robert, MISTRAL, Jacques, *Accumulation, inflation et crises*, Paris, Presses universitaires de France, coll. « économie en liberté », 1978.

BROWN, Gabriel, « Bilan de la politique française des prix et marchés agricoles 1948-1968 », *Économie rurale*, numéros 79-80, 1969, p. 147-155.

BURFISHER, Mary E., HOPKINS, Jeffrey, « Farm payments : decoupled payments increase household's well-being, not production », *Amber waves*, February, USDA, Economic Research Service, 2003, p. 39-45.

BUSCH, Lawrence, « The Moral Economy of Grades and Standards », *Journal of Rural Studies*, numéro 16, 2000, p. 273-283.

CAAQ, « Commission sur l'avenir de l'agriculture et de l'agroalimentaire du Québec », Agriculture et agroalimentaire : choisir l'avenir, Rapport final, 2008, 272 p.

CALAME, Matthieu, « Quel avenir pour la ferme Europe ? », *Analyses, Opinion, Critique*, numéro 25, 2024.

CARO, Jean-Yves, *Les économistes distingués*, Paris, Presses de la Fondation Nationale des Sciences politiques, 1983.

CASSAGNOU, Marion, BERGER, Christne, « Nouvelle-Zélande : entre plafonnement de la production laitière et contraintes environnementales », Institut de l'élevage, *Les dossiers économie de l'élevage*, 2023, numéro 543.

CASTEL, Robert, « La propriété sociale : émergence, transformations et remise en cause. » *Esprit*, 8-9, 2008, p. 171-190.

CLARKE, Sally H., *Regulation and the Revolution in United States Farm Productivity* Cambridge, Cambridge University Press, 1994.

CLOKE, Paul, « Looking Through European Eyes? A Re-evaluation of Agricultural Deregulation in New Zealand », *Sociologia ruralis*, Volume 36(3), 1996.

COCHRANE, Willard Wesley, *The Development of American Agriculture*, Minneapolis, University of Minnesota Press, 1979.

COMBY, Jean-Baptiste, DUBUISSON-QUELLIER, Sophie (éd.), *Mobilisations écologiques*, Paris, PUF, coll. « La Vie des idées », 2023.

COMMISSION VEDEL, Rapport sur les « Perspectives à long terme de l'agriculture française 1968-1985 », Commission présidée par Georges Vedel, Paris, La Documentation Française, 1969.

CROWDER, Brad, DAVISON, Cecil W., SCHAUB, James D., WENLAND, Bruce, « Soybeans and Peanuts: Background for 1990 Farm Legislation », *Agriculture Information Bulletin*, numéro 592, US Department of Agriculture, Economic Research Service, 1990, 75 p.

CSA, *Évaluation des progrès : rapport technique du Comité d'examen du CSA*. Ottawa, 2006, 98 p.

DEBAILLEUL, Guy, *L'évolution de la politique agricole américaine : une approche régulationniste*, Thèse de Doctorat, Institut National Agronomique Plaisir-Grignon, 1989.

DEBAILLEUL, Guy, GOUIN, Daniel-Mercier, *Canada : Politique agricole, Réforme ou abandon ?* Déméter 1999, éditions Armand Colin, 1998, p. 11-56.

DEBAR, Jean-Christophe, « Les aides directes à l'agriculture aux États-Unis : le débat du *Farm Bill* », *Économie rurale*, numéro 233, 1996, p. 30-34.

DEBAR, Jean-Christophe, « États-Unis : les avatars de la régulation agricole », *Demeter 2001*, Économie et stratégies agricoles, Paris, éditions Armand Colin, p. 205-240.

DERVILLÉ, Marie, ALLAIRE, Gilles, « Change of Competition Regime and Regional Innovative Capacities: Evidence from Dairy Restructuring in France », *Food Policy*, 49-1, 2014, p. 347-360.

DEVERRE, Christian, SAINTE-MARIE (de), Christine, « L'écologisation de la politique agricole européenne. Verdissement ou refondation des systèmes agroalimentaires », *Revue d'études en agriculture et environnement*, numéro 89, trimestre 4, 2008, p. 83-104.

DEVIENNE, Sophie, « La politique alimentaire des États-Unis, premier poste de dépenses du ministère de l'Agriculture », *Déméter, Économie et stratégies agricoles*, 2012, p. 103-124.

DEVIENNE, Sophie, *Agriculture et Politique Agricole aux États-Unis. L'exemple du Corn belt : de la colonisation de l'espace à la révolution agricole du* XXI*e siècle*, Mémoire d'Habilitation à Diriger des Recherches, Université de Paris Ouest Nanterre, 2014.

DEVIENNE, Sophie, BAZIN, Gilles, CHARVET, Jean-Paul, « Politique agricole et agriculture aux États-Unis : évolution et enjeux actuels », *Annales de géographie*, numéro 641, 2005, p. 3-30.

DOSTALER, Gilles, *Le libéralisme de Hayek*, Paris, éditions La Découverte, coll. « Repères », 2001.

DUVERGER, Timothée, *Le Parti socialiste et l'écologie 1968-2011*, Paris, Fondation Jean Jaurès, 2011.

EFFLAND, Ann, « U.S. Farm Policy: the first 200 years », *Agricultural Outlook*, March 2000, USDA Economic Research Service, 2000, p. 21-25.

EUROSTAT, *Key Figures on the European Food Chain*, Luxembourg, Publications Office of the European Union, 2002.

EUROSTAT, *Key Figures on the European Food Chain*, Luxembourg, Publications Office of the European Union, 2003.

FADQ, Bilan de phosphore, 2024, https://www.fadq.qc.ca.

FAIRWEATHER, John, « Agrarian Restructuring in New Zealand », *Research Report*, numéro 213, Agribusiness and Economics Research Unit (AERU), Lincoln University, 1992.

FAMA, Marco, CORRADO, Alessandra, « EU Agricultural and Rural Development Policies Vis-à-Vis the Ecological Crisis », *Forum for Social Economics*, 2023, p. 1-19.

FARCY, Henri (de), *L'agriculture à la conquête de son marché. Expériences américaines*, Paris, Éditions Spes, 1958.

FARMER, Sarah, *La modernité est dans le pré. La campagne française après 1945*, Paris, éditions Flammarion, 2023.

FAULKNER, Harold U., *Histoire économique des États-Unis d'Amérique*, Paris, Presses Universitaires de France, 2 tomes, 1958.

FEDERATED Farmers of New Zealand, *Life after subsidies: The New Zealand experience*, 1994.

FOUILLEUX, Eve, *La politique agricole commune et ses réformes. Une politique à l'épreuve de la globalisation*, Paris, éditions L'Harmattan, coll. « Logiques politiques », 2003.

FRIEDMAN, Milton, « A Monetary and Fiscal Framework for Economic Stability », *American Economic Review*, Volume 38(3), p. 245-264, 1948.

FRIEDMAN, Milton, « The Role of Monetary Policy », *American Economic Review*, Volume 58(1), 1968, p. 1-17.

FRIEDMANN, Harriet, MCMICHAEL, Philip, « Agriculture and the State System: The Rise and Decline of National Agricultures, 1870 to the Present », *Sociologia Ruralis*, numéro 39-2, 1989, p. 93-117.

GABOURY-BONHOMME, Marie-Ève, *L'action publique en agriculture au Québec de 1990 à 2010 : acteurs, référentiels et instruments politiques*, Thèse. École nationale d'administration publique, Canada, 2018, 436 p.

GARDNER, Bruce L., *American Agriculture in the Twentieth Century*, Cambridge, Massachusetts and London, Harvard University Press England, 2002.

GASSELIN, Pierre, LARDON, Sylvie, CERDAN, Claire, LOUDIYI, Salma, SAUTIER, Denis (dir.), *Coexistence et confrontation des modèles agricoles et alimentaires : un nouveau paradigme du développement territorial ?*, Versailles, éditions Quae, 2021.

GOODALE, Ralph, *Assurer notre avenir en agriculture et agroalimentaire. Programme : emploi et croissance*, Agriculture et Agroalimentaire Canada, Ottawa, 1995, 16 p.

GOODWIN, Barry K., SMITH, Vincent H., « The 2014 Farm Bill – An economic welfare disaster or triumph? », *Choices*, AAEA, 3rd Quarter, Volume 29(3), 2014, p. 1-4.

GOUIN, Daniel-Mercier, « *Dualité de l'agriculture canadienne, spécificité de la politique agricole québécoise* », *in* Wolfer B. (dir.), *Agricultures et paysannerie du monde*, France, Éditions Quae, 2010.

GOUIN, Daniel-Mercier, BATAILLER, Claude, BENSON, Vincent, *L'adaptation du secteur agricole à l'abolition du soutien de l'État en Nouvelle-Zélande*, Rapport final, Institut canadien des politiques agro-alimentaires, 2005.

GOUVERNEMENT du Québec, *Bâtir le Québec. Énoncé de politique économique*, Développement économique, Gouvernement du Québec, Éditeur officiel du Québec, 1979, 523 p.

GRAHAM, Otis L. Jr, *Toward a Planned Society. From Roosevelt to Nixon*, New York, Oxford University Press, 1976.

GRIFFITH, Garry, MARTIN, Sandra, « Government Livestock Industry Policies: Price Stabilisation and Support », *Discussion paper*, Agribusiness and Economics Research Unit, Lincoln University, numéro 116, 1988.

GUNDERSON, Gordon W., *The National School Lunch Program: Background and Development*, New York, Nova Science Publisher, 2003.

HAUT CONSEIL Pour Le Climat, 2024, *Accélérer la transition climatique avec un système alimentaire bas carbone, résilient et juste*, Paris, La Documentation française.

HAWKE, Garry, *The making of New Zealand*, Cambridge University Press, 1985.

HAYEK, Friedrich A., *Freedom and The Economic System*, Chicago, University of Chicago Press, 1939.

HAYEK, Friedrich A., *The Road of Serfdom*, Chicago, Routledge, University of Chicago Press, 1946.

HAYEK, Friedrich A., *Droit, législation et liberté*, volume III, Paris, Presses universitaires de France, coll. « libre-échange », 1979.

HIRSCHMAN, Albert O., *Deux siècles de rhétorique réactionnaire.* Paris, éditions Fayard pour la traduction française, 1991.

HISCOKS, G., Théorie et évolution de la réglementation du marché agricole au Canada. L'économie agricole au Canada, Volume 7, 1972, numéro 2.

HUGONNET, Mickaël, *Transformations des systèmes de production du lait en Nouvelle-Zélande : perte d'autonomie des systèmes fourragers et financiarisation*, Thèse de doctorat en géographie, 2018.

HUGONNET, Mickaël, BOCHE, Matthieu, GÉDOUIN, Maëlle, MAGNAN, Axel, 2022, « Financiarisation de la production agricole : une analyse des enjeux fonciers », *Analyse*, Centre d'études et de prospective, numéro 174, 2022, p. 1-4.

HUGONNET, Mickaël, DEVIENNE, Sophie, « Systèmes laitiers herbagers en Nouvelle-Zélande : perte d'autonomie et nouvelles logiques de développement agricole », *Fourrages*, numéro 232, 2018, p. 309-320.

HURET, Romain, *La fin de la pauvreté ? Les experts sociaux en guerre contre la pauvreté aux États-Unis (1945-1974)*, Paris, École des Hautes Études en Sciences Sociales, 2008.

HURT, R. Douglas, *Problems of plenty. The American Farmer in the Twentieth Century*, Chicago, Ivan R. Dee, 2002.

IMHOFF, Daniel, *The Farm Bill. A citizen's Guide*, Washington, Island Press, 2019.

INSEE, *Les 3 âges de la PAC*, Paris, INSEE, 2007.

JOBERT, Bruno, THÉRET, Bruno, « France : la consécration républicaine du néolibéralisme », *in* Jobert B. (dir.), *Le tournant néo-libéral en Europe*, Paris, éditions L'Harmattan, coll. « Logiques politiques », 1994, p. 21-86.

JOHNSON, Robin, « Livestock and Feed Policy in New Zealand: 1975 to the Present », *Agricultural Policy Discussion paper*, Centre for Agricultural Policy Studies, Massey University 1986, numéro 94.

JOHNSON, Robin, SCHRODER, William, TAYLOR, Neil, « Deregulation and the New Zealand Agricultural Sector: A Review », *Review of Marketing and Agricultural Economics*, Volume 57(1-3), 1989, p. 47-73.

JONES, Stephen, « Government policy and industry structure in New Zealand, 1900-1970 », *Australian Economic History Review*, Volume 39(3), 1999, p. 191-212.

KEYNES, John Maynard, *The General Theory of Employment, Interest and Money*, Cambridge, Palgrave Macmillan, 1936.

KROLL, Jean-Christophe, POUCH, Thierry, « Régulation versus dérégulation des marchés agricoles : la construction sociale d'un clivage économique », *L'homme et la société*, numéro 183-184, 2012, p. 181-206.

LAMBERT, Bernard, *Les paysans dans la lutte des classes*, Paris, éditions du Seuil, 1971.

LATHAM, Jonathan, « The myth of a food crisis », *in* Kassam Amir, Kassam Laila (éd.), *Rethinking Food and Agriculture*, Sawston, UK, Woodhead Publishing, 2021, p. 93-111.

LATTIMORE, Ralph, *Economic adjustment in New Zealand. A developed country case study of policies and problems*, Lincoln University, 1987.

LATTIMORE, Ralph, *Farm subsidy reform dividends*, Paper prepared for the North American Agrifood Market Integration Consortium Meetings, May 31-June 2, Calgary, Alberta, 2006.

LAVAL, Christian, *L'homme économique. Essai sur les racines du néolibéralisme*, Paris, éditions Gallimard, Essais, 2007.

LE HERON, Richard, « New Zealand agriculture and changes in the agriculture-finance relation during the 1980's », *Environment and Planning*, Volume 23(11), 1991, p. 1653-1670.

LE ROY, Pierre, *Le problème agricole français*, Paris, éditions Economica, 1982.

LEVY, Enoch, *Grasslands of New Zealand*, A. Shearer, 1970.

LORDON, Frédéric, Le désir de « faire science », *Actes de la recherche en sciences sociales*, Volume 119, 1997, p. 27-35.

LUXEMBURG, Rosa, *L'accumulation du capital*, Tome II, Paris, éditions François Maspero, [1913], 1967.

MAHÉ, Louis-Pascal, RAINELLI, Pierre, « Impacts des pratiques et des politiques agricoles sur l'environnement », *Cahiers d'économie et de sociologie rurales*, numéro 4, 1987, p. 9-31.

MAHÉ, Louis-Pascal, ROUDET, Michel, « La politique agricole française et l'Europe verte : impasse ou révision ? », *Économie rurale*, numéro 135, 1980, p. 12-27.

MAJONE, Giandomenico, « Communauté économique européenne : déréglementation ou re-réglementation ? La conduite des politiques publiques depuis l'Acte unique », *in* Jobert B. (dir.), *Le tournant néo-libéral en Europe*, Paris, éditions L'Harmattan, coll. « Logiques politiques », 1984, p. 232-271.

MAMBRO (di), Angelo, RAFFRAY, Marine, « La nouvelle politique agricole commune entre deux mondes », *Le Déméter 2023*, Paris, IRIS éditions, 2023, p. 73-93.

MANSHOLT, Sicco, « Mémorandum sur la réforme de l'agriculture dans la Communauté économique européenne » ou « Programme Agriculture 1980 », 1968.

MAPAQ, *Nourrir le Québec*, Direction générale de la planification et des études économiques. Ministère de l'Agriculture, des Pêcheries et de l'Alimentation du Québec, 1981, 261 p.

MAPAQ, *Coup d'œil sur l'agriculture, les pêches et l'alimentation au Québec*, ministère de l'Agriculture, des Pêcheries et de l'Alimentation du Québec, 1985.

MAPAQ, *La Politique bioalimentaire 2018-2025. Les ambitions et les cibles – Un état de la situation.* Bioclips, Volume 3, numéro 18, 2023, p. 1-3.

MAPAQ, Agriculture durable, 2024, https://www.quebec.ca.

MARTIN, Sandra, *Economic aspects of market segmentation without supply control*, Lincoln College, 1986.

MARX, Karl, *Le Capital. Critique de l'économie politique*, Livre I, Tome III, Paris, éditions Sociales, [1867], 1977.

MAZOYER, Marcel, ROUDART, Laurence, *Histoire des agricultures du monde*, Paris, éditions du Seuil, 1997.

MCLINTOCK, Alexander, « Marketing and prices policies for agricultural products », An Encyclopaedia of New Zealand. *Te Ara – the Encyclopedia of New Zealand*, 1966.

MCMEEKAN, Campbel, *Grass to Milk : a New Zealand Philosophy*, New Zealand Dairy Exporter Newspaper Co. Ltd, 1964.

MEADOWS, Denis, *Halte à la croissance ? Enquête pour le Club de Rome. Rapport sur les limites de la croissance*, Paris, éditions Fayard, 1972, pour la traduction française.

MERCIER, Stephanie, « Corn: Background for 1990 Farm Legislation », *Staff Report*, Commodity Economics Division, Economic Research Service, U.S. Department of Agriculture, numéro 89-47, 1989, 79 p.

MÉTIN, Albert, *Le socialisme sans doctrines, la question agraire et la question ouvrière en Australie et Nouvelle-Zelande*, Hachette BNF, 1901.

MISES, Ludwig, *Nation, Staat und Wirtschaft*, Wien und Leipzig, Manzsche Verlags, 1919.

MISES, Ludwig, *Le socialisme. Étude économique et sociologique*, Paris, Librairie de Médicis, [1922] 1938, pour la traduction française.

MOORE, Jason W., « The End of the Road? Agricultural Revolutions in the Capitalist World-Ecology, 1450-2010 », *Journal of Agrarian Change*, Volume 10(3), 2010, p. 389-413.

MORISSET, Michel, *L'agriculture familiale au Québec*, L'Harmattan, Paris, 1987.

MOYLE, Colin, DOUGLAS, Roger, *A Guide to the 1986 Rural Policy Measures*, Minister of Agriculture and Fisheries and Minister of Finance, 1986.

MUTH, John, « Rational Expectations and the Theory of Price Movements », *Econometrica*, Volume 29(3), 1961, p. 315-335.

NIGHTINGALE, Tony, « Government and agriculture – Government support and incentives, 1918-1938 », Te Ara – the Encyclopedia of New Zealand, 2008.

NOURSE, Edwin G., DAVIS, Joseph S., BLACK John D., *Three Years of the Agricultural Adjustment Administration*, New York, Da Capo Press, 1971.

OCDE, *Agricultural supports*, Paris, 2024.

ORDEN, David, PAARLBERG, Robert, ROE, Terry, « Can Farm Policy be Reformed? Challenge of the Freedom to Farm Act », *Choices*, First Quarter, 1996, p. 1-7.

OUIMET, Bernard, *Protection du territoire agricole et développement régional. Une nouvelle politique mobilisatrice pour nos communautés*, Rapport remis au ministère de l'Agriculture, des Pêcheries et de l'Alimentation du Québec, avril, 2009, 35 p.

PLOEG (van der), Jan Douwe, « From biomedical to politico-economic crisis: the food system in times of Covid-19 », *The Journal of Peasant Studies*, 47-5, 2020, p. 944-972.

POUCH, Thierry, *Les économistes français et le marxisme. Apogée et déclin d'un discours critique (1950-2000)*, Rennes, Presses universitaires de Rennes, coll. « Des Sociétés », 2001.

POUCH, Thierry, *Essai sur l'histoire des rapports entre l'agriculture et le capitalisme*, Paris, Classiques Garnier, coll. « Bibliothèque de l'économiste », 2023.

POUCH, Thierry, RAFFRAY, Marine, *La pandémie et l'agriculture : un virus accélérateur de mutations ?* Paris, Éditions France Agricole, 2022.

POUCH, Thierry, RAFFRAY, Marine, « Les séquelles durables d'un conflit commercial, d'une pandémie et d'une guerre en Ukraine sur l'agriculture américaine », *Analyses et Perspectives*, numéro 2214, Chambres d'agriculture France, 2023, p. 1-6.

PROULX, Yvon, ROBERT, Saint-Louis, « Plans conjoints et gestion de l'offre, un essai d'évaluation de leurs impacts ». Département d'économie rurale, Université Laval, Québec, 1978, 63 p.

PURSEIGLE, François, HERVIEU, Bertrand, *Une agriculture sans agriculteurs.* Paris, Presses de Sciences Po, 2022.

RICHARD, Mélanie, CARLIER, Marie, CHOTTEAU, Philippe, FORAY, Sylvain, YOU, Gérard, « La filière laitière néo-zélandaise, une furieuse volonté de croissance », *Les dossiers économie de l'élevage*, numéro 404, 2017.

RODRIK, Dani, « Putting Global Governance in its Place », *World Bank Research Observer*, Volume 35(1), 2020, p. 1-18.

ROGERS, Susan C., « L'enseignement agricole aux États-Unis. À propos du système "Land-grant" », *Histoire & Sociétés Rurales*, numéro 7, 1997, p 97-132.

ROYER, Annie, « Transaction Costs in Milk Marketing: A Comparison between Canada and Great Britain », *Agricultural Economics*, Volume 42(2), 2011, p. 171-182.

ROYER, Annie, MÉNARD, Claude, GOUIN, Daniel-Mercier, « Reassessing Marketing Boards as Hybrid Arrangements: Evidence from Canadian Experiences », *Agricultural Economics*, Volume 47, 2016, p. 1-12.

ROYER, Annie, COUTURE, Jean-Michel, GOUIN, Daniel-Mercier, « Démantèlement des offices de commercialisation : une question de paradigme ? », *Économie Rurale*, numéro 341, 2014, p. 25-40.

SAINT-PIERRE, Michel, *Une nouvelle génération de programmes de soutien financier à l'agriculture. Pour répondre aux besoins actuels et soutenir l'entreprenariat*, Rapport remis au Ministère du Conseil exécutif, février 2009, 60 p.

SALOUTOS, Theodore, *The American farmer and the New Deal*, Ames, Iowa State University Press, 1982.

SCHALLER, Noémie, « L'agro-écologie : des définitions variées, des principes communes », *Analyse*, numéro 59, 2013, Centre d'études et de prospective, Ministère de l'Agriculture et de la souveraineté alimentaire.

SHEPPARD, Ron, « New Zealand Agricultural Policy Change: Some Effects », *Discussion Paper*, numéro135, 1993, Agricultural Economics Research Unit.

SIMANTOV, Albert, « Quelques réflexions sur l'évolution récente de la pensée économique agricole », *Économie rurale*, numéro 200, 1990, p. 25-29.

SINGLETON, John, « An economic history of New Zealand in the nineteenth and twentieth centuries », *EH Net Encyclopedia*, Whaples R, 2008.

SKOGSTAD, Grace, « Politique de l'agriculture et de l'alimentation », *L'Encyclopédie canadienne*, 2006.

SMALLFIELD, Percy, *The Grasslands Revolution in New Zealand*, Hodder & Stoughton, 1970.

SMITH, Willy, MONTGOMERY, Hayden, « Revolution or evolution? New Zealand agriculture since 1984 », *GeoJournal*, Volume 59, 2004, p. 107-118.

SOTTE, Franco, « La nature économique du droit à paiement unique », Économie rurale, numéro 300, 2007, p. 65-70.

STATISTIQUES, Canada, *Aperçu socioéconomique de la population agricole changeante du Canada*, 2021, https://www150.statcan.gc.ca.

STATISTIQUES Canada, *Comparaison de l'agriculture canadienne avec celle d'autres pays développés : le Japon, le Royaume-Uni et les États-Unis*, 2022, https://www150.statcan.gc.ca.

STIGLITZ, Joseph, RODRIK, Dani, « Rethinking Global Governance: Cooperation in a World of Power », *Working Paper*, Harvard University, 2024, p. 1-23.

THÉRET, Bruno, « Dettes et crise de confiance dans l'euro : analyse et voies possibles de sortie par le haut. » *Revue Française de Socio-Économie*, numéro 12, 2013, p. 91-124.

THIEDE, Günther, « Capacité de l'agriculture européenne et son avenir », Économie rurale, numéro 116, 1976, p. 47-52.

TRACY, Michael, *L'État et l'agriculture en Europe occidentale*, Paris, éditions Economica, 1986.

TUGWELL, Rexford G., « L'attitude réticente des États-Unis à l'égard de la planification », *Revue économique*, Volume 4, numéro 2, 1958, p. 262-279.

TYRCHNIEWICZ, Ed, TYRCHNIEWICZ, Allen, *Vision and Strategic Direction Options For the Canadian Agricultural Sector*, Document préparé pour le Canadian Agrifood Policy Institute, 2005, 33 p.

UNITED STATES DEPARTMENT of AGRICULTURE, *Achieving a balanced agriculture. How the national farm program meets the changing problem*, Washington DC, Division of Special Reports, Office of Information, 1940.

UNITED STATES DEPARTMENT of AGRICULTURE, National Commission on

Small Farms, « A Time to Act », *Miscellaneous Publication* nº 1545 (MP-1545), January, 1998.

UPA (Union des producteurs agricoles), *Bilan et perspectives de la mise en marché collective au Québec*, Rapport présenté au ministre de l'Agriculture, des Pêcheries et de l'Alimentation du Québec, 2008.

VALDES, Constanza, GILLESPIE, Jeffrey, DOHLMAN Erik, « Soybean production, marketing costs and export competitiveness in Brazil and the United States », *Economic Information Bulletin*, numéro 262, USDA, Economic Research Service, December, 2023.

VEEMAN, Michelle, « Marketing Boards: The Canadian Experience ». *American Journal of Agricultural Economics*, Volume 69(5), 1987, p. 992-1000.

VROEY (de), Michel, *Keynes, Lucas, d'une macroéconomie à l'autre*, Paris, éditions Dalloz, 2009.

WATERSON, Duncan, « The Matamata estate, 1904-1959, Land trasfers and subdivision in the Waikato », *New Zealand Journal of History*, Volume 3(1), 1969, p. 32-51.

WESTCOTT, Paul C., PRICE, J. Michael, « Analysis of the U.S. Commodity Loan Program with Marketing Loan Provisions », *Agricultural Economic Report*, nº 801, Market and Trade Economics Division, Economic Research Service, U.S. Department of Agriculture, 2001, 26 p.

WHITT, Christine, LACY, Katherine, LIM, Katherine, « America's Farms and Ranches at a Glance, », *Economic Information Bulletin*, numéro 263, U.S. Department of Agriculture, Economic Research Service, 2023.

WILD, Frederick, « Agricultural Development in the Thames Valley », *in Te Aroha and the fortunate valley – Pioneering in the Thames Valley, 1967-1930*, The Te Aroha News Printing and Publishing Company, 1930.

WINDERS, Bill, *The Politics of Food Supply. U.S. Agricultural Policy in the World Economy*, New Haven and London, Yale University Press, 2009.

YOUNG, C. Edwin, OSBORN, C. Tinder, « The Conservation Reserve Program: An Economic Assessment », *Agricultural Economic Report*, Economic Research Service, U.S. Department of Agriculture, numéro 626, 1990, 40 p.

TROISIÈME PARTIE

ADEME, *Pertes et gaspillages alimentaires. L'état des lieux et leur gestion par étapes de la chaîne alimentaire*, Paris, 2016, 164 p.

AGENCE BIO, *Perception et consommation des produits biologiques*, Montreuil, 2016.

Aglietta, Michel, « La crise : un défi pour les économistes », Entretien avec Elisabeth Azoulay, *Dialectiques*, numéro 33, 1981, p. 35-54.

Agreste, Commission des comptes de l'agriculture de la Nation, *Agreste les Dossiers*, numéro 2, 2020, 122 p.

Agreste, *Graph'Agri 2020*, Paris, ministère de l'Agriculture et de la Souveraineté Alimentaire, 2020.

Agreste, « La filière viti-vinicole girondine au premier rang national de la viticulture d'appellation », Direction régionale de l'alimentation, de l'agriculture et de la forêt, Service régional de l'information statistique, économique et territoriale, Nouvelle Aquitaine, Limoges, 2020.

Agreste, Commission des Comptes de l'Agriculture de la Nation, 20 décembre, *Agreste les Dossiers*, numéro 6, 2023, p. 1-90.

Agreste, Commission des comptes de l'agriculture de la Nation, *Agreste Les Dossiers*, numéro 2, 2023, 125 p.

Alexandri, Cecilia, Giurca, Daniela, Luca, Lucian, Ghib, Marie-Luce, « L'agriculture en Roumanie : entre transformation et coexistence des modèles », *Déméter 2020*, 2020, p. 161-176.

Allain, Marie-Laure, Caprice, Stéphane, Chambolle, Claire, « La hausse du seuil de revente à perte, une fausse bonne idée », Blog de Toulouse School of Economics, 8 février, 2018.

Allain, Marie-Laure, Chambolle, Claire, Turolla, Stéphane, *Évaluation des Effets de la Loi de modernisation économique et des stratégies d'alliances à l'achat des distributeurs*, Rapport pour le ministère de l'économie, de l'industrie et du numérique, 2016.

Allain, Marie-Laure, Chambolle, Claire, Vergé, Thibaud, « La Loi Galland sur les relations commerciales Jusqu'où la réformer ? », *Collection du CEPREMAP*, numéro 13, Éditions Rue d'Ulm, 2008.

Allaire, Gilles, « Le modèle de développement agricole des années 1960 », *Économie rurale*, numéro 184-186, 1988, p. 171-181.

Allaire, Gilles, « Émergence d'un nouveau système productif en agriculture », *Canadian Journal of Agricultural Economics*, Volume 44, 1996, p. 461-479.

Allaire, Gilles, « L'économie de la qualité, en ses secteurs, ses territoires et ses mythes », *Géographie économie société*, Volume 4-2, 2002, p. 155-180.

Allaire, Gilles, « Les normes, des utopies en action », *in* Guilloux, J.-M., Denoux, P. (éd.), *L'intelligence est dans le pré. Penser la ruralité du* XXI*e siècle*, Paris, éditions François Bourin, 2014.

Allaire, Gilles, « Que signifie le "développement" de l'agriculture biologique ? », *Innovations Agronomiques*, numéro 51, 2016, p. 1-17.

Alston, Julian, « Reflections on Agricultural R&D, Productivity, and the Data Constraint: Unfinished Business, Unsettled Issues », *American Journal of Agricultural Economics*, Volume 100-2, 2018, p. 392-413.

AMBLARD, Laurence, COLIN, Jean-Philippe, « Reverse tenancy in Romania: actors'rationales and equity outcomes », *Land Use Policy*, Volume 26-3, 2008, p. 828-836.

ANDRIÈS, Alain, AZCÁRATE, Tomás García, « Agriculture, PAC et droit de la concurrence : une vision historique », *Revue de l'Union européenne*, numéro 585, 2015, p. 83-92.

ANSALONI, Matthieu, *Le tournant environnemental de la politique agricole commune : débats et coalitions en France, en Hongrie et au Royaume-Uni*. Paris, éditions L'Harmattan, coll. « Logiques politiques », 2015.

ANSALONI, Matthieu, ALLAIRE, Gilles, « La grande transformation des politiques agricoles anglaise et française : une sociologie de l'hégémonie économique, », *Revue de la régulation*, numéro 20, deuxième trimestre, 2016, http://journals.openedition.org/regulation/12168.

ASKENAZY, Philippe, WEIDENFIELD, Katia, 2007, *Les soldes de la loi Raffarin. Le contrôle du grand commerce alimentaire*, CEPREMAP, Opuscule numéro 7, Éditions Rue d'Ulm, 2007.

AUTORITÉ de la Concurrence, *Avis n° 18-A-14 du 23 novembre 2018 relatif au relèvement du seuil de revente à perte et à l'encadrement des promotions pour les denrées et certains produits alimentaires*, 2018.

BABCOCK, Bruce, « The politics and economics of the U.S. crop insurance program », *in* Zivin Joshua, Perloff Jeffrey (eds.), *The Intended and Unintended Effects of U.S. Agricultural and Biotechnology Policies*, 2012, p. 85-101.

BADACH, Elżbieta, SZEWCZYK, Janina, LISEK, Slavomir, BOŻEK, Jadwiga, « Size Structure Transformation of Polish Agricultural Farms in 2010-2020 by Typological Groups of Voivodeship s », *Agriculture*, 13-9, 2023, p. 1-17.

BAGNAROSA, Guillaume, GOHIN, Alexandre, « La diversité des instruments innovants à la disposition des agriculteurs », *Innovations Agronomiques*, numéro 77, 2019, p. 61-74.

BAILLIEUX, Philippe, SCHARPE, Alberik, « L'agriculture biologique », *Europe Verte*, numéro 2, 1994, p. 1-28.

BARCA, Fabrizio, MCCANN, Philip, RODRÍGUEZ-POSE, Andrés, « The case for regional development intervention: place-based versus place-neutral approaches », *Journal of regional science*, Volume 52-1, 2012, p. 134-152.

BAROMÈTRE de la Fédération française des Banques Alimentaires 2021.

BARREIRO-HURLE, Jesus, BOGONOS, Mariia *et al.*, *Modelling environmental and climate ambition in the agricultural sector with the CAPRI model. Exploring the potential effects of selected Farm to Fork and Biodiversity strategies targets in the framework of the 2030 Climate targets and the post 2020 Common Agricultural Policy*, Publications Office of the European Union, Luxembourg, JRC121368, 2021.

BARTHE, René, *L'Europe du vin : 25 ans d'organisation communautaire du secteur viti*-vinicole (1962-1987), Paris, éditions Cujas, 1989.

BARTHÉLEMY, Denis, « Estimation des valeurs économiques en jeu lors de la dissociation de la propriété du sol et des plantations », *Revue de Droit Rural*, numéro 285, 2000, p. 395-401.

BARTHÉLÉMY, Denis, NIEDDU, Martino, « Multifonctionnalité agricole : biens non marchands ou biens identitaires ? », *Économie Rurale*, numéro 273-274, 2003, p. 103-119.

BARTOLI, Pierre, BOULET, Daniel, « Conditions d'une approche en termes de régulation sectorielle. Le cas de la sphère viticole », *Cahiers d'économie et de sociologie rurales*, Volume 17, 1990, p. 8-38.

BAZIN, Arnaud, BOCQUET, Éric, *Aide alimentaire : un dispositif vital, un financement menacé ? Un modèle associatif fondé sur le bénévolat à préserver*, Rapport d'information n° 34 de la Commission des finances, Sénat, 2018.

BAZIN, Gilles, BOURDEAU-LEPAGE, Lise, « L'agriculture dans les pays d'Europe centrale et orientale : continuité et adaptation », *Économie rurale*, numéro 325-326, 2011, p. 10-24.

BECKMAN, Jayson, IVANIC, Maros, JELLIFFE, Jeremy L., BAQUEDANO, Felix G., SCOTT, Sara G., *Impacts sur l'*économie et la sécurité alimentaire de la réduction des intrants agricoles dans le cadre des Stratégies « De la ferme à la table » et « Biodiversité » du Pacte vert de l'*Union européenne*, USDA, Economic Research Service, traduction française, 2020.

BÉGUÉ-TURON, Jean-Loïc., CORDIER, Jean, HALLOT, Sandrine, KOTBI, Gaelle, PLASMANS, Jean-Baptiste, WEILLER, David, *Utilisation des marchés à terme par les acteurs commerciaux exposés à la volatilité des marchés de grains et de sucre, Sigma Terme*, étude financée par le ministère de l'Agriculture, de l'Agroalimentaire et de la Forêt, Paris, 2017, 144 p.

BELASC, Eric J., COOPER, Joseph, SMITH, Vincent, « The Development of a Weather-based Crop Disaster Program », *American Journal of Agricultural Economics*, Volume 102-1, 2020, p. 240-258.

BELLEMAIN, Véronique, BOQUET, Karine, GALICHET, Théo, GOUELLO, Katell, MARTIN, Ambroise, NAIRAUD, Daniel, POULAIN, Jean-Pierre, *Une petite histoire de l'alimentation française*, Paris, éditions CNA, 2017.

BERGER, Yves, MARCHAL, Yves, CHAMPANHEt, François, RIOU, Yves, « Mise en œuvre de la contractualisation dans la filière laitière française », rapport du CGAAER, rapport numéro 15053, 2015.

BERGMANN, Denis, « Les transferts intéressant l'agriculture, une vue d'ensemble », *Économie rurale*, numéro 144, 1981, p. 5-12.

BERHUET, Solen, HOIBIAN, Sandra, *Observatoire des vulnérabilités*, Crédoc, 2022.

BERRIET-SOLLIEC, Marielle (dir.), 2016, *Production de biens publics en agriculture : quel accompagnement par la PAC ?* Dijon, Educagri Éditions, 2016.

BERRIET-SOLLIEC, Marielle, DAUCÉ, Pierre, DAUBARD, Jean-Paul, « Développement rural : quelle place pour l'agriculture dans les politiques communautaires ? », *DEMETER 2002, Nouveaux enjeux pour l'agriculture*, Paris, éditions Armand Colin, 2001, p. 125-193.

BERRIET-SOLLIEC, Marielle, DELORME, Hélène, *et al.*, « Regulation of agriculture: the Regions as a new locus for working towards territorial coherence between agricultural policies? The Rhône-Alpes region in the European context », *Canadian Journal of Regional Science*, Volume 29-1, 2006, 55 p.

BERRIET-SOLLIEC, Marielle, TROUVÉ, Aurélie, « Développement des territoires de projet. Quels enjeux pour les politiques rurales ? », *Économie Rurale*, numéro 335, 2013, p. 6-18.

BIANCHI, Danièle, *La Politique agricole commune (PAC) : précis de droit agricole européen*, Bruxelles, éditions Bruylant, 2015.

BIOWALLONIE, *Les chiffres du Bio 2023 en Wallonie*, 2024.

BLANC, Christophe, « La gestion des risques en agriculture : modèles offre-demande d'assurance récolte », rapport du Ministère de l'économie, Direction de la Prévision, 2003, 34 p.

BLÉHAUT, Marianne, GRESSIER, Mathilde, « En forte hausse, la précarité alimentaire s'ajoute à d'autres fragilités », *Notes du Crédoc*, 2023.

BO-AGRI – Ministère de l'agriculture – ODEADOM, « POSEI-France en faveur des productions agricoles locales – Aide au tonnage de canne livré dans les centres de réception », Décision technique 2018-GC02 définissant les modalités d'application et d'exécution des mesures 2018.

BOGAERTS, Theo, WILLIAMSON, Ian, FENDEL Elfriede, « The role of land administration in the accession of Central European countries to the European Union », *Land Use Policy*, Volume 19, 2002, p. 29-46.

BOMMELAER, Olivier, DEVAUX, Jérémie, *Coûts des principales pollutions agricoles de l'eau*, Paris, Commissariat général au développement durable, 2011, 34 p.

BONALDI, Christophe, HILL, Catherine, *La mortalité attribuable à l'alcool en France en 2015*, Santé Publique France, Paris, 2018.

BONNET, Céline, GARDE, François, *Évaluation des mesures expérimentales de relèvement du seuil de revente à perte et d'encadrement des promotions pour les denrées et certains produits alimentaires*, Rapport au Parlement, ministère de l'Économie, des finances et de la relance, ministère de l'Agriculture et de l'alimentation, 2020.

BONNET, Céline, LEVENEUR, Pauline, « Loi EGAlim : quels effets pour les consommateurs et la grande distribution ? », *Revue Économique*, Volume 74, numéro 5, 2023, p. 1-27.

BONNY, Sylvie, *L'agriculture biologique en Europe : situation et perspectives*, Rapport Notre Europe, 2006, p. 1-30.

BORDET-GAUDIN, Régine, LOGEAIS, Caroline, ULRICH, Amandine, « Le niveau de vie des ménages agricoles est plus faible dans les territoires d'élevage », *Insee Première*, numéro 1876, 2021, p 1-4.

BOURDIEU, Pierre, *La distinction. Critique sociale du jugement*, Paris, éditions de Minuit, 1979.

BOURDON, Michel, « Une justification par les comptes de surplus des subventions à l'agriculture », *Économie rurale*, numéro 149, 1982, p. 57-61.

BOYER, Philippe, « L'euro alimentaire : méthode et nouveaux résultats pour l'analyse de la répartition de la valeur dans la chaîne agroalimentaire en France », *Économie rurale*, 2021, nº 378, p. 137-157.

BOYER, Philippe, BUTAULT, Jean-Pierre, « L'euro alimentaire en 2005 dans vingt pays de l'Union européenne », Communication aux 7e Journées de recherches en sciences sociales, Angers, décembre, 2013.

BOYER, Philippe, BUTAULT, Jean-Pierre, « L'euro alimentaire en France et le partage des valeurs ajoutées », *Économie rurale*, numéro 342, 2014, p. 45-68.

BOYER, Robert, *La théorie de la régulation. Une analyse critique*, Paris, éditions La Découverte, coll. « Agalam », 1987.

BOYER, Robert, « Les problématiques de la régulation face aux spécificités sectorielles. Perspectives ouvertes par la thèse de Pierre Bartoli et Daniel Boulet », *Cahiers d'économie et sociologie rurales*, numéro 17, 1990, p. 39-76.

BOYER, Robert, *Théorie de la régulation. 1. Les fondamentaux*, Paris, éditions La Découverte, coll. « Repères », 2004.

BRENT, Kim, *et al.*, « Country-specific dietary shifts to mitigate climate and water crises », *Global Environmental Change*, Volume 62, 2020, p. 2-13.

BROOM, Donald M., *Le bien-être animal dans l'Union européenne*, Rapport pour la Direction générale des politiques internes. Département thématique Droits des citoyens et affaires constitutionnelles. Parlement européen, 2017, 88 p.

BRUNETTE, Marielle, CORCOS, Anne, COUTURE, Stéphane, PANNEQUIN, François, « Substituabilité entre assurance et auto-assurance : une propriété robuste à l'asymétrie d'information et à l'ambiguïté », *Revue d'Économie Politique*, volume 130, numéro 4, 2020, p. 615-632.

BUCHANAN, James, *The Samaritan's Dilemma," in Altruism, Morality, and Economic Theory*, New York, Russell Sage Foundation, 1975, p. 71-85.

BULUT, Harun, « Managing Catastrophic Risk in Agriculture through Ex ante Subsidized Insurance or Ex Post Disaster Aid », *Journal of Agricultural and Resource Economics*, Volume 42, 2017, p. 406-426.

BUREAU, Jean-Christophe, THOYER, Sophie, *La Politique agricole commune*, Paris, éditions La Découverte, coll. « Repères », 2014.

BURRELL, Alison, « Le contexte historique et politique de la réforme de la PAC », Économie rurale, numéro 211, 1992, p. 5-9.

Butault, Jean-Pierre, *Les soutiens à l'agriculture : théorie, histoire et mesure*, Paris, éditions INRA, coll. « Mieux comprendre », [2004] 2014.

Butault, Jean-Pierre, « La réforme de 2003 : ère nouvelle ou fin de la PAC », *in* INSEE (éd.), *L'agriculture : nouveaux défis*, Paris, collection de l'INSEE, 2007, p. 153-165.

Butault, Jean-Pierre, Gohin, Alexandre, Guyomard, Hervé, Barkoui, Ahmed, « Une analyse économique de la réforme de la PAC de juin 2003 », *Revue Française d'Économie*, Volume 20, Numéro 1, 2005, p. 57-107.

Butault, Jean-Pierre, Réquillart, Vincent, « L'agriculture et l'agroalimentaire français à la recherche d'une compétitivité perdue », *INRA Sciences Sociales*, n° 4-5, 2012, p. 1-4.

Canning, Patrick, *A Revised and Expanded Food Dollar Series: A Better Understanding of Our Food Costs*. ERR-114, U.S. Department of Agriculture, Economic Research Service, February, 2011.

Caralp-Landon, Raymonde, « Le transport ferroviaire des vins du Languedoc vers Paris », *Géocarrefour* 26, 1951, p. 273-295.

Cardebat, Jean-Marie, « Exportations record pour les grands crus et destruction des vignes pour l'entrée de gamme, un marché viticole à deux vitesses », *The Conversation.com*, 9 mars 2023.

Carotti, Sabine, Dupuis, Monique, Richard, Marie-Anne, Sultan, Philippe, *Éducation alimentaire de la jeunesse*, Rapport IGEN-IGAENR-CGAAER, Paris, 2018.

Carrié, Fabien, Doré, Antoine, Michalon, Jérôme, *Sociologie de la cause animale*. Paris, éditions La Découverte, coll. « Repères », 2023.

Cartron, Françoise, Fichet, Jean-Luc, « Vers une alimentation durable : un enjeu sanitaire, social, territorial et environnemental majeur pour la France », Rapport d'information du Sénat, numéro 476, 2020.

Cavaillet, France, Darmon, Nicole, Lhuissier, Anne, Régnier, Faustine, *L'alimentation des populations défavorisées en France*, Paris, 2005.

Chatellier, Vincent, « Le découplage et les droits à paiement unique dans les exploitations laitières et bovins-viande en France », *Cahiers d'économie et sociologie rurales*, numéro 78, 2006, p. 54-80.

Chatellier, Vincent, « Paiement redistributif et plafonnement des aides directes : deux outils de la PAC favorables aux petites exploitations françaises ? », *Économie rurale*, numéro 372, 2020, p. 137-151.

Chatellier, Vincent, « L'hétérogénéité des revenus des actifs non-salariés au sein de l'agriculture française : un regard au travers de deux grilles typologiques », *Économie rurale*, numéro 378, 2021, p. 57-75.

Chatellier, Vincent, Detang-Dessendre, Cécile, Dupraz, Pierre, Guyomard, Hervé, Revenus agricoles, aides directes et future PAC :

focus sur les exploitations françaises de ruminants et de grandes cultures. *INRAE Productions animales*, Volume 34, numéro 3, 2021, p. 173-190.

Chatellier, Vincent, Guyomard, Hervé, « Le bilan de santé de la PAC et le rééquilibrage des soutiens à l'agriculture française », *Économie rurale*, numéro 323, 2011, p. 4-20.

Chatellier Vincent, Kleinhanss, Werner, « Agenda 2000 et modulation des aides directes de la PAC en Allemagne et en France », *Économie rurale*, numéro 268-269, 2002, p. 159-173.

Chavance, Bernard (dir.), *Les incertitudes du grand élargissement. l'Europe centrale et balte dans l'intégration européenne*, Paris, éditions L'Harmattan, 2004.

Chavas, Jean-Paul, « Adverse Shocks in Agriculture : The Assessment and Management of Downside Risk », *Journal of Agricultural Economics*, Volume 70-3, p2019, 731-748.

Chavas, Jean-Paul, Cooper, Joseph, Wallander, Steven, « The impact of input and output decisions on agricultural production risk », *Journal of Agricultural and Resource Economics*, Volume 44, 2018, p. 513-535.

Chevalier, Pascal, Lacquement, Guillaume, « Le programme européen LEADER, un modèle de développement à l'épreuve de l'européanisation des politiques rurales », *Géocarrefour*, 94-3, 2020, p. 1-21.

Ciaian, Pavel, Drabik, Dušan, Falkowski, Jan, Kancs, d'Artis, *New regulations governing land sales in Central and Eastern europe : imposing restrictions via particularized institutions*, Bruxelles, Joint research centre, European commission, 2017, 29 p.

Colin, Jean-Philippe, « La concentration foncière par la tenure inversée *(reverse tenancy)* », Études rurales, numéro 194, 2014, p. 203-218.

Coly, Bertrand, *Entre transmettre et s'installer, l'avenir de l'agriculture*, Avis du Conseil Économique, Social et Environnemental (CESE), 9 juin 2020.

Commission Européenne, *Un budget pour la stratégie Europe 2020*, COM (2011) 500 final, 29 juin, Bruxelles, 2011.

Commission of the European Communities, "Communication from the commission to the council and the European Parliament : Towards a sustainable European Wine Sector", 2006, 14 p.

Conseil national de l'alimentation, 2018, *Avis n° 81 « alimentation favorable à la santé »*, Paris, 2018.

Conseil national de l'alimentation, 2019, *Avis n° 84 "éducation à l'alimentation"*, Paris, 2019.

Coquart, Dominique, « L'industrialisation de la filière viande bovine », *Économie rurale*, numéro 153, 1983, p. 50-52.

Coquart, Dominique, Soufflet, Jean-François, « Dynamique de la concurrence et évolution de la filière viande bovine », *Économie rurale*, numéro 194, 1989, p. 15-22.

CORBEAU, Jean-Pierre, POULAIN, Jean-Pierre, *Penser l'Alimentation. Entre imaginaire et rationalité*, Toulouse, éditions Privat, 2002.

CORDIER, Jean, GOHIN, Alexandre, « Quel impact des nouveaux spéculateurs sur les prix agricoles ? Une analyse empirique des fonds d'investissement », *Économie Rurale*, numéro 343, 2014, p. 29-51.

CORDIER, Jean, GOHIN, Alexandre, « PAC et gestion des aléas », *in* Guyomard Hervé, Detang Dessendre Cécile (dir.), *Quelle Politique Agricole Commune demain*, Versailles, éditions Quae, 2020, p. 101-117.

CORDONNIER, Laurent, DALLERY, Laurent, DUWICQUET, Vincent, MELMIÈS, Jordan, VANDEVELDE, Franck, « Le coût du capital et son surcoût. Sens de la notion, mesure et évolution, conséquences économiques ». Rapport de l'Université de Lille 1, Clersé UMR 8019, 2013.

COUR des Comptes de l'Union européenne, *Le verdissement : complexité accrue du régime d'aide au revenu et encore aucun bénéfice pour l'environnement*, Bruxelles, Rapport spécial, numéro 21, 2017.

COUR des comptes de l'Union européenne, *biodiversité des terres agricoles : la contribution de la PAC n'a pas permis d'enrayer le déclin*, Bruxelles, Rapport spécial, numéro 23, 2020.

COUR des Comptes Européenne, *Mise en œuvre de l'approche LEADER pour le développement rural*, Bruxelles, Bruxelles, Rapport spécial, numéro 5, 2010.

COUR des Comptes européenne, *Aides directes à la vache allaitante ainsi qu'à la brebis et à la chèvre dans le cadre de la mise en œuvre partielle du régime de paiement unique*, Bruxelles, Rapport spécial numéro 11, 2012.

COUR des Comptes Européenne, *Le soutien de l'Union européenne à l'investissement et à la promotion dans le secteur vitivinicole est-il bien géré et ses effets sur la compétitivité des vins de l'UE sont-ils démontrés ?* Bruxelles, Rapport spécial, numéro 9, 2014.

COUR des Comptes Européenne, *Leader et le développement local mené par les acteurs locaux facilitent l'engagement à ce niveau, mais leurs avantages supplémentaires ne sont toujours pas suffisamment démontrés*, Bruxelles, Rapport spécial numéro 10, 2022.

COUR des Comptes, *Mission Agriculture, alimentation, forêt et affaires rurales*, Paris, Note d'analyse de l'exécution budgétaire, 2018, 59 p.

COUR des comptes, « Les subventions à l'agriculture et à la pêche en outre-mer », Site internet, 15 septembre, 2023, https://www.ccomptes.fr.

COURLEUX, Frédéric, Contractualisation laitière : de trop petits pas dans le bon sens. Site internet www.web-agri.fr, 9 mai, 2016.

COURLEUX, Frédéric, « Révision du règlement de l'Organisation Commune des Marchés : quelles avancées pour la souveraineté alimentaire européenne ? », *Revue de droit rural*, numéro 3, 2023, p. 39-43.

CRIDEAU, *Agriculture biologique et développement durable*, Séminaire de droit comparé et communautaire, Actes, Université de Limoges, 1994.

CSÁK, Csilla, « The regulation of agricultural land ownership in Hungary after land moratorium », Novi Sad, *Proceedings of Novi Sad faculty of law / Zbornik Radova Pravnog Fakulteta*, Volume 51-3, 2017, p. 1125-1135.

CSAKI, Csaba J., « The diversity of effects of EU membership on agriculture in NMS », *Policy Studies on Rural Transition*, Volume 4, 2009, 48 p.

CSAKI, Csaba, JAMBOR, Attila, « The impact of EU accession: lessons from the agriculture of the New Member States », *Post-communist Economies*, Volume 25, 2013, p. 325-342.

CSAKI, Csaba, JAMBOR, Attila, « Ten years of EU membership: how agricultural performance differs in the New Member States », *Eurochoices*, Volume 15-2, 2016, p. 35-41.

CSAKI, Csaba, JAMBOR, Attila, « Convergence or Divergence – Transition in agriculture of Central and Eastern Europe and Commonwealth of Independent States revisited », *Agricultural Economomics – Czech*, Volume 65, 2019, p. 160-174.

DARROT, Catherine, *Les paysans polonais à l'épreuve de la politique agricole commune européenne : une analyse multi-disciplinaire d'un référentiel professionnel pour un dialogue de normes*, Thèse de doctorat en économie de l'agriculture et des populations, Agrocampus de Rennes, 2008.

DARROT, Catherine, HIRSCHHAUSEN (von), Béatrice, GHIB, Marie-Luce, « PAC et transition agricole en Pologne et Roumanie : les nouveaux termes du processus », Économie rurale, numéro 325-326, 2011, p. 69-84.

DAVIDOVA, Sophia, BAILEY, Alaister, DWYER, Janet *et al.*, *Semi-subsistence farming: values and directions of development*, Brussels, DG for internal policies, Policy Department b: Structural and Cohesion Policies, 2013, 112 p.

DAVIDOVA, Sophia, THOMSON, Kennet, « Family Farming in Europe: Challenges and Prospects », *Brussels, DG for internal policies*, Policy Department b: Structural and Cohesion Policies, 2014, 59 p.

DAX, Thomas, SCHROLL, Karin, *et al.*, « Land abandonment in mountain areas of the EU: An inevitable side effect of farming modernization and neglected threat to sustainable land use », *Land*, Volume 10-6, 591, 2021, p. 1-17.

DE BATZ, Charles, FAUCON, Félix, VOYNET, Dominique, « Évaluation du programme national nutrition santé 2011-2015 et 2016 (PNNS 3) et du plan obésité 2010-2013 », Rapport de l'Inspection générale des affaires sociales, 2016.

DECHAMBRE, Bernard, « La PAC et le développement rural », *in* INSEE (éd.), *L'agriculture : nouveaux défis*, Paris, INSEE, 2007, p. 167-176.

DEKHILI, Sihem, « Les produits biologiques du point de vue du consommateur :

entre rejet des prix élevés et la méfiance envers les prix bas », Économies et Sociétés – série « systèmes agroalimentaires », numéro 35, 2013, p. 1859-1877.

Delame, Nathalie, « Revenus agricoles et non agricoles des agriculteurs de 2003 à 2016 », *Économie rurale*, numéro 378, 2021, p. 77-95.

Delanoue, Elsa, Dockès, Anne-Charlotte, *et al.*, « Regards croisés entre éleveurs et citoyens français : vision des citoyens sur l'élevage et point de vue des éleveurs sur leur perception par la société », *INRAE Productions Animales*, Volume 31, numéro 1, 2018, p. 51-68.

De La Rosa, Stéphane, « Centrale d'achat », Dictionnaire de droit de la concurrence, *Concurrences*, Art. n° 89100, 2023.

Delord, Bernard, Montaigne, Étienne, Coelho, Alfredo, « Vine planting rights, farm size and economic performance : do economies of scale matter in the French viticulture sector ? », *Wine economics and policy*, Volume 4, 2014, p. 22-34.

Delorme, Hélène, « Le volet agricole de l'Uruguay Round : une nouvelle régulation mondiale ? », *Économie rurale*, numéro 218, 1993, p. 3-11.

Delorme, Hélène, *La politique agricole commune, anatomie d'une transformation*, Paris, Éditions Presses de Sciences Po, 2004.

Delta, Laurent, « La consommation alimentaire diminue : oui mais de combien ? », 2023, https://blog.INSEE.fr.

Delteil, Violaine, « Capitalismes dépendants d'Europe centrale et orientale pièges de la dépendance externe et instrumentalisations domestiques », *Revue de la régulation*, Volume 24, 2018, p. 1-31.

Denier-Pasquier, Florence, Ritzenthaler, Albert, *Pour une alimentation durable ancrée dans les territoires*, Paris, Conseil économique, social et environnemental, 2020.

Deryugina, Tatyana, Kirwan, Barret, « Does the Samaritan's dilemma matter? Evidence from U.S. agriculture », *Economic Inquiry*, Volume 56-2, 2017, p. 983-1006.

Descrozaille, Frédéric, *Rapport sur la gestion des risques en agriculture*, Paris, Assemblée Nationale, 2021.

Detang-Dessendre, Cécile, Guyomard, Hervé, *Quelle Politique Agricole Commune demain ?* Versailles, éditions Quae, coll. « Matière à débattre et décider », 2020.

Devauvre, Nicolas, « Résultats économiques des exploitations en 2022. 2022 : une seconde année consécutive de hausse des résultats économiques pour les exploitations agricoles », *Agreste Primeur*, numéro 14, 2023, p. 1-7.

Direction générale du Trésor, « Obésité : quelles conséquences pour l'économie et comment les limiter ? », *Trésor-Eco*, numéro 179, 2016.

Doré, Gwénaël, « Le programme européen a 20 ans : bilan et perspectives à partir du cas français », Communication aux 5e *Journées de Recherche en Sciences Sociales*, Dijon, 2011.

DUBRULLE, Jonathan, *Conditions et modalités pour une évolution agroécologique des systèmes de production en élevage bovin allaitant dans le Grand Charolais : consommateurs, filières et éleveurs, construire un dialogue pour ouvrir le champ des possibles*, Thèse pour le doctorat, AgroParisTech, Université Paris-Saclay, 2021.

DUMONT, Bertrand *et al.*, *Rôles, impacts et services issus des élevages en Europe. Synthèse de l'expertise scientifique collective*, Paris, INRA, 2016.

DUNCAN, John, MYERS, Robert J., « Crop Insurance under Catastrophic Risk », *American Journal of Agricultural Economics*, Volume 82-4, 2000, p. 842-855.

DURKHEIM, Emile, *Le suicide, étude de sociologie*, Paris, Presses Universitaires de France, coll. « Quadrige », [1897], 2007.

DWYER, Janet, SHORT, Chris, BERRIET-SOLLIEC, Marielle, « Fostering resilient agro-food futures through a social-ecological systems framework: Public private partnerships for delivering ecosystem services in Europe », *Ecosystem Services*, numéro 45, 2020.

ECORYS and Wageningen Economic Research, *Study on risk management in EU Agriculture*, European Commission, 1740, 2017.

ENVIRONMENTAL Working Group, *Meat Eaters Guide : Methodology*, 2011.

EUROPEAN Court of Auditors, *Restructuring and planting vineyards in the EU : unclear impact on competitiveness and limited environmental ambition*, Special Report, numéro 23, 2023.

EUROSTAT, *Eurostat Manual of Supply, Use and Input-Output Tables*, 2008.

EYCHENNE, Corinne, « Quelles incursions du territoire dans l'évolution d'une politique sectorielle ? Discours et représentations autour de l'agriculture de montagne. Sud-Ouest européen », *Revue géographique des Pyrénées et du Sud-Ouest*, numéro 34, 2012, p. 9-20.

FAO, OMS, *Codex Alimentarius: Aliments issus de l'agriculture biologique*, Rome, 2007.

FAO, *L'état de la sécurité alimentaire et de la nutrition dans le monde*, Rome, 2020.

FIOLET, Thibault *et al.*, « Consumption of ultra-processed foods and cancer risk: results from NutriNet-Santé prospective cohort », *British Medical Journal*, numéro 360, 2018, p. 1-11.

FOUILLEUX, Eve, « Entre production et institutionnalisation des idées : la réforme de la Politique Agricole Commune », *Revue Française de Science Politique*, Volume 50-2, 2000, p. 277-305.

FRANCE STRATÉGIE, INRA, *Vers des agricultures à hautes performances. Analyse des performances de l'agriculture biologique*, Paris, 2013.

FRANCE STRATÉGIE, *Faire de la politique agricole commune un levier de la transition agroécologique*, Paris, 2019.

France Stratégie, *Les dépenses pré-engagées : près d'un tiers des dépenses des ménages en 2017*, Paris, 2021.
FranceAgriMer, *Prime à l'arrachage de vignes : bilan 2008-2009 à 2010-2011*, Conseil spécialisé filière viticole du 21 mars, FranceAgriMer, Paris, 2012.
FranceAgriMer, « Végétariens et flexitariens en france en 2020 », Enquête IFOP. Rapport complet de l'étude, 2021.
Fumiaki, Imamura *et al.*, « Dietary quality among men and women in 187 countries in 1990 and 2010: a systematic assessment », *The Lancet Global Health*, Volume 3-3, 2015, p. 132-142.
Gardner, Bruce L., « Changing economic perspective on the farm problem », *Journal of Economic Literature*, Volume 30-1, 1992, p. 62-101.
Garrier, Gilbert, *Le Phylloxera : une guerre de Trente Ans, 1870-1900*, Paris, éditions Albin Michel, 1989.
Gérard, Mathilde, « Les eurodéputés lancent le débat sur une TVA renforcée pour la viande et supprimée pour les fruits et légumes », *Le Monde*, 10 septembre 2021.
Géry, Claire, Hecquet, Vincent, Lucas, Félix, *L'agriculture en 2023. Les comptes nationaux prévisionnels de l'agriculture*, Document de travail numéro 23, Paris, Commission des Comptes de l'Agriculture de la Nation, 2023.
Ghib, Marie-Luce, Boinon, Jean-Pierre, « Politiques foncières et structures de production agricoles en Roumanie », *Pour*, numéro 220, 2013, p. 277-285.
Giordano, Christian, Kostova, Dobrinka, « Bulgarie : une réforme agraire sans paysans », Études rurales, numéro 138-140, 1995, p. 157-172.
Givois, Samuel, « Recensement agricole 2020 : main-d'œuvre et externalisation des travaux. Le volume de travail des salariés permanents non familiaux augmente de 8 % en dix ans », *Agreste Primeur*, numéro 11, 2022, p. 1-4.
Glauber, Joseph W., Collins, Keith J., Barry, Peter J., « Crop Insurance, Disaster Assistance, and the Role of the Federal Government in Providing Catastrophic Risk Protection », *Agricultural Finance Review*, Volume 62-2, 2002, p. 81-101.
Gohin, Alexandre, *Les mécanismes de l'OCM unique et les instruments de gestion des risques dans la nouvelle PAC*, Rapport pour le Parlement Européen, 2012, 73 p.
Gohin, Alexandre, « General Equilibrium Modelling of the Insurance Industry: U.S. Crop Insurance », *Journal of Global Economic Analysis*, Volume 4(2), 2019, p. 108-145.
Gohin, Alexandre, Gorin, Olivier *et al.*, « Interprétation économique, avantage et limites du principe de découplage des instruments de soutien des revenus agricoles », *Notes et Études Économiques*, numéro 10, 1999, p. 9-37.
Gohin, Alexandre, Zheng, Yu, « Reforming the European Common

Agricultural Policy: From price & income support to risk management », *Journal of Policy Modelling*, Volume 42-3, 2020, p. 712-727.

GOODWIN, Barry, PIGGOTT, Nicholas, « Has Technology Increased Agricultural Yield Risk? Evidence from the Crop Insurance Biotech Endorsement », *American Journal of Agricultural Economics*, Volume 102-5, 2020, p. 1578-1597.

GORDON, Richard, « Systèmes de production, réseaux industriels et régions : les transformations dans l'organisation sociale et spatiale de l'innovation », *Revue d'économie industrielle*, numéro 51, 1990, p. 304-339.

GRANJOU, Céline, « L'introduction de la traçabilité dans la filière viande bovine », *Cahiers internationaux de sociologie*, numéro 115, 2003, p. 327-342.

GUYOMARD, Hervé, « La PAC de l'après 2023 : comment concilier performances économiques et écologiques grâce à des travaux de recherche et d'expérimentation en économie, agronomie et écologie à la bonne échelle ? », *Revue d'études en agriculture et environnement*, numéro 11-1, 2021, p. 1-16.

GUYOMARD, Hervé, BUREAU, Jean-Christophe, CHATELLIER, Vincent, *et al.*, *Research for AGRI Committee – The Green Deal and the CAP: policy implications to adapt farming practices and to preserve the EU's natural resources*, European Parliament, Policy Department for Structural and Cohesion Policies, 2020.

GUYOMARD, Hervé, DÉTANG-DESSENDRE, Cécile, *et al.*, « How the Green Architecture of the 2023–2027 Common Agricultural Policy could have been greener », *Ambio*, numéro 52, 2023, p. 1327-1338.

GUYOMARD, Hervé, LÉON, Yves, MAHÉ, Louis-Pascal, « La réforme de la PAC et les négociations du GATT : un pas nécessaire pour un compromis minimal ? », *Économie et statistique*, numéro 254-255, 1992, p. 41-61.

GUYOMARD, Hervé, MAHÉ, Louis-Pascal, « Théorie de la production en présence de rationnements. L'exemple des quotas laitiers dans la CEE », *Revue Économique*, Volume 44-1, 1993, p. 71-94.

GUYOMARD, Hervé, SOLER, Louis-Georges, DÉTANG-DESSENDRE, Cécile, « La transition du système agro-alimentaire européen dans le cadre du Pacte Vert : mécanismes économiques et points de tension », *Revue de l'OFCE*, numéro183, 2024, p. 1-50.

GUYOMARD, Hervé, SOLER, Louis-Georges, DÉTANG-DESSENDRE, Cécile, RÉQUILLART Vincent, « The European Green Deal improves the sustainability of food systems but has uneven economic impact on consumers and farmer », *Communications Earth & Environment*, 4, 2023, number 358.

HALAMSKA, Maria, « Decollectivisation of agriculture in Central Europe: the first regularities of the process », *Eastern European Countryside*, numéro 3, 1997, p. 7-19.

HALAMSKA, Maria, « The Evolution of Family Farms in Poland: present time and the weight of the past », *Eastern European Countryside*, Volume 22-1, 2016, p. 27-51.

Halamska, Maria, *Continuity and Change – Rural Poland 1918-2018: Searching for Sources of the Present*, Varsovie, IRWIR-PAN, 2021.

Hann, Chris, *The Post-Socialist Agrarian Question: Property Relations and the Rural Condition*, Münster, LIT Verlag Münster, 2023.

Hardelin, Julien, « Les instruments alternatifs de couverture des risques climatiques en agriculture : une opportunité pour les pays en développement ? », *Mondes en Développement*, numéro 151, 2010, p. 25-34.

Hartvigsen, Morten, « Land Reform and Land Fragmentation in Central and Eastern Europe », *Land Use Policy*, Volume 36, 2014, p. 330-341.

Henning, Christian, Witzke, Peter, *Economic and Environmental impacts of the Green Deal on the Agricultural Economy: A Simulation Study of the Impact of the F2F-Strategy on Production, Trade, Welfare, and the Environment based on the CAPRI-Model* Kiel university, EuroCare, Bonn, 2021.

Hervieu, Bertrand., *et al.* (dir.), *Les Mondes agricoles en politique : de la fin des paysans au retour de la question agricole*, Paris, Presses de SciencePo, 2010.

Hirschhausen (von), Béatrice, *Les nouvelles campagnes roumaines. Paradoxes d'un retour paysan*, Paris, éditions Belin, 1997.

Igf-Cgcaer, *Les outils de gestion des risques en agriculture*, Rapport de mission d'inspection, Paris, 2017, 67 p.

Ilec, *Rentabilité des industriels PGC et des distributeurs en France.* Note ILEC, 2021.

Impaacte, *Note de la coalition sur l'architecture verte du plan stratégique de la 'Politique Agricole Commune' (PAC) wallon*, 2021.

Innes, Robert, « Crop insurance in a political economy: An alternative Perspective on Agricultural Policy », *American Journal of Agricultural Economics*, Volume 85-2, 2003, p. 318-335.

Insee, *Comptes nationaux*, Paris, 2010.

Insee, *Enquête Budget des familles*, Paris, INSEE, coll. « Références », 2017.

Insee, *Emploi et revenus des indépendants*, Insee références, édition 2020, Paris, 2020.

Insee, *Consommation effective des ménages par fonction. Consommation des ménages en 2020.* Comptes nationaux annuels – base 2014, 2021.

Insee, *Élaboration des Statistiques Annuelles d'Entreprises (Ésane)*, INSEE Résultats, 2022.

Insee, *La situation du commerce en 2022*, Rapport établi pour la commission des comptes commerciaux de la Nation, documents de travail, numéro 2, 2022.

Insee, *Caractéristiques comptables, financières et d'emploi des entreprises en 2021*, 2023.

Inserm, *Inégalités sociales de santé en lien avec l'alimentation et l'activité physique*, Paris, Les éditions Inserm, 2014, 731 p.

Inspection générale des affaires sociales, *La lutte contre la précarité alimentaire : évolution du soutien public à une politique sociale, agricole et de santé publique*, Paris, Rapport IGAS, numéro 069R, 2019.

INSPECTION générale des Finances, *Évaluation du régime d'aide fiscale à l'investissement productif en outre-mer*, Paris, 2023.

INSPECTION générale des Finances, Conseil général de l'Environnement et du Développement Durable, Conseil Général de l'Alimentation, de l'Agriculture et des Espaces ruraux, *Perspectives de la filière canne-sucre-rhum-énergie en Outre-mer*, Rapport conjoint, mars, 2021.

JAEGER, Christine, POUCHOL, Marlyse, SEVERS, Michèle, « L'artisanat en évolution : l'exemple de trois métiers », *Revue d'économie industrielle*, numéro 34, 1985, p. 58-70.

JAMET, Jean-Paul, « La politique agricole commune reposera-t-elle sur la subsidiarité ? », *Paysans et société*, numéro 1, 2018, p. 29-36.

KAPLOW, Louis, « Incentives and government relief for risk », *Journal of Risk and Uncertainty*, Volume 4-2, 1991, p. 167-175.

KAPSAMBÉLIS, Dorothée, *Modélisation d'évènements climatiques extrêmes sur les productions agricoles à horizon 2050. Application à la gestion économique du risque*, Thèse de doctorat de l'Institut Agro Rennes Angers, soutenue le 12 juillet 2022.

KAPSAMBÉLIS, Dorothée, *Characteristics of extreme production losses and implications for risk Management*, EAAE Conference, Rennes, August 30, 2023.

KARAGIANNIS, Nikolaos, ASSA, Hirbod, PANTELOUG, Athanasios A., TURVEY, Calum, G., « Modelling and pricing catastrophe risk bonds with a temperature-based agricultural application », *Quantitative Finance*, Volume 16-12, 2016, p. 1949-1959.

KOENIG, Richard, BRUNETTE, Marielle, DELACOTE, Philippe, TEVENART, Camille, « Couverture du risque météorologique en agriculture : les leçons du cas français », *Information et Débats*, Chaire Économie du Climat, 2019.

LACQUEMENT, Guillaume, CHEVALIER, Pierre, « Le programme européen LEADER, un modèle de développement à l'épreuve de l'européanisation des politiques rurales », *Géocarrefour*, 3/94, 2020.

LAIDIN, Catherine, *Quand l'Europe promeut le rural, le cas du programme LEADER en France et en Italie*, Thèse pour le Doctorat en science politique, Université de Rennes 1, Rennes, 2019.

LAIDIN, Catherine, BERRIET-SOLLIEC, Marielle, « Understanding rural development policies: a proposal for a typology of the seven main policy repertoires in Europe and locally, based on French case studies », *Annals of Regional Science*, Volume 71, 2022, p. 1-24.

LAIDIN, Catherine, BERRIET-SOLLIEC, Marielle, « Analyse des effets du programme LEADER sur l'action publique dans les territoires ruraux. Application en France et en Italie », *Revue d'Économie Régionale et Urbaine*, numéro 2, 2022, p. 229-248.

LAMPKIN, Nicolas, FOSTER, Carolyn, PADEL, Susanne, MIDMORE, Peter, *The policy and regulatory environment for Organic Farming in Europe, Economics and policy*, Universität Hohenheim, Volume 1, 1999.

LARCENEUX, Fabrice, BERGER, Raphaël, « Tests statistiques sur l'hyperchoix et les stratégies du consommateur », *Cahier de Recherche du CRÉDOC*, numéro 226, 2006.

LAROCHE-DUPRAZ, Catherine, PIET, Laurent, « Les choix français en matière de convergence des aides découplées de la PAC à l'horizon 2019 », *Économie rurale*, numéro 266, 2018, p. 21-39.

LASSALAS, Marie, GUYOMARD, Hervé, *et al.*, « The declination of the new Common Agricultural Policy in France will not be environmentally ambitious », *XVIIe Congress of the European Association of Agricultural Economics* (EAAE), 2023, August 29 – September 1th, Rennes, France.

LATASTE, François, BERRIET-SOLLIEC, Marielle, TROUVÉ, Aurélie, « Le second pilier de la politique agricole commune : une politique à la carte », *Revue d'économie régionale & urbaine*, numéro 3, 2012, p. 327-351.

LAURENT, Catherine, DU TERTRE, Christian (dir.), *Secteurs et territoires dans les régulations émergentes*. Paris, éditions L'Harmattan, 2008.

LE CLERC, Lisa, RIOU, Gérard, « Évaluation de la contractualisation rénovée mise en œuvre par la loi EGAlim1 », *Rapport du RMT Filarmoni*, 2022.

LÉCOLE, Pauline, « Petites fermes des villes, petites fermes des montagnes et soutiens de la Politique agricole commune », *Géographie, économie, société*, Volume 23, numéro 3, 2021, p. 219-243.

LÉCOLE, Pauline, THOYER, Sophie, « Qui veut garder ses millions ? Redistribution des aides dans la nouvelle PAC », *Économie rurale*, numéro 348, 2015, p. 59-79.

LEONTIEF, Wassily, *Input-output economics*, New York, Oxford University Press, [1966], 1986, deuxième édition.

LETEINTURIER, Béatrice, TYCHON, Bernard, OGER, Robert, *Diagnostic agronomique et agro-environnemental des successions culturales en Wallonie (Belgique)*, Biotechnol. Agron. Soc. Environ., Volume 11, numéro 1, 2007, p. 27-38.

LHOMEL, Édith, « Les agricultures de l'Europe Centrale face au "protectionnisme" communautaire », *in* Mink G., Szurek J.-C. (dir.), *Cet étrange post-communisme : rupture et transitions en Europe centrale et orientale*, Paris, Presses du CNRS / La Découverte, 1992, p. 275-284.

MAČIULYTÈ, Jurgita, « Une troisième réforme agraire en Lituanie ? », *Revue d'études comparatives est-ouest*, Volume 26, numéro 3, 1995, p. 177-196.

MAČIULYTÈ, Jurgita, « Agriculture familiale et propriété foncière en Lituanie », *Bulletin de l'Association de géographes français*, Volume 82-2, 2005, p. 140-154.

MAČIULYTÈ, Jurgita, MAUREL, Marie-Claude, « Décollectivisation et indépendance. La trajectoire agraire lituanienne », *Bulletin de l'Association de géographes français*, Volume 75-4, 1998, p. 455-469.

MAGNAN, Axel, *Le développement du salariat précaire dans l'agriculture française : une approche d'économie institutionnelle*. Thèse de doctorat en sciences économiques, Université Paris-Saclay. 2022, 409 p.

MALASSIS, Louis, « Économie agro-alimentaire », *Économie rurale*, numéro 122, 1977, p. 68-72.

MALASSIS, Louis, *Nourrir les hommes*, Paris, éditions Dominos-Flammarion, 1994.

MARANT-MICALLEF, Claire *et al.*, « Nombre et fractions de cancers attribuables au mode de vie et à l'environnement en France métropolitaine en 2015 : résultats principaux », *Bulletin Épidémiologique Hebdomadaire*, numéro 21, 2018, p. 442-448.

MARCUS, Vincent, SIMON, Olivier, *Les pollutions par les engrais azotés et les produits phytosanitaires : coûts et solutions*, Paris, Commissariat général au développement durable, 2015.

MARÉCHAL, Gilles, ROUILLÉ d'ORFEUIL, Henri, DUPRAZ, Sophie, DIVAY, Violette, *Impact de la transition agricole et alimentaire sur l'emploi*, Paris, éditions Résolis, 2018.

MARSDEN, Terry K., MURDOCH, Jonathan, LOWE, Philip, WARD, Neil, *The differentiated countryside*. London, Routledge, 2012.

MARTY, Sylvain, PETIT, Nicolas, REFFAY, Michel, *La contractualisation dans le secteur bovin*, ministère de l'agriculture, de l'agroalimentaire et de la forêt, CGAAER, rapport n° 14099, 2015.

MATHIEU, Sasha, DORARD, Géraldine, « Végétarisme, végétalisme, véganisme : aspects motivationnels et psychologiques associés à l'alimentation sélective », *La Presse Médicale*, Volume 45, numéro 9, 2016, p. 726-733.

MAUREL, Marie-Claude, « La grande maille agraire en Europe centrale : un invariant spatiotemporel ? », Études rurales, numéro 190, 2011, p. 25-48.

MAUREL, Marie-Claude, *Les paysans contre l'État, le rapport de forces polonais*, Paris, éditions L'Harmattan, 1989.

MAUREL, Marie-Claude, *La transition postcollectiviste. Mutations agraires en Europe centrale*, Paris, éditions L'Harmattan, 1994.

MAUREL, Marie-Claude, « Accès limité aux terres par les nouvelles lois foncières en Europe centrale et balte », *La Revue de l'Académie d'agriculture*, numéro 17, 2019, p. 39-44.

MAUREL, Marie-Claude, *Terre et propriété à l'Est de l'Europe depuis 1990. Faisceau de droits, relations de pouvoir*, Besançon, Presses universitaires de Franche-Comté, 2021.

MAUREL, Marie-Claude, HALAMSKA, Maria (dir.), *Les acteurs locaux à l'épreuve du modèle européen leader*, Prague et Varsovie, Cefres et Irwir Pan, 2010.

MAUREL, Marie-Claude, HALAMSKA, Maria, LAMARCHE, Hugues, *Le repli paysan. Trajectoires de l'après-communisme en Pologne*, Paris, éditions L'Harmattan, 2003.

MAUREL, Marie-Claude, LACQUEMENT, Guillaume (dir.), *Agriculture et ruralité en Europe centrale*, Montreuil et Prague, Aux lieux d'être / Centre français de recherche en sciences sociales, 2007.

MAUREL, Marie-Claude, LACQUEMENT, Guillaume, « Od gospodarstwa wielkoobszarowego do agrobiznesu : w stronę nowego kapitalizmu rolnego w Europie Środkowej ? » (De la grande exploitation à l'agro-business : vers un nouveau capitalisme agraire en Europe centrale ?), *Wieś i Rolnictwo*, 2 (187), 2020.

MAURIN, Jules, « Les migrations en Languedoc méditerranéen, fin XIXe-début XXe siècle », *Recherches régionales*, numéro 4, 1981, p. 245-255.

MAUSS, Marcel, « Essai sur le don. Forme et raison de l'échange dans les sociétés archaïques », *L'année sociologique*, nouvelle série, numéro 2, 1923-1924, p. 178-245.

MAZOYER, Marcel, *Dynamiques des Systèmes Agraires, Rapport de synthèse présenté au Comité des systèmes agraires*, Paris, Ministère de la Recherche et de la Technologie, 1987.

MAZOYER, Marcel, ROUDART, Laurence, *Histoire des agricultures du monde*. Paris, éditions du Seuil, coll. « Points », 1997, 2002 pour la seconde édition.

MERMET, Anne-Cécile, Redéfinir la consommation pour repenser les espaces de consommation. *Géographie et cultures*, numéro 77, 2011, p. 25-44.

MÉVEL, Olivier, LERAY, Yvan, « Les relations industrie-commerce en France : les conséquences évaluées de l'application de la Loi Chatel », *Annales des Mines – Gérer et comprendre*, numéro 96, 2009, p. 51-61.

MICHALON, Jérôme, La résistible ascension de l'éthique ? Sciences sociales et questions animales. *Natures Sciences Sociétés*, Volume 32, numéro 2, 2023, p. 166-178.

MIENO, Taro, WALTERS, Cory G., FULGINITI, Lilyan, « Input Use under Crop Insurance: The Role of Actual Production History », *American Journal of Agricultural Economics*, Volume 100-5, 2018, p. 1469-1485.

MIHÁLYI, Peter, SZELÉNYI, Iván, *Varieties of Post-Communist Capitalism: A Comparative Analysis of Russia, Eastern Europe and China*, Leyde, Brill publisher, Haymarket Books, 2020.

MILHAU, Jules, « L'avenir de la viticulture française », *Revue Économique*, numéro 4, 1953, p. 700-738.

MINISTÈRE de l'agriculture et de l'alimentation, *La PAC en un coup d'œil*, Rapport, 2022.

MINISTÈRE de l'agriculture et de la souveraineté alimentaire, *Graph'Agri*. Paris, 2023.

MINISTÈRE de l'Intérieur, *Bulletin d'information*, numéro 16, Paris, 1976.

MOATI, Philippe, *L'avenir de la grande distribution*. Paris, éditions Odile Jacob, 2011.

MONCOULON, David, KAPSAMBÉLIS, Dorothée, « Gestion des risques en agriculture. Répondre au défi du changement climatique », *Risques*, numéro 126, 2021, p. 37-46.

MONINO, Jean-Louis, TUROLLA, Stéphane, « Urbanisme commercial et grande distribution. Étude empirique et bilan de la loi Raffarin », *Revue française d'économie*, Volume 23, numéro 2, 2008, p. 139-178.

MONTAIGNE, Étienne, CHEVRIER, Jean-Gabriel, *Impacts des mesures d'intervention communautaires sur le revenu des viticulteurs*, Rapport de synthèse réalisé dans le cadre du contrat d'étude CEE DG VI – Agro-Études. ENSAM, Montpellier, 1993.

MONTAIGNE, Étienne, COELHO, Alfredo, DELORD, Bernard, KHEFIFI, Leila, *Étude sur les impacts socio-économiques et territoriaux de la libéralisation des droits de plantations viticoles*, 2 tomes, UMR MOISA-AREV, 2013.

MONTAIGNE, Étienne, COELHO, Alfredo, ZADMEHRAN, Samson, « A Comprehensive Economic Examination and Prospects on Innovation in New Grapevine Varieties Dealing with Global Warming and Fungal Diseases ». *Sustainability*, numéro 13, 2021, p. 132-154.

MONTAIGNE, Étienne, LAPORTE, Jean-Pierre, PEREZ, Véronique, GALEOTE, Xavier, « Les mutations du négoce des vins tranquilles en France », Actes du Colloque : *Grande Distribution Alimentaire*, Tome 1 : Intégration Verticale et Filières. Organisation, Performance, Innovation. Comportement des Consommateurs. INRA-ESR, Montpellier, France, 1997.

MONTAIGNE, Étienne, SALMON, Claude, COTTEREAU, Philippe, « Coûts des nouvelles techniques de désalcoolisation », *Le paysan du midi*, 8 février, 2013, p. 14-15.

MONTAIGNE, Étienne, COELHO, Alfredo, ZADMEHRAN, Samson, MESSAOUDÈNE, Yacine, « Analysis of the 2007-2008 Hérault premiumized grubbing-up campaign: a tool to better understand Fischer-Boel's 2008-2011 grubbing-up campaigns and the desire in 2022 to reintroduce locally premiumized grub-ups », *Wine Economics and Policy*, Volume 12-1, 2023, p. 81-99.

MONTAIGNE, Étienne, « L'étude communautaire sur l'enrichissement des vins », *Revue Française d'Œnologie*, numéro 147, 1994, p. 45-48.

MONTEIRO, Carlos *et al.*, « The UN Decade of Nutrition, the NOVA food classification and the trouble with ultra-processing », *Public Health Nutrition*, Volume 21-1, 2018, p. 5-17.

MOSCHITZ, Heidrun, STOLZE, Matthias, « Organic farming policy network in Europe: context, actors and variation », *Food Policy*, Volume 34-3, 2009, p. 258-264.

Mosnier, Claire, « Self-insurance and multi-peril grassland crop insurance: the case of French suckler cow farms », *Agricultural Finance Review*, Volume 75-4, 2015, p. 533-551.

Mouhoud, El Mouhoub, « Régionalisation, globalisation et polarisation de l'économie mondiale : quelle place pour les pays en développement ? », *Région et développement*, numéro 2, 1995, p. 5-43.

Muller, Pierre, « La politique agricole française : l'État et les organisations professionnelles », Économie rurale, numéro 255, 2000, p. 33-39.

Natagriwal, *Comprendre le réseau Natura 2000 en Wallonie*, Natagriwal asbl, 2023.

Observatoire du Développement Rural (ODR), *Atlas des réalisations des programmes de développement rural sur la période 2014-2020*, Dijon, Educagri Éditions, 2022.

Ocde, *Decoupling: a conceptual overview*, Paris, Éditions OCDE, 2000.

Ocde, *Managing Risk in Agriculture: a Holistic Approach*, Paris, Éditions OCDE, 2009.

Odeadom – Posei France RAE, Rapports annuels d'exécution 2010, 2015, 2020 et 2021.

Odeadom – Posei France RAE, Synthèse, partie « texte » et partie « tableaux », 2021.

Odeadom – Posei France *Programme applicable au 1er janvier 2023*, 2023.

Odeadom, « Couverture des besoins alimentaires dans les DROM », *Note de l'Observatoire EAOM*, numéro 02, 2022.

Odeadom, 2023, « Note sur les soutiens à l'agriculture ultramarine : bilan 2022 », *Note de l'Observatoire EAOM*, numéro 3, 2023.

Ofpm, 2022, *Observatoire de la formation des prix et des marges des produits alimentaires*, Rapport annuel au Parlement de FranceAgriMer.

Olson, Mancur, *The Logic of Collective Action: Public Goods and the Theory of Groups, Second Printing with a New Preface and Appendix*, Boston, Harvard University Press, 1971.

Organisation Mondiale du Commerce, *L'accord agricole du cycle de l'Uruguay*, Genève, Rapport, 1995.

Pascal, Mathilde *et al.*, *Impacts de l'exposition chronique aux particules fines sur la mortalité en France continentale et analyse des gains en santé de plusieurs scénarios de réduction de la pollution atmosphérique*, Paris, Rapport de Santé publique France, 2016.

Pasquier, Romain, *Le Pouvoir régional, Mobilisations, décentralisation et gouvernance en France*, Paris, Presses de Sciences Po, 2012.

Peeters, Alain, Lefebvre, Olivier, *et al.*, « A Green Deal for implementing agroecological systems: Reforming the Common Agricultural Policy of the European Union », *Journal of Sustainable and Organic Agricultural System*, number 70, 2020, p. 83-93.

PERRIET-CORNET, Pierre, « La politique de développement rural française et européenne face aux mutations des territoires ruraux : quelles perspectives ? », *in* Trouvé, A., Berriet-Solliec, M. et Lépicier D. (dir.), *Développement rural et Politique agricole commune : quel avenir pour le 2e pilier ?* Bruxelles, Éditions Peter Lang, 2013, p. 299-319.

PETEL, Thimoté, ANTIER, Clémentine, BARET, Philippe, *État des lieux et scénarios à horizon 2050 de la filière viande bovine en Région wallonne*, Louvain, UC Louvain, 2019.

PETIT, Michel, « Comment comprendre les débats actuels relatifs à la prochaine réforme de la PAC ? Plaidoyer pour un cadre d'analyse dynamique », Économie rurale, numéro 372, 2020, p. 31-41.

PHAM, Haï-Vu., BERRIET-SOLLIEC, Marielle, « La politique de développement rural en France. Premières analyses des programmes de développement rural dans les régions françaises métropolitaines sur la période 2014-2020 », *Économie Rurale*, numéro 363, 2017, p. 141-159.

PHÉLIPPÉ-GUINVARC'H, Martial, CORDIER, Jean, *Actuarial Implications of Virus Yellows I Sugar Beet After the EU's Ban on Neonicotinoids and Climate Change*, EAAE conference Rennes, August 30, 2023.

PIET, Laurent, « Concentration des exploitations agricoles et emplois », *Notes et Études Socio-Économiques*, numéro 46, 2019, p. 35-58.

PIET, Laurent, CHATELLIER, Vincent, DELAME, Nathalie, *et al.*, « Hétérogénéité, déterminants et soutien du revenu des agriculteurs français », *Notes et Études Socio-Économiques*, numéro 49, 2021, p. 5-40.

PIET, Laurent, *et al.*, « Mesurer le revenu des exploitations agricoles françaises. Analyse comparée sur 15 ans d'indicateurs issus du Rica et de la MSA », *Économie rurale*, numéro 378, 2021, p. 37-56.

PIET, Laurent, DESJEUX, Yann, « New perspectives on the distribution of farm incomes and the redistributive impact of CAP payments », *European Review of Agricultural Economics*, Volume 48, 2021, p. 385-414.

PIET, Laurent, LAROCHE-DUPRAZ, Cathie, BEAUDOUIN, Cyrielle, « Paiement redistributif : impact du plafond de surprime sur le ciblage des exploitations bénéficiaires », *Économie rurale*, numéro 384, 2023, p. 5-21.

PIRIOU, Solène, *L'institutionnalisation de l'agriculture biologique (1980-2000). Agriculture, économie et politique*, Thèse de doctorat, École Nationale Supérieure Agronomique de Rennes, 2002.

POLLERMANN, Kim, *et al.*, « LEADER as a European policy for rural development in a multilevel governance framework: A comparison of the implementation in France, Germany and Italy », *European Countryside*, Volume 2-1, 2020, p. 156-178.

POMARICI, Eugenio, SARDONE, Roberta, « EU wine policy in the framework of the CAP : post-2020 challenges », *Agricultural and Food Economics*, Volume 8-17, 2020, p. 1-40.

PORCHER, Jocelyne, *Cause animale, cause du capital*. Lormont, éditions Le Bord de l'eau, 2019.

POUCH, Thierry, « L'agriculture entre théorie et histoire ou qu'est-ce qu'une politique agricole », *Économie appliquée*, Volume 55, numéro 1, 2002, p. 167-194.

POUCH, Thierry, *Essai sur l'histoire des rapports entre agriculture et capitalisme*. Paris, Classiques Garnier, « Bibliothèque de l'économiste », 2023.

POUGET, Roger, *Histoire de la lutte contre le phylloxera de la vigne en France*, INRA-OIV, 1990.

POULIQUEN, Alain, « L'agriculture post-communiste en Europe centrale : du choc excédentaire à la récession », *Démeter 93, Économies et stratégies agricoles*, 1993, p. 79-117.

POULIQUEN, Alain, « Compétitivité et revenus agricoles dans les secteurs agro-alimentaires des PECO », étude engagée à la demande de la DGA de la Commission européenne, 2001.

POULIQUEN, Alain, « *Pays de l'Est. Intégration dans l'UE : de la reprise agricole à la crise* », *Démeter 2011*, 2011, p. 11-78.

PRIETO, Catherine, « Agriculture et droit de la concurrence, vers une réconciliation ? », *Concurrences*, numéro 3, 2018, p. 20-21.

PROTECT'EAU, 2023, *Taux de liaison au sol*, 2023, https://www.protecteau.be.

RANGANATHAN, Janet, VENNARD, Daniel, *et al.*, *Shifting Diets for a Sustainable Food Future*, Washington DC, WRI Working Papers, 2016.

RASTOIN, Jean-Louis, GHERSI, Gérard, *Le système alimentaire mondial. Concepts et méthodes, analyses et dynamiques*. Versailles, Éditions Quæ, coll. « Synthèses », 2010.

RÉJALOT, Michel, « Dynamiques et évolutions récentes des acteurs et métiers dans le vignoble de Bordeaux ». *Revue Pour*, numéro 237-238, 2019, p. 81-89.

RÉMY, Éric, « Voyage en pays bio », *Décisions Marketing*, numéro 33, 2004, p. 7-17.

REY, Violette (dir), *Les nouvelles campagnes de l'Europe centre orientale*, Paris, CNRS éditions, 1996.

RICHARD, Jean-Baptiste *et al.*, « La consommation d'alcool chez les adultes en France en 2017 », *Bulletin Épidémiologique Hebdomadaire*, numéro 5-6, 2019, p. 89-97.

RIETMANN, Olivier, CABANEL, Henri, *Les aliments cellulaires*, Rapport d'information du Sénat fait au nom de la commission des affaires économiques, numéro 504, 2023.

RIGOLOT, Cyrille, « Une approche évolutive des "visions du monde" pour penser les transformations de l'agriculture », *Cahiers Agricultures*, Volume 26, numéro 3, 2017, p. 1-7.

RIOU, Julien, *et al.*, « Is there still a French eating model? A taxonomy of eating behaviors in adults living in the Paris metropolitan area in 2010 », *PLoS One*, Volume 10-3, 2015, p. 1-17.

RIQUOIS, Alain, *Pour une agriculture biologique au cœur de l'agriculture française*, Rapport du CGGREF, 1997.

ROCHDI, Gabrielle, « Les dispositions vitivinicoles de la PAC 2023-2027 », *Revue de droit rural*, numéro 2, 2023, p. 21-26.

ROGER, Antoine, « Ceci n'est pas un agriculteur ! Ajustement aux catégories statistiques européennes et délimitation des groupes sociaux en Roumanie », *Revue d'études en agriculture et environnement*, Volume 93, numéro 1, 2012, p. 5-29.

ROGER, Antoine, « Ajuster la représentation professionnelle aux politiques économiques. L'invention de la "petite agriculture capitaliste" en Roumanie », *Revue d'études comparatives est-ouest*, Volume 48, 1-2, 2017, p. 21-56.

ROGER, Antoine, *Le capitalisme à travers champs. Étudier les structures politiques de l'accumulation*, Bordeaux, éditions Le bord de l'eau, 2019.

ROGISSART, Lucile *et al.*, *Estimer les émissions de gaz à effet de serre de la consommation alimentaire : méthodes et résultats*, Paris, I4CE, 2019.

SANDERS, Jürn, STOLZE, Matthias, PADEL, Susanne, *Use and efficiency of public support measures addressing organic farming*, Study report, Institute of Farm Economics, Braunschweig, 2011.

SANS, Pierre, COQUART, Dominique, « Grande distribution alimentaire et changements organisationnels. Le cas de l'industrie de transformation de la viande bovine », *Économie rurale*, numéro 245-246, 1998, p. 111-118.

SANS, Pierre, FONTGUYON (de), Guy, « Différenciation des produits et segmentation de marché : l'exemple de la viande bovine en France », *Cahiers d'Économie et de Sociologie rurales*, numéro, 50, 1999, p. 55-76.

SAUTEREAU, Natacha, « Soutenir le développement de l'AB : conseils et dispositifs incitatifs à la conversion », *in* Lamine C., Bellon S. (coord.), *Transitions vers l'agriculture biologique. Pratiques et accompagnement pour des systèmes innovants*, Paris, Éducagri Éditions, 2009, p. 191-218.

SCAN conso, *État de la consommation au sein du marché agroalimentaire*, APAQ-W, 2023.

SCHILLINGER, Patricia, VASSELLE, Alain, *Les perturbateurs endocriniens dans les produits phytopharmaceutiques et les biocides*, Paris, Rapport d'information Sénat, numéro 293, 2017, 46 p.

SÉRONIE, Jean-Marie, *PAC et mondialisation*, Versailles, éditions Quae, 2018.

SERVICE Public de Wallonie (SPW EAW), État de l'Agriculture Wallonne, 2023.

SERVICE Public de Wallonie (SPW PS PAC), *Plan stratégique PAC – 2023-2027*, 2023.

SERVICE Public de Wallonie (SPW), *Plan de développement de la production biologique en Wallonie à l'horizon 2030*, 2021.

SERVICE Public de Wallonie (SPW), *Observatoire du foncier agricole wallon. Rapport* SPW / EDIWALL, 2023.

SHEN, Zhiwei, ODENING, Martin, « Coping with systemic risk in index-based crop insurance », *Agricultural Economics*, Volume 44-1, 2013, p. 1-13.

SHUCKSMITH, Mark, « Neo-endogenous Rural Development, Planning and Place-Shaping in Diffused Power Contexts: Disintegrated rural development? », *Sociologia Ruralis*, number 50, 2010, p. 1-4.

SKEES, Jerry, BARNETT, Barry J., « Conceptual and Practical Considerations for Sharing Catastrophic / Systemic Risks », *Review of Agricultural Economics*, Volume 21-2, 1999, p. 424-441.

SPRINGMANN, Marco *et al.*, « Health and nutritional aspects of sustainable diet strategies and their association with environmental impacts: a global modelling analysis with country-level detail », *Lancet Planet Health*, Volume 2-10, 2018, p. 451-461.

SPRINGMANN, Marco, « Valuation of the health and climate-change benefits of healthy diets. Background paper for The State of Food Security and Nutrition in the World 2020 », *FAO Agricultural Development Economics Working Paper 20-03*, Rome, 2020.

SPRONK, Inge *et al.*, « Relationship between nutrition knowledge and dietary intake », *The British Journal of Nutrition*, Volume 111-10, 2014, p. 1713-1726.

STANZIANI, Alessandro, « Action économique et contentieux judiciaires. Le cas du plâtrage du vin en France, 1851-1905 », *Genèses*, numéro 50, 2003, p. 71-90.

STATBEL, *Bilan d'approvisionnement en viande*, 2023.

STATBEL, *Budget des ménages*, 2023.

STATBEL, *Exploitations agricoles et horticoles*, 2023.

STATBEL, *Structure de la population*, 2024.

STORMA, Sarah, *Regulatory governance of organic farming in EU, from a multilevel perspective*, Enschede, University of Twente, 2015.

SUREL, Yves, « Idées, intérêts, institutions dans l'analyse des politiques publiques », *Pouvoirs*, numéro 87, 1998, p. 161-178.

SWAIN, Nigel, « Agriculture 'East of the Elbe' and the Common Agricultural Policy », *Sociologia Ruralis*, volume 53, numéro 3, 2013, p. 369-389.

SWAIN, Nigel, *Green barons, Force-of-circumstance Entrepreneurs, Impotent mayors: Rural change in the early years of Post-Socialist Capitalist Democracy*, Budapest, Central European University Press, 2013.

SWINNEN, Johan, VAN HERCK, Kristine, VRANKEN, Liesbet, « The Diversity of Land Markets and Regulations in Europe, and (some of) its Causes », *Journal of Development Studies*, Volume 52-2, 2016, p. 186-205.

TANGERMANN, Stefan, « L'accord sur l'agriculture de l'Uruguay round fonctionne-t-il ? », *Économie Internationale*, numéro 87, 2001, p. 15-44.

TAROLL, Paolo, STRAFFELINI, Eugenio, « Agriculture in Hilly and Mountainous Landscapes: Threats, Monitoring and Sustainable Management », *Geography and Sustainability*, number 1, 2020, p. 70-76.

TERRONES, Gavira F., BURNY, Philippe, LEBAILLY, Philpppe, *Étude d'impact et appui à la mise en œuvre de la nouvelle réforme de la PAC au niveau wallon*, Rapport final, SPW – Gembloux Agro-Bio Tech, Unité d'économie et du Développement rural, 2016.

TREDAN, Rozenn, COLIN, Jean-Philippe, « Logiques d'acteurs et marchés fonciers : une lecture transylvanienne (Roumanie) », *Cahiers agricultures*, Volume 25, 2016, p. 2-6.

TROUVÉ, Aurélie, BERRIET SOLLIEC, Marielle, DÉPRÉS, Christian, « Charting and theorizing the territorialisation of agricultural policy », *Journal of Rural Studies*, Volume 4-23, 2007, p. 443-452.

TROUVÉ, Aurélie, BERRIET-SOLLIEC, Marielle, LÉPICIER, Denis (dir.), *Développement rural et Politique agricole commune : quel avenir pour le 2e pilier ?*, Bruxelles, Éditions Peter Lang, 2013.

TUROLLA, Stéphane, *Compétitivité des filières animales françaises (projet COMPANI)*, Inra, VetAgroSup, Toulouse School of Economics, 2018.

VAN ASSELDONK, Marcel, PIETOLA, Kyösti, NIEMI, Jarkko, « Trade-offs between catastrophic assistance and subsidized insurance in European agriculture », *Outlook on agriculture*, Volume 42-4, 2013, p. 225-231.

VANDENBROUCKE Perrine, FEHER, Istvan, « Dynamique des structures agraires hongroises : quels profils d'exploitations se dessinent ? », *Économie rurale*, numéro 325-326, 2011, p. 100-113.

VISSER, Oana, DORONDEL, Stephan, JEHLIČKA, Petr, SPOOR, Max, « Post-Socialist Smallholders: silence, resistance and alternatives », *Canadian Journal of Development Studies*, Volume 40-4, 2019, p. 499-510.

WALLONIE, *Déclaration de politique régionale pour la Wallonie 2019-2024*, 2019.

WALOT, Thierry, *L'agroenvironnement en 2021 – Seulement quelques motifs de se réjouir et de nombreuses évolutions souhaitables*, UCL, Earth and Life Institute – Évaluation et développement du programme de mesures agroenvironnementales et climatiques, Louvain-la-Neuve, Belgique, 2022.

WEGENER, Stephan, *et al.*, « L'administration de la politique agricole commune en Bulgarie et en Roumanie : les obstacles à l'imputabilité et à la capacité administrative », *Revue internationale des sciences administratives*, Volume 77-3, 2011, p. 605-630.

WU YANG, Che, « Equilibrium in natural catastrophe insurance market under disaster-resistant technologies, financial innovations and government interventions », *Insurance, Mathematics and Economics*, Volume 95, 2020, p. 116-128.

YE, Tao, HU, Wuyang, BARNETT, Barry J., WANG, Jiwei, GAO, Yu, « Area Yield Index Insurance or Farm Yield Crop Insurance? Chinese Perspectives on Farmers' Welfare and Government Subsidy Effectiveness », *Journal of Agricultural Economics*, Volume 71-1, 2020, p. 144-164.

ZRINSCAK, Georgette, *Mutations des campagnes tchèques. Une décollectivisation pragmatique*, Paris, éditions Belin, 1997.

ZVINKLIENE, Alina, « Réformes agraires en Lituanie : fidélité à la tradition ? », *Études rurales*, numéro 138-140, 1995, p. 103-115.

QUATRIÈME PARTIE

ABBAS, Medhi, « Du GATT à l'OMC. Un bilan de soixantes ans de libéralisation des échanges », *Les Cahiers Français*, numéro 341, 2007, p. 9-14.

ABIS, Sébastien, *Géopolitique du blé, un produit vital pour la sécurité mondiale*, Paris, éditions Armand Colin, 2015.

ABIS, Sébastien, *Géopolitique du blé*, Paris, Éditions Armand Colin, 2023.

ABIS, Sébastien, BÉGOC, Pierre, « Des céréales russes au menu géopolitique du Moyen-Orient », *Confluences Méditerranée*, numéro 104, 2018, p. 125-137.

ABIS, Sébastien, NARDONE, Jessica, « Le Brésil, future ferme du monde arabe ? », *Futuribles*, numéro 356, 2009, p. 73-91.

ABIS, Sébastien, POUCH, Thierry, *Géopolitique du sucre*, Paris, Iris éditions 2023.

ADDOR, Félix, GRAZIOLI, Alexandra, « Geographical Indications beyond Wines and Spirits », *The Journal of World Intellectual Property*, Volume 5-6, 2002, p. 865-897.

ANDERSSON, Anna, « The trade effect of private standards », *European Review of Agricultural Economics*, Volume 46-2, 2019, p. 267-290.

ARTUS, Patrick, « Démondialisation ou désinisation ? », *Le Monde*, 21-22 janvier 2024.

BARTON, John H., *et al.*, *The Evolution of the Trade regime. Politics, Law and Economics of the GATT and the WTO*, Princenton, Princeton University Press, 2006.

BÉAUR, Gérard, « L'agriculture dans la crise de 1929 », *Le mouvement social*, numéro 277, 2021, p. 36-49.

BLANC, Pierre, *Proche-Orient, le pouvoir, la terre et l'eau*, Paris, SciencesPo Les Presses, 2012.

BLANC, Pierre, *Terres, pouvoirs et conflits. Une agro-histoire du monde*, Paris, SciencesPo Les Presses, deuxième édition, 2020.

BLANC, Pierre, *Géopolitique et climat*, Paris, SciencesPo Les Presses, 2023.

BLANC, Pierre, « Puissance, conflits et États : aux sources géopolitiques des politiques agricoles », *in* Chatellier V., Pidoux M., Pouch T., Raffray M. (éd.), *Politiques agricoles. Théorie, fondements, histoires, expériences et réformes*, éditions Classiques Garnier, « Bibliothèque de l'économiste » (cet ouvrage), 2025.

BRUN, Matthieu, LE LAY, Aymeric, « Inde : une puissance agricole à la croisée des chemins », *Diplomatie*, numéro 107, 2021, p. 53-57.

BUREAU, Jean Christophe, GUIMBARD, Houssein, JEAN, Sébastien, « Agricultural trade liberalisation in the 21st century: Has it done the business? », *Journal of Agricultural Economics*, Volume 70-1, 2018, p. 3-25.

CALVET, Robert, « La réforme agraire japonaise de 1946, les fondements historiques d'un succès », *Histoire et sociétés rurales*, Volume 18-2, 2020, p. 65-89.

CENTRE d'ÉTUDES PROSPECTIVE, « Normes internationales en matière d'agriculture et d'alimentation », *Analyse*, numéro 190, p. 1-4.

CHATELLIER, Vincent, BUREAU, Jean-Christophe, JEAN, Sébastien, GUYOMARD, Hervé, « PAC et commerce international », *in* Détang-Dessendre C., Guyomard H. (éd.), *Quelle politique agricole commune demain ?* Versailles, éditions Quae, 2020, p. 63-80.

CHATELLIER, Vincent, BUREAU, Jean-Christophe, JEAN, Sébastien, GUYOMARD, Hervé, « Une brève histoire de la PAC », *in* C. Détang-Dessendre et H. Guyomard (éd.), *Quelle politique agricole commune demain ?* Versailles, éditions Quae, 2020, p. 21-34.

CHATELLIER, Vincent, POUCH, Thierry, « Le commerce extérieur de l'UE-27 en produits agricoles et agroalimentaires entre 2000 et 2021 », Communication aux *Journées de recherches en sciences sociales*, Clermont-Ferrand, 2022, p. 1-32.

CHAUMET, Jean-Marc, POUCH, Thierry, *La Chine au risque de la dépendance alimentaire*, Rennes, Presses Universitaires de Rennes, coll. « économie et société », 2017.

CHEPTEA, Angela, EMLINGER, Charlotte, LATOUCHE, Karine, « Multinational retailers and home country food exports », *American Journal of Agricultural Economics*, Volume 97-1, 2014, p. 159-179.

CHEVASSUS-LOZZA, Emmanuelle, *et al.*, « The importance of EU-15 borders for CEECs agri-food exports: The role of tariffs and non-tariff measures in the pre-accession period », *Food Policy*, Volume 33-6, 2008, p. 595-606.

COMMISSION indépendante, *L'impact de l'Accord économique et commercial global entre l'Union européenne et le Canada (AECG/CETA) sur l'environnement, le climat et la santé*, Rapport au Premier ministre, 2017.

Copenhagen Economics, *Impact of EU Trade Agreements on the Agricultural Sector*, Bruxelles, European Commission, DG-Agri, 2016.

Curzi, Daniele, Luarasi, Marsela, *et al.*, « The (lack of) international harmonization of EU standards: import and export effects in developed versus developing countries », *Applied Economics Letters*, Volume 25-21, 2018, p. 1552-1556.

Dehut, Clémence, Pouch, Thierry, « Politique commerciale de l'UE et clauses miroirs : ambition ou mirage ? », *Paysans et Société*, numéro 389, 2021, p. 5-13.

Delcourt, Laurent, « *Belt and Road Initiative* : l'agrobusiness chinois se mondialise », *in* Delcourt L. (dir.), *Les nouveaux territoires de l'agrobusiness*, 2020, p. 57-68.

DG Agri, 2023, *Agri-Food Trade statistical factsheet.* Bruxelles : European Commission – Directorate general for agriculture and rural development.

Disdier, Anne-Célia, Fugazza, Marco, *A Practical Guide to the Economic Analysis of Non-Tariff Measures*, UN, 2020.

Du, Michael, « The regulation of private standards in the world trade organization », *Food and Drug Law Journal*, Volume 73-3, 2018, p. 432-464.

Dufy, Caroline, Barsukova, Svetlana, « Sécurité Alimentaire et Marché. Représentations des Acteurs du Monde Agricole dans La Russie des Années 1990-2010 », *Revue d'études comparatives Est-Ouest*, numéro 48, 2017, p. 57-84.

Dumont, René, *Sovkhoz, Kolkhoz, ou la problématique communisme*, Paris, éditions du Seuil, 1964.

Dunkel, Arthur, « Les enjeux agricoles de l'Uruguay Round », *Revue économique et sociale, Bulletin de la SEDES*, numéro 49, 1991, p. 221-229.

Duvaleix-Tréguer, Sabine, Emlinger, Charlotte, Gaigné, Carl, Latouche, Karine, « Appellations d'origine : un atout pour l'export », *La Lettre du CEPII*, numéro 393, 2018, p. 1-4.

Duvaleix-Tréguer, Sabine, Emlinger, Charlotte, Gaigné, Carl, Latouche, Karine, « Geographical indications and trade: Firm-level evidence from the french cheese industry », *Food Policy*, Volume 102, 2021, p. 102-118.

Facchini, François, « Des effets de la libéralisation des marchés agricoles », *Économie rurale*, numéro 292, 2006, p. 68-78.

Fao, *Les* négociations commerciales multilatérales sur l'agriculture. Manuel de référence I. Introduction et sujets généraux, Rome, 2001.

Fao, WTO, *Trade and food standards*, Rome, Genève, 2017.

Fernandes, Ana, Ferro, Esteban, Wilson, John, « Product Standards and Firms' Export Decisions », *The World Bank Economic Review*, Volume 33-2, 2019, p. 353-374.

FIANKOR DELA-DEM, Doe, CURZI, Daniele, OLPER, Alessandro, « Trade, price and quality upgrading effects of agri-food standards », *European Review of Agricultural Economics*, Volume 48-4, 2020, p. 835-877.

FIANKOR DELA-DEM, Doe, MARTÍNEZ-ZARZOSO, Inmaculada, BRÜMMER, Bernhard, « Exports and governance: the role of private voluntary agri-food standards », *Agricultural Economics*, Volume 50-3, 2019, p. 341-352.

FRAHAN, Bruno, VANCAUTEREN, Mark, « Harmonisation of Food Regulations and Trade in the Single Market: Evidence from Disaggregated Data », *European Review of Agricultural Economics*, Volume 33, 2006, p. 337-360.

GAIGNÉ, Carl, LARUE, Bruno, « Quality Standards, Industry Structure, and Welfare in a Global Economy », *American Journal of Agricultural Economics*, Volume 98, 2016, p. 1432-1449.

GLAUBER, Joseph, SMITH, Vincent, « US Farm Support under Biden Administration : plus ça change, plus c'est la même chose ? », *Canadian Journal of Agricultural Economic*, Volume 69, numéro 1, 2021, p. 37-43.

GOMART, Thomas, *L'accélération de l'histoire. Les nœuds géostratégiques d'un monde hors de contrôle*, Paris, éditions Tallandier, coll. « Essais », 2024.

GUYOMARD, Hervé, MAHÉ, Louis-Pascal, « La réforme de la PAC et le pré-accord de Blair House », *INRA Sciences sociales*, numéro 4, 1993, p. 1-4.

GUYOMARD, Hervé, MAHÉ, Louis-Pascal, ROE, Terry L., « L'agriculture au GATT et la nouvelle PAC : la fin d'une exception ? », *Document de travail*, Université de Nice Sophia-Antipolis, 1994.

HANON, Ingrid, « Socio-métabolisme du capital et agriculture cubaine de 1960 au début des années 1990 », *Revue internationale de l'économie sociale, RECMA*, numéro 358, 2020, p. 102-116.

HATHAWAY, Dale, *Agriculture and the GATT: Rewriting the Rules. Policy Analysis in International Economics*, Washington D.C? Institute for International Economics, 1997.

HENSON, Spencer, « The role of public and private standards in regulating international food markets », *Journal of International Agricultural Trade and Development*, Volume 4-1, 2008, p. 63-81.

HENSON, Spencer, HUMPHREY, John, « Understanding the complexities of private standards in global agri-food chains as they impact developing countries », *The journal of development studies*, Volume 46-9, 2010, p. 1628-1646.

HUYSMANS, Martijn, « Exporting Protection: EU Trade Agreements, Geographical Indications and Gastronationalism », *Review of international political economy*, Volume 9-3, 2002, p. 979-1005.

KAWABATA, Yasushi, TAKARADA, Yasuhiro, « Deep trade agreements and harmonization of standards » *Southern Economic Journal*, Volume 88-1, 2021, p. 118-143.

KINNIBURGH, Fiona, SELIN, Henrik, SELIN, Noelle, SCHREURS, Miranda, « When private governance impedes multilateralism: The case of international pesticide governance », *Regulation & Governance*, Volume 17-2, 2023, p. 425-448.

LAÏDI, Zaki, « L'Europe, puissance normative internationale », *in* Dehousse R. (dir.), *Politique européenne*, 2009, Paris, SciencesPo. Les Presses, p. 227-242.

LATOUCHE, Karine, CHEVASSUS-LOZZA, Emmanuelle, « Retailer Supply Chain and Market Access: Evidence from French Agri-food Firms Certified with Private Standards », *The World Economy*, Volume 38-8, 2015, p. 1312-1334.

LEZEAN, Estelle, « L'agriculture russe : laboratoire de guerre », 1er septembre, *AOC media*, 2023.

LOYAT, Jacques, POUCH, Thierry, *Plaidoyer pour des politiques agricoles actives*, Paris, éditions France Agricole, 2018.

LUTTWAK, Edward, « Form Geopolitics to Geo-economics. Logics of Conflict, Grammar of Commerce », *The National Interest*, number 17, 1990, p. 17-23.

MACLAREN, Donald, « The Uruguay Round greement on Agriculture: A New Order », *Agenda, A Journal of Policy Analysis and Reform 2*, number 3, 1995, p. 281-290.

MAERTENS, Miet, MINTEN, Bart, SWINNEN, Johan, « Modern Food Supply Chains and Development: Evidence from Horticulture Export Sectors in Sub-Saharan Africa », *Development Policy Review*, Volume 30-4, 2012, p. 473-497.

MCMICHAEL, Philip, *Food Regimes and Agrarian Questions*, Halifax, Fernwood Publishing, 2013.

MARX, Karl, *Le 18 Brumaire de Louis Napoléon Bonaparte*, Paris, éditions Garnier-Flammarion, [1852], 2007.

MATHIEU, Quentin, POUCH, Thierry, « L'agriculture comme effort vers la puissance pour la Russie », *Diplomatie*, numéro 57, 2020, p. 29-32.

NANTEUIL (DE), Arnaud, « La crise de l'Organe de règlement des différends de l'Organisation mondiale du commerce », *Annuaire français des relations internationales*, 2021, p. 745-756.

NEGI, Archna, « The World Trade Organization and Sustainability Standards », *Sustainability Standards and Global Governance: Experiences of Emerging Economies*, 2020, p. 39-59.

NÈGRE, François, *Le Cycle de Doha et l'agriculture*, Strasbourg, Parlement européen, Fiches techniques sur l'Union européenne, 2023.

OCDE, *Global Value Chains in Agriculture and Food: A Synthesis of OECD Analysis*, Paris, Food, agriculture and fisheries papers, number 139, Paris, OCDE, 2020.

OCDE, *Agricultural Policy Monitoring and Evaluation 2021: Addressing the Challenges Facing Food Systems*, Paris, OCDE, 2021.

OCDE, *Politiques agricoles ; suivi et évaluation*, Paris, OCDE, 2023.

OLIVIER, Antoine, *L'agriculture argentine : « le grenier du monde ». Géopolitique d'une représentation de la puissance*, Thèse pour le doctorat de géographie, Université de Paris 8 Saint-Denis, Institut français de géopolitique, Paris, 2020.

PAARLEBERG, Robert, « Agricultural Policy Reform and the Uruguay Round. Synergistic Linkage in a Two-Level Game? », *International Organization*, Volume 51-3, 1997, p. 413-444.

PAIIPY, Laurent, *Agriculture : oser le libre-échange*, Institut de recherches économiques et fiscales, 2018.

POUCH, Thierry, *La guerre des terres. Stratégies agricoles et mondialisation*, Paris, éditions Choiseul, 2010.

POUCH, Thierry, RAFFRAY, Marine, « L'agriculture par temps de guerre », *L'économie politique*, numéro 94, 2022, p. 84-95.

RAO, Madhura, BAST, Aalt, DE BOER, Alie, « European private food safety standards in global agri-food supply chains: a systematic review », *International Food and Agribusiness Management Review*, Volume 24-6, 2021, p. 739-754.

ROUSSET, Sylvain, *et al.*, « Voluntary environmental and organic standards in agriculture: Policy implications », *OCDE Food*, Agriculture and Fisheries papers, number 86, 2015.

ROUVIÈRE, Élodie, LATOUCHE, Karine, « Impact of liability rules on modes of coordination for food safety in supply chains », *European Journal of Law and Economics*, Volume 37-1, 2014, p. 111-130.

SANTERAMO, Fabio, LAMONACA, Emilia, « The effects of non-tariff measures on agri-food trade: A review and meta-analysis of empirical evidence », *Journal of Agricultural Economics*, Volume 70, 2019, p. 595-617.

SAPIR, Jacques, « Libre-échange, croissance et développement : quelques mythes de l'économie vulgaire », *Revue du MAUSS*, 2007, p. 227-247.

SCHWEITZER, Albert, *Psychopathologie du nationalisme*, Paris, éditions Arfuyen, 2016.

SELBY, Jan, and al. « Climate Change and the Syrian civil war revisited », *Political Geography*, number 60, 2017, p. 232-244.

TANGERMANN, Stefan, « L'accord sur l'agriculture de l'Uruguay Round fonctionne-t-il ? », *Économie internationale*, numéro 87, 2001, p. 15-44.

TANGERMANN, Stefan, « Agricultural Policies in OECD Countries 10 Years after the Uruguay Round: How much Progress? », communication at *Agricultural Policy Reform and the WTO: Where are heading?*, Capri, 23-26 juin, 2003, p. 1-28.

THOMPSON-LIPPONEN, Clara, GREENVILLE, Jared, *The Evolution of the Treatment of Agriculture in Preferential Trade Agreements*, OECD Food, Agriculture and Fisheries Papers, number 126, Paris, OCDE, 2019.

TRAORÉ, Ousmane, TAMINI, Lota, « African trade of mangoes to OECD countries: disentangling the effects of compliance with maximum residue limits on production, export supply and import demand », *European Review of Agricultural Economics*, Volume 49-2, 2022, p. 383-432.

UNCTAD, *Les normes volontaires de durabilité dans le commerce international.* Rapport des Nations Unies, 2023.

VALCESCHINI, Egizio, SAULAIS, Laure, BARREY, Sandrine, *Articulation entre réglementation, normalisation et référentiels privés dans les industries agro-alimentaires.* Rapport final, ministère de l'Agriculture et de la pêche, Direction des politiques économique et internationale, Paris, 2005.

WIGELL, Mikaël, SCHOLVIN, Sören, AALTOLA, Mika, *Geo-economics and Power Politics in the 21st Century. The Revival of Economic Statecraft*, London, Routdlege, 2019.

WTO, ITC, UNCTAD, *World Tariff Profiles 2023*, Genève, OMC.

XIONG, Bo, BEGHIN, John, « Disentangling Demand-Enhancing and Trade-Cost Effects Of Maximum Residue Regulations », *Economic Inquiry*, Volume 52-3, 2014, p. 1190-1203.

CINQUIÈME PARTIE

AGROCONSULT SA, *Étude de quelques filières agricoles porteuses en Haïti susceptibles d'être développées avec succès moyennant le déblocage de quelques contraintes clés*, Document 1 – Analyse des politiques publiques mises en œuvre en Haïti en vue du développement agricole et rural, 2017.

AKESBI, Najib, « La Politique agricole entre les contraintes de l'ajustement et l'impératif de sécurité alimentaire », *Critique Économique*, numéro 1, 2000.

AKESBI, Najib, « Le Plan Maroc Vert : une analyse critique », *in Questions d'économie marocaine*, Presses Universitaires du Maroc, 2011, p. 9-48.

AKESBI, Najib, « Le Maghreb face aux Nouveaux Enjeux Mondiaux – Les Investissements Verts dans l'agriculture au Maroc », *Notes de l'IFRI*, 2014.

ALLAL, Amin, « Quand l'essentiel Est de Participer », *Économie et Institutions*, numéro 14, 2010, p. 95-116.

ALLINSON, Gary D., *Japan's Postwar History: Second Edition*, US, Cornell University Press, 2004.

ALOUI, Omar, CHOHIN-KUPER, Anne, « Modes d'accès Au Foncier Irrigué : Cas Du Maroc », *Note de Synthèse Pays*, COSTEA, Montpellier, 2023.

ALTIERI, Miguel, NICHOLLS, Clara, « Diffuser l'agroécologie pour la souveraineté et la résilience alimentaires, in : Agroécologie : Enjeux et Perspectives », *Points de Vue Du Sud, Alternatives Sud*, 2014, p. 35-64.

ALTIERI, Miguel, NICHOLLS, Clara, MONTALBA, René, « Technological Approaches to Sustainable Agriculture at a Crossroads: An Agroecological Perspective », *Sustainability*, Volume 9-349, 2017, p. 1-13.

ÁLVAREZ GONZÁLEZ, Elena, « Cuba : un modelo de desarrollo con justicia social », *Cuba : Investigaciones económica*, Volume 4-3, 1998, p. 39-87.

AMATO NETO, João, « A indústria de máquinas agrícolas no Brasil: origens e evolução », *Revista de Administração de Empresas*, Volume 25-3, 1985, p. 57-69.

AMEUR, Fatah, AMICHI, Hichem, KUPER, Marcel, HAMMANI, Ali, « Specifying the Differentiated Contribution of Farmers to Groundwater Depletion in Two Irrigated Areas in North Africa », *Hydrogeology Journal*, Volume 25-1, 2017, p. 1-13.

AMICHI, Farida, *et al.*, « Des Serres et Des Hommes : des exploitations motrices de l'expansion territoriale et de l'ascension socioprofessionnelle sur un Front Pionnier de l'agriculture Saharienne en Algérie », *Cahiers Agricultures*, Volume 24-1, 2015, p. 11-19.

AMICHI, Hichem, BAZIN, Gilles, *et al.*, « Enjeux de la recomposition des exploitations agricoles collectives des grands périmètres irrigués en Algérie : le cas du Bas-Cheliff », *Cahiers Agricultures*, Volume 20 (1-2), 2011, p. 150-156.

AMICHI, Hichem, BOUARFA, Sami, KUPER, Marcel, « Arrangements informels et types d'agriculture sur les terres publiques en Algérie : quels arbitrages ? », *Revue Tiers Monde*, numéro 1, 2015, p. 47-67.

AMICHI, Hichem, *et al.*, « Le rôle du faire-valoir indirect dans Le renouvellement générationnel des agriculteurs irrigants en Tunisie », *Cahiers Agricultures*, Volume 25, numéro 3, 2016, p. 2-7.

ANALLO, Guillermo, BISANG, Roberto, CAMPI, Mercedes, *Claves para repensar el agroargentino*, Eudeba, Buenos Aires, 2013.

ANTOINE, Olivier, *L'agriculture argentine : le grenier du monde. Géopolitique d'une représentation de la puissance*, Thèse pour le doctorat en géographie, Université de Paris 8, Institut Français de Géopolitique, 2020.

AQUINO, Joacir Rufino (de), GAZOLLA, Marcio, SCHNEIDER, Sergio, « Dualismo no Campo e Desigualdades Internas na Agricultura Familiar Brasileira », *Revista de Economia e Sociologia Rural*, Volume 56-1, 2018, p. 123-142.

AQUINO, Joacir Rufino (de), GAZOLLA, Marcio, SCHNEIDER, Sergio, « Tentativas de inclusão da agricultura de base ecológica no Pronaf : do otimismo das linhas de crédito verde ao sonho frustrado do i Plapano », *Grifos*, Volume 30-51, 2021, p. 163-189.

ARREDONDO, Alberto, *El Café en Cuba*, La Havane, Imprenta Arellano, 1941.

ARRIGHI, Giovanni, *Adam Smith à Pékin : Les promesses de la voie chinoise*, Paris, éditions Max Milo, 2009.

ASSOCIATION Nationale des Agro-professionnels Haïtiens (ANDAH), Institut de Recherche et d'Application des Méthodes de Développement (IRAM), « Politiques agricoles : Haïti », *in Agricultures paysannes et développement : Caraïbe-Amérique tropicale, Agricultures caribéennes et développement*, Point-à-Pitre, SACAD, 1990, p. 15-134.

AUBRON, Claire, BAINVILLE, Sébastien, PHILIPPON, Olivier, « Livestock Farming in Indian Agrarian Change: Does it Benefit the Poor? », *Revue internationale des études du développement*, numéro 252, 2023, p. 189-224.

AUBRON, Claire, BAINVILLE, Sébastien, PHILIPPON, Olivier, DORIN, Bruno, « Neither Corporate, Nor Family: The Indian 'Patronal' Farm », *Frontiers in Sustainable Food Systems*, Volume 6, numéro 8, 2022, p. 1-17.

AUDEBERT, Cédric, *La diaspora haïtienne, Géographie sociale*, Rennes, Presses universitaires de Rennes, 2012.

AZAN, Louis, DE L'ESTOILE, Étienne, « La place de la terre dans la pensée économique : l'économie est-elle devenue hors-sol ? », *Regards croisés sur l'économie*, Volume 2, numéro 33, 2023, p. 17-25.

BACHA Carlos, CAETANO, José, DANELON, Leonardo, BEL FILHO, Egmar Del, « Evolução da Taxa de Juros real do crédito rural no Brasil – período de 1985 a 2033 », *Teoria e Evidência Econômica*, Volume 14, numéro 26, 2005, p. 43-69.

BANQUE mondiale, *Les Données ouvertes*, The World Bank, Washington D.C, 2023.

BANQUE Mondiale, Haïti – Data, 2024, https://donnees.banquemondiale.org.

BARSKY, Osvaldo, GELMAN, Jorge, *Historia del agro argentino, Desde la conquista hastalos comienzos del siglo XXI*, Buenos Aires, Editorial Sudamericana, 2009.

BARTHÉLEMY, Gérard, *Le pays en dehors : essai sur l'univers rural haïtien*, Paris, éditions H. Deschamps, 1989.

BATHLA, Seema, HUSSAIN, Sirah, « Structural Reforms and Governance Issues in Indian Agriculture », *in* Chand Ramesh *et al.*, *Indian Agriculture Towards 2030*, 2022, p. 251-296.

BEDRANI, Slimane, « Algérie : une nouvelle politique envers la paysannerie ? », *Revue de l'Occident Musulman et de La Méditerranée*, Volume 45-1, 1987, p. 55-66.

BEKKARI, Lahssan, DEL CASTILLO, YÉPEZ Isabel, « L'appropriation du modèle d'association d'usagers de l'eau par une communauté villageoise du Moyen Atlas au Maroc », *Cahiers Agricultures*, Volume 20, numéro 1-2, 2011, p. 73-77.

BELLANDE, Alex, *Haïti déforestée, paysages remodelés*, Montréal, CIDIHCA, 2015.

BELLANDE, Alex, DAMAIS, Gilles, *Évaluation de l'impact de la gestion des engrais chimiques par le ministère de l'Agriculture et propositions de relance de la filière sur une base concurrentielle*, FAO, Port-au-Prince, 2004.

BERG, Elliot, « Haiti: Agricultural Policy Reforms », *PL480 Title III Project Paper Background Document*, USAID, Virginia, USA, 1984.

BERRIANE, Yasmine, *Femmes, Associations et Politique à Casablanca*, Rabat, Centre Jacques Berques, 2013.

BESBES, Mustapha, CHAHED, Jamel, SHAYEB, Hedi, HAMDANE, Abdelkader, *L'eau en Tunisie*, Tunis, Éditions Techniques de l'Ingénieur, 2013.

BESSAOUD, Omar, « L'agriculture en Algérie : de l'autogestion à l'ajustement », *Options Méditerranéennes, Série B. Études et Recherches*, numéro 8, 1994, p. 89-103.

BESSAOUD, Omar, « La Question foncière au Maghreb : la longue marche vers la privatisation », *Les Cahiers Du Cread*, numéro103, 2013, p. 17-44.

BESSAOUD, Omar, « L'Algérie agricole et rurale 60 ans après : de la décolonisation au modèle concessionnaire », *Insaniyat, Revue algérienne d'anthropologie et de sciences sociales*, numéro 100, 2023, p. 13-46.

BITTENCOURT, Gilson A., *Abrindo a caixa-preta : o financiamento da agricultura familiar no Brasil*, Mémoire (Mestrado em Desenvolvimento Econômico, Espaço e Meio Ambiente) – Programa de Pós-Graduação em Desenvolvimento Econômico, Espaço e Meio Ambiente (IE/UNICAMP). Campinas (SP), 2003.

BONANNO, Alessandro, « The Legitimation Crisis of Neoliberal globalization: Instances from Agriculture and Food », *in* Steven Woolf, Alessandro Bonanno (éd.), *The Neoliberal Regime in the Agri-Food Sector. Crisis, Resilience and Restructuring*, Milton Park, Routledge, 2014.

BONANNO, Alessandro, BUSCH, Lawrence, FRIEDLAND, William H., GOUVEIA, Lourdes, MINGIONE, Enzo (eds.), *From Columbus to Conagra: The Globalization of Agriculture and Food*, Lawrence, University Press of Kansas, 1994.

BONANNO, Alessandro, DOUGLAS H., Constance, *Stories of Globalization: Transnational Corporations, Resistance, and the State*, University Park, US, The Pennsylvania State University Press, 2008.

BORGES, Murilo J., PARRÉ, José L., « O impacto do crédito rural no produto agropecuário brasileiro », *Revista de Economia e Sociologia Rural*, Volume 60-2, 2022, p. 230-521.

BOUDERBALA, Négib, « Les systèmes de propriété foncière au Maghreb », *Cahiers Options Méditerranéennes*, Volume 36, 1999, p. 47-66.

BOUVARD, Adeline, *Complexité de la crise agraire d'un écosystème de montagne en Haïti. Quelles voies d'amélioration des conditions de vie paysanne et de préservation du milieu ?* Thèse de doctorat, AgroParisTech, Paris, 2019.

BOUVARD, Adeline, DEGROOTE, Ariane, DEVIENNE, Sophie, *Stratégies paysannes de lutte contre la pauvreté et recherche de sources de revenus complémentaires, vers la pluriactivité*, Field Actions Science Reports, The journal of field actions, 2014.

Bouvard, Adeline, Devienne, Sophie, « Quelles voies de développement de l'agriculture dans les territoires montagneux haïtiens ? », *Les Cahiers d'Outre-Mer*, numéro 279, 2019, p. 95-114.

Brass, Tom (dir.), *New Farmers' Movements in India*, London, Frank Cass, 1995.

Brésil Banco Central, *Matriz de Dados do Crédito Rural*, 2023, https://www.bcb.gov.br/estabilidadefinanceira/micrrural.

Brésil, Ministério da Agricultura, Pecuária e Abastecimento, *Plano Agrícola e Pecuário 2010-2011*, Brasília, MAPA, 2010.

Brésil, Ministério da Agricultura, Pecuária e Abastecimento, *Plano Agrícola e Pecuário 2011-2012*, Brasília, MAPA, 2011.

Brésil, Ministério da Agricultura, Pecuária e Abastecimento, *Plano Agrícola e Pecuário 2016-2017*, Brasília, MAPA, 2016.

Brochet, Michel, « Les stratégies de lutte contre l'érosion et l'aménagement des bassins versants en Haïti », *Environnement En Milieu Tropical, Actualités Scientifiques*, Paris, AUPELF-UREF, ESTEM, 1994, p. 57-65.

Brochet, Michel, « Projet Madian-Salagnac, quarante ans d'appui aux dynamiques paysannes », *Field Actions Science Reports*, *The journal of field actions* 9, 2014.

Brown, Lester, « Who will feed China », *Worldwatch Environmental Alert*, New York, W. W. Norton & Company, Inc, 1995.

Brown, Wendy, *Undoing the Demos. Neoliberalism's Stealth Revolution*, New York, Zone Books, 2015.

Brum, Argemiro J., *O desenvolvimento econômico brasileiro*, Ijuí, Editora da Unijuí, 2011.

Bu, Fengxian, Bruins, Hendrik. J., « Drought and Famine Disaster in China: From Risk Assessment Based on Historical Records to Contingency Planning », *in* Malzahn D., Plapp T. (eds.), *Disasters and Society. From Hazard Assessment to Risk Reduction*, Proceedings of the International Conference, University of Karlsruhe, Berlin, Logos Verlag, 2004, p. 137-144.

Buainaim, Antonio M., Souza Filho, Hildo Meirelles, « Política agrícola no Brasil : evolução e principais instrumentos », *in* Batalha Mário (éd.), *Gestão agroindustrial*, São Paulo, Atlas S.A, 2001.

Búrigo, Fábio Luiz, Wesz, Junior Valdemar, Capelesso, Adinor José, Cazella, Ademir Antônio, « O Sistema Nacional de Crédito Rural no Brasil : principais continuidades e descontinuidades 2003-2014 », *Estudos Sociedade e Agricultura*, 29-3, 2021, p. 635-668.

Button, Gregory, *Disaster Culture: Knowledge and Uncertainty in the Wake of Human and Environmental Catastrophe*, Walnut Creek, CA, Left Coast Press, 2010.

Calcagno, Alfredo, « La crise argentine actuelle. Une perspective historique », *Mondes endéveloppement*, Volume 188, numéro 4, 2019, p. 85-106.

CAMPBELL, Al, « Imperialism and the Transition to Socialism in Cuba », *Research in Political Economy*, numéro 36, 2021, p. 163-178.

CAMPI, Mercedes, *Tierra, tecnología e innovación. El desarrollo agrario pampeano en el largo plazo, 1860-2007*, Buenos Aires, Prometeo, 2012.

CANESSE, Aude-Annabelle, « Rural participation and its framework in Tunisia », *Journal of Economic & Social Research*, Volume 12, numéro 1, 2010, p. 63-88.

CANTÓN NAVARRO, José, *Historia de Cuba : El Desafío del yugo y la estrella – Biografía de un pueblo*, La Havane, Editorial SI-MAR, 2000.

CARRIER, Frédérique, « Du pain sur la planche : investir dans la sécurité alimentaire », 2022, https://www.rbcwealthmanagement.com.

CASTRO, Ana C., « Ciência e tecnologia para a agricultura : uma análise dos planos de desenvolvimento », *Cadernos de difusão de tecnologia*, Volume 1, nuémro 3, 1984, p. 299-482.

CEPAL (Comisión económica para América Latina y el Caribe), *La Economía Cubana : Reformas estructurales y desempeño en los noventa*, Fondo de Cultura económica, Mexico, 1997.

CHARADÁN LÓPEZ, Fernando, *La Industria azucarera en Cuba*, La Havane, Editorial de Ciencias Sociales, 1982.

CHARLES, Batchelor, REDDY, V. Ratna, *et al.*, « Do Water-Saving Technologies Improve Environmental Flows? », *Journal of Hydrology*, Volume 518, 2014, p. 140-149.

CHATTERJEE, Shoumotro, KRISHNAMURTHY, Mekhala, KAPUR, Devesh, BOUTON, Marshall, *A Study of the Agricultural Markets of Bihar, Odisha and Punjab*, CASI, University of Pennsylvania, 2020.

CHAULET, Claudine, *La Mitidja Autogérée*, Alger, SNED, 1971.

CHAULET, Claudine, *La Terre, Les Frères et l'argent. Stratégie familiale et production agricole en Algérie depuis 1962*, Alger, Office des publications universitaires, 1987.

CHAUMET, Jean-Marc, « La peste porcine africaine (PPA) en Chine, effets sur la production porcine et les flux d'importation, dans le contexte institutionnel et économique », *Bulletin de l'Académie Vétérinaire de France*, tome 174, 2021, p. 307-308.

CHAUMET, Jean-Marc, POUCH, Thierry, *La Chine au risque de la dépendance alimentaire*, Rennes, Presses universitaires de Rennes, 2017.

CHAUMET, Jean-Marc, SCHWOOB, Marie-Hélène, « *China First* : une priorité alimentaire », *in Déméter 2024*, Paris, Iris éditions, 2024, p. 47-72.

CHECHI, Leticia Andrea, GRISA, Catia, « Global climate agreements and policy translation in the Brazilian agriculture: more of the same », *in Handbook of Climate Change Across the Food Supply Chain*, Cham, Springer International Publishing, 2022, p. 3-20.

CHINA Statistical Yearbook, 2020.

CHONCHOL, Jacques, *Systèmes agraires en Amérique latine : des agricultures préhispaniques à la modernisation conservatrice*, Paris, Éditions de l'IHEAL, 1995.

CNSA, MARNDR, MAPP, IHSI, FAO, *Haïti : Analyse IPC de l'Insécurité Alimentaire Aiguë*, septembre 2022 – juin 2023.

COELHO, Carlos N., « 70 anos de política agrícola no Brasil (1931-2001) », *Revista de política agrícola*, Volume 10, numéro 3, 2001, p. 3-58.

COHEN, Shana, *Searching for a Different Future : The Rise of a Global Middle Class in Morocco*, Duke University Pres, 2004.

COMITÉ Central du Parti communiste et le Conseil de l'État, *Document n° 1* : 中 央发布2015年一号文, 2015, http://finance.sina. com.cn/china/20150201/190721447869.shtml.

COMMISSION européenne, *Farm to Fork strategy: for a fair, healthy and environmentally friendly food system*, 2020, https://food.ec.europa.eu/horizontal-topics/farm-fork-strategy_en.

COMMISSION on Cuban Affairs, 1935, *Problems of the New Cuba*, New-York, Foreign Policy Association.

CONSEIL économique social et environnemental, « Le droit à l'eau et la sécurité hydrique, gravement menacés par un usage intensif : le CESE tire la sonnette d'alarme et appelle à entreprendre des mesures urgentes », *Note du CESE*, 2019, p 1-2.

CONTERATO, Marcelo Antonio, CAUÊ, Assis Bráz, RODRIGUES Stefany Reis, « A commoditização do PRONAF e os desafios da agricultura familiar no Rio Grande do Sul », *Revista Grifos*, Volume 30, numéro 51, 2021, p. 190-211.

COORDINATION Nationale de la Sécurité Alimentaire (CNSA), *Haïti : insécurité alimentaire 2001-2002*, Organisation des Nations Unies pour l'Agriculture et l'Alimentation (FAO), Port-au-Prince, 2023.

COTE, Marc, « Des Oasis aux zones de mise en valeur : l'étonnant renouveau de l'agriculture saharienne », *Méditerranée*, Volume 99, numéro 3, 2002, p. 5-14.

CRAHAN, Margaret, GRETCHEN, Sánchez, « Immigration, Economy, and US-Cuba Relations », *Institute of Latin American Studies*, New York, Columbia University Press, 2022.

CROOK, Frederick W., « An Analysis of China'sFood Grain Security Policy », Paris, OCDE, 1999.

CUBA, *Nécessité de lever le blocus appliqué à Cuba*, Rapport au Secrétaire général des Nations unies sur la Résolution 56/9 de l'Assemblée générale de l'ONU, La Havane, 2022.

CULLATHER, Nick, *The Hungry World: America's Cold War Battle against Poverty in Asia*, Cambridge, Harvard University Press, 2010.

CULLET, Philippe, « The Groundwater model bill rethinking regulation for the primary source of water », *Economic and Political Weekly*, Volume 47, numéro 45, 2012, p. 40-47.

DAHOU, Tarik, ELLOUMI, Mohamed, MOLLE, François, GASSAB, Maher, ROMAGNY, Bruno, *Pouvoirs, Sociétés et Nature au Sud de la Méditerranée*, Paris, éditions Karthala, 2011.

DAMAIS, Gilles, BELLANDE, Alex, « Appréciation des échanges commerciaux agricoles transfrontaliers entre la République Dominicaine et Haïti », *in Connaître La Frontière*, Paris, 2002, p. 113-130.

DANDEKAR, Ajay, BHATTACHARYA, Sreedeep, « Lives in Debt. Narratives of agrarian distress and Farmer Suicides », *Economic & Political Weekly*, LII (21), 2017, p. 77-84.

D'ANS, André-Marcel, *Haïti Paysage et Société*, Paris, éditions Karthala, 1987.

DEBNATH, Sovan, DEY, Ahana, KHANAM, Rubina, SUSMIT, Saha, SARKAR, Dibyenda, *et al.*, « Historical shifting in grain mineral density of landmark rice and wheat cultivars released over the past 50 years in India », *Scientific Reports*, 13(1), 21164, 2023.

DEGROOTE, Ariane, *Le projet de Salagnac : quelle contribution au développement de l'agriculture locale et quels enseignements de portée générale ?* Thèse de doctorat, AgroParisTech, Paris, 2019.

DEGROOTE, Ariane, DEVIENNE, Sophie, « Le projet de Salagnac, une démarche à l'origine d'un développement local réussi du territoire », *Les Cahiers d'Outre-Mer*, numéro 279, 2019, p. 143-165.

DE LA PEZUELA, LOBO, Jacobo, *Diccionario geográfico, estadístico, histórico, de la isla de Cuba*, Madrid, Bernat, 1863.

DELGADO, Guilherme C., *Do capital financeiro na agricultura à economia do agronegócio : mudanças cíclicas em meio século (1965-2012)*, Porto Alegre, Editora da UFRGS, 2012.

DELGADO, Guilherme C., LEITE, Sergio Pereira, « O agro é tudo ? Pacto do agronegócio e reprimarização da economia », *Revista Rosa*, 6-2, 2022.

DELGADO, Guilherme, *Capital financeiro e agricultura no Brasil*, São Paulo, Editora da UNICAMP / Icone Editora, 1985.

DELGADO, Nelson G., « O papel do rural no desenvolvimento nacional : da modernização conservadora dos anos 1970 ao Governo Lula », *in* Delgado Nelson G. (org.), *Brasil rural em debate* : coletânea de artigos, Brasília (DF), CONDRAF/NEAD, 2010, p. 28-78.

DELGADO, Nelson G., LEITE, Sergio, WESZ, Junior Valdemar, *Nota técnica : produção agrícola*, Rio de Janeiro (RJ) (não publicado), 2010.

DE STEFANO, Lucia, LOPEZ-GUNN, Elena, « Unauthorized Groundwater Use: Institutional, Social and Ethical Considerations », *Water Policy*, Volume 14, numéro 1, 2012, p. 147-160.

DÍAZ, Vázquez Julio, *Cuba y el CAME*, La Havane, Editorial de Ciencias Sociales, 1988.

DOCKÈS, Pierre, *Le Sucre et les larmes : Bref essai d'histoire et de mondialisation*, Paris, éditions Descartes & Cie, 2009.

DORIN, Bruno, « India and Africa in the Global Agricultural System (1960-2050): Towards a New Sociotechnical Regime? », *Economic & Political Weekly*, LII (25-26), 2017, p. 5-13.

DORIN, Bruno, « Les aléas de l'économie (1991-2018) », *in* Jaffrelot Christophe (dir.), *L'Inde contemporaine. De 1990 à aujourd'hui*, Paris, Fayard, 2019, p. 61-102.

DORIN, Bruno, « Theory, Practice and Challenges of Agroecology in India », *International Journal of Agricultural Sustainability*, Volume 20, numéro 2, 2022, p. 153-167.

DORIN, Bruno, AUBRON, Claire, « Croissance et revenu du travail agricole en Inde. Une économie politique de la divergence (1950-2014) », *Économie rurale*, numéro 352, 2016, p. 41-65.

DORIN, Bruno, JOLY, Pierre-Benoît, « Modelling world agriculture as a learning machine? From mainstream models to Agribiom 1.0 », *Land Use Policy*, Volume 96, 2020, p. 103-124.

DORIN, Bruno, LANDY, Frédéric, *Agriculture et alimentation de l'Inde. Les vertes années (1947-2001)*, Paris, INRA Éditions, 2002.

DORIN, Bruno, PINGAULT, Nathanaël, BOUSSARD, Jean-Marc, « Formation et répartition des gains de productivité agricole en Inde. 1980-1996 », *Économie Rurale*, numéro 263, 2001, p. 78-91.

DORIN, Bruno, POISOT, Anne-Sophie., VIJAY, Kumar Thallam, « Agro-industry vs agroecology? Two Macroeconomic Scenarios for 2050 », *in* Andhra Pradesh (éd.), *India*, Rome, CIRAD, FAO, RySS, 2024.

DRÈZE, Jean, GUPTA, Prankur, KHERA, Reetika, PIMENTA, Isabel, « Casting the Net: India's Public Distribution System after the Food Security Act », *Economic and Political Weekly*, Volume 54, numéro 6, 2019, p. 36-47.

DUDDIGAN, Sarah, *et al.*, « Natural farming improves crop yield in SE India when compared to conventional or organic systems by enhancing soil quality », *Agronomy for Sustainable Development*, Volume 43-2, 2023, p. 1-15.

DUFUMIER, Marc, « Pénurie alimentaire, agriculture paysanne et politique agricole en Haïti », Économie rurale, numéro 188, 1988, p. 26-31.

DUFUMIER, Marc, *Agricultures et paysanneries des Tiers mondes*, Paris, Éditions Karthala, 2004.

DUGUÉ, Patrick, LEJARS, Caroline, *et al.*, « Recompositions des agricultures familiales au Maghreb : une analyse comparative dans trois situations d'irrigation avec les eaux souterraines », *Revue Tiers Monde*, Volume 4(4), 2014, p. 99-118.

DUPONT, Louis, « Gouvernance et commerce bilatéral : rôle et influence des institutions dans les relations commerciales entre Haïti et la République dominicaine », *Études caribéennes*, numéro 51, 2022, p. 1-45.

EARGLE, Lisa A., ASHRAF, Esmail (éd.), *Black Beaches and Bayous: The BP Deepwater Horizon Oil Spill Disaster*, New York, University Press of America, 2012.

ELLOUMI, Mohamed, « Les terres domaniales en Tunisie », *Études Rurales*, 2013, numéro 192, p. 43-60.

ÉTIENNE, Gilbert, *India's changing rural scene: 1963-1979*, New Delhi, Oxford University Press, 1982.

EUROPEAN Commission, *Agri-Food Trade statistical factsheet*, Directorate general for agriculture and rural development, 2023.

FAO, *Les 10 éléments de l'agroécologie. Guider la transition vers des systèmes alimentaires et agricoles durables*, Rome, 2018.

FAO, *Greenhouse gas emissions from agrifood systems. Global, regional and country trends, 2000-2020*, Rome, 2022

FAO, *Asia and the Pacific – Regional Overview of Food Security and Nutrition 2023 : Statistics and trends*, Bangkok, 2023.

FAO, *Statistical Yearbook*, Rome, 2022 et 2023.

FAOSTAT, *Country indicators*, 2018, http://www.fao.org/faostat/en/#country/93.

FARR and Co., *Manual of Sugar Companies*, Farr & Co., New-York, 2021, 2022, 2023.

FAUTRAS, Mathilde, « Les Inégalités d'accès à l'eau à Regueb (Tunisie) : entre dénonciations des injustices et légitimation des stratégies locales », *in* Blanchon D., Casciarri B., (dir.), *L'accès à l'eau en Afrique. Vulnérabilités, exclusions, résiliences et nouvelles solidarités.* Nanterre, Presses Universitaires de Paris Nanterre, 2021, p. 177-196.

FAYSSE, Nicolas, « The Rationale of the Green Morocco Plan: Missing Links between Goals and Implementation », *Journal of North African Studies*, Volume 20, numéro 4, 2015, p. 622-634.

FERRER, Aldo, *La economía argentina desde sus orígenes hasta principios del siglo XXI*, Buenos Aires, Fondo de Cultura Económica de Argentina, 2004.

FERRIOL, Muruaga, Ángela et al., *Cuba : crisis, ajuste y situación social*, La Havane, Editorial de Ciencias Sociales, 1998.

FÈVRE, Cécile, « La Pampa argentine : modèle emblématique d'une agriculture capitalistique, et globalisée », *Géoéconomie*, numéro 4, 2010, p. 135-157.

FREGUIN, Sandrine, *Chronique d'une crise agraire annoncée. Étude comparée des transformations des systèmes agraires et des dynamiques d'échanges transfrontaliers entre Haïti et la République Dominicaine – le cas de la filière banane plantain*, Thèse de doctorat, Institut National Agronomique de Paris-Grignon, Paris, 2005.

FREGUIN, Sandrine, DEVIENNE, Sophie, « Libéralisation économique et marginalisation de la paysannerie en Haïti : le cas de l'Arcahaie », *Revue Tiers-Monde*, numéro 47, 2006, p. 621-642.

FURTADO, Celso, « Economic Aspects of the Cuban Revolution », *in* Furtado, C. (dir.), *Economic Development of Latin America*, Cambridge, Cambridge University Press, 1970, p. 231-249.

GAGNON, Gabriel, « Coopératives, Politique et Développement », *Sociologie et Sociétés*, Volume 6-2, 2002, p. 87-100.

GALASSO, Norberto, *Historia de la Argentina, Vol. II*, Buenos Aires, Colihue, 2015.

GANA, Alia, « Aux origines rurales et agricoles de la révolution tunisienne », *Maghreb – Machrek*, numéro 215, 2013, p. 57-80.

GANA, Alia, El AMRANI, Mohamed, « Crise hydraulique au maghreb : raréfaction de La ressource ou problèmes de gestion ? », *Géocarrefour*, Volume 81, numéro 1, 2006, p. 37-50.

GAO, Shutao, « Discussion on Issues of Food Security Based on Basic Domestic Self-Sufficiency », *Asian Social Science*, Volume 6, numéro 11, 2010, p. 42-48.

GASPARD, Fritzner, *Haïti : ajustement structurel et problèmes politiques*, Paris, éditions L'Harmattan, 2008.

GASQUES, José Garcia, *et al.*, « Impactos do crédito rural sobre variáveis do agronegócio », *Revista de Política Agrícola*, XXVII, numéro 4, 2017, p. 132-140.

GASSELIN, Pierre, LARDON, Sylvie, *et al.* (éd.), *Coexistence et confrontation des modèles agricoles et alimentaires. Un nouveau paradigme du développement territorial ?* Versailles, éditions Quae, 2021.

GAZOLLA, Marcio, SCHNEIDER, Sergio, « Qual fortalecimento da agricultura familiar ? uma análise do Pronaf crédito de custeio e investimento no Rio Grande do Sul », *Revista de Economia e Sociologia Rural*, Volume 51-1, 2013, p. 45-68.

GHARBI Inès, ELLOUMI, Mohamed, « L'agriculture irriguée en Tunisie : politiques hydrauliques et politiques de régulation foncière », *Cahiers Agricultures*, Volume 32, 2023, p. 2-12.

GHOSH, Sourindra Mohan, QADEER, Imrana, « Impact of Public Distribution System on Quality and Diversity of Food Consumption », *Economic and Political Weekly*, Volume 56-5, 2021, p. 52-59.

GLIESSMAN, Stephen, « Transforming food and agriculture systems with agroecology », *Agriculture and Human Values*, 37, 2020, p. 547-548.

GOI, *Report of the 5th Census of Minor Irrigation Schemes*, New Delhi, Government of India, 2017.

GOI, *Agricultural Statistics at a Glance 2022*, New Delhi, Government of India, 2023.

GONÇALVES, Neto Wenceslau, *Estado e agricultura no Brasil : política agrícola e modernização econômica brasileira, 1960-1980*, São Paulo (SP), Hucitec, 1997.

GONZÁLEZ, Gutiérrez, Alfredo *et al.*, *Cuba : el sector agropecuario y las políticas agrícolas ante los nuevos retos*, ASDI-INIE-Universidad de la República Uruguay, Montevideo, 1993.

GONZÁLEZ, Gutiérrez, Alfredo, *Cuba : Investigación económica*, Economía y sociedad, Volume 3-3, 1997.

GRAZIANO, Da Silva José, *A nova dinâmica da agricultura brasileira*, Campinas (SP), Unicamp/IE, 1996.

GRAZIANO, Da Silva José, *Tecnologia e agricultura familiar*, Porto Alegre (RS), Editora da UFRGS, 1999.

GRIFFON, Michel, *Nourrir la planète*, Paris, éditions Odile Jacob, 2006.

GRISA, Catia, *Políticas públicas para a agricultura familiar no Brasil : produção e institucionalização das ideias*, Thèse de doctorat, Rio de Janeiro, Programa de Pós-graduação de Ciências Sociais em Desenvolvimento, Agricultura e Sociedade/UFRRJ, 2012.

GRISA, Catia, SCHNEIDER, Sergio, *Políticas públicas de desenvolvimento rural no Brasil*, Porto Alegre, Editora da UFRGS, 2015.

GRISA, Catia, WESZ, Junior Valdemar J., BUCHWEITZ, Vitor Duarte, « Revisitando o Pronaf : velhos questionamentos, novas interpretações », *Revista de Economia e Sociologia Rural*, Volume 52-2, 2014, p. 323-346.

GUEDES, PINTO Luis Carlos, « Notas sobre a política de crédito rural », *in* Reunião da Sociedade Brasileira para o Progresso da Ciência, 3, *Anais*, São Paulo (SP), SBPC, 1978.

GUÉRIN, Isabelle, KUMAR, Santosh, VENKATASUBRAMANIAN G., *The Indebted woman. Kinship, sexuality and capitalism*, Stanford University Press, 2023.

GUERRA, Sánchez, Ramiro, *Azúcar y las poblaciones de las Antillas*, La Havane, Imprenta Nacional de Cuba, 1942.

GUIMARÃES, Alberto Passos, « O complexo agroindustrial », *Revista Reforma Agrária*, 7-6, 1977, p. 15-26.

GUMMULA, Sudhakar, « No Breather for Food Subsidy Bill », *Economic and Political Weekly*, Volume 54, numéro 28, 2019, p. 122-125.

GUSTAVE, William, *Enquête sur le repeuplement porcin rustique dans la* région du plateau de Rochelois, Mémoire de la Faculté d'Agronomie et de Médecine Vétérinaire, Port-au-Prince, 1991.

GUTELMAN, Michel, *L'Agriculture socialisée à Cuba*, Paris, éditions François Maspero, 1967.

HAG, *Result of the Second Emergency Survey on the Cost Escalatio*, 2022, https://hojin.or.jp/information/2022costup2.

HAMMOUDI, Abdellah, *Maîtres et disciples : genèse et fondements des pouvoirs autoritaires dans les sociétés arabes : essai d'anthropologie politique*, Paris, éditions Maisonneuve et Larose, 2001.

HANNIGAN, John, *Disasters Without Borders: The International Politics of Natural Disasters*, Malden, MA, Polity Press, 2012.

HAQUE, Tajamul, JOSHI, Pramod Kumar, « Price Deficiency Payments and Minimum Support Prices. A Study of Selected Crops in India », *Economic and Political Weekly*, Volume 53-20, 2018, p. 53-60.

HARRISS-WHITE, Barbara, *India Working: Essays on Society and Economy*, New York, Cambridge University Press, 2002.

HARVEY, David, *The Condition of Postmodernity*, Oxford, Basil Blackwell, 1989.

HAYAMI, Yujiro, *Japanese Agriculture under the Siege: The Political Economy of Agricultural Policies. Hampshire*, UK, Palgrave Macmillan, 1988.

HELLEINER, Eric, « A Bretton Woods Moment? The 2007-2008 Crisis and the Future of Global Finance », *International Affairs*, Volume 86-3, 2010, p. 619-636.

HERRERA, Rémy (dir.), *Cuba révolutionnaire – Économie et planification*, Tome 2, Paris, éditions L'Harmattan, 2006.

HERRERA, Rémy, « The Effects of the U.S. Embargo Against Cuba and the Reasons for the Urgent Need to Lift It », *Written statement for the United Nations*, U.N. Human Rights Commission, juillet, Genève, 2003.

HERRERA, Rémy, « Why Lift the Embargo Against Cuba? », *Monthly Review*, Volume 55-8, 2004, p. 49-54.

HERRERA, Rémy, « Where is the Cuban Economy Heading? », *International Journal of Political Economy*, Volume 34-4, 2005, p. 3-11.

HERRERA, Rémy, *Les Avancées révolutionnaires en Amérique latine – Des Transitions socialistes au XXIe siècle ?* Lyon, éditions Parangon, 2010.

HERRERA, Rémy, « Biens de luxe et innovations en économie socialiste : le cas des *Habanos* », *Innovations*, Volume 41, numéro 3, 2013, p. 139-152.

HERRERA, Rémy, « For the Respect of the Right of the Cuban People to Decide Its Future », *Written statement for the United Nations*, U.N. Human Rights Council, juin, Genève, 2017.

HERRERA, Rémy, « Agricultures : la révélation cubaine ? », *in* S. Abis et M. Brun (dir.) *Le Déméter 2020*, Paris, IRIS Éditions, 2020, p. 243-257.

HERRERA, Rémy, « De los ciclos de no especialización a la era del azúcar – Elementos de historia de Cuba en un largo período : 1898-1958 (Part II) », *International Journal of Cuban Studies*, Volume 14-1, 2022, p. 130-153.

HERRERA, Rémy, LAU, Kin-Chi (dir.), *The Struggle for Food Sovereignty*, Londres, Pluto Press, 2015.

HERRERA, Rémy, *Une Histoire populaire de Cuba de 1492 à nos jours*, Paris, Éditions Critiques, 2023.

HLPE, *Agroecological and other innovative approaches for sustainable agriculture and food systems that enhance food security and nutrition*, Rome, High Level Panel of Expertson Food Security and Nutrition, 2019.

HONORAT, Jean-Jacques, « Le paysan haïtien, hier et aujourd'hui », *Conjonction*, 1979, numéro 17, p. 9-17.

HORA, Roy, *Los terratenientes de la Pampa argentina, Una historia social y política, 1860-1945*, Siglo XXI Editores, 2015, 392 p.

HOUDRET, Annabelle, « The water connection: irrigation, water grabbing and politics in southern Morocco », *Water Alternatives*, Volume 2, numéro 5, 2012, p. 284-303.

HOUDRET, Annabelle, AMICHI, Hichem, « The Rural Social Contract in Morocco and Algeria: reshaping through economic liberalisation and new rules and practices », *Journal of North African Studies*, Volume 27-4, 2022, p. 641-662.

HUANG, Jikun, JUN, Yang, *et al.*, « Agricultural Trade Liberalization and Poverty in China », *China Economic Review*, Volume 18-1, 2007, p. 244-265.

IADE, *El desarrollismo en la Argentina*, Instituto Argentino para el Desarrollo Económico, Buenos Aires, 2013, 160 p.

IKEDA, Satoshi, « Japan and the Changing Regime of Accumulation: A World-System Study of Japan's Trajectory from Miracle to Debacle », *Journal of World-Systems Research*, Volume 10-2, 2004, p. 363-394.

INO, Ryuichi, « Postwar Japanese Capitalism Development and Agriculture », *in* R. Ino, S. Teruoka, and K. Tomishige (éd.), *State Monopoly Capitalism and Agriculture*, Tokyo, Otsuki Shoten (en japonais), 1971, p. 37-86.

INSTITUT Haïtien de Statistique et d'Informatique, *Population totale, de 18 ans et plus, ménages et densité estimés en 2021*, Haïti, 2021.

IRAM, *Quelle politique agricole pour Haïti ?* Haïti, 1990.

IRAM, *La tarification des principaux produits agricoles en Haïti*, Port-au-Prince, Haïti, 1998.

JAKOBSEN, Jostein, « Towards a gramscian food regime analysis of India's agrarian crisis: counter-movements, petrofarming and cheap nature », *Geoforum*, Volume 90, 2018, p. 1-10.

JENSEN, Helen, *et al.*, *Analysis of Agricultural and Food Price Policy in Haiti: An Adaptive Policy Simulation Model*, CARD Technical Reports, 1991.

JOBERT, Bruno, MULLER, Pierre, *L'état en action*, Paris, Presses universitaires de France, 1987.

JODHKA, Surinder S., *The Indian Village: Rural Lives in the 21st Century*, New Delhi, Aleph Book Company, 2023.

JOHNSTON, Bruce, MELLOR, John, « The Role of Agriculture in Economic Development », *American Economic Review*, Volume 51(4), 1961, p. 566-593.

JOLY, Nathalie, DUPRÉ, Lucie, PETIT, Sandrine, *D'une agriculture l'autre. Conflictualités, expérimentations, transmissions*, Versailles, éditions Quae, 2023.
JOSHI, L. K., HOOJA, R., *Participatory Irrigation Management: Paradigm for the 21st Century*, Volume 1, Jaipur, Rawat Publi, 2000.
KADIRI, Zakaria, TOZY, Mohamed, MAHDI, Mohamed, « Jeunes fellahs en quête de leadership au Maroc », *Cahiers Agricultures*, Volume 24, 2015, p. 428-434.
KAGEYAMA, Angela, GRAZIANO, Da Silva José, « Os resultados da modernização agrícola dos anos 70 », *Estudos econômicos*, Volume 13-3, 1983, p. 537-559.
KAGEYAMA, Angela, *et al.*, « O novo padrão agrícola brasileiro : do complexo rural aos complexos agroindustriais » *in* Delgado Guilherme (Org.) *Agricultura e políticas públicas*, Brasília, IPEA, 1990, p. 113-223.
KAVITHA, H.N, PRAMOD Kumar, *et al.*, « Income Support Schemes: Evaluation of PM Kisan vis-à-vis State Government Schemes », *Economic and Political Weekly*, Volume 56-34, 2021, p. 13-17.
KERMEL-TORRES, Doryane, ROCA, Pierre-Jean, « Entre la nécessité quotidienne et la menace socio-politique : la question alimentaire haïtienne », *Cahiers des Sciences Humaines*, numéro 1-2, 1991, p. 41-52.
KHADSE, Ashlesha, *et al.*, « Taking agroecology to scale: the Zero Budget Natural Farming peasant movement in Karnataka », *Indian Journal of Peasant Studies*, Volume 45-1, 2017, p. 1-28.
KRUGMAN, Paul, *End this Depression Now*. New York, Melrose Road Partner, 2012.
KRUGMAN, Paul, « As Jobs Disappear, Labor Likely to Need Safety Net », *Houston Chronicle*. June 8: B5, 2013.
KUMAR, Richa, « India's Green Revolution and Beyond. Visioning Agrarian Futures on Selective Readings of Agrarian Pasts », *Economic and Political Weekly*, Volume 64(34), 2019, p. 41-48.
KUPER, Marcel, AMICHI, Hichem, MAYAUX, Pierre-Louis, « Groundwater use in North Africa as a cautionary tale for climate change adaptation », *Water International*, Volume 42-6, 2017, p. 725-740.
KUPER, Marcel, FAYSSE, Nicolas, *et al.*, « Liberation or Anarchy? The janus nature of groundwater use on North Africa's new irrigation frontiers », *in* A. Jakeman and al. (ed.), *Integrated Groundwater Management*, New-York, Springer International Publishing, 2016, p. 583-615.
KUPER, Marcel, *et al.*, « When Groundwater Takes over: Linking 40 Years of Agricultural and Groundwater Dynamics in a Large-Scale Irrigation Scheme in Morocco », *Irrigation and Drainage*, Volume 61-1, 2012, p. 45-53.
KUPER, Marcel, MAYAUX, Pierre-Louis, BENMIHOUB, Ahmed, « The Persistent Appeal of the California Agricultural Dream in North Africa », *Water Alternatives*, Volume 16-1, 2023, p. 39-64.

LAGE, Dávila Agustin, « Biotechnology, Science and Production », *Marx Ahora*, numéro 27, 2009, p. 50-64.

LANDY, Frédéric, *Un milliard à nourrir. Grain, territoire et politiques en Inde*, Paris, éditions Belin, 2006.

LANDY, Frédéric, « En Inde, nul besoin des changements globaux pour expliquer la pauvreté agricole », *in* Libourel E., Gonin A. (dir.), *Agriculture et changements globaux*, Atlande, 2022, p. 145-169.

LANDY, Frédéric, « The Indian food policy between spatial justice and food justice », *in* Guétat H., Landy F. (dir.), *For a local food system in Pondicherry – and beyond! A discussion on food sovereignty and agro-ecological transition*, Institut français de Pondichéry, 2023.

LANDY, Frédéric, « Que faire de la révolution verte ? Dilemmes de l'agriculture de l'Inde en crise », *Revue canadienne d'études du développement*, numéro 44, 2023, p. 374-394.

LANDY, Frédéric, DORIN, Bruno, « L'État au secours de la transition agroécologique ? Le cas de l'Inde », *Mouvements*, Volume 1, numéro 109, 2022, p. 94-106.

LEGER, Abel-Nicolas, « De l'influence du code Napoléon à Haïti », *in Le Droit Civil Français*, Journées du droit civil français, Barreau de Montréal, Montréal, 1937, p. 755-759.

LEITE, Sergio P., « Padrão de financiamento, setor público e agricultura no Brasil » *in* Leite, Sergio P. (Org.), *Políticas públicas e agricultura no Brasil*, Porto Alegre, Editora da Universidade, 2001, p. 53-93.

LEITE, Sergio Pereira, WESZ, Junior Valdemar João, « Estado, políticas públicas e agronegócio no Brasil : revisitando o papel do crédito rural », *Revista Pós Ciências Sociais*, Volume 11-22, 2014, p. 83-107.

LE NOUVELLISTE, *L'agriculture, locomotive de croissance économique*, Le Nouvelliste, 2015.

LE RIVEREND, Julio, *Economic History of Cuba*, La Havane, Book Institute, 1967.

LEVEAU, Rémi, *Le Fellah Marocain Défenseur Du Trône*, Paris, Presses de la Fondation Nationale des Sciences Politiques, 1976.

LI, Wei, « Xi Stresses New Development Paradigm, Seed Industry Vitalization, Qinghai-Tibet Plateau Development », *Xinhuanet*, 2021.

LIN, Wanlong, WONG, Christine, « Are Beijing's Equalization Policies Reaching the Poor? An Analysis of Direct Subsidies Under the "Three Rurals" (Sannong) », *The China Journal*, number 67, 2012, p. 23-46.

LINHARES, Maria Yeda, *História do abastecimento : uma problemática em questão* (1530-1918), Brasília, Ministério da Agricultura, 1979.

LLACH, Juan José, « El plan Pinedo de 1940, su significado historico y los origenes de la economia politica del peronismo », *Desarrollo economico*, volume 23, numéro 92, enero-marzo, 1984, p. 515-556.

LOMBARD, Margaux, « Fragments d'histoires d'un bailleur de fonds en Haïti. Regards de professionnels sur l'aide », *Revue internationale des études du développement*, numéro 239, 2019, p. 133-150.

LUPEL, Adam, « Tasks of a Global Civil Society: Held, Habermas and Democratic Legitimacy Beyond the Nation-State », *Globalizations*, Volume 2-1, 2005, p. 117-133.

MAFF, *The Results of 2022 Survey on the Dynamics of Agricultural Structure (as of February 1, 2022)*, Tokyo, Ministry of Agriculture, Forestry and Fisheries (en japonais), 2022.

MAFF, *Acreage of Farmland (as of July 15, 2022)*, Tokyo, Ministry of Agriculture, Forestry and Fisheries (en japonais), 2022.

MAFF, *Changes in the Situation surrounding Food, Agriculture, and Rural Areas : Future Prospects of the Domestic Market and the Role of Exports*, Tokyo, Ministry of Agriculture, Forestry and Fisheries (en japonais), 2022.

MAFF, *Organic Agriculture in Japan*, Tokyo, Ministry of Agriculture, Forestry and Fisheries (en japonais), 2022.

MAFF, *2021 White Paper on Food, Agriculture, and Rural Areas*, 2022.

MAFF, *Strategy for Sustainable Food Systems*, MIDORI, 2022.

MAFF, *Statistics on Agricultural Production and Income*, Tokyo, Ministry of Agriculture, Forestry and Fisheries (en japonais), 2023.

MAFF, *Food Self Sufficiency Ratio in 2021.* Tokyo, Ministry of Agriculture, Forestry and Fisheries (en japonais), 2023.

MAFF, *Call for Opinions and Requests Regarding the Verification and Review of the Food, Agriculture and Rural Basic Act*, 2023.

MAFF, *Circumstances Surrounding Organic Farming*, 2024.

MAFF, *The Bills Proposed at the 213th Diet*, 2024.

MAFF, *The Revision of the Basic Act on Food, Agriculture and Rural Areas*, Tokyo, p. 1-32 (en japonais), 2024.

MAHDI, Mohamed, « Devenir du foncier agricole au Maroc. Un cas d'accaparement des terres », *New Medit*, Volume 4, 2014, p. 2-10.

MALÉZIEUX, Eric, VERGER, Eric, *et al.*, « Biofortification versus diversification to fight micronutrient deficiencies: an interdisciplinary review », *Food Security*, Volume 16, 2023, p. 261-275.

MAO, Yushi, ZHAO, Nong, YANG, Xiaojing, *Food Security and Farmland Protection in China*, Unirule Institue of Economics, World Scientific Publishing, 2013.

MARLET, Serge, MNAJJA, Abdelhamid, *Transfert de la gestion des périmètres publics irrigués aux associations d'irrigants en Tunisie*, Tome 1, Projet PAP-AGIR (Pour l'autonomie progressive des Associations), Montpellier, CIRAD, 2017.

MARTÍNEZ, Martínez Osvaldo, « Desarrollo humano : la experiencia cubana », *Revista Cuba económica*, Volume 1-1, p. 16-34, 1991.

MASSUQUETTI, Angélica, *A mudança no padrão de financiamento da agricultura brasileira no período 1965-1997*, Mémoire de Master en Économie Rurale, Porto Alegre, Programa de Pós-Graduação em Economia Rural (IEPE/UFRGS), 1998.

MAYAUX, Pierre-Louis, « Layering and Perpetuating: The Logics of Conservative Reforms in Morocco's Irrigation Policies », *Journal of North African Studies*, Volume 29, numéro 2, 2024, p. 359-382.

MAZOYER, Marcel, *Crise et conditions de développement de l'économie paysanne haïtienne*, Rapport de mission, Banque mondiale, ministère de la Coopération, Paris, 1984.

MESA-LAGO, Carmelo, *Breve Historia económica de la Cuba socialista*, Madrid, Alianza, 1994.

MHLW, *Current Status and Issues of Non-Regular Employment. Website*, 2018.

MHLW, *Health, Labor, and Welfare White Paper 2020*, www.mhlw.go.jp, 2020.

MHLW, *Overview of Suicide Prevention Measure*, www.mhlw.go.jp, 2022.

MHLW, *Occurrence of COVID-19*, www.mhlw.go.jp, 2023

MINISTÈRE de l'Agriculture, des Ressources Naturelles et du Développement Rural (MARNDR), *Politique du MARDNDR pour la gestion des bassins versants*, Haïti, 1999.

MINISTÈRE de l'Agriculture, des Ressources Naturelles et du Développement Rural (MARNDR), *Politique de développement agricole 2010-2025*, Haïti, 2011.

MINISTÈRE de l'Agriculture, des Ressources Naturelles et du Développement Rural (MARNDR), *Synthèse nationale des résultats du Recensement Général de l'Agriculture (RGA) 2008-2009*, Haïti, 2012.

MINISTÈRE de l'Agriculture, des Ressources Naturelles et du Développement Rural (MARNDR), *Programme Triennal de Relance Agricole 2013-2016*, Haïti, 2013.

MINISTÈRE de l'Environnement (MDE), *Programme Aligné d'Action National de Lutte contre la Désertification*, Haïti, 2015.

MINREX, (Ministerio de Relaciones Exteriores), *Informe de Cuba sobre el bloqueo de EEUU contra Cuba*, Representaciones diplomáticas de Cuba en el Exterior, 19 octobre, La Havane, 2022.

MIROWSKI, Philip, *Never Let a Serious Crisis Go to Waste*, London, Verso, 2014.

MISHIMA, Tokuzo, *Deregulation and Agri-Food Market*, Tokyo, Nihon Keizai Hyoron Sha (en japonais), 2001.

MISHRA, Srijit, *Nature, Extent, Causes, and Issues in Agricultural Distress*, Foundation Day Seminar of the National Bank for Agriculture and Rural Development, Mumbai, NABARD, 2015.

MOLINA, Molina Ernesto, *Devenir del modelo económico socialista*, La Havane, Editorial de Ciencias Sociales, 2018.

Moore, Junior Barrington, *As origens sociais da ditadura e da democracia : senhores e camponeses na construção do mundo moderno*, São Paulo, Martins Fontes, 1975.

Moral, Paul, *Le paysan haïtien. Étude sur la vie rurale en Haïti*, Paris, éditions G.P Maisonneuv et Larose, Collection du bicentenaire, 1961.

Moreno, Fraginals Manuel, *El Ingenio – Complejo económico-social cubano del azúcar*, La Havane, Editorial de Ciencias Sociales, 1978.

Mulgan, Aurelia G., *Japan's Agricultural Policy Regime*, London, Routledge, 2006.

Mustapha, Azza, Faysse, Nicolas, Marlet, Serge, Jamin, Jean-Yves, « Une action collective analysée par ses acteurs : Une association d'irrigants en Tunisie », *Natures Sciences Sociétés*, Volume 23, numéro 4, 2015, p. 356-366.

Nhk, *Today's Close-Up.* https://www.nhk.or.jp, 2020.

Ni, Hongxing, « Agricultural Domestic Support and Sustainable Development in China ». *International Centre for Trade and Sustainable Development* (ICTSD), Paper 47, 2013, p. 1-45.

Niederle, Paulo, Fialho, Marco, *et al.*, « A pesquisa sobre agricultura familiar no Brasil-aprendizagens, esquecimentos e novidades », *Revista de Economia e Sociologia Rural*, Volume 52-1, 2014, p. 9-24.

Niederle, Paulo, Grisa, Catia, *et al.*, « Narrative disputes over family-farming public policies in Brazil: conservative attacks and restricted countermovements », *Latin American Research Review*, Volume 54, numéro 3, 2019, p. 707-720.

Nikkei, « Child Poverty Rate at Worst 16.3 %, Ministry of Health, Labor and Welfare 2012 Survey », https://www.nikkei.com, 2014.

Nikkei, « Government Instructs to Increase Production in Times of Food Shortages, New Laws decided by Cabinet », https://www.nikkei.com, 2014.

Ocde, *OCDE Data*, http://data.oecd.org, 2024.

Ocde-Icrier, *Agricultural Policies in India*, Organisation for Economic Co-operation and Development, Indian Council for Research on International Economic Relations, 2018.

Oficina Nacional de Estadísticas, *Anuario estadístico de Cuba*, ONE, La Havane, différentes années.

Oficina Nacional de Estadísticas e Información, *Anuario estadíctica de Cuba 2016 : Agricultura, ganadería, silvicultura y pesca*, ONEI, La Havane, 2017.

Ortiz, Fernández Fernando, *El Pueblo Cubano*, La Havane, Editorial de Ciencias Sociales, 1997.

Ortiz, Fernández Fernando, *Los Negros Esclavos*, La Havane, Editorial de Ciencias Sociales, 1996.

Padilla, Martine, *Les politiques alimentaires*, Paris, éditions Cujas, 1996.

Patel, Raj, « The long green revolution », *Journal of Peasant Studies*, Volume 40, numéro 1, 2013, p. 1-63.

PÉRENNÈS, Jean-Jacques, *L'Eau et les hommes au Maghreb – Contribution à une politique de l'eau en Méditerranée*, Tunis, éditions Karthala, 1993.

PICOLOTTO, Everton Lazzaretti, « A formação de um sindicalismo de agricultores familiares no Sul do Brasil », *Sociologias*, Volume 16, 2014, p. 204-236.

PIÑEDA, Bañuelos Gilberto, *Las Reformas económicas en Cuba*, Mexico, Universidad autónoma de Baja California Sur, 2001.

PINO, Santos Oscar, *El Imperialismo norteamericano en la economía de Cuba*, La Havane, Editorial de Ciencias Sociales, 1973.

PINO, Santos Oscar, *Historia de Cuba : aspectos fundamentales*, La Havane, Editora del Consejo Nacional de Universidades, 1964.

PNUD, *Human Development Report*, New York, 1995.

PNUD, *La prochaine frontière : le développement humain et l'Anthropocène*, Rapport sur le développement humain, 2020.

PRESSOIR, Gaël, FREGUIN-GRESH, Sandrine, LAMURE-TARDIEU, François-Xavier, LANÇON, Frédéric, « Les filières agricoles haïtiennes : un marché intérieur à reconquérir », *in Étude exhaustive et stratégique du secteur agricole/rural Haïtien et des investissements publics requis pour son d*éveloppement, 2016, p. 248–294.

PRIME Minister's Office of Japan, *Three Arrows of Abenomics*, https://www.kantei.go.jp, 2014.

QUAROUCH, Hassan, KUPER, Marcel, *et al.*, « Eaux Souterraines, Sources de Dignité et Ressources Sociales : Cas d'agriculteurs Dans La Plaine Du Saïss Au Maroc », *Cahiers Agricultures*, Volume 23-3, 2014, p. 158-165.

RAMOS, Simone, YURI, Martha, GERALDO Bueno Junior, *Evolução da Política de crédito Rural Brasileira*, Planaltina, Embrapa Cerrados, 2010.

RAPOPORT Mariano, *Historia económica, política y social de la Argentina*, Buenos Aires, Ediciones Macchi, 2000, 1106 p.

RAULET, Gérard, « Legitimacy and Globalization », *Philosophy Social Criticism*, Volume 37-3, 2011, p. 313-327.

RAYMOND, Pierre, « Vers une nouvelle orientation pour l'agriculture cubaine ? », *Revue Tiers-Monde*, numéro 171, 2002, p. 579-598.

REDDY, V. Ratna, « Costs of Resource Depletion Externalities: A Study of Groundwater Overexploitation in Andhra Pradesh, India », *Environment and Development Economics*, Volume 10, numéro 4, 2005, p. 533-556.

REDIVO, Andre da Silva, FONSECA, Pedro Cezar Dutra, « A atuação da Carteira de Crédito Agrícola e Industrial do Banco do Brasil (CREAI) : 1937-1969 », *Brazilian Journal of Political Economy*, 42-4, 2022, p. 1080-1102.

RICHARD, Jean-François, « Le devenir de l'agriculture tunisienne face à la libéralisation des échanges », *Afrique Contemporaine*, Volume 219, numéro 3, 2006, p. 29-42.

Rivero, Muñiz José, *Tabaco : su historia en Cuba*, La Havane, Instituto de Historia de la Academia de Ciencias, 1965.

Rodriguez, Havidan, Quarantelli, Enrico L., Russell, Dynes (éd.), *Handbook of Disaster Research*, New York, Springer, 2007.

Ryss, *Andhra Pradesh Zero-Budget Natural Farming (APZBNF). A Systemwide Transformational Programme (Concept Note)*, Rythu Sadhikara Samstha, Government of Andhra Pradesh, 2019.

Sabourin, Eric, Grisa, Catia, Niederle, Paulo, *et al.*, « The dismantling of the rural and environmental public policies in Brazil », *Cahiers Agricultures*, Volume 29, numéro 31, 2020, p. 2-8.

Sacad, Famv (éd.), *Paysans, Systèmes et Crise, Travaux sur l'agraire haïtien. Stratégies et logiques sociales*, Pointe-à-Pitre, 1993.

Sacad, Famv (éd.), *Paysans, Systèmes et Crise, Travaux sur l'agraire haïtien. Histoire agraire et développement*, Pointe-à-Pitre, 1993.

Sacad, Famv (éd.), *Paysans, Systèmes et Crise, Travaux sur l'agraire haïtien. Dynamique de l'exploitation paysanne*, Pointe-à-Pitre, 1994.

Safina, Carl, *A Sea in Flames: The Deepwater Horizon Oil Blowout*, New York, Crown Publishers, 2011.

Salama, Pierre, « Amérique latine, des années 1950 à aujourd'hui, mutations, essor et nouvelles dépendances », *Revue d'économie financière*, Volume 124, numéro 4, 2016, p. 23-44.

Sallum, Jr. Brasilio, « Metamorfoses do Estado brasileiro no final do século XX », *Revista Brasileira de Ciência Sociais*, Volume 18-52, 2003, p. 35-54.

Santos, Fabio P., *Coalizões de interesses e a configuração política da agricultura familiar no Brasil*. Thèse de doctorat en administration publique, São Paulo, Escola de Administração de Empresas de São Paulo (FGV-SP), 2011.

Sarkar, Anindita, « Socio-Economic Implications of Depleting Groundwater Resource in Punjab: A Comparative Analysis of Different Irrigation Systems », *Economic and Political Weekly*, Volume 46, numéro 7, 2011, p. 61-66.

Schneider, Mindy, « Dragon Head Enterprises and the State of Agribusiness in China », *Journal of Agrarian Change*, Volume 17-1, 2017, p. 3-21.

Schneider, Sergio, Cazella, Ademir, Mattei, Lauro, « Histórico, caracterização e dinâmica recente do Pronaf-Programa Nacional de Fortalecimento da Agricultura Familiar », *in* Schneider S., Silva M., Marques, Paulo E.M. (orgs.), *Políticas públicas e participação social no Brasil rural*, Porto Alegre, Editora UFRGS, 2004, p. 21-49.

Schot, John, Geels, Frank W., « Niches in evolutionary theories of technical change – A critical survey of the literature », *Journal of Evolutionary Economics*, Volume 17, numéro 5, 2007, p. 605-622.

SEKINE, Kae, « Néolibéralisation de la politique agricole au Japon et contradictions entre modèles agricoles », *in* Gasselin P., Lardon S., Cerdan C., Loudiyi S., Sautier D. (eds). *Coexistence et confrontation des modèles agricoles et alimentaires : un nouveau paradigme du développement territorial ?* Versailles, éditions Quae, coll. « Nature et société », 2021.

SEKINE, Kae, « Green Smart Agriculture? A Crossroads of Sustainable Agriculture and Food », *The World (Sekai)*, Volume 949, 2021, p. 239-247.

SEKINE, Kae, « Challenges to Conserve World Agricultural Heritages in a Market Economy: Experiences in Nishi-Awa, Japan », *International Sociology*, Volume 37-6, 2022, p. 648-675.

SEKINE, Kae, BONANNO, Alessandro, *The Contradictions of Neoliberal Agri-Food: Corporations, Resistance, and Disasters in Japan*, Charleston, West Virginia University Press, 2016.

SEKISHITA, Minoru, *Trade Friction between Japan and the U.S. and Food Trade*, Tokyo, Dobunkan Shuppan, 1987.

SHAH, Tushaar, *Taming the Anarchy: Groundwater Governance in South Asia*, London, Routledge, 2010.

SHIVA, Vandana, *The Violence of the Green Revolution. Third World Agriculture, Ecology, and Politics*, Goa, Zed Books, 1991.

SILI, Marcelo, SOUMOULOU, Luciana, *La problemática de la tierra en Argentina : Conflictos y dinámicas de uso, tenencia y concentración*, Roma, Fondo Internacional de Desarrollo Agrícola, 2011.

SINGH, Sukhpal, « How can India's farmer producer companies better serve small-scale farmers? », *IIED Briefing*, 2022, p. 1-4.

SMUCKER, Glenn, *Trees and charcoal in haitian peasant economy*, USAID, 1981.

SMUCKER, Glenn, FLEURANTIN, Gardy, MCGAHUEY, Mike, SWARTLEY, Ben, *Agriculture in a fragile environment: market incentives for natural resource management in Haiti*, USAID / Haiti Mission / EG, 2005.

SUREL, Yves, « Les politiques publiques comme paradigmes », *in* Faure A., Pollet G., Warin P. (éd.), *La construction du sens dans les politiques publiques :* débats autour de la notion de référentiel, Paris, Éditions L'Harmattan, 1995, p. 125-151.

SUZUKI, Nobuhiro, « Evaluation of Reforms of Food Security Policies and the Basic Agri-Food Law from the Viewpoint of Economic Sustainability », *Agricultural Marketing Journal of Japan*, Volume 3, numéro 3, 2024, p. 22-29.

SWAMINATHAN, M.S., SINGH, R.B. *et al.*, *Serving Farmers and Saving Farming. Fifth Final Report. Vol I*, New Delhi, National Commission on Farmers, 2006.

TERUOKA, Shuzo, *Agriculture in the Modernization of Japan (1850-2000)*. New Delhi, Manohar, 2008.

TEUBAL, Miguel, « Expansión del modelo sojero en la Argentina, de la producción de alimentos a los commodities », *Realidad económica*, numéro 220, 2006, p. 69-74.

Théodat, Jean-Marie, « Le jardin, berceau de l'identité haïtienne », *Géographie et Cultures, Environnement et société*, 2001, p. 117-133, https://geoprodig.cnrs.fr/items/show/63831.

Théodat, Jean-Marie, *Haïti-République dominicaine : une île pour deux, 1804-1916*, Paris, éditions Karthala, coll. « Hommes et Société », 2003.

Théodat, Jean-Marie, « Haïti : le bon grain et l'ivraie du commerce mondial des produits vivriers », *L'Information géographique*, Volume 73, numéro 1, 2009, p. 65-81.

The Prime Minister's Office, *Four Pillars of Food, Agriculture, and Rural Policy and Future Direction*, https://www.kantei.go.jp, 2022.

Time, « Exclusive: Prime Minister Fumio Kishida Is Giving a Once Pacifist Japan a More Assertive Role on the Global Stage », 9 mai 2023, https://time.com/magazine/asia.

Timmer, C. Peter, « Food Price Policy: The Rationale for Government Interventions », *Food Policy*, Volume 14-1, 1989, p. 17-27.

Tokyo Shimbun, « COVID-19 JAL Group employees go on a business trip from the airport to the fields due to a significant reduction in Narita flights », 2020, https://www.tokyo-np.co.jp.

Underhill, Geoffrey R. D., Zhang, Xiaoke, « Setting the Rules: Private Power, Political Underpinnings, and Legitimacy in Global Monetary and Financial Governance », *International Affairs*, Volume 84, numéro 3, 2008, p. 535-554.

United Nations Development Programme, *Human Development Report*, New-York, 1996.

Usda, *Agriculture Innovation Agenda: Year One Status Report*, 2020.

Valdés, García Orlando, *La Socialización de la tierra en Cuba*, La Havane, Editorial de Ciencias Sociales, 1990.

Valencia, Marta, *Tierras públicas, tierras privadas, Buenos Aires, 1852-1876*, Universidad Nacional de La Plata, 2005.

Van Cauwenbergh, Nora, Idllalene, Samira, « Tapping into Al-Andaluz Resources: Opportunities and Challenges for Investment in Morocco », *Handbook of Land and Water Grabs in Africa*, 2012, p. 193-206.

Van Vliet, Geert, Pressoir, Gaël, Marzin, Jacques, Giordano, Thierry, *Une étude exhaustive et stratégique du secteur agricole/rural haïtien et des investissements publics requis pour son développement*, Rapport CIRAD, BID, Montpellier, 2016.

Von der Weid, Jean Marc, *Plano safra da agricultura familiar*, repetindo erros, Adital : https://www.ihu.unisinos.br, 2023.

Walker, Richard A., *The Conquest of Bread: 150 Years of Agribusiness in California*, New York & London, The New Press, 2004.

WESZ, Junior Valdemar João, « O Pronaf Pós-2014 : intensificando a sua seletividade ? », *Grifos*, Volume 30-51, 2021, p. 89-113.

WEZEL, Alexander, BELLON, Stéphane, *et al.*, « Agroecology as a science, a movement, and a practice. A review », *Agronomy for Sustainable Development*, Volume 29-4, 2009, p. 503-515.

WHITTAKER, D. Hugh, YOSHIFUMI, Nakata, « Reforming Japanese capitalism: introduction », *Asia Pacific Business Review*, Volume 30, numéro 3, 2024, p. 421-432.

WHO, *One Health*, 2024, https://www.who.int/europe/initiatives/one-health.

WILLER, Helga, TRÁVNÍČEK, Jan, MEIER, Claudia, SCHLATTER, Bernhard (dir.), *The World of Organic Agriculture. Statistics and Emerging Trends 2023*, Bonn, FiBL, IFOAM, Organics International, 2023.

WISCHIK, Damon, HANDLEY, Mark, BAGNULO-BRAUN, Marcelo, « The Resource Pooling Principle », *ACM SIGCOMM Computer Communication Review*, Volume 38, numéro 5, 2008, p. 47-52.

WORLD Wildlife Fund, *Cuba Brochure 2017*, Washington D.C., 2017.

WU, Bin, « 中国古代粮食安全问题研究 », *Recherche sur la question de la sécurité alimentaire dans la Chine ancienne*, Thèse pour le Doctorat, NorthWest A and F University, 2007, 142 p.

XU, Zhun, ZHANG, Wei, LI, Minqi, « China's Grain Production. A Decade of Consecutive Growth or Stagnation? », *Monthly Review*, Volume 66, numéro 1, 2014, p. 25-37.

YE, Jingzhong, WANG, Chunyu, *et al.*, « Internal migration and left-behind populations in China », *Journal of Peasant Studies*, Volume 40-6, 2013, p. 1119-1146.

YOKOYAMA, Hidenobu, « Reorganization of Price and Income Policies for Wheat and Soybeans », *in* Murata T., Mishima T. (dir.), *Changes of Agricultural Policies and Price and Income Policies*, Tokyo, Tsukuba Shobo (en japonais), 2000, p. 203-228.

YU Li, WANG Gaoyang, « 春秋战国时期粮食 安全思想的传承与当代战略选择, 国际 安全研究 », (Héritages et choix stratégiques contemporains de la pensée sur la sécurité alimentaire lors de la période des Printemps et Automne et des Royaumes Combattants). *Recherche en sécurité internationale*, numéro 3, 2014, p. 3-24.

ZHANG, Qian Forrest, « Agrarian change in China: Historical origins and competing perspectives », *Handbook of Critical Agrarian Studies*, Cheltenham (UK), Edward Elgar, 2021, p. 296-304.

ZUAZNABÁR, Ismael, *La Economía cubana en la década del 50*, La Havane, Editorial de Ciencias sociales, 1986.

CONCLUSION GÉNÉRALE

BOLTANSKI, Luc, « L'inquiétude sur ce qui est. Pratique, confirmation et critique comme modalités du traitement social de l'incertitude », *Cahiers d'anthropologie sociale*, numéro 5-1, 2009, p. 163-179.

HERVIEU, Bertrand, PURSEIGLE, François, *Une agriculture sans agriculteurs*, Paris, SciencesPo. Les Presses, 2022.

INDEX RERUM

RÉSUMÉS

Laurence ROUDART, « Préface. Inventer de nouvelles politiques agricoles, au cœur d'un pacte social et écologique »

Cette préface a pour objet de montrer que, dans l'histoire longue, la double question de la production agricole et de la sécurité alimentaire a régulièrement fait l'objet de débats et a débouché sur des décisions politiques appropriées, ou jugées telles. Une préface ayant pour finalité de présenter l'ouvrage, son importance, sa légitimité et sa diversité dans un contexte où, avec les tensions qui caractérisent le monde, le secteur agricole revêt une dimension cruciale.

Vincent CHATELLIER, Martin PIDOUX, Thierry POUCH et Marine RAFFRAY, « Introduction générale »

L'ambition de ce livre est de présenter et d'analyser les politiques agricoles dans leurs fondements théoriques, dans leurs histoires, dans leurs évolutions et dans leur diversité. Les contextes politiques, économiques et sociaux, sont à l'origine de cette vaste entreprise collective, qui a réuni une cinquantaine d'auteurs venus d'horizons disciplinaires et géographiques divers. Cet ouvrage entend aussi combler un vide éditorial.

Thierry POUCH, « Intervenir ou pas en agriculture. Les enseignements de l'histoire de la pensée économique »

Ce chapitre traite de la thématique de la politique agricole dans l'histoire de la pensée économique. Les économistes ont abondamment analysé le rôle de l'agriculture dans la production de richesses, mais en prenant soin, soit de rejeter toute idée d'intervention de l'État sur les marchés agricoles, soit au contraire de la justifier, afin de stabiliser les marchés et de garantir l'approvisionnement des populations à un prix raisonnable.

Frédéric Courleux, « Justifier l'intervention publique en agriculture. De la correction des défaillances de marché à l'enjeu de sécurité alimentaire »

Ce qu'entend montrer ce chapitre a trait à la justification de l'intervention publique sur les marchés agricoles. Ceux-ci étant par définition instables, des mécanismes correcteurs et des outils de régulation sont nécessaires. C'est ce qu'a montré la théorie économique hétérodoxe. Mais ces régulations des marchés agricoles se justifient d'autant mieux que la stabilité qui en découle conditionne la sécurité des approvisionnements alimentaires.

Marine Raffray, « Controverses théoriques et émergence des politiques agricoles. La rupture des années 1930 »

La problématique de l'instabilité des marchés agricoles et les moyens de la résoudre a pris forme dans la théorie économique lors de la crise des années 1930. Tant aux États-Unis avec le New Deal de Roosevelt, qu'en France avec le Front populaire, des expériences de politiques agricoles ont été menées, dans un cadre théorique précis et novateur. Ce sont ces sources théoriques qui ont fourni les fondements à l'interventionnisme étatique.

Tomas Garcia Azcarate, « Les conditions d'émergence, les prises de décision et les instruments de la *Politique agricole commune* (1962-1992) »

Ce chapitre traite des conditions d'émergence de la Politique agricole commune, qui a été, depuis 1962, l'un des socles fondamentaux de la construction européenne. Il est fait retour sur les finalités de la PAC, et, surtout, sur les instruments qui, jusqu'à la grande réforme de 1992, ont été à l'origine de la progression des productions et de l'accession de l'Europe au rang de grande puissance exportatrice. Mais la PAC fut victime de ses succès, ce qui a conduit à la réformer

Thierry Pouch et Marine Raffray, « Politique agricole et souveraineté alimentaire »

Ce chapitre revient sur les raisons du retour de la notion de souveraineté alimentaire en France. Il traite également des différentes approches possibles de ce concept, et en propose une définition adaptée au contexte actuel. Il cherche à articuler la souveraineté alimentaire à la politique agricole. Il essaie enfin de voir en quoi, du national, la souveraineté alimentaire pourrait être élargie à toute l'Union européenne.

Thierry POUCH, « Le contenu idéologique des critiques adressées aux politiques agricoles (1980-1990) »

Ce chapitre revient sur les conditions idéologiques qui ont participé de la remise en cause des politiques agricoles, et, singulièrement, de la Politique agricole commune de l'UE. Il faut entendre par là l'affirmation du néolibéralisme qui s'est répandu au détour des années 1980, rompant ainsi les fondements sur lesquels reposaient ces politiques agricoles, et notamment la PAC. Cela ne signifie pas pour autant que l'État se soit effacé, mais a agi sur l'agriculture selon une logique différente.

Gilles ALLAIRE, « Continuité et ruptures de la politique agricole commune à l'aune des crises agricoles »

Les phases de crises de l'agriculture européennes ont été nombreuses. En périodisant ces crises, ce chapitre entend les articuler aux transformations que la PAC a connues avant, et, surtout, après 1992 jusqu'à aujourd'hui. Le chapitre met au jour une dynamique de réformes de la PAC, ayant toutefois nécessité du temps, et qui fut ponctué par de nombreuses hésitations. Une façon de montrer que la PAC a un fort ancrage politique, pouvant soit accélérer soir ralentir les transitions.

Sophie DEVIENNE, « La longévité de la politique agricole des États-Unis. Entre soutiens publics aux agriculteurs et aide alimentaire intérieure »

À l'inverse de la PAC, la politique agricole américaine, dont la naissance remonte aux années 1930, connaît une étonnante longévité. Si elle a connu des évolutions, des orientations nouvelles, les États-Unis lui ont conservé son fil conducteur. Ce dernier est à la fois caractérisé par de puissants mécanismes de soutiens, ainsi que par un dispositif d'aide alimentaire fédéral, garantissant un approvisionnement alimentaire aux populations précaires, mais fait l'objet d'âpres controverses au Congrès américain.

Daniel-Mercier GOUIN, Annie ROYER et Marie-Ève GABOURY-BONHOMME, « Genèse et évolution des politiques agricoles canadiennes et québécoises »

L'objet de ce chapitre est d'analyser la genèse de la politique agricole du Canada et du Québec, et les évolutions qu'elle a pu connaître au fil du temps. Il s'agit de mettre au jour et d'articuler les conditions institutionnelles, économiques, politiques, qui ont joué un rôle décisif dans la formation de la politique agricole au Canada. Si cette politique publique a été réformée, elle n'en a pas moins été préservée dans sa logique originelle.

Mickaël HUGONNET, « De l'interventionnisme à la dérégulation. Le cas de la politique agricole néo-zélandaise »

Le cas de la Nouvelle-Zélande devait être analysé. Cela en raison qu'il s'agit d'un pays qui a, très tôt, opéré une transition entre un interventionnisme sur les marchés agricoles, certes moins prononcé qu'aux États-Unis ou en Europe, et une dérégulation laissant une place très importante au marché. Ce chapitre traite aussi des conséquences agricoles, et, plus largement, économiques, du passage au libéralisme en 1985 en Nouvelle-Zélande.

Vincent CHATELLIER, Hervé GUYOMARD et Laurent PIET, « La PAC et les aides directes aux exploitations agricoles en France. Une mise en perspective historique depuis 1992 et des réflexions pour l'après 2024 »

Ce chapitre traite de la transformation des modalités d'octroi des subventions de la Politique Agricole Commune (PAC) au cours de la période 1992-2023. Après avoir présenté les principales grandes étapes qui ont structuré la PAC depuis trente ans, une attention est portée à la plus ou moins grande dépendance du revenu des exploitations agricoles françaises aux aides directes. Une analyse critique des principales orientations arrêtées pour la PAC post 2023 est ensuite proposée.

Marielle BERRIET-SOLLIEC et Catherine LAIDIN, « Politique Agricole et développement rural. Quelle contribution du programme *LEADER* ? »

La Politique agricole commune est souvent appréhendée sous l'angle des aides allouées aux agriculteurs. C'est ce qui constitue le premier pilier de la PAC. Elle se compose pourtant de deux piliers, le second étant dédié au développement rural. L'étude de ce second pilier révèle la complexité des choix politiques et des mesures qui en forment le fondement. Ce chapitre a pour finalité de proposer un système de décryptage du pilier 2, afin de mieux comprendre ce qu'est le développement rural.

Isabelle JAUMOTTE et Marie-Laurence SEMAILLE, « *Green Deal*, transition écologique et PAC 2023. À la recherche d'une nouvelle cohérence. Le cas de la Wallonie »

Y a-t-il une cohérence entre la réforme de la Politique agricole commune 2023-2027, la transition agroécologique et le Pacte Vert défini en 2019 par la Commission européenne ? C'est ce que souhaite montrer ce chapitre au travers du cas de la Wallonie. Les ambitions de l'UE en ce domaine, combinées à celles de la PAC 2023, occasionnent des contraintes lourdes et des contradictions, auxquelles les agriculteurs wallons sont exposés. Comment alors gérer ?

Guillaume BAGNAROSA, Jean CORDIER et Alexandre GOHIN, « La crise des revenus agricoles et le dilemme du Samaritain »

Un double objectif anime ce chapitre. D'abord il s'agit de dresser un état des lieux de la littérature économique sur le rôle que joue en général l'État lorsque surgissent des aléas productifs extrêmes. Dans un second temps, de bâtir une typologie des outils dont se dote l'État pour que les acteurs agricoles anticipent ces chocs et en gèrent les conséquences. Pour atteindre ce second objectif, des exemples chiffrés seront retenus et exploités.

Philippe BOYER, « La question de la répartition de la valeur ajoutée entre l'agriculture et les autres activités de la chaîne agroalimentaire. Le cas français »

Les tensions entre les acteurs des filières autour du partage de la valeur ajoutée sont récurrentes. Prouver qu'il y a un déséquilibre économique entre les maillons des filières sur cet indicateur macroéconomique, nécessite un mode de calcul reposant sur la méthode du tableau entrées-sorties de la comptabilité nationale. Ce qui implique qu'une panoplie d'instruments soit élaborée par l'État pour remédier à ce déséquilibre. C'est le but de ce chapitre que d'analyser ces deux axes.

Alain BLOGOWSKI, « La *Politique agricole commune* dans les départements d'Outre-Mer »

Les agricultures ultra-marines (Guadeloupe, Martinique, Guyane et Réunion notamment) bénéficient d'aides agricoles, allouées par l'Union européenne au titre de la PAC et du développement rural. Le but de ce chapitre est d'en évaluer la nature et l'ampleur, ainsi que les impacts sur les agricultures concernées. L'examen des situations contrastées des agricultures ultra-marines n'en est que plus nécessaire.

Guillaume LACQUEMENT et Marie-Claude MAUREL, « De la transition de système à l'intégration dans la PAC. Les politiques agricoles des États membres de l'Est européen »

Les transitions vers l'économie de marché des anciennes économies du bloc socialiste ont occasionné, sur le registre de l'agriculture, des mutations d'une profondeur inédite. De vastes restructurations des appareils productifs agricoles en ont découlé, suivies par les adhésions de ces pays à l'UE, leur permettant d'être éligibles aux aides de la PAC. Ce chapitre dresse un panorama de ces transitions, et évalue les répercussions sur l'agriculture des pays de l'Est des bénéfices retirés de la PAC.

Magali CATTEAU et Anne GLANDIÈRES, « Politique agricole commune et agriculture biologique. Entre développement et crise »

L'essor de l'agriculture biologique doit sa réussite aux politiques agricoles ambitieuses de l'Union Européenne qui l'ont d'abord inscrite dans une norme réglementaire avant de l'insérer dans des politiques d'incitations à la transition agroécologique. Cependant, les années post Covid-19 ont dévoilé les faiblesses structurelles de l'agriculture biologique, conséquences notamment d'une concentration des politiques sur des exigences techniques aux détriment de mesures pour stimuler la consommation.

Julien FOSSE, « Politique agricole ou politique alimentaire ? »

L'instauration de la PAC a permis aux agricultures des États membres de l'UE de se moderniser. Aujourd'hui, face à la crise climatique, aux chocs sanitaires, il est nécessaire de repenser le modèle agricole d'hier, et de l'orienter vers un système alimentaire durable et sain. L'UE doit articuler sa politique agricole sur les objectifs fixés par les institutions internationales. Ce chapitre est consacré à une réflexion sur le passage d'une politique agricole à une politique alimentaire.

Jonathan DUBRULLE, « La question du bien-être animal dans les politiques agricoles »

En France, la révolution agricole contemporaine s'est traduite par une industrialisation de l'élevage. Se pose toutefois la question de l'acceptabilité sociale de ces pratiques. À cet effet, la Politique agricole commune a accompagné l'institutionnalisation du bien-être animal en régulant les revendications sur les conditions d'élevage. Cette dynamique est à considérer comme une stratégie de survie pour bon nombre de filières animales, dans un contexte de concurrence accrue entre sources de protéines.

Étienne MONTAIGNE, Alfredo COELHO et Samson ZADMEHRAN, « Évolutions et régulation de l'économie viticole »

La production de vins en France a une longue histoire, jalonnée de surcroît par des crises sectorielles. Elle a assez tôt bénéficier d'un dispositif de régulation des marchés viticoles, qui a combiné le droit à produire à l'activité économique proprement dite. C'est ce qui a permis de structurer ce secteur. C'est donc à cette histoire des liens en droit et économie qu'est consacré ce chapitre. Il était nécessaire de ne pas se limiter au seul cas français, mais d'examiner aussi le cas européen.

Pierre BLANC, « Puissance, conflits et États. Aux sources géopolitiques des politiques agricoles »

L'ambition de ce chapitre est de montrer que, par le jeu des rapports de force, des rivalités, par la quête de puissance passant par la maîtrise de la production de biens alimentaires, la politique agricole est profondément arrimée à une logique géopolitique. Une logique qui détermine le profil conflictuel des relations commerciales entre les nations sur les marchés mondiaux. Cette recherche de puissance agricole exerce des effets sur les populations paysannes et sur le contrôle des terres.

Jacques CHAVAZ, « Commerce international et politiques agricoles. Régime d'exception ou intégration, tensions et opportunités »

Ce chapitre explore les relations entre les politiques agricoles nationales ou communes et les négociations commerciales internationales. Cet examen était important à réaliser dans la mesure où les accords commerciaux issus de négociations multilatérales, ont un effet sur les orientations des politiques agricoles, comme l'a montré l'expérience des accords du GATT/OMC en 1994 sur la Politique agricole commune. L'expérience montre aussi que l'inverse est vrai.

Charlotte EMLINGER et Karine LATOUCHE, « Normes et signes de qualité dans les échanges internationaux de produits agricoles et agroalimentaires »

Le développement des normes et l'affirmation des signes de qualité exercent une influence significative sur la régulation et l'organisation des flux commerciaux de produits agricoles et alimentaires. C'est ce qu'entend montrer ce chapitre. D'abord en dressant une typologie de ces normes afin de mesurer leur degré d'influence sur les échanges. Cela peut engendrer des divergences entre les pays, ce qui suggère de rechercher les leviers d'une harmonisation de ces normes.

Clarisse BONHOMME et Thierry POUCH, « Turbulences géoéconomiques et crises sur le marché mondial. Un éclairage par les grandes cultures »

Au cours de dix dernières années, des chocs économiques ont modifié la hiérarchie des nations produisant, exportant et important des biens agricoles et alimentaires. Au gré des différentiels de compétitivité, des rapports de force et des recherches de puissance sur les marchés, certaines nations se sont hissées au premier rang des exportateurs mondiaux de céréales, d'oléagineux ou de sucre. L'objet de ce chapitre est de montrer qu'une véritable géoéconomie agricole s'est mise en place.

Hichem AMICHI, Marcel KUPER et Pierre-Louis MAYAUX, « L'État, l'eau et la terre. 70 ans de politiques agricoles au Maghreb »

L'ambition de ce chapitre est de retracer l'évolution des politiques agricoles au Maghreb, depuis l'indépendance jusqu'à aujourd'hui. Ce panorama ne serait toutefois pas complet sans un détour par les conditions d'accès à la terre et à l'eau. Ces deux dimensions jouant un rôle déterminant dans le contrat social qui caractérise le monde rural. C'est pourquoi ce chapitre se penche aussi sur les aspects socio-politiques des politiques agricoles dans les trois pays du Maghreb.

Jean-Marc CHAPPUIS et Martin PIDOUX, « La politique agricole en Suisse. Pour une île montagneuse au centre de l'Europe »

La Suisse est certes un petit pays mais qui est doté d'une politique agricole ancrée dans la société. Il s'agit d'un pays qui, malgré cela, éprouve des difficultés à faire correspondre sa production et sa demande intérieures. L'examen de la politique agricole permet de voir comment les autorités fédérales gèrent ce type de contraintes, et comment elles anticipent les défis climatiques et de durabilité de l'alimentation.

Kae SEKINE, « La politique agricole et rurale du Japon. Du néolibéralisme à la transition verte ? »

Ce chapitre examine l'évolution de la politique agricole et rurale du Japon et ses implications depuis la seconde guerre mondiale. Il se penche sur les mécanismes socio-économiques et politiques qui ont été à l''origine de cette évolution. Les contradictions entre les discours et la réalité dans la réforme de la politique agricole et rurale et le passage d'une politique néolibérale à une politique verte sont également abordés.

Jean-Marc CHAUMET, « La politique agricole chinoise. Outil de stabilisation sociale et d'indépendance géopolitique »

Depuis plusieurs années, la Chine éprouve de réelles difficultés à développer sa production agricole, notamment dans le secteur des grains, pour répondre aux besoins de sa population. Ce chapitre se propose d'analyser les concepts et les stratégies mis en œuvre par la Chine au travers d'une politique agricole, depuis le milieu du XXe siècle pour tenter de développer son agriculture et garder une autosuffisance alimentaire la plus importante possible.

Bruno DORIN et Frédéric LANDY, « La politique agricole de l'Inde. Des succès aux impasses de la révolution verte »

En Inde, la révolution verte à partir des années 1960 s'est distinguée par d'importants soutiens publics, notamment pour l'irrigation, les engrais, le crédit et un stockage public. La productivité de la terre a augmenté, du moins pour le blé et le riz, mais non celle des actifs. L'Inde s'enlise aujourd'hui dans une triple crise agraire, écologique et nutritionnelle que des innovations agro-écologiques systémiques tentent de surmonter.

Marina POURRIAS, « Politique agricole en Russie. De la sécurité à la souveraineté alimentaire »

L'agriculture russe a opéré son grand retour sur l'échiquier international. Dans ce chapitre, sont abordés les politiques et les moyens mis en œuvre depuis 2000, ainsi que leurs conséquences, notamment sur les marchés intérieur et extérieur. Une analyse est proposée à propos des stratégies élaborées par Moscou pour développer et asseoir sa nouvelle ambition commerciale et conforter ainsi sa puissance agricole retrouvée.

Valdemer João WESZ Junior, Catia GRISA, Paulo André NIEDERLE et Éric SABOURIN, « Trajectoire de la politique agricole au Brésil. Une analyse à partir du crédit rural »

Le Brésil est une grande puissance agricole. Parmi les facteurs ayant puissamment contribué à l'avancée de l'agriculture brésilienne et à son rang dans la hiérarchie mondiale des nations exportatrices, on trouve le crédit rural. Ce chapitre est consacré au crédit rural, aux orientations que les pouvoirs publics lui ont données, afin de répondre aux besoins des agriculteurs, mais aussi pour résoudre les tensions économiques, sociales et environnementales que le pays connaît sur longue période.

Olivier ANTOINE, « Modèle agro-exportateur et politiques publiques en Argentine »

Le poids de l'agriculture dans l'économie argentine est très élevé. Pour construire, orienter et consolider ce secteur en l'ouvrant sur l'extérieur par des exportations conséquentes en viande bovine, en soja et en blé principalement, les pouvoirs publics ont élaboré une politique agricole adaptée à la défense et à la pérennité de ce modèle agro-exportateur. C'est ce qu'entend analyser ce chapitre, en insistant sur les fondements d'une telle politique agricole.

Adeline BOUVARD et Ariane DEGROOTE, « Faiblesses de la politique agricole haïtienne dans un contexte d'agriculture libéralisée »

Haïti figure parmi les nations les plus pauvres du monde. Son agriculture semble toutefois ne pas être en mesure de répondre aux défis de l'économie haïtienne. Ce chapitre montre que l'histoire chahutée de cette nation insulaire explique largement les difficultés du secteur agricole. Il examine en quoi les politiques économiques et commerciales, au gré des alternances entre protectionnisme et libéralisme, ont lourdement handicapée l'agriculture haïtienne.

Rémy HERRERA, « Agriculture et politique agricole à Cuba. Une mise en perspective historique »

L'agriculture cubaine est indissociable de son histoire coloniale. Une histoire qui a enfermé l'agriculture dans une spécialisation dont Cuba a eu du mal à s'affranchir. Le sucre a en effet durablement structuré l'économie de l'île. Ce chapitre revient sur cette longue période de dépendance au sucre, et s'interroge sur les conditions d'un renouveau de l'agriculture, à l'heure où le contexte géopolitique ainsi que la crise économique sont la source d'incertitudes radicales.

Vincent CHATELLIER, Martin PIDOUX, Thierry POUCH et Marine RAFFRAY, « Conclusion générale »

La conclusion à ce livre revient sur la légitimité de cette entreprise collective et rappelle à quel point, dans le contexte actuel, les politiques agricoles, prenant leur source dans des structures sociales précises, ont retrouvé un écho et un sens pour les sociétés. Il est rappelé que chaque auteur, dans son domaine de compétence, a apporté des éléments de réflexion décisifs. L'agriculture, dans quelque endroit du monde, évolue dans un monde complexe. Elle n'en demeure pas moins indispensable.

Sébastien Abis, « Postface »

La postface à cet ouvrage rappelle que la question alimentaire est, non seulement, pas encore résolue dans certaines parties du monde, puisque la faim progresse encore, mais qu'elle forme un enjeu central dans l'équation complexe des relations internationales. Les politiques agricoles ont par conséquent et plus que jamais une légitimité. C'est pourquoi ce livre était selon l'auteur, essentiel à produire et à publier.

TABLE DES MATIÈRES

DEUXIÈME PARTIE

RUPTURES ET CONTINUITÉ DANS LES POLITIQUES AGRICOLES

TROISIÈME PARTIE

POLITIQUES AGRICOLES

DES PROBLÉMATIQUES NOUVELLES

QUATRIÈME PARTIE

POLITIQUES AGRICOLES ET RELATIONS INTERNATIONALES

CINQUIÈME PARTIE

POLITIQUES AGRICOLES

REGARDS COMPARÉS SUR QUELQUES EXPÉRIENCES DANS LE MONDE

COLLECTION « RENCONTRES »

Cette collection est le lieu d'accueil de recherches collectives, actes de colloques, mélanges, ouvrages de synthèse, en littérature et sciences humaines.

Retrouvez tous les titres de la collection en scannant ce code QR :

Et pour recevoir nos dernières actualités, abonnez-vous ici :

IMPRIM'VERT®

Achevé d'imprimer par Corlet,
Condé-en-Normandie (Calvados),
en Avril 2025
N° d'impression : 187545 - dépôt légal : Avril 2025
Imprimé en France